# 和布克赛尔蒙古自治县志

（1993—2015）

和布克赛尔蒙古自治县志编纂委员会　编

方志出版社
Publishing House of Local Records

**图书在版编目（CIP）数据**

和布克赛尔蒙古自治县志：1993—2015/和布克赛尔蒙古自治县编纂委员会编.--北京：方志出版社，2020.10

ISBN 978-7-5144-4585-5

I. ①和… II. ①和… III. ①和布赛尔蒙古自治县-地方志-1993-2015 IV. ①K294.54

中国版本图书馆CIP数据核字（2020）第247330号

和布克赛尔蒙古自治县志（1993—2015）

**编　　者：**和布克赛尔蒙古自治县志编纂委员会

**责任编辑：**高孟君

**出 版 者：**方志出版社

地址　北京市朝阳区潘家园东里9号（国家方志馆4层）

邮编　100021

网址　http：//www.zgfzcb.cn

**发　　行：**方志出版社图书经销中心

电话（010）67110500

**经　　销：**各地新华书店

**印　　刷：**乌鲁木齐市科恒彩印有限公司

**开　　本：**880×1230　1/16

**印　　张：**51.75

**字　　数：**1380千字

**版　　次：**2020年10月第1版　2020年10月第1次印刷

**印　　数：**0001~1500册

ISBN 978-7-5144-4585-5　　**定价：**415.00元

# 和布克赛尔县地势图

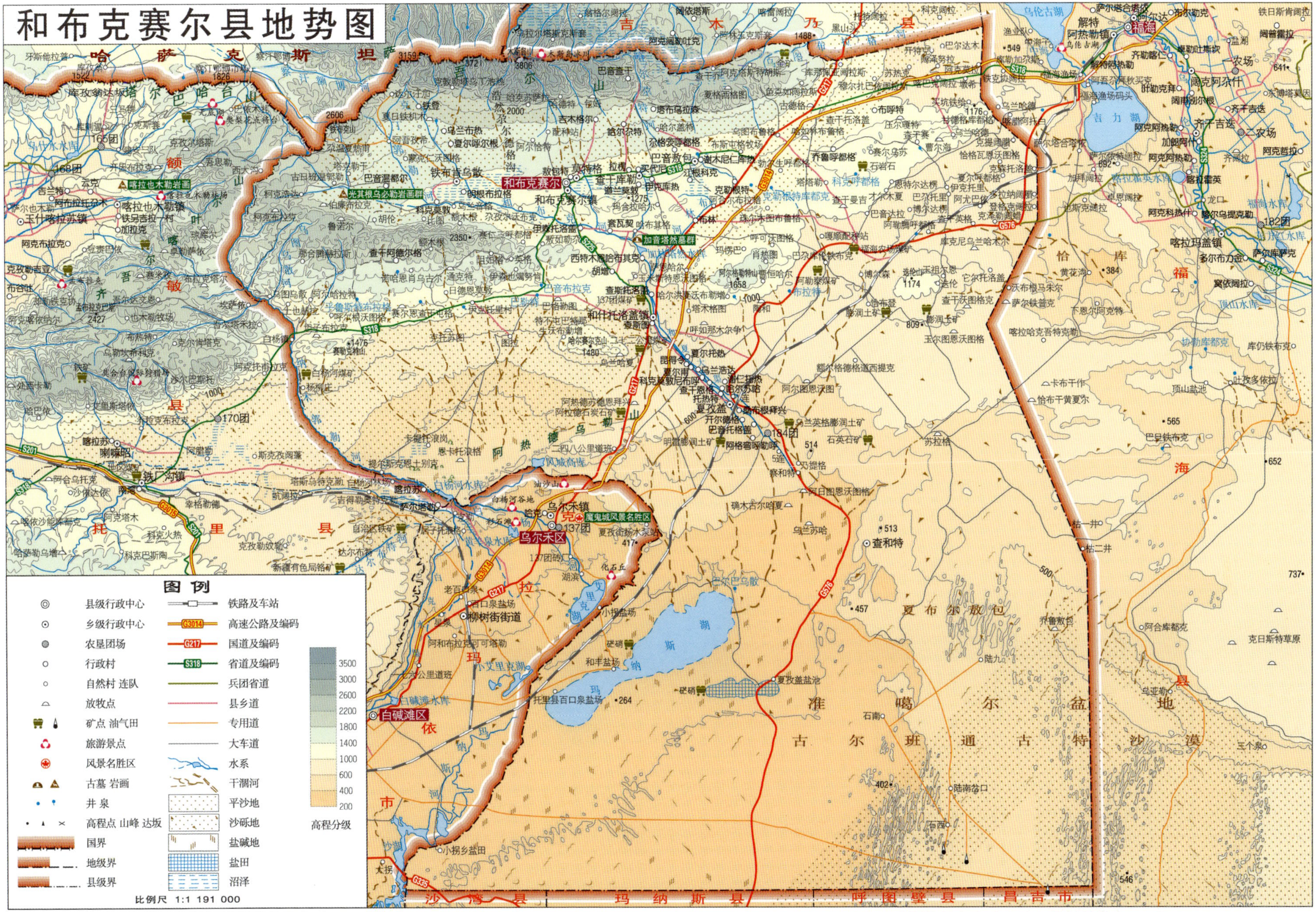


注：此图不作为行政划界依据。

新疆维吾尔自治区第二测绘院编制 审图号：新S(2020)190号

# 和布克赛尔县行政区划图

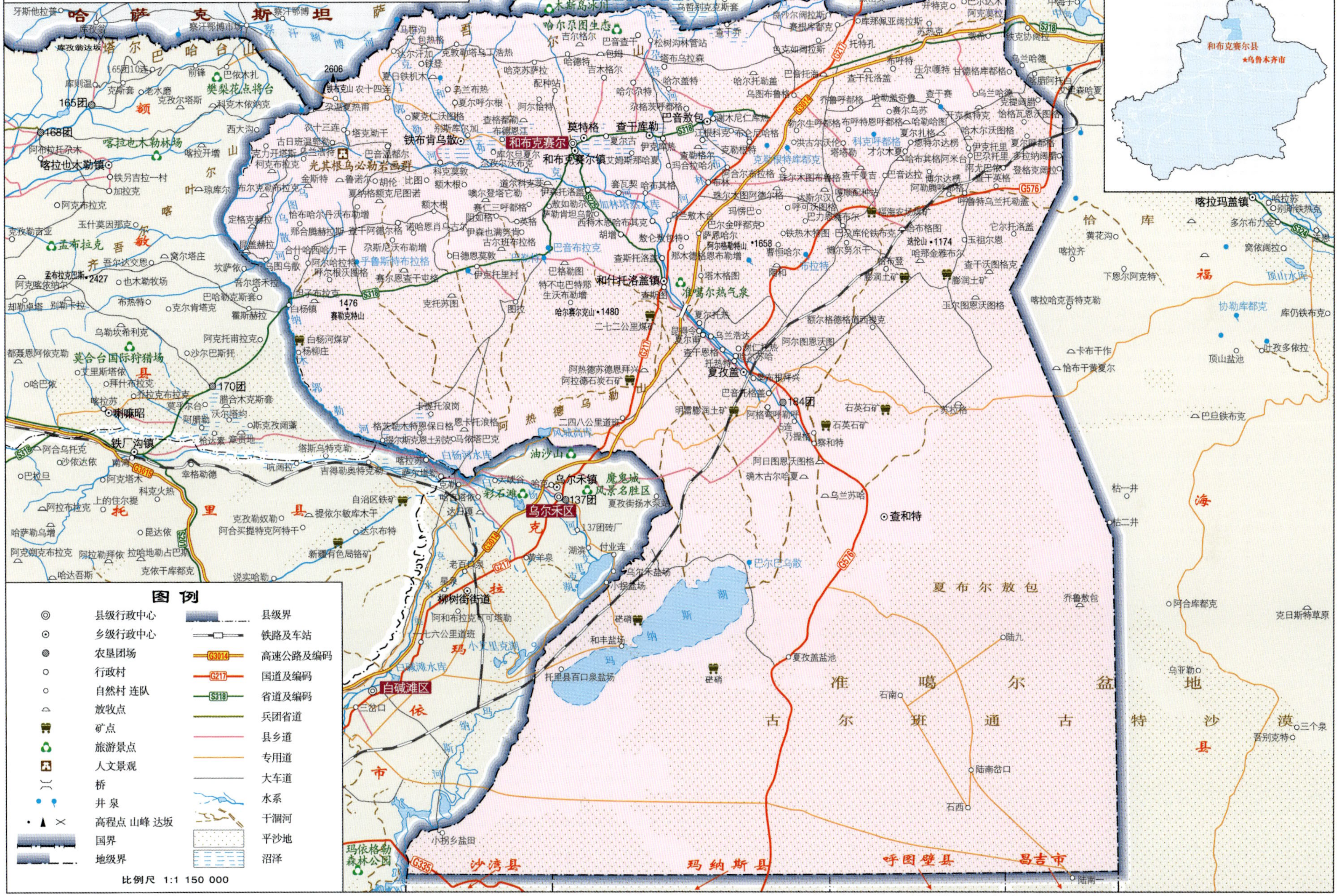


注：此图不作为行政划界依据。

新疆维吾尔自治区第二测绘院编制　审图号：新S(2020)190号

# 和布克赛尔蒙古自治县志（续）编纂委员会

（2016年9月）

主　任：王启明

副主任：拉格瓦·才布克加甫　刘　冲　李文杰 曲鲁木·曲红　吴力克·吴其巴特

成　员：周继伟　查汗·孜荣　陈庆海　巴合提别克 尹大彬　巴生·甫尔加甫
李卫东　乌图那生·叶尔达

（2019年9）

主　任：毕　升

副主任：曲鲁木·曲红　唐　旭　曹　春　广其克·仙巴依尔

成　员：尹大彬　才布克道尔吉·乌图那生　朱宏志　托里肯·胡玛别克
秦永泉　李　萍　巴森·巴图

（2022年9月）

主　任：毕　升

副主任：巴德尔合·巴特乔龙　丁光前　苏立军　杜继高　广其克·仙巴依尔
光布加甫·查嘎西

成　员：尹大彬　才布克道尔吉·乌图那生　朱宏志　杜崇庆　托里肯·胡玛别克
关海涛　周泽世　李　萍　巴森·巴图

# 和布克赛尔县志（续）编辑人员

主　编：乌图那生·叶尔达

副主编：巴森·巴图

编　辑：相堂传　李　晶　木拉提·沙林高娃　根加甫·那木德克

# 《和布克赛尔蒙古自治县志（1993—2015）》审稿人及撰稿人名单

（以姓氏笔画为序）

## 一、审稿人

才仁·奥云巴图　卞学武　巴特乔龙　巴德木其其格　文志英　王　超　王会宝
王建全　王晓曦　王焰军　王增霞　冯　鉴　卢四海　古丽努尔　叶尔兰　叶尔达
巴森·巴图　布仁巴特　布如力　布音巴图　旦木苏荣　乔伦巴特　伍　鹏
关海涛　刘　岩　刘　峻　刘　琳　刘伟杰　刘光华　刘秀丽　刘艳慧　刘新虎
吕洪亮　孙成斌　孙建华　托合达生　邢素珍　那木加甫·巴图尔　那木吉加甫
冷明军　初向东　吴锋玲　吾尔才　宋惠娟　张　华　张无敌　张发峻　张江明
张丽梅　张宏江　张建国　张晓华　张福坤　李　威　李介新　李惠芹　李新光
杨　军　杨友春　杨向东　杨国安　杨新芳　阿拉西加甫　陈　勇　陈　殿
陈庆海　陈录喜　陈金英　周文华　周继伟　周艳阳　和布克　孟克·快塔乐
苗　芹　姜新胜　贺·袁炜　赵　俐　赵　斌　赵小宁　徐红军　秦永泉　梁　芹
鸽　敏　黄战涛　朝克图　程江玲　谢振宇　谭晓华　黎新文　霍圣江　魏　聪
魏东军　魏东梅

## 二、撰稿人

丁钎文　丁家云　于进海　于忠霞　于海涛　才次克　马文山　乌仁其米格
乌鲁木山　巴特巴依尔　巴特尔　巴德玛拉　文晓红　木拉提·沙林高娃
根加甫·那木德克　王　玮　王　翀　王　理　王　薇　王　霞　王丰华　王海燕
王媛媛　冉新丽　古丽加娜尔　叶尔达　叶尔登　布鲁根　永　慧　田中哲　申玉奇
买哈尔古丽　刘　堃　刘建媛　刘新艳　吉尔格力　孙桂梅　托西丽　朱　翔
毕丽格　许　刚　那木苏荣　别　克　吴　亮　吴劲松　张　静　张海莲　李　伟
李　剑　李　涛　李小龙　李文生　李永强　李宏佳　李胜坤　杨小娣　杨剑梅
汪惠达　沈艳辉　沙茹丽　甫·巴登其其格　苏　荣　苏艳平　苏钰然　迟佰娜
阿丽腾　阿都齐·巴依尔　阿勒腾图亚　陈　启　陈　芳　陈多金　陈园园
陈晓颖　陈菊芳　陈跃军　陈静华　其其格　周伟林　周筱霞　屈天龙　帕　玛
庞凤梅　欧特红　泽登诗荣　肯巴特　苟　娟　郁新娥　郑　军　郑小江　郑向国
金　花　侯　炜　侯聪慧　俞　婷　娜孜依玛　柏江华　查汗·珊丹　相堂传
贺广哲　贺雪梅　赵　丹　骆红革　唐　巍　唐于萍　唐浩国　徐　彬　晁江龙
晁春焕　柴　鹏　桑木桐·苏克巴图　郭木苏荣·朝克图　梁红梅　黄　伟
黄姣娥　斯琴高娃　程晓龙　董建伟　谢成华　道　加　宴　芳　察丽娜　谭　旭
衡丽娟

县城全景（2007年拍摄）

县城一角

天富花园住宅区（2013年摄）

畜牧局大楼（1998年拍摄）

青少年活动中心（2014年摄）

中国共产党和布克赛尔县第八届代表大会（1996年摄）

中共和布克赛尔县委（扩大）会议

和布克赛尔蒙古自治县 第十四届人民代表大会第三次会议

政协和布克赛尔蒙古自治县第十三届委员会第一次会议第二次全体委员会议

丰富的石油资源（2012年摄）

玛纳斯盐湖盐池（2010年摄）

现代化矿井综采机械化采煤工艺（2014年摄）

新疆中非夏子街膨润土有限责任公司现采矿方式（2014年）

辣椒丰收（2013年摄）

向日葵（2014年摄）

牧区发放优质公牛（2012年摄）

现代科技消灭蝗虫（2014年摄）

草饲储备库（2013年摄）

新建牧民定居抗震房（2013年摄）

国家级有机畜产品生产基地（2007年摄）

现代化机采棉（2015年摄）

2014年，奎阿高速和布克赛尔段建成并通车（2014年摄）

217国道和布克赛尔段

2009年10月，和布克赛尔县火车通车（2009年摄）

干净整洁的乡村道路（2015年摄）

科技馆一角（2017年摄）

“科技大篷车”走进校园（2015年摄）

“科普大篷车”开进村队（2015年摄）

“科技活动周”现场讲解科技基础知识（2015年摄）

援疆教师授课（2014年摄）

学生的课余活动（2014年摄）

“六一”儿童节，学生载歌载舞庆祝自己的节日（2012年摄）

师资力量逐年增大增强

新建的人民医院大楼(2011年摄)

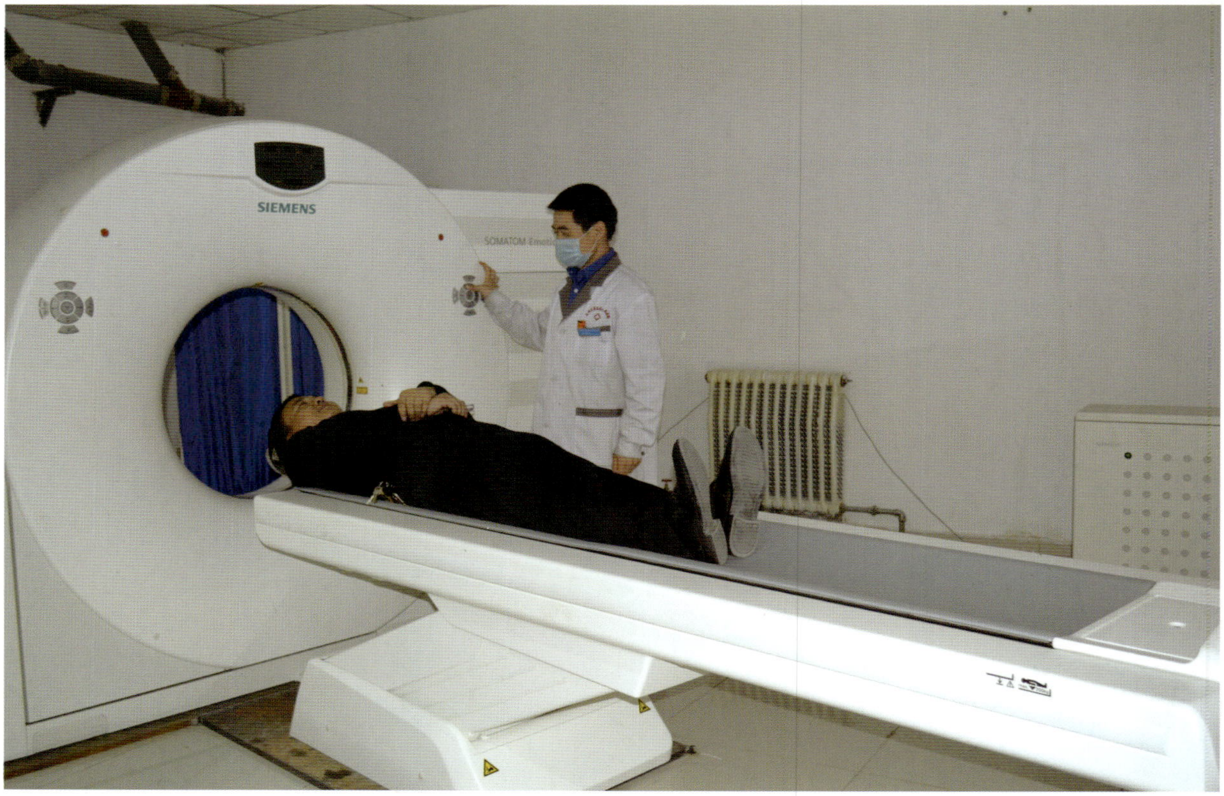


先进的医疗设备(2012年摄)

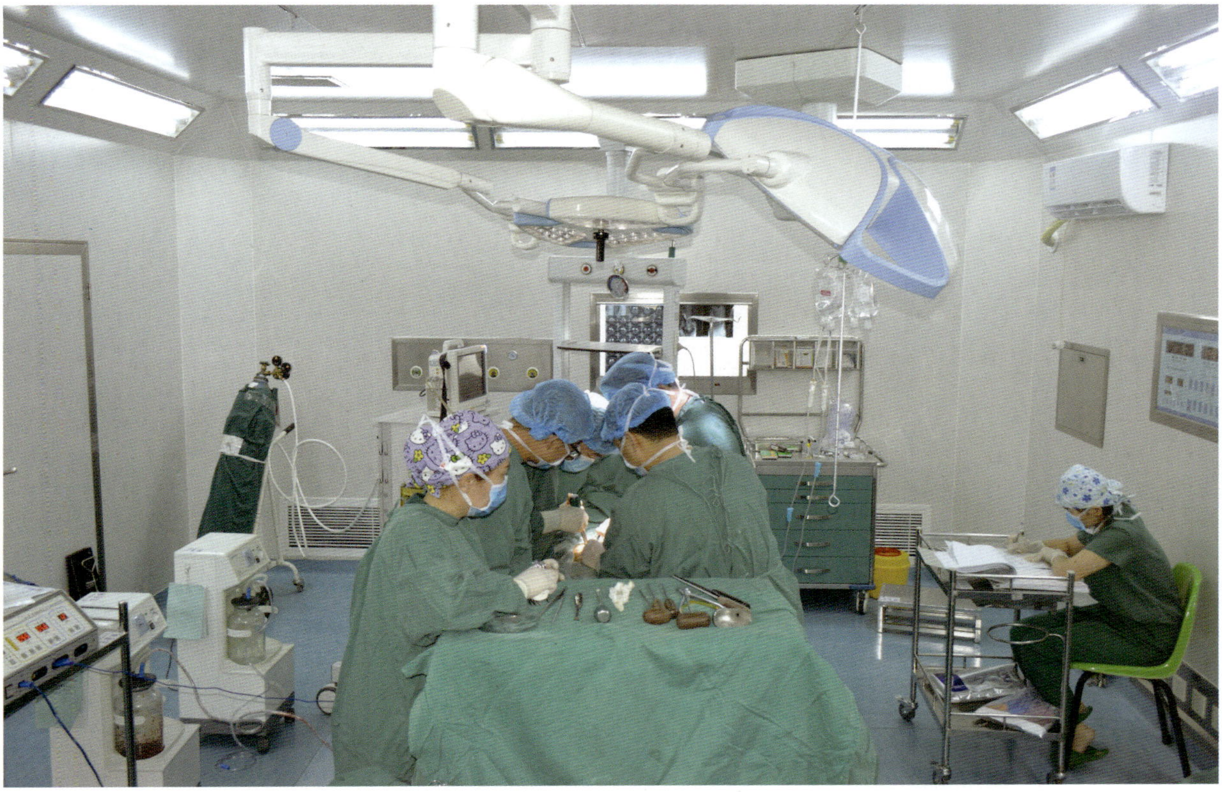

县人民医院开展腰椎压缩性骨折手术（2015年摄）

人民医院医生正在开展远程会诊（2015年摄）

和布克赛尔县蒙医院（2009年摄）

县蒙医院专家坐诊（2015年摄）

自治区第一家县级慈善医院落户和布克赛尔县（2010年摄）

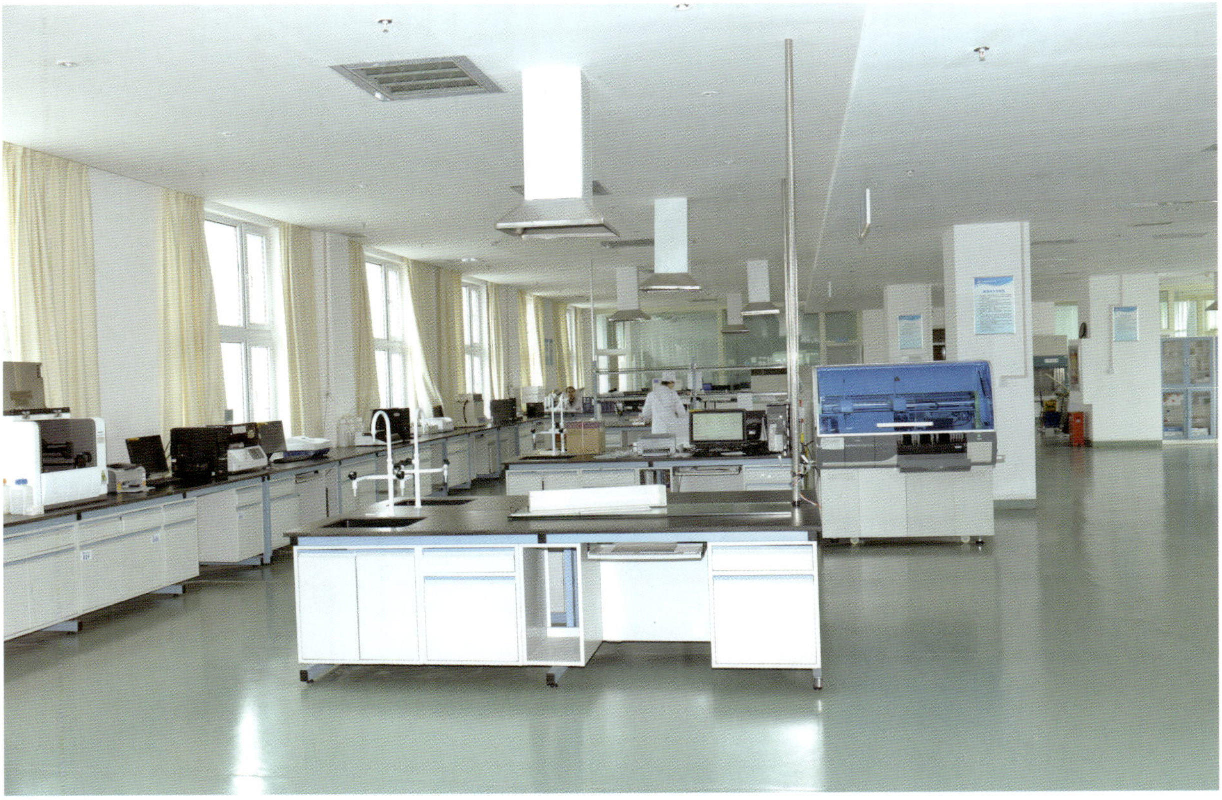

县人民医院标准化实验室

城乡合作医疗（2013年摄）

乡村医生深入基层

2012年4月12日，自治县第一秕重点民生工程开工仪式现场

易地搬迁，居民搬入新家（2014年摄）

2009年6月17日，和布克赛尔县承办塔城地区第十八届阿肯弹唱文化旅游节（2009年摄）

江格尔“四幕四场”歌舞剧（2007年摄）

江格尔少年马头琴乐队在维也纳金色大厅演出（2009年摄）

举办庆祝元宵社火活动（2014年摄）

松树沟旅游区（2012年拍摄）

白桦林景区冬季风景

骆驼石高台

戈壁彩石滩

冬季“那达慕”赛马活动

冬季“那达慕”马术表演

承办塔城地区第四届老年人运动会（2010年摄）

各族群众文化活动（2005年摄）

吉木沟夏季牧场（2013年摄）

草原石人（2013年摄）

和布克河（2013年摄）

和布克赛尔县草原夏季风光（2012年摄）

龙脊谷（2014年摄）

江格尔广场

胡杨林（2015年摄）

阿布都尔乔鲁夏牧场（2013年摄）

神秘石堆（2013年摄）

# 序　一

毕　升

“逢盛世而修志，察既往以知来。”在县委、县人民政府的正确领导下，在县党史办同志的共同努力下，在全县各单位及社会各界人士大力支持和协同配合下，续修的《和布克赛尔蒙古自治县志(1993—2015)》即将付梓问世。

本县志记录了我县23年间的政治、经济、文化、民俗、宗教、教育等各个方面，编纂以马列主义、毛泽东思想、邓小平理论、“三个代表”重要思想、科学发展观、习近平新时代中国特色社会主义思想为指导，坚持辩证唯物主义和历史唯物主义，汇集各方力量，查阅历代史料，填补断章空白，历时三载，数易其稿，终成此志。

“以史为鉴，可以知兴替”。和布克赛尔县地域辽阔，历史悠久，新疆迄今发现的一处最古老的人类活动地点——骆驼石高台在这里屹立，中国三大少数民族著名史诗之一的《江格尔》在这里传唱，历史上著名的《卫拉特法典》在这里诞生，惊心动魄的东归英雄故事在这里流传……历年来，生活在这片土地上的各族人民为维护祖国统一、建设美丽边疆贡献着自己的力量。

县志的出版，是全县各族人民的一件幸事，也是有益当代、惠及后世的一件大事。改革开放以来，和布克赛尔县在上级党委、政府的坚强领导下，县委、县人民政府始终坚持社会稳定、经济发展和社会事业发展并重，团结带领全县各族人民以改革开放的锐气、科学发展的理念、求真务实的干劲，奋发图强，开拓创新，县域社会和谐稳定、经济蓬勃发展，社会事业突飞猛进，人民生活大幅改善，城市建设日新月异，农村面貌焕然一新。

“盛世修志，垂鉴未来；志载盛世，泽惠千秋。”时值中华人民共和国成立70周年、建县65周年，出版县志为全县各族人民了解和布克赛尔县历史提供依据和参考。

在此，我谨代表中共和布克赛尔县委员会对县志的出版表示热烈祝贺，对县党史办的同志及其他参与县志编纂和出版工作的同志表示衷心感谢。祝愿和布克赛尔的明天越来越美好，也祝愿可亲、可敬的和布克赛尔人民生活得更加美满幸福！

2019年7月1日

# 序　二

曲鲁木·曲红

《和布克赛尔蒙古自治县志（1993—2015）》是继1993年第二次编纂。历时三年修纂，即将付梓。这部汇集我县1993年以来重要成就的“一方之全史”，科学翔实记录了我县自然地理、政治经济、文化人物等方面的历史现状和发展轨迹，具有很好的资政、教化、存史作用，为农业、工业、科技、文教、历史等各项管理、研究工作提供有价值的资料和数据、经验和教训，为充分展示和布克赛尔、宣传和布克赛尔提供了又一个重要窗口。

和布克赛尔县因境内和布克河与赛尔雪山而得名，地处新疆塔城、克拉玛依、阿勒泰三地中心，交通十分便利。和布克赛尔历史悠久，旧石器中晚期文化骆驼石高台遗址揭开新疆历史起笔。和布克赛尔文化底蕴丰厚，代代传唱的中国三大少数民族英雄史诗之一的《江格尔》，威震欧亚、千古不绝，被誉为“江格尔的故乡”。和布克赛尔资源富集，已探明的矿产资源有近30种，石油、天然气、煤、盐、石英砂、油页岩等10多种矿产资源蕴藏量均达到亿吨以上，储量和品质都位居全国前列，尤其是已探明煤炭储量达千亿吨，氧化铍、膨润土位居亚洲第一。

改革开放的曙光，为和布克赛尔带来了翻天覆地的变化。尤其是党的十八以来，和布克赛尔始终坚持以习近平新时代中国特色社会主义思想为指导，团结依靠全县各族干部群众，沉着应对挑战，奋力攻坚克难，全县经济社会发展呈现出经济稳定向好、民生持续改善、社会全面进步的可喜局面。

古人云：“以史为鉴，可以见兴替。”《和布克赛尔蒙古自治县志（1993—2015）》以“详今略古，详近略远”为原则，以改革发展为主线，忠于历史、广征博采、体例完备、史料翔实，是一部自然与社会并重、展现时代风云、注重经济活动、地方特点和时代特色的佐证书鉴，是和布克赛尔20多年来物质文明、精神文明和政治文明协调发展的真实记载。它将有助于我们了解社会前进的脉搏，掌握历史发展的规律，总结经验教训，探索出又快又好发展政治和经济的途径。

修志之意，旨在激励当代，启迪后世。和布克赛尔相继编纂了两部县志，这是难得的历史教材。由于卷帙浩繁，虽历时多年，多次增删和修改，纰误仍难完全避免，敬祈读者批评、指正。

2019年7月5日

# 凡　例

一、本志以马克思列宁主义、毛泽东思想、邓小平理论、“三个代表”重要思想、科学发展观、习近平新时代中国特色社会主义思想为指导，坚持辩证唯物主义和历史唯物主义的立场、观点和方法，实事求是、全面系统地记述和布克赛尔蒙古自治县自然、政治、经济、文化、社会等方面的历史与现状，力求做到思想性、科学性和资料性的统一。

二、本志为第一轮《和布克赛尔蒙古自治县志》的续志，上限起于1993年，下限止于2015年。为叙事完整起见，部分内容适当上溯到1993年以前或下延至2017年。

三、本志使用语体文，记述体。除引用历史著述原文外，力戒用文言文或半文半白，文白间杂的语体。做到“述而不作”，详略得当。

四、本志横排门类，纵述史实，采用述、记、志、传、图、表、录等形式撰写，以志为主。大事记以编年体为主，辅以纪事。

五、本志纪年：中华人民共和国成立前均采用当时纪年，括注公元纪年；中华人民共和国成立后用公元纪年。农历年月日用汉字，公历年月日用阿拉伯数字。历史人物、官职、地名均依当时习惯称呼，必要处括注今称。

六、县境地名以《和布克赛尔蒙古自治县地名图志》标准名称为准，若使用旧资料地名，则括注今地名。

七、人物编坚持“生不立传”原则，收录的人物以本籍为主，也适当收录在本地具有影响的外籍人。凡入传者不分职业和地位，只记事迹，不作评述；人物排列均以出生时间先后为序。

八、本志使用的专用名称在志书中第一次出现时用全称，以后重复出现则用简称，如“和布克赛尔蒙古自治县”（简称“和布克赛尔县”）、和布克赛尔蒙古自治县财政局（简称“县财政局”）等。志中凡直书自治区、州、地区者，分别指新疆维吾尔自治区、伊犁哈萨克自治州和塔城地区。

九、本志使用的缩略语都加了括注，如“三讲”（即讲学习、讲政治、讲正气），“参公”（即参照公务员管理法管理）等。

十、本志所用计量单位，以1984年2月27日国务院公布的《中华人民共和国法定计量单位》为准。

十一、本志史料主要来源于档案，辅以图书、报纸、刊物、调查和口碑资料，并经考证鉴别，除特殊情况外，引文一般不注明出处。所用的国民经济数据均以统计部门资料为准，统计部门所缺数据以档案和有关专业部门提供的数字为据。

# 目　录

## 第三编　人口　民族　宗教



## 第四编　城乡建设　环境保护

## 第五编　交通运输

## 第六编　通　信



## 第七编　畜牧业

# 第八编 农 业



# 第九编 林 业

## 第十编　水　利



## 第十一编　农牧机械

# 第十二编　扶贫与综合开发



# 第十三编　工　业

## 第十四编　商　贸



## 第十五编　旅　游

# 第十六编　综合经济管理

## 第十七编　财政　税务

## 第十八编　金　融



## 第十九编　中共地方组织

## 第二十编　人民代表大会

## 第二十一编　人民政府



## 第二十二编　人民政协

## 第二十三编　社会团体

## 第二十四编　法　治

## 第二十五编　军　事



## 第二十六编　民　政

## 第二十七编 民族宗教事务管理

## 第二十八编　编制　人事　劳动　社会保障

# 第二十九编　教育科技



# 第三十编　文化体育

## 第三十一编　史诗《江格尔》文化



## 第三十二编　卫　生

## 第三十三编　精神文明建设



## 第三十四编　人民生活



## 第三十五编　人　物

# 概　　述

# 一

和布克赛尔蒙古自治县（简称“和布克赛尔县”）位于准噶尔盆地西北部，塔城地区东北部，地理坐标位置北纬45°20′～47°12′、东经84°37′～87°20′。县境东西长210千米，南北宽207千米，总面积30 589.2平方千米，占全疆总面积的1.82%。东与福海县毗邻，南与昌吉市、玛纳斯县、呼图壁县、沙湾县相接，西南接克拉玛依市，西与托里县、额敏县以白杨河为界，西北同哈萨克斯坦共和国的斋桑县交界，北连吉木乃县以赛尔山为界。距乌鲁木齐495公里，距塔城地区288公里。

和布克赛尔县历史悠久，自汉代开始就是中国领土不可分割的一部分。西汉神爵二年（前60）汉朝设立西域都护府，县境归其管辖；唐代属昆凌都护府管辖；元代归阿里麻里行省和察合台汗国；明代成为别失八里汗国领地和瓦剌（卫拉特）的游牧地；清代归伊犁将军属下塔尔巴哈台参赞大臣管辖。

清乾隆三十六年（1771），从俄罗斯伏尔加河东归祖国的土尔扈特部进驻和布克赛尔，乾隆帝封其首领策伯克多尔济为和硕亲王，赐号布延图，称“乌纳恩素珠克图旧土尔扈特北路盟”。民国4年（1915），在和什托洛盖设县佐，隶属沙湾县。民国5年（1916），隶属塔城道。民国8年（1919），和什托洛盖县佐改称设治局。民国22年（1933），塔城道改为塔城行政区，和什托洛盖设置局隶属行政区。民国30年（1941），改和什托洛盖设置局为和丰设治局。民国33年（1944），和丰设治局升格为和丰县。同年，和丰设治局由和什托洛盖迁往今和布克赛尔镇所在地。1949年10月中华人民共和国成立后，隶属塔城专区。1954年9月，成立和布克赛尔蒙古自治区。1955年2月，改为和布克赛尔蒙古自治县。

“和布克赛尔”为蒙古语，以境内和布克河、赛尔山而得名。“和布克”蒙古语意为“梅花鹿”，“赛尔”指和布克谷地北面的赛尔山，从其北面看很像是马背，所以叫成赛尔（意为“背”）山。

和布克赛尔县地貌比较复杂，有山地、丘陵、平原、荒漠。县境海拔最高点是赛尔（萨吾尔）山的木斯套峰，海拔3 835米，终年积雪；最低点为南部边缘，位于准噶尔盆地已干涸的玛纳斯湖，海拔249米。

和布克赛尔县物产丰富，矿产资源有煤、盐、芒硝、膨润土、石英砂、石灰岩、花岗岩、铁、金等十余种。植物有西伯利亚落叶松、胡杨、白杨；药材资源主要有贝母、甘草、黄芪、麻黄、青兰、锁阳、列当、大黄、掌参、芍药、乌头等近百种，迪伦山一带有发菜。

和布克赛尔县地处内陆，远离海洋，属大陆性北温带干旱气候，由于纬度及地形的差异，和布克赛尔县分为两个大的不同气候区。北部山地气候区，包括和布克谷地在内，≥10℃的积温在2 100℃左右，年平均气温只有3.1℃～3.5℃，无霜期短，仅135天左右；降水量除中山带以上稍多外，一般降水都在150毫米左右；积雪不稳定，有明显的冬季逆温层，有利于牲畜越冬和喜凉作物的生长，但春秋多有偏西大风，常受风灾之害。南部平原气候区，热量丰富，年平均气温7.0℃～7.3℃，≥10℃的积温3 300℃～3 350℃，光照充足，无霜期较长，达180～190天；降水少，年平均降水只有88.5毫米，蒸发量大；夏季炎热，有干热风之害；冬季严寒，降雪少，积雪薄。日照充足，年平均实际日照时数为3 006.4小时，5—8月，日照时数均大于305小时，其中8月日照时数最多，达310小时，12月日照时数最少，为161.1小时；1—8月递增，9—12月递减，年日照百分率为68%。全年1月最冷，7月最热，最大年较差44.1℃。

和布克赛尔县旅游文化资源底蕴深厚。准噶尔热气泉旅游度假区为国家A级旅游景区，该气泉在清乾隆年间就被土尔扈特部落称之为健身骨、治百病的"仙气"。古尔班通古特沙漠地处准噶尔盆地中央，为中国唯一的保护荒漠植被的自然保护区，被《中国国家地理》杂志公布为中国最美的五大沙漠之一。石室石棺墓葬群为公元前7～5世纪塞种人的遗迹，发现有并葬现象。哈同山岩画是古代游牧民族的文化遗迹。阿吾斯奇旅游区，景色秀丽壮观，水草丰美，草地野花争奇斗艳，有松树、苦杨、爬地柏等植物点缀山坡，有旱獭、大头羊、盘羊、猞猁等动物，使这里形成了天然的景色公园。龙脊谷、五彩湾，是大自然亿万年地质变迁所赋予的奇特地形，具有极高的观赏性和科考性。

至2015年，全县设有2个镇、6个乡、4个牧场，总户数20 593户，总人口55 046人。其中，城镇人口26 635人，占48.39%，乡村人口28 411人，占51.61%；少数民族35 201人，占63.95%，汉族19 845人，占36.05%。县境内有兵团第十师一八四团场、第七师一三七四阿吾斯奇牧业营、自治区级塔城地区和丰工业园区、塔城地区和丰职业技术学校等驻县单位。

县城和布克赛尔镇位于和布克赛尔县境北部谷地中央，平均海拔1 291.6米，总面积36平方千米；距克拉玛依市195千米，距奎屯市327千米，距昌吉市489千米，距乌鲁木齐市495千米，乌（乌鲁木齐）—阿（阿勒泰）公路穿越全境经和什托洛盖镇、伊克乌图布拉格牧场而过；工商业繁荣，文化、教育、卫生、体育设施较齐全，是全县的政治、经济和文化中心。

## 二

和布克赛尔县委十分注重党的组织建设，努力不断壮大党的队伍。在发展党员的过程中，遵照"坚持标准、保证质量、改善结构、慎重发展"的要求，按照党章规定的条件，严格履行入党手续，重视党员素质的提高。做好入党积极分子的培养、教育和考察工作，并注意从生产、工作第一线的工人、农民、知识分子和青年中发展党员，注重在妇女、少数民族群众中发展党员。1993年，和布克赛尔县基层党组织有党委20个、党总支2个、党支部198个。党员总人数2 032人，其中汉族党员724人，占总数的35.63%；少数民族党员1 308人，占总数的64.37%。2015年，全县有党（工）委28个、党组36个、党总支11个、党支部261个。党员总人数4 655人（比1993年增加2 623人，增长129.08%）。其中汉族党员1 883人，占总数的40.45%；少数民族党员2 772人，占总数的59.55%。

为适应经济建设的快速发展，和布克赛尔县委按照中央提出的新时期的干部队伍和领导班子"革命化、年轻化、知识化、专业化"的方针，认真贯彻执行《党政领导干部选拔任用工作条例》和自治区党委、地委部署，注重选拔遵守政治纪律和政治规矩、德才兼备、业绩突出的优秀少数民族干部担任主要领导。1993—2015年，历届县委领导成员有书记5人（均为汉族）、副书记29人、常委38人，共72人，其中汉族成员45人，占62.5%；少数民族成员27人，占37.5%。历届县人大常委会领导成员有主任8人（均为少数民族）、副主任25人，共33人，其中汉族成员13人，占39.39%；少数民族成员20人，占60.61%。历届县人民政府领导成员有县长4人（均为少数民族），副县长39人，共43人，其中汉族成员23人，占53.49%；少数民族成员20人，占46.51%。历届县政协领导成员有主席5人（均为少数民族）、副主席29人、专职常委8人，共42人，其中汉族成员13人，占30.95%；少数民族成员29人，占69.05%。

和布克赛尔县委高度重视党风廉政建设。1998年8月12日，县委出台《关于建立健全党风廉政建设和反腐败工作领导责任制的实施意见》。《意见》强调党风廉政建设和反腐败工作领导责任制的总体要求是“一把手负总责，分管领导各负其责”，并对县委常委和副县级以下领导党风廉政建设和反腐败工作作了具体的分工安排。1999年7月19日，制定《和布克赛尔县党风廉政建设责任制实施意见》。《意见》主要内容有领导干部廉洁自律工作、查办案件工作、纠风部门和行业不正之风工作、实施“光明工程”工作、廉政教育工作、考核奖惩、责任追究七大部分。县委坚持把党风廉政建设工作同其他工作同部署、同落实、同检查、同考核，领导干部在党风廉政和反腐败工作中率先垂范，使党风廉政建设和反腐败工作形成一种制度、一种机制贯穿于党的整体工作中，从源头上筑起反腐倡廉、防腐拒变的长城，有效推动了惩治和预防腐败体系建设，实现抓党风促政风带民风的根本好转，为全县经济社会健康发展提供了坚强保障。

随着改革开放不断深入，促进了和布克赛尔县经济的快速发展，但社会上一些经济犯罪、迷信、色情、赌博等不良现象也沉渣泛起，引起县委、县人民政府的高度警惕和重视。县司法部门有组织、有针对性地先后进行了“三五”“四五”“五五”“六五”普法教育，向全体公民普及法律知识，加强法制宣传教育，增强公民法制观念。同时，和布克赛尔县的公安、检察、审判、司法部门采取有效措施，严厉打击经济犯罪和各种刑事犯罪，加强社会治安，有力地维护了全县的改革开放、经济发展和社会稳定。

和布克赛尔县是以蒙古族为主的多民族聚居县。县委、县人民政府积极贯彻执行党的民族区域自治政策，坚持和完善民族区域自治制度，充分保障各民族在政治、工作和实际生活中的平等权利，维护民族团结。坚持不懈地开展党的民族政策和《中华人民共和国民族区域自治法》的宣传教育，牢固树立“汉族离不开少数民族，少数民族离不开汉族，少数民族之间也相互离不开”的思想，长期开展创建“民族团结进步模范单位”活动，在全县范围内营造了一种人人讲民族团结，人人争当民族团结模范的氛围。至2015年年底，全县100%的乡镇场、村队（社区）创建为县级民族团结进步模范单位，97.67%的单位创建为地区级民族团结进步模范单位，全县先后有11个民族团结进步模范集体、38名模范个人受到国家、自治区和地区表彰，县、乡表彰民族团结进步模范集体244个、模范个人1 288人。

和布克赛尔县把加强社会主义精神文明建设放在和经济建设同样重要位置，与经济工作一起抓，坚持两手抓、两手硬的方针。1998年，和布克赛尔县通过地区级精神文明建设先进县的验收。2000年6月，县委决定在全县范围内开展“创建自治区级精神文明建设先进县”活动，并提出《关于创建自治区级精神文明建设先进县的实施意见》，明确了创建活动的指导思想、主要目标和任务以及创建的内容和创建奖惩办法。2002年5月，印发《关于争创自治区精神文明建设先进县的实施意见》，并成立创建自治区精神文明建设先进县领导小组。2004年3月，县委常委（扩大）会议通过《关于和布克赛尔县争创自治区级精神文明建设先进县实施方案》；同年5月，和布克赛尔县召开再创自治区精神文明建设先进县动员大会，县四套班子领导出席会议。会上宣读了《县文明委关于再创自治区精神文明建设先进县实施方案》。2007年4月，召开创建自治区级精神文明建设先进县动员大会。会上，宣读了《和布克赛尔县精神文明建设指导委员会关于创建自治区级精神文明先进县的实施方案》，并为2006年度县级文明单位、文明村队、文明社区授牌。2014年1月，和布克赛尔县成为自治区级精神文明先进县。

## 三

和布克赛尔县历届县委、县人民政府坚持以经济建设为中心的基本方针，因地制宜，不断调整和优化经济结构，不断解放思想，变革创新，综合经济实力明显增强，全县经济实现又好又快发展。

农牧业经济稳步提升。1994年，和布克赛尔县确立“北牧、中工、南农”的产业布局，实施科教兴县、优势资源转换、农业高产开发三大战略，以进一步提高农业效益，增加农牧民收入。种植业坚持以粮食为基础，扩大经济作物种植面积，重点增加棉花种植面积。2001年，和布克赛尔县又提出“品种调优、质量调优、效益调高”的农业发展原则，以市场为导向，以增加农牧民收入为目的，紧紧围绕农村经济结构调整这条主线，大力引进和推广棉花等高效经济作物种植，不断加快传统农业向现代化农业的转变步伐，强力推进察和特农业综合开发区建设，促进农业和农村经济快速发展。2006年，编制完成县、乡新农村总体规划，全面启动三级试点工作。累计投入资金4 500万元，加快农村基础设施建设和公共事业发展步伐，促进了农村经济和社会协调发展。种植业结构进一步优化，畜牧业发展开始由数量增长型向质量增长型转变，农业产业化经营迈出新步伐。全年实现农业总产值30 920.05万元，农牧民人均收入3 570元。2015年，投入4 376.95万元，完成标准化规模养殖场、农村饮水安全、高标准农田333公顷等一批农牧业基础设施工程。农作物主导品种、主推技术覆盖率达到96%，农业综合机械化水平达95%。新培育农民专业合作社24家，成功创建地区级示范社9家、自治区级示范社7家。牲畜最高饲养量97.56万头（只），出栏45万头（只），商品率89%，动物疫病免疫率达100%。投资1 556万元实施财政专项扶贫资金22个项目，实现105户472人脱贫；统筹运用新一轮建档立卡数据成果，精准识别贫困户663户1792人。发放各项惠农补贴5 953.43万元，拨付棉花补贴资金434.89万元。完成农牧业保险理赔2348万元。全年实现农业总产值42 000万元，农牧民人均收入达到12 225元，分别比2006年增长0.36倍、2.42倍。

工业经济成效显著。20世纪90年代，和布克赛尔县初步形成以煤炭、盐业、电力、化工、建材为主的工业体系。紧紧围绕“产业结构调整”和“转变经济增长方式”这条主线，深化国有企业改革，和布克赛尔县工业经济发展走出了一条从工业化到推进工业化进程，最后走新型工业化的道路。2000年，全县30户较大企业全部完成产权制度改革。通过改制，企业运行状况良好，扭亏增盈成效显著。煤炭、盐业、电力、化工、建材等支柱产业进一步壮大，市场竞争力明显增强，为和布克赛尔县实施“工业兴县”战略奠定了坚实基础。全年完成工业生产总值16 068万元（现价），完成工业增加值6 282万元（现价）。2015年，和布克赛尔县深入实施优势资源转换战略，新型工业化进程加快，工业经济实现质量、速度和效益同步提升。编制完成《和布克赛尔县50万千瓦光伏发电基地规划》《和布克赛尔县光伏发展规划》；苏美达、特变电等5家企业22万千瓦光伏发电项目实现当年开工、当年建设完成；工业园区发展格局初步形成，可满足落地企业项目建设、生产需求。全年完成工业生产总值197 820万元（现价），比2000年的16 068万元增长11.31倍；完成工业增加值92 320万元（现价），比2000年的6 282万元增长13.69倍。

非公有制经济和第三产业快速发展。1992年，和布克赛尔县委、县人民政府根据《新疆维吾尔自治区发展个体和私营经济若干规定》文件精神，进一步解放思想，转变观念，放宽政策，取消一些不必要的限制，做到“先发展，后规范；先开业，后办照；先上车，后买票”，引导个体私营经济发展上档次，上规模、上水平，使个体私营经济在较知的时间里得到快速健康发展。

1998年2月23日，为了适时分析非公有制经济的发展形势，和布克赛尔县召开发展个体私营经济工作会议，会议确定了和布克赛尔县发展个体私营经济的总体思路，通报表彰了一批合法经营、照章纳税、对和布克赛尔县个体私营经济发展做出贡献的先进个体私营劳动者；同年12月31日，下发《和布克赛尔县关于加快发展个体私营经济的意见》。

1999年12月3日，和布克赛尔县又召开了加快发展非公有制经济工作会议。会议总结经验，讨论了《和布克赛尔县关于进一步加快发展非公有制经济的决定》，表彰了一批在非公有制经济发展中做出优异成绩的先进集体和先进个人。当年个体私营企业上缴税金568万元，财政贡献率19.5%。

2000年，非公有制经济在第三产业尤其是商业、饮食服务业方面得到迅速发展。全县实现社会商品零售总额5 815万元。其中，批发零售业实现社会消费品零售额3 346万元，住宿餐饮等服务业零售额2 469万元。

2015年，和布克赛尔县实现社会消费品零售总额33 960万元，比2000年增长4.84倍。其中，批发零售业实现社会消费品零售额23 702万元，比2000年增长6.08倍；住宿餐饮业实现社会消费品零售额10 258万元，比2000年增长3.15倍。和布克赛尔县第三产业产值64 005万元，占全县国内生产总值264 005万元的24.24%。

## 四

从1993年到2015年，和布克赛尔县委、县人民政府团结带领全县各族干部群众励精图治，艰苦创业，开拓创新，抢抓发展机遇，努力破解发展难题，不但经济建设成绩显著，而且社会事业取得长足发展。和布克赛尔县在全疆率先为农牧民在城镇建新楼，率先实施15年免费教育，率先开展20种特殊重大疾病补偿，率先推行最高的合作医疗筹资和补偿标准，率先推出农牧民在乡镇卫生院免费住院治疗，率先建立县级首家公益性慈善医院，率先实施农村无线数字电视“户户通”免收收视费的文化惠民工程，率先给全县80岁以上老人发放高龄补贴，全县城镇居民医疗保险参保率达100%，新型城乡社会养老保险参保率达到95%，走在全疆前列，受到国务院表彰。

全面实现牧民定居。1986年，自治区在阿勒泰市召开北疆片区牧民定居工作会议。和布克赛尔县随即率先实施牧民定居工程。县委、县人民政府将牧民定居工作分批进行，条件不成熟的暂时实行半定居（春、夏、秋三季游牧，冬季定居），慢慢过渡到全定居。到1995年年底，全县定居、半定居牧民达218户。1997年，县委、县人民政府成立牧区开发示范工程项目建设区，对示范区的供水、供电、交通等项工程进行了细致的勘察和规划。示范区为牧民定居打机井，配备动力设施，开发饲草料基地，修建公路及砂石路，架设高压输电线路，修建防渗渠道。建学校、卫生院、配种站、商店等系列服务体系。牧区开发示范工程项目建设区的成功实施，在全县起到了“示范”作用，成为牧民定居的样板。全县各牧场积极行动，根据牧场实际而选择定居点，精心规划、设计。暖圈和青贮窖也得到普及和推广，粗放型牧业向科技效益型牧业转变。到2000年，全县实现牧民定居半定居320户，占全县牧民的75%，大部分牧民告别了“逐水草而居”的传统游牧方式。2008年，和布克赛尔县作为“自治区山区贫困农牧民搬迁定居试点县”，正式启动“1 000户北部山区贫困农牧民易地搬迁定居工程”，按照“三个转变”的思路(即搬迁定居贫困农牧民身份要转变，生产经营方式要转变，种植业结构要转变)，实行“公司+基地+搬迁户”的管理模式，使搬迁定居贫困农牧民收入有了双重保证，实现土地规模化、集约化、产业化经营，提高了土地种植效益，增加了搬迁定居贫困农牧民收入。至2013年，相继把948户北部山区贫困农牧民搬迁到南部查和特生态农业综合开发区，整体搬迁定居工程基本完成，搬迁定居牧民人均纯收入由搬迁前的2 000余元增长到7 000余元，人均收入有了跨越式增长，逐步使搬迁户由农牧民向产业工人身份转变，实现了真正意义上的定居兴业。

科技工作卓有成效。和布克赛尔县高度重视科学技术在发展国民经济中的重要作用。1993年，县九届人大常委会第二次会议首次任命了科技副县长，重点抓科技工作，并形成制度。自1996年起，连年举办“科技之冬”活动。2000年8月18日，和布克赛尔县召开科技大会，科学技术被县委、县人民政府提升到战略高度加以重视。2003年，县委制定了《和布克赛尔县科技兴县实施意见》，正式把科技进步定为推动全县经济和社会发展的战略决策。全县11个乡(镇、场)都配备了科技副职领导，各村队配备了科技副主任，形成层层有人抓科技的局面。2006年，实施了科技特派员工作制度，成立以县委书记为组长的科技特派员工作领导小组，开展科技特派员试点工作。2009年，和布克赛尔县创建为“自治区科技兴县先进县”。2011年，和布克赛尔县创建为“全国科技进步考核通过县”。至2015年，累计争取地区科技项目13项、资金90万元；累计争取自治区科技项目35项、资金670万元；累计争取国家科技项目4项、资金493万元。科技项目的实施有力地促进了和布克赛尔县产业结构调整和经济社会发展。

教育事业蓬勃发展。和布克赛尔县历来都很重视教育工作，教育事业发展较快。1995年，成立由县委书记任组长的“两基”工作领导小组，建立定点联系制度，推进“两基”工作健康、稳定发展。1999年，“两基”工作顺利通过自治区人民政府的验收。2003年10月，“两基”巩固提高工作顺利通过自治区第二轮复验。随着和布克赛尔县财力的逐年增强，县财政对教育经费的投入不断加大，到“十五”计划末，全县学校基本消灭危房。进入“十一五”规划时期，和布克赛尔县加大对教育基础设施的投资力度。累计投入资金1.5亿元主要用于改善教育基础设施。先后完成青少年活动中心、县一中教学综合楼等设施建设；新建城关小学教学楼、夏孜盖乡学校教学楼、查和特学校食堂、4所“双语”幼儿园，教学硬件设施达到全疆一流水平。“两基”工作顺利通过国检；“双语”教育基本实现全覆盖，走在了塔城地区前列。2010年，和布克赛尔县在全疆率先实行高中免费教育。2011年，全县高考上线率达95%，取得了历史最好成绩。2012年，又率先推出学前教育免费政策，使和布克赛尔县在全疆率先实现15年免费教育。2015年，投入十五年免费教育资金953.4万元、“两免一补”资金533万元，受益学生13 679人次。义务教育学校标准化建设顺利通过自治区验收。

医疗卫生水平不断提升。进入21世纪，和布克赛尔县加大对医疗卫生的投入，加强公共卫生体系建设。2006年，投入资金2 897万元为县城两所医院购进CT、彩超和生化仪等先进医疗设备，改善了9个乡场卫生院医疗条件。2008年，投入8 718万元用于医疗卫生基础设施建设，完成铁布肯乌散乡、夏孜盖乡卫生院，疾控中心办公楼，蒙医院门诊楼、病房楼以及县人民医院门诊住院综合楼主体建设。2010年，投资3 392万元，全疆首家县级慈善医院建成并投入运营。高薪聘请4名副高级以上职称医疗专家，辽宁盘锦市选派6名医疗专家实施医疗援助，有效提高了医疗水平。稳步推进医药卫生体制改革，启动了公立医院改革试点工作，积极实施基本药物制度试点工作，认真落实药物零差率销售政策，有效缓解了群众“看病贵”问题。新型农村合作医疗参合率达到99%，覆盖率达到100%，个人筹资标准达到270元，住院最高补偿限额达到6万元，位列全地区首位。2015年，在全疆率先将乡村医生养老统筹和工资待遇纳入财政预算。3家公立医院加入自治区人民医院医疗集团联合体，县慈善医院成功创建为二级甲等医院。疾病防控、地方病防治、妇幼保健等其他医疗事业也取得显著成效。和布克赛尔县各族人民群众的就医条件显著改善，健康水平得到很大提高。

民生保障更加有力。20世纪90年代，和布克赛尔县按照国家相关政策，对城镇居民实行基本养老保险、医疗保险、工伤保险和生育保险；对农村丧失劳动能力和生活没有依靠的老、弱、孤、寡、残农民实行保吃、保穿、保住、保医、保葬的“五保”社会救助制度，建起了和布克赛尔县敬老院，建立了基本的社会保障制度。进入21世纪，全面落实社会保险、社会救助、最低生活保障制度，开展农村养老保险、新型农牧区合作医疗、城镇廉租房建设等工作，社会保障体系建设整体推进。2006年，城镇居民纳入低保2 033户5 479人，人均发放低保金844元，共发放462.4万元；全年五保供养97户117人，人均发放五保金2 040元，共发放23.87万元。为1 136名下岗失业人员减免税费、发放小额担保贷款、补贴社会保险金296万元；投入2 460万元资金，安置下岗职工1 388人，为5 047名农牧区困难群众发放救助资金23万元。2008年，农村养老保险和城镇居民医疗保险试点工作稳步推行，城乡低保实现应保尽保，享受城市低保和农村低保户的困难群众达到3 866户10 959人；实现就业再就业7 564人。2010年，实现就业再就业3万余人，全县参加养老保险、医疗保险人数分别达到6 960人、9 173人，参保率达到97%；为1 230名60岁以上农村老人每人每月发放110元的养老金，向80岁以上老人发放高龄补贴；为城乡512名困难群众发放医疗救助金197.76万元。2015年，社会救助力度进一步加大，累计发放城乡低保、优待抚恤、大病医疗救助、高龄老人基本生活补贴等各类资金2 321.68万元，8 970人受益；全县参加基本养老保险9 108人，征收基本养老保险费7 610万元；发放救灾口粮122.67吨、救灾资金72万元，全年共救济3 475户8 659人；城镇新增就业2 995人，城镇登记失业率控制在1.32%；农业富余劳动力转移就业5 458人。

人民生活不断改善，主要体现在通信手段进步较快，逐步建成数字化、大容量、广覆盖、高科技的现代化通信网络。至2015年年底，县境实现全网覆盖无盲区，县城、农村网点等重点区域的“固话+宽带+手机网络”容量达到5万线，人均普及率达到73%，农村人均普及率达到62%；储蓄快速增长，至2015年，全县城乡居民储蓄存款余额14.19亿元，人均储蓄存款25 778.44元，比1993年年初增加25 016.71元，年均增长16.55%；城乡居民收入大幅度提高，2015年，全县城镇职工人均工资42 820.2元，比1993年增长10.65倍，年均增长11.81%；全县农牧民年人均纯收入12 250元，比1993年增长13.41倍，年均增长12.89%。

## 五

和布克赛尔县人文历史悠久，是历史上清乾隆三十六年（1771）蒙古族土尔扈特部落东归英雄的家园，是中国三少数大民族英雄史诗之一《江格尔》的故乡。民间艺术源远流长，多姿多彩，独具特色。蒙古族民间文学内容更是十分丰富，主要为流传的各种口头创作，包括英雄史诗、民间故事、神话传说、谚语、格言、祝词赞词、谜语、长调和短调民歌等形式，是中国民间文学的瑰宝，是中国优秀传统文化的组成部分。2011年，和布克赛尔县铁布肯乌散乡荣获自治区第五批“蒙古族托布秀尔民间文化艺术之乡”称号；那仁和布克牧场江格尔村荣获“全国生态文化村”称号。2012年，查干库勒乡荣获“中国民间文化艺术之乡”（蒙古族民间长调之乡)称号。

和布克赛尔县是培养新疆各族诸多作家的肥沃的土地,是"文学摇篮"县之一,老、中、青、少年作家和历史文化研究人员在文学、本地历史文化创作上硕果累累,先后出版《天山赞歌》《岁月拾萃》《跨洲东归——土尔扈特》《和布克赛尔蒙古族历史文化研究》《清代东归和布克赛尔土尔扈特满文档案全译》等80多部诗歌集、长篇小说、散文、历史文化研究著作,为和布克赛尔县文化事业的发展与对外宣传和布克赛尔县的知名度做出了突出贡献,甚至为新疆蒙古族文化文学的兴荣做出了重要贡献。

和布克赛尔县非物质文化遗产保护传承工作取得丰硕盛果。2006年,《江格尔》被批准为国家首批非物质文化遗产代表作;成功承办中国新疆《江格尔》史诗国际学术研讨会,建立江格尔文化发展规划。2007年,成功将蒙古族民间长调民歌、蒙古族托布秀尔音乐申报为国家级非物质文化遗产代表作。2008年,在新疆维吾尔自治区第一批自治区级非物质文化遗产名录代表性传承人名申报中,和布克赛尔县加·朱乃成为《江格尔》代表性传承人;加·道尔基为新疆蒙古族长调民歌代表性传承人;那·布娃、道鲁木加甫为新疆蒙古族托布秀尔音乐代表性传承人。2009年,成功申报国家级非物质文化遗产名录项目和扩展项目2个:民间文学项目《江格尔》、蒙古族长调民歌;自治区级非物质文化遗产名录项目和扩展项目6个:《江格尔》、新疆蒙古族托布秀尔音尔、新疆蒙古族长调民歌、蒙古族祭祀敖包、新疆蒙古族服饰、新疆蒙古族祝赞词。成功主办新疆首届蒙古族非物质文化遗产项目类比赛和首届新疆卫拉特蒙古族学会成立20周年暨首届新疆卫拉特蒙古民间艺人展演会等节庆、学术活动。2012年,和布克赛尔县协助中国社科院在北京主办史诗研究国际峰会和非物质文化遗产国际圆桌会议,和布克赛尔县《江格尔》的发源论和学术地位得到与会各国专家的共同认可。与新疆卫拉特蒙古研究学会联合成功承办"全国第七届卫拉特蒙古历史文化学术研讨会"。

和布克赛尔县实施"文化强县"战略,着力打造中国"江格尔故乡"文化品牌。2008年,成立"江格尔"少年马头琴乐队。翌年,"江格尔"少年马头琴乐队参加维也纳"至高荣耀"国际音乐节,获得最佳表演奖、特别贡献奖。2010年,与央视电影频道、中国新闻社新疆分社合作,拍摄了两部反映本土文化的数字电影《月亮之声》和《江格尔齐》,投资1 200万元制作了360度江格尔环幕动画电影。2010—2014年,总投资1.12亿元建设江格尔文化艺术宫,在江格尔广场、东归广场等地竖立了江格尔十二勇士、龙马腾飞、江格尔福碗和江格尔可汗雕塑,在县城入口处竖立了梅花鹿、江格尔阿兰扎尔雕塑,建设了江格尔敖包和东归敖包。江格尔综合市场、综合体育馆、赛马场和沿街蒙元文化特色工程竣工投入使用,提升了地方文化特色。出版《寻踪"江格尔"故乡》系列丛书,申请注册涉及印刷品、服饰、农业等万余个"江格尔"商标,制定了"江格尔徽章",以舞台剧形式创作史诗《江格尔》的四幕四场歌舞剧。2012年,蒙古长调队奔赴北京参加由文化部中国少年儿童文化艺术基金会、团中央中国少年队事业发展中心、国家广电局中华文化交流与合作促进会、教育部中国教育学会少年儿童校外分会和中国少年先锋队红领巾艺术团联合举办的第九届"星星火炬"中国青少年艺术英才推选活动全国总决赛,在决赛中荣获声乐专业B组金奖。2013年,"江格尔"少年马头琴乐团参加第十八届香港世界青少年"金紫荆花奖"艺术大赛荣获金奖,并接到美国音乐之声艺术节邀请函,引起了国内外艺术家的强烈反响。2015年,继续实施"文化强县"战略,举办第八届江格尔文化旅游节暨第十六届那达慕大会、盘锦市新疆和布克赛尔民俗展、自治区青少年射箭比赛等各类文化体育活动33场次。"江格尔故乡"文化品牌基本形成,在国内外享有较高声誉。

## 六

从1993年到2015年，和布克赛尔县先后获得全国文物工作先进县、非物质文化遗产普查先进县，自治区精神文明建设先进县、自治区双拥模范县、“科技兴新”先进县、最佳卫生县城、百日广场文化活动竞赛先进县、自城乡抗震防灾工程先进县、依法行政先进单位、园林县城、安全生产监管示范县，塔城地区社会主义新农村建设先进县等荣誉称号，这些成绩和荣誉是对和布克赛尔精神的彰显和折射。

在过去的23年里，和布克赛尔县经济社会取得了巨大进步，成绩是主要的，但也存在一些问题，主要表现在县域经济收入增幅不明显，固定资产投资及重点项目进度缓慢；优势资源开发机制不够健全；农牧业基础设施薄弱，集约化程度不高；农牧民适应现代产业发展的意识不强，贫富差距较大；各类专业人才短缺，等等。

历史的经验表明，发展是破解一切问题的根本出路。只有坚持中国共产党的领导，坚持习近平新时代中国特色社会主义思想，认真落实新疆社会稳定和长治久安总目标任务，坚持走中国特色社会主义道路，坚持民族区域自治制度，树立新发展理念，依靠矿产资源富集、文化底蕴深厚、交通便利、人文和谐四大比较优势，争当“丝绸之路经济带”的主力军和排头兵，就能实现和布克赛尔县的全面发展进步，实现全县各族人民的根本利益，实现各民族的共同发展繁荣。

和布克赛尔县将以全面建成小康社会为核心，建立长效脱贫和普惠民生的支撑保障体系；以加强党的建设为保障，以转型升级和改革创新为动力，深入拓展优势资源转换战略，着力发展能源化工产业、洁净能源产业、绿色农业产业、有机畜产品加工产业、文化游游产业；以保障和改善民生为根本，把教育、卫生、就业放在突出位置，强化社会保障功能；以生态文明建设为保障，加快现代文化融合发展，推进“文化强县”战略；以城镇化建设为重点，构建现代城镇建设体系，推进城乡一体化；以加强区域合作为途径，着眼社会稳定和长治久安总目标，促进油地、兵地融合发展，确保在全地区率先全面建成小康社会。

中国特色社会主义进入新时代。立足新形势、新任务，和布克赛尔县将坚持以习近平新时代中国特色社会主义思想为指导，认真贯彻落实中央的方针政策和自治区党委、地委的决策部署，主动把握发展规律、创新发展方式、破解发展难题，大力推进全面建设小康社会的各项事业不断取得新进步，建设美丽富饶和布克赛尔。

和布克赛尔的明天更美好！

# 大事记

# 1993年

1月26日，和布克赛尔县按期实现财政扭补合同目标，受到自治区人民政府表彰。

2月20日，和布克赛尔县国有资产办公室成立，设在县财政局，工作人员3～5人，从财财政局内部调整。

3月4—7日，和布克赛尔县第九届人大代表大会第一次会议召开，会议选举第九届人民政府县长那木吉勒·吾夏。

3月20日，《和布克赛尔县农牧区合作医疗暂行管理条例》以第27号县长令颁布实施。《条例》规定：转诊患者应自付30%的转诊费；治疗费在千元以上者，自付60%，公费40%；患者自付50%的先进及大型设备体检费。

4月5日，和布克赛尔县膨润土厂与港方在自治县成立赛尔恒丰有限公司。

4月15日，和布克赛尔县商业局改称为和布克赛尔县商贸总公司，转为经济实体，脱离政府序列。

4月30日，和布克赛尔县白杨河流域遭遇洪水袭击，直接经济损失达445万元。

5月3日，和布克赛尔县边境贸易公司成立，性质为全民所有制，编制5人，独立经营，自负盈亏。

5月6日，和布克赛尔县试行“行政事业单位职工实行合作医疗办法”。成立县行政事业单位职工公费合作医疗保险公司，机构设在县卫生局。

5月22日，瑞士卡特琳·瓦利德里在自治区对外友好协会秘书长穆罕默德等人陪同下到和布克赛尔县考察蒙古族风俗民情。

6月8日，和布克赛尔县成立标准计量所，为副科级事业单位，计量局与标准计量所两块牌子，一套人马。

6月9日，和布克赛尔县纪委、监察局实行合署办公，一套工作机构，两个机关名称，履行两种职能。合署后内设办公室、执法监察室、信访室、案件审理室、纪检监察室。

7月3日，和布克赛尔县程控电话开通，与全国并网；同时开通256自动转报网，结束人工收发电报的历史。

7月15—17日，和布克赛尔县境内松树沟一带连降暴雨，山洪暴发，造成直接经济损失1 096.1万元。

8月2日，和布克赛尔县夏孜盖乡被评为自治区计划生育工作先进集体，和布克赛尔县城镇计生办计划生育助理员徐丛光（女）被评为自治区计划生育工作先进工作者。

是月，和布克赛尔县邀请自治区文物处、地区文管所对和布克赛尔县文物进行调查，并对自治县两处古墓进行挖掘。

11月2日，和布克赛尔县“双教”工作以总分139.66分通过自治区的验收。

11月2—9日，以塔城地区行署副专员门德别列克为团长，钟固·多尔加拉、拉恒别克为副团长的教育督导团一行26人对和布克赛尔县教育工作进行全面的综合督导评估。经评估，县教育各项指标总得分125.35分，被评为塔城地区教育先进县。

是年，和布克赛尔县新乌森盐场被自治区文明委命名为自治区级文明单位。

## 1994年

1月14日，塔城地区计划委员会、乡镇企业处批准和布克赛尔县化工厂性质由集体所有制改为乡镇企业性质。

1月19日，和布克赛尔县人民政府批准县民族贸易公司在山东省威海市设立和布克赛尔县民族贸易分公司，该公司经济独立核算、自主经营、自负盈亏，享受威海市一切开放优惠政策。

3月8日，和布克赛尔县合作商店更名为和布克赛尔县商业百货公司，现有资产全属国家所有，定为国有企业。

3月12日，和布克赛尔县夏孜盖农技站化除燕麦项目获塔城地区科技进步四等奖。

3月21日，和布克赛尔县人民政府批准成立阔尔真阔腊金矿，隶属经济委员会管理。

3月28—29日，自治区检察院副检察长肖文到和布克赛尔县检察院调研，传达最高人民检察院电话会议精神。

4月9日，和布克赛尔县委、县人民政府联席会议研究，同意将县二矿改组为“和布克赛尔县那木德格股份合作制公司”，自主经营、独立核算、自负盈亏。

4月23日，和布克赛尔县人民政府批准，成立新疆赛尔山膨润土有限公司(合资)，该公司隶属于乡镇企业局，自主经营，自负盈亏，享受中外合资企业和乡镇企业的一切优惠政策。

5月8日，自治区对外贸易委员会批准和布克赛尔县边贸公司开展对原苏联、蒙古国等周边国家边境易货贸易进出口经营权。

5月31日，和布克赛尔县加林塔然水库(中型)副坝右坝角发生严重管涌，县委、县人民政府组织250名民兵和民工抢修，至6月2日管涌现象消失。

是月，全疆盐业行业评比会议在和布克赛尔县新乌森盐场召开。

7月5日，和布克赛尔县邮电局档案管理工作经自治区考评验收，达到自治区企业档案管理标准。

7月7日，和布克赛尔县民政局在县城举办第一次社会福利彩票有奖销售活动，总金额40万元。

7月13日，伊犁州州长别克一行5人到和布克赛尔县就自治县与吉木乃县金矿纠纷一事进行调解。

7月20日，和布克赛尔县各族群众聚会，热烈庆祝和布克赛尔县成立40周年。

7月30日，和布克赛尔县税务局分设为国家税务局、地方税务局。

8月1日，和布克赛尔县邮电局开通2000门程控电话。

8月23日，和布克赛尔县人民政府批准那木德格股份合作制公司更名为“和布克赛尔县新和兴股份合作制公司”。

9月11日，和布克赛尔县邮电局在全疆率先开通光缆传输长途电话。

12月2日，和布克赛尔县人民政府批准恢复粮本，实行限量供应，自1994年12月1日起执行。

12月17日，和布克赛尔县电话号码由5位数升为6位数，同时，进入国内国际直拨网，长途区号为0990。

是月，人民银行和布克赛尔县支行被自治区文明委命名为自治区级文明单位。

## 1995年

1月21日，和布克赛尔县火电厂二期工程完工并投入试运行。该工程设计建成2×3 000千瓦的发电机组，预计资金总额1 933万元，实际调整为2 400多万元。

3月3日，和布克赛尔县人民政府印发《和布克赛尔县温饱工程计划1995—2000》。自治区人民政府已将和布克赛尔县列入1994—2000年期间重点扶持的贫困县之一。

4月1日，和布克赛尔县电视台开播赛尔新闻，每周一次，用汉、蒙古两种语言播放。

4月3日，和布克赛尔县成立县黄金局，与矿管局一套人马、两块牌子。

4月8日，和布克赛尔县标准计量局更名为和布克赛尔县技术监督局。

4月11日，和布克赛尔县火电厂更名为电力总公司，下设火电厂和供电公司。

是日，和布克赛尔县成立国有资产管理局，该局为二级局，增设2个行政编制和3个事业编制。

4月20日，和布克赛尔县成立行政复议委员会，委员会下设办公室与法制科合署办公。

4月28日，和布克赛尔县委、县人民政府发出通知，在全县范围内开展向孔繁森学习的活动。

5月1日，和布克赛尔县国家机关、社会团体和事业单位执行国务院规定的职工工作时间。

6月12日，和布克赛尔县委、县人民政府动员全县各族干部职工、个体户及乡场镇集资修建县城——伊克乌图布拉格牧场县乡公路。

6月28日，夏广泰任中共和布克赛尔县委书记。

是月，和布克赛尔县布斯屯格牧场玛音特苏人畜饮水改水防病工程开工建设。

7月1日，和布克赛尔县公安局、工商局代收城市口岸市政公用基础设施增容费。

7月15日，和布克赛尔县与额敏县在1962年7月27日划定界线合同的基础上达成补充协议。将阿依提巴依乌格力的和布克赛尔县铁甫坎乌松（散）乡的放牧点调换给额敏县哈拉也门乡，哈拉也门乡将科克莫依那克狭谷往下第一个过河处的石头圈（放牧点）之间的6个放牧点调换给和布克赛尔县铁甫坎乌松乡。协议自1995年7月1日起执行。

7月26日，和布克赛尔县成立国家机关事业单位工人考核委员会，委员会办公室设在县劳动人事局。

7月27日，和布克赛尔县成立企业职工养老基金保险委员会。委员会办公室设在县劳保局。

9月20日，和布克赛尔县布斯屯格牧场二队牧工吾其尔、伊克乌图布拉格牧场牧工库买·夏亚合买提获自治区劳动模范荣誉称号。

10月20日，和布克赛尔县布斯屯格牧场玛音特苏人畜饮水改水防病工程竣工，并通过有关部门的检查验收。

是日，农行和布克赛尔县支行一八七团场储蓄代办所与农行和布克赛尔县支行沙吉海营业所合并。

11月22日，和布克赛尔县邮电局开通126寻呼台。

12月6日，和布克赛尔县被评为伊犁州残疾人工作先进县。

12月9日，和布克赛尔县委常委会研究决定成立和布克赛尔县工商联合会。

12月24日，和布克赛尔县农村社会养老保险试点工作正式启动。

## 1996年

3月11日，和布克赛尔县人武部被新疆维吾尔自治区人民政府、新疆军区授予“人武部办公室建设先进单位”荣誉称号。

4月1日，和布克赛尔县机关、团体企事业单位的职工，按其月工资总额的1%计征人民教育基金。

4月9日，和布克赛尔县成立有线电视台，隶属于县广播电视局，为自收自支事业单位，与现有电视台两块牌子，一套人马。

4月10日，和布克赛尔县成立联合国儿童基金会项目领导机构。

4月22日，凌晨5时左右，和布克赛尔县境内遭受强风袭击，造成经济损失214.6万元。

5月1日，农行和布克赛尔县支行开通全国电子联行汇兑网络。

5月7日，和布克赛尔县邮电局被自治区精神文明委员会命名为自治区级精神文明单位。

5月8日，和布克赛尔县电业局成立，与和布克赛尔县电力总公司实行一套人马，两块牌子，不增加行政编制，为独立的法人经济实体，代表县人民政府行使行业管理职能。

是日，和布克赛尔县邮电局开通电子信函传真。

5月15日，自治区、州、地区广播电视局一行7人对和布克赛尔县广播电视局所属的电视台、中播台、广播站就设备和档案、安全卫生、人员培训进行检查。

5月30日，和布克赛尔县劳动人事局干部陈欣龙、查干库勒乡学校教师巴登加甫获自治区优秀大中专毕业生荣誉称号。

6月13日，塔地计字〔1996〕067号文批准将和布克赛尔县广播电视光缆多功能综合网工程立项。

6月28日，新疆儿童发展中心将和布克赛尔县定为新疆《20世纪90年代中国儿童发展规划纲要》社会动员项目县。

6月30日，北京时间下午8点30分至9点30分，和布克赛尔县和什托洛盖镇查斯托洛盖村哈尔布朗地区遭受百年罕见的冰雹袭击，造成直接经济损失16.13万元。

是月，和布克赛尔县文物管理所成立。

7月3日，和布克赛尔县基本扫除青壮年文盲工作通过塔城地区的验收。

7月5日，和布克赛尔县召开义务劳动动员大会，义务修筑县城环城6 900米公路。

7月20—29日，和布克赛尔县境连降暴雨，先后有3个乡、1个镇、1个牧场、21个村队不同程度受到洪水袭击，造成经济损失83万元。

是月，和布克赛尔县查干库勒乡、乌图布拉格牧场、夏孜盖乡、和什镇昆德仑村人畜饮水改水防病工程开工建设，同年11月竣工，并通过有关部门检查验收。

8月2—3日，和布克赛尔县和什托洛盖地区连降暴雨，洪水泛滥，造成直接经济损失50万元。

8月29—30日，和布克赛尔县境内遭受9～11级狂风袭击，全县大部分乡镇场均不同程度受到损失，造成直接经济损失108.6万元。

是月，世界卫生组织包虫病项目调查组一行7人在和布克赛尔县开展包虫病调查研究和进行包虫病囊摘除手术。

9月19日，共青团和布克赛尔县第九次代表大会召开。

9月23日，和布克赛尔县总工会第三次代表大会召开。

11月5日，和布克赛尔县工商联召开第三次会员代表会议。

11月28日，地区确定沙湾县为和布克赛尔县对口帮扶单位。

是月，经自治区、地区档案局、国税局的验收，和布克赛尔县国税局档案管理工作达到自治区一级标准。

12月3日，克拉玛依市石油管理局“1+1”助学工作团“春蕾计划”在和布克赛尔县布斯屯格牧场启动。

12月10—13日，中国共产党和布克赛尔县第八次代表大会召开。

12月27日，自治区教委、矿务局、化工厅、国资局在和布克赛尔县举行扶贫济困捐赠仪式。

## 1997年

1月14日，和布克赛尔县妇幼保健站成立。

2月20日，和布克赛尔县人民政府批准成立县城建设监察大队，工作人员由建设局人员兼职或从现有编制中调剂解决。

是日，和布克赛尔县人民政府批准将巴嘎乌图布拉格牧场原场部迁移至217国道211公里东南750米处。

2月24日，和布克赛尔县人民政府批准将布斯屯格牧场哈校蒙校合并，合并后的学校定名为布斯屯格牧场阿克赛学校；莫特格乡蒙校与汉校合并，合并后的学校定名为莫特格乡莫特格小学；铁布肯乌散乡哈语中心小学合并，合并后的学校定名为铁布肯乌散乡铁布肯乌散学校。

2月25日，和布克赛尔县各族人民举行悼念邓小平活动。

3月24日，共青团和布克赛尔县委员会成立青年志愿者协会管理委员会。

4月5日，和布克赛尔县人民政府批准成立县环境卫生服务公司，隶属于城乡建设局，和布克赛尔镇环境卫生队原工作人员、财务、设备同时移交环境卫生服务公司。

是日，和布克赛尔县人民政府行政会议研究，同意在各乡镇场配备一名信访专职干部，信访专职干部从各乡镇场现有编制中解决。

5月28日，和布克赛尔县组成37人洽谈团参加新疆农村适用科技成果会，引进适合自治县农牧业生产6项科技成果。

5月29日，和布克赛尔县人民政府批准开办和布克赛尔县农村敬老院。

是月，和布克赛尔县电视光缆土建工程破土动工。

8月14日，塔城地区兵地确权领导小组办公室对和布克赛尔县与农七师一三七团牧业营使用的国有土地（春秋草场）进行确权，提出裁决意见，并登记发证。

8月16日，民政部救灾司、自治区民政厅领导到和布克赛尔县调查灾情。

9月20日，共青团和布克赛尔县委员会、县总工会举办自治县首届青年集体婚礼。

10月1日，农业银行和布克赛尔县支行撤销农行铁布肯乌散乡营业所和查干库劫乡营业所。

10月7日，和布克赛尔县人民检察院反贪污贿赂局成立。

10月26日，和布克赛尔县邮政局档案管理工作经验收达到自治区企业档案目标管理标准。

是月，和布克赛尔县BP机联网开通，实现全疆自动漫游。

11月3日，人民银行新疆维吾尔自治区分行以新银字〔1997〕212号文批准，同意撤销中国工商银行和布克赛尔县支行，其业务由农行和布克赛尔县支行接管。

11月24日，经和布克赛尔县委常委会研究决定，将新乌森盐场和夏孜盖盐场合并，成立“和布克赛尔县盐业总公司”，享有法人资格。

是日，和布克赛尔县农机公司由县物资公司托管经营，保留县农机公司法人资格。

12月1日，中共和布克赛尔县盐业总公司党委成立，隶属于县委。

12月23日，和布克赛尔县委常委研究决定，成立县南部农业综合开发区管理委员会，为县人民政府直属常设机构，负责南部农业综合开发区的规划、开发、对外招商引资的管理工作。

是月，农业银行和布克赛尔县支行被自治区文明委命名为自治区级文明单位；和布克赛尔县3年农村改水工程工作获塔城地区一等奖。

是年，和布克赛尔县委党校在原校舍建造面积为1 016平方米的3层（带地下室）教学大楼1幢。

是年，和布克赛尔县计列生育委员会4层办公大楼建成使用，建筑面积1 026平方米。

是年，和布克赛尔县委机要科获自治区机要工作先进集体。

是年春夏，和布克赛尔县塔合台一带夏草场发生蝗虫灾害，面积达2.67万公顷，平均密度50只/平方米。

## 1998年

1月8—12日，和布克赛尔县第十届人民代表大会第一次会议召开，115名代表参加会议，会议选举普尔瓦·图格杰加甫任和布克赛尔县人民政府县长。

2月10日，和布克赛尔县被塔城地区表彰为1997年度经济建设财政增收先进奖，颁发锦旗并发奖金2 000元。

2月17日，“和布克赛尔县南部农业综合开发区管理委员会”、“和布克赛尔县南部农业综合开发管理委员会办公室”印章启用，“和布克赛尔县南部农业综合开发指挥部”印章废止。

2月25日，农业银行和布克赛尔县支行阿勒泰地区煤矿营业所与农行沙吉海营业所合并。

3月6日，自治区人民政府办公厅转发自治区处理土地纠纷办公室《关于农十师一八四团与和布克赛尔县土地纠纷问题的调查情况及处理意见》，问题得到妥善处理。

4月18日，和布克赛尔县遭受特大风灾，野外风力达12级，县城风力达11级，气温下降至-4℃，农牧业受灾严重，直接经济损失450万元。

4月25日，和布克赛尔县人民政府批准莫特格乡哈尔萨拉村整体搬迁，具体会同县计划统计委员会、城建局、土地管理局、民政局等部门共同负责落实。

4月26日，和布克赛尔县法制局成立，隶属县人民政府办公室，挂法制局牌子，不增加人员编制。

4月28日，经和布克赛尔县人民政府会议研究同意，和布克赛尔县水电局水行政执法监察所正式成立。

5月11日，和布克赛尔县与农十师一八四团在“635”工程沿线农业开发用地由自治区人民政府划定。

是月，和布克赛尔县第一小学被评为自治区级精神文明单位。

6月15日，以色列科尔公司驻北京办事处项目经理刘红梅、北京农业大学博士后刘洪一行实地考察和布克赛尔县南部农业开发区。

6月18日，经自治区教育委员会批准，新疆农业大学在和布克赛尔县农广校暂设函授辅导站，举办函授教育。

是月，和布克赛尔县农业广播学校与新疆农业大学、塔里木农垦大学联合办学，并于9月开设首届大专班。

7月14日，和布克赛尔县第一所希望小学——信孚小学在和什托洛镇昆德仑村举行奠基仪式，该小学建筑面积为580平方米，团中央“中国青少年发展基金会”资助19万元，和什托洛盖镇配套资金10万元，县教委配套资金3万元，学校自筹资金9 000元。

7月16日，和布克赛尔县人民政府同意划拨给兵团第七师一三七团30公顷草地用于该团修建边防公路，征拨土地收费按国家有关政策法律执行。

是月，和布克赛尔县广播电视局叶尔肯别克代表自治区参加在山西太原举行的全国农民中国式摔跤大赛，取得82公斤级亚军。

是月，农行和布克赛尔县支行被自治区文明委树立为“文明服务示范窗口”。

是月，和布克赛尔县水电局更名为和布克赛尔县水利局。

8月5日，和布克赛尔县委常委会研究，同意维修扎斯根库热喇嘛庙，同意重建乌图布拉格牧场清真寺，同意修建巴音傲瓦乡宗教活动场所。同时，要求所需资金自筹，不得增加当地群众负担，不许向群众强行摊派。

是日，和布克赛尔县组建成立旅游公司，对外名称为和布克赛尔县旅游局，一套人马，两块牌子。旅游公司为副科级自收自支事业单位。

8月18日，自治区理论教育宣讲团在和布克赛尔县举行《中国经济形势和科教兴国战略》报告会。

9月2日，和布克赛尔县人民政府批转县勘界领导办公室《关于勘定县内乡、镇行政界线及牧场土地使用界线的报告》，要求有关耕地、草场等自然资源的使用范围，仍按原协议、合同、记录和上级政府的决定执行。

9月26日，0时，和布克赛尔县电话号码由6位升为7位。

9月27日，和布克赛尔县邮电局分设为和布克赛尔县邮政局、和布克赛尔县电信局。

10月，和布克赛尔县工商局通过地区文明委验收，晋升为自治区级精神文明单位。

11月3日，和布克赛尔县南部开发管委会成立。

11月26日，和布克赛尔县实验教学普及工作通过自治区验收。

11月29日，自治区计划生育目标管理检查验收团到和布克赛尔县检查验收计划生育工作。

12月22日，和布克赛尔县地名办划归民政局，行政区划业务及人员编制同时归口民政局。

12月28日，和布克赛尔县人民政府批准成立和布克赛尔县旅客运输总公司，公司为国有独资企业，具有法人资格，依法自主经营，自负盈亏，隶属于县交通局。

是年，和布克赛尔县计划生育委员会获自治区计划生育宣传教育年先进单位，孙玉兰获自治区计划生育宣传教育年先进个人。

是年，和布克赛尔县通过地区级精神文明建设先进县的验收，全年创建成5个自治区级、6个地区级精神文明单位。

## 1999年

1月4日，人民银行新疆维吾尔自治区分行以新银〔1998〕327号文件，同意撤销建设银行和布克赛尔县支行。至此，国有商业银行在和布克赛尔县的分支机构仅剩农业银行和布克赛尔县支行一家。

1月14日，和布克赛尔县农村敬老院更名为和布克赛尔县社会福利院。

2月13日，和布克赛尔县投资800多万元覆盖全县各乡镇场、驻县单位，全长315千米的光缆综合业务工程城乡有线电视开通。

3月2日，和布克赛尔县人民政府行政会议研究同意成立县供暖公司，该公司自1999年1月1日起与县财政脱钩，独立法人，实行独立经营，自负盈亏，业务上隶属于县城建局管理，级别为副科级。县供暖公司接管政府锅炉房、原工商银行锅炉房、教委锅炉房、政府宾馆锅炉房，人员整体移交，实行统一管理，分片供暖，进而实现集中统一供暖。

是日，和布克赛尔县人民政府行政会议研究批准县旅游局隶属于县人民政府办公室管理，为副科级自收自支事业单位，工作人员从县人民政府办公室外事侨务办公室调剂。

4月12日，和布克赛尔县人民政府同意县教委撤销铁布肯乌散乡科克莫墩学校中学部，批准县教育局在和什托洛盖镇建立第二幼儿园。

5月11日，和布克赛尔县察和特农业开发区举行引水总干渠开工奠基仪式。

5月25—26日，和布克赛尔县第八次妇女代表大会召开。

6月8—9日，自治区畜牧厅厅长阿尔斯坦别克，地委副书记、行署专员柯赛江及自治区、地区农业、畜牧、民政、扶贫等部门领导到和布克赛尔县检查农牧业生产情况和扶贫开发工作。

6月12日，和布克赛尔县成立特种水泥厂股份合作制公司。

6月16日，和布克赛尔县农业综合开发集团总公司成立，具有独立法人资格，主要从事农业综合开发等工作。

6月19—22日，塔城地区小城镇建设及住宅建设工作会议在和布克赛尔县召开。

6月27日，塔城地区电力有限责任公司和布克赛尔县供电公司成立。

7月1日，和布克赛尔县人武部党委获新疆军区先进党委称号。

7月1—2日，塔城地区首届、和布克赛尔县第四届《江格尔》演唱会及县第五届阿肯弹唱会在和布克赛尔县举行。

7月17日，和布克赛尔县电信局移动通信业务从电信局分离出来，成立和布克赛尔县移动公司。

7月29日，伊犁地区、阿勒泰地区、塔城地区等22个县市土地管理系统领导来和布克赛尔县观摩土地管理工作。

是月，和布克赛尔县第四次工会会员代表大会在县城召开。

8月2—3日，和布克赛尔县境内突降大暴雨，形成山洪，洪峰最大流量达108立方米／秒，历时数小时，造成3人受伤，233.45公顷农田、957.15公顷草场被毁，2.3千米防渗渠及和夏大渠渠基被冲毁，2.5千米道路被冲毁，150间民房垮塌，2家工矿企业停产，直接经济损失1 922.39万元。

8月18日，国土资源部领导到和布克赛尔县南部农业开发区实地视察工作。

8月25日，和布克赛尔县人民政府批准将县化工厂改制重组为和布克赛尔县联达电化有限责任公司。公司经济类型为股份制经济，公司设股东会、董事会、监事会和经理层。

9月14—17日，和布克赛尔县盐业总公司新乌森盐池遭受来自沙湾、玛纳斯、石河子方向的洪水袭击，洪水淹没原盐10万余吨，损失2 300多万元；投资1 500万元的盐田设施被毁，造成直接经济损失3 800多万元。

9月17日，和布克赛尔县人武部后勤科科长杨国林获自治区民兵预备役工作先进个人。

9月29日，自治区盐务局局长高宗麟带领乌鲁木齐、昌吉、石河子等8个县市盐业系统的负责人到和布克赛尔县盐业总公司慰问生产一线干部职工，送去10万元救灾款，还有慰问品、救灾物资共计价值50万元。

是月，和布克赛尔县人武部获兰州军区先进人武部称号。

10月8日，和布克赛尔县特种水泥股份合作公司残疾青年职工马永明（回族）在自治区第二届残疾人运动会上举起97.5公斤的杠铃，获男子举重75公斤项目银牌。

10月20日至11月3日，地区首届蒙语语文、数学教学大奖赛在和布克赛尔县举行。

10月22日，和布克赛尔县土地管理局档案管理工作达到自治区一级标准。

10月23—24日，和布克赛尔县“358”计划落实工作通过自治区、新疆军区的检查验收。

10月23—27日，自治区人民政府“两基”工作验收团到和布克赛尔县检查验收。自治县以总分276.60分通过验收。

10月24日，和布克赛尔县计划生育“三为主”工作通过自治区计划生育“三为主”工作验收团达标考核验收。

11月18日，自治区教委为特困生捐赠仪式在和布克赛尔县举行，自治县42名特困生获捐款2.1万元。

11月26日，塔城地区首家社区服务中心在和布克赛尔县建成。

12月6—13日，自治区审计厅对和布克赛尔县1998年财政决算及财政收支进行审计，并召开审计结果报告会。

是年，和布克赛尔县3名摔跤运动员和1名足球运动员代表塔城地区参加自治区九运会，获摔跤2个项目第一名。

是年，和布克赛尔县委机要科被自治区评为先进单位，受到自治区党委办公厅通报表彰。

是年，和布克赛尔县创建自治区级文明单位12个、地区级文明单位14个、县级文明单位57个。

## 2000年

2月25日，塔城地区“三五”普法验收组检查验收和布克赛尔县“三五”普法工作。经评估，县“三五”普法工作通过地区的验收。

2月28日，和布克赛尔县召开“讲学习、讲政治、讲正气”教育动员大会。

3月28日，和布克赛尔县特种水泥股份合作制公司改制为和布克赛尔县雪山水泥有限责任公司。

4月3日，和布克赛尔县盐业总公司一分场盐池遭受来自沙湾、石河子的洪水袭击，盐池被淹没，无法生产，损失达2 000余万元。

4月26—27日，县境内普遍遭受9级以上大风袭击，工农业受到不同程度的损害，342.3公顷地膜被毁，12个塑料大棚、22.4公顷果园被毁，和什托洛盖煤矿5 000余吨地面存煤被刮走，重伤2人，轻伤1人，造成直接经济损失125.3万元。

4月29日，和布克赛尔县对见义勇为、积极协助公安机关多次破获盗窃案件，为国家挽回经济损失近25万元的托列根（布斯屯格牧场个体户），恰·额布力克（巴嘎乌图布拉格牧场草原监理所所长）予以通报表彰，分别授予自治县“劳动模范”荣誉称号，各奖励人民币500元。

5月9—10日，和布克赛尔县“2000年消除碘缺乏病阶段目标”通过自治区验收。

6月12日，和布克赛尔县人民政府将莫特格古城、米其根乌必勒岩画群、东大沟东岩墓葬群、阿吾斯奇土墩墓、加音塔拉石棺墓群、哈同山坡A墓群列为县级文物保护单位。

6月19日，和布克赛尔县召开第五次全国人口普查动员大会。2000年11月1日零时为全国第五次人口普查时间。

6月24日，和布克赛尔县和什托洛盖镇、查干库勒乡、巴音傲瓦乡、那仁和布克牧场连遭暴雨、冰雹袭击，造成农牧业和工矿企业直接经济损失2748万元。

是月，和布克赛尔县委党校开办函授教育本科、专科班，成为自治区党校函授学院塔城分院的学区。

是月，和布克赛尔县举办第六届“阿肯”“铁尔麦”弹唱会。

是月，和布克赛尔县两轮消灭“脊髓灰质炎‘扫荡’式免疫”工作经自治区、地区两级督导组随机抽样调查评估，通过验收。

7月10日，和布克赛尔县召开第二届残疾人代表大会。

7月11日，新疆人民广播电台文艺部到自治县采录蒙古族长调民歌。

7月14日，塔城地区第七届审计理论研讨会在和布克赛尔县召开。

7月19日，和布克赛尔县事业单位登记管理局成立，与县机构编制委员会合署办公，并启用“和布克赛尔县事业单位登记管理局”印章。

7月21日，和布克赛尔县宏达盐业有限责任公司成立。

是日，塔城地区“新世纪”杯老年门球赛在和布克赛尔县举行。

7月24—25日，塔城地区检察系统政工工作会议在和布克赛尔县召开。

8月29日，和布克赛尔县争创自治区级精神文明建设先进县工作经自治区精神文明建设检查团检查验收合格。

是月，和布克赛尔县电信局被自治区社会治安综合治理委员会命名为自治区级安全文明小区先进单位。

9月13日，和布克赛尔县和丰煤炭有限责任公司成立。

10月12日，和布克赛尔县广播电视局“村村通”工程通过自治区广播电视厅的验收。

10月25日，和布克赛尔县布斯屯格牧场被评为自治区社会治安综合治理先进集体，邓凯获自治区社会治安综合治理先进个人。

11月6—8日，和布克赛尔县“三优一学”（搞好优质服务，建立优良秩序，创造优美环境，学雷锋、学先进）创建文明城镇工作，通过塔城地区创建文明城镇竞赛工作验收团验收。

11月14日，和布克赛尔县旅客运输有限责任公司成立。

11月18日，塔城地委委员、地区纪检委书记郭顺强在和布克赛尔县委三楼会议室宣读《地委关于重申地县两级纪检委规格的通知》，明确地区纪检委为副地级，县纪检委为副县级。

11月23日，和布克赛尔县民用爆破器材专卖有限责任公司成立。

11月30日，自治区体育局授予和布克赛尔县“自治区九运会突出贡献奖”单位。

12月14日，和布克赛尔县益民门诊部赵继明被评为自治区先进个体工商户。

12月18日，和布克赛尔县开克西获自治区民族团结进步模范个人。

12月18—22日，和布克赛尔县土地管理局对和布克赛尔镇、和什托洛盖镇两镇的地籍调查成果，经自治区国土资源厅评定验收获自治区国土资源厅优秀成果奖，是全疆唯一的县级土地管理部门获该科技成果奖。同时，和布克赛尔县土地管理“数字化地籍数据库”通过自治区国土资源厅评定验收，并推荐申报自治区国土资源科技成果奖。

12月20日，和布克赛尔县总工会获“自治区级先进县（市）工会”称号，和布克赛尔县进入自治区工会工作“十佳”县（市）行列。

是年，和布克赛尔县共有三级文明单位107个，其中自治区级17个、地区级23个、县级67个、自治区级文明行业示范单位2个、地区级最佳文明单位3个，十星级文明户3 006户。

是年，和布克赛尔县创建为自治区精神文明建设先进县。

是年，和布克赛尔县地税局创建成为自治区级文明单位。

是年，和布克赛尔县委机要科获自治区党政机要系统先进单位称号。

是年，和布克赛尔县人民检察院获自治区“五好”检察院称号。

“九五”期间，和布克赛尔县经济建设和社会发展取得优异成绩，在全地区五县二市“九五”规划经济发展先进县（市）评比中，荣获第一名。

## 2001年

1月31日，孙彦哲任中共和布克赛尔县委书记。

2月9日，和布克赛尔县委召开自治县“三个代表”重要思想学习教育活动动员大会。

2月22日，信息产业部电信规划研究院处长刘站霞一行4人到和布克赛尔县进行电信网络规划勘察。

2月23日，和布克赛尔县人民政府研究批准成立和什托洛盖镇自来水公司，该公司隶属和什托洛盖镇政府，企业性质，具有独立法人资格，独立核算，自主经营，自负盈亏。

是月，和布克赛尔县地税局获自治区党风廉政建设暨纠风工作先进单位。

是月，和布克赛尔县人民医院蒙王府热气泉旅游区筹建竣工，试营业。

3月1日，巴图那生·冬梅在“女职工双文明建功立业竞赛”活动中被自治区总工会评为“先进女职工”。

3月3日，自治区教育厅副厅长薛建一行到和布克赛尔县进行教育教学帮扶工作，向县教委捐送6万元对口扶贫教学辅助资金，向铁布肯乌散乡学校捐赠2.1万元教育专项辅助资金。

4月6—7日，和布克赛尔县遭受沙尘暴袭击，企业损失1 000万元。

4月23日，和布克赛尔县人民政府同意新疆电力公司在和布克赛尔县建一座412.5万千瓦时电厂。11月，自治区412.5万千瓦时火电厂厂址确定建在和布克赛尔县和什托洛盖镇。

7月1日，和布克赛尔县委召开庆祝中国共产党成立80周年大会。同日，和布克赛尔镇党委获自治区先进基层党组织称号。

7月5日，20时，和布克赛尔县和什托洛盖镇东北山区普降大雨，于6日凌晨4点形成山洪，给县南部察和特生态农业综合开发区水利工程造成直接经济损失271.98万元。

7月24日，和布克赛尔县劳动人事局获自治区先进劳动人事就业保障部门称号。

7月29日，国家水利部在和布克赛尔县对加音塔拉水库进行病险检测，经检测，该水库存在险情隐患，需除险加固。

7月30日至8月4日，和布克赛尔县境内普降大到暴雨，且伴有大风，平均积水10厘米左右，形成严重洪灾，给全县农牧业生产、基础设施、人民生活带来巨大危害，造成直接经济损失1 188.7万元。

8月12日，和布克赛尔县人民法院检察管理工作通过考评验收，达到自治区一级标准。

8月12—13日，塔城地区小城镇建设工作座谈会在和布克赛尔县和什托洛盖镇召开。

8月21日，伊犁州土地管理工作现场交流会在和布克赛尔县召开。

8月26—27日，塔城地区企业精神文明建设现场会在和布克赛尔县召开。

是月，自治区工商联（商会）乡镇、街道商会现场交流会在和布克赛尔县召开。

9月1日，和布克赛尔县莫特格乡煤矿二号井发生瓦斯爆炸事故，造成10人死亡，直接经济损失95万元。

9月9—11日，中国共产党和布克赛尔县第九次代表大会在县城召开。

9月11日，自治区广播电影电视局党组书记何富麟检查指导和布克赛尔县广播电视局、8116台工作。

9月17日，和布克赛尔县86个村（队、居委会）被命名为计划生育合格村。

9月24日，国土资源部政策法规司司长甘藏春到和布克赛尔县调研矿产资源开发利用工作。

10月22日，和布克赛尔县土地管理局肖甫尔获国土资源部"全国地籍管理先进个人"称号。

12月14日，和布克赛尔县农村人畜饮水工程项目通过自治区的验收。

是月，和布克赛尔县计划生育委员会创建为自治区级精神文明单位。

是年，和布克赛尔县教育委员会创建为自治区级精神文明单位。

是年，中宣部和国家计生委授予和布克赛尔县和什托洛盖镇全国婚育新风进万家先进镇称号。和布克赛尔县计生委被国家计生委宣教司和中国人口报社评为2001年度新闻宣传与发行工作先进单位。和布克赛尔县为自治区计划生育"三为主"先进县。

是年，和布克赛尔县委机要科获自治区党政机要系统先进单位。

是年，和布克赛尔县人民政府办公室张江明获自治区政府系统信息工作先进个人。

## 2002年

1月14日，自治区交通厅批准和布克赛尔县道836线县城至伊克乌图布拉克牧场段48.727千米纳入省道318线，交塔城公路总段管养。

1月15日，和布克赛尔县南部农业综合开发区管理委员会更名为和布克赛尔县察和特生态农业综合开发区管理委员会。

3月18日，解吉克获自治区广播电视覆盖工程先进个人荣誉称号，受到自治区人民政府通报表彰。

是日，和布克赛尔县出现持续16小时的大风天气，最大风力10级，风速33米/秒，最低气温降至-11℃，风口及山区风力12级左右，大风刮倒房屋、毡房20座（间），倒塌围墙1 100米、蔬菜大棚5座；3名牧民冻伤，死亡小畜720只、大畜17头，180车饲草被刮走；8 800吨煤沫流失；路灯、广告箱、电线、锅炉烟筒、玻璃门窗、标志牌、电教设备、通讯、光缆等严重受损，造成直接经济损失122万元。

4月18—19日，自治区党委书记王乐泉到和布克赛尔县考察工作，在地区、自治县党政领导的陪同下，视察和什托洛盖镇养牛场、和丰煤炭有限责任公司。

4月27日，和布克赛尔县人民政府研究批准成立和布克赛尔煤炭工业（集团）有限责任公司。

4月28日，县委常委会议研究决定成立中共和布克赛尔县煤炭工作（集团）有限责任公司委员会，隶属于县委。

5月24日，和布克赛尔县举办第七届阿肯弹唱会。

是日，塔城地委、行署批准印发《和布赛尔县党政机构改革方案》，该《方案》将党委工作机构改革为7个，部门管理机构改革为3个，议事协调机构的办事机构1个，将政府工作部门调整为20个。

是月，和布克赛尔县教育委员会与科学技术委员会合并，成立和布克赛尔县教育科学技术局。

6月11日，根据自治县机构改革方案，和布克赛尔县委常委会研究成立中共和布克赛尔县县教育科学技术局委员会，撤销教育委员会党委、县财政局党组和县土地管理局党组。

是日，根据《新疆维吾尔自治区文明单位建设管理办法》第20条之规定，和布克赛尔县常委会研究同意，每年发给县财政供养的自治区级文明单位职工增发1个月标准工资作为奖金。

是日，和布克赛尔县林业局并入和布克赛尔县农业局，在农业局挂林业局的牌子。

6月21日，和布克赛尔县人民政府研究同意布斯屯格牧场252煤矿以技改井275万元有效资产加入和布克赛尔县煤炭工业（集团）有限责任公司；同意那仁和布克牧场赛尔肯赛煤矿以技改井245万元有效资产加入和布克赛尔县煤炭工业（集团）有限责任公司。

是月，县委副书记、县人民政府县长普尔瓦·图格杰加甫赴德国学习考察。

7月22—24日，和布克赛尔县境内阴雨持续57个小时，其间连降暴雨数小时，降雨量达到70.4毫米，较历年同期偏多31毫米，洪水最大量70立方米/秒，全县农牧业生产大面积受灾，水利设施严重毁坏，造成直接经济损失1 434.94万元。

8月12日，和布克赛尔县人民政府设立驻乌鲁木齐市办事处，办事处设事业编制2名，全额拨款，依照公务员管理。

是日，和布克赛尔县人民政府批准县卫生局将县妇幼保健职能从县防疫站划出，设立县妇幼保健站，主要负责全县的妇幼保健工作。

8月18—20日，塔城地区城市暨小城镇建设现场会在和布克赛尔县召开。

8月29日，和布克赛尔县社会福利院成立，性质为全额拨款事业单位，核定事业编制6名。

8月30日，塔城地区药品监督管理局和布克赛尔县分局成立。

是月，和布克赛尔县第五次工会会员代表大会在县城召开。

是月，共青团和布克赛尔县委接受厦门海关为自治县242名贫困生捐赠的实物，价值3万元。

9月2—3日，自治区人民政府副秘书长李德宏到和布克赛尔县调研扶贫工作。

9月13日，和布克赛尔县民政局获自治区民政工作先进集体、成中乾获自治区民政工作先进个人称号。

是日，和布克赛尔县举行教育部支持自治县多媒体教学器材捐赠仪式。

9月17—21日，在自治区第五届少数民族传统体育运动会上，和布克赛尔县广播电视局职工叶尔肯别克获90公斤级以上摔跤比赛金牌、黑依木获52公斤级亚军、吾拉力别克获90公斤级库热斯摔跤季军。

9月25日，国家林业局对和布克赛尔县森林分类区划界定工作进行检查。

9月27日，和布克赛尔县举行美籍华人乡村少年助学金捐赠仪式。美籍华人资助自治县10名贫困生，每名学生每年可得到600元的资助，完成初中学业。

10月13日，和布克赛尔县国土资源局创建为自治区级文明单位。

10月22日，世界银行验收团到和布克赛尔县检查雪灾援助项目世行贷款工作进展情况。

是月，新疆丝绸之路光明工程项目在和布克赛尔县启动，首批从新疆能源股份有限公司购进50台户用光伏太阳能发电设备。

12月9日，中国土产高产进出口集团公司在和布克赛尔县考察绒毛分梳厂、绒山羊基地建设项目。

12月20日，和布克赛尔县人民检察院创建为自治区级文明单位。

是年，和布克赛尔县和什托洛盖镇牧民艾乌来获全国“三学三比”女能手称号。

是年，和布克赛尔县被评为自治区2001—2002年度工会工作先进县市。

## 2003年

1月1—4日，和布克赛尔县第十一届人民代表大会召开。

1月24日，和布克赛尔县总工会主席刘勤事获自治区工会干部教育培训工作先进个人。

2月15日，和布克赛尔县获自治区城市“天山杯”竞赛优秀县城称号，受到自治区人民政府表彰，授予“天山杯”奖杯，奖环卫车1辆。

3月10日，和布克赛尔县农业广播学校成立农民科技教育培训中心。

3月17日，和布克赛尔县人民政府批准和什托洛盖镇设立非公有制经济发展园区。

3月31日，“塔城地区住房公积金管理中心和布克赛尔县管理部”印章启用，“和布克赛尔县住房制度改革和建设领导小组住房公积金管理中心”印章作废。

4月1日，和布克赛尔县召开与农十师修建和什托洛盖镇到农十师一八四团八连共102千米道路相关事宜会议。会议决定：和什托洛盖镇到夏孜盖乡30千米由和布克赛尔县修建，夏孜盖乡到一八四团八连72千米由一八四团修建。

4月25日，和布克赛尔县委下发《关于认真做好非典型肺炎防疫工作的通知》，并成立非典型肺炎预防工作领导小组，领导小组办公室设在县防疫站。

5月7日，原中共和布克赛尔县铁布肯乌散乡党委更名为中共和布克赛尔县铁布肯乌散乡委员会，即日起启用“中共和布克赛尔县铁布肯乌散乡委员会”印章；原中共和布克赛尔县第三牧场委员会更名为中共和布克赛尔县布斯屯格牧场委员会，即日起启用“中共和布克赛尔县布斯屯格牧场委员会”印章；原中共和布克赛尔县教育系统委员会更名为中共和布克赛尔县教育科学技术局委员会，即日起启用“中共和布克赛尔县教育科学技术局委员会”印章；原中共和布克赛尔县城镇委员会更名为中共和布克赛尔县和布克赛尔镇委员会，即日起启用“中共和布克赛尔县和布克赛尔镇委员会”印章。

5月9日，新疆屯河水泥有限责任公司和布克赛尔分公司成立。

5月13日，和布克赛尔县机关后勤服务中心成立，即日起启用“和布克赛尔县机关后勤服务中心”印章。

是日，和布克赛尔县农村经济经营管理服务站更名为和布克赛尔县农村合作经济经营管理局。

5月29日，根据党政机构改革要求，原中共和布克赛尔县委机要科更名为中共和布克赛尔县委员会机要局，即日起启用“中共和布克赛尔县委员会机要局”印章。

是月，和布克赛尔县教育科学技术局分设为和布克赛尔县教育局、和布克赛尔县科学技术局。

6月5—7日，和布克赛尔县察和特生态农业开发区400.2公顷开发项目通过国家投资土地开发项目验收小组的验收。

7月4日，和布克赛尔县110千伏变电站运行，与北疆阿勒泰电网联网成功。

7月20日，和布克赛尔县宏达盐业有限责任公司工会、煤炭有限责任公司工会、新和兴股份公司工会获“自治区模范职工之家”称号，和布克赛尔县总工会刘勤事获“自治区先进工会工作者”称号。

8月5日，和布克赛尔县佛教协会成立。

8月20—22日，和布克赛尔县老年艺术团在自治区老年健身比赛中，健身球、激灵圈项目获最高奖——“梅花奖”。

9月17日，和布克赛尔县水管总站成立，负责全县的水利工程经营管理工作，为实行独立经济核算的生产性事业单位，编制6人，具有法人资格，基层水管站（所）和水库管理单位均隶属水管总站领导。

是日，和布克赛尔县成立项目管理办公室。项目管理办公室设在县发展计划委员会，设行政编制3人，其中主任1名，工作人员2名。

10月21日，国家“西新工程”无偿为和布克赛尔县援建的电视发射铁塔竣工。

是月，和布克赛尔县国土资源管理局获全国矿产资源储量统计工作先进集体。

12月9日，塔城地区行署秘书长木拉提及地区相关部门领导到和布克赛尔县召开专题会议，决定将县煤炭（工业）集团有限责任公司所办的卫生院和学校移交给和布克赛尔县人民政府管理。

12月25日，和布克赛尔县人民检察院档案管理工作通过自治区的验收，达到自治区档案管理工作一级标准。

12月26日，和布克赛尔县地税局和什托洛盖分局获自治区级行风建设示范窗口称号。

是年,和布克赛尔县委机要局获自治区党政机要系统先进单位。

是年,和布克赛尔县人武部获新疆军区党风廉政建设先进单位。

是年,和布克赛尔县在中国首届少年儿童艺术节上获金奖3枚、银奖1枚、铜奖3枚。

是年,和布克赛尔县和布克赛尔镇奶茶王饭馆经理扎吾列西·赛拜提汗获自治区和全国"巾帼建功"荣誉称号。

## 2004年

1月14—15日,自治区教育厅工委副书记宋振亚、新疆教育出版社党委书记范聪卓一行到和布克赛尔县铁布肯乌散乡学校进行对口扶贫支援,为铁布乌散乡中心校解决打井资金10万元。

2月12日,和布克赛尔县招商局成立。

2月24日,和布克赛尔县和什托洛投资1650万元的供水工程通过由自治区供水工程竣工验收团的验收。

3月7日,根据《中华人民共和国矿产资源法》、国土资源部《探矿权招标拍卖挂牌管理办法(试行)》规定,自治区国土资源厅委托新疆贵源拍卖有限公司,对和布克赛尔县阔真阔腊金矿(外围)探矿权以挂牌形式出让,出让金30万元,探矿权由中信国安(集团)有限责任公司取得。

3月26日,中国材料工业科工集团公司、苏州非金属矿工业设计研究院、建材地勘新疆总队到和布克赛尔县考察投资项目。

3月30日,张文强任中共和布克赛尔县委书记。

是月,和布克赛尔县蒙王府热气泉旅游开发项目被自治区确定为全疆19个旅游重点招商项目之一。

4月18日,屯垦连队驻防和布克赛尔县。

4月21日,和布克赛尔县举办第八届阿肯弹唱会。

5月19日,和布克赛尔县电信局开通县城和和什托洛盖镇小灵通通讯业务。

5月21日,新疆维吾尔自治区电信有限公司和布克赛尔县电信局分公司成立。

5月28日,塔城报社和布克赛尔县记者站成立,并举行挂牌仪式。

是月,和布克赛尔县工会主席刘勤事获自治区总工会"开发建设新疆奖章"。

6月3日,新疆石油分公司为扶贫对口单位和布克赛尔县莫特格乡屯得格学校捐赠14台电脑、2台打印机、1台传真机。

是日,和布克赛尔县企业国有资产经营管理中心成立,隶属县经济贸易委员会。

6月17—19日,和布克赛尔县计划生育优质服务先进县工作通过自治区计生委的检查验收。

7月8日,和布克赛尔县地税局获自治区地方税务局"基层建设先进单位"。

7月10日,塔城地区关心下一代工作经验交流会在和布克赛尔县召开。

7月16日,和布克赛尔县人民政府决定将县民政局承担的防震减灾职能移交给县城建局。

7月17日,和布克赛尔县人民政府命令县动物防疫监督站对巴嘎乌图布拉格牧场农四队10头口蹄疫病牛和29只口蹄疫病羊就地集中捕杀,由县畜牧部门监督执行。7月22日,对巴嘎乌图布拉格牧场牧业二8头口蹄疫病牛和7只口蹄疫病羊就地集中捕杀。9月27日，对布斯屯格牧业三队9头口蹄疫病牛就地集中捕杀。9月28日，对布斯屯格牧业三队19头口蹄疫病牛就地集中捕杀。

7月25日，和布克赛尔县和什托洛盖镇民兵应急分队获自治区民兵预备役部队基层建设先进单位，伊克乌图布拉格牧场武装部胡建平被评为自治区民兵预备役部队基层建设先进个人。

7月29日，中央电视台“东归摄制组”到和布克赛尔县对“江格尔”文化和江格尔传唱者加·朱乃进行专题采访。

是月，和布克赛尔县人武部被新疆军区评为管理教育先进单位。

8月6—7日，和布克赛尔县举行成立50周年庆祝活动大会。

8月18日，和布克赛尔县文化馆被自治区文化厅评为自治区三级文化馆。

8月24—25日，和布克赛尔县城通过自治区卫生县城考核验收组的验收，达到自治区卫生县城标准。

8月29日，浙江温州企业家袁秀帆为和布克赛尔县幼儿园捐献价值约15万元的儿童游乐设施，为和布克赛尔县第二中学捐价值1万余元的床铺。

8月30日，塔城地区档案学会第十一次学术研讨会在和布克赛尔县召开。

是月，和布克赛尔县网站开通，网址为www.hbk.gov.cn。

9月5日，建于伊克乌图布拉格牧场的和布克赛尔县东部活畜交易市场举行竣工典礼。

9月10日，和布克赛尔县1家零售连锁企业和5家药品零售企业通过自治区GSP认证。

9月23日，和布克赛尔县开通县、乡计算机网络通信，实现县、乡一体的办公自动化网络。

是月，和布克赛尔县在第13届乌鲁木齐对外经济贸易洽谈会上签订5项内联项目合同，4项协议，总金额257 803万元。

10月10日，和布克赛尔县人民政府要求县动物防疫监督站对铁布肯乌散乡发生“亚I型”的554头同群牛和4只羊就地集中捕杀。

10月19日，和布克赛尔县宏达盐业有限责任公司获自治区社会治安综合治理先进集体。

是日，和布克赛尔县委政法委副书记许振甲获自治区社会治安综合治理先进个人。

11月3日，和布克赛尔县人民政府召开牲畜扑杀补偿会议，会议决定对和什托洛盖镇、铁布肯乌散乡、那仁和布克牧场疫区牲畜被扑杀超过3头的农牧户，每户预付补偿金3 000元。

11月20日，总面积为2 317平方米、投资169万元的民政局老年服务中心竣工。

12月12—13日，中华人民共和国审计署驻沈阳特派员办事处副处长、审计调查组长张思辉一行4人对和布克赛尔县2000—2004年天然草原退耕还草专项资金管理和使用情况、项目建设管理情况及其效果进行实地专项审计调查，并向贫困乡铁布肯乌散学校捐款。

12月14日，和布克赛尔县人民政府解除因口蹄疫对那仁和布克牧场和铁布肯乌散乡的封锁。

是月，和布克赛尔县总工会被自治区总工会评为2003—2004年度自治区工会工作先进单位。

是年，自治区爱卫会命名和布克赛尔县委机关、政府机关、计生委、民政局、广播电视局、水利局、疾控中心、国土资源局、工商局为卫生红旗单位。

是年，和布克赛尔县获2003—2004年度“自治区城市‘天山杯’竞赛优秀县城”称号，获“天山杯”奖杯，奖励环卫车1辆。

是年，和布克赛尔县获自治区以工代赈工作先进单位二等奖。

是年，和布克赛尔县地税局办税服务大厅获“自治区级文明示范窗口”称号。

## 2005年

1月29—31日，和布克赛尔县第十一届人民代表大会第三次会议召开，130名代表和78名列席代表出席会议，会议选举尼克·乌音山任和布克赛尔县人民政府县长。

1月31日，和布克赛尔县召开开展保持共产党员先进性教育活动动员大会。

2月24日，和布克赛尔县民政局成立老年服务中心，为县民政局下属全额拨款事业单位。

4月1日，和布克赛尔县恢复县委、县人民政府领导定期接待群众来访制度，每周三为领导干部接待群众来访日。

4月2日，和布克赛尔县2 933公顷林木列入国家重点公益林管护试点区。

5月24日，经自治区城市医疗救助试点工作协调领导小组会议研究，和布克赛尔县被确定为自治区城市医疗救助制度试点市、县(全疆共27个)。

5月27日，和布克赛尔县成立国有资产经营公司。

5月30日，自治区民汉合校经验现场交流会在和布克赛尔县召开。

是日，塔城地区检察机关反贪工作座谈会在和布克赛尔县召开。

6月1日，自治区北疆地区整顿和规范盐业市场秩序工作会议在和布克赛尔县宏达盐业公司举行。

6月8日，和布克赛尔县举行和什托洛盖镇工业园区开工奠基仪式。

6月10日，和布克赛尔县鲁能煤电化开发有限公司成立。

6月18—20日，和布克赛尔县举办第八届那达慕大会。

7月15—16日，新疆日报社2004—2005年度蒙语特约记者工作会议在和布克赛尔县召开。

8月1日，山东科技大学、兰州商学院的7名大学生到和布克赛尔县志愿服务农村党员现代远程教育工作。

8月17日，民政部救灾处处长李告瑞、民政部减灾中心主任陈永寿、自治区民政厅救灾处处长海罗拉一行到和布克赛尔县农牧区了解遭受洪水灾害的群众生产、生活情况。

9月8日，和布克赛尔县和什托洛盖镇东北区域突降特大暴雨，致使山洪暴发，和什托洛盖镇受灾严重，直接经济损失700万元。

9月15日，和布克赛尔县举行第九届阿肯弹唱会。

10月8日，和布克赛尔县天华矿业有限责任公司铁矿厂在巴嘎乌图布拉格牧场投产试车。

10月12日，香港红十字会捐1 860袋面粉(重46.5吨)，由伊犁盛康粮油有限公司运抵和布克赛尔县，由和布克赛尔县红十字会发放给乡场镇贫困居民。。

10月16日，内区锡林浩特市委常委、统战部部长宝泉，市人大常委会副主任萨仁满都拉，市政协主席斯琴巴特尔及市教育局、市学校的负责人一行到和布克赛尔县考察教育工作，并派2名高级教师到和布克赛尔县第一中学支教。

10月24日，和布克赛尔县召开农村计划生育家庭奖励扶助金首发仪式暨兑现计划生育奖励金大会。

11月3日，和布克赛尔县那仁和布克牧场库尔旦夏尔村村委会主任尼曼加甫获“自治区劳动模范”荣誉称号。

12月28日，塔城地委、行署命名和布克赛尔县华丰有限责任公司为塔城地区农业产业化重点龙头企业。

## 2006年

2月9日，自治区林业厅召开由李玉峰副厅长主持，厅相关14个部门及塔城地区林业局、和布克赛尔县林业局领导参加的《和布克赛尔县社会主义新农村建设林业发展规划（2006—2010年）》论证会。

3月9日，和布克赛尔县与新疆师范大学人文学院签订《和布克赛尔“江格尔”和民间信仰与民俗文化的保护与传承》科研项目实施计划协议书。

3月15日，和布克赛尔县委常委会议研究决定成立中共和布克赛尔县卫生委员会。党委委员设5人，其中，书记1人，纪检书记1人。

4月30日，和布克赛尔县与徐州矿务集团签署接管协议书，5月6日由徐矿集团正式接管县煤炭工业（集团）公司。

5月16日，和布克赛尔县委、县政府决定下派7个工作指导组对自治县煤炭集团公司改制重组工作进行指导，以便进一步加快煤炭集团公司与徐矿集团的合作步伐。

是月，中国社会科学院民族文学研究所在和布克赛尔县建立“江格尔”口头研究田野基地，该基地是全国六大民族文学研究基地之一。

6月20日，和布克赛尔县经济考察团前往天津长芦汉沽盐场有限责任公司和天津市海晶集团塘沽盐场考察学习盐化工深加工项目。

7月5日，和布克赛尔县莫特格乡党委被地委命名为“五好”乡镇党委。

7月9日，和布克赛尔县在县体育广场举办首届江格尔文化旅游节暨第九届那达慕大会。

7月21日，和布克赛尔县新雅泰化工有限公司化工厂举行奠基仪式。仪式上，新雅泰集团向和布克赛尔县希望工程捐款20万元。

7月30日，徐矿集团新疆赛尔能源有限公司举行挂牌仪式。

8月1日，全国人大新闻协会会长郭瑞一行2人到和布克赛尔县调研。

是日，全国人大人民大会堂管理局局长刘水生一行9人到和布克赛尔县考察学习。

8月8日，全国人大会议中心京西宾馆东楼业务部、接待处一行14人到和布克赛尔县考察学习。

8月17—20日，中共和布克赛尔县第十次代表大会在县城召开。

9月1—20日，和布克赛尔县人大常委会主任一行人前往辽宁省参加由阜新蒙古族自治县承办的“全国六省区七个蒙古族自治县”立法研讨会。

9月9日，和布克赛尔县与克拉玛依市协商共同修筑国道217线K330千米处至玛纳斯盐湖公路。

9月11日，中国·新疆首届“江格尔”国际文化研讨会在和布克赛尔县举行。

9月18日，和布克赛尔县铁布肯乌散乡党委荣获自治区先进基层党组织荣誉称号。

10月，自治区疾病预防控制中心主任助理、自治区包虫病专家组成员童苏祥一行6人到和布克赛尔县进行包虫病抽样检查。

12月25日，和布克赛尔县在地区2006年经济工作考核中荣获“2006年度经济工作综合考核先进县和布克赛尔托里板块第一名”“社会主义新农村建设先进县和布克赛尔托里板块第一名”“畜牧业基础设施建设年活动先进县”称号。

是年，和布克赛尔县被评为自治区“四五”普法先进县。

是年，和布克赛尔县伊克乌图布拉克牧场被确定为自治区新农村建设示范乡（场）；伊克乌图布拉克村定为自治区新农村建设示范村，夏孜盖乡被定为塔城地区社会主义新农村示范乡。

是年，和布克赛尔县十星级文明户达到5 725户，占全县总户数的39%，创建成自治区级文明单位44个、地区级文明单位77个、县级文明单位51个。

## 2007年

1月1日，和布克赛尔县邮政局正式启动“东风工程”投递工作。

是月，共青团和布克赛尔县委荣获“自治区级团建先进县（市）”称号。

2月6日，和布克赛尔县广电局投入3万元新增北京、上海、广东、凤凰卫视四套卫星电视节目，使电视节目套数由原来的38套增加到42套。

3月29日，和布克赛尔县打造文化名县座谈会在首府乌鲁木齐华瑞大酒店召开。自治区30名专家、学者汇聚一堂，为打造和布克赛尔文化名县建言献策。

是月，和布克赛尔县成功将蒙古族《江格尔》史诗、蒙古族民间长调民歌、蒙古族托布秀尔音乐申报为自治区第一批非物质文化遗产代表作。

5月14日，和布克赛尔县计划生育“少生快富”工程奖励金首发仪式在县人民政府一楼会议室举行。

5月15日，和布克赛尔县国有资产经营公司参加煤炭联合销售公司对外拍卖议程，以250万元收购煤炭联合销售公司。

是日，和布克赛尔镇新综合办公大楼竣工并投入使用。

5月30日，和布克赛尔县莫特格乡莫特格村的学生朱佳被清华大学免试录取。

6月29—30日，自治区教育厅“人才培养模式改革和开放教育试点”项目总结性评估专家组到和布克赛尔县党校验收。

7月1日，和布克赛尔县在离县城70千米的“江格尔”风情园举办县第二届江格尔文化旅游节暨第十届那达慕大会。

7月3—7日，甘肃省肃北蒙古族自治县、青海省河南蒙古族自治县、吉林省前郭尔罗斯蒙古族自治县、黑龙江省杜尔特蒙古族自治县、辽宁省喀喇沁左翼蒙古族自治县、辽宁省阜新蒙古族自治县、和布克赛尔县等全国6省区、7个蒙古族自治县民族立法研讨会在和布克赛尔县召开。

7月5日，《新疆和布克赛尔县有机产品十年发展规划》通过自治区专家组评审。

7月7—8日，美国《国际日报》中国新闻编辑部副总编曾旺强一行到和布克赛尔县考察当地历史文化。

7月17日，和布克赛尔县境内铁布肯乌散乡、莫特格乡、那仁和布克牧场、县城等地突发暴雨，暴雨持续近3个小时，由于降水量大，发生洪水袭击。初步统计受灾人口194户826人，房屋倒塌31户120间，经济损失31万元；房屋不同程度进水被淹161户（危房），经济损失80.5万；冲毁院墙943米，毁坏耕地面积100亩。累计造成直接经济损失132万元。

7月25日，和布克赛尔县供销联社夏孜盖棉花加工厂投资460万元的棉花加工技改项目顺利通过自治区发改委和相关部门的验收。

7月29日下午17:20，和布克赛尔县察和特开发区和查干库勒乡受暴雨冰雹袭击，造成大面积洪涝灾害。房屋进水238户，倒塌房屋44间，构成危房84间；围栏倒塌4 684米，冲毁草场18 100亩，棉花绝收1 406亩，冲毁干渠360米，冻死羊278只。累计造成直接经济损失850万元。

8月3日，和布克赛尔县首届蒙古长调民歌比赛在查干库勒乡举行。

8月5日，中央电视台《平安中国——平安新疆》摄制组编导陈姗姗、摄像苗红生一行到和布克赛尔县对莫特格乡女子护村队的先进事迹进行实地拍摄，制成长约25分钟的纪实片。

8月6日，下午4时许，和布克赛尔县伊克乌图布拉格牧场突降暴雨，造成洪灾，直接经济损失9.6万元。

8月20日，中国社会科学院及蒙古国科学院学者组成的学术考察组到和布克赛尔县进行田野调查。

8月30日，和布克赛尔县完成伊克乌图布拉格牧场至187煤矿的光缆建设。

是月，和布克赛尔县文工队在内区苏尼特右旗举办的乌兰牧骑建立50周年文艺比赛中获金奖；在北京盐务总局举办的文艺会演中获金奖。

是月，和布克赛尔县县城被自治区爱卫会命名为自治区级卫生县城。

9月4日，和布克赛尔伊克乌图布拉格牧场的SCDMA（406）设备开通。

9月13日，共青团和布克赛尔县第十次代表大会召开。

是日，和布克赛尔县察和特农业综合开发项目（一期）竣工并通过地区、自治区验收。

9月20日，和布克赛尔县将1997年12月成立的县绒毛分梳厂，根据和政函〔2007〕41号文件，按资产评估价对外拍卖。

9月21—22日，地区人民调解工作试点经验交流会在和布克赛尔县召开。铁布肯乌散乡司法所通过自治区司法所分级达标验收，被授予自治区级司法所。

10月21日，塔城地区爱卫办领导代表自治区对县环保局创建自治区级卫生级红旗单位工作进行验收。

11月6日，和布克赛尔县农村无线数字广播电视正式开通，传输32套无线数字电视节目，传输62套有线数字电视节目。

12月，人行和布克赛尔县支行根据人行乌鲁木齐中心支行的有关文件精神，撤销人行和布克赛尔县支行发行库。

是年，和布克赛尔县人民政府将全县800名农牧民和家庭困难子女的寄宿生生活补助费由原来的每月40元/生提高至每月120元/生，实现完全意义上的免费就学。

## 2008年

3月10日，塔城地区民政工作会议在和布克赛尔县召开。

是日，塔城地区地名公共服务工程工作现场会试点会在和布克赛尔县召开。

3月23日，和布克赛尔县举行实施国家退耕还林、荒山荒地造林项目开工奠基仪式。

4月25日，和布克赛尔县荣获自治区级“双拥”模范县称号，自治区党委常委肖开提·依明、新疆军区政治部副主任。张果成少将一行在地委书记彭家瑞陪同下，亲临现场命名授牌。

5月15日，和布克赛尔县委理论学习中心组举行向四川地震灾区捐款仪式。县委主要领导，县人大常委会主任桑金才，县政协党组书记杨友春，县政协主席哈力木汗带头向灾区各捐款1 000元，其他副县级领导各捐款800元，累计捐款达311 958元；其他各单位（部门）积极组织人员向四川灾区捐款活动，全县累计捐款达45万元。

5月19日，和布克赛尔县各乡镇场，县直各单位（部门），企事业单位，人民团体开展了向5·12四川汶川大地震遇难同胞默哀仪式，县四套班子领导参加了默哀仪式。

5月25日，自治区山区贫困农牧民搬迁启动仪式在和布克赛尔县举行。

6月17日，中央农业广播电视学校为和布克赛尔县农广分校配备的卫星接收小站建成并投入使用。

6月18日，和布克赛尔县文学艺术界联合会成立并召开第一次代表大会。

7月27日，地区新型工业化现场观摩会在和布克赛尔县召开。

7月31日，全国政协常委、原新疆军区司令员邱衍汉，原乌鲁木齐陆军学院副院长肖岗城到和布克赛尔县检查指导工作。

8月18日，《新疆人大》宣传工作座谈会在和布克赛尔县召开。

8月26日，举行和布克赛尔县与布尔津县缔结友好县座谈会。

9月17日，和布克赛尔县举行新疆新雅泰化工有限公司投产典礼。

10月23日，和布克赛尔县在县城敖包街东侧举行江格尔文化艺术宫奠基仪式。

12月22日，和布克赛尔县在江格尔影剧院举行庆祝改革开放30周年大型文艺晚会。

## 2009年

1月8日，和布克赛尔县与亚洲中心时报合作出版一期反映自治县改革开放30周年辉煌成就“两会”特刊专题报道。

1月20日，和布克赛尔县查干库勒乡、莫特格乡、那仁和布克牧场被评选为自治区第四批“民间文化艺术之乡”。

2月1日，和布克赛尔县65岁以上老人享受免费乘坐县域内公共汽车的优待政策。

2月9日，由和布克赛尔县主办、新疆民间文艺家协会、新疆卫拉特蒙古研究学会、新疆师范大学人文学院协办以“抢救保护民间艺人、继承弘扬优秀文化”为主题的新疆卫拉特蒙古民间艺人专家座谈会暨首届新疆卫拉特蒙古民间艺人才艺展播在乌鲁木齐隆重举行。

2月27日,和布克赛尔县工商局通过自治区级卫生红旗单位复验。

3月2日,和布克赛尔县首批30名干部作为学习实践科学发展观活动的“先头兵”,赴大连东北财经大学进行为期45天的脱产学习。

3月14日,和布克赛尔县在县委党校多功能大厅召开深入学习实践科学发展观活动动员大会。

4月29日,和布克赛尔县委宣传部、文明办在和什托洛盖镇迎宾馆隆重举办以“情暖和布克赛尔”为主题的第二届十大道德模范人物表彰活动。古木加甫·月加、别塔、克里木、布音塔、杨中荣、欧·那木加甫、喻彪、王新勇、努尔哈孜·黑那亚提、阿热爱古丽10位道德模范人物受到表彰。

5月5日,和布克赛尔县新建老年活动中心破土动工,总面积3 115平方米。

5月9日,和布克赛尔县纪委、县委宣传部、县纠风办、县广播电视局联合主办的《和广行风热线》电台节目正式开通。

5月20日,薛俊强任中共和布克赛尔县委书记。

是日,和布克赛尔县残疾人运动会在县体育广场开幕,并成功举办和布克赛尔县首届残疾人运动会。

6月1日,和布克赛尔县司法局和县电视台共同开办《普法学法园地》法制电视专栏节目,并于当日正式开播。

6月17—19日,塔城地区第十八届阿肯弹唱文化旅游节在和布克赛尔县举行,县委宣传部邀请100多家媒体记者参会报道。

6月20日,和布克赛尔县举办第二届蒙古长调比赛。

6月25日,和布克赛尔县人民政府和塔城地区行署就自治县194幅1:10000地形图基础测绘项目正式签订协议。

6月28日,山西晋煤集团党委副书记张虎龙一行到和布克赛尔县对煤炭资源情况进行调研,并签订塔城地区、和布克赛尔县、山西晋煤集团、新疆山西商会合作开发煤化工项目协议。

7月10日,奥中经济文化交流协会邀请和布克赛尔县“江格尔”少年马头琴队参加维也纳《金色大厅》国际青少年音乐节。

7月14—17日,“西新工程”第四期“村村通”直播卫星接收设施在和布克赛尔县夏孜盖乡、和什托洛盖镇和铁布肯乌散乡的23个站点安装完毕,广大农牧民可以收听收看到63套调频的广播节目、54套电视节目。

7月25日,和布克赛尔县城镇民贸市场全部停业改造。

是月,将莫特格乡奎德格小学、铁布肯乌散乡孟根布拉格小学撤并到和布克赛尔县城关小学。

8月3日,由自治区文化厅、民委、文联主办,和布克赛尔县委、县人民政府承办的新疆蒙古族非物质文化遗产项目类比赛在自治县江格尔影剧院举行。

是日,和布克赛尔县边防大队铁布肯乌散边防派出所辖区突降暴雨,引发山洪,派出所成功救助被洪水围困的18户75名群众,安全转移大量群众生活物资,挽回经济损失近50万元。

8月6日,和布克赛尔县第十一届那达慕大会暨第三届江格尔文化旅游节在县体育广场开幕。

8月18日,和布克赛尔县召开深入学习实践科学发展观活动总结大会。

是日,和布克赛尔县人民法院和什托洛盖镇人民法庭新审判楼正式投入使用。

8月22日，陕西测绘局副局长臧克福一行到和布克赛尔县慰问在自治县钡区进行1:10000地形图基础测绘的陕西测绘工作人员。

8月24日，经和布克赛尔县机构编制委员会报请地区机构编制委员会批准正式成立新疆和布克赛尔县慈善医院。

8月27日，和布克赛尔县污水处理厂建成并投入运行。

9月8—11日，和布克赛尔县招商局组团参加在厦门举办的“中国国际投资贸易洽谈会”。

9月15日，和布克赛尔县国土资源局加挂“测绘局”牌子，实行一套人马、两块牌子。

9月16日，和布克赛尔县人民法院审判综合楼举行开工仪式。

是月，和布克赛尔县“两基”工作顺利通过国家验收。

10月8日，自治区林业勘察设计院到和布克赛尔县进行地方公益林确权区划界定。

11月8日，水利部水保司副司长张新玉一行在自治区水利厅副厅长邓铭江的陪同下到和布克赛尔县调研工作。

12月22日，中国农业发展银行和布克赛尔支行举行揭牌仪式。

12月28日，和布克赛尔县安监局安全生产执法大队正式挂牌成立。

是年，和布克赛尔县疾控中心获自治区文明单位。

是年，和布克赛尔县获自治区城乡抗震安居工程先进县。

是年，和布克赛尔县寄宿生生活补助标准由每生每月120元提高至每生每月150元。

是年，和布克赛尔县委宣传部荣获维也纳“至高荣耀”“金色大厅”国际音乐节特殊贡献奖和优秀组织奖。

## 2010年

1月10日，和布克赛尔县财政投资评审中心成立。

1月17日，塔城地区第三届中国象棋“江格尔旅游杯”排位赛在和布克赛尔县举办，地区五县二市38名中国象棋爱好者参加比赛。

1月18日，和布克赛尔县与香港弘港集团合作建设6 666.67公顷有机棉基地项目签约仪式在新疆人民会堂举行。

1月26日，自治区抗灾医疗救援队深入和布克赛尔县灾区，为受灾农牧民家免费送医送药。

2月1日，地区行署副专员图格杰加甫一行到和布克赛尔县捐赠地区红十字会救灾物资。

2月24日，和布克赛尔县普降大雪，铁布肯乌散乡各村队降雪量达到30厘米，最深处降雪量达50厘米，突破往年降雪记录。

3月2—3日，和布克赛尔县沙吉海煤业有限责任公司煤矿和鑫泰矿业有限责任公司四号井安全设施及条件和项目竣工通过新疆煤矿安全监察局北疆监察分局、塔城地区煤炭工业管理局和县煤炭工业管理局验收。

3月12—17日，和布克赛尔县遭遇暴风雪，和布克赛尔县全力疏通道路，救助车辆83辆，救助受困人员419人。

3月14日，和布克赛尔县边防大队抗雪救灾救援小分队救助辖区群众4人、牲畜780只，挽回经济损失

80万元。

3月16日，浙江远见规划设计院、上海展望投资公司、内蒙古旅游学院到和布克赛尔县察和特开发区考察。

3月23日，农业部草原监理中心副主任刘连贵、自治区畜牧厅总畜牧师赵新春一行到和布克赛尔县察看了解灾情。

3月30日10时，和布克赛尔鲁能煤电化开发有限公司沙吉海煤矿副斜井井筒施工工作面发生冒顶事故。位于副井筒745米处，造成沙岩塌方500～600立方米，当时正在井下作业的21名建设工人中10人被困，安全升井的11人中有5人受轻伤。

4月6—10日，和布克赛尔县招商局组团参加在西安国际展览中心举办的“第十四届中国东西部合作与贸易洽谈会”。

4月7日，地委书记彭家瑞到和布克赛尔县详细调查和丰鲁能沙吉海煤矿“3·30”冒顶事故情况。

4月14日，青海玉树发生7.1级地震，和布克赛尔县共募集捐款资金18.43万元。

5月7日，和布克赛尔县首次启动农牧民安居楼房建设惠民工程，在和布克赛尔镇、和什托洛盖镇建设600套农牧民安居楼房每户补助5万元，自治县成立了农牧民身份确定工作领导小组。

是日，和布克赛尔县察和特开发区遭遇强烈风沙天气，农作物直接经济损失达50余万元。

5月11日，中电投新疆能源有限公司董事长、党组书记张生元一行到和布克赛尔县就4台60万千瓦机组火电项目和20亿立方米煤制天然气项目进行实地考察。

5月15日，和布克赛尔县首批安居富民楼幸福花园工程破土动工。

5月31日，和布克赛尔县工业园区玛纳斯盐湖引水工程及宏达一分厂供水工程顺利通过竣工验收。

6月9日，和布克赛尔县召开第三届“情暖和布克赛尔”道德模范表彰大会。绕娅·沙哈生、孙景玉、阿拉新、麦迪克、托留汗、卢金菊、丁伟民、前言柏、布音、玛加·乌特洪10位道德模范受到表彰。

6月10日，和布克赛尔县民宗委争取到“兴边富民项目”9个，国家计划投入390万元。

6月11日，和布克赛尔县召开深入开展创先争优活动动员部署会议。

6月16日，和布克赛尔县干部职工集资楼天富花园小区工程开工建设。

6月18日，和布克赛尔县人园企业赛尔鹏远复合材料有限责任公司举行开工剪彩仪式。

6月20日，电影《月亮之声》在和布克赛尔县那仁和布克牧场开机拍摄。

7月4日，和布克赛尔县被确立为塔城地区四个孵化园区之一，自治县人民政府购买26个门面房，建设一个设施完善、功能齐全的创业园区，用于大中专毕业生、复转军人、就业困难人员的创业场地。

7月11日，由内蒙古文化厅、民族歌舞剧院、民族曲艺团主办，和布克赛尔县承办的《永远的故乡、永恒的爱》叶尔达民族交响乐音乐会在和布克赛尔县举办。

7月12日，和布克赛尔县第四届江格尔文化旅游节暨那达慕大会开幕。

7月15日，电影《江格尔齐》在和布克赛尔县那仁和布克牧场开机拍摄。

7月17—18日，塔城地区投资审计理论研讨会在和布克赛尔县召开。

7月21日，塔城地区第四届老年人运动会在和布克赛尔县开幕。

8月14日，和布克赛尔县在辽宁省盘锦市召开“和布克赛尔县招商项目推介会”，邀请客商120余人，项目签约总金额达74.3亿元。

是日，和布克赛尔县第十二届阿肯阿依特斯暨文化旅游节开幕。

8月25日，和布克赛尔县派出的“江格尔”服装服饰展示队参加第七届中国蒙古旗服装服饰艺术节，获得蒙古族传统服饰展示三等奖和蒙古族行业工作服饰展示三等奖。

8月28日，辽宁省盘锦市人民政府副秘书长王子信一行组成的政府及企业家代表团到和布克赛尔县实地考察调研。

9月8日，国电新疆电力有限公司党委书记毕可利一行到和布克赛尔县调研指导工作，并为自治县捐助帮扶款50万元。

9月12日，和布克赛尔县预算总投资221.78万元的广播电视120米自立塔、基础及塔基接地工程正式启动，该工程由山东青岛明珠钢结构有限公司承建。

9月12—17日，自治区第七届少数民族传统体育运动会在哈密落下帷幕。和布克赛尔县卡·巴图那生荣获民族式摔跤74公斤级第一名。

9月16日，国家统计局调查大队副队长王振华一行到和布克赛尔县察和特开发区检查自治区重点挂牌整治单位开展情况。

9月19日，和布克赛尔县完成筑巢引鸟灭蝗工程。

10月12日，甘肃省200户跨省移民落户和布克赛尔县察和特开发区中心区移民点。

10月14日，和布克赛尔县人民法院党组书记郑毅随地区中级人民法院组团赴辽宁省盘锦市中级人民法院考察学习，并签订受援协议书。

是月，和布克赛尔县赛月绒毛加工专业合作社获中央农民专业合作社扶持资金15万元。

是月，和布克赛尔县共投资300余万元、面积300余平方米、配套设施完备的民兵训练基地建设启动。

11月6—7日，全国、自治区两级人大代表团到和布克赛尔县视察参加全国、自治区人民代表大会意见收集工作。

11月29日，和布克赛尔县“自治区级示范性县(市)电大工作站”项目通过评定验收。

12月16日，辽宁省盘锦市原教育局局长、全国著名特级教师、当代著名教育改革家魏书生到和布克赛尔县作学术报告。

是年，和布克赛尔县确定为全国首批新型农村养老保险试点县。

是年，和布克赛尔县委党校通过自治区文明单位验收。

是年，和布克赛尔县实行高中阶段免费教育。

是年，和布克赛尔县筹措资金2 900万元完成全县15所学校17个加固改造项目，建筑面积达266万平方米，D级危房更新改造0.7万平方米。

是年，和布克赛尔县3人被确定为第二批自治区级非物质文化遗产名录项目代表性传承人，他们是：新疆蒙古族祝赞词代表性传承人那次克·布娃、新疆蒙古族服饰制作技艺代表性传承人巴楚乔、蒙古族祭敖包代表性传承人苏木彦。

## 2011年

1月，和布克赛尔县成立县老干部老年大学，开设托布秀班、蒙古长调班、合唱班、舞蹈班、声乐班。

2月15日，自治区集中整顿基层组织巡回检查组吴迪铭一行3人到和布克赛尔县巴音傲瓦乡就软弱涣散党组织集中整顿情况进行检查指导。

3月8日，徐矿集团40亿立方米煤制天然气项目座谈会在和布克赛尔县召开。

3月18日，和布克赛尔县为李冠英同志的墓地选好新位置，按照烈士标准重新安葬，相关费用由自治县财政承担。

4月2日，自治区定居兴牧水利工程项目和布克赛尔县乌克塔斯水库开工，并举行奠基仪式。

4月15日，和布克赛尔县“自治区级示范性县（市）电大工作站”揭牌仪式在县委党校多功能厅举行。

是日，和丰公路段正式更名为和布克赛尔公路管理分局。

5月5日，成立和布克赛尔县水土保持及和布克赛尔县民兵武器装备仓库。

5月11日，自治区党委第四巡视组组长艾比布拉·司马义一行到和布克赛尔县开展巡视活动。

5月12日，和布克赛尔县主要领导在县赛尔宾馆二号楼会客室会见中铁十三局集团新疆指挥部指挥长刘立臣一行，双方就G3014乌尔禾至阿勒泰高速公路和布克赛尔段施工筹备情况作了交流。

6月13日，和布克赛尔县举行首届“和文化”论坛。

7月1日，和布克赛尔县举行安居富民工程幸福家园小区入住仪式。

7月29日，成立和布克赛尔县群众工作部与群众来访联合接待中心。

7月31日，和布克赛尔县与芜湖市镜湖区缔结友好县区座谈会暨协议仪式在县赛尔宾馆二号楼二楼会议室举行。

8月5日，塔城地区定居兴牧水利工程建设会在和布克赛尔县召开。

8月6日，位于和布克赛尔县境内的塔城地区白杨河引水工程大坝成功截流。

8月15日，成立和布克赛尔县人民法院审判管理办公室。

9月14—15日，中共中央政治局委员、自治区党委书记张春贤一行到和布克赛尔县调研。

9月16—18日，中共和布克赛尔县第十一次代表大会在县城召开。

9月27日，和丰工业园区总体规划通过自治区评审。

9月28日，江苏徐矿新疆塔城年产40亿立方米煤制天然气及配套煤矿项目奠基仪式在和布克赛尔县和丰工业园区举行。

10月12日，新疆塔城年产120万吨纯碱及配套项目开工奠基仪式在和布克赛尔县和丰工业园区举行。

10月12—13日，自治区在和布克赛尔县召开加快推进和丰工业园区发展座谈会。

11月28日，成立和布克赛尔县中小企业管理中心。

11月30日，自治区定居兴牧水利工程和布克赛尔县乌克塔斯水库下闸蓄水仪式在和布克赛尔县乌克塔斯水库举行。

12月3日，地委书记张博到和丰工业园召开加快园区建设发展现场办公会议。

12月25日，和布克赛尔县召开《和布克赛尔县龙脊谷景区控制性详细规划》评审会。

是年，和布克赛尔县获全国地名公共服务体系建设示范县、全国科技进步考核通过县，自治区城乡抗震防灾先进县、计划生育优质服务先进县、婚育新风进万家活动先进县等荣誉称号。

## 2012年

2月14日，安徽芜湖首批援疆15名教师、医生来和布克赛尔县。

2月22日，和布克赛尔县召开旧城及棚户区改造工作动员会。

3月13日，自治区招商发展局党组书记、局长郑强带领浙江物产集团、盾安控股集团、招商局集团、新疆福建企业联合会等企业家代表团一行17人到和布克赛尔县考察。

3月21日，和布克赛尔县委、县人民政府投入94.8万元订购的3辆标准校车顺利抵达，首批校车分配在和什托洛盖镇、夏孜盖乡、巴嘎乌图布拉格牧场使用。

4月10日，自治区人民政府批准设立和布克赛尔县查和特乡。

4月28日，自治区批复设立和丰工业园区管委会。

5月12—19日，上海同济城市规划设计研究院一行9人到和布克赛尔县开展规划修编调研工作。

5月16日，自治区党委第五巡视组组长原军一行到和布克赛尔县进行为期一个月的巡视。

5月20日，和布克赛尔县在莫特格乡、查干库勒乡、铁布肯乌散乡、巴音敖瓦乡、察和特开发区五处空白乡镇网点补建邮政网点。

是日，和布克赛尔县正式启动社会保障卡发放工作。首批计划发卡6 600张。

5月24日，地区配备和丰工业园区管委会领导班子。

5月25日，地区批复设立和丰工业园区管委会。

5月27日，加拿大加皇国际教育集团捐赠仪式暨加拿大加皇国际教育集团与和布克赛尔县中小学外语教学合作座谈会在县赛尔宾馆二号楼二楼会议室召开，并签订《加拿大加皇国际教育集团与新疆和布克赛尔县教育合作交流协议书》。

5月31日，农行和布克赛尔县支行在城区布放的首个离行式自助银行服务区开业运行。这是和布克赛尔县金融机构中首个安放在县城的离行式自助银行服务设施，也是农行和布克赛尔县支行第二个离行式自助银行服务区。

6月1日，和布克赛尔县在夏孜盖乡举行“自治县4·21风灾现场理赔大会”。赔付面积1 006.67公顷、赔付受灾农户276户、赔付款69.97万元。

6月5日，和布克赛尔县首个乡镇食品药品监督管理站在和什托洛盖镇人民政府挂牌成立。

6月14日，和布克赛尔县档案馆整理、鉴定、抢救了259枚多年存放在档案局旧资料室的自治县成立前后的机构印章。

6月26日，和布克赛尔县正式启用民政部开发的全国婚姻登记管理信息系统，开始联网办理婚姻登记业务。

6月28日，和布克赛尔县在影剧院举行2011年度800套富民安居房（县城）分房仪式。

6月31日，和布克赛尔县农村环境连片整治示范项目实施，该项目总投资837万元，其中中央资金558万元，地方配套资金279万元。项目惠及自治县4个乡镇场9个村1 200余户6 000余人。

是月，和布克赛尔县夏孜盖乡绿源养殖专业合作社争取到自治区农民专业合作社扶持资金20万元；吉日格勒奶牛养殖合作社获自治区农民专业合作社扶持资金20万元。

是月，和布克赛尔县城关小学学生美德格在区内初中班考试中取得全疆第一的好成绩。

7月2日，和布克赛尔县12名农牧区投递员享受国家专项补贴资金1.44万元，并发放到位。

7月3日，辽宁省盘锦市检察院副检察长郝建军带队到和布克赛尔县考察、对接援建事宜。

是日，和布克赛尔县在夏孜盖乡进行2011年度400套富民安居房（和什托洛盖镇）电脑摇号分房。

7月5日，按照和布克赛尔县人民政府《关于和布克赛尔县公立医院改革试点实施方案》（和政办发〔2012〕99号）文件精神要求，全县公立医院取消挂号费、诊疗费、取暖费的收取。

7月10日，和布克赛尔县出现雷阵雨天气，雷暴持续时间3个多小时，查干库勒乡巴音查干村143只羊被雷电击死，30只羊被洪水冲走。

7月17—18日，自治区人民政府城乡规划工作顾问、上海市政协常委、上海市城市规划行业协会会长、原上海市城市规划管理局局长毛佳樑一行到和布克赛尔县就县城总体规划情况进行调研。

7月21日，第七届全国卫拉特蒙古历史文化学术研讨会在和布克赛尔县召开。

7月24—26日，和布克赛尔县举办第五届江格尔文化旅游节暨第十三届那达慕大会。

8月6日，和布克赛尔县举办第二届“和文化”论坛。

8月10日，和布克赛尔县荣获“第四届全国新农村电视艺术节——魅力新农村”十佳县（市）。

8月15日，和布克赛尔县将婚前体检费用列入县财政预算，实行婚前免费体检。

8月23日，辽宁省盘锦市第二批医疗专家于天开等一行6人到和布克赛尔县进行为期一年半的坐诊指导工作。

8月27日，中国农业银行塔城地区分行分别与和布克赛尔县人民政府、塔城地区和丰工业园区在和布克赛尔县签署《战略合作协议》。

8月30日，由地区副秘书长、经工办主任吴国琛带队的地区农业农村工作观摩团到和布克赛尔县观摩农业农村工作。

8月31日，17时12分，县境内发生3.7级地震，震中位于北纬46.5°、东经86.9°，未造成人员伤亡及财产损失。

9月7日，辽宁省盘锦市援疆工作队在和布克赛尔县教育局三楼会议室举行金秋捐资助学启动仪式，继续对自治县17名贫困或单亲家庭学子实施对口援助。

9月9日，民政部区划地名司副司长孙秀东一行7人到和布克赛尔县检查指导自治县第二次地名普查试点工作。

9月10日，和布克赛尔县举办第三届《达林陶布奇》杯江格尔说唱比赛。

9月28日，自治区扶贫龙头企业暨新疆康隆扶贫基金会揭牌仪式在和布克赛尔查和特乡举行，颁发第一批新疆康隆扶贫基金会“爱心助学金”“爱心助残金”1.8万元。

10月31日，和布克赛尔县殡仪馆、县老年福利服务中心综合楼及配套附属工程建成投入使用。

11月，成立和布克赛尔县王爷府博物馆。

## 2013年

1月8日，中共中央政治局委员、自治区党委书记张春贤一行到和布克赛尔县工业园区调研。

1月14日，新疆空管局同意将和布克赛尔民用机场列入《新疆民航发展第十二个五年规划》，并列入正在编制的《通勤机场布局规划（至2030年）研究报告（初稿）》。

2月28日，自治区直属单位扶贫包村工作组共选派16名领导干部分别进驻和布克赛尔县重点村拉卜楞村、乌兰哈德村、伊克乌图布拉格村、吉木沟村、谢木那仁库热村、库尔旦夏尔村。

3月4日，和布克赛尔县召开2013年棚户区改造动员大会。

3月12日，和布克赛尔县机关效能投诉中心成立，并举行揭牌仪式。

4月13日，和布克赛尔县与农十师一八四团联合在夏孜盖乡举办机采棉集约化管理示范区春播现场演示会。

5月8日，和布克赛尔县道尔本厄鲁特森木故城遗址及骆驼石旧石器遗址被列入第七批全国重点文物保护单位。

5月20日，苏新能源和丰有限公司在和布克赛尔县和丰工业园区揭牌。

6月1日，辽宁省前方指挥部副总指挥、塔城地委委员申世英一行到和布克赛尔县，对帮户定点村的贫困户进行慰问。

6月11日，安徽省芜湖市卫生局副局长杜荣昶一行到和布克赛尔县访问。

7月18日，和布克赛尔县科学技术协会和科学技术局正式分设。

7月22日，内区阿拉善盟文化传承和保护考察团到和布克赛尔县学习考察。

7月24日，和布克赛尔县慈善医院增挂“和布克赛尔县第二人民医院”招牌。

8月6日，自治区人民政府国家305项目办公室副主任潘成泽一行到和布克赛尔县莫阿特铜矿进行实地调研。

8月17日，和布克赛尔县第六届江格尔文化旅游节暨第十四届那达慕大会开幕式在县江格尔影剧院举行。

9月2日 和布克赛尔县人民政府、县残联与辽宁省盘锦市中心医院、盘锦市残联共同组织的新一轮“光明行动”活动在自治县举行启动仪式。

9月26日上午，国务院扶贫办副主任王国良、中国国际扶贫中心副主任谭卫平，自治区扶贫办副主任库热西·哈吾力，地委委员阿米娜·瓦尔汗、地区扶贫办主任马燕玲等到和布克赛尔县开展扶贫开发工作调研活动。

是日，和布克赛尔县邮政局通过自治区文明单位复验。

11月30日，和布克赛尔县与中电投集团、宁夏宝塔石化集团举行经济合作项目签约仪式。

12月19日，和布克赛尔县举行第一批辽宁省盘锦市对口支援和布克赛尔县援疆工作总结座谈会。

12月20—21日，共青团和布克赛尔县第十一次代表大会在县综合楼召开。

## 2014年

2月20日，和布克赛尔县成功申报“蒙古包制作技艺”为自治区第四批自治区级非物质文化遗产。

3月19日，和布克赛尔县召开第二批党的群众路线教育实践活动动员部署会，正式启动了和布克赛尔县教育实践活动。

5月29日，自治区审计厅纪检组长袁成一行3人到和布克赛尔县审计局检查2014年县主要领导经济责任审计情况。

7月6日，下午，和布克赛尔县夏孜盖乡狂风肆虐，冰雹、暴雨随即而降，造成全乡2 433公顷农田不同程度受灾，直接经济损失1 800余万元。

7月16—17日，《江格尔》与世界史诗国际研讨会在和布克赛尔县召开。

7月17日，和布克赛尔县“江格尔”艺术宫历时3年建成，举行开馆仪式并向社会各界开放。

7月20日，庆祝和布克赛尔县成立60周年系列活动暨第十四届阿肯阿依特斯文化旅游节在自治县白桦林湿地旅游景区举行。

7月21日，和布克赛尔县在江格尔体育广场召开公开逮捕大会，依法对涉嫌参加恐怖组织案的哈某、强奸杀人案的赛某公开宣布并执行逮捕。

7月24日，国家人社部农村社会保险司副司长董英申督导组一行到和布克赛尔县就新农保和城居保合并实施准备情况及城乡居民养老保险情况进行检查指导。

7月27日，第三届“和文化”论坛在和布克赛尔县举行。

7月30—31日，和布克赛尔县成立60周年庆祝大会召开。

8月6日，国家体育总局经济司司长张昊一行体育场地普查督导组到和布克赛尔县就体育事业发展情况进行调研。

8月9日，中国科协党组成员、书记处书记王春法一行到和布克赛尔县参观江格尔文化艺术宫。

9月16日，2014年自治区竞技麻将锦标赛在和布克赛尔县老年活动中心举行。

9月23日，建在和布克赛尔县境内的塔城地区和丰职业技术学校举行揭牌仪式。

10月13日，意大利国家生物新技术、能源和环境研究院研究员马克·安东尼尼到和布克赛尔县那仁和布克牧场绒山羊基地考察。

10月22日，和布克赛尔县召开党的群众路线教育实践活动总结大会。

11月4日，自治区公安信息化深度应用现场会在和布克赛尔县召开。

12月6日，和布克赛尔县成立社会科学界联合会并召开第一次代表大会。

是年，和布克赛尔县夏孜盖乡、铁布肯乌散乡、那仁和布克牧场、巴嘎乌图布拉格牧场被命名为第三批“自治区级生态乡镇”，乌兰浩硕村、和什托洛盖村、查干恩格村等40个村被命名为第四批“自治区级生态村”。

## 2015年

1月8日，环保部总量减排核查组一行2人到和布克赛尔县对国网能源和丰煤电有限公司2014年污染物总量减排工作进行现场检查。

1月11日，自治区博物馆考古专家王博一行6人到和布克赛尔县档案局(馆)参观考察。

1月20日，澳籍华人魏基成夫妇“天籁列车”助听器捐赠仪式在和布克赛尔县归国华侨联合会举行。

1月23日，地区行署副专员伊力夏提调研组一行到和布克赛尔县对新申请的两个扶贫就业基地——骏马畜牧养殖专业合作社、牧羊人奶制品专业合作社进行调研，并签署协议，为两家合作社提供共50万元的启动资金。

4月9日，北大博雅方略旅游景观规划院新疆分院长陈惠民一行3人到和布克赛尔县对和布克赛尔镇、准噶尔古城、江格尔宫、王爷府、喇嘛庙等旅游景区(点)进行现场考察。

4月21日，和布克赛尔县和什托洛盖派出所获得“全国公安机关执法示范单位和全区执法示范单位”称号。

4月27日，和布克赛尔县申报年屠宰500头优质肉牛及加工新建项目顺利通过地区、自治区农业综合开发专家组评审。

5月8日，成立和布克赛尔县高速公路交警一大队、二大队。

5月17日，中国科学院新疆生态与地理研究所研究员、新疆旅游研究院副院长杨兆萍教授一行5人到和布克赛尔县考察重点旅游景区发展情况。

是月，和布克赛尔县巴·欧云格日丽等4名脑瘫、沙亚拉·哈里木别克等7名先天性心脏病儿童先后被送往自治区民政康复医院接受免费手术治疗。

6月10日，自治区发改委能源处副处长马军、地区发改委副主任李铁纲一行到和布克赛尔县就正式启动211套光伏独立供电户用系统等相关事宜与自治县达成一致。

6月16日，国家民委督导检查司司长陈乐齐一行到和布克赛尔县检查指导创建全国民族团结进步模范县工作。

7月15日，和布克赛尔县成功争取到“和什托洛盖镇迭伦社区老年人日间照料中心项目”中央预算内资金144万元。

7月22日，成立和布克赛尔县查干库勒乡幼儿园。

8月15日，和布克赛尔县举办第八届江格尔文化旅游节暨第十六届那达慕大会。

8月18—19日，自治区苏新能源煤制气项目协调会在和布克赛尔县召开。

10月8日，安徽省芜湖市政协主席胡邦明一行7人到和布克赛尔县回访友好受援工作。

10月10—13日，和布克赛尔县商经信委组织莫特格乡牧羊人奶制品专业合作社参加在广州举办的第十二届中国国际中小企业博览会。

是月，在第二十九届八省区蒙古语广播优秀节目评析会及第十六届八省区蒙古语电视优秀节目评析会中，和布克赛尔县广播电视台4件作品获奖。

11月17日，成立和布克赛尔县劳动人事仲裁院。

12月3日，成立和布克赛尔县查和特乡司法所。

12月30日，成立和布克赛尔县不动产登记局。

是日，成立和布克赛尔县不动产登记中心。

是年，和布克赛尔县巴音傲瓦乡手工刺绣基地被命名为自治区民生工业示范基地。

是年，达瓦·那木吉力获得“中国好人”称号。

# 第一编

# 建置　区划

和布克赛尔县是新疆西北部的一个边境县,总面积3.06万平方千米,自汉代开始就是中国领土不可分割的一部分。后经唐、宋、元、明、清、民国等不同历史时期,都没有脱离中国的管辖。

中华人民共和国成立后,1950年4月,成立和丰县人民政府。1954年9月10日,成立和布克赛尔蒙古自治区(县级)。1955年2月,改称和布克赛尔县,隶属塔城专区。1968年,隶属塔城地区至今。

1993年,和布克赛尔县辖2个镇、5个乡、4个牧场,有1个驻县单位。2015年,辖2个镇、6个乡、4个牧场,有3个驻县单位。

# 第一章　历史沿革　行政区划

## 第一节　位置　面积

和布克赛尔县位于准噶尔盆地西北部,隶属新疆维吾尔自治区塔城地区。地理坐标位置北纬45°20′~47°12′、东经84°37′~87°20′。东邻阿勒泰地区,南与昌吉市、玛纳斯县、呼图壁县、沙湾县接壤,西与额敏县、托里县以白杨河为界,西南部以乌尔禾为界与克拉玛依市相连,北与哈萨克斯坦共和国毗邻。县境东西长210千米,南北宽207千米,总面积3.06万平方千米,是新疆西北部的一个边境县,也是全疆唯一的县。县治驻和布克赛尔镇,距乌鲁木齐市公路里程495千米。

## 第二节　历史沿革

和布克赛尔县自汉代开始就是中国领土不可分割的一部分。西汉神爵二年(前60)汉朝设立西域都护府,县境归其管辖。

唐显庆二年(657),县境属唐昆陵都护府。唐显庆四年(659),属回纥汗国所辖。长安二年(702),武则天在庭州外设置北庭大都护府,和布克赛尔归大都护府下属的昆陵都护府管辖。贞元五年(789),县境为葛逻禄所有。唐元和三年(808),县境属回纥汗国。唐开成五年(840),县境属黠戛斯汗国,不久,属喀喇汗王朝。

宋建炎元年(1127),为西辽所辖。宋嘉定十一年(1218),归属成吉思汗的蒙元政权。宋宝庆元年(1225),封为成吉思汗三子窝阔台汗的领地。

元世祖忽必烈在新疆设立行尚书省后,归别失八里行省。元至元十七年(1280),归阿力麻里行省。泰定帝时(1324—1328),归入察合台汗国。

明洪武三年(1370),归属察合台后裔建立的别失八里汗国。明崇祯九年(1636),巴图尔浑继任台吉后,迅速统一新疆北部地区的卫拉特各部,以霍博克赛里为大本营。崇祯十二至十六年(1639—1643),巴图尔浑台吉在今和布克赛尔县城东南5千米处修建城堡。

清乾隆二十三年(1758),县境属清朝伊犁将军属下塔尔巴哈台参赞大臣管辖。乾隆三十六年(1771),从俄罗斯额济勒河(伏尔加河)南岸回归祖国的土尔扈特部进驻霍博克赛里。

民国4年(1915),在今和什托洛盖镇设县佐,隶属沙湾县。民国18年(1929),和什托洛盖县佐改称设治局。民国30年(1941),改和什托洛盖设治局为和丰设治局。民国33年(1944),设治局升格为县,县城迁至今和布克赛尔镇。

1950年4月,成立和丰县人民政府。1954年9月10日,成立和布克赛尔蒙古自治区(县级)。1955年2月,改称和布克赛尔县,隶属塔城专区。1968年后,隶属塔城地区,至2015年未变。

## 第三节 行政区划

1993年,和布克赛尔县辖2个镇、5个乡、4个牧场,共有10个居委会、78个村委会。

2012年4月,根据自治区人民政府《关于同意和布克赛尔县设立查和特乡的批复》,在和布克赛尔县察和特生态农业综合开发区新设立和布克赛尔县查和特乡,设4个社区。

2015年年末,全县辖2个镇、6个乡、4个牧场,共有14个居委会、78个村委会。

**2015年和布克赛尔县行政区划一览表**

表1-1

| 乡镇场 | 社区 | 村委会 |
|---|---|---|
| 和布克赛尔镇(5个社区) | 巴格茨社区、巴音布拉克社区、巴音托洛盖社区、幸福家园社区、巴音西尔格社区 | — |
| 和什托洛盖镇(5个社区,9个村委会) | 阳光社区、佐斯图社区、迭仑社区、查斯托洛盖社区、那木德格社区 | 和什托洛盖村、查斯图村、查斯托洛盖村、西特木恩哈布其克村、乌兰浩达村、夏尔甫村、夏尔托热村、昆得仑村、伊森托洛盖村 |
| 夏孜盖乡辖(11个村委会) | — | 夏孜盖村、科克莫敦尼布湖村、博木布特恩敖包村、谢仁托热村、查干恩格村、托热特村、桑布根拜兴村、巴音托洛盖村、开尔德格村、阿格湾呼勒呼村、哈尔苏哈村 |
| 查干库勒乡(13个村委会) | — | 查干库勒村、哈布特盖夏尔村、拉楞村、道兰特村、买代尼村、巴音查干村、伊克库热村、色居尔村、布恩布特村、布林村、道兰莫敦村、江根科克村、塔布乌拉森村 |
| 铁布肯乌散乡(8个村委会) | — | 铁布肯乌散村、科克莫墩村、查干阿得尔村、乌兰布拉村、青登村、夏尔呼尔根村、巴音温都尔村、孟根布拉克村 |
| 莫特格乡(8个村委会) | — | 莫特格村、贵德格村、夏尔古村、哈尔嘎特村、套瓦契村、敖包特村、哈尔萨拉村、吉木格尔村 |
| 巴音傲瓦乡(6个村委会) | — | 阿勒腾布拉格村、克勒根特村、谢木那仁库热村、布呼特村、尕格茨呼都格村、桥龙呼都格村 |
| 查和特乡(4个社区) | 哈同社区、赛尔社区、查干屯格社区、蒙根敖包社区 | — |

续表1-1

| 乡镇场 | 社区 | 村委会 |
| --- | --- | --- |
| 伊克乌图布拉格牧场（6个村委会） | — | 伊克乌图布拉格村、阿合尔布拉格村、勃热生呼都格村、巴音达拉村、塔塔勒村、洪古尔沃伦村 |
| 那仁和布克牧场（8个村委会） | — | 那仁和布克村、布德恩江村、伊克托里村、乌兰浩硕村、库尔旦夏尔村、阿尔和拉特村、额木根村、图拉村 |
| 巴嘎乌图布拉格牧场（4个村委会） | — | 乌兰哈德一村、乌兰哈德二村、加音塔拉村、巴嘎乌图布拉格村 |
| 布斯屯格牧场（4个村委会） | — | 布斯屯格村、布呼特恩呼都格村、迭伦村、乌兰哈德村 |

# 第二章　乡镇场概况

## 第一节　和布克赛尔镇

### 一、概况

和布克赛尔镇地处和布克赛尔县北部谷地中央，东、北至莫特格乡，西达那仁和布克牧场，南至和什托洛盖镇，总面积151.6平方千米。平均海拔1 291.6米，因地处谷地，四面环山，气候冬暖夏凉，7月平均气温18.8℃。

和布克赛尔镇是和布克赛尔县政治、经济、文化中心，县人民政府驻地。交通便利，318省道横穿境内，距217国道40千米，柏油公路通往各乡镇场。境内主要旅游景点有王爷府、敖包特库热庙、四卫拉特古城遗址、江格尔宫。常住人口由汉族、蒙古族、哈萨克族、维吾尔族、回族等19个民族组成。

1993年，全镇有5个居委会，共有居民1 826户，7 587人，其中：汉族2802人，蒙古族2 317人，哈萨克族2 006人，维吾尔族349人，其他民族113人。待业人员152人，个体户157人。镇内有县属行政、企事业单位90个。2015年，全镇有5个社区（巴格茨社区、巴音布拉克社区、巴音托洛盖社区、幸福家园社区、巴音西尔格社区），常住户4 917户，总人口1.4万人。镇内有县属行政、企事业单位124个。

### 二、经济发展

（一）农牧业

1993年，全镇牲畜年末存栏数2.8只（头）。2000年，全镇牲畜年末存栏数2.3只（头）。2010年，全镇粮食播种总面积66公顷，粮食总产27吨；牲畜年末存栏数2万只（头）。农业总产值4.5万元。2015年，全镇粮食播种总面积60公顷，粮食总产24吨；牲畜年末存栏数1.8万只（头）。农业总产值5.8万元。

（二）服务业

1993，全镇有个体服务业3个（商店1个、合作社1个、粮油店1个），从业人数6人，合计总产值1万元。

2000年，全镇有私营企业3个、个体服务业38个（主要为商店、住宿、餐饮、服装、修理等），从业人数110人，合计总产值60万元。

2004年发展城镇私营企业8家。各社区个体家庭特色餐18户，个体商业网点439个，大小型餐饮店103个，服务业102个，加工业56家，修理业60家，其他9家。

2005发展城镇私营企业8家。各社区个体家庭特色餐馆15户，个体商业网点新增270个。城镇注册民营企业6家，注册资金297万元；个体商业网点1 177个，从业人员1 267人，年上缴利税312万元。

2010年，全镇有国有企业2个、私营企业2个、个体服务业105个（主要为商店、住宿、餐饮、服装、修理等），从业人数310人，合计总产值270万元。

2015年，全镇有私营企业13个、个体服务业117个（主要为商店、住宿、餐饮、服装、修理等），从业人数884人，合计总产值600万元。

### 三、社会生活

#### （一）文化教育

1993年，镇内有露天、室内影剧院各2所，文化馆、体育馆各1个，县电视转播台、广播电视台各1个，录像放映厅3处，乌兰牧骑文工队1个。全镇有教师进修学校1所，中学3所，小学3所，托儿所、幼儿园各1所。

2015年，镇内文化设施有体育馆1个、广场3个（体育广场、东归广场、江格尔广场）、各社区文化站5个、文体活动室5个，居民小区都配有各类健身器材，社区文化站都设有图书阅览室、文体活动室、舞蹈室、棋牌室、健身器材、篮球场并向社会全天免费开放；承办县第三届《阿勒腾策吉》杯蒙古族祝赞词比赛活动；在自治区首届农牧民男子篮球赛中获亚军、参加县及塔城地区“现代文化与青年同行”共青杯青年篮球比赛获第一名。全镇有教师进修学校1所，在校学员190人；有普通高中3所，在校学生1 277人（少数民族976人）；普通初中3所，在校学生910人（少数民族700人）；小学1所，在校学生2 276人（少数民族1 368人）。各类教师483人（少数民族313人）。年内中小学均衡发展顺利通过国家验收，学前“双语”教育普及率达100%。

#### （二）医疗卫生

1993年，镇内有医院2所，病床115张，医务人员160人。2015年，镇内有医院3所（不含个体诊所），病床229张，专业卫生技术人员300人（少数民族229人）。

2003年，在“防非”工作中，组织3 115人次参与爱国卫生运动，清运垃圾1 407车，共建立237个“防非”小组，对居民分组分片进行管理。

#### （三）社会保障

1993年，全镇有困难户16户，22人，共发放救济款13 500元，慰问烈军属50户，共支出500元，两项合计14 000元。

2005年，为16户特困无房居民解决廉租房租金2.6万元，为100余户贫困户解决冬季取暖煤5万元。根据低保标准和补差标准，全镇有576户，1 568人享受保障金，年发放148.26万元低保金，基本做到应保尽保。

2006年，全镇有低保户601户1 622人，发放低保金149.62万元；年末，为100名特困户、低保户、下岗职工解决冬季取暖煤200吨。

2007年，筹措资金5 000元，解决了部分困难群众生活和子女上学等困难；兑现了无业居民36 380元独生子女保健费；筹资2 000元慰问看望21户贫困户；为612户居民申请了低保扶助；扶贫爱心捐款8 100元；发放取暖费11 400元；投资420万建设廉租房120户。

2008年，解决抗灾保畜棉籽壳100吨、玉米108吨，并为原食品公司53户冬窝子居民无偿解决青贮饲草料318吨。

2010年，全镇参加基本医疗保险3 578人，参保率94.8%。有低保户684户1 651人，发放低保金300余万元；为特困户、低保户、下岗职工解决棉大衣20件、棉被20床、羽绒服50件、羊行衫50件，救济面粉20吨、大米2 000公斤、清油1 050公斤，发放冬季取暖煤100吨。

2015年，全镇有106名职工参加失业保险，参保率达到100%；有67名职工参加基本养老保险，参保率达到100%；有137名职工参加基本医疗保险，参保率达到98%。全年发放城镇低保金219.63万元，受益群众590人次。

（四）社区建设

1993年，和布克赛尔镇社区建设开展“十星级文明户”和“五好文明家庭”等创评活动。评出“十星级文明户”1 471户、“五好文明家庭”350户。通过开展文明创建活动，在整个社区形成比文明礼貌、比卫生整洁、比美化绿化、人人争当文明居民、户户争创文明家庭的良好风气。

2002年4月15日，经县人民政府县长办公室会议研究，原第一居民委员会（巴音托洛盖）仍管辖原区域；原第二、第四居民委员会合并，组建巴音布拉克居民委员会，管辖原第二、第四居委会区域；原第三、第五居民委员会合并，组建巴格茨居民委员会，管辖原第三、第五居委会区域。同年6月，根据上级文件精神，并按照“一居委会一支部”的目标，建立了三个社区党支部，即：巴音托洛盖社区党支部、巴音布拉克社区党支部、巴格茨社区党支部。

2007年投资302万元建1 800平方米的镇综合办公楼；投资87.6万元建造864平方米的巴音布拉克社区办公楼；争取上级资金29万元对巴格茨社区进行内外部维修；投资46.6万元，建造400平方米的文化站；为巴格茨社区购置9万元办公设备；巴音布拉克社区荣获自治区级“孝亲敬老模范社区”。

2008年巴音托洛盖社区创建为自治区文明社区。

2009年巴音托洛盖社区被自治区人力资源和社会劳动保障厅表彰为“新三化”先进集体。

2011年在和布克赛尔县委党校以东，教师进修学校原址建设幸福家园社区。

2012年在和布克赛尔县安居富民工程三期规划区域内建设巴音西尔格社区办公楼。

2013年，镇辖3个社区均成功创建为“地区级民族团结进步模范单位”。

2015年，各社区依托自身优势，打造品牌创建。巴音托洛盖社区以“一管两抓三带四满意”（“一管”，号召党员要管好自己；“两抓”，加强抓社会稳定、抓服务工作力度；“三带”，规范运行社区各项工作，通过部分居民“带好家庭、带好邻居、带好楼道、巷道”，最终呈现出人人参与社区建设的新气象；“四满意”，最终做到“让自己满意、让群众满意、让上一级党委满意、让党满意”工作模式，不断提高居民幸福指数，打造“爱心”社区。巴音布拉克社区探索建立“3＋X”（“3”为社区建设3个服务平台，即一站式办公服务平台、志愿者服务平台、健康服务平台；“X”为建立若干特色服务平台，即组建一支“爱心妈妈”服务团队、成立爱心互助站、成立阳光家政服务中心等）服务模式，打造“民族团结、爱心互助”社区。巴格茨社区以“1＋5＋2”（1个核心、5员服务、2个特色）服务模式，打造互助共建型社区。幸福家园社区强化一个核心（以规范化建设为抓手，强化社区党组织核心），依托三个服务（完善服务体系、拓宽服务领域、丰富服务内容），实现三个转变（让居民都“康”，转变自身身份；让居民常“乐”，转变生活方式；力促“文化”传承，转变思想观念），突显“康乐文化”社区特色。巴音西尔格社区推行“134”(围绕“社区党组织”核心,强化班子建设;加强“三支”队伍建设,提升为民服务能力和水平,包括党员队伍建设、社区干部队伍建设、志愿者队伍建设;开展“四抓”活动,力促社区软弱涣散党组织整顿工作,即抓规范树形象,抓服务促认同,抓稳定促和谐,抓共建比奉献)工作模式,打造“便民·宜居”型社区。全镇社区建设进入一个新的阶段。

## 第二节 和什托洛盖镇

### 一、概况

和什托洛盖镇位于北纬46°35′~46°39′、东经85°57′~86°00′,地处准噶尔盆地西北边缘,和布克赛尔县中部,距县城42千米。东与查干库勒乡、夏孜盖乡毗邻,西和西南连那仁和布克牧场、克拉玛依市,南与沙湾县、玛纳斯县接界,北与莫特格乡相接。东西宽70千米,南北长155千米,总面积6 684平方千米。境内居住蒙、汉、哈、维等13个民族。

“和什托洛盖”是蒙古语,意为“双山包”。全镇地形由北向南缓慢倾斜,平均海拔562.78米,水源丰富,土壤肥沃,适宜农作物生长,主要种植玉米、棉花,葵花等,是和布克赛尔县的主要农业区之一。西部和北部是起伏的低山丘陵,分布着春秋和冬牧场。境内已探明的矿产资源有近30种,其中石油、天然气、煤、膨润土、盐、石英砂、芒硝、石灰石等十余种矿产的蕴藏量都达到亿吨以上,是塔城地区的工业重镇。

和什托洛盖镇交通便利,国道217、省道318、省道225横穿和什托洛盖镇,境内有奎北铁路和什托洛盖站,乌(乌尔禾)阿(阿勒泰)高速公路,人流、物流畅通,区位优势得天独厚,是北疆地区的一个重要交通枢纽。

1984年,和什托洛盖公社改建为和什托洛盖镇,镇政府驻迭仑南街西侧(后于2012年迁驻迎宾南路东侧)。1993年,全镇总人口10 127人。2000年,全镇总人口10 259人。2010年,全镇总人口12 380人。

2015年,全镇辖5个社区(阳光社区、佐斯腾社区、迭仑社区、查斯托洛盖社区、那木德格社区)、9个村委会(和什托洛盖村委会、和苏图村委会、查斯托洛盖村委会、西特木恩哈布其克村委会、乌兰浩达村委会、夏尔甫村委会、夏尔托热村委会、昆德仑村委会、伊森托洛盖村委会),总人口12 301人。

### 二、经济发展

(一)农业

1993年,全镇粮食总产3 664吨,油料总产250吨,牲畜年末存栏数24 514只(头)。人均收入992元。1998年,全镇粮食总产4 218吨,油料总产342吨,牲畜年末存栏数3.06万只(头)。人均收入1 410元。2002年,全镇农业总产值1 242.3万元,年末牲畜存栏4.06万只(头)。人均收入3 169元。2006年,全镇农村经济总收入2 430万元,其中畜牧业生产总值392.8万元。年末牲畜存栏4.92万只(头)。人均收入5 300元。

1998年,全镇粮食总产4 218吨,油料总产342吨,牲畜年末存栏数3.06万只(头)。人均收入1 410元。

2002年,全镇农业总产值1 242.3万元,年末牲畜存栏4.06万只(头)。人均收入3 169元。

2006年,全镇农村经济总收入2 430万元,其中畜牧业生产总值392.8万元。年末牲畜存栏4.92万只(头)。人均收入5 300元。

2010年，全镇农村经济总收入4 136万元。其中，农业种植业总收入1 512.7万元，牧业收入581.8万元，运输、商业、服务业，劳动力转移等收入2 014.5万元。人均收入8 148元。2013年，全镇农村经济总收入5 551.7万元，其中农业种植业收入1 502万元，牧业收入809.4万元。人均收入12 681元。2015年，全镇粮食总产6 975.27吨，油料总产1 492.5吨，牲畜年末存栏数4.53万只（头）。全镇生产总值达到6 980万元，其中农业4 360万元。人均收入14 995元。

2013年，全镇农村经济总收入5 551.7万元，其中农业种植业收入1 502万元，牧业收入809.4万元。人均收入12 681元。

2015年，全镇粮食总产6 975.27吨，油料总产1 492.5吨，牲畜年末存栏数4.53万只（头）。全镇生产总值达到6 980万元，其中农业4 360万元。人均收入14 995元。

（二）工业

1993年，全镇有工业企业3家，从业人员120人，工业总产值691.55万元。1997年，全镇有工业企业6家，从业人员180人，工业总产值895万元。2002年，全镇有工业企业7家，从业人员213人，工业总产值985万元。2006年，全镇有工业企业8家，从业人员150人，工业总产值1 500万元。2010年，全镇有工业企业7家，从业人员1 986人，工业总产值32 386万元（现行价）。2013年，全镇有工业企业7家，从业人员2 100人，工业总产值51 742.8万元（现行价）。2015年，全镇有工业企业7家，从业人员2 181人，工业总产值75 922万元（现行价）。

（三）小城镇建设

1993—2004年，和什托洛盖镇市政建设相对滞后。2005年，和什托洛盖镇被列为全国1 887家、自治区26家重点建设示范镇，从此，和什托洛盖镇市政建设发展较快。

2006年，投资160万元安装路灯184盏，投资50万元延伸新村居民区电网外线架设工程，亮灯率达到100%。投资150万元完成至热气泉及昆德仑4个村总计10千米自来水铺设工程。投资800万元完成镇区3.75千米的防洪坝工程建设。投资130万元完善4 500平方米的文化广场及21公顷的公园建设。投资600万元在公园内新建1 864平方米的室内游泳馆。投资90万元新建950平方米的那木德格社区办公楼。全年累计拆迁危房24套，建设拆迁安置房18套，新建抗震安居房231套。

2010年，和什托洛盖镇新建住宅小区总面积为17万平方米，总建筑面积10万平方米，总建筑占地面积2万平方米，居住户数1 250户，道路广场面积90 250平方米，绿地35.15%。容积率0.59，建筑覆盖率11.76%。小区十字轴线东面规划有双语幼儿园、停车场及物业管理。小区共设东、南、北3个出入口，按城镇总体规划，在小区的东入口投资430万元新修建光明路。完成2.2千米规划区道路和5.6万平方米人行道及8 000平方米路口硬化的建设任务，完成和什东西路、石油路、团结路、217国道南北段201盏路灯安装工程。新建抗震安居住房856套，累计投入9 000万元。年内通过自治区建设厅重点示范小城镇验收，被评为自治区30家重点示范小城镇建设之一。

2012年，投资22 000万元，新建瑞祥住宅小区40栋楼；投资8 000余万元，建设双山景观公园，总面积314 671平方米。

2014年，投入76万元硬化道路4公里；投入50万元安装了路灯，解决村民夜路“出行难”问题。

2015年，和什托洛盖镇新建住房总面积4.03万平方米，总投资5 482.7万元；完成道路建设总长7.408千米，总投资8 536.7万元；安装太阳能路灯152盏，总投资150万元；建成饮水工程2项，总投资50万元；绿化总面积2.21万平方米，总投资502万元。

**三、社会生活**

（一）文化教育和医疗卫生设施

1993年，全镇有学校9所，其中职业高中1所、初中1所、小学7所。有医院1家，文化体育设施4处（个）。

1997年，全镇在校生中小学生1 996名，教职工234人，学生入学率达100%，毕业率100%，普及率100%；新建卫生室3处，集资款达28 956元，其中镇政府集资1万元，农牧民，私人集资18 965元。

2000年，经县政府研究，同意和什托洛盖镇昆德仑学校、和什托洛盖镇中小学合并，改为九年一贯制学校。

2007年，成立和什托洛盖镇幼儿园为全额事业单位级别为股级，核定全额事业编制25名，隶属于县教育局。

2015年，全镇有学校3所（和丰职业技术学校、和什托洛盖镇九年一贯制学校、和什托洛盖镇幼儿园），医院2家（和什托洛盖镇卫生院、县慈善医院），文化体育设施14处（个）。

（二）社会保障

1997年，全镇参加农村合作医疗1 764人，参保率63%，农牧民享受合作医疗15 051.34元，外地报销4 736.54元。

2010年，全镇农村居民参加新型农村养老保险1 895人，参保率93.6%，享受新型农村养老保险基础金257人。城镇居民参加医疗保险2 330人，参保率87.4%。参加新型农村合作医疗保险3 513人，参合率96.5%。年内全镇参合农牧民住院补偿人数137人，补偿金额27.2万元。

2013年，全镇新型农村养老保险参保人数1 818人，参保率96%。城镇居民社会养老保险参保人数513人，参保率96%。城镇医疗保险参保人数2 421人，新型农村合作医疗保险参合人数3 903人，参合率99.8%。

2015年，全镇新型农村养老保险参保人数1 673人，参保率95%。城镇居民社会养老保险参保人数507人，参保率97%。城镇居民医疗保险参保人数2 350人，参保率103%。新型农村医疗保险参合人数4 368人，参合率100%。

## 第三节　夏孜盖乡

**一、概况**

“夏孜盖”是蒙古语，意为“喜鹊栖息地”，200多年前，因该地茂密的树林中栖息着成群的喜鹊而得名。位于北纬45°20′～46°15′、东经86°11′～87°26′，地处和布克赛尔县东南，深入准噶尔盆地西北部边缘，距县城69千米，东与福海县毗邻，南与呼图壁县、玛纳斯县、沙湾县相连，西南与克拉玛依市相接，西同和什托洛盖镇接界，北与查干库勒乡、巴嘎乌图布拉格牧场、伊克乌图布拉格牧场为邻。境内驻有兵团第十师一八四团农场，空九军雷达站，新疆石油管理局夏孜盖油田指挥部。全乡总面积9 935平方千米，耕地面积3 200公顷。

夏孜盖乡属大陆性北温带干旱气候，光照充沛、热量丰富、降雨少，宜种棉花、小麦、玉米、油料、蔬菜、瓜果等喜温作物。春季升温快、比较稳定，3月下旬积雪融化，可顶凌播种棉花、小麦；4月初冻土融化，是春播的繁忙季节。夏季高温炎热，平均气温24.1℃。秋季降温迅速，10月中旬有初霜，11月中旬有严霜，结冰开始。冬季严寒。全年平均气温为6.2℃。7月平均气温25.4℃，最高气温32.8℃。1月平均气温-17.9℃，最低气温-27.8℃。无霜期较长，平均为151天，最长达181天，最短也有148天。

境内有多种飞禽走兽，主要有狐狸、狼、黄羊、野猪、盘羊、马鹿、猞猁、野骆驼、野山羊、獾、鼬、黄鼠狼、跳鼠、鹅喉羚、蛇，还有鹰、沙鸡、喜鹊等几十种鸟类。

在草原、戈壁、荒漠中生长着100多种中药材。其中锁阳、肉苁蓉、黄芪、柴胡、元胡、罗布麻、列当、木贼、麻黄、问荆、春兰、手掌参、刺蔷薇、薄荷、野芍药、野菊花、蒲公英、车前子、苍术、甘草等，分布非常广泛。还有藻类植物发菜，是一种名贵佳肴，营养丰富，味道鲜美，可以出口创汇。

矿产有煤、食盐、芒硝、膨润土、石灰岩、石英砂、石膏、沥青、石油、玛瑙、磨刀石、黏土，还有红、黄、蓝、白等各种彩色土。

1984年10月，夏孜盖人民公社改名夏孜盖乡，辖11个村，乡人民政府驻夏孜盖村。

夏孜盖乡主要由汉、蒙古、回族等6个民族构成。1993年，全乡总人口3 339人。2000年，全乡总人口3 019人。2010年，全乡总人口3 436人。2015年，夏孜盖乡辖11个村委会（夏孜盖村委会、科克莫敦尼布呼村委会、博木布特恩敖包村委会、谢仁托热村委会、查干恩格村委会、托热特村委会、桑布根拜兴村委会、巴音托洛盖村委会、开尔德格村委会、阿格湾呼勒呼村委会、哈尔苏哈村委会），总人口3 697人。其中，汉族2 879人，蒙古族731人，哈萨克族4人，回族47人，锡伯族1人，东乡族1人，其他民族34人。

**二、经济发展**

夏孜盖乡是和布克赛尔县的一个农业乡，原以种植小麦、油葵和饲养牲畜为主要经济来源。1993年，全乡粮油播种总面积1 667公顷，粮食总产5 167吨，油料总产550吨；牲畜年初饲养7 961只（头），出栏900只（头），年末存栏7 918只（头）。

1999年3月，夏孜盖乡实行第二轮土地承包后，开始农作物调整。农民除种植小麦外，还开始种植棉花，当年试种棉花产量64吨。

2000年，全乡粮油播种总面积1 694公顷，粮食总产3 621吨，油料总产1 061吨，棉花总产343吨。牲畜年初饲养10 416只（头），出栏4 500只（头），年末存栏12 700只（头）。

2006年，全乡粮棉播种总面积2 020公顷，粮食总产868吨，棉花总产量2 460吨。牲畜年初饲养14 666只（头），出栏8 615只（头），年末存栏14 430只（头）。有特种养殖户5家，养殖鸵鸟27只、马鹿7只。同年6月，组建夏孜盖棉花加工厂，占地面积2.6万平方米，固定投资780万元，属集体所有制企业，有自动化流水线一条，年加工能力1万吨。

2010年，牛羊存栏9 317只（头），产值920.9万元。

2012年，改变传统种植结构，加大种植经济作物棉花，推广有压滴灌，农业现代化进一步加快，农业经济平稳发展。全乡粮棉播种总面积3 141公顷，粮食总产364吨，棉花总产量4 410吨。牲畜年初饲养13 709只（头），出栏18 143只（头），年末存栏9 008只（头）。

2013年，夏孜盖乡成立畜牧业合作社4个，注册资金190万元，合作社社员24人。其后成员不断增加，养殖规模逐渐扩大。牛羊存栏10 735只(头)，产值1 189万元。

2014年，牛羊存栏13 869只(头)，产值1 243万元。

2015年，全乡粮棉播种总面积3 074公顷，粮食总产6 257.44吨，油料总产4 954吨。牲畜年初饲养11 095只(头)，出栏2 774只(头)，年末存栏13 869只(头)。

### 三、社会生活

#### (一)文化教育

文化　1993年，夏孜盖乡有电影放映队1个，广播站、文化站各1处，村办文化室2处。2010年5月，夏孜盖乡文化广场投入使用。2014年7月，哈尔苏哈村文化广场投入使用。2015年9月，巴音托洛盖集中村文化广场投入使用。

教育　1993年，夏孜盖乡有学校2所，即夏孜盖乡初级中学(附设小学部)和夏孜盖乡蒙族学校(含小学部)。1999年，这两所学校合并，更名为夏孜盖乡小学。2012年9月，小学校车运行。2015年，夏孜盖乡小学设教学班级9个，有学生165人，教师34人。

#### (二)医疗卫生

1993年，夏孜盖乡有卫生院1所，病床10张，是群众唯一的看病治病场所。2013年6月，巴音托洛盖卫生室、哈尔苏哈卫生室正式投入使用。2015年，全乡有卫生院1所，卫生室2个，医务人员16人，群众看病难的问题基本得到缓解；全乡参加新型农村合作医疗共2 856人，参合率达到99.5%。

#### (三)农村养老保险

2007年，夏孜盖乡开始实施新型农村养老保险，年满60周岁，每月领取110元养老保险金；全年参保人数406人，参保率51%。2010年，新型农村养老保险提高到年满60周岁每月领取170元养老保险金。2011年城乡居民养老参保缴费人数1 516人，参保率为98%。2013年城乡居民参保缴费人数1 384人，参保率为98.47%。2014年城乡居民参保缴费人数1 314人，参保率为97.15%。2015年，全乡参加新型农村养老保险1 342人，参保率98%。

## 第四节　查干库勒乡

### 一、概况

“查干库勒”是蒙古语，意为“开阔地中的腿”。查干库勒乡地理坐标为北纬46°48′55″、东经85°57′17″，位于和布克赛尔县东部18千米处，东与巴音傲瓦乡交界，南至夏孜盖乡，西与莫特格乡相接，北接阿勒泰地区吉木乃县。

查干库勒乡地处内陆，远离海洋，属大陆性北温带干旱气候，由于纬度及地形的差异，≥10℃的积温在2 000℃左右，年平均气温只有3.4℃～3.8℃，无霜期短，仅133天左右；降水量除中山带以上稍多外，一般降水都在165毫米左右；积雪不稳定，有明显的冬季逆温层，有利于牲畜越冬和喜凉作物的生长，但春秋多有偏西大风，常受风灾之害。

全乡总面积1 750平方千米,有耕地面积800公顷,自然草场24 667公顷,是以牧业为主、农牧结合的乡。

1993年,查干库勒乡辖13个村委会(查干库勒村委会、哈布图哈夏尔村委会、买代尼村委会、伊克库热村委会、色居尔村委会、布恩布特村委会、布林村委会、巴音查干村委会、塔本乌拉森村委会、江根库克村委会、道兰莫敦村委会、道兰特村委会、拉卜愣村委会),9个农业村、4个牧业村。总人口910户4 582人,其中蒙古族2 654人、哈萨克族1 112人、汉族740人、其他民族76人。2015年,全乡行政区划未变,共有1 895户4 630人,其中蒙古族2 814人、哈萨克族1 263人、汉族514人、其他民族39人。

## 二、经济发展

(一)农牧业

1993年,全乡粮食播种总面积867公顷,粮食总产1 077吨。牲畜年初饲养4.53万只(头),出栏0.85万只(头),年末存栏4.63万只(头)。

1995年,全乡农业总产量1.10673公斤,牲畜年存栏7.04万只(头),建设松树沟到色居尔村的9千米的石头渠道,解决了色居尔村、布恩布特村、伊克库热村的耕地灌溉问题,农牧业、企业纯收入达3 913.954万元,人均收入931元。

1998年,全乡牲畜年存栏7.67万只(头),农牧业、企业收入达4 515.560万元,人均收入达1 150元。

2000年,全乡粮食播种总面积633公顷,粮食总产1640吨。牲畜年初饲养5.39万只(头),出栏1.86万只(头),年末存栏5.83万只(头)。

2006年,全乡粮食播种总面积867公顷,粮食总产465吨。牲畜年初饲养7.48万只(头),出栏4.71万只(头),年末存栏7.37万只(头)。建立固定冷配点2个,流动冷配点2个,完成冷配1 450头,牵引交配3 500头。推广乌珠穆沁羊种公羊140只。新建药浴池1座、小畜配种站1座。全乡储备饲草3 950车(小四轮)、青贮玉米475吨、棉籽壳380吨、干草240吨。

2010年,全乡粮食播种总面积216公顷,粮食总产437.85吨;经济作物收入330万元,其中马铃薯及青贮玉米经济收入30万元,500公顷苜蓿草料经济收入300万元。牲畜年初饲养5.3万只(头),出栏4.85万只(头),年末存栏5.29万只(头)。对118头合格牛、83只绵羊实施胚胎移植;完成黄牛冷配817头,小畜人工授精1 060只,产冬羔2.13万只。从福海引进褐牛2头、种公绵羊210只,从那仁和布克牧场引进种公绒山羊21只,本乡乌珠穆沁羊核心群为本乡农牧民推广种公羊100只。完成冬牧场住房建设11座、越冬标准暖圈61座;扶持9个农业村建58座暖圈。

2012年,全乡农业收入559.46万元,牧业收入2 550.69万元,农牧民人均纯收入6 209元。粮食播种总面积94公顷,粮食总产335.9吨。牲畜年初饲养6.62万只(头),出栏4.31万只(头),年末存栏7.25万只(头)。积极开展牲畜品种改良工作,从那仁和布克牧场引进种公绒山羊15只,从阿勒泰地区富蕴县引进阿勒泰大尾巴种公羊65只、尾巴种公羊2只,从裕民县引进巴什拜种公羊90只,从塔城地区种牛场引进新疆种公褐牛13头,从内蒙古锡林浩特市引进乌珠穆沁种公羊8只,完成年度良种引进任务。

2015年,全乡农业收入398万元,农牧民人均纯收入9 740元。粮食播种总面积186公顷,粮食总产223.2吨,其中107公顷小麦购买政策性农业保险,享受综合直补25.9万元,享受小麦良种补贴4.2万元;土豆种植3.33公顷,经济收入达12万元。牲畜年初饲养7.74万头(只),出栏5.26万头(只),最高饲养量13万头

(只),牲畜存栏量7.45万头(只),生产母畜5.7万头(只)。

(二)基础设施建设

2006年,查干库勒乡投资50万元完成道兰莫敦村2.5千米防渗渠建设。争取扶贫资金45万元实施哈布图哈夏尔村人畜安全饮水项目,解决全村88户300人的人畜饮水问题;投资10万元为4个牧业村建设大口井2眼,解决264户900余人及2.1万头(只)牲畜安全饮水问题。采取补助5 000~10 000块砖及部分水泥的政策鼓励牧民在牧民定居点建设标准暖圈25座、简易暖圈5座。投资40万元对查干库勒乡办公室、宿舍、武装部、计生办、文化室等进行维修和暖气改造,改善工作环境。

2010年,完善基础设施建设,总投资567万元。完成财政厅80万元基层政权建设项目、兴边富民50万元青贮窖项目;完成道兰莫墩水库、布林水库建设及哈布图哈夏日村防渗渠3千米建设。在拉卜楞村、哈布图哈夏日村、色居尔村、江根库克村共打机电井4眼。防春洪期间,投入资金4万元组织抗洪人员2 000人次,完成318省道上游4处塘坝空坝迎洪。

2012年,实施项目建设12项,总投资2 048万元。其中,自来水建设项目投资700万元,乡党政办公楼附属工程项目总投资120万元,色居尔村防渗渠建设项目投资50万元,色居尔村温室大棚建设新增200万元,拉卜楞村4千米乡村通路建设投资100万元,育肥基地建设投资260万元,哈布图哈夏日村至道兰特村通路维修投资400万元,布恩布特村办公室维修投资12万元,6个村队办公室维修投资26万元,沿街围墙美化投资20万元,冬窝子改造总投资80万元,20座暖圈建设投资80万元。

2013—2015年,累计争取项目资金1 989万元,实施乡集中村村级活动阵地项目、村级惠民生项目、色居尔农村道路建设项目、乡刺绣基地建设项目、布恩布特133公顷滴灌设施安装项目、哈布图哈夏日村20公顷饲草料地建设项目、生态环境整治沙棘种植项目等固定资产投资项目9项。

(三)新农村建设

2006年,查干库勒乡从整治农村环境入手,实施新农村建设。修整村道1 200米;种植风景树(白蜡)600余棵;清理排污沟1 000米、清运历史垃圾30余车,新建公厕1座,修建垃圾池4个;拆除农户危房、残墙断壁、废弃房屋,房屋、墙壁涂白。破旧习、立新风,提倡红白喜事简办。

2010年,集中进行村容村貌整治,开展大型卫生活动21次,1 250人参加活动,安装无害化双瓮漏斗式卫生厕所150户。伊克库热村、拉卜楞村为新农村建设试点村队,实施集体经济项目,改建村队办公室2处,完成拉卜楞村建设机电井1眼。在乡318线南侧植树1 600余株。申报自治区级文明单位1个,地区级文明单位3个,县级文明单位1个,县级文明村队5个。布恩布特村顺利通过地区文明村队整改复验工作。

2011—2015年,以创建自治区级生态乡为总抓手,围绕建设"天蓝、地绿、山青、水净"目标,加大生态环境保护力度,乡容村貌得到进一步改善。拉卜楞村、哈布图哈夏日村、伊克库热村被列入第五批自治区生态村名录,查干库勒乡被地区命名为"民族团结示范乡"。

## 三、社会生活

(一)教育

1993年,全乡有中学1所、小学3所,电影放映队1个。

1996—1998年,全乡在学校建设、维修危房、教师住房、电教室项目、青年教育方面投资4.32万元。

2006年有普通初中1所，在校学生355人，各类教师79人（少数民族70人），教育基础建设投资20万元。

2015年，有中小学校1所，在校学生176人，各类教师65人（少数民族59人），教育基础建设投资123万元。认真贯彻执行“两免一补”政策，补发资金98万元，适龄儿童入学率达到100%。建立大中专毕业生见习基地，接纳见习人员41人。

（二）文化

2005年，查干库勒乡被联合国教科文组织列入世界非物质文化遗产名录。

2006年，全乡拥有计算机互联网用户4户；有线电视用户82户，电视人口覆盖率20%；广播人口覆盖率80%；投资50万元建成占地面积2 000平方米的查干库勒乡文化广场。年内，蒙古族长调民歌经国务院批准列入第一批国家级非物质文化遗产名录。

2010年，县电视台下发“村村通”卫星接收器550个，安装农村广播7个。完成查干库勒乡人民政府网站建设并定期维护更新，编发信息168期，上报电视新闻21条，在地区、自治区以上电视台、电台、报刊上发表21篇，产生较大影响的新闻稿件有《蒙古长调》《劳务输出》《哈尔嘎特建筑队》《牛羊胚胎移植》《村集体经济》等。

2011—2015年，加大对蒙古长调的保护和传承力度。连续5年参加县级那达慕大会、蒙古长调歌舞比赛等活动，制作蒙古长调教学乡土教材，在查干库勒乡中心校开设蒙古长调教育课程，进一步促进各民族间的文化交流与融合。其间，2011年12月，查干库勒乡被文化部命名为“中国民间文化艺术之乡”。

（三）医疗卫生

1993年，全乡有卫生院1所，编制床位10张。

2006年，有卫生院1所，在编专业卫生技术人员14人（全为少数民族）；投资16万元维修查干乡卫生院，改变医疗环境。有50名职工参加基本医疗保险。

2010年，全乡参加新型农村合作医疗3 557人，个人缴纳费64 410元，民政部门补贴32 320元，兑现补贴9 180元。还为77名残疾人办理新型农村合作医疗。

2011—2015年，加大卫生院基础设施建设，新建乡卫生院及附属工程，常用医疗设施配备到位，农村“就医难”问题明显改善，疫病防治体系得到健全，防控能力进一步加强。全乡参加新型农村合作医疗3 558人。

（四）社会保障

2006年，查干库勒乡有50名职工参加失业保险，50名职工参加基本养老保险。加大劳务输出力度，拓宽农牧民增收渠道，乡党委两次组织农牧民200余人外出务工，到县南部拾棉花、到318省道修路等200余人次，个人月增收250余元。

2010年，发放救灾救济面粉9吨、大米1吨、清油0.5吨，救济金8万元；为29户因灾倒房户给予每户2万元补助。完成全乡农业户口应参保1 940人基本信息录入，完成扩面征缴1 623人，共缴纳保险金19.1万元。联合劳动保障所举办劳动力转移职业技术培训班6期，开班29个，累计培训1 312人次，实现劳务经济收入226.27万元。为3名残疾人解决轮椅，将90名生活困难的残疾人纳入低保，为98名残疾人办理新型农村养老保险。

2012年，建立健全乡低保户档案，按照要求清理低保户85人，无漏报、错报现象。建立健全劳动保障各项工作制度，完成城镇新增就业人员230人；全年应届毕业生22人全部实现就业；农牧民转移输出就业627人；全年共组织农牧民技能培训3期131人；发放小额担保贷款32万元，帮助5人自主创业，辐射带动15人就业。全乡新农保参加人员1 614人，征缴基金21.9万余元。城镇居民养老保险参加人员147人，60周岁以上享受待遇人数26人。

2015年，全面建立健全乡低保户档案，按照申请、入户、听证、公示审核等程序把好入口关，并对城乡低保对象进行核查清理，停发减发城市、农村低保人员148户165人；落实五保户供养政策和困难人员低保金发放，全年发放19户20人五保户供养资金7.5万元，发放困难人员低保资金190余万元，未出现截留挪用供养资金和低保资金现象。落实优抚政策，发放退伍军人和现役军人优待金15.7万余元。2011—2015年，累计解决新增农村、城市劳动力转移就业2 529人，帮助113名下岗失业人员实现再就业；参加养老保险1 643人，其中60岁以上244人按月领取养老保险。

## 第五节　铁布肯乌散乡

### 一、概况

铁布肯乌散乡位于和布克赛尔县西北部，东、南与那仁和布克牧场相邻，西与额敏县交界，北与哈萨克斯坦的斋桑县接壤（边境线长48千米），全乡总面积2 836.8平方千米。乡政府驻铁布肯乌散村，距县城25千米。和布克赛尔镇至中哈边境的公路横贯其境，乡至各村有简易公路相通。常住居民由汉、蒙古、哈萨克、回、塔塔尔、维吾尔族6个民族组成。

“铁布肯乌散”是蒙古语“弦码水”之意，“铁布肯”即“弦码”，“乌散”即“水”。乡境北高南低，北部是赛尔山，南部是哈同山，西部是铁布肯山。在赛尔山及哈同山之间是和布克谷地，集镇就在谷地中部。山麓与谷地海拔高度悬殊，海拔最高处3 735米，最低处1 233米。属寒温带大陆气候，春季升温较快，气候温和，年降雨量140.5毫米，主导风向是西风，春秋季多偏西北风，每年八级以上大风有70天以上。无霜期150天，适宜发展养殖业。

铁布肯乌散乡土地辽阔，但土质不太好，除谷地底部和布克赛尔河地带有一些耕地外，其余地带可耕地不多，多含砂砾石。全乡仅有可耕地面积1 333公顷。

铁布肯乌散乡的水资源较为丰富，白杨河、和布克河发源于该乡，另外还有布热勒、达门郭勒等10条河流，河流量1.186立方米/秒，年径流量3 766.07万立方米。此外，还有泉水18眼，年平均流量0.521立方米/秒，年径流量达1 647.63万立方米。但这些水资源被引用的不多，实际浇灌面积68公顷。

乡境内景色秀美，有避暑胜地、江格尔文化遗产、古墓、双湖、独山包、岩画等特色旅游资源。

1993年，铁布肯乌散乡辖8个村委会（铁布肯乌散村委会、科克莫墩村委会、查干阿得尔村委会、乌兰布拉村委会、青登村委会、夏尔呼尔根村委会、巴音温都尔村委会、孟根布拉克村委会）、4个农业村、4个牧业村，总户数731户，总人口3 594人。2015年，全乡行政区划未变，总人口1 391户3 563人，其中汉族291人、蒙古族1 649人、哈萨克族1 583人、其他民族40人。

### 二、经济发展

#### （一）农牧业

铁布肯乌散乡以农牧业生产为主。1993年，全乡粮食播种总面积471公顷，粮食总产422吨。牲畜年初饲养5.64万只（头），出栏1.09万只（头），年末存栏5.68万只（头）。

2000年，全乡粮食播种总面积433公顷，粮食总产776吨。牲畜年初饲养6.06万只（头），出栏2.15万只（头），年末存栏6.55万只（头）。

2006年，全乡粮食播种总面积693公顷，粮食总产102吨。牲畜年初饲养7.89万只（头），出栏4.72万只（头），年末存栏8.54万只（头）。完成对84头土种公牛去势，1 150头黄牛冷配和1 400头的牵引交配任务。引进优质巴什拜种公羊10只，乌珠穆沁种公羊13只。各种疫苗注射密度完成率100%。

2010年，全乡粮食播种总面积251公顷，粮食总产408.75吨。牲畜年初饲养6.42万只（头），出栏3.9万只（头），年末存栏6.24万只（头）。选择经济效益高、适宜种植的特色作物进行试种推广，完成小麦播种面积187公顷，拉动农牧民人均增收94元。开展乌鸡、红嘴雁、麻花鸡等特色养殖1 000余只，总收入8万余元。全乡农牧民人均收入4 101元。

2011年，铁布肯乌散乡农业总产值961万元。粮食作物以小麦为主。生产粮食180.3吨，人均51.8千克。主要经济作物有蔬菜等。蔬菜种植面积20亩，产量2吨。畜牧业以饲养羊、牛、马、骆驼为主。牲畜年末存栏13.19万头（只、匹、峰）。有农用小型拖拉机116台，中型拖拉机5台，大型拖拉机1台。有商业网点22个，职工30人。社会商品销售总额达62.2万元，比上年增长10%。

2012年，全乡粮食播种总面积450公顷，粮食总产1 006吨。牲畜年初饲养7.64万只（头），出栏8.18万只（头），年末存栏6.38万只（头）。调整农业产业结构，种植各类蔬菜2公顷，新试种甘草83公顷。发展特色养殖业，养殖土鸡、乌鸡等1 000余只，收入达10万余元。落实国家农机具和良种补贴政策，推广先进农业机械，提高农机装备水平，新增大马力拖拉机1台、粉碎机11台、卷毛机1台、打捆机2台、打草机17台、小型拖拉机3台，共落实国家相关农业补贴、申报农机补贴10.11万元。

2015年，全乡已耕地面积843公顷，累计退耕还草333公顷、还林227公顷。粮食总产173吨。牲畜最高饲养量11.2万头（只），新产幼畜5.5万头（只），出栏5.2万头（只），年末存栏数6.69万只（头）。对全乡牲畜注射三价疫苗，牛7 413头，羊53 302只，完成率100%；注射炭疽疫苗2.3万只，气肿疽疫苗3 200头，小反刍疫苗3万只。开展黄牛冷配237头，引进杜泊羊种公羊2只，绒山羊54只。发放草原禁牧、生产、牧草良种等生态补助总额718万元。全乡生产总值达到5 495万元，其中农业248万元。人均收入9 792元，较2010年增加5 691元，年均增长19 %。

（二）基础设施建设

20世纪90年代至21世纪初期，铁布肯乌散乡由于经济欠发达，基础设施建设相对滞后。

2006年，铁布肯乌散乡筹集资金20万元新建150平方米的兽医站1所；投入12万元在哈布达海新建98平方米的配种站1个；在夏牧场新建牲畜药浴池1个，对阿合尔库勒药浴池进行维修；分别在乌兰布拉村和孟根布拉克村投入7万元各新建大口井1个，蓄水池2个。投入6万元新建压井2个，维修压井1个，解决6 000头（只）牲畜的饮水问题。新建标准化暖圈28座，保证牲畜安全越冬。

2010年，项目总投资30万元解决科克莫顿村100户农牧民饮水问题；做好库容250万立方米的乌克塔斯水库建设前期工程；在铁布肯乌散村、科克莫墩村打机电井2眼，解决67公顷饲草料地用水。国家补助60万元、县财政配套30万元完成兴边富民道路3.1千米。扶贫开发项目下拨40万元完成乌兰布拉村人工草场建设，配套1.5千米防渗渠。由县养路段投工投劳，完成孟根布拉克村冬季拦水坝项目，解决铁布肯乌散乡冬季道路隐患。交通局下拨经费40万元实施查干阿得尔村10千米牧道建设。

2012年，争取上级以工代赈专项资金376万元实施10千米达门郭勒防渗渠建设工程。投资200万元维修古日班温郭勒山口至百姓敖包段28千米牧道。投资70万元修建科克莫顿村防渗渠5千米及配套设施。投资50万元架设巴音温都尔村至才布格恩江10千米低压线路。投资240万元续建1 600平方米物资供应站1个。投资250万元新建333公顷优质饲草料基地。投资100万元新建83公顷优质甘草基地。投资100万元实施铁布肯乌散乡办公楼附属建设项目。结合村级财政奖补“一事一议”，投入45万元维修铁布肯乌散乡至拉加小队（二小队）村级道路4.5千米，维修架设巴音温都尔村和乌兰布拉村铁丝网围栏20千米。

2015年，铁布肯乌散乡继续加大各类项目设施建设力度，全年完成固定资产投资915.9万元。其中，争取资金52.6万元，完成农村环境连片整治示范项目；争取资金146万元，新建685平方米铁布肯乌散乡集中村干部周转宿舍；争取资金109.3万元实施防病改水工程；争取资金178万元实施孟根布拉克村塘坝工程；投入资金30万元维修村办公室；争取上级行业部门400万元，实施惠民生项目8个。通过实地调研，广泛征求意见，完成以工代赈“十三五”规划和扶贫项目“十三五”规划，涉及水利、道路、畜牧、农业方面项目16个。

（三）新农村建设

2006年，铁布肯乌散乡创建自治区级文明单位2个，地区级文明单位4个，地区级文明村1个，县级文明村1个；十星级文明户261个，五好文明家庭186个。投入资金4 000元完成农村改厕10户。利用村级阵地开展文化、卫生、科技宣传活动20余次，参加群众1.5万人次。

2010年，宣讲新农村建设的内容、目的和意义，提高群众主动参与新农村建设的积极性。开展文明单位、文明生态村创建和文明细胞工程评选活动，全乡评出“十星级文明户”24户，“五好文明家庭”15户，平安家庭990户，文明科室20个，文明职工35人。

2015年，铁布肯乌散乡实行“村财乡管村用”制度，定期召开村民大会审议资金收入和使用情况，并积极利用集体收入为困难群众办实事、办好事，自觉接受群众监督。全乡各村队集体经济收入均达到3万元以上，新农村建设出现新面貌。

## 三、社会生活

（一）文化教育

1993年，全乡有电影放映站、广播站各1处；有中学1所，小学3所，在校学生680余人，教职员工110余人。

2006年，投资46万元在乡政府建设集图书室、阅览室、活动室为一体的文化站1个。全乡有固定电话用户300户，移动电话用户100户。有3所全日制学校和1所幼儿园，其中九年一贯制学校1所，蒙古族小学2所。小学适龄儿童总数259人，入学率99.6%；初中适龄少年总数189人，入学率93.1%；幼儿园学生42人。全乡有教职工64人，其中中级职称教师10人、初级职称教师40人、工人14人。

2010年，县移动公司、联通公司共投资450万元建设完成乡移动信号塔和联通机房。县广播电视局为全乡农牧民免费发放“村村通”卫星接收机500多个，电视覆盖人口达到3 562人，覆盖率100%。国家补助90万元、县财政配套39.5万元，完成铁布肯乌散乡双语幼儿园建设。乡中心学校有教学班6个（含学前班），在校生63人，在职教职工23人，其中特岗教师2人、代课教师8人。全年小学适龄儿童总数124人，入学率100%。

2011年，铁布肯乌散乡有文化站1个，村文化活动中心3个；图书室6个，藏书3000余册；蒙古长调民间传承户32户，蒙古长调老、青少年唱歌队50多人，阿肯弹唱15人。有学校体育场1个。60%的村建立了篮球场地，经常参加体育活动的人员占常住人口的15%。被自治区文化厅评为“新疆维吾尔自治区民间文化艺术之乡—托布秀尔之乡”，成功举办了两届托布秀尔演奏比赛。年末，铁布肯乌散乡有幼儿园1所，在园幼儿59人，专任教师5人；小学1所，在校生63人，小学适龄儿童入学率100%；小升初升学率100%。财政预算内教育经费342万元，比上年增长9.5%。

2015年，辖区内有小学1所，在校学生58人（少数民族58人），各类教师38人（少数民族37人）。广播电视覆盖率100%，电视人口覆盖率100%。

（二）医疗卫生

1993年，全乡有卫生院1所，编制床位15张。

2006年，乡卫生院有编制床位15床，在岗医务工作人员18人，其中主治医师1人、医师4人。参加新型农村合作医疗787户2 304人（特困户181户641人、五保户30户39人），参合率96%。

2010年，狠抓村（队）环境整治工作，每月10日、20日、30日卫生大扫除，由各包村领导干部负责督察落实，确保工作落到实处。全年共动员和出动学校、站所、低保户500人次，动用大马力拖拉机、小型拖拉机20台次，清洁垃圾20吨，改善农村卫生环境。

2013年，城乡医疗保险参保人数349人，参保率92%；全乡参加农村合作医疗1 890人，参合率95%，农牧民参合率95%。

2015年，有医疗卫生机构1个，专业卫生技术人员14人（少数民族12人），病床9张。城乡居民医疗保险参保人数361人，参保率96%；参加农村合作医疗2 100人，参合率97%，农牧民参合率97%。

（三）社会保障

1993—2000年，全乡享受农村最低生活保障累计总人数1 013人。

2006年，铁布肯乌散乡投入配套资金22万元完成54户牧民定居；累计投入资金104.6万元完成抗震安居工程62户。

2010年，全乡实现城镇人口就业再就业102人，完成计划指标的113%。18户贫困户（70人）越过温饱线，人均收入达到2 732元，增速14.2%。年内发放救济款19.9万元，其中慰问金9 000元；发放救灾衣物175件、被褥25床、鞋子50双；发放面粉16吨、大米2吨、清油1.5吨；发放优抚金4.3万元；低保及五保户保障金均及时定额发放。

2012年，城市低保167户338人，保金914 892元；农村低保对象322户885人，发放低保金97 443元。发放救济款5 000元，发放面粉7吨、大米1.9吨。参加新农保1 112人，缴纳新农保费16.16万元，参保率为100%，198名60周岁以上农村老人领基础养老金；118人参加城镇居民养老保险参保，缴纳城镇居民养老保险费1.37万元，参保率为100%，15名60周岁以上城镇老人领取基础养老金。

2015年，全乡新型农村养老保险参保人数1 034人，参保率90.46%；城镇居民社会养老保险参保人数160人，参保率96.39%。

## 第六节 莫特格乡

### 一、概况

莫特格乡位于和布克赛尔县城东2千米，东与查干库勒乡相接，南与和什托洛盖镇毗邻，西与那仁和布克牧场相连，北隔赛尔山与吉木乃县接界，总面积1 050平方千米。境内居住汉族、蒙古、哈萨克、维吾尔、回、塔塔尔族等13个民族。

“莫特格”是蒙古语“脚尖”之意。乡境北部为高山区，分布有森林、亚高山草甸、山地草甸植被，多河谷溪流，是优良的天然夏牧场；中部是山洪积倾斜平原和泉水溢出草甸带；南部则为低丘陵，系冬牧场。地势北高南低，海拔高度1 050~3 500米。土质主要为栗钙土、棕钙土、草甸土；主要水源为6条河溪及27眼地泉，和布克河自西向东穿过乡境南部边缘，水利设施有水渠36.45千米、机井5眼、蓄水1万立方米的小型水库1座。主要旅游景点有准噶尔汗国古城遗址旅游，哈尔盖特风景区（松树林—高山草原景观）、哈尔萨拉—草原、红桦林、吉木沟瀑布等。交通便利，省道318线贯穿全乡。

1984年，莫特格人民公社改为莫特格乡，乡政府驻莫特格村。1993年，全乡总人口3 370人。2000年，全乡总人口3 635人。2010年，全乡总人口3 287人。2015年，全乡辖8个村委会（莫特格村委会、奎德格村委会、夏尔古村委会、哈尔嘎特村委会、套瓦契村委会、敖包特村委会、哈尔萨拉村委会、吉木格尔村委会），2个牧业村、6个农业村。总人口3 433人，其中蒙古族1 255人，占36%；哈萨克族1 038人，占30%；汉族986人，占28%；其他民族154人，占6%。

### 二、经济发展

（一）农牧业

1993年，全乡粮食播种总面积440公顷，粮食总产1 197吨。牲畜年初饲养37 717只（头），出栏4 982只（头），年末存栏38 601只（头）。

2000年，全乡粮食播种总面积453公顷，粮食总产1 088吨，油料总产7吨。牲畜年初饲养45 920只（头），出栏17 570只（头），年末存栏49 500只（头）。

2006年，全乡粮食播种总面积6 261公顷，粮食总产464吨。牲畜最高饲养量8.1万只（头），年末存栏4万只（头）；完成冷配1 187头，牵引交配876头，引进良种21头；新建饲草料基地100公顷；牲畜二次防疫达到100%。

2011—2015年，莫特格乡依托城郊优势，调整种植结构，使设施农业逐步走向正规化；加大品种改良，在套瓦契村进行土豆新品种改良工作，每0.07公顷产量增加到1 500～2 000公斤，增收1 000余元。开展土地沙化治理工作，实现农村经济的可持续增长，争取县农业开发667公顷沙棘沙化治理项目，完成沙棘种植467公顷，治理土地沙化1 333公顷，改善自然生态环境。全乡耕地面积484公顷，其中种植作物面积104公顷，主要以小麦、玉米、土豆为主，良种覆盖率达到97%，农牧民共缴纳农业保险资金13万余元，保险率98%。全乡接羔育幼5万余只，成活率95%；加强牲畜品种改良，引进新疆褐牛种公牛392头、巴什拜羊60只、阿勒泰羊3 670只，完成大畜胚胎移植68头、冷配353头，小畜胚胎移植210只，接羔育幼15万余头（只），牲畜最高饲养量7.4万头（只），牲畜疫病免疫率100%。5年累计为354户牧民发放草原生态保护补助奖励金1 685万元。全乡农牧业产值由1 290万元提高到1 500万元，同比增长16.2%；农牧民人均纯收入由3 907元提高到10 015元，年均增长31%。

（二）林业

1994年，全乡计划造林5.33公顷，实际造林6公顷，完成计划的112.6%。零星植树3 000株，育苗面积0.2公顷。

1997年，全乡计划造林7公顷，实际造林3.5公顷，完成计划的50%。零星植树9 000株，育苗面积0.2公顷。

2003年，莫特格乡开始实施国家退耕还林政策，285公顷，国家补助每公顷120元，共3.42万元。

2011—2015年，莫特格乡落实国家的"退耕还林"补助政策，累计227公顷"退耕还林"地发放补助款1 532.73万元。按照和布克赛尔县的统一规划，完成318省道两侧的"绿色走廊"建设，同时还完成退耕还林地树苗补种5万余株。5年完成6.5万株植树造林的任务，树苗成活率达到92.5%以上。

（三）农民专业合作社

2012年，莫特格乡开始在莫特格村组建第一个农民专业合作社——玛雅牲畜养殖合作社，注册资金20万元（不包括600只阿勒泰羊，当时未作价）。合作社资金来源为自筹。有养殖基地近1公顷，羊圈300平方米，三间房屋面积100平方米。成立初期有社员5户，3年后社员发展到70户。

2013—2015年，莫特格乡按照"先发展、后规范、边发展、边规范"的工作思路，落实农民专业合作社的基地，建好一批规范的合作社。全乡在工商部门注册登记的各类专业合作社27家，共有注册资金1 365万元，其中3个合作社注册自己的商标。全乡有合作社社员270人，带动农牧民380余户，残疾农牧民12户，吸纳就业人员120余人，合作社为每户农民年增收2 000元，比入社前增加25%。

（四）基础设施建设

2010年，莫特格乡开始注重基础设施建设，当年争取基层组织建设资金574万元，新建1 630平方米4村联合办公楼，新建规德格村、莫特格村办公室，旱厕和煤房，改善乡村办公室条件，为农牧民提供良好的业余文化活动场所。

2011—2015年，莫特格乡认真按照"生产发展、生活宽裕、乡风文明、村容整洁、管理民主"的二十字方针要求，紧紧围绕和布克赛尔县的有关新农村建设的指导思想，不断加大农牧区基础设施建设力度，农牧民生产生活条件持续改善。5年完成全社会固定资产投资7 321.7万元，年均增长15%，实施项目70个，其中争取上级项目资金803.81万元、农牧民自筹333.8万元、争取财政扶贫资金2 265.18万元、少数民族地区发展资金260万元、其他资金3 658.91万元。

## 三、社会生活

（一）文化教育

1993年，全乡有中学1所、小学5所；有电影放映队1个；电视开始普及。2006年，建立完善村图书室2个。2010年，全乡固定电话用户517户，移动电话用户517户，计算机互联网用户142户，广播人口覆盖率90%，电视人口覆盖率95%，有线电视325户。

2011—2015年，莫特格乡认真落实文化惠民政策，加强各民族优秀文化保护与发展，丰富群众文化体育生活，树立健康向上的文明新风尚。5年举办群众性文化体育活动300余场次，参加农牧民6 000人次。积极打造“萨吾尔登”文化品牌，组建“萨吾尔登”文艺宣传队，获得自治区非物质文化遗产文艺会演优秀奖。成功承办四届全县“萨吾尔登”比赛。加快推进广播电视“户户通”工程，为121户安装“户户通”设备。加大对外宣传力度，累计被地区级以上报刊台、微信平台采用稿件6 358篇(条)，制作农牧民文化节、最美基层干部等专题宣传片8部。积极传播正能量，先后选树最美村干部达尔汉其·苏布达、自治区百名优秀村党支书记达尔加·达和曼等先进典型。全乡新建幼儿园1个，由县委、县政府统一购置校车1辆，负责接送全乡上学学生、儿童，全乡0~18岁青少年744人，适龄入学学生、儿童652，入学率100%。

(二)医疗卫生

医疗机构　1993年，全乡有医院2家，医务人员28人。2015年，莫特格乡有卫生院1所，占地面积1 500平方米，建筑面积650平方米，其中医疗用房面积460平方米。卫生院内设内科、药房、化验室和防保科、心电图、B超室等科室，有职工31人，其中医务人员28人。编制病床10张，实际开放8张。医疗设备有三道联心电图1台、X光机1台、B超机1台、尿液分析仪1台、全自动血球仪1台、雾化气雾机1台、自动洗胃机1台、电子显微镜1台。

新型农村合作医疗　2006年，全乡参加新型农村合作医疗农牧民833户2 206人，参合率82%；为64名农牧民兑现治病补贴5.7万元。2010年，全乡2 232人参加农村合作医疗，参合率达到98%。2011—2015年，全乡新型农牧区合作医疗门诊人数3 282人次，共审核处方3 282份，门诊总费用98 351.22元，实际门诊补偿金额84 529.04元。住院补偿26人次，共审核病例26份，总费用16 411.26元，实际补偿金额17 990元。为老复员军人缴纳新型合作医疗基金8 401元。

环境卫生　2011—2015年，乡人民政府制定《莫特格乡环境卫生整治活动实施方案》，实行责任制，整个乡机关干部分为9组，划定责任区，并由乡领导小组专排机关干部与周围村民签订《三包责任区协议》260余份，同时呼吁各族群众参与到条例条款约束自己的不良行为，着力解决乱修乱建、乱扔乱倒、乱停乱放等突出问题。5年共组织机关干部、站所、村干部以及“访惠聚”工作队成员1 200余人次清理白色污染垃圾280余立方米。租赁机械平地，动用机动车清运乡村垃圾、建筑垃圾2 950余立方米，耗资30余万元，形成城乡容貌整洁、管理有序、人居环境改善、发展环境优化、居民素质提升的良好局面。

(三)社会保障

2006年，莫特格乡争取各对口扶贫单位物资49.8万元，确定65户贫困农牧民为对口帮扶对象，将108户241人、77户302人分别纳入低保和民政救济范围。

2010年，全乡有27名职工参加失业保险，26名职工参加基本养老保险，72名职工参加基本医疗保险。

2011—2015年，城镇居民养老保险参续保率达到99%，累计为五保户、城乡低保户、80岁以上老人发放补贴600余万元，发放各类扶贫、慰问物资120余吨(折合人民币80余万元)，慰问金16万元。组织75人次残疾人参加康复培训，发放残疾人生活补贴14万元、阳光家园补贴4.5万元。此期间，按照县委、县人民政府的统一安排部署和要求，以保障和改善民生为主线，为各族农牧民在县城及和什托洛盖镇建设富民安居楼，全乡申请享受富民安居楼政策518户(其中县城购房户422户、和什托洛盖镇购房户96户)，享受购房补贴2 870万元。加大社会保障工作力度，拓宽农牧民增收渠道，累计开展农牧业职业技能培训1 200余人次，帮助325人实现就业、再就业，转移富余劳动力1 600余人次，新增创业实体57家，城镇失业人员新增就业703人。强化扶贫开发工作，以“建档立卡”落实扶贫到户政策，累计投入财政扶贫资金1 716万元，369户1 020人实现脱贫。到2015年年底，摘掉“贫困乡村”帽子，全乡农牧民全部走向富裕生活。

## 第七节　巴音傲瓦（包）乡

### 一、概况

巴音傲瓦乡地处北纬45°20′～47°12′、东经84°37′～85°20′，东邻布斯屯格牧场，西与查干库勒乡为界，南与和什托洛盖镇相连，北隔赛尔山与吉木乃县相接，南北长24千米，东西宽7千米，总面积约190平方千米。乡政府驻阿勒腾布拉格村，距县城30千米。

“巴音傲瓦”是蒙古语，意为“富饶的敖包”。境内煤炭资源丰富，石灰岩矿储量巨大。平均海拔1 300米，属寒温带大陆性气候，具有显著的山区气候特点。全乡耕地面积500公顷、草地7 333公顷、荒地面积533公顷，是一个以牧业为主、农业为辅的乡。由于受交通、通信、水利、地理、气候等条件限制，农牧业生产发展缓慢，是自治区、地区重点扶持的少数民族贫困乡。常住民族以哈萨克族为主。

1993年，巴音傲瓦乡辖6个村委会（阿勒腾布拉格村委会、克勒根特村委会、谢木那仁库热村委会、布呼特村委会、尕格茨呼都格村委会、乔鲁呼都格村委会），全乡总户数397户，总人口2 339人。2000年，全乡总户数695户，总人口2 347人。2011年，全乡总户数987户，总人口2 667人。2015年，行政区划未变，全乡总户数890户，总人口2 421人。

### 二、经济发展

（一）农牧业

1993年，全乡粮食播种总面积413公顷，粮食总产429吨。牲畜年初饲养2.71万只（头），出栏5 100只（头），年末存栏2.79万只（头）。

1997年，全乡粮食播种总面积667公顷，粮食总产890吨；牲畜年初饲养2.80万只（头），出栏2.93万只（头），年末存栏1.24万只（头）。种草533公顷，围栏草场面积0.37公顷。为改变贫困局面，乡境南部开发新地250公顷，搬迁60户种地能手进入开发区种植玉米和春小麦。

2000年，全乡粮食播种总面积347公顷，粮食总产546吨。牲畜年初饲养31 210只（头），出栏12 610只（头），年末存栏33 400只（头）。

2006年，全乡粮食播种总面积180公顷，粮食总产40吨。牲畜年初饲养4.17万只（头），出栏2.42万只（头），年末存栏4.51万只（头）。全乡围栏草场1.86万公顷，完成一年两次疫苗注射工作，牲畜疫病防治注射率达100%，修建冷配站点2个，冷配牛580头。

2010年，全乡粮食播种总面积271公顷，粮食总产255吨。牲畜年初饲养3.61万只（头），出栏2.09万只（头），年末存栏3.72万只（头）。全乡实现人均收入4 210元。

2015年，全乡粮食播种总面积274公顷，粮食总产329.28吨。牲畜年初饲养2.1只（头），出栏2.2只（头），年末存栏4.2只（头）。建立良种畜“冷配”基地，采取上门服务、定点服务、热线咨询和技术培训等方式，提升牲畜品种改良质量，以专业合作经济组织和大户为重点，选择1家牲畜养殖合作社和3户养殖大户落实500～1 000只杜博羊的改良任务；组织村后备干部、致富带头人、养殖大户等80余人远赴异地，进行优良畜种养殖考察2次;通过重点树立典型示范户,辐射带动牲畜品种改良工作,提高畜牧业产值。年末全乡农牧民人均收入达到9 972元。

（二）基础设施建设

2004年,巴音傲瓦乡开始注重基础设施建设,当年新修防渗渠12千米。

2006年,投资29万元重建村队办公室及兽医站,对12千米防渗渠、15座涵洞进行清理与维修。

2008年,全乡固定资产总投资1 562万元。其中,水库除险加固扩容工程投资1 039万元;双语幼儿园食堂、宿舍及村办公室工程投资50万元;克勒根特村2千米村级道路建设投资52万元;松树沟7千米防渗区建设工程投资101万元;抗震安居房建设、牧民定居搬迁察和特工程投资320万元。

2009年,投资1 034万元实施巴音傲瓦乡水库除险加固工程,库容达到140万立方米;实施冬德渠首及12千米防渗渠项目,筹措资金120万元,其中以工代赈资金70万元、国电集团新疆分公司对口帮扶资金50万元。两个农业村防渗渠工程建设投入资金76万元。新建50平方米小畜配种站1座。

2012年,争取民宗委兴边富民资金30万元新建2 000吨青贮窖1座,草场铁丝围栏7千米,标准暖圈3座。争取扶贫资金32万元完成1.6千米水渠及100公顷饲草料地建设项目,完成20千米牧道建设项目。

2013年,完成固定资产投资1 000余万元实施职工宿舍周转楼建设项目、饲草料种植基地建设项目、牧业大口井与人畜安全饮水建设项目、富民安居房及冬窝子改造和暖圈建设项目。向上级有关部门争取专项资金20万元新建牧业大口井2眼,维修自来水损毁工程2.5千米,维修防渗渠2千米。

2015年,投资273万元实施哈勒盖特部分渠首及过水渡槽维修项目,使谢木那仁库热村和阿勒腾布拉格村共计253公顷饲草料基地供水问题得到解决。同时,进行"村村通"道路建设和损毁道路桥梁修复,改善农牧民群众生产生活条件。

（三）劳务创收

2005年,巴音傲瓦乡农村富余劳动力转移工作全面展开,当年组织外出务工578人,实现劳务创收69万元。

2006年,全乡富余劳动力转移442人,其中上半年161人、下半年281人,实现创收21万元,拉动人均增收460元。

2008年,全乡富余劳动力转移共745人次,劳务创收28万元,拉动农牧民人均增收370元。

2010年,先后举办农牧民培训班5期,累计培训农牧民400余人次,实现劳动力转移580多人,劳务创收30余万元,直接带动农牧民人均增收500余元。

2013年,加大富余劳动力技能培训工作,通过远程教育、聘请技术人员授课等形式,先后举办农牧民培训班5期,累计培训农牧民450余人次,超额完成县下达的培训任务。全乡实现劳动力转移695人,劳务创收30余万元,直接带动农牧民人均增收500余元。

2015年,完成300人次培训,实现劳动力转移500余人次,劳务创收30万元,拉动人均增收600元。表彰部分劳务创收先进典型12人次,使劳务创收成为全乡农牧民增收的重要组成部分。

## 三、社会生活

### (一)文化教育

1993年,全乡有电影院、广播站各1处;有中学1所,小学1所,在校学生549人,教职员工119人。1995年,中小学在校学生579人,教职员工121人。1998年,中小学在校学生573人,教职员工63人。2000年,中小学在校学生585人,教职员工67人。

2006年,中小学在校学生670人,教职员工69人。全乡安装固定电话216户,通宽带6户,通广播电视230户。文化活动中心得到维修。

2007年,对5 000平方米的文化广场进行平整,并开展群众性文化活动。

2010年,新建双语幼儿园,小学适龄儿童入学率100%,小学生辍学率0%,复盲率0%。全乡数字电视用户223户,宽带接入15户,电话接入138户。举办农牧民运动会1次,民族刺绣展2次,电影下乡4场。

2013年,乡人民政府落实"一把手"工程,尽力支持教育,为学校解决冬季取暖用煤20吨,补助经费1万元。全乡小学适龄儿童入学率100%,小学生辍学率0%,全乡复盲率0%,继续巩固"两基"教育成果。

2015年,中小学在校学生16人,教职员工40人。有文化设施14处,开展文化活动11场次。

### (二)医疗卫生

1993年,全乡有卫生院1所,编制床位16床,在岗医务工作人员15人,其中主治医师2人、医师7人、护士3人、职工3人。1996年,乡卫生院在岗医务工作人员17人,其中主治医师2人、医师7人、护士5人、职工3人。2002年,乡卫生院在岗医务工作人员19人,其中主治医师4人、医师7人、护士4人、职工4人。

2004年,完成第三村和第五村防病改水项目,共有73户356人用上自来水。

2006年,全乡参加新型农村合作医疗664户,参合率达到95%。实施"卫生改厕"10户。

2010年,为2 036人办理新型农村合作医疗,覆盖率97%。全乡五保户、已办理农村低保人员和已办理父母光荣证、独生子女证的家庭可享受优惠待遇,基本解决全乡农牧民的就医问题。全年开展集体义务劳动5次,清理道路8千米,打扫庭院320座,清除垃圾5吨。

2013年,继续抓好新型农村合作医疗组织管理工作,解决农牧民就医难、因病致贫、因病返贫等问题。农牧区合作医疗覆盖率99%。新建村级卫生室2个,农村初级卫生保健基本实现全覆盖;接种免疫工作达到100%。

2015年,全乡有卫生院1所、村级卫生室1个,共有医务人员17人。新型农村合作医疗参合率达到99%。

### (三)社会保障

1993—2000年,全乡享受农村最低生活保障累计总人数1 035人。

2002年,实现牧民定居34户。享受农村最低生活保障总人数790人。

2006年,完成牧民定居30户,其中本乡定居10户、南部开发区定居20户。

2008年,全乡民政救济34户125人,五保户15户32人,低收入贫困户58户195人。享受城市最低生活保障199人,享受农村最低生活保障753人,合计952人,占总人口的38.26%,平均每2.5人就有1人享受低保。

2010年,全乡农村养老保险应参保1 179人,实际参保968人,完成率82.1%;有998人领取到农村最低生活保障金。

2013年，落实"低保听证"制度，对24名不符合条件的低保人员进行调整，做到应保尽保，不该保则不保；落实弱势群体关爱工作，将2名孤儿移送县孤儿院抚养，并通过多方面协调，使乡里贫困弱势人体得到妥善安置。对2名残疾人进行专业机构治疗，为3名残疾人找到就业机会。全乡农村养老保险率达到97%；城镇养老参保率达到94%。

2015年，社会保险参加人员896人，其中参加养老保险人数780人，医疗保险人数116人。

## 第八节 查和特乡

### 一、概况

查和特乡行政区域面积94.73平方千米，南北长20千米，东西宽7千米，位于和布克赛尔县南部，地处准噶尔盆地腹地，其区域界线走向自北纬45°54′07″、东经86°43′59″，直线向北至北纬46°15′12″、东经86°43′59″，向西至北纬46°20′40″、东经86°24′09″，再折向南至北纬45°54′04″、东经86°28′20″后到起始点闭合。北距兵团农十师一八四团团部（查干屯格镇）12千米，距和布克赛尔县城100千米。东、南为县直属用地，西与夏孜盖乡相接，北与伊克乌图布拉格牧场相接。

"查和特"是蒙古语"顶梁柱"之意。查和特乡地势开阔，海拔340～450米，土地资源丰富，而且集中连片，地势较为平坦，土层深厚平均为2～4米，土壤潜在养分较高。气候干燥少雨，降水少，蒸发量大，光热资源丰富。≥10℃有效积温为3 500℃，无霜期197～205天。

根据克拉玛依供水处水文地质勘探大队对该地区地下水资源勘探，第三系地下水可采量为960万立方米/年，含水量厚度为23.4米，井深80米，可合理开发利用。主要水源依赖西干渠工程所提供的水量而发展，从克拉玛依西干渠工程分水闸到开发区16.68千米。

1997年，设立和布克赛尔县南部农业综合开发指挥部。1998年2月，和布克赛尔县南部农业综合开发区管理委员会成立，为政府直属常设机构，下设和布克赛尔县南部农业综合开发区管理委员会办公室。办公室设在县土地管理局一楼。8月，位于县南部农业综合开发区的办公室动工建设，11月投入使用，抽调机关事业单位8人到开发区管理委员会工作，同时成立管委会技术室。

1999年，成立和布克赛尔县南部农业综合开发区管理委员会党支部。同年，成立和布克赛尔县农业综合开发总公司。

2002年，更名为和布克赛尔县察和特生态农业综合开发区管理委员会（简称"察和特管委会"），内设行政科、财务科、生态科、基建科、农业科，干部职工15人。同年，成立察和特管委会工会委员会。

2011年，成立中共和布克赛尔县察和特管委会委员会。下设察和特管委会党支部、甘肃移民党支部和养殖小区党支部。同年，成立察和特管委会妇委会；和布克赛尔县农业综合开发总公司更名为和布克赛尔县康葆农业综合开发有限公司。

2012年4月，根据自治区人民政府《关于同意和布克赛尔县设立查和特乡的批复》，和布克赛尔县察和特生态农业综合开发区更名为和布克赛尔县查和特乡，辖4个社区（哈同社区、赛尔社区、查干屯格社区、蒙根敖包社区），乡人民政府驻哈同社区。

2013年4月，根据《关于印发中共查和特乡委员会查和特乡人民政府职能配置 机构设置和人员编制规定的通知》，查和特乡党政机关核定行政编制22名（其中核定科级领导职数11名），机关后勤服务人员核定全额事业编制3名。查和特乡党政机关根据职能归口设置4个综合性办公室，即：党政综合办公室（挂党员服务站牌子）、社会事务办公室（挂人口和计划生育办公室牌子）、经济发展办公室、综合治理办公室。

是年6月，根据《关于为和布克赛尔县查和特乡增核事业编制的批复》，为查和特乡5个事业中心站所增加全额预算管理事业编制15名。隶属于乡管事业单位有查和特乡文体广播站、查和特乡农村经营管理站等。

全乡人口变化情况：2007年，从查干库勒乡搬迁到查和特养殖小区定居20户40人（为非查和特乡户籍人口，下同）；2008年，搬迁到养殖小区定居60户120人；2010年，从甘肃和县北部乡场搬迁到查和特中心区定居332户1 100人；2011年，从县北部乡场搬迁到查和特中心区定居465户1 300人；2012年，从县北部乡场搬迁到查和特定居48户100人。

2014年，户籍在册201户902人。2015年，户籍在册205户943人，全部为汉族。

## 二、经济发展

### （一）土地分配

2002—2003年，察和特生态农业综合开发区完成租赁土地3 341.33公顷，期限50年。

2003—2004，县人民政府划拨给县北部乡镇场及单位土地2 800公顷，权限30年。

2003—2006年，察和特生态农业综合开发区出让土地1 970.67公顷，出让土地使用权期限为20~30年。

### （二）种植业

准备阶段（1995—2000）　1995年，委托塔城地区水利水电勘察设计院编制完成《和布克赛尔县夏孜盖乡察和特灌区一期工程规划报告》，规划开发规模2.67万公顷。根据自治区人民政府办公厅〔1998〕68号函划定的开发用地范围，对原规划报告进行修订，完成并上报《和布克赛尔县南部开发区一期工程综合规划报告》。1998年4月6日，自治区计委组织12个相关部门领导和专家对规划报告进行评审，并予以立项。新疆农业大学于1998年完成并上报自治区计委《塔城地区和布克赛尔县察和特农业综合开发项目可行性研究报告》，自治区计委于1999年3月17日以新计农经〔1999〕158号文对新疆农业大学所做的可行性研究报告作了批复。根据自治区计委对项目可行性研究报告的批复意见，塔城地区水利设计院对项目做初步设计工作。2000年3月23日，自治区计委组织有关部门审查初步设计报告，根据专家们的意见，地区设计院对初步设计报告进行补充和完善。自治区以新计设标〔2000〕1084号文对项目初步设计补充报告作了批复。

试种阶段（2001—2002）　主要种植棉花、西瓜、油葵等。

种植阶段　2003年起，进入正式种植阶段。主要种植作物以打瓜为主，棉花、玉米、油葵为辅。2004年，主要种植作物以棉花为主，打瓜、油葵为辅。同年，察和特棉花加工厂运营，收购籽棉4 000吨。2005年，推广节水灌溉666.67公顷。2007年，完成棉花政策性保险1 533.33公顷。推广有压滴灌800公顷。2011年，进行种植结构调整，降低棉花种植面积，增加辣椒、食葵等作物面积。

2013—2015年，推广实施高新节水灌溉面积1 000公顷。2015年，完成农业保险3 558公顷。

### （三）畜牧养殖业

1995—2010年，无牲畜养殖。从2011年开始，每年10月至次年3月，约有3万头（只）牛羊在查和特过冬、注射疫苗和购买保险。

（四）林业

2003年，植树造林86.67公顷，苗圃5.67公顷。2007年，防护林种植66.67公顷，养殖小区植树6 000株。2009年，防护林种植66.67公顷。2013年，防护林种植145.33公顷。2014年，防护林种植221.33公顷。

（五）基础设施建设

1995—1999年为前期准备阶段，基础设施建设未进入实际施工。

2000—2007年，察和特农业综合开发项目（一期）共完成土地开发面积4 133公顷，建设场外干渠16.68千米，建筑物12座；场内干渠8.675千米，建筑物6座；场内1～7支渠28.94千米；斗渠46条62.418千米。节水面积800公顷。道路96.69千米，其中16米宽3千米，12米宽12.4千米，10米宽17.75千米，8米宽16.1千米，6米宽47.44千米。35千伏线路37千米，10千伏线路18千米，35千伏变电所1座。房屋2.1万平方米。库容490万立方米调节水库1座。累计完成投资10 028.41万元。其中，中央投资2 707万元，自治区投资579万元，地、县自筹6 742.41万元。

2008—2015年，和布克赛尔县察和特生态农业综合开发区/查和特乡项目建设共41项，累计投资12 231万元。

**三、社会生活**

（一）文化教育

小学　2012年9月，乡新建小学落成并投入使用，有教职员21人，在校生336人。2015年，有教职员35人，开设15个班级，在校生332人。

幼儿园　2011年3月，县幼儿园在察和特设立分园，园址借用察和特农业技术推广站办公楼，有教师5人，在园幼儿3个班，共150人。2013年9月，幼儿园搬入新址。2015年，有教职员19人，在园幼儿252人。

文化　2009年，发放“村村通”广播电视设备128套。2011年，发放“村村通”广播电视设备427套。2013年，发放“户户通”广播电视设备530套。2013—2015年，连续举办3届农牧民文化艺术节。

（二）医疗卫生

2010年10月起，和什托洛盖镇卫生院在察和特中心居民区设立卫生室，由镇卫生院、县疾控中心、县妇幼保健院8人轮岗。

2015年3月，查和特卫生院成立，有床位30张，内设检验科、放射科、心电B超室、公共卫生室、妇幼保健和预防接种室、药房和收费室，固定资产约1 000万元。有医护人员19人。其中，医技3人，乡村医生4人，药学2人，专业护士6人，公共卫生1人，预防接种1人，财务2人。

（三）社会保障

新农合　2011年，全乡653人参加新农合。2015年，全乡799人参加新农合，新农合参合率84.73%。

新农保　2013年，全乡有69名农村居民参加新型农村社会养老保险，其中60周岁以上农村老人42人。2015年，新农保参保人数为133人，其中享受养老金待遇46人。

## 第九节　伊克乌图布拉格牧场

### 一、概况

伊克乌图布拉格牧场位于和布克赛尔县东部,场部驻伊克乌图布拉格村,距县城60千米。东接布斯屯格牧场草场,南至夏孜盖乡,西邻布斯屯格牧场、查干库勒乡,北邻吉木乃县。217国道和318省道穿境而过,是和布克赛尔县的东大门,县东部的人流、物流中心和畜产品集散地。牧场行政总面积2 541平方千米,其中草场面积22万公顷、耕地面积4 200公顷、林地面积13公顷。

“伊克乌图布拉格”是蒙古语“大长泉”之意。境内水资源以高山雪水和泉水为主;矿产资源丰富,有煤、铜、铁、铬、石灰石等多种矿藏。牧场驻有神华国能、鑫泰矿业、全荣水泥等7个大中型工矿企业,还有和布克赛尔县公安局东山派出所、阿克赛牧业医院、伊克乌图布拉格学校等10个驻场单位。1993年,牧场总人口787户3 621人。2001年,牧场总人口765户3 165人。2006年,牧场总人口839户3 251人。2007年牧场列为全疆社会主义新农村建设示范点,牧场总人口1 259户3 406人。2009年,牧场总人口1 257户3 497人。2011年,牧场总人口1 239户3 400人。2012年,牧场总人口1 239户3 420人。2015年,牧场下辖5个村委会(伊克乌图布拉格村委会、勃热生呼都格村委会、巴音达拉村委会、塔塔勒村委会、洪古尔沃伦村委会)、1个农业村、4个牧业村,总人口1 431户3 864人。

### 二、经济发展

(一)农牧业

1993年,全场粮食播种总面积353公顷,粮食总产量464吨。年初牲畜养殖5.38万头(只),出栏1.01万头(只),年末存栏5.48万头(只)。

1999年,全场粮食播种总面积330公顷,粮食总产量464吨。年初牲畜养殖4.27万头(只),出栏2.15万头(只),年末存栏4.47万头(只)。

2003年伊克乌图布拉格牧场在查和特生态农业综合开发区开发土地2 000亩,农牧民人均收入2 568元,总播种面积0.53万亩。牲畜年末存栏5.43万头,出栏2.84万头,改良土种牛1 080头。

2004年牧场总播种面积0.53万亩,牲畜年终存栏5.66万只,改良土种牛1 380头。

2006年,全场农牧业总产值793万元,其中农业产值21万元,牧业产值772万元。牧畜出栏3.34万头(只),年末存栏5.95万头(只),商品率达到74%。

2007年,全场农牧业总产值788万元,农业产值21万元,牧业产值767万元,牲畜年终存栏5.9万(头)只。

2008年,全场农牧民人均收入3 868元,年末牲畜存栏4.9万头(只)。

2010年,全场农牧业总产值3 444.9万元,其中农业产值76万元,牧业产值3 368.9万元。年内实施67公顷糜子试种项目,完成小麦套种苜蓿200公顷;完成肉类产出397吨,奶类108吨,绵羊毛105吨,山羊绒2吨,牲畜出栏量达到2.01万头只。农牧民人均收入4 954元。

2011年,全场农牧民人均收入6 226元,固定资产投资1 052.9万元,完成黄牛冷配215头,牵引交配890头,引进优质新疆中绒山羊10只,引进巴什拜种公羊10只,牧场牲畜养殖最高饲养量7.9万头只、牲畜出栏

2.93万头只，年末牲畜存栏4.9万头只，全年完成绵羊毛产115吨，肉类产量1 339吨，牛奶983吨。

2012年，年末牲畜存栏4.92万头（只），全年肉类总产1210吨，绵羊毛95吨，奶制品873吨，山羊绒3吨。

2013年，全场农牧业总产值6 112万元。其中，农业产值78万元，牧业产值5 119万元。年内扩种饲草67公顷，受水资源不足制约，种植效果不佳；牧场牲畜最高饲养量8.2万头（只），牲畜出栏3.52万头（只），年末牲畜存栏4.68万头（只）。农牧民人均纯收入达到8 112元。

2015年，全场农牧业总产值7 884万元，其中农业产值69万元、牧业产值6 713万元。年内旱情严重，饲草种植地、自然打草场普遍减产；牧场牲畜最高饲养量达8.63万头（只），牲畜出栏3.53万头（只），年末牲畜存栏5.1万头（只）。农牧民人均纯收入达到10 151元。

（二）第三产业

1993年，牧场第三产业刚刚兴起，只有1家私营旅店、2个县供销社门市、6家私营小商店，年经营收入15万元。

2000年，牧场第三产业从业人员达到91人，所从事的行业主要集中在商业和餐饮业，第三产业收入达到89.9万元。

2003年，牧场共有个体工商户108户，第三产业产值176万元，其中餐饮业32万元，零售批发64万元，交通运输80万元。

2004年，牧场共有个体工商户92户，第三产业产值78万元，其中餐饮业，16万元，零售批发32万元，交通运输30万元。第一、第二煤矿共完成总产值1290万元，工业总产值430万元。

2006年，全场第三产业总产值156万元。其中，转移劳动力198人（县外转移6人、县内转移192人），实现创收36万元，带动牧场人均增收106元。

2007年，个体经营户101户，创收86.4万元。养殖户11户，饲养特色鸡5 600只，雁鹅200只。农牧区劳动力转移就业448人，创收80.83万元。

2008年，个体经营户102户，收入430万元，农牧区劳动力转移就业504人，创收102.06万元。

2010年，依托牧场地处国道217线及省道318线交会处的交通及民族风情优势，积极引导牧场农牧民从事以民族特色餐饮和民族手工艺制品产销为主的第三产业，第三产业收入达到401万元。年内开展各类培训班12期次，培训农牧民490人次，实现富余劳动力转移就业512人次，完成全年目标任务102.4%。其中，县外输出97人，县内转移377人，放牧安置38人，实现劳务创收104.32万元。

2011年，建设两座100平米的刚架结构戈壁玉石、畜产品、手工艺品销售点，以牧辰公司牵头的特色养殖协会1个，入会农牧户20余家，霍尔多巴吉鹅养殖数超过1万只，肉兔养殖户5家，养殖肉兔300多只，第三产业收入550万元以上。

2012年，继续发展第三产业，国道两旁81家个体私营商铺、餐饮、旅社、美容美发、维修等行业从业人数超过200人，经营收入达300万元以上。季节性从事出售肉、奶、奶制品的牧民20余户，从业人员50多人，增收80万元。50余名农牧民从事戈壁玉石销售，年销售收入超过60万元。加上运输等行业收入，全年第三产业收入突破900万元。

2015年，第三产业从业人数超过300人，行业涉及商铺、餐饮、旅社、美容美发、维修、装饰装修、交通运输、牧区马路经济等，全年第三产业收入达1 171万元。

（三）项目建设

2007年，牧场开始争取各方面资金支持，加大资金投入，进行项目建设，发展生产，改善民生。至2015年，全场实施各种项目建设49项，累计投入资金3 327.55万元。

## 三、社会生活

（一）教育　卫生

1993年，牧场有学校1所，在校学生916人，教职工96人。有医院1所，医务人员6人。

2007年，拥有学校1所，在校学生239人，各类教师71人，医疗卫生机构1个，卫生专业技术人员20人，病床5张。

2012年，牧场有学校1所，在校学生196人，各类教师63人，医疗卫生机构2个（阿克赛牧业医院、伊克乌图布拉格牧场卫生院），拥有专业卫生技术人员25人，病床10张。

2015年，牧场有学校1所，在校学生191人，教职工69人；幼儿园1所，在园幼儿176人，教职工10人。有医院1所，医务人员19人，病床15张。

（二）社会保障

1993年，牧场职工养老保险工作尚未正式推开，职工中仅极少数人员参加商业保险。

2006年，农牧民基本养老保险工作有序开展，参保人数986人，缴纳社会保险金342万元，其中个人缴纳163万元、单位缴纳179万元。316人领取退休金，人均350元。

2007年，参加基本养老保险职工633人，625名各族群众纳入基本养老保险，36户申请搬迁查和特开发区定居，18户已落户开发区，全牧场33户123人越过低收入线，年末剩余贫困户39户173人。

2010年，新型农村养老保险工作全面铺开，农村户籍人口首批参保人员327人。

2011年，全场参加农牧场养老保险新增退休人员19人；完成新农保343名参保人员的缴费工作（其中新增参保人员16人），完成计划的106%；完成城镇居民养老保险315人，参保率完成计划的123%；实现城镇失业人口就业195人；牧场城市居民最低生活保障人员233户579人；农村居民最低生活保障人员69户212人，基本做到应保尽保；14名80岁以上老年人共获得13 440元高龄基本生活津贴。

2013年，牧场城镇居民养老保险参保人数409人，完成年度任务的110.24%，新增参保缴费和历史参保续费收入8.21万元。新农保参保人数为369人，完成年度任务的111.82%，新增参保缴费和历史参保续费收入9.15万元。全年符合退休条件的国有身份农牧民24人，为19名农牧民办理缴费和退休手续。

2015年，新农保缴费386人，完成年度任务的99.7%，其中续费371人，扩面新增15人，缴费金额为11.64万元；城镇居民养老保险缴费444人，完成年度任务的95.5 %，其中续费416人，扩面新增28人，缴费金额为10.56万元。到龄退休的国有身份职工24人，办理退休享受待遇8人，完成缴费12人。城镇居民医疗保险缴费364人，完成率92%。参加合作医疗人数2 334人，缴费25.67万元，参合率达到99%。

## 第十节　那仁和布克牧场

### 一、概况

那仁和布克牧场位于布克赛尔县西北部，是以牧为主、农牧结合的牧场，因场部以东的那仁和布克郭勒河而得名。“那仁和布克”是蒙古语，意为“细小的梅花鹿”。牧场东与莫特格乡相连，南与和什托洛盖镇、克拉玛依市毗邻，西与托里、额敏两县交界，北与铁布肯乌散乡相接。总面积2 376平方千米。场部驻那仁和布克村，距县城17千米。常住民族有蒙古族、哈萨克族、汉族等。

场境以山为主，地势北高南低，海拔高度2 600～500米，北部为哈同山和铁布克山西南部分，海拔在1 800米以上，山地坡度大，为夏、春、秋牧场；南部为低丘陵，海拔在500米以上，有赛勒克特山和哈尔克赛山西半部，地表无径流，为冬牧场。水资源集中在北、西部，北部的和布克河上游自西北向东南随境流过，西部境内有白杨河自北向南流过，还有4条较大的河流；中部主要为泉水，有地泉37眼。全场可耕地面积386.67公顷，林地面积960公顷，草原面积18 093公顷，戈壁荒滩面积1 020.2公顷。

1993年，全场辖8个村，有609户2 801人。2015年，全场辖8个村委会（那仁和布克村委会、布德恩江村委会、伊克托里村委会、乌兰浩硕村委会、库尔旦夏尔村委会、阿尔和拉特村委会、额木根村委会、图拉村委会），总人口1 216户3 312人。

### 二、经济发展

1993年，全场存栏牲畜55 083头（只）。其中，绵羊34 041只，山羊14 720只，牛2 996头，马2 445匹，骆驼754峰，其他127头（只）。粮食播种总面积170公顷，粮食总产351吨。

1996年，全场牧业存栏牲畜56 243头（只）。其中，绵羊34 493只，山羊15 224只，牛3 194头，马2 475匹，骆驼754峰，其他104头。粮食播种总面积146.7公顷，粮食总产340吨。

1999年，全场存栏牲畜6.02万头（只）。其中，大畜6 957头，小畜53 243只，绵羊33 543只，山羊1.97万只；产毛86吨，肉类273吨，产奶870吨，山羊绒600公斤，牧业生产总产值301万元。农业种植面积224公顷，粮食总产185吨，农业总产值56.5万元。

2003年，全场牧业产值989.1万元，年末牲畜存栏头数7.84万头（只）。实现牧民定居90户，牲畜作价款实收34.9万元。农业总产值102.6万元。全年个体商业户、私营户总产值243万元，实现生产及经济总产值1 283万元。农牧民人均收入达到2 602元。

2006年，全场生产总值899万元。其中，第一产业795万元，第二产业10万元，第三产业94万元。年末牲畜存栏数7.19万头（只）。全场人均收入达到3 100元。

2010年，牧场完成生产总值1 671.4万元。其中，第一产业1 349.44万元，第三产业321.96万元，全场人均收入5 073元。挂牌“新疆山羊行业标准研究基地”“新疆山羊高产品系研究基地”“新疆山羊细绒类型研究基地”，标志绒山羊产业逐步走向标准化和规范化；成功向农业部申报“新疆和布克赛尔那仁和布克牧场山羊绒生产标准化实施示范项目”“新疆山羊保种补贴试点项目”“新疆和布克赛尔新疆山羊保种场项目”，同时向科技部成功申报富民强县项目。

2013年，牧场完成生产总值2 837.98万元。其中，第一产业2 373.32万元，第三产业464.66万元。全场人均收入8 613元。

2015年，牧场完成生产总值3 181万元，全场人均收入9 516元。全场农作物播种面积218公顷，其中小麦196公顷、蔬菜13.3公顷。36户农民享受小麦综合补贴27.38万元；633户牧民享受国家草原生态保护补贴787.29万元。牧场争取项目12个，投入资金631万元完成干部周转宿舍、那仁和布克村牲畜养殖、阿尔合拉特村牧道建设、伊克托里村通村道路项目、布德恩江村防渗渠建设、库尔旦夏尔村草场围栏、图拉村防渗渠工程等项目建设。

### 三、社会生活

#### （一）文化教育

1993年，那仁和布克牧场有小学1所，电影放映室、图书室各1间。全场可听到专线广播，电视开始进入一般农牧民家庭。

2006年，牧场有小学1所，在校学生183人，教师45人。广播人口覆盖率100%；有线电视364户。同年9月14日，国际江格尔文化研讨会在那仁和布克牧场召开，自治区文联将场内额木根村命名为“江格尔”村。

2014年7月30日，在那仁和布克牧场“江格尔人家度假村”举办第六届《达林陶布奇》江格尔说场比赛。来自和布克赛尔县12个乡镇场的13名选手参加本次活动，共6人获得该届江格尔奇说唱比赛荣誉奖，其中第一名1人，获奖金1 000元；第二名2人，各获奖金800元；第三名3人，各获奖金600元。

2015年，牧场有小学1所，在校学生13人，教师34人。有线电视370户。自治区“万村千乡文化产品惠民行动”惠及牧场，《连环画》《新疆画报》《图说我们的价值观报》《农民报》等优秀精神文化产品初步满足全场农牧民的精神文化需求。

#### （二）医疗卫生

1993年，那仁和布克牧场有卫生院1所，专业技术人员11人。

2006年，牧场卫生院有专业卫生技术人员26人，病床12张。全场参加合作医疗563户1 906人，参合率达到99.4%。其中，就诊1 526人，合作医疗补偿药费30 089.15元；住院36人，所用补偿费用41 362.39元。

2010年，投入50万元扩建牧场卫生院420平方米，进一步改善农牧民的就医环境。全场参加合作医疗779户2 446人，参合率达到99.5%。

2015年，牧场卫生院有专业卫生技术人员21人，病床10张，一般常见病都可不出场治疗。农村合作医疗保险676户2 403人，参合率达到99.8%。缴费18.56万元，住院人数55人，报销金额3.18万元；门诊就诊人数3 959人，报销金额8.95万元。

#### （三）社会保障

1997年，根据牧场与县扶贫对口单位共同商定，拟帮脱贫对象26户，均安排在场内图拉村种植蔬菜和三米，实际落实19户，每户种玉米0.67公顷、菜0.13公顷，总共支出帮扶经费3.6万元。

1999年，牧场共有五保户25户57人，总支劳保费27 205元，面粉7吨、煤炭65吨。

2004年，牧场有85名在职职工参加养老保险；有35名退休人员养老金按时足额发放；有106名城镇特困人员纳入城市最低生活保障范围。

2007年，牧场符合国有身份参加养老统筹人员517人，办证232人，每月领取养老金378元；全场162户466人享受城市最低生活保障金，每月发放金额31 988元；还有139户494人享受农村最低生活保障金，每月发放金额17 216元。

2010年，全场符合国有身份参加养老统筹人员535人，办证433人；参加农村养老保险466人，参保率95.6%；全场153户410人享受城市最低生活保障金，每月发放金额58 236元；还有122户418人享受农村最低生活保障金，每月发放金额35 594元。新建抗震安居房383户。

2015年，符合国有身份参加养老统筹人员535人，办证456人；参加农村养老保险522人，参保率95.6%；参加城镇养老保险271人，参保率98.2%。

## 第十一节　巴嘎乌图布拉格牧场

### 一、概况

巴嘎乌图布拉格牧场位于和布克赛尔县城以东55千米处，东与福海县相接，南接夏孜盖乡，西与布斯屯格牧场毗邻，北与吉木乃县相接。总面积1 858平方千米。

牧场地势自西向东倾斜，北高南低，南部为山区，中部为平原。平原区为春秋两季放牧草场，山区为冬夏两季牲畜草场，适应牧业生产发展。乌（乌鲁木齐）—阿（阿勒泰）公路由南向北穿越境内。场至各村有简易道路相通。牧场驻地为巴嘎乌图布拉格村。常住居民主要为汉族、蒙古族和哈萨克族。

巴嘎乌图布拉格牧场平均海拔1 180～1 200米，气候特点是四季变化明显，日照时间长，降雨稀少，蒸发强烈，无霜期短，昼夜温差大，年平均气温3.4℃，极端最高气温33.3℃，极端最低气温-28.7℃，多年平均年降水量140.8毫米，平均蒸发量1 842.2毫米，日照时数年平均2 808.7小时，无霜期142天，最大风速34米/时，全年盛行西北风，年平均最大风速17米/时，最大冻土深度1.6米。

1993年，巴嘎乌图布拉格牧场辖4个村委会，总户数266户，总人口1 340人。2015年，牧场辖2个牧业村（乌兰哈德一村、乌兰哈德二村），2个农业村（加音塔拉村、巴嘎乌图布拉格村），总户数545户，总人口1 335人。

### 二、经济发展

#### （一）农牧业

巴嘎乌图布拉格牧场以牧为主，粮食生产为辅。1993年，全场存栏牲畜22 369头（只）。其中，牛2 008头（含良牛及改良牛215头），马1 144匹，驴13头，骆驼316峰，猪120头，绵羊14 126只，山羊4 642只。粮食播种总面积86.7公顷，粮食总产390吨。

1996年，全场牧业存栏牲畜16 650头（只）。其中，牛1 977头，马1 021匹，驴30头，骆驼206峰，猪12头，绵羊10 055只，山羊3 349只。粮食播种总面积100公顷，粮食总产460吨。

2000年，全场牧业存栏牲畜19 600头（只）。其中，牛2 020头，马998匹，骆驼207峰，猪15头，绵羊11 187只，山羊5 200只。粮食播种总面积140公顷，粮食总产170吨。

2006年，全场完成生产总值627万元。牲畜最高饲养量3.2万头（只），牲畜存栏2.39万头（只），其中牲畜出栏1.22万头（只），商品畜1.15万头（只），商品率74.82%。肉类总产量535吨，山羊绒1.54吨，绵羊毛62吨，奶类产量19.5万吨。全场农业种植面积213公顷，粮食总产量308吨。实施退耕还林、还草173公顷。

2010年，全场完成生产总值725万元。牲畜最高饲养量4.4万头（只），牲畜存栏2.6万头（只），其中牲畜出栏1.22万头（只）。牧场农牧民人均增收中来自牧业比重达到60%以上，而来自粮食生产的比重不足40%。

2015年，全场完成生产总值1 300.13万元。牲畜最高饲养量2.8万头（只），年末牲畜存栏3.5头（只），其中牲畜出栏2.2万头（只），商品畜2万头（只），商品率91%。肉类总产量515吨，实施退耕还林、还草168公顷。完成冬窝子危房改造5套，新建标准化暖圈3座，维修牧道30千米，修缮冷配点、人畜饮水点1处。畜禽防疫密度达100%。

（二）基础设施建设

1993年，牧场有蓄水1.1万立方米的水库1座、引水渠24千米、水井2口。

2006年，全场完成固定资产投资500余万元建成人畜饮水渠20.2千米，维修防渗渠13.5千米，打牧业大口井2眼，彻底解决全场人畜饮水问题。牧场办公室进行统一装修。建成抗震安居房26座，完成20座规定任务的130%。

2010年，建设牧业大品井4眼，整修牧道20千米，完成2个水库加固项目。另投资30万元建成4个村（队）综合办公室。建成抗震安居房6座。

2012年，投资2 000余万元修建玛尔兹水库及巴嘎乌图布拉格牧场水库，解决人畜饮水问题。

2015年，申报两条防渗渠建设项目，解决草场和农业用水瓶颈。投入191万元新建周转宿舍1 000平方米。

（三）新农村建设

2006年，巴嘎乌图布拉格牧场开始实施社会主义新农村建设，成立领导小组，研究制订社会主义新农建设规划和近期实施方案，并且组织有关人员进行现场办公。从整治村容村貌入手，规范垃圾处理，新建垃圾池5座；充分调动群众参与新农村的积极性，采取集体出物，群众投工投劳的形式，新修村道路2.6千米，同时广泛动员群众对住房进行美化、亮化。

2010年，积极开展各项环境卫生清理工作，保障牧场村容村貌整洁。改厕18户，农村沼气池使用率达到70%以上。

2015年，巴嘎乌图布拉格牧场加大新农村建设，及时调整领导小组，研究制订社会主义新农建设规划和近期实施方案，并且组织有关人员进行现场办公。从整治村容村貌入手，规范垃圾处理，固定垃圾点4处，放置垃圾船4个；发放果皮箱50个。充分调动群众参与新农村建设的积极性，集体出物新修村道20千米，同时动员群众对住房进行美化和亮化。

## 三、社会生活

（一）文化教育

1993年，牧场有小学1所，广播站、电影放映站各1处。全场可以听到有线广播，电视开始进入普通农牧民家中。

2006年，牧场有蒙古族初中1所，在校学生68人，教职员工22人，均为蒙古族。年末广播人口覆盖率90%，电视人口覆盖率67%，有线电视132户。

2010年，全场小学适龄儿童、初中少年入学率均为100%。县广电部门为广大农牧民发放卫星电视直播接收器100余个。通过广播、电视等媒体进行宣传报道，提高牧场的知名度，场供新闻稿被《新疆日报》采纳15篇、新疆广播电视台采纳6篇，《塔城日报》采纳2篇，《地区平安网》采纳9条，县人民政府网采纳55条，县新闻媒体采用6条，全年累计被县内外媒体采用93篇(条)。

2015年，全场小学适龄儿童、初中少年入学率均为100%。投入78.91万元建设文化站1座。有远程教育站点3个。县广电部门为广大农牧民发放卫星电视直播接收器120余个。通过广播、电视等媒体进行宣传报道，提高牧场的知名度，场供新闻稿被《新疆日报》采纳4篇、新疆广播电视台采纳3篇，县新闻媒体采用6条，全年累计被县内外媒体采用70篇(条)。

(二)医疗卫生

1993年，牧场有卫生院1所，医务人员5人，农牧民小病治疗可以不出场。

2006年，牧场有卫生院1所，病床4张，各类医务人员11人，均为少数民族。全场应参加合作医疗农牧民965人，实际参加915人，上缴合作医疗基金40 470元，参合率达到95%。

2010年，全场参加新型合作医疗农牧民共1 110人，参合率达到100%。免费进行白内障复明普查，上报1例。县残联"阳光家园"给牧场4名残疾人每人发放轮椅1个、补助金1 000元。

2015年，牧场有卫生院1所，病床4张，医务人员10人，均为少数民族。全场应参加合作医疗农牧民965人，实际参加965人，参合率达到100%。

(三)社会保障

1993—2005年，巴嘎乌图布拉格牧场社会保障资料缺失。

2006年，全场上报城市居民最低生活保障70户，保障人员237人，每月保障金16 663元。有68名职工参加基本养老保险。

2010年，参加国有职工基本养老保险108人；参加新型农村养老保险160人，完成率100%，收缴农保费3.72万元。全场共有86户234人享受城市低保，发放低保金37万元；22户66人享受农村低保，发放低保金5.8万元。实现应保尽保。

2013—2015年，全场上报城镇居民最低生活保障户65户，保障人员155人，每月保障金22 340元。实行低保动态管理和听证制度，享受最低生活保障共83户193人，累计发放最低生活保障金47.37万元；发放救济款1万元，面粉4吨、大米0.4吨、清油0.2吨；发放4名80岁以上老人基本生活补贴4 800元。

## 第十二节　布斯屯格牧场

### 一、概况

布斯屯格牧场地处准噶尔盆地西北缘，赛尔山南麓丘陵平原一带，位于北纬46°51′84″、东经86°15′82″。东与巴嘎乌图布拉格牧场、伊克乌图布拉格牧场、福海县相邻，南与夏孜盖乡相接，西与巴音敖瓦乡、查干库勒乡毗邻，北与吉木乃县接界，总面积3 502平方千米。境内居住有汉、蒙古、哈萨克、柯尔克孜、维吾尔族5个民族。场部驻布斯屯格村，位于217国道与318省道交会处，距县城45千米。

"布斯屯格"是蒙古语，意为"带状的芨芨草滩"。布斯屯格牧场地形复杂多样，属山地丘陵平原分布区域，总的地势是北高南低，海拔最高点为北部赛尔山，在3 000米以上；中部迭伦山海拔1 000～1 500米。属大陆性干旱区，气候特征为冬季严寒漫长，夏季凉爽短促，全年无霜期短，降水量少，蒸发旺盛，气温日变化大，积雪薄而不稳定，全年多西北风，历年平均气温18.6℃，平均最高气温24.9℃。水源主要是赛尔山和迭伦山的积雪融化后汇聚成莫盖特和扎合哈拉盖特两条河流，另有67眼泉水，年径流量385.3万立方米，水资源比较充沛，开发利用潜力大。

全场天然草场可利用面积13.03万公顷，草场类型多样，有草场植物数百种，植被覆盖度45%左右，草群高度平均15厘米左右，平均每公顷产鲜草900～1 200公斤。根据地形气候、植被条件，按三季草场轮换利用。夏草场占草场总面积的38%，有效利用率可达95%；春秋草场占31%，有效利用率可达95%；冬草场占草场面积的31%，有效利用率可达90%。

1993年，布斯屯格牧场辖4个村委会（布斯屯格村委会、布呼特恩呼都格村委会、迭伦村委会、乌兰哈德村委会），有居住户510户，总人口2 032人。2010年，有居住户592户，总人口2 240人。2015年，行政区划未变，有居住户575户，总人口2 358人。

## 二、经济发展

### （一）牧业生产

1993年，牲畜最高饲养量3.9万头（只），年末存栏2.7万头（只），牲畜出栏1.2万头（只），出栏率44%；肉类总产量76.5吨，山羊绒1.2吨，绵羊毛60吨，奶类产量408吨。牧民人均纯收入1 800元。

1998年，牲畜最高饲养量5.6万头（只），年末存栏3.3万头（只），牲畜出栏2.3万头（只），出栏率45%；肉类总产量148吨，山羊绒1.4吨，绵羊毛76吨，奶类产量536吨。牧民人均纯收入2 860元。

2002年，牲畜最高饲养量6.1万头（只），年末存栏3.7万头（只），牲畜出栏2.8万头（只），出栏率48%；肉类总产量154吨，山羊绒1.7吨，绵羊毛79吨，奶类产量566吨。牧民人均纯收入3 060元。

2007年，牲畜最高饲养量6.8万头（只），年末存栏3.7万头（只），牲畜出栏3.2万头（只），出栏率55%；肉类总产量748吨，山羊绒2.1吨，绵羊毛83吨，奶类产量736吨。牧民人均纯收入6 390元。

2010年，牲畜最高饲养量7.9万头（只），年末存栏4.12万头（只），牲畜出栏达3.78万头（只），出栏率47.8%；肉类总产量1 300吨，山羊绒2.52吨，绵羊毛92吨，奶类产量1 015吨。牧民人均纯收入到4 933元。

2015年，牲畜最高饲养量8.12万头（只），年末存栏4.62万头（只），牲畜出栏3.5万头（只），出栏率43.1%；肉类总产量2 066吨，山羊绒1.3吨，绵羊毛89吨，奶类产量1 015吨。牧民人均纯收入达到10 046元。

### （二）基础设施建设

1993年，牧场有蓄水1.8万立方米的水库1座、引水渠3.4千米、水井3口。

2006年，投资24万元在布斯屯格村新建扎合防渗渠1 000米，大寨田防渗渠2 000米；投资15万元对马音特人畜饮水管网水毁工程进行维修，并对渠首进行加固，保证牧场春秋人畜饮水安全；投资15万元新建牧业大口井1眼，维修加固牧业井3眼。此外，在赛尔山冬草场一带兴建牲畜越冬暖圈20座；在迭伦山冬草场挖建简易牲畜棚圈10座；对25座简易棚圈进行修补；完成牧场220平方米兽医站建设，新建和维修药浴池各1座。

2013年，投入675万元完成450户场部所在地牧民危房改造项目，改善农牧民居住条件和村庄整体面貌；投入190万元完成布斯屯格村防洪堤坝建设项目，预防春季洪涝灾害，保证居民安全；投入187.1万元完成布斯屯格村4.2千米摊铺油路项目，安装太阳能路灯25盏，解决牧民出行问题；投入82万元，完成迭伦村东德牧道10千米维修项目，解决160余户牧民转场时的交通困难。

2015年，争取项目资金83.02万元打大口井2口；投入609万元完成乌兰哈德村17.4千米通村油路项目；投入50万元完成迭伦村牧道建设项目，解决100余户牧民转场时的交通困难。投入50万元完成布斯屯格村900米引水管道和减压池项目。将牧场5千米乡村道路养护落实到人头，全年养护24次，方便农牧民出行。

**三、社会生活**

（一）文化教育

1993年，牧场有小学1所，广播站1处。全场可以听到有线广播，电视开始进入普通农牧民家中。

2006年，牧业寄缩制学校1所，设学前班2个，蒙古、哈萨克语小学班各6个，在校学生176人，教职员工42人。

2010年，牧场有九年制寄宿制义务教育学校1所，占地面积30 353.5平方米、建筑面积1 824平方米。蒙小学班6个，哈小学班6个，在校学生101人，教职员工37人。

2013年，牧场村级均建成图书阅览室、文化活动室，群众可以在闲时阅览各类文化知识，下象棋、跳棋，还可以上网观看电影，丰富群众文化生活。

2015年，牧场有双语幼儿园1所，在园幼儿58人，幼儿教师6人；有九年一贯制义务教育学校1所，在校学生56人，教职员工41人。牧场争取县财政配套资金25万元为学校更换20吨锅炉，将学校与牧场机关暖气并网，改善学校教室、宿舍冬季取暖条件。继续巩固普及九年义务教育，全场适龄儿童入学率达100%。投入50万元新建布呼特村200平方米活动室。

（二）卫生

1993年，全场有1家卫生院，医务人员3人，小病可以在牧场卫生院治疗。

2006年，牧场有1所卫生院、3个村队卫生室，有场队两级医务人员14人。卫生院配有X光机、B超机、心电图机，医疗条件得到改善。

2010年，场队两级医务人员增至18人。卫生院门诊1 236人次，门诊补偿资金8.65元。住院7人，住院补偿费用4 900元。

2015年，牧场有1家卫生院、2个村队卫生室，有场队两级医务人员21人。卫生院门诊1 571人次，门诊补偿资金3.96万元。住院7人，住院补偿费用3 062.50元。

（三）社会保障

新型合作医疗保险　2005年，开始实行新型合作保险，当年参合502户1 430人。2010年，全场参加新型合作医疗保险617户1 908人，参合率95%。2012年，全场参加新型合作医疗保险379户1 103人，参合率95%。2015年，动员广大群众积极参加新农合，参合353户1 425人，参合率达到99%。

国有农牧场社保　2007年，开始收缴国有农牧场社保，当年全场参保人数295人。2012年，全场应参加城镇居民养老保险人数275人，实缴费人数263人，缴费率达到95%。2015年，应参加城镇居民养老保险人数230人，实缴费人数230人，缴费率达到100%。

新型农村养老保险　2010年，开始实行新型农村养老保险，当年参保农牧民348人。2012年，应参加新型农村养老保险345人，实缴费342人，缴费率99%。2015年，全场参加新型农村养老保险353人，参保率100%。

# 第三章　驻县单位

## 第一节　新疆生产建设兵团第十师一八四团

兵团第十师一八四团位于和布克赛尔县以南，地理坐标北纬46°02′32″～46°23′30″、东经86°13′～86°28′。团部查干屯格镇距乌鲁木齐市550千米，距克拉玛依市190千米，距师部北屯市220千米，距217国道40千米，距奎—北铁路客、货两用站点15千米，与北疆各主要城市的距离相对均衡，地理上处于北疆的腹心地带。

1959年4月17日，新疆生产建设兵团农十师三十五团由玛纳斯河水利管理处、农七师调来的干部组成三十五团(现一八四团)；同日，新疆生产建设兵团农十师三十五团在和什托洛盖农十师转运站北边山坳里召开成立大会。1969年7月27日，新疆军区生产建设兵团统一团场序号，三十五团改为新疆军区生产建设兵团农业建设第十师一八四团。2013年1月17日，十师办公室转发新疆生产建设兵团办公厅《关于各农业建设师更名的通知》，新疆生产建设兵团农业建设第十师一八四团更名为新疆生产建设兵团第十师一八四团。

团场有和谐的自然生态，农业、矿产、旅游等资源丰富。团场毗邻世界魔鬼城，傍水银沙滩，拥有千年胡杨林、667公顷生态园、七彩玛瑙滩等景观，具备生态、军垦特色旅游业发展得天独厚的人文、地理和自然优势。境内已探明矿产20种，矿产地64处。其中储量大、开采条件好的优质矿产主要有煤、盐、膨润土、石油、芒硝、石灰石、石英砂、黏土等。辖区内膨润土、石英砂、黏土等矿产丰富，石油开采已深入境内，玛瑙石、戈壁玉、硅化木、风凌石等宝玉奇石随处可见。全境受北冰洋和古尔班通古特沙漠的影响，形成典型的大陆性气候，光热资源丰富，年日照时数为2 560～3 000小时，日照百分率为62%，年平均气温为5℃～7℃，≥10℃的积温平均为3 010℃～3 640℃，平均日较差在14℃～22℃，无霜期平均为181天，最大冻土层深度148厘米，年均相对湿度58%，该地区气候特点是降水量小，蒸发量大，昼夜温差大，光热资源丰富。

2015年年末，全团总人口6 801人，农业人口1 832人，从业人员3 825人，在岗职工人数2 065人。依托兵团第十师南部3.33万立方米水土开发工程，已开发种植各类农作物1.36万公顷，全部使用加压滴灌等现代农业技术。特殊的土壤和气候条件，使该处的苹果、蟠桃、哈密瓜等瓜果类作物品质好、产量高，在本地及周边市场供不应求。团场鼓励职工自主创业发展设施农业、畜牧业和第三产业，全团牲畜存栏3万头(只)，由职工自主经营的第一家流通企业经营良好，社区物业走向市场，特色农副产品得到集中展示和信托营销，戈壁风情园、瓜果农家乐、兵团第一包等特色旅游和餐饮业发展迅猛，部分产业已具备向区外市场扩张的实力。有中学一所，教师87人，开设24个教学班，在册学生876人；投资757万元新建学校运动场，投资23万元购置学生教学电脑51台，投资6.5万元购买3台教学用触控一体机；学校中考升学率为85.5%，位居全师第三。有医院1所，医务人员47人(中级职称9人、副高职称8人)，专业技术人员占全院的87%；开设病床25

张；全年就诊2.3万人次，住院病人550余人。全团城镇居民人均可支配收入达到30 858元，团农牧工家庭人均收入达到15 722元。公共文化设施建设加快，广播电视覆盖率达到98%，文化信息共享项目投入使用。根据“实用、需要、致富”的原则，对1 852名职工进行专业培训。社会保险覆盖范围不断扩大，为职工缴纳社会保险费2 402.4万元；为1 740名职工办理补充医疗保险；为1 730人次居民办理医疗保险。

## 第二节　自治区级塔城地区和丰工业园区

### 一、机构队伍

2011年9月，自治区人民政府批复和丰工业园区为自治区级工业园区。2012年4月，自治区编制委员会办公室批复设立和丰工业园区管委会，与中共和丰工业园区工作委员会两块牌子、一个机构，为塔城地委、行署的派出机构。管委会机构规格为正县级，核定全额预算管理事业编制25名，其中县（处）级领导职数7名（正县级2名、副县级5名）；同年7月，地区编制委员会办公室批复园区管委会内设办公室，下设经济发展招商局、规划建设局、财政局。

2012年5月，地委、行署配备园区领导班子；8月，为支持园区发展，解决没有工作人员现状，和布克赛尔县将和什托洛盖工业园区管委会、下属玛湖供水站并入和丰工业园区管理。2013年5月，园区应急供水站竣工投入使用，由玛湖水站分出部分人员组成应急供水站，为园区供水。2016年2月，原和什托洛盖工业园区管委会所有在编人员分配至和布克赛尔镇、和什托洛盖镇。

### 二、园区规划

2010年12月，和丰工业园区编制总体规划，规划面积20平方千米。2014年1月，获自治区人民政府批复。2014年，园区总规修编，规划面积67平方千米。工业园区重点发展“煤化工、煤电冶、盐化工、石油化工”四条产业链，着力打造国内一流的技术先进、配套设施完善，环境友好、投资成本低，综合竞争力强的大型石油和化工生产基地；推进经济社会发展和生态文明建设，成为带动自治区、塔城地区及和布克赛尔县经济社会发展的重要区域；建成产业布局合理、集中集约发展、上下游一体化、资源高效利用、配套设施完善，环境友好、投资成本低，综合竞争力强的大型石油和化工生产基地，实现人与自然的和谐统一，实现社会、经济和生态环境的可持续发展。

近期阶段（2013—2020年）：以大项目为龙头，实现工业园建设的快速起步，初步建成以煤化工、盐化工和石油化工为主导的产业发展框架，夯实产业发展基础，初步建成工业园的基础设施，生活、管理和服务体系。

远期阶段（2020—2030年），实现新疆维吾尔自治区和丰工业园的跨越式发展。在近期发展的基础上，做大做强主导产业，建成一批具有国内外先进水平的石油和化工项目，实现产业规模的大发展，形成煤化工—盐化工—石油化工紧密结合的产业链条，建成完善的工业园基础设施，生活、管理和服务体系，使之成为地区经济发展的支柱，实现国内一流的石油和化工生产基地的发展目标。

## 三、园区建设

（一）基础设施建设

2012年，园区修建临时道路24千米，通达各企业；开工新建应急供水工程，为苏新、庆华等企业提供用水；新建园区临时供电线路31千米，输电线路通到各入驻企业；开工建设影响园区规划和苏新能源办公楼建设的220千伏双线迁移工程，完成基础性工作。

2013年，园区完成临时应急供水工程、220千伏双线迁移工程两项2012年续建项目。开工新建7个项目，即园区日供水17.2万立方米供水工程、园区排水管网工程、园区19千米主干道路工程（同年10月竣工通车）、6.8千米园区主干道路延长线工程（同年10月竣工通车）、园区服务中心综合楼工程、35千伏变电站及输变电线路工程、园区19千米主干道路绿化工程（共种植各类树木4.4万株）。

2014年，园区续建日供水17.2万立方米给水工程，完成2座3 000立方米生活水蓄水池、2座1万立方米工业水蓄水池建设，完成供水站办公楼框架建设；续建排水管网工程；续建服务中心综合楼项目，完成主体工程，并进行内外部装修。开工新建园区蒸发塘一期项目，完成主体工程；新建园区道路二期工程，完成1.9千米主干道路、3.6千米次干道路工程；新建园区警务室及配套工程，完成主体工程。

2015年，根据企业需求，园区暂停日供水17.2万立方米给水工程，完成服务中心综合楼、蒸发塘一期项目收尾工程。

（二）企业项目建设

2012年，园区投入生产企业2家；新增入驻园区企业4家，完成投资7.8亿元。重点项目有：1.徐矿集团年产40亿立方米煤制天然气项目，厂前区工程的主办公楼、西辅楼框架到顶，展示大厅主体工程基本完工；项目临时办公、生活区建设完成，具备使用条件。2.湖北宜化集团2×50万吨工业盐及60万吨煤制烯烃项目，一期50万吨工业盐项目竣工投产，60万吨煤制烯烃项目临建建设完毕。3.汇丰达石油机械加工制造、化工助剂加工生产项目，完成2栋标准厂房，一栋三层办公楼、宿舍、食堂、锅炉房、配电室及相关设施的建设，完成部分基础设备购入。4.庆华集团非常规油气资源及煤炭综合加工利用项目，厂前区完成项目指挥部、临时展厅、中试车间、3座库房以及厂前区绿化、供热等建设工作，油砂勘探累计完成钻探进尺1.6万米。

2013年，企业完成投资20.9亿元。重点项目有：1.徐矿集团年产40亿立方米煤制气项目名称变更为苏新能源和丰公司年产40亿立方米煤制气项目，9月22日，拿到国家发改委同意开展前期工作的复函，厂前区主办公楼、东西辅楼内外装修工程、厂前区硬化、绿化等完成。2.庆华集团非常规油气资源和煤炭综合加工利用项目，其中5万吨中试项目综合罐区、气膜仓、煤气发生炉、干馏炉、循环水池、污水处理池厂、办公楼及宿舍楼工程完工，年底进行联动试车；10.2千米厂区道路完成，油砂（油页岩）资源勘探进展顺利，选取油砂矿区进行试验开采，原位采油获得成功。3.汇丰达石化公司石油石化机械加工制造项目，完成2栋标准厂房建设及设备安装工作，开始试生产。

2014年，续建项目2项，新增企业落地项目3项，园区企业完成投资6.3亿元。重点项目有：1.苏新能源和丰公司年产40亿立方米煤制天然气项目完成化机厂工程。2.庆华集团和丰公司5万吨中试试车成功，开展实验性生产。3.宝塔化石和丰公司重油、物流园项目落地园区，临建开工建设。4.仁众汽车用品制造厂年产5万吨润滑油、防冻液项目落地工业园区，办公楼、厂房建设开工。5.生远木制品加工有限公司年产30万张中纤板项目落地工业园区，建成两栋标准厂房。

2015年，国际、国内油价大幅下降、国内经济下行压力增加，园区企业项目进展缓慢，仅完成投资2.7亿元。重点项目有：1.苏新能源年产40亿立方米煤制气项目能评获批复，项目核准所需的50个支撑性文件取得48个，仅剩环评、水资源尚未获得批复。2.庆华集团非常规油气与煤炭综合加工利用项目积极跑办矿权事宜。3.宝塔化石和丰公司重油、物流园项目完成项目临水、临电、临路、临舍、临地工作，管理区、罐区、仓储区基础设施开工建设。

## 四、管理与服务

2012年，工业园区做好规划编制工作，园区总体规划修改完善，年底前报自治区住建厅审查；园区控制性详规经过初次评审，总规批复后根据修改情况，进一步完善后报地区建设部门组织评审；园区配电网规划、园区防洪规划、水土保持方案、园区地震安全性评价、土地集约利用评价、园区压覆重要矿产资源报告、1∶500地形图等7项专项规划和地形图等均编制完成并通过自治区相关行业单位审查；园区渣场、蒸发塘环境影响评价报告，园区水资源论证报告均上报自治区相关行业单位，并于年底前审查完毕。搭建融资平台，开展融资服务，成立和布克赛尔县城市投资开发有限公司，用于向银行融资担保贷款和建行、农行、农发行、招商银行等金融机构进行接洽，用于园区基础设施建设贷款；同时，和有意向做BT方式的投资公司洽谈，委托招标公司对园区以BT模式建设基础设施进行招标。做好企业项目服务工作，园区完成工业产值1.13亿元，完成工业增加值4 821万元；指定专人负责跟踪、联系入驻园区企业，及时解决入驻园区企业遇到的各项问题，新增入驻园区企业4家。

2013年，加快园区规划的审批与修编，申报一期20平方千米未审批的总规、水资源报告等规划，园区总规经自治区住房和城乡建设厅组织专家评审通过，园区水资源报告经自治区水利厅组织专家评审；完善平台建设，实现多渠道融资，按市场化的要求完善县城市投资建设有限公司，使得公司设立条件及运营机制得到金融机构的认可；通过BT方式融资2.77亿元，资金到位，项目开工实施；通过建行项目贷款1.9亿元到位，资金按照程序拨付。提升服务质量，加大服务力度，积极解决落地、投产企业的通水、供电等问题，全力保障生产企业正常生产，促进签约项目落地，落地项目加快项目建设进度。全年完成工业总产值6.6亿元，完成工业增加值3亿元，新增落地项目3项，新增签约项目11项。

2014年，加快园区规划的审批与修编，年初积极申报园区20平方千米总规的审批，4月，获得到自治区人民政府批复；积极开展园区67平方千米的总规修编工作。加大融资力度，继续依托城投公司作为融资平台，利用BT、银行贷款、捆绑至地区国资发债等方式继续融资；园区区蒸发塘一期工程BT融资1亿元，与广发银行达成基础设施建设贷款5亿元意向。解决落地、投产企业的通水、供电等问题，保障生产企业正常生产。年内，园区完成工业总产值5.5亿元，工业增加值1.9亿元。新增落地项目3项，新签订项目合同、协议9项。

2015年，积极推进项目前期工作，多次与上级相关单位对接，白杨河矿区总规于1月29日得到国家能源局的批复，矿业权设置方案报送至国土资源部备案获批；配合做好土地利用总体规划修编，帮助入园企业与各级国土部门对接，上报企业用地申请，将两家大型企业用地手续报至地区、自治区国土部门。园区通过和布克赛尔县积极上报，争取到政府债务资金1.389 5亿元；开展多元化融资，引入PPP等融资方式参与园区基础设施建设，与两家专业、有实力的大公司达成基础设施意向。加大跑办服务力度，安排专门领导负责跑办园区资源配置、土地、水资源论证、基础设施项目前期等工作；实行一名领导重点服务两三家企业的“一对一”联系服务制度，帮助企业解决困难。年内，新增签约项目3项，园区完成工业总产值6.5亿元，完成工业增加值2.3亿元。

## 第三节　塔城地区和丰职业技术学校

### 一、学校筹建

2012年3月，塔城地委、行署根据自治区领导“在和丰工业园区建设一所职业技术学校为入驻园区的企业提供技术人才支持”的指示，向自治区教育厅申请成立和丰职业技术学校。同年5月，自治区教育厅批复同意筹建和丰职业技术学校。

2013年3月，地区成立和丰职业技术学校筹备领导小组，组建工作班子，开展筹建工作。和布克赛尔县委、县人民政府先后3次邀请自治区专家对和丰职业技术学校办学方向、办学规模、设置专业、师资队伍进行调研，并两次前往乌苏职业技术学校、新化工学校、新疆工程学院、乌市煤炭技工学校参观学习，制定学校的办学方向、设置专业、发展规划。

2014年5月8日，自治区评估专家召开座谈会，听取地区和丰职业技术学校筹建领导小组办公室就学校筹建工作情况所做的汇报，就地区和丰职业技术学校筹建工作进行评估。经评估，专家们一致认为地区和丰职业技术学校基本符合中等职业技术学校办学条件，可以成立。同年9月23日，塔城地区和丰职业技术学校正式成立，并举行揭牌仪式。

2015年6月9日，塔城地区和丰职业技术学校在王冠鹿王酒店举行实训基地揭牌仪式，标志着学校教育教学工作迈上规范办学的新台阶。

### 二、校园建设

塔城地区和丰职业技术学校位于和布克赛尔县和什托洛盖镇赛尔克南街，占地面积54 822.52平方米，总建筑面积2.5万平方米，可容纳1 500名学生。

2013年7月，学校动工建设，总投资3 000万元。至2015年年末，先后建成教学区、实训区、生活区以及运动场、排球场、篮球场等活动场所，基础设施较为齐全。全校有教职员工82人。

### 三、专业设置与招生

2013年秋季，学校招生210人，5个教学班，开设采矿技术、机电技术应用、焊接技术应用、酒店服务与管理4个专业。

2014年，增开化学工艺专业，共开设5个专业。招收新生220人，5个教学班。

2015年，开设专业与2014年相同，学校招收新生80人（化学工艺未招生），4个教学班，共有在校学生510人。

# 第二编

# 自然环境　资源

和布克赛尔县地势北高南低，最高点为北部赛尔山的木斯套峰，海拔3 835米，最低点为南部已干涸的玛纳斯湖，海拔249米。从北往南分布有高山、谷地、丘陵、平原、沙漠等多种地貌。

县境属寒温带大陆性气候，冬寒漫长，夏凉短促，昼夜温差大，降水较少，蒸发旺盛，空气干燥，年平均气温低，无霜期仅为135天。

和布克赛尔县自然资源丰富。有天然草场143.47万公顷；有2条河、28条沟，地表水年径流量2.02亿立方米，地下水补给总量2.32亿立方米；野生动植物种类多、分布广；矿藏有无烟煤、食盐、石油、天然气、黄金、花岗岩、膨润土、石英砂、铁矿等30余种。

比较优越的地理位置和自然环境为发展农牧业和其他各项生产提供了条件。但和布克赛尔县也是自然灾害多发区，每年都有各种自然灾害不同程度发生。

# 第一章　机构队伍

## 第一节　行政机构

1993年，和布克赛尔县矿产资源局（简称矿产局）内设行政办公室、财务室、档案室、巡查室，有干部职工18人。

1993年，和布克赛尔县土地管理局（简称县土管局）内设行政办公室、财务室、规划地籍管理室、土地利用保护室、测绘管理办公室、土地监察大队、和布克赛尔镇国土资源所、莫特格乡国土资源所、和什托洛盖镇国土资源所、查干库勒乡国土资源所、铁布肯乌散乡国土资源所、夏孜盖乡国土资源所、巴音傲瓦乡国土资源所，有干部职工55人。

2002年6月，根据和党办〔2002〕50号《关于印发〈自治县党政机构改革方案〉》的通知，不再保留土地管理局和矿产资源局，组建国土资源局。

2003年，和布克赛尔县国土资源局（简称县国土局）内设机构办公室、信息化管理室、规划地籍管理室、土地利用保护室、地质勘查（环境）管理室、矿产开发管理室、国土资源执法监察大队、测绘管理办公室及规划勘界测量室、综合室、南部国土资源管理所、西部国土资源所、东部国土资源所、牛场。有干部职工72人。

2015年，县国土局内设机构：纪检监察室、财务科、人事教育科、档案科、规划地籍科、测绘管理办公室、耕地保护科、草场纠纷办、建设用地科、地质勘查管理室、矿产开发管理室、南部、西部、东部、查和特乡四个国土资源管理所。有干部职工78人。

## 第二节　事业机构

2011年，依据和机编字〔2011〕27号，《关于和布克赛尔县国土资源局所属事业单位机构编制方案的批复》，国土资源局下设机构。

**一、和布克赛尔县国土资源所**

县国土资源所机构规格为股级，核定事业编制45名（管理岗位4名，专业技术岗位32名，工勤岗位9名），经费形式为全额预算管理，隶属于国土资源局管理。

**二、和布克赛尔县矿产资源监察管理所**

县矿产资源监察管理所机构规格为股级，核定事业编制15名（管理岗位15名），经费形式为全额预算管理，隶属于国土资源局管理。

# 第二章　地质　地貌

## 第一节　地　质

和布克赛尔县境在地质构造位置上，属准噶尔凹陷—北天山褶皱系的一部分，系东北西南向构造带，赛尔山南侧是和布克赛尔新生代山间凹陷。哈同山复背斜东侧是和什托洛盖中新生代山间凹陷，凹陷的东北段有大面积的侏罗纪的含煤地层出露。和什托洛盖中新生代中间凹陷核部是以石炭纪的地层为主，两翼是泥盆纪的地层和少量的奥陶纪到志留纪的地层，地层走向和深裂断走向均以东北西南向为主。

早在寒武纪初期和布克赛尔县境是一片汪洋大海，距陆地较远，海底沉积物以海底喷发的火山岩、火山屑沉积为主，为最早最古老的沉积物。后在整个奥陶纪、志留纪内，气候温暖，海中动物繁衍，地壳以震荡式为主，伴有海底火山喷发，个别地方隆起为陆地，形成孤岛。

在泥盆纪内，地理环境有较大变化，到泥盆纪末本地区遭受一次较大规模的地壳运动，谢米斯台山一带相继隆起为陆并褶皱成山，奠定现代山脉格架的雏形。石炭纪内海底火山喷发频繁，爬行类动物出现。到石炭纪末本地区又发生剧烈地壳变动，赛尔山一带隆起为陆并褶皱为山。

侏罗纪初准噶尔沉降区范围扩大，气候温暖，植物茂盛，爬行动物称雄，盆地边缘以湖沼相沉积为主，形成含煤地层，和什托洛盖、沙吉海一带相继隆起为陆，以后基本保持相对稳定。

第四纪到现代本地除残留有小面积湖泊沼泽外，广大地区均抬升为陆，山体不断升高，平地与山间各地相对沉降，成为陆源物质堆积区，地壳趋于平稳。

## 第二节　地　貌

县境地形地貌复杂多样，可明显分为北部及西北部高山、亚高山区，和布克谷地，中部中低山丘陵区，南部平原荒漠区四大地区。

**一、山脉**

县北部以山地为主，主要有赛尔山、哈同山、铁布克山、赛勒克特山、阿尔格勒特山、萨勒布尔山、哈尔赛尔山、迭伦山。其中，最大的三个山脉为以下三座。

(一)赛尔山

“赛尔”是蒙古语,意为“马背”。源于该山形似马背而得名。

赛尔山是县境内最大的一座山。它自西至东横亘在县境北部边缘,东西绵延约110千米,是和布克赛尔县与吉木乃县及哈萨克斯坦共和国斋桑县的界山。北部延伸至哈萨克斯坦共和国斋桑县和中国吉木乃县境内,跨越铁布肯乌散乡、莫特格乡、查干库勒乡、布斯屯格牧场、伊克乌图布拉格牧场、巴嘎乌图布拉格牧场,平均海拔2 987米,主峰木斯套峰海拔3 835米。山势巍峨高峻。山体西高东低,北缓南陡,属中高山型。山顶平坦开阔,为冰川作用的准平面,山地的北面是额尔齐斯河下游谷地,为北冰洋气流进入准噶尔盆地的主要孔道,在海拔3 000米以上仍保持有现代冰川。

赛尔山气候凉爽湿润,雨水充沛,植被呈垂直分布,山上有茂密的森林,森林建群为单一的西伯利亚落叶松,林下植被种类丰富,牧草茂盛,是县境内优良天然夏季草场,海拔1 800～2 000米为草原植被,分布有灌木丛,同时也能作为冬牧场和短期春、秋草场。

该山还是和布克赛尔县重要的水源集流区,山上终年积雪形成河流沟溪30多条,其中年径流量达1 000万立方米以上的有阿尔茨特沟、吉木格尔沟、松树沟3条,分布有泉33眼。南坡自西向东依次有50多条山沟,沟内大都有溪流,草木茂盛,栖息着豹子、盘羊、狼、狐狸、旱獭、野猪等野生动物。

(二)哈同山

“哈同”是蒙古语,意为“皇后、王后”。

哈同山是和布克赛尔县的第二座大山,横贯于县境中部,呈西北—东南走向,绵延大约90千米,宽约30千米。跨越铁布肯乌散乡、那仁和布克牧场、莫特格乡、和什托洛盖镇,平均海拔2 000米左右,最高峰海拔2 605米。

哈同山山势高峻,气候干燥,降水量偏少,植被稀疏,西北高,东南低,北坡陡峭,峡谷较多,西北部水源丰富,有较好的森林和草生植被,为夏牧场。东南部干旱缺水,分布有山地草原植被和山地荒漠草原植被,为冬牧场。

哈同山内沟壑纵横,有大小50多条沟,大多数沟内有草原和泉水分布,为冬牧场和短期春、秋牧场。发源于哈同山北部的都精图郭勒河、乌图乌散河、伊克当斯仁河、夏日嘎郭勒河、额迈勒次克河5条河流,自西南流入白杨河。南麓冲积平原地带分布有丰富的煤矿资源,北麓的和布根额河为和布克河的发源地。山中有水晶、云母、石膏、金等矿点分布,有黄羊、大头羊、野山羊、旱獭、熊、狐狸、狼等野生动物出没。

(三)铁布克山

“铁布克”蒙古语意为“弦码”,因该山形如琴上的弦码而得名。

铁布克山耸立于和布克赛尔县西北边缘,与额敏县、哈萨克斯坦共和国斋桑县交界,呈东北—西南走向,长约30千米,东北连赛尔山,西南接哈同山,主峰海拔2 601.7米。山势高峻,气候凉爽湿润,降水丰沛。森林和草原植被等资源丰富。在海拔2 400米以上为亚高山草甸植被;海拔2 000～2 400米为山地草甸植被,并且有成片的山地森林分布,这一带牧草茂盛,为夏牧场;海拔800～2 000米为草原植被,并分布有灌木丛,为冬牧场和短期春、秋牧场。

铁布克山的东南侧泉眼遍布,青草繁茂,有大小十几条沟,沟内风景秀丽,气候凉爽,野花遍地,活跃着狼、狐狸、盘羊、旱獭、鹿、野驴、雪鸡等野生动物。霍什诺尔湖位于铁布克山西南麓,湖水清澈如镜,周围是风景优美的夏牧场。发源于该山中的河流有达门郭勒河、塔克勒根尼郭勒河、伊克加玛尕勒图郭勒河、巴音郭勒河4条河流，白杨河发源于该山西南的那门额河。

## 二、沙漠

和布克赛尔县有辽阔的沙漠，主要有呼术哈其克托热、巴勒德尔恩沃伦、哈尔努尔提、阿日格、古尔班通古特沙漠。其中最大的沙漠是古尔班通古特沙漠。

### (一)呼术哈其克托热

"呼木哈其克托热"蒙古语意为"枯叶子的胡杨树"。位于夏孜盖乡政府驻地东南30千米，系和布根保日格以北的沙丘地，面积约40平方千米，有大片胡杨树。

### (二)巴勒德尔恩沃伦

巴勒德尔恩沃伦位于夏孜盖乡政府驻地47.5千米的玛纳斯湖东侧，东邻格干尼敖包，面积30平方千米，海拔280米，属沙砾地，分布有沙丘，长有稀疏的梭梭，中部分布有一小片稠密的灌木丛。

### (三)哈尔努尔提

"哈尔努尔提"蒙古语意为"黑山梁"，以该地的黑沙垄而得名。位于夏孜盖乡政府驻地34.5千米、赛肯托热以南的沙漠，面积约19平方千米，有灌木丛，多沙垄。

### (四)阿日格

"阿日格"蒙古语"围墙"。位于夏孜盖乡政府驻地南32.7千米，西和西南邻查干雅布尔、佐尔哈赛，面积18平方千米，沙砾地，海拔约350米，年降水量在80毫米以下，年平均气温在8℃以上，气温日较差在15℃以上，年较差42℃，风向多偏北，年平均风速2.4米/秒。

### (五)古尔班通古特

"古尔班通古特"蒙古语意为"三个芨芨草滩之地"。位于夏孜盖乡政府驻地东南110.1千米，平均海拔400米，在县境内面积3 420平方千米，沙丘、沙窝和沙垄广布，降水稀少，气候干燥，夏季酷热，最高气温41.9℃；冬季严寒，最低气温-32.2℃，年降水量约90毫米，植被稀少，有白梭梭等沙生植物，通行困难。

## 三、河流冰川

### (一)河流

纳木郭勒河(白杨河)　"纳木郭勒"蒙古语意为"静静的河"，汉语为白杨河，因两岸水草茂盛，长有白杨树而得名。

白杨河是县境最大的一条河流，为和布克赛尔县与额敏县、托里县的界河，发源于铁布克山南麓的那门额河，由20多条支流汇集而成，流经铁布肯乌散乡、那仁和布克牧场，由北向南注入克拉玛依市境，流进艾里克湖，全长200多千米，在县境流域面积为528平方千米，平均流量3.56立方米/秒，年径流量1.124亿立方米，结冰期48天。

和布克河　"和布克"蒙古语意为"梅花鹿"。它是县境内第二条大河，发源于哈同山北麓的和布跟额肯，流经铁布肯乌散、那仁和布克、莫特格、查干库勒、和什托洛盖、夏孜盖6个乡、镇、场，尾端在夏孜盖南部的准噶尔盆地的戈壁沙漠中分散消失，长约134千米，流域面积900平方千米，年径流量0.366亿立方米，平均流量1.19立方米/秒。结冰期140天。

(二)冰川

赛尔山部分山峰在雪线以上,有小面积的终年积雪和现代冰川,其面积约2.7平方千米。

**四、湖泊**

(一)玛纳斯湖

玛纳斯湖位于和布克赛尔县南部,准噶尔盆地腹地中。该湖原为玛纳斯河的尾闾,海拔249米,面积650平方千米,平均水深0.6米左右,是一个咸水湖。玛纳斯湖在第四纪时曾是一个规模很大的湖泊,以后因陆梁隆起,湖区形成两个高程台阶,一个大湖分成几个小湖,由艾丁克湖、阿兰淖尔湖(包括小艾丁克湖)、伊克哈格淖尔(现在的玛纳斯湖)、达巴松诺尔等组成有名的玛纳斯湖群。1915—1930年,由于玛纳斯河三角洲的沉积和隔梁沙嘴的形成,使玛纳斯河的水改道向东拐,流入过去的伊克哈格盐池,即现在的玛纳斯湖。因玛纳斯河是向该湖注入的主要河流,故名玛纳斯湖。20世纪60年代湖内尚有少量水,70年代以后完全干涸,湖境内主要为盐池和盐碱地。玛纳斯湖内有储量丰富的湖盐。

(二)乌伦古湖

“乌伦古”蒙古语意为“混浊之湖”。位于和布克赛尔县最东北角,是与富海县的分界线。该湖分为两个:北面的布伦托海又名大海子,位于那仁哈尔山之南的地堑部位。南面的博特干淖尔又名小海子。南北两湖被乌伦古河冲积泥沙所淤积的沼泽地分割,中间有长10千米的霍勒河相连接。

乌伦古湖为乌伦古河的尾闾,总面积近1 000平方千米,其中布伦托海面积827平方千米、博特干淖尔面积172平方千米。湖水较深,前者超过20米。这个封闭湖泊是一个水质矿化度较低的半咸水湖(2.72克/升)。湖中盛产鱼类,以五道黑、小白条、青黄鱼等鱼而著名。

# 第三章　气　候

## 第一节　气候特征

和布克赛尔县地处内陆,远离海洋,属寒温带大陆性气候,具有明显的高寒特点,冬寒漫长,夏凉短促,昼夜温差大,无霜期短,降水较少,蒸发旺盛,空气干燥,气温年日变化大,积雪薄而不稳定,春秋多大风,全年盛行偏西风。1993—2015年,和布克赛尔县的气候特征总体上与20世纪80年代的情况相同,年平均气温低,四季不分明,没有明显的夏季,故按冷半年,暖半年来划分;暖半年190天,冷半年175天,县境采暖期在7个月以上。

## 第二节　日　照

县境日照充足。1993—2015年,全年平均实际日照时数2 866.3小时,比塔城少48.8小时,比乌苏多298.2小时,5—8月各月日照时数均大于290小时,其中8月日照时数最多达295小时,12月日照时数最少为

148.5小时；1—8月递增，9—12月递减，年日照百分率为64%。

## 第三节　气　温

### 一、高温

据实测资料显示，县境1993—2014年没有出现过≥37℃的高温日数，仅2015年7月22日出现过极端最高气温37.7℃。

### 二、低温

≤-15℃低温日数平均每年出现52天，其出现时段为11月中旬至3月中旬，最多年份104天，最少年份32天。

≤-30℃低温日数全年平均0.1天。1993—2015年，出现极端最低气温-32.0℃。

### 三、日较差

县境的气温随着南北高度差异而变化，在南部夏孜盖平原区年际变化更大。县境全年1月最冷，7月最热。最大年较差44.1℃，而北部山间谷地最大年较差17.8℃，最大日较差23.3℃。

### 四、升温和降温

县北部山区春季升温快，但很不稳定，平均气温5.1℃；夏季气温不太明显，但比较起来气温仍然较高，平均气温为18.4℃，历史极端最高气温37.7℃；秋季降温快，平均气温3.9℃；冬季寒冷漫长，平均气温-10.8℃，极端最低气温出现在1月，为-32.0℃。

县南部夏孜盖平原区春季升温迅速，不稳定，平均气温为9.1℃；夏季高温炎热，平均气温24℃，历史极端最高气温41.9℃；秋季凉爽，降水较少，初霜冻、结冰、降雪、积雪等一般比北部山区推迟20～30天，平均气温为6.5℃；冬季严寒，平均气温-16.1℃，历史极端最低气温-37.2℃。

### 五、无霜冻期

县境以最低气温≤ 0℃为霜冻指标，年平均无霜期135天，一般由5月13日开始，9月24日终止。

## 第四节　降水　蒸发

### 一、降水主要特点

县境多年平均降水量147.9毫米，境内降水量较少，分布不匀，降水日数也不多，全县降水量总的分布趋势是北多南少，东多西少，山区多平原少。

**二、降水的季节分布**

县境各季降水分布很不均匀，全年以夏季降水最多，历年平均86.1毫米，占年降水量147.9毫米的58.2%；冬季降雪量最少，历年平均仅11.0毫米，仅占全年降水量的7%；秋季降水量21.8毫米，占年降水量的15%。

**三、降水强度**

县境降水的强度变化很大，一次最长连续降水日数可达9天（1993年4月6—14日），降水量11.7毫米；一次最长连续无降水日数可达39天（2005年5月11日至6月19日）。

**四、降水年际变化**

县境年降水量的年际变化很大，最多年降水量出现在2007年，达285.4毫米；最少年降水量出现在2006年，仅有75毫米，最多年降水量为最少年降水量的3.8倍。

**五、蒸发**

县境年平均蒸发量1 807.6毫米，其中农作物生育期（4—10月）蒸发量1686.1毫米。

### 第五节　风

县境多大风。由于地形、地势、地理位置的不同，刮风日数、风力强度具有北部强于南部，西部强于东部的特点。

和布克谷地全年盛行西风和西北风，年平均风速2.0米/秒，极大风速25.9米/秒，极大风力可达12级。8级以上大风日数平均68天/年，主要集中于4—6月。每年5月风速最大，平均3.0米/秒；12月到第二年1月风速最小，平均1.0米/秒。春夏季风速较大，历年平均2.6米/秒；秋季次之，平均1.8米/秒；冬季最小，平均1.1米/秒。

西部阿布斯奇及铁布肯乌散乡一带的风力较县城一带的大，风日数也较多；位于县城东部的伊克乌图布拉格牧场以东地形开阔，风力一般较县城小2级。

## 第四章　水　文

### 第一节　地表水

和布克赛尔县气候干旱，降水少，水资源缺乏，缺水干旱面积较大。全县地表水年径流量2.021 66亿立方米，地下水补给总量2.318 7亿立方米。水资源在县境内分配很不均衡，总体上北部多，南部少，西部丰，东部贫。

## 一、河沟

敦德克包姆沟　位于莫特格乡驻地之北18千米的赛尔山麓，全长32千米，平均沟宽90米，南北走向，北高南低。

吉木格尔沟　位于莫特格乡驻地西31千米，起源于吉木乃县境，南止沃布尔特恩乌散，全长约24千米，平均沟宽100米，分布有小溪。

伊克呼苏木图沟　位于那仁和布克牧场驻地之西56千米，起源呼苏木图恩空克尔沟，尾端接白杨河，全长约22千米，平均沟宽约100米，东北至西南走向。

阿热德赛沟　位于夏孜盖乡驻地西南33.5千米，北起源于阿热德山，南止玛纳斯湖，沟长约19千米，平均沟宽30米，西侧为一望无际的戈壁滩。

珠见哈尔赛沟　位于和什托洛盖镇驻地之南23千米，乌—阿公路西侧，全长18千米，平均沟宽40米，略呈弧形，系沙石地。

夏尔哈尔根沟　位于铁布肯乌散乡驻地之西25千米，发源塔克勒干南部，尾端与和布肯布根肯河相接，全长约16千米，平均沟宽50米，呈东西走向，西高东低。

博尔托洛盖恩赛沟　位于伊克乌图布拉格牧场驻地之南50千米，是一条起源于博尔托洛盖西南沙砾地的冲刷沟，东北西南走向，沟长约16千米，平均沟宽60米。

罗西图尔萨拉沟　位于那仁和布克牧场驻地西南50千米的山区，全长约15千米，平均沟宽100米，东北至西南走向，分布有矾土矿。

北鲁特沟　位于那仁和布克牧场驻地之南40千米的戈壁滩上，全长约15千米，平均沟宽40米，有泉2眼，分布有小面积的树林，有1条大车路贯穿沟内。

## 二、水质

赛尔山　西部由于山势高峻，切割强烈，气温低，蒸发小，裂隙水交换也很强烈，所以这一带河水及泉水为淡水，矿化度很低，仅0.1～0.3克/升，水化学类型以$HCO_3^-$－$Ca^{2+}$为主。pH值7.4～8.1，有害元素含量0.16～0.56毫克/升。赛尔（萨吾尔）山东部哈拉盖特以东地势较低，裂隙水补给来源主要是高山沼泽水及大气降水，其矿化度稍有增加，达0.2～0.5克/升，pH值7.3～8，有害元素含量0.4毫克/升左右，水化学类型仍以$HCO_3^-$、$Ca^{2+}$型为主。

和布克谷地　由于谷地含水层岩性单一，主要由渗透良好的碎石、卵石组成，且地下潜水流程都很短，所以水化学成分也简单，仍以$HCO_3^-$、$Ca^{2+}$为主，矿化度大多在0.2～0.5克/升之间，水化学类型也随着矿化度的变化而由$HCO_3^-$、$Na^+$、$Ca^{2+}$型变为$HCO_3^-$、$SO_4^{2-}$、$Na^+$型，$HCO_3^-$、$SO_4^{2-}$、$Na^+$、$Ca^{2+}$水或$SO_4^{2-}$、$Na^+$、$Mg^{2+}$水。

白杨河谷地　含水层岩性较为复杂，其水化学特性也各不相同。谷地北部的哈同山山势较低，降水稀少，裂隙水补给来源远不及萨吾尔山丰富，水交替缓慢，矿化度较高，多在0.5～1克/升，水化学类型为$HCO_3^-$、$Na^+$、$Ca^{2+}$型或$HCO_3^-$、$SO_4^{2-}$、$Na^+$、$Ca^{2+}$型，谷地中部的白杨河水，pH值8.0，矿化度0.14克/升。

中低山及荒漠平原区　在白杨河谷地以东，阿尔勒特山、迭伦山以南的广大地区，大部分地下水埋藏较深，这些含水层地下水出露极少，阿尔勒特山、阿德尔、萨勒布尔山等，山势低矮，降水不多，裂隙水交替缓慢，蒸发强烈，故潜水矿化度高，多在2.5克/升左右（阿拉特1眼泉水矿化度高达5.8克/升）、水化学类型主要为$SO_4^{2-}$、$Na^+$、$Ca^{2+}$水或$SO_4^{2-}$、$Cl^-$、$Na^+$、$Ca^{2+}$水。

总的情况，在全县范围内，从北向东南或由西向东，水质由好变差，潜水埋藏较浅，由淡水逐渐变为咸水，矿化度由低到高，水化学由$HCO_3^-$、$Ca^{2+}$型渐变$SO_4^{2-}$、$Na^+$、$Ca^{2+}$型或$SO_4^{2-}$、$Cl^-$、$Na^+$、$Ca^{2+}$型。

## 第二节　地下水

和布克赛尔县属于地下水资源极贫乏区，全疆地下水按补给模数分五级，和布克赛尔县属于最低一级，平原地下水补给模数小于5万立方米/平方千米，地下水资源（补给总量）2.3187亿立方米/年。地下水类别与含水岩组划分情况如下：

### 一、基岩裂隙水

块状基岩裂隙水　主要分布于赛尔山西段和哈同山西段，另在哈拉阿迪尔克山、阿得尔克山、沙尔布尔特山西段有小面积分布，赛尔山西段海拔高度大，降雨和冰雪融水丰富，含水层富水性较好，侵蚀沟谷内泉点出露较多，单泉流量小于0.1～0.5升/秒。其余各区分布范围狭小，降水补给贫乏，富水性极差，单泉流量小于0.1升/秒。

层状基岩裂隙水　分布于各个山区，是基岩裂隙的主要组成部分，根据多数泉流量统计，结合该地区的实际条件，将其水性分为3个级别：单泉流量＞0.5升/秒、单泉流量0.1～0.5升/秒、单泉流量＜0.1升/秒。

**层状基岩裂隙泉泉数流量情况表**

表2－1

| 区段 | | 各单泉流量泉数（眼） | | | | 小计（眼） | 平均流量（升/秒） |
|---|---|---|---|---|---|---|---|
| | | ＜0.1升/秒 | 0.1～0.5升/秒 | 0.5～1升/秒 | ＞1升/秒 | | |
| 赛尔（萨吾尔）山区 | 西段 | 8 | 29 | 11 | 12 | 60 | 0.46 |
| | 东段 | 无泉出露 | | | | — | — |
| 铁布克山区 | | 16 | 23 | 6 | 2 | 47 | 0.31 |
| 沙尔布尔特山区 | 乌兰哈达以南 | 2 | 7 | 6 | – | 15 | 0.45 |
| | 其余地带 | 9 | 3 | – | – | 12 | 0.10 |

### 二、松散岩类、碎屑岩类孔隙水

（一）和布克谷地松散岩类、碎屑岩类孔隙水

松散岩类孔隙潜水　单井涌水量大于1 000立方米/日、水位埋深小于25米的地区呈条带状沿和布克河及其上游支流分布。科克毛登以西水位埋深5～25米，以东水位埋深小于5米。该带为谷地的最富水带，平均单井涌水量（8寸管水位降深5米）2 305.55立方米/日。

单井涌水量500～1 000立方米/日、水位埋深＜50米的地区分布于哈拉阿迪尔克山北侧，西部北延至哈尔阿德热格山北侧的断陷凹地内。含水层主要由中更新统冲洪积沙砾石层组成，少部分为全新统冲洪积沙砾石层，厚度15～40米。中央沼泽带以南水位埋深小于5米，沼泽带以北水位埋深5～50米，如ZK9号孔水

位埋深2.8米，S5号孔水位埋深6.28米，ZK1号水位埋深11.8米。平均单井涌水量660.595立方米/日。

单井涌水量100～500立方米/日，水位埋深<50米的地区分布于舍木乃库热至布斯屯格牧场沼泽带北侧，以及米哈同山前沼泽带，含水层均由中更新统沙砾石、砂卵石层构成，舍木乃库热至布斯屯格牧场沼泽带以北哈尔阿德热格山南侧平原带水位埋深5～25米，如ZK18号孔水位埋深9.01米，单井涌水量247.32立方米/日，哈同山前沼泽带水位埋深小于5米，如ZK10号孔水位埋深2.31米，单井涌水量271.51立方米/日。

单井涌水量<100立方米/日、水位埋深<100米的地区分布于哈同山及铁布克山山前带、铁布肯乌散沼泽带和查勒格尔28号断裂以东平原带，含水层岩性为中更新统坡洪积、洪积沙砾石。哈同山前带水位埋深5～25米，如ZK7号孔水位埋深小于5米，如ZK5号孔水位埋深3.85米，单井涌水量11.121立方米/日；28号断裂以东北部平原水位埋深5～100米，如ZK14、ZK17号孔水位埋深41.67～65.36米，平均单井涌水量3.282立方米/日；南部平原平均水位深埋3.62米，民井简易抽水平均单位涌水量0.71升/秒，平均渗透数11.4立方米/日，设计钻孔单井涌水量(8寸管水位降深1米)46.27立方米/日。

松散岩类孔隙承压自流水　局限于铁布肯乌散沼泽带及和布克赛尔县城以东沼泽带内，含水层岩性为沙砾石顶板由亚砂土、亚黏土构成。铁布肯乌散沼泽带承压含水层顶板埋深8米，自流水头高出地面1.40米，含水层6.5米，单井涌水量516.67立方米/日；沼泽带北侧为承压不自流区，顶板埋深24.13米，水位埋深15.19米，含水层厚度9.95米，单井涌水量308.132立方米/日；县城以东沼泽带为自流区，含水层顶板埋深3.0米，水头高出地面5米，含水层厚21.78米，单井涌水量296.105立方米/日。另外，沿哈尔阿德热格山北侧沼泽带、查干库勒乡北侧沼泽带、舍木乃库热至布斯屯格牧场沼泽带有带状地下水分布，上升泉大量涌出，单泉流量0.1～0.5升/秒；哈同山前沼泽带亦有分布，单泉流量<0.1升/秒。

（二）碎屑岩类孔隙潜水及承压自流水

上第三系孔隙潜水及承压自流水　上第三系潜水仅分布于谷地北侧的断陷带内，含水层岩性为弱胶结的含砾砂岩、沙砾岩，上部为第四系透水不含水层，近山前带水位埋深大于100米，如ZK38号、ZK39号孔水位埋深120.22～135米；近沼泽带水位埋深小于100米，如ZK4号、ZK8号孔水位埋深39.5～57.01米，其富水性受补给条件和贮存条件的制约，在相同补给条件下，含水层愈厚，富水性越强，反之亦然，如位于地下水上游的ZK38号、ZK39号孔含水层厚度28.72～53.52米，单井涌水量18.85～93.49立方米/日，渗透系数0.099~0.29米/日；位于下游的ZK4号、ZK8号孔含水层厚度75.5~76.34米，单井涌水量586.32～353.35立方米/日，渗透系数1.46～0.94米/日。另在ZK20号孔附近有局部第三系潜水分布，富水性差。

上第三系承压自流水分布于查勒格尔28号断裂以西的哈拉阿迪尔克山前带、哈同山前带及铁布肯乌散一带。

单井涌水量>1 000立方米/日、顶板埋深50～100米的地区分布于铁普克苏一带，含水岩组为双层含水结构。岩性为粉砂岩、沙砾岩。据ZK3号孔揭露，含水层总厚44.1米，平均水高+3.25米，平均单井涌水量1 698.004立方米/日，其中上部含水层顶板埋深29.22米，水头+2.27米，单井涌水量53.03立方米/日，下部含水层顶板埋深87.43米，水头+3.29米，单井涌水量1 625.49立方米/日。

单井涌水量500~1 000立方米/日、顶板埋深小于5大于100米的地区分布于查干库勒乡北侧及和布克赛尔县城西侧，含水层岩性为含砾砂岩、砂岩、沙砾岩等。查干库勒乡北侧为单层含水结构，含水层厚度18～25米，顶板埋深北部大于100米，南部小于50米，如S5号孔含水层顶板埋深44.13米，水位埋深4.55米，单井涌水量830.688立方米/日；其北侧的ZK11号孔含水层顶板埋深120.39米，水位埋深89.53米。县城以西为多层含水结构，ZK9号孔共揭露含水层3层，总厚64.81米，顶板埋深23.01～194.29米，均自流，平均水头高度具有上部小、下部大的特点，而富水性则上部强下部弱，反映出愈向深部补给条件愈差的特点。

单井涌水量100～500立方米/日、顶板埋深<100米的地区分布于和布克赛尔县城以东、查干库勒乡以南地带及铁普克苏周围地带。含水岩组为单层含水结构，岩性为沙砾岩、砂岩、泥质砂岩等。据S6号、ZK13号孔资料，县城以东、查干库勒乡以南地带含水层顶板埋深小于50米，含水层厚度2～5米，水位埋深16.22~12米，平均单井涌水量310.275立方米/日，据ZK5号、ZK7号、S4号孔资料，铁布肯乌散周围地带含水岩组顶板埋深50～100米，含水层厚度15.76～21.62米，水头高度12.62～62米，平均单井涌水量387立方米/日。

单井涌水量小于100立方米/日，顶板埋深小于50米、大于100米的地区分布于铁布肯乌散北侧、西侧及哈同山前带，为单层含水结构。含水层岩性为砾岩、含砾岩和泥质砂岩。铁普克苏北侧顶板埋深>100米，西侧顶板埋深50～100米；谢米斯赛山前带顶板埋深小于50、大于100米，其富水性的进一步变化与地下水补给强度有关；铁布肯乌散北侧受赛尔山区补给，单井涌水量可达72.30立方米/日，两侧受铁布克山区补给，地下水自流，单井涌水量12.23立方米/日，哈同山前带受该区补给，单井涌水量只有1.367立方米/日。

分布于查勒格尔28号断裂以东谢木尼尔库热—伊克乌图布拉格—玛音苏特以南地带分为3个富水区，顶板埋深50～100米。

单井涌水量500～1 000立方米/日的地区分布于ZK16号孔附近，为双层含水结构，含水层岩性为砂岩，总厚42.96米。两层均自流，平均水头高度18.78米，平均单井涌水量880.34立方米/日，其水头高度及富水性均具有下部含水层大于上部含水层的特点，与28号断裂的导水作用有关。

单井涌水量100～500立方米/日的地区分布于前区的外围，东至布斯屯格牧场—查干敖包之间，含水结构1～2层，含水层岩性为砂岩、含砾砂岩，厚度21.08～34.36米，水位埋深24.27～29.57米，平均单井涌水量285.52立方米/日。

单井涌水量<100立方米/日的地区分布于布斯屯格牧场—查干敖包以东，为单层含水结构，含水层岩性为砂岩，厚度13.7～29.79米；赛尔山前带地下水尚未完全承压（S3号孔），水位埋深29.79～84.45米，平均单井涌水量13立方米/日。

（三）北谷地松散岩性、碎屑岩类孔隙水

松散岩类孔隙潜水　分布于南谷地区山前带，含水层岩性以沙砾石为主，少量亚砂土，厚度一般不超过2米。因含水层厚度有限，水位埋深变化不大，多在1~3米内，其富水性变化受补给条件的影响，南侧平原上部紧邻山区，富水性较好，如1512号民井简易抽水单位涌水量0.76升/秒，渗透系数14.98米/日；平原下部远离补给区，富水性较差，如481号民井简易抽水单位涌水量0.28升/秒，渗透系数4.032米/日；北侧平原中下部靠近导水断裂带，富水性较好，如平原中部的1319号民井简易抽水单位涌水量2.13升/秒，渗透系数20.89米/日；平原下部的1327号泉流量稳定在0.6升/秒以上，最大值2.552升/秒。

碎屑岩类孔隙层间承压水　仅分布在ZK31号附近，为22层含水结构，总厚19.95米，含水层岩性为砂岩、砾岩，顶板埋深均大干100米，平均水位埋深111.88米，平均单井涌水量6.57立方米/日。

（四）南谷地松散岩类、碎屑岩类孔隙水

松散岩类孔隙潜水　主要分布于谷地中段的陶力凹地、西段的洪古尔沃楞凹地段及巴音达拉西部山前带，在巴音乌勒山前和谷地中央冲沟内也有零星分布，含水层岩性为沙砾石、亚沙石，厚度在3米左右。陶力洼地为潜水的主要分布区，水位埋深一般小于1.5米，低洼带内埋深小于1米，民井简易抽水平均单位三角流量0.49升/秒，渗透系数0.497～12米/日；洪古尔沃楞凹地潜水有两处泉水露头，流量2.552～4.459升/秒；巴音达拉西部潜水水位埋深小于2米，有一个下降泉出露，流量0.22升/秒。

碎屑岩类孔隙承压自流水　下第三系隙承压自流水，分布于古尔班古布和48号断裂以东地带，据富水性和顶板埋深特点分为3个区。

单井涌水量100～500立方米/日，顶板埋深＜50米的地区分布于陶力洼地内，为单层含水结构，含水层由厚达150余米的砂岩组成，中夹薄层泥岩，顶板埋深9.47～15.65米。陶力洼地以北为承压不自流区，陶力洼地以南为自流区，水头高度11.41～11.70米，平均单井涌水量280.66立方米/日，平均渗透系数0.885米/日。

单井涌水量100～500立方米/日，顶板埋深50～100米的地区分布于喇嘛苏（42号）断裂以东地带，为双层含水结构，含水层岩性为砂岩、含砾砂岩、砾岩。上部含水层承压不自流，富水性极差；下部含水层自流，富水性较好。据ZK36号孔资料，含水层总厚91.75米，平均水头高度3.794米，平均单井涌水量264.45立方米/日，平均渗透系数0.263米/日。

单井涌水量＜100立方米/日，顶板埋深＞100米的地区分布于以上两区之间，为双层含水结构，含水层岩性为含砾砂岩、砂岩，富水性极差。据ZK32号、ZK35号孔资料，含水岩总厚46.52～128.82米，平均水位埋深38.88～61.25米，平均渗透系数0.0083～0.025米/日，平均单井涌水量11.54立方米/日。

侏罗系孔隙承压水　分布于德楞山山前带，为单层含水结构。据ZK41号资料，含水层上部为下第三系砂岩、砾岩，厚22.98米，下部为侏罗系砂岩、砾岩、厚45.46米，顶板埋深137.47米，水位埋深121.53米，单井涌水量48.33立方米／日。

# 第五章　土壤　矿藏

## 第一节　土　壤

县北部高中山集流区除较大比重的强烈剥蚀的裸露岩层之外，以亚高山草甸土为主，部分沟谷有洪积沙砾层。

县中部谷底低山丘陵地带土壤类型主要为薄层、中层、厚层栗钙土和厚层黄沙土，薄层、中层棕黄土，薄层、中层砾质土及砾质灰沙土；谷底泉水溢出带，土壤类型主要是灰土、黄土、潮灰土。

县南部荒漠无流区主要土壤类型为盐化草甸土、草甸盐土、典型盐土和半固定的风沙土等。

## 第二节　矿　藏

和布克赛尔县矿产资源丰富。已发现矿种30余种，有石油、天然气、煤矿、铁矿、铬铁矿、铜矿、铅锌矿、金矿、铀矿、铍矿、芒硝矿、钠盐矿、钾盐矿、镁盐矿、硼矿、溴矿、石英砂矿、水泥用灰岩矿、水泥用粘土矿、砖瓦用粘土矿、耐火黏土矿、膨润土矿、石膏矿、沥青矿、玛瑙矿、磨刀石矿、地下水、热水泉等。优势矿产为煤、盐（钠盐、钾盐、镁盐、芒硝等）、膨润土、石油、天然气、石灰岩、铍和铜等。

煤炭资源是和布克赛尔县的主要能源矿产，分布于县中部和什托洛盖盆地和南部准噶尔盆地西北缘乌尔禾—夏孜盖以南中新生代陷下的盆地中。开发利用的煤炭资源分布于白杨河—和什托洛盖—库化铁布克一带。至2015年，已探明煤炭储量88.26亿吨（远景资源量1 000亿吨）。

和布克赛尔县夏孜盖西南于1992年12月勘探发现亿吨级油气田，1995年3月进行开采试验，1996年投入正式开采。到1997年8月底累计钻井113口，新井投产109口，日暗原油3 000吨，年内原油生产能力达到110万吨；至2015年，探明石油资源量5亿吨以上、天然气地质储量284.5亿立方米以上。

此外，至2015年，已查明的重要矿产资源储量还有：膨润土51 383.25万吨、钠盐4.80亿吨、石灰岩0.60亿吨、镁盐3 295.77万吨、石英砂436.87万吨、金0.24吨、钾盐140.03万吨、铁矿0.01亿吨、氧化铍2.18万吨、铜1.61万吨、。

# 第六章　野生动植物

## 第一节　野生植物

和布克赛尔县主要野生植物种类有梭梭、白梭梭、麻黄、琵琶柴、多种假木贼、沙拐枣、骆驼刺、小蓬、猪毛菜等。分布情况如下：

草原植被　主要分布在赛尔山、哈同山及和布克谷地，主要植物种类有羊茅、多种针茅、准噶尔隐子草、冰草等。

森林植被　主要分布在赛尔山、铁布克山海拔1 800～2 400米的阴坡，植物种类有西伯利亚落叶松。在白杨河河谷中分布主要有苦杨、胡杨、沙枣等，在夏孜盖乡以南分布有少量胡杨。

灌丛植被　分布在各中山、低山的谷地中，主要植物种类有阿尔泰方枝柏、西伯利亚刺柏、锦鸡儿、锈线菊、蔷薇、忍冬等。在和布克河下游及夏孜盖干三角一带分布有怪柳、铃铛刺、白刺等。

草甸植被　主要分布在亚高山、山地、低地及河漫滩草甸中，主要植物种类有苔草，蒿草、羽衣草、珠芽廖、芦苇、芨芨草、甘草等。

沼泽植被　分布在和布克河谷底的泉水溢出带，主要植物种类有苔草、芦苇等。

## 第二节　野生动物

和布克赛尔县野生动物有国家一级保护动物金雕（俗名红头雕，数量极少）；有国家二级保护动物鹅喉羚（俗名黄羊、长尾黄羊）、石貂（俗名岩貂）、雪兔（俗名白兔）、高山雪鸡（俗称暗腹雪鸡）等。分布情况如下：

哈尔扎克荒漠林区　生息繁衍有少量的国家重点保护的二级野生动物鹅喉羚、荒漠猫、猞猁及国家保护的狼、狐狸、灰兔、刺猬等。

阿吾斯奇山　分布有国家重点保护的一级保护动物北山羊；二级保护动物盘羊、雪兔、雪鸡、鹅喉羚、猎隼、猫头鹰及国家保护的狼、狐狸、灰兔等。

松树沟　分布有国家重点保护的一级野生动物雪豹、北山羊、金雕、鸨；二级野生动物马鹿、盘羊、雪兔、猎隼及国家保护的狼、狐狸、灰兔、野猪等。

白杨河林区　是和布克赛尔县野生动物分布较密集、种类较多的地方，栖息着国家一级、二级保护动物北山羊、盘羊、金雕、鸨、鹅喉羚、雪兔、雪鸡及国家保护的狼、狐狸、灰兔、呱呱鸡、野鸡、野鸭、野猪等。

# 第七章　自然灾害

和布克赛尔县是自然灾害多发区，每年都有各种自然灾害不同程度发生。据不完全统计，1993—2015年，共发生较为严重的自然灾害30次（平均每年1.2次）。其中，洪涝灾害13次，风沙灾害10次，冰雹灾害4次，干旱、雪灾、地震各1次。

## 第一节　洪　涝

1999年8月2—3日，和布克赛尔县境内突降大暴雨，形成山洪，洪峰最大流量达108立方米/秒，历时数小时，造成3人受伤，233.45公顷农田、957.15公顷草场被毁，2.3千米防渗渠和夏大渠渠基冲毁，2.5千米道路冲毁，150间民房垮塌，2家工矿企业停产，直接经济损失1 922.39万元。和什托洛盖地区连遭暴雨山洪袭击，致使200公顷麦田进洪水，小麦倒伏；1座长30米的输水桥涵被毁，2.3千米防渗渠及和夏大渠水管所段堤坝被冲毁，镇区东北部拦洪大坝被冲毁250米，镇区大面积进水，2.5千米道路被洪水淹没，32座民房倒塌，340余米围墙被洪水冲倒；和布克赛尔县新和兴股份合作公司1口年产6万吨的矿井因洪水渗入陷入瘫痪状态，地面1.5万吨存煤被洪水冲走。县南部察和特农业综合开发区被洪水冲毁引水干渠4千米、干渠伴行路16千米，洪水淹没、冲坏砖木结构房200平方米，开发区施工地水、油、原材料停止供应。两地累计直接经济损失700余万元。

1999年9月14—17日，和布克赛尔县盐业总公司新乌森盐池遭受来自沙湾、玛纳斯、石河子方向的洪水袭击，洪水淹没原盐10万余吨，损失2 300多万元；投资1 500万元的盐田设施被毁，造成直接经济损失3 800多万元。

2000年4月3日，和布克赛尔县盐业总公司一分场盐池遭受来自沙湾、石河子的洪水袭击，盐池被淹没，无法生产，损失达2 000余万元。

2001年7月5日，和什托洛盖镇东北山区普降大雨，引发山洪于6日凌晨4点冲毁县南部察和特生态农业综合开发区水利工程及职工宿舍、水井、试验田、施工材料、生活用品，造成直接经济损失271.98万元。

2001年7月30日至8月4日，县境内普降大到暴雨，且伴有大风，平均积水10厘米左右。共倒塌房屋984间，损坏房屋1 700余间，受灾人口894户4 023人，其中无家可归人口1 476人，2人死亡，5人重伤，328户重灾民无房居住，1 476人缺粮，200公顷小麦被淹，1 800吨小麦受潮发芽，冲毁草库仑、围墙8 000余米、人工草场266.7公顷，倒塌冬窝子60个、带顶棚围18间，死亡牲畜520头（只），冲毁自来水管线350米、集水池5座、引水3.5千米、水渠保护坝400米，县乡道路涵洞和路基5处，150万块砖坯子报废，造成直接经济损失1 188.7万元。

2002年7月22—24日，县境内连降暴雨数小时，降雨量达到70.4毫米，较历年同期偏多31毫米，洪水最大量70立方米/秒。全县倒塌民房120余户672间、危房131户425间，受灾1 748户6 990人，重灾795人，1人死亡，冲毁农田173.42公顷、草场557.21公顷（含退耕还草）、牧道27千米、涵洞18个、牲畜棚圈230个、草库仑围栏32千米，倒塌冬窝子210个，淹死牲畜219只，丢失牲畜251头（只），光缆裸露地面108米，4 467平方米校舍漏雨，300余米校围墙倒塌，造成直接经济损失1 434.94万元。

2005年9月8日，和什托洛盖镇东北区域突降特大暴雨，致使山洪冲毁拦洪坝，以80立方米/秒的速度冲向和什托洛盖镇居民区，洪水淹没3平方千米，全镇400余户居民房屋、30余栋楼房地下室和一楼进水，水深0.5～1.2米，房屋、围墙、供排水管网、供热管网、防洪设施遭受破坏，直接经济损失700万元。

2007年7月27日午夜，县境内始降大雨，一直持续到28日清晨7时，引发山洪，造成莫特格乡辖区318省道200米过水，路基出现不同程度的损坏，33.3公顷退耕还林地、80公顷自然草场、20公顷耕地、5千米围栏被冲毁，2间房屋倒塌、8户住宅成为危房，25间房屋进水、多间圈舍被洪水浸泡，直接经济损失达90万元。7月30日，县察和特生态农业综合开发区遭冰雹洪水袭击，360米水渠毁坏，666.7公顷棉花受到不同程度损伤，933.3公顷棉花绝收，直接经济损失达2 000余万元。

2007年8月6日，伊克乌图布拉格牧场突降暴雨，洪水涌入牧民家中，积水深达20多厘米，家中床铺、家具和部分生活用品被水淹没，冲倒部分居民的房屋和院墙，还冲坏牧场曲尔默特和卡尔勒克两条水渠渠首及部分渠道，造成直接经济损失9.6万元。

2008年7月至18—20日，县南部夏孜盖农业区连续出现两天降雨天气，形成山洪，冲毁防渗渠8.2千米，桥涵8座，部分农民的房屋受损，农作物受灾466公顷，造成经济损失约69万元。

2009年8月3日，铁布肯乌散乡萨吾尔山突降暴雨引发山洪，导致3个村庄被洪水袭击，共倒塌房屋8间、牛羊圈19个、围墙600余米，60余间房屋进水，冲毁牧道2千米、乡村道路1千米、蒙古包2个，造成直接经济损失200余万元。

2009年8月4日，县境内出现洪涝，共倒塌房屋6户、10间，房屋进水44户、因进水受到不同程度损坏200余间，进水面积约1.2万平方米，出现危房8间。洪水致使牛羊圈无法继续使用，围墙倒塌约600米，4口水井被淹，3座沼气池被毁，3.2万余土块遭洪水浸泡，1根电线杆被冲倒，房屋倒塌砸坏汽车1辆，两座毡房被冲走，部分农户家具被洪水冲走或被倒塌房屋掩埋。因洪水浸泡，1千米乡村道路及2千米牧道受损，2千米防渗渠及500米草库仑围墙在洪水中受损，给农牧民造成严重经济损失，造成经济损失约200万元。

2012年7月10日，县北部山区出现雷阵雨，查干库勒乡普降暴雨，积水严重，导致洪水灾害发生。全乡共40户130人受灾。受灾情况为菜园子1公顷、人工草场1 000公顷、自然草场1 333公顷、圈舍19个、围墙2 012米、进水房屋35间、机井1架、小四轮报废1个、铁丝围栏3.5千米、辽宁盘锦援疆企业侯铁玉米地损失0.67公顷、水毁渠道6千米、318省道路面冲毁0.15千米、防洪坝2千米、松树沟水毁4千米、甘草地11.33公顷，损失共1 182万元。

## 第二节　干旱　风沙

### 一、干旱

2006年10月，和布克赛尔县遭受多年不遇旱灾，全县草场产草量严重减产。2008年6—7月，和布克赛尔县境内连续两个月出现高温干旱天气，全县造成经济损失约160万元。

### 二、风沙

1998年4月18日，县境内遭受特大风灾，野外风力达12级，县城风力达11级，气温下降至－4℃，死亡大畜1 360头，羊羔4 300只，受伤牲畜3 640头（只），损坏塑料暖圈164座，刮坏住宅房顶1.32万平方米，籽种裸露面积达2 300平方米，毁坏蔬菜大棚5.33公顷，树木1.25万棵，倒塌砖墙（含草库仑）11.1平方米、电线杆33根、毡房67个、变压器6个，直接经济损失450万元。

2000年4月26—27日，县境内普遍遭受9级以上大风袭击，工农业受到不同程度的损害，342.3公顷地膜被毁，12个塑料大棚、22.4公顷果园被毁，和什托洛盖煤矿5 000余吨地面存煤被刮走，重伤2人，轻伤1人，造成直接经济损失125.3万元。

2001年4月6—7日，县境内遭受沙尘暴袭击，企业损失1 000万元。

2002年3月18日，县境内出现持续16小时的大风天气，最大风力10级，风速33米/秒，最低气温降至-11℃，风口及山区风力12级左右，大风刮倒房屋、毡房20座（间），倒塌围墙1 100米、蔬菜大棚5座；3名牧民冻伤，死亡小畜720只、大畜17头，180车饲草被刮走；8 800吨煤沫流失；路灯、广告箱、电线、锅炉烟筒、玻璃门窗、标志牌、电教设备、通信、光缆等严重受损，造成直接经济损失122万元。

2008年4月17—19日，县境内出现大风、降温寒潮天气，造成全县11个乡场、镇大小牲畜18 244头（只）死亡，8户牧民毡房损坏，城镇5座蔬菜受损，冻死花卉3万多株，造成经济损失约370万元。

2008年4月27日，县境内出现大风、沙尘暴天气，南部察和特农业开发区267公顷的棉花受灾，造成经济损失约160万元。

2009年12月22—23日，县境内遭寒潮大风袭击。牧区冻死牲畜212只，部分牧民的暖圈采光板被大风刮走，县城街道两侧部分商店的广告牌和门牌被大风刮坏，部分居民院墙、门窗被大风刮坏，其中有600平方米钢架结构仓库屋顶刮坏，给农牧民和城镇居民造成一定经济损失，该次天气过程造成经济损失约25万元。

2010年5月7日，县察和特开发区遭遇强烈风沙天气，农作物直接经济损失达50余万元。

2012年4月21—22日，县境内出现大风天气，风力10级，农作物受灾面积达3 510公顷，造成直接经济损失1 403.6万元。

2014年4月22日晚，县查和特乡遭受大风袭击，农作物受灾面积达到800公顷，其中受灾严重需要复播面积120公顷。

2014年5月8日，县查和特乡再次遭遇大风、沙尘暴侵袭，最高风力8级，造成2 333公顷农作物受灾，直接经济损失达380万元。

## 第三节 冰雹 雪灾 地震

### 一、冰雹

2000年6月24日,和什托洛盖地区遭遇暴雨冰雹袭击,造成农牧业和工矿企业直接经济损失1 400万元;查干库勒乡、巴音傲瓦乡、那仁和布克牧场连遭暴雨、冰雹袭击,直接经济损失1 348万元。

2014年7月6日,夏孜盖乡遭受冰雹、暴雨袭击,造成2 433公顷农田不同程度受灾,直接经济损失1 800余万元。

2015年6月1日17时,县南部夏孜盖乡突降冰雹大雨,冰雹持续10分钟左右,部分农作物受灾。该次冰雹涉及夏孜盖乡村队有科克莫敦尼布湖村、博木布特敖包村、谢仁托热村、哈尔苏哈村、托热特村、阿格湾呼勒呼村。共有耕地1 816公顷受灾,其中食葵937公顷、玉米153公顷、小麦51公顷、辣椒51公顷、打瓜438公顷、红花33公顷、南瓜137公顷、花豆13公顷。

### 二、雪灾

2000年冬季,县境内连续出现大风雪天气,气温持续降低,受灾村(队)67个,受困1 728户,受灾牲畜14.73万头(只),受灾房屋34间、学校32所,3 500平方米校舍受损,535座棚圈被毁,590千米道路受阻,直接经济损失1 127万元。

2010年3月9—13日,县境内多次遭遇暴风雪,造成主要冬牧场积雪平均厚度50~60厘米,部分乡镇积雪深度达80厘米以上,受灾农牧民2万余人,受灾牲畜40万头(只),牲畜死亡1.32万头(只),牲畜圈舍倒塌、损毁180座。

### 三、地震

2012年8月31日17时12分,县境内发生3.7级地震,震中位于北纬46.5°、东经86.9°,有轻微财产损失,但未造成人员伤亡。

# 第三编

# 人口　民族　宗教

1993年，和布克赛尔县总人口11 601户47 462人。年内出生449人，出生率9.46‰；死亡168人，死亡率3.54‰；自然增长率5.92‰。2015年，全县总人口达到20 593户55 046人，比1993年分别增加8 992户7 584人，户数年均增长2.64%，人数年均增长6.76‰。年内出生835人，出生率15.17‰；死亡324人，死亡率5.89‰；自然增长率9.28‰。

1993—2015年，全县有汉族、蒙古族、哈萨克族、维吾尔族、回族、柯尔克孜族、锡伯族、俄罗斯族、乌孜别克族、塔塔尔族、满族、达斡尔族、苗族、彝族、壮族、瑶族、土家族、东乡族、撒拉族共19个民族，其人口原以蒙古族为主，汉族次之。自1993年起，汉族人口超过蒙古族，至2015年仍居首位。

境内有藏传佛教、伊斯兰教和基督教。

# 第一章　人　口

## 第一节　人口状况

### 一、人口数量

1993年，全县总人口11 601户47 462人。到2015年，全县总人口达到20 593户55 046人，比1993年分别增加8 992户7 584人；户数年均增长2.64%，人数年均增长6.76‰。

**1993—2015年和布克赛尔县人口情况表**

表3－1　　单位：户、人

| 年份（年） | 总户数 | 总人口 | | | 年份（年） | 总户数 | 总人口 | | |
|---|---|---|---|---|---|---|---|---|---|
| | | 合计 | 男 | 女 | | | 合计 | 男 | 女 |
| 1993 | 11 601 | 47 462 | 24 155 | 23 307 | 2005 | 18 457 | 50 930 | 25 942 | 24 988 |
| 1994 | 12 163 | 47 818 | 25 057 | 22 761 | 2006 | 18 871 | 51 317 | 26 165 | 25 152 |
| 1995 | 12 504 | 48 439 | 25 403 | 23 036 | 2007 | 19 058 | 51 634 | 26 282 | 25 352 |
| 1996 | 12 524 | 48 433 | 24 985 | 23 448 | 2008 | 19 235 | 51 914 | 26 567 | 25 338 |
| 1997 | 13 368 | 48 852 | 26 158 | 22 694 | 2009 | 19 405 | 52 271 | 26 590 | 25 681 |
| 1998 | 13 849 | 49 920 | 26 380 | 23 540 | 2010 | 19 329 | 51 690 | 26 175 | 25 515 |
| 1999 | 14 176 | 50 942 | 26 567 | 24 375 | 2011 | 19 617 | 53 380 | 27 032 | 26 348 |
| 2000 | 14 009 | 48 087 | 24 552 | 23 535 | 2012 | 19 635 | 54 168 | 28 212 | 25 956 |
| 2001 | 15 031 | 48 672 | 24 982 | 23 690 | 2013 | 20 239 | 54 717 | 27 490 | 27 227 |
| 2002 | 15 984 | 49 518 | 25 189 | 24 329 | 2014 | 20 492 | 54 901 | 27 622 | 27 279 |
| 2003 | 14 148 | 49 521 | 25 959 | 23 562 | 2015 | 20 593 | 55 046 | 27 635 | 27 411 |
| 2004 | 14 206 | 49 876 | 26 159 | 23 717 | | | | | |

### 二、人口变动

（一）自然变动

1993年，全县总人口47 462人，出生449人，出生率9.46‰；死亡168人，死亡率3.53‰；自然增长率5.92‰。

2000年,全县总人口49 515人,出生500人,出生率10.10‰;死亡205人,死亡率4.14‰;自然增长率5.96‰。

2010年,全县总人口51 981人,出生719人,出生率13.83‰;死亡447人,死亡率13.58‰;自然增长率0.25‰。

2015年,全县总人口55 046人,出生835人,出生率15.17‰;死亡324人,死亡率5.88‰;自然增长率9.28‰。

**1993—2015年和布克赛尔县人口自然变动情况表**

表3-2　　单位:人、‰

| 年份(年) | 平均人口 | 出生人口 | | | 出生率 | 死亡人口 | | | 死亡率 | 自然增长率 |
|---|---|---|---|---|---|---|---|---|---|---|
| | | 合计 | 男 | 女 | | 合计 | 男 | 女 | | |
| 1993 | 47 462 | 449 | 222 | 227 | 9.46 | 168 | 102 | 66 | 3.54 | 5.92 |
| 1994 | 47 818 | 435 | 235 | 199 | 9.09 | 168 | 107 | 61 | 3.51 | 5.58 |
| 1995 | 48 129 | 505 | 298 | 207 | 10.49 | 189 | 108 | 81 | 3.93 | 6.57 |
| 1996 | 48 436 | 493 | 247 | 246 | 10.18 | 207 | 139 | 71 | 4.27 | 5.90 |
| 1997 | 48 643 | 457 | 242 | 215 | 9.40 | 156 | 93 | 63 | 3.21 | 6.19 |
| 1998 | 49 386 | 444 | 226 | 218 | 8.99 | 175 | 118 | 57 | 3.54 | 5.45 |
| 1999 | 50 431 | 510 | 298 | 212 | 10.11 | 171 | 73 | 98 | 3.39 | 6.72 |
| 2000 | 49 515 | 500 | 241 | 259 | 10.10 | 205 | 130 | 75 | 4.14 | 5.96 |
| 2001 | 48 380 | 439 | — | — | 9.07 | 224 | — | — | 4.63 | 4.44 |
| 2002 | 49 095 | 639 | 334 | 305 | 13.02 | 203 | 119 | 84 | 4.13 | 8.88 |
| 2003 | 49 520 | 557 | 284 | 273 | 11.25 | 224 | 139 | 85 | 4.52 | 6.72 |
| 2004 | 49 699 | 501 | 269 | 232 | 10.08 | 264 | 156 | 108 | 5.31 | 4.77 |
| 2005 | 50 403 | 720 | 388 | 332 | 14.28 | 417 | 261 | 156 | 8.27 | 6.01 |
| 2006 | 51 124 | 597 | 298 | 299 | 11.68 | 203 | 121 | 82 | 3.97 | 7.71 |
| 2007 | 51 476 | 605 | 324 | 281 | 11.75 | 229 | 155 | 74 | 4.45 | 7.30 |
| 2008 | 51 774 | 662 | 354 | 308 | 12.79 | 313 | 183 | 130 | 6.05 | 6.74 |
| 2009 | 52 093 | 638 | — | — | 12.25 | 258 | — | — | 4.95 | 7.30 |
| 2010 | 51 981 | 719 | 362 | 357 | 13.83 | 706 | 447 | 259 | 13.58 | 0.25 |
| 2011 | 53 535 | 804 | 411 | 393 | 15.30 | 231 | 134 | 97 | 4.40 | 10.90 |
| 2012 | 53 774 | 920 | 469 | 451 | 17.11 | 454 | 255 | 199 | 8.44 | 8.67 |
| 2013 | 54 443 | 726 | 358 | 368 | 13.30 | 243 | 147 | 96 | 4.46 | 8.87 |
| 2014 | 54 901 | 752 | 389 | 363 | 13.70 | 339 | 208 | 131 | 6.17 | 7.52 |
| 2015 | 55 046 | 835 | 441 | 394 | 15.17 | 324 | 189 | 135 | 5.88 | 9.28 |

(二)机械变动

迁入

1993—2000年,全县省内迁入6 522人,年均迁入815.25人;省外迁入1 286人,年均迁入160.75人。

2001—2010年,全县省内迁入4 935人,年均迁入493.4人;省外迁入4 413人,年均迁入441.3人。

2011—2015年,全县省内迁入1 518人,年均迁入303.6人;省外迁入2 705人,年均迁入541人。

迁出

1993—2000年,全县省内迁出5 603人,年均迁出700.4人;省外迁出1 332人,年均迁出166.5人。

2001—2010年,全县省内迁出6 021人,年均迁出602.1人;省外迁出2 329人,年均迁出232.9人。

2011—2015年,全县省内迁出1 957人,年均迁出391.4人;省外迁出1 310人,年均迁出262人。

**1993—2015年和布克赛尔县人口机械变动情况表**

表3－3　　单位:人

| 年份(年) | 迁入人口 | | 迁出人口 | | 年份(年) | 迁入人口 | | 迁出人口 | |
|---|---|---|---|---|---|---|---|---|---|
| | 省内 | 省外 | 省内 | 省外 | | 省内 | 省外 | 省内 | 省外 |
| 1993 | 1 055 | 373 | 957 | 64 | 2005 | 1 087 | 948 | 581 | 394 |
| 1994 | 601 | 46 | 521 | 37 | 2006 | 307 | 759 | 618 | 160 |
| 1995 | 1 126 | 45 | 796 | 65 | 2007 | 267 | 433 | 525 | 247 |
| 1996 | 700 | 58 | 721 | 65 | 2008 | 374 | 488 | 500 | 366 |
| 1997 | 704 | 295 | 568 | 43 | 2009 | 265 | 516 | 435 | 210 |
| 1998 | 515 | 253 | 470 | 45 | 2010 | 199 | 278 | 591 | 482 |
| 1999 | 1 099 | 123 | 493 | 27 | 2011 | 277 | 1 258 | 373 | 112 |
| 2000 | 722 | 93 | 1077 | 986 | 2012 | 586 | 679 | 558 | 307 |
| 2001 | 887 | 418 | 816 | 72 | 2013 | 242 | 278 | 259 | 195 |
| 2002 | 604 | 548 | 624 | 118 | 2014 | 199 | 208 | 328 | 285 |
| 2003 | 542 | 509 | 727 | 161 | 2015 | 214 | 282 | 439 | 411 |
| 2004 | 402 | 439 | 604 | 119 | | | | | |

### 三、人口分布

1993年,城镇人口17 092人,占全县总人口的36.01%;乡村人口30 370人,占全县总人口的63.99%。

2000年,城镇人口22 400人,占全县总人口的45.24%;乡村人口27 115人,占全县总人口的54.76%。

2010年,城镇人口29 050人,占全县总人口的55.89%;乡村人口22 931人,占全县总人口的44.11%。

2015年,城镇人口26 635人,占全县总人口的48.39%;乡村人口28 411人,占全县总人口的51.61%。

**1993—2015年和布克赛尔县城乡人口分布情况表**

表3－4　　单位:人

| 年份(年) | 总人口 | 其中 | | | |
|---|---|---|---|---|---|
| | | 城镇人口 | 占总人口 % | 乡村人口 | 占总人口 % |
| 1993 | 47 462 | 17 092 | 36.01 | 30 370 | 63.99 |
| 1994 | 47 818 | 18 154 | 37.96 | 29 664 | 62.04 |
| 1995 | 48 129 | 19 005 | 39.49 | 29 124 | 60.51 |
| 1996 | 48 436 | 20 348 | 42.01 | 28 088 | 57.99 |
| 1997 | 48 643 | 21 685 | 44.58 | 26 958 | 55.42 |
| 1998 | 49 386 | 22 198 | 44.95 | 27 188 | 55.05 |
| 1999 | 50 431 | 22 255 | 44.13 | 28 176 | 55.87 |
| 2000 | 49 515 | 22 400 | 45.24 | 27 115 | 54.76 |
| 2001 | 48 380 | — | — | — | — |
| 2002 | 49 095 | 23 328 | 47.52 | 25 767 | 52.48 |
| 2003 | 49 520 | 23 686 | 47.83 | 25 834 | 52.17 |

续表3-4

| 年份(年) | 总人口 | 其　中 | | | |
|---|---|---|---|---|---|
| | | 城镇人口 | 占总人口% | 乡村人口 | 占总人口% |
| 2004 | 49 699 | 23 961 | 48.21 | 25 738 | 51.79 |
| 2005 | 50 403 | 27 885 | 55.32 | 22 518 | 44.68 |
| 2006 | 51 124 | 28 396 | 55.54 | 22 728 | 44.46 |
| 2007 | 51 476 | 28 488 | 55.34 | 22 988 | 44.66 |
| 2008 | 51 774 | 28 782 | 55.59 | 22 992 | 44.41 |
| 2009 | 52 093 | — | — | — | — |
| 2010 | 51 981 | 29 050 | 55.89 | 22 931 | 44.11 |
| 2011 | 53 535 | 29 535 | 55.17 | 24 000 | 44.83 |
| 2012 | 53 774 | 30 239 | 56.23 | 23 535 | 43.77 |
| 2013 | 54 443 | — | — | — | — |
| 2014 | 54 901 | 30 431 | 55.43 | 24 470 | 44.57 |
| 2015 | 55 046 | 26 635 | 48.39 | 28 411 | 51.61 |

## 四、人口密度

和布克赛尔县以总面积30 589.2平方千米计算，其人口密度每平方千米1993年为1.55人，2000年为1.57人，2015年为1.80人。各地区的人口密度相差较大，详见下表。

### 和布克赛尔县各地区部分年份人口密度情况表

表3－5　　单位：平方千米、人

| 地　区 | 总面积 | 1993年 | | 2000年 | | 2015年 | |
|---|---|---|---|---|---|---|---|
| | | 人口 | 密度 | 人口 | 密度 | 人口 | 密度 |
| 和布克赛尔镇 | 151.6 | 9 845 | 64.94 | 11 115 | 73.32 | 12 546 | 82.76 |
| 和什托洛盖镇 | 6 684 | 10 127 | 1.52 | 10 259 | 1.53 | 12 301 | 1.85 |
| 莫特格乡 | 1 050 | 3 370 | 3.21 | 3 536 | 3.37 | 3 537 | 3.37 |
| 查干库勒乡 | 1 750 | 4 582 | 2.62 | 4 428 | 2.53 | 4 630 | 2.65 |
| 巴音傲瓦乡 | 190 | 2 252 | 11.85 | 2 347 | 12.35 | 2 784 | 14.65 |
| 铁布肯乌散乡 | 2 836.8 | 3 641 | 1.28 | 3 412 | 1.20 | 3 563 | 1.26 |
| 夏孜盖乡 | 9 935 | 3 339 | 0.34 | 3 019 | 0.30 | 3 727 | 0.37 |
| 查和特乡 | 94.73 | — | — | — | — | 943 | 9.95 |
| 那仁和布克牧场 | 2 376 | 2 923 | 1.23 | 2 890 | 1.22 | 3 362 | 1.41 |
| 巴嘎乌图布拉格牧场 | 1 858 | 1 444 | 0.78 | 1 507 | 0.81 | 1 335 | 0.72 |
| 布斯屯格牧场 | 3 502 | 2 318 | 0.66 | 2 322 | 0.66 | 2 490 | 0.71 |
| 伊克乌图布拉格牧场 | 2 541 | 3 621 | 1.43 | 3 252 | 1.28 | 3 828 | 1.51 |

## 第二节 人口构成

### 一、民族构成

和布克赛尔县共有19个民族，分别是汉族、蒙古族、哈萨克族、维吾尔族、回族、柯尔克孜族、锡伯族、俄罗斯族、乌孜别克族、塔塔尔族、满族、达斡尔族、苗族、彝族、壮族、瑶族、土家族、东乡族、撒拉族。原以蒙古族为主，至1992年，蒙古族人口依然最多，有16 039人，占全县总人口46 224人的34.69%；汉族人口次之，有15 667人，占全县总人口的33.89%；哈萨克族12 634人，占总人口的27.33%；维吾尔族1 102人，占总人口的2.38%；回族473人，占总人口的1.02%；其他民族312人，占总人口的0.07%。

1993年，全县总人口47 462人，汉族人口有16 747人，首次超过蒙古族人口，占全县总人口的35.29%；蒙古族人口16 153人，占全县总人口的34.03%；哈萨克族12 744人，占总人口的26.85%；维吾尔族1 096人，占总人口的2.31%；回族409人，占总人口的0.86%；其他民族313人，占总人口的0.66%。

2015年，全县总人口55 046人，汉族人口有19 845人，占全县总人口的36.05%；蒙古族人口17 609人，占全县总人口的31.99%；哈萨克族15 533人，占总人口的28.22%；维吾尔族1 079人，占总人口的1.96%；回族504人，占总人口的0.92%；其他民族476人，占总人口的0.86%。

**1993—2015年和布克赛尔县民族人口情况表**

表3-6 单位：人

| 年份（年） | 合计 | 汉族 | 蒙古族 | 哈萨克族 | 维吾尔族 | 回族 | 柯尔克孜族 | 锡伯族 | 俄罗斯族 | 乌孜别克族 | 塔塔尔族 | 满族 | 达斡尔族 | 其他 |
|---|---|---|---|---|---|---|---|---|---|---|---|---|---|---|
| 1993 | 47 462 | 16 747 | 16 153 | 12 744 | 1 096 | 409 | 18 | 58 | 40 | 22 | 40 | 29 | 24 | 82 |
| 1994 | 47 818 | 16 856 | 16 256 | 12 846 | 1 091 | 447 | 14 | 60 | 45 | 28 | 54 | 26 | 25 | 70 |
| 1995 | 48 439 | 17 094 | 16 458 | 13 029 | 1 150 | 362 | 17 | 65 | 41 | 21 | 40 | 22 | 26 | 114 |
| 1996 | 48 433 | 17 656 | 16 573 | 12 375 | 1 022 | 406 | 21 | 68 | 40 | 22 | 75 | 24 | 25 | 126 |
| 1997 | 48 852 | 17 672 | 16 168 | 13 180 | 1 059 | 378 | 25 | 72 | 44 | 16 | 72 | 25 | 7 | 134 |
| 1998 | 49 920 | 18 302 | 16 346 | 13 396 | 1 085 | 396 | 24 | 71 | 35 | 15 | 72 | 29 | 26 | 123 |
| 1999 | 50 942 | 18 652 | 16 349 | 14 015 | 1 119 | 408 | 22 | 71 | 35 | 15 | 75 | 30 | 26 | 125 |
| 2000 | 48 087 | 15 696 | 16 200 | 14 289 | 1 099 | 423 | 19 | 70 | 30 | 10 | 72 | 29 | 25 | 125 |
| 2001 | 48 672 | 16 618 | 16 078 | 14 045 | 1 105 | 405 | 18 | 47 | 34 | 12 | 98 | 39 | 29 | 144 |
| 2002 | 49 518 | 17 127 | 16 651 | 13 622 | 1 261 | 477 | 36 | 43 | 40 | 14 | 46 | 26 | 20 | 155 |
| 2003 | 49 521 | 16 937 | 16 751 | 13 787 | 1 206 | 442 | 38 | 47 | 38 | 19 | 47 | 32 | 18 | 159 |
| 2004 | 49 876 | 17 087 | 16 870 | 13 850 | 1 215 | 458 | 31 | 50 | 40 | 19 | 48 | 31 | 17 | 160 |
| 2005 | 50 930 | 18 674 | 16 221 | 14 149 | 1 004 | 472 | 23 | 53 | 36 | 19 | 69 | 31 | 19 | 160 |
| 2006 | 51 317 | 18 478 | 16 540 | 14 391 | 1 008 | 471 | 23 | 55 | 36 | 20 | 67 | 32 | 20 | 176 |

续表3-6

| 年份(年) | 合 计 | 汉族 | 蒙古族 | 哈萨克族 | 维吾尔族 | 回族 | 柯尔克孜族 | 锡伯族 | 俄罗斯族 | 乌孜别克族 | 塔塔尔族 | 满族 | 达斡尔族 | 其他 |
|---|---|---|---|---|---|---|---|---|---|---|---|---|---|---|
| 2007 | 51 634 | 18 490 | 16 646 | 14 558 | 1 034 | 477 | 23 | 55 | 33 | 20 | 75 | 31 | 20 | 172 |
| 2008 | 51 914 | 18 454 | 16 789 | 14 701 | 1 047 | 484 | 21 | 58 | 33 | 21 | 77 | 33 | 20 | 176 |
| 2009 | 52 271 | 18 702 | 16 868 | 14 692 | 1 059 | 514 | 20 | 60 | 35 | 20 | 74 | 33 | 14 | 180 |
| 2010 | 51 690 | 18 454 | 16 651 | 14 603 | 1 040 | 501 | 20 | 55 | 35 | 20 | 77 | 33 | 22 | 179 |
| 2011 | 53 380 | 19 736 | 16 928 | 14 811 | 1 047 | 512 | 20 | 58 | 39 | 11 | 12 | 13 | 14 | 179 |
| 2012 | 54 168 | 19 746 | 17 295 | 15 007 | 1 046 | 603 | 19 | 57 | 33 | 23 | 61 | 37 | 23 | 218 |
| 2013 | 54 717 | 19 911 | 17 435 | 15 275 | 1 102 | 513 | 23 | 56 | 35 | 22 | 87 | 39 | 23 | 200 |
| 2014 | 54 901 | 19 770 | 17 607 | 15 438 | 1 094 | 508 | 20 | 57 | 32 | 24 | 89 | 41 | 23 | 198 |
| 2015 | 55 046 | 19 845 | 17 609 | 15 533 | 1 079 | 504 | 18 | 54 | 30 | 25 | 89 | 39 | 23 | 198 |

### 二、性别构成

1993年，全县总人口47 462人中，男性24 155人，占50.89%；女性23 307人，占49.11%。性别比103.64。

2000年，全县总人口48 087人中，男性24 552人，占51.06%；女性23 535人，占48.94%。性别比104.32。

2005年，全县总人口50 930人中，男性25 942人，占50.94%；女性24 988人，占49.06%。性别比103.82。

2010年，全县总人口51 690人中，男性26 175人，占50.64%；女性25 515人，占49.36%。性别比102.59。

2015年，全县总人口55 046人中，男性27 635人，占50.20%；女性27 411人，占49.80%。性别比100.8。

### 三、年龄构成

据2000年第五次人口普查，全县14岁以下的人口有14 842人，占全县总人口的30.86%；15～29岁的11 803人，占24.54%；30～39岁的12 376人，占25.74%；40～49岁的6 104人，占12.7%；50～59岁的3 785人，占7.8%；60～69岁的2 394人，占4.97%；70～79岁的782人，占1.63%；80～89岁的189人，占0.39%；90～99岁的18人，占0.03%。

据2010年第六次人口普查，全县14岁以下的人口有10 683人，占全县总人口的22.2%；15～29岁的13 586人，占28.25%；30～39岁的14 045人，占29.2%；40～49岁的13 270人，占27.6%；50～59岁的5 792人，占12%；60～69岁的2 940人，占6.11%；70～79岁的1 465人，占3%；80～89岁的287人，占0.59%；90～99岁的32人，占0.07%。

据2015年统计，全县17岁以下的人口有11 830人，占全县总人口的21.49%；18～35岁的16 153人，占29.34%；36～60岁的22 116人，占40.18%；61～99岁的4 946人，占8.99%；100岁以上的1人，占0.018‰。

### 四、文化构成

第五次人口普查数据显示，全县（含生产建设兵团）6岁及6岁以上人口有53 178人，其中未上过学1 889

人、扫盲198人、小学17 915人、初中20 180人、高中5 525人、中专4 294人、大学专科2 826人、大学本科338人、研究生13人。

第六次人口普查数据显示，全县（含生产建设兵团）6岁及6岁以上人口有57 756人，其中未上过学957人、小学14 186人、初中25 303人、高中10 138人、大学专科5 396人、大学本科1 731人、研究生45人。

## 五、职业构成

1994年，和布克赛尔县全民所有制从业总人数10 652人，其中农业从业人数4 124人，占全民所有制从业总人数的38.72%；工业从业人数2 642人，占全民所有制从业总人数的24.80%；商贸服务业从业人数689人，占全民所有制从业总人数的6.47%；党政机关事业从业人数3 197人，占全民所有制从业总人数的30.01%。

2015年，和布克赛尔县全民所有制从业总人数12 160人，其中农业从业人数3 951人，占全民所有制从业总人数的32.49%；工业从业人数2 246人，占全民所有制从业总人数的18.47%；商贸服务业从业人数272人，占全民所有制从业总人数的2.24%；党政机关事业单位从业人数5 691人，占全民所有制从业总人数的46.80%。

**和布克赛尔县全民所有制从业人员分类选年情况表**

表3－7　　单位：人

| 分　类 | 人　数 | | | | |
|---|---|---|---|---|---|
| | 1994年 | 2000年 | 2005年 | 2010年 | 2015年 |
| 全　县 | 10 652 | 9 242 | 8 121 | 10 388 | 12 160 |
| 农　业 | 4 124 | 4 374 | 4 043 | 4 080 | 3 951 |
| 农、林、牧、副、渔业 | 4 124 | 4 374 | 4 043 | 4 080 | 3 951 |
| 工　业 | 2 642 | 1 200 | 377 | 1 953 | 2 246 |
| 采掘业 | 1 679 | 480 | 53 | 1 694 | 1 670 |
| 制造业 | 448 | 102 | 9 | — | 58 |
| 电力、煤气、水生产和供应业 | 373 | 417 | 150 | 144 | 374 |
| 交通、运输、邮电业 | 142 | 201 | 165 | 115 | 144 |
| 商贸服务业 | 689 | 267 | 199 | 366 | 272 |
| 批发和零售贸易、餐饮业 | 618 | 107 | 40 | 165 | 150 |
| 金融保险业 | — | 92 | 103 | 169 | 115 |
| 社会服务业 | 71 | 68 | 56 | 32 | 7 |
| 机关事业单位 | 3 197 | 3 401 | 3 502 | 3 989 | 5 691 |
| 卫生、体育、福利业 | 353 | 306 | 404 | 618 | 763 |
| 教育、文化、艺术、广播电视业 | 1 666 | 1 620 | 1 323 | 1 169 | 1 500 |
| 科研、综合技术业 | 31 | 72 | 89 | 90 | 198 |
| 国家党政机关、社会团体 | 1 147 | 1 403 | 1 686 | 2 112 | 3 230 |

说明：1993—2015年，和布克赛尔县非全民所有制从业人口无统计数据

## 六、家庭构成

县境家庭结构的主要特点：由一对夫妇与未成年子女组成的核心家庭占绝大比例，家庭户均人口愈趨来越少。1993年全县户均人口4.09人，2005年户均人口不足3人，之后降而有升，至2015年下降到2.67人。

**1993—2015年和布克赛尔县户均人口统计表**

表3-8 单位:户、人

| 年份(年) | 总户数 | 总人口 | 户均人口 | 年份(年) | 总户数 | 总人口 | 户均人口 |
|---|---|---|---|---|---|---|---|
| 1993 | 11 601 | 47 462 | 4.09 | 2005 | 18 457 | 50 930 | 2.76 |
| 1994 | 12 163 | 47 818 | 3.93 | 2006 | 18 871 | 51 317 | 2.72 |
| 1995 | 12 504 | 48 439 | 3.87 | 2007 | 19 058 | 51 634 | 2.71 |
| 1996 | 12 524 | 48 433 | 3.87 | 2008 | 19 235 | 51 914 | 2.70 |
| 1997 | 13 368 | 48 852 | 3.65 | 2009 | 19 405 | 52 271 | 2.67 |
| 1998 | 13 849 | 49 920 | 3.60 | 2010 | 19 329 | 51 690 | 2.67 |
| 1999 | 14 176 | 50 942 | 3.59 | 2011 | 19 617 | 53 380 | 2.71 |
| 2000 | 14 009 | 48 087 | 3.43 | 2012 | 19 635 | 54 168 | 2.76 |
| 2001 | 15 031 | 48 672 | 3.24 | 2013 | 20 239 | 54 717 | 2.70 |
| 2002 | 15 984 | 49 518 | 3.10 | 2014 | 20 492 | 54 901 | 2.68 |
| 2003 | 14 148 | 49 521 | 3.50 | 2015 | 20 593 | 55 046 | 2.67 |
| 2004 | 14 206 | 49 876 | 3.51 | | | | |

### 七、城乡人口构成

1993年,全县总人口47 462人,其中城镇人口17 092人,占总人数的36.01%;乡村人口30 370人,占总人数的63.99%。

2000年,全县总人口48 087人,其中城镇人口22 400人,占总人数的46.58%;乡村人口25 687人,占总人数的53.42%。

2010年,全县总人口51 690人,其中城镇人口29 050人,占总人数的56.20%;乡村人口22 640人,占总人数的43.80%。

2015年,全县总人口55 046人,其中城镇人口26 635人,占总人数的48.39%;乡村人口28 411人,占总人数的51.61%。

## 第三节 人口普查

### 一、第五次全国人口普查

第五次全国人口普查登记标准时间为2000年11月1日0时。和布克尔县成立人口普查领导小组,共抽调工作人员128人参加普查工作,按规定的标准和要求,于2001年3月30日完成全县人口普查资料的手工汇总。普查登记结果,统计出全县(含生产建设兵团)共有15 864户,总人口57 775人。

## 第五次人口普查全县户数、人口数、性别比情况表

表3－9　　单位：户、人

| 地　区 | 户　数 | | | 人口数 | | | | 家庭户平均每户人数 |
|---|---|---|---|---|---|---|---|---|
| | 合计 | 家庭户 | 集体户 | 合计 | 男 | 女 | 性别比 | |
| 全　县 | 15 864 | 15 445 | 419 | 57 775 | 30 076 | 27 699 | 108.58 | 3.65 |
| 和布克赛尔镇 | 2 776 | 2 727 | 49 | 10 057 | 5 120 | 4 937 | 103.71 | 3.61 |
| 和什托洛盖镇 | 3 565 | 3 422 | 143 | 12 511 | 6 542 | 5 969 | 109.60 | 3.51 |
| 夏孜盖乡 | 757 | 732 | 25 | 2 574 | 1 376 | 1 198 | 114.85 | 3.42 |
| 铁布肯乌散乡 | 867 | 862 | 5 | 3 474 | 1 789 | 1 685 | 106.17 | 4.02 |
| 查干库勒乡 | 1 008 | 1 006 | 2 | 4 120 | 2 098 | 2 022 | 103.76 | 4.09 |
| 巴音傲瓦乡 | 487 | 487 | — | 2 251 | 1 158 | 1 093 | 105.95 | 4.62 |
| 莫特格乡 | 891 | 886 | 5 | 3 502 | 1 761 | 1 741 | 101.15 | 3.94 |
| 砂吉海煤矿 | 764 | 691 | 73 | 2 396 | 1 403 | 993 | 141.29 | 3.07 |
| 兵团第十师煤矿 | 1 267 | 1 238 | 29 | 3 511 | 1 862 | 1 649 | 112.92 | 2.76 |
| 伊克乌图布拉格牧场 | 805 | 782 | 23 | 3 363 | 1 763 | 1 600 | 110.19 | 4.23 |
| 那仁和布克牧场 | 628 | 610 | 18 | 2 576 | 1 346 | 1 230 | 109.43 | 4.14 |
| 巴嘎乌图布拉格牧场 | 254 | 254 | — | 1 125 | 567 | 558 | 101.61 | 4.43 |
| 布斯屯格牧场 | 573 | 561 | 12 | 2 369 | 1 230 | 1 139 | 107.99 | 4.16 |
| 兵团第一八四团 | 1 222 | 1 187 | 35 | 3 946 | 2 061 | 1 885 | 109.34 | 3.21 |

## 第五次人口普查全县户籍人口情况表

表3－10　　单位：人

| 地　区 | 户籍人口 | | | 常住本地人口 | | | 居住本地户口待定 | | |
|---|---|---|---|---|---|---|---|---|---|
| | 合计 | 男 | 女 | 小计 | 男 | 女 | 小计 | 男 | 女 |
| 全　县 | 52 039 | 26 476 | 25 563 | 46 149 | 23 588 | 22 561 | 461 | 177 | 239 |
| 和布克赛尔镇 | 9 214 | 4 642 | 4 572 | 7 885 | 3 985 | 3 900 | 68 | 35 | 33 |
| 和什托洛盖镇 | 10 462 | 5 312 | 5 150 | 9 659 | 4 932 | 4 727 | 170 | 77 | 93 |
| 夏孜盖乡 | 3 028 | 1 575 | 1 453 | 2 225 | 1 182 | 1 043 | 28 | 8 | 20 |
| 铁布肯乌散乡 | 3 698 | 1 874 | 1 824 | 3 331 | 1 703 | 1 628 | 5 | 2 | 3 |
| 查干库勒乡 | 4 264 | 2 165 | 2 099 | 4 060 | 2 068 | 1 991 | 19 | 6 | 13 |
| 巴音傲瓦乡 | 2 277 | 1 169 | 1 108 | 2 204 | 1 138 | 1 066 | 3 | — | 3 |
| 莫特格乡 | 3 587 | 1 828 | 1 759 | 2 666 | 1 344 | 1 322 | 5 | — | 5 |
| 砂吉海煤矿 | 147 | 67 | 80 | 74 | 33 | 41 | 45 | 21 | 24 |
| 兵团第十师煤矿 | 2 997 | 1 507 | 1 490 | 2 438 | 1 244 | 1 194 | 35 | 12 | 23 |
| 伊克乌图布拉格牧场 | 3 074 | 1 577 | 1 497 | 2 983 | 1 543 | 1 440 | 12 | 6 | 6 |
| 那仁和布克牧场 | 2 788 | 1 438 | 1 350 | 2 427 | 1 242 | 1 185 | — | — | — |
| 巴嘎乌图布拉格牧场 | 1 088 | 548 | 540 | 1 056 | 540 | 526 | 7 | 2 | 5 |
| 布斯屯格牧场 | 2 206 | 1 138 | 1 068 | 2 150 | 1 107 | 1 043 | — | — | — |
| 兵团第一八四团 | 3 209 | 1 636 | 1 573 | 2 981 | 1 526 | 1 455 | 19 | 8 | 11 |

## 第五次人口普查全县农业、非农业户口人数情况表

表3－11　　　　　　　　　　　　　　　　　　　　　　　　　　单位：人

| 地　区 | 总人口 | | | 农　业 | | | 非农业 | | |
|---|---|---|---|---|---|---|---|---|---|
| | 合计 | 男 | 女 | 小计 | 男 | 女 | 小计 | 男 | 女 |
| 全　县 | 57 330 | 29 883 | 27 447 | 33 152 | 17 522 | 15 630 | 24 178 | 12 361 | 11 817 |
| 和布克赛尔镇 | 9 964 | 5 072 | 4 892 | 1 739 | 920 | 819 | 8 225 | 4 152 | 4 073 |
| 和什托洛盖镇 | 12 341 | 6 465 | 5 876 | 6 373 | 3 475 | 2 898 | 5 968 | 2 990 | 2 978 |
| 夏孜盖乡 | 2 546 | 1 368 | 1 178 | 2 174 | 1 182 | 992 | 372 | 186 | 186 |
| 铁布肯乌散乡 | 3 469 | 1 787 | 1 682 | 2 683 | 1 388 | 1 295 | 786 | 399 | 387 |
| 查干库勒乡 | 4 101 | 2 092 | 2 009 | 3 060 | 1 573 | 1 487 | 1 041 | 519 | 522 |
| 巴音傲瓦乡 | 2 248 | 1 158 | 1 090 | 1 899 | 973 | 926 | 349 | 185 | 164 |
| 莫特格乡 | 3 497 | 1 761 | 1 736 | 2 139 | 1 078 | 1 061 | 1 358 | 683 | 675 |
| 砂吉海煤矿 | 2 351 | 1 382 | 969 | 1 685 | 904 | 781 | 666 | 478 | 188 |
| 兵团第十师煤矿 | 3 476 | 1 850 | 1 626 | 825 | 484 | 341 | 2 651 | 1 366 | 1 285 |
| 伊克乌图布拉格牧场 | 3 351 | 1 757 | 1 594 | 2 313 | 1 230 | 1 083 | 1 038 | 527 | 511 |
| 那仁和布克牧场 | 2 576 | 1 346 | 1 230 | 2 026 | 1 065 | 961 | 550 | 281 | 269 |
| 巴嘎乌图布拉格牧场 | 1 118 | 565 | 553 | 799 | 411 | 388 | 319 | 154 | 165 |
| 布斯屯格牧场 | 2 365 | 1 227 | 1 138 | 1 684 | 879 | 805 | 681 | 348 | 333 |
| 兵团第一八四团 | 3 927 | 2 053 | 1 874 | 3 753 | 1 960 | 1 793 | 174 | 93 | 81 |

## 第五次人口普查全县各民族的人口情况表(一)

表3－12　　　　　　　　　　　　　　　　　　　　　　　　　　单位：人

| 地　区 | 汉　族 | | | 蒙古族 | | | 回　族 | | |
|---|---|---|---|---|---|---|---|---|---|
| | 合计 | 男 | 女 | 小计 | 男 | 女 | 小计 | 男 | 女 |
| 全　县 | 27 022 | 14 526 | 12 496 | 15 341 | 7 738 | 7 603 | 695 | 380 | 315 |
| 和布克赛尔镇 | 4 288 | 2 289 | 1 999 | 2 808 | 1 378 | 1 430 | 83 | 49 | 34 |
| 和什托洛盖镇 | 8 601 | 4 614 | 3 987 | 2 223 | 1 100 | 1 123 | 312 | 165 | 147 |
| 夏孜盖乡 | 1 910 | 1 029 | 881 | 621 | 322 | 299 | 28 | 13 | 15 |
| 铁布肯乌散乡 | 367 | 207 | 160 | 1 626 | 818 | 808 | 7 | 5 | 2 |
| 查干库勒乡 | 381 | 204 | 177 | 2 566 | 1 313 | 1 253 | 7 | 3 | 4 |
| 巴音傲瓦乡 | 87 | 46 | 41 | — | — | — | 7 | 5 | 2 |
| 莫特格乡 | 689 | 350 | 339 | 1 413 | 725 | 688 | 11 | 2 | 9 |
| 砂吉海煤矿 | 2 146 | 1 241 | 905 | 15 | 12 | 3 | 30 | 26 | 4 |
| 兵团第十师煤矿 | 3 386 | 1 799 | 1 587 | 2 | 1 | 1 | 77 | 36 | 41 |
| 伊克乌图布拉格牧场 | 456 | 258 | 198 | 599 | 300 | 299 | 71 | 44 | 27 |
| 那仁和布克牧场 | 370 | 211 | 159 | 1 497 | 783 | 714 | 7 | 4 | 3 |
| 巴嘎乌图布拉格牧场 | 187 | 98 | 89 | 663 | 319 | 344 | — | — | — |
| 布斯屯格牧场 | 304 | 169 | 135 | 1 303 | 664 | 639 | — | — | — |
| 兵团第一八四团 | 3 850 | 2 011 | 1 839 | 5 | 3 | 2 | 55 | 28 | 27 |

说明：全县总人口见“第五次人口普查全县户数、人口数、性别比”

## 第五次人口普查全县各民族的人口情况表（二）

表3-13　　单位：人

| 地　区 | 藏　族 | | | 维吾尔族 | | | 苗　族 | | |
|---|---|---|---|---|---|---|---|---|---|
| | 合计 | 男 | 女 | 小计 | 男 | 女 | 小计 | 男 | 女 |
| 全　县 | 24 | 12 | 12 | 1 140 | 587 | 553 | 23 | 14 | 9 |
| 和布克赛尔镇 | 2 | — | 2 | 500 | 255 | 245 | 6 | 2 | 4 |
| 和什托洛盖镇 | — | — | — | 370 | 176 | 194 | 1 | — | 1 |
| 夏孜盖乡 | — | — | — | — | — | — | 11 | 8 | 3 |
| 铁布肯乌散乡 | 1 | 1 | — | 2 | — | 2 | 1 | 1 | — |
| 查干库勒乡 | 1 | 1 | — | 50 | 26 | 24 | — | — | — |
| 巴音傲瓦乡 | — | — | — | 1 | — | 1 | — | — | — |
| 莫特格乡 | - | — | — | 51 | 26 | 25 | — | — | — |
| 砂吉海煤矿 | 1 | 1 | — | 44 | 38 | 6 | 1 | 1 | — |
| 兵团第十师煤矿 | 7 | 3 | 4 | 1 | 1 | — | 2 | 1 | 1 |
| 伊克乌图布拉格牧场 | — | — | - | 100 | 53 | 47 | — | — | — |
| 那仁和布克牧场 | 2 | 1 | 1 | — | — | — | 1 | 1 | — |
| 巴嘎乌图布拉格牧场 | — | — | — | — | — | — | — | — | — |
| 布斯屯格牧场 | — | — | — | 18 | 10 | 8 | — | — | — |
| 兵团第一八四团 | 10 | 5 | 5 | 3 | 2 | 1 | — | — | — |

## 第五次人口普查全县各民族的人口情况表（三）

表3-14　　单位：人

| 地　区 | 哈萨克族 | | | 满　族 | | | 塔塔尔族 | | |
|---|---|---|---|---|---|---|---|---|---|
| | 合计 | 男 | 女 | 小计 | 男 | 女 | 小计 | 男 | 女 |
| 全　县 | 13 051 | 6 577 | 6 474 | 33 | 19 | 14 | 88 | 49 | 39 |
| 和布克赛尔镇 | 2 228 | 1 076 | 1 152 | 6 | 4 | 2 | 36 | 22 | 14 |
| 和什托洛盖镇 | 863 | 423 | 440 | 13 | 5 | 8 | 5 | 3 | 2 |
| 夏孜盖乡 | — | — | — | 4 | 4 | — | — | — | — |
| 铁布肯乌散乡 | 1 438 | 741 | 697 | — | — | — | 32 | 16 | 16 |
| 查干库勒乡 | 1 095 | 539 | 556 | — | — | — | 9 | 5 | 4 |
| 巴音傲瓦乡 | 2 154 | 1 105 | 1 049 | 1 | 1 | — | — | — | — |
| 莫特格乡 | 1 319 | 650 | 669 | — | — | — | 5 | 3 | 2 |
| 砂吉海煤矿 | 125 | 63 | 62 | 5 | 4 | 1 | — | — | — |
| 兵团第十师煤矿 | — | — | — | 2 | 1 | 1 | — | — | — |
| 伊克乌图布拉格牧场 | 2 128 | 1 106 | 1 022 | 2 | — | 2 | 1 | — | 1 |
| 那仁和布克牧场 | 698 | 346 | 352 | — | — | — | — | — | — |
| 巴嘎乌图布拉格牧场 | 274 | 150 | 124 | — | — | — | — | — | — |
| 布斯屯格牧场 | 724 | 376 | 348 | — | — | — | — | — | — |
| 兵团第一八四团 | 5 | 2 | 3 | — | — | — | — | — | — |

说明：其他民族共356人，其中男173人、女183人

## 第五次人口普查全县人口的年龄情况表(一)

表3-15　　　　单位:人

| 地　区 | 0岁 | | | 1~4岁 | | | 5~9岁 | | |
|---|---|---|---|---|---|---|---|---|---|
| | 合计 | 男 | 女 | 小计 | 男 | 女 | 小计 | 男 | 女 |
| 全　县 | 728 | 361 | 367 | 3 012 | 1 523 | 1 489 | 4 765 | 2 460 | 2 305 |
| 和布克赛尔镇 | 108 | 57 | 51 | 499 | 271 | 228 | 824 | 418 | 406 |
| 和什托洛盖镇 | 168 | 89 | 79 | 655 | 325 | 330 | 1045 | 552 | 493 |
| 夏孜盖乡 | 23 | 10 | 13 | 99 | 38 | 61 | 152 | 79 | 73 |
| 铁布肯乌散乡 | 44 | 19 | 25 | 184 | 91 | 93 | 253 | 123 | 130 |
| 查干库勒乡 | 72 | 33 | 39 | 209 | 108 | 101 | 321 | 155 | 166 |
| 巴音傲瓦乡 | 37 | 16 | 21 | 150 | 74 | 76 | 221 | 110 | 111 |
| 莫特格乡 | 52 | 24 | 28 | 186 | 90 | 96 | 296 | 149 | 147 |
| 砂吉海煤矿 | 17 | 9 | 8 | 129 | 64 | 65 | 218 | 108 | 110 |
| 兵团第十师煤矿 | 45 | 23 | 22 | 160 | 79 | 81 | 280 | 152 | 128 |
| 伊克乌图布拉格牧场 | 34 | 18 | 16 | 164 | 89 | 75 | 309 | 170 | 139 |
| 那仁和布克牧场 | 38 | 17 | 21 | 186 | 105 | 81 | 238 | 117 | 121 |
| 巴嘎乌图布拉格牧场 | 8 | 6 | 2 | 67 | 29 | 38 | 79 | 45 | 34 |
| 布斯屯格牧场 | 47 | 23 | 24 | 142 | 62 | 80 | 187 | 103 | 84 |
| 兵团第一八四团 | 35 | 17 | 18 | 182 | 98 | 84 | 342 | 179 | 163 |

说明:全县总人口见"第五次人口普查全县户数、人口数、性别比"

## 第五次人口普查全县人口的年龄情况表(二)

表3-16　　　　单位:人

| 地　区 | 10~14岁 | | | 15~19岁 | | | 20~24岁 | | |
|---|---|---|---|---|---|---|---|---|---|
| | 合计 | 男 | 女 | 小计 | 男 | 女 | 小计 | 男 | 女 |
| 全　县 | 6 337 | 3 282 | 3 055 | 4 770 | 2 517 | 2 253 | 5 482 | 2 929 | 2 553 |
| 和布克赛尔镇 | 1 051 | 557 | 494 | 809 | 422 | 387 | 978 | 516 | 462 |
| 和什托洛盖镇 | 1 272 | 637 | 638 | 830 | 418 | 412 | 1 195 | 639 | 556 |
| 夏孜盖乡 | 246 | 143 | 103 | 220 | 118 | 102 | 228 | 131 | 97 |
| 铁布肯乌散乡 | 452 | 247 | 205 | 387 | 194 | 193 | 404 | 220 | 184 |
| 查干库勒乡 | 523 | 255 | 268 | 468 | 252 | 216 | 512 | 263 | 249 |
| 巴音傲瓦乡 | 298 | 167 | 131 | 269 | 152 | 117 | 279 | 136 | 143 |
| 莫特格乡 | 418 | 225 | 193 | 315 | 136 | 179 | 349 | 181 | 168 |
| 砂吉海煤矿 | 243 | 129 | 114 | 114 | 76 | 38 | 146 | 109 | 37 |
| 兵团第十师煤矿 | 261 | 122 | 139 | 107 | 66 | 41 | 174 | 97 | 77 |
| 伊克乌图布拉格牧场 | 446 | 234 | 212 | 376 | 201 | 175 | 384 | 206 | 177 |
| 那仁和布克牧场 | 308 | 144 | 164 | 291 | 160 | 131 | 231 | 130 | 101 |
| 巴嘎乌图布拉格牧场 | 141 | 73 | 68 | 145 | 75 | 70 | 148 | 73 | 75 |
| 布斯屯格牧场 | 317 | 171 | 146 | 255 | 138 | 117 | 266 | 145 | 121 |
| 兵团第一八四团 | 358 | 178 | 180 | 184 | 109 | 75 | 189 | 83 | 106 |

## 第五次人口普查全县人口的年龄情况表(三)

表3－17　　单位:人

| 地　区 | 25～29岁 | | | 30～34岁 | | | 35～39岁 | | |
|---|---|---|---|---|---|---|---|---|---|
| | 合计 | 男 | 女 | 小计 | 男 | 女 | 小计 | 男 | 女 |
| 全　县 | 7 033 | 3 689 | 3 344 | 7 148 | 3 723 | 3 425 | 5 228 | 2 762 | 2 466 |
| 和布克赛尔镇 | 1 242 | 612 | 630 | 1 160 | 572 | 588 | 1 012 | 508 | 504 |
| 和什托洛盖镇 | 1 728 | 907 | 821 | 1 918 | 1 022 | 896 | 1 209 | 639 | 570 |
| 夏孜盖乡 | 281 | 147 | 134 | 252 | 136 | 116 | 215 | 110 | 105 |
| 铁布肯乌散乡 | 368 | 207 | 161 | 307 | 152 | 155 | 239 | 126 | 113 |
| 查干库勒乡 | 435 | 231 | 204 | 388 | 205 | 183 | 307 | 154 | 153 |
| 巴音傲瓦乡 | 232 | 117 | 115 | 187 | 92 | 95 | 142 | 76 | 66 |
| 莫特格乡 | 404 | 213 | 191 | 350 | 169 | 181 | 305 | 156 | 149 |
| 砂吉海煤矿 | 328 | 197 | 131 | 441 | 251 | 190 | 275 | 167 | 108 |
| 兵团第十师煤矿 | 510 | 271 | 239 | 563 | 305 | 258 | 347 | 205 | 142 |
| 伊克乌图布拉格牧场 | 384 | 199 | 185 | 308 | 174 | 134 | 274 | 139 | 135 |
| 那仁和布克牧场 | 301 | 169 | 132 | 247 | 125 | 122 | 213 | 113 | 100 |
| 巴嘎乌图布拉格牧场 | 99 | 48 | 51 | 117 | 58 | 59 | 74 | 38 | 36 |
| 布斯屯格牧场 | 241 | 124 | 117 | 233 | 113 | 120 | 185 | 97 | 91 |
| 兵团第一八四团 | 480 | 247 | 233 | 677 | 349 | 328 | 428 | 234 | 194 |

## 第五次人口普查全县人口的年龄情况表(四)

表3－18　　单位:人

| 地　区 | 40～44岁 | | | 45～49岁 | | | 50～54岁 | | |
|---|---|---|---|---|---|---|---|---|---|
| | 合计 | 男 | 女 | 小计 | 男 | 女 | 小计 | 男 | 女 |
| 全　县 | 3 403 | 1 833 | 1 570 | 2 701 | 1 351 | 1 350 | 1 941 | 902 | 1 039 |
| 和布克赛尔镇 | 629 | 322 | 307 | 508 | 253 | 255 | 326 | 154 | 172 |
| 和什托洛盖镇 | 652 | 369 | 283 | 509 | 264 | 245 | 360 | 177 | 183 |
| 夏孜盖乡 | 206 | 98 | 108 | 211 | 107 | 104 | 145 | 75 | 70 |
| 铁布肯乌散乡 | 233 | 113 | 120 | 192 | 87 | 105 | 129 | 68 | 61 |
| 查干库勒乡 | 221 | 113 | 108 | 194 | 93 | 101 | 135 | 67 | 68 |
| 巴音傲瓦乡 | 123 | 61 | 62 | 89 | 38 | 51 | 62 | 28 | 34 |
| 莫特格乡 | 246 | 123 | 123 | 166 | 88 | 78 | 137 | 63 | 74 |
| 砂吉海煤矿 | 138 | 87 | 51 | 123 | 73 | 50 | 81 | 46 | 35 |
| 兵团第十师煤矿 | 144 | 88 | 56 | 132 | 66 | 66 | 162 | 47 | 115 |
| 伊克乌图布拉格牧场 | 188 | 103 | 85 | 147 | 69 | 78 | 105 | 41 | 64 |
| 那仁和布克牧场 | 165 | 87 | 78 | 98 | 50 | 48 | 76 | 38 | 38 |
| 巴嘎乌图布拉格牧场 | 67 | 34 | 33 | 59 | 23 | 36 | 43 | 24 | 19 |
| 布斯屯格牧场 | 157 | 85 | 72 | 113 | 58 | 55 | 50 | 27 | 23 |
| 兵团第一八四团 | 234 | 150 | 84 | 160 | 82 | 78 | 130 | 47 | 83 |

## 第五次人口普查全县人口的年龄情况表(五)

表3－19　　单位:人

| 地　区 | 55～59岁 | | | 60～64岁 | | | 65～69岁 | | |
|---|---|---|---|---|---|---|---|---|---|
| | 合计 | 男 | 女 | 小计 | 男 | 女 | 小计 | 男 | 女 |
| 全　县 | 1 844 | 931 | 913 | 1 533 | 863 | 670 | 861 | 454 | 409 |
| 和布克赛尔镇 | 300 | 146 | 154 | 270 | 131 | 139 | 168 | 90 | 78 |
| 和什托洛盖镇 | 366 | 179 | 187 | 276 | 163 | 113 | 154 | 75 | 79 |
| 夏孜盖乡 | 98 | 67 | 31 | 87 | 60 | 27 | 53 | 30 | 23 |
| 铁布肯乌散乡 | 98 | 51 | 47 | 85 | 48 | 37 | 35 | 18 | 17 |
| 查干库勒乡 | 100 | 53 | 47 | 101 | 50 | 51 | 65 | 34 | 31 |
| 巴音傲瓦乡 | 77 | 46 | 31 | 34 | 22 | 12 | 15 | 5 | 10 |
| 莫特格乡 | 102 | 55 | 47 | 63 | 33 | 30 | 59 | 33 | 26 |
| 砂吉海煤矿 | 51 | 31 | 20 | 47 | 28 | 19 | 24 | 18 | 6 |
| 兵团第十师煤矿 | 227 | 99 | 128 | 200 | 123 | 77 | 96 | 59 | 37 |
| 伊克乌图布拉格牧场 | 74 | 37 | 37 | 71 | 33 | 38 | 42 | 17 | 25 |
| 那仁和布克牧场 | 72 | 37 | 35 | 39 | 20 | 19 | 34 | 15 | 19 |
| 巴嘎乌图布拉格牧场 | 22 | 15 | 7 | 19 | 11 | 8 | 14 | 7 | 7 |
| 布斯屯格牧场 | 48 | 25 | 23 | 40 | 17 | 23 | 30 | 15 | 15 |
| 兵团第一八四团 | 209 | 90 | 119 | 201 | 124 | 77 | 72 | 38 | 34 |

## 第五次人口普查全县人口的年龄情况表(六)

表3－20　　单位:人

| 地　区 | 70～74岁 | | | 75～79岁 | | | 80～84岁 | | |
|---|---|---|---|---|---|---|---|---|---|
| | 合计 | 男 | 女 | 小计 | 男 | 女 | 小计 | 男 | 女 |
| 全　县 | 520 | 282 | 238 | 262 | 119 | 143 | 140 | 71 | 69 |
| 和布克赛尔镇 | 94 | 55 | 39 | 44 | 19 | 25 | 24 | 10 | 14 |
| 和什托洛盖镇 | 80 | 47 | 33 | 45 | 21 | 24 | 30 | 14 | 16 |
| 夏孜盖乡 | 31 | 18 | 13 | 16 | 5 | 11 | 8 | 3 | 5 |
| 铁布肯乌散乡 | 41 | 19 | 22 | 14 | 2 | 12 | 7 | 4 | 3 |
| 查干库勒乡 | 38 | 21 | 17 | 20 | 6 | 14 | 9 | 5 | 4 |
| 巴音傲瓦乡 | 19 | 8 | 11 | 4 | 3 | 1 | 11 | 6 | 5 |
| 莫特格乡 | 31 | 14 | 17 | 12 | 6 | 6 | 6 | 1 | 5 |
| 砂吉海煤矿 | 8 | 6 | 2 | 7 | 3 | 4 | 3 | — | 3 |
| 兵团第十师煤矿 | 52 | 26 | 26 | 27 | 19 | 8 | 17 | 13 | 4 |
| 伊克乌图布拉格牧场 | 29 | 16 | 13 | 18 | 11 | 7 | 5 | 3 | 2 |
| 那仁和布克牧场 | 18 | 8 | 10 | 16 | 8 | 8 | 2 | 2 | — |
| 巴嘎乌图布拉格牧场 | 13 | 5 | 8 | 7 | 2 | 5 | 3 | 1 | 2 |
| 布斯屯格牧场 | 27 | 13 | 14 | 16 | 8 | 8 | 8 | 5 | 3 |
| 兵团第一八四团 | 39 | 26 | 13 | 16 | 6 | 10 | 7 | 4 | 3 |

## 第五次人口普查全县人口的年龄情况表(七)

表3－21 单位:人

| 地区 | 85～89岁 | | | 90～94岁 | | | 95～99岁 | | |
|---|---|---|---|---|---|---|---|---|---|
| | 合计 | 男 | 女 | 小计 | 男 | 女 | 小计 | 男 | 女 |
| 全 县 | 49 | 18 | 31 | 15 | 5 | 10 | 3 | 1 | 2 |
| 和布克赛尔镇 | 6 | 3 | 3 | 4 | 3 | 1 | 1 | 1 | — |
| 和什托洛盖镇 | 12 | 4 | 8 | 4 | 1 | 3 | — | — | — |
| 夏孜盖乡 | 1 | 1 | — | — | — | — | — | — | — |
| 铁布肯乌散乡 | 2 | — | 2 | — | — | — | — | — | — |
| 查干库勒乡 | 1 | — | 1 | — | - | - | 1 | — | 1 |
| 巴音傲瓦乡 | — | — | — | 2 | 1 | 1 | — | — | — |
| 莫特格乡 | 5 | 2 | 3 | — | — | — | — | — | — |
| 砂吉海煤矿 | 2 | 1 | 1 | 1 | — | 1 | — | — | — |
| 兵团第十师煤矿 | 5 | 2 | 3 | 2 | — | 2 | — | — | — |
| 伊克乌图布拉格牧场 | 5 | 3 | 2 | — | — | — | 1 | — | 1 |
| 那仁和布克牧场 | 3 | 1 | 2 | — | — | — | — | — | — |
| 巴嘎乌图布拉格牧场 | — | — | — | — | — | — | — | — | — |
| 布斯屯格牧场 | 4 | 1 | 3 | — | — | — | — | — | — |
| 兵团第一八四团 | 3 | — | 3 | — | — | — | — | — | — |

说明:100岁及100岁以上无

## 第五次人口普查全县人口受教育情况表(一)

表3－22 单位:人

| 地区 | 6岁及6岁以上人口 | | | 未上过学 | | | 扫盲班 | | |
|---|---|---|---|---|---|---|---|---|---|
| | 合计 | 男 | 女 | 小计 | 男 | 女 | 小计 | 男 | 女 |
| 全 县 | 53 178 | 27 757 | 25 422 | 1 889 | 637 | 1252 | 198 | 71 | 127 |
| 和布克赛尔镇 | 9 321 | 4 727 | 4 594 | 287 | 93 | 194 | 6 | 1 | 5 |
| 和什托洛盖镇 | 11 489 | 6 030 | 5 459 | 463 | 152 | 311 | 36 | 14 | 22 |
| 夏孜盖乡 | 2 421 | 1 314 | 1 107 | 120 | 45 | 75 | 31 | 8 | 23 |
| 铁布肯乌散乡 | 3 182 | 1 645 | 1 537 | 51 | 21 | 30 | 7 | 4 | 3 |
| 查干库勒乡 | 3 784 | 1 933 | 1 851 | 71 | 31 | 40 | 26 | 11 | 15 |
| 巴音傲瓦乡 | 2 027 | 1 050 | 977 | 52 | 26 | 26 | 6 | 2 | 4 |
| 莫特格乡 | 3 217 | 1 627 | 1 590 | 83 | 35 | 48 | 1 | — | 1 |
| 砂吉海煤矿 | 2 206 | 1 305 | 901 | 69 | 20 | 49 | 3 | 1 | 2 |
| 兵团第十师煤矿 | 3 249 | 1 730 | 1 519 | 283 | 77 | 206 | 16 | 5 | 11 |
| 伊克乌图布拉格牧场 | 3 117 | 1 624 | 1 493 | 96 | 43 | 53 | 27 | 11 | 16 |
| 那仁和布克牧场 | 2 306 | 1 202 | 1 104 | 19 | 10 | 9 | 7 | 4 | 3 |
| 巴嘎乌图布拉格牧场 | 1 037 | 522 | 515 | 12 | 5 | 7 | 14 | 4 | 10 |
| 布斯屯格牧场 | 2 152 | 1 132 | 1 020 | 51 | 20 | 31 | 2 | — | 2 |
| 兵团第一八四团 | 3 670 | 1 915 | 1 755 | 232 | 59 | 173 | 16 | 6 | 10 |

## 第五次人口普查全县人口受教育情况表(二)

表3-23　　单位:人

| 地　区 | 小学 | | | 初中 | | | 高中 | | |
|---|---|---|---|---|---|---|---|---|---|
| | 合计 | 男 | 女 | 小计 | 男 | 女 | 小计 | 男 | 女 |
| 全　县 | 17 915 | 9 046 | 8 869 | 20 180 | 11 485 | 8 695 | 5 525 | 2 747 | 2 778 |
| 和布克赛尔镇 | 2 095 | 1 029 | 1 066 | 2 799 | 1 522 | 1 277 | 1 339 | 715 | 624 |
| 和什托洛盖镇 | 3 537 | 1 799 | 1 738 | 4 600 | 2 649 | 1 951 | 1 412 | 713 | 699 |
| 夏孜盖乡 | 860 | 436 | 424 | 991 | 602 | 389 | 195 | 114 | 81 |
| 铁布肯乌散乡 | 1 310 | 640 | 670 | 1 288 | 730 | 558 | 220 | 76 | 144 |
| 查干库勒乡 | 1 529 | 761 | 768 | 1 473 | 808 | 665 | 330 | 139 | 191 |
| 巴音傲瓦乡 | 615 | 314 | 301 | 1 023 | 549 | 474 | 122 | 46 | 76 |
| 莫特格乡 | 1 169 | 607 | 562 | 1 056 | 543 | 513 | 396 | 190 | 206 |
| 砂吉海煤矿 | 878 | 480 | 398 | 915 | 591 | 324 | 183 | 107 | 76 |
| 兵团第十师煤矿 | 1 084 | 545 | 539 | 1 214 | 774 | 440 | 367 | 194 | 173 |
| 伊克乌图布拉格牧场 | 1 265 | 663 | 602 | 1 222 | 674 | 548 | 193 | 71 | 122 |
| 那仁和布克牧场 | 1 140 | 577 | 563 | 764 | 429 | 335 | 173 | 76 | 97 |
| 巴嘎乌图布拉格牧场 | 419 | 211 | 208 | 427 | 241 | 186 | 85 | 30 | 55 |
| 布斯屯格牧场 | 810 | 421 | 389 | 975 | 535 | 440 | 128 | 53 | 75 |
| 兵团第一八四团 | 1 204 | 563 | 641 | 1 433 | 838 | 595 | 382 | 223 | 159 |

## 第五次人口普查全县人口受教育情况表(三)

表3-24　　单位:人

| 地　区 | 中专 | | | 大学专科 | | | 大学本科 | | |
|---|---|---|---|---|---|---|---|---|---|
| | 合计 | 男 | 女 | 小计 | 男 | 女 | 小计 | 男 | 女 |
| 全　县 | 4 294 | 2 163 | 2 131 | 2 826 | 1 411 | 1 415 | 338 | 188 | 150 |
| 和布克赛尔镇 | 1 424 | 691 | 733 | 1 169 | 572 | 597 | 200 | 103 | 97 |
| 和什托洛盖镇 | 860 | 409 | 451 | 552 | 276 | 276 | 27 | 17 | 10 |
| 夏孜盖乡 | 152 | 74 | 78 | 66 | 31 | 35 | 6 | 4 | 2 |
| 铁布肯乌散乡 | 242 | 143 | 99 | 61 | 29 | 32 | 3 | 2 | 1 |
| 查干库勒乡 | 251 | 134 | 117 | 89 | 40 | 49 | 9 | 5 | 4 |
| 巴音傲瓦乡 | 169 | 93 | 76 | 38 | 19 | 19 | 1 | — | 1 |
| 莫特格乡 | 278 | 128 | 150 | 184 | 92 | 92 | 48 | 31 | 17 |
| 砂吉海煤矿 | 81 | 54 | 27 | 73 | 49 | 24 | 4 | 3 | 1 |
| 兵团第十师煤矿 | 151 | 68 | 83 | 124 | 60 | 64 | 10 | 7 | 3 |
| 伊克乌图布拉格牧场 | 241 | 130 | 111 | 67 | 30 | 37 | 6 | 2 | 4 |
| 那仁和布克牧场 | 127 | 67 | 60 | 74 | 37 | 37 | 2 | 2 | — |
| 巴嘎乌图布拉格牧场 | 46 | 22 | 24 | 33 | 8 | 25 | 1 | 1 | — |
| 布斯屯格牧场 | 132 | 71 | 61 | 52 | 30 | 22 | 2 | 2 | — |
| 兵团第一八四团 | 140 | 79 | 61 | 244 | 138 | 106 | 19 | 9 | 10 |

说明:全县有研究生学历人口13人,8男5女(和布克赛尔镇2人,1男1女;和什托洛盖镇2人,1男1女;查干库勒乡6人,4男2女;巴音傲瓦乡2人,1男1女)

## 第五次人口普查全县家庭户规模情况表（一）

表3－25 单位：户

| 地　区 | 合计 | 一人户 | 二人户 | 三人户 | 四人户 |
|---|---|---|---|---|---|
| 全　县 | 15 445 | 1 033 | 2 203 | 4 654 | 3 775 |
| 和布克赛尔镇 | 2 727 | 157 | 373 | 875 | 701 |
| 和什托洛盖镇 | 3 422 | 296 | 447 | 1 128 | 857 |
| 夏孜盖乡 | 732 | 49 | 130 | 222 | 202 |
| 铁布肯乌散乡 | 862 | 50 | 111 | 201 | 197 |
| 查干库勒乡 | 1 006 | 50 | 102 | 232 | 246 |
| 巴音傲瓦乡 | 487 | 11 | 34 | 97 | 112 |
| 莫特格乡 | 886 | 47 | 78 | 234 | 252 |
| 砂吉海煤矿 | 691 | 74 | 124 | 248 | 188 |
| 兵团第十师煤矿 | 1 238 | 163 | 333 | 473 | 201 |
| 伊克乌图布拉格牧场 | 782 | 26 | 83 | 191 | 174 |
| 那仁和布克牧场 | 610 | 10 | 58 | 142 | 181 |
| 巴嘎乌图布拉格牧场 | 254 | 2 | 17 | 62 | 65 |
| 布斯屯格牧场 | 561 | 20 | 53 | 119 | 154 |
| 兵团第一八四团 | 1 187 | 78 | 260 | 430 | 245 |

## 第五次人口普查全县家庭户规模情况表（二）

表3－26 单位：户

| 地　区 | 五人户 | 六人户 | 七人户 | 八人户 | 九人户 | 十人及以上 |
|---|---|---|---|---|---|---|
| 全　县 | 2 097 | 954 | 430 | 180 | 67 | 52 |
| 和布克赛尔镇 | 367 | 159 | 63 | 20 | 6 | 6 |
| 和什托洛盖镇 | 403 | 168 | 64 | 28 | 16 | 15 |
| 夏孜盖乡 | 79 | 31 | 14 | 2 | 1 | 2 |
| 铁布肯乌散乡 | 155 | 80 | 29 | 23 | 9 | 7 |
| 查干库勒乡 | 201 | 93 | 51 | 22 | 4 | 5 |
| 巴音傲瓦乡 | 95 | 62 | 42 | 24 | 5 | 5 |
| 莫特格乡 | 145 | 82 | 31 | 10 | 6 | 1 |
| 砂吉海煤矿 | 46 | 7 | 2 | 1 | — | 1 |
| 兵团第十师煤矿 | 45 | 18 | 2 | 3 | — | — |
| 伊克乌图布拉格牧场 | 142 | 83 | 50 | 20 | 9 | 4 |
| 那仁和布克牧场 | 125 | 54 | 25 | 11 | 3 | 1 |
| 巴嘎乌图布拉格牧场 | 48 | 30 | 21 | 6 | 2 | 1 |
| 布斯屯格牧场 | 124 | 48 | 28 | 8 | 3 | 4 |
| 兵团第一八四团 | 122 | 39 | 8 | 2 | 3 | — |

## 第五次人口普查全县家庭户类别情况表

表3－27 单位:户

| 地 区 | 合计 | 一代户 | 二代户 | 三代户 | 四代户 | 五代户及以上 |
|---|---|---|---|---|---|---|
| 全 县 | 15 445 | 2 870 | 11 198 | 1 349 | 28 | — |
| 和布克赛尔镇 | 2 727 | 461 | 1 997 | 264 | 5 | — |
| 和什托洛盖镇 | 3 422 | 670 | 2 463 | 280 | 9 | — |
| 夏孜盖乡 | 732 | 161 | 500 | 67 | 4 | — |
| 铁布肯乌散乡 | 862 | 130 | 640 | 90 | 2 | — |
| 查干库勒乡 | 1 006 | 126 | 787 | 91 | 2 | — |
| 巴音傲瓦乡 | 487 | 41 | 403 | 43 | — | — |
| 莫特格乡 | 886 | 112 | 693 | 81 | — | — |
| 砂吉海煤矿 | 691 | 176 | 484 | 31 | — | — |
| 兵团第十师煤矿 | 1 238 | 439 | 720 | 76 | 3 | — |
| 伊克乌图布拉格牧场 | 782 | 88 | 609 | 85 | — | — |
| 那仁和布克牧场 | 610 | 62 | 493 | 54 | — | — |
| 巴嘎乌图布拉格牧场 | 254 | 15 | 212 | 27 | 1 | — |
| 布斯屯格牧场 | 561 | 72 | 435 | 54 | — | — |
| 兵团第一八四团 | 1 187 | 317 | 762 | 106 | 2 | — |

### 二、第六次全国人口普查

第六次全国人口普查登记标准时间为2010年11月1日0时。和布克尔县成立人口普查领导小组,共抽调工作人员120人参加普查工作,按规定的标准和要求,于2011年3月30日完成全县人口普查资料的手工汇总。普查登记结果,统计出全县(含生产建设兵团)共有20 673户,总人数62 100人。

## 第六次人口普查全县户数、人口数、性别比情况表

表3－28 单位:户、人

| 地 区 | 户 数 | | | 人口数 | | | | 家庭户平均每户人数 |
|---|---|---|---|---|---|---|---|---|
| | 合计 | 家庭户 | 集体户 | 合计 | 男 | 女 | 性别比 | |
| 全 县 | 20 673 | 19 073 | 1 600 | 62 100 | 32 806 | 29 294 | 111.99 | 2.88 |
| 和布克赛尔镇 | 4 484 | 4 313 | 171 | 13 992 | 7 016 | 6 976 | 100.57 | 2.99 |
| 和什托洛盖镇 | 4 459 | 4 108 | 351 | 12 986 | 6 988 | 5 998 | 116.51 | 2.79 |
| 夏孜盖乡 | 981 | 874 | 107 | 3 093 | 1 629 | 1 464 | 111.27 | 2.84 |
| 铁布肯乌散乡 | 909 | 869 | 40 | 3 292 | 1 752 | 1 540 | 113.77 | 3.22 |
| 查干库勒乡 | 1 042 | 997 | 45 | 3 581 | 1 834 | 1 747 | 104.98 | 3.11 |
| 巴音傲瓦乡 | 500 | 470 | 30 | 1 977 | 997 | 980 | 101.73 | 3.46 |
| 莫特格乡 | 685 | 616 | 42 | 2 542 | 1 313 | 1 229 | 106.83 | 3.25 |
| 伊克乌图布拉格牧场 | 926 | 920 | 6 | 2 857 | 1 512 | 1 345 | 112.42 | 3.03 |
| 那仁和布克牧场 | 1 275 | 1 006 | 269 | 2 759 | 1 530 | 1 229 | 124.49 | 2.46 |
| 巴嘎乌图布拉格牧场 | 423 | 377 | 46 | 1 010 | 567 | 443 | 127.99 | 2.54 |
| 布斯屯格牧场 | 602 | 590 | 12 | 2 040 | 1 050 | 990 | 106.06 | 3.31 |
| 仓德格煤矿 | 506 | 184 | 322 | 1 336 | 1 115 | 221 | 504.52 | 2.09 |
| 察和特生态农业区 | 287 | 280 | 7 | 689 | 409 | 280 | 146.07 | 2.41 |
| 兵团第一八四团 | 2 072 | 1 951 | 121 | 6 377 | 3 172 | 3 205 | 98.97 | 2.95 |
| 兵团第十师屯南社区 | 1 549 | 1 518 | 31 | 3 569 | 1 922 | 1 647 | 116.70 | 2.30 |

## 第六次人口普查全县户籍人口情况表

表3－29　　　　单位:人

| 地　区 | 户籍人口 | | | 常住本地人口 | | | 居住本地户口待定 | | |
|---|---|---|---|---|---|---|---|---|---|
| | 合计 | 男 | 女 | 小计 | 男 | 女 | 小计 | 男 | 女 |
| 全　县 | 5 928 | 30 445 | 29 083 | 48 155 | 25 003 | 23 152 | 379 | 244 | 135 |
| 和布克赛尔镇 | 11 071 | 5 546 | 5 525 | 9 509 | 4 758 | 4 751 | 162 | 133 | 29 |
| 和什托洛盖镇 | 12 814 | 6 658 | 6 156 | 9 845 | 5 134 | 4 711 | 48 | 27 | 21 |
| 夏孜盖乡 | 3 379 | 1 701 | 1 678 | 2 598 | 1 337 | 1 261 | 14 | 9 | 5 |
| 铁布肯乌散乡 | 3 926 | 2 029 | 1 897 | 3 245 | 1 728 | 1 517 | 7 | 4 | 3 |
| 查干库勒乡 | 4 288 | 2 188 | 2 100 | 3 531 | 1 815 | 1716 | 9 | 5 | 4 |
| 巴音傲瓦乡 | 2 521 | 1 256 | 1 256 | 1 870 | 943 | 927 | 7 | 5 | 2 |
| 莫特格乡 | 3 056 | 1 555 | 1 501 | 2 063 | 1 081 | 982 | 13 | 5 | 8 |
| 伊克乌图布拉格牧场 | 3 350 | 1 757 | 1 593 | 2 824 | 1 492 | 1 332 | 5 | 3 | 2 |
| 那仁和布克牧场 | 3 175 | 1 652 | 1 523 | 2 734 | 1 510 | 1 224 | — | — | — |
| 巴嘎乌图布拉格牧场 | 1 263 | 648 | 615 | 952 | 543 | 409 | — | — | — |
| 布斯屯格牧场 | 2 270 | 1 146 | 1 124 | 1 927 | 998 | 926 | 26 | 15 | 11 |
| 仓德格矿区 | 13 | 7 | 6 | 6 | 3 | 3 | 7 | 4 | 3 |
| 察和特生态农业区 | — | — | — | — | — | — | — | — | — |
| 兵团第一八四团 | 5 139 | 2 613 | 2 526 | 4 480 | 2 306 | 2 174 | 54 | 21 | 33 |
| 兵团第十师屯南社区 | 3 272 | 1 689 | 1 583 | 2 571 | 1 355 | 1 216 | 27 | 13 | 14 |

## 第六次人口普查全县农业、非农业户口人数情况表

表3－30　　　　单位:人

| 地　区 | 总人口 | | | 农　业 | | | 非农业 | | |
|---|---|---|---|---|---|---|---|---|---|
| | 合计 | 男 | 女 | 小计 | 男 | 女 | 小计 | 男 | 女 |
| 全　县 | 61 721 | 32 562 | 29 159 | 29 079 | 15 829 | 13 250 | 32 642 | 16 733 | 15 909 |
| 和布克赛尔镇 | 13 830 | 6 883 | 6 947 | 2 980 | 1 527 | 1 453 | 10 850 | 5 356 | 5 494 |
| 和什托洛盖镇 | 12 938 | 6 961 | 5 977 | 6 130 | 3 455 | 2 675 | 6 808 | 3 506 | 3 302 |
| 夏孜盖乡 | 3 079 | 1 620 | 1 459 | 2 752 | 1 449 | 1 303 | 327 | 171 | 156 |
| 铁布肯乌散乡 | 3 285 | 1 748 | 1 537 | 2 318 | 1 240 | 1 078 | 967 | 508 | 459 |
| 查干库勒乡 | 3 572 | 1 829 | 1 743 | 2 566 | 1 349 | 1 217 | 1 006 | 480 | 526 |
| 巴音傲瓦乡 | 1 970 | 992 | 978 | 1 534 | 774 | 760 | 436 | 218 | 218 |
| 莫特格乡 | 2 529 | 1 308 | 1 221 | 1 811 | 945 | 866 | 718 | 363 | 355 |
| 伊克乌图布拉格牧场 | 2 852 | 1 509 | 1 343 | 1 010 | 547 | 463 | 1 842 | 962 | 880 |
| 那仁和布克牧场 | 2 759 | 1 530 | 1 229 | 2 112 | 1 192 | 920 | 647 | 338 | 309 |
| 巴嘎乌图布拉格牧场 | 1 010 | 567 | 443 | 355 | 209 | 146 | 655 | 358 | 297 |
| 布斯屯格牧场 | 2 014 | 1 035 | 979 | 913 | 456 | 457 | 1 101 | 579 | 522 |
| 仓德格矿区 | 1 329 | 1 111 | 218 | 892 | 777 | 115 | 437 | 334 | 103 |
| 察和特生态农业区 | 689 | 409 | 280 | 469 | 289 | 180 | 220 | 120 | 100 |
| 兵团第一八四团 | 6 323 | 3 135 | 3 172 | 2 595 | 1 251 | 1 344 | 3 727 | 1 900 | 1 828 |
| 兵团第十师屯南社区 | 3 542 | 1 909 | 1 633 | 642 | 369 | 273 | 2 900 | 1 540 | 1 360 |

## 第六次人口普查全县各民族的人口情况表(一)

表3－31　　单位:人

| 地　区 | 汉　族 | | | 蒙古族 | | | 回　族 | | |
|---|---|---|---|---|---|---|---|---|---|
| | 合计 | 男 | 女 | 小计 | 男 | 女 | 小计 | 男 | 女 |
| 全　县 | 29 624 | 16 281 | 13 343 | 16 221 | 8 211 | 8 010 | 878 | 453 | 425 |
| 和布克赛尔镇 | 5 268 | 2 863 | 2 405 | 4 620 | 2 180 | 2 440 | 100 | 54 | 46 |
| 和什托洛盖镇 | 8 882 | 4 885 | 3 997 | 2 132 | 1 081 | 1 051 | 395 | 205 | 190 |
| 夏孜盖乡 | 2 449 | 1 316 | 1 133 | 582 | 287 | 295 | 41 | 17 | 24 |
| 铁布肯乌散乡 | 281 | 161 | 120 | 1 560 | 819 | 741 | 8 | 5 | 3 |
| 查干库勒乡 | 294 | 154 | 140 | 2 262 | 1 152 | 1 110 | 9 | 4 | 5 |
| 巴音傲瓦乡 | 48 | 22 | 26 | 1 | — | 1 | — | — | — |
| 莫特格乡 | 354 | 193 | 161 | 951 | 483 | 468 | 7 | 3 | 4 |
| 伊克乌图布拉格牧场 | 281 | 154 | 127 | 486 | 250 | 236 | 58 | 32 | 26 |
| 那仁和布克牧场 | 639 | 372 | 267 | 1 369 | 751 | 618 | 4 | 3 | 1 |
| 巴嘎乌图布拉格牧场 | 150 | 99 | 51 | 585 | 315 | 270 | — | — | — |
| 布斯屯格牧场 | 79 | 36 | 43 | 1241 | 651 | 590 | — | — | — |
| 仓德格矿区 | 1 234 | 1 047 | 187 | 12 | 12 | — | 6 | 4 | 2 |
| 察和特生态农业区 | 105 | 86 | 19 | 415 | 229 | 186 | 1 | 1 | — |
| 兵团第一八四团 | 6 085 | 3 015 | 3 070 | 5 | 1 | 4 | 198 | 101 | 97 |
| 兵团第十师屯南社区 | 3 475 | 1 878 | 1 597 | — | — | — | 51 | 24 | 27 |

说明:全县总人口见“第六次人口普查全县户数、人口数、性别比”

## 第六次人口普查全县各民族的人口情况表(二)

表3－32　　单位:人

| 地　区 | 维吾尔族 | | | 满　族 | | | 哈萨克族 | | |
|---|---|---|---|---|---|---|---|---|---|
| | 合计 | 男 | 女 | 小计 | 男 | 女 | 小计 | 男 | 女 |
| 全　县 | 994 | 525 | 469 | 25 | 15 | 10 | 13 968 | 7 114 | 6 854 |
| 和布克赛尔镇 | 414 | 221 | 193 | 2 | 1 | 1 | 3 476 | 1 641 | 1 835 |
| 和什托洛盖镇 | 371 | 184 | 187 | 6 | 4 | 2 | 1 035 | 541 | 494 |
| 夏孜盖乡 | — | — | — | 5 | 2 | 3 | 3 | 1 | 2 |
| 铁布肯乌散乡 | — | — | — | — | — | — | 1 442 | 767 | 675 |
| 查干库勒乡 | 19 | 11 | 8 | — | — | — | 997 | 513 | 484 |
| 巴音傲瓦乡 | 2 | 1 | 1 | — | — | — | 1 926 | 974 | 952 |
| 莫特格乡 | 63 | 37 | 26 | — | — | — | 1 163 | 595 | 568 |
| 伊克乌图布拉格牧场 | 78 | 43 | 35 | — | — | — | 1 951 | 1 031 | 920 |
| 那仁和布克牧场 | 3 | — | 3 | — | — | — | 744 | 404 | 340 |
| 巴嘎乌图布拉格牧场 | 1 | — | 1 | — | — | — | 273 | 153 | 120 |
| 布斯屯格牧场 | 4 | 2 | 2 | 1 | — | 1 | 714 | 360 | 354 |
| 仓德格矿区 | 11 | 5 | 6 | 9 | 8 | 1 | 58 | 33 | 25 |
| 察和特生态农业区 | 5 | 3 | 2 | — | — | — | 163 | 90 | 73 |
| 兵团第一八四团 | 21 | 18 | 3 | 2 | — | 2 | 21 | 11 | 10 |
| 兵团第十师屯南社区 | 2 | — | 2 | — | — | — | 2 | — | 2 |

说明:其他民族共390人,其中男208人、女182人

## 第六次人口普查全县人口的年龄情况表（一）

表3-33 单位：人

| 地 区 | 0岁 | | | 1~4岁 | | | 5~9岁 | | |
|---|---|---|---|---|---|---|---|---|---|
| | 合计 | 男 | 女 | 小计 | 男 | 女 | 小计 | 男 | 女 |
| 全 县 | 726 | 385 | 341 | 2 860 | 1 479 | 1 381 | 3 371 | 1 747 | 1 624 |
| 和布克赛尔镇 | 179 | 89 | 90 | 703 | 361 | 342 | 948 | 508 | 440 |
| 和什托洛盖镇 | 89 | 54 | 35 | 493 | 266 | 227 | 631 | 316 | 315 |
| 夏孜盖乡 | 35 | 18 | 17 | 140 | 68 | 72 | 143 | 73 | 70 |
| 铁布肯乌散乡 | 40 | 22 | 18 | 195 | 103 | 92 | 183 | 95 | 88 |
| 查干库勒乡 | 51 | 29 | 22 | 205 | 95 | 110 | 198 | 103 | 95 |
| 巴音傲瓦乡 | 51 | 24 | 27 | 156 | 85 | 71 | 96 | 48 | 48 |
| 莫特格乡 | 46 | 23 | 23 | 128 | 66 | 62 | 143 | 82 | 61 |
| 伊克乌图布拉格牧场 | 46 | 26 | 20 | 194 | 109 | 85 | 192 | 110 | 82 |
| 那仁和布克牧场 | 48 | 28 | 20 | 92 | 44 | 48 | 100 | 50 | 50 |
| 巴嘎乌图布拉格牧场 | 19 | 10 | 9 | 50 | 26 | 24 | 51 | 29 | 22 |
| 布斯屯格牧场 | 44 | 26 | 18 | 126 | 55 | 71 | 161 | 84 | 77 |
| 仓德格矿区 | 1 | 1 | — | 10 | 5 | 5 | 8 | 5 | 3 |
| 察和特生态农业区 | 6 | 1 | 5 | 45 | 22 | 23 | 41 | 22 | 19 |
| 兵团第一八四团 | 52 | 23 | 29 | 218 | 116 | 102 | 333 | 157 | 176 |
| 兵团第十师屯南社区 | 19 | 11 | 8 | 105 | 58 | 47 | 143 | 65 | 78 |

说明：全县总人口见“第六次人口普查全县户数、人口数、性别比”

## 第六次人口普查全县人口的年龄情况表（二）

表3-34 单位：人

| 地 区 | 10~14岁 | | | 15~19岁 | | | 20~24岁 | | |
|---|---|---|---|---|---|---|---|---|---|
| | 合计 | 男 | 女 | 小计 | 男 | 女 | 小计 | 男 | 女 |
| 全 县 | 3 726 | 1 939 | 1 787 | 3 778 | 1 994 | 1 784 | 4 779 | 2 669 | 2 110 |
| 和布克赛尔镇 | 1 021 | 522 | 499 | 1 103 | 533 | 570 | 884 | 499 | 385 |
| 和什托洛盖镇 | 788 | 404 | 384 | 759 | 418 | 341 | 909 | 498 | 411 |
| 夏孜盖乡 | 137 | 62 | 75 | 160 | 85 | 75 | 232 | 131 | 101 |
| 铁布肯乌散乡 | 173 | 85 | 88 | 209 | 106 | 103 | 371 | 225 | 146 |
| 查干库勒乡 | 197 | 96 | 101 | 193 | 93 | 100 | 359 | 182 | 177 |
| 巴音傲瓦乡 | 108 | 60 | 48 | 132 | 69 | 63 | 225 | 114 | 111 |
| 莫特格乡 | 175 | 96 | 79 | 156 | 88 | 68 | 256 | 140 | 116 |
| 伊克乌图布拉格牧场 | 123 | 65 | 58 | 165 | 97 | 68 | 289 | 167 | 122 |
| 那仁和布克牧场 | 137 | 79 | 58 | 136 | 70 | 66 | 214 | 110 | 104 |
| 巴嘎乌图布拉格牧场 | 41 | 25 | 16 | 48 | 25 | 23 | 88 | 49 | 39 |
| 布斯屯格牧场 | 153 | 73 | 80 | 119 | 63 | 56 | 218 | 132 | 95 |
| 仓德格矿区 | 7 | 7 | — | 42 | 36 | 6 | 129 | 103 | 26 |
| 察和特生态农业区 | 29 | 20 | 9 | 39 | 29 | 10 | 72 | 41 | 31 |
| 兵团第一八四团 | 440 | 233 | 207 | 364 | 193 | 171 | 385 | 207 | 178 |
| 兵团第十师屯南社区 | 197 | 112 | 85 | 153 | 89 | 64 | 148 | 80 | 68 |

## 第六次人口普查全县人口的年龄情况表(三)

表3-35 单位:人

| 地区 | 25~29岁 | | | 30~34岁 | | | 35~39岁 | | |
|---|---|---|---|---|---|---|---|---|---|
| | 合计 | 男 | 女 | 小计 | 男 | 女 | 小计 | 男 | 女 |
| 全县 | 5 029 | 2 687 | 2 342 | 6 320 | 3 316 | 3 004 | 7 725 | 4 159 | 3 566 |
| 和布克赛尔镇 | 1 140 | 567 | 573 | 1 695 | 824 | 871 | 1 770 | 909 | 861 |
| 和什托洛盖镇 | 846 | 448 | 398 | 1 251 | 654 | 597 | 1 827 | 971 | 856 |
| 夏孜盖乡 | 263 | 137 | 126 | 282 | 152 | 130 | 386 | 198 | 188 |
| 铁布肯乌散乡 | 331 | 183 | 148 | 372 | 205 | 167 | 312 | 178 | 134 |
| 查干库勒乡 | 360 | 209 | 151 | 400 | 209 | 191 | 364 | 203 | 161 |
| 巴音傲瓦乡 | 259 | 142 | 117 | 193 | 91 | 102 | 169 | 89 | 80 |
| 莫特格乡 | 194 | 95 | 99 | 267 | 139 | 128 | 289 | 153 | 136 |
| 伊克乌图布拉格牧场 | 302 | 155 | 147 | 299 | 162 | 137 | 277 | 144 | 133 |
| 那仁和布克牧场 | 255 | 141 | 114 | 286 | 159 | 127 | 318 | 182 | 136 |
| 巴嘎乌图布拉格牧场 | 118 | 63 | 55 | 112 | 75 | 37 | 94 | 61 | 33 |
| 布斯屯格牧场 | 235 | 123 | 112 | 204 | 117 | 87 | 160 | 88 | 72 |
| 仓德格矿区 | 136 | 115 | 21 | 150 | 130 | 20 | 203 | 176 | 27 |
| 察和特生态农业区 | 82 | 45 | 37 | 108 | 64 | 44 | 92 | 59 | 33 |
| 兵团第一八四团 | 392 | 200 | 192 | 490 | 221 | 269 | 945 | 480 | 465 |
| 兵团第十师屯南社区 | 116 | 64 | 52 | 211 | 114 | 97 | 519 | 268 | 251 |

## 第六次人口普查全县人口的年龄情况表(四)

表3-36 单位:人

| 地区 | 40~44岁 | | | 45~49岁 | | | 50~54岁 | | |
|---|---|---|---|---|---|---|---|---|---|
| | 合计 | 男 | 女 | 小计 | 男 | 女 | 小计 | 男 | 女 |
| 全县 | 7 744 | 4 074 | 3 670 | 5 526 | 2 995 | 2 531 | 3 288 | 1 782 | 1 506 |
| 和布克赛尔镇 | 1 491 | 733 | 758 | 1 109 | 562 | 547 | 630 | 316 | 314 |
| 和什托洛盖镇 | 1 858 | 1 020 | 837 | 1 344 | 750 | 594 | 704 | 391 | 313 |
| 夏孜盖乡 | 318 | 176 | 142 | 272 | 141 | 131 | 203 | 95 | 108 |
| 铁布肯乌散乡 | 285 | 152 | 133 | 225 | 116 | 109 | 212 | 104 | 108 |
| 查干库勒乡 | 341 | 172 | 169 | 276 | 132 | 144 | 192 | 90 | 102 |
| 巴音傲瓦乡 | 161 | 81 | 80 | 110 | 55 | 55 | 97 | 50 | 47 |
| 莫特格乡 | 248 | 126 | 122 | 192 | 86 | 106 | 152 | 83 | 69 |
| 伊克乌图布拉格牧场 | 253 | 133 | 120 | 245 | 125 | 120 | 149 | 77 | 72 |
| 那仁和布克牧场 | 342 | 192 | 150 | 255 | 156 | 99 | 176 | 102 | 74 |
| 巴嘎乌图布拉格牧场 | 108 | 61 | 47 | 74 | 42 | 32 | 59 | 29 | 30 |
| 布斯屯格牧场 | 174 | 82 | 92 | 140 | 71 | 69 | 111 | 57 | 54 |
| 仓德格矿区 | 274 | 215 | 59 | 205 | 172 | 33 | 83 | 73 | 10 |
| 察和特生态农业区 | 74 | 45 | 29 | 54 | 32 | 22 | 24 | 14 | 10 |
| 兵团第一八四团 | 1 111 | 510 | 601 | 582 | 291 | 291 | 327 | 186 | 141 |
| 兵团第十师屯南社区 | 707 | 376 | 331 | 443 | 264 | 179 | 169 | 115 | 54 |

## 第六次人口普查全县人口的年龄情况表(五)

表3-37 单位:人

| 地 区 | 55~59岁 | | | 60~64岁 | | | 65~69岁 | | |
|---|---|---|---|---|---|---|---|---|---|
| | 合计 | 男 | 女 | 小计 | 男 | 女 | 小计 | 男 | 女 |
| 全 县 | 2 504 | 1 240 | 1 264 | 1 617 | 776 | 841 | 1 323 | 671 | 652 |
| 和布克赛尔镇 | 436 | 202 | 234 | 290 | 125 | 165 | 255 | 126 | 129 |
| 和什托洛盖镇 | 516 | 272 | 244 | 333 | 175 | 158 | 284 | 155 | 129 |
| 夏孜盖乡 | 196 | 106 | 90 | 130 | 65 | 65 | 73 | 51 | 22 |
| 铁布肯乌散乡 | 161 | 63 | 98 | 88 | 47 | 41 | 63 | 32 | 31 |
| 查干库勒乡 | 160 | 75 | 85 | 116 | 60 | 56 | 71 | 42 | 29 |
| 巴音傲瓦乡 | 74 | 27 | 47 | 62 | 27 | 35 | 52 | 28 | 24 |
| 莫特格乡 | 103 | 51 | 52 | 79 | 35 | 44 | 51 | 30 | 21 |
| 伊克乌图布拉格牧场 | 136 | 63 | 73 | 73 | 29 | 44 | 45 | 17 | 28 |
| 那仁和布克牧场 | 135 | 61 | 74 | 88 | 52 | 36 | 83 | 45 | 38 |
| 巴嘎乌图布拉格牧场 | 68 | 30 | 38 | 33 | 17 | 16 | 21 | 11 | 10 |
| 布斯屯格牧场 | 83 | 39 | 44 | 38 | 23 | 15 | 26 | 8 | 18 |
| 仓德格矿区 | 61 | 55 | 6 | 20 | 17 | 3 | 4 | 4 | — |
| 察和特生态农业区 | 16 | 12 | 4 | 3 | 2 | 1 | 2 | 1 | 1 |
| 兵团第一八四团 | 232 | 117 | 115 | 139 | 58 | 81 | 156 | 69 | 87 |
| 兵团第十师屯南社区 | 127 | 67 | 60 | 125 | 44 | 81 | 137 | 52 | 85 |

## 第六次人口普查全县人口的年龄情况表(六)

表3-38 单位:人

| 地 区 | 70~74岁 | | | 75~79岁 | | | 80~84岁 | | |
|---|---|---|---|---|---|---|---|---|---|
| | 合计 | 男 | 女 | 小计 | 男 | 女 | 小计 | 男 | 女 |
| 全 县 | 988 | 528 | 460 | 477 | 224 | 253 | 213 | 103 | 110 |
| 和布克赛尔镇 | 177 | 75 | 102 | 110 | 44 | 66 | 39 | 18 | 21 |
| 和什托洛盖镇 | 186 | 111 | 75 | 103 | 55 | 48 | 34 | 16 | 18 |
| 夏孜盖乡 | 62 | 37 | 25 | 37 | 24 | 13 | 19 | 9 | 10 |
| 铁布肯乌散乡 | 38 | 17 | 21 | 12 | 9 | 3 | 18 | 9 | 9 |
| 查干库勒乡 | 50 | 25 | 25 | 27 | 10 | 17 | 11 | 6 | 5 |
| 巴音傲瓦乡 | 15 | 5 | 10 | 9 | — | 9 | 4 | 2 | 2 |
| 莫特格乡 | 32 | 13 | 19 | 23 | 4 | 19 | 6 | 3 | 3 |
| 伊克乌图布拉格牧场 | 44 | 22 | 22 | 15 | 8 | 7 | 5 | 1 | 4 |
| 那仁和布克牧场 | 59 | 39 | 20 | 17 | 11 | 6 | 11 | 5 | 6 |
| 巴嘎乌图布拉格牧场 | 17 | 8 | 9 | 4 | 2 | 2 | 2 | 2 | — |
| 布斯屯格牧场 | 26 | 9 | 17 | 7 | 3 | 4 | 9 | 4 | 5 |
| 仓德格矿区 | 2 | 1 | 1 | — | — | — | 1 | — | 1 |
| 察和特生态农业区 | 1 | — | 1 | — | — | — | 1 | — | 1 |
| 兵团第一八四团 | 133 | 80 | 53 | 49 | 19 | 30 | 24 | 11 | 13 |
| 兵团第十师屯南社区 | 146 | 86 | 60 | 64 | 35 | 29 | 29 | 17 | 12 |

## 第六次人口普查全县人口的年龄情况表(七)

表3-39

单位:人

| 地 区 | 85~89岁 | | | 90~94岁 | | | 95~99岁 | | |
|---|---|---|---|---|---|---|---|---|---|
| | 合计 | 男 | 女 | 小计 | 男 | 女 | 小计 | 男 | 女 |
| 全 县 | 74 | 26 | 48 | 28 | 11 | 17 | 4 | 1 | 3 |
| 和布克赛尔镇 | 11 | 3 | 8 | 1 | — | — | — | — | — |
| 和什托洛盖镇 | 21 | 9 | 12 | 9 | 4 | 5 | 2 | 1 | 1 |
| 夏孜盖乡 | 4 | — | 4 | 1 | 1 | — | — | — | — |
| 铁布肯乌散乡 | 3 | 1 | 2 | 1 | — | 1 | — | — | — |
| 查干库勒乡 | 8 | 2 | 6 | 2 | 1 | 1 | — | — | — |
| 巴音傲瓦乡 | 3 | — | 3 | 1 | — | 1 | — | — | — |
| 莫特格乡 | 1 | — | 1 | 1 | — | 1 | — | — | — |
| 伊克乌图布拉格牧场 | 2 | — | 2 | 3 | 2 | 1 | — | — | — |
| 那仁和布克牧场 | 6 | 4 | 2 | 1 | — | 1 | — | — | — |
| 巴嘎乌图布拉格牧场 | 2 | 1 | 1 | 1 | 1 | — | — | — | — |
| 布斯屯格牧场 | 2 | 1 | 1 | 3 | 1 | 2 | 1 | — | 1 |
| 仓德格矿区 | — | — | — | — | — | — | — | — | — |
| 察和特生态农业区 | — | — | — | — | — | — | — | — | — |
| 兵团第一八四团 | 2 | — | 2 | 3 | 1 | 2 | — | — | — |
| 兵团第十师屯南社区 | 9 | 5 | 4 | 1 | - | 1 | 1 | — | 1 |

说明:100岁及100岁以上无

## 第六次人口普查全县人口受教育情况表(一)

表3-40

单位:人

| 地 区 | 6岁及6岁以上人口 | | | 未上过学 | | | 小 学 | | |
|---|---|---|---|---|---|---|---|---|---|
| | 合计 | 男 | 女 | 小计 | 男 | 女 | 小计 | 男 | 女 |
| 全 县 | 57 756 | 30 580 | 27 176 | 957 | 324 | 633 | 14 186 | 6 910 | 7 276 |
| 和布克赛尔镇 | 12 905 | 6 469 | 6 436 | 114 | 46 | 68 | 2 248 | 1 073 | 1 175 |
| 和什托洛盖镇 | 12 282 | 6 613 | 5 669 | 182 | 60 | 122 | 2 984 | 1 444 | 1 540 |
| 夏孜盖乡 | 2 883 | 1 523 | 1 360 | 65 | 23 | 42 | 920 | 417 | 503 |
| 铁布肯乌散乡 | 3 005 | 1 604 | 1 401 | 35 | 19 | 16 | 893 | 456 | 437 |
| 查干库勒乡 | 3 262 | 1 677 | 1 585 | 33 | 16 | 17 | 946 | 457 | 489 |
| 巴音傲瓦乡 | 1 747 | 877 | 870 | 13 | 9 | 4 | 330 | 151 | 179 |
| 莫特格乡 | 2 331 | 1 202 | 1 129 | 25 | 13 | 12 | 637 | 313 | 324 |
| 伊克乌图布拉格牧场 | 2 564 | 1 352 | 1 212 | 30 | 17 | 13 | 643 | 320 | 323 |
| 那仁和布克牧场 | 2 604 | 1 452 | 1 152 | 11 | 4 | 7 | 851 | 464 | 387 |
| 巴嘎乌图布拉格牧场 | 928 | 525 | 403 | 2 | — | 2 | 277 | 139 | 138 |
| 布斯屯格牧场 | 1 831 | 948 | 883 | 13 | 7 | 6 | 428 | 193 | 235 |
| 仓德格矿区 | 1 323 | 1 108 | 215 | 5 | 3 | 2 | 189 | 155 | 34 |
| 察和特生态农业区 | 627 | 382 | 245 | 9 | 8 | 1 | 134 | 79 | 55 |
| 兵团第一八四团 | 6 051 | 3 009 | 3 042 | 261 | 66 | 195 | 1 808 | 814 | 994 |
| 兵团第十师屯南社区 | 3 413 | 1 839 | 1 574 | 159 | 33 | 126 | 898 | 435 | 463 |

## 第六次人口普查全县人口受教育情况表(二)

表3－41　　单位:人

| 地　区 | 初中 | | | 高中 | | | 大学专科 | | |
|---|---|---|---|---|---|---|---|---|---|
| | 合计 | 男 | 女 | 小计 | 男 | 女 | 小计 | 男 | 女 |
| 全　县 | 25 303 | 14 502 | 10 801 | 10 138 | 5 228 | 4 910 | 5 396 | 2 672 | 2 724 |
| 和布克赛尔镇 | 3 525 | 1 883 | 1 642 | 3 443 | 1 707 | 1 736 | 2 523 | 1 225 | 1 298 |
| 和什托洛盖镇 | 5 383 | 3 167 | 2 216 | 2 361 | 1 248 | 1 113 | 1 144 | 568 | 576 |
| 夏孜盖乡 | 1 237 | 719 | 518 | 468 | 266 | 202 | 138 | 64 | 74 |
| 铁布肯乌散乡 | 1 625 | 912 | 713 | 256 | 117 | 139 | 184 | 98 | 86 |
| 查干库勒乡 | 1 617 | 895 | 722 | 449 | 214 | 235 | 190 | 86 | 104 |
| 巴音傲瓦乡 | 1 128 | 594 | 534 | 207 | 92 | 115 | 59 | 28 | 31 |
| 莫特格乡 | 1 068 | 591 | 477 | 498 | 240 | 258 | 91 | 42 | 49 |
| 伊克乌图布拉格牧场 | 1 449 | 813 | 636 | 353 | 167 | 186 | 78 | 32 | 46 |
| 那仁和布克牧场 | 1 253 | 736 | 517 | 340 | 180 | 160 | 134 | 58 | 76 |
| 巴嘎乌图布拉格牧场 | 422 | 272 | 150 | 161 | 87 | 74 | 60 | 23 | 37 |
| 布斯屯格牧场 | 1 050 | 577 | 473 | 227 | 116 | 111 | 95 | 45 | 50 |
| 仓德格矿区 | 829 | 704 | 125 | 173 | 137 | 36 | 58 | 51 | 7 |
| 察和特生态农业区 | 348 | 214 | 134 | 112 | 63 | 49 | 16 | 12 | 4 |
| 兵团第一八四团 | 2 782 | 1 465 | 1 317 | 663 | 368 | 295 | 369 | 203 | 166 |
| 兵团第十师屯南社区 | 1 587 | 960 | 627 | 427 | 226 | 201 | 257 | 137 | 120 |

## 第六次人口普查全县人口受教育情况表(三)

表3－42　　单位:人

| 地　区 | 大学本科 | | | 研究生 | | |
|---|---|---|---|---|---|---|
| | 合计 | 男 | 女 | 小计 | 男 | 女 |
| 全　县 | 1731 | 909 | 822 | 45 | 35 | 10 |
| 和布克赛尔镇 | 1019 | 511 | 508 | 33 | 24 | 9 |
| 和什托洛盖镇 | 223 | 121 | 102 | 5 | 5 | — |
| 夏孜盖乡 | 55 | 34 | 21 | — | — | — |
| 铁布肯乌散乡 | 12 | 2 | 10 | — | — | — |
| 查干库勒乡 | 27 | 9 | 18 | — | — | — |
| 巴音傲瓦乡 | 10 | 3 | 7 | — | — | — |
| 莫特格乡 | 12 | 3 | 9 | — | — | — |
| 伊克乌图布拉格牧场 | 11 | 3 | 8 | — | — | — |
| 那仁和布克牧场 | 15 | 10 | 5 | — | — | — |
| 巴嘎乌图布拉格牧场 | 6 | 4 | 2 | — | — | — |
| 布斯屯格牧场 | 17 | 9 | 8 | 1 | 1 | — |
| 仓德格矿区 | 66 | 55 | 11 | 3 | 3 | — |
| 察和特生态农业区 | 8 | 6 | 2 | — | — | — |
| 兵团第一八四团 | 165 | 91 | 74 | 3 | 2 | 1 |
| 兵团第十师屯南社区 | 85 | 48 | 37 | — | — | — |

## 第六次人口普查全县家庭户规模情况表(一)

表3-43　　单位:户

| 地　区 | 合计 | 一人户 | 二人户 | 三人户 | 四人户 |
|---|---|---|---|---|---|
| 全　县 | 19 073 | 2 285 | 5 284 | 6 347 | 3 554 |
| 和布克赛尔镇 | 4 313 | 367 | 1 022 | 1 720 | 863 |
| 和什托洛盖镇 | 4 108 | 460 | 1 268 | 1 458 | 634 |
| 夏孜盖乡 | 874 | 81 | 292 | 274 | 163 |
| 铁布肯乌散乡 | 869 | 85 | 192 | 252 | 197 |
| 查干库勒乡 | 997 | 85 | 230 | 322 | 255 |
| 巴音傲瓦乡 | 470 | 15 | 98 | 144 | 132 |
| 莫特格乡 | 616 | 40 | 114 | 227 | 154 |
| 伊克乌图布拉格牧场 | 920 | 66 | 232 | 337 | 213 |
| 那仁和布克牧场 | 1 006 | 290 | 327 | 143 | 158 |
| 巴嘎乌图布拉格牧场 | 377 | 151 | 47 | 78 | 60 |
| 布斯屯格牧场 | 590 | 38 | 93 | 194 | 204 |
| 仓德格矿区 | 184 | 32 | 115 | 29 | 5 |
| 察和特生态农业区 | 280 | 95 | 48 | 80 | 42 |
| 兵团第一八四团 | 1 951 | 144 | 602 | 669 | 355 |
| 兵团第十师屯南社区 | 1 518 | 336 | 604 | 420 | 119 |

## 第六次人口普查全县家庭户规模情况表(二)

表3-44　　单位:户

| 地　区 | 五人户 | 六人户 | 七人户 | 八人户 | 九人户 | 十人及以上 |
|---|---|---|---|---|---|---|
| 全　县 | 1 133 | 295 | 126 | 30 | 11 | 8 |
| 和布克赛尔镇 | 228 | 70 | 29 | 10 | 4 | — |
| 和什托洛盖镇 | 211 | 47 | 22 | 3 | 1 | 4 |
| 夏孜盖乡 | 51 | 5 | 6 | 2 | — | — |
| 铁布肯乌散乡 | 97 | 27 | 15 | 2 | 1 | 1 |
| 查干库勒乡 | 79 | 16 | 7 | 2 | 1 | — |
| 巴音傲瓦乡 | 51 | 14 | 12 | 3 | 1 | — |
| 莫特格乡 | 57 | 15 | 8 | 1 | — | — |
| 伊克乌图布拉格牧场 | 52 | 15 | 1 | 2 | 1 | 1 |
| 那仁和布克牧场 | 67 | 12 | 6 | 2 | 1 | — |
| 巴嘎乌图布拉格牧场 | 17 | 18 | 3 | 3 | — | — |
| 布斯屯格牧场 | 47 | 11 | 1 | — | — | 2 |
| 仓德格矿区 | 2 | 1 | — | — | — | — |
| 察和特生态农业区 | 15 | — | — | — | — | — |
| 兵团第一八四团 | 129 | 36 | 15 | — | 1 | — |
| 兵团第十师屯南社区 | 30 | 8 | 1 | — | — | — |

**第六次人口普查全县家庭户类别情况表**

表3-45 单位:户

| 地区 | 合计 | 一代户 | 二代户 | 三代户 | 四代户 | 五代户及以上 |
|---|---|---|---|---|---|---|
| 全县 | 19 073 | 6 640 | 11 140 | 1 283 | 10 | — |
| 和布克赛尔镇 | 4 313 | 1 169 | 2 838 | 304 | 2 | — |
| 和什托洛盖镇 | 4 108 | 1 501 | 2 364 | 240 | 3 | — |
| 夏孜盖乡 | 874 | 335 | 475 | 64 | — | — |
| 铁布肯乌散乡 | 869 | 231 | 549 | 89 | — | — |
| 查干库勒乡 | 997 | 252 | 660 | 85 | — | — |
| 巴音傲瓦乡 | 470 | 102 | 298 | 69 | 1 | — |
| 莫特格乡 | 616 | 121 | 444 | 51 | — | — |
| 伊克乌图布拉格牧场 | 920 | 237 | 633 | 50 | — | — |
| 那仁和布克牧场 | 1 006 | 538 | 445 | 23 | — | — |
| 巴嘎乌图布拉格牧场 | 377 | 179 | 168 | 30 | — | — |
| 布斯屯格牧场 | 590 | 106 | 452 | 32 | — | — |
| 仓德格矿区 | 184 | 143 | 37 | 4 | — | — |
| 察和特生态农业区 | 280 | 136 | 141 | 3 | — | — |
| 兵团第一八四团 | 1 951 | 715 | 1 065 | 167 | 4 | — |
| 兵团第十师屯南社区 | 1 518 | 875 | 571 | 72 | — | — |

# 第二章 民族 宗教

## 第一节 民 族

### 一、汉族

1993年,全县汉族人口16 747人,占全县总人口的35.29%。2010年,和布克赛尔县根据国家的移民计划,将一批甘肃移民安置在查和特乡,共200户880人,全部为汉族。2015年,全县汉族人口19 845人,比1993年增加3 098人,占总人口的36.05%。

主要节日有春节、清明节、端午节、中秋节等。

### 二、蒙古族

和布克赛尔县的蒙古族分布在全县各地,以和布克赛尔镇、和什托洛盖镇、查干库勒乡、那仁和布克牧场等乡、镇、场居住人数最多。1993年,全县蒙古族人口16 153人,占全县总人口的34.03%。2015年,全县蒙古族人口17 609人,比1993年增加1 456人,占全县总人口的31.99%。

和布克赛尔县的蒙古族原使用托忒蒙古文。1986年以后,县境内中小学使用的蒙古文课本和县人民政府发文与内蒙古自治区统一,使用胡都木蒙古文。

蒙古族歌舞具有鲜明的草原文化特色。马头琴是蒙古族代表性的乐器。一年一度的盛大节日"那达慕"大会在每年7—8月举行。蒙古族同姓不通婚。丧葬有土葬、火葬、天葬3种形式,当今一般都实行土葬。传统服装很有特色。男女老少都爱穿镶边的蒙古袍子,腰扎红、黄、绿彩色缎带。饮食以肉食和各种奶制品为主，辅以面食、蔬菜、水果。

### 三、哈萨克族

1993年，全县哈萨克族人口12 744人，占总人口的26.85%。2015年，全县哈萨克族人口达到15 533人，比1993年增加2 789人，占总人口的28.22%。

哈萨克族牧民，每年在春、夏、秋三季都住在可以拆卸携带的圆形毡房内，冬天住土房，农村以土平房为多。不论男女都擅长骑马，有叼羊、赛马、姑娘追、摔跤等富有民族特色的民间体育活动。有独特的民族工艺美术制品。饮食以肉食和奶制品为主食。主要节日有肉孜节和古尔邦节。

### 四、维吾尔族

1993年，和布克赛尔县有维吾尔族人口1 096人，占全县总人口的2.31%。2015年，全县有维吾尔族人口1 079人，比1993年减少17人，占总人口的1.96%。

主要节日有肉孜节和古尔邦节。

### 五、回族

1993年，全县回族人口409人，占总人口的0.86%。2015年，回族人口504人，比1993年增加95人，占总人口的0.92%。

回族风味小吃有油糕、凉粉、凉皮子和羊肉泡馍，深受各族人民喜爱。

主要传统节日有肉孜节、古尔邦节等。

### 六、其他民族

和布克赛尔县境还有柯尔克孜族、锡伯族、俄罗斯族、乌孜别克族、塔塔尔族、满族、达斡尔族、苗族、彝族、壮族、瑶族、土家族、东乡族、撒拉族等少数民族。虽然人口较少，1993—2015年，各自都未超过100人，但与境内其他民族长期和睦相处，成为和布克赛尔县民族大家庭中不可或缺的一部分。

## 第二节 宗 教

### 一、藏传佛教

藏传佛教是部分蒙古族群众信奉的宗教。1993年，和布克赛尔县有寺庙5座，即普恩寺、普庆寺、伊克库热庙、拉乌伦庙、谢木那仁庙（只有名称没有场所）。2015年，全县寺庙数未变。

### 二、伊斯兰教

伊斯兰教是部分维吾尔族、哈萨克族、回族、乌孜别克族、塔塔尔族等少数民族群众信奉的宗教。

1993年，和布克赛尔县有清真寺5座，分别为和布克赛尔镇灭西提巷清真寺、和什托洛盖镇和什托洛盖村清真寺、和什托洛盖镇查斯托洛盖村清真寺、查干库勒乡道兰特村清真寺、伊克乌图布拉格牧场清真寺。

2015年全县有清真寺6座，新增1座为巴音傲瓦乡克勒根特村清真寺。

# 第四编

# 城乡建设　环境保护

1993—2015年，《和布克赛尔县城总体规划》《和布克赛尔县域村镇体系规划》《和布克赛尔县风貌规划》等城乡建设系列规划先后编制完成。通过规划全面实施，先后完成城镇道路改造、供热管网改造、综合体育馆及体育广场改扩建、县城垃圾处理场、绿化等项目工程，城镇基础设施功能得到进一步完善，城乡道路硬化率、城镇供水普及率、生活垃圾无害化处理率均达95%，亮化率达93%，燃气普及率达82%，污水处理率达32%，绿化率达36%。

在加快推进新型城镇化建设的同时，树立"环保优先、生态立县"理念，以宜居宜业为目标，实现人与自然的和谐发展。经按国家相关环境质量标准检测，和布克赛尔县空气质量好于二级天数达到90%以上，空气质量良好；饮用水水源地水质达到《地下水环境质量标准》中的二级标准，水质优良；区域环境噪声质量等级为良好。

# 第一章　机构队伍

## 第一节　城建机构

2001年12月，环保职能划归县环境保护局，交通职能划入县城乡建设局。测绘行业管理职能划归县国土资源管理局。城市规划区地下水资源管理职能和城市防洪职能划归县水利局。县发展计划委员会承担的建设工程定额和工程造价管理职划归县城乡建设局。和什托洛盖镇的规划建设、房地产管理职能划归和什托洛盖镇建设分局。更名为和布克赛尔县城乡建设局。

2012年9月，原县城乡建设局承担的交通运输管理职能整合划归县交通运输管理局。县城乡建设局的职能划归县住房和城乡建设局。本行政区域内的地震、防震防灾工作职责划归县住房和城乡建设局。更名为和布克赛尔县住房和城乡建设局（简称"县住建局"），负责全县城乡规划、城市基础设施建设等各项工作。局机关内设党政办、规划室、房管所、市政办、建管办、质监站、劳保统筹站、地震办、财务室，有干部职工48人。下辖机构有城建监察大队、园林处、供排水管理站、县供热站、和什托洛盖供热站、环卫处、新疆正升建设工程公司、物业管理服务中心、建材检测公司9个企事业单位，共有干部职工435人。

2015年，县住建局内设党政办、安居富民办、建管办、住房保障办、规划室、档案室、市政办、财务室、地震办、劳保统筹站、燃气办、人民防空办、和什托洛盖镇城建所、工程质量监督站、房产管理办公室、房地产交易中心16个职能科室，有干部职工102人。下辖机构有城建监察大队、园林处、县供排水管理站、县供热站、和什托洛盖镇供热站、环卫处、新疆正升建设工程公司、物业管理服务中心、建材检测公司、招标代理公司等，共有干部职工552人。

## 第二节　环保机构

1984年，和布克赛尔县城乡建设环境保护局成立，环境监测、环境保护职能包括在内。

2003年，县城乡建设环境保护局下设环境监察大队，核定事业编制3名。

2010年6月，县城乡建设环境保护局下设环境监测站，核定事业编制4名；环境监察大队增加事业编制3名。

2012年9月，根据中共塔城地区委员会、塔城地区行政公署《关于印发〈塔城地区五县二市政府机构改革方案〉的通知》精神，成立和布克赛尔县环境保护局（简称“县环保局”），为和布克赛尔县人民政府工作部门。内设办公室、综合科，下辖环境监察大队、环境监测站，核定编制23名，实有干部职工29人。

2015年，县环保局内设综合办公室，下辖环境监察大队、环境监测站，核定编制17名，实有干部职工24人。

## 第二章　城乡规划与建设

### 第一节　规　划

#### 一、县城规划

2006年，和布克赛尔县人民政府委托新疆佳联城建规划设计研究院承担首轮《和布克赛尔县城总体规划（2006—2025）》。2007年9月18日，自治州城市规划管理委员会办公室在伊犁州解放路泰隆大厦组织召开《和布克赛尔县城总体规划（2006—2025）》评审会，专家认为该规划基本符合和布克赛尔县城当时的实际情况和社会经济发展的总体要求，原则同意《和布克赛尔县城总体规划（2006—2025）》，并建议新疆佳联城建规划设计研究院根据评审意见进行补充完善后尽快上报审批。

2012年3月，和布克赛尔县人民政府委托上海同济城市规划设计研究院承担第二轮《和布克赛尔县城总体规划（2012—2030年）》的修编工作。同时，编制完成《和布克赛尔县域村镇体系规划（2012—2030）》《和布克赛尔县风貌规划》《和什托洛盖镇总体规划（2012—2030）》《和什托洛盖镇控制性详细规划》。

2013年10月，由新疆市政建筑设计研究院有限公司编制完成《和布克赛尔县城给水专项规划（2012—2030年）》《和布克赛尔县排水专项规划（2012—2030年）》《和布克赛尔县消防专项规划（2012—2030年）》《和布克赛尔县绿地系统专项规划（2012—2030年）》《和什托洛盖镇给水专项规划（2012—2030年）》《和什托洛盖镇排水专项规划（2012—2030年）》《和什托洛盖镇消防专项规划（2012—2030年）》《和什托洛盖镇绿地系统专项规划（2012—2030年）》。

这些规划的编制完成，使和布克赛尔县近期建设用地范围内控制性详规达到100%。所有编制规划成果均按总体规划的要求进行，并依法完成审批备案程序，未出现随意调整规划、改变用地性质、侵占绿地、随意提高建筑密度等违反规划强制性建设内容的情况。

**和布克赛尔县城市及镇(乡)总体规划情况表**

表4-1

| 规划名称 | 规划期限(年) | 完成时间 | 规划编制单位 | 批准实施时间 |
|---|---|---|---|---|
| 和布克赛尔县县域村镇体系规划 | 2012—2030 | 2012.12 | 上海同济城市规划设计研究院 | 2013.4.24 |
| 和布克赛尔县城总体规划 | 2012—2030 | 2012.12 | 上海同济城市规划设计研究院 | 2013.4 24 |
| 和什托洛盖镇总体规划 | 2012—2030 | 2012.12 | 上海同济城市规划设计研究院 | 2013.7.11 |
| 和布克赛尔县域控制性详细规划 | 2012—2030 | 2013.8 | 上海同济城市规划设计研究院 | |
| 和什托洛盖镇控制性详细规划 | 2012—2030 | 2013.8 | 上海同济城市规划设计研究院 | |
| 和布克赛尔县城总体风貌规划 | 2012—2030 | 2013.3 | 上海同济城市规划设计研究院 | |

**和布克赛尔县城市建设专项规划情况表**

表4-2

| 规划名称 | 规划期限(年) | 完成时间 | 规划编制单位 | 批准时间 |
|---|---|---|---|---|
| 和布克赛尔县城给水专项规划 | 2012—2030 | 2013.10 | 新疆市政建筑设计研究院有限公司 | 2014.11 |
| 和布克赛尔县排水专项规划 | 2012—2030 | 2013.10 | 新疆市政建筑设计研究院有限公司 | 2014.11 |
| 和布克赛尔县消防专项规划 | 2012—2030 | 2013.10 | 新疆市政建筑设计研究院有限公司 | 2014.11 |
| 和布克赛尔县绿地系统专项规划 | 2012—2030 | 2013.10 | 新疆市政建筑设计研究院有限公司 | 2014.11 |
| 和布克赛尔县城道路专项规划 | 2012—2030 | 2014.10 | 新疆市政建筑设计研究院有限公司 | 2014.11 |
| 和什托洛盖镇给水专项规划 | 2012—2030 | 2013.10 | 新疆市政建筑设计研究院有限公司 | 2014.11 |
| 和什托洛盖镇排水专项规划 | 2012—2030 | 2013.10 | 新疆市政建筑设计研究院有限公司 | 2014.11 |
| 和什托洛盖镇消防专项规划 | 2012—2030 | 2013.10 | 新疆市政建筑设计研究院有限公司 | 2014.11 |
| 和什托洛盖镇绿地系统专项规划 | 2012—2030 | 2013.10 | 新疆市政建筑设计研究院有限公司 | 2014.11 |
| 和什托洛盖镇道路专项规划 | 2012—2030 | 2014.10 | 新疆市政建筑设计研究院有限公司 | 2014.11 |

### 二、乡(镇、场)村规划

2012—2013年,县人民政府委托辽宁省规划设计研究院编制完成全县5个乡、4个牧场的总体规划修编及依据《县域村镇体系规划》确定的19个中心村的村庄规划。为确保该次村镇规划编制的水平和质量,规划设计成果均满足国家相关规范要求。5个乡、4个牧场总体规划编制内容包括确定规划区范围、建设用地规模、基础设施和公共服务设施用地、水源地和水系、基本农田和绿化用地、环境保护、自然与历史文化遗产保护、防灾减灾等,目标是因地制宜建立适合人们生活与发展的和谐人居环境,构筑具有一定乡土特色和地域特色的小城镇社会经济与文化发展模式。19个村庄规划编制内容包括预测人口规模、规划用地布局、绿化景观、道路交通、市政公用、公共服务设施等,并制定相应的防灾措施等内容,目标是合理确定村庄的发展目标与实施措施,节约和集约利用资源,保护生态环境,促进城乡可持续发展。

## 第二节　建　设

### 一、县城建设

(一)街道建设

1993年,县城有和布克街、敖包特街、赛尔街、军民路、团结路、铁布克路、阿尔茨特路、市场路、巴音托洛盖路、巴音布拉格路、库热路、库甫路12条道路,总长8.352千米,其中沥青路面仅3条,总面积109 840平方米,路灯86盏。

2015年年末,城区道路共有18条,全为沥青路面,总面积329 450.7平方米,路灯800盏。城区已成"三横、三纵"的路网格局。"三横"主街为和布克街、敖包特街、师范路,"三纵" 主街为赛尔街、哈同路、哈尔尕图路。

**2015年和布克赛尔县城区道路情况表**

表4－3

| 方向 | 道路名称 | 红线宽度(米) | 道路长度(米) | 道路面积(平方米) | 道路等级 | 起讫点 | 路灯(盏) |
|---|---|---|---|---|---|---|---|
| 纵向 | 赛尔街 | 29 | 1 023 | 29 667 | 主干路 | 敖包特至S318 | 56 |
| | 哈同路 | 26 | 1 349 | 35 074 | 主干路 | 师范路至S318 | 54 |
| | 哈尔尕图路 | 26 | 1 477 | 38 402 | 主干路 | 纬一路至S318 | 94 |
| | 伊尔干路 | 14 | 251 | 3 514 | 支路 | 敖包特街至和布克街 | 7 |
| | 巴音布拉格路 | 18.8 | 471 | 8 854.8 | 支路 | 敖包特街至灭西提巷 | 7 |
| | 巴音托洛盖路 | 14.5 | 525 | 7 612.5 | 支路 | 纬一路至敖包特街 | 7 |
| | 市场巷 | 14 | 241 | 3 374 | 支路 | 和布克街至规划五路 | 4 |
| | 吉木格尔巷 | 15 | 311 | 4 665 | 支路 | 师范路至敖包特街 | 34 |
| | 影剧院路 | 9 | 222 | 1 998 | 支路 | 敖包特街至和布克街 | — |
| | 库甫南路 | 7 | 251 | 1 757 | 支路 | 敖包特街至和布克街 | 7 |
| | 阿尔恰特路 | 12 | 154 | 1 848 | 支路 | 北侧规划边界至敖包特街 | 5 |
| | 军民路 | 14 | 253 | 3 542 | 支路 | 敖包特街至和布克街 | 7 |
| | 殡仪馆路 | 9 | 192 | 1 728 | 支路 | S318至殡仪馆 | 0 |
| 横向 | 和布克街 | 29 | 2 892 | 80 976 | 主干路 | X837至林场 | 117 |
| | 敖包特街 | 25 | 3 105 | 77 625 | 主干路 | 伊尔干路至S318交会处 | 144 |
| | 师范路 | 23.8 | 918 | 21 848.4 | 主干路 | 巴音托洛盖路至哈尔尕图路 | 60 |
| | 灭西提巷 | 7 | 315 | 2 205 | 支路 | 赛尔街至巴音布拉格 | 7 |
| | 赛马场路 | 7 | 680 | 4 760 | 支路 | 哈尔噶图北路至赛马场 | 0 |

赛尔街　城区主干道,南起敖包特西街,北至S318省道,道路红线宽度29米,机动车道18米,人行道宽6米,绿化带5米,沥青混凝土路面,路灯56盏。

哈同路　城区主干道,南起划师范路,北至S318省道,道路红线宽度26米,机动车道14米,人行道宽6

米，绿化带6米，沥青混凝土路面，路灯54盏。

哈尔尕图路　城区主干道，南起规划纬一路，北至S318省道，道路红线宽度28米，机动车道14米，人行道宽8米，绿化带6米，沥青混凝土路面。哈同路2005年建设，总投资500万元。

伊尔干路　城区支路，南起敖包特西街，北至和布克西街，道路红线宽度15米，机动车道9米，人行道宽6米，路灯7盏，沥青混凝土路面。

巴音布拉格路　城区支路，南起敖包特西街，北至灭西提巷，道路红线宽度20米，机动车道9米，人行道宽6米，绿化带5米，路灯7盏，沥青混凝土路面。

巴音托洛盖路　城区支路，南起拟建纬一路，北至敖包特街，道路红线宽度20米，机动车道14米，人行道宽6米，路灯13盏，沥青混凝土路面。

市场巷　城区支路，南起和布克东街，北至拟建规划五路，道路红线宽度15米，机动车道9米，人行道宽6米，路灯4盏，沥青混凝土路面。

吉木格尔巷　城区支路，南起师范路，北至敖包特街，道路红线宽度15米，机动车道9米，人行道宽6米，路灯20盏，沥青混凝土路面。

影剧院路　城区支路，南起敖包特街，北至和布克街，道路红线宽度15米，机动车道9米，人行道宽6米，路灯14盏，沥青混凝土路面。

库甫南路　城区支路，南起敖包特街，北至和布克街，道路红线宽度15米，机动车道9米，人行道宽6米，路灯7盏，沥青混凝土路面。

阿尔恰特路　城区支路，南起北侧规划边界，北至敖包特街，道路红线宽度12米，机动车道7米，人行道宽2米，路灯5盏，沥青混凝土路面。

军民路　城区支路，南起敖包特街，北至和布克街，道路红线宽度15米，机动车道9米，人行道宽6米，路灯7盏，沥青混凝土路面。

殡仪馆路　城区支路，南起S318省道，北至殡仪馆，道路红线宽度9米，机动车道9米，沥青混凝土路面。

和布克街　城区主干道，东至林场，西接X837，道路红线宽度29米，机动车道14米，人行道宽6米，绿化带宽9米，安装路灯117盏，沥青混凝土路面。2004年改扩建，建设投资400万元。

敖包特街　城区主干道，东起S318省道，西至伊尔干路，道路宽25米，机动车道14米，人行道11米，路灯144盏。1999年改扩建，总投资420万元。

师范路　城区支路，东起哈尔尕图路，西至巴音托洛盖路，道路红线24米，机动车道12米，人行道宽6米，绿化带6米，路灯60盏，沥青混凝土路面。

灭西提巷　城区支路，东起赛尔街，西至巴音布拉格路，道路红线7米，机动车道7米，路灯7盏，沥青混凝土路面。

赛马场路　城区支路，东起哈尔尕图路北路，西至赛马场，道路红线7米，沥青混凝土路面。

2010年起，在加强县城街道建设的同时，也注重城区沿街亮化工程建设。至2014年，先后完成28项沿街亮化工程建设，累计投资2 269.42万元。2015年，无沿街亮化工程建设。

## 2010—2015年和布克赛尔县城区沿街亮化工程建设情况表

表4-4

| 序号 | 年份(年) | 工程名称 | 工程投资额(万元) |
|---|---|---|---|
| 1 | 2010 | 和布克东西街、赛尔南北街路灯 | 134.30 |
| 2 | 2010 | 318省道路灯安装 | 125.49 |
| 3 | 2010 | 25栋楼体亮化工程 | 119.00 |
| 4 | 2011 | 原江格尔广场亮化(现东归广场) | 96.00 |
| 5 | 2011 | 电视铁塔亮化工程 | 20.00 |
| 6 | 2011 | 风车灯、梅花鹿灯、草原恋灯 | 16.50 |
| 7 | 2011 | 灯光隧道工程 | 27.26 |
| 8 | 2011 | 灯光隧道工程 | 40.00 |
| 9 | 2011 | 14栋楼体亮化工程 | 60.00 |
| 10 | 2011 | 县敖包特街路灯改扩建 | 182.78 |
| 11 | 2013 | 综合体院馆亮化 | 146.48 |
| 12 | 2013 | 天富花园1#、2#底商楼亮化 | 86.09 |
| 13 | 2013 | 天富花园3#、4#高层亮化 | 174.18 |
| 14 | 2014 | 县江格尔宫主帐亮化工程 | 122.75 |
| 15 | 2014 | 江格尔宫左配帐亮化工程 | 94.77 |
| 16 | 2014 | 县江格尔宫右配帐亮化工程 | 94.77 |
| 17 | 2014 | 县人民医院门诊住院综合楼亮化工程 | 93.70 |
| 18 | 2014 | 和布克赛尔镇富民安居三期亮化工程 | 76.90 |
| 19 | 2014 | 县国土资源局办公楼亮化工程 | 77.64 |
| 20 | 2014 | 县环保局办公楼亮化工程 | 43.01 |
| 21 | 2014 | 县司法局办公楼亮化工程 | 28.04 |
| 22 | 2014 | 和布克赛尔县入城口拱门亮化工程 | 17.23 |
| 23 | 2014 | 和布克赛尔镇镇政府办公楼亮化工程 | 40.14 |
| 24 | 2014 | 县人民法院办公楼亮化工程 | 56.33 |
| 25 | 2014 | 县科技馆及青少年活动中心亮化工程 | 124.51 |
| 26 | 2014 | 县农发行办公楼亮化工程 | 31.97 |
| 27 | 2014 | 县师范路、哈尔尕图路、影剧院路、吉木格尔巷路灯采购项目 | 139.58 |
| | | 总投资额 | 2 269.42 |

(二)广场建设

2015年年末,城区有广场4个,即:东归广场、江格尔广场、体育广场、赛马场,总面积236 811平方千米。

东归广场　2005年建设,建设面积2.8万平方米(造价不详)。

江格尔广场　始建于2009年,共拆迁52户。2010年,投资810万元建设江格尔主帐工程,建筑面积3 288.5平方米。

2011年,投资581万元建设江格尔左右帐配套工程,建筑面积2 760平方米;投资395万元建设江格尔十二勇士雕塑；投资209.5万元建设江格尔文化宫主帐室外装修。

2012年，投资3 177万元建设江格尔广场工程，总占地面积9万平方米，包括5 000平方米特色广场，喷泉、2.2万平方米草坪、1 700平方米停车场、廊架、图腾柱、4.7万平方米广场铺贴、5 000米路缘石、厕所、雕塑等；投资229.6万元建设江格尔龙马雕塑；投资370万元建设江格尔福碗雕塑；投资344.18万元建设江格尔宫左右配帐外装修工程。

2013年，投资315万元建设“达兰脱卜赤”（史诗口袋）雕塑；投资3 000万元建设江格尔宫室内布展。

2014年，投资1 500万元建设东归博物馆综合博物馆室内布展。

体育广场　县体育广场规划总用地面积45 151平方米，其中硬化面积22 753.5平方米，绿化面积21 586平方米，建设面积811.5平方米，田径场尺寸为国际标准400米跑道，呈东西方向，场地面层采用塑胶材料。北面中间为兼顾主席台功能与舞台功能的主席台。场地以北区域以中心主道为轴线分为体育运动区与体育娱乐区，其中主席台两侧设置4层看台容量约720人，中心道以西为标准比赛灯光篮球场、练习篮球场、羽毛球场及健身器械场地等体育运动设施。中心主道以东为休闲、娱乐、景观文化空间为百姓提供一处小型娱乐场所。立项为1 997.37万元。2011年6月开工，当年竣工投入使用。工程造价为2 624.13万元。

赛马场　2014年建设，建设面积73 660平方米，工程造价2 338.09万元。

（三）市貌蒙古族特色改造

沿街蒙古族特色改造　2011年，投资93.31万元对人民银行、税务局、客运站、联通公司进行蒙古族特色外装修；投资42.72万元对民政局进行外装修，同时要求沿街新建房屋、楼面外部（如新建新华书店、新建蒙医院等）必须突出蒙古族特色。2011—2012年，投资553.68万元对江格尔宫主帐、左右帐进行蒙古族特色外装修。

沿街蒙古族特色雕塑　2011年，投资95万元在莫特格乡与S318省道交会处安装马兰花鹿情雕塑；投资185万元在县城入口安装梅花鹿、阿兰扎尔雕塑；在东归广场投资98万元安装图腾柱雕塑。2011—2014年，累计投资1 619.2万元在江格尔广场先后安装江格尔十二勇士雕塑、江格尔福碗雕塑、江格尔龙马雕塑、“达兰脱卜赤”等系列雕塑。

（四）供水　排水

1.供水

1983年4月，成立和布克赛尔县自来水公司。2006年5月，改名为和布克赛尔县供排水管理站，是隶属于县城乡建设局的国有企业，拥有1个制水厂、1个污水处理厂；单位内设办公室、财务室、安装维修科、收费科，实际在职21人，至2015年未变。

1993年，县城镇库甫路建有容积为200立方米的清水池2座，敷设自来水管道2千米，机关全部使用自来水，城区有1 000余户居民用上自来水，占城镇总户数的30%。到2004年，县城镇共铺设自来水管3 500千米，5 000户居民用上自来水，占城镇总户数的85%。

2006年9月，新建水厂（始建于2004年5月）投入使用。该水厂位于县城以北1.5千米处，占地面积6 600平方米，拥有1 000立方米清水池1座，供水采用潜水泵输水，拥有水源井4座。水厂内部设施配置齐全，布局设置合理，设计日供水量3 500立方米。至2015年，水厂实际日供水量7 000立方米，城市供水服务面积21平方千米，用户7 700户，供水人口1.2万人。

2007年7月1日，国家发布的GB5749－2006《生活饮用水卫生标准》开始实施，县供排水管理站执行新水质标准，供水水质综合合格率均达到98%以上（国家标准95%）。

2011年，由县水利局牵头开始建设阿尔恰特饮水工程，在水厂上游3千米处又新建水厂1座，设计日供水量7 000立方米。至2015年，项目第一阶段已验收完成，水厂基础设施及配套供水设施尚在建设中。该水厂建成后，会从根本上改变县城用水环境。

2012年7月，县供排水管理站负责实施IC卡智能水表安装工程，在全县新建、在建楼房、小区均安装IC卡智能水表，从根本上改变了由供水部门派人去千家万户抄表收费的模式。IC卡智能水表有效地解决了计量扯皮、用水纠纷、贪污水费、人情用水、用水统计困难等问题，并方便居民缴费。

2015年，平均日供水量达到6 000立方米。同年12月，和布克赛尔县物价局根据《塔城地区发展改革委关于调整城市供水价格的通知》精神调整了水价，居民用水按调整后的新标准收费。

2.排水

1988年，为治理县城东部的冰滩，县财政投资16万元修建2.08千米排冰水暗管，同时用于县城污水排放。1999—2004年，又投资修建6千米暗管，用于县城排污。

2006年5月，始建县污水处理厂。2009年7月，扩建完成排水管网10 615米，总投资1 051.08万元，设计进水为COD小于浓度350毫克/升、出口COD小于浓度300毫克/升；同年8月，经自治区环保厅批复试运行，10月正式投入使用。排水管网主要分布在和布克街、敖包特街、哈同南路等，最终汇集于污水处理厂格栅间，通往污水处理厂处理。采用氧化塘工艺负责接纳县城全部生活污水及工业、医疗废水处理。氧化塘位于和布克河以南戈壁滩处，距县城3.2千米，占地面积12公顷，设计污水处理能力2 500立方米/日，远期污水处理能力4 000立方米/日。主要建设有工程格栅间（内设机械和人工格栅各1道）、2座沉淀池、12座氧化池。为加强城市污水处理厂的管理、水质管理和设备管理，保证污水处理厂安全正常运行，达到污水处理厂净化水质、处理和处置污泥、保护环境的目的，污水处理厂自成立起，按照《污水处理厂运行管理标准》的要求，在人员、水质、污泥、设备、安全及应急管理、厂容厂貌、档案管理等方面逐步规范和完善，确保污水处理设施正常运行，出水水质达到国家GB18918-2002中的一级B排放标准。

2013年10月，和布克赛尔县供排水管理站负责实施的县污水再生利用工程开工建设。建设内容：27万立方米污水蓄水池、回水管线及泵房工程，工程造价初定2 500万元。2014年，因北京中非博克科技有限公司和布克赛尔项目部出现资金断链情况，工程欠款达480万元，致使原计划于2015年5月开工建设的后期坝体防水、坝体抗冻抗渗混凝土、排水、回水管线及泵房等附属设施工程截至2015年8月底未开工建设。因该项目为重点民生项目同时也涉及污水减排指标的考核，县委、县人民政府对此都非常重视，经县领导努力协调，县人民政府同意财政拨400万元工程款启动本项目施工，工程于2015年9月5日复工，主要建设回水管线、泵房等附属工程。

（五）供热　供气

1.供热

县城镇供热　1992年，县城镇有锅炉房19座，供热面积5.9万平方米，但没有集中供热，各单位采用分散供热模式建设。

1999年，和布克赛尔县政府锅炉房升格为县供热站，隶属县城乡建设局，为自收自支事业单位，在职员工21人，拥有热源点5座，供热能力4.2兆瓦，采暖面积约6万平方米。自县供热站成立后，县城开始逐步采用集中供热模式供热，淘汰小锅炉2台，合并锅炉房2座。

2001—2003年，新建贸易公司锅炉房安装2吨立式锅炉1台、4吨立式锅炉1台，兼并贸易公司锅炉房周边区域供热，实施区域集中供热。

2004—2005年，贸易公司锅炉房拆除两台低吨位小型立式锅炉，安装6吨卧式锅炉及10吨卧式锅炉各1台，二中锅炉房安装10吨卧式锅炉1台，原政府锅炉房安装15吨锅炉1台。2005年年底，县城供热能力为29兆瓦，并将原有各单位小型锅炉模式逐步并入初期集中供热。

2006—2007年，为满足县城供热需要，扩建二中锅炉房安装20吨锅炉1台，并建设换热站采用二次供热。

2008—2009年，为提升县城供热质量及需求，结合环保、节能降耗等综合要求，重新选址建设二中锅炉房，并安装29兆瓦锅炉1台，安装46兆瓦锅炉1台，供热面积达40万平方米。

2010—2013年，城区集中供热面积42万平方米。随着棚户区改造扩大，2013年10月增加供热面积29万平方米；并为解决县城发展需求，满足供热负荷，开始计划实施新建热源及配套设施。

2014年，实施新建设热源点一座及配套设施建设，安装两台58兆瓦锅炉，新热源点锅炉于2015年10月1日正式投入使用，供热能力116兆瓦并预留扩建端，供热面积达103万平方米，拥有换热站15座。

和什托洛盖镇供热　2008年，和什托洛盖镇供热站成立，隶属县城乡建设局，注册资金100万元。下设用户部、热力部、办公室，1个物业管理部门，有干部职工43人。

2010年，和什托洛盖镇供热站总供热面积60万平方米、一次管网17千米、二次管网11千米，换热站15座，集中供热率达到90%。有集中供热锅炉房一座，装机1×14兆瓦+1×29兆瓦高温热水锅炉，总装机容量43兆瓦，但由于和什托洛盖镇发展迅速，因无法满足用热需求，于2015年关停。

2012年，改扩建46兆瓦热水锅炉。2014—2015年，为满足和什托洛盖镇总体供热规划的需要，实施建设了和什托洛盖镇新建热源点及配套设施建设项目，项目总投资1.65亿元，新建58兆瓦锅炉主体及辅机、脱硫除尘设备、2.5万吨地下煤场，1万立方米地下渣场工程，30万平方米换热站7座，单向管网工程14千米，自动控制系统、换热器等系列工程，项目建成后，形成160万平方米的供热能力。

2.供气

(1)县城镇供气

液化气　1989年，县城部分居民开始使用液化气，由县城各单位供应，从克拉玛依采购，每瓶8元。2002年8月，改由县邮政局经营，价格提高到每瓶50元。

2005年1月，液化气由个人经营。2010年是全县液化气用量最高峰，月供气1 400多瓶，最高价每瓶80元。

2012年，县城楼房开始供应天然气（只有部分楼房及平房用户和农村使用液化气），年供气55吨，罐装供气6 875瓶，每瓶价格80～90元。

2015年，因天然气的使用，县城及和什托洛盖镇集中的小区和楼房都不再使用罐装液化气，只有未通天然气的楼房和平房使用液化气，年供气82吨，灌装供气1 025瓶，每瓶价格92元。

天然气　2011年8月，塔城新捷能源有限公司在和布尔赛尔县开工建设天然气门站，于2012年11月投产并向县城居民供气，设计日供气量可达1.3万立方米。

2015年，完成全县燃气基础设施建设。县城的中压管道设计采用通径不等的DN200、DN150、DN100的钢骨架和De160的PE管材。设计压力为0.4兆帕，正常工作压力为0.2～0.25兆帕。全县现有燃气阀井19个，城区中压管线5.9千米，低压管线3.4千米，调压箱60台（其中通径25的8台、通径50的40台、通径80的10台、通径100的2台），施工总户数为4 860户，全为住宅居民用气，工程总投资为1 572.6万元。截至2015年7月28日，全县完成入户通气4 560户，入户普及率达85%。安装天然气初装费分别为多层1 900元/户、高层3 800元/户。天然气居民用气价格为2.5元/立方米。居民月供气量为4.1万立方米。

（2）和什托洛盖镇供气

2011年7月，开工建设和什托洛盖LNG加注站一座，2014年4月开始试运行，并向和什托洛盖镇居民陆续供气700户左右。管道设计采用PE110聚乙烯燃气管，设计压力为0.4兆帕，正常工作压力为0.24～0.26兆帕。城区共有阀井5座，城区中压管网2.4千米，低压管网1.6千米，调压箱12台（通径40毫米的7台、通径50毫米的5台）。入户总数1 272户（阳光小区一期502户、阳光小区二期770户），无商业用户。因和什托洛盖小区分布较分散，入户普及率仅76%左右。安装天然气初装费多层1 900元/户。至2015年7月，天然气初装费楼房通气1 011户。天然气价每立方米2.5元，居民月供气量1.21万立方米。

（六）城市绿化

1992年，城区有绿化地20.9公顷，苗圃6.61公顷，育苗3万余株。城南公路两侧有7公顷湿洼地。另有庭院植树1万余株，占地面积2公顷；街道植树1200余株，占地面积0.5公顷。县城绿化率达12.19%。

2004年，全县街头绿地面积达到3.8公顷，居住区绿地面积达到2.9公顷，生产绿地面积达到0.2公顷，建成区绿地覆盖率达到37%，人均公共绿地达到0.2公顷。新增庭院及公共绿地2.3万平方米，新建苗圃1.47公顷，防护林面积达到116公顷，城镇绿化面积达到11万平方米，绿地覆盖率达到33.1%，主干道、次干道绿化率达到27%，全县创建花园式单位18%，“绿化合格单位”达到50%。

2008年，县绿化办成立，投资30万元完成城市街道和广场种植草坪面积2万平方米，在江格尔广场和体育广场种植10万株花卉，十字路口摆盆花1.5万个，改造单位附属绿地面积1.2万平方米，小区新建和改造绿地面积1.8万平方米。经“天山杯”竞赛活动的检查，“城市园林绿化管理杯”总分100分，得分94分。

2011年，先后完成和布克街绿化工程、老年活动中心绿化工程、哈同路绿化工程、江格尔广场绿化种植工程，累计完成工程建设投资411.01万元。建成城区总绿地面积169.67公顷，新增公共绿地1.5公顷，种植乔木1 190株，种植灌木2.02万株。单位附属绿地9.8公顷，居住区绿地15公顷，生产绿地面积7.1公顷，防护绿地110.5公顷。绿地率38.7%，绿化覆盖率43%，人均公共绿地面积12.1平方米。

2013年是创建自治区级园林城市验收年。年内，完成对莫特格乡三角地绿化，师范路延伸段、吉木格尔巷绿化，和布克街延伸段（法院门前）绿化，哈尔噶图南路段绿化；敖包特街、和布克街、东归广场、体育广场新增绿化小品设施100套摆放于各个街道广场，累计完成工程建设投资375万元。投资137万元新建吉木格尔巷与影剧院道路基础设施，工程包括混播草坪1 773平方米，栽植云杉156株、垂瓣榆叶294株、滴灌2 123米；投资516.3万元新建师范路和哈尔尕图路道路基础设施，工程包括绿化、灌溉、栽植云杉512株，栽植重瓣榆叶梅512株，栽植花卉2 570平方米，草坪种植3 840平方米。

2015年，从1月开始，分3批培育幼苗，通过3个阶段的分苗，完成矮牵牛、万寿菊、天竺葵等9个品种35万株草花的培育工作，花卉全部种植在东归广场、体育广场、赛尔街及敖包特街。4月初，在油库入城口、莫特格三角地等重点出入口节点种植野花组合，人工翻地施肥，播撒种子平整场地，共栽植面积1.07万平方米的野花组合及榆叶梅、丁香等灌木。年内城镇绿化面积达到193公顷，绿地覆盖率达到39%。

（七）市容管理

20世纪90年代初，和布克赛尔县城镇在各机关、企事业单位实行门前“三包”制（包卫生、包绿化、包秩序），每年节假日、开春入冬前，干部职工、学生打扫“三包”区卫生，清运垃圾。

1998年，以县长令形式对进入县城的牲畜进行规范管理，指定固定地点停留。

2002年，市政设施的损坏由为民物业维修。2004年，市政设施的损坏由城建监察大队核实下维修单，由为民物业维修。

2005年，县城建大队定编后，依法加强查处违章建筑。全年查处无证擅自新建、改建、扩建案件24起，其中属于告知性案件5起、正在执行中案件2起、其他案件结案17起。

2011年，查处违法建筑36起，建筑面积2 601平方米，拆除13起，建筑面积1 021平方米。加大美化环境的检查力度，清理乱堆乱放的店铺22家，取缔店外馕铺5个，清理“牛皮癣”小广告742条，拆除破旧广告和一店多牌的牌匾69个。规范建筑垃圾处置行为，办理垃圾处置证11份，清运建筑垃圾2万余立方米。有效管理流动商贩，规范流动经营行为36次。加大巡查力度，给物业公司下达市政维修单70余份，涉及城市路灯270余盏、人行道大理石400平方米、彩砖50平方米 、红绿灯6处、检查井盖142个。

2012年，县规划委员会对县城和布克东西街、敖包特东西街、赛尔南北街、师范路、哈同路等主要街道牌匾尺寸、颜色和材料进行统一规划，使街面达到美观、统一。

2015年，共查处县城拆除违章（违法）建筑5处，面积约740平方米，下达责令停工通知书5份。开展店外店整治和街道两侧乱堆乱放清理，共清理乱堆乱放店铺270家，清理“牛皮癣”小广告1万余条，拆除破旧广告和乱挂横幅40余个，处理未按规定圈养的牲畜200余头。规范建筑垃圾处置行为，设置建筑垃圾处置证，签订建筑垃圾处置目标责任书，实行跟踪管理制度，共办理垃圾处置证3份，清运建筑垃圾1.5万立方米。加强对流动商贩的管理，采取集中整治与日常治理相结合、疏堵相结合的方法，规定城区主次干线一律不允许出现沿街叫卖行为，全部将流动商贩安置到市场进行集中管理，改变了以往只管理不治理的工作方式，共有效规范流动经营行为60余次。加强对城市照明路灯、人行道、公厕、广场的监管，给物业公司下达市政维修单138份，涉及城市路灯320余盏、人行道彩砖和大理石2 000余平方米、红绿灯15处、检查井盖308个。加强各单位及个体工商户清扫雪的督查，全县清雪任务总面积20.21万平方米，其中“门前三包”区面积6.63万平方米，三包区以外需清扫积雪面积（责任区）为13.57万平方米。对行政事业单位、部队、企业等123个单位人数做摸底调查。规范店招店牌的，新换店牌按照规划提出的要求统一材质、统一规格、同一色彩，共办理户外广告审批表55个。

## 二、村镇建设

（一）乡（镇、场）驻地建设

自“十一五”（2006—2010）计划末期开始，和布克赛尔县有重点地进行乡镇场驻地建设。由于资金有限，建设项目主要在和什托洛盖镇和夏孜盖乡。

和什托洛盖镇 2010年，实施团结路、石油路、和什东西路、镇区217线南北段路灯、人行道工程，建设规模9千米，总投资1 130万元；实施镇区规划区光明路、迎宾南路延伸项目，总投资1 211万元，建设规模为道路总长度2 226米，包括供排水、人行道、绿化带、路灯等建设；实施镇区园林绿化项目，总投资80万元建设规模为石油路、团结路两侧的树木种植，镇区主道路2.7千米的绿化带多年生灌木、花卉的种植，并对镇区道路的绿化管线进行改造、更新。

2011年，实施光明南路城市次干道一期、二期建设工程，总投资978.51万元，建设规模为主车道宽48米，路长2 819.244米；实施综合业务用房及阳光社区服务阵地建设工程，建筑面积4 620.35平方米，框架四层，总投资953.29万元；实施十字路口园林绿化工程，建设规模为2 090.3平方米；总投资176.49万元。

2012年，实施公园景观一期建设工程，该项目建设内容为公园草坪面积54 807.7平方米，乔木2 492株，灌木110 411株，石材铺装14 851平方米，人工湖21 928.6平方米，投资2 593.176万元；实施光明南路城市次干道一期、二期、南二路、南三路、南四路排水建设工程，该项目建设内容为铺设光明路排水3 502米，投资384.4万元。

2013年，实施镇区绿化项目，投入绿化资金40万元先后完成主道路两侧20万株花卉种植，完成225省道、气泉路等主道路的绿化管线维修和日常管护；实施供排水改造项目，投入资金1 128万元先后完成瑞祥花苑3.1千米自来水管网铺设，4.8千米排水管网铺设、镇水源地改造及集水廊道改造工程，九年一贯制学校主供水管线项目；投资80万元完成镇区主干道路两侧人行道、护桩、路口硬化、停车场、路灯等基础设施的建设和日常维护；投资2 000万元完成高速路至镇区连接线项目；投资1 160万元完成3万平方米的综合停车场建设项目；投资580万元完成迎宾亭景观改造项目，并引进资金100万元在迎宾亭建成戈壁玉交易市场；投资8 100万元完成双山景观公园建设(2012年投资一期2 600万元、2013年投资二期5 648万元)。

2014年，实施小城镇建设二期道路建设项目，总投资8 500万元，总长度7.408千米；实施高速连接线项目，总投资2 000万元新建2.45千米高速连接线；实施路灯亮化项目，总投资530万元新建连接线、和什东路路灯233盏；投入692万元完成九年一贯制至瑞祥小区、光明路至连接线4 946.6千米自来水主管网延伸铺设工程、瑞祥花苑4 786.6千米给排水管网铺设工程；投资1 016万元完成阳光B区室外电缆、围栏、硬化、绿化、亮化建设项目。投资1.5亿元新建锅炉房、配套煤渣场、输煤廊，安装65兆瓦热水锅炉2台，对镇区14千米供热一、二网进行新建和改造，新建和改造12座换热站，镇区供热能力达到115万平方米。

夏孜盖乡　2008年，中央预算资金320万元新建夏孜盖乡人民政府办公楼，占地面积1 300平方米，使用面积900平方米。

2010年，中央、自治区总投90万元、地方配套45.5万元新建夏孜盖乡中心校幼儿园，占地面积900平方米。

2011年，中央、自治区总投324万元、地方配套122.2万元新建夏孜盖乡中心校教学楼，占地面积2 687平方米。

2013年，实施乡政府驻地十字路口东西南北段路面硬化、路灯、人行道工程，建设规模为2千米，总投资422万元；实施乡政府驻地夏孜盖村自来水入户工程，总投资24.3万元建设规模为2 226米，包括供水管网改造、自来水入户等；总投369万元新建乡人民政府干部周转楼房，占地面积3 500平方米，使用面积1 900平方米。

(二)村庄建设

全县75个行政村依据《和布克赛尔县域村镇体系规划(2012—2030)》，现状行政村划分为保留发展型、引导发展型和限制发展型3种类型。

和什托洛盖镇　2015年，投资450万元完成夏尔布村、和什托洛盖村道路硬化建设；完成夏尔托热、查斯托洛盖村、乌兰浩达村太阳能路灯安装。

巴音傲瓦乡　2012年，完成克勒根特村油路铺设，2015年进行再次铺设及维修。2015年，为乡政府驻地阿拉腾布拉格村318线安装太阳能路灯60盏。

查和特乡　2007—2012年，完成4个社区主干道油路铺设。2014—2015年，为乡政府驻地哈同社区安装太阳能路灯，实现全覆盖。

铁布肯乌散乡　2006年，实施村队办公室工程，建设规模为新建1 175平方米。2012年，投入45万元，维修拉加小队（原二小队）村级道路4.5千米。2013年，完成查干阿德尔村40台太阳能项目。2015年，争取基层组织建设资金146万元新建村级组织活动场所668平方米。

夏孜盖乡　2014年，投资90万元对巴音托洛盖片区阿格弯呼勒呼村集中村办公室进行改扩建，占地面积4 672.58平方米，建筑面积485平方米。2015年，实施阿格弯呼勒呼村油路项目，项目总投资50万元；开尔德格村公路建设项目，新建砂石路2千米，宽4.5米，项目总投资50万元；托热特村道路建设项目，新建砂石路3千米宽4.5米，过水桥涵3个长4米、宽1米，项目总投资50万元；谢仁托热村油路项目，新建通村油路2.5千米，项目总投资50万元；博木布特思敖包村油路项目，项目总投资50万元。

莫特格乡　2011年，在吉木沟、套瓦契、夏尔古、规德格4个村新建煤房和旱厕，项目总投资35万元；在哈尔嘎特村实施牧道建设11千米，总投资50万元。2013年，修建规德格村自来水入户管道5千米，水塔1座，电线路2千米，总投资75万元；实施莫特格村基层组织办公室安装地暖项目，总投资6.76元；四村联合办公楼维修项目总投资21.6万元。2014年，实施四村联合办公楼新建附属设施项目：院内水泥地坪、绿化滴灌、自行车棚、篮球场、太阳能路灯、电动大门、办公楼外墙维修、院前地坪、院落围栏建设等，总投资182万元；吉木沟等村办公楼维修项目：办公楼粉刷、大门、地坪、绿化、水、暖管道、门窗维修等，总投资30万元；莫特格村基层组织建设办公室维修项目：总投资60万元；奎德格村200户架电入户项目，新架电线4千米，总投资100万元；为吉木沟村投入30万元安装60盏太阳能照明灯设备。2015年，为全乡8个村158户贫困户安装暖气投资79万元，购买太阳能191套，投资95.5万元；为傲包特村新建水厂1座，主管线5.7千米，机电井1眼，改造水厂1座，检查井34个，总投资273万元。

伊克乌图布拉格牧场　2007年，实施村队办公室工程，建设规模为新建1 092.27平方米两层办公楼，工程投资97.74万元。2013年，实施农村道路建设项目，建设规模为5千米农村道路，13千米人行道，总投资502万元。

（三）新农村示范点建设

2006年，和布克赛尔县新农村建设领导小组办公室组织全县23个行政村完成社会主义新农村建设总体规划编制工作，维护规划的严肃性、权威性，做到无规划不审批、无控制不开发、无详规不建设。同年，自治区确定和布克赛尔县新农村建设示范场1个（伊克乌图布拉格牧场），示范村1个（伊克乌图布拉格村）；地区确定和布克赛尔县新农村建设示范乡1个（夏孜盖乡），示范村4个（夏孜盖乡巴音托洛盖村、托热特村；和什托洛盖镇昆德仑村、夏尔托热村），通过典型带动，推进各乡镇场新农村建设各项工作，并建立城乡文明共建机制。至2015年，全县新农村示范点建设情况如下：

和什托洛盖镇　实施夏尔托热村过水路面工程项目，投资总额24.6万元；实施昆德仑村高压滴灌铺装项目，总投资50万元；昆德仑村调节水池建设项目，总投资50万元；夏尔托热村桥涵维修项目，总投资50万元。

夏孜盖乡　托热特村油路项目，自治区财政专项资金50万元，由自治区交通运输厅下拨，建设标准：国家四级公路；托热特村农村道路建设项目，新建砂石路3千米，宽4.5米，过水桥涵3个，长4米、宽1米，自治区财政专项资金50万元，由自治区发改委下拨；巴音托洛盖村4座塑料大棚项目，总投资50万元，自治区财政专项资金，由自治区农业厅下拨；巴音托洛盖村防渗渠建设项目1.4千米，自治区财政专项资金50万元，由自治区发改委下拨。

伊克乌图布拉格牧场　伊克乌图布拉格牧场抗震安居工程一，项目投资115万元；伊克乌图布拉格牧场抗震安居工程二，项目投资44.83万元；伊克乌图布拉格牧场人行道工程，建设规模：人行道挖填土方路，边缘石及砼砖人行道，工程投资34.3万元；新农村建设规划设计工程，投资5万元；伊克乌图布拉格牧场村队办公室工程，新建1 092.27平方米两层办公楼，投资97.74万元。

（四）供电　供气

20世纪90年代中期，和布克赛尔县开始实施牧民定居工程，在牧民定居点实行"三通"（水通、电通、路通），全县定居、半定居牧民218户用上电灯。到2000年年底，全县实现牧民定居、半定居320户，占全县牧民的75%，大部分牧民用上电灯。部分牧民开始使用液化气。

2010年后，加强电网建设，着重优化网架结构，解决项城电网超载、供电"卡脖子""低电压"等影响生产生活用电的突出问题。至2015年，县境内有6～20千伏农网配电线路37条，长度560.46千米，其中架空线路556.27千米，架空绝缘线路长度463.54千米，架空绝缘化率82.71%，电缆线路4.19千米，电缆化率0.75%；配电变压器共1 989台，容量共3.308 5万千伏安。10千伏满足N-1线路的条数有14条，占38.89%，联络线路17条，占47.22%，路线最大负载率平均值40%，配变负载率平均值32.88%，10潜伏配电变压器共198台，其中城网42台、农网156台，配变负载率0%～20%占68台、21%～40%占98台、41%～60%占32台。通过项目实施，用电可靠率、电压合格率达到预期的目标值，实现户表到户、收费到户、远程集中抄表目标。

2010年至2015年年底，农村自来水用户有昆德仑村、夏尔甫村、夏尔托热村、乌兰浩达村、和什托洛盖村、查斯托洛盖村、养殖新村，共510户，但还有部分用户未安装自来水。

（五）农村改水工程

2008年，和布克赛尔县开始实施农村改水工程。至2015年，县城供水范围覆盖其规划区；和什托洛盖镇区供水范围覆盖镇区及周边的昆德仑村、夏尔托热村、查斯托洛盖村、乌兰浩达村；和丰工业园供水覆盖其整个园区；伊克乌图布拉格水厂供水范围覆盖其牧场驻地；查和特水厂供水覆盖查和特乡驻地。其他乡和牧场驻地及村庄分别以地下水为水源集中开采和供给。少量偏远村庄在确保饮用水安全的情况下，继续采用原有的分散供水方式。

**和布克赛尔县域规划供水设施一览表（截至2015年）**

表4－5

| 名称 | 供水设施 | 供水设施规模（立方米/天） | 水源 | 备注 |
| --- | --- | --- | --- | --- |
| 和布克赛尔县城 | 县城北水厂 | 10 000 | 阿尔恰特引水工程 | 现状水厂扩建 |
| 和什托洛盖镇 | 和什托洛盖一水厂 | 18 000 | 加音塔拉水库 | 现状一水厂扩建 |

续表4－5

| 名称 | 供水设施 | 供水设施规模（立方米/天） | 水源 | 备注 |
|---|---|---|---|---|
| 和什托洛盖二水厂 | 加音塔拉水库 | 3 500 | 现状二水厂保留 | — |
| 伊克乌图布拉格牧场驻地 | 伊克乌图布拉格水厂 | 1 000 | 地表水(曲尔默特沟) | 现状水厂扩建 |
| 查和特乡驻地 | 查和特水厂 | 1 000 | 地表水(查和特水库) | 保留现状水塔，新建水厂 |
| 夏孜盖乡驻地 | 水塔 | 每处大于100 | 地下水 | 保留并修缮现状供水设施 |
| 铁布肯乌散乡驻地 | | | | |
| 查干库勒乡驻地 | | | | |
| 莫特格乡驻地 | | | | |
| 巴音敖包乡驻地 | | | | |
| 布斯屯格牧场驻地 | | | | |
| 巴尕乌图布拉格牧场驻地 | | | | |
| 那仁和布克牧场驻地 | | | | |
| 和丰工业园区 | 和丰工业园水厂 | 500 000 | 白杨河引水工程 | 规划新建 |

（六）抗震安居房建设

2004年，和布克赛尔县开始实施抗震安居工程。至2009年，全县在各乡镇场共建抗震安居平房6 819套，每户中央补助3 000元。2007年、2008年、2009年，3年连续荣获自治区“城乡抗震安居工程先进县”称号。

2010年，抗震安居工程改称为安居富民工程，安居房的标准较以前提高，面积最低80平方米，都配有水、电、气、厨、厕、卫，而且安居房的建设速度大大加快。

2011—2015年，为加快小城镇建设，和布克赛尔县采取“农牧民自筹、中央补助、财政补贴”方式，每户补助5万元，按照20年不落后的建设标准和牧民自愿的原则，在和布克赛尔镇及和什托洛盖镇集中建设农牧民安居富民楼，创建一种新型牧民定居方式，5年共建设安居富民楼房4 890套。

# 第三章　住房制度改革与管理

## 第一节　住房制度改革

### 一、住房实物分配向住房市场化改革过渡阶段（1994—1999年）

1994年7月18日，国务院下发《关于深化城镇住房制度改革的决定》。作为过渡，和布克赛尔县开始逐步实行住房分配货币化，陆续出售公有住房。城镇居民按照成本价购买的，房屋所有权归职工个人所有；按照标准价购买的，职工拥有部分房屋所有权，一般在5年后归职工个人所有。

1997年，和布克赛尔县成立住房公积金管理中心，并颁布实行《和布克赛尔县深化城镇住房制度改革实施办法》，成立住房制度改革和建设领导小组（安居工程领导小组），负责推行住房公积金制度在内的住房制度改革工作。同年，和布克赛尔县住房公积金管理中心挂牌，与房改办合署办公，两块牌子、一套人马，为行政单位，实有人数4人。主要负责全县住房公积金的统一归集、管理和使用。

1998年6月，和布克赛尔县住房公积金管理中心与和布克赛尔县建设局合并。至1999年年末，和布克赛尔县共出售公有住房2 600套。

### 二、住房向市场化全面推行阶段（2000—2005年）

2000年，全县城镇私人建房投资达到435万元，农村私人建房投资达到225万元。

2003年8月，和布克赛尔县住房公积金管理中心从和布克赛尔县建房局分出，成立塔城地区住房公积金管理中心和布克赛尔县管理部，负责执行住房公积金制度，直属塔城地区住房公积金管理中心，为不以赢利为目的自收自支事业单位，实有人数2人，2004年增至4人。

2005年1月1日，和布克赛尔县按照自治区人民政府《关于停止住房福利分配逐步实行住房分配货币化的通知》，停止实行房改优惠政策。是年，全县私人建房总投资达到1 657万元。其中，城镇私人建房投资696万元，比2000年增加261万元，年均增长9.86%；农村私人建房投资961万元，比2000年增加736万元，年均增长33.69%。

### 三、房地产调控阶段（2006—2015年）

2006年，和布克赛尔县房地产需求稳中有升。与此同时，也出现房价过快上涨的现象，百姓住房难问题较为突出。为了解决低收入城镇居民和住房困难家庭的住房问题，和布克赛尔县开始建设经济适用房。当年投资1 228.1万元，共建经济适用房84套，开工建筑面积8 396平方米。

2008年2月19日，和布克赛尔县人民政府出台《和布克赛尔县城镇廉租住房管理办法》。明确县建设行政主管部门是廉租住房管理工作的行政主管部门，负责全县城镇廉租住房政策制定、计划安排、资金筹措、房源落实、建设管理，廉租住房对象的认定，廉租住房的管理、维修，租金的收取、配租方式的审批和租金补贴的发放等工作。2009年，和布克赛尔县商品房价格稳定在1 976元/平方米。

2011—2015年，投资8 816万元建设干部集资楼580套，投资52 376万元建设安居富民住宅小区总建筑面积430 192平方米、824套（包含拆迁安置）。其间2012年，投资1 270万元建设廉租住房300套，投资1 277.8万元建公租房120套，为年内低保户和低收入家庭共808户发放租赁补贴金88.73万元。

## 第二节 住房公积金管理

### 一、住房公积金归集

1997年，和布克赛尔县的各行政事业单位、条管和企业，推行住房公积金制度。行政事业职工和单位住房公积金的缴存比例均为统计部门公布的职工上一年度平均工资的3%。2003年，行政事业职工和单位住房公积金的缴存比例提高到5%，并且补1997年、2002年的2%。

2010年，全县住房公积金的缴存比例提高到12%，成为塔城地区唯一一个比例最高、财政补贴到位的县。规范全县住房公积金的缴存、提取、使用、监督和管理，职工变动工作单位时，其住房公积金可以异地或同城转移。按照《塔城地区住房公积金归集管理办法》执行，让全县各族职工享受到应有的政策实惠。1997—2015年，全县累计归集金额478 617.8万元，归集单位2 239个，总人数86 014人。

## 二、住房公积金提取使用

按照《塔城地区住房公积金提取管理办法》，凡职工购买、建造、翻建、大修自住房，离休、退休，完全丧失劳动能力并与单位终止劳动关系，出境定居，偿还购房贷款本息，房租超出家庭工资收入和规定比例，可以申请提取住房公积金账户内的存储余额。职工在职期间死亡或者被宣告死亡的，其继承人或者受遗赠人可以申请提取住房公积金账户内的存储余额。1997—2015年，全县累计提取金额26 168.41万元。

## 三、住房公积金贷款

按照《塔城地区住房公积金贷款管理办法》，凡各单位和职工个人在履行住房公积金缴存义务，因建房、购房、私房翻修、大修资金不足，可向住房公积金管理中心申请住房专项贷款。2004年，地区制定并执行《塔城地区住房公积金个人贷款管理办法》。贷款额度最高不超过15万元。购买商品房贷款额度为房价的65%～70%；购买二手住房的，贷款额度为房地产评估部门评估价的50%～65%；单位集资建房的，贷款额度为预算房价的70%。贷款期限最长不超过30年，贷款利率执行中国人民银行发布的住房公积金贷款利率。

2004年，开始发放个人住房公积金贷款。截至2015年年底，全县住房公积金贷款人数2 337人，发放个人住房公积金贷款2 319.76万元。个人住房公积金贷款回笼情况正常，资金良性循环。

## 四、住房公积金管理监督

### （一）上级主管部门监管

2003—2015年，塔城地区住房公积金管理中心对和布克赛尔县管理部每年对《住房公积金管理条例》贯彻落实情况进行检查，并要求对存在的问题限时进行整改，也不定期让职工出去学习交流，提高自身的业务素质。年底，要求各县（市）管理部前去塔城地区住房公积金管理中心开总结会，听取各县（市）管理部管理情况的汇报，进行座谈交流，研究加强地区住房公积金管理的思路和工作措施。每年，和布克赛尔县住房公积金管理部按月季年向塔城地区住房公积金管理中心报送住房公积金归集、提取、贷款等业务报表和财务报表，让中心及时了解全县公积金各项业务的开展情况。

### （二）社会监督

2003—2015年，县管理部公开《住房公积金社会服务承诺制度》，并公布投诉电话和投诉处理答复的时限。也向社会公开《住房公积金办事制度》《住房公积金缴存指南》《住房公积金提取指南》《住房公积金个人住房贷款指南》，具体对住房公积金业务的服务项目、办事程序、执法依据、办结时限、服务规范、首问负责等进行公示。每年4月是住房公积金宣传月，以广播、电视宣传住房公积金制度，制作广告宣传牌，举办现场咨询会（街头宣传），分发住房公积金宣传单，解答职工来电来访，在主要街道悬挂宣传布标，出动宣传车，深入各单位宣传公积金管理制度，多方面接受社会监督。

## 五、住房公积金执法

2003—2015年，按《塔城地区住房公积金行政执法程序》进行执法检查，查出单位不办理住房公积金缴存登记或者不为本单位职工办理住房公积金设立手续的违法行为0起，单位逾期不缴或者少缴住房公积金的违法行为0起，单位挪用住房公积金的违法行为0起。

### 六、住房公积金信息化管理

2004年，地区住房公积金中心引进金天鹏信息管理系统软件，对全区住房公积金进行自动化管理，并组织各县（市）管理部住房公积金管理系统职工进行计算机使用和公积金管理软件培训。运用信息化手段能够按时组织完成住房公积金结息工作，实现住房公积金管理与稽核监督的有机整合。地区中心专设信息管理人员，时时监控，2003年至2015年未出差错。

## 第三节　房产管理

### 一、房地产开发企业资质认定

2013年，和布克赛尔县经塔城地区住房和城乡建设局初审后报自治区住房和城乡建设厅批准的四级以上房地产开发企业资质有2家。

2014年，和布克赛尔县经县房地产主管部门初审后报塔城地区住房和城乡建设局批准的暂定级房地产开发企业资质有5家。

### 二、商品房销售管理

2011—2015年期间，商品房销售管理按照法定程序和条件，对新建商品房办理预售共12次。2015年10月起，开始办理销售商品房网上签约、网站上合同备案。在房地产预售和销售过程中未发现合同欺诈、合同违约、中介机构违规、炒卖房号、哄抬房价等不法行为。

# 第四章　建筑业　房地产业

## 第一节　建筑业

### 一、建筑材料

1993年，和布克赛尔县建材企业有县水泥厂、县城空心板预制厂、县二建预制厂、县团结砖厂、和什托洛盖砖厂。

2000年，成立雪山水泥厂（由原县水泥厂改制而成）。2004年，成立鲁丰砖厂。2006年，成立莫特格乡砂石料厂。2007年，成立振兴环保建材厂。2008年，成立振兴苯板厂。2010年，成立龙鑫砂石料厂、鑫隆源矿业有限公司、建友商品砼站。2011年，成立和布克赛尔三源新型建材制造有限公司。2013年，成立正升商品砼站、鑫隆综合实业开发有限公司。2014年，成立鼎丰商品砼站、宇鑫商品砼站。

由于以上厂站及公司的成立，和布克赛尔县建筑材料业产品种类不断增加。至2015年，除钢材、装饰及水电暖材料不能直接厂购外，其他建筑材料基本满足全县建筑业日常生产的需求。

### 二、建筑市场管理

1993年起，县人民政府建设科履行建筑市场管理职能。1997年起，由和布克赛尔县建设局对全县建筑市场进行管理。

建筑市场实行规范化管理，县境内基建均需按规定履行报批手续；凡造价50万元以上的单位建设工程必须由县招投标领导小组拟标，施工企业参加投标，择优选定设计和施工队伍；坚持建筑专业人员培训，实行持证上岗制度，杜绝施工企业私招乱雇临时工；整顿建筑市场，制定相应措施和管理办法，跨地区的建筑施工企业劳动力均要经过审核，核定其等级，发放施工许可证。建管科根据以上制度加强建筑市场监督检查，每年5—9月每月组织2次以上建筑市场整顿检查，对检查中出现的问题及时通报，对问题企业记入黑名单。

1993—2015年，累计培训上岗建筑专业人员2 300人次；纠正无证设计、无立项、未批先建的项目现象，补办施工许可证120份。

2015年1月起，非国有投资项目不需要公开进行招投标，实行招投标备案制度；招标预审、施工许可手续均实行网上办理。

### 三、建筑质量监督

1993—1999年，和布克赛尔县的工程质量监督机构为和布克赛尔县建筑工程质量监督站，监督站的人员由监督站站长及质量监督员2～3人组成，主要负责县辖区内建筑工程质量的监督管理工作。

2000年起，和布克赛尔县工程质量的监督方式及内容发生重要转变，原来的工程质量监督站对工程质量的等级评定转为对工程质量实体的抽查及对工程建设责任方质量行为的监督，由五方（建设单位、监理单位、施工单位、设计单位、勘察单位）责任主体进行验收，工程质量监督站只负责行为监督。

2006—2011年，有两项工程被自治区评为“天山杯”工程：和布克赛尔县赛尔宾馆扩建工程，结构类型为框架结构，层数为地下一层、地上四层，建筑面积6 499.4平方米，开工日期2006年6月20日，竣工日期2007年11月30日；和布克赛尔县人民医院门诊住院综合楼，结构类型为框架结构，层数为地下一层、地上七层，建筑面积16 810.15平方米，开工日期2011年5月1日，竣工日期2013年5月6日。

2015年，开展“工程质量治理两年行动”，落实建筑工程五方主体项目负责人质量终身责任。按照《建筑工程五方责任主体项目负责人质量终身责任追究暂行办法》规定，建设单位项目负责人、勘察单位项目负责人、设计单位项目负责人、施工单位项目经理和监理单位总监理工程师在工程设计使用年限内，承担相应的质量终身责任。为做好对全县在建工程的市场行为、质量责任的监督管理工作，全年监督工程39项，其中新建建筑工程14项，跨年度工程25项，监督总面积25.3万平方米。在全县范围内共开展4次建筑工程执法检查，下发质量安全整改通知书14份，停工通知书2份。检查中对5名项目经理进行记分处罚；通报表扬好的项目4个，通报批评差的项目2个。

### 四、重点建筑企业

和布克赛尔县的重点建筑企业是新疆正升建设工程有限责任公司，组建于1998年，前身是和布克赛尔县青年建筑队。公司自成立起，本着诚实守信、开拓创新的企业精神拓展市场，至2015年发展成为全疆地州建筑施工骨干企业，在全疆各地州共设7个分公司。公司注册资本金从成立之初的500万元增为1亿元，资质等级由房屋建筑暂定四级逐步扩展成为建筑施工总承包壹级、市政施工总承包贰级、水利水电施工总承包贰级、钢结构专业承包贰级、公路施工总承包叁级、城市园林绿化叁级、起重设备安装专业承包叁级、建筑装修装饰专业承包贰级、预拌商品混凝土专业叁级。

1998—2015年，累计完成施工产值60多亿元，上缴财税3.9亿元，先后为扶贫帮困、金秋助学、抗震救灾、新农村建设捐款达80余万元。2008—2011年，连续被自治区建设厅评为“优秀施工企业”；被中国农业银行新疆分行授予“AAA级信用等级企业”。2008—2014年，连续被塔城地委、行署评定为“优秀纳税企业”。2010—2015年，连续被中国质量认证中心授予质量管理体系认证证书；先后获自治区优质工程（天山奖）2项、自治区级“文明施工现场”奖20项、塔城地区“红花杯”优质工程奖15项、文明施工奖21项。2013年，被国家工商管理总局认定为“守合同重信用企业”。

## 第二节　房地产业

### 一、房地产开发投资

2002年，和布克赛尔县兴起房地产开发热。至2015年，房地产开发投资额28 040万元，商品房施工面积18.78万平方米，其中商品住宅10.42万平方米；商品房竣工面积12.45万平方米，其中商品住宅8.17万平方米。

**2002—2015年和布克赛尔县房地产开发投资情况表**

表4－6

| 年份（年） | 房地产开发投资（万元） | 商品房施工面积（万平方米） | | 商品房竣工面积（万平方米） | |
|---|---|---|---|---|---|
| | | 面　积 | 其中住宅 | 面　积 | 其中住宅 |
| 2002 | 950 | 1.3 | 1 | 0.8 | 0.7 |
| 2003 | 850 | 1.2 | 1.1 | 0.7 | 0.65 |
| 2004 | — | — | — | — | — |
| 2005 | 650 | 0.9 | 0.8 | 0.5 | 0.4 |
| 2006 | — | — | — | — | — |
| 2007 | 2 440 | 2.41 | 2.41 | 2.11 | 2.11 |
| 2008 | 2 200 | 1.33 | 1.17 | 1.33 | 1.17 |
| 2009 | 8 050 | 5.4 | 2.75 | 4.2 | 2.35 |
| 2010 | 1 000 | 0.59 | 0.59 | 0.59 | 0.59 |
| 2011 | 3 600 | 0.62 | — | 0.62 | — |
| 2012 | — | — | — | — | — |
| 2013 | — | — | — | — | — |
| 2014 | 7 600 | 4.43 | — | 1.4 | — |
| 2015 | 500 | 0.6 | 0.6 | — | — |

## 二、房地产开发企业

2002—2010年，和布克赛尔县区域内房地产开发企业总计3家，其中具有国家三级房地产开发企业资质2家、四级（含暂定级）房地产开发企业资质1家。

2013—2015年，和布克赛尔县新增房地产开发企业2家：和布克赛尔县福源恒房地产投资开发有限公司、和布克赛尔县新泰丰房地产开发有限公司，均在和什托洛盖镇进行房地产开发。

## 三、集资房建设

2008年6月，和布克赛尔县对全县行政事业单位集资建房工作进行普遍调查，共有1 543人填写调查表，发现全县多数干部职工未享受集资建房和房改优惠政策。经县委研究决定下发《关于印发〈和布克赛尔县党政机关和事业单位集资建房及统筹住房工作实施方案〉的通知》，同意在县和什托洛盖镇集资建房995套，至2011年全部竣工。

## 四、商品房开发与住宅小区建设

### （一）和布克赛尔县商品房小区

2007年4月至2010年12月，建设振兴花苑。该项目位于和布克赛尔县赛尔南街西侧，总用地面积8.27公顷，总建筑面积1.2万平方米。其中5层住宅楼18幢、4层住宅楼11幢，包括廉租楼及经济适用房。住宅建筑面积10.33万平方米，公共建筑面积1.67万平方米；容积率1.3，绿化面积2.87万平方米，绿化率34.69%，停车位346个。总投资1.8亿元。

### （二）住宅小区建设

1993—2009年，和布克赛尔县先后建设的住宅小区有邮政小区、赛尔小区、财政小区、教育小区等13个住宅小区，总建设面积8万平方米。天富花园属于干部集资楼，多层（1#、2#、3#楼3栋楼），征收安置楼，总建筑面积1.79万平方米，高层集资楼，4栋12层，总建设面积5.47万平方米。总投资1.1亿元。

2010—2015年，和布克赛尔县建设的安居富民工程总建筑面积345 318.29平方米，总投资5.1亿元。具体建设项目内容和投资情况如下：

1. 2010年幸福家园农牧民定居工程、廉租楼

该小区项目建设分为15栋农牧民定居楼和2栋廉租楼，该项目总投资0.62亿元，项目总用地面积5.91公顷；总建筑面积51 300平方米。

2. 2011年和布克赛尔镇安居富民工程（一期、二期、三期）

该工程建设地点设为3处，总建筑面积121 070平方米，总计41栋楼，总居住套数1 200套（其中农牧民安居房800套，拆迁安置房400套），总投资1.5亿元。

3. 2012年安居富民工程（四期、五期、六期）

该工程新建28栋楼，1 000套（其中农牧民安居房700套、拆迁安置房300套），总建筑面积91 344平方米，总投资1.65亿元。其中四期建设14栋住宅楼，440套，总投资0.7亿元，建筑面积6.8万平方米，占地面积7.52公顷；邮电小区 6栋住宅楼，185套，占地面积1.6公顷，总建筑面积22 295.7平方米，总投资0.33亿元。东归小区12栋住宅楼，374套，占地面积3.3公顷，总建筑面积43 412.93平方米，总投资0.63亿元。

4. 2013年安居富民工程

该工程建设地点为3处，其中县城建局对面为和谐小区，用地面积2.9公顷，建筑面积46 814.53平方米，新建10栋住宅楼，居住套数372套，计划总投资0.77亿元；安居富民三期内新建2栋楼住宅楼，建筑面积6 276.57平方米，居住套数54套，计划总投资0.1亿元；安居富民四期内新建3栋楼住宅楼，建筑面积10 096.16平方米，居住套数80套，计划总投资0.16亿元。

5. 2014年安居富民工程

幸福家园五期位于县畜牧局北侧，用地面积1.2公顷，建筑面积16 865.77平方米，新建4栋住宅楼，居住套数138套，计划总投资0.24亿元。三期五标段位于安居富民三期24#、25#楼南侧，建筑面积7 658.24平方米，新建2栋住宅楼，居住套数80套，计划总投资0.11亿元。幸福一期二标位于幸福家园社区办公楼北侧，建筑面积2 650.95平方米，新建3栋住宅楼，居住套数70套，计划总投资0.09亿元。

6. 2015年安居富民工程

市场巷老供热站新建安居富民4#、5#商住楼，用地面积3 619.4平方米，建筑面积7 614.8平方米，新建2栋住宅楼，居住套数76套，总投资0.12亿元。

幸福家园北侧新建保障性住房1#、2#楼，用地面积5 421平方米，建筑面积9 879.78平方米，新建2栋住宅楼，居住套数140套，总投资0.13亿元。

# 第五章　环境保护

## 第一节　环境管理

2000年，和布克赛尔县开始注重环境管理工作，开展工程建设领域突出环境问题专项治理、畜禽养殖专项治理、整治违法排污企业等环保专项行动。全年专项行动共监察污染源209个、384次，出动车辆96车次，出动检查人数288人次。具体措施：开展危险废物源调查，共排查出危险源单位10家，其中国家级危险源1家、自治区级危险源9家，尤其对重点医院医疗垃圾的产量、管理及处理情况进行重点检查；加强污水处理厂的环境监管，以监管出水水质情况、检查设施运行情况、监督污泥处置情况为主要内容；在全县范围内开展辐射源调查活动，排查使用射线装置的单位8家；落实和完善环境信访制度，安排专人24小时值班，全年共办理信访案件6起，办理人大代表的提案1起，信访案件办结率达到100%。

2006年，和布克赛尔县实行环境目标责任制，与22个成员单位、20个工矿企业、3个医疗机构签订环境保护目标责任书。全年建设项目环境影响评价率达100%，建设项目“三同时”（同时设计、同时施工、同时运行）执行率达100%。在和布克赛尔镇与和什托洛盖镇加强供暖线改造工作，逐步拆除排污量高、使用不规范的零星小锅炉，集中供热率达80%以上。城镇空气质量1级、2级天数达80%以上。认真执行《排污费征收管理使用条例》，共开展排污申报登记单位140家，下达排污费通知单140份，实际征收140份，合计征收金额30.27万元。

2009年，县环保部门对建设项目环境影响评价文件进行分级审批、预审，共办理建设项目环境影响登记表135项，出具预审35项。要求污染治理设施与主体工程“三同时”，共对206个建设项目进行竣工环境保护验收。提请县人民政府下发《和布克赛尔县2009年主要污染物排放总量控制计划》，并将减排任务纳入到目标责任书中，实施污染防治现场监督管理260次，对境内减排企业监察60次并就6家企业进行挂牌督办。全县共完成二氧化硫削减468吨，化学需氧量削减28.54吨。依法征收排污费60万元，完成征收任务的100%。

2012年，制定《和布克赛尔县2012年主要污染物排放总量控制计划》及《和布克赛尔县十二五主要污染物排放总量控制规划》，在全疆率先完成县域内环境保护规划的编制工作，并通过县人大批准执行。全县8个乡场镇编制完成农村环境保护"以奖促治"项目可行性研究报告，指派专人跟踪负责完善项目库管理工作，实现项目建设一批、储备一批。局环境监察大队年内共出动监察车辆170余台次、监察人员600余人次，对全县重点和一般企业进行监察，针对检查发现的问题，下发整改通知2份、限期改正通知10份。年内完成二氧化硫消减量96.9吨，完成计划任务的121.1%。新开工建设项目环评执行率达到100%，"三同时"执行率100%。依法征收排污费108万元，完成征收任务的120%。

2015年，对重点企业每月不少于1次现场监察，对一般污染企业每季度不少于1次现场监察，其他企业每年不少于2次现场监察，主要对新、扩、改建工程项目中存在的未批先建、未验先投等不执行环境影响评价制度、"三同时"制度的违法行为以及偷排污染物或擅自不正常使用污染防治设施的行为，加大监督检查和处罚力度。局环境监察大队开展专项环境执法检查220人次，出动执法车辆120台次，检查排污企业、建设项目及乡镇场饮用水源保护区357家（个），共下达责令整改决定书2份，实施行政处罚3个。全面使用环保部开发的"排污费征收管理系统"，开展排污企业排污费核征工作，拓宽征收渠道，做到应收尽收，共对40家排污单位完成征收工作，累计入库排污费99.5万元。

## 第二节　环境质量监测

2001年以前，和布克赛尔县未做常年环境质量监测。自2002年起，县环保部门开始对全县的环境质量进行常年监测统计，总体状况良好。2012年，县环保局争取到环保部"加强县级环境监测能力建设"项目资金166万元，完成和布克赛尔县监测站三级站标准化建设，并通过地区验收。

### 一、环境空气质量

2002—2015年，县环保部门按照国家的《环境空气质量标准》（GB3095-1996）和《环境空气质量指数（AQI）技术规定》（HJ633-2012）进行监测统计，和布克赛尔县空气质量均符合标准要求，全县空气质量好于二级天数达到90%以上，空气质量良好。

### 二、水环境质量

和布克赛尔县地表水主要是和布克河。2002—2015年，县环保部门对和布克河实行常年监测，监测断面3个，监测频次为两年，于每年5月、11月实施检测。监测结果表明，和布克河各断面水质均达到或好于国家《地表水环境质量标准》（GB3838-2002）中II级标准，达标率为100%。和布克赛尔县集中式饮用水水源地为巴音布鲁克集中式饮用水水源地，每月监测1次。监测结果表明，饮用水水源地水质达到《地下水环境质量标准》（GB14848-93）中III级标准，水质优良。

### 三、声环境质量

2002—2015年，和布克赛尔城市区域环境噪声监测点覆盖县城城区，区域环境噪声昼间年均值为50.5dB(A)，总体符合《声环境质量标准》要求，区域环境噪声质量等级为良好，交通干线噪声平均值小于等于70dB规定标准要求，声环境质量总体水平处于良好状况。

## 第三节 环境治理

1993—2002年，和布克赛尔县未实施重大环境治理工程。2003—2006年，全县实施三期草原退牧还草18.67万公顷，三期累计围栏总面积24万公顷，其中补播改良区6 667公顷，累计人工围栏草场总面积占全县可利用草场面积的18.9%。全县造林面积1 140公顷，其中农田防护林33.4公顷，山区天然林和荒漠林得到保护。县城镇绿化覆盖率达33.1%，绿地率达32%，人均公共绿地面积9.96平方米。建立填埋式垃圾场1座，垃圾处理率达90%。县城镇主要街道实现全天12小时清扫保洁，日清扫面积达10.2万平方米，人均清扫面积达0.68万平方米/天。

2011年，根据地区环保局下达的减排任务和县政府下发的总量控制计划，县环保局积极协调各部门、各企业，努力推动污染减排及在线监测系统的安装工作。根据《塔城地区2011年主要污染物排放总量控制计划》，结合和布克赛尔县主要污染排放，确定重点减排企业。在全县环保会议上与企业及相关单位签订了环境环保目标责任书，并制定《和布克赛尔县2011年主要污染物排放总量控制计划》，其中，县供热站$SO_2$削减30吨；和什托洛盖镇供热站$SO_2$削减30吨；和什托洛盖供排水管理站COD削减20吨。加强和什托洛盖供排水管理站污水处理厂运行监督，加强污水处理厂水质的监督性监测，全面分析、掌控污水处理厂运行及污染物排放情况。重点检查烟气脱硫设施运行情况、连续监测设备运行情况。全年削减任务$SO_2$为60吨、COD为20吨，实际削减$SO_2$达149.15吨、COD达33.4吨。

2015年，根据《塔城地区2015年主要污染物排放总量控制计划》，结合和布克赛尔县主要污染排放，县环保局核实完善减排项目信息，明确减排清单，具体落实到责任单位、责任人，制定《和布克赛尔县2015年主要污染物排放总量控制计划》，并提请县人民政府下发至各相关单位执行。具体措施：加强对重点排污企业和减排项目的日常监察，局环境监察大队对全县列入“十二五”减排计划的减排项目及时督查，每月进行现场监察至少1次；各减排项目进展顺利，全年各减排档案均上报地区环保局审核，再由地区环保局统一上报自治区环保厅审核认定；成功实施县2014年农村环境连片整治示范项目，总投资121万元，其中上级专项资金80万元、地方配套资金41万元。该项目位于铁布肯乌散乡乌兰布拉村、铁布肯乌散村、青登村，那仁和布克牧场、布德恩江村，工程设计内容：240升铁质垃圾桶400个，垃圾船18个，手推式保洁车8辆，分类垃圾箱84个，粪便清运车1辆，贮存池2座，饮用水水源地保护围栏2 400米，标志25个。整个项目于2015年7月底全部竣工，实现“当年开工、当年完工、当年使项目区农牧民受益”。

# 第五编

# 交通运输

1993年，和布克赛尔县有国道、省道、县乡道等各种公路总长704千米。其后公路建设逐年加快，增加长度，提高等级，改善路况，至2015年全县国道、省道、县乡道等各种公路总长达到1 128.88千米，比1993年增加424.88千米，年均增长2.17%。

全县重点交通运输企业有新疆兴塔运输（集团）有限公司和布克赛尔县运输公司、和布克赛尔县顺捷客运有限公司、和布克赛尔县兴达出租车有限责任公司、和布克赛尔县彪海运输有限责任公司、和布克赛尔县驰骋运输有限责任公司、和布克赛尔县宏运工贸有限公司、全荣公司、和布克赛尔县兴盛运输有限公司等。

2015年，全县客运量347万人，比1993年增加275万人，年均增长7.41%；客运周转量16 900万人千米，比1993年增加13 902万人千米，年均增长8.18%。货运量194万吨，比1993年增加191万吨，年均增长20.87%；货运周转量45 720万吨千米，比1993年增加44 230万吨千米，年均增长16.84%。

# 第一章　机构队伍

## 第一节　行政机构

1993年，和布克赛尔县交通局，内设办公室，有干部职工4人。1998年增至5人，2007年增至8人。

2012年，县交通局更名为和布克赛尔县交通运输局（简称“县交通运输局”）。

2013年，县交通运输局内设城市客运管理办公室，有干部职工9人。

2015年，县交通运输局内设机构未变，有干部职工14人。

## 第二节　事业机构

### 一、公路管理分局

1993年，和布克赛尔公路段有干部职工72人。1994年有84人，1997年有83人，2002年有88人，2008年有84人。

2011年4月15日，根据《新疆自治区公路管理局系统机构编制方案》和《全区公路管理机构升格挂牌方案》文件精神及自治区交通运输厅、自治区公路管理局的工作部署，和布克赛尔公路段更名为塔城公路管理局和布克赛尔分局（简称县公路管理分局），内设办公室，有干部职工32人。

2015年，和布克赛尔公路管理分局内设办公室，下辖养护工区2个、服务区2个、和布克赛尔道班1个，共有职工138人，其中在职职工102人，退休职工36人。

### 二、路政管理局

1993年，和布克赛尔路政队隶属和布克赛尔公路段。

2011年4月，经体制改革成立和布克赛尔路政管理局，内设办公室，有干部职工5人。至2015年未变。

### 三、道路运输管理局

1993年，和布克赛尔县公路运输市场管理站（简称“县运管站”）办公地址在和什托洛盖镇迭伦南街54号，有干部职工4人。1997年有3人，2001年有5人，2002年有4人，2004年有7人，2006年有3人。

2010年，县运管站更名为和布克赛尔县道路运输管理局，内设办公室，有干部职工4人。2011年，有干部职工5人，至2015年未变。

# 第二章　公路交通

## 第一节　公路建设

### 一、国道

G217线：为阿勒泰市到独山子的三级沥青公路，在县境内长114千米。从县境东北角的霍勒河开始．向西经过博布呼都格、伊克乌图布拉格，再向南越阿尔格勒特山，经过和什托洛盖镇一直到阿热禧山南麓出县境。该路和什托洛盖镇以南一段为1962年以前修筑，以北一段为1983年修筑。1998年，国家投资改建。

G3014线：由克拉玛依市至乌尔禾至福海，在县境内长149千米，途径福海县、和布克赛尔、克拉玛依市。

### 二、省道

S318线：该公路起点为国道217线上的巴嘎乌图布拉格牧场，向西经过布斯屯格牧场、巴音敖包乡、查干库勒乡、莫特格乡到和布克赛尔镇，再向南过和布克河，越过哈同山，再沿哈同山南麓向西到纳木郭勒（白杨河）．出县境经铁厂沟至额敏、塔城。这条公路在县境内218千米，铁厂沟岔路E1至塔城已全部实现路面黑色化、桥涵永久化标准。1987年由县交通局将从伊克乌图布拉格牧场到和布克赛尔镇的51千米公路作为县乡道路进行修筑。修建成沙石路面公路，宽8.5米。1995年，县交通局又对该路进行改建，建成三级沥青路面公路。其余从县城至铁厂沟岔路E1为自然路面。2002年，县交通局将该路移交给县养路段管养。原线路编号为省道2393线。1998年，线路编号更改为省道318线。2004年8月动工改建。

S225线：该条公路在县境内长42千米。起点为国道217线上的和什托洛盖镇，向西北越过阿德尔格山、和布克河至和布克赛尔镇。1977年以前是简易公路。1977—1982年改建为沥青路面，沿途有3座钢筋混凝土桥和8个涵洞。原线路编号为省道2394线，1998年更改为省道225线。2012年开始改建，2014年年底交工通车。

### 三、县、乡道路

1993—2015年，和布克赛尔县有县级公路4条，总里程127.672千米；乡级公路39条，总里程402.609千米。

## 和布克赛尔县公路情况表(截至2015年)(一)

表5－1

| 行政等级<br>路线代码 | 起止点桩号 | | 实际里程 |
| --- | --- | --- | --- |
| | 起点 | 止点 | 千米 |
| 甲 | 1 | 2 | 3 |
| 合计 | — | — | 530.281 |
| 县道 | — | — | 127.672 |
| X790654226 | S318线(K211+065) | 和什托洛盖镇 | 30.921 |
| X834654226 | G217K350+282 | 新乌森盐场 | 25.4 |
| X835654226 | 和什托洛盖镇 | 查和特乡 | 68.433 |
| X837654226 | 那仁和布克牧场 | 铁布肯乌散乡 | 2.918 |
| 乡道 | — | — | 402.609 |
| Y001654226 | 铁布肯乌散乡 | 科克莫敦村 | 10.09 |
| Y002654226 | 查干库勒乡 | 伊克库热村 | 2.88 |
| Y003654226 | G217(K207+405) | 伊克乌图布拉格牧场 | 1 |
| Y004654226 | G217(K210+350) | 巴嘎乌图布拉格牧场 | 1.5 |
| Y005654226 | 昆得令村 | 夏尔托热村 | 1.001 |
| Y006654226 | X835线(K27+400) | 科克莫敦尼布呼村 | 9.838 |
| Y007654226 | 夏孜盖乡 | 阿格湾呼勒呼村 | 5.84 |
| Y008654226 | 科克莫敦村 | 查干阿德尔格村 | 3.07 |
| Y009654226 | X837(K18+020) | 布德恩江村 | 2.79 |
| Y010654226 | X837(K18+770) | 库尔旦夏尔村 | 2.41 |
| Y011654226 | Y001(K9+950) | 巴音温都尔村 | 5.35 |
| Y012654226 | 夏孜盖乡 | 图拉村 | 9.924 |
| Y013654226 | 克勒根特村 | 阿拉腾布拉格村 | 1.15 |
| Y014654226 | 查干库勒乡 | 松树沟 | 29.333 |
| Y015654226 | 莫特格乡 | 吉木格尔村 | 19.27 |
| Y016654226 | 莫特格乡 | 哈尔嘎特村 | 12.15 |
| Y017654226 | 莫特格乡 | 套瓦契村 | 8.07 |
| Y018654226 | 夏孜盖乡 | 胡增村 | 29.39 |
| Y019654226 | 哈布特盖夏尔村 | 道兰特村 | 6.524 |
| Y020654226 | Y019(K2+076) | 查干库勒村 | 0.54 |
| Y021654226 | 和什托洛盖镇 | 西特木恩哈其克村 | 15.53 |
| Y022654226 | G217(K246+250 | 加音塔然村 | 16.59 |
| Y023654226 | S318(K100+590) | 乌兰哈德村 | 17.44 |
| Y024654226 | 和什托洛盖镇 | 布拉图村 | 3.93 |
| Y025654226 | S225(K35+540) | 查斯托洛盖村 | 1.39 |
| Y026654226 | Y006(K5+740) | 谢仁托热村 | 1.24 |
| Y027654226 | Y006(K3+550) | 托热特村 | 0.696 |
| Y028654226 | Y007(K5+290) | 巴音托洛盖村 | 0.415 |
| Y029654226 | Y007(K4+580) | 巴音托洛盖村 | 1.249 |

续表5－1

| 行政等级<br>路线代码 | 起止点桩号 | | 实际里程 |
| --- | --- | --- | --- |
| | 起点 | 止点 | 千米 |
| 甲 | 1 | 2 | 3 |
| Y031654226 | X835（K21+550） | 查干恩格村 | 0.758 |
| Y032654226 | X837（K7+150） | 伊森托洛盖村 | 14.49 |
| Y033654226 | G217（K207+150） | 迭伦村 | 34.16 |
| Y034654226 | 兵团184团八连 | 夏孜盖盐场 | 15.7 |
| Y035654226 | S318线（K206+350）岔口 | 查干阿德尔格村 | 46.49 |
| Y036654226 | SY030岔口 | 赛尔社区 | 11.004 |
| Y037654226 | Y036岔口 | 哈同社区 | 7.837 |
| Y038654226 | Y030岔口 | 查干屯格社区 | 9.225 |
| Y039654226 | Y030岔口 | 蒙根敖包社区 | 11.373 |
| Y040654226 | X835线K86.2 | 夏孜街盐场 | 30.972 |

## 和布克赛尔县公路情况表（截至2015年）（二）

表5－2

| 行政等级<br>路线代码 | 公路技术状况 | | | | | | 设计车速 |
| --- | --- | --- | --- | --- | --- | --- | --- |
| | 等级公路 | | | | | 等外公路 | |
| | 合计 | 一级 | 二级 | 三级 | 四级 | | |
| | 千米 | 千米 | 千米 | 千米 | 千米 | 千米 | 千米/小时 |
| 甲 | 4 | 5 | 6 | 7 | 8 | 9 | 10 |
| 合 计 | 402.617 | — | — | 113.646 | 288.971 | 127.664 | — |
| 县道 | 127.672 | — | — | 113.646 | 14.026 | — | — |
| X790654226 | 30.921 | — | — | 30.921 | — | — | 40 |
| X834654226 | 25.4 | — | — | 25.4 | — | — | 40 |
| X835654226 | 68.433 | — | — | 54.407 | 14.026 | — | 40 |
| X837654226 | 2.918 | — | — | 2.918 | — | — | 40 |
| 乡道 | 274.945 | — | — | — | 274.945 | 127.664 | — |
| Y001654226 | 10.09 | — | — | — | 10.09 | — | 20 |
| Y002654226 | 2.88 | — | — | — | 2.88 | — | 20 |
| Y003654226 | 1 | — | — | — | 1 | — | 20 |
| Y004654226 | 1.5 | — | — | — | 1.5 | — | 20 |
| Y005654226 | — | — | — | — | — | 1.001 | 20 |
| Y006654226 | 9.838 | — | — | — | 9.838 | — | 20 |
| Y007654226 | 5.84 | — | — | — | 5.84 | — | 20 |
| Y008654226 | 3.07 | — | — | — | 3.07 | — | 20 |
| Y009654226 | 2.79 | — | — | — | 2.79 | — | 20 |
| Y010654226 | 2.41 | — | — | — | 2.41 | — | 20 |
| Y011654226 | 5.35 | — | — | — | 5.35 | — | 20 |
| Y012654226 | 9.924 | — | — | — | 9.924 | — | 20 |

续表5-2

| 行政等级<br>路线代码 | 公路技术状况 | | | | | | 设计车速 |
|---|---|---|---|---|---|---|---|
| | 等级公路 | | | | | 等外公路 | |
| | 合计 | 一级 | 二级 | 三级 | 四级 | | |
| | 千米 | 千米 | 千米 | 千米 | 千米 | 千米 | 千米/小时 |
| 甲 | 4 | 5 | 6 | 7 | 8 | 9 | 10 |
| Y013654226 | 1.15 | — | — | — | 1.15 | — | 20 |
| Y014654226 | 12.961 | — | — | — | 12.961 | 16.372 | 20 |
| Y015654226 | 19.27 | — | — | — | 19.27 | — | 20 |
| Y016654226 | 12.15 | — | — | — | 12.15 | — | 20 |
| Y017654226 | 8.07 | — | — | — | 8.07 | — | 20 |
| Y018654226 | 29.39 | — | — | — | 29.39 | — | 20 |
| Y019654226 | 6.524 | — | — | — | 6.524 | — | 20 |
| Y020654226 | 0.54 | — | — | — | 0.54 | — | 20 |
| Y021654226 | 15.53 | — | — | — | 15.53 | — | 20 |
| Y022654226 | 16.59 | — | — | — | 16.59 | — | 20 |
| Y023654226 | 17.44 | — | — | — | 17.44 | — | 20 |
| Y024654226 | 3.93 | — | — | — | 3.93 | — | 20 |
| Y025654226 | — | — | — | — | — | 1.39 | 20 |
| Y026654226 | 1.24 | — | — | — | 1.24 | — | 20 |
| Y027654226 | 0.696 | — | — | — | 0.696 | — | 20 |
| Y028654226 | 0.415 | — | — | — | 0.415 | — | 20 |
| Y029654226 | — | — | — | — | — | 1.249 | 20 |
| Y031654226 | 0.758 | — | — | — | 0.758 | — | 20 |
| Y032654226 | — | — | — | — | — | 14.49 | 20 |
| Y033654226 | 34.16 | — | — | — | 34.16 | — | 20 |
| Y034654226 | — | — | — | — | — | 15.7 | 20 |
| Y035654226 | — | — | — | — | — | 46.49 | 20 |
| Y036654226 | 11.004 | — | — | — | 11.004 | — | 20 |
| Y037654226 | 7.837 | — | — | — | 7.837 | — | 20 |
| Y038654226 | 9.225 | — | — | — | 9.225 | — | 20 |
| Y039654226 | 11.373 | — | — | — | 11.373 | — | 20 |
| Y040654226 | — | — | — | — | - | 30.972 | 20 |

### 四、专用公路

Z810线：70千米，2004年开始修建，2005年交工通车，起点为和布克赛尔县城，终点为阿吾斯奇边防站。

Z814线：0.895千米，是乌图布拉克高速公路连接线，为沥青二级公路，于2012年开始修建，2014年交工通车。

Z818线：4.7千米，起点为和布克赛尔县山口，终点为伊森托洛盖村。

## 第二节 桥梁建设

2015年，和布克赛尔县辖区内有桥梁31座（中桥3座、小桥28座），涵洞447座（明涵262道、暗涵185道）。

### 1993—2015年和布克赛尔县桥梁基础数据情况表（一）

表5-3

| 序号 | 路线编号 | 中心桩号 | 桥梁名称 | 桥梁分类 | 设计荷载等级 |
|---|---|---|---|---|---|
| 1 | 省道225线 | K0+934 | 和丰县南桥 | 小桥 | 公路Ⅱ级 |
| 2 | 省道225线 | K10+118 | 依森托洛盖桥 | 小桥 | 公路Ⅰ级 |
| 3 | 省道225线 | K33+567 | 水泥厂桥 | 小桥 | 公路Ⅰ级 |
| 4 | 省道225线 | K41+502 | 和布克果勒中桥 | 中桥 | 公路Ⅰ级 |
| 5 | 省道318线 | K165+368 | 查干库勒村小桥 | 小桥 | 公路Ⅱ级 |
| 6 | 省道318线 | K166+769 | 查干库勒乡小桥 | 小桥 | 公路Ⅱ级 |
| 7 | 省道318线 | K170+476 | 拉乌伦小桥 | 小桥 | 公路Ⅱ级 |
| 8 | 省道318线 | K180+849 | 莫特格村小桥 | 小桥 | 公路Ⅱ级 |
| 9 | 省道318线 | K181+235 | 奎特克小桥 | 小桥 | 公路Ⅱ级 |
| 10 | 省道318线 | K186+973 | 南桥一桥 | 小桥 | 公路Ⅱ级 |
| 11 | 省道318线 | K190+337 | 南桥二桥 | 小桥 | 公路Ⅱ级 |
| 12 | 省道318线 | K194+067 | 和布克河桥 | 中桥 | 公路Ⅱ级 |
| 13 | 省道318线 | K217+325 | 巴音布拉格村一桥 | 小桥 | 公路Ⅱ级 |
| 14 | 省道318线 | K218+177 | 巴音布拉格村二桥 | 中桥 | 公路Ⅱ级 |
| 15 | 省道318线 | K221+166 | 图拉一桥 | 小桥 | 公路Ⅱ级 |
| 16 | 省道318线 | k221+774 | 图拉二桥 | 小桥 | 公路Ⅱ级 |
| 17 | 省道318线 | K223+367 | 图拉三桥 | 小桥 | 公路Ⅱ级 |
| 18 | 省道318线 | K223+811 | 图拉四桥 | 小桥 | 公路Ⅱ级 |
| 19 | 省道318线 | K225+770 | 图拉五桥 | 小桥 | 公路Ⅱ级 |
| 20 | 省道318线 | K227+130 | 图拉六桥 | 小桥 | 公路Ⅱ级 |
| 21 | 省道318线 | k245+552 | 伊克托里一桥 | 小桥 | 公路Ⅱ级 |
| 22 | 省道318线 | K251+454 | 伊克托里二桥 | 小桥 | 公路Ⅱ级 |
| 23 | 省道318线 | K254+894 | 伊克托里三桥 | 小桥 | 公路Ⅱ级 |
| 24 | 省道318线 | K255+124 | 伊克托里四桥 | 小桥 | 公路Ⅱ级 |
| 25 | 省道318线 | K255+402 | 伊克托里五桥 | 小桥 | 公路Ⅱ级 |
| 26 | 省道318线 | K255+865 | 伊克托里六桥 | 小桥 | 公路Ⅱ级 |
| 27 | 专用公路810线 | K15+640 | 那仁和布克一桥 | 小桥 | 公路Ⅱ级 |
| 28 | 专用公路810线 | K16+399 | 那仁和布克二桥 | 小桥 | 气—15、挂—80 |
| 29 | 专用公路810线 | K46+380 | 阿吾斯奇桥 | 小桥 | 气—15、挂—80 |
| 30 | 专用公路814线 | K0+064 | 乌图布拉克连接线小桥 | 小桥 | 公路Ⅰ级 |
| 31 | 专用公路818线 | K2+201 | 依森托洛盖村桥 | 小桥 | 公路Ⅱ级 |

**1993—2015年和布克赛尔县桥梁基础数据情况表（二）**

续表5－4

| 序号 | 路线编号 | 桥梁全长（米） | 桥跨组合 | 桥面全宽（米） | 桥梁斜度(°) | 修建年月 |
|---|---|---|---|---|---|---|
| 1 | 省道225线 | 41.90 | 2~13 | 24 | 90 | 2013年9月 |
| 2 | 省道225线 | 19.04 | 1~13 | 12.5 | 105 | 2014年6月 |
| 3 | 省道225线 | 32.04 | 2~13 | 13 | 120 | 2014年6月 |
| 4 | 省道225线 | 46.04 | 2~20 | 13 | 90 | 2014年6月 |
| 5 | 省道318线 | 22.71 | 1~10 | 8.5 | 90 | 2006年11月 |
| 6 | 省道318线 | 35.04 | 2~13 | 8.5 | 120 | 2006年11月 |
| 7 | 省道318线 | 15.04 | 1~10 | 8.5 | 90 | 2006年11月 |
| 8 | 省道318线 | 22.04 | 1~13 | 8.5 | 90 | 2006年11月 |
| 9 | 省道318线 | 22.00 | 2~8 | 10.12 | 90 | 2003年10月 |
| 10 | 省道318线 | 34.04 | 2~13 | 8.5 | 90 | 2006年11月 |
| 11 | 省道318线 | 16.57 | 1~8 | 8.5 | 90 | 2006年11月 |
| 12 | 省道318线 | 69.04 | 4~16 | 10 | 90 | 2006年11月 |
| 13 | 省道318线 | 35.04 | 2~13 | 8.5 | 90 | 2006年11月 |
| 14 | 省道318线 | 53.04 | 3~16 | 10 | 90 | 2006年11月 |
| 15 | 省道318线 | 21.62 | 2~8 | 8.5 | 90 | 2006年11月 |
| 16 | 省道318线 | 11.53 | 2~4 | 8.6 | 90 | 2006年11月 |
| 17 | 省道318线 | 20.77 | 2~8 | 8.5 | 90 | 2006年11月 |
| 18 | 省道318线 | 20.75 | 2~8 | 8.5 | 90 | 2006年11月 |
| 19 | 省道318线 | 35.04 | 2~13 | 8.5 | 90 | 2006年11月 |
| 20 | 省道318线 | 21.75 | 2~8 | 8.5 | 90 | 2006年11月 |
| 21 | 省道318线 | 12.66 | 2~4 | 8.6 | 90 | 2006年11月 |
| 22 | 省道318线 | 34.04 | 2~13 | 8.5 | 90 | 2005年11月 |
| 23 | 省道318线 | 12.74 | 2~4 | 8.6 | 90 | 2005年11月 |
| 24 | 省道318线 | 12.74 | 2~4 | 8.5 | 90 | 2006年11月 |
| 25 | 省道318线 | 21.07 | 2~8 | 8.5 | 90 | 2006年11月 |
| 26 | 省道318线 | 34.04 | 2~13 | 8.5 | 130 | 2006年11月 |
| 27 | 专用公路810线 | 20.58 | 1~8 | 10.1 | 90 | 2004年10月 |
| 28 | 专用公路810线 | 15.2 | 1~6 | 8.6 | 90 | 1988年7月 |
| 29 | 专用公路810线 | 18.8 | 2~8.5 | 7.5 | 90 | 1988年7月 |
| 30 | 专用公路814线 | 14.04 | 1~8 | 19 | 90 | 2014年6月 |
| 31 | 专用公路818线 | 28 | 1~13.0 | 12 | 90 | 2010年8月 |

G3014线奎—阿高速K250—K399，共149千米。路面为四车道上下行全封闭高速公路。全线共管养桥梁60座，其中大桥12座、中桥9座、小桥39座、涵洞312道。

阿尔格勒特山隧道为一座上下行分离的四车道高速公路长隧道，位于G3014线（奎—阿高速）K303—K306路段，塔城地区和布克赛尔县境内。上行全长2 515米，下行全长2 479米，内含3个车行横洞通道、4个人行横洞通道及6处长40米的紧急停车带（上下行各3处）。隧道路面净宽9.5米。设计于2014年8月完工交付使用,实际于2014年11月30日实现试运行,是新疆截至2015年年底单体长度最长的一条隧道。

# 第三章 公路运输

## 第一节 站点建设

1993年,由自治区交通厅投资303万元建成和布克赛尔县客运站,位于和布克赛尔县县城赛尔南街,占地面积4 272.49平方米,主要经营代售客票、旅客运输、房屋租赁、宾馆、餐厅等业务,隶属和布克赛尔县旅客运输总公司。

2011年,县客运站与县旅客运输总公司正式分离,为国有运输服务型企业,是自主经营、自负盈亏的独立经济实体。注册资金87万元。

2015年,和布克赛尔县客运站建立乡镇客运代办站10个,乡村客运市场欠发展、基础设施薄弱的落后状况得以改变。

**1993—2015年和布克赛尔县站点建设情况表**

表5-5

| 站 名 | 建成年份(年) | 投资单位 | 金额(万元) | 面积(平方米) | 经营范围 |
|---|---|---|---|---|---|
| 和布克赛尔县客运站 | 1993 | 自治区交通厅 | 303 | 4 272.49 | 代售客票、旅客运输、房屋租赁、宾馆、餐厅 |
| 和什托洛盖镇客运代办站 | 2002 | 自治区交通厅 | 163 | 4 209.7 | 代售客票、旅客运输、房屋租赁、宾馆、餐厅 |
| 伊克乌图布拉克牧场客运代办站 | 2005 | 自治区交通厅 | 54 | 3 000 | 代售客票 |
| 夏孜盖乡客运代办站 | 2006 | 自治区交通厅 | 64 | 3 000 | 代售客票 |
| 铁布肯乌散乡客运代办站 | 2008 | 自治区交通厅 | 25 | 1 500 | 代售客票 |
| 布斯屯格牧场客运代办站 | 2011 | 自治区交通厅 | 64 | 1 500 | 代售客票 |
| 察和特乡客运代办站 | 2011 | 自治区交通厅 | 64 | 1 500 | 代售客票 |
| 莫特格乡客运代办站 | 2012 | 自治区交通厅 | 64 | 1 500 | 代售客票 |
| 查干库勒乡客运代办站 | 2012 | 自治区交通厅 | 64 | 1 500 | 代售客票 |
| 那仁和布克牧场客运代办站 | 2014 | 自治区交通厅 | 64 | 1 500 | 代售客票 |

## 第二节 客 运

### 一、长途

1993—2015年,和布克赛尔县有长途客车企业1家。长途客运主要开往乌鲁木齐市、克拉玛依市、塔城市、乌苏市、沙湾县、额敏县等地。

1993年,全县有长途客运汽车4辆(大型客车4辆),客座160座。1998年,有长途客运汽车6辆(大型客车6辆),客座240座。2003年,有长途客运汽车8辆(大型客车8辆),客座360座。2008年,有长途客运汽车

9辆（大型客车9辆），客车423座。2013年，有长途客运汽车10辆（大型客车10辆），客座470座。

2015年，全县有长途客运汽车100辆（大中型客车20辆、班线小轿车80辆），客座1 036座，辖区客运车辆安装CPS导航仪100辆。全县设立三级客运站1座、四级客运站3座（和什托洛盖镇、伊克乌图布拉克牧场、夏孜盖乡）。

**2015年和布克赛尔县客运站票价一览表**

表5-6

| 序号 | 到达站名 | 里程 | 车型 | 级别 | 票价（元） | 上铺 | 下铺 | 发车时间（北京时间） | |
|---|---|---|---|---|---|---|---|---|---|
| | | | | | | | | 白班 | 夜班 |
| 1 | 乌尔禾 | 100 | 大型 | 高一 | 24 | 24 | 24 | 9:30 | 19:00 |
| 2 | 五厂 | 129 | 大型 | 高一 | 31 | 31 | 31 | 9:30 | 19:00 |
| 3 | 二厂 | 164 | 大型 | 高一 | 38 | 38 | 38 | 9:30 | 19:00 |
| 4 | 克拉玛依 | 200 | 大型 | 高一 | 47 | 47 | 47 | 9:30 | — |
| 5 | 小拐 | 250 | 大型 | 高一 | 59 | 59 | 59 | 10:00 | 19:00 |
| 6 | 呼图壁 | 423 | 大型 | 高一 | 106 | 106 | 106 | 10:00 | 19:00 |
| 7 | 乌鲁木齐 | 500 | 大型 | 高一 | 132 | 132 | 142 | 10:00 | 19:00 |
| 8 | 五十五 | 281 | 中型 | 高一 | 64 | — | — | 9:30 | — |
| 9 | 奎屯 | 333 | 中型 | 高一 | 76 | — | — | 9:30 | — |
| 10 | 乌苏 | 351 | 中型 | 高一 | 84 | — | — | 9:30 | — |
| 11 | 沙湾 | 392 | 中型 | 高一 | 99 | — | — | 10:00 | — |
| 12 | 铁厂沟 | 145 | 中型 | 高一 | 33 | — | — | 11:00 | 16:00 |
| 13 | 额敏 | 223 | 中型 | 高一 | 50 | — | — | 11:00 | 16:00 |
| 14 | 塔城 | 280 | 中型 | 高一 | 63 | — | — | 11:00 | 16:00 |
| 15 | 额敏 | 223 | 小型 | 普通级 | — | 前90 | 后80 | 流水班次 | — |
| 16 | 塔城 | 280 | 小型 | 普通级 | — | 前110 | 后100 | 流水班次 | — |

## 二、短途

1993年，全县农村客运线路仅有3条：和布克赛尔县城—阿克赛，途中经过伊克乌图布拉格牧场、布斯屯格牧场、巴音傲瓦乡、查干库勒乡；和布克赛尔县城—铁布肯乌散乡科克莫敦村，途中经过铁布肯乌散乡、铁布肯乌散乡孟根布拉格村、那仁和布克村牧场；和布克赛尔县城—夏孜盖乡，途中经过和什托洛盖镇。

1998年，全县客运站短途客车56辆（五座小轿车），客座315座。线路未变。

2003年，成立短途客运企业2家，开通乡镇场线路7条，有客车57辆，客座228座。主要线路是：县城至和什托洛盖镇，和什托洛盖镇至乌图布拉格牧场、布斯屯格牧场、巴音傲瓦乡、查干库勒乡、莫特格乡，县城至铁布肯乌散乡、孟根布拉格村、那仁和布克牧场等。2008年，全县短途线路未变，客车数量未变，客座增至228座。

2015年，全县有农村班线11条，客运车辆75辆，覆盖全县2个镇、5个乡、4个牧场、1个团场（兵团第十师一八四团）和查和特乡。沙吉海煤矿、和丰工业园区通达率100%，55个行政村（连队）通达率100%。

## 第三节　货　运

1993年,和布克赛尔县有货物运输企业5家,三类机动车维修业户2户。有普通货物运输车辆23辆。有托运部2家:和布克赛尔县客运站、和什托洛盖镇客运站。这两家托运部主要对外地发往和布克赛尔县的货物进行配送。对新备案的托运部,县运管站加强消防、货物堆放、是否托运禁运物品等隐患进行排查,规范物流业经营行为。

1997年,全县有货物运输企业11家,三类机动车维修业户5户。有普通货物运输车辆95辆。托运部2家未变。

2001年,全县有货物运输企业37家,二类机动车整车维修企业1家,三类机动车维修业户11户,普通货物运输车辆155辆。托运部增至3家(新增和布克赛尔县阿凡提托运中心)。

2005年,全县有货物运输企业69家,二类机动车整车维修企业2家,三类机动车维修业户31户,机动车驾驶员培训学校1所。有普通货物运输车辆279辆。托运部增至6家(新增县辉煌货运信息部、县江格尔金运物流服务中心、一八四团远航万里行接货点)。

2009年,全县有物运输企业104家,二类机动车整车维修企业3家,三类机动车维修业户67户,机动车驾驶员培训学校3所,机动车综合性能检测站1家。有普通货物运输车辆393辆,险品运输车辆21辆。辖区内货物运输车辆安装GPS导航仪154辆。托运部增至7家(新增县中铁物流中心)。

2012年,全县有货物运输企业139家,二类机动车整车维修企业3家,三类机动车维修业户97户,机动车驾驶员培训学校3所,机动车综合性能检测站2家。有普通货物运输车辆637辆,危险品运输车辆67辆。辖区内货物运输车辆安装GPS导航仪347辆。托运部增至9家(新增县远航万里行托运部、县永强货物信息服务部)。

2015年,全县有货物运输企业168家,二类机动车整车维修企业3家,三类机动车维修业户106户,机动车驾驶员培训学校3所,机动车综合性能检测站2家。有普通货物运输车辆458辆,危险品运输车辆42辆。辖区内货物运输车辆安装GPS导航仪247辆。全县有托运部12家:县客运站、和什托洛盖镇客运站、县辉煌货运信息部、县远航万里行托运部、县江格尔金运物流服务中心、县永强货物信息服务部、县迅杰速递托运部、一八四团远航万里行接货点、县新远航万里行卸货点、县阿凡提托运中心、县中铁物流中心、县华凌永强货物信息服务部。

**1993—2015年和布克赛尔县客、货运输量情况表**

表5－7

| 年　份 | 客运量(万人) | 客运周围量(万人千米) | 货运量(万吨) | 货运周转量(万吨千米) |
|---|---|---|---|---|
| 1993 | 72 | 2 998 | 3 | 1 490 |
| 1994 | 87 | 3 264 | 3.8 | 2 030 |
| 1995 | 101 | 3 655 | 4.4 | 2 710 |

表5-7

| 年　份 | 客运量(万人) | 客运周围量(万人千米) | 货运量(万吨) | 货运周转量(万吨千米) |
|---|---|---|---|---|
| 1996 | 117 | 4 023 | 5.1 | 3 550 |
| 1997 | 128 | 4 356 | 6 | 4 070 |
| 1998 | 174 | 5 867 | 12 | 5 410 |
| 1999 | 427 | 11 074 | 25 | 6 910 |
| 2000 | 123 | 4 287 | 33 | 8 060 |
| 2001 | 114 | 3 552 | 41 | 9 540 |
| 2002 | 118 | 3 811 | 45 | 11 020 |
| 2003 | 119.1 | 4 943.5 | 52 | 13 000 |
| 2004 | 128 | 5 120 | 60 | 15 000 |
| 2005 | 140 | 7 000 | 62 | 17 360 |
| 2006 | 169 | 8 450 | 76 | 21 280 |
| 2007 | 211 | 10 550 | 95 | 26 600 |
| 2008 | 262 | 13 100 | 118 | 33 040 |
| 2009 | 280 | 14 000 | 136 | 38 216 |
| 2010 | 289 | 14 450 | 144 | 40 320 |
| 2011 | 294 | 14 700 | 148 | 41 440 |
| 2012 | 298 | 14 900 | 152 | 42 560 |
| 2013 | 309 | 15 100 | 163 | 43 320 |
| 2014 | 326 | 15 800 | 177 | 44 470 |
| 2015 | 347 | 16 900 | 194 | 45 720 |

## 第四节　重点交通运输企业

### 一、新疆兴塔运输(集团)有限公司和布克赛尔县运输公司

1999年4月,原县运输公司破产重组和布克赛尔县旅客运输总公司。2005年1月,由地区五县两市各运输企业共同组建成立新疆兴塔运输(集团)和布克赛尔县运输公司。公司位于和布克赛尔镇敖包特西街15号,属有限责任公司,交通运输主管部门为和布克赛尔县交通运输管理局。主要经营范围:县内班车客运、县际班车客运、市际班车客运、县内包车客运、县际包车客运、市际包车客运。注册资金184万元。2015年,在职职工45人,其中聘用驾驶员37人,有营运客运车辆30辆,其中有大中型客车11辆、城市公交车10辆、五座小轿车9辆。公司开通经营的客运班线辐射乌鲁木齐市、克拉玛依市、北屯市、塔城市、乌苏市、沙湾县及部分县内乡场。在保证正常客运的前提下,还从事市际、县际、县内包车客运。

## 二、和布克赛尔县顺捷客运有限公司

成立于2003年5月28日。许可经营：县内班车客运，兼营普通货物运输。公司位于和什托洛盖镇叁区北街，公司经营县城至和什托洛盖镇班线、县城至伊克乌图布拉格牧场沿线班线（包括县城至莫特格乡、县城至查干库勒乡、布斯屯格牧场、县城至巴音傲瓦乡、巴嘎乌图布拉格牧场至伊克乌图布拉格牧场），车辆上座率85%，财务状况良好。2015年，公司有员工63人，其中职工57人、管理人员6人。有44辆车，其中，客车6辆、五座小轿车38辆。公司车辆统一管理，规范经营。

## 三、和布克赛尔县兴达出租车有限责任公司

成立于2003年5月，注册资金440万元。经营范围：县内出租客运、县内班线客运。公司位于和什托洛盖镇迭北街113号，有出租车78辆，线路车19辆。2014年，新增20辆出租车，颜色为上蓝下白，都安装有计价器，GPS导航仪及顶灯。至2015年年底，公司有出租车99辆，获取从业资格证的人员156人。

## 四、和布克赛尔县彪海运输有限责任公司

2007年4月12日成立，是一家专门从事货物运输的股份制企业，注册资金300万元。公司位于和什托洛盖镇叁区东街40栋504号，公司地处和什托落盖镇迭伦南街。2015年，公司拥有各种运输车辆28辆，从业人员30人。

## 五、和布克赛尔县驰骋运输有限责任公司

成立于2007年12月10日，注册资金100万元。公司位于和什托洛盖镇南街314号，经营许可项目以道路普通货物运输、汽车配件、煤炭销售为主。公司与和布克赛尔县隆源工贸有限公司、徐矿集团新疆和布克赛尔能源有限责任公司、新疆石河子天业集团及国电克拉玛依发电有限公司建立长期营运合作关系，主要保证客户原材料的配送。2015年，公司固定资产1 260万元，有固定车辆22辆，职员27人，其中驾驶人员23人。

## 六、和布克赛尔县宏运工贸有限公司

成立于2009年，注册资金600万元。公司有100平方米办公楼，旁边有停车场，设施齐全。公司位于和什托洛盖镇迭仑南街426号，主要经营范围：道路普通货物运输、货物专用运输（集装箱）、经营性道路危险货物运输（2类）、经营道路危险货物运输（5类、9类）。一般经营项目：土石方工程、五金交电销售、机械设备租赁、煤炭及制品批发、销售等。公司是一个具有自治区道路运输三级资质的运输企业，长期与新疆同益投资有限公司合作，还与克拉玛依市中石油翼龙高级润滑油有限公司、克拉玛依市城投鹏基物业服务有限公司、东营市卡奔工贸有限责任公司、四川公路桥梁建设集团等公司合作。2015年，公司有固定员工50人；有大型工程施工机械挖掘机1台；有20立方米以上洒水车辆、重型自卸车辆及服务车辆70余辆，全部安装GPS导航仪，具备完成相当规模的运输任务及土石方建筑工任务的能力。

### 七、新疆全荣投资集团有限公司

成立于1996年2月,注册资金7 900万元。公司位于和布克赛尔县和什托洛盖镇迭仑南街188号,行业涉及煤炭生产、销售,矿业权投资、矿业开发、水泥、交通运输、酒店服务、房地产开发、建设工程、劳务派遣和农畜产品科研开发、生产、销售等领域,拥有全资子公司8家。2015年,公司资产总额达到7.53亿元,拥有员工600人,其中高级管理人员45人,专业技术人员192人,其他员工363人。

全荣公司车队组建于2001年,主要经营货物运输业务。2015年,车队有运输车辆15辆,从业人员 20人,其中驾驶员人员15人,管理人员 5人。

### 八、和布克赛尔县兴盛运输有限公司

成立于2013年1月14日,注册资金500万元。公司位于和什托洛盖镇叁区北街81号。发展基本情况良好,车辆运行正常。2015年,公司有大型运输车辆29台、小车3台。有员工39人,其中司机29人。

# 第四章　交通管理

## 第一节　客运市场管理

1996年,和布克赛尔县客运站全体干部职工开始实行统一着装挂牌上岗;将客运站服务承诺、票价、里程、各项收费标准公示上墙,实行公厕免费,设立便民服务窗口,为旅客免费提供饮用水、针线包、常用药品等;开设老年人售票窗口,在客车上设立老年人专座。

2004年3月,由自治区交通厅投资36万元添置微机设备,和布克赛尔县客运站与和什托洛盖镇客运站实现微机售票、结算办公自动化,并配备电视机、VCD等设备。

2008年,新增小件快运室,使小件寄存、快运等业务结合于一体,最大限度满足广大群众出行需求。

2011年,由上级部门配置安检仪,实现行包检查智能化强化安全检查力度。同年,和布克赛尔县客运站对长途客运班次实行规范性固定发车,每日有发往乌鲁木齐市白班2次、夜班1次,塔城市白班2次,乌苏市白班1次,沙湾县白班1次,克拉玛依市白班1次,额敏白班1次。

2015年2月11日,经县人民政府会议协调,短途线路车辆实现进站营运。

## 第二节　公路“三乱”治理

1993年始,县运管站按照上级相关文件精神,组织干部职工定时、不定时上路执法,认真治理公路“三乱”(乱设站卡、乱罚款、乱收费)现象。

1997年,县运管站按照地区运管总站的安排部署,加大执法人员法制教育和业务培训力度,不断提高执法人员法律意识、依法行政水平、政策理论水平和业务能力,使每个执法人员能自觉以法律法规为依据,增强服务意识,杜绝“吃、拿、卡、要”行为。

2002年，县运管站联合交通局、公安局联合执法，消除公路“三乱”。

2007年，下发《和布克赛尔县2007年治理公路“三乱”安排意见》，明确工作目标，确立不同时期的治理重点。同时，把明察暗访纳入系统各单位日常工作范畴，随时密切关注是否有公路“三乱”苗头性问题。

2010年，结合实际，着重宣传《路政管理规定》和《五个规范》。县路政稽查大队共计清除路障上百处。事案13起，结案13起，回收路产损失赔偿费29 062.9元，罚款1 900元。未发生乱收费、乱罚款等现象。

2011年，严查公路“三乱”现象。县路政队公路巡查96次，发放宣传材料1 000份，清理堆积物3立方米，辖段发现损坏路面案件2起，造成路产损失1 509.3元，结案2起，共收回路产损失赔偿费1 509.3元，结案100%。

2015年，县运管局坚决贯彻落实上级治理公路“三乱”会议精神。按照《交通行政执法规范》的要求，查找执法工作中的不规范行为和问题，有针对性地制定整改措施，明确责任单位和责任人，限时整改。强化监督、确保制度落实。局领导定期不定期上路明察暗访，监督检查，对重点路段加大监控力度，实行不间断暗访，启动治理公路“三乱”举报制度，公布举报电话，实行24小时专人值班。年内未发生公路“三乱”现象。

## 第三节　公路交通稽查

1993年，为严厉打击超限超载运输、非法改装车辆等违法行为，县运管站开展了经常性路面稽查活动，确保路面稽查工作收到实效。

1997年，县运管站会同县交通局、公安局联合开展一次全面公路交通稽查活动。

2002年，按照地区运管总站的安排部署，以提高能力素质为核心，召开专门动员会议，通过集中学习、讨论交流、个人自学等形式，组织稽查人员对相关法律法规和《道路运输条例》进行系统的学习和考试。

2007年，贯彻落实上级文件、会议精神，拓展思路，全方位发挥稽查职能。以国道318线为重点，延长早、中、晚3个时间段上路时间，对超限超载运输、非法改装车辆进行严厉打击，严防双超车辆利用时间差非法上路，保持对超限超载运输高压态势，确保道路运输安全畅通。

2011年，县运管局把公路稽查工作摆到重要议事日程，明确“谁主管谁负责”的原则，层层签订目标责任书，把公路稽查工作任务分解到局班子成员，实行分片负责制。

2015年，提高稽查效率，优化行政处罚执行方式，按照立案、调查、审批、通知、处罚的程序，大力提高稽查效率，做到统一行动、步调一致。

## 第四节　路政管理

和布克赛尔县路政管理局管辖路段有国道、省道、专用公路等，总里程408.538千米。

1993—2000年，所辖路段共发生路政案件18起，赔偿款2 535元，罚款2 500元。

2001—2005年，所辖路段共发生路政案件26起，赔偿款4 800元，罚款2 800元。

2011—2015年，所辖路段共发生路政案件221起，破案221起，结案221起。其中，处理案件100起，处罚案件82，超限案件19起，许可案件20起。收回路产损失费1 491 354.56元，罚款143 220元，共1 634 574.56元。

## 第五节　公路养护

1993—1995年，全县养护路线3条，共262千米，其中考核里程192千米。2923线（S318）乌额路150千米（砂石路）；2924线（S225）县城—和什托洛盖线42千米（油路）；边防路县城—阿吾斯奇70千米（自然路）。

1996—2001年，全县养护路段255千米，其中考核里程185千米。和丰道班2924线（S225、沥青路）22千米；水泥厂道班2924线（S225、沥青路）19千米；流动班管养2923线（S318沙砾路）144千米、边防路70千米。全段养护沥青路41千米、砂砾路144千米，边防路70千米。

2002—2005年，养护路段共250千米，其中沙砾路128千米、油路122千米。

2006—2007年，养护路段共303千米，其中省道225线42千米、省道318线138千米、专用公路810线70千米，省道201线53千米。

2008—2012年，养护路段共245千米，其中省道225线42千米、省道318线133千米、专用公路810线70千米。

2013—2015年，养护路段共203千米，其中省道318线133.747千米、专用公路810线70千米。

1993—2015年，县公路管理分局共管养省道2条，专用公路3条，管养里程251.679千米。其中，省道318线133.747千米为沥青三级路；省道225线42.337千米为沥青二级路；专用公路810线70千米；专用公路814线0.895千米；专用公路818线4.7千米；桥梁31座（中桥3座、小桥28座）涵洞447座（明涵262道、暗涵185道）。

**1993—2015年和布克赛尔县公路养护投资情况表**

表5－8　　单位：万元

| 年份(年) | 投　资 | 年份(年) | 投　资 | 年份(年) | 投　资 | 年份(年) | 投　资 |
|---|---|---|---|---|---|---|---|
| 1993 | 79.58 | 1999 | 128.61 | 2005 | 260.53 | 2011 | 301.8 |
| 1994 | 38.57 | 2000 | 96.08 | 2006 | 405.74 | 2012 | 260.94 |
| 1995 | 84.59 | 2001 | 165.7 | 2007 | 88.57 | 2013 | 551.3 |
| 1996 | 86.4 | 2002 | 180.4 | 2008 | 142.46 | 2014 | 664.6 |
| 1997 | 120.11 | 2003 | 210.7 | 2009 | 166.46 | 2015 | 548.01 |
| 1998 | 147.84 | 2004 | 467.7 | 2010 | 339.25 | | |

# 第六编

# 通　信

1998年9月27日，和布克赛尔县邮电分营，成立和布克赛尔县邮政局、和布克赛尔县电信局。1999年9月16日，成立中国移动和布克赛尔县营业部。2004年4月16日，成立中国联通和布克赛尔县营业部。

2015年，全县有邮路4条，单程总长254千米，全面实现两网互通，电子化支局覆盖率达100%。电信实现固话、宽带、电路、手机等全业务经营，固话+宽带+手机网络容量达到5万线，人均普及率达到73%，农村人均普及率达到62%。移动在县城与农村共覆盖用户数1万多户，宽带用户数7 000多户。联通在辖区建成信号基站98座，用户数达到9 000多户。

# 第一章　邮　政

## 第一节　机构队伍

1993年，和布克赛尔县邮电局（简称“县邮电局”）内设行政办公室、邮政组办公室、电信办公室，下设9个支局所、3个代办所，全局共有干部职工123人。1995年4月，为加强邮电三级管理，县邮电局将邮政办、电信办、计财办分别改称邮政股、电信股、计财股。1997年11月，县邮电局根据塔城地区邮电局通知，职能部门改股为科，内设办公室、邮政科、电信科、计财科。

1998年9月27日，邮电分营，成立和布克赛尔县邮政局（简称县“邮政局”），内设综合办公室、计财办公室、营业室，下设8个支局所，3个代办所。全局共有干部职工43人。

2006年，县邮政局内设综合办公室、市场部，生产班组有营业班、车班、投递站。下设7个自办支局所、7个代办所、4个报刊亭。全局共有干部职工77人。

2015年，县邮政局更名为中国邮政集团公司新疆维吾尔自治区和布克赛尔县分公司。内设综合办公室、市场部两个部室，有投递班、金库、车班3个班组。下设7个自办支局所、7个代办所，共有干部职工50人。

## 第二节　邮政网络

### 一、邮路

1993年，全县邮路单程总长254千米。其中，三级干线汽车邮路1条，单程距离42千米；农村自办汽车邮路3条，单程距离212千米。

**1993年和布克赛尔县汽车邮路情况表**

表6－1

| 邮　路 | 邮路起至 | 单程距离（千米） | 班　期 | 沿途交换点 | |
|---|---|---|---|---|---|
| | | | | 支局数 | 所、点 |
| 三级邮路 | 县邮电局—和什托洛盖 | 42 | 周六 | 2 | — |

续表6-1

| 邮　路 | 邮路起至 | 单程距离(千米) | 班　期 | 沿途交换点 | |
|---|---|---|---|---|---|
| | | | | 支局数 | 所、点 |
| 农村自办邮路 | 和什托洛盖—查干屯格 | 46 | 周三 | — | 2 |
| | 县邮电局—阿吾孜希 | 59 | 周二 | — | 4 |
| | 县邮电局—萨吉海 | 107 | 周三 | 2 | 2 |
| | 合计 | 254 | | 4 | 8 |

1995年,邮运汽车更换,并开通272煤矿邮电代办所汽车邮路。

1998年,全县邮路单程总长254千米。其中,三级干线汽车邮路1条,单程距离42千米;农村自办汽车邮路3条,单程距离212千米。

**1998年和布克赛尔县汽车邮路情况表**

表6-2

| 邮路 | 邮路起至 | 单程距离(千米) | 班期 | 沿途交换点 | |
|---|---|---|---|---|---|
| | | | | 支局数 | 所、点 |
| 三级邮路 | 县邮电局—和什托洛盖 | 42 | 周六 | 2 | 1 |
| 农村自办邮路 | 和什托洛盖—查干屯格 | 46 | 周三 | — | 2 |
| | 和什托洛盖—272煤矿邮电代办所 | 6 | 周三 | — | 1 |
| | 县邮电局—阿吾孜希 | 59 | 周二 | — | 4 |
| | 县邮电局—萨吉海 | 107 | 周三 | 2 | 2 |
| | 合计 | 260 | | 4 | 10 |

2005年起,取消和什托洛盖—272煤矿邮电代办所农村自办邮路,原来的三级邮路(县邮电局—和什托洛盖)升格为二级干线,其他邮路情况与1998年相同,即全县邮路恢复为4条,单程总长254千米。全县5个储蓄网点全部与全国联网,电子化营业窗口5个。电子汇兑网点5个。全年邮班车的准班准点率达到100%。

2010年,全县邮路仍为4条,单程总长254千米。全面实现两网互通,电子化支局覆盖率100%。承担1个边防连(阿吾斯齐边防连)和4个边防派出所(莫特格乡派出所、东山派出所、巴音傲瓦派出所、阿吾斯齐派出所)的边防邮路任务。至2015年未变。

## 二、邮政编码

推行邮政编码是邮件处理自动化的必要条件之一。中国采用四级六位编码制,前两位数表示省(自治区、直辖市),第三位数代表邮区(一个省划分若干邮区),第四位数代表县(市),最后两位数代表投递区。

1980年7月,和布克赛尔县开始试行邮政编码制度,但由于条件不成熟,未能被全社会接受而中断,于同年底暂停试行。

1989年6月,邮电部重新部署宣传推广邮政编码制度。县邮电局、支局(所)积极开展各种宣传,做到家喻户晓。各邮政营业处摆放邮政编码簿,供用户查用,并配专人为用户免费查询,进展比较顺利。同年11

月，自治区邮电管理局下达《关于进一步提高邮政编码书写率的通知》，和布克赛尔县邮电局加大推广宣传邮政编码的力度，规定一切信件凡未书写邮政编码的拒绝收寄，并要求使用标准信封。自1990年以后，寄件人编码书写率达到100%。

**和布克赛尔县邮政编码一览表**

表6－3

| 邮编 | 行 政 区 域 |
|---|---|
| 834400 | (一)和布克赛尔镇(巴音托洛盖路、巴音布拉格路、清泉路、文化路、市场路、团结路、库甫路、军民路、环城东路、哈同北路、查巴恩格路、哈同南路、赛尔东街、赛尔南街、赛尔西街、赛尔北街、敖包特东街、敖包特西街、和布克东街、东渠巷、影剧院巷、林业局巷、哈尔撒拉巷、傲包特东街林业巷)；<br>(二)莫特格乡(莫特格村、贵德格村、夏尔古村、哈尔嘎特村、套瓦契村、敖包特村、哈尔萨拉村、吉木格尔村) |
| 834401 | 那仁和布克牧场(那仁和布克村、布德恩江村、伊克托里村、乌兰浩硕村、库尔旦夏尔村、阿尔和拉特村、额木根村、图拉村) |
| 834402 | 铁布肯乌散乡(铁布肯乌散村、科克莫墩村、查干阿得尔村、乌兰布拉村、青登村、夏尔呼尔根村、巴音温都尔村、孟根布拉克村) |
| 834403 | 阿吾斯奇(兵团第一三七团牧业营，十二连、十三连、十四连) |
| 834404 | (一)查干库勒乡(查干库勒村、哈布图哈夏尔村、买代尼村、伊克库热村、色居尔村、布恩布特村、布林村、巴音查干村、塔本乌拉森村、江根科克村、道兰木顿村、道兰特村、拉乌伦村)；<br>(二)巴音傲瓦乡(阿勒腾布拉格村、克勒根特村、谢木那仁库热村、布呼特村、尕格茨呼都格村、齐鲁呼都格村) |
| 834405 | (一)巴嘎乌图布拉格牧场(巴嘎乌图布拉格村、加音塔然村、乌兰哈德村)；<br>(二)布斯屯格牧场(布斯屯格村、布呼特恩呼都格村、迭伦村、乌兰哈德村)；<br>(三)伊克乌图布拉克牧场(伊克乌图布拉克、阿合尔布拉格村、勃热生呼都格村、巴音达拉村、塔塔勒村、洪古尔沃伦村) |
| 834406 | 和什托洛盖镇(博得木齐路、左斯图路、赛尔克南路、迭伦南街、文化巷、新村巷，和什托洛盖村、查斯图村、西特木恩哈布其克村、乌兰浩达村、夏尔布村、夏尔托热村、昆德仑村、伊森托洛盖村、查斯托洛盖村) |
| 834407 | 查斯托洛盖(煤矿) |
| 834408 | (一)夏孜盖乡(夏孜盖村、科克莫敦尼布呼村、博木布特恩敖包村、谢仁托热村、查干恩格村、托热特村、桑布根拜兴村、巴音托洛盖村、开尔德格村、阿格湾呼勒呼村、哈尔苏哈村、胡增村)；<br>(二)查和特乡(赛尔社区、哈同社区、查干屯格社区、蒙根敖包社区) |
| 834409 | 查干屯格团(一八四团，一连、二连、三连、四连、五连、六连、八连、九连) |
| 834411 | 沙吉海(煤矿) |

## 第三节 邮政业务

### 一、函件

1998年，开办CD、VCD、DVD影碟业务以及礼仪鲜花业务，至年底收寄函件13 322件。

1999年，函件业务收入完成14.8万元。2002年，函件业务收入完成8.2万元。

2006年，按照上级局统一部署，确立函件业务的核心地位，全年实现收入7.6万元，完成计划的106.53%，在全地区增长排名第二。

2009年,函件业务收入19.31万元。其中揽收制作企业金卡2.2万枚、“感动新疆人物评选”及“少先队建队60周年”答题卡1.41万件,创收1.3万元。

2012年,函件业务收入累计完成19.05万元,完成地区局计划18.2万元的104.67%。其中在“电信日”之际制作数据库商函一期,创收2 000元;为县慈善医院、卫生局各制作邮资封1 000枚,创收4 500元,并成功签订社保账单制作协议。

2015年,函件业务实现收入19.43万元,完成计划19万元的102.26%,其中社保账单1.72万份,收入5.1万元。

## 二、报刊发行

1993年,县邮政局报纸发行累计94.08万份,杂志发行累计13.59万份。1996年,报刊定价上调。1997年,报刊发行费率由订阅20%、零售30%调整为订阅26%、零售30%;杂志发行费率由订阅20%、零售26%调整为订阅22%、零售28%。

1998年,全县报纸发行累计97.51万份,杂志发行累计7.5万份。

1999年,报刊发行收入完成14.5万元。2002年,报刊发行收入完成18.3万元。

2005年,积极与当地宣传部门联系,并制定党报党刊收订计划,促进党报党刊收入力度。在营业窗口设置收订台,完善与服务相关的配套设施,并为用户提供一流的服务;继续上门收订,节假日不休息,做到“天天都是收订日”。抽调管理干部与业务人员组成大征订队伍,分片包干,协助投递员做好上门收订工作。全年报刊流转额突破100万元,党报党刊发行工作完成50.16万元,实现利润21.6万元,在全地区排名第一,受到地区局的表彰。

2007年,报刊发行收入30.3万元,完成年计划的112.41%。与县委宣传部通力合作,成立党报党刊征订工作监察小组,深入到全县各乡镇场,对落实党报党刊征订任务的完成情况进行全面了解、走访和监察。积极拓展私费订阅市场,并成立上门揽收私费订阅领导小组,小组成员每天分赴各投递段道开展“地毯式”的征订工作,及时反馈征订信息,确保党报党刊征订数量稳中有升,全地区排名第一。

2012年,报刊业务累计完成52.86万元,完成地区局计划的98.07%。报刊私费订阅有一定增长,流转额84.31万元,占全局收订流转额的38.36%,高出全地区平均水平的2.71%。8种重要党报党刊稳中有升,完成计划任务的114%,列全地区第一,畅销报刊完成57%。形象期刊业务实现“零”的突破,为邮政储蓄银行制作一期形象期刊,创收2 100元。

2015年,实现收入52.16万元,完成计划的96%。报刊流转额217.4万元,私费订阅流转额103.7万元,占收订流转额的47.7%。畅销报刊实行集中营销及重点营销。在做好日常补续订工作的同时,成功开发两期商务期刊,创收5 000元。

## 三、包裹

1993年2月,邮电部通知,商品包裹最大重量为28公斤,最大尺寸放宽为以能装入3号邮箱为限。3月1日起,邮电部、国家烟草专卖局通知,恢复烟草及其制品收寄。邮寄卷烟、雪茄烟每件以2条(400支)为限。

烟叶、烟丝每件以5公斤为限(二者合寄不得超过10公斤),用户邮寄烟草及其制品,每人每次限寄1件,不准多件邮寄。1995年,收寄包件3 396件。1996年以后,社会物资供应丰富,收寄包裹量有所下限。

1998年,收寄包裹2 316件。

1999年,包裹收入完成11.3万元。2002年,包裹收入完成16.5万元。

2005年,在包裹业务发展方面抓大户、抓快包、抓服务规范经营秩序,加大营业窗口普通包裹向快递包裹转化的宣传力度,大力宣传邮政包裹业务快捷方便、直投到户的特点。制定专项计划和激励考核办法,充分调动窗口营业人员的积极性,量收比例达到39.41%。充分利用当地盛产山羊绒资源优势,做好全面细致的市场调查工作,多渠道上门联系,充分掌握市场流通动态,确定以山羊绒商贩为重点客户,大力发展商包业务,揽收山羊绒包裹600件,收入2万元。重视开发军营包裹市场,利用部队老兵复员时机主动提供上门服务,揽收军包73件,创收5 000余元。全年完成包裹收入18.3万元。

2007年,结合区域特点,抓大户、抓快包、抓服务规范经营秩序,努力提高营销服务水平,促进包裹业务的发展,全年完成包件收入23.3万元,完成年计划的116.7%。

2012年,包裹业务收入累计48.96万元,完成地区局计划37.7万元的129.86%。在做好日常包裹收寄的同时,加大对棉包的揽收力度,营业收寄人员严格执行收寄验视规定,确保棉包安全收寄和发运,棉包收入达20万元。

2015年,包裹业务收入累计33.82万元,占邮政主要业务总量的8.97%。

**四、速递**

1995年,开办国内特快专递邮件业务。1996年9月3日,邮电部通知,国内特快专递邮件的最高重量由原来规定的20公斤(整体不可分的物品重量限度25公斤)调整为28公斤。

1998年,收寄邮政快件12 986件,特快专递1 276件,业务收入5.1万元。同年7月1日起,根据国家邮政总局通知,邮政快件业务取消。

1999年,特快专递业务收入完成3.4万元。2002年,特快专递业务收入完成8.1万元。

2005年,特快业务收入累计完成20.4万元,完成年计划18.5万元的110.4%,超计划进度1.94万元。年初,与县人民法院签订法律文书投递协议,共投送法律文书340件,创收1.5万元;与县委签订投送文件协议,创收7 200元;代办身份证快证867笔,创收1.8万元;与车管所、征站、交警大队签订"一站式"速递业务协议,共办理车证照业务1 358件,收3.5万元;先后与10家单位成功签订近500人的生日合同,直接创收5万元;利用春季时节销售各类盆花200余盆,创收1.9万元。

2009年,速递业务收入完成30.24万元,其中在"六节"庆典活动中积极营销共创收5万元。

2012年,速递业务实现利润16.09万元。业务量为32.03万元,完成地区局计划34.2万元的93.65%。快包完成1.25万元,完成地区局计划0.8万元的156.25%,超0.45万元。在"五节联送"专项营销活动中,发挥大客户营销模式,销售产品及鲜花5万元;在端午节专项营销中,积极公关销售粽子300盒,创收2万元。在"思乡月"专项营销活动中,充分发挥"能人"营销策略,销售月饼2 102盒,金额达40.3万元,直接创收20.5万元;销售鲜花118篮,金额33 184元,创收1.2万元。

2015年,速递业务收入62.71万元,其中棉包收寄速递累计近4 000件,收入20万元。棉包收寄旺季各支局结合往年棉包收寄发运经验，为用户提供上门收寄、验视、称重等“一条龙”服务，与5家网套加工店签订代办协议，遇棉包业务量大时，抽调管理人员下基层蹲点，进行上门装卸。

**五、代理金融**

改革开放后，邮政汇兑业务比较活跃。邮局收汇高额汇款时，在汇票联单和通知单上加盖红色“高额汇款”戳记，以引起汇检、封发、投递及兑付各个环节的重视。实行兑付和复核双人兑付制度，以确保高额汇票的安全准确无误。1993年开发汇票33 093张，1996年31 628张，1998年30 212张。

1999年，汇兑收入完成34.5万元。2002年，汇兑收入完成29万元。

2005年，加大汇兑业务宣传力度，使汇兑业绩再创辉煌。汇兑收入实现22.6万元，完成计划的128.9%，其中仅保险费业务发展1 020户，实现收入3.15万元，完成地区计划4万元的99%。2010年，代理金融业务收入完成40.24万元。

2015年，代理金融业务收入完成88.49万元。全年持续开展营销活动，组织客户走访，营造网点氛围，多措并举促进代理金融业务发展。将代发工资项目作为业务转型的抓手，和什托洛盖镇支局自2014年与徐矿签订月500余万元代发工资协议后，在做好窗口服务和客户维护的基础上，继续跟进，年内又签订4家代发协议，每月代发金额达100万元。开展“激情盛夏，奋勇争先”代理金融业务劳动竞赛活动，矿区支局荣获三等奖，受到地区公司表彰奖励。

**六、集邮**

1992年，销售集邮枚数37 921枚，集邮收入2.3万元。1995年，销售集邮枚数17 136枚，集邮收入3.17万元。1997年6月27日，和布克赛尔县集邮协会举办首届邮展，共展出邮票27部，评选出一等奖1名、二等奖2名、三等奖3名。

1998年，销售集邮枚数43 061枚，集邮收入4.3万元。

1999年，集邮业务收入完成18.6万元。2002年，集邮业务收入完成37.4万元。

2005年，抓好预定户的宣传揽收工作，使预定户达644户。积极响应地区邮政局文件精神，在“保持共产党员先进性教育”期间销售邮册60册，直接创收5000元。在自治区成立50周年之际，宣传制作个性化邮票325套，创收入1.3万元。利用节假日期间组织人员积极宣传促销邮品。全年集邮业务收入18.9万元，完成计划的76%，其中销售集邮邮票95 674枚，集邮品8 007册。

2009年，集邮总收入42.78万元，其中组织“我与共和国同成长”个性化邮折营销活动共揽收342套684版，创收3.42万元。

2013年，集邮业务累计完成62.55万元，完成地区局计划的139%，超计划17.55万元。主要增长点是抓住区公司发行一、二、三轮生肖邮票珍藏册之际，共销售32套，仅此一项创收20万元。

2015年，集邮业务实现收入76.74万元，完成地区局计划的109.63%，超计划16.74万元，对邮务类收入增长贡献较大。重点开展畅销邮品的组织销售工作，举办首届集邮珍品品鉴会，成功销售邮品24.5万元，一举拉动集邮收入的增长。

### 七、电子商务

2008年，首度开办电子商务业务，完成收入1.73万元。2010年，电子商务业务完成收入6.19万元。

2012年，电子商务利润10.87万元。业务量36.39万元，完成地区局计划32.5万元的111.97%，超3.89万元。短信加办41 050条，收入25万元，其中储蓄短信加办率62%，速递短信加办率95%，汇兑短信加办率67%。

2015年，电子商务利润34.35万元。业务收入99.9万元，完成计划110万元的91%。主动与邮储银行召开协调会议，积极与营业人员面对面对接使储蓄短信业务在量上有所提高。储蓄短信收入较2011年同期增长7万元。主动与国税、地税部门加强税收业务的合作，加大车购业务的加办量。办理车购业务454笔金额3 582 991.3万元，收入3.58万元。主动与县地税局、财政局对接，将"国代地"手续费入账10万元；年内代征国税13 703笔金额4 462 209.49元；代征地税483笔金额4 138 718.72元。机票收入3.6万元，较2014年同期减少0.9万元。

**1999—2015年和布克赛尔县邮政主要业务收入情况表**

表6－4　　单位：万元

| 年份（年） | 合计 | 函件 | 报刊发行 | 包裹 | 代理速递 | 代理金融 | 集邮 | 邮政储蓄 | 电子商务 |
|---|---|---|---|---|---|---|---|---|---|
| 1999 | 163.00 | 14.80 | 14.50 | 11.30 | 3.40 | 34.50 | 18.60 | 65.90 | — |
| 2000 | 190.40 | 13.00 | 16.60 | 15.70 | 5.80 | 30.20 | 31.90 | 77.20 | — |
| 2001 | 212.70 | 7.70 | 16.10 | 2.10 | 5.70 | 31.00 | 37.00 | 113.10 | — |
| 2002 | 256.50 | 8.20 | 18.30 | 16.50 | 8.10 | 29.00 | 37.40 | 139.00 | — |
| 2003 | 276.70 | 10.40 | 17.70 | 16.90 | 11.70 | 21.60 | 26.40 | 172.00 | — |
| 2004 | 308.30 | 6.90 | 20.10 | 18.40 | 15.70 | 17.00 | 32.20 | 198.00 | — |
| 2005 | 336.00 | 7.40 | 21.60 | 18.30 | 20.40 | 22.60 | 18.90 | 226.80 | — |
| 2006 | 347.40 | 7.60 | 24.90 | 22.20 | 26.40 | 21.00 | 17.90 | 227.40 | — |
| 2007 | 416.00 | 7.60 | 30.30 | 23.30 | 26.80 | 26.90 | 36.50 | 264.60 | — |
| 2008 | 453.99 | 8.03 | 32.05 | 24.97 | 19.27 | 43.01 | 30.58 | 294.35 | 1.73 |
| 2009 | 406.52 | 19.31 | 37.94 | 30.70 | 30.24 | 37.52 | 42.78 | 206.08 | 1.95 |
| 2010 | 465.41 | 7.46 | 41.94 | 23.20 | 31.55 | 40.24 | 54.38 | 260.45 | 6.19 |
| 2011 | 576.14 | 15.09 | 44.54 | 32.37 | 13.99 | 44.42 | 55.43 | 363.94 | 6.36 |
| 2012 | 675.60 | 19.05 | 52.86 | 48.96 | 16.09 | 45.11 | 66.16 | 416.50 | 10.87 |
| 2013 | 711.77 | 25.17 | 56.52 | 40.37 | 22.81 | 36.37 | 62.55 | 444.15 | 23.83 |
| 2014 | 723.82 | 4.29 | 56.17 | 41.72 | 21.51 | 24.39 | 89.40 | 438.90 | 47.44 |
| 2015 | 820.30 | 19.43 | 52.16 | 33.82 | 62.71 | 88.49 | 76.74 | 452.60 | 34.35 |

## 第四节　邮政设备

1993年，和布克赛尔县的邮政设备有邮运汽车3辆。1994年，添置微机3台。1996年5月，购置5台MAXARHS-101型电子信函传真机，并全部开通使用。

1998年，县邮政设备有较大发展，分拣格柜配备齐全，邮政生产用房692平方米，汽车3辆，投递用自行车2辆，投递用摩托车1辆，役马2匹，利息计算机8台，保险柜15套，信箱、信筒19个，包裹收寄机1台，过戳机2台，电动日戳机1个，点钞机8台，微型电子计算机3台，邮政电子秤4台，验钞器12个，报刊零售亭3个。

2005年，有邮政车辆8辆，其中乡邮车1辆，二级干线邮车2辆，机要、速递、市内转趟车3辆、运钞车1辆，行政车1辆。

2010年，有邮政车辆11辆，邮政生产用房981平方米，计算机31台，ATM柜员机2台，终端机47台，网络交换机6台，网络路由器3台，邮资机1台，邮政信箱信筒25个，保险柜23个，多功能电子秤8台，点钞机17台。县城建局将信报箱建设纳入城市建设统一规划，在新建小区住宅楼统一安装信报箱，并作为工程竣工验收一项内容。

2015年，完成上级投资建筑面积2 200平方米新建办公大楼的主体竣工建设；维修改造沙吉海营业网点一处；新建察和特、巴音傲瓦、查干库勒、铁布肯乌散乡4个空白乡镇网点补建工作，其中莫特格乡与县综合办公大楼实行并建。查干屯格支局新增ATM存取款机1台，全县邮政普遍服务网点达11处。

## 第五节　邮政管理

1998年，邮电分营，和布克赛尔县邮政局确立“局兴我荣、局衰我耻、团结务实、进取创新”的十六字方针，在全局深入开展“树邮政形象，创优质服务”活动，坚持以用户满意为标准，以窗口服务为重点，以内部管理为保障，努力提高干部职工队伍的整体素质。

1999年是邮政独立运行的第一年。县邮政局按照年初地区邮政工作会议的总体部署，坚持狠抓邮政企业的服务、经营、管理、改革、效益、发展和队伍建设等方面的工作，经过全体职工的共同努力，提前28天超额完成年度收入计划。全年各项营业总收入完成163.33万元。和布克赛尔县邮政呈现平稳快速发展趋势。

2005年，以加强时限为主线，以落实营业、投递两个规范为重点，向社会提供规范化服务。采取有力措施，将各项服务规范落到实处，提高服务质量，使每位用户高兴而来，满意而归。严格落实标准化支局建设的相关规定，做到责任到人、制度上墙。健全服务监督体系，加大服务奖惩力度。内部按季度对各网点规范化服务进行检查打分，通过检查考核，确定局营业部、和什托洛盖支局为全局规范化服务窗口，并上报地区邮政管理局；外部监督注意发挥社会力量，聘请社会义务监督员158人，设立举报电话2部，走访用户300次，发放意见征询函200份，回收率为95%以上。严格执行各项规章制度，定期对各经营网点稽核检查，发现问题不隐瞒、不掩盖，及时通报，限期整改，并按相关规定对业务差错、规格时限进行考核，在各生产环节落实各项规章制度，规范经营行为和经营秩序。开展各类业务检查20余人次，书写各类业务检查报告120份。全年各项业务总收入实现349.09万元，完成年计划的100.89%，超计划进度3.09万元。

2007年，制订《通信费用管理办法》《企业招待费管理办法》和《差旅会议管理办法》等一系列管理文件；建立和完善内部绩效考核和奖惩制度，充分发挥经营责任制和绩效考核的导向和约束作用。定期深入各营业网点进行储汇资金安全检查60次，对各项业务制度落实情况检查60次，确保通信质量和服务质量，综合满意度达到89%。全年各项业务总收入实现427.61万元，完成年计划的108.48%，超计划进度33.41万元。

2010年，开展“树邮政形象，创优质服务”活动，坚持以用户满意为标准，以窗口服务为重点，坚持以科学发展观促进邮政服务的改善和企业改革的深化。开展“双创”（创新服务理念、创建示范窗口）、岗位练兵、培训上岗等活动，对4个网点的生产现场进行达标管理，对各网点营业店招牌、营业时间牌、宣传资费表等进行统一规范。打破在岗职工与临时工的身份界限，实行同工同酬。拉开分配差距，实行绩效奖，体现按劳取酬、多劳多得的分配原则，调动职工积极性。全年完成各项业务总收入897.59万元，完成地区全年计划795.4万元的112.85%，超计划168.45万元。

2012年，在全县邮政营业、投递场所实行达标管理，网点及个人实行摘档绩效考核办法，调动工作人员的积极性。在资金安全及安全设施方面，有效利用监控系统。积极主动把邮政发展融入当地经济社会的发展中，融入全县重大活动中。全年邮政各项业务总收入实现738.77万元，完成地区局计划700.51万元的105%，超收38.26万元。

2015年，企业组织形式进行更名换牌，完成“子改分”改革工作（即注销子公司新设分公司），企业名称由和布克赛尔县邮政局改为中国邮政集团公司新疆维吾尔自治区和布克赛尔县分公司。“子改分”后，把提升服务能力提高到以服务促发展的高度来对待，把改善服务作为企业经营的重要举措。各网点认真落实晨会制度，持续开展重点客户、大客户走访活动，共走访重点单位、重点客户50户，走访用户800户，大客户数量达150户，大客户收入40万元，占邮政业务总收入比重达25%。组织员工参加银行专业及职业技能鉴定考试，其中取得保险资格证21人、银行从业资格证4人、证券资格证5人，持证率达70%。加大质量监督检查力度，全年未发生违法资金案件。开展专项检查6次，网点检查30次，共填写检查报告50份，下发用户意见征询函60份，回函率99%，综合满意度90分。全年完成各项业务总收入929.82万元，全地区排名第一，获得地区邮政系统2015年度“优秀县市分公司”荣誉称号。

# 第二章　电　信

## 第一节　中国电信和布克赛尔县分公司

### 一、机构队伍

1993—1997年，和布克赛尔县邮政、电信合营。1998年9月28日，按照国家体制改革部署，和布克赛尔县邮政、电信分设，成立和布克赛尔县电信局。内设综合办、维护部、6个支局，有干部职工76人（含退休22人、劳务工11人）。

2004年6月24日，更名为新疆维吾尔电信有限公司和布克赛尔县分公司。2008年2月，更名为中国电信股份有限公司和布克赛尔县分公司（简称“县电信分公司”）。

2015年，县电信分公司设立综合办公室、政企客户部、维护工作站、南线支局、东线农村分局、城市支局6个部室、11个农村支局所，全公司共有干部职工30人。

### 二、设施建设

1995年，由地区局投资，在县局院内修建40米高线铁塔一座，无线寻呼设备正式投产。1998年9月26日，和布克赛尔县电话号码由6位升至7位。1998年11月，由地区投资在和什托洛盖邮电支局建造40米高天线铁塔一座，并开通无线集群电话（二哥大）。2001年，和布克赛尔县电信公司开通ISDN业务。2003年，开通ADSL业务。2004年4月，开通小灵通业务。2008年10月，原联通公司CDMA移动业务划归电信经营。

2010年，县电信分公司投资开通鲁能煤矿、阿吾斯奇、地区煤矿、赛马场基站4个C网基站，实现全网覆盖无盲区。为应对C网络EVDO的开通及IPTV业务的发展，和布克赛尔县电信传输网络也进行扩容，和什托洛盖中心机房的密波设备针对克拉玛依市又开通1G口。至此，和布克赛尔县至克拉玛依市宽带出口带宽达到4G。此外，新建光缆线路57千米，在和布克赛尔县城及和什托洛盖镇新建管道6千米。

2011年，新建C网基站8个站点，解决318线、嘎顺煤矿、加音塔水库、徐矿3矿C网信号盲区问题，自此，C网网络信号基本覆盖全县所有区域。

2013年，开通和布克赛尔县至克拉玛依市10G ONT环，将和布克赛尔县的传输、数据业务均衡割接到华为OTN保护环网；开通全县农村烽火ONT环网设备，将农村粗波设备上的所有数据业务割接到烽火ONT设备上，同时解决部分本地网及大客户带宽资源不足的问题。新开通7个C网基站EVDO业务，对5个C网基站EVDO业务进行提速；完成兵团第十师煤矿机房和三牧场机房的搬迁工作以及一八四团的退铜工作。

2015年，完成全县所有乡镇团场（包括所有行政村）“村村通”和“4G网络”通信工程建设，完成高速宽带城域网网络建设，完成全县城乡手机基站全覆盖建设。县电信分公司实现固话、宽带、电路、手机等电信全业务经营。

**三、业务经营**

1995年11月20日，县局“126”无线寻呼系统开通寻呼业务，无线用户32户。1997年12月，用户发展到4 860户。1998年11月，由地区投资在和什托洛盖邮电支局建造40米高天线铁塔一座，并开通无线集群电话（二哥大），发展移动电话487户。到2000年年底，全局完成业务总量680.61万元，全县电话数达7 279户。

2001年，和丰县电信公司开通ISDN业务。2003年，开通ADSL业务，年底发展用户196户。2004年4月，和丰电信公司开通小灵通业务。2005年，小灵通用户数达到4 178户，年底业务收入达到1 212万元。

2006年，小灵通用户达到5 543户，ADSL达1 527户。2008年10月，原联通公司CDMA移动业务划归电信经营，统一为电信天翼业务品牌。2009年10月底，移动用户累计净增3 500户，移动累计总用户5 143户，宽带用户总数达到4 733户。至2010年年初，和布克赛尔县电信公司实现固话、宽带、电路、手机等电信全业务经营。

2011年始，县城、农村网点等重点区域进行手机4G网络的建设。到2015年年底，固话+宽带+手机网络容量达到5万线，人均普及率达到73%，农村人均普及率达到62%，收入达到2 000万元。

## 第二节　中国移动和布克赛尔县分公司

**一、机构队伍**

1999年9月16日，成立中国移动通信集团新疆有限公司塔城地区分公司和布克赛尔县营业部（简称“县移动分公司”），属中国移动通信集团新疆有限公司塔城地区分公司。内设综合部、网络部、市场部、大客户、党建等部门，有员工27人。

2006年,县移动分公司有员工37人。

2012年,县移动分公司有内设机构4个,即办公室、片区、财务、业务;7个分支机构,即184营业厅、夏乡营业厅、兵团第十师煤矿营业厅、国营营业厅、查干库勒乡营业厅、铁布肯乌散乡营业厅;1个直属机构,即和布克赛尔县移动公司和什托洛盖营业厅。有员工27人。

2015年,县移动分公司有内设机构6个,即综合、片区、网格、业务、大客户,7个分支机构,即184营业厅、夏乡营业厅、兵团第十师煤矿营业厅、国营营业厅、查干库勒乡营业厅、铁布肯乌散乡营业厅;2个直属机构,即和布克赛尔县移动公司和什托洛盖营业厅、和布克赛尔县移动公司东街营业厅。有员工24人。

## 二、业务工作

2000年,县移动公司有基站2个,客户150户。其后,公司以加快和布克赛尔县的经济建设及信息建设为根本目标,遵循"沟通从心开始"的服务理念,从满足客户需求、促进地方经济发展大局出发,不断加快移动通信基础网络的建设,致力于服务工作的改善和企业形象的提升。全年营业总收入1 120万元。

2006年,基站发展到32个,客户增至1.5万户。通信业务收入完成全年计划的106.8%,净增通话用户完成全年计划的143.6%,营销案完成奋斗目标的99.8%。自办营业网点5个,代销、代办网点延伸到各个乡场镇及村队;业务种类有全球通、神州行、天山通等知名品牌,家喻户晓。全年营业总收入1 395万元。

2010年,实施"EAP员工心理援助工程"。3月11日,根据塔城分公司EAP工程的活动安排,两名心理辅导老师到和丰营业部针对大客户经理在工作中存在的问题及压力进行全面练习应对和心态调整方法的指导。7月12日和布克赛尔县第四届《江格尔》文化旅游节暨第十二届那达慕大会期间,公司设立便捷服务小组,在会场入口处设立流动营业厅,并准备充值机、充值卡、饮水机、环保布袋、宣传单等物品。为庆祝中国人民解放军建军83周年,7月28日,和丰营业部先后对驻扎在和丰辖区的武警中队、边防大队、武装部、消防支队、一八四团89分队以及阿吾斯奇边防连的所有官兵进行节前慰问。并为他们送去洗衣机、饮水机、电视机等慰问品。为200多户甘肃移民赠送大手机200部及60元话费。全年营业总收入2 207万元。

2012年,城区建有3个自办营业厅,农村设有7个自办营业厅,另有近100个移动代办网点为用户提供全方位、多角度的服务;移动通信基站达到80余个。先进卓越的移动网络、广泛坚实的客户基础和优良的品牌,为客户提供优质诚信服务。通信服务主要经营移动话音、数据和多媒体业务,并具有计算机互联网国际单位经营权和国际出入口局业务经营权。除提供基本话音业务外,还提供主叫号码显示、彩信、彩铃、飞信、随e行、手机上网、手机银行、OA办公自动化业务、手机报、手机游戏、无线音乐榜、手机银行、手机证券等多种增值业务,拥有"全球通""神州行""动感地带""移动梦网"等著名服务品牌。服务网号为134、135、136、137、138、139、147、150、151、152、157、158、159、182、183、187、188。在建设社会主义新农村"村村通"工程中,塔城地区移动通信分公司和丰营业部勇于率先实现通信畅通;在"村村通"工程建设的基础上,开展农村信息化建设工程,建立农村信息化示范村镇。开展"村村通"电话工程,加强与农村信息化建设工作的推进,为新农村建设免费投入农信机49部,建立49个农村信息化示范乡镇,实现农村信息村村通。全年营业总收入2 824万元。

2015年,在原有业务的基础上,增加移动光纤宽带业务、乐播TV业务、4G服务业务等。县城与农村共覆盖用户数1万多户,宽带用户数7 000多户。全年营业总收入2 901万元。

## 第三节　中国联通和布克赛尔县分公司

### 一、机构队伍

2005年3月,成立中国联合网络通信有限公司和布克赛尔县分公司(简称"县联通分公司"),是中国联合网络通信有限公司克拉玛依分公司下属的县级分公司,内设和丰县营业厅、184团营业部、和什营业部,有员工14人。负责中国联通在和布克赛尔县域内联通业务的经营管理和发展建设,主要经营移动通信业务、数据、图像及多媒体通信与信息、电信增值业务、IP电话业务等综合电信业务。

2015年,县联通分公司内设和丰县自有营业厅、184团营业部、和什营业部,全公司共有干部职工14人。

### 二、设施建设

2000年,由克拉玛依分公司在和布克赛尔县开始建设2G移动网络。至2010年,逐步覆盖全县。

2003年,由克拉玛依分公司在和布克赛尔县片区开始建设CDMA60米基站9座。至2008年,CDMA频段划拨给电信时片区内共建设CDMA基站25座。

2007年,公司开始投资建设3G移动网络。至2015年,完成建设3G信号基站125座。

2015年,在和布克赛尔县辖区开始建设4G网络,至年末建成信号基站98座。其中"村村通"工程将全县各牧场进行信号覆盖,其中布斯顿格牧场、伊克乌图布拉格牧场山区内新建信号塔8座。

### 三、业务经营

2005—2010年,县联通分公司建成基础2G网络和3G网络后,用户数发展到2 000多户,总收入350万元。

2011—2015年,围绕支撑服务"互联网+"行动计划、宽带中国、提速降费等国家战略部署,全力加快4G和全光网络建设,持续提升信息通信服务能力,推出"沃4G+""为客户提质计划"等一系列为民、惠民的服务新举措。建成3G和4G网络,用户数9 000多户,总收入达到780万元。其间,2011年、2015年,分别获自治区公司"十快县分公司"和"二十快县分公司"荣誉称号。

# 第七编

# 畜牧业

1993年，和布克赛尔县牧业产值3289.34万元，占大农业总产值的72.83%。至20世纪90年代末，全县牧业产值都占大农业总产值的70%以上。

进入21世纪后，和布克赛尔县紧紧抓住国家实施西部大开发和产业结构调整的机遇，以增加农牧民收入为中心，除突出发展畜牧业外，还加大产业结构调整力度，畜牧业产值的比重有所下降，但仍占全县大农业总产值的50%以上。

2015年，全县牧业产值58 339万元，比1993年增加55 049.66万元，年均增长13.96%；牧业产值占大农业总产值的60.02%，比1993年降低12.81%。

# 第一章　机构队伍

## 第一节　行政机构

1993年，和布克赛尔县畜牧局内设行政办公室、综合业务室、财务室，有工作人员11人。

2008年，更名为和布克赛尔县畜牧兽医局，内设办公室、财务室、兽医股、综合股和项目办，有工作人员11人。

2012年，和布克赛尔县畜牧兽医局〔简称县畜牧（兽医）局〕内设机构未变，核定行政编制9名，实有16人。2015年，实有工作人员11人。

## 第二节　事业机构

和布克赛尔县畜牧兽医站　1993年，编制24名，实际在职28人，其中专业技术人员19人。2011年12月，升格为副科级，核定事业编制17名（管理岗位4名、专业技术岗位11名、工勤岗位2名），实际在职17人。经费形式为全额预算管理。至2015年未变。

和布克赛尔县动物卫生监督所　1993年成立，规格为股级，隶属和布克赛尔县畜牧（兽医）局。编制21名（专业技术人员14名），实际在职21人。2011年12月，和布克赛尔县动物卫生监督所升格为副科级，经费形式为全额预算管理，核定事业编制21名（管理岗位5名、专业技术岗位14名、工勤岗位2名），实际在职21人。至2015年未变。

和布克赛尔县草原监理所　1989年成立，规格为副科级，隶属和布克赛尔县畜牧（兽医）局。核定事业编制16名（管理岗位15名、工勤岗位1名），实际在职15人。经费形式为全额预算管理。至2015年未变。

和布克赛尔县草原建设工作站　1989年成立，规格为股级，隶属和布克赛尔县畜牧（兽医）局。编制16名（专业技术人员15名），实际在职16人。2011年12月，和布克赛尔县草原建设工作站升格为副科级，核定事业编制19名（管理岗位4名、专业技术岗位11名、工勤岗位4名），实际在职19人。经费形式为全额预算管理。2015年，编制21名（专业技术人员15名），实际在职21人。

# 第二章 放牧分区

## 第一节 北部山地谷地放牧区

该区包括赛尔山与哈同山及其支脉构成的山谷地区。和布克赛尔镇、铁布肯乌散乡、莫特格乡、查干库勒乡、巴音傲瓦乡、那仁和布克牧场、巴嘎乌图布拉格牧场、布斯屯格牧场和伊克乌图布拉克牧场的乡场机关都分布在谷地中央。此外,还包括和什托洛盖镇、夏孜盖乡的3个牧业村,有效草场面积110.14万公顷,占全县有效草场面积的86.54%。该区是县境草原畜牧业生产基地,除少数乘马、私养畜冬春略有补饲外,主要是靠天然草场放牧。

由于地形、气候、植被和水源条件的不同,全县草场的利用有明显的季节性。从北部的中高山、谷地至低山丘陵,由北而南依次分布着夏场、春秋场和冬场。全区划分为3个亚区。

### 一、北部山地亚区

该亚区包括北部从赛尔山吉木沟河东岸浩尔库得克以东的赛尔山区及其前缘的倾斜平原,以及南部萨勒布尔、阿尔格勒特、东南部迭伦山构成的低山丘陵区,共有四季草场53.21万公顷,其中夏草场6.61万公顷,占该区草场的12.42%;春秋草场25.92万公顷,占48.71%;冬草场20.68万公顷,占38.87%。该亚区水源较充足,和布克河流经底部,并有泉水溢带。土壤多为草甸土和沼泽土,土质较好,草甸植被生长发育良好,是主要割草场。部分草场四季利用供牧放自留畜。

亚区内有和什托洛盖镇、莫特格乡、查干库勒乡的9个牧业村以及布斯屯格牧场、巴嘎乌图布拉格牧场和伊克乌图布拉克牧场。该区气候温和,地势较平坦,牧草生长较好,属中等草场,适于发展细毛羊,亚区大多为荒漠草场,对放牧马、驼等具有有利条件。

### 二、和布克谷地亚区

该亚区是赛尔山与哈同山之间的断陷谷地,西起和布克艾肯,东至伊克乌图布拉格,为一个三角形地带,县城镇、3个乡、4个场机关驻地均分布在该亚区内,共有草场1.08万公顷,其中打草场2 475公顷,每0.07公顷产鲜草850公斤。亚区内植物建群种主要是芨芨、芦苇、赖草、甘草、苔草以及各类禾草和杂类草,适于牛采食利用,故历来养牛较多。

### 三、西部山地亚区

该亚区是由赛尔山西端,铁布克山、哈同山、哈尔赛尔克山和赛勒克特山等构成的山地,以及这些山的前缘倾斜平原,还包括纳木郭勒河(白杨河)下游的一片谷地。该亚区主要包括铁布肯乌散乡、那仁和布克牧场、莫特格乡以及和什托洛盖镇的两个牧业队,共有草场43.42万公顷,其中平原草原化荒漠草场9.64万公顷,冬天适于放牧马、驼。有部分山地草场因山势陡峭仅能为山羊放牧利用。

该亚区地势较高,气候寒冷,无霜期短,春秋多大风,往往给牧业生产造成灾害。亚区北部和白杨河畔水源较多,一般牧草生长良好。哈同山及其以南大部分草场干旱缺水,植被稀疏短矮,部分草场有多刺锦鸡儿灌丛生长,冬春挂钩羊毛、羊绒,造成一定损失。

### 第二节 中、南部放牧区

**一、中部平原放牧区**

该区包括和什托洛盖镇和夏孜盖乡,区内工矿较多。位于和布克河下游,气温高,四季分明,无霜期短,7月平均气温25.4℃,平均最高温32.8℃,光热资源丰富,上有加林塔然水库,供其灌溉。该区地势较平坦,土质好,土层厚,可载标准畜9 021头(只)。

**二、南部荒漠放牧区**

该区为准噶尔盆地腹地的一部分,最低处海拔仅249米,属于荒漠草原放牧区,有著名的古尔班通古特沙漠,面积1 687 282公顷,为全县乡镇场马、骆驼冬季放牧场,每年大约有8 400匹马、1 100峰骆驼在该处越冬。

该区夏季干热,降水极少,年平均88.5毫米以下,极度干旱,牧草群稀疏,产草量低,部分地域生长有次生胡杨林,约9 000公顷,植物组成以超旱生的小半乔木、灌木和半灌木为主,有梭梭、柽柳、琵琶柴、驼绒藜以及蒿子等。入冬落雪后,放马两个月,放骆驼3~4个月,马与骆驼放牧完全是原始方式游牧,露宿荒漠。大面积胡杨林、梭梭林被砍伐严重,已对生态平衡造成不良后果。

## 第三章 草 场

### 第一节 草场资源及利用

**一、草场概况**

全县天然草场面积202.87万公顷,可利用草场面积171.8万公顷。至2015年,获得国家认证的有机农畜产品生产基地5个,认证面积79.47万公顷,是全国有机畜产品生产县。

草场类型复杂,呈现出较完整的垂直分布带。牧草种类多,经调查有饲用植物600余种。由于地形、气候、土壤、水文及植被各因素的综合影响,天然草场的分布呈规律性变化,有着较完整的垂直分布带谱,草场的利用有明显的季节性。根据不同草场区的地形、气候、植被及其利用条件,按春秋、夏、冬四季三场轮换利用。春秋草场利用期一般为135天,夏草场为80天左右,冬草场一般为150天。南部荒漠只有在有雪时才能利用,每年积雪期一般为70天。

(一)夏草场

总面积为11.48万公顷,占全县天然草场总面积的7.25%,其中有效面积10.91万公顷,占全县有效草场面积的8.57%。夏草场主要分布在赛尔(萨吾尔)山及哈同山西端的中山带以上,属高山和中高山带的高寒草甸草场、山地草甸草场和山地草甸草原草场,利用时间每年6月15日至9月5日,约82天,有效利用率可达95%。按绵羊单位计算实载畜量702 097只。

(二)冬草场

总面积为89.22万公顷,占全县天然草场总面积的56.35%,其中有效面积75.76万公顷,占全县有效草场面积的59.53%。冬草场总面积中包括小畜冬场43.37万公顷、大畜冬场(即荒漠草场)45.6万公顷及打草场2 473公顷,其有效利用面积分别为39.03万公顷、36.48万公顷和2 473公顷。冬草场利用时间长,主要分布在低山丘陵区及荒漠草场,利用时间一般从当年12月1日至次年4月30日,约150天,有效利用率可达90%。覆盖度一般,大部分属中等草场,实载畜量595 969只。

(三)春秋草场

总面积为42.75万公顷,占全县天然草场总面积的27%,其中有效面积40.61万公顷,占全县有效草场面积的31.91%。主要分布在山前洪积冲积扇地带以及和布克谷地平原地带,是利用冬草场的过渡性草场。利用时间一般为5月1日至6月15日和9月5日至11月30日,总计约35天,有效利用率可达95%,实载畜量649 033只。

**二、草场利用**

全县草场实际利用毛面积143.44万公顷,其中有效草场面积60.61万公顷。在草场利用上,主要以放牧利用方式进行牧业生产,根据不同草场区的地形、气候、植被及其利用条件,按春秋、夏、冬四季三场轮换使用。从全县来看,夏草场稍感紧张,春秋场十分紧张,冬草场虽然略有多余,但多余部分主要是放牧马、骆驼的荒漠冬场,而绵羊、牛的冬场并不富余。总体上看,全县自然草场实际载畜量已经超载。

1943年以来,因自然灾害影响,和布克赛尔县不顾本县草场严重不足的实际情况,积极帮助阿勒泰地区牧民的牲畜越冬度春,多次与阿勒泰地区签订借、租草场协议。按照自治区行政区划界线337号文件要求,截至2015年,阿勒泰地区四县一市仍在我县5个地域行使草场使用权,共计466万亩。

由于多年超载放牧,春秋场放牧强度大,在草场利用上不尽合理,破坏了草场的生态平衡,草场退化严重,草场基本建设进展缓慢。有些地方人畜饮水尚有困难,草场不能很好利用。灌溉草场和改良面积很小,畜牧业生产条件改变不大。

## 第二节　草场建设与饲草料贮备

1993—2004年,和布克赛尔县注重发展饲草料基地建设。全县有打草场面积2 473公顷,年产草料2 797万~3 051万吨;有围栏草场10万公顷。青贮饲料在全县得到普通推广,年完成青贮饲料1.1万吨。

2006年,增加饲草料基地面积,将退耕还草的围栏草场改良成人工草场,对草饲料进行加工,提高草饲料的利用率。完成牧民定居配套饲草料地1 005公顷,超过计划的25%;在和什托洛盖镇和夏孜盖乡建设大型青贮窖3座、小型青贮窖28座,共储备青贮玉米9 722吨;完成打储草5.96万吨、储备饲料5 881吨。

2010年,新建高压滴灌饲草料基地250公顷,总投资375.19万元。其中,阿尔夏特70公顷,莫特格乡60公顷,巴音敖瓦乡60公顷,伊克乌图布拉格牧场60公顷。免费发放苜蓿种子5吨,补播改良草场233公顷。建设人工饲草料地250公顷。

2012年,加快草原畜牧业生产方式的转变步伐,提高农牧民合理开发利用和建设草场的积极性主动性,全年建设人工饲草料基地667公顷。投资122万元进行地区级饲草料储备库二期工程建设，新建435平方米饲料储备库1座（储备应急饲料525吨、玉米300吨）。全县共储备饲草15万吨、秸秆5 000吨，保证牲畜完全越冬度春。

2015年，进一步完善储备库管理，提高防灾减灾能力。全县共有1个地区级草料储备库、5个牧业指挥部。其中，地区级草料储备库储备苜蓿320吨、玉米200吨；5个指挥部分别储备苜蓿7吨。农牧民自行储备苜蓿4 573吨、干草17 831吨、秸秆257吨、玉米789吨。青贮储备方面，县粮油购销公司1.6万吨，种植大户1万吨，莫特格乡套瓦契村1 000吨。县委、县人民政府专门安排抗灾资金200万元购进草料200吨、颗粒草料200吨、玉米200吨。新建万吨级青贮窖2座，争取上级专项资金85万元建设储备库。

## 第三节　草原保护与退牧还草

### 一、草原保护

1993—2004年，县委、县人民政府高度重视草原保护，制定科学利用草场总体规划，争取天然草场保护与恢复建设项目，加大天然草场的保护力度，逐步实行以草定牧，使天然草场得到休养生息，减轻草场压力，保护和改善草原生态环境，实现草原生态环境与畜牧业发展的良性循环。在此期间，累计完成治蝗面积13.33万公顷，完成灭鼠面积10万公顷。

2006年，开展《中华人民共和国草原法》的宣传周活动，加强野生植被的保护，加大草原建设和草场保护工作力度。投入资金10万元用于治蝗工作，完成治蝗面积1.07万公顷，灭蝗率达95%以上。征收草场补偿费和草原管理费31.4万元。与各乡场镇煤矿签订草原防火责任书，年内无一起草原火灾发生。

2010年，全县草地虫鼠害发生面积4.13万公顷，危害面积2.73万公顷，投入资金18万元开展人工治蝗灭鼠工作，完成防治面积2.73万公顷。投入项目资金8万元新建人工粉红椋鸟巢9座、鹰架50个，防治草原虫害面积2.33万公顷。对全县占用草原采煤的企业进行摸底调查，对手续不全的企业，按照草原法的有关规定提出整改时限，加大乱采、滥挖整治力度。与各乡、镇、场，各矿山企业和各有关单位签订草原防火责任书，明确责任和义务，保证草原防火工作的顺利开展。全年征收草原建设费79.36万元。其中，草原管理费1.51万元，草原补偿费66.99万元，安置补助费10.15万元，罚没款0.71万元。加强对转场工作的管理，转场时间定为：春场每年4月1日至6月20日、夏场6月20日至9月1日、秋场9月至11月25日、冬场11月25日至4月1日。6月14日至7月30日期间，通过采取机械和人工喷洒化学除草药方式完成长15千米、宽100米，面积为150公顷隔离带任务。

2012年，强化草原行政执法程序，树立监理队伍良好形象，按照《农业行政处罚程序规定》办理草原违法案件，处理草原违法案件1件，结案1件，结案率100%。开展草原防火工作，严格落实草原防火值班制度、防火零报告制度，提高草原防火应急能力和警惕性；与武警边防等部门密切配合，切实做好防火区、防火期的检查巡逻和监测工作，完成边境草原防火隔离带15千米建设，降低草原火灾发生概率。设立草原动态监测点40个，国家级草原固定监测点1处，安排专业技术人员对全县范围草场进行动态预警监测，全年蝗灾发生面积4万公顷，严重危害面积2.4万公顷，草地螟虫灾危害面积6 667公顷，做到准确监测及时上报。开展草原虫鼠害防治工作，灾害发生后即制定防治工作实施方案，争取资金38万元（自治区10万元、县财政配套28万元），采用机械、生物（粉红椋鸟）和人工防治相结合的方法，调用三角翼飞行器两架，飞行52架次，动用大型喷雾车50台次，18型背负式机动喷雾器80台次，出动人员90余人次，5万余只粉红椋鸟参与防治，全年完成防治面积3.07万公顷，防治有效率达95%，达到预期防治效果。确定禁牧草原面积32.12万公顷，草畜平衡面积76万公顷，发放补助奖励资金4 974.4万元，其中禁牧补助2 649.9万元、草畜平衡奖励2 160万元、牧草良种补贴98.9万元、牧民生产综合性补贴65.6万元，受益牧户3 990户。

2015年，境内巴音达拉—迭伦区域鼠害发生面积3.33万公顷，严重危害面积1.67公顷，县畜牧兽医局根据鼠害发生及危害程度，以保护生态环境、草原可持续生产为中心，以准确的测报、预警为依据，投入资金50.4万元，其中申请自治区、地区补助35.28万元，县自筹15.12万元，调用2架三角翼飞行器、雷公藤灭鼠剂和D型肉毒素杀鼠剂饵料等物资，有效控制灾情发生与蔓延。境内查干库勒乡胡尔本呼都克草场和伊克乌图布拉格牧场阿合尔布拉克、干河草场蝗虫区面积达2万公顷，争取和投入蝗灾资金40万元，其中自治区配套20万元、地方财政投入20万元，顺利完成治蝗工作。对全县49个监测点进行动态常规监测，取得牧草植被生长状况第一手资料，完善草原生态监测机制。

## 二、退牧还草

2003年，和布克赛尔县根据自治区的部署，开始实施退牧还草工程。至2007年，是全县退牧还草项目的重点实施时期。5年累计完成禁牧8.66万公顷，休牧19.33万公顷，划区轮牧2万公顷，草地补播改良4.34万公顷；完成总投资6 770万元。经过5期退牧还草工程的运作，取得良好的生态、经济和社会效益。草原植被得到恢复，植被覆盖度和牧草产量明显提高，草群中优良牧草比例有所增加，生态环境得到初步改善。同时，也加快草原畜牧业生产方式的转变步伐，提高农牧民合理开发利用和建设草场的积极性主动性。

**2003—2007年全县退牧还草工程任务完成情况表**

表9－1

| 年份(年) | 围栏面积(万公顷) | | | | | 完成投资(万元) |
|---|---|---|---|---|---|---|
| | 小计 | 禁牧面积 | 休牧面积 | 划区轮牧 | 补播改良 | |
| 2003 | 8 | 3.33 | 3.33 | 1.33 | — | 1 170 |
| 2004 | 6.67 | 1.33 | 4.67 | 0.67 | — | 1 650 |
| 2005 | 5.33 | 1.33 | 4 | — | 2 | 1 420 |
| 2006 | 8 | 2 | 6 | — | 1.67 | 1 780 |
| 2007 | 2 | 0.67 | 1.33 | — | 0.67 | 750 |
| 合计 | 30 | 8.66 | 19.33 | 2 | 4.34 | 6 770 |

**2003—2007年全县项目涉及乡镇场基本情况表**

表9－2　　单位：万户、万人、万头(只)、万公顷、座

| 乡镇场 | 总户数 | 总人口 | 牧业户数 | 牧业人口 | 牲畜存栏 | 草场面积 | 人工草料地 | 棚圈建设 |
|---|---|---|---|---|---|---|---|---|
| 伊克乌图布拉格牧场 | 0.13 | 0.36 | 0.026 | 0.13 | 3.4 | 1.83 | 0.15 | 286 |
| 查干库勒乡 | 0.113 | 0.46 | 0.027 | 0.12 | 8.69 | 0.82 | 0.23 | 157 |
| 那仁和布克牧场 | 0.079 | 0.34 | 0.043 | 0.13 | 7.4 | 1.36 | 0.28 | 247 |
| 和什托洛盖镇 | 0.26 | 2.21 | 0.017 | 0.068 | 5.12 | 1.14 | 0.24 | 132 |
| 其他单位 | 0.918 | 2.53 | 0.117 | 1.252 | 27.53 | 178.09 | 0.17 | 432 |
| 合计 | 1.5 | 5.9 | 0.23 | 1.7 | 52.14 | 183.24 | 1.07 | 1 254 |

## 2003—2007年全县禁、休牧户数及牲畜存栏情况表

表9-3　　单位：户、万头（只）

| 乡镇场 | 村队 | 户数 | 牲畜存栏 |
|---|---|---|---|
| 伊克乌图布拉格牧场 | 勃热生呼都格村 | 61 | 0.67 |
| | 巴音达拉村 | 69 | 1.13 |
| | 塔塔勒村 | 62 | 0.93 |
| | 洪古沃伦村 | 70 | 1.42 |
| 查干库勒乡 | 巴音查干村 | 150 | 2.1 |
| 那仁和布克牧场 | 额木根村 | 117 | 2.4 |
| 和什托洛盖镇 | 依森托洛盖村 | 140 | 2.43 |

## 2003—2007年全县项目区人口、牲畜、草场面积情况表

表9-4

| 牧业村队名称 | 总牧业人口（人） | 项目人口（人） | 劳动力（人） | 项目村牲畜总头数（头、只） | 草场面积（公顷） |
|---|---|---|---|---|---|
| 勃热生呼都格村 | 183 | 183 | 55 | 6 700 | 2 153 |
| 巴音达拉村 | 207 | 207 | 62 | 11 300 | 2 647 |
| 塔塔勒村 | 186 | 186 | 56 | 9 300 | 2 100 |
| 洪古沃伦村 | 220 | 220 | 84 | 14 200 | 8 240 |
| 巴音查干村 | 150 | 150 | 46 | 21 000 | 1 367 |
| 额木根村 | 117 | 117 | 36 | 24 000 | 2 713 |
| 依寸托洛盖村 | 140 | 436 | 130 | 24 300 | 4 067 |
| 合计 | 2 464 | 1 499 | 469 | 110 800 | 23 287 |

## 2003—2007年全县禁牧区基本情况表

表9-5

| 建设地点 | 天然草地面积（公顷） | 禁休牧面积（公顷） | 涉及牧户数（人） | 退牧牲畜（头、只） |
|---|---|---|---|---|
| 查干库勒乡巴音查干村 | 2 647 | 6 667 | 150 | 21 000 |
| 伊克乌图布拉格牧场阿东哈尔格尼格草场 | 9 647 | 6 667 | 796 | 41 500 |
| 合计 | 12 294 | 13 334 | 946 | 62 500 |

## 2003—2007年全县休牧区基本情况表

表9-6

| 建设地点 | 天然草原面积（万亩公顷） | 禁休牧面积（万亩公顷） | 涉及牧户数（人） | 退牧牲畜（头、只） |
|---|---|---|---|---|
| 和什托洛盖镇依森托洛盖村 | 4 067 | 3 333 | 436 | 24 300 |
| 那仁和布克牧场额木根村 | 2 713 | 6 667 | 117 | 24 000 |
| 伊克乌图布拉格牧场勃热生呼都格村 | 2 153 | 6 667 | 183 | 6 700 |
| 合计 | 8 933 | 16 667 | 736 | 55 000 |

2008年，全县天然草原退牧还草项目第一期、第二期以及2006年的补助金发放完毕，共发放补助金38.72万元。

2010年，实施天然草原退牧还草项目，总投资1 000万元，其中中央资金730万元、地方配套资金270万元。退牧还草围栏草场3万公顷（禁牧1.33万公顷、休牧1.67万公顷），完成面积2.72万公顷，围栏长度204.5千米，完成计划任务的91.4%。

2015年，全年退牧还草项目总投资1 900万元，实施休牧4万公顷，完成禁牧草原面积32.12万公顷。累计发放草原生态奖补助资金2.39亿元，受益牧户3 990户；草畜平衡面积96万公顷，每公顷补助22.5元，受益牧民2 080户；禁牧区每公顷补助82.5元，共补助2 649.9万元，受益牧民3 990户。2010—2015年，实施天然草原退牧还草工程，累计投入资金4 800万元，完成饲草料地建设2 117公顷、禁牧1.33万公顷、休牧9万公顷、划区轮牧1.67万公顷、补播改良2万公顷、配套暖圈1 800座，草原植被覆盖度提高30个百分点。

**三、实施生态保护奖励机制项目**

20世纪80年代，和布克赛尔县草原资源调查确认可利用草场面积128.69万公顷。其中，纳入奖补面积128.12万公顷（实施禁牧32.12万公顷、草畜平衡96万公顷），种草面积6 593公顷，生产资料综合补贴1 312户。2011年，和布克赛尔县开始实施生态保护奖励机制项目。至2015年，每年下达承包草原禁牧面积32.12万公顷，资金2 649.9万元，涉及牧户4 000户，承包草畜平衡96万公顷，资金2 160万元，涉及牧户2 539户。每年兑现牧草良种补贴98.9万元，涉及牧户4 000户。每年生产资料综合补贴1 312户，每户500元，每年补贴资金65.6万元。5年总计发放资金2.381 6亿元。资金发放每年全部经过村领导审核，乡、镇、场纪检监督等程序、公示一周之后发放，发放形式通过农村信用社"一卡通"方式兑现。

# 第四章　畜牧业生产

## 第一节　牲畜品种与改良

20世纪90年代至21世纪初期，和布克赛尔县牛的品种有新疆褐牛、西门塔尔牛、夏洛莱牛、黑白花牛、瑞士褐牛等；羊的品种有新疆细毛羊、巴什拜羊、阿勒泰大尾寒羊、澳洲美利奴羊；猪品种有苏联大白猪、丹麦长白猪、巴克夏等。品种多而且杂，经济效益不高。

2003年，县委、县人民政府针对全县畜牧业现状，召开全县畜牧业工作会议，提出推广良种繁育技术，扩大优良畜群规模，促进畜群畜种结构合理化、牲畜品种优良化。以新疆褐牛为重点，推广胚胎移植和冷配先进技术，加快黄牛改良，逐步减少土种牛的饲养。南部一乡一镇及察和特开发区加快农区畜牧业发展步伐；北部乡场加快建立绒山羊、巴什拜羊、小尾寒羊、巴音布鲁克黑头羊及乌珠穆沁羊养殖繁育基地。至2005年，完成黄牛冷配1万头，小畜人工授精10万只；县财政累计投入1 500万元引进种公畜2 181头（只），提高牛羊的良种率，牛、羊良种率分别达60%、85%。

2006年，全县黄牛冷配投入资金30万元开设冷配点25座（计划开设31座），完成计划的81%；计划冷配1.30万头，实配6 716头，完成计划的51%。小畜品种改良，给各乡场镇分配绒山羊种公羊148只、巴音布鲁克黑头羊种公羊40只、乌珠穆沁羊种公羊140只，建立4座小畜配种站，小畜人工授精达11.07万只。其中，绵羊人工授精6.51万只，绒山羊人工授精4.56万只。

2007年，和布克赛尔县以冷配、牵引交配等方式狠抓牲畜品种改良工作，提高良种率。共投入资金94万元引进巴什拜种公羊297只、巴什拜生产母羊133只、萨福克种公羊10只、道赛特种公羊10只、褐牛种公羊123只。改良黄牛2万头，其中自然改良黄牛1.25万头，开设大畜冷配点23座，冷配黄牛9 350头，完成计划的93.5%。开设小畜配种站2座，完成小畜配种5万只，其中人工授精9 000只。

2010年，启动“牲畜品种改良年”活动。由县人民政府拨付专项经费300万元用于牲畜品种改良工作，与自治区畜科院合作，完成胚胎移植牛394头，定胎193头，受胎率达49%，超额完成年初制定的牛胚胎移植300头的任务。绵羊胚胎移植420只，新疆山羊胚胎移植548只。黄牛冷配4 070头，完成年初下达4 000头冷配任务的102%。引进新疆褐牛种公牛30头、巴什拜种公羊180只、新疆山羊种公羊140只。

2012年，制定《品种改良工作实施方案》，优化畜群畜种结构。为繁育员配备液氮罐、输精枪等改良设备，并保证每个冷配点配备2～3名技术过硬的冷配技术员。开设冷配点23座，购进优质冻精2万粒，投入资金300万元，全年完成黄牛冷配4 000头、小畜人工授精2万只。引进优良种公羊787只（阿勒泰羊300只、巴什拜羊313只、绒山羊174只）、生产母羊2 250只，褐牛种公牛20头、生产母牛225头。争取自治区多胎肉羊推广补贴、獭兔养殖、绒山羊新品系培育等良种繁育体系建设项目3个，项目资金40万元。

2015年，针对牧区开展由村党支部组织、对牧户购进优质种畜进行补贴（以杜泊羊为主），种畜由牧民合作社统一管理的模式进行品种改良工作。积极与华凌赛诺、玛纳斯新奥公司达成采购优质杜泊母羊78只、萨福克种羊30只，绒山羊基地更换种公羊8只，在全县2个合作社推行公畜统一管理的模式。全县个人购置杜泊种公羊、阿勒泰种公羊、巴什拜种公羊、绒山羊、湖羊、褐牛等优质种公畜总计676只（头），享受补贴120万元。同时，将牲畜改良作为牧业生产工作中的重点来抓，全面推行牲畜胚胎移植，黄牛冷配等技术，与各乡场镇签订品种改良责任状，确定职责，并将改良任务层层分解到各乡场镇。全年共送派兽医技术人员骨干5人次送往外地进行品种改良培训，新建大畜冷配站2座、开设黄牛冷配点13座、冷配黄牛4 500头、完成计划的95%。小畜人工授精2万只，完成计划的100%。争取资金100万元为5个乡镇兽医站配备防疫车辆和防疫器材。

## 第二节　畜牧业产业化

和布克赛尔县畜牧业产业化起步较晚。2007年，县人民政府加大招商引资力度，以更加优惠的政策和良好的投资环境吸引区内外投资者开发畜牧业资源，并积极扶持民营企业，促进民间资金向民营资本转变。建成一批生产规模大、带动能力强、市场前景好的畜产品加工企业。牧辰有限责任公司以及东归肉制品加工厂先后在和布克赛尔县注册。有机畜产品的生产基地认证工作进展顺利。通过积极做好项目的储备申报，和布克赛尔县有机畜产品生产基地通过国家认证中心的认证。申请认证草场面积约46万公顷，认证牲畜26万头（只）。

2013年，和布克赛尔县支持夏孜盖乡积极推动农区畜牧业向规模化、专业化、标准化、产业化方向发展，按照“品种优良化、管理科学化、免疫程序化、设施规范化、产品安全化、养殖专业化”的六化标准，建立规模养殖小区2个，成立农民专业合作社9家（其中养殖类3家、种植类3家、农资类3家），推动千家万户的分散饲养向规模化、专业化、标准化、产业化方向发展。同年，和布克赛尔县争取上级补助资金800万元、自筹资金1 506万元实施草原畜牧业转型示范县工程，推进标准化圈舍、饲草料加工厂房、畜产品加工厂房和草场围栏建设，购置饲草料加工设备，培训经济合作社发展及带头人，扶持建设的养殖合作社实现每年出栏牲畜达3万头只以上，带动1 000余户牧民发展标准化养殖，实现冷季舍饲、暖季放牧的新型方式。

2014—2015年，全县新增规模化肉羊养殖场4个、奶牛养殖场1个、生猪养殖场1个，特色养殖场（小区）1个。鼓励和引导企业与农户建立紧密利益联结机制，倡导"企业+合作社+基地+农牧民"的产业化经营模式，总计合作社达到76个。依托龙头企业，积极打造畜产品品牌。

## 第三节　抗灾保畜

1993—2005年，和布克赛尔县的抗灾保畜资料缺失。

2006年，和布克赛尔县草场发生大面积旱情，牧草长势普遍较差，牧业受灾较为严重，全县抗灾保畜投入资金24万元调运2 000吨饲草、4 000吨棉籽壳、2 000吨玉米。在南部维修抗灾保畜指挥部1座、蓄水池3座、流动放牧点2个，并加大清理代牧牲畜，提高出栏率，减轻越冬压力。

2009年，和布克赛尔县出现强降雪降温、大风天气，受持续性风雪灾害影响，11个乡镇场均不同程度受灾。灾情发生后，和布克赛尔县协调临近县（市）大型清雪机械，累计疏通牧道4 000余千米，转移受灾较为严重牧民5 800人，牲畜6万头（只）。县政府下拨专项资金741万元用于周边县（市）购买调动饲料草。接受企业捐赠块煤500吨，驼绒马甲、绒衣绒裤300套，及时发放到受灾较为严重的贫困农牧民手中。和布克赛尔县投资300万元压制2万吨青贮饲料，发放1.2万余吨，自筹380吨玉米全部发放到受灾点。购买、调运饲料7 681吨，发放黄贮1 000吨、棉籽壳5 000吨、玉米1 500吨、苜蓿草2 347吨，压缩草块132吨。同时，下派技术人员深入各乡镇场指导农牧民进行灾情自救工作。

2010年，和布克赛尔县受持续性风雪灾害影响，造成受灾牲畜达40万头（只），死亡牲畜1.5万头（只），怀孕母畜流产19 885头（只），倒塌、损坏牲畜棚圈221座，造成直接经济损失2 400余万元。县畜牧兽医局积极采取措施救灾：（一）成立抗灾保畜领导小组，出动车辆50辆、人员300人次，并实施24小时值班制度，及时掌握灾情动态。（二）加大灾区草料调运力度，投入救灾资金741万元协调组织向受灾点调剂、调运各类饲草料1.94万吨。（三）及时疏通牧道，确保救灾物资在第一时间到达受灾点，累计疏通牧道4 000余千米。（四）做好接羔育幼、暖卷消毒、技术服务等重点工作，下派技术人员和各乡镇场50余名兽医人员对受灾较严重的乡场进行跟踪技术服务，帮助农牧民接羔育幼。与周边县市相关业务部门积极协调，做好兽医药品供应，保障治疗用药、消毒药品、器械储备充足。开展现场治疗处置工作，及时对病畜、新产仔畜进行治疗，为因灾转移至南部的牲畜及各乡、镇、场暖圈消毒。共使用消毒用品200公斤、消毒暖圈1 500座、发放药品公斤2万余元、现场治疗新产仔畜头2 800头（只）。

2015年12月，和布克赛尔县受降雪天气影响，部分牧场牧道积雪过厚，无法调运饲草料，牧民出行也受到影响。县畜牧局草原站及时出动2台铲车清理牧道200多千米，确保牧道畅通，并为500多户牧民送去兽药。全县5个防灾减灾牧业指挥部，各储备饲草30吨、玉米20吨；1个地区级饲草料储备库共储备饲草500

万吨、饲料350吨,确保牲畜安全越冬。

## 第四节　经济效益

畜牧业在和布克赛尔县的整个农业生产中一直占主导地位。1993年,全县牲畜年末存栏数40.02万头(只),牧业产值3 289.34万元,占农业总产值4 516.67万元的72.83%。1999年,全县牲畜年末存栏数为44.25万头(只),牧业产值8 481.67万元,占农业总产值12 045.57万元的70.41%。整个20世纪90年代,全县牧业产值都占大农业总产值的70%以上。

进入21世纪后,和布克赛尔县抓住国家实施西部大开发和产业结构调整的机遇,以增加农牧民收入为中心,除突出发展畜牧业的支柱产业地位,还加大产业结构调整力度,畜牧业产值的比重虽然逐年有所下降,但仍占全县大农业总产值的50%以上。

2003年,县委、县政府召开全县畜牧业工作会议,制定《和布克赛尔县关于加快现代畜牧业发展实施意见》,提出推广科学化养殖规程,建设专业化、规模化的生产基地,加快畜牧业发展。2005年,全县牲畜年末存栏数为55.24万头(只),牧业产值19 227.26万元,占大农业总产值26 599.54万元的72.28%。

2007年,全县年末牲畜存栏57.02万头(只);商品率达到78.2%。牲畜出栏37.31万头(只),出栏率达到67.08%,商品率占出栏率的77%;实现畜牧业总产值23 315万元,占大农业总产值39 317万元的59.3%,带动农牧民人均增收236元。

2010年,加快传统畜牧业改造步伐,实施退牧还草13万公顷,配套饲草料地3 513公顷,建设暖圈1 353座,牧道380千米,牛、羊良种率分别达到60%、85%。全县牲畜年末存栏数为49.20万头(只),牧业产值30 746.51万元,占大农业总产值57 805.96万元的53.19%。

2015年,购置引进优质牲畜676头(只),完成小畜人工授精2万只,黄牛冷配4 500头。牲畜最高饲养量97.56万头(只),出栏45万头(只),商品率89%。动物疫病免疫率达100%。牧业产值58 339万元,占大农业总产值97 204万元的60%。

**1993—2015年和布克赛尔县牧业生产情况表**

表9－7　　　　单位:头(只)

| 年份(年) | 年初数 | 成活数 | 出栏数 | 年末数 | 母　畜 |
|---|---|---|---|---|---|
| 1993 | 393 129 | 160 508 | 75 930 | 400 200 | 205 043 |
| 1994 | 400 200 | 150 200 | 121 400 | 401 300 | 206 200 |
| 1995 | 401 300 | 157 900 | 180 500 | 382 100 | 200 600 |
| 1996 | 382 100 | 174 900 | 140 700 | 393 600 | 206 400 |
| 1997 | 393 600 | 166 306 | 142 147 | 401 140 | 219 401 |
| 1998 | 401 131 | 186 761 | 103 122 | 421 289 | 231 005 |
| 1999 | 421 289 | 202 700 | 187 000 | 442 500 | 251 400 |
| 2000 | 442 500 | 243 100 | 212 000 | 473 600 | 302 000 |
| 2001 | 473 600 | 269 600 | 257 100 | 481 100 | 319 000 |
| 2002 | 481 100 | 289 800 | 267 300 | 504 200 | 319 000 |

续表9-7

| 年份(年) | 年初数 | 成活数 | 出栏数 | 年末数 | 母　畜 |
|---|---|---|---|---|---|
| 2003 | 504 200 | 283 694 | 257 094 | 530 800 | 342 000 |
| 2004 | 530 800 | 310 200 | 288 600 | 552 400 | 376 000 |
| 2005 | 552 400 | 220 100 | 292 900 | 550 200 | 364 700 |
| 2006 | 550 200 | 333 026 | 327 115 | 556 200 | 377 370 |
| 2007 | 556 200 | 387 100 | 373 100 | 570 200 | 398 400 |
| 2008 | 570 200 | 382 284 | 431 091 | 521 393 | 354 402 |
| 2009 | 521 400 | 403 600 | 417 000 | 508 000 | 406 900 |
| 2010 | 508 000 | 351 000 | 367 000 | 492 000 | 388 000 |
| 2011 | 492 000 | 405 500 | 411 300 | 486 200 | 420 000 |
| 2012 | 486 200 | 410 811 | 416 581 | 480 430 | 423 173 |
| 2013 | 480 430 | 445 100 | 424 900 | 496 458 | 439 837 |
| 2014 | 496 458 | 462 400 | 437 700 | 516 900 | 490 000 |
| 2015 | 516 900 | 461 900 | 450 600 | 524 000 | |

## 1993—2015年和布克赛尔县牲畜存栏构成情况表

表9-8　单位;头(只)

| 年份(年) | 合　计 | 其　中 | | | | | | |
|---|---|---|---|---|---|---|---|---|
| | | 牛 | 马 | 驴 | 骆　驼 | 猪 | 山　羊 | 绵　羊 |
| 1993 | 400 200 | 33 300 | 19 800 | 900 | 5 500 | 1 600 | 90 000 | 249 100 |
| 1994 | 401 300 | 34 228 | 20 263 | 852 | 5 461 | 2 252 | 89 548 | 248 696 |
| 1995 | 382 100 | 37 108 | 19 864 | 778 | 4 569 | 2 131 | 83 724 | 233 926 |
| 1996 | 393 600 | 39 570 | 19 253 | 862 | 4 213 | 2 340 | 88 496 | 238 866 |
| 1997 | 401 140 | 40 455 | 19 345 | 763 | 3 966 | 3 077 | 92 882 | 240 652 |
| 1998 | 421 289 | 41 794 | 19 471 | 693 | 3 985 | 3 250 | 101 499 | 250 597 |
| 1999 | 442 500 | 42 300 | 19 800 | 700 | 4 000 | 3 600 | 109 600 | 262 500 |
| 2000 | 473 600 | 46 900 | 20 100 | 900 | 4 200 | 4 500 | 126 500 | 270 700 |
| 2001 | 478 000 | 47 300 | 20 600 | 800 | 3 200 | 3 050 | 127 000 | 276 050 |
| 2002 | 504 200 | 48 150 | 19 400 | 700 | 3 070 | 2 920 | 141 070 | 288 890 |
| 2003 | 530 800 | 51 741 | 20 783 | 523 | 3 040 | 2 901 | 142 200 | 309 612 |
| 2004 | 552 400 | 56 100 | 20 800 | 300 | 3 100 | 2 400 | 146 520 | 323 180 |
| 2005 | 550 200 | 60 200 | 16 100 | 200 | 2 200 | 2 900 | 149 400 | 319 200 |
| 2006 | 556 200 | 51 005 | 17 895 | 200 | 3 200 | 1 600 | 143 600 | 338 700 |
| 2007 | 570 200 | 54 600 | 16 600 | 200 | 2 900 | 1 200 | 146 200 | 348 500 |
| 2008 | 521 393 | 40 001 | 15 027 | 200 | 3 002 | 1 364 | 120 001 | 341 798 |
| 2009 | 508 000 | 42 000 | 15 045 | 160 | 2 900 | 1 100 | 130 900 | 315 900 |
| 2010 | 492 000 | 43 000 | 13 000 | 200 | 2 500 | 1 000 | 101 900 | 330 400 |
| 2011 | 486 200 | 43 200 | 14 300 | 200 | 2 800 | 2 000 | 118 200 | 305 500 |
| 2012 | 480 430 | 43 302 | 12 399 | 200 | 2 845 | 1 395 | 100 177 | 320 112 |
| 2013 | 496 490 | 40 500 | 12 500 | 899 | 3 232 | 1 400 | 106 000 | 331 959 |
| 2014 | 516 900 | 35 700 | 12 900 | 1 000 | 3 800 | 1 200 | 117 500 | 344 800 |
| 2015 | 524 000 | 40 000 | 13 400 | 1 300 | 4 100 | 900 | 133 500 | 330 800 |

**1993—2015年和布克赛尔县主要畜产品产量情况表**

表9-9　　单位:吨、张

| 年份(年) | 肉　类 | 绵羊毛 | 山羊毛 | 山羊绒 | 驼　毛 | 牛　奶 | 绵羊皮 | 山羊皮 | 牛　皮 |
|---|---|---|---|---|---|---|---|---|---|
| 1993 | 8 516 | 621 | 17 | 12.70 | 21.0 | 3 566 | 98 700 | 34 400 | 6 900 |
| 1994 | 8 564 | 593 | 20 | 12.50 | 12.3 | 4 361 | 91 000 | 38 800 | 9 300 |
| 1995 | 8 618 | 610 | 19 | 14.20 | 12.4 | 4 580 | 111 800 | 43 400 | 10 300 |
| 1996 | 8 688 | 613 | 21 | 14.90 | 12.5 | 4 896 | 109 000 | 34 500 | 5 100 |
| 1997 | 8 697 | 617 | 28 | 16.80 | 17.0 | 5 360 | 100 380 | 31 556 | 9 803 |
| 1998 | 8 716 | 599 | 18 | 15.30 | 10.0 | 6 050 | 109 932 | 34 402 | 11 957 |
| 1999 | 8 743 | 588 | 20 | 17.00 | 14.0 | 5 466 | 118 012 | 40 491 | 11 928 |
| 2000 | 8 717 | 608 | 26 | 21.50 | 10.0 | 6 930 | — | — | — |
| 2001 | 8 916 | 687 | 29 | 26.10 | — | 7 615 | — | — | — |
| 2002 | 9 008 | 596 | 31 | 28.12 | 8.0 | 8 100 | — | — | — |
| 2003 | 9 131 | 598 | 34 | 30.96 | 3.0 | 9 720 | — | — | — |
| 2004 | 9 463 | 671 | 36 | 33.99 | 3.0 | 11 482 | — | — | — |
| 2005 | 9 537 | 788 | 39 | 35.15 | 2.0 | 12 350 | — | — | — |
| 2006 | 9 975 | 781 | 40 | 34.42 | 2.0 | 15 890 | — | — | — |
| 2007 | 10 371 | 795 | — | 36.38 | 2.0 | 16 800 | — | — | — |
| 2008 | 12 227 | 900 | — | 37.00 | 2.0 | 15 012 | — | — | — |
| 2009 | 9 296 | 907 | — | 37.24 | 2.1 | 13 654 | — | — | — |
| 2010 | 9 074 | 890 | — | 33.10 | 2.0 | 13 995 | — | — | — |
| 2011 | 12 515 | 630 | — | 31.40 | 2.1 | 15 000 | — | — | — |
| 2012 | 12 925 | 633 | — | 29.72 | 3.0 | 15 100 | — | — | — |
| 2013 | 13 471 | 640 | — | 30.00 | 3.0 | 15 000 | — | — | — |
| 2014 | 13 652 | 664 | — | 31.80 | 3.0 | 15 050 | — | — | — |
| 2015 | 13 712 | 670 | — | 33.00 | 3.0 | 16 000 | — | — | — |

# 第五章　疫病防治与动物检疫

## 第一节　疫病防治

1993—2003年，和布克赛尔县高度重视畜禽防疫工作，基本控制住寄生虫病、线虫及血吸虫病、疥螨、疥癣等对牲畜的危害。

2004年，和布克赛尔县疫病防治共注射各种疫苗203.65万头(只)次，防疫密度达200%。

2006年，强化依法免疫，严格实行一户一卡制，确保免疫率达到100%。全年共检疫牲畜2.84万头(只、匹)，其中马0.02万匹、牛0.04万头、羊2.6万只、猪0.06万头、禽类1 200羽。

2010年，实行春秋集中免疫，派出兽医专业技术人员196人、出动防控车13辆，累计完成注射动物疫苗

111.06万头(只),共使用各类疫苗累计102.2万毫升,免疫率达100%。累计开展常规疫苗27.37万头(只)。对全县奶牛进行疫病检测,总体合格率为94%。

2012年,坚持“防疫先行,预防为主”的工作方针,按照“政府保免疫密度,业务部门保免疫质量”的原则,层层签订防疫工作责任状。组织村级防疫员扎实开展动物强制免疫工作,做到“乡不漏村、村不漏户、户不漏畜、畜不漏针”,确保免疫密度常年保持在100%。全年无重大动物疫病发生。

2015年,开展新修订的《中华人民共和国动物防疫法》学习、宣传工作,深入乡场镇流动宣传4次、制作标语10幅、发放宣传材料1 100余份,并利用广播、电视等新闻媒体和市场内播放录音带等方式进行宣传。春秋召开两次重大动物疫病防治专题动员大会,层层签订重大动物疫病责任书,健全各种规章制度,制定《和布克赛尔县突发重大动物疫情应急预案》,并将各项防疫计划以责任书的形式下达,严格按要求进行防疫。累计注射牲畜131.8万头(只),防疫密度达到100%。

## 第二节 动物检疫

1993—2005年,和布克赛尔县的动物检疫资料缺失。

2006年,和布克赛尔县检疫肉22万吨、蛋6吨、毛120吨、皮1.2万张、骨35吨。

2009年,和布克赛尔县严格执行《中华人民共和国动物防疫法》《动物免疫标识管理办法》等各项法规制度,规范填写检疫证明,杜绝给未经免疫动物出证,阻止患病动物进入流通环节。全年活畜出县境检疫2.1万头(只),屠宰检疫羊1.68万只、猪2 760头、鸡3 320只。

2010年,推行“定点屠宰,集中检疫”制度,建立《定点屠宰专项整治工作方案》。联合工商、公安等部门开展专项整治活动,加强肉类市场、非法加工窝点集中整治,成功抓获死因不明牲畜酮体案件14件、罚款金额1.3万元,销毁病死畜7.2吨。在县域217国道、318国道设立报检点,实行24小时动态监控制度,累计检查车辆400余辆、牲畜2万头(只)、家禽1 000羽、动物产品100余吨。加强对兽药、饲料市场的专项打假工作,专门召开会议进行安排部署,对全县11个乡镇场进行3次大规模的禁用药物、假药、劣质饲料的生产、出售的突击检查活动。结合春秋重大动物疫病强制免疫,对全县牛、猪进行免疫标识佩戴工作,完成佩戴牛耳标4.8(余)万头、猪1 097头,耳标佩戴率达98%以上。

2012年,贯彻实施《食品安全法》《动物防疫法》《兽药管理条例》等相关的法律法规,印发宣传材料1 000余份,张贴宣传标语32幅。在各乡镇场开展产地检疫工作,检疫统计数20.21万头(只),检疫率达到65%。全年定点屠宰检疫统计数为34 007只。

2015年,通过开展“3·15”消费者日、“安全生产月”等活动,宣传《中华人民共和国动物防疫法》《兽药管理条例》等相关法律法规。聘请自治区畜牧科学院专家在县委党校举办为期5天的全县畜牧兽医专业技术人员、村级防疫员培训班,培训人数160人;36名检疫员参加塔城地区检疫人员培训班;举办3期动物卫生检疫员、协检员培训班,培训人数162人(次)。全年开展产地检疫数72 838头(只),屠宰检疫数35 293头(只)。加强对购买的优良褐牛、羊的两病检测,在全县范围内共抽检羊4 000只、牛3 500头,送检345份,超额完成监测任务。

# 第六章 牧民定居

## 第一节 富民安居房建设

1986年，自治区在阿勒泰市召开北疆片区牧民定居工作会议，和布克赛尔县随即率先实施牧民定居工程。针对部分牧民不愿接受定居生活方式的实际情况，县委、县人民政府将牧民定居工作分批进行，条件不成熟的暂时实行半定居（春、夏、秋三季游牧，冬季定居），慢慢过渡到全定居。在牧民定居点实行"三通"（水通、电通、路通）、"四有"（有住房、有棚圈、有饲草料、有林带）、"五配套"（学校、商店、卫生所、文化室、技术服务站配套）。对定居牧民每户划分0.33公顷宅基地，并补贴水泥等基本建设资金，用于住房和棚圈建设。划分1公顷土地种植饲草料，免收3年的提留。牧民定居点架设高压输电线路50多千米，定居牧民用上电灯，修建道路26千米，方便牧民出行。到1995年年底，全县定居、半定居牧民达218户。

1997年，和布克赛尔县成立牧区开发示范工程项目建设区，对示范区的供水、供电、交通等项工程进行细致的勘察和规划。示范区为牧民定居打机井，配备动力设施，开发饲草料基地，修建公路及砂石路，架设高压输电线路，修建防渗渠道。建学校、卫生院、配种站、商店等系列服务体系。其后两年，在示范区定居的牧民种植的粮食喜获丰收，还种植果树和蔬菜，提高经济收入。到2000年，全县实现牧民定居半定居320户，当年牧民人均收入达1 650元，比1991年的800元净增850元。

2006年始，和布克赛尔县着力在实践中探索破解北部山区农牧民增收难问题，在反复调研和科学论证的基础上，结合新农村建设，采取整村推进，插花式定居和易地搬迁等方式，强力推进牧民定居工程。

2007年，县委、县人民政府抓住自治区将和布克赛尔县确定为山区贫困农牧民搬迁定居试点县的有利时机，按照"搬得出，稳得住，能致富"的原则，结合扶贫开发工作，进一步加大人力、物力和财力投入力度，坚持高标准、高起点科学规划，率先启动试点工作，将查干库勒乡20户贫困农牧民搬迁至查和特生态农业综合开发区，为每户牧民配套定居房78平方米，无偿划拨土地3.33公顷，宅基地0.33公顷，采用"公司+基地+搬迁户"的管理模式，由查和特生态农业综合开发区管委会统一对搬迁户进行管理，当年实现户均收入2.4万元，较2006年贫困人口人均纯收入的1 250元提高4 750元。

2008年，在取得试点经验的基础上，按照"三个转变"（搬迁定居贫困农牧民身份要转变、生产经营方式要转变、种植业结构要转变的精神）的思路，积极探索转变搬迁定居贫困农牧民身份、土地经营模式的新途径。反复调研、科学论证，编制完成《查和特农业综合开发区总体建设规划》《和布克赛尔县异地搬迁查和特农业综合开发区项目可行性报告》《和布克赛尔县异地搬迁工作实施方案》《和布克赛尔县北部山区贫困农牧民搬迁定居工作管理办法（试行）》，确保搬迁定居工程在科学规划的基础上顺利实施。经过5年时间，相继把948户北部山区贫困农牧民搬迁到南部查和特生态农业综合开发区。搬迁定居牧民人均纯收入由搬迁前的2 000余元增长到7 000余元，实现人均收入跨越式增长。

2010—2015年，采取"资金捆绑、政府补贴、农牧民自筹"的形式，实施"安居富民"项目，总计在县城及和什托洛盖镇共建"安居富民"楼房4 200套，通过项目的严格实施，使农牧民在城镇拥有一套楼房，享受到与城镇居民同样的医疗、教育、文化等公共服务；同时，完成国有牧场危旧房改造4 354户及附属水电路、暖、亮化、绿化等工程,总计投入资金11 032.6万元。2015年,还完成地区共下达建设任务公共租赁住房共380套,畜牧配套资金570万元,其中伊克乌图布拉格牧场新建70套、那仁和布克牧场30套、巴嘎乌图布的格牧场30套、布斯屯格牧场30套、和布克赛尔镇110套、和什托洛盖镇80套、和布克赛尔镇30套。

## 第二节 配套设施建设

1993—2004年,全县修建牧业防渗引水渠道12条,全长150千米;修建牧区人畜饮水井131眼,完成各种配套工程38项,初步解决牧区人畜饮水问题。修建砖灰石砌结构棚圈316座,加上原来的简易棚圈共有860座。修建转场牧道44千米,新建草饲料站2个。新建具有保暖、卫生、草料库、带顶种公羊圈、取精室及人工配种等功能的砖混结构小畜配种站14个,加上原来的共47个。

2006年,和布克赛尔县完成21座大口井建设。牧民定居配套暖棚圈建设完成408座。新建基层兽医站5座,小畜配种站4座。新建药浴池8座,维修药浴池9座。新打人畜饮水井21眼。

2008年,建设牧业服务站3座,分别为阿克赛牧业服务站、白杨河牧业服务站、风情园牧业服务站,规模均为使用面积200平方米专混结构平房,投资30万元;兽医站3座,分别为巴嘎乌图布拉格牧场兽医站、南部察和特开发区兽医站、和什托洛盖镇兽医站,规模均为占地面积498平方米,使用面积198平方米,投资35万元砖混结构平房;配种站5座,分别为铁布肯乌散乡配种站、巴音敖瓦乡配种站、查干库勒乡配种站、伊克乌图布拉格牧场配种站、莫特格乡配种站,规模均为使用面积50平方米砖混结构平房,投资10万元。

2012年,投资400万元完成冬牧场危旧房改造200套,暖圈200座;投资935万元建设4 700平方米动物防疫体系综合业务楼。根据自治区、地区关于国有牧场危房改造项目建设工作的相关文件精神,和布克赛尔县将牧场危房改造项目建设工作纳入县政府"民心工作"和"重点建设工程项目"。年内,伊克乌图布拉格牧场完成447户、那仁和布克牧场完成469户、巴嘎乌图布拉格牧场完成229户、布斯屯格牧场完成267户。

2015年,全县累计建设暖圈1 800座、冬窝子住房500座,建设牧业指挥部4座、禁牧区管护站2座、牧业大口井50眼。维修药浴池25座、小畜配种站1座。

# 第八编

# 农　　业

20世纪90年代，和布克赛尔县的农业尚停留在“以粮食为基础”的传统发展模式上，农业发展较为缓慢。

2001年，和布克赛尔县提出“品种调优、质量调优、效益调高”的农业发展原则，以市场为导向，以增加农牧民收入为目的，紧紧围绕农村经济结构调整这条主线，大力引进和推广棉花等高效经济作物种植，大力推广农业科技成果，不断加快传统农业向现代化农业的转变步伐，促进了农业和农村经济快速发展。

1993年，全县种植业产值仅1 211.06万元。2015年，全县种植业产值达36 917万元，比1993年增加35 705.94万元，年均增长16.8%。

# 第一章　机构队伍

## 第一节　行政机构

1993年，和布克赛尔县农业局（简称“县农业局”），内设办公室、财务室，有干部职工5人。

2002年，县农业局与县林业局合并，改称和布克赛尔县农（林）局，内设办公室、综治办、精神文明办、党建办、党廉办、财务室、农林室，有干部职工26人。

2007年年底，农、林分开，县农业局内设办公室、综治办、精神文明办、党建办、党廉办、财务室，有干部职工11人。

2012年5月，县农产品加工局、乡镇企业局、农产品产业化局划入县农业局，有干部职工11人。

2015年，县农业局内设办公室、能源办、综治办、精神文明办、党建办、党廉办、统计办、纪检办、农产品检验检测中心、财务室，有干部职工12人。下属二级局有县农村合作经济经营管理局、县农产品加工局、县乡镇企业局、县农产品产业化局，共有干部职工118人。

## 第二节　事业机构

### 一、县农业技术推广站

1993年，县农业技术推广站有干部职工21人。2015年，县农业技术推广站下设夏孜盖乡农业技术推广站、和什托洛盖镇农业技术推广站、查和特乡农业技术推广站，有干部职工20人，其中专业技术人员18人。

### 二、县种子管理站

1993年，县种子管理站有干部职工15人。2015年，县种子管理站有干部职工16人，其中专业技术人员9人。

### 三、县农村经济管理站（县农村合作经济经营管理局）

1993年，县农村经济管理站有干部职工19人。2006年，更名为县农村合作经济经营管理局（各乡镇场均设有乡级农经站）。2015年，县农村合作经济经营管理局有干部职工10人。

### 四、县农业广播电视学校

1991年8月成立，属农、科、教相结合的公益性教育体系单位，有专职办学人员5人。1992年11月，被新疆维吾尔自治区教委验收后定为合格的成人中等专业学校。学校开设农学、畜牧兽医、财会、市场营销等专业。2015年，学校有教职员工14人，其中专业教师8人；有教学班级3个（中专1个、大专、本科班2个），在校学生120人（中专53人、大专、本科共67人）。

# 第二章　农村体制改革

## 第一节　完善家庭联产承包责任制

20世纪90年代初期，和布克赛尔县深化农村改革，坚持在公有制为主体的前提下发展多种经济成分，进一步完善家庭联产承包责任制。认真完善土地、草场和其他各业的承包合同管理，明确双方的责、权、利。对已经形成的土地承包关系，做到保持稳定；在承包期内，没有特殊情况，集体和个人不得单方面变动农民的承包地。有基建用地、人口变动等确需调整土地的则从严掌握，从机动地中调整，或采取"两田"（责任田、租赁田）中互补，以动账不动地的办法进行调剂。无论采用任何方式调整土地，都本着"大稳定、小调整"的原则，不年年进行调整土地。对超计划生育的子女不划给土地。对私自开荒、多占土地和非农业人口占用集体土地等问题进行妥善解决，保证国家、集体对土地草场的所有权和农户家庭经营的自主权不受损害。

农村实行家庭联产承包责任制以后，农民在土地使用上有越来越多的自主经营权，由单一的种植粮食生产转向多种经营，从自然经济逐步向商品经济过渡。科学种田、机械化管理、发展多种经营的积极性日益高涨。但随着农村改革的不断深入，一些新问题、新情况也随之出现，集体经营的优越性得不到充分发挥，机械作业、病虫害防治、节水灌溉、农业技术措施得不到充分实施。兴修水利工程、植树造林、整修道路、防洪抗旱，化肥、农药、良种的计划供应，农牧科技投入、文化教育和各种福利事业的兴办，集体经济不断壮大等等问题，都需要依靠集体和个人的力量共同组织实施完成。为进一步完善家庭承包经营和集体统一经营的双层经营体制，加强集体管理，和布克赛尔县要求以经济建设为中心，进一步深化农牧区改革，加快经济发展步伐，建立和完善统分结合的双层经营体制，调整农村产业结构，促进县域经济的快速发展。按照自治区党委《关于深化农村改革，促进农村经济发展意见》精神，结合和布克赛尔县实际，在经营上实行"统一种植计划，统一灌溉管理，统一重大技术措施，统一机械化作业，统一协调生产资料和供应服务"的"五统一"。县委要求各乡村在坚持"五统一"的同时，搞好社会化服务，逐步建立服务体系，成立各种服务实体，向广大农牧民提供信息、资金、技术、植保、仓储、销售等一系列产前、产中、产后服务，以保证农村经济健康有序的发展。并以经济技术部门为依托，集体经济组织为基础，各种服务性经济实体为补充。村级经济合作社要开展好统一机耕、灌溉、运输、植保等内容的服务。乡场农技站、农经站、农机站、林管站、水管站、畜牧兽医站等要提供良种供应、技术推广技术咨询指导、人才培训为重点的服务工作。供销合作社和物资、外贸金融等部门要开展好以生产资料供应、加工、收购、营销、筹资、保险为重点的服务。随着集体经济实力的增强，各方面服务体系的不断完善，逐步拓宽农业化服务内容，允许农、林、牧、水等部门所属事业单位根据规定兴办农业服务实体，开展有偿服务。鼓励农产品加工企业与原材料产地直接挂钩，与农户结成利益共同体，围绕拳头产品搞产、供、销一条龙服务。农村信贷要把服务体系建设作为重点，工商行政管理机关对各类经济实体办理注册登记要给予支持；税务部门对新开办的服务实体在税收上给予优惠。在完善双层经营体制中，逐步建立新的流通体制，除国家订购的重要农产品以外，其余全部放开经营，粮食销售，在确保国家订购任务的前提下，逐步放开。鼓励农村集体经济组织和农民进入流通领域，打破地域封锁和部门垄断，开展产供销一体化经营。

1998年8月17日，县委、县人民政府制定《和布克赛尔县农村第二轮土地承包办法》，实行"村财乡（镇）管"，加强民主管理，严格开支审批，使村级财务管理严格规范，公开透明，运转协调。建立健全土地承包关系，切实维护农民土地承包权益。开展农村土地突出问题专项治理工作，规范农村土地承包经营权的流转行为，妥善解决农村土地承包合同纠纷问题。发展农民专业合作组织，支持和引导农民创办各种形式的农民专业协会、农民专业合作社、农业龙头企业。实现农业规模化、集约化经营。实行家庭承包经营，农户成为自主经营的市场主体，面向市场发展商品生产，在市场竞争中推进农业的专业化、市场化，逐步形成"公司+农户""行业协会+农户""专业市场+农户"等多种组织形式和经营机制，逐步推进农业现代化进程。坚持双层经营体制，稳定和完善土地承包关系，以家庭承包经营为基础、统分结合的双层经营体制。

## 第二节　农村综合体系改革

2012年，和布克赛尔县贯彻落实全国农村综合改革工作座谈会精神，结合该县实际，深化各项乡镇财政管理改革。根据地区乡镇财政所基础设施3年建设规划，完成全县7个乡镇财政所基础设施规范化建设任务，安装运行"乡财县管乡用"用友财务软件，由财政部门和农经部门共同组织实施"村财乡管村用"财务模式。

2012年6月，根据县委印发的关于《自治县推进开展农村集体资金资产资源清理工作实施意见》精神的统一部署，由县纪委监督，农业局主抓农经局具体实施，在全县各乡镇场展开农村集体"三资"清理工作。为进一步提升村级财务管理规范化建设，切实维护农村集体经济组织和广大农民群众得合法权益，根据《塔城地区提升村级财务管理规范化建设实施方案》精神结合和布克赛尔县实际，制定《和布克赛尔县农经局提升村级财务管理规范化建设》实施方案。

2013年5月21日，县纪检委印发《关于印发和布克赛尔县"阳光农廉网"试点建设工作实施方案》，由县纪委监督，县农业局主抓，县农经局具体实施，根据《关于印发和布克赛尔县"阳光农廉网"试点建设工作实施方案》精神，第一阶段动员部署于5月21日召开"和布克赛尔县阳光农廉网试点建设工作"启动大会，在全县各乡镇开展"阳光农廉网"建设工作。

2015年11月23日，和布克赛尔县委根据自治区党委、自治区人民政府《关于推进乡镇站所管理体制改革的工作意见》精神，结合该县实际下发《关于印发〈和布克赛尔县推进乡镇站所管理体制改革工作意见〉的通知》，就深化乡镇行政体制改革、完善乡镇政府功能，推进乡镇站所体制改革提出总的部署和要求：明确管理体制；综合设置机构；规范人财物管理；理顺县乡权责关系；加强乡镇中心和站所的管理；加强党的建设。

# 第三章　农业生产

## 第一节　农业区划

1993年始,和布克赛尔县主要以春小麦种植为主,农业区划为:北部牧场主要生产小麦、马铃薯、苜蓿、豌豆为主;中部和什托洛盖主要以春小麦、玉米、油葵蔬菜为主;南部夏孜盖乡主要以蔬菜、玉米、小麦、特色经济作物、小宗农产品生产为主。

1999年,和布克赛尔县开始引入棉花种植,主要安排在县境光热资源丰富的南部农区,包括夏孜盖乡、和什镇昆德仑村和南部农业开发区。同时,北部乡镇场仍以小麦、苜蓿等作物为主,农区畜牧业也开始起步发展。

2006年,根据全县地理气候的特点和县委"北牧、中工、南农"的发展规划,和布克赛尔县种植业生产布局也遵循这一规律,南部察合特开发区主要以棉花为主,附带辣椒、油葵、无壳南瓜等作物;夏孜盖乡主要种植棉花、玉米、油葵;和什镇二大队种植小麦、棉花、玉米等作物;北部各乡镇场主要种植小麦、马铃薯、苜蓿等。

2012年,农作物布局趋势与往年略有不同,大致为增粮、减棉。受天气、市场的双重影响,棉花种植面积有所缩减。随着粮食政策的落实,玉米、小麦等粮食作物生产较往年呈现恢复增长态势,其中小麦因东春降雪、低温天气的影响,播种受到限制,致使小麦实播面积比计划面积缩减明显。

2013年,和布克赛尔县农业区划更加合理,品种优质化、多元化和特色品种产业化日趋明显;根据产业优势,因地制宜,优先发展高产、优质品种,按照市场发展规律,继续完善和调整种植业结构,不断加强新品种选育及筛选、推广新作物、新品种。适当调整品种布局,和什托洛盖镇侧重发展订单甜菜、啤酒花、优质温室蔬菜;夏孜盖乡试种蓖麻;察合特发展无壳南瓜、辣椒产业等。

2015年,和布克赛尔县初步建立农业标准化生产体系,根据县境独特的地理土壤条件,在北部发展绿色马铃薯产业,和什托洛盖镇发展绿色大棚蔬菜,在南部查合特乡(原生态农业综合开发区)发展有机棉。按照统一、优化、简化、安全的原则,使全县农业健康持续发展。

## 第二节　作物种植

和布克赛尔县作物种植主要分为粮食作物(包括春小麦、玉米)、经济作物(包括食葵、加工辣椒、打瓜、籽葫芦等)、棉花三大类。

1993年,全县粮食作物播种面积4 146.7公顷,油料播种面积246.7公顷。粮食总产量12 810吨,油料总产量575吨。

2000年,全县粮食作物播种面积5 340公顷,开始调整种植业结构,棉花种植初具规模,面积266.7公顷,占农作物总播种面积的4.99%。粮食总产量11 858吨,棉花总产量381吨。

2010年,全县粮食作物播种面积10 972公顷,棉花种植面积扩大到6 573公顷,占农作物总播种面积的

59.91%。粮食总产量6 994吨，棉花总产量9 860吨。

2013年，全县农作物播种面积为1.24万公顷，其中春小麦面积1 386公顷、玉米1 040公顷、棉花7 120公顷、药材133公顷、食葵1 500公顷、油葵360公顷、打瓜180公顷、加工辣椒280公顷、其他农作物180公顷。棉花在遭受早霜打击后，总产为2.5万吨、小麦总产5 570吨、玉米总产1.25万吨、食葵总产3 757.5吨。

2015年，全县完成农作物种植面积1.2万公顷，其中春小麦1 466公顷，总产6 138吨；玉米660公顷，总产8 868吨；棉花1 530公顷，总产6817吨；食葵2 330公顷，总产6 790吨；油葵660公顷，总产1 520吨；打瓜1 460公顷，总产3 168吨；加工辣椒1 400公顷，总产9 450吨。南瓜400公顷，葫芦瓜866公顷，哈密瓜133公顷，药材466公顷；其他210公顷。

**1993—2015年和布克赛尔县主要农作物播种面积、产量情况表**

表8－1　　单位：面积：公顷；产量：吨

| 年份（年） | 总耕地面积 | 总播种面积 | 其中 | | | | 粮食总产量 | 油料总产量 | 棉花总产量 |
|---|---|---|---|---|---|---|---|---|---|
| | | | 粮食 | 油料 | 棉花 | 其他 | | | |
| 1993 | 6 640 | 5 840 | 4 146.7 | 246.7 | — | 1 446.7 | 12 810 | 575 | — |
| 1994 | 6 397.3 | 5 868.5 | 3 847.5 | 706.5 | — | 1 314.3 | 10 536 | 1 351 | — |
| 1995 | 6 640 | 5 560 | 3 480 | 660 | — | 1 420 | 9 391 | 1 282 | — |
| 1996 | 6 660 | 5 380 | 3 860 | 306.7 | — | 1 213.3 | 12 132 | 498 | — |
| 1997 | 6 480 | 5 130 | 3 570 | 230 | — | 930 | 10 549 | 498 | — |
| 1998 | 6 480 | 5 380 | 3 970 | 4 410 | — | 750 | 14 316 | 1 000 | — |
| 1999 | 6 680 | 5 550 | 3 630 | 660 | — | 1 260 | 14 397 | 1 484 | — |
| 2000 | 6 680 | 5 340 | 2 986.7 | 766.7 | 266.7 | 1 586.7 | 11 858 | 1 689 | 381 |
| 2001 | 6 799.8 | 5 580 | 1 720.5 | 80 | 933.1 | 1 923.7 | 8 106 | 394 | 2 019 |
| 2002 | 8 746.7 | 6 333.3 | 1 680 | 240 | 1 520 | 2 893.3 | 8 088 | 392 | 2 234 |
| 2003 | 9 546.7 | 7 600 | 880 | 200 | 2 040 | 4 480 | 4 369 | 564 | 2 440 |
| 2004 | 13 113.3 | 8 566.7 | 1 440 | 406.7 | 3 486.7 | 3 233.3 | 5 610 | 763 | 4 550 |
| 2005 | 11 013.3 | 8 993.3 | 313.3 | 200 | 3 980 | 4 500 | 1 498 | 450 | 4 776 |
| 2006 | 11 806.7 | 10 366.7 | 780 | 186.7 | 5 226.7 | 4 173.3 | 3 999 | 558 | 6 720 |
| 2007 | 12 360 | 10 520 | 460 | 213.3 | 6 533.3 | 3 313.3 | 2 910 | 567 | 7 836 |
| 2008 | 12 360 | 9 386.7 | 673.3 | 680 | 6 820 | 1 213.3 | 2 862 | 2 652 | 10 230 |
| 2009 | 12 906.7 | 10 160 | 1 440 | 353.3 | 7 033.3 | 1 333.3 | 6 334 | 923.37 | 9 495 |
| 2010 | 14 920 | 10 972 | 1 625.7 | 700.9 | 6 573.3 | 2 072.1 | 6 994 | 1 892 | 9 860 |
| 2011 | 14 920 | 11 458.5 | 1 399.4 | 338.1 | 6 275.1 | 3 445.9 | 6 944.12 | 1 244.93 | 9 412.6 |
| 2012 | 15 793.3 | 12 416.8 | 1 305 | 1 773.3 | 8 157.5 | 1 180.9 | 9 486.98 | 4 725 | 33 550.5 |
| 2013 | 15 793.3 | 12 400 | 2 426.7 | 360 | 7 120 | 2 293.3 | 16 959.72 | 1 080 | 29 646 |
| 2014 | 15 860 | 12 063.5 | 2 693.3 | 610.3 | 2 572.3 | 6 187.5 | 19 784.5 | 3 522 | 11 144.2 |
| 2015 | 15 793.3 | 12 046.6 | 2 133.3 | 700 | 1 533.3 | 7 680 | 15 560.0 | 3 680.5 | 6 817.2 |

## 第三节 农业产业结构调整

1994年11月15日，县委、县人民政府召开农村工作会议，确立“北牧、中工、南农”的产业布局，实施科教兴县、优势资源转换、农业高产开发三大战略，以进一步提高农业效益，增加农牧民收入，促进农村经济又好又快发展。种植业坚持以粮食为基础，扩大经济作物种植面积，以棉花为突破口。在保证粮食生产稳步发展的同时，调减油料面积，增加棉花种植面积。

2001年3月29日，县委、县人民政府召开全县农业和农村工作会议。会议立足“北牧、中工、南农”的产业发展战略，按照“品种调优、质量调优、效益调高”的原则，以市场为导向，以增加农牧民收入为目的，紧紧围绕农村经济结构调整这条主线，大力引进和推广棉花等高效经济作物种植，不断加快传统农业向现代化农业的转变步伐，强力推进察和特农业综合开发区建设，促进农业和农村经济快速发展。县委决定在确保粮食总量平衡，自给有余的前提下，将粮经比例由以前的5.6∶4.4调整为3.3∶6.7，调减低品质粮食1 133.3公顷，使全县粮食总面积控制在1 800公顷，玉米种植面积由过去的132.1公顷减少到53.3公顷；大麦、豆类由101.3公顷减少到80公顷；油葵由720公顷减少到333.3公顷；扩大经济效益高的棉花种植面积，由2000年的270公顷调整到1 333.3公顷。其中夏孜盖乡新增棉花种植733.3公顷，和什托洛盖镇新增棉花种植面积333.3公顷。北部保留少量土质好，效益高的土地用于种植粮食和豆类其他经济作物，解决部分牧民的口粮，其他的土地用4～5年的时间逐步实施退耕还草。5年内，以查干库勒乡、莫特格乡、巴音敖包乡为试点，退耕还草333.3公顷。

2007年，全县农业产业结构调整的力度进一步加大，粮食、经济、饲草料的种植结构比例由2002年的22∶31∶47优化调整为5∶70∶25；小麦、豆类等粮食作物调至500公顷；经济作物调至7 420公顷：其中棉花6 533.3公顷；饲草料2 600公顷。产业结构的调整，有力促进了农村经济的发展。是年，全县农业增加值达1.91亿元，比2000年增长147%。

2010年，围绕农牧民增收这一目标，县委继续调整农业产业结构，进一步增加效益高的经济作物棉花种植面积，确立棉花作物的主导产业地位，强力拉动全县农村经济的快速增长；加强饲草料基地建设，促进种植业结构进一步优化。全县种植面积扩大到11 266.7公顷，粮经饲比例调整为2∶83∶15。北部铁布肯乌散乡、那仁和布克牧场等饲草基地达到4 000公顷，南部和什托洛盖镇、夏孜盖乡等宜棉区棉花作物种植面积稳定在5 666.7公顷；优质饲草料面积扩大到1 000公顷，青贮玉米扩大到333.3公顷。积极引导农牧民发展设施农业，种植反季节蔬菜，集中连片，典型示范，扩大种植规模，提高本地蔬菜在农副产品市场中的占有率和外销率。在和什托洛盖、那仁和布克、莫特格等乡镇场培育设施农业，投资600万元新建160座蔬菜大棚，作为蔬菜生产基地（建设大棚的资金县财政予以补贴50%的费用）。积极探索辣椒、黄瓜、番茄等具有一定市场潜力的反季节蔬菜大棚作物种植，在拓宽种植业结构调整空间方面进行大胆的尝试。在夏孜盖、察和特开发区等区域发展林果、哈密瓜、甜菜等经济作物，扩大种植规模。

2014年，和布克赛尔县加快种植业结构调整步伐，农作物种植呈现多样性变化，一改往年以棉花为主导的种植布局。随着种植结构的不断优化，坚持市场为导向，种植业呈现多元化发展。由于县境南部农区独特的地理和气候条件，食用型向日葵在和布克赛尔县种植前景广阔，自2002年大面积种植以来，其栽培面积逐年增加,种植面积达到3 200公顷,占全县种植面积的26%,成为全县的主导作物;另一方面,同属粮食作物的小麦、玉米种植面积分别为2 200公顷和1 660公顷,分别占到全县种植面积的18%和13%;经济作物方面,打瓜种植面积同为1 700公顷,而棉花、辣椒分别为1 460公顷和1 000公顷左右,分别各占12%和8%;其他如籽用南瓜、甘草、油葵、红花、制种玉米、黄芪、谷子及花豆等作物占10%。

2015年,已形成和布克赛尔县特有的合理种植结构模式,即稳定"粮棉油"的种植,以春小麦、玉米、棉花和油葵种植为基础,促进食用型向日葵和加工辣椒的种植、注重品质和基地建设、不断走向成熟的产业模式,优化特色小宗农产品种植(打瓜、籽用葫芦、籽用南瓜等),优化药材种植(甘草、黄芪等)和优化饲草料种植(苜蓿、青贮玉米等)。

## 第四节　农业科技应用与推广

和布克赛尔县十分重视农业科技推广体系建设,全县有农业广播电视学校、农技推广中心、种子管理站等农业技术推广机构。这些机构在高产攻关示范田建设、农业新技术推广等方面发挥了重要作用。通过农业科学技术的推广应用,广大农民的科技意识和科学种田水平不断提高。

1993年,在县境北部种植区试种大麦、青稞、塔尔米、豌豆。重点发展农村农业科技教育,致富技能培训,培养有文化、懂政策、能经营、会管理、掌握新技术的新型农民上下功夫,以新农村建设为主线,开展新型农民培训200人次,初步建立农技推广网。

2000年,为探索农业经济发展新路子,开始从南部农区引进棉花种植,并在品种、棉花抗逆性、施肥、病虫害防治等环节总结适合和布克赛尔县棉花种植的模式。重点推广小麦高产栽培技术、棉花病虫草害防治、玉米高产栽培等新技术等。

2004年,在南部种植区试种啤酒花、甘草、蓖麻、无壳南瓜子、沙棘、板蓝根(大青叶)等新品种。在夏孜盖乡、察和特开发区推广膜下滴灌技术93公顷,成功51公顷。引进小麦新春8号、改良2号,玉米SC—704,新葵杂4号、国产G101、阿葵1号,棉花品种新陆早10号、7号、8号、夏九等新品种,更新农作物品种7 300公顷,推广种子包衣技术200公顷,实现籽种全部良种化。开展"科技之冬"活动,共举办培训班103期,培训农牧民1.03万人次,放映科技录像57场次,发放蒙、汉、哈3种文字科技资料1.07万份,发放科普书籍35种860册,发放科普光盘80盘,农牧民接受培训面达到90%以上。

2006年,全县落实棉花每0.07公顷单产皮棉150公斤以上面积270公顷,涉及85户,超计划完成10%。推广膜下滴灌面积73.1公顷。落实小麦高产面积237.7公顷,完成计划100%;玉米吨粮田69.4公顷,完成计划的104%。通过测土配方项目的实施,在全县推广测土配方施肥面积1万公顷,配方肥施用面积0.3万公顷.覆盖39个行政村,取得了很好的经济和社会效益,平均每0.07公顷节本增效35元以上。通过项目的实施,农民科学施肥水平得到提高,施肥习惯由过去的只注重氮、磷施用改为氮、磷、钾、微搭配施用,盲目施肥变为测土配方施肥,过去靠多施肥求高产转变为计算产出投入比例,施肥水平明显提高。

2007年,以"科技之冬""农民技能"为载体,举办培训班67期,培训农民1.41万人次。评定农民技术员50人。为了解决和布克赛尔县农作物品种单一,寻找合适的换茬作物,使产业化可持续发展,从而提高产量及经济效益,增加农牧民收入,引进推广棉花杂交种植品种美杂1号、2号,锦杂8号等。杂交种具有较强的优势，丰产性能较好，一般每0.07公顷可产籽棉300公斤。

2008年，打瓜在和什托洛盖镇试种成功，种植面积38.6公顷。打瓜不耐重茬，需与其他作物倒茬种植，减少病害的发生。特别要注意座瓜期病毒病、霜霉病的发生和防治。适期早播，中片、黑大片品种，加大水肥管理有利于获得丰产丰收，同时种植户与收购商保持联系，订单种植最好，有利于打瓜产业的正常发展。引进蓖麻在夏孜盖乡试种，试种面积33.3公顷，单产260公斤/0.07公顷。同时，分别进行加压滴灌种植花生、红皮洋葱、红薯、高钙果、无壳南瓜、绿豆试种品种各1个。通过滴灌种植，高钙果40%死亡，分析原因：气候不适应。

2010年，和布克赛尔县农作物种植以粮棉油作物为主，兼顾发展特色作物种植。全县棉花以中棉42、新陆早17号两个品种作为主推品种；小麦以新春11号、新春12号作为主推品种。示范户中主推品种的入户率达到100%，将测土配方施肥技术、膜下滴灌技术、棉花高产栽培技术作为主推技术。进行棉花超宽膜栽培试验及棉花水肥促控结合应用技术试验。根据农技人员连续45天观察记录数据，结果证明运用超宽膜栽培技术比同等条件下普通膜膜内温度高出2℃～4℃以上，可有效利用地膜的增温、保墒、杀草效应，使棉花早播种、早出苗、发育快、成熟好，获得优质高产。该项技术的推广应用，能够切实为风险棉区克服春季低温、有效积温不够带来的植棉风险。棉花水肥促控结合应用技术，棉花水肥在棉花生育期应用时间，应用量上的合理搭配对于降低物化成本投入，控制棉花合理株型，增加结铃性、铃重，提高产量都有良好作用。

2013年，大面积规模化加大食葵种植，当年成为和布克赛尔县的主要农作物，改变以往以棉花为主栽作物的种植格局。本地食葵品种杂、乱，市场管理混乱，且品种退化严重，连续种植会造成病虫害加剧，抗逆性和适应性都会慢慢变差，再加上该品种存在植株过高，花期长，开花不集中以及产量较低等缺点，寻求一种优质、高产、抗逆的新品种就势在必行。针对上述情况，农技人员大力推广食葵杂交品种SH363、先瑞6号等高产优质品种。

2015年，根据作物布局及面积确定主推品种和主推技术。主推品种：棉花有新陆早54号和新陆早56；食葵推荐品种为SH363和先瑞6号；玉米推荐品种为KWS8368和KWS2564；打瓜新籽瓜8号；籽用葫芦为瑞丰9号。主推技术分别为：棉花机采棉栽培管理技术、测土配方施肥技术、超宽膜植棉技术、病虫害绿色防控技术、病虫害专业化统防统治、玉米高密度栽培、特色加工辣椒高产栽培技术、水肥一体化、病虫草害综合防治技术、机械精量播种技术等。主导品种、主推技术在全县的覆盖率分别达到95%。继续加大棉花超宽膜栽培技术、棉铃虫绿色防控技术、膜下滴灌水肥一体技术的推广；玉米进一步提高种植密度，保证种植密度在6 000株以上，实行高密度栽培。在打瓜方面，进一步加强制种田的检疫工作，保证有害生物不外传。向日葵重点加强锈病的防治。

## 第五节　农作物病虫害防治

1993年，和布克赛尔县农作物种植面积较少，病虫害发生较少，零星病害常见的有春小麦黑穗病、春小麦锈病、春小麦蚜虫；玉米病害不多，主要以开春地下害虫较常见，如蛴螬、地老虎和金针虫等。

1997年春夏，县境内塔合台一带夏草场发生蝗虫灾害，面积达2.67万公顷，平均密度50只/平方米。

2001年，和布克赛尔县开始种植棉花，除了春小麦常见的病虫害以外，棉花病虫害也有零星发生，比如棉黑蚜、棉叶螨和枯萎病。由于全县大部分土地为新垦土地，且周围有戈壁荒漠天然屏障，病虫害总体发生较轻。

2007年，经过几年的种植业的快速发展，农作物病虫草害开始有加重趋势。当年和布克赛尔县病虫害总的发生特点是：虫害重于病害，棉花病虫害发生严重，粮食病虫害发生轻，草害中等发生。其中发生危害严重的种类有棉黑蚜、棉叶螨、棉花苗期病害；向日葵霜霉病、向日葵细菌性病害等，全年各类作物病虫害发生面积1.05万公顷/次，防治面积1.15万公顷/次。

2009年，和布克赛尔县农作物病虫草害总的发生特点是：虫害重于病害，棉花病虫害发生重，粮食病虫害发生轻，草害中偏重发生。其中发生危害严重的种类有棉叶螨、棉蚜、棉花苗期病害；打瓜白粉病、向日葵霜霉病等，全年各类作物病虫草害发生面积7 467公顷/次，防治面积6 333公顷/次。

2011年，主要农作物病虫发生情况是：棉花苗期病害（含立枯病、烂根病）呈中等偏小发生。前期气温不稳定，播种较晚，低温天气持续时间较长，造成烂根、烂种现象。棉黑蚜呈轻发生。全年发生面积约40公顷/次，防治面积67公顷/次。打瓜白粉病、蔓枯病阶段性点片发生。发生面积67公顷/次，防治面积333公顷/次。棉叶螨点片发生。棉花枯黄萎病轻度发生。

2013年是和布克赛尔县农作物病虫害发生较重的一年，棉花苗期烂根、棉黑蚜、向日葵霜霉病、向日葵锈病等病虫害发生尤为严重。全年农作物病虫草害发生总面积为2.11万公顷/次，较2012年增幅高达64.4%；全年防治面积为2.23万公顷/次，较2012年增幅57.2%。准确测报是正确指导防治的基础和前提，在测报工作中，县植物保护站站内5名测报人员及基层3个病虫监测点，分工协作，配合作战，严格按照规范测报的要求，坚持系统调查与大田普查相结合，灯下诱虫与田间查虫相结合的办法认真调查，科学分析，及时掌握病虫发生情况和发展动态，全年完成病虫情报12期。

2014年，和布克赛尔县农作物病虫草害发生总面积2.52万公顷/次，较2013年增幅达19.4%；全年防治面积3.44万公顷/次，较2013年增幅达到54.5%。其中农作物病害发生总计4 933公顷/次，防治面积6 800公顷/次；农作物虫害发生总计7 000公顷/次，防治面积7 333公顷次；农田草害发生面积1.33万公顷/次，防治面积2.03万公顷/次。在病虫害防治方面，大力引进先进植保设备，自走式高秆作物打药机、电动喷雾器、机动喷雾器、热力烟雾机和无人机飞防技术。在新农药方面，引进试验筛选杀虫剂有氯虫苯甲酰胺、NPV棉铃虫核型多角体病毒、高效氯氟氰菊酯、阿维螺螨酯等；杀菌剂有可杀得3000、噻菌铜、腈菌唑、戊唑醇、嘧菌酯、盐酸吗啉胍等。

2015年也是和布克赛尔县农作物病虫害发生较重的一年，瓜类病毒病、细菌性病害、疫病、小麦黑穗病、蚜虫、棉铃虫、农田蟋蟀等病虫害发生尤为严重，农作物苗期病害、烂根、瓜类白粉病、向日葵锈病、向日葵霜霉病、枯萎病、叶螨、金针虫、向日葵列当等病虫害也零星发生。全年农作物病虫草害发生总面积为2.77万公顷/次，比2014年增幅16.9%；全年防治面积为3.47万公顷/次，比2014年增幅17.6%。其中农作物病害发生总计6 400公顷/次，防治面积7 467公顷/次；农作物虫害发生总计8 067公顷/次，防治面积1.15万公顷/次；农田草害发生面积1.32万公顷/次，防治面积1.57万公顷/次。

## 第六节　农田水利基本建设

上级部门对和布克赛尔县农业发展极为重视，每年都投入相当数量的资金用于发展农田水利基本建设。

1993年，续建1992年总投资55.05万元的各项工程：完成和夏干渠改建及配套6.5千米；兴建夏孜盖乡各村防渗渠及配套6.5千米；兴建巴音敖瓦乡小水库扩建及配套工程；完成巴嘎乌图布拉牧场玛音特苏饮水工程；南部和夏灌区新增抗旱打井10～15眼。

1994年，投资83.4万元完成松树沟渠首工程；投资15万元新建莫特格乡渠道5千米。

1999年，投资648万元完成35千米渠道建设。

2000年，投资67.23万元完成防洪坝建设360米、和夏干渠扩建6千米、新建察和特干渠11千米。

2001年，投资128万元完成新修防渗渠62.22千米，配套建筑物97座，新增防渗灌溉面积15.2万平方米，新打机井27眼，新建防病改水项目3项，解决了4 600人生活用水及1.4万头牲畜饮水问题。

2006年，察和特生态农业综合开发区进一步完善农田水利建设工程，新修防渗渠3千米，维修1千米；开发区一期开发三级渠系配套工程全部完成，其中干渠25.5千米、支渠32千米、斗渠58千米。察和特水库工程基本完工，完成土石方59.32万立方米、混凝土工程0.88万立方米、土工膜铺设5.03万立方米，完成工程总投资2 490万元。

2009—2010年，布伦水库除险加固工程累计完成投资566万元，多兰莫登水库除险加固工程于2009年8月底开工建设，累计完成投资650万元，大寨田水库除险加固工程累计完成投资741万元，和布克赛尔镇水库除险加固工程累计完成投资548万元。

2010年，地区下达给和布克赛尔县水利投资规模为1 400万元，实际完成投资9 165.03万元。以新修防渗渠为基础的农田水利基本建设工程进展顺利，共新建防渗渠道40.3千米，改建防渗渠道23.1千米，工程总投资2 443万元，其中国家投资2 300万元、县财政补助资金143万元。新建察和特生态农业开发区安全饮水工程1座，工程总投资849.84万元，其中申请国家投资678万元、地方配套171.84万元。

2012年，完成乌克塔斯水库建设，项目总投资4 052万元。水库建成后，总库容达265万立方米，解决了1 467公顷饲草料地的用水问题。饲草料地建设使2万公顷严重退化的平原草地实现退牧还草，3万公顷草地实行轮牧。还完成22个民生水利工程，项目总投资1.34亿元，其中饮水安全工程解决伊克乌图布拉格牧场559户、夏孜盖乡830户农牧民安全饮水问题，使农村安全饮水率达100%；高效节水工程完成节水灌溉面积1 980公顷，其中夏孜盖乡完成1170公顷，察和特开发区完成800公顷。

2014年，申报“和布克赛尔县2014年查和特乡333公顷高标准农田建设项目”，同年3月，获国家批准并开始实施。总投资675万元，其中中央财政资金450万元、自治区财政配套资金144万元，地区财政配套资金18万元、县级财政配套资金18万元、项目区群众自筹资金45万元。2015年，该项目建设全部完工，主要包括实施滴灌272公顷、修筑机耕路5.54千米、新修柏油路3.14千米、改良土壤267公顷、补种防护林6.67公顷、科技培训286人次。

## 第七节　农业产业化

1997年1月，中央农村工作会议提出要发展农业产业化经营，重视培育"龙头企业"，处理好龙头企业与农户之间的利益关系，充分调动企业和农户的积极性。和布克赛尔县紧跟中央部署，把农业产业化经营作为发展农业的重要举措之一，不断完善"公司+基地+农户"的产业链条，研究棉花及其副产品深加工等后续加工产业的开发，形成完善的销售网络和农科教、贸工农、产供销一体化的产业格局；围绕龙头企业，加快基地建设，做强优势产业。

2000年，在和布克赛尔县察和特注册成立华丰有限公司，通过引进、扩繁有机棉种满足当地各族农民种植需求、收购有机籽棉、实施定单农业、开展农业技术推广服务等有效形式，极大地促进了当地以棉花为中心的农业产业化发展，得到了各级党委、政府和相关主管部门的肯定和认同。

2003年，华丰有限公司公司被认定为自治区级再就业基地。

2005年，华丰有限公司由于对当地产业发展和带动农民增收的诸多贡献，被中共塔城地委、塔城地区行署授予"塔城地区重点龙头企业"。

2006年，在和布克赛尔县南部察和特新建棉花加工厂1座，从事棉花的轧花、榨油以及种子加工为一体的精深加工，该企业与农户形成较为稳定的利益共同关系。年内，全县棉加厂平均产值4 709万元，带动农牧民人均收入较2005年增收337元，解决剩余劳动力300人。新建屠宰场2座，运行良好，仅该项带动全县人均增收585元，解决剩余劳动力60余人。

2007年，全县有各类企业42家，其中农畜加工企业7家（北部有4家畜牧产品加工企业、南部有3家棉花加工企业），为贫困劳动力转移就业创造了有利条件。年内，有机农产品的生产基地通进国家认证中心的认证。察和特开发区总种植面积4 087公顷，其中397公顷通过有机产品生产基地认证。

2010年，全县农民专业合作组织72个，其中农民专业协会7家、农民经纪人20个，在工商部门注册登记的农民专业合作社45家。其中，棉花种植合作社5个，土豆、蔬菜种植合作社2个，特色养殖业合作社4个（小尾寒羊、绒山羊等）、农牧产品加工合作社3个（驼绒加工、肉类加工）、牛羊育肥合作社24个、农资销售合作社5个、农牧民手工刺绣1个、奶制品加工合作社1个。注册资金1 364万元，入社农户344户，辐射带动农户1 120户，新注册商标、产品包装1个，合作社年经营额2 631.4万元，合作社组织成员人均收入5 621元。根据塔城地区规范化合作社要求，批准3个合作社为全县农民专业合作社示范社（赛乐绒毛加工专业合作社、东山牛羊育肥专业合作社、金荣牛羊育肥专业合作社），通过示范社建设活动，合作社成员收入明显增加，合作社成员收入比非成员收入增加20%以上，合作社成员产品价格比非成员产品销售价格高出5%以上，示范社成员收入比非社员收入高出500元以上。

是年5月，通过招商引资成立和布克赛尔县双色港农业综合开发有限公司，位于和布克赛尔县察和特生态农业开发区，是以引进国际先进科技技术，秉承"效法自然、生态环保、优质高效、循环发展"的经营理念，研发推广有机生物质能源为主，致力于打造一条从种子、有机肥料、生物农药供应到农产品生产、产品销售循环发展的"有机产业链条"，农产品生产以主要种植棉花、辣椒等品种为主。公司注册资金2 300万元，拥有耕地19 400亩，林地1 500亩，累计投入1亿元资金，年销售收入3 500多万元，累计实现销售利润9 000多万元，带动当地农牧民660户实现增收。

2012年，全县农民专业合作组织89个（当年新增农民专业合作社16个），在工商部门注册登记的农民专业合作社66个，农民专业协会5家，农民经纪人18个。农民专业合作社注册资金总额达2 538万元，经营额512万元，入社农户516户，辐射带动农户1 825户，带动面积4 661公顷，注册商标4个：吉日格勒奶牛养殖合作社的“巴音和布克”奶牛，赛月绒毛加工合作社的“赛月”驼绒被，恒丰畜产品专业合作社的“蒙哥尔”有机牛羊肉，牧羊人奶制品合作社的“赛尔山”牌奶疙瘩。

2015年，和布克赛尔县农民专业合作社快速健康发展，数量稳步增长，至年末已注册的农民专业合作社192家，成员出资总额8 990.34万元，总入社户数1 100户，入社率达21%，辐射带动农户数2 450户，辐射带动能力明显提高。本年度评选出县级示范社19家，进行网上公示，经过初审，择优选出10家农民专业合作社申报地区级示范社。全年评选出县级示范社19家，创建地区示范社9家，自治区示范社7家。

## 第八节　设施农业

和布克赛尔县的设施农业始于2005年左右。2008年，由县国资委投资600多万元在和什托洛盖镇建造完成140座大棚，但由于水电路等配套设施建设未完善，140座大棚当时未投入生产使用。

2009年，投入生产的温室60座，面积1.67公顷，主要在和什托洛盖镇和那仁和布克牧场，生产反季节蔬菜30多种，主要供应本县。设施农业产量约200吨，总产值约75万元，从事设施农业的农户约有18户，每户拥有棚数2～6座，每座大棚年收入0.7～2万元，农牧民设施农业的收入占人均纯收入的0.9%。

2010年，和布克赛尔县结合地区农业局《关于下达全地区设施农业发展指导性计划面积的通知》要求，确定以和布克赛尔镇、和什托洛盖镇、莫特格乡、查干库勒乡及那仁和布克牧场图拉村为主要建设地点，完成400座春秋生产型日光温室大棚的建设，其中和布克赛尔镇100座、和什托洛盖镇100座、莫特格乡100座、查干库勒乡50座、那仁和布克牧场50座。县财政安排专项资金支持发展设施农业，对每座新建大棚给予50%的财政补助。4月下旬，县农业部门邀请山东寿光设施农业2名专家和新疆农业职业技术学院1名教授到县对农户进行技术指导和培训。

2015年，全县有蔬菜大棚283座，投入生产211座，其中花卉棚（剑兰、百合）4座、食用菌4座、果棚3座、蔬菜棚200座。县农业部门在继续推广12种无公害大棚蔬菜生产技术操作规程，实行温室大棚主要作物标准化生产的同时，引导蔬菜种植企业在江格尔综合市场新建蔬菜果品直销超市，实现产销一体化，延长了产业链；组织技术人员深入各蔬菜大棚查看蔬菜种植情况，指导菜农科学管理蔬菜，提醒菜农采取有效措施，确保关键生育期各类蔬菜的顺利生长。

# 第九编

# 林　　业

1993年，和布克赛尔县有林地面积80.71万公顷，占总面积的26.39%。在其后一段时间里，由于毁林造田、过度放牧等人为原因，林地面积有所减少。进入21世纪后，和布克赛尔县以建立适应可持续发展的林业生态体系为目标，全面开展植树造林活动，人工林地面积逐年增加。2015年，全县林地面积恢复到80.54万公顷，天然森林覆盖率7.07%，绿洲森林覆盖率达到19.25%。

2003年，和布克赛尔县开始实施退耕还林工程。至2015年，全县完成退耕地造林666.67公顷、荒山荒地造林5 620公顷、封山育林3 533.33公顷。

2011年，和布克赛尔县开始集体林权制度改革，于2012年6月底圆满完成。全县纳入林改范围的集体林地面积共1130.8公顷。通过林改，进一步解放了林业生产力。

# 第一章　机构队伍

## 第一节　行政机构

1993年，和布克赛尔县林业局（简称"县林业局"）内设行政办公室、野生动植物保护办公室、森林病虫害防治检疫站、绿化委员会办公室、资源林政办公室，有干部职工41人。

2002年，县林业局与县农业局合并，在县农业局挂牌。县林业局内设行政办公室、护林防火指挥部办公室、森林病虫害防治检疫站、绿化委员会办公室、资源林政办公室、野生动植物保护办公室、林业工程项目办公室，有干部职工46人。

2015年，县林业局内设行政办公室、护林防火指挥部办公室、森林病虫害防治检疫站、绿化委员会办公室、资源林政办公室、野生动植物保护办公室，有干部职工58人。

## 第二节　事业机构

### 一、县森林公安派出所

1988年1月，和布克赛尔县公安局森林派出所成立。2003年，加挂和布克赛尔县森林警察大队牌子，为副科级单位。2008年，机构改革为行政执法单位。2015年，派出所核定编制9人，实际在编7人，其中民警5人、职工2人。

### 二、县林管站

1978年10月，和布克赛尔县林管站成立，有职工29人。2015年，有职工16人。

### 三、县白松国有林管理局

和布克赛尔县白松国有林管理局于1959年建场。1965年，隶属塔城地区林业局管理。1978年，下放和布克赛尔县。2006年，经上级部门批准纳入财政统发工资。2013年4月，白松林场改制为白松国有林管理局。2015年，白松国有林管理局内设办公室、财务室、天然林保护办、党建办，有干部职工25人。

# 第二章 林业资源

## 第一节 森林区划

### 一、北部山地林区

森林分布的下线为海拔1 800米，上线为海拔2 400米，海拔2 400米以上为亚高山草甸及积雪带。局部植被覆盖率达到90%。生物群落有苔草、蒿草、羽衣草、珠芽蓼等。这些山地大部分表层均覆盖有较薄的沙质土，部分沟谷有洪积沙砾层，海拔1 800～2 400米土壤为山地黑钙土和灰色森林土，海拔1 500～1 800米土壤为栗钙土。林木大都是天然西伯利亚落叶松和少部分苦杨林，以及极少量云杉。

该区赛尔山南坡海拔2 000米以下的松树沟和铁布克山的南坡是县境的森林主要分布区，西部阿门屯格(阿吾孜希)林区蓄积量10 399.46立方米，面积293.77公顷；中部哈尔尕图松树沟林区蓄积量51 940.84立方米，面积1 006公顷，为主要取材区；中部阿尔恰特及赛尔山谷分布的苦杨林蓄积量12 112.5立方米，面积351公顷；东部东墩哈尔盖林区蓄积20 406.3立方米，面积436公顷，林木稀疏。森林最集中的赛尔山林区，有大小林区共37块，林分平均密度为0.27～0.5的只有两块。

该区哈尔尕图(松树沟)林区的森林覆盖率为县境森林覆盖率最高的地区，具有北方针叶林生态系统的特点，有着独特的森林生态环境，形成完整的森林生物群落，有乔木、灌木、草本植物、微生物，林下土层松软，腐殖质丰富。

### 二、中部谷地林区

该区是县境主要平原人工林营造区，平原人工林面积97公顷，蓄积量2 358.6立方米。谷地以及和布克河两岸有少量的河柳、沙枣、桦木，该区东北部低山丘陵带分布着大面积梭梭灌木林，主要分布在萨勒布尔特山及迭伦山，这部分梭梭与沙枣、琵琶柴、沙蒿、沙莲、盐梭梭、盐爪爪、盐穗林、白刺等盐生植物共生。植被主要为灌丛植被，分散分布在各中山、低山地带的谷地中，主要建群种有阿尔泰云枝柏、西伯利亚刺柏、锦鸡儿、绣线菊、蔷薇、忍冬等。

### 三、西部纳木郭勒(白杨河)谷地林区

该区主要树种有苦杨、桦木、柳树、沙胡杨、梭梭，立木总蓄积量21.51万立方米。纳木郭勒(白杨河)流域的苦杨是县境苦杨分布最多、生长最好的一个地区，有的地段平均高达18米，胸径32厘米，公顷蓄积量多达140立方米。上白杨河因交通不便，尚未开发，从未进行主伐，仍保持原始状态，是良好乡土树种资源保留区；中、下白杨河经历史演变，林相不整齐，已失去原来面目。植被为草甸及沼泽植被，建群种为芨芨草、赖草、甘草、芦苇等。

**四、南部平原荒漠林区**

该区为中低山以南的广大荒漠区，属准噶尔盆地一部分，海拔400米左右，地势北高南低，面积20 970平方千米。主要植被为荒漠植被，有胡杨、梭梭、琵琶柴、小蓬、驼绒藜、多种假木贼、沙枣、蒿、柽柳、麻黄等，植被覆盖率5%～10%。

该区胡杨分布较广，夏孜盖区是县境胡杨分布集中、生长较好、木材蓄积量较多的地区之一，部分胡杨生长繁茂成林，树干通直，最大胡杨直径达89.7厘米，树高14.4米，但绝大部分为成熟林、过熟林。

该区梭梭灌木林分布于准噶尔盆地腹地，县境的东部、南部和西部地区。东西长65千米，南北宽50千米，有林面积达11 575平方千米，由于过度樵采，梭梭林地残缺不齐，呈散生分布。

## 第二节　林木面积与种类

1993年，和布克赛尔县有林木面积80.71万公顷。2015年，全县有林木面积80.54万公顷，比1993年减少0.17万公顷。林木类型主要有落叶松、苦杨、胡杨、梭梭灌木及人工林等。

**一、西伯利亚落叶松**

（一）面积

2015年，落叶松总面积1 566.49公顷，其中哈尔尕图牧区989.7公顷、东墩哈尔盖林区344.8公顷、阿门屯格林区332.31公顷，总立木蓄积量273 576.8立方米。

（二）类型

灌木、草类—西伯利亚落叶松　主要分布在哈尔尕图森林带下部，海拔1 830～2 160米，土壤为灰色森林土。落叶松在最下部河谷滩地灌木层较发育，常与苦杨混交，覆盖率达40%，主要有忍冬、蔷薇、绣线菊等，高度在1米以上。草类层覆盖度达60%，以禾草为主，其他有辣蓼、毛茛、拉拉藤、糙苏、铁线莲、山芹、金莲花、兰花、老鹳草等，林下幼树较多，当年野生苗平均5株/平方米，50厘米以下幼树13株/平方米。

草类、藓类—西伯利亚落叶松　主要分布在哈尔尕图林区中下部，海拔1 863～2 263米范围内的阴坡中下部，土壤为灰色森林土，郁闭度在0.5以上，林冠下天然更新较好，密度为4 250株/公顷，有少量的灌木、忍冬、绣线菊、蔷薇、悬钩子。草类覆盖度达60%以上，以羊茅早熟禾为主，其他有黄花、糙苏、委陵菜、马苋、金莲花、银莲花、乌头、马兰、点地梅、唐松草、老鹳草、白头翁、铁线莲、苔草、拉拉藤、毛茛、三叶草等40～50种，生长茂盛，苔藓层5～10厘米，最高可达15厘米，另一部分在海拔1 900～2 400米，以羊茅、针茅、高山早熟禾为优热种，其他杂草同上一类无多大区别。

草类—西伯利亚落叶松　主要分布在哈尔尕图林区中部，海拔1 960～2 400米，2 040～2 393米缓斜坡阴坡，林下土壤为灰色森林土，西伯利亚落叶松成过熟林和天然更新落叶松幼林，郁闭度在0.4～0.8，密度为14 370株/公顷，林下植被很茂盛，覆盖率达到70%。幼林地草类以禾草为主，其他有唐松草、老鹳草、毛茛、山芹，灌木有少量蔷薇。在成熟林地上有禾草苔草、毛茛，灌木有忍冬、兔儿条、蔷薇等。

亚高山草类—西伯利亚落叶松　主要分布于哈尔尕图林区上部，海拔2 200～2 400米，为森林带上限，土壤为生草化灰色森林土，为西伯利亚稀疏纯林。海拔2 400米以上为亚高山草甸，林冠郁闭度为0.3，林下更新不良，灌木有稀少的兔儿条，高约30厘米，草类层一般矮小，草高15～20厘米，覆盖度为70%，主要有羊茅、矮型针茅、珠芽蓼，其他有毛茛、萎陵菜、蒲公英、乌头、黄花、金莲花、点地梅、龙胆、报春花等。

### 二、苦杨

2015年，全县有苦杨林1 200公顷，活立木蓄积量83 528.56立方米，其中位于赛尔山的苦杨林351公顷，活立木蓄积量13 112.5立方米；位于白杨河流域的苦杨林849公顷，活立木蓄积量70 416.06立方米。

### 三、胡杨林

2015年，全县有胡杨林10 075公顷，活立木蓄积量720 582.09立方米，其中位于白杨河流域的胡杨林8 860公顷，活立木蓄积量708 800立方米；另有河谷次生胡杨林1 215公顷，活立蓄积量11 782.09立方米。

### 四、梭梭灌木林

位于县境东部、西部、南部的广大干旱荒漠地区。在农区和牧区四周的梭梭灌木林是人为采伐区，面积逐年缩小，林区林相残缺不全，呈稀疏散生状态。

2015年，全县有梭梭灌木林79万公顷，其中迭伦山区11.95万公顷、白杨河流域13.16万公顷、夏孜盖南部荒漠44.05万公顷、萨勒布尔山区10.25万公顷。

### 五、平原人工林

分布于平原绿洲地带，大都为新中国成立后人工造林保有面积。至2015年，全县有人工林2 594.13公顷，活立木蓄积量146 898立方米。

# 第三章　林业资源培育

## 第一节　林木种苗

1993年，全县有苗圃面积8公顷，到1997年基本维持原状。1998—2008年，由于片面强调粮食生产，苗圃基本消失。2009年，恢复林木种苗培育。至2012年，每年有苗圃10公顷。

2013年，成立绿苑、英超、绿城3家苗木合作社，林木种苗培育有较大发展。至2015年年末，每年有苗圃90公顷。培育的苗木主要有俄罗斯杨、大叶榆、白蜡、大果沙棘等城镇绿化、一般造林及经济林苗木，均为自治区认定的良种，林木良种出圃率达到80%以上。

## 第二节　植树造林与封山育林

### 一、植树造林

1993年，全县造林面积49公顷，义务植树3.4万株。1995年，全县造林面积137.1公顷，义务植树4.95万株。1997年，全县造林面积105公顷，义务植树6.2万株。

2006年，全县植树造林75.25公顷。实施两项植树重点工程：（一）“三北四期”工程，春季植树69.1公顷，成活率85%，义务植树尽责率90%，还种植经济林6.15公顷，计18 079株。（二）“村村绿”工程，全县计划完成“村村绿”工程577户，实际完成545户，占总户数的94%；村级道路绿化计划完成11千米，实际完成12.96千米，超额完成17.8%。共植树41 639株，苗木成活率85.1%。

2010年，完成植树造林1 320公顷。2013年，完成植树造林1 066.7公顷。至2015年，全县林地面积达到77.25万公顷。其中，有林地面积5 689.84公顷，疏林地面积1 934.44公顷，灌木林地面积24.64万公顷，未成林造林地面积208.65公顷，宜林地面积51.02万公顷。森林覆盖率9.05%，绿洲森林覆盖率24.5%。

**二、封山育林**

2007年，和布克赛尔县开始封山育林，当年封育2 000公顷。2009年，最高达到4 667公顷。其后有所减少，2015年，全县封育总面积2 000公顷。累计封育27 334公顷，年均封育3 037公顷。

**1993—2015年和布克赛尔县植树造林、育苗情况表**

表9－1　　单位：公顷、万棵

| 年份（年） | 造林面积 | 零星植树 | 育苗面积 | 封育面积 |
|---|---|---|---|---|
| 1993 | 49 | 3.4 | 8 | — |
| 1994 | 134.5 | 3.3 | 8.3 | — |
| 1995 | 137.1 | 4.9 | 13.3 | — |
| 1996 | 106.7 | 4.7 | 12 | — |
| 1997 | 105 | 6.2 | 8.3 | — |
| 1998 | 33.8 | 3.1 | 5 | — |
| 1999 | 30 | 3.2 | 6 | — |
| 2000 | 72 | 6 | 9 | — |
| 2001 | 68 | 6.3 | 8 | — |
| 2002 | 59 | 7 | 9 | — |
| 2003 | 1337 | 2.5 | 5.8 | — |
| 2004 | 827 | 6 | 6 | — |
| 2005 | 35.5 | — | — | — |
| 2006 | 75.25 | — | — | — |
| 2007 | 93.33 | — | — | 2 000 |
| 2008 | 1 856 | — | — | 1 400 |
| 2009 | 1 000 | — | 10 | 4 667 |
| 2010 | 1 320 | — | 10 | 4 600 |
| 2011 | 4 200 | — | 10 | 3 333 |
| 2012 | 1 800 | — | 10 | 3 667 |
| 2013 | 1 066.7 | — | 90 | 3 000 |
| 2014 | 1 940.2 | — | 90 | 2 667 |
| 2015 | 1 242.4 | — | 90 | 2 000 |

# 第四章　林业资源保护

## 第一节　森林防火

2002年，成立护林防火指挥部办公室后，坚持每年宣传《森林防火条例》，以“三进”（进校区、景区、社区）的形式，把森林防火的法律法规和森林防火重要性、紧迫性送到千家万户。组织宣传车辆在重点时段开展全县森林防火集中宣传活动，向山区每户群众发送森林防火宣传单，刷新永久性宣传碑，路口、山头、地块书写临时性宣传标语，重点管护站在山区重要路口（地段）张贴森林防火通告、悬挂横幅、更新设置森林防火宣传标志、树立标识牌，每年组织不少于2次森林防火督促检查、不少于1次“林区清山清林专项行动”联合检查。依据《森林防火条例》规定，县人民政府每年与各乡镇场分别签订和布克赛尔县护林防火责任书，做到任务明确，责任到人，措施到位，领导到位，监管到位。

2006年，坚持“预防为主，积极消灭”的方针，落实各乡镇场“一把手”责任制，散发宣传单3 000余份。实行24小时值班制度，定期清山，切实将护林防火工作落到实处，年内未发生火灾。

2010年，层层落实森林防火行政领导负责制，加大防火宣传教育力度，加强防火各项措施，提高森林防火应急应对能力。新组建半专业森林消防队伍1支，防火应急分队14支；在乌苏森林警察大队和县边防大队的支持和协助下，开展防火演练4次，举办培训班2期，培训护林人员200人。全年县境无森林火灾事故发生。

2012年，按分级管理的原则，提高认识，把握形势，切实增强做好护林防火工作的责任感和紧迫感，层层签订护林防火责任状，各乡场镇人民政府与各村委会、学校签订森林防火目标管理责任书和承诺。并组成森林防火工作督查小组，对各乡镇场各单位森林防火工作共进行督查，加强野外火源和用火管理宣传力度。开展防火演练2次，举办培训班1期，培训护林人员150人次。

2015年，继续全面贯彻“预防为主、积极消灭”的工作方针，组织护林防火宣传6次，广播宣传2次，组织宣传车8次；重点时段组织全县森林防火集中宣传活动2次；深入到林区村落、厂矿、作业点及企事业单位、学校，开展宣传活动印发宣传单1 300张；更新设置森林防火宣传标志、标牌19个；护林员巡山排查100人次。年内无森林火灾事故发生。

## 第二节　病虫害防治

20世纪90年代，和布克赛尔县林木病虫害较少。进入21世纪后，县境内林业病虫害（病害、虫害、鼠害）不时发生。为防止和减少病虫害对林业生产的危害，县林业局积极开展病虫害检测工作，范围涉及全县各个乡镇场、统管林区所有林木的防治检疫和病虫害监测，全县苗木调运检疫、木材加工厂、木材经营（原木、板材）的调运检疫、花卉市场和个体经营的调运检疫、携带病虫害的电缆盘的防治检疫等。

2006年，全县共调动树苗33.34万株，其中产地检疫2万株，产地率达到100%，调运复查苗木31.34万株，种苗调运复查率达到100%。

2009年，全县共发生森林病虫害面积533.33公顷，防治率达到98%，未发生成灾情况。产地检疫苗木341.27万株，复检苗木341.27万株，处理不合格苗木0.3万株，产地检疫率和调运复检率均达到100%。争取到自治区森防物资30万元，加强林业有害生物防治工作。

2010年，落实林业有害生物防治双线目标管理责任，积极采取措施，加大防控力度，加强植物检疫，防止林业有害生物的传播和蔓延。全年林业有害生物发生面积240公顷，其中荒漠林鼠害133.33公顷，柳尖胸膜蝉60公顷、人工林鼠害46.67公顷，都做到有效控制。全县共完成274.27万株苗木检疫工作，复检率、产地检疫率达到100%。

2012年，和布克赛尔县林业有害生物发生面积53.33公顷，防治率达到91%、成灾率为零。无公害防治率100%；产地检疫率100%；复检率100%。林业有害生物应施调查监测面积1 560公顷、林业有害生物实际调查监测面积1 340公顷，测报准确率87%。

2015年，和布克赛尔县林业有害生物发生面积6.67公顷，防治率90%、成灾率为零。无公害防治率100%。全县共调运苗木159.98万株，其中产地检疫苗木49.98万株，产地检疫率达到100%，省外调运苗木110万株，复检率达到100%。

## 第三节　退耕还林

2000年，自治区退耕还林工程开始试点，2002年全面启动。2003年，和布克赛尔县开始实施退耕还林工程，涉及全县3个乡（查干库勒乡、铁布肯乌散乡、莫特格乡）、26个行政村，退耕户1 134户。

2006年，县林业局对全县往年退耕还林工作进行全面检查，核实保存率，对自然死亡苗木进行补植。经核实，全县退耕还林面积累计866.67公顷，保存829.97公顷，保存率95%，并根据往年树木成活率情况兑现苗木粮款57万元，累计兑现粮款435万元，生活补助款59万元。

2009年，全县完成退耕还林地补植苗木5万株，面积100公顷。2010年，完成巩固退耕还林项目400公顷薪炭林建设，建特色养殖棚圈10 458平方米，林下种植1 066.67公顷。培训退耕农民500人次，为引导退耕农民发展后续产业，巩固退耕还林成果打下基础。2012年，退耕还林荒山荒地灌木造林666.67公顷。

2015年，巩固退耕还林成果专项资金89万元，建养殖棚圈2 400平方米、补植补造40公顷、围栏保护333.33公顷。至2015年年末，退耕还林地全部确权发证。全县完成建设任务10 020公顷，其中退耕地造林666.67公顷，荒山荒地造林5 620公顷，封山育林3 533.33公顷。根据退耕还林补助政策，国家为和布克赛尔县投入种苗补助资金650万元；按照生态林补助的规定，全县共享受国家补助资金2 037万元。

## 第四节　林业执法

2003年，县公安局森林派出所加挂县森林警察大队牌子后，加强行政执法职能，根据《中华人民共和国森林法》等法律法规，针对不同时期、不同地方违法犯罪活动的特点，在全县相继组织开展冬季严打行动、春季严打行动、亮剑行动等各类专项严打整治行动，严厉打击乱砍滥伐林木、乱采滥挖野生植物、乱捕滥猎野生动物、乱批滥占林地“四乱四滥”行为，使得全县林地资源得到有效保护，一些濒危野生动植物资源开始恢复和增长,生态安全逐步好转。

2006年,加强森林资源管理,全县查处行政案件2起,将涉案人员18人寻找归案,对其中16人采取刑事措施,没收涉案枪支7支。处罚教育违法人员60人。

2009年,受理各类涉林案件9起,查处9起,综合查处率100%。清除违法进入林区人员1 000余人次,依法扣押非法交通工具8辆,收缴肉苁蓉2 000公斤,为国家挽回经济损失10万余元。

2012年,加大林业执法力度,严厉打击非法捕杀野生动物及乱采滥挖野生植物案件,受理各类案件16起,处罚31人,上缴财政罚没收入11.86万元;收缴野生植物1 077.1公斤(全部为肉苁蓉),没收非法采挖工具铁锨27把,打掉非法采挖团伙8个,清理非法采挖人员150余人,运输工具19辆、骆驼2峰。共出动警力238人次,出动车辆94台次。

2015年,加大对《中华人民共和国野生动物保护法》的宣传力度,共接报警26起,处置26起。受理各类案件15起,查处15起,查处率100%,其中林业行政案件15起(14起案件为非法采挖自治区一级保护野生植物肉苁蓉的案件、1起为非法破坏湿地案件),处罚16人,上缴财政罚没收入1.12万元;收缴野生植物700公斤(全部为红景天)。共出动警力185人次,出动车辆75台次。

# 第五章 资源林政管理 林权制度改革

## 第一节 资源林政管理

2000年1月29日,国务院颁布《中华人民共和国森林法实施条例》(以下简称"《条例》")。《条例》对森林经营管理、森林采伐、法律责任等作出明确规定。和布克赛尔县按《条例》进行林政管理,实行林木生产责任制,根据面积大小,包产到组或户,或分段分块承包到人;开办林木采伐许可证、木材运输许可证业务;对盗伐林木案件依法惩处。

2006年,执行限额采伐制度,完善审核审批程序。对木材经营加工单位进行全面调查和清理整顿,按时更换木材经营加工许可证。全年共受理林权申请44人,符合发放条件的44人,发证44户。

2009年,将森林资源管理工作放在更加突出的位置,切实加强采伐限额管理和森林资源监督检查,严格征占用林地审批审核工作。全年办理工程建设征占用林地2宗;完成地区下达平原人工林采伐计划119.8立方米,未出现超限额、超计划采伐和非法征占用林地现象;为县财政征收林地、林木、安置补偿费39万元。

2012年,颁发林权证74本,发放人工林林木采伐许可证1份。未发生超限额、乱砍滥伐、偷砍盗伐现象及毁林开荒、非法占用林地和越权审批征占用林地案件。

2015年,办理使用林地手续5宗,面积84.83公顷,收取林地费用共1 573.96万元,其中林地补偿费499.33万元、林木补偿费79.04万元、安置补助费701.12万元、森林植被恢复费294.47万元。办理林权证1件。

## 第二节 林场改制 林权改革

### 一、林场改制

2006年2月,和布克赛尔县白松林场实施全额事业单位,核定全额事业编制30名。

2011年开始，和布克赛尔县实施天然林保护二期工程，面积6 626.67公顷，实施单位为县白松林场。

2013年，县白松林场正式改制为和布克赛尔县白松国有林管理局。

## 二、林权改革

2011年，和布克赛尔县贯彻落实自治区《关于开展集体林权制度改革工作的意见》，进行集体林权制度改革，结合本县实际制定林改工作目标。县委、县人民政府及县林业局组织召开全县集体林权制度改革工作会议。林改办充分利用网络等媒体及会议、简报、宣传栏、致农民朋友的一封信、散发宣传材料等多种形式，对林改进行全面、深入的宣传，做到家喻户晓。然后，对所有参与林改的工作人员进行业务培训，规范操作，正式开展林改工作。通过全县各级干部一年多的扎实工作和广大群众的积极配合，于2012年6月底圆满完成全县的集体林权制度改革任务。

和布克赛尔县林权制度改革工作涉及11个乡镇场及1个经济开发区。截至2012年6月底，全县纳入林改范围的集体林地面积共1 080公顷，确权颁证的有922.2公顷，颁证79本（户）。其中，集体统一经营面积693.3公顷；大户承包面积233.3公顷，发证户数13本（户）。还有205.1公顷林改地因特殊原因暂未颁证。

通过林改明晰产权，使林农对自已承包经营的林地充分享有生产经营自主权，免除林农害怕政策多变的后顾之忧。

**2011—2012年和布克赛尔县集体林权制度改革情况表**

表9－2

| 单　位 | 面积（公顷） | 林权证（本） | 备　注 |
|---|---|---|---|
| 莫特格乡 | 272.7 | 5 | — |
| 巴音傲瓦乡 | 44.8 | 9 | — |
| 查干库勒乡 | 20 | 5 | — |
| 铁布肯乌散乡 | 172.7 | 5 | — |
| 夏孜盖乡 | 91.4 | 12 | — |
| 和什托洛盖镇 | 27.2 | 24 | — |
| 那仁和布克牧场 | 9.7 | 8 | — |
| 伊克乌图布拉格牧场 | 253.3 | 7 | — |
| 巴嘎乌图布拉格牧场 | 4.9 | 2 | — |
| 布斯屯格牧场 | 29 | 2 | — |
| 和布克赛尔镇 | 13.5 | — | 因拆迁工作暂未发证 |
| 察和特开发区 | 191.6 | — | 因土地权属不清暂未发证 |
| 合计 | 1 130.8 | 79 | — |

# 第十编

# 水　　利

1993年，和布克赛尔县有水库3座、塘坝28个，总库容106.1万立方米；有各种防渗渠道17条，共长124.2千米，过水能力0.2～4立方米/秒；有小型引水渠首5座，各种渠系配套水工建筑物、水闸、涵洞、渡槽、农桥等共102座。

2002—2015年，县人民政府通过统一规划，继续修建永久性和半永久性水利设施。新建水库2座，设计总库容756万立方米，总投资6 992.28万元。加固、扩建水库7座，总投资8 508.51万元。新建和维修防渗渠共229.36千米，总投资3 795.36万元。实施饮水安全工程28项，总投资5 886万元。实现节水灌溉总面积8 866公顷，总投资4 932.99万元。完成生态水利建设工程2项，总投资4 974.56万元。

# 第一章　机　构

## 第一节　行政机构

1993年，和布克赛尔县水电局（简称“县水电局”）内设农田水利股、水管股、水政股、财务股、工程股，有干部职工23人。

1998年3月，县水电局更名为和布克赛尔县水利局（简称“县水利局”），内设办公室、财务室、水政办、工程办、改水办、防洪办，有干部职工30人。

2008年，县水利局增设农牧区供水总站和水利工程质量监督站，有干部职工42人。

2012年，县水利局增设水土保持站和渔政管理站，有干部职工50人。

2013年，县水利局内设党委办公室、工程办（含改水办）、财务室、防洪办，有干部职工58人。

2015年，县水利局增设行政办公室，有干部职工60人。

## 第二节　事业机构

和布克赛尔县水政监察大队　1999年3月成立，机构级别为副科级。2008年12月，县水政监察大队编制得到正式批准，并确定为参照公务员管理全额拨款单位。2015年，县水政监察大队编制18名，实有工作人员5人。水政水资源办与水土保持监督站合署办公。

和布克赛尔县水利工程管理总站　2003年成立，机构级别为副科级。内设办公室、财务室、加音塔拉水库管理站（副科级单位），有干部职工66人。至2015年未变。

和布克赛尔县农村供水总站　2008年8月16日成立，机构级别为股级。内设办公室、财务室，有干部职工15人。2014年12月4日和布克赛尔县农村供水总站更名为和布克赛尔县农村饮水安全工程管理站，机构级别为副科级，有干部职工12人。至2015年未变。

和布克赛尔县水利工程质量监督站　2008年5月成立，有干部职工7人。至2015年未变。

和布克赛尔县水土保持站　2012年1月成立，为自收自支事业编制，核定编制9名，实际在职7人。至

2015年未变。

# 第二章　水利工程

## 第一节　蓄水工程

1993—2001年，无新建水库，也无水库加固工程。

2002年12月，完成加音塔拉水库除险加固工程技术设计工作并开始施工，2004年竣工蓄水。该水库除险加固后设计总库容1 850万立方米，兴利库容1 450万立方米。工程总投资2 997.51万元，其中国家补助2 100万元，其余为县财政自筹。

2004年11月开工建设察和特水库，属平原注入式水库，通过“引额济克”4号分水闸将水分到察和特水库，2006年竣工。水库总容量491万立方米，属中型水库。工程主要由新建主、副坝，放水涵洞，上游分水闸，引水渠，泄洪闸等部分组成。工程总投资2 943万元，其中国家投资1 943万元，地、县自筹1 000万元。

2006年，加音塔拉水库扩建，新增库容470万立方米。扩建的主要内容：增加主、副坝及防浪墙顶高程，加高溢洪道进口段、控制段、渐变段边墙，并对和夏灌区输水干渠进行改扩建。工程总投资544万元，其中边境县财政转移支付资金200万元、财政扶贫资金300万元、自筹44万元。

2008年8月至2009年8月，实施巴音敖包水库除险加固工程，总库容量100万立方米，完成投资1 415.22万元。

2008年8月至2009年10月，实施伊克乌图布拉格水库除险加固工程，总库容量140万立方米，完成投资1 340.57万元。

2009年9月至2010年7月，实施布伦水库除险加固工程，总库容160万立方米，完成投资624.33万元。

2009年9月至2010年8月，实施道兰莫敦水库除险加固工程，水库设计总库容121万立方米，完成投资763.77万元。

2009年9月至2010年10月，实施和布克赛尔镇水库除险加固工程，总库容量41万立方米，完成投资823.11万元。

## 第二节　防渗渠建设

1993年，和布克赛尔县共有渠道280.80千米，其中干渠50.82千米、支渠229.98千米。

2000年，和布克赛尔县共有渠道1 203.32千米，其中干渠293.6千米、支渠151千米、斗渠248.72千米、农渠510千米，新建各类配套水工建筑物1 444座。

2006年，和布克赛尔县完成防渗渠40.68千米、其中干渠2.055千米、支渠22.105千米、斗渠16.52千米，新建各类配套水工建筑物230座。防渗渠总投资546万元，其中国家投资229万元，县（市）配套139万元，乡镇投资147万元、农牧民自筹32万元。

2009年，和布克赛尔县新建防渗渠64.85千米，维修防渗渠道26.06千米。

2010年，和布克赛尔县新建防渗渠40.3千米，改建防渗渠23.1千米，工程总投资2 443万元，其中国家投资2 300万元、县财政补助资金143万元。

2012年，和布克赛尔县完成防渗渠建设24.57千米，总投资581.62万元，全部为县财政资金。

2015年，和布克赛尔县完成防渗渠建设8.8千米，总投资224.74万元，其中国家投资100万元，县（市）配套5万元、扶贫资金119.74万元。

## 第三节　饮水安全工程

20世纪90年代初，和布克赛尔县未实施饮水安全工程，部分农牧民直接饮用地表水，饮用含有牲畜粪便涝坝水、河渠水，水质不达标，浑浊度、细菌总数、大肠杆菌、铁离子严重超标。由于长期饮用不合格的水源，全县饮水致发病率较高，不但严重影响农牧民的身体健康，还严重制约当地的经济发展和社会稳定。

自1996年开始至1999年结束，和布克赛尔县开展防病改水建设工程11个，解决2.588万人的防病改水问题，受益村队29个，投资721.27万元，其中国家投资460.24万元、自治区投资53万元、群众自筹208.03万元。

2000年，和布克赛尔县开始实施农村饮水安全工程。通过“十一五”和“十二五”两阶段的农村饮水安全工程建设，集中供水率达到86.74%；自来水普及率达到86.74%；水质达标率为63%。基本解决广大农牧民的饮水问题，但仍存在供水规模偏小、供水保证率不高、净水设施不齐备、管网漏损率较高、入户率和水质合格率偏低、供水设施老化严重等问题。至2015年，全县共实施饮水安全工程项目28个，修取水口4座，修建水厂10座，打供水井7眼，铺设管道349.01千米，解决2.72万人的饮水不安全问题。完成投资5 886万元，其中国家及自治区配套1 902万元、县自筹3 976万元。

**1995—2000年和布克赛尔县改水工程情况表**

表10－1

| 年份（年） | 项目名称 | 投资（万元） | | | | | 受益人口（万人） | 受益村（个） |
|---|---|---|---|---|---|---|---|---|
| | | 合　计 | 其　中 | | | | | |
| | | | 国家资金 | 自治区配套 | 地县自筹 | 群众自筹 | | |
| 1996 | 伊克乌图布拉克牧场改水 | 128 | 85 | — | — | 43 | 0.2 | 2 |
| 1996 | 查干库勒乡改水 | 85 | 65 | — | — | 20 | 0.2 | 2 |
| 1996 | 夏孜盖乡改水 | 80 | 70 | — | — | 10 | 0.3 | 5 |
| 1996 | 昆德仑村改水 | 65 | — | 53 | — | 12 | 0.3 | 4 |
| 1997 | 莫特格乡改水 | 35.2 | 26.7 | — | — | 8.5 | 0.15 | 2 |
| 1997 | 巴音傲瓦村改水 | 22.73 | 19 | — | — | 3.73 | 0.18 | 2 |
| 1997 | 那仁和布克牧场改水 | 27.8 | 13.9 | — | — | 13.9 | 0.18 | 2 |
| 1997 | 布斯屯格牧场改水 | 128.7 | 75.7 | — | — | 53 | 0.69 | 2 |
| 1998 | 铁布肯乌散乡改水 | 50.4 | 36.8 | — | — | 13.6 | 0.15 | 2 |
| 1998 | 夏孜盖乡改水 | 68.4 | 48.2 | — | — | 20.2 | 0.19 | 5 |
| 1999 | 莫特格乡哈尔萨拉村改水 | 30 | 20 | — | — | 10 | 0.048 | 1 |
| | 合计 | 721 | 460.3 | 53 | — | 207.93 | 2.588 | 29 |

## 2000—2015年和布克赛尔县饮水安全项目投资情况表

表10－2　　单位:万元

| 年份(年) | 工程名称 | 总投资 | 国家投资 | 县自筹 |
| --- | --- | --- | --- | --- |
| 2000 | 铁布肯乌散乡科克莫墩村饮水工程 | 95 | 67 | 28 |
| 2000 | 莫特格乡规德格村等饮水安全工程 | 70 | 50 | 20 |
| 2002 | 莫特格乡夏尔古村饮水安全工程 | 50 | 35 | 15 |
| 2003 | 铁布肯乌散乡孟根布拉克村饮水工程 | 88 | 60 | 28 |
| 2005 | 和什托洛盖昆德仑村饮水工程 | 55.76 | 0 | 55.76 |
| 2005 | 和什托洛盖昆德仑村饮水工程 | 66.33 | 0 | 66.33 |
| 2005 | 巴音傲瓦乡阿拉腾布拉克村饮水安全工程 | 50 | 35 | 15 |
| 2007 | 布斯屯格牧场饮水安全工程 | 99 | 70 | 29 |
| 2007 | 伊克乌图布拉格牧场饮水安全工程 | 220 | 145 | 75 |
| 2007 | 查干库勒乡道兰莫墩村等三村饮水安全工程 | 69.04 | 46 | 23.04 |
| 2007 | 巴音傲瓦乡饮水安全工程 | 91.88 | 60 | 31.88 |
| 2008 | 伊克乌图布拉格牧场引水工程 | 338 | 0 | 338 |
| 2008 | 夏孜盖乡饮水安全工程 | 216.61 | 110 | 106.61 |
| 2008 | 铁布肯乌散乡青登村饮水安全工程 | 70 | 47 | 23 |
| 2007 | 那仁和布克牧场库尔旦夏尔村饮水安全工程 | 50.76 | 0 | 50.76 |
| 2009 | 莫特格乡吉木沟等村饮水安全工程 | 60 | 50 | 10 |
| 2010 | 查和特牧民定居饮水安全工程 | 849 | 480 | 369 |
| 2010 | 巴音傲瓦乡尕格茨呼德克村饮水安全工程 | 35 | 25 | 10 |
| 2011 | 铁布肯乌散乡查干阿德尔格村饮水工程 | 65 | 45 | 20 |
| 2011 | 巴音傲瓦乡克勒根特村饮水安全工程 | 35 | 25 | 10 |
| 2011 | 夏孜盖乡饮水安全安全续建工程 | 645.08 | 0 | 645.08 |
| 2012 | 巴嘎乌图布拉格牧场饮水安全工程 | 82 | 55 | 27 |
| 2012 | 那仁和布克牧场江格尔村饮水安全工程 | 43.83 | 0 | 35.64 |
| 2013 | 查干库勒乡饮水安全工程 | 1 086.92 | 55 | 1 031.92 |
| 2013 | 拉卜楞村等三村支管部分饮水安全工程 | 97.89 | 0 | 97.89 |
| 2014 | 那仁和布克牧场饮水安全工程 | 420 | 180 | 240 |
| 2014 | 铁布肯乌散乡乌兰布拉村等三村管网延伸饮水安全工程 | 162 | 100 | 62 |
| 2015 | 莫特格乡敖包特村等七村饮水安全工程 | 674 | 162 | 512 |
|  | 合计 | 5 886.1 | 1 902 | 3 976 |

## 第四节　节水灌溉工程

2006年,和布克赛尔县首次大面积实施节水灌溉工程,完成膜下滴灌2 860公顷,完成总投资244.49万元,全部由农民自筹。高密度棉花膜下滴灌每0.07公顷节水80～100立方米,降低投资成本30%～45%,增产皮棉25%,增收100～250元。

2009年，节水灌溉面积继续扩大，新增节水灌溉面积1 800公顷，其中投入使用加压灌720公顷。

2010年，全县完成节水灌溉2 333公顷，完成投资2 434万元。

2012年，地区下达和布克赛尔县高效节水建设任务1 333公顷，实际完成高效节水1 373公顷，其中夏孜盖乡500公顷、查和特开发区873公顷（其中高标准517公顷）；完成投资1 617万元，其中自治区资金531万元、群众自筹1 086万元。和布克赛尔县享受自治区补助农业高效节水面积1 180公顷，每公顷补助4 500元，共补助531万元，全额发放到农民手中。通过推广节水技术、增加节水面积，实现农业用水大减少的目标。年内，查和特灌区灌溉用水量为4 927万立方米，比2011年同期减少102万立方米；和夏灌区灌溉用水量为2 824万立方米，比2011年同期减少54万立方米。

2015年，地区下达和布克赛尔县高效节水建设任务500公顷，实际完成高效节水500公顷，均在查和特开发区；完成投资637.5万元，其中自治区资金300万元、群众自筹337.5万元。

## 第五节　定居兴牧水利工程

### 一、乌克塔斯水库灌区工程建设

2011年4月2日，举行自治区定居兴牧水利工程项目和布克赛尔县乌克塔斯水库开工奠基仪式，水库位于铁布肯乌散乡西北约12千米，距离和布克赛尔镇约42千米，地理坐标东经85°16′47.4″，北纬46°54′52.1″。

2012年5月，乌克塔斯水库工程正式动工，设计总库容为265万立方米，总投资4 049.28万元。当年完成投资1 827.28万元；完成土方16.45万立方米、土方回填23.73万立方米、砂石方7.87万立方米、混凝土1.1万立方米、土工膜铺设5 000平方米、金属结构30.36吨。2013年10月完成主体工程建设，2014年9月完成水库管理房等附属设施建设，2015年完工。

### 二、病险水库除险加固工程建设

2012年9月，玛尔孜水库、巴嘎乌图布拉格水库和黑杆子水库除险加固工程开工建设，其中：玛尔孜水库位于和布克赛尔县巴嘎乌图布拉格牧场镜内，距县城68千米，地理坐标东经86°18′，北纬46°55，巴嘎乌图布拉格水库位于和布克赛尔县以东的巴嘎乌图布拉格牧场场部以南约1千米处，位距乌（乌市）–阿（阿勒泰）国道南侧的约1千米处，距和布克赛尔县县城约60千米，地理位置为北纬46°52′06.1″，东经86°23′55.2″，黑杆子水库位于和布克赛尔县布斯屯格牧场西部的布斯屯格村，地理坐标东经86°15′23″，北纬46°51′43″。项目总投资1 821.6万元，全部为国家投入。当年完成投资476万元完成临时设施搭建及施工导流，完成土方开挖2.9万立方米、土料制备1万立方米，坝体填筑5万立方米。

玛尔孜水库、巴嘎乌图布拉格水库和黑杆子水库除险加固工程均于2014年10月30日完工并完成蓄水安全鉴定验收。

## 第六节 生态水利建设

**一、和布克河(和什托洛盖镇段)防洪工程**

该工程于2011年启动,该防洪工程位于自治县和什托落盖镇,东经86°00′05″、北纬46°31′20″,防护对象主要是和什托洛盖镇城区、工业区和下游1.75万亩耕地。计划总投资2 587.63万元,其中中央投资2 054万元、自治区资金534万元。2012年,完成投资2 022.63万元,工程全部完工,累计完成土方开挖回填101.32万立方米、石方0.2万立方米、混凝土面板浇筑3.63万立方米。

**二、叶尔盖河景观工程及阿尔恰特饮水工程**

两项工程于2011年6月启动,其中:阿尔恰特供水工程位于和布克赛尔县境内的阿尔恰特河出山口处,距和布克赛尔镇22千米。地理坐标为:东经85°40′09″、北纬46°58′35″,叶尔盖河景观工程位于叶尔盖河和布克赛尔县城区段,范围是和布克赛尔县敖包特西街大桥(1号桥)上游375米及其下游1 625米,河道治理总长2 000米。总投资2 688.61万元。2012年,叶尔盖河景观工程完成投资539.63万元,当年建设完工,完成土方工程10万立方米,石方1.9万立方米,混凝土浇筑0.91万立方米。阿尔恰特饮水工程完成投资2 148.58万元。

# 第三章 水利规划与水政管理

## 第一节 水利规划

2012年,县水利局参与编制完成《新疆塔城地区农业节水发展规划报告》和《塔城地区2012年自治区补助农业高效节水建设实施方案》,将查和特、和夏大渠工程及北部灌区列入塔城地区灌溉发展规划之中,同时参与编制《塔城地区牧区水利规划报告》。

2013年,完成《和布克赛尔县高效节水灌溉项目总体实施方案(2013—2017)》和《和布克赛尔县2013年高效节水灌溉项目实施方案》。

2015年,完成《和布克赛尔县水利发展"十三五"规划报告》《和布克赛尔县沿边县市水利建设专项规划》《和布克赛尔县农村饮水提质增效"十三五"规划》《和布克赛尔县农村饮水工程现状与需求调查报告》和《和布克赛尔县水利水电工程移民后期扶持"十三五"规划》。

## 第二节 水政管理

1993—2005年,县水政管理资料缺失。

2006年,县水利局新发取水许可证3本,取水许可证年审换证96本,依法征收水资源费115.8万元。

2009年,强化水政监察规范化建设,抓好水利前期工作,及时了解和把握国家扩大内需政策,加大项目前期工作力度,为在建一批、储备一批奠定良好基础;做好白杨河引水工程建设和招商引资企业用水事宜的协调配合工作。全年发放取水许可证37本，征收水资源费241.38万元，水土保持费1.2万元。

2012年，加大水政宣传工作力度，利用“世界水日”“中国水周”等宣传日广泛开展《中华人民共和国水法》《中华人民共和国水土保持法》等法规宣传工作，出动宣传车2辆，悬挂横幅10条，发放宣传单3 000余份。查处未经许可擅自凿井的水事违法案件4起，共处罚金1.3万元。全年共征收水资源费235.35万元，水土保持费62.67万元。同时，加强对用水单位的监管。全县种植面积12 979公顷，其中北部灌区1 533公顷，查和特灌区7 333公顷、和夏灌区4 113公顷。到灌溉结束，加音塔拉水库共放水4 137万立方米，查和特水库放水293万立方米。和夏灌区水费征收278万元，征收率为90%；查和特灌区水费征收780万元（含克拉玛依市西干渠水费700万元），征收率为91%。春灌前和夏灌后，水管站组织和夏灌区干部、职工对各灌区分管的和夏干渠31千米、东风支渠10千米进行两次全面检查维修，清理石块、淤沙100多立方米；北部灌区维修铁布肯乌散乡、查干库勒乡和巴音傲瓦乡干渠3千米；查和特灌区维修主干渠24千米。10月，维修、养护加音塔拉水库主、副坝迎水面140米。新建一座120米×1米×1.2米规模的过水涵洞，完成布伦等6座水库的管理房建设；还完成加音塔拉水库、查和特水库、布伦等8座水库自动化监测系统的安装和埋设工作。

2015年，以水政、水资源管理和水土保持工作为重点，利用“世界水日”“中国水周”广泛宣传《中华人民共和国水法》等法律法规，管好水资源；全面落实水行政执法责任制，不断推进依法行政。征收水资源费120.3万元，水土保持费155.7万元。处理水事纠纷14起，立案查处随意凿井取水案件14起，罚款3.6万元，结案率100%。全县已运行的7座中小型水库共蓄水3 000余万立方米，水库运行安全正常。全县灌溉面积12 600公顷，引入灌区水量13 695万立方米（地表水12 137万立方米、地下水1 558万立方米）。农业灌溉实际用水10 080万立方米，工业用水89.4万立方米，征收水费1 300余万元，水费征收率达95%以上。

# 第四章　水产养殖　防汛抗旱

## 第一节　水产养殖

2012年，和布克赛尔县在道兰莫敦水库、布伦水库、巴音傲瓦乡水库3座小型水库投放河蟹苗5吨进行试养，获得成功，收获螃蟹近30吨，产生经济效益100万元，并注册“赛尔雪蟹”商标；在加音塔拉水库投放优质鱼苗30吨进行试点养殖。

2015年，按照自治区水产局工作部署，规范船检建设工作，落实人员外出培训机制，调整优化产业结构，不断提高渔业经济和产业发展水平，取得显著成效。全年使用执法艇1艘，申报燃油补助船舶14艘，检查渔船14艘次。选派5人参加各类执法培训15天，其中两人取得国家验检师资格。完成自治区水产局10万元的外销平台建设项目；完成地区水利局3万元的增殖放流资金项目，在加音塔拉水库投放鲤鱼苗1.5吨；投入资金20万元在布伦水库、加音塔拉水库和查和特水库投放各类鱼苗10万尾。

## 第二节　防汛抗旱

1993—2005年，和布克赛尔县防洪抗旱资料缺失。

2006年，为确保水利工程安全度汛，和布克赛尔县组织工程技术人员对全县各中小型水库进行安全巡查，采取相应的排险措施，同时积极筹集资金10万余元贮备足够的防洪物资，确保水利工程安全度汛。常年储备的防洪物资有编织袋6 800条、水泥60吨、木料25立方米、木桩1 000根、铁丝2.5吨、各种机械20台、沙砾料450立方米、麻袋800条、汽油15吨、铁锨380把，并组织成立300人的抗洪抢险队伍，力争有险无灾。

2009年，科学合理调配水资源，强化汛期安全巡查，采取可行的应对措施，确保各项工作落到实处。同时，争取县财政支持，开工建设县城及察和特防洪工程。

2012年，春季重点抓好防汛工作，各水库从3月18日开始小流量科学泄洪，共泄洪34天，泄洪745.58万立方米，水库安全蓄水2 000万立方米，既保证下游农田的供水，又完成春季防洪、蓄水工作。全年出动防汛车辆35辆次，防汛抢险人员106人次，投入春季防洪及渠道维修资金1 265.97万元，其中防洪投入70.27万元、渠道维修195.71万元。储备麻袋4 500条、编织袋10万条，全部按计划发放到各乡(镇)场。

2015年，根据地区防洪办要求，修订和完善防汛预案、防御山洪灾害预案。根据人员变动情况，及时调整和明确防汛抗旱组织机构，下发和公布重点水利工程行政责任人、技术负责人和保坝负责人，实行领导带班制度，要求县乡领导和水利局领导24小时电话开机，确保通信畅通。同时，加强与水文，特别是气象部门的信息沟通，确保防汛责任落实到位。全县组建防汛抗旱应急分队3个，共24人，储备防汛物资20万元。受气候影响，全县及时启用抗旱机电井32眼，提取水量368万立方米，有效缓解旱情，保障农民灌溉用水。供水中期，全县两条农业供水主干渠因洪水灾害受到不同程度损毁，共投入资金50余万元，经抢修，保证灌区农业生产正常灌溉。县水管总站积极与额河管理处及克拉玛依供水公司协调，补充抗旱水源800万立方米，有效缓解查和特乡灌区旱情。

# 第十一编

# 农牧机械

1993年，全县拥有农业机械总动力14 690千瓦，各种农业机械626台（辆）。其中，大中型拖拉机165台，小型拖拉机388台，排灌机32台，农用载重汽车38辆，联合收割机3台。农业机械化综合水平为79%，牧业机械化综合水平为7%。

2006年起，和布克赛尔县开始实施国家农机购置补贴政策。至2015年，共实施国家农机购置补贴资金2 847万元，累计受益农机户1 241户，农牧民购置农机具2 117台（架），大大促进了全县农牧业生产的机械化进程。

2015年，农机总动力达到51 401千瓦，拥有各类拖拉机1 461台、农机具3 710台架。机耕作业水平100%，机播作业水平99%，机收作业水平88%。农业机械化综合水平达95%，牧业机械化综合水平达48%。

# 第一章　机构队伍

## 第一节　行政机构

1993年，和布克赛尔县农牧机械管理局（简称“县农机局”）定编3名。2000年，县农机局有干部职工6人。2009年，县农机局新设农机市场监管科，全局有干部职工9人。2010年，县农机局有干部职工8人。2015年，县农机局有干部职工7人。

## 第二节　事业机构

### 一、县农机安全监理站

1986年成立。1993年，有干部职工7人。1999年，经编委批准，农机安全监理站机构性质为参照公务员管理的事业单位。2015年，有职工27人。

### 二、县农牧业机械化技术学校（农机技术推广站）

1993年，有教职工6人。2005年，县农机技术推广站成立，与县农牧业机械化技术学校合署办公，两块牌子、一套人马。2015年，有教职工11人，其中教师8人（中级职称3人）。

### 三、6个乡级农机管理服务站

1989年成立。1993年，有职工23人。2015年，有职工34人。

## 第三节　农机企业

### 一、和布克赛尔县农机供应公司

1981年，从县物资局分离出来而成立，负责经营大中小型农牧机具、配套机械和农牧机具零部件等业务。1993年，有员工6人。2009年，因市场体制改革，农机经营公司破产。

### 二、和布克赛尔县森硕商贸有限公司

2012年8月成立，注册资金100万元，有员工8人，至2015年未变。主要从事拖拉机整机和零配件销售经营。

### 三、和布克赛尔县明诚机械设备有限公司

2013年3月成立，注册资金50万元，有员工5人，至2015年未变。主要从事拖拉机整机和零配件销售经营。

# 第二章　机械拥有量

## 第一节　农用机械

1993年，全县拥有农业机械总动力14 690千瓦，各种农业机械626台(辆)。其中，大中型拖拉机165台，小型拖拉机388台，排灌机32台，农用载重汽车38辆，联合收割机3台。

1997年，全县拥有农业机械总动力10 177千瓦，各种农业机械636台。其中，大中型拖拉机125台，小型拖拉机400台，排灌机41台，农用水泵38台，农产品加工机34台。

2004年，全县拥有农业机械总动力22 203千瓦。各种农业机械1 319台(部)。其中，大中型拖拉机194台，小型拖拉机724台，大中型配套农具94部，小型配套农具115部，机引犁45台，机引耙80台，播种机67台。

2010年，全县农业机械总动力34 600千瓦。各类在册农业机械1 253台。其中，大中型拖拉机495台，小型拖拉机758台，配套农机具685台(架)。

2012年，全县农业机械总动力42 051千瓦。在册各类农业机械1 349台。其中，大中型拖拉机580台，小型拖拉机769台，配套农机具760台(架)。

2015年，全县农业机械总动力51 401千瓦。各类在册农业机械1 461台。其中，大中型拖拉机768台，小型拖拉机693台，配套农机具975台(架)。

## 第二节　牧业机械

1993年，全县拥有畜牧业机械104台。其中，各式割草机58台，畜力搂草机20台，饲草饲料粉碎机5台，剪毛机4台，羊毛打包机16台，机动挤奶器1台。

1997年，全县拥有畜牧业机械134台。其中，各式割草机73台，畜力搂草机10台，饲草饲料粉碎机15台，剪毛机12台，羊毛打包机20台，机动挤奶器4台。

2004年，全县拥有畜牧业机械165台。其中，牧草收割机70台，饲料粉碎机55台，牧草搂草机15台，铡草机25台。

2010年，全县拥有畜牧业机械328台。其中，牧草收割机93台，饲料粉碎机70台，牧草收获（搂草、捆运、加工）机械、青（黄）贮收获、饲料加工、饲喂机械等165台。

2015年，全县拥有畜牧业机械465台。其中，牧草收割机102台，饲料粉碎机93台，牧草收获（搂草、捆运、加工）机械、青（黄）贮收获、饲料加工、饲喂机械等250台。

**1993—2015年和布克赛尔县农牧机械拥有量情况表**

表11－1　　单位：动力：千瓦；机械：台（套）

| 年份（表） | 农业机械总动力 | 主要农业机械与设备 | | | | | | | | | |
|---|---|---|---|---|---|---|---|---|---|---|---|
| | | 大中型拖拉机 | 小型拖拉机 | 大中型机引农具 | 小型机引农具 | 农用排灌柴油机 | 农用排灌电动机 | 节水灌溉机械 | 联合收割机 | 农用运输车 | 各种牧用机械 |
| 1993 | 14 690 | 165 | 388 | 16 | 56 | 32 | 21 | — | 3 | 38 | 104 |
| 1994 | 14 985 | 159 | 399 | 24 | 52 | 45 | 40 | — | 3 | 43 | 113 |
| 1995 | 16 978 | 149 | 422 | 35 | 60 | 31 | 36 | — | 3 | 44 | 95 |
| 1996 | 11 991 | 123 | 377 | 46 | 64 | 26 | 26 | — | 3 | 28 | 88 |
| 1997 | 10 177 | 125 | 400 | 57 | 72 | 41 | 38 | — | 2 | 75 | 75 |
| 1998 | 11 195 | 131 | 489 | 65 | 80 | 26 | 30 | — | 2 | 89 | 80 |
| 1999 | 12 538 | 128 | 495 | 76 | 83 | 23 | 30 | — | 2 | 106 | 72 |
| 2000 | 14 544 | 120 | 548 | 80 | 76 | 31 | 28 | — | 2 | 135 | 78 |
| 2001 | 16 434 | 123 | 576 | 78 | 92 | 34 | 35 | — | 4 | 178 | 73 |
| 2002 | 18 400 | 153 | 630 | 108 | 105 | 30 | 31 | — | 4 | 214 | 69 |
| 2003 | 20 420 | 178 | 685 | 114 | 116 | 35 | 36 | — | 4 | 236 | 76 |
| 2004 | 22 203 | 194 | 724 | 125 | 127 | 27 | 28 | 13 | 4 | 247 | 70 |
| 2005 | 23 909 | 235 | 740 | 102 | 118 | 23 | 34 | 27 | 2 | 275 | 85 |
| 2006 | 24 721 | 256 | 762 | 115 | 120 | 24 | 33 | 32 | 2 | 331 | 106 |
| 2007 | 28 175 | 365 | 832 | 210 | 197 | 28 | 37 | 38 | 2 | 331 | 127 |
| 2008 | 31 083 | 465 | 761 | 429 | 104 | 10 | 32 | 42 | 2 | 331 | 156 |
| 2009 | 33 335 | 547 | 747 | 122 | 80 | 14 | 38 | 52 | 1 | — | 184 |
| 2010 | 33 502 | 552 | 701 | 258 | 80 | 18 | 54 | 72 | 4 | — | 201 |
| 2011 | 37 138 | 651 | 635 | 411 | 149 | 18 | 54 | 75 | 4 | — | 226 |
| 2012 | 42 051 | 797 | 603 | 826 | 281 | 28 | 54 | 75 | 5 | — | 234 |
| 2013 | 46 670 | 780 | 615 | 856 | 175 | 30 | 45 | 86 | 7 | — | 257 |
| 2014 | 49 936 | 773 | 664 | 972 | 143 | 30 | 43 | 98 | 9 | — | 284 |
| 2015 | 51 401 | 768 | 693 | 950 | 128 | 27 | 38 | 103 | 10 | — | 296 |

# 第三章　农机推广与服务

## 第一节　新农机具引进推广

和布克赛尔县立足农业发展需求，按照“典型引路、示范带动、逐步实施、全面推进”的发展思路，积极引进推广新农机具。

1998年，和布克赛尔县正式开始新型农机具的引进推广工作，主要以推广打草机、剪毛机、大中型拖拉机为主。至2000年，引进推广各类型农机具560台(架)。

2001—2010年，随着和布克赛尔县棉花种植的大面积推广，北部乡场实施退耕还林、退耕还牧，全县积极推广棉花点播机、大型动力机械、牧场搂草机、打捆机等新型机械478台(架)。

2011—2015年，借助国家不断加大对农机购置补贴力度的有利时机，重点开展对采棉机、玉米收获机械化技术及农机深松机具的推广，累计推广采棉机6台、深松机4台、玉米收获机7台；推广先进的牧草收获(割草、搂草、捆运、加工)机械、青(黄)贮收获、饲料加工、饲喂机械等250台。农机化新技术新机具的大面积推广和应用，推进全县新农村建设进程。

## 第二节　农机购置补贴

2006年，和布克赛尔县开始实施国家农机购置补贴政策，按照"阳光、公正、公开、公平"的原则，以"调结构、促发展"为工作目标，严格操作，精心实施。至2015年，共实施国家农机购置补贴资金3 075万元，累计受益农机户1 081户(次)，农牧民购置农机具1 822台(架)，带动农牧民投入消费9 425万元。

**2006—2015年和布克赛尔县农机购置补贴情况表**

表11－2

| 年份(年) | 购机农牧民(户) | 购置农机具台(架、套) | 国家补贴(万元) | 农牧民消费(万元) |
|---|---|---|---|---|
| 2006 | 15 | 27 | 30 | 172 |
| 2007 | 21 | 46 | 40 | 213 |
| 2008 | 32 | 70 | 70 | 215 |
| 2009 | 42 | 86 | 115 | 264 |
| 2010 | 47 | 103 | 200 | 334 |
| 2011 | 240 | 381 | 650 | 1 713 |
| 2012 | 277 | 489 | 450 | 1 823 |
| 2013 | 140 | 197 | 350 | 740 |
| 2014 | 154 | 294 | 500 | 2 388 |
| 2015 | 113 | 129 | 670 | 1 563 |

## 第三节　农机服务

1993—2000年，农机服务工作以农机维护保养及故障排除为主，宣传讲解农机具检修、维护、保养的重要性，以联合收割机、拖拉机及配套机具为重点，指导帮助农机手对机具状况进行普遍的检查、维修和保养。组织农机技术人员对农机具进行一次普遍检查、维修、保养，提高农机具的技术状态，提升机具完好率，为优质、高效、低耗、安全开展春季农机生产作业奠定基础。共检修各类农业机械2 700台(次)。

2001—2010年，发放各类宣传资料8 000余份，接受农牧民技术咨询15次300人(次)，开展农机执法检查36次，检查各类农机产品750台(次)，受理农机投诉案件7起。检修各类农业机械6 300台(次)。

2011—2015年，加强农牧机械的试验、示范、引进、推广工作，开展农机作业质量、农机销售、农机维修三大市场调查，进一步提高农机服务水平。其间，2013年夏，孜盖乡成立利群农机服务专业合作社，是和布克赛尔县首家为农业机械化生产提供服务的专业合作社。合作社注册资金50万元，拥有大中型拖拉机23台、各类农机具48台，由17户农机经营户共同登记注册成立。该农机服务专业合作社的成立，标志和布克赛尔县的农机服务业开始向优质、高效的方式转变。

### 第四节　农业机械化水平

1993年，农作物机耕面积8 085公顷，占作物总面积的98%；机播面积8 000公顷，占作物总面积的97%；粮食机收面积3 465公顷，占机收总面积的42%。农业机械化综合水平为79%。牧业机械化综合水平为7%。

2000年，农作物机耕面积1.2万公顷，占作物总面积的100%；机播面积11 520公顷，占作物总面积的96%；粮食机收面积6 000公顷，占机收总面积的50%。农业机械化综合水平为82%。牧业机械化综合水平为18%。

2012年，农作物机耕面积1.2 万公顷，机耕作业水平100%；机播面积11 880公顷，机播作业水平99%；机收面积4 560公顷，机收作业水平38%。农业机械化综合水平达79%。牧业机械化综合水平达32%。

2015年，农作物机耕面积1.2万公顷，机耕作业水平100%，机播面积11 880公顷，机播作业水平99%，机收面积10 560公顷，机收作业水平88%，农业机械化综合水平达95%。牧业机械化综合水平达48%。

## 第四章　农机管理

### 第一节　农机市场管理

2009年，县农机局农机市场监管科成立后，负责全县农机市场执法检查，农机作业质量监督管理，受理、调解、处理农机产品和作业质量投诉，对农机补贴机具的质量进行跟踪调查，按照"服务基层到位、服务群众到位、工作落实到位"的工作要求，在春耕、"三夏"等关键农忙季节，依法进行农机市场管理。至2015年，每年开展农机市场执法检查活动4次以上，对全县14家从事农机销售的企业和营业网点进行专项检查，杜绝假冒伪劣农机产品进入和布克赛尔县农机市场，净化农机市场销售环境。年均受理农机投诉案件2起以上，合理地进行调解处理，保障农民们和农机手的合法权益。

### 第二节　安全监理

1993—2000年，县农机安全监理站重点整治无牌行驶、无证驾驶、违章超载、违章载人等行为，特别是对载客拉人较多的路段，采取坚决果断的措施，加以制止，执法检查5 000台（次）以上，排查一般隐患1 400起，整改1 380起，整改率98.5%。对驾驶员进行安全教育，确保不发生农机重特大事故，同时还加强宣传教育，提高农机驾驶操作人员的防范意识和安全生产的自觉性，完善农机安全管理的规章制度，农机重特大事故应急处理预案等工作，通过各种制度的建立和完善，形成规范的农机管理工作的长效机制，保证农机化安全工作健康有序发展。

2001—2010年，农机监理部门坚持“安全第一、预防为主、综合治理”的工作方针，牢固树立以人为本、安全发展、依法监督的农机安全生产理念，切实落实农机安全生产责任制，加强农机安全执法检查、农机安全宣传教育、农机专项整治，从拖拉机及驾驶员登记、检审验、培训、考证等源头上把好关口，切实抓好各个农业生产时期、安全生产宣传月活动、法定节假日期间的农机执法检查和宣传教育，确保农机安全生产。田间路查车辆1.2万台次，排查隐患1 370起。全县先后创建4个“平安农机示范乡”、13个“平安农机示范村”、185个“平安农机示范户”。其间，2008年，和布克赛尔县成功创建为“自治区级平安农机示范县”。

2011—2015年，县农机监理站树立安全发展理念，注重预防、加强监管、落实责任，贯彻落实自治区、地区及和布克赛尔县有关安全生产工作会议和文件精神，紧紧围绕“降事故、保安全、促畅通”的工作目标，狠抓农机安全生产各项措施的落实，积极部署农机安全生产工作，创新工作思路，强化农机市场安全监管，有效防范和遏制重特大农机事故的发生。依托县、乡（镇）、村三级农村道路交通安全组织体系，开展各项农机安全生产专项整治和农机安全事故隐患排查等活动，针对农机“黑车非驾”、违章载人、酒后驾驶等违法行为进行专项治理。年均执法检查3 000台（次）以上，纠正处理违章200台（次）以上，遏止农机重特大安全事故的发生，保障人民生命和财产的安全。

## 第三节　农机手培训

县农牧业机械化技术学校负责组织全县机手、驾驶员、农机技术人员的培训和复训工作。农机培训从理论教学、实操训练等各方面从严管理，利用电子示教板、教学挂图及课件的形势为农机学员讲解农用机械驾驶基础知识、安全操作规程、农用机械构造及原理、农机具构造、农机故障排除及相关交通、农机法律法规等相关知识。实地进行农用机器车辆移库、道路驾驶、挂接农具实操，让学员们达到熟练、独立、安全操作的能力，培训大批农机驾驶操作人员，为和布克赛尔县新农村建设和农牧业发展提供人才保障。

1993—2000年，开展农机驾驶员新训762人。

2001—2010年，开展农机驾驶员新训年均130人；开展农机手复训年均518人；开展农牧民阳光工程培训年均93人；开展职业技能鉴定培训年均140人。

2011—2015年，开展农机驾驶员新训年均93人；开展农机手复训年均1 012人；开展农牧民阳光工程培训年均50人；开展职业技能鉴定培训年均349人；开展农牧民财政扶贫培训年均65人。

# 第十二编

# 扶贫与综合开发

1993年,成立县农业综合开发办公室,按照"统一规划,分步实施、先易后难、梯次推进"的开发方式,坚持以项目为载体,加强农业基础设施建设。1995—2015年,全县共实施农业综合开发项目32个,累计完成资金12 788.35万元,全部验收合格。

1994年,成立县扶贫开发办公室,并先后编制了县前期扶贫规划、"十一五"扶贫规划和"十二五"扶贫规划。1994—2015年,全县投入扶贫资金27 429.16万元,实施扶贫项目310个。通过项目实施,至2015年全县总共实现2 270户9 220人贫困人口脱贫。

# 第一章　机构队伍

## 第一节　县农业综合开发办公室

1991年,组建和布克赛尔县草原开发建设工程指挥部办公室。

1993年6月,临时成立县农业综合开发指挥部及其办事机构县农业综合开发办公室,工作人员从县水电局、自来水公司、草原站等单位抽调,人员工资和编制保留在原单位。

1995年10月,正式成立县农业综合开发办公室(简称"县农综办"),配备行政编制2名,事业编制4名,全额预算管理,工作人员由原县草原开发建设工程指挥部办公室中调配,其编制、工资同步进入县农业综合开发办公室。

2006年12月,县农业综合开发办公室被列为参照公务员管理的事业单位,在职干部5人,至2015年未变。

## 第二节　县扶贫开发办公室

### 一、行政机构

1994年,和布克赛尔县扶贫开发办公室(简称"县扶贫办")成立,内设扶贫综合办、项目办,有干部职工2人。

2000年,县扶贫办内设扶贫综合办、项目办,有干部职工5人。

2010年,县扶贫办内设办公室、综合办、项目办、和布克赛尔县北部山区贫困农牧民易地扶贫搬迁领导小组办公室,有干部职工9人。

2015年,县扶贫办内设办公室、项目股、培训股、综合股,有干部职工12人。

### 二、基层组织

1998年,全县11个乡镇场成立扶贫开发领导小组,由各乡镇场党、政一把手任组长、副组长;各乡镇场设立扶贫办公室,配备扶贫专干1~2名。各扶贫重点村也成立村级扶贫工作领导小组,小组成员由村干部组成,并有1名村干部专门负责本村的扶贫工作。

2012年，查和特乡成立后也设立相应的乡、村扶贫工作领导小组。2015年，全县基层扶贫组织未变。

# 第二章　农业综合开发

## 第一节　项目建设

和布克赛尔县按照国家农业综合开发不同时期的政策要求，坚持政府主导与市场机制有机结合，形成"国家引导、配套投入、民办公助、滚动开发"的投入机制和组织形式。县农业综合开发办公室根据实际情况，因地制宜，按照"统一规划，分步实施、先易后难、梯次推进"的开发方式，坚持以项目为载体，加强农业基础设施建设。

1995—2000年，和布克赛尔县实施农业综合开发项目10个，其中草场建设项目7个共2 867公顷，中低产田改造项目3个共1 200公顷。累计完成防护林网700公顷，防渗渠86千米，机耕路47.5千米，草场围栏41千米，机井30眼，水库加固1座，建筑物49座，农电线路及配套30千米，平整土地607公顷，牧民定居150户，建标准化棚圈10个，完善冷配站1个，购置农牧业机械34台，技术培训1 700人次。累计完成资金1 918.75万元，其中中央财政资金613万元（有偿资金163.6万元）、自治区配套资金102.1万元、地区配套资金15.6万元、县财政配套资金58.2万元、农牧民自筹1 129.85万元。

2001—2005年，实施农业综合开发项目6个，其中农业生态工程项目1个667公顷，一般产业化经营项目1个，中低产田改造项目4个共2 667公顷。累计完成防护林网60公顷，防渗渠83.4千米，机耕路32千米，机井5眼，渠系建筑物312座，农电线路及配套5千米，改良土壤1 667公顷，购置仪器设备27台，购置农用动力机械4台，技术培训4 200人次，新建一般产业化项目1个，其中生产厂房800平方米，购置生产设备2台。累计完成资金2 259万元，其中中央财政资金1 030.98 万元（有偿资金153.45万元）、自治区配套资金321.9万元、地区配套资金44.4万元、县财政配套资金93.82万元、农牧民自筹767.9万元。

2006—2010年，实施农业综合开发项目5个，其中中低产田改造项目4个共2 667公顷，生态综合治理项目1个667公顷。累计完成微灌1 800公顷，机电井20眼，防渗渠道18千米，渠系建筑物197座，机耕路53千米，输变电线路及配套27.7千米，农田防护林100公顷，改良土壤2 067公顷，示范推广1 733公顷，草场改良400公顷，购置仪器设备23台，铁丝网围栏11.5千米，技术培训5 500人次。累计完成资金2 495.5万元，其中中央财政资金1 392万元、自治区配套资金371.42万元、地区配套资金45.92万元、县财政配套资金139.36万元、农牧民自筹546.8万元。

2011—2015年，实施农业综合开发项目11个，其中中低产田改造项目3个共1 733公顷，生态综合治理项目2个共1 333公顷，产业化经营项目3个，部门项目1个，其他项目3个。累计完成微灌2 633公顷，机电井10眼，防渗渠道7.33千米，渠系建筑物35座，机耕路40.37千米，输变电线路及配套19.29千米，农田防护林60公顷，改良土壤1 200公顷，示范推广122公顷，草场改良460公顷，购置仪器设备2台，技术培训3 054人次，种植生态林393公顷，平整土壤139公顷，草场围栏6千米，硬化晒场7 000平方米，土建工程5 550平方米，购置仪器设备19台（套），购置铲车1辆，购置受体牛50头。累计完成资金6 115.1万元，其中中央财政资金3 713.8万元、自治区配套资金1 188.32万元、地区配套资金148.55万元、县财政配套资金148.55万元、农牧民自筹资金915.88万元。

**1995—2015年和布克赛尔县农业综合开发项目建设情况表**

表12－1

| 年份(年) | 项目名称 | 投入资金(万元) | | | | | |
|---|---|---|---|---|---|---|---|
| | | 合计 | 中央财政资金 | 地方配套资金 | | | 农牧民自筹资金 |
| | | | | 自治区配套资金 | 地区配套资金 | 县财政配套资金 | |
| 1995—1996 | 1.第三期铁布肯乌散乡人工草场 | 220 | 132.5(有偿资金3.1) | — | — | 27 | 60.5 |
| | 2.第三期查干库勒乡人工草场 | | | — | — | | |
| | 3.第三期那仁和布克人工草场 | | | — | — | | |
| | 4.第三期那仁和布克改良草场 | | | — | — | | |
| 1997 | 1.夏孜盖中低产田改造 | 172.5 | 12.5(其中有偿资金5) | — | — | — | 160 |
| | 2.布斯屯格牧场人工草场 | 103 | 23.5(其中有偿资金9.5) | — | — | — | 79.5 |
| 1998 | 1.夏孜盖中低产田改造 | 145 | 34.4(其中有偿资金14.2) | — | — | — | 110.6 |
| | 2.布斯屯格牧场人工草场 | 262.75 | 61.1(其中有偿资金25.2) | — | — | — | 201.65 |
| 1999 | 察和特开发区开垦宜农荒地333公顷、人工草场333公顷 | 325.5 | 154(其中有偿资金61.6) | — | — | — | 171.5 |
| 2000 | 1.和什镇中低产田改造项目 | 250 | 75(其中有偿资金17.3) | 39.3 | 6 | 12 | 117.7 |
| | 2.乌图布拉格牧场人工草场 | 440 | 120(其中有偿资金27.7) | 62.8 | 9.6 | 19.2 | 228.4 |
| 2001 | 莫特格乡中低产田改造项目 | 300 | 130(其中有偿资金19.5) | 63.7 | 9.1 | 18.2 | 79 |
| 2002 | 和什镇中低产田改造项目 | 330.02 | 143(其中有偿资金21.45) | 70 | 10.1 | 20.02 | 86.9 |
| 2003 | 和什镇农业生态工程项目 | 400 | 150 | 54 | 8 | 16 | 172 |
| 2004 | 夏孜盖乡中低产田改造项目 | 440 | 200 | 64 | 4 | 12 | 160 |
| 2005 | 1.和什镇中低产田改造项目 | 440 | 210 | 67.2 | 4.2 | 12.6 | 146 |
| | 2.和布克赛尔华丰种子加工项目 | 349 | 198(其中有偿资金112.5) | 3 | 9 | 15 | 124 |
| 2006 | 夏孜盖乡中低产田改造项目 | 440 | 250 | 6 | 5 | 89 | 90 |
| 2007 | 度察和特开发区中低产田改造项目 | 424.8 | 236 | 75.52 | 4.72 | 14.16 | 94.4 |
| 2008 | 度伊克乌图布拉格牧场中低产田改造项目 | 403.2 | 280 | 89.6 | 11.2 | 11.2 | 112 |
| 2009 | 和什镇中低产田改造项目 | 604.7 | 336 | 107.5 | 13.4 | 13.4 | 134.4 |
| 2010 | 莫特格乡生态综合治理项目 | 540.4 | 290 | 92.8 | 11.6 | 11.6 | 134.4 |

续表12－1

<table>
<tr><th rowspan="3">年份（年）</th><th rowspan="3">项目名称</th><th colspan="6">投入资金（万元）</th></tr>
<tr><th rowspan="2">合计</th><th rowspan="2">中央财政资金</th><th colspan="3">地方配套资金</th><th rowspan="2">农牧民自筹资金</th></tr>
<tr><th>自治区配套资金</th><th>地区配套资金</th><th>县财政配套资金</th></tr>
<tr><td>2011</td><td>夏孜盖乡中低产田改造项目</td><td>732</td><td>488</td><td>156.16</td><td>19.52</td><td>19.52</td><td>48.8</td></tr>
<tr><td rowspan="2">2012</td><td>1.莫特格乡生态综合治理项目</td><td>570</td><td>380</td><td>121.6</td><td>15.2</td><td>15.2</td><td>38</td></tr>
<tr><td>2.察和特开发区中低产田改造项目</td><td>989.9</td><td>660</td><td>211.1</td><td>26.4</td><td>26.4</td><td>66</td></tr>
<tr><td rowspan="2">2013</td><td>1.察和特开发区中低产田改造项目</td><td>871.2</td><td>580.8</td><td>185.86</td><td>23.23</td><td>23.23</td><td>58.08</td></tr>
<tr><td>2.县存栏300头优良褐牛养殖场扩建项目</td><td>284</td><td>80</td><td>25.6</td><td>3.2</td><td>3.2</td><td>172</td></tr>
<tr><td rowspan="4">2014</td><td>1.查和特乡333公顷高标准农田项目</td><td>675</td><td>450</td><td>144</td><td>18</td><td>18</td><td>45</td></tr>
<tr><td>2.查干库勒乡667公顷土地沙化治理项目</td><td>600</td><td>400</td><td>128</td><td>16</td><td>16</td><td>40</td></tr>
<tr><td>3.县1.5万件驼绒系列产品加工扩建项目</td><td>280</td><td>60</td><td>19.2</td><td>2.4</td><td>2.4</td><td>196</td></tr>
<tr><td>4.县开德克专业合作社牛羊养殖基地扩建项目</td><td>198</td><td>70</td><td>22.4</td><td>2.8</td><td>2.8</td><td>100</td></tr>
<tr><td rowspan="2">2015</td><td>1.查和特乡333公顷高标准农田项目</td><td>675</td><td>450</td><td>144</td><td>18</td><td>18</td><td>45</td></tr>
<tr><td>2.县储500头优质肉牛及加工新建项目</td><td>240</td><td>95</td><td>30.4</td><td>3.8</td><td>3.8</td><td>107</td></tr>
</table>

## 第二节 项目管理

1993年，和布克赛尔县临时成立县农业综合开发办公室，同时成立以县委书记为组长，主管副书记、副县长为副组长，各相关单位参加的农业综合开发领导小组，在项目区成立由乡、场领导担任组长、分管科技的副乡长为副组长的农业综合开发领导小组，形成一级抓一级、层层抓落实的运行机制，使项目实施单位在领导小组统一部署、统一要求、统一质量高标准下，有序开展工作，做到每个环节有人抓、有人管、有人督促检查，规范项目管理。

1995—2000年，和布克赛尔县编写《第三期铁布肯乌散乡人工草场实施方案》《第三期那仁和布克改良草场实施方案》《夏孜盖乡中低产田改造项目实施方案》《和什镇中低产田改造项目实施方案》《乌图布拉格牧场人工草场实施方案》及相应的《可行性研究报告》和《项目年度计划》各11套，举行招投标11次，进行项目县级验收5次，接受地区级项目竣工验收5次，验收结果为合格。

2001—2005年，编写《莫特格乡中低产田改造项目实施方案》《和什镇中低产田改造项目实施方案》《和什镇农业生态工程项目实施方案》《夏孜盖乡中低产田改造项目实施方案》《和布克赛尔县华丰种子加工项目实施方案》及相应的《可行性研究报告》和《项目年度计划》各6套，举行招投标5次，进行项目县级验收6次，接受地区级项目竣工验收5次。验收结果为合格。

2006—2010年，编写《夏孜盖乡中低产田改造项目实施方案》《察和特开发区中低产田改造项目实施方案》《伊克乌图布拉格牧场中低产田改造项目实施方案》《和什镇中低产田改造项目实施方案》《莫特格乡生态综合治理项目实施方案》及相应的《可行性研究报告》和《项目年度计划》各5套，同时编写《和布克赛尔县兴边富民农业综合开发“十一五”规划》，举行招投标5次，进行项目县级验收5次，接受地区级项目竣工验收5次，接受自治区级竣工项目抽验1次，验收结果为合格。

2011—2015年，编写《夏孜盖乡中低产田改造项目实施方案》《莫特格乡生态综合治理项目实施方案》《察和特开发区中低产田改造项目项目实施方案》《察和特开发区中低产田改造项目实施方案》《查和特乡高标准农田建设项目实施方案》《查干库勒乡土地沙化治理项目实施方案》《年存栏300头优良褐牛养殖场扩建项目实施方案》《年1.5万件驼绒系列产品加工扩建项目实施方案》《县开德克专业合作社牛羊养殖基地扩建项目实施方案》及相应的《可行性研究报告》和《项目年度计划》各11套，同时编写《2010—2020年和布克赛尔县农业综合开发高标准农业建设项目规划》《和布克赛尔县2013—2020年生态综合治理项目规划》《和布克赛尔县2016—2018年产业化经营财政补贴项目规划》，举行招投标7次，进行项目县级验收11次，接受地区级项目竣工验收5次，接受自治区级竣工项目抽验3次，验收结果为合格。

# 第三章　扶贫开发

## 第一节　规划编制

### 一、前期扶贫规划

2002年，和布克赛尔县按照中国农村扶贫开发纲要（2001—2010）和自治区五届八次全委（扩大）会议“到村入户”的部署要求，制定新阶段（2002—2010年）扶贫开发规划，完成3个重点乡、26个重点村的“十年村级扶贫开发规划”，规划项目104个4 602万元。规划分3轮进行，以2002年为基数第一年，2002—2004年为第一轮，2005—2007年为第二轮，2008—2010年为第三轮，包括畜牧业养殖、牧民定居，草场围栏、水利设施建设等共127个项目。全县确定3个扶贫开发工作重点乡，分别是铁布肯乌散乡、查干库勒乡和莫特格乡。第一轮9个村，分别是铁布肯乌散乡的乌兰布拉村、科克莫墩村、查干库勒乡的多兰特村、查干库勒乡的多兰木墩村、巴音傲瓦乡阿勒腾布拉克村、莫特格乡的夏尔古村和奎德克村、伊克乌图布拉格牧场的伊克乌图布拉村、那仁和布克牧场的库尔旦夏尔村。第二轮9个村，分别是铁布肯乌散的孟根拉格村、巴音温德尔村，查干库勒乡的江恩库克村，和什托洛盖镇的昆德伦村，夏孜盖乡的巴音托洛盖村，巴音傲瓦乡的克勒根特村，布斯屯格牧场的布斯屯格村，乌图布拉格牧场的巴嘎乌图布拉格村，伊克乌图布拉格牧场的阿合尔乌图布拉格村。第三轮8个村（670元以下特困人口208人，670～865元的低收入人口402人，人均收入1 148元），分别是铁布肯乌散乡的铁布肯乌散村，查干乡的哈布图哈夏尔村、伊克库热村，夏孜盖乡的查干恩格村，莫特格乡的哈尔萨拉村，布斯屯格牧场的布呼特恩呼都格村，巴嘎乌图布拉格牧场的加音塔拉村，那仁和布克牧场的布德恩江村。

### 二、“十一五”扶贫规划

2005—2006年，制订《和布克赛尔县“十一五”（2006—2010）扶贫开发规划》《和布克赛尔县“十一五”（2006—2010）易地搬迁扶贫开发》《和布克赛尔县“十一五”（2006—2010）社会扶贫规划》。《扶贫开发规划》的主要内容是：中北部乡场以畜牧业为经济发展重点、南部乡镇以工业兴县战略为先导，以发展优质特色农业经济作物为主、重点发展农区畜牧业和城郊畜牧业，低收入贫困人口人均收入年均递增12%以上；规划包括基本农田建设水利类项目10个、畜牧业建设人工草场类项目12个、人畜饮水防病改水类项目10个、搬迁定居类项目7个、科技文化类项目14个、农电改造类项目5个、扶贫培训类2个，共7类总投资2 038万元。按照整村推进"五通""五有""五能"的标准（"五通"即通水、通电、通路、通邮、通广播电视，"五有"即有学上、有医疗保障、有科技文化室、有集体经济收入、有强有力的村级领导班子，"五能"即能用上安全饮用水、能用上电、能有一项以上稳定收入来源的生产项目、能有经济适用房居住、能及时得到培训和获得信息），本着"申报一批、实施一批、储备一批"的工作原则，共规划贮备项目60个2 038万元，重点受益群体为全县26个贫困村，同时也兼顾非重点村的基础设施建设，使全县乡村各项基础设施建设同步完善。《社会扶贫规划》的主要内容是：围绕扶贫开发"整村推进、到村入户"的扶贫开发战略，规划编制定点帮扶单位45个，帮扶资金3 817.8万元，其中申请无偿资助1 500万元、引进扶贫资金2 317.8万元，包括人才支援、基础设施、现代农业、村庄规划建设、新型牧区建设、教育文化医卫建设等。

**三、"十二五"扶贫规划**

2010年，县扶贫办通过广泛调研、实地查看，按照实事求是、因地制宜、科学规划的要求，充分尊重贫困地区群众的真实意愿，围绕全县经济社会发展的总体目标，统筹安排，精心组织，顺利完成《和布克赛尔县边境地区扶贫开发试点工作规划（2011—2015）》《和布克赛尔县扶贫开发工作规划（2011—2015）》《和布克赛尔县扶贫开发整村推进工作规划（2011—2015）》《和布克赛尔县扶贫培训工作规划（2011—2015）》《和布克赛尔县扶贫开发易地搬迁工作规划（2011—2015）》《和布克赛尔县边境村扶贫开发工作规划（2011—2013）》6个规划编制工作。规划设计，按照自治区边境扶贫试点工作要求，针对不同贫困类型，采取不同的扶贫方式，"十二五"规划期间（2011—2015）使全县1 100户贫困人口越过低收入。规划建设总投资3 7661万元，资金主要来源于财政扶贫资金8 453万元，占总投资的22.4%；以工代赈资金7 065万元，占总投资的18.8%，行业部门资金8 865万元，占总投资的23.5%，对口帮扶资金942万元，占总投资的2.5%，其他资金12 336万元，占总投资的32.8%。规划设计项目共分为：基础设施、基本生活改善、生产发展、公益事业、生态环境及扶贫培训6大类，共98个项目。

2015年，做好规划评估，推进规划编制。在和布克赛尔县"十二五"农村扶贫开发规划评估及4个专项规划评估的基础上，根据评估经验、面临的问题，充分发挥各乡镇场、驻村工作队、行业部门和扶贫龙头企业的作用，完成"十三五"农村扶贫开发规划、整村推进扶贫开发规划、易地扶贫搬迁规划、边境扶贫规划等1个总体规划和7个专项规划的编制工作，并已送审。同时，将扶贫开发规划新政策、新要求、减贫任务、建设任务及规模，纳入自治县"十三五"经济社会总体规划重点内容。按照编制"十三五"扶贫开发各项规划要求，完成全县7个重点贫困村村级规划统计表的审核、汇总、编制等。

## 第二节　规划实施

**一、扶贫项目建设**

1992—2000年，上级审批下达和布克赛尔县各类扶贫资金9 277万元，其中财政扶贫资金1 644万元、扶贫贴息资金2 623万元、以工代赈资金5 010万元，所有项目都按计划完工并全部投入使用，资金足额拨付到位。

2001—2004年，上级共审批下达和布克赛尔县各类扶贫资金4 718.66万元，其中财政扶贫资金1 049万元、扶贫贴息贷款资金1 435万元、以工代赈资金2 129.06万元、其他资金105.6万元。资金投向全部在重点贫困村、户。共实施农田建设发展种植业2 840公顷，改良草场2 950公顷，购畜7 311头（只），新建苗圃22公顷，新修防渗渠8 084千米及配套设施4座，新修水库2座，建科技文化室1间，项目扶持农户7 205户30 648人。

2005—2006年，共投入财政扶贫资金587万元。实施人工草场项目4个、人畜饮水项目3个、水利项目4个、购畜项目1个、培训项目2个。项目扶持农户2 455户11 179人，其中受益贫困户1 446户6 843人。

2007—2008年，和布克赛尔县争取扶贫资金1 728万元，实施扶贫项目27个，其中基础设施建设项目20个、生产发展项目3个、培训项目2个、村级阵地建设项目1个、建档立卡项目1个。

2009—2010年，和布克赛尔县争取扶贫资金844万元，实施扶贫项目49个，其中基础设施建设项目20个、产业化扶贫项目12个、培训项目10个、搬迁定居项目2个、试点项目2个、基本生活改善项目1个、生产发展项目1个、扶贫建档立卡项目1个。

2011—2014年，自治区下达和布克赛尔县财政扶贫项目157个，下达扶贫资金8 718.5万元。和布克赛尔县充分发挥财政扶贫资金“黏合剂”作用，整合部门、行业、帮扶、援建资金2.1995亿元；定点帮扶资金136.11万元；发放扶贫贴息贷款1 000万元。至2014年年末，和布克赛尔县完成扶贫项目124个（基础设施建设类项目19个、培训项目17个、常规项目14个、边境扶贫试点项目12个、山区试点项目12个、增收产业类项目10个、新项目类10个、社会事业类项目9个、集中连片开发项目8个、安居富民项目6个、中央绩效考评奖励项目3个、扶贫项目贷款财政贴息2个、互助资金项目1个、项目管理费1个）。这些项目覆盖全县8个乡、16个村，受益贫困户2 663户9 931人。

2015年，和布克赛尔县投资4 447万元，实施财政专项扶贫资金项目61个。全年实现105户472人脱贫。此外，自治区2013—2015年共下达和布克赛尔县8个贫困村互助资金项目120万元，顺利运行。至2015年年末，入社社员153户，入社资金15.3万元，发放互助金110.5万元，促进各试点贫困村特色产业发展。统筹运用新一轮建档立卡数据成果，精准识别贫困户660户1 802人。

## 二、整村推进

2001年，国务院印发《中国农村扶贫开发纲要（2001—2010年）》后，新疆扶贫开发工作同全国一样进入为全面建设小康社会创造条件的新阶段，随后制定《新疆维吾尔自治区农村扶贫开发规划（2004—2010年）》，确定和布克赛尔县第一轮扶贫开发工作重点村9个。

2005年，按照自治区总体安排，和布克赛尔县将第一轮9个重点村整体推进，正式实施扶贫开发“整村推进”工作。这9个重点村分别是铁布肯乌散乡的乌兰布拉村、科克莫墩村，查干库勒乡的多兰特村、多兰木墩村，莫特格乡的夏尔古村、奎德克村，巴音傲瓦乡的阿勒腾布拉克村，伊克乌图布拉格牧场的伊克乌图布拉村，那仁和布克牧场的库尔旦夏尔村。围绕整村推进“五通”“五能”和“五有”的标准，集中财力、物力，保证第一轮重点村的资金、物资投入，解决贫困户最想解决的问题，培养贫困人口自我积累、自我发展的能力。至2006年，第一轮9个重点村基本实现通水、通电、通路、通电话和通广播电视；适龄儿童能就近上学、就近就医，村里有文化室、集体经济有转机，领导班子团结协作工作开展有力；85%的村民用上安全饮用水、农村用电正常、住上农村经济适用房、通讯便利,生产生活水平稳步上升。

2007年,和布克赛尔县按照整村推进的标准和要求,以缺项补项为原则,有4个重点村的基础设施建设等各项工作进展顺利,水、电、路、广播电视、通信、村容村貌、就学条件、医疗保障等达到验收标准。全县累计有11个重点村达到“五通”“五有”“五能”的标准,并通过自治区的验收。

2009年,全县累计有17个重点村达到“五通”“五有”“五能”的标准,并通过自治区的验收。

2012年,和布克赛尔县印发《关于调查2012年扶贫开发重点村整村推进绩效有关情况的通报》,按照自治区高位设计的“九通、九有、九能”(九通:通水、通电、通路、通电话、通广播电视、通信息、通暖气、通邮、通客运班车;九有:有办公议事场所和强有力的领导班子、有稳定增收的产业、有集体经济收入、有垃圾投放点、有文化室、有卫生室、有双语学前教育场所、有文化体育活动场所、有惠农超市;九能:能用上安全饮用水、能用上电、能用上暖气、能住上住房、能用上卫生厕所、能用上清洁能源、能享受学前教育、能享受基本社会保障、能得到培训和获得信息)整村推进验收的27项标准(贫困村基本指标18项、贫困户基本指标9项),集中“专人、物力、财力”开展查缺补漏工作。全年实施整村推进扶贫项目41个、投入资金0.74亿元,其中自治区财政扶贫资金1 718万元,整合县财政、交通、水利、文化、电力、环境保护等行业部门资金共0.72亿元,项目启动率、竣工率、资金拨付率、报账率均为100%。建成边境一线物资供应站1座、新建牧民安居房175套、新建防渗渠3 000米、建设暖圈80座、引进大小畜种630头(只)、特色养殖鸡苗1万只、特色种植867公顷、新建蔬菜大棚30座、建设绒山羊新品种科技培育基地1座;新建水库1座及配套下游输水管网建设,新建通村公路4 000米,牧道69千米,架设低压输变线路10千米,新建10千米草场铁丝围栏,新建文化站1所及村委会办公室装修加固,设立垃圾集中投入点6个,实施道路美化、净化工程。

2015年,强化边境扶贫,加快整村推进,整村推进村1个(2011—2013年,完成19个扶贫开发重点村整村推进;2014—2015年,完成7个重点村退出核查验收),实施扶贫项目8个1 000万元,扶持贫困户227户。继续推进实施“民转居”工程,新建牧民安居房95套,人工草料地66.67公顷,购置、安装暖气炉158套,安装太阳能照明设备191套,新建防渗渠5.6千米,产业化扶贫项目3个,牛227头、羊2 270只、马227匹。“九通、九有、九能”整村推进指标在更高水平上体现,农牧民享受到更高层次的人居环境和基础设施条件。

### 三、贫困劳动力转移培训

2002年,和布克赛尔县开始实施规模扶贫培训。县扶贫办同县畜牧局、农业局等单位在各乡镇场举办扶贫培训15期,培训项目3个,完成培训3 200人次。其中,特困人口700人,低收入人口2 100人,其他400人;取得绿色证书1 937人。邀请县相关部门有农牧业专长的技术人员分蒙、哈两种文字授课,主要讲授良种牛改良和优质草栽培。县扶贫办从新疆新华书店订购教材4 000本,价值约4万元;还从内蒙古新华书店订购适合农牧区使用的蒙语科技书573本、科教带100套,价值约2 000元。均免费向参培人员及11个乡镇场发放。全年转移贫困劳动力105人次,实现创收40万元。

2006年,组织培训6期,培训项目1个,参加培训7 300人,投入培训资金14.4万元。通过有组织和自发转移的贫困户剩余劳动力共1 259人。其中从事建筑业102人、餐饮业160人、家政服务业287人、采拾棉花710人,实现创收260.31万元。

2010年,县扶贫办争取到县财政扶贫培训资金25万元,举办培训12期,培训项目6个,完成培训3 320人次。全年转移贫困劳动力1 810人次，实现创收115万元。

2013年，举办扶贫培训8期，投入资金50万元。开设农机驾驶、摩托车维修、电焊工、膜下滴灌、畜牧养殖、家禽养殖、民族刺绣、“两后生”（指初、高中毕业未能继续升学的学生）培训等项目8个。完成训贫困劳动力2 696人次。全年转移贫困劳动力1 280人次，实现创收90.7万元。

2015年，举办培训15期，培训项目7个，资金40万元，完成培训1 362人。同时，依托和丰职业技术学校的职业教育优势，为贫困人口提供专业的职业技能培训。通过有针对性地开展培训，增强贫困户在发展生产、就业增收、劳务输出方面的能力，为实现就业与自主创收打下基础。年内4家扶贫龙头企业安排农户就业1 620人，其中安排贫困户就业900人。全年实现创收112万元。

**2002—2015年和布克赛尔县贫困劳动力转移培训情况表**

表12－2

| 年份（年） | 培训期数（期） | 培训项目（个） | 培训劳动力（人次） | 投入资金（万元） | 转移劳动力（人次） | 实现创收（万元） |
|---|---|---|---|---|---|---|
| 2002 | 15 | 3 | 3 200 | 10 | 105 | 40 |
| 2003 | 13 | 3 | 2 580 | 10 | 421 | 84 |
| 2004 | 8 | 3 | 1 950 | 10 | 256 | 53 |
| 2005 | 7 | 4 | 2 133 | 10 | 670 | 101 |
| 2006 | 8 | 6 | 7 300 | 14.4 | 1 259 | 260.31 |
| 2007 | 5 | 8 | 3 291 | 20 | 685 | 60.95 |
| 2008 | 7 | 6 | 3 048 | 24 | 1 170 | 70.2 |
| 2009 | 4 | 8 | 1 750 | 18 | 3 500 | 380 |
| 2010 | 8 | 6 | 3 320 | 25 | 1 810 | 115 |
| 2011 | 12 | 6 | 3 190 | 50 | 1 123 | 121 |
| 2012 | 12 | 8 | 2 030 | 50 | 1 300 | 101 |
| 2013 | 8 | 8 | 2 696 | 50 | 1 280 | 90.7 |
| 2014 | 7 | 7 | 1 815 | 37 | 1 030 | 91 |
| 2015 | 30 | 7 | 1 362 | 40 | 1 620 | 112 |

**四、贫困农牧民搬迁定居**

2007年，自治区将和布克赛尔县北部山区贫困牧民搬迁定居工作列为试点工程，并为该项工程专门成立协调小组。同年，和布克赛尔县成立以县委书记为组长、县人民政府县长为副组长、相关单位为成员的北部山区贫困牧民搬迁定居工作领导小组，下设办公室，由县扶贫办主任担任办公室主任。同时，各乡镇场也成立由党政主要领导任组长的搬迁工作领导小组。加强调查摸底工作，深入贫困乡村和贫困户家中，宣传和布克赛尔县搬迁定居优惠政策，帮助贫困户分析搬迁定居后的收入情况和搬迁定居后的生产生活前景，引导贫困户坚定搬迁定居信心，认真登记。对有意愿搬迁的各族贫困牧民的收入、生产资料等基本情况进行核实登记，加强审核。组织有关单位深入北部山区乡场对搬迁的贫困农牧民的身份进行严格的审核，将不符合搬迁条件的坚决予以调整更换，同时，建立搬迁户电子档案，做到县有薄、乡有册、村有卡。精心选址，高标准规划，搬迁定居主要以集中定居为主，充分利用南部察和特开发区20万公顷宜农荒地及光、热等自然资源，在搬迁定居过程中，坚持将搬迁定居与扶贫开发、社会主义新农村建设、抗震安居、牧民定居相结合，与新型工业化进程相结合，与小城镇建设相结合，选址由察和特申报，县扶贫办实地考察，再由相关部门研究讨论论证，报领导小组审批确定，完成《察和特农业综合开发区总体建设规划》《和布克赛尔县易地搬迁察和特农业综合开发区项目可行性报告》《和布克赛尔县易地搬迁工作实施方案》《和布克赛尔县易地搬迁工作联席会议制度》等规划、机制。至2010年年末，按照“搬得出，稳得住，能致富”的原则，累计投入资金1.6亿元，共搬迁贫困农牧民259户（含养殖小区128户），建设完成牧民定居房748套，安全饮水设施2座，自来水管道55千米，输变电路75千米，公路39千米，引水干渠3.5千米、支渠33千米，平整土地133公顷，节水灌溉1 533公顷，暖圈128座，学校1所等基础设施。

2011年9月27日，和布克赛尔县北部山区扶贫搬迁项目顺利通过自治区扶贫开发领导小组、自治区扶贫办的验收；同时，自治区扶贫办将试点工作统一定名为贫困山区农牧民扶贫搬迁工程，并决定从2012年起加大投入，继续扶持和布克赛尔县贫困山区农牧民搬迁工程。至2013年年末，累计整合资金3.47亿元建设搬迁定居安居房948套及学校、卫生院、社区服务综合楼、集贸市场等公共服务设施。累计投入财政扶贫资金902万元用于发放扶贫牛200头、生产母羊3 020只，庭院经济200户，种植林果900株，低质土整治667公顷，节水滴灌733公顷等项目。同时，通过“公司+基地+管委会+搬迁户”的模式，实现土地有序流转，提高土地利用效益，完成总播面积7 667公顷。实施扶贫龙头企业投入100万元扶贫基金用于搬迁农牧民济困，搬迁贫困户实现三项收入（保障性收入、工资性收入、动态性收入）稳增长。北部山区搬迁定居贫困农牧民人均纯收入达到5 725元，较搬迁前增加2 025元。

### 五、产业扶贫

2003年，和布克赛尔县开始实施产业扶贫。调整产业结构，使种植业结构更趋合理。农作物面积的落实充分尊重农牧民意愿，发展面向市场的生态农业、效益农业和特色农业。全县完成播种面积7 787公顷，比2002年增长23 %，其中粮食面积260公顷，比2002年下降18 %；棉花面积1 533公顷，比2002年增长0.8%；油料面积227公顷，比2002年增长5.8%；苜蓿面积3 287公顷，比2002年增长33.24%；其他面积2 480公顷。大力发展畜牧业，使成为农牧民增收的主要来源之一。重点完成2 667公顷退耕还草任务，建成稳固的饲草料基地。建立和完善畜牧业良种繁育体系，全县开设冷配点28座，完成2 541头黄牛冷配任务，年末牲畜存栏53万头（只），出栏27.4万头（只）。做好“小额信贷”扶贫资金发放工作，为425户贫困户发放小额信贷232万元，扶持其发展养殖业。

2005年，完成2 667公顷退耕还草任务，建成稳固的饲草料基地，为贫困人口发展适销对路的巴什拜羊、绒山羊等小畜奠定基础。南部农区畜牧业和城郊畜牧业以发展肉奶兼用的优质牛为主，以牛羊育肥和奶牛养殖为主，大力发展禽蛋、禽肉和特种养殖。建立和完善畜牧业良种繁育体系，年末牲畜存栏52万头（只）。农牧民人均纯收入3 252元。

2006—2010年，结合县域实际，培育特色支柱产业，建立和完善畜牧业良种繁育体系，以政策和宽松的环境，吸引外地资本进入和布克赛尔县农村养殖加工、种植各个领域。培育和引进各类企业42家，其中农畜加工企业7家（北部有4家畜牧产品加工企业、南部有3家棉花加工企业）。扶持特色养殖业，进一步优化农牧业产业结构，按照“龙头拉动，效益覆盖”的思路，培育和发展扶贫龙头企业，重点支持畜产品加工型、资源开发型、劳动力密集型企业，推动贫困地区农牧业产业化健康发展。全县扶持培育自治区级扶贫龙头企业2家，龙头企业经营涉及食品加工、有机农产品加工行业，逐步实现搬迁户由牧民向农民及产业工人身份的转变。

2013年，发挥扶贫贴息资金的“杠杆”作用，3家自治区级扶贫龙头企业扶持贫困户成效良好，通过企业用工、提供贷款担保、建立合作社等方式，扩大扶贫贴息贷款的发放、扶持范围，落实到户扶贫贴息贷款1 000万元，项目贷款资金投入（企业）4 050万元，支持1 587户贫困户，转移2 508人就业。推行“龙头企业+基地+搬迁户”经营方式，全县形成以骆驼、驴、牛、羊、家禽养殖、有机肉加工及制品、设施农业、刺绣、有机棉、甘草、农区畜牧业、庭院经济等产业，贫困村实现“1村1品”的产业格局。

2015年，实施财政扶贫项目22个资金1 556万元，整合以工代赈、少数民族发展资金、国有贫困林场资金1 250万元，其中常规项目6个资金491.5万元，边境扶贫试点项目8个资金1 000万元，到户扶贫贴息贷款项目1个资金24.5万元，扶贫培训项目7个资金40万元。自治区下达“访惠聚”项目5个资金250万元，与年度财政扶贫项目统一实施。至年末，入社社员153户，入社资金15.3万元，发放互助金110.5万元。借款用于购买生产发展牲畜、开设民族糕点店等，其中购买生产母牛8头、种公牛2头、生产母羊1 040只，发展民族糕点店1家。按照自治区扶贫办《关于开展扶贫龙头企业评估工作的通知》要求，完成年度龙头企业评估工作，4家龙头企业全部达标。年内4家扶贫龙头企业安排农户就业人数1 620人，其中安排贫困户就业900人，人均收入增加2 064元。

**六、社会扶贫**

2002年，和布克赛尔县开始实施社会扶贫。将定点扶贫工作纳入单位、个人年终考核中，一定三年，不脱贫不脱钩，责任落实到人到户，使每户特困户都有帮扶人、帮扶计划；依托县发展畜牧业的资源优势，积极多方筹措资金，部分干部在农牧民品种改良急需资金时，用工资卡抵押贷款的方式，解决农牧民急需资金；动员党员干部、富裕户和贫困户结对子，开展“一帮一”活动。自治区以教委为组织的两家对口帮扶单位，几次来和布克赛尔县扶贫调研，在各扶贫工作重点乡提出建议的基础上，在教育、基础设施等方面给予资助，仅资助学生就达107人；地区以畜牧局为组长单位的10多家单位对县扶贫开发工作积极献计献策，出资出物；县重点贫困乡铁布肯乌散乡的对口帮扶组长单位县人大，仅在春耕生产与春季开学之际，就为该乡贫困户、贫困学生捐资3万余元。

2005年，新疆油田分公司投资35万元、县配套22万元、农牧民自筹22万元，帮扶奎德格村新建22套抗震安居住房、帮扶10万元为学校建设210平方米的综合用房一套；在资金帮扶的同时，该公司还从物资上给予扶持，赠送微机、办公桌椅等，总价值10余万元。县委、县人民政府安排有一定实力的10个单位作为10个（县城镇除外）乡场镇的对口帮扶组长单位，组织协调平时各项工作；有45个单位定点帮扶26个村，有65个单位的285名副科级以上领导干部实行“一帮一”对口帮扶。全年共帮扶资金24.8万元、帮扶物资折合人民币1.68万元。

2009年，动员社会力量，形成帮扶合力。自治区、地区、和布克赛尔县三级150家单位（自治区6家、地区18家、和布克赛尔县126家）参与县社会帮扶工作，共为重点乡村投入物资和资金折合人民币513.9万元，其中自治区级帮扶单位投入资金498.4万元、地区级帮扶单位投入资金4.3万元、县帮扶单位投入资金11.2万元、资助贫困学生30人。

2011年，进一步对接自治区、地区单位及县级单位挂钩扶贫联系点，完善和布克赛尔县党员干部结对帮扶制度。共有10家自治区级单位、18家地区级单位、143家县级单位参加对口帮扶工作，三级帮扶单位累计为和布克赛尔县贫困乡村投入资金161.89万元。其中，自治区级帮扶单位投入资金94.32万元，地区级帮扶单位投入资金800元，“两节”期间，和布克赛尔县83家单位开展帮扶活动，投入资金167万元。

2013年，落实党政“一把手”负责制，实行36名县级领导联系重点村机制，自治区级和丰工业园入驻企业8家同步实施部门包村帮户工作，县级帮扶单位由163家增加到176家，全县484名科级以上领导干部采取“一帮一”的形式对贫困户进行扶贫，健全扶贫开发重点工作任务分解、督促检查、绩效管理和考评体系。各定点扶贫单位为和布克赛尔县贫困乡村投入资金530.59万元。将26个整村推进重点村列入《和布克赛尔县开展各级干部转变作风，服务群众活动实施方案》进行重点推进，自治区9个转服工作组、地区4个，与和布克赛尔县12个“联乡包村帮户”工作组混编成立联合转服组，深入工作一线实施驻村，共引进各类扶贫帮困项目32个，涉及资金1 154万元，实施项目25个，完成项目7个，2 200多户群众受益。双色港农业公司为定点帮扶的查干阿德尔村投入资金6万元建设培训活动中心1个。新疆康隆农业公司为和布克赛尔县北部牧区农牧民无偿提供5 000捆甘草饲料，为定点帮扶的库尔旦夏尔村、巴音温都尔村153公顷甘草产业提供技术、人员支持。

2015年，开展定点扶贫，动员社会参与。扎实开展联乡包村帮户工作，44个县级领导联系重点乡（村）帮带44家贫困户，63个“访惠聚”住村工作队，186家部门包联7个重点村和33个村新一轮建档立卡贫困户，403名科级干部帮扶403家贫困户，71家企业帮扶213户。加强与自治区、地区、和布克赛尔县三级帮扶单位联系沟通，为贫困乡村引资金、上项目。三级帮扶单位为和布克赛尔县贫困乡村投入374.21万元，开展村队调研171人次。其中，自治区帮扶单位投入45万元，地区帮扶单位投入290.61万元，和布克赛尔县帮扶单位投入38.6万元。县委、县人民政府高位推动全国“扶贫日”活动，制定扶贫日活动方案下发全县各单位，倡议社会各界积极参与，县委书记、县人民政府县长带头各捐款500元，全县各界各单位积极响应，干部职工踊跃参加。85个单位共捐款19.88万元，县扶贫办向全县干部发放短信、微信2 300余条。

### 七、精准扶贫

2013年11月，习近平到湖南湘西考察时首次作出“实事求是、因地制宜、分类指导、精准扶贫”的重要指示。同年12月28日，中共中央办公厅国务院办公厅印发《关于创新机制扎实推进农村扶贫开发工作的意见》的通知，强调要“建立精准扶贫工作机制”。

2015年12月22—29日，和布克赛尔县委根据中央关于“建立精准扶贫工作机制”要求，组织召开和布克赛尔县“十三五”项目编制规划会议。农村扶贫开发规划编制和完善是会议的重要内容，通过“部门间的横向、乡镇场的纵向”互动，完善和布克赛尔县脱贫攻坚年度计划和“十三五”农村扶贫开发规划。会前，县扶贫办根据县委的指示安排，运用2014年新一轮建档立卡数据成果，综合考虑有无安全住房、因病因残致病、家庭有无因贫辍学学生作为主要指标，进一步精准识别扶贫对象（包括贫困户、贫困村、贫困县）相关信息，识别贫困户660户1 802人，建档立卡贫困户结对帮扶率达100%，为“十三五”实施精准脱贫工作打下重要基础。

**2006—2015年和布克赛尔县各类扶贫资金总额情况表**

表12-3　　单位:万元

| 年份(年) | 合　计 | 其　中 | | |
|---|---|---|---|---|
| | | 扶贫资金 | 兴边富民资金 | 以工代赈资金 |
| 2006 | 588 | 443 | — | 145 |
| 2007 | 1 108 | 963 | 35 | 110 |
| 2008 | 1 365 | 765 | 300 | 300 |
| 2009 | 1 574 | 944 | 296 | 334 |
| 2010 | 2 428 | 1 738 | 390 | 300 |
| 2011 | 2 974 | 2 049 | 565 | 360 |
| 2012 | 3 717 | 2 403 | 800 | 514 |
| 2013 | 4 297 | 2 640 | 1 122 | 539 |
| 2014 | 4 030 | 2 306 | 1 213 | 511 |
| 2015 | 4 447 | 2 954 | 1 273 | 220 |

说明:1993—2005年,和布克赛尔县无固定扶贫资金

## 第三节　扶贫管理

### 一、项目管理

2002—2005年,和布克赛尔县举办由乡(镇、场)分管扶贫工作的领导、扶贫专干、重点村村主任、支部书记等参加的扶贫开发项目管理与档案管理培训班,使各级领导明确项目管理与档案管理的目的、意义及建立、补充、完善扶贫开发工作档案的程序、步骤、方法,懂得基本的工程管理常识,为乡村级监督实施扶贫开发项目培养知情人,培训共设计各类表格30多份,复印各类表格3 230份,为下一步扶贫档案、项目管理进入网络化管理做好基础性工作。县乡村三级成立以分管领导为组长的规划编制领导小组,配备人员,对26个扶贫开发工作重点村的基础设施情况进行摸底,掌握制定规划的第一手材料;举办"十一五"扶贫开发规划编制培训班,3个扶贫开发工作重点乡的分管领导、扶贫专干、26个重点村的村主任、支部书记共80余人参加培训,之后规划编制工作正式开始;针对规划编制过程中出现的问题,用以会代训的形式,对乡、场、村(队)人员进行指导,于2005年11月底完成全部规划。"十一五"规划分为基本农田水利类建设项目、畜牧业建设人工草场类项目、人畜饮水防病改水类项目、搬迁定居类项目、科技文化类项目、农电改造类项目、扶贫培训类项目七大类50个项目,总投资1.2亿元。

2006—2010年,开展"扶贫开发制度落实年"活动,强化扶贫项目管理。和布克赛尔县成立由县委书记任组长、县人民政府县长为副组长的扶贫开发工作领导小组,对扶贫开发工作进行监督指导,各乡镇场也建立相应的组织机构。根据群众意愿确定项目,严把立项和项目申报关,坚决杜绝人情项目,确保扶贫资金用在最需要的地方。严格按照项目计划实施,并按工程进度划拨项目资金,对项目实施的各个环节进行监理,

确保工程进度和质量。严格实行项目招标，扶贫项目在20万～50万元的实行县内招标，50万元以上的实行地区招标，并对竞标单位进行严格的资质审核。对在建项目进行联合监督检查。项目建设完毕，根据项目的性质，扶贫办会同县纪委监察局、财政局、审计局及相关行业部门会同实施地党委政府、村队进行联合检查验收。对所实施的项目、资金来源、资金投向、资金使用情况定期向群众公示，广泛接受群众监督。实施激励竞争机制，对扶贫工作积极主动，高质量完成扶贫工作任务的乡（镇）场、村（队）及个人，在和布克赛尔县"三级干部大会"上进行表彰奖励；对工作不力、不能完成扶贫工作任务的乡（镇）场、村（队），进行通报批评或进行处罚。

2011—2015年，和布克赛尔县制订完善《农村扶贫开发（2011—2020年）实施细则及任务分工》《边境地区扶贫开发试点"十二五"规划》《整村推进"十二五"规划》等7部相关规划。实现扶贫项目监督常态化、信息化、制度化管理，认真抓好扶贫项目的前、中、后期监管，实行项目公告公示制、竣工验收制、资金报账制和国库集中支付制度。"十二五"规划期间，筛选确定包括民生工程、产业工程、畅通工程、服务工程、保障工程共6大类372个项目3.9亿元，确保扶贫开发工作的有序推进。同时，抓好项目建设的管理，从项目申报、实施、竣工、验收等各个环节入手，逐个建立项目档案、项目受益户监测档案，全部分级存档、装订成册。树立扶贫项目标识牌1 100个，整村推进公示牌10个，贫困户和社会各界对扶贫工作的知晓率进一步提升。对扶贫项目实施"精细化"管理，对贫困户实施"精准化"扶贫。成立督查组，制定督察制度，定期或不定期督查。至2015年年末，项目启动率、招投标（采购）率均达到100%。

## 二、资金管理

2002—2005年，县人民政府参照《自治区扶贫资金管理办法》《自治区扶贫资金使用管理实施细则》，出台《和布克赛尔县财政扶贫资金和信贷扶贫资金使用管理实施细则》，明确项目与资金管理中的具体事宜，将扶贫项目的建设与管理分离开来，对资金实行全封闭式报账制运行，采用在各乡、场、镇开设扶贫资金专户的方法，确保资金专款专用。根据新时期扶贫开发工作的要求，及时对确定的扶贫户、规划的项目、内容、资金的分配、使用情况进行公示，主动接受社会各界的监督。

2006—2010年，和布克赛尔县根据国务院扶贫办《关于配合开展财政支农资金管理年活动进一步加强和规范扶贫资金管理的通知》文件精神、《新疆维吾尔自治区财政扶贫资金管理办法（试行）》《财政扶贫项目管理费管理办法的通知（试行）》《县级财政扶贫资金报账制管理办法（试行）》《中国农业银行扶贫贷款管理办法》，强化扶贫资金管理。坚持专户运行、专账核算，专人管理，封闭运行，严格执行县级财政报账制。严格按自治区、地区批复的项目组织实施，做到资金到项目、管理到项目、核算到项目、检查到项目，按项目实施进度核拨资金，确保资金及时足额到位，确保项目按时按质按量完工。

2011—2015年，按照"项目管理、明确事权、分工协作、招标采购、审批报账"的原则，全面推行财政扶贫资金报账制管理，确保扶贫资金使用的规范性、安全性和有效性。共争取到位自治区财政扶贫资金项目209个，资金11 582.5万元。项目主要覆盖26个重点村，重点实施安居房建设、牲畜棚圈建设、牲畜养殖、牧道建设、防渗渠、高效节水灌溉、人畜安全饮水、标准化养殖小区、太阳能路灯、庭院经济建设、特色种（养）植、低质土地整治、刺绣机购置、暖气炉安装、互助资金及扶贫培训项目等内容。项目实施中，严格财政扶贫资金报账制管理，确保当年扶贫项目，当年开工建设，当年竣工验收，年度拨付率、报账率及完工率为100%。财政扶贫项目逐个建立项目档案、项目受益户监测档案，全部分级存档、装订成册。

### 三、贫困人口动态管理

2002年，和布克赛尔县在实地调查、入户了解和县、乡、村三级核实的基础上，确定3个扶贫开发工作重点乡，26个扶贫开发工作重点村。确定全县低收入人口为895户3 977人。

2006年，贫困人口按计划越过标准线。全县剩余的贫困人口有302户1 463人，162户781人越过低收入标准线。通过各方面努力，到年末，有200户864人越过944元的低收入标准线。

2010年，按照自治区要求，明确对象、科学识别、强化管理、分类扶持认真组织普查工作，对各乡村进行挨家挨户的调查，确保贫困户资料的真实性和可靠性。完成全县2 629户贫困户7 887人的纸质档案建设和微机系统录入的申报工作。同时，结合扶贫开发考核责任书要求，建立规范并完善县、乡、村三级扶贫业务档案。

2013年，瞄准扶贫对象，抓好基础工作。对2010—2012年贫困人口信息进行“回头看”，更新县登记表、行政村登记表、贫困农户登记表，补录2011年、2012年贫困农牧户受扶持情况信息。国家确定2 300元扶贫标准后，和布克赛尔县及时部署，对全县农村2 300元以下的贫困户进行调查摸底，录入建档立卡监测系统，发放贫困人口扶持证1 400本，全面完成贫困人口“户有卡、村有册、乡有簿、县录入”的建档立卡。在项目申报、实施过程中，做到政策进村、项目入户、扶持到人。对拥有贫困人口扶持证的贫困户，给予全面支持。同时，抓好项目建设的管理，从项目申报、实施、竣工、验收等各个环节入手，逐个建立项目档案、项目受益户监测档案，全部分级存档、装订成册。树立扶贫项目标识牌1 100个，整村推进公示牌10个，贫困户和社会各界对扶贫工作的知晓率进一步提升。

2015年，抓好基础工作，做好精准识别。瞄准7个贫困村和已确定的1 114户3 077名贫困户，根据自治区扶贫办“精准扶贫”要求，认真复核、清洗、完善2013年建档立卡数据，更新2014年扶贫对象相关信息，建档立卡贫困户结对帮扶率100%，组织开展建档立卡贫困户范围内扶贫移民搬迁信息采集。制定和布克赛尔县贫困户脱贫验收办法，按照年度实际脱贫人口进行村级脱贫户公示备案，填写贫困户脱贫验收登记表，对脱贫户进行入户核查，以确保精准脱贫。分解、下达5个乡项目分段号，定制扶贫项目（民生项目）标识牌523张，永久性项目标识牌6个。

**2002—2015年和布克赛尔县贫困人口动态情况表**

表12－4

| 年份（年） | 贫困村（个） | 贫困户及人口 | | | | 备　注 |
|---|---|---|---|---|---|---|
| | | 户 | 同比+/—% | 人 | 同比+/—% | |
| 2002 | — | 1 144 | +268% | 5 149 | +255% | — |
| 2003 | — | 821 | －28% | 3 397 | －34% | 含受灾户 |
| 2004 | — | 724 | －12% | 2 964 | －13% | — |
| 2005 | — | 564 | －22% | 2 410 | －19% | — |
| 2006 | — | 302 | －46% | 1 463 | －39% | — |

续表 12－4

| 年份(年) | 贫困村(个) | 贫困户及人口 | | | | 备　注 |
|---|---|---|---|---|---|---|
| | | 户 | 同比+/—% | 人 | 同比+/—% | |
| 2007 | — | 1 164 | +285% | 5 000 | +242% | 含民政低保和救济户 |
| 2008 | — | 1 708 | +47% | 5 784 | +16% | 含民政低保和救济户 |
| 2009 | — | 2 154 | +26% | 7 310 | +26% | 含民政低保和救济户 |
| 2010 | — | 1 979 | －8% | 5 777 | －21% | — |
| 2011 | 5 | 1 859 | －6% | 5 360 | －7% | — |
| 2012 | 7 | 1 721 | －7% | 4 790 | －11% | — |
| 2013 | 7 | 871 | －49% | 1 290 | －73% | — |
| 2014 | 3 | 1 114 | +28% | 3 077 | +139% | — |
| 2015 | 4 | 1 123 | +0.8% | 3 065 | －0.4% | — |

# 第十三编

# 工　业

1993年,和布克赛尔县有煤矿、盐场、火电厂、水泥厂、化工厂、膨润土厂、建材厂、玻璃制品厂等一批工业企业,形成以煤炭、盐业、电力、建材、化工为主的工业体系。

2000年,全县通过改组、联合、兼并等多种形式,促进了部分工业经营机制的转换和经营状况的改善。30家工业企业全部改制,经济效益呈现恢复性上升,盈利工业企业23个,盈利额1 042万元。工业生产呈现较快增长,全年完成工业生产总值16 068万元,完成工业增加值6 282万元。

2015年,深入实施优势资源转换战略,新型工业化进程加快,工业经济实现质量、速度和效益同步提升。全年完成工业生产总值197 820万元,比2000年的16 068万元增长11.31倍;完成工业增加值92 320万元,比2000年的6 282万元增长13.69倍。全县工业经济发展走出一条从工业化到推进工业化进程,最后进入新型工业化的道路。

# 第一章　机构队伍

## 第一节　行政机构

1998年3月,和布克赛尔县商业局、二轻局、煤管局、体改办、协作办、黄金局、经济贸易委员会合并为和布克赛尔县经济贸易委员会(简称"县经贸委")。内设办公室、商贸科、技改科、煤炭科、安监科,有干部职工43人。

2000年,县乡镇企业局并入县经贸委,内设办公室、综合科、安监科、煤炭科、技改科、企业科、商贸科、非公有制经济发展办,有干部职工51人。

2004年,县协作办划分出去。2005年,县工业园区办公室成立。县经贸委人数不变。

2006年6月,安监科、煤炭科划分出去,县经贸委内设办公室、综合科、技改科、企业科、商贸科、非公有制经济发展办,有干部职工36人。

2012年9月,县经贸委改名为商务和经济信息化委员会,内设办公室、商贸科、技改科、企业科、墙体材料革新建筑节能推广办公室、党员服务站,有干部职工29人,至2015年未变。

## 第二节　事业单位

### 一、县乡镇企业局、县农业产业化发展局、县农产品加工局

2007年8月,县乡镇企业局、县农业产业化发展局、县农产品加工局成立,隶属县经济贸易委员会,机构规格为正科级,经费形式为全额预算管理,与县经贸委 一起办公,人、财、物没有独立,行政编制6人。2012年,划转到县农业局。

### 二、县中小企业管理中心

2013年12月,和布克赛尔县中小企业管理中心成立,隶属于县商务和经济信息化委员会,注册资金65万元,机构规格为股级,经费形式为全额预算管理,核定编制9名。2015年,实际在职2人。

# 第二章　工业体制改革与企业服务

## 第一节　工业体制改革

1997年起，和布克赛尔县国有企业按照上级有关文件精神先后进行25户国有企业改制。其中，第三煤矿、火电厂、水泥厂、盐场、运输公司、绒毛服装厂、阔尔真阔腊金矿、民爆公司实行重组；化工厂、食品公司、贸易公司、茶畜公司、粮油加工厂、综合试养厂、酒厂、农机公司、牧工商盐业运输车队政策性关停；医药公司、夏孜盖盐场、编织袋厂被收购；烟酒公司剥离分立；一矿、二矿主辅分离；农机大修厂、边贸公司自然解体。随着国家产业结构和行业政策的调整，县煤炭工业（集团）有限责任公司的管理模式、经营体制已不再适应经济发展的需要；而企业的矿井老化、关闭、减少，流动资金严重短缺，也严重影响着企业的正常经营。按照中共十六大、十六届三中全会精神，注销县煤炭工业（集团）有限责任公司，将原一分公司、二分公司、三分公司、四分公司、五分公司、六分公司、七分公司（原和丰煤炭有限责任公司、新和兴股份合作制公司、赛尔煤业有限责任公司、布斯屯格牧场煤矿、那仁和布克牧场煤矿、和什托洛盖镇和夏孜盖乡煤矿、和布克赛尔镇煤矿）分立，成为具有自主经营、自负盈亏、自我发展、自我约束的独立法人企业。通过改制，企业按照“产权清晰、权责明确、政企分开、管理科学”的现代企业制度的要求，规范健全责权统一、运转协调、有效制衡的公司法人治理结构，逐步完善健全现代企业制度。建立归属清晰、权责明确、保护严格、流转顺畅的现代产权制度，实现企业产权多元化、投资多元化。

2006年，和布克赛尔县加大国有企业改革力度，共实施6项工业体制改革：

（一）对煤炭工业（集团）有限责任公司进行改制及职工安置工作。3月10日，和布克赛尔县与徐矿集团新疆赛尔能源有限责任公司签订《重组合作协议》，并按照《重组合作协议》中的程序对煤炭集团公司进行重组；4月30日，签订《正式接管协议》；7月30日，徐矿集团新疆赛尔能源有限责任公司正式挂牌。同年，对煤炭集团公司、中心粮站、酒厂、化工厂、绒毛服装厂、运输公司、雪山化工有限责任公司（包括原膨润土厂、众鑫化工有限责任公司）、玻璃制品厂、查干库勒乡煤矿、市场开发建设服务中心、粮油购销公司等11家改制或破产企业的职工进行安置，共安置职工1 241人，支付安置资金1 300余万元。

（二）在推进新型工业化过程中，抓好煤电煤化工、盐产品及盐化工、膨润土开发、石油石化工、金属及非金属矿业开发和有机农副产品生产加工六大支柱项目以及山东鲁能集团投资煤电一体化项目的合作，加快改革步伐。

（三）新疆新雅泰化工有限公司10万吨硫酸钾镁肥系列产品项目启动，于2007年上半年建成投产。

（四）中国材料科工集团、新疆生产建设兵团第十师和新疆塔城地区共同组建的新疆中非夏孜盖膨润土有限责任公司正式成立，通过技术创新，生产具有高附加值的膨润土产品。

（五）天华矿业新建年产1万吨铬铁冶炼生产线，扩建为实达铁合金冶炼有限公司；引进上海凯暄公司投资4 000万元的金矿开发项目；完成四川嘉华雪山水泥有限责任公司5万吨特种水泥生产线一号窑改扩建。

（六）新建蒙哥尔有机肉类食品公司，建成集绒毛皮革收购、活畜屠宰、肉类分割、速冻为一体的畜产品加工企业。

## 第二节 企业服务

1997—1999年,和布克赛尔县因企制宜、分类指导,采取多种形式加快推进企业改制进程,使企业摆脱困境,转换机制,形成新的增长点。建立健全经济责任制和成本管理体系,提高企业管理水平和经济效益。推进技术进步,加大技改投入,完成投资875.4万元,对县服装厂、众鑫化工厂实施技改。同时,做好煤炭关井压产工作。

2000—2005年,县人民政府充分利用煤电转化的便利条件,重点抓好山东鲁能发展集团投资县煤电化项目,全面整合煤炭产业,完成县内煤炭资源的详查和精查;整合县内膨润土开发企业的资源,建成全疆重要的膨润土产品基地;摸清县城石油、天然气资源储量,完成石油化工项目发展规划;成立和什托洛盖工业园区管委会,制定工业园区具体管理制度和工业区具体招商引资优惠政策,工业园区总体规划4.2平方千米。加大招商引资工作力度,加快资源勘探步伐,形成矿产资源勘探、开发、冶炼、加工的产业集群,拉长产业链,形成梯次结构,变资源优势为经济优势。

2006—2009年,继续推进优势资源转换战略,做大做强工业六大重点项目:(一)加快煤炭资源的综合开发和转化步伐,引导现有优势煤炭生产企业按照矿区总体规划进行技术改造,支持赛尔能源公司、沙吉海煤业公司等企业60万吨以上矿井建设。抓好和丰鲁能煤电化公司2×30万千瓦火电项目及年产90万吨煤井开工建设工作,加快建成北疆重要的煤电能源基地。启动煤化工项目前期工作,突出抓好煤化尿素、醋酸等重点煤化工项目招商工作,延长煤炭产业链,提升煤炭资源的开发利用率。(二)依托和布克赛尔县丰富的膨润土资源,加快推进中非夏子街膨润土有限责任公司干法提纯土、年产1.5万吨防水毯原料生产线等技术创新项目建设步伐,推进海鑫膨润土有限公司油漆油墨添加剂项目建设进程,提高膨润土产品竞争力,建成全疆乃至全国重要的膨润土开发基地。(三)支持新疆新雅泰化工有限公司年产50万吨硫酸钾项目及10万吨氢氧化镁项目,加快宏达盐业有限公司200万吨机械化采盐生产线及开发新产品建设步伐,做大做强盐产品、盐化工产业。(四)加大金属非金属矿产资源的勘查力度,力争中核宝格年产100吨氧化铍生产线年内建成投产,加快铜、石英砂开发项目建设步伐。(五)支持中石油、中石化两大集团油气资源的勘探开发,争取油气资源配置。依托克拉玛依石油化工基地和境内油田资源,加强与克拉玛依油田及驻克拉玛依市中央石油石化企业的对接,引进石油服务型企业介入研发石油石化服务和下游产品的生产加工。(六)加大自主创新、技术进步、节能减排工作力度。完善以企业为主体的自主创新体系建设,实施名牌发展战略,在产品精深加工和系列开发上做文章,培育更多名、优、特产品参与市场竞争,推进产业结构优化升级。认真落实国家促进中小企业发展的政策措施,争取国家和自治区各项技改贴息、专项贷款支持,加大扶持企业技改创新力度,提升工艺装备水平。落实积极的财政政策,按照《和布克赛尔县中小企业项目补助资金使用管理暂行办法》,每年拿出200万元的资金用于补助中小企业技术改造、技术创新、节能减排等项目建设。以“总量减排”为目标,加强主要污染物排放企业的治理工作,加大矿产、冶炼、建材等领域节能新技术、新工艺、新产品、新设备的推广,引导企业开展节能降耗技术改造,实施清洁生产。

2010—2015年,和布克赛尔县着重抓产业引导和扶持,抓项目建设,抓优质服务,抓协调调度,一批重大工业项目建成投产达效。工业投资累计完成1 416 168.77万元,年均增长26.16%,其中技术改造累计完成

311 278.47万元，占比21.98%，包括赛尔能源有限责任公司三、四、六矿井改造项目、宏达盐业绿色多品种食用盐改造、滩筛盐田、机械采盐项目、雪山水泥2号、3号窑炉产能提高技改项目、沙吉海煤业矿井改造项目、沙吉海煤矿采煤方法改造等项目。加强产学研项目合作，累计征集企业技术改造难题7项，6家企业与院校和科研院所达成合作协议；积极申报雪山水泥铬铁生产线、两条熟料生产线淘汰落后产能计划，自治区高耗能行业淘汰落后产能目标任务。加快企业与高等院校、科研院所合作开发，共建人才培训、研发基地等深层次合作，全县拥有省级技术中心1家，国家高新技术企业1家，高新产品2个。

# 第三章 工业生产

## 第一节 工业门类与产品产值

### 一、工业门类

1993—2015年，和布克赛尔县的工业可分为七大门类，即：煤炭开采和洗选业、非金属矿采选业、有色金属矿采选业、其他采矿业、电力、皮革毛皮羽毛(绒)及其制品业、农副食品加工业。

### 二、产品产值

和布克赛尔县工业的主要产品有原煤、原盐、水泥、膨润土、发电量、石灰、烧碱等。

**1993—2015年和布克赛尔县工业总产值完成情况表**

表13－1

| 年份(年) | 企业数(个) | 总产值(万元) | 与上年同比增减(%) | 备注 |
|---|---|---|---|---|
| 1993 | 46 | 7 150.8 | −10.53 | 1993年、1992年数据对比，1992年数据较高，增速同比下降 |
| 1994 | 48 | 7 566.3 | 5.8 | — |
| 1995 | 48 | 8 121.4 | 7.34 | — |
| 1996 | 48 | 8869 | 9.21 | — |
| 1997 | 48 | 9 172.7 | 3.42 | — |
| 1998 | 48 | 9 735 | 6.13 | — |
| 1999 | 32 | 9 225 | −5.24 | 1999年、1998年数据对比，1998年数据较高，增速同比下降 |
| 2000 | 36 | 16 068 | 74 | — |
| 2001 | 36 | 17 880 | 11.3 | — |
| 2002 | 25 | 22 036 | 23.2 | — |
| 2003 | 32 | 24 627 | 11.7 | — |
| 2004 | 23 | 17 672 | −28 | — |
| 2005 | 29 | 25 172 | 42.4 | — |
| 2006 | 37 | 35 416 | 33.7 | — |
| 2007 | 38 | 61 213 | 60 | — |
| 2008 | 35 | 83 214 | 36.2 | — |

续表 13－1

| 年份（年） | 企业数（个） | 总产值（万元） | 与上年同比增减（%） | 备注 |
|---|---|---|---|---|
| 2009 | 30 | 120 196 | 36 | — |
| 2010 | 30 | 136 420 | 13.5 | — |
| 2011 | 36 | 199 090 | 46 | — |
| 2012 | 36 | 161 803 | −18.7 | 2012 年、2011 年数据对比，2011 年数据较高，增速同比下降 |
| 2013 | 37 | 215 000 | 27.4 | — |
| 2014 | 38 | 182 031 | − 11.05 | 2014 年、2013 年数据对比，2013 年数据较高，增速同比下降 |
| 2015 | 38 | 197 820 | 8.6 | — |

## 1993—2015 年和布克赛尔县工业产品及产量情况表（一）

表 13－2

| 年份（年） | 原煤（万吨） | 石灰石（万吨） | 水泥（万吨） | 发电量（万千瓦） | 原盐（万吨） | 烧碱（吨） | 服装（件） | 盐酸（吨） | 液氯（吨） | 水泥熟料（万吨） | 铁矿料（吨） | 涂料（吨） |
|---|---|---|---|---|---|---|---|---|---|---|---|---|
| 1993 | 78.3 | 13.2 | 8.65 | 2 210.6 | 10.9 | 916 | 6 204 | 1 107 | 335 | 2.69 | 6 357 | 50 |
| 1994 | 94.1 | 14.5 | 3.7 | 2 900 | 5.2 | 1 537 | 3 603 | — | 930 | 2.5 | 6 847 | — |
| 1995 | 95.2 | 10.6 | 4.04 | 3 206 | 4.9 | 2620 | 2 000 | — | — | — | 7 051 | — |
| 1996 | 106 | 11.2 | 3.3 | 3 651 | 5.4 | 2 726 | 1 226 | — | — | — | 14 188 | — |
| 1997 | 103.8 | 12.6 | 4.6 | 3 783 | 4.7 | — | — | — | — | — | — | — |
| 1998 | 108 | 9.6 | 5.78 | 3 940 | 6.6 | 4 212 | 4 000 | 5 555 | 1 971 | — | — | — |
| 1999 | 85.5 | 17.9 | 9.45 | 3 940 | 11.5 | 2 027 | 3 400 | 3 875 | 910 | — | — | — |
| 2000 | 89 | — | 10.8 | 3 056 | 14.3 | — | — | — | — | — | — | — |
| 2001 | 19.8 | — | 16 | 3 056 | 22 | — | — | — | — | — | — | — |
| 2002 | 21.2 | — | 18 | 3 054 | 21.3 | — | — | — | — | — | — | — |
| 2003 | 21 | — | 21 | 3 123 | 21 | — | — | — | — | — | — | — |
| 2004 | 22 | — | 22 | 3 246 | 22 | — | — | — | — | — | — | — |
| 2005 | 78 | 33 | 19.8 | 3 053 | 22.8 | — | — | — | — | — | — | — |
| 2006 | 92 | — | 15.6 | 2 062 | 25.8 | — | — | — | — | — | — | — |
| 2007 | 139.6 | — | 15.8 | 8 053 | 31.5 | — | — | — | — | — | — | — |
| 2008 | 142 | — | 20.4 | 5 041 | 40 | — | — | — | — | — | — | — |
| 2009 | 143.7 | — | 25.2 | 4 397 | 74.8 | — | — | — | — | — | — | — |
| 2010 | 160.9 | 90 | 23.3 | 2 846 | 81.6 | — | — | — | — | — | — | — |
| 2011 | 188.4 | 160 | 21.7 | 3 333 | 150 | — | — | — | — | — | — | — |
| 2012 | 219.3 | — | 11.6 | 191 664 | 138.4 | — | — | — | — | — | — | — |
| 2013 | 321.8 | — | 6.16 | 289 000 | 135.5 | — | — | — | — | — | — | — |
| 2014 | 387.9 | — | 43.4 | 294 000 | 200.7 | — | — | — | — | — | — | — |
| 2015 | 457.7 | — | 43.4 | 246 780 | 200.8 | — | — | — | — | — | — | — |

续表 13－2

| 年份（年） | 食用植物油（吨） | 马赛克（平方米） | 石英砂（吨） | 泥浆土（吨） | 粉洗盐（吨） | 精制盐（吨） | 绿色盐（万吨） | 酱油（吨） | 食醋（吨） | 饮料酒（吨） | 铁矿粉（吨） | 铬铁（吨） |
|---|---|---|---|---|---|---|---|---|---|---|---|---|
| 1993 | 100 | 3 389 | 436 | — | — | 4 951 | — | 39 | 26 | — | — | — |
| 1994 | 49 | 2 457 | 1 119 | — | — | 3 927 | — | 34 | 24 | — | — | — |
| 1995 | — | — | 1 275 | — | 7 418 | – | — | — | 35 | 42 | — | — |
| 1996 | — | — | 1 614 | — | 5 168 | 3 189 | — | — | 24 | 51 | — | — |
| 1997 | — | — | — | — | — | — | — | — | — | — | — | — |
| 1998 | — | — | 4 325 | — | — | — | — | 43 | 32 | 231 | — | — |
| 1999 | — | — | — | 1 935 | 2 211 | 8 978 | — | 57 | 46.5 | 122 | 2 160 | — |
| 2000 | — | — | — | — | — | — | — | — | — | — | — | — |
| 2001 | — | — | — | — | — | — | — | — | — | — | — | — |
| 2002 | — | — | — | — | — | — | — | — | — | — | — | — |
| 2003 | — | — | — | — | — | — | — | — | — | — | — | — |
| 2004 | — | — | — | — | — | — | — | — | — | — | — | — |
| 2005 | — | — | — | 14 932 | 2 099 | — | — | — | — | — | — | 4 578 |
| 2006 | — | — | — | — | — | — | — | — | — | — | — | — |
| 2007 | — | — | — | — | — | — | — | — | — | — | — | — |
| 2008 | — | — | — | — | — | — | — | — | — | — | — | — |
| 2009 | — | — | — | — | — | — | — | — | — | — | — | — |
| 2010 | — | — | 5 000 | — | — | 1.2 | — | — | — | — | — | — |
| 2011 | — | — | — | — | — | 1.8 | — | — | — | — | — | — |
| 2012 | — | — | — | — | — | — | — | — | — | — | — | — |
| 2013 | — | — | — | — | — | 2.1 | — | — | — | — | — | — |
| 2014 | — | — | — | — | — | 0.69 | 0.73 | — | — | — | — | — |
| 2015 | — | — | — | — | — | — | 0.87 | — | — | — | — | — |

## 1993—2015年和布克赛尔县工业产品及产量情况表(二)

表 13－3

| 年份（年） | 活性白土（万吨） | 铜精粉（吨） | 机制纸（吨） | 硫酸钾镁肥（吨） | 防水毯（万平方米） | 硫酸钾（万吨） | 玻璃钢管（米） | 红砖（万块） | 肉类（吨） | 玻璃纤维布（万米） | 膨润土（万吨） |
|---|---|---|---|---|---|---|---|---|---|---|---|
| 1993 | — | — | — | — | — | — | — | 1 600 | — | 3.8 | 3.12 |
| 1994 | — | — | — | — | — | — | — | 1 098 | — | — | 1.5 |
| 1995 | — | — | — | — | — | — | — | — | — | — | 1 |
| 1996 | — | — | — | — | — | — | — | 1 686 | — | — | 0.76 |
| 1997 | — | — | — | — | — | — | — | 900 | — | — | — |
| 1998 | — | — | — | — | — | — | — | — | — | — | — |
| 1999 | — | — | — | — | — | — | — | 1780 | — | — | — |
| 2000 | — | — | — | — | — | — | — | — | — | — | — |
| 2001 | — | — | — | — | — | — | — | — | — | — | — |
| 2002 | — | — | — | — | — | — | — | — | — | — | — |

续表13－3

| 年份（年） | 活性白土（万吨） | 铜精粉（吨） | 机制纸（吨） | 硫酸钾镁肥（吨） | 防水毯（万平方米） | 硫酸钾（万吨） | 玻璃钢管（米） | 红砖（万块） | 肉类（吨） | 玻璃纤维布（万米） | 膨润土（万吨） |
|---|---|---|---|---|---|---|---|---|---|---|---|
| 2003 | — | — | — | — | — | — | — | — | — | — | — |
| 2004 | — | — | — | — | — | — | — | — | — | — | — |
| 2005 | — | — | 315 | — | — | — | — | 1 850 | — | — | — |
| 2006 | — | — | — | — | — | — | — | — | — | — | — |
| 2007 | — | — | — | — | — | — | — | — | — | — | — |
| 2008 | — | — | — | — | — | — | — | — | — | — | — |
| 2009 | — | — | — | — | — | — | — | — | — | — | — |
| 2010 | 0.58 | - | 1 000 | 30 000 | 45 | 1.1 | - | 4 000 | — | — | 9.2 |
| 2011 | — | 2 500 | 3 000 | 1 724 | — | 2.7 | 36 920 | 6 537 | — | — | 10.67 |
| 2012 | — | — | — | — | — | 3.1 | 29 260 | — | — | — | 12.4 |
| 2013 | 0.63 | 3 467 | — | — | — | 2 | 38 500 | — | 700 | — | 11.7 |
| 2014 | 0.44 | - | — | — | 32.1 | — | 31 300 | — | — | — | 12.2 |
| 2015 | 0.48 | - | — | — | — | 1.8 | 804 | — | 1 928 | — | 10.6 |

## 第二节　原　煤

1993年，和布克赛尔县有县属煤矿3家、乡镇场煤矿10家，当年生产原煤78.3万吨。以后产量逐年上升，至1998年达到108万吨。但从1999年起，由于企业体制不适应市场经济的发展，煤炭生产量开始下降，至2001年，原煤产量降到19.8万吨。

2002年，和布克赛尔县根据地区部署，组建和布克赛尔县煤炭工业（集团）有限责任公司。经清产核资、资产评估、产权界定后，由和丰煤炭有限责任公司（原县第一煤矿）、新和兴股份合作制公司（原县第二煤矿）、赛尔煤业有限责任公司（原县第三煤矿）、布斯屯格牧场煤矿、和什托洛盖镇煤矿、和布克赛尔镇煤矿、夏孜盖乡煤矿7家煤炭生产企业组成。县煤炭工业（集团）有限责任公司组建后，全县原煤产量有所回升，但没有达到预期效果，至2005年，全县累计生产原煤142.2万吨，年均生产原煤仅35.55万吨。其间，2005年的原煤产量较高，恢复到78万吨，但也只与1993年的产量接近。

2006年，由徐矿集团以全额承债、全部安置职工的方式注资重组和布克赛尔县煤矿，成立徐矿集团新疆赛尔能源有限责任公司，从根本上改变和布克赛尔县煤炭生产的落后面貌，当年即生产原煤92万吨。以后呈现逐年递增的趋势。至2015年，全县累计生产原煤2 253.3万吨，平均每年产煤225.33万吨，年均增长率19.51%。

## 第三节　原　盐

1993年，和布克赛尔县有县属盐场2个，产原盐10.9万吨。1994年原盐产量陡降，至1998年累计产原盐

26.8万吨，年均产量仅5.36万吨。1999年回升到11.5万吨。

2000年，两个县属盐场改制重组，成立新疆和布克赛尔县宏达盐业有限责任公司，原盐生产效率提高。至2005年年底，累计产原盐123.4万吨，年均产量达到20.57万吨；同年底，县宏达盐业有限责任公司成功进行二次改制，加入新疆盐业集团，原盐产量稳步上升。

2006—2015年，和布克赛尔县累计产原盐1 079.1万吨，平均每年产原盐107.91万吨，年均增长率25.61%。

## 第四节　水　泥

1993年，和布克赛尔县有水泥厂1个，生产水泥8.65万吨。随着经济建设的发展，对水泥的需求大量增加，1996年4月，和布克赛尔县又投资1 500多万元新建一条年产5万吨的特种水泥生产线，于1997年5月完成。但由于经营不善，产量下降，1994—1997年，累计生产水泥15.64万吨，年均产量仅3.91万吨。

1998年，县水泥厂由国有独资企业进行股份制改造，产量有所回升。2000年，县水泥厂改制为民营企业，成立雪山水泥有限责任公司。其后又于2004年、2007年，两次与外地民营公司进行资产重组，引进先进的生产技术和科学管理理念，提高产量。1998—2015年，累计生产水泥349.39万吨，年均产量19.41万吨，年均增长率12.59%。

2011年7月，全荣有限责任公司采用新型干法窑外分解生产工艺，新建一条日产2 500吨熟料的新型干法水泥生产线，熟料煅烧设备为φ4.0×60米回转窑与带分解的单系列五级低压旋风预热器组成的窑外分解系统，年产硅酸盐水泥熟料77.5万吨，年水泥产量98.4万吨。2012年11月竣工投产，至2015年，实现销售收入2.128 4亿元，增加企业净利润4 361万元，实现利税9 001万元。

## 第五节　膨润土

1993年，和布克赛尔县有县属膨润土厂1家，产膨润土3.12万吨。1994年膨润土产量陡降，至1996年累计产膨润土3.24万吨，年均产量仅1.08万吨。1997—2009年停产。

2006年9月，原膨润土厂由中国非金属矿工业公司、新疆生产建设兵团第十师、和布克赛尔县国资经营公司增资扩股设立有限责任公司。2010年，生产膨润土9.2万吨。2011—2015年，产量均在10万吨以上。

2008年10月，在“夏洽会”上招商引进海鑫膨润土有限公司。2010—2011年，新建年采膨润土矿石6万吨生产线项目，新建厂房8 500平方米，原料晒场占地面积10万平方米，厂区占地面积约2万平方米，矿山详查面积 1.19平方千米，资源储量107.45万吨，远景储量358.28万吨。2015年，生产膨润土3.89万吨。

## 第六节　电　力

### 一、机构队伍

1993年，和布克赛尔县电力总公司内设生技科、安全科、总务科、财务科、办公室、材料科、保卫科，下辖发电厂、供电公司、多种经营公司，有干部职工308人。

1999年6月27日，塔城电力有限责任公司和布克赛尔县供电公司（简称“县供电公司”）成立，为塔城电力有限责任公司全资子公司，负责和布克赛尔县域电网的管理。内设综合办公室、用电营销科、生产技术科、安监科、计划财务科，下辖城区供电所、和什托洛盖镇供电所、输变电工区，定编62名，实有干部职工57人。

2001年，县供电公司内设综合科、生技科，下辖客户服务中心、计量班、检修队、5个供电所（即和布克赛尔镇、夏孜盖乡、铁布肯乌散乡、巴音傲瓦乡、乌图布拉格牧场供电所），有干部职工62人。

2003年，县供电公司内设综合办、财务办、生技办，下辖客户服务中心、110千伏变电所、6个供电所（即和什托洛盖镇、城区、夏南、铁布肯乌散乡、巴音傲瓦乡、乌图布拉格牧场供电所），有干部职工70人。

2010年，县供电公司内设办公室、财务部、安全生产部、营销部，下辖线路检修急修班、装表接电班、城区供电所、和什供电所、铁乡供电所、查干供电所、乌图供电所、夏南供电所，有干部职工72人。

2013年，县供电公司内设综合管理部、财务资产部、运维检修部、营销部，运维检修部下辖配电运检班、配电抢修班，营销部下辖营业班、计量班，有干部职工76人。至2015年未变。

## 二、发供电管理体制改革

1993年，和布克赛尔县电力总公司隶属和布克赛尔县人民政府，为独立经营、照章纳税、自负盈亏的经济实体。

1999年1月6日，和布克赛尔县电厂破产；同年6月27日，和布克赛尔县供电公司成立，签订和布克赛尔县电厂委托运行协议书。

2000年9月25日，县人民政府与北京国苑矿源科发展有限公司签订对和布克赛尔县电厂的收购协议书，并将电力系统380名职工中的240名交由北京国苑矿源科技发展有限公司予以安置同时，和布克赛尔县将全县电网资产和剩余职工一并划转塔城电力有限责任公司管理。至此，和布克赛尔县发电与供电分家。

2000年末，塔城行署、新疆电力公司与县人民政府达成协议，将和布克赛尔县供电公司划归塔城电力有限责任公司管理，塔城地区北四县一市电力实行统一规划、统一建设、统一管理、统一经营。

2005年1月1日，将和布克赛尔县供电子公司独立核算改为分公司由塔城电力有限公司统一核算，原增值税纳税方式不变。

2006年11月，新疆电力公司与塔城地区国家资产投资经营公司签订股权转让协议，将由塔城地区国家资产投资经营公司控股的10%股权全部无偿划转新疆电力公司，至2015年未变。

## 三、电力生产

### （一）发电

1987年，县发电厂一期2×3000千瓦火力发电机组投入运行。1994年，县发电厂二期2×3000千瓦火力发电机组投入运行。2000年，与新建110千伏和什变电所并网，生产调度上服从塔城地区调度的指挥，电厂内日常生产指挥实行厂长负责制。

### 1993—1999年和布克赛尔县电厂发电情况表

表13－4　　单位:万千瓦时、百分比

| 年份(年) | 发电量 | 标煤耗率 | 厂用电率 |
|---|---|---|---|
| 1993 | 2 500 | 804 | 13.2 |
| 1994 | 2 800 | 820 | 15.1 |
| 1995 | 3 200 | 810 | 14.9 |
| 1996 | 3 800 | 805 | 14.6 |
| 1997 | 4 000 | 901 | 16 |
| 1998 | 4 500 | 901 | 16.3 |
| 1999 | 4 800 | 993 | 15 |

说明:2000—2015年,县供电公司与县发电厂完全分离

(二)供电

1993—2000年,和布克赛尔县有县发电厂出35千伏线路3条,6.3千伏线路4条,简易35千伏变电站4座,升压站1座,10千伏出线15回。

2000年,有110千伏变电所1座,主变容量40兆伏安,35千伏变电所5座,主变容量12兆伏安,10千伏出线20回。2010年,新建110千伏变电所1座,主变容量31.5兆伏安。2011年,新建220千伏变电所1座,35千伏变电所1座。2012年,新建110千伏变电所1座,35千伏变电所1座。2013年,新建110千伏变电所2座,35千伏变电所2座。

截至2015年,辖区内有220千伏变电站1座,容量150兆伏安;110千伏及变电站5座,总容量293兆伏安;35千伏变电所9座,总容量34.6兆伏安。35千伏线路14条,总长397千米;10千伏线路38条,总长494千米(不含用户线路)。10千伏公用配电变压器186台,总容量19.07兆伏安。

## 四、城乡用电

1993—1999年,和布克赛尔县用电量主要以小型煤矿开采、化工为主体,小型加工和居民的生产生活用电为辅。每年全社会用电量从1993年的2 000万千瓦时到1999年的4 800万千瓦时,呈逐年递增趋势。该期间主要以县发电厂单一电源供电,未与其他电网联网运行,供电可靠率较低。

2000—2005年,和布克赛尔县全社会用电量呈快速增长趋势,年增长率72.91%。2006—2010年,辖区电量增长呈平稳趋势,年增长率30%。到2015年,全社会最大用电负荷从33.9兆瓦增长至51.48兆瓦,电量年均增长率149.15%。

### 2000—2005年和布克赛尔县城乡用电情况表

表13－5

| 用电单位类别 | 电量(万千瓦时) | | | | | |
|---|---|---|---|---|---|---|
| | 2000年 | 2001年 | 2002年 | 2003年 | 2004年 | 2005年 |
| 合计 | 1 867.118 8 | 1 916.995 8 | 1 936.052 3 | 2 370.007 8 | 3 806.005 8 | 6 582.062 7 |
| 大工业 | 541.089 3 | 561.089 3 | 584.089 3 | 681.089 3 | 1 481.089 3 | 2 687.152 |

续表 13－5

| 用电单位类别 | 电量(万千瓦时) | | | | | |
|---|---|---|---|---|---|---|
| | 2000年 | 2001年 | 2002年 | 2003年 | 2004年 | 2005年 |
| 非工业、普通工业 | 673.684 | 683.644 | 672.328 | 693.684 | 1 093.684 | 2 163.684 |
| 农业生产 | 229.367 8 | 235.365 8 | 242.360 | 242.367 8 | 242.365 8 | 342.360 |
| 商业 | 113.354 | 110.374 | 102.230 | 132.354 | 143.354 | 243.354 |
| 居民生活 | 190.369 | 206.258 | 209.378 | 410.258 | 615.258 | 815.258 |
| 非居民照明用电 | 119.254 7 | 120.264 7 | 125.667 | 210.254 7 | 230.254 7 | 330.254 7 |
| 其他用电 | — | — | — | — | — | — |
| 趸售 | — | — | — | — | — | — |
| 大用户直供 | — | — | — | — | — | — |
| 打水电量 | — | — | — | — | — | — |

## 2006—2010年和布克赛尔县城乡用电情况表

表 13－6

| 用电单位类别 | 电量(万千瓦时) | | | | |
|---|---|---|---|---|---|
| | 2006年 | 2007年 | 2008年 | 2009年 | 2010年 |
| 合计 | 6 677.300 | 6 939.278 6 | 9 358.943 | 6 499.076 9 | 8 907.581 1 |
| 大工业 | 2 728.232 8 | 2 815.531 1 | 2 857.206 9 | 1 665.970 8 | 2 859.310 4 |
| 非工业、普通工业 | 2 223.654 | 2 345.621 | 2 320.038 7 | 1 550.128 8 | 1 813.376 2 |
| 农业生产 | 352.264 7 | 372.450 | 379.686 5 | 533.906 9 | 733.924 2 |
| 商业 | 246.354 | 250.264 | 251.274 8 | 273.934 | 265.699 |
| 居民生活 | 805.538 1 | 823.025 5 | 822.370 4 | 915.507 7 | 1 004.241 4 |
| 非居民照明用电 | 321.256 4 | 332.387 | 345.054 6 | 383.194 7 | 428.557 9 |
| 其他用电 | — | — | — | — | — |
| 趸售 | — | 1 523.471 4 | 2 383.311 1 | 1 176.434 | 1 802.472 |
| 大用户直供 | — | — | — | — | — |
| 打水电量 | — | — | — | — | — |

## 2011—2015年和布克赛尔县城乡用电情况表

表 13－7

| 用电单位类别 | 电量(万千瓦时) | | | | |
|---|---|---|---|---|---|
| | 2011年 | 2012年 | 2013年 | 2014年 | 2015年 |
| 合计 | 12 979.080 3 | 20 195.630 2 | 9 188.268 5 | 10 306.589 7 | 25 678.687 1 |
| 大工业 | 4 989.971 8 | 7 072.824 3 | 2 415.531 1 | 3 031.754 4 | 8 687.250 7 |
| 非工业、普通工业 | 2 161.586 4 | 3 751.428 8 | 2 376.074 9 | 2 080.374 | 2 679.091 4 |
| 农业生产 | 1 151.053 | 1 259.932 8 | 1 589.802 5 | 2 097.959 9 | 2 376.410 8 |
| 商业 | 338.560 8 | 388.112 8 | 359.100 5 | 426.866 5 | 565.275 6 |
| 居民生活 | 1 203.248 9 | 1 376.898 9 | 1 749.792 4 | 1 876.728 3 | 1 957.497 9 |
| 非居民照明用电 | 517.863 4 | 633.428 6 | 697.967 1 | 792.906 6 | 922.652 1 |
| 其他用电 | — | — | — | — | — |
| 趸售 | 2 616.796 | 5 713.004 | — | — | 4 053.588 |
| 大用户直供 | — | — | — | — | 4 436.920 6 |
| 打水电量 | — | — | — | — | — |

## 五、农网改造与城区电网建设

2001—2010年，新建改造10千伏线路178.7千米，新建改造0.4千伏线路152.8千米，新增改造配电变压器101台，容量9 380千伏安，累计完成农网投资2 437万元。

**2001—2010年和布克赛尔县10千伏及以下农网建设与改造工程情况表**

表13－8

| 工程项目 | 10千伏线路（千米） | 0.4千伏线路（千米） | | 增换配变 | | 工程投资 | 竣工 |
|---|---|---|---|---|---|---|---|
| 工程项目名称 | 改建 | 新建 | 改建 | 台 | 万千伏安 | （万元） | 时间 |
| 巴音乡配网改造工程 | — | 14 | 6 | 5 | 0.025 | 156 | 2001年10月 |
| 国营牧场配网改造工程 | — | 8.049 | — | 6 | 0.021 | 87 | 2002年6月 |
| 二牧场配网改造工程 | — | 3.564 | — | 2 | 0.008 | 88 | 2002年9月 |
| 夏孜盖乡配网改造工程 | — | 5.429 | — | 5 | 0.041 | 100 | 2001年6月 |
| 县城配网改造工程 | 10 | 30 | 20 | 24 | 0.12 | 229 | 2003年4月 |
| 那仁和布克牧场配网改造工程 | — | 8.103 | — | 4 | 0.016 | 116 | 2002年5月 |
| 莫特格乡配网改造工程 | — | 6 | 1.5 | 3 | 0.015 | 37 | 2001年9月 |
| 三牧场配网改造工程 | 2.079 | 2.882 | — | 2 | 0.008 | 44 | 2002年4月 |
| 铁布肯乌散乡配网改造工程 | 14.153 | 7.553 | — | 10 | 0.027 | 89 | 2001年10月 |
| 南部开发区配网改造工程 | - | 1.403 | — | 4 | 0.02 | 289 | 2002年9月 |
| 和什镇配网改造工程 | 11.861 | 6.434 | — | 7 | 0.021 | 295 | 2003年4月 |
| 查干乡配网改造工程 | 5.954 | 13.03 | — | 18 | 0.031 | 170 | 2001年8月 |
| 和什托洛盖镇配网建设工程 | 11.139 | 4.95 | — | 10 | 0.565 | 430 | 2009年8月 |
| 夏孜盖乡配网建设工程 | — | 3.1 | — | 1 | 0.02 | 161 | 2010年9月 |
| 夏孜盖10千伏夏六线改造工程 | — | 12.33 | — | — | — | 146 | 2008年8月 |
| | 55.186 | 126.827 | 26 | 101 | 0.938 | 2 437 | |

2010—2015年，新建改造10千伏及以下线路404.5千米，完成农网投资9 362.25万元。

**2010—2015年和布克赛尔县农网工程投资建设规模情况表**

表13－9

| 年份（年） | 农网工程投资（万元） | | | | | 建设规模 | |
|---|---|---|---|---|---|---|---|
| | 农网工程小计 | | | 农网改造升级工程投资 | 无电地区电力建设工程投资 | 变电站数量（座） | 线路长度（千米） |
| | 农网工程投资小计 | 国家资本金 | 电网企业贷款 | | | | |
| 2010 | 685.7 | 342.85 | 342.85 | 554.99 | 130.7 | 7 | 48.2 |
| 2011 | 2 006.62 | 1 003.31 | 1 003.31 | 1 009.83 | 996.79 | 9 | 136 |
| 2012 | 1 692.4 | 846.2 | 846.2 | 1 664.4 | 28 | 12 | 42.2 |
| 2013 | 2 074 | 1 037 | 1 037 | 1 219 | 855 | 16 | 58.28 |
| 2014 | 273 | 136.5 | 136.5 | 273 | — | 16 | 21.88 |
| 2015 | 2 630.54 | 1 315.27 | 1 315.27 | 2 435 | 195.54 | 16 | 98 |

## 六、经济效益

1993—1995年，和布克赛尔县只有一座2×3 000千瓦火力发电机组，最高电压等级是35千伏，部分乡牧场还未解决用电，制约当地经济发展。

1996—2000年，和布克赛尔县火力发电厂二期建成投运，总容量达到4×3 000千瓦，建成简易35千伏变电所4个，升压站1个。由于电源点单一，供电网架薄弱，供电质量和供电可靠性低。

2001—2009年，新建110千伏和什变电所1座，可与塔城电网实现并网，供电可靠性提高，农网一、二期改造项目的实施，全县所有乡、牧场实现用电，无电村大幅减少。供电可靠率、电压合格率由2010年的99.77%、97.88%分别提升到2015年的99.87%、99.78%，户均年停电时间由19.35小时降低到8.32小时。和布克赛尔县全社会用电量从0.6亿千瓦时增长至1.90亿千瓦时，年均增长率为33.42%；全社会最大用电负荷从33.9兆瓦增长至46.48兆瓦，年均增长率为11.09%。最大负荷达到70.38兆瓦，电力供需基本平衡。

**2010—2015年和布克赛尔县供电综合效益情况表**

表13－10

| 年份（年） | 农网工程投资 | 区域生产总值 | | 农牧民人均纯收入 | | 人年均售电量 | 无电地区通电 | |
|---|---|---|---|---|---|---|---|---|
| | （万元） | 产值（亿元） | 增长率（%） | 纯收入（元） | 增长率% | 售电量（千瓦时） | 户数 | 人数 |
| 2010 | 685.69 | 235.8 | 4.15 | 5 857 | 19.20% | 2 057 | — | — |
| 2011 | 2 006.62 | 243.2 | 3.14 | 7 058 | 20.51% | 2 692 | 590 | 2 436 |
| 2012 | 1 692.4 | 260.5 | 7.11 | 8 648 | 22.53% | 3 936 | 22 | 85 |
| 2013 | 2 074 | 278.4 | 6.87 | 10 039 | 16.08% | 1 679 | 39 | 171 |
| 2014 | 273 | 310.3 | 11.46 | 11 240 | 11.96% | 1 729 | — | — |
| 2015 | 2 630.54 | — | — | — | — | 3 844 | — | — |

**2010—2015年和布克赛尔县供电指标情况表**

表13－11

| 年份（年） | 全社会售电量 | | 全社会用电负荷 | | 人均生活用电量 | | 供电可靠性（%） | 综合电压合格率（%） | 平均停电时间（小时） |
|---|---|---|---|---|---|---|---|---|---|
| | 售电量（万千瓦时） | 增长率% | 负荷（兆瓦） | 增长率% | 用电量（千瓦时） | 增长率（%） | | | |
| 2010 | 8 907 | — | 10.2 | 2 | 999 | 9.86 | 99.778 9 | 97.889 | 19.35 |
| 2011 | 12 979 | 31 | 14 | 2.8 | 1 185 | 19.62 | 99.786 9 | 97.987 | 18.67 |
| 2012 | 20 195 | 35 | 24.6 | 41 | 1 346 | 13.61 | 99.857 7 | 98.021 | 9.86 |
| 2013 | 9 188 | -56 | 35 | 31 | 1 711 | 27.16 | 99.861 1 | 98.127 | 8.67 |
| 2014 | 10 306 | 10.8 | 47 | 25 | 1 822 | 6.44 | 99.871 5 | 99.747 | 8.45 |
| 2015 | 24 320 | 56 | 57 | 17 | 1 933 | 0.5 | 99.875 9 | 99.782 | 8.32 |

## 第七节　重点工业企业

### 一、新疆和布克赛尔县宏达盐业有限责任公司

2000年7月，由始建于1958年的和丰盐场和20世纪80年代成立的夏孜盖盐场改制重组而成。公司是

国家在新疆确定的9家食盐定点生产企业之一，也是塔城地区唯一一家盐生产企业。担负着北疆地区阿勒泰、塔城、奎屯、石河子以及伊犁、昌吉部分地区食用盐、小工业盐及新疆中泰化学、石河子天业集团两碱化工用盐的生产供应，年生产能力200万吨，是自治区盐行业产销量最大的制盐企业。公司拥有丰富优质的盐矿资源，地处准噶尔盆地腹地约700平方千米的玛纳斯盐湖和达巴松诺尔盐湖两个主要盐产地，初步探明的原盐储量18.4亿吨，并伴有其他较为丰富的钾、镁、溴、硼等资源，是疆内资源条件较好的盐湖。公司的主要产品有食用盐、两碱工业盐、小工业盐、牧业盐、腌菜盐等，相继研发出低钠、锌强化、钙强化营养盐及浴盐系列产品。2005年年底，成功进行二次改制，加入新疆盐业集团。改制后的宏达盐业按总股本1 000万元注册。其中，中盐新疆盐业有限公司占总股本的30%，县国有资产经营公司占总股本的20%，企业经营管理层占总股本的15%，企业职工占总股本的35%，企业的股权设置实现多元化。公司生产的原盐、再生盐品质优良，在西北五省区产品质量评比中曾获第一名。所拥有的"黄羊""金驼"两个商标的食用盐、工业盐产品均获自治区名牌产品荣誉称号。

**二、神华国能和丰煤电有限公司**

2005年6月成立，项目位于和布克赛尔县沙吉海矿区，注册资本9.1亿元，资产总额43.38亿元。公司原隶属于山东鲁能集团公司，2010年9月，根据国家电网公司资产重组要求，划归至国网能源开发有限公司。2012年4月，随国网能源公司总体划归至神华集团有限公司，为神华国神集团公司全资子公司。

公司依托沙吉海矿区丰富的煤炭资源，建设大型煤电一体化基地。电厂总体规划容量3 920兆瓦（2×300兆瓦+2×660兆瓦+2×1 000兆瓦），一期2×300兆瓦亚临界空冷燃煤发电机组于2010年5月开工建设，分别于2012年7月、9月投产发电；煤矿项目总体规划产能1 040万吨/年（一号矿井500万吨/年、二号矿井240万吨/年、三号矿井300万吨/年），井田面积120.6平方千米，地质储量27.5亿吨。煤矿一号矿井年产500万吨/年项目于2009年6月开工建设，2014年7月31日实现联合试运转。煤矿原煤直接通过皮带输送至电厂，属于煤电一体企业。2015年，公司完成间接利税7 800万元，直接利税4 623万元。公司有正式职工547人，解决当地农牧民就业127人，其中正式员工42人。

**三、徐矿集团新疆赛尔能源有限责任公司**

2006年成立，由徐矿集团以全额承债、全部安置职工的方式注资和布克赛尔县煤矿重组而成。公司注册资本4.5亿元，资产总额21.3亿元，在岗职工807人，其中少数民族94人（占比11.64%，主要为蒙古族、哈萨克族和回族），各类专业技术人员152人。下设六部一室（生产技术部、安全监察部、规划发展部、风险管控部、人力资源部、党群工作部、党政办公室）。有4对矿井，其中生产矿井（三矿）1对，停产矿井（四矿、六矿）2对，在建矿井（红山煤矿）1对。煤种以长焰煤、弱黏煤为主，主要供给电力、石化、热电、水泥、供暖等周边重点企业，销售半径350千米。公司组建后，按照自治区、地区行业资源整合、"关小建大"的产业政策要求，实施"科技兴煤"战略，引进新技术、新工艺、新设备，进行产业优化升级。先后关闭小矿井11对，自筹资金13亿元，对保留的三矿、四矿、六矿3对矿井进行全方位扩能改造，各矿井均实现机械化开采。积极实施两省区的战略合作项目，以及自治区、地区行署资源整合，产业升级改造的重大部署，出资3.5亿元完成部分整合资源的收购工作，并出资2.3亿元完成多块井田的勘探工作。持有探矿权4个，分别是红山矿探矿权；七矿探矿权;莫特格乡探矿权;博尔额尔干乌散探矿权。至2015年,公司在和布克赛尔县累计投资19.59亿元.向社会供应煤炭1 806万吨,向政府交纳各项税费4.7亿元,并提供400余个就业岗位。

**四、和布克赛尔县雪山水泥有限责任公司**

始建于1973年,前身是和丰县水泥厂,历经四期技改扩建,具备年产熟料33万吨、水泥40万吨的生产能力。1998年,由原国有独资企业进行股份制改造。2000年6月,员工共同出资,整体买断国有,成立雪山水泥有限责任公司,同年顺利通过ISO 9002国际质量认证,并出资收购北京国苑公司(原和丰县火电厂)作为自备电厂。2004年10月,与四川嘉华企业(集团)股份有限公司合作,进行资产重组(四川嘉华集团九峰运输公司控股60%、和丰县海峰货运公司占40%),引进先进的产品生产技术和科学管理理念,为客户提供优质的产品和满意的服务,实现多赢的目标。

2007年7月,嘉华集团退出雪山公司,将其持有的雪山公司股份转让给自然人古贵明。雪水水泥公司主要生产线有3 000千瓦4台汽轮发电机组和2.5×42.8M和2.8×42M两条窑外分解窑,¢2.2×7.5M和¢2.4×8M水泥磨各1台,¢2.2 ×7.0M和¢2.8×10M生料磨各1台,工艺流程合理,检测设备齐全,全自动化微机管理和一整套先进的科学管理体系。主要产品有PO32.5、PO32.5R、PO42.5、PO42.5R、PO52.5、PO52.5R等各种级别的“铁公鸡”牌普通硅酸盐水泥和32.5级复合硅酸盐水泥。企业获得质量认证体系证书质量管理体系GB/T19001-2000认证。

2009年,公司作为和布克赛尔县民族团结先进典范,接受自治区电视台的专访。

2015年,公司注册资金2 081万元人民币,其中自然人古贵明占60%、雪山公司占40%。公司下设行政部、财务部、销售部、生产设备管理部、技术部5个部门和生料、水泥、发电、熟料四大车间。有职工321人,是个多民族融合的大集体,包括汉族、蒙古族、哈萨克族、维吾尔族、达斡尔族、东乡族、回族7个民族,其中少数民族职工167人、汉族职工154人。公司用工基本以解决本地剩余劳动力为主,为当地农牧民创造更多更广泛的就业机会。公司以培养少数民族职工就业技能、提升少数民族干部的管理水平为己任,各民族之间团结协作,为公司的健康发展做出巨大贡献。

**五、新疆中非夏子街膨润土有限责任公司**

2006年9月2日成立,注册资本4 000万元。公司本部设立7个部门、3个生产车间、下设1个子公司,在岗员工254人。其中,公司管理班子7人,其他管理员工33人,技术检测人员9人,销售人员13人,生产一线员工192人。是由中材集团旗下的中国非金属矿工业公司、新疆生产建设兵团第十师、和布克赛尔县国资经营公司三方股东在原新疆夏子街膨润土公司的基础上增资扩股而设立的有限责任公司,中国非金属矿工业公司占51%的股权、新疆生产建设兵团第十师占39%的股权、和布赛尔丰县国资经营公司占10%的股权。主要产品有钻井液用膨润土、矿物油用活性白土、脱色白土、防水材料用颗粒膨润土、膨润土防水毯、复合肥用膨润土、饲料用膨润土、污水处理用膨润土、铸造土及建材用膨润土10类产品。钻井液用膨润土(2008.12)和活性白土(2010.12)相继被评为新疆名牌产品,2009年获兵团成长型企业优胜奖。公司“夏子街”商标申报为新疆著名商标,2010年,被中国非金属矿行业协会评价为信用等级AAA级企业。2011年1月,被评为塔城地区“十强企业”,获中材集团“矿产资源开发利用节约奖”;同年获中国建筑材料联合会所授“全国建材行业靠新出强优秀企业”称号，被和布克赛尔县评为“重合同守信用”企业。企业技术中心为自治区级企业技术中心，公司具有自主进出口权，并通过ISO 9001国际质量体系认证和职业健康安全管理体系认证。

### 六、新疆新雅泰化工有限公司

2005年7月成立，由和布克赛尔县确立优势资源转换，与上海雅泰集团合作，通过招商引资落户和布克赛尔县玛纳斯盐湖工业园区。公司矿区面积96.03平方千米，盐田面积20平方千米，厂区9 000平方米，生活区1 000平方米。产品方案为年生产硫酸钾3万吨，硫酸钾镁肥1万吨。公司主要从事对玛纳斯盐湖盐资源的综合开发和利用，是名列新疆第二大硫酸钾钾肥生产企业。2014年7月，兵团第七师锦恒能源集团公司与上海雅泰集团合作，以两次股权收购方式进行股份制改造，于2015年2月形成兵团第七师锦恒能源集团公司占60%股份（绝对控股），上海雅泰集团占40%股份。企业员工157人，其中大中专学生45人，高级工程师3人，工程师6人，一般员工103人。

### 七、新疆康隆农业科技发展有限公司

2010年4月成立，注册地点在和布克赛尔县，注册资金8 500万元。公司是集中药材种植、加工、特色农作物种植、化肥生产销售、国内国际贸易为一体，以农业产业化发展、集约化经营为模式的现代农业企业。公司力争在“中小板”上市，已在自治区非公有制股权管理中心注册登记。公司有管理人员60人，其中具大专以上学历专业技术人员55人，一般行管人员5人；有长期工人1 000余人，季节工人2 000余人。公司有农业生产基地6 667公顷，拥有大中型农业机械90台（部），各类农机具180余台，各种配套设施、设备齐全。公司主营产品为甘草，辅助种植棉花、辣椒、打瓜、玉米、食葵等特色经济作物。工业项目以甘草深加工为主，除进行甘草条草、饮片加工外，主要进行甘草膏、甘草酸、甘草黄酮等甘草提取产品的加工及销售。同时生产国标级磷酸二氢钾、甘草专用肥、滴灌冲施肥等产品。公司获第四届中国农经产业发展论坛“2010现代农业十大标杆企业”。2011年，被和布克赛尔县人民政府评为农业产业化“龙头企业”、被塔城地区评为“民族贸易企业”、被自治区科技厅评为“民营科技企业”。同时，公司的甘草种植示范基地被自治区经济和信息化委员会列为“十二五”重点扶持项目；公司被和布克赛尔县政府批准上报为自治区扶贫产业化和农业产业化龙头企业。2010—2012年，公司连续3年被评为A+级诚信企业。

# 第四章　乡镇企业

## 第一节　乡镇企业发展概况

1993年，和布克赛尔县共有乡镇企业86家（包括个体私营），从业人员2 810人，完成营业收入2 963.9万元，完成工业增加值889.17万元，完成利润总额91万元。县乡镇企业主要分布在采矿、交通运输、批发零售、住宿餐饮、社会服务、建筑等行业中。截至2004年年底，全县共有乡镇企业1 718家（包括个体私营），其中采矿业9家、制造业386家、交通业350家、批发零售业662家、住宿餐饮业200家、社会服务业146家、建筑业2家、其他23家，共有从业人员3 161人，完成营业收入12 420万元，完成增加值4 743万元，完成工业增加值1 768万

元，上缴税金888万元，完成利润总额1 468万元。

2007年，全县形成规模农业产业化龙头企业5家，实现销售收入49 500万元，带动基地面积8 857公顷，占总播面积的84.54%；农村专业协会18个，会员数量445人，年经销额14 016.55万元，带动农户922户；农民经纪人81人，年经销额1 129.9万元；农村合作经济组织（含农民经纪人）经销额占农业总产值的比重达到38.52%。

2010年，全县农产品加工企业完成总产值40 720万元，工业销售产值33 072万元，利润总额895万元，上缴税金1 649万元。年内，和布克赛尔县江格王绒制品有限公司、新久棉业有限公司、牧辰实业开发有限公司被评为地区级龙头企业。

2015年，全县农产品加工业完成现价总产值34 006万元，利润总额3 476万元，上缴税金626.35万元。有自治区级龙头企业2家，地区级龙头企业11家，其中营业收入过2 000万元以上的企业4家，营业收入500万元以上的企业9家。引导企业加强品牌建设，江格王绒制品有限公司"赛月"驼绒被申报为"新疆名牌产品"。

## 第二节　主要乡镇企业

和布克赛尔县江格王绒制品有限公司　前身是县绒毛服装总厂，始建于1986年。2008年，重新组建更名为和布克赛尔县江格王绒制品有限公司。公司位于县城敖包特东街，占地面积1.18公顷。主要从事羊绒、驼绒的收购，无毛绒加工、出口、创汇等业务。公司具有原绒分拣、精梳、检验、打包一条龙的加工生产流程，发展为塔城地区绒毛加工行业的龙头企业。拥有开毛车间、梳绒车间和被服制作车间，主要设备有梳绒机、絮片机、电脑控制自动绗被机、电动缝纫机及辅助设备等。至2015年，公司资产从最初的70万元发展到1 600万元。有员工56人，其中具大专以上文化程度专业技术人员31人，普通员工25人。

和布克赛尔县天华矿业有限责任公司　位于巴嘎乌图布拉格牧场东2.8千米处，伊克乌图布拉格牧场东南4千米处，占地为巴嘎乌图布拉格牧场原居住地。海拔高度1 186米，用地面积1公顷，总投资450万元，设计规模为年处理原矿5万吨，年产铁精粉2.2万吨。该公司2005年5月开工建设，10月建成试产。2008年，加大生产经营力度全年实际生产铁精粉1.2万吨，实现销售收入800万元，上缴税金近100万元。2011—2015年，公司在已有的两台小型磨机基础上，新增一台2.1×7.2米的大型磨机，达到年处理铁矿石8万吨，年生产铁矿粉不低于3万吨，销售收入不低于1 500万元的目标。

和布克赛尔县王府酿酒厂　2001年9月重建，属个人独资企业。单位内设质检科、财务科、销售科。2011年，王府酒厂进行一项技术改造，新盖一栋烧酒工房，扩大生产量，酿造的优质粮食酒进行调配，生产出内部特供酒。特供酒一上市就受到广大消费者的赞扬，被誉为"和丰五粮液"。2011年度，被地区工商局评为"诚信企业"。2015年6月，该厂生产的"王府老窖酒"顺利通过新疆维吾尔自治区食品药品监督管理局监督抽检，保持"诚信企业"光荣称号。

# 第五章　招商引资和园区建设

## 第一节　招商引资

### 一、机构队伍

2004年8月8日，和布克赛尔县招商局（简称"县招商局"）成立，机构级别正科级，隶属县发展计划委员会，为全额拨款事业单位。核定事业编制5名（含科级领导职数2名），实际在职5人。

2006年，县招商局与县发展计划委员会脱离隶属关系，改为县人民政府直属。

2011年1月，辽宁省盘锦市一名第一批援疆干部到县招商局挂任副局长，为期3年。2014年2月，一名第二批援疆干部到县招商局挂任副局长，为期3年。

2015年，县招商局核定事业编制5名，实际在职5人。

### 二、招商活动

#### （一）"西洽会"招商活动

中国东西部合作与投资贸易洽谈会（简称"西洽会"）创办于1997年，每年4月上旬在陕西西安举办，是以加强东西部合作为宗旨，以投资贸易和商品展销为主要内容的国家级重点展会。县招商局于每年4月上旬组团赴西安参加"西洽会"。

#### （二）"厦洽会"招商活动

中国国际投资贸易洽谈会（简称"投洽会"）创办于1997年，每年9月8—11日在中国厦门举办。县招商局于每年9月8—11日组团赴厦门参加"投洽会"。

#### （三）"西博会"招商活动

中国西部国际博览会（简称"西博会"）始创于2000年，每年一届，在四川成都举办，从2014年开始成都"西博会"每两年举办一次。县招商局每次都组团赴成都参加"西博会"招商活动，参展参会，招商洽谈。

#### （四）"亚欧博览会"招商活动

"亚欧博览会"的前身是乌鲁木齐对外经济贸易洽谈会（简称"乌恰会"）。首届"乌洽会"于1992年9月2日在乌鲁木齐举行，至2010年连续举办18届。2011年，"乌洽会"升格为"中国—亚欧博览会"（简称"亚欧博览会"），当年9月1—5日在中国新疆国际会展中心举办首届"亚欧博览会"。每年9月，县招商局组织优秀本土企业组团赴乌鲁木齐"亚欧博览会"参展。

### 三、招商成果

2006—2015年，和布克赛尔县通过招商活动共签约各类项目67个，项目总投资8 245亿元。和布克赛尔县共接待外来客商2 000余人次，洽谈项目90余个，落实引进区内外项目41个，投资总规模达68亿元，落实到位资金36亿元，解决就业人员3 000余人，项目全部投产后将实现年平均产值超20亿元。2010年，在谈意向项目12个，投资总额451.3亿元。招商引资数额由2005年的1.6亿元增长到2010年的16.8亿元，提高10倍。

2011—2015年,百余家企业700余人次到和布克赛尔县实地考察、洽谈项目,中石化、中电投、三一重工、中国大唐、中国国电、神华国能、三峡集团、陕煤化、苏新能源、湖北宜化、粤水电、特变电工、中国凯利、中国庆华、中机国能、华润集团、淮北矿业、华能集团、宝塔石化、江苏苏美达、天山电力等一大批大企业、大集团纷纷前来和布克赛尔县洽谈。共洽谈、签约项目协议65项,计划投资总金额8 239.93亿元;其中注册项目43个,计划投资金额5 582.43亿元,注册资本金29.85亿元;签约未注册12个,计划投资金额1 201.5亿元;洽谈项目10个,投资金额1 456亿元。截至2015年,累计到位资金206.82亿元,与"十一五"规划期间相比,增长469.18%。

**2007—2015年部分年份和布克赛尔县重点招商成果情况表**

表13-12　　单位:万元

| 年份(年) | 项目名称 | 投资方名称 | 投资总额 |
|---|---|---|---|
| 2007 | 年产225万吨煤炭资源整合项目 | 徐州矿务集团 | 444 600 |
| 2010 | 40亿立方米煤制天然气2000万吨配套煤矿项目 | 苏新能源和丰有限公司 | 2 200 000 |
| 2011 | 40亿立方米煤制天然气60万吨煤制烯烃2×66万千瓦煤电一体化1期5万千伏光伏发电项目 | 中国电力投资集团公司 | 9 100 000 |
| 2012 | 油砂(油页岩)及煤炭综合加工利用项目 | 中国庆华集团 | 3 220 000 |
| 2013 | 煤炭综合利用,年产30万吨乙二醇 | 青建集团、品创国际集团等合资 | 340 000 |
| 2014 | 2×100万吨/年煤油共炼、2×20亿立方米/年煤制天然气项目 | 宝塔石化集团 | 4 620 000 |
| 2014 | 年产5万吨润滑油、防冻液、玻璃水项目 | 和布克赛尔县仁众汽车用品有限公司 | 30 000 |
| 2014 | 钢构、压力容器制造项目 | 克拉玛依雪拓设备工程有限责任公司 | 15 000 |
| 2015 | 光伏总容量200兆瓦,风电总容量200兆瓦项目 | 新疆海天达投资有限公司 | 350 000 |
| 合计 | | | 20 319 600 |

## 第二节　和什托洛盖工业园区建设

### 一、机构队伍

2005年6月,和布克赛尔县和什托洛盖工业园区成立,位于和什托洛盖镇以南约3千米处;同时,成立和布克赛尔县和什托洛盖工业园区管理委员会,内设办公室、综合科、规划科、招商科、绿化科,编制10名。

2012年8月,因园区改制,和布克赛尔县将和什托洛盖工业园区管理的企业、下属供水站、管委会的所有在编人员并入和丰工业园管委会管理。2016年2月,和布克赛尔县将和什托洛盖工业园区管委会除退休人员外所有在编人员分配调剂至和布克赛尔镇、和什托洛盖镇,和什托洛盖工业园区所有工作转入和丰工业园区管委会。

### 二、园区规划

和布克赛尔县和什托洛盖工业园区成立时,同步编制总体规划,分为"一园两区",即和什托洛盖多产业区和玛纳斯盐湖盐化工区，规划总面积23.16平方千米。其中和什托洛盖多产业区位于和什托洛盖镇以南3千米处，规划面积15.16平方千米，分为煤化工区、盐化工区、石油化工区、金属加工区、非金属加工区和农副产品加工区；玛纳斯盐湖盐化工区位于玛纳斯盐湖，规划面积8平方千米。

### 三、园区建设

（一）基础设施建设

2006年，园区首期投入资金3 100万元，开发1.37平方千米，共挖填土方92万立方米，基本实现场地平整。根据总体规划设计，在一期开发面积内建设两纵三横道路4.55千米，主干路红线宽度28米、次干路红线宽度24米、支路红线宽度18米，道路两侧修建人行道，铺设人行道彩砖9.1千米；铺设自来水管网5.56千米，直接并入和什托洛盖镇供水管网；铺设排水管网6.41千米；建设110千伏变电所1座，容量为200千伏安，供电电网采用10千伏线路进线，10千伏线路放射式供电；通讯光缆由和什托洛盖电信局引至园区，主干线均以孔装地埋方式敷设在道路的西北两侧；沿217国道及园区内两纵三横道路两侧共种植大叶榆、圆冠榆、松树、白蜡树等6万棵。

2007年，总投资300万元动工新建3 000立方米蓄水池1座。

2010年5月31日，工业园区玛纳斯盐湖引水工程及宏达一分厂供水工程通过竣工验收。

2011年，修建217国道至项目区简易道路15千米；架设供电线路17千米。

2012年，投资600万元修建和丰工业园区临时道路24千米通达各企业；投资1 800万元修建临时应急供水工程为入驻企业提供用水；投资350万元架设园区临时供电线路31千米，输电线路通到各入驻企业；总投资2 276万元完成220千伏双线迁移工程基础性工作。

（二）企业项目建设

2007年，新雅泰化工有限公司开工建设，主要生产硫酸钾、硫酸钾镁肥等产品。

2009年，和布克赛尔县海鑫膨润土有限公司注册成立并落户和什托洛盖工业园区，主要从事膨润土系列产品深加工及销售。

2010年6月，新疆赛尔鹏远复合材料有限责任公司开工建设，投资1.1亿元建设年产4万吨玻璃钢管项目。

2011年5月，新疆赛尔鹏远复合材料有限责任公司建成4条生产线并投入生产。

2012年5月，新疆汇丰达石化科技有限公司在和什托洛盖工业园区开工建设，投资2.6亿元建设采油配套设备制造及3PE防腐保温材料等。

### 四、管理与服务

2005年，和布克赛尔县和什托洛盖工业园区成立之初，确定园区开发建设始终坚持走科技含量高、经济效益好、资源消耗低、环境污染少的新型工业化道路。凡是有利于本地经济和社会可持续发展的项目，盯住不放予以引进；凡是高耗能、高耗水、高污染，可能对本地环境、生态、资源造成破坏的项目，坚决拒绝。凡进区项目一律要先通过环评，而且投资必须达到5 000万元以上。园区管委会坚持把服务企业，建设高效、务实的服务型机关作为自身建设的目标。从项目引进工作开始，到正式签订入区协议，为每个项目都提供全天候、全过程和全方位的服务。凡现场勘测、放线，项目单位开工必备的各种手续，都由管委会全程参与并出面协调解决。在推进园区供水、供电、排水、道路、房屋拆迁、绿化、加强园区安全管理等方面，与县、镇等多个部门、各个层面协商，解决各种难题。至2006年年末，已有江苏徐矿、山东鲁能、上海雅泰、中国材料科工、兰州和平铜材、乌鲁木齐三友达等一批企业入园。

2009年，申请并获批复成立和什托洛盖工业园区玛纳斯盐湖盐化工区供水管理站，为自收自支事业单位，隶属和什托洛盖工业园区管委会，负责为玛纳斯盐湖盐化工区供水。因受天气干旱影响，工程取水水源艾里克湖水大量蒸发，水位骤降，出现取水困难。管委会积极与克拉玛依市、乌尔禾区有关部门沟通、联系，协调为艾里克湖注水，恢复水位，确保新雅泰化工有限公司、宏达盐业一分厂生产生活用水。

2010年3月初，玛纳斯盐湖盐化工区引水工程受洪灾影响，管委会会同县水利局专家与乌尔禾区水利部门协调，与新雅泰化工有限责任公司、宏达盐业领导共商防洪措施，制定防洪方案，园区全体干部职工参与防洪抗洪，经过近两个月的努力，在取水口处筑起两道坝，确保引水工程安全和正常向企业提供生产生活用水；为徐矿集团煤制天然气项目选址处修建简易道路；随着赛尔鹏远复合材料有限责任公司、海鑫膨润土有限公司入驻园区，管委会积极协调国土、城建、供电、供水等有关部门，安排专人协助企业办理各项手续，为入驻企业架设供电线路、铺设供水管线。

2010年12月，和布克赛尔县成立和丰工业园区规划编制领导小组，领导小组办公室设在县和什托洛盖工业园区管委会，委托编制和丰工业园区总体规划。

2011年5月，和丰工业园区总体规划初稿完成并通过和布克赛尔县初审。6月，委托编制环境影响评价报告，9月获得批复。9月27日，自治区召开和丰工业园区设立审查会，同意和丰工业园区为自治区级工业园区。

2012年5月，开工建设临时应急供水工程。8月，和布克赛尔县和什托洛盖工业园区管委会并入和丰工业园区管委会，所有工作由和丰工业园区统一安排。

# 第十四编

# 商　贸

20世纪90年代，和布克赛尔县实行商业流通体制改革，以市场需求为导向，肯定个体私营经济的合法地位，引导个体私营经济健康发展，积极培植个体私营大户，引导其发展上档次、上规模、上水平，从而繁荣和活跃了市场，方便各族人民的生产生活。1993年，全县社会商品零售总额4 705万元。2015年，全县社会商品零售总额33 960万元，比1993年增加29 255万元，年均增长9.4%。

# 第一章　市场建设

## 第一节　农贸市场

1993年，为促进集市贸易市场发展，县人民政府召开市场建设工作会议，按照"谁投资、谁受益"的原则，鼓励社会各界投资建市场。当年由县工商局、个体工商户、物资公司、供销部门联合兴建和布克赛尔民贸市场，同年7月20日竣工并正式开业。该市场位于和布克赛尔县城赛尔北街，占地面积23 098平方米，其中前后二门楼987平方米、经营铺面2 600平方米、钢架玻璃瓦大棚1 100平方米，总投资125万元，内设店铺93间，摊位50个。

2009—2010年，由县工商局牵头对该市场进行改造，投资4 000万元在原址新建占地面积4 000平方米的砖混内外三层综合性农贸市场，并更名为江格尔综合市场。市场内设钢棚摊位26个，商品店房389间。

至2015年，全县共有各类有形市场3个（另外2个在和什托洛盖镇和伊克乌图布拉格牧场），均为集贸市场。

## 第二节　超市　商店

1993年，和布克赛尔县城有国营商业网点15个、集体商业网点10个、合作商店1个。

2013年，和布克赛尔镇成立4个社区便民直销店，分别是巴格茨社区办公楼1楼门面房（赛尔南街东013号）、振兴小区9号楼门面房、城关小学门面房、幸福小区5号楼103门面房。社区便民直销店采取"蔬菜基地+社区直销店"的模式，减少中间环节，达到平抑菜价，方便居民购买的目的。所有蔬菜、水果、面粉、大米、清油等按照低于市场价格销售。

2015年，全县范围内有超市、商店、便民店202家，其中规模较大的有4家，即众惠超市（位于县城敖包特东街）、万宝红超市（位于县城敖包特东街）、福源恒友好超市（位于和什托洛盖镇）、振元超市（位于和什托洛盖镇）。

# 第二章　国内、国际贸易

## 第一节　国内贸易

1992年12月21日，自治区人民政府下发《新疆维吾尔自治区发展个体和私营经济若干规定》，肯定个体私营经济的合法地位。和布克赛尔县委、县人民政府随即根据自治区的文件精神，提出和布克赛尔县发展个体私营经济有利于发展社会主义社会的生产力、有利于增强社会主义国家的综合国力、有利于提高人民的生活水平为标准，以资源优势为基础，以市场需求为导向，进一步解放思想，转变观念，放宽政策，取消一些不必要的限制，做到“先发展，后规范；先开业，后办照；先上车，后买票”。凡是国家没有明令禁止的行业和商品，个体可以联营、参股、租赁、兼并企业，保护个体私营经济的合法权益，引导个体私营经济健康发展。积极培植个体私营大户，引导其发展上档次、上规模、上水平。在生产结构上，立足和布克赛尔县实际，大力发展粮油加工、牲畜育肥和肉、奶、皮、毛等加工产业，禽、畜、鱼综合养殖业和经济作物种植业以及交通运输业、商业、饮食服务业等。

1993年，全县商品零售总额4 705万元，其中批发商业零售3 306万元、住宿餐饮业零售272万元、工业零售832万元、其他行业零售295万元。

1997年，全县商业网点发展到1 000多家，商品种类达到上万种，全年社会商品零售总额6 360万元，比1993年增长35.18%。

1998年2月23日，和布克赛尔县召开发展个体私营经济工作会议。会议确定和布克赛尔县发展个体私营经济的总体思路，通报表彰一批合法经营、照章纳税、对和布克赛尔县个体私营经济发展做出贡献的先进个体私营劳动者；同年12月31日，下发《和布克赛尔县关于加快发展个体私营经济的意见》。

1999年12月3日，和布克赛尔县根据中共十五届四中全会精神召开加快发展非公有制经济工作会议。会议总结经验，讨论《和布克赛尔县关于进一步加快发展非公有制经济的决定》，表彰一批在非公有制经济发展中做出优异成绩的先进集体和先进个人。

进入21世纪后，和布克赛尔县贯彻党的搞活经济、繁荣商业的方针，在发展国有商业的同时，积极扶持集体和个体经济的发展，充分发挥市场流通作用，加强县内市场建设，建成县城、和什托洛盖镇和伊克乌图布拉格牧场三大集贸市场。2000年，非公有制经济在第三产业尤其是商业、饮食服务业方面得到迅速发展，全县实现社会商品零售总额5 816万元，其中批发商业零售业3 346万元、住宿餐饮业零售319万元、工业零售1 376万元、其他行业零售775万元。

2004年，和布克赛尔县社会商品零售总额6 842万元，比1993年增长45.42%。个体工商户共2 012户，从业人数2 709人，注册资金3 455万元；私营企业51户，从业人数1 347人，注册资金8 096万元。

2005年，和布克赛尔县按照“大商贸、大市场、大流通”的要求，积极发展连锁经营、专业配送、电子商务等现代流通方式和组织形式，激活农村市场，提高农民消费水平，城乡商品流通发展较快，全县社会商品零售总额达到8163.9万元，比1993年增长73.52%。

2007年，全县社会商品零售总额首次超亿元，达到11 059.7万元，同比增长19.1%。

2015年年末，和布克赛尔县登记在册各类市场主体4 040户。其中，内资企业160户，注册资金13.3亿元；私营企业387户，投资人940人，雇工人数6 269人，注册资本为21.9亿元。在册农民合作社231户，成员总数1 523人，出资总额为1.5亿元。在册个体工商户3 262户，资金数额1.3亿元。全县实现社会消费品零售总额33 960万元，比1993年增加29 255万元，年均增长9.40%。其中，批发零售业23 702万元，比1993年增加20 396万元，年均增长9.37%；住宿餐饮业10 258万元，比1993年增加9 984万元，年均增长17.94%。

**1993—2015年和布克赛尔县社会商品零售情况表**

表14－1　　　　　　　　　　　　　　　　　　　　　　　　　单位：万元

| 年份（年） | 零售总额 | 其中 | | | |
|---|---|---|---|---|---|
| | | 批发商业零售 | 住宿餐饮业零售 | 工业零售 | 其他行业 |
| 1993 | 4 705 | 3 306 | 272 | 832 | 295 |
| 1994 | 5 110 | 3 497 | 403 | 930 | 280 |
| 1995 | 6 289 | 3 995 | 372 | 1 330 | 592 |
| 1996 | 6 704 | 4 361 | 364 | 1 501 | 478 |
| 1997 | 6 360 | 3 544 | 321 | 1 590 | 905 |
| 1998 | 6 006 | 3 502 | 283 | 1 649 | 572 |
| 1999 | 6 364 | 3 793 | 373 | 1 537 | 661 |
| 2000 | 5 816 | 3 346 | 319 | 1 376 | 775 |
| 2001 | 6 610 | 3 826 | 261 | 1 678 | 845 |
| 2002 | 6 650 | 3 610 | 379 | 1 805 | 856 |
| 2003 | 4 657 | 3 598 | 656 | — | 403 |
| 2004 | 6 842 | 5 482 | 915 | — | 445 |
| 2005 | 8 163.9 | 5 999.1 | 1 767.4 | — | 397.4 |
| 2006 | 9 286.1 | 6 516.3 | 2 313.6 | — | 456.2 |
| 2007 | 11 059.7 | 7 261 | 3 124.4 | — | 674.3 |
| 2008 | 13 395.1 | 8 686.6 | 3 974.5 | — | 734 |
| 2009 | 13 374 | 8 678 | 3 965 | — | 731 |
| 2010 | 15 740 | 9 979.6 | 4 956.4 | — | 804 |
| 2011 | 18 280 | 11 450 | 5 950 | — | 880 |
| 2012 | 24 695 | 17 637 | 7 058 | — | — |
| 2013 | 28 618 | 22 429 | 6 189 | — | — |
| 2014 | 32 208.6 | 23 077.5 | 9 131.1 | — | — |
| 2015 | 33 960 | 23 702 | 10 258 | — | — |

## 第二节　国际贸易

1992年，和布克赛尔县外贸业务从县供销合作联社划出，成立伊犁哈萨克自治州外贸公司和布克赛尔县分公司，设在县供销合作联社，实行一套人员、两块牌子，县供销合作联社副主任兼任经理。当年业务购进额430万元，亏损38万元。

1994年5月8日，自治区对外贸易委员会批准和布克赛尔县享有边贸经营权。和布克赛尔县成立边贸公司。一时间，各企业也瞄准境内外市场，抓住有利时机大力发展边境贸易，多次组团出境洽谈各种互利互补的贸易，建立贸易伙伴关系。和布克赛尔县曾与哈萨克斯坦、蒙古国的贸易企业签订多项贸易合同或意向，向哈萨克斯坦出口大批活畜，与蒙古国进行易货贸易，1995年交易额110万美元。但由于市场竞争激烈，不善经营，和布克赛尔县边贸公司于1996年自然解体。

# 第三章 供销合作商业

## 第一节 机构队伍

1993年，和布克赛尔县供销合作社联合社（简称“县供销联社”）内设办公室、财务室、公司办，有干部职工8人。下辖茶畜、综合2家公司和4个基层供销社，全县拥有商业网点63个。

1997年，和布克赛尔县供销合作社联合社农业生产资料公司成立，经营销售农药、化肥等农资商品和收购农副产品，注册资金11.2万元。

2003年7月7日，新疆和布克赛尔县夏孜盖棉花加工厂成立，注册资金170万元。经营棉花收购、加工、销售，农副产品收购，榨油等。

2004年，和布克赛尔县供销益民有限公司成立，注册资金10万元。经营食用盐，房屋租赁，烟花爆竹，兼营化肥、农产品收购等。

2005年5月，和布克赛尔县农村合作经济组织协会成立，有单位成员18个，个人会员41个。

2007年，由新疆新合作家佳乐连锁超市有限公司控股，和布克赛尔县供销益民有限公司、大杨超市参股共同成立和布克赛尔县新合作家佳乐仓储物流配送有限公司，注册资金50万元，经营日用百货、五金交电、茶叶、家电产品、体育用品、家具、农副产品收购深加工及销售。

2009年，县供销联社内设办公室、财务室、综合业务办公室，在职干部职工12人。下辖和什托洛盖供销社、县供销联社农业生产资料公司、县供销益民有限公司、夏孜盖棉花加工厂、新合作家佳乐仓储物流配送有限责任公司、县农村合作经济联合社。

2010年，县供销联社内设办公室、党建办、财务室、基层管理办公室、公司办、综合业务办公室，在职干部职工12人。下辖单位未变。

2011年，和布克赛尔县昌农农资经销有限责任公司成立，以“开放办社”的方式引入沙湾县润农商贸有限责任公司投资，注册资金35万元。

2013年9月5日，和布克赛尔县察和特开发区供销合作社成立，注册资金10万元。经营农业生产资料，日用百货销售，农副产品收购。11月4日，成立和布克赛尔县夏孜盖乡供销合作社，注册资金10万元。经营农业生产资料，日用百货销售，农副产品收购。

2015年，县供销联社内设行政办公室、党建办、财务室、基层管理办公室、综合业务办公室、项目办，在职干部职工16人。下辖和什托洛盖供销合作社、夏孜盖乡供销合作社、莫特格乡供销合作社、县供销联社农业生产资料公司、县供销益民公司。

## 第二节 供销体制改革

2007年，为认真贯彻落实中共十六届六中全会精神和县委十届三次全委（扩大）会议精神，构筑和布克赛尔县农村流通体系，县人民政府印发《加快和布克赛尔县农村合作经济组织发展和进一步加强供销社工作的实施方案》，明确供销社的定性、定位，加强供销社为农服务职能。

2009年，贯彻落实国务院《关于加快供销合作社改革发展的若干意见》精神，县供销联社人员经人事等相关部门核准12名，人员工资和办公经费全额纳入县级财政预算，从1月1日起开始执行。对社有企业的管理，坚持有进有退的原则，对出资企业进行资产重组和结构优化，进一步理顺县社和出资企业的关系，逐步实现由管企业向管资产、由实物监管向资产运营的转变，坚持资产管理与提高经济效益并举，确保社有资产保值增值。帮助企业改善经营环境，促进其做大做强，通过招商引资、联合发展等途径，转变经济发展方式，提高经济运行质量和效益。

2011年5月，县"两社"（县供销合作联社、县信用合作联社）本着推进投资主体多元化，健全法人治理结构，增强企业发展活力，提高市场竞争力的原则，引入沙湾县润农商贸有限责任公司控股对县社农业生产资料公司进行股份制改造，成立和布克赛尔县昌农有限责任公司，公司独立承担民事责任，县供销社参股35%，提高企业整体实力和服务水平。

2012年年初，县"两社"整合农资公司、益民公司有效资源，严格按照"产权清晰、责权明确、管理科学"现代企业制度的原则，引入农民经营大户控股，县"两社"以整合资源控股35%，对上述两公司进行股份制改造，由改造后的公司在县南部察和特开发区创办各类专业合作社、综合服务社，拓展服务范围，使"两社"农资供应企业首次进入兵团地区，实现县域农区全覆盖。供销社职能逐渐由经营性服务向公益性服务转变。

2013年，为贯彻落实中共十八大，中共中央、国务院《关于加快发展现代农业进一步增强农村发展活力的若干意见》文件精神和县委十一届三次全委（扩大）会议的部署，和布克赛尔县委颁布《关于印发〈和布克赛尔县大力支持农民专业合作社建设推进现代农业加快发展的实施意见〉的通知》。成立33个成员单位的工作领导小组，办公室设在县供销联社，由县供销社、农业产业化发展局、农经局负责日常工作，配备3名工作人员，形成联动机制，统一协调指导全县的农民专业合作社发展工作，完成机关干部职工的整体划转工作。根据国发〔2009〕40号、新政发〔2010〕93号和塔地机编字〔2012〕14号文件精神，积极向县委、县人民政府主要领导和分管领导汇报，多方协调人事、财政、纪检、编办等部门，完成县供销合作社机关干部职工整体划转、身份界定、工资计发、经费核拨，定编、职能确定等工作，理顺供销社的管理体制，维护干部职工的切身利益，提高他们的工作积极性，增强为农服务的信心和责任感。

## 第三节　农资经营

1997年，县供销联社农资公司成立，开始经营农资业务。

1998年，全县供销合作社系统销售化肥200吨、农膜31吨、农药0.3吨。

2000年，全县供销系统销售化肥240吨、膜40吨、农药0.7吨。

2006年，全县供销系统销售化肥540吨、农膜30吨、农药0.5吨。

2009年，全县供销系统销售尿素960吨、磷肥1 200吨、农药17吨、地膜25吨。

2010年，县供销联社发挥主渠道作用，开展春耕备耕化肥等农业生产资料的调运供应，销售各类化肥1 800吨（尿素1 100吨、磷复肥700吨）、农药17吨、地膜25吨。

2012年，县供销联社新建和改造农资农家店4个，新增经营网点4个，县域农区农资经营网点达到全覆盖，首次进入兵团市场，农资库容增加到1 000多吨，农资企业销售各类化肥2 800余吨，销售农药45吨，农膜65吨。

2013年，县供销联社调运销售各类化肥5 230吨，其中尿素2 500吨、二铵2 400吨、三料50吨、复合肥180吨、农药36吨、农用地膜100吨。

2015年，和布克赛尔县供销社系统组织销售各类适销化肥7 000吨，其中氮肥3 300吨、磷肥2 800吨、钾肥900吨、各类农药50吨、地膜120吨。

## 第四节　棉花经营

2003年，县夏孜盖棉花加工厂成立，但至2005年的业务经营数据缺失。

2006年，和布克赛尔县收购皮棉1万余吨，折合籽棉3.2万吨，实现销售收入1.5亿元，实现利润200万元。

2010年，全县各棉花企业收购籽棉1万余吨。其中新久棉业收购籽棉3 000余吨，兑付收购款3 400万元；华丰有限责任公司收购籽棉7 000吨，兑付收购款7 800余万元。

2012年，全县收购籽棉2.1万吨，加工皮棉9 800吨，库存皮棉2 096吨，销售皮棉6 884吨。

2013年，全县棉花企业共收购籽棉2.92万吨，其中新久棉业股份有限责任公司收购籽棉1.2万吨、华丰有限责任公司收购籽棉1.22万吨、瑀杰棉花加工厂收购籽棉5 000吨。加工皮棉1.12万吨。帮助棉花企业筹措收购资金2.6亿元。

2015年，全县棉花企业共收购籽棉6 810吨，其中新久棉业股份有限责任公司收购籽棉450吨、华丰有限责任公司收购籽棉3 500吨、禹杰棉花加工厂收购籽棉2 860吨。加工皮棉2 724吨，销售棉花12 365吨，发运7 341吨。

**1993—2015年和布克赛尔县供销联社经济运行情况表**

表14－2　　　　单位：万元

| 年份(年) | 销售收入 | 同比增长(%) | 完成利润 | 同比增长(%) |
|---|---|---|---|---|
| 1993 | 62 | 1 | 5 | 1.15 |
| 1994 | 63 | 1.6 | 5 | 0 |
| 1995 | 65 | 3 | 6 | 20 |
| 1996 | 70 | 7.1 | 6.3 | 5 |
| 1997 | 72 | 2.8 | 7.05 | 11.9 |
| 1998 | 80 | 10 | 7.85 | 11.34 |
| 1999 | 88 | 10 | 8 | 1.91 |
| 2000 | 102 | 15.9 | 9.3 | 16.25 |
| 2001 | 135 | 32 | 10 | 7.52 |
| 2002 | 143 | 5.9 | 11 | 10 |
| 2003 | 160 | 11.8 | 13 | 18.18 |
| 2004 | 195 | 21.8 | 17.6 | 35 |
| 2005 | 210 | 7.6 | 19.85 | 12.78 |
| 2006 | 18 000 | 8 471 | 102 | 413 |

续表14-2

| 年份(年) | 销售收入 | 同比增长(%) | 完成利润 | 同比增长(%) |
|---|---|---|---|---|
| 2007 | 36 000 | 100 | 185 | 81 |
| 2008 | 38 132 | 5.9 | 201 | 8.64 |
| 2009 | 38 432 | 0.78 | 221 | 9.95 |
| 2010 | 42 000 | 9.28 | 300 | 35 |
| 2011 | 50 000 | 19 | 451.5 | 50 |
| 2012 | 52 307 | 4.61 | 460 | 1.88 |
| 2013 | 67 000 | 28 | 780 | 69 |
| 2014 | 85 000 | 26 | 935 | 19.8 |
| 2015 | 89 000 | 4.7 | 942 | 0.74 |

# 第四章 粮油贸易

## 第一节 机构队伍

### 一、行政机构

1993年,和布克赛尔县粮食局(简称"县粮食局")内设办公室、会计股、储运股、供应股,有干部职工44人。

2002年7月,县粮食局并入和布克赛尔县发展计划委员会(简称"县计委"),挂县粮食局牌子,编制12名。

2007年,和布克赛尔县发展计划委员会更名为和布克赛尔县发展和改革委员会(简称"县发改委"),县粮食局内设粮食科,编制8名。至2015年,县粮食局内设机构及人员编制未变。

### 二、业务机构

1993,和布克赛尔县粮食局下属机构有粮油加工厂、综合饲养场、中心仓库、议价公司、城关第一粮店、城关第二粮店,共有干部职工387人。

1994年,和布克赛尔县军粮供应站成立,核定事业编制5名(参照公务员管理),经费形式为差额预算管理。

1999年,和布克赛尔县粮油购销公司成立,为独立法人企业单位,自主经营,自负盈亏。2007年,公司下设办公室、财务室、储运股、仓库、和什托洛盖粮站、夏孜盖粮站,有职工11人。至2015年未变。

## 第二节 粮食购销体制改革

1998年,和布克赛尔县贯彻落实《国务院关于进一步深化粮食流通体制改革的决定》,粮食企业实行政府粮食行政管理职能与粮食企业经营的分离。粮食行政主管部门代表政府对全社会粮食流通进行管理,与粮食企业在人、财、物等方面彻底脱钩,不参与粮食经营,不直接干预企业自主的经营活动。所有国有粮食企业(包括乡镇粮库)都面向市场,实行独立核算,成为自主经营、自负盈亏、自我约束、自我发展的经济实体,不承担粮食行政管理职能。

1999年5月2日,县人民政府下发《关于批转〈和布克赛尔县粮食流通体制改革方案〉的通知》。《通知》要求"按照政企分开和粮食企业经营主、副营分开的原则,结合县粮食企业实际,成立粮油收储公司、保留粮油加工厂、保留酒厂、成立粮油销售公司、保留综合饲养厂,将鹤阳宾馆并入综合饲养厂。全部为自主经营、自负盈亏的经济实体。全部为副科级单位,各单位按照自治区有关粮改规定定岗定员。"原粮食企业共有387人,改革后,将业务分解为主营和附营两大块。主营企业有县粮油购销公司192人(包括基层粮库);附营企业有县粮油加工厂55人、县粮油综合饲养厂69人、县中心粮店52人、县酒厂13人。

1998—1999年,县中心粮店及各基层粮店因管理不善相继停业。

2000年9月,县粮食局根据县人民政府《关于同意粮食系统富余人员下岗的批复》文件精神,安排县中心粮店49名职工下岗。

2001年11月,县粮油加工厂、粮油综合饲养厂、酒厂由法院宣告破产。

2006年5月,县计委、破产清算小组将粮食系统土地及房产移交给县国有资产经营公司,因土地和房产均无产权证明。同年12月,国有资产经营公司对土地和房产进行评估并办理产权证,评估资产总额390.36万元(包括土地)。

2007年,按照《县粮油购销公司员工国有身份转换安置细则》进行国有职工身份置换,竞聘上岗11人,实行"公平、公正、灵活"的用工机制,原则上一人兼多职,将公司机关和县城中心仓库合并,保留夏孜盖粮站、和什托洛盖粮站,负责全县粮食的收购、储备、调运、销售等工作。

2008—2015年,推进粮油购销市场化改革,放开粮食收购,放开粮食市场,放开粮食价格。

## 第三节　粮油经营

### 一、县中心粮店业务情况

1995年,县中心粮店成立,隶属县粮食局,以销售面粉、大米、清油为主。下设3个粮店,由中心粮店统一管理各店。1999年,随着国家政策的开放,粮食销售走向市场,因面粉销售成本高,亏损严重,9月自行停业。

### 二、县粮油购销公司业务情况

1999年,县粮油购销公司成立时,对主营业务按照上级要求每400吨保粮标准核定编制1名,进行减员增效下岗分流工作。基于和布克赛尔县北部春小麦品质差和国家关于高寒地区春小麦退出保护价格收购范围的要求,将县北部4个基层粮站整体撤销,退出主营业务,下岗104人。

2006年,县粮油购销公司储粮7 173吨,其中和什托洛盖站3 482吨、夏孜盖站2 736吨(地储粮713吨)、中心仓库955吨。

2007年,县粮油购销公司共储粮1 826吨,其中和什托洛盖站75吨、夏孜盖站1 669吨、中心仓库82吨。和布克赛尔县锁定的政策性老粮2 839吨小麦全部竞拍,为驻县个体面粉加工业及企业销售小麦510吨。在夏粮收购工作中，公司贯彻中央及自治区粮食收购的各项政策、措施，执行《粮食收购条例》，验质定等，按质论价，保护种粮农户的利益，做到“政府、企业、农民”三满意。公司与农发行协商贷款150万元，从额敏等地购进符合国家水分和质量标准的玉米800吨，解决和布克赛尔县牲畜安全越冬饲料储备。

2010年，县粮油购销公司加强监督检查，严格粮食执法。认真贯彻落实《粮食流通管理条例》和《粮食流通监督检查暂行办法》，依法切实履行粮政管理职责，加强监督检查，规范收购市场秩序，维护农民利益和消费者的合法权益。做好粮食收购和仓储工作，共收购小麦1 742吨、油料463吨、销售小麦1 082吨。坚持“以兵为本”的军供理念，坚持对入库军粮定期检查，执行入库“一批一检报告”的管理制度，杜绝不合格军粮入库。

2012年，坚持依法管粮，营造良好的市场环境。及时掌握粮油供需平衡状况统计数据和价格，为政府宏观调控提供全面、可靠的决策依据。做好粮食收购和仓储，成立夏粮收购领导小组，坚持明码标价，敞开收购，全年共收购小麦564吨，销售小麦310吨。严格按照规范化管理要求做好粮食仓储，小麦库存2 838吨、商品油2 017吨、重点非国有粮食经营企业（两家企业合计）从粮食购销企业购进小麦420吨、总销售面粉280吨。大力发展多种经营，进一步扩展粮油购销公司业务，承储青贮1.5万吨、苜蓿146吨，为和布克赛尔县抗灾保畜工作打下基础。对和什托洛盖粮库实施“退城进郊”，新建粮站首期建库仓容达到5 000吨，并完成相关配套设施。

2015年，和布克赛尔县粮油购销公司下设3个库点：县城中心仓库库房2个，仓容1 500吨；和什托洛盖粮站库房2个，仓容5 000吨；夏孜盖粮站库房5个，仓容5 500吨。备案总仓容1.2万吨。所备案的国有企业各项制度健全，经营规范。

### 第四节　粮油加工

1993—1997年，和布克赛尔县粮油加工厂以加工面粉为主，效益不佳。1998年，由于经营管理不善，处于停产状态。1999年，通过协调银行贷款和上级支持，恢复生产，但由于生产的面粉质量差，成本高，造成严重亏损。2000年4月停产；9月，县粮食局根据县人民政府《关于同意粮食系统富余人员下岗的批复》文件精神，安排该厂41名职工下岗；11月21日，县法院裁定宣告其破产，破产前有职工55人。

## 第五章　专营专卖商品购销

### 第一节　盐业购销

#### 一、机构队伍

1993年，和布克赛尔县有两个盐场：新乌森盐场，有正式职工129人；夏孜盖盐场，有职工70人。

1997年11月，新乌森盐场与夏孜盖盐场合并，成立和布克赛尔县盐业总公司，内设一分厂、二分厂、三分厂、办公室、质检科、材料科、财务科、政工科、劳动人事科、保卫科、锅炉房、石河子经销站，有职工222人。

2000年7月26日，县盐业总公司改制，成立和布克赛尔县宏达盐业有限责任公司，内设一分厂、二分厂、三分厂、财务科、质检科、营销科、政工科、保卫科、行政办公室，有职工223人。

2005年，公司进行二次改制，加入新疆盐业集团，更名为和布克赛尔县宏达盐业有限责任公司，内设一分公司、二分公司、三分公司、生产技术部、财务部、市场部、党群工作部、人力资源部、发展规划部、盐业批发部、物业公司，有职工307人。至2015年，公司内设机构未变，有职工295人。

## 二、业务经营

1993—1997年，两个盐场累计销售盐23.1万吨，销售收入3 370万元，上缴税金1 058万元，年均负利润108.62万元。

1998年是公司改制后的第一年，各方面的工作处于磨合之中，改革成效尚未显现，当年负利润395万元。

1999年，公司扭亏为盈，在遭受玛纳斯地区百年不遇的特大洪灾造成直接经济损失3 800万元的情况下，还实现利润1.3万元。2000年，实现利润54.6万元。

2001—2005年，公司投资300万元对三分场的生产设备进行技术改造，年生产能力达到1.2万吨；公司建成局域网，实现办公自动化；成立盐业批发部，对全县的盐业市场实行统一管理；举办职业技能上岗培训班，培训考试合格后，发给职业技能合格证书，职工凭证上岗，实行定岗定额工资，企业改革进一步加深；开发加钙盐、加锌盐、低钠盐3种新产品，改变公司盐产品单一的局面；通过ISO 9001:2000标准质量管理体系的认证，成为自治区12家制盐企业中通过认证的三家企业之一，标志着公司的质量管理与国际接轨。5年内累计销售盐92.6万吨，销售收入12 147万元，上缴税金3 095万元，实现利润1 737万元。

2006—2010年，投资800万元完成5万吨精制粉洗盐车间成品库技术改造项目，在原成品库的基础上扩建2 000平方米库容；其间，2008年度公司被评为和布克赛尔县工业企业纳税贡献奖第一名，奖金5万元，被评为地区首批“劳动保障诚信企业”，获新疆名牌产品企业称号，黄羊牌和金鸵牌食用盐被评为新疆名牌产品。五年内累计销售盐257.7万吨，销售收入29 399万元，上缴税金8 900万元，实现利润6 045万元。

2011—2015年，公司完成一分公司100万吨滩晒盐田竣工验收；机械年产200万吨扩建及保健盐、营养盐、浴盐等精深产品项目环境评价通过上级主管部门验收；正式取得由北京方圆标志认证集团有限公司颁发的HACCP体系认证证书；被中国盐业协会评为全国盐行业AAA级信用企业。5年内，累计销售盐761.5万吨，销售收入84 469万元，上缴税金33 017万元，实现利润27 728万元。

**1993—2015年宏达盐业公司各项经济指标完成情况表**

表14－3

| 年份(年) | 生产量(万吨) | 销售量(万吨) | 销售收入(万元) | 工业总产值(万元) | 利润(万元) | 税金(万元) |
|---|---|---|---|---|---|---|
| 1993 | 5 | 8.6 | 886 | 750 | -150 | 444 |
| 1994 | 3 | 3.5 | 641 | 557 | -123 | 150 |
| 1995 | 3 | 3.6 | 579 | 540 | -104 | 130 |
| 1996 | 8 | 3 | 654 | 560 | -66 | 104 |
| 1997 | 4.8 | 4.4 | 610 | 595 | -100.1 | 230 |
| 1998 | 6.7 | 4.8 | 897 | 750 | -395 | 218 |
| 1999 | 5.1 | 7.42 | 1 339 | 1 240 | 1.3 | 298 |

续表14-3

| 年份(年) | 生产量(万吨) | 销售量(万吨) | 销售收入(万元) | 工业总产值(万元) | 利润(万元) | 税金(万元) |
|---|---|---|---|---|---|---|
| 2000 | 15.3 | 7.36 | 1 340 | 1 300 | 54.6 | 313 |
| 2001 | 17.2 | 11.6 | 1 813 | 1 404 | 214 | 468 |
| 2002 | 22.7 | 16.6 | 2 282 | 2 280 | 306 | 641 |
| 2003 | 27.3 | 18.3 | 2 523 | 2 445 | 339 | 766 |
| 2004 | 32.2 | 23.3 | 2 550 | 2 671 | 283 | 893 |
| 2005 | 35.8 | 22.8 | 2 979 | 2 768 | 595 | 327 |
| 2006 | 13.2 | 24.8 | 2 900 | 3 523 | 462 | 926 |
| 2007 | 50.5 | 25.9 | 3 319 | 3 734 | 520 | 900 |
| 2008 | 78.6 | 42.7 | 5 800 | 6 551 | 986 | 1 700 |
| 2009 | 90.6 | 72.6 | 7 575 | 7 733 | 1 500 | 2 100 |
| 2010 | 152.7 | 91.7 | 9 805 | 9 436 | 2 577 | 3 274 |
| 2011 | 200 | 178 | 17 764 | 16 767 | 4 609 | 5 354 |
| 2012 | 160 | 124.5 | 17 005 | 16 148 | 4 612 | 7 679 |
| 2013 | 164 | 176 | 15 700 | 16 500 | 5 760 | 6 902 |
| 2014 | 185 | 139 | 16 700 | 17 200 | 5 962 | 5 673 |
| 2015 | 172 | 144 | 17 300 | 17 249 | 6 785 | 7 409 |

## 第二节　烟草专卖

### 一、机构队伍

1993年,和布克赛尔县糖业烟酒公司共有商业网点5个,其中县城设有门市部3个、和什托洛盖镇设有批零兼营商店和门市部各1个,主要经营糖、烟、酒、副食品及调味品等业务。

2003年1月,机构改革,塔城地区烟草商贸有限责任公司和布克赛尔物流配送中心成立,内设营销部、稽查大队。

2015年,塔城地区烟草商贸有限责任公司和布克赛尔物流配送中心内设营销部,在职职工6人。

### 二、业务经营

2003年,县糖业烟酒公司开展坐店销售及市场监管工作,实行开票取货。全年销售卷烟1 800箱,销售总收入2 337万元,税利总额467.49万元。

2007年,开展烟草行业的相关政策宣传,对卷烟销售经营进行指导,维护零售客户专区专柜,给零售客户提供别的超值服务。通过明察暗访加大力度检查市场,确保和布克赛尔县营销区域卷烟销售市场规范化,为新开商店的用户办理烟草专卖许可证。全年销售总收入2 830万元,税利总额568.23万元。

2010年,开展网上订货,取代电话订货,优化配送线路,实行现代物流,配送上门服务,同时加大市场检查力度,维护广大零售客户及消费者利益。全年卷烟销售总收入3 629.81万元,税利总额725.96万元。

2012年,开展网上配货工作,进行现代终端建设,统一亮化终端形象,细分消费市场,满足不同层次消费者需求，同时开展专项整治行动，净化卷烟市场，维护国家和消费者利益。全年卷烟销售总收入4 325.32万元，税利总额865.06万元。

2015年，紧盯年度各项指标任务，围绕“强信心 调状态 固基础”这条主线，做优做实卷烟营销、专卖管理、队伍建设、内部管理四项工作，卷烟销售总收入7 316.41万元，税利总额1 463.28万元。

## 第三节　易燃易爆物资专卖

### 一、机构队伍

1993年，和布克赛尔县物资公司属国有企业，主营民爆产品兼营物资产品，实行独立核算、自负盈亏。公司性质为有限责任公司，经营地址在县城傲包特街189号。

2001年，根据国有企业改制政策，和布克赛尔县物资公司改制为民营企业，更名为和布克赛尔县民用爆破器材专卖有限责任公司，性质为股份制有限责任公司。公司主营民用爆破器材兼营矿山机电、金属、轻化、建材等，注册资本60万元，经营地址在和什托洛盖镇迭伦南街394号。

2010年，为认真贯彻落实国家民爆行业“十一五”(2006—2010)规划纲要提出的“加强企业重组整合，提高民爆产业集中度，深化民爆行业结构调整”的指导思想，和布克赛尔县民用爆破器材专卖有限责任公司与新疆雪峰民用爆破器材有限责任公司进行整合重组成立新的公司，新疆雪峰民爆公司持有公司50%的股份，新公司成为新疆雪峰民用爆破器材有限责任公司的控股子公司，更名为和布克赛尔县雪峰民用爆炸物品经营有限公司。公司拥有物资销售站1个、民爆器材存储库1个和办公总部1个，在职职工34人。2015年，公司内设机构未变，在职职工22人。

### 二、业务经营

2001年，公司改制为民营企业后，转变经营方式，积极面向市场，主营民用爆破器材，兼营矿山机电、金属、轻化、建材等，基本维持盈亏平衡。

2006年，公司民爆器材销售主要面向煤炭企业，累计完成销售收入1 010万元，实现利润40万元。

2010年，公司积极做好民爆器材的调运、储备、供应工作，保证全县煤矿、矿山的正常生产，累计完成销售收入1 953万元，实现利润117万元。

2012年，公司抓住白杨河水利开发和克阿高速公路开工机遇做好销售服务工作，累计完成销售收入2 806万元，实现利润600万元。

2015年，受整体经济不景气和煤炭行业技改的影响，和布克赛尔县民爆物品市场需求不断下降，公司业务营销受到较大冲击，销售量、销售收入大幅下滑，累计完成销售收入仅577万元，比2012年减少2 229万元，下降79.44%；实现利润仅85万元，比2012年减少515万元，下降85.83%。

# 第十五编

# 旅　　游

和布克赛尔县拥有得天独厚的旅游资源，旅游产业发展前景十分广阔。进入21世纪后，按照“突出特色、树立品牌、注重生态”的原则，深挖“江格尔”文化内涵，创建“江格尔”国际文化旅游品牌，打造旅游文化名县，使旅游业成为全县经济发展的重要推手。至2004年，旅游效益初显，全年共接待游客4.5万人次，实现旅游总收入675万元。2015年，全县旅游总接待量达到50.6万人次，比2004年增长10.24倍，年均增长24.61%；旅游综合收入达1.517亿元，比2004年增长21.47倍，年均增长32.7%。

# 第一章　机构队伍

## 第一节　行政机构

2008年8月6日，和布克赛尔县旅游公司的行政职能与业务职能分开，成立和布克赛尔县旅游局（简称“县旅游局”）。

2010年6月6日，县旅游局变更为政府直属单位，规格正科级，自收自支编制转为全额预算事业编制，核编6名。没有内设机构。

2015年，县旅游局有干部职工4人。

## 第二节　业务机构

1998年8月5日，和布克赛尔县旅游公司成立，与县旅游局实为一套人马、两块牌子，属自收自支事业编制单位，有员工4人。

2008年8月6日，县旅游公司的行政、业务职能分开，成立和布克赛尔县旅游局，有职工4人。

2010年，和布克赛尔县旅游公司更名为和布克赛尔县江格尔旅游投资发展有限公司，有职工8人。

# 第二章　旅游发展规划与开发

## 第一节　旅游发展规划

2009年12月，和布克赛尔县召开县委常委会议，决定编制《和布克赛尔县旅游业发展总体规划》。

2010年1月，县人民政府成立编制《和布克赛尔县旅游产业发展总体规划》领导小组。3月，邀请3家具有国内编制旅游规划甲级资质的设计院到县考察。6月，对规划方案进行评审，确定由浙江远见旅游规划设计研究院编制，于2010年10月编制完成，并通过和布克赛尔县的初审，于2010年11月通过自治区旅游局组织的专家评审。

2010年6月，由浙江远见旅游规划设计研究院同步编制《和布克赛尔县龙脊谷景区总体规划及控制性详规》。2012年6月28日,由塔城地区旅游局在塔城市旅游宾馆组织召开专家评审会,对该规划进行评审。最终专家评审会认为规划编制单位前期调查和研究比较深入,提出的和布克赛尔县旅游资源和发展现状符合实际,规划内容比较全面,整体结构、空间布局、目标市场分析与定位基本合理,在突出文化优势,加强区域竞争、合作与联动发展等方面具有新意,规划具有一定的深度和前瞻性,一致同意规划通过评审。同年,和布克赛尔县投资140万元开始编制《和布克赛尔县牧游旅游区总体规划》《和布克赛尔县牧游旅游区控制性详细规划》《和布克赛尔县牧游旅游市场营销策划》。至2015年12月,牧游旅游相关规划编制工作全部完成。

## 第二节 景点开发

1998—2005年,和布克赛尔县旅游业处于萌芽状态,未对景区全面开发建设,也未打造文化旅游。

2006—2010年,县人民政府把和布克赛尔镇打造成观光、休闲、避暑、度假为一体的旅游特色小城镇。加快旅游项目开发,高标准建设哈尔萨拉(草原、白桦林、四卫拉特古城三处为一体)、哈尔尕图(松树沟和高山草原合二为一)等重大旅游综合开发工程。着力挖掘旅游文化,形成以东归、四卫拉特古城、西迁等为重点的江格尔文化旅游体系,加强旅游设施建设,全力打造和布克赛尔镇旅游集散中心,适度加大宾馆、酒店等接待设施建设,加快民族特色饮食、商贸流通等服务业,提高旅游的综合效益。

### 一、江格尔民俗风情园

位于和布克赛尔县伊克乌图布拉格牧场以东11千米处,是集文体、娱乐、饮食、住宿为一体的草原特色旅游景点,即民俗风情园(东归园)。江格尔民俗风情园旨在打造展示和布克赛尔县江格尔文化和东归文化为一体的土尔扈特蒙古民族的民俗文化,再现土尔扈特蒙古东归之民族大迁移的历史壮举。

### 二、白桦林自然旅游景区

哈尔萨拉白桦林位于和布克赛尔县县城以东,与县城直线距离7.5千米。哈尔萨拉白桦林属丛生型树林,白桦树一般高3~5米,林中夹杂着少量柳树,林带长约1.5千米,宽约40米。从地势地貌上看,整个林带比较低洼,属沼泽草甸草原带,该处地下水丰富,水草丰美,林中多有苔草、芒苇、赖草、芦苇、芨芨草等,长势良好、旺盛,草群平均高30厘米。哈尔萨拉白桦林是塔城地区比较少见的林型。塔城地区第十届阿肯弹唱会已成功在该处召开。

2011—2015年,和布克赛尔县加大对旅游事业的投入和宣传力度,努力打造"江格尔"文化旅游品牌,使和布克赛尔县的知名度得到较大的提升,来和布克赛尔县观光旅游度假的客人逐渐增多,从而拉动三产经济的发展。随着旅游基础设施不断完善,原有的旅游服务功能得到较好的改善。

## 第三节 基础设施建设

20世纪90年代,和布克赛尔县旅游业欠发达,未进行重大旅游基础设施建设。

进入21世纪后,和布克赛尔县提出依托自治区旅游发展战略,按照"突出特色、树立品牌、注重生态"原则，深挖“江格尔”文化内涵，创建“江格尔”国际文化旅游品牌，打造旅游文化名县，为旅游业的发展奠定基础。同时，贯彻“保护为主、抢救第一”的历史文物保护方针，制订并实施保护方案，对王爷府、四卫拉特古城遗址等文化遗址进行保护和旅游开发。

2001年，和布克赛尔县投资8万元维修王爷府。2002年，投资60万元重建敖包特库热庙。

2006年，和布克赛尔县投资246万元改扩建哈尔尕图景区道路12千米；投资30万元硬化四卫拉特古城遗址道路；投资1 112万元改扩建宾馆2个；投资300万元修建江格尔广场。分别投资450万元和700多万元修建、开发江格尔民俗风情园和蒙王府热气泉。

2010年，和布克赛尔县投入200万元对县城地税局、人民银行、赛尔宾馆一号楼等建筑外貌进行蒙元文化改造；自治区财政投资22.4万元、县投资26.6万元新建县首座三星级旅游厕所；县财政投入60万元在县江格尔文化广场建成江格尔汗雕塑；投资120万元改造江格尔热气泉蒸浴场所，为打造AAA级旅游景区奠定基础；在S318与G217国道交汇处新建江格尔文化接待中心，县江格尔旅游公司投入60余万元，用于绿化和工程建设等前期准备工作。

2012年，加大旅游基础设施建设力度，全县旅游基础设施项目投资1亿余元。投资4 500万元建设江格尔文化艺术宫陈展、左右配帐及附属工程；投资1 600万元修复四卫拉特古城；投资200万元维修三爷府旧址；投资1 653万元新建和布克赛尔县宾馆，占地面积1.1万平方米；投资45万元在和什托洛盖镇双山公园建设旅游厕所1座；投资700万元对全县景观进行蒙元文化特色改造。

2015年，全县旅游固定资产总投入580万元，主要基础设施建设有两项。（一）2014年10月，县人民政府与河南信阳盛峰生态旅游投资公司签订投资5.2亿元开发江格尔热气泉景区合同。2015年，全力推进河南信阳盛峰生态旅游投资公司投资开发江格尔热气泉休闲度假景区项目工作。1月，县旅游局协助河南信阳盛锋生态旅游开发有限公司在和布克赛尔县注册新疆准噶尔旅游开发有限公司。3月，双方分别于浙江麟德旅游规划院签订《准噶尔御气园休闲度假景区总体规划》和《准噶尔御气园休闲度假景区修建性详细规划》合同。至年底，两个规划初稿和江格尔热气泉景区的资产盘点等前期工作完成，累计投入80余万元。（二）世界和平塔旅游项目在和布克赛尔江格尔文化旅游景区建成。该塔是江格尔文化旅游景区地标性旅游建筑“江格尔宫”之后，又一座旅游地标性建筑，是在嘉·曲华多杰仁波切等爱好世界和平的各界人士筹资500万元的基础上，由和布克赛尔县江格尔旅游投资发展有限公司兴建而成。该塔位于江格尔文化旅游景区东归广场王爷府北部100米处，其塔高21米，上部面积663平方米，塔底周长103米，4个小塔高2.1米，宽1米，大小塔基座由1 040个小塔组成，佛塔总计1 045座，又称作“千佛和平塔”，寓意世界各国和谐、安定，世界各族人民平安健康。10月22日落成剪彩当日，接待观光游客3 000余人，其中区外游客300余人。

# 第三章　景区景点

## 第一节　自然景区景点

### 一、和布克赛尔县江格尔热气泉旅游度假区

国家A级旅游景区，位于和什托洛盖镇及217国道3.5千米处。景区规划面积为5平方千米，区内气泉

是天然地热资源，气口温度90℃、湿度90%以上，经科学检验含有30多种对人体有益的矿物质，对治疗多种疾病和减肥美容，减缓人体衰老等具有一定的作用。在清乾隆年间就被土尔扈特部落称为健身骨、治百病的“仙气”。江格尔热气泉旅游度假区内部设有多功能休闲大厅、蒸气房、淋浴间、治疗室、理疗按摩室、美容室、餐厅、标准套房、普通客房及具有民族风情的蒙古包客房等。经营范围主要是天然桑纳、住宿、餐饮、热蒸理疗等项目。

### 二、阿吾斯奇旅游风景区

位于中哈边境，距县城西北方向60余千米处。景色秀丽壮观，如一块绿色的翡翠镶嵌在群山怀抱之中，四周铁布克山、巴音温度尔独山、哈铜山山峰峻石异，中央广袤的草原，水草丰美、羊欢马嘶、牧歌荡漾、草原辽阔、地势平坦、气候湿润、降水量高，年平均气温3℃，7月平均气温16℃，无霜期120天。草地野花争奇斗艳，有松树、苦杨、爬地柏等植物点缀山坡，有旱獭、大头羊、盘羊、猞猁等动物，使这里形成天然的景色公园。

### 三、松树沟自然生态景区

自治区级森林公园，位于县城东北萨吾尔山中段南坡，距县城30千米，该区呈南北走向，沟长2.5千米，平均沟宽300米，沟两旁山势高峻，海拔1 800米左右，年平均气温2℃，夏季平均气温15℃。雨量充足，全年降水量250～350毫米，森林面积8 273公顷。高耸的白杨树直插云霄，山上西伯利亚落叶松挺拔茂密。亭亭玉立，郁郁葱葱。植物种类繁多，还有雪鸡、金丝鸟、盘羊、野山羊、旱獭等珍禽异兽。每到夏季，山坡上森林似海、郁郁葱葱、繁花似锦、毡房点点、羊群如云。这里经常举行“江格尔”演唱“阿肯弹唱”和摔跤、姑娘追等民间娱乐活动。

### 四、龙脊谷雅丹地貌自然景观区

龙脊谷、五彩湾位于县城西南60千米处，距318省道15千米，占地面积约25平方千米，是大自然亿万年地质变迁所赋予的奇特地形，由土状沉积物所形成的地面，经风化作用、间歇性流水冲刷和风蚀作用，形成与盛行风向平行、相间排列的风蚀土墩和风蚀凹地（沟槽）地貌组合。沟槽之间常出现高达5～10米的垄脊，具有极高的观赏性和科考性。

## 第二节　人文景区景点

### 一、岩画

位于距和布克赛尔县城40千米的铁布肯乌散乡哈同山北坡处，岩画均刻在洪荒时期从山上冲下来的砾石上，其砾石大的十几立方米，有黑色岩石和白色花岗岩两种。这些岩画是古代游牧民族的文化遗迹。岩画的内容丰富，有马、牛、羊、骆驼等家畜，还有野山羊、狼、豹、狐狸，男性赤身裸体。其中鹿鹿相搏和大角羊的刻画具有斯基泰风格。发现岩画处还有哈同山内的塔木格图赛、祖尔格图赛，铁布克山的达瓦萨拉及其东边的努茨根郭勒，阿尔格勒特山南坡的塔木格图赛等处。据考证，这些岩画为公元前7～5世纪赛种人所创造。

## 二、道尔本厄鲁特森木古城遗址

位于和布克赛尔县县城以东5千米处（距318省道1千米），交通十分便利。据历史资料记载，建于明崇祯九至十六年（1636—1643），曾一度为准噶尔部的政治、经济、文化、活动中心。古城为方形，规模为500米×500米，古城城墙为土墙，高5.2米，底宽8米，顶宽5米。看可分为墙皮和墙芯两部分，墙皮用土坯砌成，土坯长0.4米，宽0.25米，厚0.11米墙芯为夯筑，夯层0.15米，跨度4米。城墙土坯为灰黑色，至今保存完好。城墙的4个角上各有一个圆形的岗楼，北、西、南三面各有一城门。城中的遗迹大都分布在偏北部分，有房舍残垣，有夯土台等，散落的青砖、简瓦、瓦当、瓦片上有兽头、花等图案。在城的西北角有一藏式佛塔遗迹，发现有经文、泥制佛像和铜念珠，1972年尚存，后遭雷击而毁。是为数不多的保存比较完好的古城遗址，未开发，四周环境优美，具有较高的考古旅游开发价值。

## 三、胡须墓

因地表古墓主封堆的两侧有呈圆弧形的卵石堆分两列延伸，好像男人的胡须形状而得名。“胡须墓”在新疆分布数量很少，是古代游牧民族的遗存。在和布克赛尔县查干库勒乡玉库尔乔龙草原（蒙古语，意为“牛石头草原，卧牛石草原”）上发现的这座大型“胡须墓”，两边的“胡须”长约100米（系草原先民祭祀神灵而建立的）、宽近300米，排列有序，工程浩大，气势恢宏，场面壮观。据新疆考古专家考证，在和布克赛尔县牛石头草原上发现的这座“胡须墓”，时代距今约2 500年，是迄今为止在国内外的考古资料上发现的最大一座“胡须墓”，对于研究欧亚草原史前时期，东、西方人群之间的交往和人类史前历史都具有重要的意义。

## 四、太阳神殿

这座在海拔2 500米处出现的巨石堆，位于和布克赛尔县查干库勒乡玉库尔乔龙草原上。据考古专家考证，这是一座太阳神殿，是古代游牧民族的精神文化中心。当时，以太阳神殿为中心，半径在1 000千米范围内的古代游牧民族在此祭祀太阳神。据专家推断，这座太阳神殿，迄今已有近3 000年的历史。

## 五、敖包特库热庙

位于和布克赛尔县县城北部，在阿尔恰特路的东侧。敖包特库热庙是座喇嘛庙，最早建在一个大型的蒙古包内。第三次修建于1801年，清廷理藩院赐匾“普恩寺”，为十二世活佛夏力宛住处。土木结构的庙建于清同治十一年（1872），由高大的活佛经堂、佛塔、禅房等组成。“文化大革命”中被毁，只剩下活佛住过的禅房和部分经堂的墙基。现在的敖包特库热庙为2003年重建，建筑面积246平方米，其中庙堂建筑122平方米，庙堂仍为土木结构。

## 六、王爷府

位于和布克赛尔县城镇敖包特东街，是一座极具标志性的俄式建筑物，建筑面积275.1平方米，系砖木结构，整个建筑共分3层，地面以上2层、地下1层，共12间房屋。上层为供佛和拜佛间，中层是办公室和卧室，下层地下室为贮藏室，每层4间房子，每间面积48平方米。王爷府由旧土尔扈特北部第七世亲王渥龙木加甫于1927年邀请苏联建筑专家和工人以3 000只羊代价建造。中华人民共和国成立前，这里是蒙古族亲王的王宫。中华人民共和国成立后，中共和丰县委曾在该处办公，后作为校舍。“文化大革命”期间，遭到不同程度的破坏。1982年、2004年进行过两次维修，现为和布克赛尔县展览馆，用文字、图片、实物展现和布克赛尔县成立50周年的辉煌成就，展厅分辉煌成就厅、东归厅、江格尔文化旅游厅、矿产资源厅。

# 第四章　旅游促销与管理

## 第一节　旅游促销

2008年，县旅游局成立后开始注重旅游宣传工作，利用“五一”“十一”黄金周，“江格尔”文化旅游节及“江格尔”国际学术研讨会等有利时机，开展多种形式的宣传促销活动。制作40分钟旅游专题片1部，制作画册2 500份。举办那达慕大会和阿肯弹唱会、和布克赛尔之旅专场文艺晚会，通过电视、广播、报纸等媒体宣传，提高和布克赛尔县的知名度。

2010年，县旅游局先后组织全县旅游企业参加1月阿勒泰市举办的冰雪节，4月在重庆举办的中国国内旅游交易会，8月在巴音郭楞蒙古自治州举办的第七届“东归节”暨尉犁县第二届“罗布淖尔民俗文化”旅游节，利用这些重大节会进行宣传。在8月中旬喀什举办的第五届新疆旅游商品大赛与展销活动中，和布克赛尔县的皮画系列获得优秀奖；在8月底内蒙古举办的第七届中国蒙古族服装服饰艺术节中，获2个专项三等奖。接待5家旅行社组团到和布克赛尔县考察旅游线路，与新疆华侨、伊犁大西部、新疆鑫非凡、新疆中青旅等12家国际国内疆内旅行社签订旅游团队业务，其中2家签订住宿协议。与南航传媒有限责任公司合作，以《航空旅游报》为平台，通过专题版、封面版等多种方式大力宣传推介和布克赛尔县。积极协助中央电视台旅游卫视栏目到和布克赛尔县各景区进行为期两天的拍摄，把和布克赛尔县旅游产品和旅游资源，以文字、图片和宣传片形式在网络、报刊、电视台发布播放，让更多国内外旅游者和旅游企业了解和布克赛尔丰富的旅游资源和产品。

2012年，县旅游局于4月13—15日参加由国家旅游局、山东省人民政府共同主办的青岛国内旅游交易会。参会期间与国内旅游同行及旅游企业进行交流和产品推介，发放旅游宣传册2 000余册，旅游风光片200盘，其中《牧游新疆和布克赛尔》300余册，并与新疆金天山国际旅行社达成发团合作意向。4月24—26日，县旅游局选出4件突出江格尔文化的旅游产品，参加由自治区旅游局主办的第六届新疆旅游商品大赛与旅游景区旅游商品开发研讨会。围绕“5·19”中国旅游日活动，在和布克赛尔县主要街道上悬挂横幅、发放宣传单、设立咨询台，组织形式多样的宣传活动，共发放旅游出行安全知识宣传单300余份。

2015年年初，继续加大文化旅游产品宣传促销力度，把实施“文化名县”战略，打造“江格尔”文化旅游品牌，作为旅游宣传促销的中心工作。积极参加自治区旅游局组织的国内、疆内旅游促销活动，开发客源市场。组织旅游企业参加8月在克拉玛依市举办的全国旅游商品博览会，11月在乌鲁木齐举办的西部冰雪旅游产业博览会。县旅游局协同江格尔旅游投资公司利用去乌鲁木齐市出差的机会，主动拜访各大旅行社，上门推介和布克赛尔县的文化旅游产品，寻求互惠互利，合作双盈发展之路，并邀请新疆各大旅行社来县考察采线。与北京钧天全成广告有限责任公司合作，以《假日自助游杂志》为平台，通过专题版、封面版等多种方式宣传和推介和布克赛尔县，让更多国内外旅游者和旅游企业了解和布克赛尔丰富的旅游资源和产品，到和布克赛尔县来旅游观光和投资兴业。随着自驾游游客的增多，将促进旅游消费的重点定位在"新疆人游新疆"，加大对乌鲁木齐市及周边县市的宣传营销；随着奎阿高速的通行和江格尔文化传承中心的建成投运，"和布克赛尔一日游"旅游线路开始运行。

### 第二节　旅游管理

2006年，和布克赛尔县旅游执法部门每周会同县公安局、环保局、工商局、税务局、卫生监督等单位对星级宾馆和主要景区进行检查。全年对景区进行5次突击检查，规范旅游市场秩序，提高服务质量。

2010年，县旅游局联合有关职能部门在节假日前夕，对全县星级宾馆、旅游景点消防设施、安全通道以及各种娱乐设施进行检查，对不符合要求的单位均下达限期整改通知书。组织6次联合检查，共出动检查人数35人次，下发安全整改通知24份。

2012年5月18日，旅游局悬挂横幅、设立咨询台、发放宣传单开展安全宣传活动。活动期间各族群众前来咨询旅游安全方面的知识。宣传活动中发放宣传单300余份、悬挂横幅1条、咨询70余人次。"十一"期间，县旅游局协同相关单位重点对江格尔热气泉景区、迎宾馆和赛尔宾馆等旅游接待点开展旅游安全大检查，加强食品卫生、道路安全、环境卫生的检查。

2015年，县旅游局组织全县旅游行业管理人员一行5人参加对口援建市辽宁盘锦市举办的旅游管理人员培训班，为期1个月，提高游管理人员的业务管理能力。组织旅游企业中高层管理人员参加自治区旅游局举办的各类旅游培训班，做好旅游管理人才培养，重点培养一批市场营销、旅游商品设计开发、酒店管理等旅游专业人才。加强旅游企业内部员工培训。通过对员工进行服务态度、专业知识和业务技能的训练，提高劳动者的素质水平，并在接待经营活动中充分发挥出来，从而提高企业的管理水平与服务质量。

## 第五章　旅游服务与效益

### 第一节　旅游服务

2004年，和布克赛尔县有旅游宾馆2家，可一次性接待游客350人；有旅游企业2家，旅游餐厅3家，旅游经营户20家（景区经营户15家、牧家乐5家）。旅游从业人员150人。

2006—2010年，和布克赛尔县新建旅游宾馆3座，其中星级宾馆2家，可一次性接待游客600人。在217国道、318省道等车流量大的道路、路口设置大型道路标示牌，建立和布克赛尔县旅游网站，全方位服务游客。

2011—2015年，和布克赛尔县有旅游宾馆5座，旅游餐厅6家，可一次性接待游客1 600人；有旅游企业3家，旅游经营户40家，其中景区经营户34家、牧家乐6家，旅游从业人员350人。三星级农牧家乐有"七十张牛皮""美好家园""绿色农庄""牧人之家"，其中"七十张牛皮"获自治区扶持资金5万元。由地区旅游局评定命名的农牧家乐有三三农家乐、乔龙农业休闲观光专业合作社。

## 第二节 旅游效益

1993—2003年，和布克赛尔县旅游业处于萌芽状态，大多以自主经营为主，游客较少，效益无统计数据。

2004年，和布克赛尔县共接待游客4.5万人次，实现旅游总收入675万元。

2006年，和布克赛尔县共接待游客5.1万人次，实现旅游总收入540万元。

2007年，和布克赛尔县共接待游客6.1万人次，实现旅游总收入910万元。

2010年，和布克赛尔县共接待游客16万人次，旅游总收入2 560万元。其中，“五一”黄金周，实现旅游接待游客人数4 800余人次，旅游综合收入97.5万余元；“十一” 黄金周，旅游接待人数6 500人次，旅游综合收入130万元；江格尔文化旅游景区全年共接待旅行社180个团次，游客3 600人次。

2012年，和布克赛尔县接待游客总量达到28.2万余人次，旅游总收入4 512万余元。5月1日，江格尔旅游公司地接新疆小羊军团旅行社的首个旅游团游客30名，“十一”黄金周全县共接待游客1.2 9万人次，实现旅游收入213万元。G217国道沿线玉石交易市场异常火爆，客源市场以北疆及周边县市为主流，旅游饭店入住率达到99%。

2014年，和布克赛尔县共接待游客24.7万人次，实现旅游收入7 410万元。

2015年，和布克赛尔县旅游总接待量达到50.6万人次，比2004年增长10.24倍，年均增长24.61%；旅游综合收入达到1.517亿元，比2004年增长21.47倍，年均增长32.7%。

# 第十六编

# 综合经济管理

1993—2015年,和布克赛尔县坚定地实施改革开放政策,建立和完善社会主义市场经济体制,国民经济总体上保持健康、较快增长势头。各经济管理部门认真履行监管职责,综合运用经济、法律和行政手段,实行宏观调控和行业管理,使产业结构、产品结构同需求结构相适应,使区域生产能力与消费能力相一致,调节社会经济利益关系,保证和促进了全县经济又好又快、稳定协调发展。

# 第一章　计划管理

## 第一节　机构队伍

1993年,和布克赛尔县计划委员会(简称"县计委")内设综合科、农业科、工业科,有干部职工10人。

1998年,和布克赛尔县计划统计委员会(简称"县计统委")内设综合科、农业科、工业科、扶贫办、统计科,有干部职工20人。

2002年7月,根据《和布克赛尔县党政机构改革方案》和《关于和布克赛尔县党政机构改革实施"三定"工作的意见》文件精神,县统计局从县计委分出,县粮食局、物价局与和布克赛尔县发展计划委员会合并,挂县物价局、粮食局的牌子,有干部职工35人,其中干部31人,职工4人。内设物价检查所,负责管理县价格认证中心。下属事业单位有县军粮供应站,企业单位有县粮油购销公司。

2007年,和布克赛尔县发展计划委员会更名为和布克赛尔县发展和改革委员会(简称"县发改委")。

2010年4月16日,县价格认证中心更名为县价格认定局。

2012年5月,设立和布克赛尔县对口援疆工作协调领导小组办公室;9月11日,县物价局改挂县价格监督检查局牌子;11月,成立和布克赛尔县重点项目领导小组办公室、和布克赛尔县价格监测中心,均隶属县发改委。是年,县发改委内设综合办公室、项目投资科、农村经济发展科、社会发展科、价格收费管理科、价格监督检查科、粮食科。共有行政编制16名,其中科级领导职数4名(含援疆办1名)。

2015年,县发改委内设机构及人员编制未变。

## 第二节　规划编制与实施

20世纪90年代,和布克赛尔县发改委对全县产业结构重大生产力布局及经济发展规划加强研究,着力对国民经济宏观调控和市场调控进行研究,提出和布克赛尔县国民经济和社会发展战略目标、中长期规划和年度计划,先后编制"八五"(1991—1995)、"九五"(1996—2000)、"十五"(2001—2005)、"十一五"(2006—2010)、"十二五"(2011—2015)国民经济和社会发展规划及年度发展计划。

### 一、"九五"计划(1996—2000)执行情况

总体运行态势良好,综合实力增强。2000年,全县实现国内生产总值22 985万元(增速按不变价计算,下同),与1995年的7 483万元相比,增长207 %,年均增长11%。全社会固定资产投资6 300万元,与1995年的969万元相比,增长550%,年均增长45.4%;财政收入3 600万元,与1995年的1 185万元相比,增长204%,

年均增长24.9%。农牧民人均收入达到1 720元，与1995年的1 133元相比，增长51.8%，年均增长8.7%。

## 二、"十五"计划（2001—2005）执行情况

（一）经济总量取得较快增长

2005年，实现县内生产总值5.05亿元，比2000年增长119.7%，5年平均增速15%，超过"十五"计划10.15%的目标；地方财政一般预算收入3.09亿元，5年平均增长52.34%；全社会固定资产投资累计完成9.59亿元，年均增长9.7%；农牧民人均纯收入3 259元，比2000年增加1 509元，平均增长13.2%；城乡市场繁荣活跃，完成社会消费品零售总额1.1亿元，年均增长12 %。

（二）产业结构不断优化

第一、二、三产业在全县生产总值中的比重由"九五"计划末的33∶35∶32调整到"十五"计划末的29∶36∶35。工业保持20%的增长速度，相继建成年产80万吨水泥的水泥厂（含兵团第十师煤矿水泥厂）、年产百万吨的煤井、年产30万吨的盐池、年产1万吨的铬铁冶炼厂、年产1万吨的铁球团矿厂、年产1万吨的石油助剂厂、年产万吨的石英砂及建材、绒毛分梳、粮油加工、肉食加工企业和2座棉花加工厂，形成一定规模的工业体系，为县域工业奠定良好的基础；以市场为导向，稳步推进农业结构调整，"粮、经、饲"种植比例由8∶52∶40调整为3∶58∶39，全县棉花种植面积达到4 160公顷；加大畜牧业投入力度，基本建立畜牧、棉花两大产业基地和初具规模、比较完整的畜病防疫体系、良种繁育体系以及一大批牲畜冬季高标准暖圈，农牧业基础更趋稳固；以旅游业为先导的第三产业发展迅速，旅游资源开发工程被确定为县域建设"六大工程"之一，对蒙王府热气泉、伊克乌图布拉格民俗风情园、阿吾斯奇旅游风景区、王爷府、喇嘛庙、古城等景区进行改造、整修和保护，达到一定接待能力的景区有5个，初步形成一个比较完整配套的旅游接待体系。2001—2004年，全县累计接待游客约10万人次，旅游收入1 140万元，旅游业成为县域第三产业中最具活力和潜力的产业。

（三）基础设施建设继续加强

全社会固定资产投资累计完成95 924万元，年均增长9.7 %。加大水利、交通、城镇基础设施和生态建设，五年完成加音塔拉水库除险加固、察和特场内、场外干渠14千米，县乡、乡村各级公路200千米；完成县城及和什托洛盖镇的供、排水，污水处理以及集中供热工程建设；完成天然草场退牧还草14.67万公顷、退耕还林800公顷、2 800公顷天然林封育等生态建设项目；完成一期察和特开发区5 333公顷土地开发；城市建设力度加大，服务功能增强，电话普及率达到50部/100人，自来水供水能力达到35万立方米/年，供热面积15万平方米。

（四）社会事业全面发展

围绕"科教兴县"工作，开展多种形式的科普宣传及科技培训，提高广大干部职工及农牧民的科技素质。教育基础设施建设得到加强，农牧区寄宿制学校试点工作全面开展，教育资源布局和教学环境明显改善，教育整体水平和质量有较大提高，到2005年，全县小学适龄儿童入学率达到100 %，初中入学率达到98.6 %，高中升学率达到39.1%；加大卫生体制改革，实现乡镇卫生院的统一管理，加强地方病及重大传染病的预防控制，改善城乡就医条件和水平；深入贯彻落实《中华人民共和国人口与计划生育法》，严格控制人口增长，提高人口素质，全县人口自然增长率控制在8‰以内；加大有线电视的改造，广播、电视覆盖率达到80%。

(五)改革开放进一步深化

始终把招商引资作为经济工作的重点,不断拓宽招商引资形势,强化招商引资责任和措施,推动招商引资工作深入发展。5年共引进区内外企业24个,落实到位资金3.7亿元,山东鲁能、中国黄金、四川嘉华等一批知名企业落户和布克赛尔县。高科膨润土开发、煤炭企业整合等一批重大合作项目开始洽谈。特别是山东鲁能煤电一体化、上海新雅泰钾盐开发等一批重大项目的实施,对和布克赛尔县全局发展具有重大意义。

(六)人民生活水平不断提高

2005年,农牧民人均纯收入3 259元,年均增长13.2%;城镇居民可支配收入6 643元,年均增长5.6%;通过大力实施环境整治和生态工程建设,使全县森林覆盖率达0.4%,城镇建成区绿化覆盖率达33.15%,人均占有绿地9.6平方米,城乡人民的生活环境和生活质量显著改善。至2005年年末,"十五"计划主要指标基本完成,为"十一五"规划时期的发展奠定基础。

## 三、"十一五"(2006—2010)规划执行情况

(一)总体运行态势良好

2010年,全县实现国内生产总值16.41亿元,比2006年增长132%,年均增长23.4%。其中,第一产业增加值2.49亿元,增长27%,年均增长6.1%;第二产业增加值10.15亿元,增长239.8%,年均增长35.8%;第三产业增加值3.77亿元,增长79.9%,年均增长15.8%。第一、二、三产业比重由2006年的26∶42∶32调整为2010年的15∶61.9∶23.1;全社会固定资产投资22亿元,比2006年增长437%,年均增长52.3%;地方财政一般预算收入5.72亿元,比2006年增长3.2%,年均增长0.8%。社会消费品零售总额达1.57亿元,比2006年增长69.2%,年均增长14%;农牧民人均收入达到5 857元,比2006年增长39%,年均增长13.2%。

(二)农村经济稳定发展

2010年,全县完成播种面积10 973公顷,较2006年增加667公顷;棉花产量10 611吨,较2006年增长57.9%;粮食总产9 000吨,比2006年增加200%。牲畜最高饲养量86.3万头(只),商品头数24.6万头(只),商品率比2006年增长5%,全县牲畜良种率75%。完成认证有机畜产品生产基地6个,认证牲畜43.5万头(只),认证有机草场面积79.47万公顷。全县投入农牧业基础设施建设资金4.37亿元,建成蔬菜大棚250座,农村户用沼气1 273座,建成农牧区饮水安全工程10项,完成除险加固病险水库6座,推广节水灌溉面积6 667公顷,实施退牧还草13万公顷。农牧民人均纯收入逐年增加,2010年农牧民人均纯收入达到5 857元,比2006年增加2 287元,年均增长13.2%。

(三)工业经济快速发展

依托丰富的矿产资源,实施优势资源转换战略,加大招商引资助推力度,国网能源、徐矿集团、雅泰实业集团、中核集团等一批大企业(集团)落户和布克赛尔县,以煤炭、盐产品及盐化工、膨润土、金属及非金属矿业开发、有机农副产品加工为主体的新型工业化体系日趋完善,工业经济增势强劲,煤、铍、铜等重点矿产资源勘查实现重大突破。2010年,工业增加值达到6.45亿元,年均增长41.7%。

(四)第三产业日益繁荣

全县城乡市场全面繁荣,物价基本平稳。商贸业、餐饮休闲服务业和房地产业持续快速发展,金融业继续保持平稳运行。2010年,社会消费品零售总额达到1.57亿元,比2006年增长69.2%。全年邮政业务总收

入824.9万元，比2006年增长19.6%。年末金融机构各项存款余额12.29亿元，比2006年增加5.9亿元，金融机构各项贷款余额4.45亿元，比2006年增加2.9亿元。

（五）社会事业快速发展

全面实行高中阶段免费教育，全疆首家县级慈善医院建成并投入使用，文体基础设施不断完善，完成江格尔文化艺术宫主体工程、影剧院、王爷府旧址改造，展览馆、图书馆建成投入使用。主要旅游景区接待量不断扩展，累计接待游客人次52.7万人，年均增长34.5%，承接旅行团实现零突破。城乡社会救助体系基本建立，五大保险覆盖面不断扩大，新型农村社会养老保险试点工作运行良好，分别达到90%、97%，养老金社会化发放率达到100%，就业再就业工作不断加强，城镇登记失业率控制在3%以内。

（六）城镇人居环境大为改善

累计投入城镇基础设施建设资金4.8亿元，实施城镇"蒙元化"改造以及硬化、亮化、美化工程，新建、改建市政道路16条，城镇建成区绿地面积达到169公顷，绿地率达38.5%，绿化覆盖率达43%，人均公共绿地面积12.1平方米。大力实施城镇供排水、集中供热改扩建、垃圾处理工程，自来水普及率达到78%，生活垃圾清运率达到95%，集中供热面积达到60.1万平方米。

**四、"十二五"（2011—2015）规划执行情况**

（一）经济总量不断扩大

"十二五"规划末，实现县内生产总值26.4亿元，年均增长8.79%；地方财政一般预算收入5.23亿元；全社会固定资产投资完成32亿元，累计完成197.6亿元，年均增长7.78%；招商引资累计到位资金36.11亿元，年均增长16.54%，累计到位200.7亿元，比"十一五"规划时期提高近600%；农牧民人均纯收入达到12 225元，年均增加1 270元。

（二）工业经济快速增长

依托丰富的矿产资源，实施优势资源转换战略，加强和丰工业园区基础设施建设，吸引国内一大批企业对矿产资源进行有序开发。产业园区建设取得长足进步，为企业提供良好的发展平台。以煤炭、盐产品及盐化工、膨润土、金属及非金属矿业开发、有机农副产品加工为主体的新型工业化体系日趋完善，工业经济增势强劲。工业增加值达到9.6亿元，年均增长3%。第二产业占GDP比重达到63%，上亿元产值企业达到4家，苏新能源、庆华集团、三一集团、宁夏宝塔石化集团、中电投集团、广东水电集团、国电集团、神华国能、大唐电力、国电集体、雅泰集团、淮北矿业、中国凯利集团、宜新化工、湖北宜化集团等有雄厚实力的企业集团介入和布克赛尔县工业发展，使县域优势资源转换战略得以顺利实施。工业六大重点项目扎实推进，四大"基地"（煤化工、盐化工、石油化工、煤电冶）建设步伐不断加快，初步形成以能源资源开发、农畜产品加工为主的特色产业体系。国网能源煤电一体化项目加快推进；新雅泰公司年产10万吨硫酸钾镁肥、10万吨硫酸钾全面达产，宏达盐业全面进行技术改造和新产品开发；中非夏孜盖膨润土有限责任公司高科技膨润土开发、年产200万平方米防水毯生产线相继建成；特变电工、苏美达、海天达、粤水电和中核216队5家光电企业共22万千瓦光伏发电项目完成建设；中核大地和丰矿业公司年产300吨氧化铍生产线、新疆赛尔鹏远公司年产4万吨玻璃钢管项目、华鸿矿业日处理900吨矿石项目加快推进。不断拓宽招商引资渠道，强化招商引资责任和措施，提升服务水平，累计引进项目40个，落实到位资金200.6亿元。

（三）农牧业生产能力大幅提高

“十二五”规划末，全县播种面积1.2万公顷，较2010年增长9.3%，年均增长4.6%，棉花产量2 656吨，较2010年减少87%；粮食总产37 573吨，较2010年增长196%。2015年，牲畜最高饲养量97.56万头（只），较2010年增长10.5%，商品头数达到38.87万头（只），商品率较2010年增长40%。5年累计引进优质种畜5 342头（只），开设冷配站23座，全县牲畜良种率87%。投入农牧业基础设施建设资金4.3亿元，建成蔬菜大棚283座，推广试用沼渣沼液综合利用面积133公顷。累计投资2 863万元建成饮水安全工程8项，建成水厂4座，集中式供水工程4处，铺设供水管道253.61千米，新建配套建筑物（调蓄池、闸阀井、水表井）387座，解决18 355户农村居民的饮水安全问题。完成除险加固水库3座、定居兴牧水库1座，推广节水灌溉面积4 020公顷。草原生态保护取得实效，实施退牧还草9万公顷，草原生态保护补助奖励机制草原面积128.12万公顷，累计发放草原生态补奖资金2.49亿元。完成牧民定居3 296户，配套饲草料地4 358.67公顷，完成7个乡镇兽医站配套建设任务。

（四）城镇基础设施投入加大

“十二五”规划期间，累计投入城镇基础设施建设资金31.26亿元实施城镇“蒙元化”改造以及硬化、亮化、美化工程，新建、改建市政道路23条，县城规划区面积539.56公顷，建成区面积526公顷，城镇建成区绿地面积达到193公顷，绿地率达36%，绿化覆盖率达39%，人均公共绿地面积50平方米。总投资1 261.92万元建成生活垃圾无害化处理场，于2012年投入试运行，日处理能力22吨，总有效库容6.2万立方米；城镇自来水普及率达90%，日供水能力3 500立方米。污水处理场2009年投入使用，日处理污水能力2 500立方米。2015年年底，和布克赛尔县两镇居民实现通气5 174户，城市气化率达80%。和布克赛尔镇、和什托洛盖镇集中供热面积达到143万平方米，供热管网干、支网络基本形成。旧城改造力度不断加大。累计新建公共租赁住房共1 873套，工程总投资14 536.29万元；建筑总面积8 698.69万平方米，解决4 000余名低保、低收入家庭、乡镇干部职工、新就业职工等人员住房困难问题。

（五）牧民定居环境逐步改善

“十二五”规划期间，按照20年不落后的建设标准及牧民自愿的原则，采取农区定居、城镇定居、就近插花定居的模式，在和布克赛尔镇及和什托洛盖镇建设游牧民定居楼房，创建一种新型牧民定居方式，从根本上实现农牧民向城镇市民和城镇从业者的跨越式转变。通过多方筹措资金，完成牧民定居2 587户，其中完成《全国游牧民工程建设规划》内牧民定居2 234户，完成总投资18 077.08万元，通过牧民自筹、援建补助项目完成353户。国有农牧场危房改造项目列入自治区规划户数4 354户，总投资29 886万元，实行改造3 974户，完成规划任务的91.27%。

（六）交通运输体系日趋完善

“十二五”规划期间，和布克赛尔县逐步形成以国道217线—乌福高速、省道225线为两纵，省道318线和拟建的国道219线为两横的主骨架公路网，实现100%乡镇场及100%建制村通油路，受益人口达到6万余人。公共交通服务设施逐渐增强，新建客运招呼站（点）12个，已全部投入使用。和丰机场建设纳入国家民航总局《全国民用运输机场布局规划（2030年）》《自治区民用航空发展第十三个五年规划》，选址阶段工作完成。投资8 600万元建设巴音达拉铁路专运线，项目相关前期手续办理完成。

（七）生态文明建设发展较快

“十二五”规划期间，累计完成退耕还林、重点防护林、人工造林22 533公顷，森林覆盖率达到5.5%。绿洲森林覆盖率由15.15%提高到18.6 %。不断加强污染物减排，加快淘汰落后产能，全面完成“十二五”节能降耗目标。开展生态县、乡镇、村“四级联创”、有机畜产品生产基地认证工作，成功认证5个国家级有机畜产品生产基地。2015年，获得认证的牛、马、羊（山羊）和骆驼等各类牲畜48.5万头（只），占年底存栏数的87%。加大实施国家湿地公园、伊尔干河湿地生态修复工程，进一步改善和布克赛尔县生态系统；实施农村环境连片整治项目7个，惠及7个乡镇场、25个村、5 185户16 764人。和布克赛尔县年均空气质量好于二级天数达到90%以上，大气污染指数小于100的天数达到328天。县内主要河流水质达标率100%。县域环境噪声平均值小于等于50.5分贝，交通干线噪声平均值小于等于65.7分贝，均达到国家标准。

（八）社会事业全面进步

民生支出占公共财政预算支出75%，累计投入52亿元实施重点民生工程337项。累计投入各类科技资金5.04亿元，科技支出预算达到财政一般预算支出1.8%，完成和布克赛尔县科技馆建设。实施农牧业科技推广、科技转化项目10个。开展科技培训和科普宣传工作，累计培训农牧民5万余人次，成功创建为“自治区科技进步先进县”“自治区科普示范县”。各项教育惠民政策得到全面落实，率先实行高中阶段免费教育政策，累计投入1 004万元用于高中学生免费教育，共7 009名学生受益；率先将学前3年教育纳入免费教育的行列，累计投入2 396万元，12 473名幼儿享受到学前免费教育补助；15年免费教育使更多家庭得到实惠，也使全县小学适龄儿童入学率达100%，初中入学率达98.8%。塔城地区和丰职业技术学校挂牌成立，2014年9月，在校学生498人。完成九年一贯制学校各项基础设施建设，实现和什托洛盖中学与和什托洛盖中心校合并办学；不断加强薄弱学校改革建设力度，累计投入3 047万元完成全县15所义务学校的“改薄”（改善贫困地区义务教育薄弱学校基本办学条件）建设工作；完成查干库勒乡、那仁和布克牧场等基层双语学校（园）建设。加强医改工作力度，公共卫生服务能力不断提高，法定传染病报告发病率稳中有降；重点做好公立医院改革工作，加大公立医院建设力度，县财政累计投入1.29亿元（县人民医院6 541.5万元、慈善医院3 300.6万元、蒙医院3 018.6万元），3家公立医院门诊次均费用平均降幅24.2%，住院次均费用平均降幅9.6%；扎实开展基本药物制度，全县3家公立医疗机构药品销售让利458万元，药品销售价格下降15%；全疆首家慈善医院成立并投入使用，建成社区卫生服务站6个；新型农村合作医疗制度全面建立，全县新农合覆盖率100%，参合率98.56%。文体基础设施不断完善，实施综合体育馆、体育广场、江格尔宫、赛马场、青少年活动（科技）中心等文化基础设施建设，修复完善王爷府旧址和准噶尔古城，满足各族群众文化娱乐需求。蒙古族英雄史诗《江格尔》成功列为国家级非物质文化遗产保护项目。围绕打造“文化强县”，出版《江格尔》系列文化丛书7册，创编四幕四场史诗歌剧《江格尔》，与央视电影频道、中国新闻社合作，拍摄两部反映本土文化的数字电影《月亮之声》和《江格尔齐》。实施文化走出去战略，成功举办三届“和文化”论坛、全国第七届卫拉特蒙古历史文化学术研讨会、江格尔史诗国际研讨会、《手绘托忒文准噶尔地图》及西域多语文献研讨会和江格尔文化旅游节、和布克赛尔县成立60周年庆典、塔城地区第三届老年人健身大会、宏达盐业杯CBO篮球邀请赛等节庆活动，《和布克赛尔60年辉煌纪录片》在新疆、内蒙古电视台等疆内外多家媒体播放。2012年，江格尔青少年马头琴队赴德国、奥地利等四国演出，获得维也纳“金色大厅”最佳表演奖。2013年，江格尔少年马头琴乐团参加第十八届香港世界青少年“金紫荆花奖”艺术大赛荣获金奖。5年内，和布克赛尔县先后被自治区评为自治区百日广场文化活动竞赛先进县、全国文物工作先进县、非物质文化遗产普查先进县。累计投入资金2 053万元实施“西新工程”“村村通”“农村大喇叭”等各类工程，全县广播电视综合覆盖率达到95%。扩建县计生指导站，新建2个乡级计生服务站，低生育水平得到稳定，人口自然增长率9.23‰，育龄群众接受基本保健服务率90%以上。

（九）社会保障体系逐步健全

城乡社会救助体系基本建立，城乡低保户、困难群众得到有效救助，五大保险覆盖面不断扩大，社会保险参保率99%。“十二五”规划末，全县养老保险参保人数9 070人；失业保险参保人数6 109人；城镇职工基本医疗保险参保人数11 016人；工伤保险参保人数8 447人；生育保险参保人数7 936人；城镇居民医疗保险参保人数8 687人；城镇居民养老保险、新型农村养老保险续保缴费全覆盖。就业再就业工作不断加强，零就业家庭动态管理保持为零，实现就业再就业8 200余人次，城镇登记失业率控制在1.22%以内。

（十）对口受援建设顺利实施

“十二五”规划期间，和布克赛尔县共实施援疆项目22个，总投资3.7亿元，其中援疆资金8 737万元。县人民医院门诊综合楼项目、富民安居等援疆项目建成。安居保障工程稳步推进，为2 200户农牧民在城镇提供方便、适宜的居住环境。新建廉租住房改善300户住房困难家庭居住条件。新建130套干部周转房，改善、解决乡镇基层干部基本住宿问题，为留住基层干部打下基础。引进盘锦市对口援疆干部人才63人，为和布克赛尔县稳步发展提供组织保障和人才支持。新疆汇丰达石化科技有限公司、仁众汽车用品制造有限公司、新疆祥和利达农业发展有限公司等企业落地，发展特色产业，提升农牧业科技含量，带动农牧民就业增收。

（十一）改革工作稳步推进

全面深化农村改革，推动土地承包经营权有序流转，推进棉花目标价格改革试点工作。加快投融资体制改革，加强政府性债务风险防控。严格收支预算管理，加大对惠农政策、保障民生、社会事业等方面的投入力度，财政公共保障能力显著提高。围绕建设法治政府和服务型政府，深化行政审批制度改革。稳步推进事业单位分类改革，深化国有农牧场改革，切实做好新一轮机构改革与政府职能转变衔接工作。自觉接受人大、政协、司法、舆论和社会监督，认真听取社会各界意见建议，高效办理人大议案和政协提案。政府对经济社会事务的管理能力得到提高，政府机关实现高效运转。

# 第二章　价格管理

## 第一节　机构队伍

1993年，和布克赛尔县价格事务所成立，隶属县物价局，与和布克赛尔县物价检查所合署办公，一套人马、两块牌子，股级单位，有干部职工7人。人员由县物价局调剂。

2004年4月，和布克赛尔县价格认证中心成立，与和布克赛尔县物价检查所两块牌子、一套人马，有干部职工3人，属于事业编制（参照公务员管理）。

2006年，和布克赛尔县物价检查所升格为副科级行政执法机构，核定事业编制8名，履行全县价格监督检查、收费管理、价格认定、成本监审、价格监测、价格举报、成本调查等职能。

2007年，和布克赛尔县物价检查所更名为和布克赛尔县价格监督局。

2010年，和布克赛尔县价格监督局更名为和布克赛尔县价格监督检查局，核定行政编制3名。同年4月16日，和布克赛尔县价格认证中心更名为和布克赛尔县价格认定局，其隶属关系、机构规格、领导职数和人员编制维持原状。

2012年9月11日，县价格监督检查局行政职能及人员并入县发展和改革委员会，挂和布克赛尔县价格监督检查局牌子，有干部职工7人。至2015年，机构人员未变。

## 第二节　价格认证

2004年4月，和布克赛尔县价格认证中心成立后，迅即建立健全本级机构的各种规章制度，严格依照国家相关政策、法规开展价格认证工作，做到合法、公证，全力为和布克赛尔县的经济建设服务。

2006年，县价格认证中心在全县范围内共受理刑事涉案物品价格鉴证111件，鉴定金额224万元；旧机动车交易价格评估134件，金额495万元；房地产拆迁、转让、抵押评估60件，金额331万元。全年价格认证业务总量达到450件，认证金额1 850万元。

2007年，完成价格认证303件次，估价金额2 063.17万元。其中，为公安刑案价格鉴证34件、非刑案76件，为法院签证11件，检察院1件，保险理赔5件，鉴证总金额88万元；为旧机动车价格鉴定146件，评估金额133.73万元；为房屋拆迁和转让评估20件次（132户），估价额1 241.41万元。在房屋拆迁方面，为新农村建设规划拆迁补偿估价30户、省道两侧绿化涉及房屋拆迁75户，全部完成估价任务。

2010年，完成价格认定业务257件，认定总金额682.41万元。其中，91件涉案价格鉴定中，有刑事案件39件，认定额109.7万元；为法院民事案件鉴定5件，鉴定额59.77万元；为行政和治安鉴定44件，鉴定额6.29万元；理赔案件4件，认定额1.32万元。另为车辆、设备进行价格鉴定评估166辆（件），评估额505.33万元。

2012年，完成价格鉴定、价格认证业务281件，认定总标的金额806.73万元。其中，涉案价格鉴定78件，标的金额68.73万元；涉税价格认证203件，标的金额738万元。

2015年，完成涉及司法、理赔案件的财物价格鉴证41件，鉴定标的金额54.52万元。协助纪检监察查办的涉纪察财物价格认定1件，标的额认定7.09万元。完成涉税价格认证57件，标的额607.27万元，其中旧车交易转户55件，认证标的额151.49万元；旧房产征收1件，认证标的额352.5万元。

## 第三节　收费管理

2006年，县价格监督局在收费政策方面共转发自治区、地区文件30份；审核、批复县供电公司等6个单位的收费申请；办理县人大、政协的提案、议案2份。全年共审核214个收费许可证，其中新增收费许可证4个，注销收费许可证11个，应审验收费许可证214个，实际审验214个，审验率100%。全县年内各项收费总额6 040.26万元，其中行政性收费总额885.13元（登记费19.64万元、证照费29.46万元、管理费62.11万元、资源费497.41万元、审查费2.71万元、法院诉讼费10.76万元）；事业性收费总额5 155.14万元（公益服务性收费

829.09万元、中介服务收费97.70万元、其他收费4 228.35万元）。移交县物价检查所查处案件4个。取消收费项目2项，减轻社会负担36万元。

2010年，完成收费许可证审验工作，并通过地区年审考核组的验收。规范收费许可证核发范围，清理和布克赛尔县部分医疗服务机构的收费许可证，及时取消涉农“机动车逾期检验收费”和医疗机构“被服消毒费”收费项目，及时变更党校收费许可证，规范收费行为。

2012年，落实国家、自治区为企业和社会减负工作，根据有关文件精神，取消涉农、涉企收费项目9个，减轻社会负担33万元，其中减轻企业负担14万元，减轻农牧民负担19万元。

2015年，根据《地区发展改革委关于各县（市）调整农业灌溉用水价格的通知》精神，向县人民政府提出县农业灌溉用水价格调整意见。

（一）和夏灌区各类水价：粮食作物由现行水价0.059元/立方米调整为0.084 9元/立方米；经济作物由现行水价0.065元/立方米调整为0.093 5元/立方米；饲草料由现行水价0.04元/立方米调整为0.057 5元/立方米。

（二）察和特灌区用水价格由现行运行管理费0.025元/立方米调整为运行管理费0.093 5元/立方米（不含克拉玛依原水费）。按照2020年前达到2010年供水成本100%的目标，上述调整价格执行时间为2016—2018年。北部灌区及各灌区生态林用水价格暂维持现状。还对和布克赛尔县农村饮水安全工程管理站2012年1月至2014年12月3个会计年度进行成本监审，核定定价成本为2.03元/立方米，并上报地区发改委和水利局审核。同年，根据自治区新发改农价〔2015〕1457号文件精神，在前期污水处理成本监审、听证会的基础上，就和布克赛尔镇、和什托洛盖镇2015年年底前开征污水处理费及污水处理费征收标准提出意见上报县人民政府，经县人民政府第十七次常务会议通过，确定和布克赛尔县污水处理费标准为居民1.00元/立方米、非居民1.20元/立方米，并上报行署批复后执行。

## 第四节　价格监督检查

1993年，县物价局根据塔地物价字〔1993〕8号文件精神，对全县银行结算业务收费进行检查，要求银行结算业务手续费和凭证工本收费按国家物价局《关于银行结算业务收费标准的通知》执行。根据塔地物价字〔1993〕57号文件要求，对和布克赛尔县电力价格开展专项检查，并就照明零售电价、工业动力电价、农用电价等作出相应的调整。

1996年，组织开展节日市场、明码标价、农资价格、粮食价格、行政事业收费、医疗卫生收费、成品油市场、口岸收费及建筑市场收费等行业检查。共查处各类价格违法案件158件，查处非法所得金额36.38万元，经济制裁总额40.02万元，其中退换用户14.03万元，没收非法所得金额21.92万元，罚款4.07万元，上缴财政25.99万元。

1998年，加强中小学收费管理和整顿，制止学校乱收费行为；联合有关部门加强税务部门收费检查；抓好药品价格监督检查；抓好农资价格检查；对地县（市）客运收费进行检查。共查处各类价格违法案件200件，查处非法所得金额176.34万元，经济制裁总金额150.95万元，其中退还用户90.38万元，没收非法所得金额50.56万元，罚款10.01万元，共上缴财政60.57万元。

2004年，开展医疗服务和药品价格专项检查，发现1个医疗机构存在提高收费标准、重复收费、自立项目、扩大范围等违法行为，共查处违法行为所得17 251元，全部上缴国库。开展电力价格专项检查，未发现重大违规行为。开展教育收费重点检查，发现1个中学自立项目收取学生补课费55 820元，依法作出相应处理。

2006年，加强市场价格监测预警，提高防范市场价格异常波动应急能力。在春节、元旦、“五一”期间，加强对与群众生活密切相关的粮油、副食品、液化气、长途客运票价等各类商品和服务价格的监测，预防价格暴涨。加大对出现价格波动较频繁的生活、生产等重要商品的价格监测力度，对大米、面粉、食用油、肉类等主要副食品价格和化肥、种子、柴油等农业生产资料价格以及水泥、钢材、玻璃等工业生产资料价格和交通运价进行全面检查。先后组织开展农资价格和涉农收费公示检查，防止乱涨价、乱收费行为，维护公平竞争的市场价格秩序。

2010年，开展电力、涉农、涉企、教育、药品及医疗服务、质量技术监督等专项检查，加强市场检查及巡查，强化对举报案件的检查；对各类检查中发现的问题根据不同情况分别进行处理。全年共填发检查登记表400余份，下发价格违纪整改通知书30余份，立案查处17起，结案16起。共查处违纪收入6.3万元，清退多收款项4.3万元，实施经济制裁0.7万元，全部上缴财政国库。

2012年，为保障市场供应，稳定蔬菜、肉食、粮油等副食品价格，制定上报《和布克赛尔县社区副食品(蔬菜、肉食、粮油等)直销点建设管理暂行办法》《和布克赛尔县成品粮油储备暂行管理办法》《和布克赛尔县冬春蔬菜储备暂行管理办法》等相关管理文件，全面规范和布克赛尔县粮油副食品直销点的建设和运营。为平抑全县肉类市场价格，制定上报《和布克赛尔县肉类储备管理暂行办法》，成为在全疆首个实行肉类储备制度的县。在“中秋”“国庆”两节期间向市场投放储备羊肉25吨，古尔邦节期间投放储备羊肉10吨，解决各族群众吃肉贵的问题。

2015年，依照《新疆维吾尔自治区价格监测报表制度》开展6项大检查：

(一)兽药价格检查。与县动检所联合对县内6个兽药店进行检查，对未明码标价的和明码标价不规范的药店要求其限期改正。

(二)药品价格检查。检查对象：辖区内的药品生产经营企业、医疗机构、疾病预防控制中心、血站等单位。检查重点：竞争不充分药品和特殊患者的特殊用药价格。检查内容：借药品价格改革之机实施扰乱市场价格秩序的违法行为。对违规药店和医疗机构发放提醒告诫书，填写检查登记表，为后期检查工作打下基础。

(三)工程建设领域收费检查。发现1个行政管理部门向各企业收取新型墙体材料基金160 780.4元，予以清退处理。

(四)低电价格执行情况检查。根据《自治区发展改革委关于全疆工商用电同价有关事宜的通知》要求，全疆工商用电网价自2015年4月15日起执行，但县供电所存在滞后执行文件要求的现象。检查发现后，经系统调整，多收部分延续次月使用。该项工作为个体工商户年节约电费约275万元。

(五)教育收费专项检查。经查，全县23所中小学、幼儿园(含私立)未出现违规收费行为，教育教学秩序良好。

(六)涉企收费检查。根据塔地发改价检〔2015〕8号文件要求，对涉及企业收费的行政机关、事业单位、代行政府职能的社会团体、中介机构进行检查，对行政审批前置、涉及市场监管和准入的涉企业收费和行业协会商会涉企业收费项目进行检查。检查结果,总体情况较好。

**2015年和布克赛尔县主要农副产品市场销售价格情况表**

表16-1

| 品　名 | 商品规格 | 计量单位 | 价格(元) |
|---|---|---|---|
| 特一粉 | 以25公斤/袋换算 | 元/千克 | 3.7 |
| 玉米粉 | 普通 | 元/千克 | 5 |
| 粳米 | 地产 | 元/千克 | 6 |
| 菜籽油 | 桶装,当地主销 | 元/5升 | 60 |
| 葵花油 | 桶装 | 元/5升 | 60 |
| 猪肉 | 精瘦肉 | 元/千克 | 27 |
| 牛肉 | 剔骨统货混等 | 元/千克 | 58 |
| 羊肉 | 连骨后腿 | 元/千克 | 37 |
| 鸡肉 | 白条鸡 | 元/千克 | 26 |
| 鸡蛋 | 新鲜完整 | 元/千克 | 19 |
| 鲤鱼 | 500克以上一条 | 元/千克 | 19 |
| 鲢鱼 | 500克以上一条 | 元/千克 | 20 |
| 草鱼 | 500克以上一条 | 元/千克 | 30 |
| 大白菜 | 一 级 | 元/千克 | 3.5 |
| 土豆 | 一 级 | 元/千克 | 3 |
| 胡萝卜 | 一 级 | 元/千克 | 3 |
| 茄子 | 新鲜一级 | 元/千克 | 11 |
| 圆辣椒 | 新鲜一级 | 元/千克 | 10 |
| 螺丝椒 | 新鲜一级 | 元/千克 | 12 |
| 西红柿 | 新鲜一级 | 元/千克 | 8 |
| 黄瓜 | 新鲜一级 | 元/千克 | 10 |
| 芹菜 | 新鲜一级 | 元/千克 | 7 |
| 韭菜 | 新鲜一级 | 元/千克 | 12 |
| 菠菜 | 新鲜一级 | 元/千克 | 8 |
| 莲花白 | 新鲜一级 | 元/千克 | 3 |
| 洋葱 | 新鲜一级 | 元/千克 | 4 |
| 大蒜 | 新鲜一级 | 元/千克 | 12 |
| 生姜 | 新鲜一级 | 元/千克 | 12 |
| 牛奶 | 散 装 | 元/千克 | 8 |
| 牛奶 | 当地主销200毫升袋装折算 | 元/千克 | 10 |
| 白砂糖 | 散 装 | 元/千克 | 8 |
| 苹果 | 当地主销(红富士) | 元/千克 | 8 |
| 梨 | 当地主销 | 元/千克 | 10 |
| 葡萄 | 当地主销 | 元/千克 | 8 |
| 香蕉 | 当地主销 | 元/千克 | 7 |

# 第三章　统　计

## 第一节　机构队伍

1993年,和布克赛尔县统计局(简称“县统计局”)内设综合科、公交科、农调科,核定行政编制9名。

1998年,县统计局和县计委合并为和布克赛尔县计划统计委员会(简称“县计统委”)。2002年,县统计局从县计统委分出,独立办公,有干部职工11人。

2015年,县统计局内设办公室、国民经济综合核算科、政策法规科,有干部职工16人。

## 第二节　统计调查

### 一、全国农业普查

第一次全国农业普查　根据国务院决定,和布克赛尔县于1997年1月正式展开第一次全国农业普查。时点标准是1997年1月1日,时期标准是1996年1月1日至12月31日。需要在1个月的时间内,完成对全部调查项目、指标的入户登记。普查的主要内容是:境内农业和农村生产经营单位的数量和结构;农村从业人员的数量、素质和行业、地域分布;主要农业机械和设备的数量和结构;耕地的数量、质量和结构;乡村社区环境和基础设施状况;建制镇的规模和社会经济状况。普查结果及数据直接完整上报自治区统计局。

第二次全国农业普查　根据《国务院关于开展第二次全国农业普查的通知》精神,和布克赛尔县于2006年底开展第二次全国农业普查。普查的标准时点是2006年12月31日,时期资料为2006年度。普查的主要内容是:境内从事第一产业活动单位和农户的生产经营情况;乡(镇)、村委会及社区环境情况;农业土地利用情况;农业和农村固定资产投资情况;农村劳动力就业及流动情况;农民生活质量情况。普查结果及数据直接完整上报自治区统计局。

### 二、全国经济普查

第一次全国经济普查　根据《国务院关于开展第一次全国经济普查的通知》精神,和布克赛尔县于2004年底开展第一次全国经济普查。普查的标准时点是2004年12月31日,时期资料为2004年度。普查的对象是境内从事第二产业和第三产业的全部法人单位、产业活动单位和个体工商户。具体范围包括:采矿业,制造业,电力、燃气及水的生产和供应业,建筑业,交通运输、仓储和邮政业,信息传输、计算机服务和软件业,批发和零售业,住宿和餐饮业,金融业,房地产业,租赁和商务服务业,科学研究、技术服务和地质勘查业,水利、环境和公共设施管理业,居民服务和其他服务业,教育,卫生、社会保障和社会福利业,文化、体育和娱乐业,以及公共管理和社会组织等。普查的主要内容包括单位标志、从业人员、财务收支、资产状况,以及企业的主要生产经营活动和生产能力,主要原材料和能源消耗及科技开发的投入状况等。普查结果及数据直接完整上报自治区统计局。

第二次全国经济普查　根据《国务院关于开展第二次全国经济普查的通知》精神,和布克赛尔县于2008

年年底开展第二次全国经济普查。普查的标准时点是2008年12月31日，时期资料为2008年度。普查的对象、范围和内容与第一次全国经济普查基本相同。普查结果及数据直接完整上报自治区统计局。

第三次全国经济普查　根据《国务院关于开展第三次全国经济普查的通知》精神，和布克赛尔县于2013年年底开展第三次全国经济普查。普查标准时点为2013年12月31日，时期资料为2013年度。普查的对象、范围和内容与第一次全国经济普查基本相同。普查结果及数据直接完整上报自治区统计局。2013年通过全国第三次经济普查，全县有564家法人单位、279家产业活动单位、2 636家个体户。

## 第三节　统计服务

1993—2000年，县统计局围绕县委、县人政府确定的经济社会发展目标，结合本地实际切实做好国民经济主要经济数据的统计、信息咨询服务工作，充分发挥统计服务作用，及时地反映国民经济运行中出现的热点、难点问题，为各级领导、部门决策提供参考依据。充分发挥统计资料齐全的优势，进一步优化对各部门和社会各界服务质量，努力打造统计服务精品，提高统计信息的透明度和渗透力。该期间，县统计局共向县委、县人民政府以及各有关部报送简明资料28次、统计信息1 104期、统计分析336期、统计专题分析111期。

2001—2015年，加强对经济运行和社会发展情况的分析研究，立足和布克赛尔县的发展，围绕党委、政府、社会公众以及部门、企业单位各方面的需要，不断提高统计服务质量。做好经常性统计分析工作，各专业统计努力做到“月有说明、季有分析、年有课题”，不断提高经常性统计分析水平。注重提供“短平快”分析材料，提供“一纸化”优质服务。发挥统计部门的前沿信息优势，利用《统计调查》及时刊发反映情况。深入基层了解市场，加强调研，提高对经济运行的监测和预警水平，尤其对经济形势、运行特点、指标完成情况等进行前瞻性分析研究，揭示发展变化的规律和趋势，及时为各级党政领导宏观决策和经济管理提供依据。围绕中心工作和经济社会中的重点、热点问题，拓展统计调查涵盖范围，探索制度外统计调查工作，掌握社情民意，不断满足地方政府及社会公众需要。向县领导建议建立政府经济信息统计部门主动介入，积极运作，及时测算、汇总全局各专业，集中和把握其他各有关部门统计数据，建立综合性的经济信息统计平台，并形成制度，为党政领导以及各乡镇、各部门提供综合性、全局性统计数据资料。该期间，县统计局总共向县委、县人民政府上报《和布克赛尔县领导干部手册》（即《和布克赛尔县统计年鉴》）15期、简明资料720次、统计信息1 557期、统计分析900期、统计专题分析85期。

## 第四节　统计执法

1993—2000年，县统计局统计人员上岗培训6次、持证上岗人员110人，统计案例执法28次；审验和换证75份。

2006年，县统计局查处违反《中华人民共和国统计法》案件4起，并作通报批评。

2009年，将规范工业、企业统计与统计执法相结合，对涉及商贸、餐饮、旅游等数十家服务业企业进行调查，摸清企业的家底，掌握企业经营情况，对全县工业、企业、服务业统计工作进行规范。开展统计法制宣传，增强统计持证上岗意识。加大基层统计人员持证上岗等统计基础工作的监督力度，组织开展当年统计从业资格报名考试工作，共有57名统计人员报名参加考试。共调查统计单位26家，统计案例执法2次。

2011年，加大基层统计培训和业务指导，面对面进入两个社区进行统计法律讲课，重点加强对县志部门、企业、乡镇统计人员的普法宣传和教育。共调查统计单位10家，统计案例执法3次，进一步规范全县统计秩序。

2015年，共有16人报名参加统计从业资格考试，19人参加统计继续教育培训学习。为维护《中华人民共和国统计法》的严肃性，确保全县统计数据客观真实，县统计局加大统计执法力度，狠抓统计法制建设。结合统计巡查工作，制定统计巡查工作方案，成立领导小组，完善数据上报责任制和数据质量评估制度，做到发现一案，查处一案，使执法工作经常化。结合工作实际，对全县重点单位进行重点执法检查，对统计工作中的不规范行为责令限期整改。在整个执法检查的过程中严格按照统计执法的程序有条不紊地进行，净化统计环境，提高统计数据质量，维护统计信誉，做到程序合法，依据合法，处理得当。

# 第四章　审　计

## 第一节　机构队伍

1993年，和布克赛尔县县审计局（简称"县审计局"）内设工交股、商贸股、财经股，有干部职工10人。下辖县审计事务所，属自收自支事业单位，有职工5人。

1994年，县审计局有干部职工11人，县审计事务所有职工3人。

1995年，县审计局有干部职工12人，县审计事务所有职工2人。

1998年，根据国务院机构改革精神，县审计事务所与财政局会计事务所合并，划归县财政局管辖。

1999年，县审计局有干部职工13人。2001年，有干部职工15人。

2002年，根据地区审计局科室设置情况变动，县审计局内设办公室、法制股、财金行政股、经贸投资股、经济责任股。同年4月，成立县经济责任审计联席会议办公室（简称"县经责联席办公室"，股级机构，配置行政编2名），设在县审计局，与经济责任股合署办公。全局职工人数未变。

2007年，县审计局内设办公室、法制股、财金行政股、投资股、经济责任股（经济责任审计联席会议办公室）、经贸股；增设党支部书记职位。全局职工人数未变。

2012年，县审计局成立固定资产投资审计中心（简称"投资审计中心"，股级机构），增加全额事业编3名。

2014年，县审计局增加县财政供养编1名，有干部职工17人。

2015年，县审计局内设投资审计中心（投资股）、经责股（经责联席办公室）、办公室、综合科、法制科。有干部职工14人。

## 第二节　财税、金融审计

1995年，县审计局根据国家第一部《审计法》《预算法》开始履行对本级预算执行情况审计监督职责。

1999—2004年，县财政推行收支两条线管理制度，审计重点关注财政收支情况、收支两条线管理情况、预算内外资金管理情况以及税收征收和入库情况。该期间，查出管理不规范资金4 345.37万元，违规资金1 167.29万元，非金额计量问题26个。

2005—2009年，县推行部门预算制度，审计围绕县人大年初批复的预算，重点关注财政预算内和预算外资金收支情况，关注各单位财务收支真实性、合法性，以及专项资金的使用效益。通过财政资金支出结构、财政转移支付、政府采购、税收收入和重点部门预算编制执行情况的审计，检查财政预算编制及调整是否符合建立完善公共财政体制和运行机制的要求，从源头上制止财政资金使用的随意性，查处违规使用财政资金，挤占挪用专项资金等问题。审计时将预算执行审计与专项资金调查结合起来，将单一的财政审计变为对资金拨付量多，或专项资金使用较大，或预算外资金收入较多的预算单位进行有针对性的调查审计，从而揭露转移支付不规范，资金使用效益不高等问题，分析预算管理中的问题，提出优化财政支出结构，促进财政资金更加合理、有效使用，减少损失浪费的审计建议。该期间，查出管理不规范资金4.71亿元，违规资金1 100.46万元，非金额计量问题3个。

2010—2015年，县推行国库集中支付制度，实行非税收入直缴国库等资金集中统一管理模式，提高资金使用安全和效益。县审计局以促进健全统一完整的政府预算体系，提高预算管理水平，推动积极财政政策落实为目标，着重关注预算收支的真实性、预算执行的严肃性、资金使用的合法性，提高财政管理的科学化和精细化水平。税收审计主要针对地税计划完成、税收政策执行、税收征管情况等审计。同时，根据中央八项规定和国务院“约法三章”要求，加强专项资金、“三公”经费（政府部门人员因公出国（境）经费、公务车购置及运行费、公务招待费）、会议费使用等审计，促进厉行节约。此期间，查出管理不规范资金8.051亿元，违规资金366.13万元，非金额计量问题5个。

2015年1月1日起，新修订的《中华人民共和国预算法》正式施行。在详细了解本级财政一般预算、政府基金预算、社保基金预算，以及财力状况、确定本级财政预算可安排的财务基础上，审计紧扣新法规，重点关注财政是否按规定进行预算的编制、调整，其中对预算编制实际执行情况进行抽查，检查预算资金是否按用途使用，检查追加的数额及原因，检查预算资金的结余及不足情况；在深入摸清政府债券债务资金规模基础上，着重分析还本付息压力，同时，延伸拨入县城市建设投资发展有限公司（简称“县城投公司”）大量债券资金管理使用情况；分析存量资金的成因和结构，特别是专项资金结余使用情况。通过审计发现管理不规范资金2.97亿元，非金额计量问题4个，提出审计建议7条。

## 第三节　企业审计

1993年，延续以前年度对煤矿企业的例行审计，对县第二煤矿、第三煤矿企业会计信息的真实性和经济活动的合法性进行审计。重点审计企业损益状况、资产质量、负债情况，揭露和查处收入、成本不实，弄虚作假等违规问题。查出管理不规范资金136.94万元，违规资金2.8万元。

1994—1998年，除例行对县域各煤矿企业年度资产、负债、损益审计外，还对县烟酒公司、综合实业公司、食品公司经理、巴嘎乌图布拉格牧场、煤炭公司、巴音查汗扎合金矿编织厂、夏孜盖盐场、水泥厂、驼毛服装厂、二建等企业的资产、负债、损益进行审计。查出管理不规范资金755.43万元，违规资金44.6万元，处理处罚问题中上缴税金28.2万元，处罚5.52万元。

1999年，对新和兴股份合作制公司、那仁和布克赛尔252煤矿、第一煤矿3个企业资产、负债、损益情况进行审计，查出管理不规范资金388.29万元，违规资金20.13万元，处理处罚问题中上缴税金3.93万元，处罚0.18万元。

从2000年起，不再开展企业资产、负债、损益例行审计工作。

## 第四节　基本建设审计

1992年，开展固定资产投资审计项目。1994年由于专业人员调出，该审计业务停止。该期间，审计项目4个，总投资284.93万元，核减造价50.21万元，出具审计报告4篇。

2005年11月，重新启动固定资产投资审计，主要对工程项目造价进行审核，出具审计复核报告和年度审计情况综合报告。年度综合报告主要向县人民政府反映全县建设领域共性问题，提出完善相关制度或加强行业管理的审计建议。根据审计建议，2007年，颁布《和布克赛尔县固定资产投资项目管理办法》《关于印发和布克赛尔县基本建设项目建筑材料实施政府采购的暂行办法的通知》，取消不适宜县实际情况的有关工程费用，从根源上防止建设违规，程序违规，随意变更工程量、材料价格虚高等行为，控制投资造价。截至2010年9月，县审计复核工程项目101个，核减造价2 269.53万元。

2010年10月至2012年，审计重点由单纯的竣工结算审核向项目概(预)算执行审计和竣工决算审计过渡，并向效益审计和服务政府投资管理方面发展。审计方式上，造价审核委托中介核算，县审计局负责审计过程的监督、协调、管理，并在造价审核基础上，通过定性、定量分析，揭示县项目管理环节漏洞，提出建设性整改建议，县党委、县人民政府根据审计建议，修订《关于印发和布克赛尔县预算内基本建设投资项目管理暂行办法》，下发《关于进一步做好政府投资项目审计工作通知》，从源头起到控制投资，保障建设领域健康发展的作用。该期间，共审计工程项目18个，主要有人力和社会资源保障局综合楼、城关小学综合楼、蒙医院和慈善医院门诊住院楼、林业局综合楼、体育广场改扩建、移民安置房、县垃圾处理场、2009年廉租楼、住建局综合办公楼等，涉及投资额19 433.42万元，核减造价2 710.2万元。

2013—2015年，仅开展援疆项目审计。

## 第五节　其他审计

### 一、行政、事业审计

1993年开始，单一的行政事业单位财政财务收支情况审计较少，特别是《审计法》颁布实施和财政体制实行一系列改革后，审计职责和审计范围发生较大改变。行政事业单位常规性财政财务收支成为审计基础工作，在开展部门预算执行审计、党政领导干部经济责任审计、专项资金审计时，要结合不同审计项目要求，审计内容和重点还要涉及单位预算执行情况、专项资金使用管理、国有资产的处置、政策法规落实执行、项目决策管理、内控制度管理等特定事项。当年审计单位3个，其中行政事业单位常规财务收支审计项目2个、针对预算外资金管理情况审计行政事业单位1个。查出管理不规范资金0.58万元，违规资金11.24万元，处理处罚问题中上缴财政资金11.24万元，非金额计量问题3个。

1994—1998年,审计项目7个,涉及县土地管理局、水电局、城建局、政府宾馆等有预算外资金收入单位。审计内容除关注常规财务收支以外,重点审计行政事业性收费及罚没收入收支两条线规定落实管理情况。查出管理不规范资金112.45万元,违规资金64.06万元,处理处罚问题中上缴财政资金35.71万元(罚款1.22万元),应缴未缴财政资金3.9万元,应归还原渠道资金76.54万元,应调账处理资金29.32万元,非金额计量问题11个。

1999—2003年,审计项目7个,审计调查涉及县教育、医疗系统、法院、经贸委、供暖公司等8个单位。重点审计行政事业单位财务收支情况,行政事业收费合规性及收支两条线规定落实管理情况。查出管理不规范资金414.75万元,违规资金13.99万元,处理处罚问题中罚款0.5万元,应缴税金3.9万元,应归还原渠道资金6.96万元,应缴未缴财政资金15.3万元,应调账处理37.82万元,非金额计量问题3个。

2004年,未单独开展行政事业审计。

2005—2009年,审计项目8个,审计调查涉及县公安、民政、教育、农业综合开发等8个单位。审计主要根据各年度预算执行审计情况,将财政重点拨款单位或重点资金使用单位的预算执行情况作为被审计对象和审计重点。查出管理不规范资金75.41万元,违规资金20.96万元,处理处罚问题中应缴未缴财政资金5.51万元,应归还原渠道资金25.7万元,应调账处理5.52万元。

2010—2014年,审计项目6个,主要审计县财政局和农业开发办各年度单位预算执行情况。查出管理不规范资金183.74万元,其中应调账处理55.82万元,非金额计量问题1个。

2015年,对农业开发办预算执行进行审计,未发现违规问题。

**二、涉农资金审计**

随着新农村建设的不断推进,国家对"三农"(农业、农村、农民)问题高度重视,各级支农、惠农、强农政策的扶持力度不断加大。自1994年始,根据上级审计机关和本级政府审计工作安排,县审计局逐步开展与农村发展相关的专项资金审计。审计涉及资金主要有扶贫综合开发、农业综合开发、农村饮水安全、沼气建设等农村基础设施建设资金,粮食直补、良种补贴等涉农补贴资金,危房改造资金,退牧还草、退耕还林等生态建设资金、救济、低保、农村养老、农村医疗等社会保障资金。

1994—1998年,审计项目4个。涉及扶贫、改水、草原综合开发资金。查出管理不规范资金72.64万元,违规资金50万元,处理处罚问题中应归还原渠道资金50万元,非金额计量问题1个。

1999—2003年,审计项目4个。涉及农业综合开发资金、以工代赈防病改水资金。查出管理不规范资金140.18万元,违规资金32.23万元,处理处罚问题中罚款1.5万元,应归还原渠道资金30.7万元,非金额计量问题1个。

2004—2008年,审计项目10个。涉及退牧还草、扶贫、农村新型合作医疗、农村养老、农业综合开发资金。查出管理不规范资金336.47万元,违规资金219.82万元,处理处罚问题中应归还原渠道资金205.24万元,非金额计量问题6个。

2009—2013年,审计项目11个。涉及退牧还草、扶贫、农村新型合作医疗、农村沼气池建设、农业综合开发、汶川甘肃移民安置、玉树地震救灾资金和物资。查出管理不规范资金36.97万元,非金额计量问题9个。

2014年,未开展涉及资金相关审计。

2015年，对2013—2014年少数民族发展资金、2014年粮食直补资金和农资综合直补资金开展审计，查出管理不规范资金106.2万元。

## 三、专项审计

除涉农专项资金审计外，县审计局依据《审计法》和《审计法实施条例》，还对与国家财政收支有关的其他特定事项开展专项审计调查。主要涉及各项保障资金、世行贷款、教育专项资金以及事业单位特定事项审计。

1995—1999年，审计项目5个。涉及那仁和布克债务审计、养老医疗失业社会保障、教育事业费、救灾物资审计。查出管理不规范资金85.28万元，违规资金4万元，处理处罚问题中上缴财政0.72万元，应归还原渠道资金3.28万元，非金额计量问题5个。

2000—2004年，审计项目12个。涉及世行贷款资金、养老医疗失业保障基金、住房公积金、教育基金、再就业资金审计。查出管理不规范资金51.08万元，违规资金269.8万元，处理处罚问题中上缴财政35.58万元，应归还原渠道资金246.03万元，调账处理5.9万元，非金额计量问题12个。

2005—2009年，审计项目19个。涉及世行贷款资金、五项社会保障基金、教育经费及"三个增长"(指财政拨款的增长应当高于财政经常性收入的增长，并使按在校学生人数平均的教育费用逐步增长，保证教师工资和学生人均公用经费逐步增长)机制、农村义务教育经费保障机制及小学校舍D级危房改造专项资金、捐助资金、再就业资金审计，以及对农林局合并、热气泉疗养院、旅游公司、新宾馆单位专项审计。查出管理不规范资金2 029.98万元，违规资金269.35万元，处理处罚问题中应上缴财政13.07万元，应归还原渠道资金180.62万元，调账处理93.54万元，非金额计量问题18个。

2010—2014年，审计项目17个。涉及保障性住房、地方政府债务、养老医疗保险、教育经费及"三个增长"机制、农村义务教育经费保障机制及小学校舍D级危房改造专项资金、捐助资金、再就业资金审计，以及对热气查和特开发区、宾馆、单位专项审计。查出管理不规范资金4 125.55万元，违规资金314.14万元，处理处罚问题中应上缴财政248.78万元，应归还原渠道资144.87万元，应缴未缴财政资金9.96万元，应收未收资金16.71万元，非金额计量问题30个。

2015年，对2014年城镇保障住房和富民安居工程开展审计，查出管理不规范资金226.17万元，违规资金76万元，非金额计量问题3个。

## 四、领导干部经济责任审计

1996年，和布克赛尔县开始对领导干部进行经济责任审计。当年开展经济责任审计1个，查出违规资金28万元。

1997—1999年，和布克赛尔县未开展经济责任审计。

2000—2004年，开展经济责任审计项目29个，查出管理不规范资金3 353.37万元，违规资金222.74万元，处理处罚问题中上缴财政资金56.65万元(其中罚款7.07万元)，应缴未缴财政资金40.31万元，应归还原渠道资金56.01万元，应调账处理620.66万元，非金额计量问题8个。

2005—2009年，开展经济责任审计项目24个，查出管理不规范资金1 709.03万元，违规资金225.55万元，处理处罚问题中上缴财政资金17.25万元（罚款0.8万元、应缴税金0.4万元），应归还原渠道资金176.97万元，应调账处理14.03万元，非金额计量问题1个。

2010—2014年，开展经济责任审计项目29个，查出管理不规范资金2 725.19万元，违规资金244.1万元，处理处罚问题中应归还原渠道资金321.34万元，应调账处理401.82万元，非金额计量问题26个。

2015年，开展经济责任审计项目4个，查出管理不规范资金970.74万元。

## 五、援疆审计

2011年，辽宁省盘锦市开始对口援建和布克赛尔县。根据中华人民共和国审计署和自治区、塔城地区审计机关工作安排，2013年县审计局启动援疆项目审计。审计方式为县审计局与辽宁盘锦市审计局联合审计，审计类型分为两种：

（一）对援疆资金占项目总投资比例较大的，并已竣工验收具备竣工决算审计条件的项目，开展竣工决算审计并出具竣工决算审计报告。

（二）对其他援疆项目开展跟踪调查审计，重点调查项目进度，资金到位与拨付情况，建设程序履行情况，最后出具跟踪调查审计报告。

截至2015年，援疆资金涉及13类项目25个单项工程，总投资共5.12亿元，其中援建资金8 729万元。涉及项目有县人民医院住院综合楼、县幸福社区办公楼、县巴音西尔格社区办公楼、县和什镇阳光社区办公楼、县查和特乡办公楼、巴音傲瓦乡办公楼、2012—2015年富民安居工程、2013—2014年廉租房、察和特干部周转房、2014和什镇干部周转房、和什镇九年一贯制学校、干部现代远程教育站点建设、县职业技术学校宿舍楼、增进民族交往交流项目、资助内地普通高校新疆籍学生项目、县公安智能卡口和卡点建设项目等。

**2011—2015年和布克赛尔县援疆审计情况表**

表16－2　　单位：万元

<table>
<tr><th colspan="4">内　容</th><th>2011年</th><th>2012年</th><th>2013年</th><th>2014年</th><th>2015年</th><th>合　计</th></tr>
<tr><td rowspan="3">项目总体情况</td><td colspan="3">“十二五”援疆项目个数</td><td>3</td><td>4</td><td>4</td><td>5</td><td>7</td><td>23</td></tr>
<tr><td colspan="3">总投资</td><td>6 904.82</td><td>8 235.71</td><td>19 531.9</td><td>13 309.9</td><td>3 266</td><td>51 248.33</td></tr>
<tr><td colspan="3">其中：援疆资金</td><td>1 600</td><td>1 720</td><td>1 625</td><td>1 892</td><td>1 892</td><td>8 729</td></tr>
<tr><td rowspan="7">审计实施情况</td><td colspan="3">“十二五”援疆项目个数</td><td>3</td><td>4</td><td>4</td><td>5</td><td>0</td><td>16</td></tr>
<tr><td colspan="3">总投资</td><td>6 904.82</td><td>8 235.71</td><td>19 531.9</td><td>10 861.4</td><td>3 266</td><td>48 799.83</td></tr>
<tr><td colspan="3">到位援疆资金</td><td>2 752</td><td>568</td><td>1 625</td><td>1 892</td><td>1 892</td><td>8 729</td></tr>
<tr><td rowspan="4">审计方式</td><td rowspan="4">自审</td><td>项目个数</td><td>—</td><td>—</td><td>—</td><td>1</td><td>6</td><td>7</td></tr>
<tr><td>总投资</td><td>—</td><td>—</td><td>—</td><td>10 128.15</td><td>1 725</td><td>11 853.15</td></tr>
<tr><td>其援疆资金</td><td>—</td><td>—</td><td>—</td><td>600</td><td>800</td><td>1 400</td></tr>
<tr><td>累计完成投资</td><td>—</td><td>—</td><td>—</td><td>3 406.73</td><td>1 671</td><td>5 077.73</td></tr>
</table>

续表16－2

| 内　容 | | | | 2011年 | 2012年 | 2013年 | 2014年 | 2015年 | 合　计 |
|---|---|---|---|---|---|---|---|---|---|
| 审计实施情况 | 审计方式 | 联合审计 | 项目个数 | 3 | 4 | 4 | 4 | 1 | 16 |
| | | | 总投资 | 6 904.82 | 8 235.71 | 19 531.9 | 3 181.75 | 1 541 | 39 395.18 |
| | | | 其中援疆资金 | 1 600 | 1 720 | 1 625 | 1 292 | 1 091 | 7 328 |
| | | | 累计完成投资 | 6 904.82 | 8 235.71 | 15 000 | 2 828.8 | 1 541 | 34 510.33 |
| | 审计成果 | 审减工程造价 | | 830.24 | 187.85 | — | 121.55 | 27.51 | 1 167.15 |
| | | 审计报告数量 | | 2 | 3 | 1 | 2 | 2 | 10 |

# 第五章　国土资源管理

## 第一节　机构队伍

2006年6月，根据《关于印发〈和布克赛尔县党政机构改革方案〉的通知》精神，县土地管理局和县矿产资源局合并成立和布克赛尔县国土资源局（简称“县国土资源局”），对外加挂测绘地理信息局牌子。内设综合办公室、地政管理科、矿政管理科；下设南部、西部、东部、察和特4个国土资源管理所，负责全县12个乡、镇、场及察和特农业开发区的国土资源管理工作，各所均由局机关直属管理。核定行政编制10名，国土资源所全额事业编制45名，矿产资源监察管理所全额事业编制15名。

2015年，县国土资源局机构设置未变，有在职干部职工77人。其中，行政人员17人，矿产资源监察管理所事业人员12人，基层国土资源所参照人员18人，基层国土资源所事业人员30人；干部59人，工人18人。

## 第二节　地籍管理

1993年，和布克赛尔县开展全国第一次土地大调查工作，对全县的地类、面积进行调查测绘。1995年，进行补充调查测绘。

1999年，开展城镇地籍调查工作，对和布克赛尔镇、和什托洛盖镇的建成区范围内的土地进行权籍调查、地籍测绘，建立MAPGIS数据库，实现国有土地使用证的电子化管理。同年，委托中科院生态与地理研究所开展和布克赛尔镇、和什托洛盖镇的基准地价制定工作，由于县人大认为地价过高，至2005年才正式实施。

2000年，开展和布克赛尔县土地利用调查数据库建设，根据全县1:1万、1:5万地形图矢量化数据建立MPGIS土地利用现状数据库。

2002年，县国土资源局的档案管理工作通过自治区验收，成为自治区档案达标单位。

2004年，开展和布克赛尔县农用地分等定级工作。

2007年，开展和布克赛尔镇、和什托洛盖镇城镇地籍调查更新工作，对MAPGIS数据库进行更新。

2009年，委托吉农土地咨询所进行基准地价更新工作（2010年1月1日正式实施）。同年，开展全国第二次土地大调查工作，对全县的现状进行调绘，数据与第一次全国土地大调查数据相衔接，建成苍穹软件数据库。

2010年,开展和布克赛尔县一张图工程制作工作,建立和布克赛尔县一张图数据库。同年,根据全国第二次土地大调查工作要求,对和布克赛尔镇进行城镇地籍调查更新工作。

2012年,开展和布克赛尔县集体土地使用权确权登记发证工作。

## 第三节　土地规划与利用

### 一、规划编制

(一)第一个土地规划编制

1999年,和布克赛尔县编制第一个土地规划,即《和布克赛尔县土地利用总体规划(2000—2010年)》。主要内容是:加强宏观调控,统筹土地资源的开发、利用、保护和整治,严格土地管理,落实用途管制,不断推进城乡土地利用结构与布局的优化,为和布克赛尔县全面建设小康社会奠定基础。

(二)第二个土地规划编制

2010年,和布克赛尔县为适应经济建设的快速发展,开始组织编制第二土地规划,即《和布克赛尔县土地利用总体规划(2010—2020年)》(以下简称"《规划》")。首先,和布克赛尔县成立规划编制领导小组,由县人民政府县长才格加甫任组长,副县长赵文明任副组长,各相关部门主要负责人为成员。接着,成立由县国土资源局与塔城地区国土资源规划研究院的技术人员组成的规划编制工作技术组,开始具体负责规划编制工作,包括工作计划与工作方案的制定、各专题研究报告的撰写、总体规划与专项规划的编制等。《规划》的编制共分为7个阶段,即准备阶段、调查研究阶段、专题研究阶段、规划大纲编制与评审阶段、规划文本编写阶段、协调论证阶段和成果整理阶段。经过近一年的扎实工作,2011年8月形成初稿,2012年10月完成修订。《规划》文本修改完善后,及时对已形成的文字报告进行再修订、校核与排印,形成规划送审稿和专题报告,对规划底图、规划草图进行计算机输入、编辑,形成成果图件,同时提交规划管理数据库。《规划》主要文字成果有《和布克赛尔县土地利用总体规划(2010—2020年)》《和布克赛尔县土地利用总体规划说明(2010—2020年)》《和布克赛尔县土地利用总体规划大纲(2010—2020年)》《和布克赛尔县土地利用总体规划大纲说明(2010—2020年)》。

### 二、规划实施与修订

(一)第一个土地规划的实施与修订

《和布克赛尔县土地利用总体规划(2000—2010年)》于2000年开始实施,规划目标和管理措施得以顺利推进。但是,随着经济社会的快速发展,城市发展比预期快,和什托洛盖镇镇中心南部有突破规划趋势,工业园区扩区规划,和布克赛尔县高速公路、铁路等基础设施建设,富民安居项目建设加快等变化引起现行规划的用地规模和布局发生重大变化,使和布克赛尔县土地利用面临新的形势和挑战,现行土地利用总体规划已不能满足发展的需求,需要对现行规划从指标和布局上进行修改。

(二)第二个土地规划的实施与修订

《和布克赛尔县土地利用总体规划(2010—2020年)》于2012年实施。由于自治区追加建设用地指标,根据地区分解指标,2014年和布克赛尔县进行《和布克赛尔县土地利用总体规划(2010—2020年)修改方案》的编制。

随着和什托洛盖镇镇区的发展、工业园区扩区规划、高速公路、铁路等基础设施建设、富民安居项目等建设项目的实施,《和布克赛尔县土地利用总体规划(2010—2020年)》已经不能适应和布克赛尔县的快速发展,2016年8月和布克赛尔县开展《和布克赛尔县土地利用总体规划(2010—2020)》调整完善工作。

## 三、土地利用

### (一)农用地指标的完成情况

至2009年,和布克赛尔县的耕地、园地、林地、牧草地实际面积均未达到第一个规划确定的规划目标数。按照2009年统一时点更新数据,耕地16 228.31公顷,比第一个规划指标18 719.76公顷少2 491.45公顷;园地4.24公顷,比第一个规划指标169.44公顷少165.2公顷;林地154 579.62公顷,比第一个规划指标179 134.01公顷少24 554.39公顷;牧草地1 446 319.72公顷,比上轮规划指标1 661 367.41公顷少215 047.69公顷。

**和布克赛尔县第一个土地规划农用地指标完成情况表**

表16－3　　单位:公顷

| 一级类 | 二级类 | 1997年现状面积A | 第一个规划指标数B | 2009年实际面积C | 1997年与2009年实际净增量C−A | 2009年现状与第一个规划差异B−C |
|---|---|---|---|---|---|---|
| 农用地 | 耕地 | 8 641.05 | 18 719.76 | 16 228.31 | 7 587.23 | 2 491.48 |
| | 园地 | 74.44 | 169.44 | 4.24 | −70.2 | 165.2 |
| | 林地 | 177 600.21 | 179 134.01 | 154 579.62 | −23 020.59 | 24 554.39 |
| | 牧草地 | 1 665 824.52 | 1 661 367.41 | 1 446 319.72 | −219 504.8 | 215 047.69 |

### (二)建设用地指标的完成情况

2009年,城乡建设用地总量36 444.77公顷,第一个规划要求2010年城乡建设用地总量控制在9 975.76公顷以内,实际面积超过规划目标26 469.01公顷。

2009年,交通水利用地总量3 459.53公顷,第一个规划要求2010年地方交通用地总量控制在3 582.22公顷以内,实际面积未超过第一个规划目标数。

2009年,其他建设用地总量134.87公顷,第一个规划要求2010年其他建设用地总量控制在2 116.59公顷以内,实际面积未超过第一个规划目标数。

**和布克赛尔县第一个土地规划建设用地变化情况表**

表16－4　　单位:公顷

| 地类 | 1996年基期面积 | 规划目标年面积 | 2009年实际面积 | 2009年实际面积与第一个规划差异 |
|---|---|---|---|---|
| 城乡建设用地 | 4 044.22 | 9 975.76 | 36 444.77 | −26 469.01 |
| 交通水利用地 | 677.11 | 3 582.22 | 3 459.53 | 122.69 |
| 其他建设用地 | 897.62 | 2 116.59 | 134.87 | 1 981.72 |

## 第四节　土地保护

### 一、耕地保护

(一)耕地数量

1997年,和布克赛尔县耕地面积6 480公顷,占全县土地总面积的0.22%,占农用地面积的0.35%。

2009年,和布克赛尔县耕地面积12 906.7公顷,占全县土地总面积的0.42%,占农用地面积的1.00%。

2015年,和布克赛尔县耕地面积15 793.3公顷,占全县土地总面积的0.52%,占农用地面积的1.06%。

(二)耕地质量

根据2000年和布克赛尔县农用地分等结果,耕地两极分化明显,质量高的耕地占33.85%;质量低的耕地占66.15%,没有中等质量耕地。

(三)耕地分布

第一个规划期间,全县耕地主要分布在夏孜盖乡、县直属察和特开发区、查干库勒乡、和什托洛盖镇,这四个乡、镇、区占全县耕地面积的84.82%,其余各乡镇场只占15.18%。

**2000—2010年全县耕地分布情况表**

表16-5

| 乡镇场名称 | 面积(公顷) | 比例(%) |
|---|---|---|
| 和布克赛尔镇 | 14.32 | 0.08 |
| 和什托洛盖镇 | 2 046.02 | 11.82 |
| 那仁和布克牧场 | 259.72 | 1.50 |
| 伊克乌图布拉格牧场 | 906.08 | 5.24 |
| 布斯屯格牧场 | 81.49 | 0.47 |
| 巴嘎乌图布拉格牧场 | 84.06 | 0.49 |
| 县直属察和特开发区 | 4 714.92 | 27.24 |
| 查干库勒乡 | 2 349.97 | 13.58 |
| 巴音敖瓦乡 | 476.47 | 2.75 |
| 莫特格乡 | 245.61 | 1.42 |
| 铁布肯乌散乡 | 559.59 | 3.23 |
| 夏孜盖乡 | 5 567.72 | 32.17 |
| 合计 | 17 305.97 | 100 |

### 二、基本农田保护(2000—2010年)

(一)基本农田划定范围

按照国务院《基本农田保护条例》规定,参照农用地分等成果,和布克赛尔县下列区域的耕地划入基本农田:1.经国务院有关主管部门或者县级以上地方人民政府批准确定的粮、棉、油生产基地内的耕地;2.有良好的水利与水土保持设施的耕地,正在实施改造计划以及可以改造的中、低产田;3.蔬菜生产基地;4.农业科研、教学试验地；5.《塔城地区土地开发整理复垦专项规划》确定整理区域的耕地。

（二）基本农田数量

2009年，和布克赛尔县基本农田面积9 633.37公顷。主要分布在夏孜盖乡、县直属察和特开发区、查干库勒乡及和什托洛盖镇，这4个乡、镇、区基本农田面积占全县基本农田总面积的89.29%。

**2009年全县各乡镇场基本农田面积及所占比例情况表**

表16－6

| 乡镇场名称 | 基期年基本农田保护面积/公顷 | 占基本农田总面积的比例% |
|---|---|---|
| 和布克赛尔镇 | 3.31 | 0.03 |
| 和什托洛盖镇 | 1 315.15 | 13.65 |
| 那仁和布克牧场 | 215.77 | 2.24 |
| 伊克乌图布拉格牧场 | 431.11 | 4.48 |
| 县直属察和特开发区 | 1 973.75 | 20.49 |
| 查干库勒乡 | 1 337.52 | 13.88 |
| 巴音敖瓦乡 | 31.5 | 0.33 |
| 莫特格乡 | 53.52 | 0.56 |
| 铁布肯乌散乡 | 296.51 | 3.08 |
| 夏孜盖乡 | 3 975.23 | 41.27 |
| 合计 | 9 633.37 | 100.01 |

（三）基本农田调出调入（2000—2010年）

1.基本农田调出

调出允许建设区、有条件建设区范围内的基本农田，调出工业园区、物流园区等重点建设项目新增用地内的基本农田。第一个规划期间共调出177.14公顷基本农田，位于伊克乌图布拉格牧场、和什托洛盖镇。

2.基本农田调入

适当调整各乡、镇、牧场基本农田布局，将基本农田集中区内非农建设用地和其他零星农用地优先整理为基本农田。将分布相对集中、面积较大、未划入基本农田的耕地调整为基本农田，为保证基本农田质量不降低，调入地类现状一般均为耕地。第一个规划期间共调入质量相当的耕地317.03公顷，位于县直属、夏孜盖乡。调入面积大于调出面积的原因是将原有基本农田预留区作为调入划入基本农田。

（四）基本农田质量（2000—2010年）

第一个规划期末，和布克赛尔县基本农田一级保护面积1 700.54公顷，占17.65%；二级保护面积1 730.50公顷，占17.96%；三级保护面积6 202.36公顷，占64.38%。

（五）耕地和基本农田管护措施（2000—2010年）

1.耕地保护措施

（1）严格控制非农建设占用耕地。新增建设用地总量不得突破粮食生产和其他农作物生产对耕地的需求界限；

（2）优化产业结构，加大土地整理开发资金投入。在严格控制非农建设占用耕地的基础上，优化工业发展、城镇建设和基础设施建设用地空间，促进区域经济协调发展，增加地方财政收入，进而加大对土地整理开发资金的投入，增加有效耕地面积，实现耕地总量动态平衡，确保粮食生产安全。

（3）严格执行耕地保护管理制度。主要包括土地用途管制制度、耕地总量动态平衡制度、耕地占补平衡制度、耕地保护目标责任制度等。

2.基本农田管护措施

（1）执行基本农田保护目标责任制，把基本农田保护情况纳入政府目标和地方领导政绩考核指标；

（2）签订基本农田保护责任书，设立保护牌和标志，层层建立保护网络，将责任落实到人和地块；

（3）加大执法力度，加强土地动态巡查，定期不定期开展基本农田保护大检查，严肃查处各类违法侵占基本农田案件。

（4）设立举报投诉电话，加大耕地和基本农田违法案件举报监督力度。

## 第五节　土地征用与补偿

2007—2009年，奎屯—北屯铁路建设项目是国家和自治区的重点建设项目，在和布克赛尔县境内长217千米（DK191+556—DK408+940），涉及征用耕地11.33公顷；牧草地423.16公顷（争议区134.92公顷）；林地195.78公顷（按牧草地计算补偿）。

2007年，新建奎北铁路工程建设项目征地补偿拨付协议书签订后，和布克赛尔县成立由县监察局、国土资源局、农业局、林业局、草原监理站等单位组成的新建奎北铁路工程建设项目征地补偿领导小组，并与2008年3月17日进入征地补偿阶段，根据《中华人民共和国土地管理法》和《国土资源部听证规定》的相关规定，县国土资源局于2008年3月26日将补偿标准予以公告，并按程序于4月7日在夏孜盖乡举行征地补偿公开听证会，在土地所有者、使用者及地上附着物所有者对征地补偿安置标准无异议的情况下，依法进行登记补偿。

2008—2011年，先后经过5次补偿，实际共涉及补偿耕地11.67公顷；草地445.51公顷；拆迁房屋3户324平方米。共签订补偿协议258份，发放农村集体土地补偿费、农村集体土地安置费、青苗及地上附着物补助费、牧草地安置补助费合计9 734 878.42元。2011年11月14日最后一笔补偿费发放完毕，标志奎北铁路征地补偿工作全面完成。

## 第六节　矿产勘查与管理

### 一、矿产勘查

（一）煤炭资源

和布克赛尔县煤炭资源主要分布于白杨河矿区、和什托洛盖矿区及沙吉海矿区，全县含煤面积4 000多平方千米，约占县境面积的15%。发热量在5 000～6 500大卡，属41号长焰煤。原和什托洛盖矿区（和什托洛盖、沙吉海矿区）西起骆驼包西勘探边界，和什托洛盖镇位于矿区中部，东至沙吉海矿区东部勘探边界。矿区东西走向长约108.5千米，南北宽3.5～18.5千米，面积约952.17平方千米，呈东西向长条形。根据新疆地矿局第九地质大队编制的《新疆和什托洛盖煤田和布克赛尔县和什托洛盖地质勘查总结报告》(修改版)提供的地质资源总量为142亿吨,其中查明资源量58亿吨,预测资源量83亿吨。A煤组地质资源量为27亿吨,其中查明资源量8亿吨,预测资源量19亿吨。B煤组地质资源量为61亿吨,其中查明资源量5亿吨,预测资源量56亿吨。

2011年始,和布克赛尔县加大对煤炭资源的勘查投入,煤炭资源储量有较大突破,新疆和什托洛盖煤田白杨河勘查区普—详查是2011年3月由新疆国土资源厅以新国土资函〔2011〕180号文下达的自治区地质勘查基金项目。项目承担单位为新疆地矿局第九地质大队。项目总投入7.93亿元。勘查区位于和什托洛盖盆地中段南缘的荒漠平原区,行政区划大部属和布克赛尔县、额敏县、托里县管辖。勘查区东西长21~98千米,南北宽7~51千米,面积2 405平方千米。2012年12月,提交《新疆和什托洛盖煤田白杨河勘查区普—详查地质报告》。2013年4月3日,自治区国土资源厅组织有关专家对报告进行评审,提交煤炭资源总量683.5亿吨,属大型整装煤田。同时开展工作的莫合台西勘查区和图拉—沙吉海勘查区,预计提交煤炭资源220亿吨(均为新增资源量)。和布克赛尔县获得预测总资源量903.5亿吨,加上以前企业投资获得的煤炭资源量72.93亿吨,整个和什托洛盖煤田预测总资源量975.42亿吨,其中1 000米以浅资源量为861.52亿吨。截至2015年,和布克赛尔县共有煤炭探矿权15个,自治区地质勘查基金项目3个,煤炭采矿权18个。

(二)盐资源

盐主要分布于和布克赛尔县玛纳斯湖和达巴松诺盐湖,NaC1含量最高在98%,一般含量为92%,镁盐(共生矿产)MgC12 299.2克/升;钾盐(共生矿产)KC1 0.8%;储量18.4亿吨;面积756平方千米,是自治区三大盐业基地之一。芒硝在和布克赛尔县两盐池均有分布,储量2.24亿吨,矿物成分以无水芒硝为主,次为石盐,$Na_2SO_4$含量高达91.06%,平均82%。

至2015年,全县有盐业企业2家,3个采矿许可证,其中钾盐1个,即新疆新雅泰化工有限公司和布克赛尔玛纳斯盐湖东北段钾盐矿,矿区面积96.04平方千米。

(三)膨润土资源

和布克赛尔县膨润土矿区总体分为乌兰林格和日月雷(含红郭镇)两大矿区。乌兰林格矿区位于查干屯格(兵团一八四团团部)东北部,乌兰林格膨润土矿区东西长4.8千米,南北宽4.0千米,面积19.2平方千米,全部做完详查地质工作,提交的C+D级矿石储量2.41亿吨;日月雷矿区位于查干屯格镇西南部,该矿区东西长约10千米,南北宽约8千米,面积80平方千米(普查66.9平方千米、详查13.1平方千米),提交的C+D级矿石储量1.96亿吨;两大矿区合计总面积99.2平方千米。

1981—2015年,乌兰林格和日月雷膨润土矿区进行过多次地质工作,其中普查面积66.9平方千米,详查区面积32.3平方千米,探明C+D级矿石总储量4.37亿吨(日月雷矿区C+D级矿石储量1.96亿吨、乌兰林格矿区C+D级矿石储量2.41亿吨、远景地质储量50亿吨)。

(四)石灰石资源

主要分布在阿拉德、迭勒芒克两个矿床,预测储量2亿吨。已控制探明储量6 000万吨。至2015年,有石灰石矿5证。

(五)铍资源

铍矿位于白杨河一带,已控制氧化铍储量5.2万吨,从详查情况看,这一铍矿体产于次火山岩体与二叠系陆相火山岩接触带附近，矿体延伸规模较大，同时伴生有铀等工业矿产，该次矿床的发现不仅丰富火山岩成矿理论，还填补铍矿床勘查的空白，该矿床的开发，将有效缓解国家铍资源不足的现状，成为全国主要的铍资源后备基地。至2015年，有铍矿采矿许可证1个。

（六）石英砂资源

石英砂主要分布在县境赛勒克山南—和什托洛盖镇以北，呈弧形分布，$SiO_2$含量在95%左右，储量约2亿吨。至2015年，有石英砂矿山企业8家（7家为建筑用石英砂矿）。

（七）铜、金资源

铜金成矿带主要分布在县境谢米斯台、沙尔布尔、萨吾尔山、阔尔真阔腊一带。至2015年，和布克赛尔县有金矿2家，采矿许可证2个。

阔尔真阔腊金矿　位于萨吾尔山东段，吉木乃县哈尔交乡南约15千米处，隶属和布克赛尔县管辖。该矿现保有金资源量（332+333）矿石量51 097吨，金属量209.98公斤，其中332矿石量19 721吨、金属量70.12公斤。

新疆汇达开发有限责任公司阿拉德金矿　位于县境阿拉德一带，至2015年尚在筹建。有铜矿2家采矿许可证2个。

洪古勒楞铜镍矿　该矿详查报告以新国土资储联备字〔2008〕107号文备案，（332+333）矿石量39.02万吨、铜金属量3 052.3吨。

阿尔木强铜矿　该矿详查报告以新国土资储联备字〔2010〕072号文备案，（332+333）矿石量102.93万吨，铜金属量11 755.28吨。

## 二、矿产管理

2006年，县国土资源局成立后，为贯彻落实国务院〔2005〕28号文件精神，县委、县人民政府下发和党办字〔2006〕01号文件，及时成立和布克赛尔县全面整顿和规范矿产资源开发秩序工作领导小组，统一领导全县整顿和规范工作。县国土资源局及时编制《和布克赛尔县全面整顿和规范矿产资源开发秩序二作方案》。领导小组联合执法5次，没收盗采露头煤2 500吨；县国土资源局独立执法18起，抽调人员20人，没收盗采露头煤1 000吨，罚款6 984元，责令盗采人员复垦填埋盗采点2处。全面完成所有生产矿井的延续办证手续，并恢复正常的生产工作。关闭一批布局不合理的小煤矿，乱采乱挖的势头得到遏制。开展矿山矿产资源储量动态监督管理，县辖区内共有煤炭生产矿井27对，其中有6对矿井完成储量检测工作、剩余21对完成矿井井下实测工作。加大零星资源的开发利用管理，20个零星资源矿均完成地质环境保护方案及矿产资源开发利用方案。整合矿产资源和优化矿山布局，根据和布克赛尔县社会经济发展的需要，与徐州矿务局进行合作，对县属煤炭企业进行整合，成立徐矿集团新疆赛尔能源有限责任公司。同时，与中国非金属矿业有限公司、兵团一八四团膨润有限责任公司重组成立新疆中非夏孜盖膨润土有限责任公司，开创兵、地、中央企业合作重组的范例。争取矿产资源补偿费保护项目，对各矿山的生产工艺及方法进行改造。全年共争取到自治区国土资源厅矿产资源补偿费2个，争取项目到位资金270万元。

2010年，和布克赛尔县对辖区内所有矿山企业进行全面清理检查，完成全县矿山企业年检工作。根据《矿产资源开采登记管理办法》《新疆维吾尔自治区矿业权招标、拍卖、挂牌出让管理暂行办法》及国家关于培育、促进矿业权市场建立、发挥市场在资源配置中基础性作用的政策要求，组织实施8个采矿权以公开方式挂牌出让采矿权。顺利完成矿业权实地核查，并根据核查数据全面完成采矿许可证的换证工作。完成全县59个采矿权标示牌设立工作，全年共设立有效探矿权75个，勘查面积1 384.11平方千米，完成各类勘查投入1.2亿元，通过勘查2010年度新增氧化镓5 000吨，预计新增煤炭储量100亿吨，落实《关于开展2010年地质勘查项目专项检查的通知》精神，成立探矿权专项检查工作领导小组，制订实施方案，检查率达到100%。年内，地区国土资源局专项检查工作组对和布克赛尔县地质勘查项目进行实地野外检查验收；完成75个探矿权的探矿权校查换证审查意见表及探矿权年检工作；完成和布克赛尔县新疆屯南煤业三分公司一号井、沙吉海煤业有限公司的2个矿产资源保护项目检查验收工作。申报新疆中非夏孜盖膨润土有限责任公司矿产资源节约与综合利用奖励资金项目；完成2009年度矿山企业的矿山储量动态监测年度报告的评审工作。根据自治区国土资源厅的要求，对全县75个探矿权、59个采矿权进行整合，自治区国土资源厅将和布克赛尔县的膨润土资源、和什托洛盖煤矿区作为国家重点督察项目，县国土资源管理局积极协调各方面的工作，将上述两个项目及时上报国土资源厅，膨润土资源整合项目被国土资源厅推荐到国土资源部。对徐矿集团新疆赛尔能源有限公司四矿、五矿、六矿，新疆屯南煤业有限责任公司三分公司一、二号井，中电投新疆能源有限公司，和什托洛盖煤矿区等五煤矿资源进行整合，使和布克赛尔县的煤炭企业分布更趋合理。严格按照上级文件精神征收矿产资源补偿费3 395万元，采矿权价款11.3万元，采矿权挂牌出让金551万元。

2012年，完成矿山统计年报工作。和布克赛尔县2011年度各类矿山企业生产矿石总量593.23万吨。对全县65个矿山进行全面年检，检查率100%。顺利通过自治区国土资源厅、地区国土资源局年检组验收。完成《新疆维吾尔自治区和布克赛尔县三类矿产资源采矿权设置方案》编制，县三类采矿权设置方案取得自治区国土资源厅批复。对全县32家三类矿山企业分别签订塔城地区矿山地质环境治理恢复保证金缴存承诺书，并对未缴存矿山进行查处。开展全县各矿山企业资源开发利用专项大检查，重点对煤炭企业井下实际开发利用情况、储量管理情况、“三率”（开采回采率、选矿回收率、资源综合利用率）考核制度进行实地核查，同时联合纪检、工商等部门对全县三类矿产进行专项检查。依据和布克赛尔县《关于全面查处乱采滥挖无证开采等非法采矿专项治理实施方案》开展专项治理工作，共查处非法盗采资源案件11起。依照相关法律、法规，办理完成9家采矿权延续及2个省级发证新立矿山的采矿权备案工作。

2015年，落实矿山信誉档案制度，提高矿山管理和生产技术水平；开展三类矿山定点设界工作，加大对矿山企业的日常监督管理，保证矿业权市场的正常运行；加大对各类矿产资源违法案件的打击力度，巩固整顿和规范矿产资源开发秩序成果。对全县辖区内所有矿山企业进行全面实地检查，较好完成全县矿山企业年检及统计年报工作。加强矿产资源补偿费及采矿权价款的征收力度，共征收矿产资源补偿费356.2万元。

## 第七节　测绘管理

2006年，县国土资源局组织人员利用近10天时间对白杨河地区、铁布肯乌散乡、察和特地区等区域的64个国家控制点进行动态巡查，深入各乡镇场及农牧民家中宣传测量标志的重要性，保护测量标志。

2010年，县国土资源局提升测绘保障服务能力，推进测绘成果的社会化应用，为各部门、单位提供测绘服务20余次。完成察和特农业开发区异地移民安置房的放线工作，共放线房屋200套，埋设木桩150个。完成和布克赛尔县独立选址大型建设项目用地预审图件的编制工作,共150幅图件;完成准噶尔古城墙地形图的测量制图,中电投煤化工业区图件的编制,与克拉玛依土地纠纷图件的编制等工作;完成和什托洛盖镇471公顷耕地整理项目地形图的补测及勘界埋柱工作,共埋设水泥桩29个;完成306宗地测量制图任务,面积247公顷。完成测量标志警示标志的制作、设置工作,通过地区国土资源局和自治区测绘局的验收。

2012年,促进测绘成果的应用,为各单位和部门提供测绘保障服务30人次。完成查和特生态农业综合开发区7 333公顷土地利用现状图的测量工作;完成337宗城镇和农村地籍变更测量及制图工作。组织专家对夏孜盖乡耕地整理项目1:2 000地形测量进行验收,并对测绘成果进行汇交,进一步规范测绘市场秩序。开展测绘成果保密检查,防止发生泄密事件。加强对《中华人民共和国测绘法》以及测量标志保护工作的宣传,使广大群众认识到保护测量标志的重要意义。对全县68个测量标志进行巡查、登记和拍照。

2015年,完成"一张图"验收工作。用5天时间巡查73个测量标志点。在和什托洛盖镇安装卫星定位连续服务系统(XJ-CORS)基准站。

# 第六章 国有资产管理

## 第一节 机构队伍

1994年,县财政局内设国资办,编制1名,与企业股、金融股一并在同一办公室办公。2012年,增至2名。

2013年,县财政局资产管理股从企业股中分出,成立独立的科室,更名为县行政事业单位资产管理股,设编2名,负责制定全县行政事业单位国有资产及其收益管理的规章制度,并组织实施和监督检查,贯彻执行国务院《行政单位国有资产管理办法》《事业单位国有资产管理暂行办法》。

2015年,县行政事业单位资产管理股机构及人员数未变。

## 第二节 行政单位国有资产管理

1994—2005年,和布克赛尔县行政事业单位国有资产管理资料缺失。

2006年,县财政局行政事业单位资产管理股对全县各预算单位开展国有资产清查核资。在新疆国有资产信息系统不完善的情况下,行政事业单位贯彻执行国务院《行政单位国有资产管理办法》《事业单位管理办法》《新疆维吾尔自治区行政事业单位国有资产处置管理办法》《塔城地区行政事业单位国有资产处置管理办法》《和布克赛尔县行政事业单位国有资产处置管理办法》。

2010年,《和布克赛尔县行政事业单位国有资产处置管理办法》重新修订,规定对有偿转让或报废,经评估后认为有使用价值的资产,均采用公开、公平、公正的方式拍卖。通过严把资产处置关、严格资产处置程序、抓好资产核实清理,促进国有资产的良性有效运转。全县竞价上市拍卖车辆20辆、锅炉4台,拍卖收入174.6万元,比评估价117.9万元溢价56.7万元,溢价率48%。

2014年,新疆维吾尔自治区行政事业单位国有资产管理信息系统完善。和布克赛尔县贯彻执行财政部、自治区财政厅及地区财政局所下发的相关文件规定,开展行政事业单位国有资产信息化建设改革工作,在全县所有预算单位安装国有资产信息化系统软件。对全县行政事业单位占有使用资产进行年检登记。核查行政事业单位资产总额8.8亿元，负债总额2.3亿元，国有资产总额6.2亿元。

2015年，和布克赛尔县组织开展行政事业单位清产核资，全县行政事业单位固定资产总额为17亿元其中行政单位固定资产总额约为9亿元、事业单位固定资产约8亿元。

## 第三节　国有资产经营

### 一、机构队伍

2005年6月，根据县人民政府《关于同意设立和布克赛尔县国有资产经营公司的批复》，成立和布克赛尔县国有资产经营有限公司（简称“县国有资产经营有限公司”），为县人民政府出资设立的国有独资公司。注册资本金850万元。同年12月，根据县人民政府《关于成立和布克赛尔县国有资产经营管理中心的通知》，成立和布克赛尔县国有资产经营管理中心（简称“县国有资产经营管理中心”），与县国有资产经营有限公司实行两块牌子、一套人员，为县财政局副科级自收自支事业单位，核定编制7名。中心（公司）的主要职责是确保国有资产保值增值，经营国有资产产权，收取国有资产收益，负责投资及投资回收，开展经县人民政府授权的业务。执行财政收支两条线，收入全额上缴财政，纳入财政预算管理。

2015年，中心（公司）的机构设置未变，有干部职工10人。

### 二、向企业投资和收益情况

1993—2004年，因没有成立国有资产经营管理中心（国有资产经营有限公司），政府不能直接向企业投资，因此无投资或投资收益。

（一）2005—2010年向企业投资和收益情况

新疆中非夏子街膨润土有限责任公司　2006年8月，中国非金属矿工业公司、新疆生产建设兵团第十师和县国有资产经营有限公司根据三方协议，成立新疆中非夏子街膨润土有限公司，三方持股比例分别为51%、39%、10%，出资额为2 040万元、1 560万元、400万元，公司总注册资本4 000万元。新疆中非夏子街膨润土有限责任公司自2006年8月至2010年，分股利296.78万元。

县宏达盐业有限责任公司　2006年，中盐新疆分公司入股300万元，持股30%、县国有资产经营有限公司入股200万元，持股20%，企业管理者和职工入股500万元持股50%。为优化资本结构，提高企业资产运营效益，2006—2009年分红354万元，投资回报率127%，股利全额上缴财政。

县蒙王府热气泉　2007年5月，县人民政府将原县热气泉疗养院资产500余万元划拨至县国有资产经营有限公司，成立县蒙王府热气泉。

县江格尔旅游发展有限责任公司　2009年8月，根据《关于核销县旅游公司无实物固定资产等有关事宜的批复》，将原旅游公司60 981.2元的账面净资产，以净资产出资方式参股60 981.2元，持股12.2%，董叶军以现金出资439 018.8元，持股87.8，注册资本50万元，成立和布克赛尔县江格尔旅游发展有限公司。

新疆天绿源有限责任公司　2009年9月，塔城地区白杨河流域管理局与县国有资产经营有限公司成立塔城地区白杨河资源开发利用有限公司，县国有资产经营有限公司出资100万元，持股33.33%。

(二)2011—2015年向企业投资和收益情况

新疆中非夏子街膨润土有限责任公司　新疆中非夏子街膨润土有限责任公司自2010年8月至2015年分股利370.89万元,投资回报率165%,股利全额上缴财政。因国际国内经济下行,2015年股利6.7万元。

县宏达盐业有限责任公司　为优化资本结构,提高企业资产运营效益,2012年2月,中盐新疆盐业有限公司提交由中盐新疆盐业有限公司拟收购和布克赛尔县宏达盐业有限责任公司管理层及职工持有的全部股份的议案,上报股东会一致通过,以中新盐字〔2012〕第26号文件上报县人民政府,经新疆中盐公司及县人民政府同意,中盐新疆分公司收购县宏达盐业有限责任公司50%的企业管理者和个人股。2015年10月,股权整合工作完成,中盐新疆分公司入股5 600万元,持股80%,县国有资产经营有限公司入股1 400万元,持股20%。自2010年至2015年之间的分红股利全部入股。

县江格尔热气泉有限公司　2011年2月,县蒙王府热气泉变更为县江格尔热气泉有限公司,注册资本30万元。

新疆天绿源有限责任公司　2013年5月,经县人民政府同意,将县国有资产经营有限公司持有的白杨河引水工程项目100万元股金,划转到塔城地区国有资产投资经营有限公司。同年10月,原塔城地区白杨河资源开发利用有限责任公司增资扩股更名为新疆天绿源水业有限责任公司,塔城地区国有资产投资经营公司认缴出资额28 306万元(自治区发改委拨付9 200万元、财政厅贴息2 000万元、地区1 725万元、和布克赛尔县15 381万元)、持股55%,新疆额河建设投资有限公司认缴出资18 013万元、持股35%,自治区水利水电勘测设计研究院认缴出资5 146万元、持股10%。

县农村信用合作社　2011年1月,县国有资产经营有限公司入股县农村信用合作社300万元,持股14.3%。

新疆汇丰达石化科技有限公司　依据《和布克赛尔县人民政府与新疆汇丰达石化科技有限公司合作合同书》,2012年,县人民政府垫资700万元建设两栋厂房作为和丰职业技术学校实训基地。2013年1—4月,依据《和布克赛尔县人民政府与新疆汇丰达石化科技有限公司合作合同书》以及县财政局《关于对新疆汇丰达石化科技有限公司场地"三通一平"进行实地核实的回复》,县政府承担50%及相关税费,共拨付"三通一平"工程款及税款3 343 666元。2013年8月,根据(和党字〔2013〕26号)文件,县国有资产经营有限公司收回政府垫资款700万元,县国有资产经营公司出资入股700万元,双方签订协议。

县城市建设投资发展有限公司　2012年8月,经县委、县人民政府批准成立县城市建设投资发展有限公司(简称县城投公司),是由县人民政府授权县国有资产经营管理中心出资的国有独资企业。从事授权范围内的国有资产经营管理及资本运作,工业园区项目建设投资,参与工业园区内的土地规划、建设工作,城市基础设施建设,物流配送、物流仓储,建筑材料、装饰装潢材料销售,旅游项目开发,物业管理,网络技术服务与维护,新能源材料销售、安装、维护等。2013年7月,经县人民政府研究决定,将县国有资产经营管理中心持有的县城投公司全部股权无偿划转至塔城地区国有资产投资经营公司。2014年5月,县城投公司注册资本2亿元。2012年至2016年6月,县国有资产经营公司投入县城投公司8.61亿元(其中县财政资金5 060万元、国债资金8.1亿元)。

塔城地区兴塔能源投资开发建设有限公司　2013年6月,根据(塔地财经办〔2013〕13号)文件,由塔城地区国有资产经营有限公司、额敏县国有资产经营管理中心、和布克赛尔县国有资产经营有限公司、托里县国有资产经营有限公司四方出资成立该公司,出资比例为55∶15∶15∶15,出资额2 750万元、750万元、750万

元、750万元，公司注册资本5 000万元。

## 三、固定资产投入情况

2011年至2015年12月，县国有资产经营公司共投入固定资产6 000万元。

（一）2012年，县国有资产经营公司投入836.9万元购置正升公司综合服务楼。

（二）2012年，县国有资产经营公司投入800.2万元购置新华书店二、三、四、五、六层及地下室一半的文化综合楼。

（三）2014年6月，县国有资产经营公司投入195.4万元购置和什托洛盖镇建材市场6间房屋，面积436.52平方米。

（四）县国有资产经营公司长期投资2 350万元，分别为注册资本850万元（2006年含宏达盐业200万元、中非夏子街400万元、2011年信用社300万元）。2012年，投资汇丰达700万元、塔城地区兴塔能源公司750万元。

（五）2015年年末，国家开发银行贷款1 143万元未支付，在银行存款中列支。

## 四、给企业借款情况

2014年8月，县人民政府与粤水电能源有限公司签订《履约保证金协议》及《补充协议》，县国有资产经营管理中心借粤水电能源有限公司保证金3 000万元，利率6.55%，年应付利息196.5万元。

2014年8月，县国有资产经营管理中心借粤水电能源有限公司3 000万元转借给全荣有限责任公司，利率8%，年应付利息240万元。

2015年，县国有资产经营管理中心为新疆天绿源有限责任公司借款1 062万元，用于支付白杨河引水工程利息。

## 五、给企业贷款情况

（一）2011年6月，县国有资产经营公司为新疆天绿源水业有限责任公司担保，农发行贷款4.5亿元，担保期限为2011年6月至2025年12月31日。

（二）国开行贷款900万元，贷款期限10年，自2015年9月2日至2025年9月1日，贷款利息为年息1.2%，用于和丰职业技术学校建设。

（三）国开行贷款243万元，贷款期限15年，自2015年9月2日至2030年9月1日，贷款利息为年息1.2%，用于和什托洛盖镇棚户区改造，6户拆迁户补偿。

（四）国开行贷款2 000万元，贷款期限18年，自2015年11月24日至2033年11月23日，贷款利率为年息1.2%，用于和什托洛盖镇供水工程项目。

## 六、建设情况

2012—2015年，投资11 504万元兴建县综合服务楼（产权已划拨至县城投公司）。

### 七、借款收益情况

2007年8月至2008年12月，县国有资产经营有限公司借款给华丰有限责任公司100万元，收取使用费133 600元，上缴财政。

2008年，县国有资产经营有限公司借款蒙哥尔肉类开发有限公司200万元，期限5个月，收取使用费92 235元，上缴财政。

### 八、其他情况

2005年5月，县国有资产经营有限公司入股100万元，持股10%，成立和丰鲁能煤电化开发有限公司。2009年7月，经双方协商，签订股权转让合同，按评估增值200万元退股。

2006年7月，县国有资产经营有限公司以净资产入股徐矿集团新疆赛尔能源有限责任公司800万元，持股10%。2010年12月，双方协商按原始股本800万元退股。

2007年，县国有资产经营有限公司入股兰州邦泰矿业物资有限公司150万元，持股30%，成立和布克赛尔县邦泰矿业投资有限公司。2009年，按双方持股比例进行分配，县国有资产经营有限公司分回清算收益69.7万元。2010年，单位申请注销。

# 第七章　质量技术监督

## 第一节　机构队伍

1993年，和布克赛尔县标准计量局内设办公室、计量股、质检股，有干部职工14人。1995年4月，更名和布克赛尔县技术监督局，内设办公室、计量所、质检所，有干部职工16人。1999年8月，更名和布克赛尔县质量技术监督局（简称“县质监局”），内设办公室、业务室、稽查队、质量与计量检测所，有干部职工20人。

2001年5月，县质监局搬迁至和什托洛盖镇。2004年9月，塔城地区煤炭检验检测中心设在县质监局，负责周边县市的煤炭检验。

2011年11月，县质监局搬迁至和布克赛尔县检验检测综合楼（位于和布克赛尔镇西街住建局旁），内设办公室、业务室、稽查队、质量与计量检测所，核定编制20名。2015年，县质监局机构设置未变，有干部职工19人。

## 第二节　标准化管理

1991—1994年，和布克赛尔县标准计量局宣传贯彻《中华人民共和国标准化法》，管理企业标准备案，指导企业标准化、农业标准化工作，为企业新配备技术标准12项，举办《中华人民共和国标准化法》和《食品标签通用标准》学习班3期，参加培训人员70人（次）。

1996年，和布克赛尔县技术监督局按照县人民政府提出的“农业丰收”计划和建立畜牧业基地县的“2112”工程，先后制定各项管理标准及技术标准7项。

1998年，和布克赛尔县被列为消灭无标生产示范县。2000年，县质监局对企业标准备案情况进行复查、审核、登记，为企业提供、修改、配备技术标准9份。

2001年，县质监局建立企业联系点1个，为企业联系点制定操作标准4份；为企业配备相应技术标准12份，制定畜牧业绒山羊地方标准1份。

2003年，县质监局运营企业产品执行标准管理系通软件，实现无标生产工作的动态管理；开展县级农业标准化项目1个。制定《和布克赛尔县杂种牛牧羊技术规范》。

2008年，确定和布克赛尔县农业标准体系及和布克赛尔县改良绒山羊标准化规范项目，成立和布克赛尔县农业标准化及农产品质量安全管理领导小组与和布克赛尔县农业标准化技术委员会，召开全县农业标准化工作会议2次，举办标准化技术员培训班，为农业标准工作提供人力资源。做好商品条形码工作，引导帮助符合企业进行采标。同年，县质监局对和布克赛尔县现有食品、工矿企业进行一次生产加工产品志新标准清理工作并入电子档案；对3家生产加工企业到期的产品执行标准进行重新备案登记。和布克赛尔县辖区内有1家肉制品企业获得ISO 9001:2000企业质量管理体系认证，另有1家肉制品企业通过ISO 9001:2000企业质量管理体系认证审查。引导企业采用国际标准，协助企业完成商品条码注册和续展。

2011年，申报和培育辖区内3家企业3种品牌产品。2012年，2家企业的4个产品获"新疆名牌"。2013年开展查和特667公顷甘草农业标准化示范区申报工作，7项农业地方标准经审核后发布实施，填补和布克赛尔县农业地方标准的空白。2014年，辖区企业宏达盐业有限责任公司继续保持国家级AAA标准化良好行为企业称号。2015年，颁布8项生产技术规程、修订6项技术规程，进一步完善和布克赛尔县地方农业标准。

## 第三节　计量管理

1993年，和布克赛尔县标准计量局以抓法制计量为主，宣传贯彻《中华人民共和国计量法》及配套法规，开展计量检定工作。

1994年，县标准计量局开展计量执法检查，宣传推广应用双面弹簧度盘秤，并对计量器具进行两个周期检定，全年共检定计量器具113台（件）。

1996年，县技术监督局开展加油机、地磅等计量器具检定，全年累计检定各种计量器具128台（件），农贸市场在用杆秤等计量器具被彻底淘汰。

2000年8月，和布克赛尔县质量与计量检测所实验室通过塔城地区质量技术监督局"二合一"评审（即实验室认可和检验检测机构资质认定），新申报的电能表、标准金属量器计量建标通过计量建标考核。

2001年，县质监局法定计量检定机构顺利通过考核，并取得自治区法定计量检定机构授权证书。全年检定计量器具1 011台（件），受检率达到98%。

2005年，县质监局帮助引导企业做好计量合格确认工作，对企业讲解宣传相关计量知识；每月对集贸市场计量器具进行2次监督检查，对不合格计量器具进行清理。

2008年，县质监局推进能源计量工作，服务循环经济发展，根据和布克赛尔县实际情况确定2家重点耗能单位宣传贯彻《用能单位能源计量器具配备和管理通则》、国家强制性标准以及有关重点耗能行业的能源计量器具配备和管理要求，帮助企业规范计量器具管理，合理配备水、电等计量器具，完成对餐饮业、加油站计量器具的专项检定，规范其法定计量单位的使用，加强生产和流通领域定量包装商品的监督检查和抽查，抽查定量包装商品15个批次，重点抽查饮用水、食用油等与群众生活息息相关的涉及健康的食品；开展对超市、金银珠宝店等流通领域及医疗机构在用计量器具的检查。对发电和煤炭企业的计量进行专项检查，掌握在用计量器具的检定情况；对和布克赛尔县辖区内集贸市场电子秤进行检查；集中组织开展“四进”（诚信计量进市场、健康计量进医院、光明计量进镜店、服务计量进社区乡镇）主题活动，营造诚实守信、公平公正的和谐计量环境；开展电话计时计费器专项执法检查，检定电话计费器60部。

2012年，县质监局指导帮助中小企业建立计量管理体系，改善企业生产工艺，提供检测仪器仪表在检定有效期内正常使用；对机动车安全检测中心、煤矿企业使用的矿用计量器具进行执法检查，开展“电子计价秤”“电话计时计费装置”专项整治活动。全年共检定各类计量器具1 951台（件），其中小衡量器383台（件）、天平22台、地秤15台、电表1 100块、电流互感器30组、燃油加油机41台，电话计费器60部，血压计、压力表300块，同时检验检定包装商品20批次，检定合格率98%。继续开展对企业申办计量保证体系确认和“C”标志评价的培训、指导和服务工作，帮助企业提高计量管理水平，为促进中小企业的发展和产品质量的提高做好服务，从源头上提供企业计量保证能力；对企业的在用计量器具使用情况进行调查摸底，建立电子台账，实行动态管理。全年共检定各类计量器具1 527台（件），其中衡器380台（件）、天平21台、地秤10台、电表650块、电流感应器66组、燃油加油机40台（3个周期），电话计费器60部，血压计、压力表300块，同时检验定量包装商品15批次，检定合格率98%。

2015年，县质监局加强和提升计量监督，稳固计量工作。根据塔城地区质监局的安排及时开展计量专项整治工作，落实计量器具强制检定工作制度，全年完成计量器具检测1 637台（件）。加大投入提升技术保障能力，“十二五”规划期间，累计投入70余万元对质检、计量仪器设备更新改造，其中煤检设备3台（件）41.5万元，计量检定设备6台（件）29.2万元。

## 第四节　质量监督与管理

1993年，县标准计量局对建材、粮油等产品定期抽样送地区局检验。加强质检机构的建设，强化产品质量监督工作。县标准计量局完善实验条件，培训计量检定人员，使本辖区内的标准计量器具能够定期检定。

2000—2005年，县质监局对辖区内生产食品、白酒等企业的产品进行定期抽样检验，累计检验255个批次，产品合格率86%。其间，2004年，开展煤炭检验检测220个批次。

2008—2010年，县质监局共抽样、送样、检验各类产品206个批次（包括粮油、纯净水、糕点、建材和煤炭、地膜滴灌带等），合格率80%。

2015年，县质监局着力保障食品质量安全，严格准入把关、证后监管，认真开展食品专项整治，全力保障生产领域食品质量安全，全县取得食品生产许可证企业累计达11家，完成对辖区内4家食品取证企业的备案。同时积极开展消费品质量安全“进社区、进校园、进乡镇”活动，持续推动消费品质量安全观念深入人心。

## 第五节　安全监察

2002年，县质监局开始履行特种设备安全监察新职能，宣传贯彻特种设备安全检查法律法规，开展锅炉、起重机械监督检查工作。

2003年，县质监局加强锅容管特工作的动态管理，开展普查登记工作。

2004年，开展特种设备安全生产专项整治，查处违法行为2起，同时对特种设备使用单位开展相应法律法规知识宣传。

2008年，县质监局与19家特种设备使用单位签订安全生产目标责任书，签订率达到100%。组织各类安全大检查活动，开展元旦、春节、“五一”“六一”“十一”等节日的安全大检查，先后出动检查人员30人次，检查设备45台次，提出整改意见11条，发出检查意见通知书7份，并对场内机动车辆进行一次全面、完整的普查。协助地区质监局钢瓶检验站检验钢瓶500只。

2010年，县质监局与23家特种设备使用单位签订安全生产目标管理责任书及告知书，签订率100%，落实使用单位安全主体责任。开展特种设备普查整治工作，对全县所有特种设备进行认真细致的普查，彻底摸清底数，并进行数据库的更新。共检查特种设备相关单位23家、检查各类特种设备80余台、发现安全隐患4起、下达指令书4份，全部整改完毕，做到辖区安全监察率100%。

2011—2015年，县质监局与辖区内44家特种设备使用单位签订安全生产目标管理责任书。对全县所有特种设备进行认真细致的普查，彻底摸清底数，并进行数据库的更新。先后检查特种设备使用单位44家、检查各类特种设备630台。其中，锅炉33台，起重机械11台，电梯52部，压力容器534台(包括油田490台压力容器)。累计发现一般安全隐患31起、下达指令书21份，其中整改14起，挂牌督办7起。

## 第六节　行政执法及打假工作

1993年，县标准计量局结合全县经济发展的实际需要，加强标准计量机构建设，强化标准化、计量监督和监管工作。

1998年，县技术监督局加强辖区内产品质量安全管理，向企业宣传相关法律、法规，督促企业、生产单位落实主体责任，提高企业的法律意识、质量意识和责任意识。

2001年，县质监局以整顿和规范市场经济为重点，结合“三重一大一小”(“三重”:重点食品、重点区域和重点问题；“一大”:大型食品生产企业；“一小”:食品生产加工小作坊)工作安排，开展“严厉打击销售假冒伪劣商品违法犯罪联合行动”“查农资、保节日”“查农资、保春耕”“查建材、保建设”等系列专项打假活动。立案6起，现场处罚3起，查处假冒伪劣及不合格产品货值5 000元，受理解决投诉案件2起，挽回经济损失1 300元。

2002—2004年，开通举报投诉电话“12365”。建立企业质量档案，帮助1家面粉企业取得生产许可证。实行“3C”(中国强制性产品认证，英文名称China Compu1sory Certification)认证产品进货检查验收制度，举办“3C”强制性产品认证知识和相关制度宣传贯彻班，共有6家经营“3C”认证产品的商家参加学习。开展集贸市场整顿打假工作，查处违法案件51起，受理解决投诉案件14起，查获假冒伪劣产品标值1.2万元。

2005年，县质监局对全县食品生产加工（包括小作坊）企业进行全面普查建档，与企业签订食品质量安全责任书和企业食品质量安全承诺书；建立重点企业档案，对全县18家大中型企业进行企业质量普查建档，对企业质量状况实行动态管理，向县人民政府提交《质量分析报告》；帮助引导"旧五类"（谷物、动物性食物、豆类、乳类和乳制品、油脂）和"新十类"（冷冻饮品、饮料、肉制品、方便面、饼干、速冻米面食品、膨化食品、调味品、罐头、乳制品）食品加工企业逐步完善生产必备条件，全县"旧五类"食品取证企业总数达到100%，"新十类"食品企业取证率达到100%。开展食品质量安全、农资及建材市场专项整治，全年共查处计量、标准、产品质量违法案件38起，查处违法商品货值金额近10万元，受理解决投诉15起。

2008年，县质监局组织召开县食品生产加工业"质量看企业食品安全大家行"活动。贯彻实施《中华人民共和国食品安全法》及其实施条例，督促食品生产企业加强自律，对全县开工生产7家企业均下发《落实主体责任检查通知》，要求企业开展自查。开展食品加工环节整治、"查农资保春耕"、实行工业生产许可证、强制性认证产品、学生和儿童用品、酒类产品等专项执法活动，共办理案件46起，其中计量案件18起、生产许可证案件4起，强制性认证案件1起、机构代码案件1起、质量案件22起。

2012年3月，和布克赛尔县召开食品安全工作会议、特种设备安全工作会议与各成员单位和相关单位签订目标管理责任书，明确监管责任、目标任务。5月15日，召开县人民政府第一次质量工作会议。7月，由县质监局分管领导带队对全县特种设备使用单位进行普查，共查清特种设备使用单位27家，登记各类特种设备119台（件），其中在用设备84台（件）、停用35台（件）。普查登记率100%，居全地区五县二市首位。9月，和布克赛尔县江格尔王绒制品有限责任公司的托绒被系列产品，通过自治区名牌战略推进委员会的审核。

2015年，县质监局加强质量基础建设，发挥质量标准引领作用，加快制定企业需要的地方标准，引导产业结构调整和优化升级。协助和布克赛尔县农业局出台无公害打瓜、油葵、食葵、玉米等8项生产技术规程，修订乌拉尔甘草1 000公斤/666.7平方米栽培、无公害辣椒露地生产、无公害番茄生产等7项技术规程，添补和布克赛尔县地方农业标准空白。

## 第七节　组织机构代码

1993年，和布克赛尔县标准计量局开始办理统一代码工作，宣传贯彻代码工作相关法律法规知识。

1999年，县质监局为遵守代码规范，拓宽应用范围，与县工商局等有关单位开展企业登记，宣传统一代码在全国范围内适用的意义和作用，对办理代码证的企业及时将其注册号载入组织机构代码数据库，办理证书22个、年检46个、换证20个。

2000年，县质监局办理代码微机实现联网，实现集中赋码模式，使重码率大幅度降低，保证数据的唯一性。

2002年5月20日，自治区人民政府第十八次常务会议讨论通过《新疆维吾尔自治区组织机构代码管理办法》，同年8月1日开始施行。县质监局认真贯彻实施该《管理办法》，通过发放宣传资料"进企业、进单位"等形式开展宣传，提高须办证单位的知晓率。至2005年，共办理新证书69个、换证23个，变更53个、年检159个，办理电子副本IC卡187张，废置31条数据。

2006—2010年，县质监局组织机构代码在外贸、统计、银行、公安车辆、社会保障、人事、住房等多个社会领域得到应用。代码工作注重按工作规范进行操作，从源头把关，做到信息登记表填写规范，保证数据准确可靠。累计办理代码证书473份、换证263份、年检555份，办理IC卡285张，其中新办证书100份、变更80份，废置8份。

2011—2015年，县质监局在政务大厅公开办证程序，公布办证所需的各项资料，印发办证须知，明确办证时限要求，随时接受社会各界咨询和监督。对每一个机构的申报，严格把关，坚决杜绝无谓失误，提高代码工作的严肃性。利用自治区公共信息平台反馈数据，采取结合日常业务办理、与相关登记部门进行数据交换等有效方法，对代码库中的沉淀数据定期进行分析清理，确保代码数据符合上报国家代码中心的要求。累计办理代码证书2 461份，办理IC卡843张，其中新办证书554份、变更521份、换证573份、年检787份，废置48份。

# 第八章　安全生产监督管理

## 第一节　机构队伍

2005年2月25日，和布克赛尔县安全生产监督管理局（简称“县安监局”）成立，规格为副科级，隶属县经济贸易委员会，核定行政编制4名，其中领导职数1名，编制从县经济贸易委员会编制中调剂解决。

2006年6月15日，县安监局升格为正科级，与县煤炭工业管理局一起从县经济贸易委员会划分出来，合署办公。县安监局内设安监科、危化科，编制4名。

2010年2月，县安监局与县煤炭工业管理局正式分开。同年12月29日，成立和布克赛尔县安全生产执法监察大队，规格为股级，隶属县安监局，编制4名，经费形式为全额预算管理。

2015年，县安监局内设办公室，下辖县安全生产执法监察大队，共有干部职工13人。

## 第二节　专项整治

2006年，根据自治区、地区的部署，和布克赛尔县成立百日安全生产集中整治活动领导小组，下发《关于在全县开展百日安全生产集中整治活动的通知》，开展安全生产整治活动。县公安交警大队共处理交通违法行为3 572起，其中超速违法行为1 789起、超载528起，违法停车564起，其他违法行为691起，暂扣无证摩托车327辆次，检查危险化学品运输车辆29辆，未发现存有安全隐患的车辆。在非煤矿山、危险化学品从业单位开展集中整治情况检查，共检查企业5家，查处隐患15处，其中非煤矿山企业2家，危险化学品从业单位3家。在农机安全生产方面，主要针对拖拉机载客、客货混装、超载运输、“黑车非驾”、酒后驾驶等违规现象进行检查，共检查拖拉机120辆次，纠正违章8辆。

2009年，县安监局开展安全生产宣传教育、安全生产执法、重点行业和领域安全生产治理“三项行动”，加强安全生产法制体制机制、安全生产保障能力、安全生产监管监察队伍“三项建设”工作，制定下发《和布克赛尔县安全生产治理行动实施方案》，结合“安全生产年”总体部署，提出开展三项行动的目标、方法步骤、主要内容、重点对象、工作责任和其他具体要求。对危险化学品、烟花爆竹生产单位下达整改指令11份，查出各类安全隐患49条，整改落实49条，整改率100%；对非煤矿山生产单位下达整改指令62条，整改落实62条，整改率100%。

2011年，贯彻落实国家和自治区安全生产电视电话工作会议精神、自治区6月10日召开的全疆安全生产视频会议精神，落实安全生产责任制和分工负责制，深入开展"安全生产年"活动，县安委会办公室制定并印发《和布克赛尔县"百日安全生产集中检查整治活动"实施方案》。在开展百日安全专项整治行动中，成立以县长为组长、一名副县长为副组长、相关单位主要领导为成员的百日安全专项整治活动领导小组，负责领导、监督、指导、协调全县开展百日安全专项整治活动。在百日安全整治活动期间，由县安监局、交通局、质监局、监察局、交警大队牵头，抽调有关部门业务能力强的人员参加督查、检查。共检查、督查企业36家，排查出安全生产隐患16条，当场整改11条，限期整改5条，发出各类执法文书3份，全部整改落实，整改率100%。

2013年，结合安全生产规律特点，突出重点企业、重点领域、重点部位，统筹兼顾，有计划、有步骤、有针对性地开展安全生产治理行动。在元旦、春节、"五一"、国庆、"两会"等重要时段和关键节点，组织开展全县范围内安全生产督查检查，做到重点防范、严格整治。危险化学品领域重点抓好建设项目"三同时"（建设项目的安全设施与主体工程同时设计、同时施工、同时投入生产和使用）、监控措施不落实、安全防护距离不足等隐患排查治理。扎实开展作业场所有毒物质及粉尘专项治理工作和查处烟花爆竹领域内安全隐患，搞好冶金、机械等行业安全生产标准化建设。开展对特种设备、水利、电力、农机、旅游、交通运输、人员密集场所及其他工矿商贸等行业（领域）的安全专项治理。全年累计排查各类安全隐患1 526处，下达整改指令书323份，完成整改1 485处，整改率达到97.3%。

2015年，开展安全生产大检查，进行"六打六治"（打击矿山企业无证开采、超越批准的矿区范围采矿行为，整治图纸造假、图实不符问题；打击破坏损害油气管道行为，整治管道周边乱建乱挖乱钻问题；打击危化品非法运输行为，整治无证经营、充装、运输，非法改装、认证，违法挂靠、外包，违规装载等问题；打击无资质施工行为，整治层层转包、违法分包问题；打击客车客船非法营运行为，整治无证经营、超范围经营、挂靠经营及超速、超员、疲劳驾驶和长途客车夜间违规行驶等问题；打击"三合一""多合一"场所违法生产经营行为，整治违规住人、消防设施缺失损坏、安全出口疏散通道堵塞封闭等问题）。把"六打六治"打非治违专项行动与安全生产大检查和矿山整顿关闭、煤矿瓦斯治理、油气等危险化学品罐区安全专项整治、油气输送管道隐患整治攻坚、消防安全专项检查、客车驾驶员安全宣誓活动和"安全带—生命带"专项行动、粉尘作业使用场所安全专项检查、电梯和游乐设施等特种设备安全专项整治、职业病危害专项治理、加强应急救援演练等紧密结合，将安全生产大检查中发现的严重非法违法行为和重大隐患，纳入"打非治违"的重点内容，依法依规严厉打击、彻底整治。共出动检查人员183人次，检查企业1 805家，下达整改指令书873份，查出安全隐患2 465条，整改2 465条，整改率100%。

## 第三节　综合监管

2006年，和布克赛尔县重点抓好危险化学品安全生产工作，严防危险化学品事故的发生。县安监、公安、工商、供销等部门联合对县境内各危险化学品从业单位进行28次集中安全检查，现场下达整改指令书12

份，现场处理各类安全隐患80余处，查处2家非法销售农药店。

2010年，坚持“安全第一、预防为主、综合治理”的方针，重点落实安全生产责任制。先后召开全县安全生产工作会议4次，对县安委会成员单位进行调整补充，明确各乡镇场、县直有关单位安全生产职责范围、职责内容及相应责任，从工作分工、工作部署、工作检查等各环节入手，落实“一岗双责”（即领导干部既要履行岗位业务工作职责，又要承担所在岗位的安全生产工作职责）和企业主体责任。分解安全生产控制指标，按照“谁主管，谁负责”的原则，县人民政府分别与11个乡镇场、43个县直部门和31家企业签订85份安全生产目标管理责任书，推行安全事故“一票否决”，建立县、乡镇场、企业安全生产工作目标管理体系，各乡镇场、各部门也与下属企业和单位，层层签订安全生产目标管理责任书，将目标责任落实到最基层，确保安全生产工作有人抓、有人管、有人落实，构建起横向到边，纵向到底的安全生产指标体系。县人民政府批转印发《关于建立和布克赛尔县安全生产监督检查长效机制的通知》，成立共有18个县直部门组成的23个涵盖各个行业领域的安全生产监督检查长效检查组，使全县各部门进一步明确安全生产长效监督检查的指导思想、原则、目标任务和隐患治理措施。开展综合监管大检查，全年累计检查非煤矿山企业100余家次，共出动执法人员70余人次，下达指令书30份，停产通知书4份，打击非法经营企业2家，累计查处安全隐患152条，责令生产经营单位整改到位150条，隐患整改率98%。开展危险化学品安全生产执法监察40余次，出动执法人员50余人次，下达指令书16份，共查处安全隐患60条，并责令生产经营单位整改到位60条，隐患整改率100%。全县共查出各类隐患189条，整改180条，整改率95.2%。

2012年，县安监局组织协调多部门参与，主要针对煤矿、非煤矿山、道路运输、危险化学品储存、经营企业和烟花爆竹批发销售单位、公共聚集场所等方面进行安全生产综合检查，对检查中发现的安全隐患，由相关职能部门现场下达整改文书，责令企业立即整改。开展非煤矿山安全生产检查21次，下达隐患整改指令书21份，发现隐患105条，整改97条；开展危化品安全生产执法检查15次，查处安全隐患35条，责令生产经营单位整改到位35条；开展烟花爆竹专项安全检查5次，发现隐患2条、整改2条。

2015年，发挥县安委会办公室的综合协调、监管职能，安排部署各相关部门联合开展安全检查等一系列安全生产防控活动，治理一批安全生产隐患。共出动检查人员283人次，检查企业1 805次，下达整改指令书873份，查出安全隐患2 465条，整改2 465条，整改率100%。

## 第四节 行政执法

2006年，和布克赛尔县有非煤矿山企业18家，《安全评价》和《开采设计方案》完成18家，通过上级部门专家评审合格并予以通过18家，评估合格率达到矿山总数的100%。其中，评估达到A类非煤矿山企业1家、B类非煤矿山企业17家。有14家非煤矿山企业取得安全生产许可证，持证率占矿山总数的77.8%，未取得安全生产许可证的4家非煤矿山企业属新增企业；针对非煤矿山企业共进行安全生产执法检查23次，现场下达检查笔录18份，整改指令书18份，查出各类安全生产隐患95条。全县有7家危险化学品企业取得危险化学品经营许可证，新增2家危险化学品企业经过现场检查，企业各项证照齐全，基本符合申报条件，申报资料审查、审批完成，并向上级部门申报。全年共进行安全生产执法检查12次，下达限期整改指令书12份，查处安全隐患67条，责令生产经营单位整改到位67条。

2009年，和布克赛尔县辖区有非煤矿山企业21家，检查非煤矿山企业21家，现场下达检查笔录16份，整改指令书16份，查出各类安全生产隐患75条，其中安全生产许可证到期停产13家。全县有危险化学品企业7家，开展安全生产隐患排查治理共出动车辆9次，出动人数36人，现场下达整改指令11份，查出各类安全隐患91条，下达当场处罚决定书2份。

2012年，和布克赛尔县辖区内有非煤矿山28家，开展非煤矿山安全生产检查65次，下达隐患整改指令书42份（包括停产通知书11份）；发现隐患105条，整改105条；全县有危险化学品和烟花爆竹领域从业单位7家，开展危化品安全生产执法检查45次，下达限期整改指令书32份；查处安全隐患104条，责令生产经营单位整改到位104条。

2015年，和布克赛尔县辖区内有非煤矿山31家、尾矿库1家，出动检查人员90人次，检查企业79家次，下达整改指令书34份，查出安全隐患103条，整改103条，整改率100%。全县有危险化学品和烟花爆竹领域从业单位21家，其中危险化学品批发单位1家，使用单位1家，经营单位6家，烟花爆竹批发单位1家，长期零售单位3家，农药店9家。全年开展检查危险化学品和烟花爆竹经营、储存企业19家次，联合检查3次，下发整改指令书21份，查出安全隐患58条，整改58条，整改率100%。

**2006—2015年和布克赛尔县安全生产事故情况表**

表16－7

| 事故类型 | 项　目 | 年　份 | | | | | | | | | |
|---|---|---|---|---|---|---|---|---|---|---|---|
| | | 2006年 | 2007年 | 2008年 | 2009年 | 2010年 | 2011年 | 2012年 | 2013年 | 2014年 | 2015年 |
| 煤矿及非煤矿山 | 起数 | 3 | 2 | 1 | 1 | 3 | — | 1 | — | — | — |
| | 死亡（人） | 3 | 2 | 1 | 1 | 14 | — | 1 | — | — | — |
| | 受伤（人） | — | — | — | — | — | — | — | — | — | — |
| | 经济损失（万元） | 118.5 | 5.89 | 20 | 20 | 1042.8 | — | 10 | — | — | — |
| 道路交通 | 起数 | 41 | 31 | 25 | 23 | 18 | 9 | 4 | 4 | 3 | 3 |
| | 死亡（人） | 8 | 13 | 7 | 6 | 8 | 7 | 3 | 4 | 3 | 3 |
| | 受伤（人） | 54 | 42 | 31 | 25 | 27 | 14 | 7 | 3 | 2 | — |
| | 经济损失（万元） | 10.99 | 5.89 | 5.05 | 4.0 | 0.2 | 3 | 1.32 | 0.3 | 0.26 | 0.12 |
| 火灾 | 起数 | — | — | — | — | — | 11 | 16 | — | — | — |
| | 死亡（人） | — | — | — | — | — | — | — | — | — | — |
| | 受伤（人） | — | — | — | — | — | — | — | — | — | — |
| | 经济损失（人） | — | — | — | — | — | 49.1 | 1.62 | — | — | — |
| 其他 | 起数 | — | 1 | — | — | — | — | — | — | 1 | — |
| | 死亡（人） | — | 1 | — | — | — | — | — | — | 1 | — |
| | 受伤（人） | — | — | — | — | — | — | — | — | — | — |
| | 经济损失（万元） | — | 20 | — | — | — | — | — | — | — | — |

# 第九章　食品药品监督管理

## 第一节　机构队伍

2002年8月，塔城地区药品监督管理局和布克赛尔分局成立，内设办公室和监督检查室，有干部职工3人。

2006年8月，体制改革，成立和布克赛尔县食品药品监督管理局（简称"县食品药品监管局"），实行省级以下垂直管理，履行药品、医疗器械质量安全监督管理、食品安全综合协调及重大食品安全事故查处等职能。内设办公室、监督检查室、食品安全协调办公室，有干部职工7人。

2010年1月，食品药品监督管理系统由过去的省以下垂直管理改为以地方管理为主，塔城地区食品药品监管局进行业务指导的条、块共同管理体制，县食品药品监管局作为县人民政府工作机构，规格不变，职能暂时未作调整。2012年6月，和布克赛尔县成立乡镇食品药品监管站6个，隶属县食品药品监管局。

2013年3月，根据政府机构改革方案，县食品药品监管局将食品安全综合协调、组织查处食品安全重大事故的职责划给县卫生局，县卫生局将餐饮业、食堂等餐饮服务环节和保健食品、化妆品卫生监督管理的职责划入县食品药品监管局。

2015年1月，县食品药品监管局内设办公室、药品监督检查室、食品安全监察室，有干部职工12人。下辖乡镇食品药品监管站（所）合并为2个，有工作人员4人。

## 第二节　食品安全监管

2006—2010年，县食品安全协调委员会办公室先后制定出台《食品安全联合执法工作制度》《重大食品安全事故应急预案》等一系列制度和文件；组织召开食品安全协调委员会联席工作会议11次；牵头组织相关职能部门开展联合行动6次，食品安全专项检查18次。2010年3月，和布克赛尔县创建为自治区级食品安全示范县。

2011—2015年，对全县餐饮企业进行摸底，建立基础档案639户，组织开展食品安全联合检查12次，餐饮企业专项整治行动92次，保健食品专项整治6次，化妆品专项整治15次。全面推进餐饮服务食品安全监督量化分级管理工作，确保餐饮服务食品安全。对全县639家企业进行量化"挂脸"。其中"A级大笑"达到30%，"B级微笑"达到60%。推进餐饮服务食品安全"百千万"示范工程，创建示范街1条，示范店10家。开展食品安全宣传18次，培训食品从业人员829人次。共检查餐饮、药品、保健食品、化妆品、医疗器械单位3 500家次，发出监督意见书125份、责令整改通知书209份，共查处各种违法案件14件，罚没款8.7万元。无重大食品药品安全事故发生。至2015年年末，全县共有各类食品经营户1 071户，其中食品生产企业33户、食品经营企业808户、餐饮企业325户。

## 第三节　药品与医疗器械监管

2002—2005年，县食品药品监管局做好重大节日期间药械市场专项检查。在元旦、春节、"五一""十一"

黄金周等重大节日期间，重点检查医疗机构、零售药房等涉药单位的药、械采购渠道是否健全、药品质量是否保证、有无过期失效药品以及无证经营等违法行为。取缔无证经营药品企业5家，对货值12余万元的过期失效药品进行监督销毁。

2006—2010年，开展齐二药、人血白蛋白、含可待因口服液等各类专项整治186次。完成全县特殊药品专项检查和印鉴卡的换证工作，建立健全特药使用单位监管档。对辖区内的各中药饮片使用和经营单位，重点就中药饮片的采购渠道和川贝母、沉香、防已等市场上伪品较多的18个品种进行重点检查，共抽验药品220批次，共查办案件16起，罚没款18万余元。

2011—2015年，落实企业药品质量责任制，每年与辖区涉药单位签订药品质量安全责任书，打击出租出借柜台、转让证照、无证上岗、无处方销售处方药等违法行为。对辖区86家药品（器械）经营企业和使用单位建立诚信档案。每年对诚信度进行划分。将举报投诉电话、公示牌悬挂在辖区所有零售企业醒目位置，方便群众举报监督。开展各项专项检查。共组织假劣药械、假冒保健食品检查100余次，其中依法对喜炎平注射液、盐酸克伦特罗、假冒进口避孕套等进行市场清查。同时，重点开展非法渠道购进药品专项整治、打击非法回收销售药品专项整治、非药品冒充药品专项整治、疫苗质量和流通管理专项监督检查，依法对毒、麻、精、放等药品加强监管，开展打击工业氧冒充医用氧、医疗机构使用分子筛制氧设备，保健食品“打四非”（非法生产、非法经营、非法添加、非法宣传）和药品“两打两建”（打击药品违法生产、打击药品违法经营、加强药品生产经营规范建设和加强药品监管机制建设）等专项检查。每年组织全县涉药人员参加地区食品药品监督管理局组织的药品从业人员上岗培训，每期培训达400余人次。实现食品药品电子监管，药品电子监管已全覆盖。共查办案件12起，罚没款9万余元。至2015年年末，全县共有各类涉药单位86家，其中药品批发企业1家，药品经营企业29家（兼营医疗器械企业10家），各级各类医疗机构60家，保健品兼营企业12家，化妆品专营企业84家。

### 第四节　食品药品安全宣传

2002—2005年，县食品药品监管局组织开展“3·15”、产品质量月、拒绝假劣药品等大型药品宣传活动18次。

2006—2010年，开展食品安全法实施宣传、“3·15”、食品安全宣传周、产品质量月、药品科普宣传周、拒绝假劣保健食品等宣传活动22次。

2011—2015年，开展新食品安全法实施宣传、“3·15”、食品安全宣传周、产品质量月、药品科普宣传周等宣传活动32次。

## 第十章　工商行政管理

### 第一节　机构队伍

1993年，和布克赛尔县工商行政管理局（简称“县工商局”）内设办公室、法制股、财统股、市场管理股、企业登记股、经济检查股、经济合同股、个体私营经济管理股，下设城镇工商所、和什托洛盖工商所、伊克乌图布拉格工商所，指导和布赛尔县消费者协会（简称“县消费者协会”）、和布赛尔县个体劳动者协会（简称“县个体劳动者协会”）、和布赛尔县私营企业协会（简称“县私营企业协会”）工作。有干部职工42人。

1998年8月，全国工商行政管理系统体制改革前夕，按照《关于冻结调入工商行政管理系统人员的紧急通知》，县工商局冻结人员调入，鼓励系统内干部及工勤人员向外流动。

1999年7月，县工商局成立办公室、法制纪检监察室、组织人事教育科、财务统计装备科、市场经济检查管理队、企业科、个体私营经济管理科、消费者权益保护科，指导县消费者协会、个体劳动者协会、私营企业协会工作，撤销伊克乌图布拉格工商所，保留城镇工商所、和什托洛盖工商所。有干部职工32人。

2002年6月，县个体劳动者协会与县私营企业协会合并成立和布克赛尔县私营个体企业协会（简称“县私营个体协会”），由县工商局负责业务工作指导。

2003年12月，自治区编委办公室、自治区工商局审核批准《关于印发塔城地区及所属县市工商局职能配置、内设机构和人员编制规定的通知》，县工商局行政编制19名，其中局领导职数4名（含纪检组长），核定后勤事业编制1名，全额预算管理，内设办公室（与财务室合并）、法规（监察）室、注册登记监督管理科、商标广告监督管理科、合同消保监督管理科、市场经济检查队，下设城镇工商所，规格为股级，核定行政编制12名；和什托洛盖工商所，规格为股级，核定行政编制8名。全局有干部职工35人。

2015年，根据《关于调整工商质监行政管理体制的实施意见》，核定县工商局主要职责、机构规格、内设机构不变，指导消费者协会、县私营个体协会工作。全局有干部职工27人。

## 第二节　管理机制改革

1993—1994年，根据全国人民代表大会第八届第一次会议批准的国务院机构改革方案和《关于国务院机构设置的通知》，明确国家工商行政管理局，是国务院主管市场监督管理和市场行政执法的职能部门。县工商局转变职能：（一）改革企业登记管理制度，将现行的审批设立制度逐步过渡为工商行政管理机关依法核准登记注册制度；（二）拓宽监督管理范围，从侧重于监督管理集贸市场和工业品市场，转变为监督管理和参与监督管理各类市场；（三）调整行政执法对象，从重点查处投机倒把活动转变为依法规范市场交易行为，保护公平竞争；（四）提高管理层次，从侧重于具体业务管理转变为运用法律和行政手段进行宏观监督管理。

1999—2001年，根据《国务院批转国家工商行政管理局工商行政管理体制改革方案的通知》，工商行政管理部门实行省级以下垂直管理。县工商局完成机构上收，编制上划、干部交接、经费统管工作（首次实行收费支出两条线管理模式）。依照《关于工商行政管理机关与所办市场尽快脱钩意见的通知》，向县国有资产管理委员会移交市场培育建设、市场布局规划、开展各类交易市场登记管理职能及已建成的有形市场，完成市场开办权与管理权脱钩和机构、职责、财务、人员四分离。

2002—2003年，县工商局依据《国务院关于国家工商行政管理局新闻出版署国家质量技术监督局国家出入境检验检疫局机构调整的通知》，调整相关行政职能。

2015年，根据《关于调整工商质监行政管理体制的实施意见》，县工商局进行机构改革，由省级以下垂直管理调整为地方政府分级管理。12月，核定县工商局主要职责、机构规格、内设机构不变，人、财、务由塔城地区工商局移交给县人民政府管理。

## 第三节 工商企业注册登记管理

1993年，县工商局按照国家工商行政管理局要求，围绕审批制度、登记程序、登记条件、登记事项等内容，开始对企业登记管理工作进行改革，即企业成立由当时的审批设立制向独立核准制过渡；由不同登记对象实行不同登记制度向统一登记制度过渡；由未实行登记的少数行业的经营实体向全行业登记过渡。

1994年，县工商局结束公司制企业登记，与其他类型企业混用《中华人民共和国企业法人登记管理条例》登记和管理的历史，改由适用《中华人民共和国公司法》（以下简称“《公司法》”）对公司制企业进行专业登记和监督管理。依照国家工商总局《企业法人年度检验办法》，实行以年检为重点内容的监督管理制度。

1995年8月，县工商局依照《关于原有有限责任公司和股份有限公司重新登记实施意见》《关于公司登记管理制度若干具体问题的答复意见》，实行股东资格、出资方式和出资比例等事项登记工作。

1996年12月，县工商局依照修订的《企业年度检验办法》（国家工商行政管理局令61号），实行年检企业A、B制划分制度。

1997年1月，依照《关于查处个体工商户转借、出卖、出租、涂改营业执照违法行为的通知》，针对违法违章使用营业执照行为，开展专项治理工作。

1998年5月，依照《关于国有企业改革中登记管理若干问题的通知》《公司登记管理若干问题的规定》和《企业集团登记管理暂行办法》，县工商局开始对全县国有企业实行改革、改组和改造，使成为产权清晰、责权明确、政企分开、管理科学的现代企业，和布克赛尔县青年建筑公司（全民所有制企业）改制为和布克赛尔县振兴建筑安装有限公司（自然人投资）；和布克赛尔县物资公司（全民所有制企业）改制为和布克赛尔县雪峰民用爆炸物品经营有限公司（自然人投资）。

2000年，县工商局结合“整顿市场秩序、整顿队伍作风”活动，开展企业注册资本催缴、清理虚报注册资本、虚假出资和抽逃出资等中介机构经营行为专项行动。

2002年10月，县工商局起用新修订的《国民经济行业分类》，规范各类市场主体经营范围用语及行业代码。

2003年，县工商局依照《国务院关于取消第一批行政审批项目的决定》，取消执照复印件加盖原登记主管机关公章的审批事项。

2004年，县工商局起用新修订的企业登记申请材料及文书表格，进行市场主体注册登记。同年7月，县工商局依照《个体工商户登记程序规定》，实行部分登记权限下放制，授权工商所直接对个体工商户的各类登记（设立、变更、注销）申请，进行受理和审核。

2005年12月，县工商局起用统一标准的互联网三级登记管理操作平台，原M－DOS版不联网登记平台停用。起用2005版《企业登记前置许可参考目录》规范各类市场主体经营范围及行业代码登记。

2006年1月，县工商局使用新修订后的《公司法》《公司登记管理条例》《公司注册资本登记管理规定》开展登记管理工作，起用2005版《内资企业登记表格和内资企业登记申请提交材料规范》及新版营业执照。同年2月，根据国家工商总局重新修订的《企业年度检验办法》，向企业印发新版《公司年检报告书》，起月带有“企业年检戳记”字样的审核印章，审核企业年检材料。

2007年，县工商局依照《关于住所（经营场所）登记有关问题的通知》，实施企业和个体工商户住所和经营场所的登记管理工作。同时,对各类市场主体,实行信用等级分层分类监管工作。

2008年,县工商局依照国家总工商局《工商行政管理机关股权出质登记办法》,开始对公司以股权作为质押向金融或非金融机构借贷行为进行登记管理。依照《关于建立全国自然人投资设立的一人有限公司数据库的通知》,依托企业信用分类监管系统,开展对一人有限公司跨区域联合监管工作。

2009年,县工商局起用2009版《内资企业登记申请提交材料规范》和《内资企业登记文书规范》,进行企业日常登记。

2010年5月,县工商局起用2010版工商登记前置行政许可(审批)参考目录,对各类市场主体申请的经营范围,划分界定(在营业执照经营范围栏处,按照许可经营范围和一般经营范围两类划分,界定前置/后置许可)。

2011年11月,县工商局依照新颁布的《个体工商户条例》,对个体工商户申请的各类登记,进行受理、审核。

2012年1月,县工商局依照《关于免征小型微型企业部分行政事业性收费的通知》,暂停收取企业、个体工商户注册登记费。

2013年,县工商局依照《国务院机构改革和职能转变方案》《注册资本登记制度改革方案》,实行注册登记制度改革,即由先证后照改为先照后证;注册资本实缴登记制改为认缴登记制;改革年度检验照制度;简化住所(经营场所)登记手续;推行电子营业执照和全程电子化登记管理。

2014年3月1日,县工商局停止市场主体年度检验验照工作。同年10月1日,正式启用新版营业执照,并适用新修订的《中华人民共和国公司法》《中华人民共和国企业法人登记管理条例》《个人独资企业登记管理办法》《个体工商户条例》等法规、规章进行登记及监督管理。

2015年1月,县工商局依照《关于取消、停征和免征一批行政事业性收费的通知》,取消收取企业注册登记费和个体工商户注册登记费。同年10月1日,县工商局实行企业三证合一、一照一码登记制度改革;改革监管方式,由原来的事前监管制,转变为事中事后监管制和双随机抽查制。同年12月,依照国家工商总局《关于调整工商登记前置审批事项目录的通知》,除保留37项设立登记和30项变更、注销登记前置许可审批项目外,均不再按先证后照程序进行登记。至2015年年底,全县登记在册各类市场主体4 040户,其中内资企业160户,注册资金13.3亿元;私营企业387户,投资人940人,雇工人数6 269人,注册资本为21.9亿元。在册农民合作社231户,成员总数1 523人,出资总额1.5亿元。在册个体工商户3 262户,资金数额1.3亿元。

## 第四节　经济合同管理

1994年《中华人民共和国仲裁法》颁布后,县工商局按照自治区工商局、塔城地区工商局的统一部署,逐步实行工作重点由仲裁工作转变到查处违法合同工作方面。

1995—1999年,国家先后颁布实行《中华人民共和国担保法》《中华人民共和国拍卖法》《中华人民共和国合同法》,县工商局积极开展学习、宣传活动,并按照法律规定,规范担保、拍卖、合同行为,引导各类市场主体和当事人运用法律规定签订合同,履行合同,维护市场经济秩序,促进地方经济发展。

2002年,为探索新时期合同监管工作的新方法、新路子,不断开拓合同监管领域。至2015年,县工商局共开展"重合同、守信用"企业命名、推荐活动5次,命名县级"重合同、守信用"企业和个体工商户28家,推荐地区级“重合同、守信用”企业10家，推荐自治区级重合同、守信用”企业4家；共查处合同违法案件18件，案值35万元，罚没款15.3万元。

2005年12月，依照自治区人民政府印发《新疆维吾尔自治区格式条款合同管理暂行办法》的规定，县工商局对格式条款合同使用实行备案审查，加强监督检查，防范不平等、不公平格式条款的出现。

2007年，《动产抵押登记办法》公布后，为规范动产抵押登记工作，保障交易安全，促进资金融通，以“3·15”国际消费者权益保护日、“4·26”知识产权宣传日活动为契机，宣传动产抵押的相关规定。2008—2015年，共办理动产抵押登记25份，价值5 400万元。

## 第五节　商标注册管理

随着经济的迅猛发展，县工商局商标监管工作坚持从实际出发，适时调整商标监管思维方式，引导企业以“商标兴业、商标富民”，从而使商标事业在服务地方经济建设中得到长足的发展。从和布克赛尔县情看，有两个显著的特点，即工业经济在整个县域经济中的比重较大，是典型的矿产资源县；和布克赛尔是世界三大史诗之一《江格尔》的发祥地，有江格尔的故乡之称，《江格尔》成为一种品牌。

1993年，全县共有注册商标4件，随着市场经济的快速发展和企业自身商标战略意识的提高，和布克赛尔县围绕“商标品牌”的发展目标，因地制宜，推进商标战略，商标总体水平取得较快的发展。

2008年，和布克赛尔县文体局以单位名义在文体影视、文艺团体名称、网络、民间文化等方面注册和保护“江格尔”商标。

2009年始，县工商局在全县商标注册企业中，确定新疆中非夏子街膨润土有限责任公司、和布克赛尔县宏达盐业有限责任公司、和布克赛尔县康隆公司为商标重点帮扶企业，进行重点分类指导，推荐参加新疆维吾尔自治区著名商标的评审。

2010年，新疆中非夏子街膨润土有限责任公司的“夏子街”注册商标，和布克赛尔县宏达盐业有限责任公司的“黄羊”注册商标被评为新疆著名商标。

2014年，和布克赛尔县康隆公司的“康隆”商标，被评为新疆著名商标，为和布克赛尔县实施商标战略，促进经济发展起到示范作用。

至2015年，全县共注册商标95件，其中新疆著名商标3件。

## 第六节　广告管理

1994年《中华人民共和国广告法》颁布实施后，县工商局广泛宣传《广告法》，积极指导企业利用广告开拓市场，树立形象，提高效益。但是，广告的发展也给一些不法分子带来可乘之机，他们利用广告欺骗消费者。

1999年始，县工商局加大打击违法广告的力度，从药品、保健食品、化妆品、医疗服务等违法广告入手，开展“反误导大虚假”广告市场的专项治理行动。严把广告发布关，加快广告发布前的审查，落实广告监测制度。对严重违反广告管理法规的单位予以严肃查处和曝光，净化市场环境。

2005年，县工商局组织广告经营企业参加陕西西安举办的“中国广告节”及自治区优秀广告作品展活动，使广告经营者拓宽视野，提高广告创作水平。开展公益广告活动，共制作、发布公益广告100余条(次)。

至2015年，全县共有广告经营单位3家，即县广播电视局梅花鹿广告经营部、县气象局豫天科技有限公司和县陈氏数码有限责任公司。从业人员18人，年平均广告经营额60万元。全县共查处违法广告案件105件，罚没款10.2万元，其中查处虚假违法广告2件。

## 第七节　市场管理

### 一、市场办管脱钩

1999年7月，县工商局按国务院及自治区的要求，将市场开办及经营权从工商行政管理中分离出来，由县人民政府成立县财政局下属的国资委专门机构(市场服务中心)进行经营。实行机构、职责、财务、人员四分离，当时从县工商局分流5人。在职权范围内对市场实施行政执法监管不再参与市场经营。这一重大改革在工商行政管理发展史上具有里程碑的意义，确立工商行政管理在社会主义市场经济条件下的职能定位，工商行政管理队伍从既当"裁判员"又当"运动员"的双重角色中彻底摆脱出来，真正成为一支坚强有力的市场监管执法队伍，担负起市场卫士的重要职责。

### 二、管理与整治

县工商局加强集市贸易主体资格准入管理，规范经营主体(包括经营秩序、经营行为、安全、创建文明经营户等)，对全县的有形市场进行全面清理。对凡未办理营业执照的，下达书面通知，督促市场主办单位对市场进行注册登记，办理营业执照；对在规定时间内不到工商部门进行注册登记的市场，依法予以查处；对市场内经营户主体资格加强管理，督促其依法办照悬照经营。

1995年，县工商局开展"文明工商户"评定活动。制定"文明工商户"申报程序和标准，命名"文明工商户"56家。

1996年始，县工商局开展"公平交易执法年"和"工商形象建设年"活动，把"打假治劣"、规范市场经营秩序作为行政执法的重中之重。依据《投机倒把行政处罚暂行规定》《城乡个体工商户管理暂行条例》等法规，开展整顿和规范市场经营秩序专项整治行动。至1998年，共查办倒卖成品油、无照经营、超范围经营、广告、销售过期食品、违反《产品质量法》案件共65件，案值20.26万元，罚没款2.1万元。查扣非法倒卖汽油2.3吨、柴油1.5吨，超过保质期食品等商品20个大类42品种，标值金额7.25万元。

1998年，工商行政管理机关实行省以下垂直管理后，工商行政管理机关的职能也发生很大变化，行政执法职能进一步到位，依法行政的监管领域进一步拓宽。在打击商标侵权、制止不正当竞争、欺诈消费者、虚假违法广告、食品卫生安全、合同欺诈、违反登记管理等方面的监管力度明显加强，在维护正常的市场经营秩序，保护企业和消费者的合法权益等方面工作卓有成效。整顿和规范市场经济秩序，加大市场监管和行政执法力度。至2015年，县工商局按照上级工商机关的安排部署，开展"侵犯注册商标专用权""反不正当竞争""食品卫生安全""农资市场市场整治""节日市场专项检查""格式条款专项整治""消费者权益保护""娱乐市场整治""文化市场整治""虚假广告整治""黑网吧专项整治"等各项专项整治行动200余次，出动执法人员824人次，检查各类经营户5 945户次，查扣收缴假劣、侵权、超过保质期食品等商品60类、235个品种，货值达102.3万余元。共查处各类违法案件987件,罚没款220万元。查办销售假冒"茅台"酒、假冒"金星"摩托车、农村信用社商业贿赂案等罚没款万元以上案件45件。

## 第八节　经济监督管理

### 一、查处制假售假

(一)打假专项整治

1998年,县工商局按照上级工商机关的部署,以查处山西朔州假酒案为契机,组织开展酒类、饮料、食品、日用品等市场的专项整治行动。共出动人员58人次,检查各类经营户245家,查缴假冒"三台"酒192瓶、假冒"奇强"洗衣粉206袋,查处销售假冒商品案件6件,案值0.14万元,罚款0.28万元。

(二)商标专用权保护

1998—2015年,县工商局共查处侵犯注册商标专用权案件136件,案值达140余万元,罚没款125.3万元。

2004—2010年,县工商局查处销售假冒摩托车、手机、服装、日用品、酒类、文化用品等侵犯注册商标专用权案件共61件,案值80余万元,罚没款82.2万元。查扣假冒摩托车11辆、假冒三星、索尼、摩托罗拉等品牌手机12部、假冒"五粮液"35瓶、"阿迪达斯""耐克""李宁"等服装、鞋帽150余件(双),货值20余万元。

2010—2015年,县工商局按照塔城地区工商局部署,开展"打击侵犯知识产权和制售假冒伪劣商品"专项行动,查处侵犯注册商标专用权案件共69件,案值50.6万元,罚没款42.6万元。查扣侵权飞天"茅台"酒22瓶、"郎酒"63瓶、"斯伯丁"篮球18个,货值10.2万元。

(三)奥林匹克标志保护

2001年,北京申奥成功之后,县工商局开展保护奥林匹克标志专项行动,查处侵犯奥林匹克知识产权案件3件,查扣侵权商品35件,罚款0.92万元,有效保障奥林匹克标志权利人的合法权益。

### 二、费用征收与管理

1993—2008年,全县征收个体工商户管理费和集贸市场管理费(简称"两费")共987万元。"两费"是从20世纪80年代开始,根据《关于个体工商户管理费收支的暂行规定》和《城乡集市贸易管理办法》的有关规定,由工商行政管理部门向个体工商户和私营企业征收的,主要用于建设集贸市场、为个体工商户提供服务以及工商行政管理经费开支。

### 三、食品安全监管

2009年6月始,县工商局依照《中华人民共和国食品安全法》,认真履行食品安全监管职责,确保食品安全监管工作落到实处。将食品安全监管工作任务和责任落实到工商所、片区责任人、经营者,并层层签订责任书。至2015年,开展食品安全监管业务知识培训12次,共参学人数2 068人次。将经营者五项自律制度编印成册,发到每户食品经营者手中,县工商局统一制作"食品质量承诺"制度,并帮助经营者公开上墙。在县民贸市场门口及和什托洛盖镇放心食品示范店门前悬挂两块"食品安全联系栏"及"食品安全信息公示栏",同时在食品经营户店内张贴食品安全监管便民联系卡2 140份。在乡、镇开展"食品经营示范店"评比活动，命名“食品经营示范店”12户（其中在县城创建1户、各乡镇创建10户、兵团一八四团场创建1户），食品经营规范店10户。开展食品快速检测34次，共抽检148个品种。安装“一单通”管理软件及E线通1 890户。对9家食品批发商14辆物流配送车加贴全地区统一的监管标识，登记发放食品流通许可证。共查办食品案件105起，案值13.8万元，罚没款73万元，查扣不合格食品3 097公斤，确保食品安全“零事故”。

2015年11月10日，和布克赛尔县开始贯彻实施新修改的《中华人民共和国食品安全法》，原工商行政管理部门的流通领域食品安全监管职能移交到县食品药品监督管理局。

**四、消费者权益保护**

1986年9月，县消费者协会正式挂牌成立，机构设在县工商局内，实行会长领导下的秘书长负责制。有县国税局、地税局、技术监督局、卫生局、药监局5个理事单位。

1993年，《中华人民共和国消费者权益保护法》颁布实施，和布克赛尔县各乡镇场成立消费者协会分会11个，行政村成立消费者投诉站3个，学校成立消费维权宣传站2个，企业、社区成立消费维权服务站24家。

2002年始，在全县范围内开展“诚信单位”评选活动。至2015年，共评选出县级“诚信单位”94户，地区级35户。

2005年8月23日，塔城地区工商系统五县二市消保、消协培训工作会议在和布克赛尔县召开，县委主管领导讲话，号召开创新思维，拓展新领域，创造新业绩，把保护消费者权益工作提升到新水平。

2006年，成立县级“12315”消费者申诉举报中心，并开通“12315”软件，实现网上投诉处理。每年“3·15”国际消费者权益日围绕当年主题在全县范围内开展大型假冒伪劣商品展，利用广播、宣传图片等形式向消费者介绍打击假冒伪劣商品情况。

至2015年，县工商局共查办侵权案件135件，案值26.35万元，受理消费者投诉946件，解决946件，为消费者挽回经济损失203万元。出动宣传车62辆次，散发宣传资料5.2万份，现场接受咨询12 785人。

# 第十七编

# 财政　税务

1993年，和布克赛尔县地方财政收入2 002万元，地方财政支出3 342万元。2005年开始“财政国库集中支付”改革，2006年启动“乡财县管乡用”改革，通过加强财政管理，实行政府采购、开设农村“一卡通”等措施，县财政状况不断好转。2015年，县地方财政收入58 720万元，比1993年增加56 718万元，年均增长16.6%；县地方财政支出124 159万元，比1993年增加120 817万元，年均增长3.63%。

1994年，国家实行分税制改革，设立国税、地税两套税务机构进行征管。分税制对调动中央和地方两个积极性、建立和完善社会主义市场经济体制发挥了重要作用。1994年，县完成国税收入1 198.73万元，完成地税收入675万元。2015年，完成国税收入47 489.1万元，比1994年增加46 290.37万元，年均增长19.15%；完成地税收入61 083万元，比1994年增加60 408万元，年均增长23.93%。

# 第一章　财　政

## 第一节　机构队伍

### 一、行政机构

1993年，和布克赛尔县财政局（简称“县财政局”）内设预算股、企业股、文行股、农税股、房改办5个股室，有干部职工35人。1994年撤销房改办，增设综合股、国资办，干部职工人数未变。1995年，增设办公室、农财股，有干部职工36人。1998年，有干部职工38人。2000年，有干部职工39人。

2001年，县财政局内设办公室、预算股、企业股、综合股、教科文卫股、行政法制股、农财股、农税股、国资办、国库股10个股室，有干部职工42人。

2002年，和布克赛尔县成立政府采购办公室，设编1名（2005年增至4名）。

2003年，增设扶贫办、经建股、资产项目管理股、会计股、财监办，共16个股室，有干部职工47人。

2005年，县财政局内设综合股、税政法治股、企业股、金融办、办公室、教科文卫股、行政法制股、预算股、国库股、农财股、扶贫办、政府采购办、政府采购中心（与政府采购办两块牌子、一套人马）、金财办、经建股、资产项目管理股、会计股、财监办18个股室，有干部职工48人。2011年，干部职工增至52人。2015年，增至53人，内设股室未变。

### 二、事业单位

2008年，和布克赛尔县成立乡镇财政管理局，是县财政局下属事业单位，内设办公室，有干部职工9人。2013年，有干部职工10人，至2015年未变。

## 第二节　财政体制改革

### 一、乡财县管

2006年，和布克赛尔县乡财县管乡用改革工作正式启动，先后在铁布肯乌散乡、巴音傲瓦乡、和布克赛尔镇、莫特格乡、查干库勒乡5个乡镇推行乡财县管乡用乡镇财政改革的代理记账直管工作，同时在夏孜盖乡与和什托洛盖镇实施票据传输审核支付的监管工作。

2008年，成立和布克赛尔县乡镇财政管理局，加强财政监督和管理，变事后监督为事前管理，使乡镇的各项收支全过程置于县财政的监督之下，约束乡镇非正常性开支和铺张浪费现象。

2009—2010年，和布克赛尔县乡财县管由侧重于支出管理的直管模式转为侧重于预算管理的监管模式，采用国库集中支付系统进行资金支付。稳步推进“村财乡管村用”的财务管理改革。在具体的实施过程中，由于和布克赛尔县无乡镇财政所，故采取报账制的管理形式，即乡镇设立村级资金专户，实行专款专用，属于村资金的入村资金专户，支出由村主任在支出票据上签字确认再经乡书记审核签批支付，即实行账户统设、集中核算、统一管理、规范收支、定期公开、上下监督的管理要求。使村资金的所有权、使用权与核算权相分离，使村财务进一步透明和规范。

2011—2015年，持续进行乡财县管改革，加强乡镇财政管理、巩固农村税费改革成果、确保财政转移支付资金安全运行、专款专用、维护基层稳定。同时，结合财政各项改革，规范部门预算、国库集中支付、政府采购、工资统发等各项财政软件平台，规范乡镇财政业务操作程序，提高财政资金使用效率。

**二、国库集中支付管理**

2005年，和布克赛尔县启动财政国库集中支付改革，按照总体规划、分步实施的原则，逐步推进。将会计核算中心纳入集中核算的单位全部恢复会计主题，并将会计资料移交完毕。

2006年，国库集中支付改革采取先试点、后推广的方法，选定6家预算单位作为试点单位。试点单位支付资金范围有预算内资金、政府性基金和财政专户预算外资金、其他财政性资金，还有零余额账户的开设及使用。推行国库管理支付改革，逐步建立现代化财政国库管理制度基本框架。

2007年，县财政局制订适应该县国库集中支付改革的工作方案，根据国库集中支付工作的需要，陆续制定《财政局国库集中支付流程》《财政国库集中支付岗位分工及职责》《财政局国库集中支付内控制度》等相关制度，明确资金支付、会计核算、银行清算、支付凭证、年终结余等一系列管理办法，对财政内部业务操作规程进行调整、规范，并通过实际运行，改进和完善管理制度、管理方法、管理体系，从制度上确保财政资金运行安全高效。

2009年，全县完成集中支付软件上线运行工作。2010年，全县本级89个预算单位完成集中支付改革，改革面100%。同时，全县有11个乡场镇的39个预算单位开展乡镇国库集中支付改革工作，占县乡镇总数的100%。

2011—2015年，开展集中支付资金扩面工作，预算内、外资金及中央特设专户等专项资金实行集中支付。通过推进国库集中支付资金代管工作，纳入资金代管单位81个。

**三、政府采购**

2002年，和布克赛尔县政府采购办成立之初业务量不大，采购的规模也很小，只涉及办公设备采购。

2003—2005年，采购规模不断扩大，将采购范围由一般性货物扩大到所有使用财政性资金采购的货物和服务。设备采购拓展到中小学实验室仪器、多媒体教学、医疗器械，采购管理从县直部门拓展到乡（镇）、村。为保证政府采购预算更好执行，和布克赛尔县建立政府采购管理机构和国库管理机构的相互协作机制，并通过国库集中支付来强化对政府采购资金的管理。

2006—2010年，县政府采购办只设立机构未安排人员，政府采购中心承担政府采购相关业务，监督工作由县纪检委承担。建立政府采购工作新机制，先后制定《关于进一步加强政府采购管理工作的通知》《和布克赛尔县政府采购工作程序》《和布克赛尔县集中采购目录和限额标准》，并积极组织实施，使采购程序公平、公正、公开，操作流程严谨规范。

2011—2015年，县采购办和采购中心分设，管、采分离，职责明确。采购办专司行政监管职能，负责制度制定、采购项目审批、资金支付、受理投诉、信息和专家管理、业务培训等管理工作；采购中心专司政府集中采购目录范围内项目的招投标工作，负责采购的具体事宜，订立采购条件、发布采购信息、组织采购评审、确定中标、受理质疑等。

#### 四、农村“一卡通”

2008年，和布克赛尔县正式启动“一卡通”财政涉农补贴资金发放工作。县财政局与农村信用合作联社签订代发协议，开设“一卡通”专户。县农村信用合作联社根据财政部门提供的财政涉农补贴资金发放表，按实名打卡发放，保证涉农补贴及时兑付，减少资金流通环节，保证资金安全及时足额发放。

2009—2010年，县财政局建立健全涉农财政补贴信息管理系统，定期将涉农资金预算及执行、分配和使用等情况进行公开，确保财政各项涉农资金安全运行。要求各乡镇在认真做好涉农补贴发放的同时，加强涉农补贴档案工作，将所有的涉农补贴档案分类归档，装订成册。

2011—2015年，县财政局建立农民种粮补贴及相关信息统计制度，实现农民种粮补贴及相关信息的网络化管理。加强对种粮农民的补贴管理，确保补贴政策落实到位，为粮食调控和补贴政策的制定提供科学决策依据。

### 第三节　财政收支

#### 一、财政收入

1993—1995年，和布克赛尔县地方财政收入累计为4 290万元，年均收入1 430万元。1996—2000年，和布克赛尔县地方财政收入累计为12 637万元，年均收入2 527.4万元。2001—2005年，和布克赛尔县地方财政收入累计为69 928万元，年均收入13 985.6万元。2006—2010年，和布克赛尔县地方财政收入累计为294 943万元，年均收入58 988.6万元。2011—2015年，和布克赛尔县地方财政收入累计为451 190万元，年均收入90 238万元。

### 1993—2015年和布克赛尔县财政收入情况表

表17－1

| 年份(年) | 地方财政收入(万元) | 公共预算收入(万元) | 基金收入(万元) | 增长率(%) |
|---|---|---|---|---|
| 1993 | 2 002 | 2 002 | — | — |
| 1994 | 1 103 | 1 103 | — | －44.91 |
| 1995 | 1 185 | 1 185 | — | 7.43 |
| 1996 | 1 320 | 1 320 | — | 11.39 |
| 1997 | 2 372 | 2 372 | — | 79.70 |
| 1998 | 1 782 | 1 782 | — | －24.87 |
| 1999 | 3 186 | 3 186 | — | 78.79 |
| 2000 | 3 977 | 3 977 | — | 24.83 |
| 2001 | 4 979 | 4 964 | 15 | 25.19 |
| 2002 | 6 510 | 6 456 | 54 | 30.75 |
| 2003 | 9 958 | 9 837 | 121 | 52.96 |
| 2004 | 17 559 | 16 879 | 680 | 76.33 |
| 2005 | 30 922 | 30 442 | 480 | 76.10 |
| 2006 | 55 399 | 54 966 | 433 | 79.16 |
| 2007 | 67 323 | 66 530 | 793 | 21.52 |
| 2008 | 75 683 | 74 331 | 1 352 | 12.42 |
| 2009 | 37 037 | 35 800 | 1 237 | －51.06 |
| 2010 | 59 501 | 57 286 | 2 215 | 60.65 |
| 2011 | 85 452 | 79 961 | 5 491 | 43.61 |
| 2012 | 113 696 | 100 035 | 13 661 | 33.05 |
| 2013 | 91 256 | 83 137 | 8 119 | －19.74 |
| 2014 | 102 066 | 94 588 | 7 478 | 11.85 |
| 2015 | 58 720 | 52 343 | 6 377 | －42.47 |

## 二、财政支出

1993—1995年，地方财政支出累计为10 333万元，年均支出2 066.6万元。1996—2000年，地方财政支出累计为29 056万元，年均支出5 811.2万元。2001—2005年，地方财政支出累计为99 781万元，年均支出199 56.2万元。2006—2010年，地方财政支出累计为389 916万元，年均支出77 890万元。2011—2015年，地方财政支出累计为695 044万元，年均支出139 008.8万元。

### 1993—2015年和布克赛尔县财政支出情况表

表17－2

| 年份(年) | 地方财政支出(万元) | 公共预算支出(万元) | 基金支出(万元) | 增长率(%) |
|---|---|---|---|---|
| 1993 | 3 342 | 3 342 | — | — |
| 1994 | 3 139 | 3 139 | — | －6.07 |
| 1995 | 3 852 | 3 852 | — | 22.71 |

续表 17 - 2

| 年份(年) | 地方财政支出(万元) | 公共预算支出(万元) | 基金支出(万元) | 增长率(%) |
|---|---|---|---|---|
| 1996 | 4 067 | 4 067 | — | 5.58 |
| 1997 | 5 850 | 5 850 | — | 43.84 |
| 1998 | 4 067 | 4 067 | — | －30.48 |
| 1999 | 7 203 | 7 203 | — | 77.11 |
| 2000 | 7 869 | 7 869 | — | 9.25 |
| 2001 | 9 919 | 9 919 | — | 26.05 |
| 2002 | 12 277 | 12 277 | — | 23.77 |
| 2003 | 16 091 | 16 091 | — | 31.07 |
| 2004 | 25 673 | 25 520 | 153 | 59.55 |
| 2005 | 35 821 | 35 546 | 275 | 39.53 |
| 2006 | 62 088 | 61 622 | 466 | 73.33 |
| 2007 | 76 796 | 76 796 | 1 126 | 23.69 |
| 2008 | 90 036 | 90 036 | 1 154 | 17.24 |
| 2009 | 60 854 | 60 854 | 721 | －32.41 |
| 2010 | 100 142 | 100 142 | 3 016 | 64.56 |
| 2011 | 128 272 | 128 272 | 5 779 | 28.09 |
| 2012 | 158 361 | 158 361 | 7 867 | 23.46 |
| 2013 | 133 895 | 133 895 | 13 229 | －15.45 |
| 2014 | 150 357 | 150 357 | 9 160 | 12.29 |
| 2015 | 124 159 | 124 159 | 5 012 | －17.42 |

## 第四节　财政管理

### 一、财政监督检查

1994—2000年，和布克赛尔县财政监督检查办公室按照财政部《关于开展1994年税收财务物价大检查的实施办法》要求，每年对全县行政事业单位税收、财务、物价进行定期检查。

2001—2012年，依照上级财政部门的要求对全县党政机关、事业单位、4个国有及国有控股企业、社会团体开展“小金库”专项治理，按全面复查、督导抽查、整改落实、机制建设和总结验收5个阶段进行。其间，2011年，开展财政专户清理整顿工作，全县财政专户有44个，按照清理整顿文件的要求，撤销合并财政专户26个，保留财政专户18个。

2013年，在全县范围开展行政事业单位预决算公开检查、财政部安排联动检查，检查14个单位，发现违规资金49.21万元并全部收缴财政。

2014年，开展贯彻执行中央八项规定严肃财经纪律和“小金库”专项治理工作，制定《和布克赛尔县财政局2014年财政监督检查实施方案》，开展对财政局内部各业务股室的监督检查，24个预算单位会计信息质量检查以及涉农资金的专项检查。

2015年，开展会计信息质量检查、行政事业单位预决算公开检查及“小金库”专项治理，全县131个单位中有3个单位涉及“小金库”资金325.4万元、其他违规资金741.67万元。

## 二、会计事务管理

2004年，县财政局成立会计股，管理全县会计工作；宣传、贯彻和实施全国性的会计法律、法规和规章制度，拟订和布克赛尔县会计管理的实施办法和补充规定；组织实施企业、事业单位会计核算制度；组织管理全县会计人员业务培训及会计从业资格证书的发放、注册、调转、会计人员继续教育记录；负责并组织实施全县会计基础规范化工作；负责全县会计职称管理、会计从业资格考试和高级会计师考评结合考试报名及评审材料的初审等工作。

2006—2012年，加大财务人员培训教育力度，提高全县财务会计业务知识和理论素养水平，共举办村级财务培训班、行政事业单位会计培训班、企业单位培训班等各类培训班34期，组织业务考试6次，培训830人次。外派学习50多人次，提升会计队伍业务水平。

2013年，县财政局会计股从企业股中分出，成立独立的科室。制定和布克赛尔县会计管理实施办法和补充规定，组织管理全县会计人员业务培训及会计从业资格证书的发放、注册、调转、会计人员继续教育记录，实施会计基础规范化工作。

2014—2015年，和布克赛尔县持有会计从业资格证书人员1 001人，全县会计专业技术资格级别证书持有人员60人，持有初级会计专业技术资格证人员41人、中级会计证书人员15人、高级会计证书人员4人。

## 三、预算决算管理

### （一）预算管理

2007年，和布克赛尔县开始实施部门预算制，健全各项管理制度，严格预算编制、预算执行、预算监督、预算公开、预算绩效管理，推进部门预算改革。全县128个预算单位全部纳入部门预算管理。坚持人员经费按实际、公用经费按定额、专项经费视财力的原则，建立科学合理的预算编制体系，强化预算编制的科学性和可操作性。实施用款计划管理方式，规范预算单位资金申请和用款行为。建立预算管理系统，统筹管理基础信息、预算编审、指标管理、预算执行分析等工作，实现预算执行的网络化、科学化和公开化。

2008—2010年，和布克赛尔县建立完善部门预算制度。制定部门预算管理暂行办法、县财政追加预算支出审批制度、预算单位财政结余资金管理暂行办法、财政预算信息公开实施方案、硬化预算约束、盘活财政存量资金等预算管理制度，为完善预算管理提供制度保障。

2011—2015年，和布克赛尔县健全部门预算编审体制。成立部门预算编审委员会，建立预算编审制度，预算收支安排由县编审会集体讨论，再由县财经领导小组会审核后上报县人民代表大会审查通过，提高预算安排的可行性、合理性和透明度。

### （二）决算管理

2006—2011年，和布克赛尔县推进公务卡改革，加强银行账户和资金安全管理。完善国库集中支付改革，加大财务人员培训力度，推广公务卡改革。做好银行账户管理，将符合规定应保留的财政专户统一归口财政国库部门管理。健全完善代理银行管理机制，指导督促代理银行按规定办理资金收付业务，提高服务水平。

2012年,和布克赛尔县预算与决算工作分开,国库股从预算股分离出来,推行财政一体化系统,将预算编制软件、指标软件、工资统发软件、方正支付软件、方正账务软件整合开发成大平台业务,它传承以上各个软件的优点,同时将不足之处加以完善,熟练掌握后既方便又快捷。

2013年,县财政局从6个股室选出1个预算单位作为试点,在财政大平台系统操作及账务处理,为使和布克赛尔县预算单位财务人员尽快掌握财政大平台业务操作流程,保证和布克赛尔县财政拨款业务顺利进行,县财政局金财办会同各业务股室组织召集全县130家预算单位在县财政局三楼会议室分两批举办4期培训班,培训财务人员200余名。

2014年,和布克赛尔县进一步完善编审机制,健全决算编制工作协调机制,优化编制流程,推进部门决算系统建设,提高编审效率,缩短决算编制时间。不断提高决算数据质量,加强决算数据审核,建立"账表一致性"核查工作制度,将部门决算核查工作作为预算执行监督和会计信息质量检查的重要内容,提高决算数据的真实性、准确性。

2015年,加强决算数据分析利用,分类梳理决算数据,加强预决算对比分析,结合决算编审中发现的问题,有针对性地提出改进财政财务管理的意见建议。做好决算公开工作,加强组织领导,制定工作方案,明确责任分工,推进财政决算、部门决算、"三公"经费决算公开。同时,公开经县人大常委会批准的政府总决算报告,开展部门决算公开试点,完善公共财政体系,提高财政管理水平。

# 第二章 税 务

## 第一节 国家税收

### 一、机构队伍

1994年7月,由原和布克赛尔县税务局分设,成立和布克赛尔县国家税务局(简称"县国税局"),隶属塔城地区国家税务局,主要负责和布克赛尔县境内中央税和中央地方共享税征收管理工作。县国税局下设和什托洛盖税务分局,派出机构有乌图布拉格税务所、城镇税务所,内设税政股、征管股、人事监察股、计财股、行政股、稽查队。共有干部职工45人。

1996年,国税机构平稳运行,开始组织实施推行公务员制度。同年合并税政股、征管股,成立综合业务股。

1998年1月,实行机构撤并,人员"双聘"上岗。撤销行政股、人事监察股、综合业务股、计财股、税政股、乌图布拉克税务所、城镇税务所,报自治区国税局改建制为"一室三科二分局",即办公室、税政法制科、征管计会科、人事监察科、和什托洛盖国税分局、稽查分局。

2001年4月,经新疆维吾尔自治区国家税务局审核批准,设二科、二分局、一直属局。将原人事监察科、办公室合并为行政科,将原税政法制科改为税收法制科,将原征管计会科改为征收管理局,将原稽查分局改为稽查局。

2004年6月,根据《自治区国家税务局关于调整塔城地区国家税务局系统机构设置及职责的通知》文件精神,撤销和布克赛尔县国家税务局征收管理局,成立和布克赛尔县国家税务局征收科、管理科。同年12月,经自治区国家税务局批准,内设机构7个,即办公室、人事教育科、监察室、综合业务科、计划征收科、登记发票科、评估监控科（均为正股级）；直属机构1个，稽查局（正股级）；派出机构1个，和什托洛盖税务分局（副科级）。核定征收编制55名；设局长1名、副局长3名、纪检组长1名，设科级非领导职数3名；和什托洛盖税务分局设局长（副科级）1名。

2007年8月，根据塔城地区国家税务局《关于调整基层税源管理机构设置的通知》要求，经和布克赛尔县国家税务局党组研究决定撤销和布克赛尔县国家税务局评估监控科、登记发票科，成立和布克赛尔县国家税务局税源管理科。

2010年5月，经塔城地区国家税务局批复，进行机构改革，内设机构6个（正股级），即办公室、综合业务科、纳税服务科（办税服务厅）、人事教育科、监察室、税源管理科；直属机构1个，稽查局（副科级）；派出机构1个，和什托洛盖税务分局（副科级）。

2013年9月，经新疆维吾尔自治区国家税务局批复，撤销和布克赛尔县国税局稽查局。2014年4月，经塔城地区国家税务局批复，核减征收编制5名，核定征收编制49名，至2015年未变。

## 二、税种税率

增值税　1984年开征，是以商品在流转过程中产生的增值额作为计税依据而征收的一种流转税。主要税率有销售或进口货物除列举的以外税率17%，加工、修理修配劳务17%，农业产品13%，粮食、食用植物油13%，其他货物13%，交通运输服务11%，邮政服务11%，电信服务基础电信服务11%，增值电信服务6%，建筑服务11%，金融服务6%，现代服务6%，有形动产经营租赁和有形动产融资租赁税率17%，不动产经营租赁和不动产融资租赁税率11%，生活服务6%，销售无形资产6%，转让土地使用权税率11%，销售不动产11%。

消费税　1994年税制改革在流转税中新设置的一个税种。主要税率有甲类卷烟45%，乙类卷烟40%，雪茄烟40%，烟丝30%，粮食白酒25%，薯类白酒15%，黄酒240元/吨，啤酒220元/吨，其他酒10%，酒精5%，化妆品30%，金银首饰5%，非金银首饰10%，鞭炮、焰火15%，汽油0.2元/升，柴油0.1元/升，汽车轮胎10%。

企业所得税　1994年税制改革时，本着“公平税负、促进竞争”的原则，取消按企业所有制形式设置所得税的办法，实行统一的内资企业所得税制度。主要税率有纳税年度应纳税所得额3万元（含3万元）以下18%，纳税年度应纳税所得额3万元至10万元（含10万元）以下27%，纳税年度应纳税所得额10万元以上33%。

车辆购置税　2001年起开征车购税取代车辆购置附加费，车购税的税率为10%。

## 三、征收管理

1994年，新税制实施后牲畜交易税、个人收入调节税，奖金税、国营企业工资调节税，燃油特别税等税种停止征收。

2003年，金融、保险业营业税停征。

2005年10月，和布克赛尔县国税局历经7个月完成征收征管软件数据和设备准备并入国家税务局总局税收综合软件系统运行。

2006年1月1日起，有着2 600年历史的农业税被取消，中国城乡税制的最大差异也随之消除。

2007年5月，和布克赛尔县国税局煤炭产量监控系统正式运行，同年煤炭税收较2006年增长502万元，增长41.45%，堵塞征管漏洞。

2008年，企业所得税改革，将法定税率由33%降为25%。原有适用外资企业的外商投资企业和外国企业所得税法，适用内资企业的企业所得税暂行条例同时废止。同年8月，和布克赛尔县"营改增"试点企业——和布克赛尔县客运站代开全县第一张货物运输业增值税专用发票，标志着和布克赛尔县交通运输业和部分现代服务业营业税改征增值税试点成功上线运行。

2009年，将小规模纳税人的增值税征收率由原来工业企业6%、商业企业4%统一下调至3%，降幅分别为50%和25%，降低税负，增强企业后劲，鼓励投资、促进技术进步和减少重复征税。

2011年1月1日起，深入实施西部大开发的战略部署，对设在西部地区的鼓励类产业企业继续减按15%的税率征收企业所得税。

## 四、纳税服务

2011年3月28日，和布克赛尔县国税局、地税局、邮政局携手签订《和布克赛尔县国税局关于委托代征代开国税临时经营发票应缴纳各项税费的协议》，强化税源管理、堵塞税收漏洞、提高征管效率、服务民生。县税务部门和邮政部门携手，利用邮政部门网点多的优势，提高服务效能，方便城乡各类纳税人办理代开发票业务。

2013年7月1日，和布克赛尔县国税局所辖全部达起征点的双定户完成财税库银横向联网电子缴税批量扣款业务签约，进一步方便纳税人，降低纳税成本。

2015年10月18—19日，和布克赛尔县国税局及分局办税服务厅通过塔城地区国税局标准化建设验收。

## 五、税务稽查

1994年，和布克赛尔县国税局稽查局成立，2014年撤销。稽查范围包括税务法律、法规、制度等的贯彻执行情况，纳税人生产经营活动及税务活动的合法性，偷、逃、抗、骗、漏税及滞纳情况。县国税稽查部门坚持以事实为依据，以国家发布的税收法律、法规、规章为准绳，依靠人民群众，加强与司法机关和其他有关部门的配合，严格查处税收违法行为，包括日常稽查、专项稽查和专案稽查，保障税收收入，维护税收秩序，促进依法纳税，保证税法的实施。2007—2012年，全县查补偷、逃、抗、骗、漏等税款43.58万元。

**1994—2015年和布克赛尔县国税局税收收入情况表**

表17－3　　单位：万元

| 年份(年) | 税收计划 | 完成税收情况 | 增值税 | 企业所得税 | 消费税 | 车购税 | 稽查查补收入 |
|---|---|---|---|---|---|---|---|
| 1994 | 1 524 | 1 198.73 | 1 198.73 | — | — | — | — |
| 1995 | 1 385 | 1 404.81 | 1 404.81 | — | — | — | — |
| 1996 | 1 539 | 1 874.64 | 1 874.64 | — | — | — | — |
| 1997 | 2 175 | 2 522.86 | 2 522.86 | — | — | — | — |
| 1998 | 2 727 | 3 133.85 | 3 129.87 | — | 3.98 | — | — |
| 1999 | 3 547 | 4 154.03 | 4 145.38 | 0.35 | 8.30 | — | — |
| 2000 | 8 055 | 7 602.55 | 7 596.63 | 3.12 | 2.80 | — | — |
| 2001 | 11 475 | 11 539.90 | 11 535.60 | 4.17 | 0.13 | — | — |

续表 17－3

| 年份(年) | 税收计划 | 完成税收情况 | 增值税 | 企业所得税 | 消费税 | 车购税 | 稽查查补收入 |
|---|---|---|---|---|---|---|---|
| 2002 | 12 025 | 16 550.80 | 16 550.00 | 0.46 | 0.34 | — | — |
| 2003 | 20 525 | 25 963.38 | 25 960.98 | 1.77 | 0.63 | — | — |
| 2004 | 2 570 | 49 819.96 | 49 771.53 | 45.67 | 2.76 | — | — |
| 2005 | 3 070 | 84 151.94 | 84 137.57 | 9.92 | 4.45 | — | — |
| 2006 | 3 380 | 159 886.21 | 159 732.74 | 30.20 | 3.51 | 119.75 | — |
| 2007 | 3 950 | 187 189.36 | 186 614.27 | 332.72 | 3.20 | 236.31 | 2.85 |
| 2008 | 5 250 | 188 849.92 | 188 170.02 | 376.21 | 2.63 | 274.19 | 26.86 |
| 2009 | 6 222 | 73 841.54 | 72 560.10 | 831.11 | 5.50 | 443.14 | 1.69 |
| 2010 | 111 675 | 123 575.55 | 121 467.73 | 1 426.90 | 16.02 | 656.92 | 7.98 |
| 2011 | 146 100 | 162 133.76 | 159 397.25 | 2 052.23 | 11.85 | 671.95 | 0.48 |
| 2012 | 227 955 | 161 917.52 | 158 424.11 | 2 671.62 | 10.00 | 808.07 | 3.72 |
| 2013 | 175 700 | 127 448.89 | 124 355.67 | 2 095.48 | 7.31 | 990.43 | — |
| 2014 | 133 200 | 125 993.68 | 122 943.42 | 2 150.37 | 3.30 | 896.59 | — |
| 2015 | 93 500 | 47 489.10 | 45 725.71 | 1 013.36 | 3.23 | 746.80 | — |

## 第二节　地方税收

### 一、机构队伍

1994年8月，国家实行税制改革，成立和布克赛尔县地方税务局（简称“县地税局”），为和布克赛尔县人民政府的直属机构，正科级单位，实行以上级税务机关垂直管理为主、和布克赛尔县人民政府双重领导的管理体制，隶属塔城地区地方税务局。县地税局内设办公室、计会股、业务股，下设派出机构国营牧场税务所和县城镇税务所。全局编制50名。

1998年1月，县地税局内设办公室，下设和什托洛盖税务分局，派出机构城镇税务所，计会股更名为计财科，业务股更名为综合业务科，国营牧场税务所更名为沙吉海中心税务所，并增设征收科、稽查分局、管理所。

2000年，县地税局撤销管理所，设综合所。

2002年6月，县地税局内设办公室、税政法规科、计会征收科、管理科，编制22名。下设机构3个，即稽查局，规格副科级，核定行政编制6名；县地税局和什托洛盖分局，规格副科级，核定行政编制16名；县地税局派出机构查干屯格税务所，规格股级，核定行政编制6名。

2010年，县地税局设办公室、人事监察科、税政法规科、计会征收科、城区税务所、和什托洛盖税务分局、查干屯格中心税务所。全局编制45名。

2014年12月，县地税局设办公室、人事监察科、计会征收科、综合业务科、风险评估管理所；1个直属机构，即和布克赛尔县地税局和什托洛盖分局；2个派出机构，即城区税务所、查干屯格综合税务所。2015年，县地税局机构未变，全局有干部46人。

## 二、税种税率

从1994年7月1日开始，国家正式实行分税制财政管理体制。按照分税制财政管理体制的要求，和布克赛尔县地方税务局主要负责下列各税的征收。

（一）营业税（不含铁道部门、各银行总行、各保险公司集中缴纳的营业税）

交通运输业营业税3%；建筑业营业税3%；金融保险业营业税5%；邮电通信业营业税3%；文化体育业营业税3%；娱乐业营业税（自2009年1月1日起），娱乐业适用5%～20%，台球、保龄球、游艺场适用5%；服务业营业税5%；转让无形资产营业税5%；销售不动产营业税5%。

（二）企业所得税（不含地方银行和外资银行及非银行金融企业缴纳的所得税）

企业所得税税率25%；非居民企业在中国境内未设立机构、场所的，或者虽设立机构、场所但取得的所得与其所设机构、场所没有实际联系的和符合条件的小型微利企业适用税率20%；国家需要重点扶持的高新技术企业，减按15%的税率征收企业所得税。

（三）个人所得税

1.工资、薪金所得，使用3%～45%的七级超额累进税率。

**2011年和布克赛尔县执行个人工资、薪金所得税税率情况表**

表17－4

| 级数 | 全月应纳税所得额 | 税率（%） | 速算扣除数（元） |
|---|---|---|---|
| 1 | 不超过1 500元 | 3 | 0 |
| 2 | 1 500～4 500元 | 10 | 105 |
| 3 | 4 500～9 000元 | 20 | 555 |
| 4 | 9 000～35 000元 | 25 | 1 005 |
| 5 | 35 000～55 000元 | 30 | 2 755 |
| 6 | 55 000～80 000元 | 35 | 5 505 |
| 7 | 超过80 000元 | 40 | 13 505 |

2.生产经营所得，适用5%～35%五级超额累进税率。

**2011年和布克赛尔县执行个人经营所得税税率情况表**

表17－5

| 级数 | 全月应纳税所得额 | 税率（%） | 速算扣除数（元） |
|---|---|---|---|
| 1 | 不超过15 000元 | 5 | 0 |
| 2 | 15 000～30 000元 | 10 | 750 |
| 3 | 30 000～60 000元 | 20 | 3 750 |
| 4 | 60 000～100 000元 | 30 | 9 750 |
| 5 | 超过100 000元 | 35 | 14 750 |

（四）资源税

2010年6月1日起，原油从量改从价计征资源税，税率为6%，实际征收率为4.63%；2014年12月1日起，税率提高至6%，实际征收率为5.56%。

2014年12月1日起，原煤从量改从价计征资源税，税率为6%。盐10元/吨、膨润土10元/吨、石灰石1元/

吨、石英砂3元/吨。

（五）城市维护建设税（不含铁道部门、各银行总行、各保险总公司集中缴纳的部分）

纳税人所在地为城市市区的，税率7%；为县城、建制镇的，税率5%；不在城市市区、县城、建制镇的，税率1%。和布克赛尔县按5%计征。

（六）房产税

房产税税率采用比例税率，分两种情况：

1.从价计征的房产税，税率为1.2%。从价计征的减按30%征收，价格×（1–30%）×1.2%。

2.从租计征的房产税，税率为12%。自2008年3月1日起，对个人出租住房，不区分用途，按4%的税率征收房产税。对企事业单位、社会团体以及其他组织按市场价格向个人出租用于居住的住房，减按4%税率征收房产税。

（七）城镇土地使用税

一类地：3.5元/平方米/年；二类地：1.05元/平方米/年；三类地：0.9元/平方米/年。

（八）印花税

**2011年和布克赛尔县执行国家印花税税率情况表**

表17－6

<table>
<tr><th colspan="2">应税凭证</th><th>税 率</th></tr>
<tr><td rowspan="10">经济合同</td><td>财产租赁合同</td><td rowspan="3">1‰</td></tr>
<tr><td>财产保险合同</td></tr>
<tr><td>仓储保管合同</td></tr>
<tr><td>加工承揽合同</td><td rowspan="3">0.5‰</td></tr>
<tr><td>建筑工程勘察设计合同</td></tr>
<tr><td>货物运输合同</td></tr>
<tr><td>货物购销合同</td><td rowspan="3">0.3‰</td></tr>
<tr><td>建筑安装工程承包合同</td></tr>
<tr><td>技术合同</td></tr>
<tr><td>借款合同</td><td>0.05‰</td></tr>
<tr><td rowspan="2">产权转移数据</td><td>股权转让数据</td><td>3‰</td></tr>
<tr><td>产权转移数据</td><td rowspan="2">0.5‰</td></tr>
<tr><td rowspan="2">营业账簿</td><td>记载资金的账簿</td></tr>
<tr><td>其他账簿</td><td rowspan="2">5元</td></tr>
<tr><td>权利、许可证照</td><td>五类证照</td></tr>
</table>

（九）土地增值税

土地增值税采用四级超率累进税率。其中最低的税率为30%，最高的税率为60%。

（十）车船使用税

**2011年和布克赛尔县执行国家车船使用税税率情况表**

表17－7

| 税目 | | 计税单位 | 年基准税额 | 备注 |
|---|---|---|---|---|
| 乘用车 | 按发动机气缸容量（1.0～4.0升） | 每辆 | 60～5 400元 | 核定载客人数9人（含）以下 |
| 商用车 | 客车 | 每辆 | 480～1 440元 | 核定载客人数9人以上，包括电车 |
| | 货车 | 整备质量每吨 | 16～120元 | 包括半挂牵引车、三轮汽车和低速载货汽车、客货两用车等 |
| 挂车 | | 整备质量每吨 | 按照货车税额的50%计算 | — |
| 其他车辆 | 专用作业车 | 整备质量每吨 | 16～120元 | 不包括拖拉机 |
| | 轮式专用机械车 | | 16～120元 | |
| 摩托车 | — | 每辆 | 36～180元 | — |
| 船舶 | 机动船舶 | 净吨位每吨 | 3～6元 | 拖船、非机动驳船分别按照机动船舶税额的50%计算，拖船按照发动机功率1千瓦折合净吨位0.67吨计算征收车船税 |
| | 游艇 | 艇身长度每米 | 600~2 000元 | — |

（十一）教育费附加（不含铁道部门、各银行总行、各保险总公司集中缴纳的部分）

至2015年12月31日，教育费附加征收比率为3%。

## 三、税源分布

和布克赛尔县地方税务局主要负责辖区1个镇、4个乡、4个场、1个牧业营、南部开发区、兵团第十师等在内的地方税收及文化事业建设费、人民教育基金、残疾人保障金的征管工作。1994年国税、地税机构分设时，和布克赛尔县地方税务局管理的各类企业和个体工商户约1 200户，在大力发展非公有制经济的政策鼓励下，至2015年12月，由和布克赛尔县地方税务局管理的各类企业和个体工商户发展到4 153户。

## 四、征收管理

1995—2010年，和布克赛尔县地税局加强原油税收的征收管理，指派专人在自治区地方税务局直属征收局准格尔油田税务所负责原油税收征管工作。制定《重点税源管理办法》和《建筑营业税征收管理办法》，推行主管协管相联系新模式，责任到人，提高对建筑业工程项目税收专业化、规范化管理。落实税收管理员制度。细化岗位职责、加强监督和考核、严肃责任追究、开展自查与互查，细化税收管理员工作要求，规范税收管理员作业标准，夯实征管基础，提高税收管理员自身业务素质，丰富工作经验，加强工作责任心，提高工作效率和征管水平，降低执法风险。开展综合治税工作。各部门协调共管，多次召开联席会议，解决工作中各类问题，净化纳税环境。强化税收执法监督。完善监督制度，建立事前、事中、事后执法监督机制，形成多层次、多方位内部执法监督格局。开展税收执法检查和互动点评，规范干部行为。严格落实《税收执法质量评价考核体系》，发挥税收征管、税收法规、监督和党总支等职能部门在质量考核评价体系中的作用，加大税收政策贯彻执行情况的监督检查，开展税收执法检查工作，严格执法过错责任追究；加大对互动点评制度落实情况督查力度，实行岗位问责。打击涉税违法行为。推行以老带新税收征管工作格局，重点做好税收专项检查、建筑业发票专项检查、土地增值税清算、打击发票违法犯罪活动，重点纳税企业、区域重点行业、房地产等行业开展税收秩序专项检查。整顿和规范税收秩序，打击各种税务违法行为，发挥查处一案，教育一片，震慑一方的作用，建立良好税收环境。

2011—2015年，县地税局开展税收执法检查，加强税收执法监督，规范税收执法行为。推进税源专业化管理、纳税评估和税收风险管理工作，深化税收征管改革，提升征管的质量和效率。高位推动综合治税，出台《社会综合治理管理办法》《二手房税收管理交易办法》等，加强部门协作，防止税款流失。加强信息化建设，开展金税三期软件上线工程，推进信息管税。

**五、纳税服务**

1994年税制改革后，纳税服务工作经历一个快速发展、不断完善的过程。从1997年确立优化纳税服务为税收征管基础工作开始，到2001年新的《中华人民共和国税收征管法》出台，明确征纳双方权利和义务。

2003年8月，县地税局根据国家税务总局下发的《关于加强纳税服务工作的通知》精神，从面向纳税人的办税服务业务、合理设置办税服务窗口、加强办税服务厅与各有关管理部门工作衔接、优化服务方式、加强税法宣传、清理简化审批程序、简并税务文书和报表等方面对纳税服务工作进行全面规范。

2005—2010年，县地税局主动落实各项税收优惠政策，召开减免税审批会议，对享受税收优惠政策户172户，减免税款183.45万元。坚持以纳税人为中心，推行办税服务厅标准化建设，规范门牌标识、窗口设置和办税流程，制定《和布克赛尔县地方税务局办税服务厅规范化建设实施方案》及《和布克赛尔县地方税务局办税服务厅管理办法》，加强办税服务厅管理，优化征管流程，完善税收"一窗式"管理服务，实现管理与服务最佳结合。

2011—2015年，县地税局严格遵循依法治税、应收尽收的组织收入原则，落实各项税收政策措施，严格减免税管理，减免税1 396.46万元。开展税收宣传月、便民办税春风行动，开办纳税人学校，增强税务人员服务意识和纳税人诚信纳税意识。

**1994—2015年和布克赛尔县地方税务局税收收入情况表(一)**

表17－8　　单位：万元

| 税　种 | 1994年 | 1995年 | 1996年 | 1997年 | 1998年 | 1999年 | 2000年 |
|---|---|---|---|---|---|---|---|
| 总计 | 675 | 733 | 876 | 1 256 | 1 896 | 2 355 | 3 288 |
| 税收合计 | 668 | 698 | 841 | 1 223 | 1 867 | 2 287 | 3 230 |
| 营业税 | 155 | 164 | 143 | 188 | 222 | 292 | 302 |
| 企业所得税 | 77 | 98 | 91 | 106 | 106 | 203 | 94 |
| 个人所得税 | 1 | 16 | 34 | 70 | 99 | 156 | 209 |
| 资源税 | 362 | 264 | 425 | 675 | 1 246 | 1 349 | 2 380 |
| 投资方向调节税 | 21 | 68 | 49 | 25 | 4 | 4 | 8 |
| 城市维护建设税 | 30 | 45 | 43 | 74 | 64 | 136 | 161 |

续表 17－8

| 税　种 | 1994年 | 1995年 | 1996年 | 1997年 | 1998年 | 1999年 | 2000年 |
|---|---|---|---|---|---|---|---|
| 房产税 | 3 | 14 | 6 | 9 | 28 | 42 | 21 |
| 印花税 | 1 | 2 | 2 | 1 | 3 | 5 | 4 |
| 城镇土地使用税 | 10 | 20 | 38 | 7 | 13 | 19 | 4 |
| 土地增值税 | — | — | — | — | — | — | — |
| 车船使用税 | 2 | 3 | 3 | 2 | 3 | 3 | 3 |
| 耕地占用税 | — | — | — | — | — | — | — |
| 屠宰税 | 6 | 4 | 7 | 66 | 79 | 78 | 44 |
| 契税 | — | — | — | — | — | — | — |
| 其他收入合计 | 7 | 35 | 35 | 33 | 29 | 68 | 58 |
| 教育费附加 | 6 | 34 | 33 | 31 | 28 | 61 | 53 |
| 文化事业建设费 | — | — | — | — | — | — | — |
| 人民教育基金 | — | — | — | — | — | — | 1 |
| 地税罚没收入 | 1 | 1 | 2 | 2 | 1 | 7 | 4 |
| 残疾人保证金 | — | — | — | — | — | — | — |

**1994—2015年和布克赛尔县地方税务局税收收入情况表(二)**

续表 17－9

| 税种 | 2001年 | 2002年 | 2003年 | 2004年 | 2005年 | 2006年 | 2007年 |
|---|---|---|---|---|---|---|---|
| 总计 | 3 257 | 4 291 | 7 200 | 12 573 | 15 361 | 22 139 | 27 224 |
| 税收合计 | 3 203 | 4 138 | 6 216 | 11 381 | 13 724 | 18 950 | 23 262 |
| 营业税 | 325 | 404 | 506 | 617 | 1 211 | 1 209 | 2 478 |
| 企业所得税 | 304 | 341 | 210 | 154 | 720 | 477 | 1,126 |
| 个人所得税 | 204 | 190 | 256 | 260 | 496 | 584 | 1,057 |
| 资源税 | 2 125 | 2 641 | 4 266 | 7 224 | 7 656 | 9 435 | 9 739 |
| 投资方向调节税 | — | — | — | — | — | — | — |
| 城市维护建设税 | 180 | 484 | 941 | 3 085 | 3 555 | 7 140 | 8 640 |
| 房产税 | 20 | 23 | 20 | 28 | 42 | 52 | 74 |
| 印花税 | 7 | 4 | 9 | 9 | 26 | 21 | 71 |
| 城镇土地使用税 | 6 | 4 | 2 | — | 12 | 8 | 18 |
| 土地增值税 | — | — | 1 | 3 | 3 | 4 | 16 |
| 车船使用税 | 1 | 1 | 1 | 1 | 3 | 20 | 43 |
| 耕地占用税 | — | — | — | — | — | — | — |
| 屠宰税 | 31 | 46 | 4 | — | — | — | — |
| 契税 | — | — | — | — | — | — | — |
| 其他收入合计 | 54 | 153 | 984 | 1 192 | 1 637 | 3 189 | 3 962 |
| 教育费附加 | 46 | 140 | 965 | 1 165 | 1 535 | 3 067 | 3 755 |
| 文化事业建设费 | 5 | 5 | 5 | 7 | 8 | 9 | 21 |
| 人民教育基金 | 2 | 3 | 7 | 10 | 74 | 91 | 171 |
| 地税罚没收入 | 1 | 5 | 7 | 10 | 20 | 6 | 15 |
| 残疾人保证金 | — | — | — | — | — | 16 | — |

## 1994—2015年和布克赛尔县地方税务局税收收入情况表(三)

表17－10

| 税种 | 2008年 | 2009年 | 2010年 | 2011年 | 2012年 | 2013年 | 2014年 | 2015年 |
|---|---|---|---|---|---|---|---|---|
| 总计 | 34 138 | 23 927 | 46 491 | 77 785 | 103 412 | 86 846 | 89 122 | 61 083 |
| 税收合计 | 29 164 | 21 955 | 43 487 | 74 010 | 95 835 | 83 593 | 85 150 | 59 229 |
| 营业税 | 3 635 | 4 380 | 4 808 | 7 371 | 13 606 | 13 907 | 14 448 | 8 013 |
| 企业所得税 | 1 570 | 1 500 | 2 314 | 2 661 | 6 392 | 7 773 | 7 914 | 6 451 |
| 个人所得税 | 1 494 | 1 847 | 2 303 | 2 951 | 3 281 | 5 171 | 3 896 | 5 077 |
| 资源税 | 11 146 | 9 244 | 26 450 | 51 753 | 55 409 | 46 115 | 41 356 | 29 817 |
| 投资方向调节税 | — | — | — | — | — | — | — | — |
| 城市维护建设税 | 11 016 | 3 806 | 6 273 | 8 282 | 8 476 | 6 846 | 8 397 | 3 577 |
| 房产税 | 90 | 103 | 133 | 140 | 169 | 261 | 277 | 373 |
| 印花税 | 76 | 168 | 124 | 285 | 457 | 344 | 447 | 351 |
| 城镇土地使用税 | 20 | 78 | 47 | 43 | 44 | 58 | 85 | 79 |
| 土地增值税 | 16 | 73 | 55 | 98 | 133 | 180 | 569 | 236 |
| 车船使用税 | 62 | 79 | 85 | 112 | 144 | 168 | 206 | 237 |
| 耕地占用税 | 5 | 520 | 788 | 34 | 6 786 | 150 | 6 304 | 4 656 |
| 屠宰税 | — | — | — | — | — | — | — | — |
| 契税 | 34 | 157 | 107 | 280 | 938 | 2 620 | 1 251 | 362 |
| 其他收入合计 | 4 974 | 1 972 | 3 004 | 3 775 | 7 577 | 3 253 | 3 972 | 1 854 |
| 教育费附加 | 4 775 | 1 677 | 2 776 | 3 699 | 7 506 | 3 134 | 3 835 | 1 744 |
| 文化事业建设费 | 20 | 188 | 21 | 3 | 1 | 1 | 1 | — |
| 人民教育基金 | 148 | 60 | 138 | — | — | — | — | — |
| 地税罚没收入 | 11 | 13 | 17 | 20 | 9 | 30 | 12 | 12 |
| 残疾人保证金 | 20 | 34 | 52 | 53 | 61 | 88 | 124 | 98 |

# 第十八编

# 金　融

1993年,和布克赛尔县全辖金融机构人民币存款总额7 234万元,贷款总额12 992万元。2015年,全辖金融机构人民币存款总额248 294.60万元,比1993年增加241 060.6万元,年均增长17.44%;贷款总额149 236.01万元,比1993年增加136 244.01万元,年均增长11.74%。

1996年,中国人民财产保险股份有限公司和布克赛尔支公司组建。1997年,中国人民财产保险股份有限公司和布克赛尔支公司析出中国人寿保险股份有限公司和布克赛尔县支公司,从此两家保险公司开始独立自主经营。2015年,人保财险和布克赛尔支公司实现总保费收入2847.61万元,完成农业保险理赔1 644.2万元;中国人寿保险股份有限公司和布克赛尔县支公司实现总保费收入2 392.5万元,实施农业理赔1 644.2万元。

# 第一章 银 行

## 第一节 中国人民银行和布克赛尔县支行

### 一、机构队伍

1998年,根据金融体制改革要求,塔城地区人民银行分行对县人民银行党的关系实行垂直领导,干部垂直管理。

2004年,4名干部分配至县人行银监办工作。

2015年,县人行内设办公室、纪检监察室、会计发行股、综合业务股。在职职工14人,其中初级以上专业技术职称10人。

### 二、业务工作

1993—2000年,县人行增强货币政策执行绩效,支持地方经济发展,按照上级行的工作部署,优化货币政策传导机制,把保持合理的信贷投放力度作为执行稳健货币政策的重要考量,优化金融资源配置,保持金融对和布克赛尔县经济支持的可持续性;严格资金管理,确保农业生产顺利进行,根据和布克赛尔县农业生产特点,要求金融机构积极调整信贷结构,做到合理适度、梯度发放,对农户小额春耕生产贷款做到手续简化,服务周到,办理快捷,在审批上报程序上,坚持特事特办,提高工作效率;提高国库管理与服务水平,强化国库基础业务核算,确保资金安全,加强国库业务监督管理,先后完成经收处业务的实地检查。截至2000年,全辖金融机构人民币存款22 040.3万元,贷款13 812.6万元。

2001—2005年,提高执行货币政策的针对性与灵活性,主动开展稳健货币政策内涵宣传,增强社会各界对稳健货币政策的认同度,形成有利于政策执行的良好环境;加强经济金融运行监测与分析,做好金融稳定监测数据库数据采集和分析工作,关注法人金融机构流动性风险,及时开展分析和预警,提高风险监测的科学性和准确性,为维护区域金融稳定提供决策参考;推进国库现代化建设,保障国库职能的发挥,畅通税收入库渠道,加强对国库经收处的检查辅导、监督力度,加强与税务和财政部门的对账工作,确保国库资金安全。截至2005年,全辖金融机构人民币存款50 208万元,贷款15 254万元。

2006—2010年,贯彻落实稳健的货币政策,发挥窗口指导作用,加大对金融机构的政策指导工作,积极搭建银、政、企合作平台，引导货币信贷投向，优化金融资源配置；推进金融稳定工作，完善政府主导的金融稳定体系，推动金融突发事件应急机制建设，督促相关部门按照各自职责完善风险处置预案，防范和化解各类金融风险；优化支付结算环境，督促金融机构扩大在县城ATM机和POS机的布放数量，提高服务质量，改善当地群众的生产生活，丰富非现金支付结算渠道，解决农村金融网点少、结算不畅问题，助推农村支付环境改善。截至2010年，全辖金融机构人民币存款122 909.76万元，贷款44 555.04万元。

2011—2015年，县人行完善日常监管和评估，强化金融稳定和审慎管理理念，对法人金融机构贯彻执行风险监测和评估机制，密切跟踪其资产质量、资本充足率、流动性变化等风险监测数据，动态分析，及时锁定、防范和化解潜在的金融风险；加强金融统计分析，完善经济金融统计指标数据库，密切关注辖区经济金融运行态势及其特点，加强历史数据的纵、横向比较研究，提高经济金融运行分析的质量和预测水平；完善金融服务体系，增强金融机构支小助微的服务理念，扩大业务范围，加大创新力度，引导小微企业扩大贷款抵押担保物范围，满足企业资金需求；国库管理与服务水平不断提高，在强化国库基础业务核算，确保资金安全的基础上，提升国库统计研究与资金运行监测分析水平，提高统计分析的针对性和有效性，加大财税库银横向联网系统推广力度；提升反洗钱工作成效，加强现场与非现场监管，组织金融机构反洗钱测试，依法开展反洗钱现场检查，提升县金融机构反洗钱人员的专业技能。截至2015年，全辖金融机构人民币存款248 294.6万元，贷款149 236.01万元。

**1993—2015年和布克赛尔县金融机构人民币存贷款情况表**

表18－1　　单位：万元

| 年份（年） | 金融机构存款 | 金融机构贷款 | 年份（年） | 金融机构存款 | 金融机构贷款 |
|---|---|---|---|---|---|
| 1993 | 7 234.00 | 12 992.00 | 2005 | 50 208.00 | 15 254.00 |
| 1994 | 7 891.00 | 12 814.00 | 2006 | 63 840.00 | 15 113.00 |
| 1995 | 11 423.00 | 18 685.00 | 2007 | 73 348.00 | 18 796.00 |
| 1996 | 13 160.00 | 21 888.00 | 2008 | 94 078.16 | 15 084.81 |
| 1997 | 16 261.00 | 11 994.00 | 2009 | 104 677.44 | 21 556.76 |
| 1998 | 17 923.00 | 12 990.00 | 2010 | 122 909.76 | 44 555.04 |
| 1999 | 19 074.60 | 14 508.00 | 2011 | 167 607.05 | 64 789.71 |
| 2000 | 22 040.30 | 13 812.60 | 2012 | 197 773.75 | 96 644.41 |
| 2001 | 23 801.00 | 14 855.00 | 2013 | 204 099.05 | 131 384.24 |
| 2002 | 29 020.00 | 16 980.00 | 2014 | 217 223.03 | 154 152.71 |
| 2003 | 7 186.00 | 21 833.00 | 2015 | 248 294.60 | 149 236.01 |
| 2004 | 42 988.00 | 29 253.00 | | | |

## 第二节　中国农业银行股份有限公司和布克赛尔县支行

### 一、机构队伍

1993年，中国农业银行和布克赛尔县支行（简称“县农行”）内设会计股、资金计划股、信贷股、信用合作股、审计稽核股、办公室、营业部，有在职干部职工65人。

1994年5月，县农行成立县城民贸市场储蓄所（2004年1月更名为广场分理处；同年10月撤销）。

1995年10月，县工商银行撤销，由县农行接管其全部存款业务，但未接管工行人员。

1996年8月，县农行完成酝酿多年的农村金融体制改革，原来由县农行领导和管理的农村信用合作社与县农行脱离行政隶属关系，独立经营；同年，县农行撤销阿勒泰地区煤矿营业所。

1998年下半年，县农行先后撤销查干库勒乡营业所、铁布肯乌散乡营业所、二七二煤矿储蓄所和伊克乌图布拉格营业所。

1998年8月30日，县建设银行撤销，其全部存款业务移交到县农行。同时，原建行在兵团第十师煤矿设立的兵团第十师矿区分理处及3名员工也同时移交给县农行（该营业机构在2003年12月被县农行撤并到和什托洛盖农行）。同年1月，县农行撤销沙吉海煤矿营业所。

2002年1月，县农行撤销夏孜盖营业所。

2006年，县农行内设综合办公室、风险管理部、客户部，下辖营业部、和什托洛盖营业所两个营业机构。有在职干部职工37人。

2009年1月，中国农业银行整体改制为股份有限公司，县农行全称更改为中国农业银行股份有限公司和布克赛尔县支行（仍简称"县农行"），内设综合管理部、三农金融部/客户部，下辖支行营业部、和什托洛盖支行。

2010年，县农行有在职干部员工48人。2011年，有在职干部员工45人。2012年，有在职干部员工46人。2013年，有在职干部员工43人。2014年，有在职干部员工40人。2015年，有在职干部员工37人。2010—2015年，县农行内设机构未变。

## 二、业务经营

1993年12月，县农行贯彻执行国务院关于中国农业银行转变为国有商业银行的决定，中国农业银行开始向国有商业银行转轨，成为全县唯一一家国有商业银行。

1994年4月，县农行贯彻执行中国农业银行向新组建的中国农业发展银行划转绝大部分政策性业务。1999年7月，向新组建的中国长城资产管理公司剥离不良资产1 467笔4 766万元，县农行业务范围也由过去既有政策性业务也有纯企业盈利业务到只有纯企业盈利经营业务，明确农行商业性经营性质，但业务范围仍以传统业务为主，基本局限在存、贷款和结算业务。

2000—2005年，一批招商引资企业进驻和布克赛尔县，带动全县金融经济发展，县农行各项存款由过去的不足2亿元迅速增加到3亿多元，各项贷款1亿元，业务范围突破以存、贷款和结算业务为主的传统模式，网上银行、银信通、代理基金、代理保险、银行卡、信用卡等业务逐步走近边境小县，并被社会各界快速认知和接受。

2006年，县农行各项存款完成计划任务的159%。金穗卡发卡量2 616张，卡余额2 973万元。网上银行个人注册客户29户，完成计划任务的190%。全行各项贷款余额6 852万元，累计投放贷款1 241万元，累计收回贷款4 000万元。其中短期农业贷款累计投放949万元，占全部累计投放的76.47%；消费贷款累计投放87万元，占全部累计投放的7‰；个人住房贷款5万元，占全部累计投放的0.4%；个人生产经营性贷款69万元，占全部累计投放的5.56‰；其他贷款131万元，占全部累计投放的10.56%。全行实现客户退出258万元，完成计划任务的103.2%。同年5月1日，全县第一台自动取款机在农行营业部投入使用。

2010年，县农行各项存款余额57 561万元(不含同业存款)，比年初净增10 135万元，完成年度计划任务的175%。存量、增量市场份额同业占比分别为65%和56%。全行各项贷款余额14 624万元，比年初增加12 193万元，完成年度计划任务的200%。全年累计投放各类贷款19 884万元，累计收回各类贷款4 760万元，到期贷款现金收回率100%。

2012年，县农行各项业务保持快速发展态势，各项存款余额近10亿元，各项存款任务完成年度计划的194%。存量市场份额72%，比年初上升4%；增量市场份额104%。全年累计投放各类贷款8 629万元，累计收回7 599万元。其中累计投放法人贷款2 500万元，累计投放个人贷款6 129万元，累计收回6 579万元。累计收回自营不良贷款100万元，完成年度计划任务的167%。

2015年，县农行各项存款突破10亿元大关。实现中间业务收入484.89万元。实现拨备前利润2 303万元、拨备后利润2 191万元。服务经济社会发展成效持续提高。到期贷款双百收回；全年累计投放贷款11 440万元，同比少投放11 559万元。其中累放涉农贷款7 996万元、小微企业贷款1 100万元。

## 三、服务“三农”

2007年1月，县农行贯彻执行第三次全国金融工作会议明确提出中国农业银行“面向‘三农’、整体改制、商业运作、择机上市”的改革总原则。

2008年，县农行按照总行制定的“精品农户”贷款条件，在南部农业开发区择优选择11户农业种植大户，发放精品农户贷款1 278万元，占当年塔城地区农行农户贷款发放额的80%。9月1日，在棉花收购季节来临之际，县农行在和什托洛盖镇召开服务“三农”，精品农户贷款户座谈会，明确农行服务“三农”政策长期贯彻执行，强调诚信的重要性，让贷款农户进一步了解农行服务“三农”政策，增强诚信意识，当年按时收回精品农户贷款本金1 278万元，利息105万元，取得当年发放到期贷款双百收回的佳绩。

2009年，县农行被塔城农行确定为服务“三农”重点发展行，先后多次对全县农村经济进行深入调研，根据全县农牧业经济发展特点，采取“公司+合作社+牧民”的贷款管理模式，选定县蒙哥尔肉类开发有限公司作为担保主体，支持全县畜牧业发展，当年投放6户29万元(其后于2010年投放37户83万元，2011年投放69户195万元)。

2010年，选择种植面积33公顷以上农户与其建立长期战略合作关系，分批次上报32户精品农户贷款，发放32户33笔计5 333万元。其中南部农业开发区新增12户315万元，兵团一八四团新增2户150万元，并全部收回。推行名单式管理，锁定目标客户，对县域南部农业开发区及兵团一八四团种植大户、重点农户、潜在客户存量和目标客户进行调查，根据其市场分布、生产特点、资金流向等，明确营销目标，逐户制订个性化管理和服务方案；制订《和布克赛尔县新型农村社会养老保险项目金融服务方案》，分别与商品批发商、农资经销商合作安装50多部转账电话、POS机设备，发放惠农卡4 158张，使农牧民在一定范围内实现足不出乡即可办理金融业务，在家门口就能体味到“新农保”惠农富农政策的实惠。

2012年，县农行发放农户精品贷款122笔，金额4 620万元；农村生产经营性贷款30笔，金额676万元，农户小额贷款241笔，金额651万元。为蒙哥尔公司发放收购贷款1 000万元，发放蒙哥尔“公司+合作社+牧民”小额贷款187笔，金额451万元；上报新疆康隆农业科技有限公司2 500万元授信。择优支持成长性好、产品有特色、有市场的中小企业，发放新疆中非夏子街膨润土有限公司贷款1 500万元，上报新疆赛尔鹏远复7合材料有限责任公司流动资金贷款600万元。

2015年，县农行全面提升“三农”金融服务水准，突出重点，做好现代农业和新型农业经营主体的金融服务工作，抓好农牧业龙头企业营销，在收回蒙格尔肉类开发有限公司700万元流动资金贷款的基础上，为蒙格尔肉类开发有限公司再贷款1 100万元；继续做好农户贷款发放，全年投放农户贷款98笔7 996万元。

## 第三节　中国农业发展银行和布克赛尔县支行

### 一、机构队伍

2008年年底，中国农业发展银行批准设立和布克赛尔县支行（简称“县农发行”）。2009年12月22日，正式揭牌运营。内设客户服务部、综合会计部，核定编制8名。至2015年，内设机构未变，编制13名。

### 二、业务经营

县农发行是和布克赛尔县唯一的农业政策性金融机构，按照国家的法律、法规和方针、政策，以国家信用为基础，筹集农业政策性信贷资金，承担国家规定的农业政策性金融业务，代理财政性支农资金的拨付，为农业和农村经济发展服务。

2009年12月，县农发行从地区分行营业部接收支行属地管辖信贷业务，包括1个粮食收购贷款企业、1个棉花收购加工贷款企业及1个粮食财务挂账贷款占用单位，各项贷款余额10 052万元。

2012年，根据中国农业发展银行与自治区人民政府签订的《战略合作备忘录》，和布克赛尔县被列入全疆12个“三化同步”（在工业化、城镇化深入发展中同步推进农业现代化）试点县市之一。县农发行累计投放棉花收购贷款22 180万元，收购籽棉2.68万吨，实现销售9 080万元；投放粮食收购贷款250万元，收购小麦61万公斤；投放中长期白杨河项目贷款20 360万元。年末各项贷款余额38 541万元。其中粮食收购贷款余额120万元；政策性调控油脂贷款余额187万元；粮食财务挂账贷款余额128万元；棉花收购贷款余额14 182万元；中长期贷款余额23 924万元。

2015年，县农发行累计发放粮食收购贷款1 500万元、棉花贷款2 700万元、白杨河引水工程项目贷款42 954万元、县土储项目贷款15 084万元。年末县农发行各项贷款余额为47 849.82万元。其中，粮食财务挂账贷款128万元；新疆天绿源水业有限公司贷款36 954万元；县国土资源储备中心贷款7 734万元；粮食收购贷款943.82万元；棉花购销贷款2 090万元。年末实现账面利润497万元。县农发行由成立初期单一的粮棉油收购企业，发展到1家粮油购销企业、2家棉花收购加工企业、1家公司性中长期带贷款客户、1家平台性贷款客户、3家基金类客户，形成以粮棉油全产业链和农业农村基础设施建设为重点的业务发展新格局，成为和布克赛尔县金融系统的重要力量。

## 第四节 中国邮政储蓄银行股份有限公司和布克赛尔县支行

### 一、机构队伍

2008年6月，中国邮政储蓄银行股份有限公司和布克赛尔县支行（简称“县邮政储蓄支行”）成立，是依托和发挥邮政网络优势，实行市场化经营管理，坚持服务“三农”、服务中小企业、服务城乡居民，与其他商业银行形成良好互补关系的零售商业银行。

2012年1月，中国邮政储蓄银行有限责任公司和布克赛尔县支行依法整体变更为中国邮政储蓄银行股份有限公司和布克赛尔县支行。

2015年，邮储银行和布克赛尔县支行内设综合业务部、综合管理部，从业人员21人，其中行政领导2人、前台营业人员6人、信贷人员7人、后台人员6人。下设邮政储蓄网点5处，其中自营网点1处、代理网点4处；信贷服务中心2处，助农取款服务点3处。

### 二、业务经营

县邮政储蓄支行的经营范围是居民个人存款、对公存款为主体的负债业务，国内、国际汇兑转账、信用卡、代理保险、代销基金、代理国债、代收代付、对公结算等多种形式的中间业务，以及银行间债券市场业务、大额协议存款、公司信贷、小额信贷、商务贷款、房屋按揭贷款、工资卡消费贷款、小企业贷款为主渠道的资产业务；还为广大客户提供网上银行、电话银行、商易通、POS自助终端等业务办理渠道。

1995年，储蓄余额973万元。1998年邮电分营，储蓄余额2 380.6万元。2005年，储蓄余额1.1亿元。2007年，储蓄余额1 859万元。

2009年是县邮政储蓄支行成立后的第一年，完成金融网点全部改造，提高网点的吸储能力。全年邮政金融业务新增余额2 495.55万元，全县余额突破1.4亿元大关，市场占有率39%；活期比例45%；储蓄业务收入203.85万元，完成地区计划179.5万元的113.57%。代理保险业务代收保费86.24万元，实现收入2.5万元；代理基金12.7万元。

2011年，邮政储蓄余额22 007万元，完成收入363.94万元。所有网点全面实现两网互通，电子化覆盖率100%。

2013年，县邮政代理储蓄余额28 118.28万元，比年初增长1 129.92万元，完成地区邮政局净增计划2 700万元的41.81%。累计完成收入442.41万元，完成地区邮政局计划468万元的94.5%，欠25.6万元。自年初开始，一直将储蓄业务作为重点领军项目，根据上半年邮储余额一路下滑，制定相应的营销活动，始终将余额增幅工作作为经营工作的头等大事，由于储蓄业务遇到前所未有的困难和挑战，发展现状令人不满，代理储蓄余额规模增速有所放缓，和布克赛尔县财政小卡并大卡，导致活期比例同期下降，活期占比为40%。对公存款收入缺口36万元，受益水平相应有所下降。利率的市场化、各大银行的应对措施、全县农村余额增势的减弱，影响邮政整体余额的发展。全年累计销售国债135.2万元，创收0.58万元；销售理财产品1 431.43万元，日均保有量243.94万元，创收3.52万元；销售基金5.29万元，创收0.38万元；代理保险业务完成1.8万元，完成计划3万元的60%，公司收入3.66万元。代理汇兑业务完成36.34万元，完成计划50万元的72.7%，同比下降19.5%，欠13.7万元。主要原因在于用户使用网点、手机银行及ATM机转账较多。

2015年，县邮储银行继续将代理金融业务作为经营的核心业务，面对储蓄业务下滑的不利局面，调整营销举措，将保余额放在首位。全年代理储蓄余额32 395.26万元，比年初的30 314万元净增2 081.26万元，欠计划1 518.74万元，活期存款比重占34.02%。累计完成储蓄收入450.87万元，完成地区计划460.48万元的98%，欠9.6万元。累计销售国债109.33万元；销售理财产品1 699.91万元，日均保有量473万元；销售基金40.57万元。代理保险业务完成4.85万元，完成计划4万元的121%。完成预定目标保费30万元，累计销售趸交产品209万元。代理汇兑业务完成18.5万元，完成计划12万元的154%，超6.5万元。将代发工资项目作为业务转型的抓手，和什托洛盖支局自上年与徐矿签订月500余万元代发工资协议后，签订4家代发协议，每月代发金额100万元。开展"激情盛夏，奋勇争先"代理金融业务劳动竞赛活动，矿区支局获三等奖，受到区公司表彰奖励。和什托洛盖支局7月获储蓄余额增长月冠军，受到地区分公司表彰奖励。至年末，县邮政储蓄支行累计发放各类卡8 621张。手机银行注册795户，电话银行注册818户，发放信用卡257张。销售各类理财产品3 425.3万元，销售基金80.22万元，销售国债71.9万元，销售保险15万元，销售贵金属4.03万元。公司业务账户余额4 383.69万元；累计发放各类贷款2 742笔，投放金额19 365.16万元。

**2008—2015年和布克赛尔县邮政储蓄存款业务收入情况表**

表18－2　　单位：万元

| 年份（年） | 金额 | 年份（年） | 金额 | 年份（年） | 金额 | 年份（年） | 金额 |
|---|---|---|---|---|---|---|---|
| 2008 | 294.35 | 2010 | 260.45 | 2012 | 416.50 | 2014 | 438.90 |
| 2009 | 203.85 | 2011 | 363.94 | 2013 | 442.41 | 2015 | 450 87 |

## 第五节　和布克赛尔县农村信用合作联社

### 一、机构队伍

1993年，和布克赛尔县有7个农村信用合作社，即夏孜盖农村信用合作社、巴音傲瓦农村信用合作社、莫特格农村信用合作社、和什托洛盖农村信用合作社、查干库勒农村信用合作社、铁布肯乌散农村信用合作社、那仁和布克农村信用合作社，但只有夏孜盖农村信用合作社与巴音傲瓦农村信用合作社开门营业.其余5个农村信用合作社都因严重资不抵债，自动歇业。全县各农村信用合作社隶属中国农业银行和布克赛尔县支行。

1996年，贯彻执行国务院《关于农村金融体制改革的决定》，和布克赛尔县农村信用合作社与中国农业银行和布克赛尔县支行脱离行政隶属关系，改由中国人民银行和布克赛尔县支行监管，独立自主进行业务经营。1997年11月，和布克赛尔县农村信用合作社中心社成立。

2004年2月，和布克赛尔县农村信用合作社中心社转由塔城银行保险监管分局和布克赛尔县监管办事处监管。

2006年12月，经中国银监会新疆监管局批准，和布克赛尔县农村信用合作社成立统一法人机构，和布克赛尔县农村信用合作社中心社更名为和布克赛尔县农村信用合作联社（简称"县信用联社"），由自治区农村信用合作联社垂直管理，有营业网点3个，歇业社5个。全系统有职工30人。

2010—2011年，县信用联社先后在查干库勒乡、巴音傲瓦乡、铁布肯乌散乡、县城新建市场内设立金融服务点。

2012年，县信用联社内设“五部一室”，即财务信息部、审计部、监察保卫部、信贷与风险管理部、电子银行部、综合办公室；有网点5个，即联社营业部、敖包特信用社、和什托洛盖信用社、夏孜盖信用社、查干库勒信用社；有流动金融服务点2个，即巴音傲瓦乡流动服务点、铁布肯乌散乡流动服务点。全系统有职工40人。

2015年，县信用联社内设有网点6个，即联社营业部、敖包特信用社、和什托洛盖信用社、夏孜盖信用社、查干库勒信用社、查干屯格信用社。全单位有职工62人。

**二、业务经营**

1993年，全部信用社均处于亏损状态，亏损额33.9万元。1994年，存款220万元，贷款171万元，历年亏损挂账62.5万元。

1998年、1999年实现连年减亏，2000年实现扭亏为盈。至2004年10月，和布克赛尔县农村信用社连续第五年实现盈利，资不抵债额比1997年下降270万元，正常营业社弥补完历年亏损，存、贷款比1997年分别增长36倍和31倍。

2007年，向下岗失业人员提供再就业小额担保贷款499.2万元，投放小额担保贷款226户138万元，解决部分下岗失业人员自谋职业资金困难。各项存款20 584万元，完成全年存款任务264.29%。累计发放贷款12 293元，发放农业贷款累放2 414万元。累计收回各项贷款7858万元，各项贷款余额12 696万元，比上年增加4 435万元。各项收入总计1 088万元，净利润81万元。

2010年，县信用联社存款31 156.09万元，比年初增加7 918万元。各项贷款余额22 429万元，比年初增加4　701万元。全年累计发放贷款19 628万元，累计收回贷款14 927万元。

2011年，各项资产总额48 188万元，比年初增长8 051万元。各项存款余额39 399万元，占全县金融机构的23.51%；贷款余额30 840万元，比年初增加8 411万元；累计发放贷款28 988万元，收回贷款20 306万元。占全县金融机构的47.6%。

2015年，县信用联社多方举措，推进业务发展。为不误时机抓好组织资金工作，明确全年各项任务、经营目标，层层分解、签订责任书，落实考核机制，调动每位员工的积极性。争取到全县130个单位中的122个单位绩效工资代发业务，开具定活两便存单金额3 180万元。通过培训员工提升服务质量和办事效率。深入开展信用工程工作，完善客户经济档案。收集4 500户档案资料，完善农户经济档案。以查干库勒乡、夏孜盖乡为试点评定信用户888户，评定信用村4个。累计开办贷款的村队40个。全年各项存款余额79 262万元，比年初增加17 421万元。其中对公存款39 627万元，比年初增加7 706万元，占比49.99%；储蓄存款39 635万元，比年初增加9715万元，储蓄存款占比50.01%。各项贷款余额51 165万元，比2014年增加6 657万元，增幅14.96%，其中涉农贷款42 804万元。存贷比例64.55%，向央行申请支农再贷款余额4 000万元。全年累计发放各项贷款52 812万元，比2014年增加2.3亿元，累计收回各项贷款46 155万元。不良贷款余额1 510万元，占比2.95%，比年初减少1 083万元。各项收入6 052万元，各项支出4 321万元，营业外支出21万元，所得税366万元。中间业务收入总额163万元，累计发卡8 028张。

2011—2015年，存、贷款业务额直线上升。2015年，存款79 262万元，比2010年增加48 106万元，年均增长20.53%；贷款51 165万元，比2010年增加28 736万元，年均增长17.93%。

**1993—2015年和布克赛尔县农村信用合作联社存、贷款情况表**

表18－3　　单位：万元

| 年份(年) | 存款 | 贷款 | 备注 | 年份(年) | 存款 | 贷款 |
|---|---|---|---|---|---|---|
| 1993 | — | — | 亏损 | 2005 | 8 963 | 9461 |
| 1994 | — | — | 亏损 | 2006 | 16646 | 8261 |
| 1995 | — | — | 亏损 | 2007 | 20584 | 12696 |
| 1996 | 213 | 118 | 亏损 | 2008 | 23905 | 13 702 |
| 1997 | 324 | 214 | 亏损 | 2009 | 23 238 | 17 728 |
| 1998 | 511 | 252 | — | 2010 | 31 156 | 22 429 |
| 1999 | 474 | 295 | — | 2011 | 39 399 | 30 840 |
| 2000 | 415 | 283 | — | 2012 | 46 094 | 36 844 |
| 2001 | 605 | 576 | — | 2013 | 53 331 | 40 164 |
| 2002 | 1 351 | 2 873 | — | 2014 | 61 841 | 44 508 |
| 2003 | 5 476 | 5 958 | — | 2015 | 79 262 | 51 165 |
| 2004 | 7 658 | 9332 | — | | | |

### 第六节　银行机构撤销

1993年，和布克赛尔县有中国工商银行和布克赛尔县支行、中国建设银行和布克赛尔县支行。

1995年10月，中国工商银行和布克赛尔县支行撤销。1999年1月，中国建设银行和布克赛尔县支行撤销。

## 第二章　保　险

### 第一节　中国人民财产保险股份有限公司和布克赛尔支公司

**一、机构队伍**

1996年，中国人民财产保险股份有限公司和布克赛尔支公司（简称“人保财险和布克赛尔支公司”）组建，办公地点在县供销社三楼。支公司内设机动车险、意外险两个职能部门，有职工5人。

1997年1月1日，人保财险和布克赛尔支公司析出中国人寿保险股份有限公司和布克赛尔县支公司，从此两家保险公司开始独立自主经营。

2004年，人保财险和布克赛尔支公司下设和什托洛盖镇营销服务部。

2010年，人保财险和布克赛尔支公司内设综合部、承保中心、理赔中心、财务中心，下辖和什托洛盖镇营销服务部，有员工20人。

2015年，人保财险和布克赛尔支公司内设及下辖机构未变，有职工26人。

**二、业务经营**

1996年，人保财险和布克赛尔支公司经营财产损失保险、责任保险、信用保险、意外伤害保险、短期健康保险、保证保险人民币或外币业务及与上述业务相关的再保险业务、国家法律法规规定的或国家保险监督机构批准的其他业务。1999年10月，人保财险和布克赛尔支公司不再代理人寿保险业务。

2004年，人保财险和布克赛尔支公司完成保费任务372万元，比2003年增长1%；赔款支出311万元，赔付率48.45%。

2007年，和布克赛尔县农业保险领导小组办公室根据国家政策和本地实际情况制定农业保险实施方案，经县委讨论修订通过后开始实施。中央、省财政对棉花保险费补贴50%，其中中央25%、省25%，其余50%保险费由县财政、农业龙头企业和农民承担。全县参加棉花保险3 466.67公顷，每0.07公顷保险金额400元，保险费率7%，每0.07公顷保险费28元。其中中央财政、自治区财政补贴14元，其余14元分别由农民个人交费4元、龙头企业交费6元、县财政交费4元。同年5月3日，和布克赛尔县人民政府以投保人身份与人保财险和布克赛尔支公司签订政策性农业保险单。同年5月，和布克赛尔县棉花遭受低温冷灾80公顷，造成棉花烂根烂苗等损失，虽不属保险责任，但为帮助受灾棉农及时恢复生产，减轻农民经济损失，经自治区分公司批准，对核定的损失按每0.07公顷30元进行补助。国家惠及民生的政策性农业保险启动后，农业保险峰回路转，起死回生。

2013年，和布克赛尔县成为养殖业保险试点县，由人保财险和布克赛尔支公司承保全县牛、羊牲畜保险，保障全县牧民生产。

2015年，人保财险和布克赛尔支公司实现总保费收入2 847.61万元，完成农业保险理赔1 644.2万元，其中养殖业1 518.5万元、种植业125.7万元。

**2013—2015年和布克赛尔县农业保险理赔情况表**

表18－4

| 分类 | | 2013年 | | 2014年 | | 2015年 | |
|---|---|---|---|---|---|---|---|
| | | 数量（万只/头；公顷） | 金额（万元） | 数量（万只/头；公顷） | 金额（万元） | 数量（万只/头；公顷） | 金额（万元） |
| 养殖业 | 羊 | 11.1 | — | 16 | — | 7 | — |
| | 牛 | 2.7 | — | 3.4 | — | 1.9 | — |
| | 小计 | 13.8 | 766.1 | 19.40 | 1 404.80 | 8.90 | 1 518.50 |
| 种植业 | 小麦 | 800 | — | 1 000 | — | 1 400 | — |
| | 玉米 | 800 | — | 867 | — | 1 333 | — |
| | 葵花 | 1 400 | — | 4 067 | — | 4 000 | — |
| | 棉花 | 4 400 | — | 2 467 | — | 733 | — |
| | 小计 | 7 400 | 600.30 | 8 401 | 684.00 | 7 466 | 125.70 |
| 金额合计 | | | 1 366.4 | | 2 088.8 | | 1 644.2 |

## 第二节　中国人寿保险股份有限公司和布克赛尔县支公司

**一、机构队伍**

1997年1月1日，正式成立中国人寿保险股份有限公司和布克赛尔县支公司，内设综合部、柜面部、银保部、团险部和个险部。

2002年,人寿保险和布克赛尔县支公司下设和什托洛盖镇营销服务部。

2015年,公司内设机构未变,有正式员工6人。另聘业务员8人,其中团险2人、银保6人,个险营销员143人。

**二、经营业绩**

1997年,人寿保险和布克赛尔县支公司总保费收入101万元,赔款支付5.39万元,满期给付9.81万元,死亡医疗给付4.71万元。经营主要险种有简易人身保险、福寿安康保险、独生子女少儿两全保险、个人养老金保险、团体人身意外险、66鸿运B型保险、为了明天99型保险、健康险8个险种,其中简易人身保险、独生子女少儿两全保险两大传统险种保费收入59.73万元,在总保险费中占59%;个人代理营销险种保险收入28.5万元,占比28%。新增承保人数277人,保险金额265.6万元,新增保险收入26.16万元。保险深度0.58%,保险密度20.67元。

1999年,公司实现总保费收入325.41万元,完成年计划的110.91%,其中死亡给付14.11万元,医疗给付2.02万元,满期给付22.05万元,赔款支出35.17万元,实现利润5.7万元。

2004年,公司实现总保费收入829.41万元。其中新单期交保费124.2万元、新单趸交保费258.96万元;死伤医疗给付5万元,赔款支出45.41万元,生存年金10.8万元。全年公司新增长期寿险承保人数1 233人,保险金额1 723.38万元,新增保费收入382.17万元;团险承保单位51个、21 576人,保费收入30.9万元,保额87 672.1万元。保险深度1.93%,保险密度166.29元。

2006年,公司累计完成总保费收入991.63万元。首年新单保费238.96万元,首年期缴保费128.48万元。短险保费154.98万元,完成年计划的106.88%,短险赔款91.82万元,综合赔付率59.24%;续期保费498.17万元,续收率92%。

2010年,公司累计完成保费收入150万元,其中10年新单期交保费70万元、5年新单期交保费43万元、趸交保费300万元、意外险收入30万元、健康险15万元,全年完成率达到80%。

2015年,公司实现总保费收入2 392.5万元。完成标准保费382.05万元,达成率188.25 %;长险首年期交574.31万元、达成率151.93%;全年短险目标完成202.79万元;意外险150.45万元。保费实现翻番目标。全年受理理赔业务190件,保全经办(含借款、满期、退保、挂失等业务)1.6万件,清理各类问题数据2.3万件,保险业务承保面覆盖全县每个牧场。为适应市场需要与业务的可持续性发展,公司不断优化险种结构,增加产品种类,使保险从传统的单一功能——储蓄型险种,向保障型和分红型转变,相继推出多个集储蓄、保障和分红为一体的多功能险种,使保险更贴近人民群众,更符合人们的需求。公司增强理赔工作透明度,上墙公开理赔须知、服务承诺公约及监督电话,接受保户的监督。理赔工作做到接案后及时勘查、及时理赔,并严格按照“理赔责任制”的规定实施,案情简单且手续齐全的当天即可结案,在坚持全员为客户服务的基础上,加大监督和管理力度,坚持依法合规经营,避免经营风险,始终保持持续、健康、快速的发展态势。

# 第十九编

# 中共地方组织

1993—2015年期间，中共和布克赛尔县委员会共召开4次代表大会，选举产生4届中共和布克赛尔县委员会。县委共召开30次全委会议、366次常委会议。先后制定和实施了科技兴县、调整农业产业结构、推行企业改革、加强党风廉政建设、创建自治区级精神文明建设先进县等重大决策，带领全县各族人民在改革开放和社会主义建设中，团结奋斗、开拓进取，各项事业取得了巨大成就。

# 第一章　党的代表大会及其机构

## 第一节　党的代表大会

1993—2015年期间，中共和布克赛尔县委员会先后召开第八、九、十、十一届代表大会。

### 一、代表产生

历届党员代表大会的代表名额分配根据各选举单位所辖党组织的数量、党员人数和经济、科学技术、文化教育等发展情况以及工作需要进行确定，在保障代表先进性的同时，兼顾代表的广泛性。为确保每一个党员的权利义务都能得到保障，保证代表推荐工作的全面到位，体现全体党员的意志，在代表推选工作中，要求各基层党支部在做好代表的集中推选工作的同时区分情况，做好流动、外出、年老、生病等特殊党员的推荐工作。针对一些党委班子成员变动大、对换届工作业务不熟悉的实际，县委组织部专门组织各党工委的副书记和组织干事进行集中培训，提高广大党员的责任意识、大局意识。

**1993—2015年中共和布克赛尔县委员会代表大会代表情况表**

表19－1

| 单　位 | 第八届 | 第九届 | 第十届 | 第十一届 |
|---|---|---|---|---|
| | 合计 | 合计 | 合计 | 合计 |
| | 163 | 164 | 189 | 190 |
| 和布克赛尔镇党委 | 5 | 5 | 8 | 8 |
| 和什托洛盖镇党委 | 11 | 11 | 15 | 15 |
| 夏孜盖乡党委 | 10 | 10 | 12 | 11 |
| 莫特格乡党委 | 8 | 8 | 9 | 8 |
| 巴音傲瓦乡党委 | 6 | 5 | 5 | 5 |
| 查干库勒乡党委 | 9 | 8 | 11 | 9 |
| 铁布肯乌散乡党委 | 8 | 9 | 11 | 10 |
| 那仁和布克牧场党委 | 6 | 6 | 8 | 7 |
| 巴嘎乌图布拉格牧场党委 | 3 | 5 | 5 | 5 |
| 布斯屯格牧场党委 | 5 | 5 | 6 | 6 |
| 伊克乌图布拉格牧场党委 | 10 | 10 | 8 | 8 |
| 县直机关工委 | 36 | 35 | 38 | 37 |

续表19－1

| 单　位 | 第八届 | 第九届 | 第十届 | 第十一届 |
|---|---|---|---|---|
| | 合计 | 合计 | 合计 | 合计 |
| | 163 | 164 | 189 | 190 |
| 经贸委党委 | 11 | 22 | 9 | 7 |
| 教育局党委 | 10 | 10 | 12 | 14 |
| 卫生局党委 | — | — | 6 | 7 |
| 公安局党委 | 5 | 4 | 5 | 6 |
| 人武部党委 | 2 | 2 | 3 | 2 |
| 边防大队、武警中队 | 1 | 1 | 2 | 2 |
| 供销社党委 | 3 | 3 | 1 | 1 |
| 煤炭工业集团有限责任公司党委 | 4 | — | 9 | — |
| 宏达盐业有限责任公司党委 | — | 3 | 5 | 5 |
| 联达电化有限责任公司党委 | — | — | 1 | — |
| 城建局党委 | — | — | — | 5 |
| 县畜牧兽医局 | — | — | — | 4 |
| 县农业局党委 | — | — | — | 4 |
| 县水利局党委 | — | — | — | 3 |
| 徐矿党委 | — | — | — | 1 |
| 化工党委 | 2 | 2 | — | — |
| 电力党委 | 2 | — | — | — |
| 商业党委 | 4 | — | — | — |
| 粮食局党委 | 2 | — | — | — |

## 二、历届代表大会

中国共产党和布克赛尔县第八次代表大会　于1996年12月10日在县城召开。代表名额经地委批准为165名，实选代表163名，其中汉族55名，占33.7%，蒙古族56名，占34.4%；哈萨克族46名，占28.2%，其他少数民族6名，占3.7%；各级党员领导干部90名，占55.2%，各类专业技术人员48名，占29.4%，工人和农牧民25名，占15.4%；各条战线的先进模范人物代表31名，占29.6%；妇女代表34名，占20.8%。

大会听取并审议通过以夏广泰为代表的中共和布克赛尔县第七届委员会作的题为《抓住机遇　团结拼搏　为加快实现和布克赛尔县本世纪宏伟目标而努力奋斗》的工作报告。报告全面总结过去5年工作，并提出今后五年工作和社会发展的指导思路和主要任务。总的指导思想是：以邓小平建设有中国特色社会主义理论和党的基本路线为指针，正确处理改革发展稳定的关系，根据国家产业政策和自治区、地区发展部署，按照"北牧、中工、南农"的产业布局，抓住历史机遇，实施"科教兴县""优势资源转换"和"农业高产开发"三大战略，大力推进"三大基地"建设。以市场为导向，更新观念，提高农牧业基础地位，强化矿产开发和深加工，努力提高经济效益和产品质量，形成一批优势产业和拳头产品，全面推动国民经济持续、快速、健康发展，提高综合县力，提升全县各族人民的物质生活水平。

会议确定的目标任务是：到2001年，国民生产总值达到23 200万元，年均增长20.2%；农牧业总产值26 000万元，5年年均增长15%，地方财政收入达到4 000万元，人民生活水平达到自治区中上水平。

会议还听取并审议通过赛格孜拜·哈尔哈巴提代表第七届纪律检查委员会所作的纪检工作报告。

会议选举产生中共和布克赛尔县第八届委员会，选出委员25名、候补委员4名；选举产生中共和布克赛尔县第八届纪律检查委员会，委员11名。在中共和布克赛尔县第八届委员会第一次全体会议上，选出夏广泰、那木吉勒·吾夏、张保林、赵生荣、普尔瓦·图格杰加甫、赛格孜拜·哈尔巴哈提6人为县委常委，夏广泰当选为县委书记；那木吉勒·吾夏、赛格孜拜·哈尔哈巴提当选为副书记。在中共和布克赛尔县第八届纪律检查委员会第一次会议上，选出常务委员7名，赛格孜拜·哈尔哈巴提当选纪律检查委员会书记，甘·吉克、秦锡观当选为副书记。会议选出出席自治区第五届党代会代表2名（夏广泰参加自治区五届5、8次代表大会）。

中国共产党和布克赛尔县第九次代表大会　于2001年9月9—11日在县城召开。出席会议代表164名，其中汉族57名，占34.8%，蒙古族55名，占33.5%；哈萨克族46名，占28%；其他少数民族6名，占3.7%；各级党员领导干部107名，占65.2%；各类专业技术人员39名，占23.8%；工人和农牧民27名，占16.5%；妇女代表46名，占28%。

大会听取并审议通过孙彦哲代表中共和布克赛尔县第八届委员会作的题为《抓住机遇 开拓奋进 为开创和布克赛尔县新世纪发展的新局面而努力奋斗》的工作报告，客观地总结和布克赛尔县八届委员会五年来所做的工作和取得的成就：国民经济持续增长，综合实力不断增强，2000年完成国内生产总值23 106万元，年均递增10.7%；农牧民人均收入1 750万元，比1995年增长617元，财政收入3 977万元，是1995年的2.4倍；农业和农村经济稳步发展，实行农业产值13 279万元，年均增长7.4%；企业改革不断深化，经济效益显著提高，完成工业增加值6 126万元，年均增长15.3%。

大会提出今后5年经济社会发展的指导思想和奋斗目标：坚持以邓小平理论和党的基本路线为主导，按照“三个代表”重要思想的要求，以经济建设为中心，抓住西部大开发机遇，立足和布克赛尔县农牧业和矿产资源优势，以市场为导向，以富民强县为目标，以改革开放和科技进步为动力，加大产业结构调整力度，优化“北牧、中工、南农”的产业布局；加快推进产业化、工业化、城市化进程，构筑牧业大县、工业强县、财政富县的地位；加大科技创新、基础设施建设和生态环境保护建设力度，实现可持续发展，加强社会主义精神文明建设，推动全县国民经济持续、快速、健康发展，促进社会全面进步。实现到2000年，全县国内生产总值达37 714万元，财政收入达7 561万元，年均分别递增12%、16%；农牧民人均收入达3 500元，年均递增356元的奋斗目标。

在九届一次会议上选举产生中共和布克赛尔县第九届委员会25人，候补委员4人。常委9人：孙彦哲、普尔瓦·图格杰加甫、张文强、桑加·桑金才、曼开·热合木江、曹戎明、张建科、吾尔力克·布音彩次克、马合苏提汗·江木沙甫、王贵荣。孙彦哲当选为书记；普尔瓦·图格杰加甫、张文强、桑加·桑金才、曼开·热合木江为副书记。

会议选举产生中共和布克赛尔县纪律检查委员会常委7人：曼开·热合木江、马合苏提汗·江木沙甫、秦锡观、桑其尔·乌兰、木拉提汗·托乎塔汗、夏格加·达日玛、郭进劳。曼开·热合木江当选为纪委书记；马合苏提汗·江木沙甫、秦锡观、桑其尔·乌兰为副书记，选举产生了出席中共新疆维吾尔自治区第六次代表大会代表2名，分别是县委书记孙彦哲、县草原站站长夏格加·达日玛（蒙古族，女）。

中国共产党和布克赛尔县第十次代表大会　于2006年8月16—18日在县城召开。出席大会代表共189名，其中汉族65名，占34.39%，蒙古族65名，占34.39%；哈萨克族53名，占28%；其他少数民族6名，占

3.17%；各级党员领导干部105名，占55.56%；各类专业技术人员45名，占23.8%；各条战线的先进模范人物代表35名，占18.52%，解放军、武警和边防部队代表4名，占2.12%；妇女代表58名，占30.69%；大专文化程度以上代表160名，占84.66%。

会议听取并审议通过代表中共和布克赛尔县第九届委员会作的题为《立足新的起点 抢抓发展机遇 向全面建设小康社会奋斗目标阔步前进》的工作报告，听取审议并通过贾林·托呼达哈孜代表中共和布克赛尔县第九届纪律检查委员会所作的工作报告。

大会充分肯定中共和布克赛尔县第九届委员会认真贯彻中央和上级党委各项决策和部署，牢固树立科学发展观，大力实施资源转换战略，紧紧围绕经济建设这个中心，团结带领全县广大党员干部、各族人民群众艰苦奋斗，扎实苦干，开拓创新，排难而上，全面完成"十五"计划的各项任务，全县国民经济快速发展，综合经济实力显著增强，国民生产总值5.05亿元，是2000年的2.3倍，年均递增16.6%；人均GDP突破万元，财政收入达3.09亿元，年均递增52%；农牧民人均收入达3 259万元，比2000年的1 509元增长一倍，年均增长13.2%。

大会制定今后5年的发展思路和奋斗目标，总体思路是：深化改革，扩大开放，围绕"两大核心目标"，大力实施优势资源转换战略，坚定不移地走新型工业化、现代畜牧业和有机高效农业的发展路子，强力推进矿产资源开发，抓好招商引资，着力培育工业六大重点项目。加强社会主义新农村建设，促进物质文明、精神文明、政治文明协调发展，积极构建和谐社会，推动经济和社会事业快速健康发展。

奋斗目标：到2010年，国民生产总值达到12.59亿元，年均增长18%；地方财政在现有基础上增长16%；农牧民人均收入达4 450元，年均增长240元；全县固定资产投资达50亿元。

大会选举产生中共和布克赛尔县第十届委员会委员37名、候补委员8名、县委常委11名。张文强当选为县委书记，尼卡·乌音山、杨玉年为副书记。选举产生中共和布克赛尔县第十届纪律检查委员会。纪检委常务委员7名，选举贾林·托呼达哈孜为纪律检查委员会书记；托塔·明吉尔、刘光华为副书记。选举产生了出席中共新疆维吾尔自治区第七次代表大会代表2名，分别是县委书记张文强、县蒙医院院长普尔瓦·那木吉力。

中国共产党和布克赛尔县第十一次代表大会　于2011年9月16—18日在县城召开。出席大会代表共190名，其中汉族代表66名，占34.74%；蒙古族代表70名，占36.84%；哈萨克族代表48名，占25.26%；其他少数民族代表6名，占3.16%。

大会听取并审议通过薛俊强代表中国共产党和布克赛尔县第十届委员会作的题为《立足新起点 抢抓新机遇 谋划新跨越 推动和布克赛尔县经济社会又好又快发展》的工作报告。大会指出，5年来，县委认真贯彻落实科学发展观，狠抓经济发展这一中心工作，全面超额完成"十一五"计划各项目标任务：全县完成生产总值16.41亿元，较"十五"计划末增长2.61倍，年均增长23%。人均生产总值达到31 387元，较"十五"计划末增长220%，年均增长26.2%。地方财政一般预算收入达到5.72亿元，较"十五"计划末增长1.82倍，年均增长13.1%。农牧民人均纯收入达到5 857元，较"十五"计划末增长0.8倍，年均增长519元。

大会提出今后5年的发展思路和奋斗目标：以科学发展观为统领，充分发挥矿产资源富集、文化底蕴深厚和交通便利三大优势，抢抓辽宁省盘锦市对口支援的历史机遇，围绕"富民强县、构建和谐和布克赛尔"目标，突出"科学跨越、后发赶超"这一主题，以现代文化为引领，以科技、教育为支撑，深入实施优势资源转换、大企业、大集团、大项目带动、城乡一体化和文化强县战略，加速推进新型工业化、农牧业现代化、新型城镇化进程，在全地区率先基本实现工业化、城镇化。

具体任务是：到2015年，全县国民生产总值达到61亿元，年均增长30%；人均GDP达到11万元；全社会固定资产投资累计实现400亿元以上；地方财政一般预算收入达到14.25亿元，年均增长20%；社会消费品零售总额年均增长20%以上；城镇居民人均可支配收入36 000元，农牧民人均纯收入12 000元以上。

会议选举产生中共和布克赛尔县第十一届委员会，选出委员37名、候补委员8名。选举产生中共和布克赛尔县第十一届纪律检查委员会，委员21名。

在中共和布克赛尔县第十一届委员会第一次全体会议上，选出县委常委11人：薛俊强、拉格瓦·才布格加甫、蔡军、刁永海、王毅、木合塔尔·卡里木别克、木拉提汗·托合塔汗、杨长年、吴力克·吴其尔巴特、张磊、夏格加·达日玛。薛俊强当选为书记；拉格瓦·才布格加甫、蔡军为副书记。

在中共和布克赛尔县第十一届纪律检查委员会第一次会议上，选出常务委员9人：木合塔尔·卡里木别克、浩布克·才仁道尔吉、邓丽华、孙强、余梅、耿琳、曹自坤、程建平、潘金旺。木合塔尔·卡里木别克当选为书记，浩布克·才仁道尔吉、邓丽华当选为副书记。

选举产生了出席中共新疆维吾尔自治区第八次代表大会代表3名，分别是新疆维吾尔自治区人民政府副主席、党组成员，自治区红十字会会长铁力瓦尔迪·阿不都热西提、县委书记薛俊强、县人民医院副院长才仁·沙拉西。

**1993—2015年中共和布克赛尔县委历任书记、副书记、常委情况表**

表19-2

| 职务 | 姓名 | 性别 | 民族 | 籍贯 | 任期 | 备注 |
|---|---|---|---|---|---|---|
| 书记 | 高宗麟 | 男 | 汉 | 山东 | 1988年9月至1995年6月 | — |
| 书记 | 夏广泰 | 男 | 汉 | 山东 | 1995年6月至2000年10月 | — |
| 书记 | 孙彦哲 | 男 | 汉 | 山东 | 2000年12月至2004年3月 | — |
| 书记 | 张文强 | 男 | 汉 | 山东 | 2004年3月至2009年5月 | 违纪违法被处理 |
| 书记 | 薛俊强 | 男 | 汉 | 河南 | 2009年5月至2016年8月 | 违纪违法被处理 |
| 副书记 | 那木吉勒·吾夏 | 男 | 蒙古 | 新疆 | 1985年1月至1997年11月 | 连任 |
| 副书记 | 夏广泰 | 男 | 汉 | 山东 | 1991年9月至1995年6月 | — |
| 副书记 | 郃德昌 | 男 | 蒙古 | 辽宁 | 1992年12月至1996年12月 | — |
| 副书记 | 周才玉 | 男 | 汉 | 四川 | 1995年8月至1996年12月 | — |
| 副书记 | 赛格孜拜·哈尔哈巴提 | 男 | 哈萨克 | 新疆 | 1996年12月至2001年9月 | — |
| 副书记 | 张文强 | 男 | 汉 | 山东 | 1997年1月至2004年3月 | 违纪违法被处理 |
| 副书记 | 其木德·巴德尔禾 | 男 | 蒙古 | 新疆 | 1997年3月至1999年2月 | — |
| 副书记 | 普尔瓦·图格杰加甫 | 男 | 蒙古 | 新疆 | 1998年1月至2004年3月 | — |
| 副书记 | 桑加·桑金才 | 男 | 蒙古 | 新疆 | 1999年8月至2006年7月 | — |
| 副书记 | 李树义 | 男 | 汉 | 河南 | 2000年1月至2001年3月 | — |
| 副书记 | 孙彦哲 | 男 | 汉 | 山东 | 2000年11月至2000年12月 | 主持工作 |
| 副书记 | 曼开·热合木江 | 男 | 哈萨克 | 新疆 | 2001年4月至2002年10月 | — |
| 副书记 | 马合苏提汗·江木沙甫 | 男 | 哈萨克 | 新疆 | 2002年10月至2006年4月 | — |

续表 19－2

| 职 务 | 姓名 | 性别 | 民族 | 籍贯 | 任期 | 备注 |
|---|---|---|---|---|---|---|
| 副书记 | 张建科 | 男 | 汉 | 新疆 | 2003年5月至2006年7月 | — |
| 副书记 | 尼克·乌音山 | 男 | 蒙古 | 新疆 | 2004年3月至2007年10月 | — |
| 副书记 | 杨玉年 | 男 | 汉 | 甘肃 | 2004年6月至2008年8月 | 违纪违法被处理 |
| 副书记 | 拉格瓦·才布克加甫 | 男 | 蒙古 | 新疆 | 2007年10月至2017年 | — |
| 副书记 | 李魁剑 | 男 | 汉 | 山东 | 2008年8月至2012年6月 | — |
| 副书记 | 蔡　军 | 男 | 汉 | 河南 | 2011年6月至2012年2月 | — |
| 副书记 | 杨长年 | 男 | 汉 | 甘肃 | 2012年5月至2015年7月 | 违纪违法被处理 |
| 副书记 | 刘宇平 | 男 | 汉 | 山东 | 1992年6月至1994年6月 | 挂职 |
| 副书记 | 孟　杰 | 男 | 汉 | — | 1992年6月至1994年6月 | 挂职 |
| 副书记 | 杨明远 | 男 | 汉 | — | 1996年12月至1997年12月 | 挂职 |
| 副书记 | 赵　明 | 男 | 汉 | — | 1997年1月至1999年1月 | 挂职 |
| 副书记 | 哈山·夏依扎提 | 男 | 哈萨克 | — | 1999年4月至2001年1月 | 挂职 |
| 副书记 | 高延森 | 男 | 汉 | 陕西 | 2005年8月至2008年8月 | 援疆 |
| 副书记 | 杨文通 | 男 | 汉 | 陕西 | 2008年8月至2011年8月 | 援疆 |
| 副书记 | 宋连生 | 男 | 汉 | 河北 | 2010年8月至2014年1月 | 援疆 |
| 副书记 | 王嘉宁 | 男 | 汉 | 黑龙江 | 2014年1月起 | 援疆 |
| 常　委 | 赵生荣 | 男 | 汉 | 河南 | 1993年5月 至1997年3月 | — |
| 常　委 | 王维疆 | 男 | 汉 | 河北 | 1993年5月至1995年8月 | — |
| 常　委 | 张保林 | 男 | 汉 | 河北 | 1995年8月 至1999年8月 | — |
| 常　委 | 赛格孜拜·哈尔哈巴提 | 男 | 哈萨克 | 新疆 | 1995年8月至1996年12月 | — |
| 常　委 | 普尔瓦·图格杰加甫 | 男 | 蒙古 | 新疆 | 1996年12月至1998年1月 | — |
| 常　委 | 王贵荣 | 男 | 汉 | 江苏 | 1997年4月至2002年9月 | — |
| 常　委 | 曼开·热合木江 | 男 | 哈萨克 | 新疆 | 1997年4月至2001年4月 | — |
| 常　委 | 张建科 | 男 | 汉 | 甘肃 | 1999年8月至2003年5月 | — |
| 常　委 | 吾尔力克·布音才次克 | 女 | 蒙古 | 新疆 | 2000年8月至2004年6月 | — |
| 常　委 | 马合苏提汗·江木沙甫 | 男 | 哈萨克 | 新疆 | 2001年4月至2002年10月 | — |
| 常　委 | 曹戎明 | 男 | 汉 | 甘肃 | 2001年4月至2002年5月 | — |
| 常　委 | 刘彦雄 | 男 | 蒙古 | 新疆 | 2003年9月至2006年7月 | — |
| 常　委 | 车建国 | 男 | 汉 | 山东 | 2006年3月至2008年8月 | — |
| 常　委 | 贾林·托乎达哈孜 | 男 | 哈萨克 | 新疆 | 2006年7月至2008年8月 | — |
| 常　委 | 巴图那生·冬梅 | 女 | 蒙古 | 新疆 | 2006年7月至2011年6月 | — |
| 常　委 | 刘新涛 | 男 | 汉 | 新疆 | 2006年7月至2009年3月 | — |
| 常　委 | 江明·那木苏荣 | 男 | 蒙古 | 新疆 | 2006年7月至2011年6月 | — |
| 常　委 | 杨长年 | 男 | 汉 | 甘肃 | 2006年7月至2015年7月 | 违纪违法被处理 |
| 常　委 | 哈里木汗·白肯 | 男 | 哈萨克 | 新疆 | 2009年7月至2007年9月 | — |
| 常　委 | 赵杰元 | 男 | 汉 | 河北 | 2004年6月至2006年7月 | — |
| 常　委 | 杨友春 | 女 | 汉 | 四川 | 2004年6月至2006年7月 | — |

续表19-2

| 职务 | 姓名 | 性别 | 民族 | 籍贯 | 任期 | 备注 |
|---|---|---|---|---|---|---|
| 常委 | 别凯西·巴扎尔汗 | 男 | 哈萨克 | 新疆 | 2007年7月至2009年12月 | — |
| 常委 | 赵文明 | 男 | 汉 | 河南 | 2008年8月至2011年6月 | — |
| 常委 | 王铁 | 男 | 汉 | 河南 | 2009年3月至2011年1月 | — |
| 常委 | 木合塔尔·卡里木别克 | 男 | 哈萨克 | 新疆 | 2009年12月至2011年9月 | — |
| 常委 | 张磊 | 男 | 汉 | 陕西 | 2009年12月至2017年12月 | — |
| 常委 | 木拉提汗·拖乎塔汗 | 男 | 哈萨克 | 新疆 | 2009年12月至2015年8月 | — |
| 常委 | 王毅 | 男 | 汉 | 四川 | 2011年1月至2012年3月 | — |
| 常委 | 张忱 | 男 | 汉 | 辽宁 | 2011年1月至2014年4月 | 援疆干部 |
| 常委 | 刁永海 | 男 | 汉 | 江苏 | 2011年6月至2012年5月 | — |
| 常委 | 夏格加·达日玛 | 女 | 蒙古 | 新疆 | 2011年6月至2016年8月 | — |
| 常委 | 吾尔力克·吴其尔巴特 | 男 | 蒙古 | 新疆 | 2011年9月起 | — |
| 常委 | 郭天成 | 男 | 汉 | 河南 | 2012年3月至2014年1月 | — |
| 常委 | 梁景国 | 男 | 汉 | 河南 | 2012年5月至2013年4月 | — |
| 常委 | 尕峰盘山 | 男 | 哈萨克 | 新疆 | 2012年5月至2016年8月 | — |
| 常委 | 刘冲 | 男 | 汉 | 安徽 | 2012年9月起 | — |
| 常委 | 李文杰 | 男 | 汉 | 河南 | 2014年1月至2017年12月 | — |
| 常委 | 郑洪明 | 男 | 汉 | 山东 | 2014—2018年 | — |

## 第二节　党委工作机构

1993年,中共和布克赛尔县委员会设置工作部门12个:纪律检查委员会、县委办公室(含机要局、保密委员会办公室)、组织部、宣传部、统战部、经济工作部、政法委、直属机关工作委员会、保密办、老干局、党校、党史资料征集办公室。

1998年,撤销经济工作部,成立经济工作领导小组办公室;县直机关党委更名为县直属机关工作委员会。

2002年,县委办公室(含机要局、保密委员会办公室)挂经济工作领导小组办公室牌子。

2012年,增加机构编制委员会办公室、群众工作部。

2015年,中共和布克赛尔县委员会设置工作部门12个:纪律检查委员会、县委办公室(含机要局、保密委员会办公室、经济工作领导小组办公室)、组织部、宣传部、统战部、群众工作部、政法委、直属机关工作委员会、机构编制委员会办公室、老干局、党校、党史资料征集办公室。

## 第三节　党的基层组织

1993年,和布克赛尔县基层党组织有党委20个、党总支2个、党支部198个。

2010年,在非公有制经济体中新建党组织2个,挂靠组建党组织16个,实现党的组织在非公企业的全覆盖。

2015年,全县有党(工)委28个、党组36个、党总支11个、党支部261个。

# 第二章　县委重要会议

## 第一节　县委全委会议

### 一、中共和布克赛尔县委七届全委会议

七届四次全会　中共和布克赛尔县委七届四次全委(扩大)会议于1993年4月6—8日召开。

会议的主要任务是:以中共十四大为指针,总结1992年全县的工作,传达地委扩大会议精神,全面部署1993年各项工作。

会议确定1993年的主要目标是:国民生产总值11 250万元,比1992年增长10%;工农业生产总值13 720万元,增长9.4%;工业总产值9 220万元,增长13%,农业总产值4 500万元,牲畜年末存栏数40.1万头(只),比上年增长2.0%;乡镇企业总产值4 400万元,增长27%,财政收入1 900万元,农牧民人均收入760元。加强党的领导,提高党的各级组织在新形势下领导改革和经济建设的能力。

七届五次全会　中共和布克赛尔县委七届五次全委(扩大)会议于1993年8月3日召开。会议贯彻中共中央6号文件和自治区工作会议精神,安排部署下半年经济和稳定工作。

七届六次全会　中共和布克赛尔县委七届六次全委(扩大)会议于1994年3月3日召开。

会议的主要任务是:全面贯彻中共十四届三中全会精神和自治区党委的四届六次全委(扩大)会议及地委扩大会议精神,总结1993年工作,明确1994年经济发展的基本思路和工作任务,加快全县改革开放和经济建设步伐。

1994年总的奋斗目标是:全县工农业总产值比1993年增加1 500万元,达到13 400万元,增长13.2%,其中农业总产值8 600万元,增长17.5%;工业总产值4 800万元,增长6.3%;乡镇企业总产值比1993年增加1 500万元,达到6 000万元,增长33.3%;农牧民人均收入比1993年增加100万元,达到950万元,增长11.8%;地方财政收入达到1 900万元。

七届七次全会　中共和布克赛尔县委员会七届七次全委(扩大)会议于1994年11月17日召开。会议贯彻落实中央《关于加强党的建设的几个重大问题的决定》和自治区党委四届七次全委(扩大)会议精神。讨论修改《中共和布克赛尔县委员会关于加强党的建设的意见(草案)》。

七届八次全会　中共和布克赛尔县委七届八次全委(扩大)会议于1995年7月3日召开。会议研究分析上半年的经济形势,安排部署下半年以经济建设为中心的各项工作。

七届九次全会　中共和布克赛尔县委七届九次全委(扩大)会议于1995年12月18—19日召开。

会议的主要任务是:贯彻落实中共十四届五中全会精神和自治区党委四届八次全委(扩大)会议精神,研究制定和布克赛尔县国民经济和社会发展"九五"计划和2010年远景目标,讨论县委、县人民政府关于"科教兴县"的决定,具体部署县依靠农业高产开发脱贫致富奔小康的实施意见。

会议确定县经济发展总的指导思想、工作思路和奋斗目标。总的奋斗目标是:国民生产总值达到11 100万元,比1995年增长20.2%;工农业总产值达到14 500万元,增长9.43%,其中工业总产值9 500万元,增长

11.76%；农业总产值达5 000万元，增长5.26%；乡镇企业总产值达9 100万元，增长30%；总播面积5 333公顷，其中粮食面积4 066公顷、油料面积333公顷；粮食总产16 800吨；牲畜年末存栏增长5%；农牧民人均收入增加200元。

**二、中共和布克赛尔县委八届全委会议**

八届二次全会　中共和布克赛尔县委八届二次全委（扩大）会议于1997年11月14日召开。

会议的任务是：认真学习贯彻中共十五大和自治区党委、地委会议精神，高举邓小平理论伟大旗帜，动员全县各级党组织和全体党员、各族干部群众进一步解放思想、实事求是、抓住机遇、开拓进取、全面推动和布克赛尔县改革开放和经济建设上新的台阶。会议指出，当前和今后一个时期，全县各级党组织的首要工作是扎扎实实抓好十五大精神的学习、宣传和贯彻落实，使十五大精神成为广大党员、干部和群众投身全县经济和各项建设的实际行动，成为凝聚人心的强大精神力量。

八届三次全会　中共和布克赛尔县委八届三次全委（扩大）会议于1998年7月25日召开。会议贯彻地委（扩大）会议和地区经济运行分析暨深化企业改革座谈会议、地区国有企业下岗职工再就业和基本生活保障会议以及地区组织工作会议精神，总结和布克赛尔县上半年各项工作，检查任务完成情况，寻找目标差距，结合实际安排部署下半年工作。

八届四次全会　中共和布克赛尔县委八届四次全委扩大会议暨三级干部大会于1999年2月3—4日召开。

会议的主要任务是：认真贯彻落实地委农业和农村工作会议、地委扩大会议精神，总结1998年各项工作，全面安排部署和布克赛尔县1999年以经济建设为中心的各项任务，积极动员全县上下进一步解放思想、振奋精神、团结拼搏，以更加优异的成绩迎接新世纪的到来。

主要奋斗目标是：国内生产总值比1998年增长12%；农业增加值6 400万元，增长6.5%；工业增加值7 330万元，增长12%；乡镇企业营业收入10 864万元，增长12%；财政收入2 772万元，增长16.9%；农牧民年人均纯收入1 570元，增长14.6%；粮食生产11 510吨；牲畜年末存栏44.11万头（只），增长4.7%。

八届五次全会　中共和布克赛尔县委八届五次全委（扩大）会议于1999年12月2日召开。会议以中共十五届四中全会为指导，全面贯彻落实自治区党委五届六次全委（扩大）会议和地委扩大会议精神，结合该县实际，研究确定和布克赛尔县今后几年国有企业改革与发展的总体思路、目标任务及主要措施，讨论通过《县委关于加快国有企业改革与发展的实施意见》。

八届六次全会　中共和布克赛尔县委八届六次全委（扩大）会议暨三级干部大会于2000年2月14—15日召开。

会议主要任务是：以中共十五大和十五届三中、四中全会为指导，坚持以市场为导向，以农牧民增收为目标、大力调整农业和农村经济结构，搞活农产品的流通、巩固脱贫成果；以产权制度改革为重点，加快国有企业改革步伐，实现企业投资主体多元化，从整体上搞活国有企业；抓住国家实施西部大开发战略的机遇，积极争取国家和上级支持，加快小城镇、农田、水利和南部农业综合开发区等设施建设，扩大对外开放，加快引进资金、技术项目和人才，促进县域经济发展；推进科教兴县战略实施，积极发展各项社会事业，完善社会保障体系，改善城乡人民生活；进一步加强精神文明建设和社会稳定工作，保证全县改革开放事业的顺利进行。

主要奋斗目标是：国内生产总值达到21 300万元，比1999年增长10%；工农业增加值13 700万元，比1999年增长8.13%。其中农业增值7 600万元，增长8.5%；工业增加值6 100万元，增长6.5%；全社会固定生产投资完成5 450万元，增长10%；地方财政收入实现3 600万元，比1999年增长13%；粮食总产量1.3万吨，比1999年降低9.1%；牲畜年末存栏47.7万头（只），比1999年增长7.7%；乡镇企业完成工业增加值2 677万元，比1999年增长9.1%；农牧民人均收入1 720万元，比1999年增长9.6%。

八届七次全会　中共和布克赛尔县委八届七次全委（扩大）会议暨三级干部大会于2001年2月22—23日召开。会议回顾总结"九五"计划期间和2000年和布克赛尔县三个文明建设所取得的成就，确定"十五"计划期间全县国民经济和社会发展的总体思路和奋斗目标是：以邓小平理论和党的基本路线为指导，抓住西部大开发的历史机遇，立足县农牧业和矿产资源优势，依托科技进步，加大结构调整力度，调优第一产业，调大第二产业，调活第三产业。加快基础设施建设步伐，实施全方位开放，加快推进产业化、工业化、城市化进程，构筑农业大县、工业强县、财政富县的地位，推动全县国民经济超常规、跨越式发展，实现社会全面进步。会议确定到2005年，国内生产总值达到37 714万元，财政收入达到7 561万元，农牧民人均收入达3 500元，年均分别递增12%、16%和356元。

2001年和布克赛尔县经济建设工作的总体思路是：以邓小平理论和党的基本路线为指导，深入贯彻落实中共十五届五中全会，区党委五届七次全委扩大会议精神，以西部大开发为契机，以产业结构调整为重点，按照地委扩大会议的部署进一步优化经济结构，转变经济增长方式，不断提高县域经济的综合实力。

主要奋斗目标是：国内生产总值达到25 880万元，增长12%；财政收入达到4 692万元，增长18%；农牧民人均收入达到2 000元，增加250元；固定资产投资9 375万元，增长20%；实现工业增加值7 350万元，增长20%；农业增加值8 351万元，增长18%；乡镇企业收入达到13 258万元，增长12%。

### 三、中共和布克赛尔县委九届全委会议

九届二次全会　中共和布克赛尔县委九届二次全委（扩大）会议于2001年11月7日召开。会议传达《新疆维吾尔自治区关于推荐出席中国共产党第十六次全国代表大会代表人选工作的宣传提纲和关于推荐自治区出席中国共产党第十六次全国代表大会代表人选工作的通知》。

九届三次全会　中共和布克赛尔县委九届三次全委（扩大）会议暨三级干部大会于2002年2月5—6日召开。总结2001年各项工作取得的成绩和经验，分析全县经济形势和面临的机遇和挑战，对做好2002年的各项工作进行安排部署。会议通报表彰2001年度中表现突出的6个乡镇场综合考核先进集体，6个企业综合考核先进集体，10个对口帮扶先进单位，10个社会治安综合治理先进单位，15个计划生育工作先进单位，12个消防工作先进集体，22个先进工作部门，并兑现奖金。各相关单位还分别签订2002年人口与计划生育目标管理责任书、2002年企业双文明建设目标管理责任书及2002年农牧区双文明建设目标管理责任书。

九届四次全会　中共和布克赛尔县委九届四次全委（扩大）会议于2003年3月17—18日召开。会议确定和布克赛尔县全面建设小康社会总体发展思路是：以中共十六大为指导，全面贯彻落实"三个代表"重要思想，坚持把发展作为第一要务，调优一产，调强二产，调活三产，实现多轮驱动，促进经济超常规、跨越式发展。农业、农村经济坚持以市场为导向，以提高效益为中心，以结构调整为主线，以科技进步为动力，以加快农业产业化、建设现代农业为目标，实现农业增效、农民增收；坚持实施优势资源转换战略，加快推进科技、

技术创新,实现工业经济的优化升级,不断壮大县域经济实力;以旅游开发、社区服务、发展非公有制经济为重点,加快第三产业发展步伐;进一步加大小城镇建设力度,大力发展外向、融合型经济,促进第二、三产业的协调发展,加速城乡一体化进程。加强社会主义精神文明建设,继续保持社会政治稳定,动员和鼓励全社会各方面力量为全面建设小康社会而努力奋斗。2003年经济工作的目标是:国内生产总值3.64亿元,增长17.2%,其中第一产业增长10.2%、第二产业增长28.1%、第三产业增长12.3%;农牧民人均收入达到2 700元,增加305元;财政收入8 368万元,增长29.6%;固定资产投资增长55.8%。

九届五次全会　中共和布克赛尔县委九届五次全委(扩大)会议暨三级干部大会于2003年5月15日召开。该次会议由县委委员、县四套班子在家领导和各乡镇场党委书记及县直各党(工)委书记共33人参加。会议严格按照地委确定的代表人选条件,同时考虑代表的广泛性,经充分进行酝酿讨论,最终全票通过推荐县委书记孙彦哲为出席中国共产党新疆维吾尔自治区代表大会的会议代表。

九届六次全会　中共和布克赛尔县委九届六次全委(扩大)会议暨县三级干部大会于2004年2月28日召开。

会议的主要任务是:以邓小平理论和"三个代表"重要思想为指导,牢固树立科学发展观,坚持发展是第一要务。回顾和总结2003年工作,全面安排部署2004年各项工作,加强社会主义精神文明建设,继续保持社会政治稳定,立足优势,自加压力,动员全县各级党政和各族干部群众为全面建设小康社会而努力奋斗。

确定2004年奋斗目标:国内生产总值达到45 958万元,增长15%;其中第一产业达到14 725万元,增长9%;第二产业达到17 399万元,增长20%;第三产业达到13 834万元,增长15.35%。完成本级财政收入1.15亿元,增长16.9%;完成固定资产投资2.15亿元,增长20%;农牧民人均纯收入达到3 227元,人均增收300元。

九届七次全会　中共和布克赛尔县委九届七次全委(扩大)会议暨和布克赛尔县三级干部大会于2005年1月15日召开。

会议确定和布克赛尔县2005年和今后经济工作的总体思路是:以邓小平理论和"三个代表"重要思想为指导,牢固树立科学发展观,坚持发展是第一要务,立足优势,以经济结构调整为主线,围绕增加财政收入和农牧民收入两目标,全力实施优势资源转换战略,突出推进工业化进程,做大做强畜牧、棉花两大产业基地,扶持壮大商贸旅游服务业,加快和什托洛盖和县城小城镇建设步伐,大力发展融合经济,提升招商引资水平,促进经济持续快速协调发展和农牧民生活水平的全面提高。

主要奋斗目标是:县生产总值达到5.03亿元,增长15%;其中第一产业达到1.44亿元,增长8%;第二产业达到1.85亿元,增长21.8%;第三产业达到1.74亿元,增长14.4%。完成本级财政收入1.32亿元;完成固定资产投资2.5亿元,增长25%;农牧民人均纯收入达到3 252元,人均增收180元以上;完成招商引资1.9亿元,增长26.7%。

九届八次全会　中共和布克赛尔县九届八次全委(扩大)会议暨县三级干部大会于2006年1月5—6日召开。

会议的主要任务是:以邓小平理论和"三个代表"重要思想为指导,深入贯彻中共十六届五中全会精神,按照自治区党委六届十次全委(扩大)会议和地委扩大会议的安排部署,回顾和总结和布克赛尔县"十五"经济社会发展成就、经验和存在问题,讨论研究县"十一五"发展规划纲要,全面安排部署未来5年经济社会发展和2006年各项工作,动员全县各级党政和各族干部群众,树立和落实科学发展观,立足优势,自加压力,科学发展，努力开创和布克赛尔县经济和社会事业发展的新局面。

预期奋斗目标：到2010年全县生产总值达到12.59亿元，年均增长18%，其中第一产业增加值达到2.39亿元，年均增长6%；第二产业增加值达到5.77亿元，年均增长24%；第三产业增加值达到4.44亿元，年均增长20%。农牧民人均纯收入达到4 450元，年均增长240元；地方财政收入在现有基础上年均增长16%；全社会固定资产投资累计超过50亿元，招商引资累计到位40亿元。

## 四、中共和布克赛尔县委十届全委会议

十届二次全会　中共和布克赛尔县委十届二次全委（扩大）会议暨县三级干部大会于2007年1月8日召开。

会议的主要任务是：以邓小平理论和“三个代表”重要思想为指导，认真贯彻中共十六届六中全会精神，按照自治区第七次党代会、地委扩大会议的部署，分析当前发展形势，总结2006年各项工作，安排部署2007年各项任务，动员全县各族干部群众，坚持科学发展，壮大县域经济，为建设富裕和谐的和布克赛尔而努力奋斗。

奋斗目标：县生产总值达到7.56亿元，增长18.5%。其中第一产业1.79亿元，增长7.15%；第二产业3.33亿元，增长24.14%；第三产业2.44亿元，增长20.61%。地方财政收入6.38亿元，增长16%。农牧民人均纯收入3 810元，增加240元以上。完成地方固定资产投资5.5亿元，增长38%。招商引资到位资金4亿元。

发展思路是：以邓小平理论和“三个代表”重要思想为指导，树立和落实科学发展观，加快经济结构调整，立足矿业开发，大力实施优势资源转换战略，强力推进社会主义新农村建设，围绕增加农牧民收入和财政收入“两大核心目标”，坚定不移地走现代农（牧）业、新型工业化的发展路子，加速经济增长方式转变，提高县域综合实力和可持续发展能力，努力打造工业强县、财政富县、文化名县，构建和谐社会，实现经济社会又好又快发展。

十届三次全会　中共和布克赛尔县委十届三次全委（扩大）会议于2007年7月4日召开。会议总结全县上半年各项工作，检查任务完成情况，寻找目标差距，结合实际安排部署下半年工作。

十届四次全会　中共和布克赛尔县委十届四次全委（扩大）会议暨县三级干部大会于2008年1月2日召开。

会议的主要任务是：以中共十七大精神为指导，全面贯彻落实国务院32号文件和自治区党委七届五次全委（扩大）会议、地委扩大会议精神，认真分析自治县经济社会发展面临的新形势、新机遇，完善发展思路，进一步明确工作任务和奋斗目标，安排部署我县以经济建设为中心的各项工作，动员全县各单位、各部门和广大党员干部从新的历史起点出发，抢抓机遇，科学发展，乘势而上，为夺取自治县经济社会发展新胜利而奋斗。

2008年及今后一个时期自治县经济社会发展的总体要求是：高举中国特色社会主义伟大旗帜，以邓小平理论和“三个代表”重要思想为指导，深入贯彻落实科学发展观，突出加快经济发展、保障和改善民生两大主题，围绕“大力增加农牧民收入、增强农村集体经济实力，大力增加财税收入、增强综合经济实力，大力推进优势资源转换战略、增强整体发展实力”三大核心目标，调优调强经济结构、转变经济发展方式，继续坚定不移地走现代农牧业、新型工业化的发展路子，做大做强工业六大重点项目，加快“三个转移”步伐，扎实推进社会主义新农村建设，坚持打造“工业强县、财政富县、文化名县”，协调推动经济、政治、文化、社会和党的建设全面进步，努力实现自治县经济社会又好又快发展。

“十一五”规划后3年，全县经济社会发展的预期目标是：到2010年，县生产总值达到14.62亿元，年均增长22%以上。其中第一产业达到3.54亿元，年均增长9%；第二产业达到7.12亿元，年均增长25.6%；第三产业达到3.96亿元，年均增长15%。人均GDP达到2.69万元，年均增长17%以上。地方财政一般预算收入达到11.59亿元，年均增长20%以上。农牧民人均纯收入达到5 250元以上。以改善民生为重点的社会建设得到长足进步，各项事业蓬勃发展，社会更加和谐稳定。

2008年，全县经济社会发展的预期目标是：县生产总值达到9.8亿元，增长22%。其中第一产业达到2.49亿元，同比增长9%；第二产业达到4.36亿元，同比增长25.6%；第三产业达到2.95亿元，同比增长15%。地方财政一般预算收入达到8.05亿元，增长20%。全社会固定资产投资8.32亿元，增长28.6%。招商引资到位资金5亿元。农牧民人均纯收入达到4 550元以上。

十届五次全会　中共和布克赛尔县委十届五次全委（扩大）会议暨县三级干部大会于2009年1月3日召开。

会议的主要任务是：以贯彻中共十七届三中全会精神为主线，把思想统一到中央、自治区党委和地委关于2009年经济社会发展的各项重大决策部署上来，认真总结2008年工作，深入分析全县经济社会发展面临的新形势，进一步完善发展思路，明确工作任务和奋斗目标，全面安排部署2009年各项工作，动员全县各级党组织和广大干部群众继续解放思想，坚定信心、排难而进，突出重点、科学发展，努力开创和布克赛尔县经济社会又好又快发展新局面。

总体要求是：以邓小平理论和“三个代表”重要思想为指导，深入贯彻落实科学发展观，按照中央的方针政策和自治区党委、地委的重大决策部署，以确保经济增长为中心，以争取项目、投资拉动为重要途径，全力推动经济社会健康快速发展，更加关注民生，着力改善民生，统筹城乡发展，重点推进农村改革发展，加快“三个转移”步伐，千方百计促农增收，围绕工业六大重点项目，提升产业水平，促进产业升级，强力推进新型工业化进程，把握形势，坚定信心，努力开创和布克赛尔县经济社会又好又快发展新局面。

经济社会发展的预期目标是：全县生产总值达到12.7亿元，增长21.17%。其中第一产业2.14亿元，增长8.3%；第二产业6.94亿元，增长30.29%，实现工业增加值4.44亿元，增长33%；第三产业3.62亿元，增长15%。地方财政一般预算收入达到8.62亿元，增长16%。全社会固定资产投资12.32亿元，增长47.7%。招商引资到位资金5.5亿元。农牧民人均纯收入增加400元以上。

十届六次全会　中共和布克赛尔县委第十届六次全委（扩大）会议于2010年1月21日召开。

会议的主要任务是：深入贯彻落实中共十七届四中全会和自治区党委七届八次全委（扩大）会议、自治区经济工作会议及地委扩大会议精神，认真总结2009年工作，深入分析和布克赛尔县经济社会发展面临的新形势，提出2010年全县经济社会发展的总体要求、目标任务和重点工作，动员全县各级党组织和广大干部群众进一步认清形势，抢抓机遇，凝心聚力，真抓实干，为和布克赛尔县大开发大发展奠定坚实的基础。

指导思想是：以邓小平理论和“三个代表”重要思想为指导，深入贯彻落实科学发展观，按照中央、自治区和地区的重大决策部署，围绕“富民强县”目标，以加快经济发展、保障和改善民生为主题，继续坚持依靠科技，面向市场，着力调优农业内部结构；坚持深入实施优势资源转换战略，做大做强工业六大重点项目，着力打造“四大基地”；坚持实施项目带动战略，着力增强县域经济发展后劲和活力；坚持以人为本，统筹各项社会事业发展，着力解决各族群众最关注、最迫切的民生需求；坚持实施“文化强县”战略，着力推进各民族优秀文化齐发展共繁荣；坚持维护民族团结和社会稳定，着力加强和改进党的建设，努力为和布克赛尔县大开发大发展提供强有力的政治保障。

奋斗目标:全县生产总值达到15.7亿元,增长21%。其中第一产业达到2.3亿元,同比增长7%;第二产业达到9.6亿元,同比增长30.6%;第三产业达到3.8亿元,同比增长9%。地方财政一般预算收入达到4.12亿元,增长15%,扣除石油税后达到1.56亿元,增长20%。全社会固定资产投资18亿元,增长33%。招商引资到位资金10亿元。农牧民人均纯收入达到5 300元以上。

十届七次全会　中共和布克赛尔县委第十届七次全委(扩大)会议暨县三级干部大会于2010年1月21日召开。

会议的主要任务是:深入贯彻落实中共十七届四中全会和自治区党委七届八次全委(扩大)会议、自治区经济工作会议及地委扩大会议精神,认真总结2009年工作,深入分析和布克赛尔县经济社会发展面临的新形势,提出2010年全县经济社会发展的总体要求、目标任务和重点工作,动员全县各级党组织和广大干部群众进一步认清形势,抢抓机遇,凝心聚力,真抓实干,为和布克赛尔县大开发大发展奠定坚实的基础。

总体要求是:以邓小平理论和"三个代表"重要思想为指导,深入贯彻落实科学发展观,按照中央、自治区和地区的重大决策部署,围绕"富民强县"目标,以加快经济发展、保障和改善民生为主题,继续坚持依靠科技,面向市场,着力调优农业内部结构;坚持深入实施优势资源转换战略,做大做强工业六大重点项目,着力打造"四大基地";坚持实施项目带动战略,着力增强县域经济发展后劲和活力;坚持以人为本,统筹各项社会事业发展,着力解决各族群众最关注、最迫切的民生需求;坚持实施"文化强县"战略,着力推进各民族优秀文化齐发展共繁荣;坚持维护民族团结和社会稳定,着力加强和改进党的建设,努力为和布克赛尔县大开发大发展提供强有力的政治保障。

2010年,和布克赛尔县经济社会发展的预期目标是:全县生产总值达到15.7亿元,增长21%。其中第一产业达到2.3亿元,同比增长7%;第二产业达到9.6亿元,同比增长30.6%;第三产业达到3.8亿元,同比增长9%。地方财政一般预算收入达到4.12亿元,增长15%,扣除石油税后达到1.56亿元,增长20%。全社会固定资产投资18亿元,增长33%。招商引资到位资金10亿元。农牧民人均纯收入达到5 300元以上。

十届八次全会　中共和布克赛尔县委十届八次全委(扩大)会议于2011年1月9日在县江格尔影剧院召开。

会议的主要任务是:深入贯彻落实中共十七届五中全会、中央新疆工作座谈会、自治区党委七届十次全委(扩大)会议和地委扩大会议精神,认真总结"十一五"工作,科学谋划"十二五"发展,全面部署2011年各项任务,审议《和布克赛尔县国民经济和社会发展第十二个五年规划纲要》,组织动员全县各级党政和各族干部群众,进一步解放思想,抢抓机遇,真抓实干,奋力推进全县经济社会跨越式发展和长治久安。

会议确定"十二五"规划时期,全县经济社会发展的指导思想是:以邓小平理论和"三个代表"重要思想为指导,以科学发展观为统领,充分发挥矿产资源富集、文化底蕴深厚和交通便利三大比较优势,抢抓辽宁盘锦市对口支援的历史机遇,围绕"富民强县、构建和谐和布克赛尔"目标,突出"科学跨越、后发赶超"这一主题,以现代文化为引领,以科技、教育为支撑,深入实施优势资源转换、大企业大集团、大项目带动、城乡一体化和文化强县战略,加速推进新型工业化、农牧业现代化、新型城镇化进程,实现综合经济实力更加雄厚、县域特色更加突出、生态环境更加优美、各族群众生活质量和幸福指数大幅提升,率先基本实现工业化、城镇化。

"十二五"规划时期,全县经济社会发展的主要规划目标是:到2015年,县生产总值达到60.9亿元,年均增长30%,人均生产总值达到10.6万元;工业增加值占GDP比重达60%以上;全社会固定资产投资年均增长

40%以上；地方财政一般预算收入达到14.25亿元，年均增长20%；社会消费品零售总额年均增长20%以上；城镇居民人均可支配收入36 000元，农牧民人均纯收入12 000元以上，城乡居民收入和基本公共服务能力达到全国平均水平；城镇化率达到75%以上。

会议确定2011年奋斗目标是：完成县生产总值21亿元，增长28%。其中第一产业实现增加值2.7亿元，增长8.4%；第二产业实现增加值14亿元，增长37.9%；第三产业实现增加值4.3亿元，增长14.1%。工业增加值9亿元，增长39.5%。完成地方财政一般预算收入7.1亿元，增长24%。完成全社会固定资产投资29亿元，增长32.5%。农牧民人均纯收入增加700元以上。

**五、中共和布克赛尔县委十一届全委会议**

十一届二次全会　中共和布克赛尔县委十一届二次（全委）扩大会议于2012年1月8日在县江格尔影剧院召开。

会议的主要任务是，深入贯彻落实中共十七届六中全会、中央新疆工作座谈会、自治区第八次党代会、自治区党委经济工作会议、自治区党政主要领导在和布克赛尔县调研时重要讲话和地委扩大会议精神，全面总结2011年工作，安排部署2012年各项工作，组织动员全县各级党政和各族干部群众，开拓创新，敢于担当，务求实效，努力开创跨越式发展和长治久安新局面。

指导思想：以邓小平理论和“三个代表”重要思想为指导，以科学发展观为统领，认真贯彻中共十七届六中全会、自治区第八次党代会、地委扩大会议精神，充分发挥矿产资源富集、文化底蕴深厚和交通便利三大优势，抢抓辽宁对口支援的历史机遇，积极主动地争取国家、自治区的项目支持，继续实施优势资源转换、大企业大集团、大项目带动战略，加速新型工业化、农牧业现代化、新型城镇化进程，全力保障和改善民生，加强民族团结、党的建设和基层基础工作，使全县各族群众更多地享受到经济快速发展带来的成果，努力在全疆率先实现工业化、城镇化，率先实现全面建设小康社会目标。

奋斗目标：完成县生产总值27.5亿元，增长25%；完成工业增加值10.8亿元，增长22%；完成全社会固定资产投资60亿元，增长87.5%；地方财政一般预算收入9.59亿元，增长20%；招商引资到位资金50亿元，增长98.4%；农牧民人均纯收入增长18.96%，增加1 338元，达到8 396元。

十一届三次全会　中共和布克赛尔县委十一届三次（全委）扩大会议于2013年1月21日在县江格尔影剧院召开。

主要任务：深入贯彻落实中共十八大、自治区党委八届四次全委（扩大）会和地委扩大会议精神，全面总结2012年工作，安排部署2013年工作，组织动员全县各级党政、广大党员干部和各族群众统一思想，凝聚力量，拼搏进取，为全面建成小康社会、实现跨越式发展和长治久安、建设幸福和布克赛尔而努力奋斗。

指导思想：以邓小平理论、“三个代表”重要思想和科学发展观为指导，认真贯彻中共十八大、自治区党委八届四次全委（扩大）会、地委扩大会议精神，围绕“五位一体”总布局，坚持资源开发可持续、生态环境可持续，继续实施优势资源转换、大企业大集团、大项目带动战略，全力保障和改善民生，加强民族团结、党的建设和基层基础工作，让全县各族群众更多地享受经济快速发展带来的成果，为率先在塔城地区实现新型工业化、新型城镇化、全面建成小康社会打下坚实基础。

奋斗目标：完成县生产总值31.26亿元，增长20%；工业增加值9.5亿元，增长23%；全社会固定资产投资

65亿元，增长23.2%；公共财政预算收入12.3亿元，增长23%；招商引资到位资金62.83亿元，增长47.8%；农牧民人均纯收入增长16%，增加1 391元，达到10 039元。

十一届四次全会　中共和布克赛尔县委十一届四次全委（扩大）会议于2014年1月14日在县江格尔影剧院召开。

主要任务：深入贯彻落实中共十八大、十八届三中全会、第四次全国对口支援新疆工作会、自治区党委八届六次全委（扩大）会、自治区党委经济工作会议和地委扩大会议精神，总结2013年主要工作，安排部署2014年工作，动员全县各族干部群众，紧抓机遇、坚定信心，勇于实践、开拓进取，为建设幸福和布克赛尔而共同奋斗。

指导思想：以邓小平理论、"三个代表"重要思想和科学发展观为指导，认真贯彻落实中共十八大、十八届三中全会、第四次全国对口支援新疆工作会、中共中央政治局常委会会议和习近平关于全面做好新疆工作重要讲话精神及自治区党委八届六次全委（扩大）会、地委扩大会议精神，以现代文化为引领，以科技创新驱动、教育全面发展为支撑，以全面深化改革为动力，以建设"丝绸之路经济带"为新机遇，坚定不移走资源、生态可持续发展之路，全力保障和改善民生，维护社会稳定，加强党的建设，推进跨越式发展和长治久安，建设幸福和布克赛尔。

奋斗目标：完成县生产总值36亿元，增长15%；工业增加值10.2亿元，增长17%；全社会固定资产投资100亿元，增长61.2%；公共财政预算收入9.98亿元，增长20%；招商引资到位资金100亿元，增长59%；城乡居民人均纯收入增长12%，增加1 200元，达到11 239元。

十一届五次全会　中共和布克赛尔县委十一届五次全委（扩大）会议于2015年1月17日在县江格尔影剧院召开。

主要任务：深入贯彻中共十八届四中全会、中央经济工作会议和第二次中央新疆工作座谈会精神，认真落实自治区党委八届八次全委（扩大）会议、经济工作会议、稳定工作会议和地委扩大会议部署，回顾总结2014年工作，安排部署2015年任务，动员全县各级党组织和各族干部群众，适应新常态、抢抓新机遇，坚定信心、主动作为，奋力谱写幸福和布克赛尔新篇章，努力把和布克赛尔县建成中国西部一颗璀璨的明珠。

指导思想：以邓小平理论、"三个代表"重要思想和科学发展观为指导，全面贯彻中共十八届四中全会、中央经济工作会议和第二次中央新疆工作座谈会精神，认真落实自治区党委八届八次全委（扩大）会议、经济工作会议、稳定工作会议和地委扩大会议各项部署，紧紧围绕社会稳定和长治久安总目标，以现代文化为引领，以科技创新驱动、教育全面发展为支撑，以全面深化改革为动力，全面推进依法治县进程，坚定不移走资源、生态可持续发展之路，加速推进"四化"（新型工业化、农牧业现代化、新型城镇化、基础设施现代化）进程，切实保障和改善民生，维护社会稳定，加强党的建设，努力把和布克赛尔县建成中国西部一颗璀璨的明珠。

奋斗目标：完成县生产总值29.4亿元，增长10%；工业增加值9.6亿元，增长10.3%；全社会固定资产投资28亿元，增长27.3%；公共财政预算收入10.4亿元，增长10%；招商引资到位资金36亿元，增长7.8%；城乡居民人均纯收入增长8.9%，增加1 000元，达到12 240元。

## 第二节　县委常委会议

中共和布克赛尔第七届县委常委会　任期为1991年12月至1996年12月。在此期间,共召开72次会议(31次会议是1992年12月31日以前举行的,进入该轮县志上限时间内的会议有41次),审议议题108项,通过决议决定57件。

中共和布克赛尔县委第八次代表大会常委会　任期为1996年12月至2001年9月。在此期间,共召开81次会议,审议议题172项,通过决议决定62件。

中共和布克赛尔县委第九次代表大会常委会　任期为2001年9月至2006年8月。在此期间,共召开77次会议,审议议题165项,通过决议决定77件。

中共和布克赛尔县委第十次代表大会常委会　任期为2006年8月至2011年9月。在此期间,共召开84次会议,审议议题146项,通过决议决定49件。

中共和布克赛尔县委第十一次代表大会常委会　任期为2011年9月至2016年9月。在此期间,共召开83次会议,审议议题157项,通过决议决定68件。

# 第三章　党务工作

## 第一节　组织工作

### 一、机构队伍

1993—2004年,中共和布克赛尔县委员会组织部(简称"县委组织部")核定行政编制10名。另有县委基层办(社会主义新农村办公室)列临时编制3名,县党员电化教育办公室核定事业编制3名,均挂靠县委组织部办公。

2005年,成立和布克赛尔县党员干部现代远程教育管理中心(简称"县远程办",挂靠县委组织部办公),内设综合科、技术科、资源建设科、电教室,有干部职工4人。

2006年,县委组织部内设办公室、干部室、干部监督室、干训室、组织室、信息调研室、信息管理室7个科室,另有县委基层办、县远程办、县电教办3个科室挂靠县委组织部办公。共有在职人员21人。

2008年2月15日,成立中共和布克赛尔县委员会人才办公室(简称"县委人才办"),挂靠县委组织部办公。

2010年,县委组织部增设公务员管理室,挂靠办公单位与2006年相同,共有在职人员24人,至2015年未变。

### 二、党员发展

20世纪90年代初期,和布克赛尔县党员结构存在"三少一低"状况,即知识分子少、科技人员少、青年党员少、文化程度偏低。

为适应经济建设的快速发展,中共和布克赛尔县委决定按照中央提出的新时期的干部队伍和领导班子"革命化、年轻化、知识化、专业化"的方针,遵循"坚持标准、保证质量、改善结构、慎重发展"的要求,积极做好入党积极分子的培养、教育和考察工作，并注意从生产、工作第一线的工人、农民、知识分子和青年中发展党员，注重在妇女、少数民族群众中发展党员，尽快提高全县党员队伍的整体素质。通过不断努力，全县党员队伍逐年壮大，结构逐步趋于年轻化、知识化。到2015年，和布克赛尔县共有党员4 655人，其中，45岁以下的党员1 994人，占党员总数的42.84%，比1993年增长58.32%；大专以上文化程度的2 660人，占党员总数的57.14%，比1993年增长88.20%。

**1993—2015年和布克赛尔县共产党员基本情况表**

表19－3　　　　单位：人

| 年份（年） | 合计 | 民族 | | | | 性别 | | 年龄 | | | 文化程度 | | |
|---|---|---|---|---|---|---|---|---|---|---|---|---|---|
| | | 汉族 | 蒙古族 | 哈萨克族 | 其他民族 | 男 | 女 | 25岁及以下 | 26～45岁 | 46岁及以上 | 大专及以上 | 中专、高中 | 初中及以下 |
| 1993 | 2 032 | 724 | 700 | 546 | 62 | 1 676 | 356 | 95 | 1 106 | 831 | 314 | 754 | 964 |
| 1994 | 2 175 | 777 | 744 | 592 | 62 | 1 743 | 432 | 122 | 1 195 | 858 | 310 | 912 | 953 |
| 1995 | 2 294 | 840 | 767 | 622 | 65 | 1 825 | 469 | 75 | 1 287 | 932 | 439 | 884 | 971 |
| 1996 | 2 534 | 914 | 843 | 697 | 80 | 2 000 | 534 | 109 | 1 466 | 959 | 508 | 1 044 | 982 |
| 1997 | 2 689 | 1 005 | 893 | 710 | 81 | 2 101 | 588 | 128 | 1 539 | 1 022 | 564 | 1 098 | 1 028 |
| 1998 | 2 779 | 1 035 | 910 | 749 | 85 | 2 110 | 669 | 98 | 1 616 | 1 065 | 747 | 1 114 | 918 |
| 1999 | 2 723 | 994 | 835 | 817 | 77 | 2 070 | 653 | 93 | 1 606 | 1 024 | 675 | 1 152 | 896 |
| 2000 | 2 717 | 1 088 | 921 | 778 | | 2 011 | 706 | 100 | 1 619 | 998 | 819 | 1 081 | 817 |
| 2001 | 3 034 | 1 141 | 991 | 813 | 89 | 2 238 | 796 | 121 | 1 819 | 1 094 | 914 | 1 218 | 872 |
| 2002 | 3 114 | 1 972 | 586 | 524 | 62 | 1 956 | 1 158 | 132 | 1 697 | 1 285 | 944 | 1 186 | 984 |
| 2003 | 3 266 | 2 181 | 825 | 254 | 6 | 2 513 | 753 | 164 | 1 562 | 1 540 | 925 | 1 343 | 998 |
| 2004 | 3 456 | 2 028 | 750 | 601 | 77 | 2 230 | 1 226 | 128 | 1 643 | 1 685 | 766 | 1 699 | 991 |
| 2005 | 3 581 | 2 091 | 901 | 413 | 88 | 2 113 | 1 468 | 135 | 1 718 | 1 728 | 892 | 1 668 | 1 021 |
| 2006 | 3 521 | 2 063 | 997 | 397 | 64 | 2 143 | 1 378 | 201 | 1 417 | 1 903 | 922 | 1 481 | 1 118 |
| 2007 | 3 694 | 2 147 | 1 070 | 430 | 47 | 2 197 | 1 497 | 135 | 1 660 | 1 899 | 898 | 785 | 2 011 |
| 2008 | 3 754 | 2 188 | 1 082 | 418 | 66 | 2 210 | 1 544 | 222 | 1 569 | 1 963 | 793 | 528 | 2 433 |
| 2009 | 3 796 | 2 231 | 1 083 | 417 | 65 | 2 223 | 1 573 | 285 | 1 615 | 1 896 | 825 | 606 | 2 365 |
| 2010 | 3 906 | 2 286 | 1 077 | 477 | 66 | 2 279 | 1 627 | 298 | 1 642 | 1 966 | 889 | 615 | 2 402 |
| 2011 | 4 145 | 1 644 | 1 527 | 926 | 48 | 2 729 | 1 416 | 1 211 | 1 297 | 1 637 | 2 226 | 1 191 | 728 |
| 2012 | 4 373 | 1 771 | 1 587 | 964 | 51 | 2 846 | 1 527 | 1 258 | 1 390 | 1 725 | 2 392 | 1 221 | 760 |
| 2013 | 4 477 | 1 814 | 1 605 | 1 006 | 52 | 2 867 | 1 610 | 1 273 | 1 408 | 1 751 | 2 486 | 1 236 | 755 |
| 2014 | 4 564 | 1 856 | 1 649 | 1 008 | 51 | 2 911 | 1 653 | 1 230 | 1 425 | 1 909 | 2 578 | 1 238 | 748 |
| 2015 | 4 655 | 1 883 | 1 644 | 1 004 | 124 | 2 933 | 1 722 | 611 | 2 050 | 1 994 | 2 660 | 1 245 | 750 |

### 三、基层党组织建设

1993年，和布克赛尔县基层党组织有党委20个、党总支2个、党支部198个。然而，随着改革开放步子加大，党政分开、政企分开，不少党组织不能适应新形势，尤其是农牧区和企业中的党组织作用得不到很好发挥。针对这种情况，1994年1月3日，县委下发《关于加强我县农牧区基层组织建设具体安排意见》，成立县农牧区基层组织建设领导小组,县委书记高宗麟任组长,副书记和纪委书记任副组长,领导小组办公室设在组织部。同年12月27日,中共和布克赛尔县委召开全县企业党建暨思想政治工作会议。会上,县委和各系统党组织签订企业党建目标管理责任书,表彰7个先进党支部和7名优秀党务工作者。企业实施目标管理后,保证党组织参与企业重大问题的决策,建立健全参与决策的程序,保证党的基本路线和各项方针政策在企业的贯彻落实,为企业的发展起到重要作用。

1995年8月21日,县委召开党建目标管理工作现场会。会议要求全县各级党组织实行目标管理责任制,做到目标上墙、绩效考核、落实监督公开。采取党员与支部,支部与总支,总支与党委层层签订责任书,一级抓一级,层层抓落实。县委组织部认真做好推行党建目标管理责任制的督促、指导、检查、考核工作,使该项工作落到实处。

1996年9月17日,县委下发《关于进一步加强农牧区基层组织建设的工作意见》,要求全面加强对乡镇党委、乡镇政权和村支部、村委会基层组织领导班子的建设;农牧区党建工作要加强村委会、团支部、妇代会等配套组织的建设,积极培养、发展优秀青年农牧民入党,认真解决群众关心的"热点""难点"问题。

1999年,县委下发《关于创建"六好"党委、"五好"党支部的实施意见》,要求按照"六好""五好"目标建设好基层党组织。2003年9月,命名巴音托洛盖、巴音布拉克、巴格茨社区居委会为社区"六好"党支部,命名乌兰浩达村等57个村(队)党支部为"五好"党支部。

2004年初,自治区党委下发《关于在全区深入开展农村党的建设"三级联创"活动的实施意见》。为全面贯彻落实自治区党委文件精神,和布克赛尔县委向各级党组织发出《和布克赛尔县2004年"三级联创"活动的实施意见》,明确基层组织建设"三级联创"(县、乡(镇)、村(队)三级党组织联合争创先进党组织)活动指导思想、基本原则、工作重点、创建目标要求、步骤和方法。县委成立"三级联创"工作领导小组,制订考核验收办法,提出量化标准和奖惩措施。创建单位把该项工作纳入重要日程,落实一把手责任制,要求做到措施到位、责任到人,形成一级抓一级,一级带一级,层层抓落实的工作格局。

2007年3月,夏孜盖乡被地区评为地区社会主义新农村党建工作示范乡镇。夏孜盖乡夏孜盖村党支部、巴音托洛盖村党支部,和什托洛盖镇昆德仑村党支部、铁布肯乌散乡科克莫墩村党支部被评为地区社会主义新农村党建工作示范村。

2010年,基层党组织建设工作落实全覆盖,设立140个特色党小组;在非公有制经济组织"百日集中组建"活动中新建党组织2个,挂靠组建党组织16个,新建群团组织37个,实现党的组织和党的工作在非公企业的全覆盖。制定《软弱涣散基层党组织整顿实施意见》《选派县直机关党支部书记兼任村(队)党建工作指导员实施意见》等制度,开展软弱涣散基层党组织整顿工作,对排名为靠后的村党支部书记进行调整。

2012年,全县各级党组织实现晋位升级。按照党支部自评、党员测评、党(工)委评定3个步骤,对全县23个党(工)委249个党支部开展分类定级工作。按照分类定级情况,各级党组织制定有针对性的整改方案,年内有104个党支部全部完成整改提高目标。

2015年3月3日,县委组织部紧紧围绕县委中心工作,进一步抓好党组织建设,为全面建成小康社会、全面深化改革提供坚强组织保证。年末,全县有党(工)委28个、党组36个、党总支11个、党支部261个,党员总数4 655人。2001—2015年,全县先后有20个基层党组织被评为优秀党委、党总支、党支部,有50名党员被评为优秀共产党员。其中,有5个自治区级优秀共产党员,45个地区级优秀共产党员;1个自治区级优秀党务工作者；29个地区级优秀党务工作者；1个自治区级先进基层党组织，19个地区级先进基层党组织。

## 四、干部选拔、任用及管理

1993—1997年，根据各单位(部门)领导班子的实际，按照“总体稳定、局部调整、优化结构、增强功能”的要求，坚持原则，严格按照程序办事，在扎扎实实做好考察工作的基础上，调整、充实全县各级领导班子，使领导班子结构进一步改善，领导水平不断提高。坚持思想作风建设与组织建设并重的方针，继续把坚持和健全民主集中制、维护班子团结、加强党风廉政建设、提高班子战斗力作为领导班子思想作风建设的重要内容来抓，进一步巩固和发展各级领导班子思想作风整顿的成果。立足当前，着眼未来，从培养跨世纪接班人和保证党的基本路线一百年不动摇的战略高度出发，克服各种思想障碍，积极大胆地培养选拔年轻干部。

1998—2001年，严格执行《党政领导干部选拔任用工作暂行条例》和《和布克赛尔县干部管理办法》。每次任用干部前，县委组织部均要组成二人以上考察小组，到考察对象所在单位或群众中，通过广泛谈话、民主测评、民主推荐等措施了解干部的思想情况、工作表现、组织能力等，同时对现有班子成员进行全面考察，写出专门的考察报告交部务会讨论确定拟定任用人选，考察材料按规定存入本人档案，坚持拟提任干部征求纪委及相关部门审查，凡存在疑问的干部，均不推荐常委会议研究。制定出台《关于实行干部任用公示制的暂行办法》《关于实行党政机关事业单位干部试用制度的暂行办法》《关于实行县直单位科级干部任期制的试行办法》，进一步完善干部选拔、任用、管理制度。

2002—2005年，充分发挥党校的教育阵地作用，通过举办专题学习班和穿插各学习班次，采取讲座、讨论、座谈等形式，对全县科级以上干部及组工干部和县19个党(工)委组织干事进行调训。出台《和布克赛尔县公开选拔科级领导办法》《和布克赛尔县股级干部竞争上岗办法》等相关制度，结合机构改革，先后共推出25个单位的42个副科级职位面向全社会进行3次公开选拔，参加报名人数266人，通过公开选拔，29人走上领导岗位；县直23个单位推出34个股级职位开展竞争上岗，参加竞争上岗人员174人。制订下发《和布克赛尔县党政领导干部交流实施办法》，根据干部的不同情况，分别采取培养锻炼性交流、回避性交流、调整性交流等多种方式开展干部交流工作，共交流干部200名。注重不断总结经验，在干部人事制度改革中逐步建立和完善一系列配套制度，包括《干部管理制度》《干部交流制度》《干部双重管理制度》《干部差额考察制》《干部考察工作责任制》《领导干部实行试用期制度暂行办法》《用人失察失误责任追究制度》《组织部门和纪检监察部门的工作联系制度》《选拔任用干部推荐办法》《公开选拔科级干部暂行办法》《领导干部任期经济责任审计制度》等30余项制度，并运用到干部管理、选拔任用和监督检查工作之中，使干部人事工作不断朝科学化、民主化、制度化方向发展。

2006—2009年，加大对全县各级领导班子和领导干部科学合理配置力度，加大对年轻干部、少数民族干部、女干部、党外干部的选用，进一步充实乡镇一线班子建设，增强一线干部的战斗力。全县科级干部486人，其中党外干部40人，占8.2%；女干部98人，占20%；40岁以下年轻干部245人，占49%；45岁以上干部155人，占20%；少数民族干部239人，占49%。加大后备干部的教育培养，举办5期以后备干部为主体的中青班，“双语”培训，参训后备干部160人。

2010—2014年，严把干部动议调整各环节关口，把一批党政机关和事业单位能力强、作风正、敢创新、肯奉献的优秀干部调整充实到各级班子中，全县累计调整任用科级干部12批共1 020人次，提任干部163人，转任重要领导岗位73人，平职交流125人，未出现失察失真现象。制定《和布克赛尔县股级干部选拔任用管理办法（试行）》，对股级岗位设置情况进行调查摸底，核定股级岗位754个。100%的行政事业单位制定股级岗位竞争上岗方案。建立后备干部台账，实现后备干部信息台账动态化、信息化管理，进一步提高干部工作科学化、规范化水平，共储备正科级后备干部198人，副科级后备干部347人。扎实开展好提醒、函询、诫勉等谈心谈话，结合年度考核、经济责任审计、干部监督日常掌握的信息，有针对性地对全县4个领导班子47名干部谈心谈话，对1名领导干部进行函询，2名领导干部进行诫勉。强化因私出入境专项治理，全县7 732人登记备案，备案率100%、集中保管率99%。坚决清理领导干部在企业中兼职，清理科级领导干部企业兼职1人，协会兼职7人，注销社会组织1家。

2015年，出台《和布克赛尔县领导干部署名推荐办法》《和布克赛尔县股级干部管理暂行办法》《和布克赛尔县关于加大少数民族干部培养选拔力度的通知》等制度办法。在动议、考察、讨论决定等关键环节，对考察对象等进行廉政审查，干部监督部门全程参与，确保干部选任程序规范，全年共调整动议干部5批次237人，提拔使用干部97人，转任重要岗位18人、试用期满正式任职17人、军转干部安置1人、平职交流29人、调入本县任职2人、转任非领导职务10人、调离及提拔任职免职10人、退休免职28人、干部兼职任免25人。涉及基层一线干部80人，占提拔总数的82.5%；少数民族干部42人，占提拔总数的43.3%；妇女干部27人，占提拔总数的27.8%；提拔“访惠聚”工作队成员44人，占县直部门（不含公检法31人）提拔总人数的77.2%。选调16名优秀年轻干部到上级业务部门、兵团挂职学习，选派63名优秀后备干部到村队（社区）、信访部门、旧城棚户区改造领导小组办公室等基层一线、急难险重岗位挂职锻炼。制定《超职数配备科级干部整改消化计划及措施》，确定超职数配备科级干部整改消化基数15人，其中正科级6人、副科级4人、非领导职务干部5人。开展好国家工作人员因私出国（境）管理工作，全县7 732人登记备案，备案率100%；实际持证人员1 208人，证件集中保管1 193人，完成99%。

**五、干部培训**

1993—1997年，以建设中国特色社会主义理论、《邓小平文选》、《中共中央关于加强党的建设的几个重要问题的决定》为主要内容，以提高“两种素质”（专业素质、品格素质）和“两种能力”（实践能力、综合能力）为主要目的，加强对各级干部的学习培训。

1998—2002年，以马列主义、毛泽东思想、邓小平理论和江泽民“三个代表”重要思想为指导，认真贯彻中组部《干部教育培训“十五”规划纲要》，加大培训力度，提高干部的政治素质。

2003—2007年，以学习贯彻“三个代表”重要思想和科学发展观为重点，扎实抓好理论教育。举办各类培训班131期，培训干部10 955人次。

2008—2012年，认真学习贯彻中共十七大精神，高举中国特色社会主义伟大旗帜，坚持以邓小平理论和“三个代表”重要思想为指导，深入贯彻落实科学发展观，按照《干部教育培训工作条例（试行）》和《2006—2010年全国干部教育培训规划》的要求，以坚定理想信念、增强执政本领、提高科学发展的能力为重点，把提高干部教育培训质量和效益摆在更加突出的位置，积极推进干部教育培训改革创新，实施全覆盖、多手段、高质量的培训。举办各类培训班次131期，培训干部8 838人次。制定《和布克赛尔县干部教育培训管理办法（试行）》，完善《和布克赛尔县干部教育培训经费管理办法（试行）》，干部教育培训工作更加规范。

2013—2015年，以马克思列宁主义、毛泽东思想、邓小平理论、"三个代表"重要思想和科学发展观为指导，深入贯彻落实中共十八大、十八届三中、四中全会、"12·19"中央政治局常委会会议和习近平系列讲话精神，开展理想信念、党的宗旨、革命传统、道德品行、法治思维、反腐倡廉等教育，全面深化干部教育培训改革创新、提高干部教育培训质量。举办各类培训班次82期，培训干部9 786人次。推行"三段式"培训机制（即第一阶段，以促成职场新人向合格人才转变为目标，抓好"新人期"基础培训；第二阶段，以促成合格人才向骨干人才转变为目标，抓好"成长期"能力培训；第三阶段，以促成骨干人才向专业人才转变为目标，抓好"成熟期"高端培训）、"四学"管理办法（即讲学、述学、评学、考学）、"双诺、双评、双述"管理措施（即培训前参训干部向派出单位承诺、选派单位向组织部门承诺；培训期间参训干部接受学校评议、接受班委评议；结业后参训干部通过向本单位干部职工和百名科级干部述训）、"一谈二述三评四考"机制（即访谈交流；单位内部述、扩大范围述；学员互评、教师点评、单位测评；月考、季考、半年考、年终考），创新干部教育培训。在师资建设上，实施"互挂互学"（即盘锦市委党校选派2名教师到和布克赛尔县帮带教学、和布克赛尔县委党校选派2名教师到盘锦跟班学习）援教、跨校区"蓝青帮带"、接地气"实践培养"三大师资培养工程，加强县委党校师资能力建设。依托智联伟业培训中心（湘、鄂培训基地）、上海交通大学继续教育学院建立两处疆外培训基地，选派80名干部到外训基地学习；充分利用辽宁盘锦市优质培训资源，选派110名干部到盘锦市委党校学习。

### 六、人才工作

2008—2010年，和布克赛尔县将人才工作纳入党建工作责任书中，明确党委书记为"第一责任人"，并与党建和组织工作同安排、同部署、同考核。对普通高校毕业生就业情况、全县文化人才现状、储备编制人员、卫生系统人才队伍及基础设施建设情况等开展专题调研，并形成专题调研报告，为后续人才工作开展奠定基础，提供依据。选派33名专业技术人员到县信访局、社区等基层一线挂职锻炼，加强基层人才队伍建设。该期间，在8个乡镇场开展"万名"农村实用人才双语培训工作，培训农村实用人才608人；有1名第七批优秀专业技术拔尖人才被评选为地区第七批优秀专业技术拔尖人才。其间，2009年，县委组织部被塔城地区组织系统评为"人才工作先进单位"。

2011—2015年，县委人才办起草印发《关于印发〈和布克赛尔县加快外引内培人才工作实施方案〉的通知》《关于印发〈和布克赛尔县以改革创新精神进一步加强和改进人才工作的实施意见〉的通知》《关于印发〈和布克赛尔县中长期人才发展规划（2011—2020年）〉的通知》《关于印发〈和布克赛尔县优秀人才评选管理办法〉的通知》《关于印发〈和布克赛尔县人才工作领导小组及成员单位工作职责〉的通知》《关于印发〈和布克赛尔县人才开发专项资金管理办法（试行）〉的通知》《关于印发〈和布克赛尔县培养引进激励教育、卫生系统优秀人才办法（试行）〉的通知》等人才政策指导性文件。迎来二批四轮辽宁省盘锦市援疆干部及专业技术人才，第一批第一轮共18人，其中党政干部6人、专业技术人才12人；第一批第二轮共18人，其中党政干部6人、专业技术人才12人；第二批第一轮共22人，其中党政干部6人、专业技术人才16人；第二批第二轮共22人，其中党政干部6人、专业技术人才16人。与安徽芜湖建立友好县市感情援疆关系，引进8批111名教育、医疗卫生系统专业技术专家人才。按照"少数民族普通高校毕业生赴辽宁省培养计划"要求，全县共选派4批102人参加培养学习。

**2011—2015年和布克赛尔县人才队伍基本情况表**

表19-4　　单位：人

| 年份（年） | 学历 | | | | | 年龄 | | | 民族 | |
|---|---|---|---|---|---|---|---|---|---|---|
| | 研究生 | 大学本科 | 大学专科 | 中专 | 高中及以下 | 35岁及以下 | 36～50岁 | 51岁及以上 | 汉族 | 少数民族 |
| 2011 | 4 994 | 1 089 | 2 147 | 308 | 267 | 489 | 694 | 231 | 578 | 930 |
| 2012 | 4 994 | 1 089 | 2 147 | 308 | 267 | 489 | 694 | 231 | 578 | 930 |
| 2013 | 5 293 | 1 082 | 2 331 | 319 | 294 | 573 | 694 | 245 | 598 | 1 147 |
| 2014 | 4 924 | 1 048 | 1 956 | 310 | 294 | 522 | 794 | 169 | 588 | 1 199 |
| 2015 | 4 804 | 928 | 1 956 | 31 | 294 | 522 | 794 | 169 | 588 | 1 199 |

## 七、农村党员干部现代远程教育

2005—2006年，和布克赛尔县将远程教育纳入党建工作责任制并提高相应考核比重，作为党建工作述职、评议、考核的重要内容。投入资金222.8万元建成党员干部现代远程教育终端接收站点67个（11个扩展型站点和56个基本型站点）。查干库勒乡1名远程干事代表塔城地区参加自治区农村党员干部现代远程教育操作员技能大赛获团体二等奖、个人一等奖。

2007—2009年，创新“流动毡房办公室”+“家庭播放点”模式，针对牧区党员居住分散、交通不便，集中组织学习教育难度大等问题，建立牧区“流动毡房+家庭播放点”，夏秋季在流动毡房开展工作，冬春季在“家庭播放点”开展工作，实现牧区学用活动常态化管理。投入资金50余万元建立13座“牧区流动毡房办公室”和29个“家庭播放点”，配备发电机、太阳能、电脑、终端接收设备等，配备牧区流动毡房远程教育操作员26名。其间，2007年拍摄的《星火》在中央电视台新闻联播中播；2008年，自治区（北疆片）农村党员干部现代远程教育学用活动观摩团100余人到和布克赛尔县观摩学习；莫特格乡2名远程干事参加地区举办的农村党员干部现代远程教育相声、小品大赛分别获得优秀奖和二等奖。

2010—2013年，投资20万元建设完成硬盘播放、流媒体转发和课件点播于一体的“和布克赛尔县远程教育频道”，扩大远程教育覆盖面，每年投入40万元用于远程教育资源建设和站点运行，争取130万元完成各站点升级改造，设备更新率为66.7%。其间，2012年，2名基层远程专干代表地区参加自治区技能大赛总决赛，获集体二等奖及优胜奖，同年拍摄的《新语新愿》获自治区“七一”展播优秀奖。

2014—2015年，制定印发《和布克赛尔县党员干部现代远程教育站点管理办法》《和布克赛尔县党员干部现代远程教育站点操作员管理办法》，坚持周随访、月督查、季度考核，加强督促指导及时掌握各基层站点管理员的学习、工作情况，“点对点”辅导，提高操作员综合素质。新增5个IPTV模式站点。加大远程教育资源建设力度，拍摄的《牧民家的丫头》《传播幸福的人》等在新疆昆仑网专栏展播。

## 八、老干部工作

### （一）机构队伍

1992年8月，中共和布克赛尔县委员会老干部工作科更名为中共和布克赛尔县委员会老干部工作局（简称“县委老干局”),编制2名,属于公务员管理单位。

2002年11月,成立县关心下一代工作委员会(简称“县关工委”),委员会设在县委老干局,编制3名,属于参照公务员管理的全额拨款事业单位。

2010年,县赛尔广场管理中心(成立于2000年5月)更名为老干部活动管理中心,划归县委老干局管理。县委老干局内设办公室、县关工委,下设县老干部活动管理中心、县老年大学(两块牌子一套人员)、县老年人体育协会。全局共有工作人员15人。

2012年11月26日,和布克赛尔县老干部活动管理中心更名和布克赛尔县老干部活动中心,机构规格正科级。

2015年,县委老干局内、下设机构与2010年相同,全局共有工作人员14人。按照干部管理权限,县委老干局管理的离退休干部共有455人(离休干部13人、正副县级退休干部37人、科级及一般干部405人)。

(二)落实老干部政治待遇

1996年3月1日,为发挥老干部独特优势,和布克赛尔县就南部农业综合开发区“635”引水工程召开老干部座谈会,与会老干部畅所欲言,献计献策。时任和布克赛尔县委副书记郤德昌、政府副县长黑扎多拉·别勒克拜出席会议,与伊犁州政协原副主席孟克布伦·宾拜、塔城地区行署副专员阿亚·加甫、县委原顾问阿布拉哈克·哈木札、县人大原副主任马良玉、确登加甫·巴力金,县政协原副主席阿合买提别克·艾比西、哈再孜·却克等部分离退休干部进行座谈。

2006年,县委老干局共举办3场次通报会,近100名离退休干部听取形势报告并学习中央、自治区、地委等重要方针政策。组织老干部深入学习中共十六届五中、六中全会精神和“社会主义荣辱观”内涵以及胡锦涛到新疆时作的重要讲话精神和自治区第七次党代会会议精神。在庆祝建党85周年暨长征胜利70周年活动中,老干局又召开由100多名离退休干部参加的座谈会,县委常委、组织部部长李魁剑应邀参加座谈会,通过一系列活动加强老干部的政治思想工作。年内,县委老干局共投入1.6万元为离退休老干部订阅《新疆日报》《伊犁日报》《塔城报》《老年报》《老年康乐报》等各种报纸共百余份,并坚持为副县级以上离退休老干部订阅“一报一刊”。

2010年,县委老干局坚持并完善老干部走访慰问、定期阅文、定期通报情况、政治理论学习、邀请老干部参加重要会议、组织老干部参观考察等制度。新年、春节、古尔班节及其他重大节假日,县领导与县委老干局领导都要走访慰问老干部及老干部遗孀,全年赠送慰问金和慰问品总值15万余元。通过举办报告会、研讨会、座谈会学习宣传中共十七届四中全会、中央新疆工作座谈会、自治区党委七届九次全委(扩大)会议精神以及地区和县有关重大政策和会议精神和对口援疆工作,使广大老干部真正做到政治坚定、思想常新、理想永存,与时俱进,全年累计组织1 000多人次的老干部参加学习和聆听报告。组织部分离退休老干部参观县工农业生产和城镇建设,还组织副县级以上老干部到伊犁州各县市参观考察老年活动中心建设。定制专门的报纸杂志柜,为全县29名离休干部和26名副县级老干部订阅一报一刊。局机关共投入1.8万元为全县老干部(包括异地居住老干部)订阅各类报纸杂志。坚持老干部阅文制度,每月5—15日为老干阅读日,组织他们阅读相关文件。坚持走访探望制度,全年共看望生病住院老干部20余人次;协助原单位为8名去世老干部办理丧事。

2012年,和布克赛尔县将老干部走访慰问经费纳入财政预算,老干部公用经费标准在原有基础上每人每年增加500元。投入2.1万元为离退休老干部订阅党报党刊等各类报纸杂志120份,为副县级以上离退休老干部订阅"一报一刊",保证老干部及时了解、掌握党和国家的方针、政策。定期开展党性教育活动,坚定老干部理想信念,组织老干部学习杨善洲先进事迹,召开"热爱伟大祖国、建设美好家园"主题教育活动座谈会,组织赴港澳观光旅游,开展老干部赴对口援建省市——辽宁盘锦市参观考察。认真落实老干部列席重要会议制度,全年老干部列席党代会、人代会等重要会议130人次,特邀参加"和文化论坛"等重大活动60人次。

2015年,县委老干局联合夏孜盖乡党委、查和特乡党委和县药监局,组织老干部在县域内参观考察2次,对农牧业生产及学校周边食宿情况进行调研,为发挥老干部参政议政作用提供依据。围绕春节、庆祝自治区成立60周年、古尔邦节等重大节日,走访慰问离退休干部435人次,发放慰问品、慰问金合计25万元;为纪念抗战胜利60周年,联合县委宣传部,为全县3名老兵许英奇、田恩德、阿格拉各送去5 000元慰问金和中国人民抗日战争胜利70周年纪念章。

(三)落实老干部生活待遇

1993年7月26日,"中共和布克赛尔县委员会老干部工作局财务专用章"启用,之后每年坚持做到老干部工作各种经费不挪作他用,保证老干部的合法权益不受侵犯。

2006年,县委老干局认真执行"三个保障机制"(离休费保障机制、医疗费保障机制、财政支持保障机制),仔细核查离休干部特别是企事业离休干部"两费"(离休费、医疗费)落实情况,确保"三个机制"工作落到实处。离休干部"两费"按时按规定实销、足额发放,没有发生拖欠,全年共发放离休费140.9万元,报销离休干部医疗费68.88万元。同时,还把企业离休干部的交通费、护理费、取暖费、活动费和遗孀补助费等也纳入财政预算管理。重大节日离退休干部享受同在职人员同等的福利。

2010年,加大离休干部医药费的统筹金额,进一步提高保障能力。离休干部"两费"按时按规定实报实销、足额发放,没有发生拖欠;坚持为老干部体检,建立健康档案;建立困难帮扶机制,对生活困难的老干部及其遗孀,积极、主动协调县财政、组织等有关部门,帮助解决实际困难。全年共为18人次老干部遗孀发放生活困难补助金2.16万元,并为她们解决每人每年1 500元的冬季取暖费。根据有关政策规定为29名建国初期参加革命工作的离休老干部每年增加3 300元的护理费;为6名因瘫痪生活完全不能自理的离休干部增加护理费;为18名无固定工作的离休干部遗孀增加生活费。

2012年,设立无固定收入离休干部遗孀生活补助帮扶资金,每人每年补贴基本生活费用及取暖费2 700元,全年共发放补助2.16万元;在老年活动中心建立"老年人保健服务室",定期免费为老干部进行健康体检;为副县级以上离退休干部建设服务设施完善的复式楼房,保证老干部病有所医、住有所居,安享晚年。坚持走访慰问,全县各级党组织走访慰问离退休老干部300余人次,发放慰问金12.1万元。

2015年,及时与财政、人社等部门联系,确保离退休干部离退休费、津补贴、医疗费、护理费、取暖费、慰问费、报刊费及时按标准发放到位,老干部遗孀帮扶机制有效运转,共发放帮扶资金1.8万元,取暖费2.1万元;加强与县医疗机构的联系,开通老干部就医绿色通道,设立"老年人口照料示范基地""老干部保健服务室",整合疾控中心和社区等单位资源,联合县医院、计生委和妇幼保健院,对182名离退休干部开展1次健康体检活动,举办健康知识竞赛1次,进一步健全离退休干部医疗保健服务。

（四）开展各项活动

1994年正月十五，组织老干部开展迎新春晚会；7月，在全县范围内组织秧歌舞巡演；8月，在赛尔广场举办太极扇比赛。

2006年，"两节"期间举办老干部迎新春棋类比赛。老年门球队与宏达盐业、兵团第十师、一八四团、乌尔禾老年门球队进行友谊赛。在参加塔城地区第五届老干部体育运动会上门球队取得团体第一名，乒乓球队获得女子团体第一名及单打第一、第二名。老年门球队还代表塔城地区参加在库尔勒市举办的自治区第四届老年人运动会门球项目比赛。为庆祝建党85周年、纪念红军长征胜利70周年，老年艺术团赴塔城参加以"和谐欢歌"为主题的会演，并与托里老年艺术团同台演出。通过丰富多彩的文体活动充分展示老有所为、老有所乐的精神风貌，丰富老干部精神文化生活，促进老干部的身心健康。

2010年，组织开展符合老干部实际的各类主题教育活动，做到天天有活动、月月有赛事。举办迎新春棋类比赛、庆元宵佳节、喜迎"三八"妇女节活动。召开迎新春座谈会，组织老年艺术团到县武警中队慰问演出，积极参加"百日文化广场"演出等活动。组织参加全县各大节庆为主题的文艺、演讲、歌咏、体育等系列比赛活动，讴歌祖国巨变，激发爱国热情。成功举办塔城地区第四届老年人体育运动会。开展帮扶活动，弘扬"一方有难，八方支援"团结互助的民族精神，全年共帮扶捐款达1万余元。通过地区选拔组队参加新疆第五届老年人体育运动会门球比赛，获得团体银奖。

2012年，以庆祝建党91周年及迎接中共十八大召开为主题，开展"红心向党、话党恩"座谈会、"唱响红色经典，献礼党的生日"红歌会、重温入党誓词等活动。结合各类节庆日，举办棋类比赛、扭秧歌、舞蹈表演、书画比赛等丰富多彩的文化体育活动，200余人（次）参与，充实老干部的精神文化生活。在塔城地区首届老年人体育健身大会获得健身操（秧歌）和国际象棋金奖，台球铜奖。

2015年，联合县直机关工委、地税局开展"快乐徒步、放飞心情"老年人徒步活动；联合县妇幼保健院开展"关爱老人、健康保健"知识竞赛；联合组织部、人社局、工青妇等部门开展"大手牵小手、一起向前走"文体活动；联合县城镇派出所开展"尊老爱幼行动年、警民共建一家亲"联谊活动；联合团县委、教育局党委与158名学生开展"我们一起吃纳吾尔孜粥、民族团结一家亲"融情实践活动；联合县文化站开展"民族团结一家亲"书画摄影展1次，并在文化站挂牌成立县老年大学分校；联合县公路管理局，举办县"公路杯"老年人体育活动；联合县文广局、老龄办等8家单位共同举办县第二届老年人健身大会，并组织38名老干部参加地区第四届老年人健身大会；会同县文广局、工会、妇联、老龄办等涉老部门，组织老干部参加和布克赛尔县"加强民族团结、去极端化、美丽绽放、共促和谐"各民族服饰大赛，获得"最佳编排奖"；参加县第二届老年人健身大会广场健身舞比赛，获得第三名；参加"中国梦劳动美"县第四届"安康杯"民族团结广场舞大赛，获得第二名。结合工作实际，老年大学开设托布秀儿、萨吾尔登、民族服饰手工制作等11个专业班；联合和布克赛尔镇党委，在社区设立老干部活动室，鼓励老干部在社区就近学习、就近活动、就近得到帮助、就近发挥作用。

（五）关心下一代

自2002年11月成立县关心下一代工作委员会（简称"县关工委"），下设县关心下一代工作委员会办公室（简称"县关工办"），至2003年4月，县关工委联合第二中学，进行为期6期的公民道德专题讲座。县关工委邀请县司法局工作人员给小学生作以"崇尚科学、关爱家庭、珍惜生命"为主题的专题讲座。县乡两级法制副校长到全县中小学授课50课时，受教育学生达3 736人次。对青少年进行交通安全、远离毒品、防治艾滋病讲座近40课时，播放网络安全教育电视系列片《青少年网络安全导航》6场次，受教育青少年达2 000多人；5月25日，县关工委联合县教育局、科技局、环保局在城关小学举行科技创新手工制作展览，共有500多件作品参加展示；关工委联合公、检、法、司等有关部门广泛开展法制宣传活动，发放《未成年人保护法》《预防未成年人犯罪法》《妇女儿童权益保障法》等法律法规宣传单3 000多份；配合文体局聘请关工委的老干部为文化市场监督员，到网吧、电子游戏室巡视，对违法文化市场管理、危害青少年健康成长的业主进行监督和查处，为儿童营造一个安全、健康、文明的环境。配合县公安局、司法局、教育局做好法律咨询、法律服务，维护未成年人的合法权益。

2006年，坚持以社会核心价值体系为根本，加强青少年思想道德建设教育、法制教育、信念教育，培养青少年树立正确的人生观、世界观、价值观。充分发挥老干部作用，带头倡导和谐理念、培育和谐精神，以自身的模范行为和人格魅力，积极影响和激发青少年参与构建社会主义和谐社会建设的积极性和自觉性。年内，县委老干局动员和组织老干部深入乡、镇、农牧区、学校、社区讲革命故事，用自己的亲身经历告诉青少年今天的幸福生活来之不易，受教育的青少年达1 500余人。

2010年，加强对事关青少年健康成长的热点难点问题的调查研究，把社会主义核心价值体系的教育贯穿于青少年思想道德建设的全过程。通过组织老干部现身说法，当好社会主义荣辱观的宣传员、思想道德教育的辅导员、良好社会风气建设的监督员、民族团结政策的宣讲员、党风廉政建设的巡视员、行风政风的监督员。广泛开展用社会主义核心价值体系引领青少年大行动，开展县域范围“热爱伟大祖国 建设美好家园”主题教育报告会，结合各大型节庆日主题活动，净化社会文化环境，全年共有313人次老干部投入到各类宣传宣讲活动中。

2012年，由身体健康、责任心强的老干部组成“关心下一代工作”监督小组，配合综治、工商、文化主管部门，不定期对全县网吧、校园周边环境进行检查，为青少年健康成长营造良好环境。

2015年，和布克赛尔县查干库勒乡中心学校成功申报为自治区第五批乡村学校少年宫项目。该项目由中央专项彩票公益金投入20万元在学校原有校舍基础上建设少年宫，其中14万元用于少年宫文化器材的采购，6万元用于校舍维修和少年宫的正常运转。同时，加强对和什托洛盖镇中心校乡村少年宫项目和查和特乡村学校少年宫项目的日常工作指导和管理。通过利用乡村学校少年宫开展丰富多彩的文体活动，使农牧区的孩子们以乐促智、以技促能、以读养德，不断提升未成年人思想道德建设水平。从2011—2015年，塔城地区共举办过两次“美德少年”评选活动和“民族团结好少年”评选活动，和布克赛尔县共选出20名美德少年和20名民族团结好少年。

## 第二节　宣传工作

### 一、机构队伍

1993年，中共和布克赛尔县委员会宣传部（简称“县委宣传部”）内设宣传组，共有干部职工5人（1992年12月，县精神文明建设指导委员会办公室并入县委宣传部）。

2002年，根据《和布克赛尔县党政机构改革方案》和《关于和布克赛尔县党政机构改革实施“三定”工作的意见》文件精神，设置和布克赛尔县委宣传部（挂和布克赛尔县精神文明建设指导委员会办公室牌子）。

内设理论室、文明办、办公室，共有干部职工7人。

2015年，县委宣传部内设社科联、文联、外宣办、理论室、舆情室、国教办、办公室、宣传文化室，共有干部职工17人。

## 二、学习型党组织理论学习

2010年2月，中共中央办公厅印发《关于推进学习型党组织建设的意见》通知，要求各地区各部门结合实际认真贯彻执行，建设学习型党组织。和布克赛尔县委紧跟中央部署，随即在全县启动建设学习型党组织活动，围绕中央新疆座谈会精神，重点抓好中共十七届五中全会精神、自治区七届九次全会精神和地区扩大会议精神的学习，着力于提高党员干部的理论素养和领导发展的实际能力。县委理论学习中心组率先垂范，当年撰写理论调研文章25篇，发表理论文章8篇。

2011—2015年，县委继续把建设学习型党组织活动引向深入。(一)创新学习载体，注重理论成果转化。县委理论学习中心组将理论学习与率先实现新型工业化、率先实现新型城镇化、率先全面建成小康社会结合起来，通过召开会议、参观企业、集中学习实践相结合等方式，掀起大建设大发展热潮，为和布克赛尔县跨越式发展和新型工业化注入强劲动力。在全县建立8个便民直销点，解决“菜价高、肉价贵”问题；为1.02万户农牧民免费安装“户户通”，解决农牧区“看电视难”问题；多措并举强化市场监管，解决“市场乱”问题；集中清运县城垃圾200余吨，解决“环境差”问题。同时，以文明创建、卫生创建等工作为抓手，狠抓公民思想道德建设，扎实推进社会主义核心价值观教育、中国特色社会主义和“中国梦”教育。(二)因材施教，分层学习。在莫特格乡建立“党员干部群众学习实践园”，创新“一园四区”模式；夏孜盖乡完善“兵地共学共建基地”，推行“一线”工作法；查干库勒乡规范“实用技术学习示范园”建设，兴办正宏花卉蔬菜合作社、合盛牛羊养殖合作社；在全县推行“党员带学带富工程”，伊克乌图布拉格牧场创新开展“五好示范户”评比活动，成立民族手工刺绣合作社；巴嘎乌图布拉格牧场兴办特色毛驴养殖合作社，布斯屯格牧场成立准噶尔红驼养殖专业合作社，团结吸引一大批群众，成为农村开展理论学习和促民增收的新帮手。(三)理论知识和科学技术相结合，开展科技进村入户。举办农牧民实用技术培训200余期；富余劳动力转移培训2 100人次，示范基地培训观摩2 000人次。(四)将理论学习与提升服务水平相结合。和布克赛尔镇建立社区便民服务点和暑期少儿培训基地；迭仑社区解决供排水难的问题；巴音布拉克社区把理论学习与实施居民幸福工程相结合，加大就业再就业、扶贫帮困、居民医疗救助体系等民生工程建设，切实提高居民的幸福指数；和什托洛盖镇党委深入开展大走访大慰问活动，为152户贫困居民送去各类救济物资12万余元。

5年内，围绕中国特色社会主义理论体系、中共十八大精神、“十二五”主题主线以及党性党风廉政等举办各类培训班63期，培训干部6 354人次。县级领导干部撰写理论文章1 020篇。其中，被自治区及地区以上采用432篇，12篇获奖(1篇理论文章被自治区扶贫系统评为“创新扶贫理念，推广扶贫经验”二等奖、9篇在塔城地区调研课题优秀成果评选中荣获三等奖)；在《人民论坛》采用1篇、12篇调研报告被《经济日报》出版的《贯彻落实党的十八大精神理论与实践探讨》刊发。

## 三、媒体与宣传

1993—2000年，和布克赛尔县的新闻报道始终坚持以正面宣传为主，围绕党的中心工作展开宣传，充分发挥喉舌作用，对全县各项重大会议、重要决策及庆典活动都给予积极成功地报道，如“三干”会，人大、政协会议，“三讲”教育活动，百名劳模、优秀党员、党务工作者表彰大会等。内宣方面，县广播电视台用汉、蒙古、哈萨克3种语言累计播出广播、电视新闻共4 641条（篇），制作和播出电视新闻专题片57部。外宣方面，累计被塔城地区广播电视台采用稿件44篇，被自治区广播电视台采用稿件1 084条（篇）。其间，1994年，由记者巴特那生采写的《舍己救人的少先队员》获八省区广播电视系统优秀节目评比二等奖，《夏孜街农民旦杰科学种田走上致富之路》获自治区“天池杯”第十二届优秀广播节目三等奖；由尼玛加甫摄制的《慈母的奉献》获全疆评比二等奖。

2001—2005年，坚持正确的舆论导向，唱响主旋律，宣传好党的路线、方针、政策，制定详细的宣传工作计划，确保县每个时期的新闻宣传报道工作有计划、有步骤、有重点，成功、及时、全面、深入地进行报道。内宣方面，县广播电视台用汉、蒙古、哈萨克3种语言累计播出广播、电视新闻共6 794条（篇），制作和播出电视新闻专题片34部。外宣方面，建立《外宣激励机制》《新闻稿件评比制度》，激发记者对外投稿积极性，累计被塔城地区、伊犁州广播电视台采用稿件205篇，被自治区广播电视台、《新疆日报》采用稿件144条（篇）。其间，2004年是和布克赛尔县成立50周年，县与国家民委、地区电视台配合完成MTV电视音乐片的20首歌曲的录制和拍摄工作，与新疆电视台配合完成“五十周年大庆”专题片的取景工作，与新疆沙漠西行电视摄制组配合完成“五十周年大庆”工农牧、民族风俗习惯及历史文化的拍摄取景工作，与地区电视台合作完成“五十周年大庆”主会场、那达慕大会、文艺专场晚会的现场直播；2005年，在新疆广播电视新闻奖评比中荣获二等奖1个、三等奖1个，在新疆广播文艺奖评比中获三等奖1个。

2006—2010年，和布克赛尔县紧紧围绕科学发展和加快转变经济发展方式这一主线，求真务实、开拓创新、真抓实干，努力为迎接中共十八大胜利召开营造良好氛围，为推动科学发展、促进社会和谐、开创全县经济社会各项事业新局面提供强大思想保证、精神动力、舆论支持和文化条件，新闻宣传工作整体水平不断提升，呈现出重点突出、亮点纷呈、蓬勃发展的良好态势。围绕中央、自治区党委、地委的重大决策部署和县委的中心工作，始终坚持正确的舆论引导、政治导向，做到旗帜鲜明，正面宣传。内宣方面，县电视台共播出汉语新闻4 565条；蒙古语新闻4 130条；哈萨克语新闻4 126条；播出《县委扩大会议讲话摘要》《民族团结从我做起》等专栏880期。广播播出汉语新闻4 565条；蒙古语新闻4 130条；哈萨克语新闻4 126条；播出《和广行风热线》《神奇的和布克赛尔》等栏目625期。举办春节晚会、元宵佳节、纳吾热孜节晚会25次。制作和播出电视新闻专题片34部。外宣方面，健全机制，实行月例会工作制度，每月定期召开工作例会，通报各部门（单位）外宣工作完成情况，安排部署下一步工作。责任到人，实行全员办信息制度，将外宣任务落实到每个部门、每个人，推行一稿双酬、一稿多酬奖励制度，鼓励一稿多投，有力促进对外宣传工作。5年内被塔城地区电台采用汉语新闻稿件1 393条（篇）；被塔城日报社采用汉语稿件20篇、哈语稿件48篇；被新疆人民广播电视台采用汉语稿件343条（篇）、蒙古语稿件180条（篇）、哈萨克语稿件60条（篇）；被新疆日报社采用汉语稿件26条（篇）、蒙古语稿件70条（篇）、哈萨克语稿件11条（篇）。其间，2006年在全国维哈柯语广播电视节目评比中和布克赛尔县选送的1篇哈语广播新闻作品获三等奖；2007年，《羊穿衣服 防掉“钞票”》《平安中国——女子护村队》新闻专稿在中央电视台12套播出；2008年，新闻部采写的新闻《骑着马来捐款》被中央电视台新闻频道播出。

2011—2015年，认真贯彻落实中共十八大精神、自治区、地区、县委扩大会议精神，牢牢把握“高举旗帜、围绕大局、服务人民、改革创新”的总体要求，坚持“内鼓士气、外树形象”的总体思路，为全县经济社会健康发展提供良好思想保证、精神动力和舆论支持而开展新闻宣传。创新宣传方式，扎实开展“走基层、转作风、改文风”活动。内宣方面，累计播出汉、蒙古、哈萨克语广播新闻13 169条（篇），播出汉、蒙古、哈萨克语电视新闻19 172条（篇），共1 233期。拍摄制作电视专题片30部。外宣方面，广播：被塔城、伊犁地州级广播电台采用新闻稿896条（篇）；被新疆人民广播电台采用新闻稿件397条（篇）；被内蒙古广播电台采用新闻稿件8条（篇）；被中央人民广播电台采用稿件38条（篇）。电视：被塔城、伊犁地州级电视台采用稿件334条（篇）；被新疆电视台采用稿件274条（篇）；被内蒙古电视台采用稿稿140条（篇）；被广西电视台采用稿件26条（篇）；被桂林电视台采用稿件173条（篇）；被中央电视台采用稿件6条（篇）。报纸：被《塔城日报》《伊犁日报》等地州级报纸采用新闻稿件66条（篇）；被《新疆日报》等自治区级各类报纸采用新闻稿件48条（篇）。网络：被地、州级网络媒体采用稿件566条（篇）；被自治区各网络媒体采用稿件621条（篇）；被中央人民广播网站采用稿10条（篇），其中县广播电台采写的新闻稿件《单亲妈妈十余年照顾瘫痪的公公养育一双儿女》《新疆大风农作物受损局部遭寒流牲畜冻死》《新疆和布克赛尔县：五月底暴风雪中的救援》《新疆和布克赛尔县铁布肯乌散乡突降暴雨引发洪灾 村民受灾严重（组图）暂无人员伤亡 经济损失约50余万元》先后被中国新闻社、中国新闻网、人民网、中国网等国内多家网站新闻媒体采用。其间，2013年，在自治区第二十三届“新疆新闻奖”评选中和布克赛尔县采写稿件《和布克赛尔县又出惠民新政 率先在全疆实行学前3年免费教育》一文获一等奖，稿件《要扶贫羊不要迎亲队》荣获新疆新闻奖三等奖。

## 第三节　统一战线工作

### 一、机构队伍

1993年，中共和布克赛尔县委统一战线工作部（简称“县委统战部”）内设业务办公室，配备行政编制3名，其中科级领导职数2名、一般干部1名。2002年6月，县民族宗教事务局更名为民族宗教事务委员会，与县委统战部合署办公。

2015年，县委统战部内设机构未变，全部委有干部职工10人。

### 二、民族团结进步宣传教育

1990年，江泽民总书记视察新疆时指出：“汉族离不开少数民族，少数民族离不开汉族，少数民族之间也相互离不开。”和布克赛尔县随即在全县范围内深入开展“三个离不开”教育，提高各族人民的团结意识。至2004年，全县共有20人（次）先后获得塔城地区、伊犁哈萨克自治州、新疆维吾尔自治区及国家民委民族团结模范先进个人称号，其中被国家民委表彰的有1人、被自治区表彰的有4人（次）。

2006年，坚持不懈地开展党的民族政策和《中华人民共和国民族区域自治法》的宣传教育，散发《中华人民共和国民族区域自治法》《新疆维吾尔自治区语言文字工作条例》《新疆维吾尔自治区清真食品管理条例》等内容的宣传材料1 000余份。在元旦、古尔邦节、春节来临之际，向自1982年以来受国家民委、自治区表彰的民族团结进步模范个人进行走访慰问，并发放慰问金。通过广泛宣传教育，使马克思主义的国家观、民族观、宗教观、历史观、文化观为越来越多的干部群众所掌握。

2009年，利用各种形式大力宣传学习贯彻《中华人民共和国民族区域自治法》，国务院颁布的《宗教事务条例》，牢固树立“三个离不开”的思想，在全县范围内营造一种人人讲民族团结，人人争当民族团结模范的氛围，有的单位、部门还缔结民族团结公约，进一步巩固和发展民族团结的大好局面，成为维护社会稳定、加快经济发展，全面建设小康社会的重要保障。

2012年，认真组织学习《中华人民共和国民族区域自治法》和《新疆维吾尔自治区民族团结教育条例》，深入开展民族团结教育，促进社区民族团结。社区向居民积极宣传民族团结知识、开展肉孜节茶话会等一系列活动，引导各族干部群众牢固树立“三个离不开”思想，促进各民族互相信任，互相尊重，互相学习，互相支持，互相谅解，始终做到同呼吸，共命运，心连心。

2015年，县委统战部在5月初结合工作实际制定和布克赛尔县第33个民族团结教育月活动实施方案，印发各乡镇场、成员单位，在各族群众中形成“人人都讲民族团结的情，人人都说民族团结的话，人人都做民族团结的事”之良好氛围。6月10日，县广播电台率先在全疆开始播出用汉语、蒙古语、哈萨克语3个语种录制的“民族团结100道题”专题节目。全县民族团结呈现“七好”优势：即“民族交融优良传统好、民族相互嵌入传承好、民族文化融合发展好、易地搬迁富民安居好、保障民族民生事业好、社会和谐稳定基础好、边疆安定军民团结好”。至年底，全县100%的乡镇场、村队（社区）创建为县级民族团结进步模范单位，97.67%的单位创建为地区级民族团结进步模范单位，全县先后有11个民族团结进步模范集体、38名模范个人受到国家、自治区和地区表彰，县、乡表彰民族团结进步模范集体244个、模范个人1 288人。

### 三、非公有经济人士工作

和布克赛尔县充分发挥县工商联的桥梁纽带作用，积极团结非公有经济人士为全县的经济建设做贡献。

1994年，全县有个体工商户452户，私营企业8家，注册资金605万元。2010年，全县有个体工商户2 322户，从业人员3 347人，注册资金5 677万元；私营企业124户，从业人员3 836人，注册资金20 061万元。

至2015年，全县个体工商户发展到3 208户，从业人员4 740人，注册资金12 891.2万元；私营企业318户，从业人员6 749人，注册资金153 871.2万元。非公有经济成为全县经济发展的重要组成部分。非公有经济人士中有县人大代表1人、政协委员10人，他们积极参政议政，在历年的“两会”期间，就教育、城建、交通、土地、安全等方面提出意见和建议。

### 四、宗教人士培训

1993—2000年，全县宗教人士曾赴塔城地区参加两期培训。其间，1996年对全体宗教教职人员普遍轮训一遍。

2001—2005年，先后有13名宗教人士赴地区参加培训，3名宗教人士赴自治区参加培训。县委统战部举办宗教人士培训班1期，有20名青年喇嘛参加培训；举办1期法制讲座，聘请法院干部授课，42名宗教人士参加听课。此外，县委统战部与县民宗委共抽调6名干部分别深入10个宗教场所对宗教人士进行培训。

2006—2010年，先后选派41名宗教人士参加地区宗教人士培训，选派12名基督教活动点负责人分2次参加地区“两教”人员培训，选派22名宗教人士参加自治区培训，选派藏传佛教教职人员赴巴州和静县参加自治区第三期藏传佛教教职人员经文培训班。县委统战部与民宗委以及各乡镇场先后共举办16次培训班，参加培训的宗教人士共300余人(次)。其间,2008年,选送2名藏传佛教教职人员参加由国家宗教局、国家文物局与中国佛教协会联合举办的全国佛教寺庙文物保护培训班,选送2名教职人员在国家宗教局培训中心参加为期12天的全国汉传佛教中青年人士读书班。

2011—2012年,县委统战部对宗教人士进行公民道德教育,通过3次以会代训、面对面宣传、召开座谈会等形式,对全县宗教人士进行培训,集中学习中央新疆座谈会及自治区党委七届九次全委(扩大)会议精神。举办党的民族宗教理论培训班1期,邀请地委统战部领导及社会主义学院的讲师授课,分蒙、汉、哈3种语音进行,全县宗教人士参加培训;县委组织部与县委统战部联合举办宗教人士培训班1期,共培训宗教人士240余人次。有9名基督教活动点负责人参加地区举办的"两教"人员培训班。选派56名宗教人士分别参加地区、自治区的宗教人士培训班。

2013—2014年,自治区佛教协会在和布克赛尔县举办两期藏传佛教教职人员培训班,每期半年,全县佛教人士参加培训。两年内共举办5期宗教人士培训班,培训内容涵盖中共十八大精神培训、党的民族宗教政策法规、制止非法宗教活动、维护民族团结等内容,其中3期是远程培训形式,共开展培训36场次。近60名宗教人士在县委党校参加党的民族宗教理论政策的培训,内容主要为第二次中央新疆工作座谈会、自治区党委八届七次全委(扩大)会议精神以及《宗教事务条例》。还组织安排宗教人士参加地区、自治区举办的各种培训班共16人次。

2015年,和布克赛尔县承办自治区第三期藏传佛教教职人员培训班,学员50人。县委组织部、统战部、县民宗委联合在县委党校举办爱国宗教人士专题培训班2期,全县爱国宗教人士100余人次参加培训,培训内容包括中共十八届三中、四中全会精神,中央第二次新疆工作座谈会精神,习近平在统战工作会上的讲话精神、《新疆维吾尔自治区宗教事务条例》等。组织宗教人士参加自治区及地区理论培训班3期7人次。举办爱国宗教人士座谈会7场次,开展爱国宗教人士"述训传学"7场次。通过加强理论培训,进一步提升爱国宗教人士的理论素养,坚定他们带领信教群众维护民族团结、宗教和谐、抵制宗教极端思想渗透的信心和决心。

## 第四节　政法工作

### 一、机构队伍

1993年,中共和布克赛尔县政法委员会(简称"县委政法委")与和布克赛尔县社会治安综合治理委员会办公室(简称"县综治办")合署办公,内设办公室、综治办,核定行政编制5名,实际在职5人,其中领导职数3人、一般干部职工2人。1999年,新设流动人口服务管理办公室。2006年,新设平安建设领导小组办公室。2012年,新设维稳办、铁路护路领导小组办公室。

2007年,县委政法委(含综治办)实有干部职工8人。2010年,实有干部职工10人。2013年,实有干部职工14人。

2015年,县委政法委(含县综治办)内设机构未变,核定行政编制8名,实有干部职工13人,其中领导职数4人、一般干部职工9人。

## 二、社会治安综合治理

1993年，认真贯彻执行中共中央、国务院、人大常委会和自治区人大常务委员会《关于加强社会治安综合治理的决定、决议》，认真落实自治区、地委政法工作会议和综合治理各项措施。县委政法委、综治委组织召开县政法工作和社会治安综合治理全体委员会议，按照“谁主管、谁负责”和“打防并举、标本兼治、重在治本”的原则，把专门工作和群众路线结合起来，与综治委成员和企业农牧场38名主要领导层层签订社会治安综合治理目标责任书。制定《社会治安综合治理实施细则》《社会治安检查考核奖罚试行办法》《社会治安综合治理一票否决权及实施办法》以及综治委各部门在社会治安综合治理工作的职责。广泛开展宣传教育活动，全年各单位共出板报20期，出动宣传车2辆，张贴小标语100余幅，提高人民群众遵守法律、法规的自觉性，全县受教育人数达80%。

1995年，县委政法委以中共十四届四、五中全会精神为指导，认真贯彻执行三级政法工作会议精神，加强社会管理，维护社会政治稳定。坚持“稳定压倒一切”的原则，把社会稳定工作摆在一切工作的首位。狠抓社会治安综合治理各项措施的落实，与50个成员单位层层签订《和布克赛尔县一九九五年社会治安综合治理目标责任书》，同时要求各成员单位与所属村、队、车间、班组、居委会签订责任书，村、队、车间、班组、居委会再和每个群众签订责任书。综治委成员单位都成立综合治理领导小组，成员309名，均由党政一把手任组长。全县有治安联防队3个，调解会50个150人，治保会15个81人，帮教小组51个191人，调解小组104个397人，治保小组39个152人，使大量的民事纠纷解决在基层，减少诉讼，防止矛盾激化。大力开展综合治理宣传，共下发《综治知识手册》200本，张贴宣传画160幅，各成员单位制作永久性标语82幅，出版报85期，出动宣传车5辆10余次，广泛宣传累计140多小时，群众参加法律知识学习2.8万人次。

2000年，加强法律法规的宣传和社会治安综合治理力度，完善各项防范措施，坚持法制副校长制度，落实法制副校长职责，配齐配强法制副校长队伍，加强校园法制课堂对青少年的法制教育，有效遏制青少年尤其是在校中小学生违法犯罪行为的发生。完善情报信息网络，及时解和掌握社情和社会不稳定因素，及时反馈给各级党委政府，为社会稳定作出科学决策提供有优质服务。

2005年，县财政投入综治专项经费10万元用于基层综治工作，落实全县11个乡场镇25名综治干部的警衔津贴和岗位津贴待遇，落实治安员报酬21.8万元。与政法各部门、综治委成员单位、乡镇场层层签订政法目标管理责任书，与各乡镇场及企业签订社会治安综合治理目标管理责任书、电力设施保护目标管理责任书，并制定考核标准和奖惩办法。进一步加强基层基础建设，规范工作机制，提高基层综治干部素质。全县11个乡镇场都成立综治委，主任由党委书记兼任，综治副职任副主任，下设办公室，各乡镇场综治办工作人员共有55人，其中专职干部25人。县综治办组织基层综治干部、治安员培训班13次。建立113名信息员组成的县、乡、村三级治安信息网络，县委政法委、综治办年内共上报各类信息91条。以平安建设为主线，使社会治安综合治理各项措施得到落实。全年共建立专职联防队3个23人，义务联防队34个272人，划分“十户八保”责任区289个，区长负责矛盾纠纷调解、法律宣传、治安巡逻等工作，有效预防各类案件的发生。年内创安覆盖率达到100%，合格率达到90%。共创建安全文明单位178个，安全文明小区23个。实行领导负责和归口调处的管理机制，全县成立91个调委会，调处各类纠纷56起，调处成功53起，成功率达94%。共建立20个安置帮教小组，安置帮教人员54人，未出现重新违法犯罪的现象。

2010年，县委政法委细化年度工作任务，与政法、综治成员单位及11个乡镇场分别签订年度“政法队伍建设”“社会治安综合治理”“平安建设”“电力设施保护”等多项目标责任书。严格落实维护稳定工作奖惩制度，对2009年度工作成绩突出的16个先进集体和24名先进个人予以表彰奖励，发放奖金2.5万元。投入11万元，在全县11个乡镇场、7个社区、1个警务区建立维稳中心，并配备电脑12台、照相机19部，建立各类工作制度、指示牌匾和工作台账，基层各部门之间的沟通协作逐渐加强，维稳合力日益明显。全面开展流动人口和出租房屋“两个摸排”活动，加强流动人口服务证和出租房屋门牌号管理，做到“一证一户一档”。共建立流动人口服务管理办公室20个，登记流动人口9 733人，出租房屋666户，出租房屋户挂牌666户。扎实推进平安创建细胞工程，全县创建平安乡（镇、场）11个，达标率为100%；平安单位128个，达标率为97.7%；平安社区7个，平安学校17所，平安医院13个，平安宗教场所10所，达标率均为100%；平安村队75个，达标率为98.7%；平安家庭12 326户，平安模范家庭123户，达标率为98.1%。命名“五无”（无刑事案件，无治安案件，无重大治安灾害事故，无群体性上访、闹事事件，无邪教组织和非法宗教活动）村队44个、单位151个。平安个体工商户64户、平安出租车司机17人，群众对平安建设的知晓率、满意率达98%。

2013年，全面加强综治中心（站）建设。在全县乡镇场建立综治中心12个、综治工作站52个，明确乡镇场党委书记为综治中心第一责任人，分管综治工作副书记为中心主任，统一制作工作流程，进一步规范中心运作模式；充分发挥中心在综合治理工作中牵头抓总作用，统筹各种力量，形成维稳工作合力。同时，在一些居住分散的牧区建立14个家庭警务室、19个流动警务室、52个固定警务室与综治工作站实行合署办公，落实警务人员食宿用地，配齐警务室办公设施、服装和112套单警装备，配发专用车20辆；配备正规警力（含武警）92人、协警255人、民兵510人，在社区、农村开展巡逻防控、入户调查、流动人口登记等工作。将人员密集场所联防自保工作和城镇“网格化”社会面巡逻防控结合起来，建立联防自保组织和“网点”治安、社情信息互通制度，对81个人员密集场所进行摸排登记和安全隐患排查整治，分别签订责任书，进行风险评估和等级划分，分类进行管理。在繁华商业网点、大中型超市、集贸市场的经营人员、常住人员中，建立联防自保小组57个，护院（场、校、店）队24个，设置固定治安岗亭3个。严格落实一校一园一警，为15所学校、幼儿园配备专职安全保卫人员85人。落实中小学法制副校长工作制度，15名法制副校长、26名法制辅导员在校园内举办各类法制讲座23场（次），法制宣传课60余课时，制作宣传手抄报50余篇，受教育师生4 000余人（次），师生自我防范意识和法制观念进一步增强。组织公安、文体、工商、食品药品、宣传等部门开展校园及周边治理活动3次，落实上学、放学时段交警在校门和主要路口值班长效机制，确保学生出行安全。建立健全社会矛盾预防和调解机制，及时有效化解社会矛盾。完善以人民调解为基础，行政调解、司法调解对接的矛盾纠纷调处机制，从源头上预防社会矛盾的发生。各级调解组织调处各类矛盾纠纷844件，发放人民调解案件补助费2.9万元，调解成功率达100%。全县乡镇场、社区、学校、医院、宗教场所平安建设达标率为100%；平安单位99个，标率为100%；平安村队75个，达标率为98.6 %；平安家庭15 832户，达标率为97%；平安模范家庭146户，平安文化场所37家；群众对平安建设知晓率和参与率为100%、满意率为98%。2013年，和布克赛尔县荣获塔城地区社会管理综合治理工作先进集体称号。

2015年，县委政法委以中共十八大四中、五中全会精神为指导，牢牢把握习近平关于“新疆工作的着眼点和着力点就是社会稳定和长治久安”这一战略定位，始终把维护稳定作为重中之重、第一责任，“高起点、高标准做好政法综治维稳各项工作”。明确综治委10个综治工作专项组工作职能，细化各综治维稳职能部门的职责，强化综治维稳责任意识，确保形成一级抓一级，级级有监督、有落实的工作格局。县维稳指挥部、政法委、综治办充分发挥成员单位作用，将全县划分为4个片区，每个片区督导责任具体落实到若干个成员单位，每周开展督导检查，每周通报落实。严格落实维稳指挥部周例会制度，每季度按时召开社会矛盾排查调处协调会和政法工作联席会议，确保能够及时查明各类不稳定因素，堵塞安全隐患漏洞，共召开维稳指挥部例会34次，社会矛盾排查调处和政法工作会议6次。进一步完善处置突发事件应急联合指挥部建设，明确党委主要领导任突发事件应急处置的总指挥，赋予各级指挥员处置指挥权限，开展综合演练4次，确保临机处置。加大重点部位防范力度，累计投入1 500余万元完成全县主干街道、人员密集区域和31个小区视频安装工作，视频覆盖率达到90%以上；完成县级卡口高清改造工作和350兆无线数字集群通信系统建设。提升平安建设的质量和水平，全年命名平安家庭14 971户，创建率98.4%；平安社区10个、平安村队70个、平安边界村6个、平安边界单位3个，创建率均为100%；平安单位87个、学校20个、医院16个、宗教场所10个、企业45个、个体工商户1 258个，平安模范家庭157个。进一步完善《和布克赛尔县流动人口服务和管理工作方案》，实现流动人口移动采集，全年共登记录入流动人口5 835人；办理流动人口居住证4 585个，办证率91%；其中重点地区来人291人；向外流出8 100人，发放便民服务卡7 683人，制卡率94.85%。登记备案出租房屋263户，登记备案率为100%。2015年，和布克赛尔县荣获塔城地区社会治安综合治理工作先进集体称号。

### 三、依法打击违法犯罪维护社会稳定

1993—1995年，把社会稳定工作摆在一切工作的首位。指导、协调政法各部门贯彻“严打”方针，有计划、有步骤、有重点地开展专项治理工作，狠狠打击各种刑事经济犯罪，维护全县安定团结的政治局面，保证全县经济建设和各项事业的稳健发展。3年内共发生治安案件378起，查处362起，查处率95.77%；共发生各类刑事案件151起，破获114起，破获率75.5%；共查处卖淫嫖娼案1起10人，摧毁赌博窝点19个52人。

1996—2000年，根据中共中央关于“维护社会治安、社会稳定”的重要指示精神，按照自治区、地区的统一安排，结合全县实际，成立“严打”工作领导小组，并制定严打工作实施方案，明确“严打”行动的目的，确定主攻方向，成立攻坚组和严打队伍，深入重点地区开展工作。5年内开展3次“追逃统一行动”“破大案、打团伙、追逃犯”专项斗争，摧毁特大盗窃牲畜团伙两个，涉案46起19人；共发生治安案件852起，查处738起，查处率86.62%；发生各类刑事案件269起，破获218起，破获率81.04%。

2001—2005年，认真贯彻落实中央、自治区、地区政法工作会议精神，充分发挥各政法机关的职能作用，继续开展“严打”和集中整治工作，重点打击破坏电力设施犯罪，开展“治爆辑枪专项斗争”，有力打击和震慑严重违法犯罪分子。5年内共发生治安案件1 103起，查处923起，查处率83.68%；发生各类刑事案件695起，破获600起，破获率86.33%；受理执行案件129起，执结63起，执结率48.84%。

2006—2010年，县委政法委紧紧围绕上级政法工作会议精神和平安建设总体部署，以经济建设为中心，以维护社会稳定为重点，提升打击犯罪、治安管理水平，坚持“严打”方针不动摇，先后开展“命案侦破”“两抢一盗”“百日严打”等专项斗争。加大对严重暴力犯罪、侵财类犯罪，跨区域流窜犯罪等严重刑事犯罪的打击力度，实现社会和谐稳定。五年内共发生治安案件957起，查处746起，查处率77.95%；发生各类刑事案件704起，破获532起，破获率75.57%。

2011—2015年，县委政法委始终以维护稳定、服务于县委中心工作和重大决策为核心，全面贯彻落实中央、自治区、地区关于维护稳定的各项工作部署，以自治区、地区统一实施的严打整治和专项行动为主要着

力点，始终保持高压态势，形成强大威慑。5年内共发生治安案件568起，查处493起，查处率86.79%；发生各类刑事案件288起，破获256起，破获率88.88%。“两案”发生率呈下降趋势。

## 第五节　经济工作

### 一、机构队伍

1999年1月1日，县委经济部更名为中共和布克赛尔县经济工作领导小组办公室（简称“县委经工办”）。

2000年1月，按照《塔城地区公务员制度方案》，县委经工办实施公务员制度，经费为县财政全额拨款。核定行政编制3名，其中科级领导职数2名。

2006年，县委经工办有干部职工4人。2012年，县委经工办有干部职工5人，至2015年未变。

### 二、主要工作

1993年，县委经济部主要开展“双基”教育工作，即以中共十四大精神为指导，坚定不移地贯彻党在社会主义初级阶段的基本路线，把以经济建设为中心同坚持四项基本原则、坚持改革开放这“两个基本点”统一于建设有中国特色社会主义的伟大实践。县成立“双基”教育工作办公室，组建由483人构成的教育工作团，分为12个工作队，在全县范围内开展“双基”教育。共举办骨干培训班32期，培训社会主义思想骨干696人；召开动员大会67次，参加人数5 695人；座谈会134次，受教育人数13 690人次；组织277个学习小组学习1 836次，受教育人数161 703人次。全县应参加总人数为27 685人，实际参加人数为24 529人，受教育面达88.6%。

1999年，主要开展二轮土地承包工作。全县有41个农业村、2 641户10 678人参加二轮土地承包，占总村数的71.93%、总户数的75.50%、总人口的69.53%；签订承包合同2 641份，合同签订率达100%。全县共有耕地4 850.6公顷，承包土地4 067公顷，占全县耕地面积的83.85%，人均承包土地0.4公顷。全县各乡镇共留集体机动地139.77公顷，占全县耕地面积的2.88%。

2003年，主要工作是调整牧业产业结构，加快畜牧业发展。县委、县人民政府召开全县畜牧业工作会议，制定《和布克赛尔县关于加快现代畜牧业发展实施意见》，提出推广科学化养殖规程，建设专业化、规模化的生产基地，加快畜牧业发展。加大畜群畜种结构调整力度，县财政累计投入1 500万元，引进种公畜2 181头（只），提高牛羊的良种率；牛、羊良种率分别达60%、85%。加强草场保护和开发利用，新增优质饲草料种植面积200公顷；争取资金800万元，实施退牧还草13万公顷。加大畜牧科学技术的推广，提高牧业科技含量，实行畜牧、科技部门和科技人员定点包村、包户制度。转变传统畜牧业生产方式，积极推行早冬羔繁育和冷季舍饲圈养，加强牲畜科学饲养管理，年内在各乡镇场发展冬羔7万只。

2007年，县委经工办紧紧抓住全县农村经济、社会发展的重大问题，有针对性地开展调查研究工作，先后撰写《新农村建设重点项目实施意见》《关于我县北部农民生产、生活情况》《牧民定居调研报告》《农村农业结构调整调研报告》等多篇专题调查报告。编制完成县、乡新农村建设总体规划和23个村（队）规划。认真贯彻落实支农惠农政策，累计投入“三农”资金1.29亿元，使农牧民人均享受财政投入4 400余元。高度重视农村富余劳动力转移工作，通过引导、组织及技能培训，共转移农村劳动力6 193人，占农村劳动力的29%，劳务创收达到1 182.34万元，拉动全县农牧民人均增收112.6元。建立农村信息平台，全县11个乡镇场76个村（队）中有11个乡镇场和38村安装“农信通”机40部，发布各种有关农牧业生产、科学技术、价格行情等信息1.4万条，给农牧民提供方便快捷的信息服务。夏孜盖乡和4个村（队）被评为地区“农信通”先进乡和先进村（队）。

2010年，全力服务“三农”，现代农牧业稳步推进。战胜百年不遇的特大雪灾，实现农业增效，农牧民增收，农牧民人均纯收入达到5 857元。（一）农牧区基础设施日趋完善，累计投入新农村建设资金2.5亿元，完成4座水库除险加固、500座暖圈、117千米牧道、2座牧业指挥部、1万吨青贮窖以及饲草料储备库等一批农牧业基础设施建设任务。（二）农牧业科技推广成效明显，完成2 333公顷节水灌溉工程，落实高产示范田2 333公顷，建立兵地共建示范田85公顷，实施测土配方施肥3 333公顷；投入专项经费300万元，深入开展“牲畜品种改良年”活动，提升农畜产品质量。（三）有机农牧业迈上新台阶，和布克赛尔县被认证为自治区级有机畜产品生产加工基地，蒙哥尔肉类开发有限责任公司取得有机畜产品加工证书；双色港6 667公顷有机棉生产加工项目顺利实施，种植有机棉733公顷、有机打瓜400公顷。（四）产业化规模进一步壮大，华丰棉轧厂、蒙哥尔肉类、江格王绒制品、牧辰实业、新久棉业等自治区、地区级农产品加工龙头企业规模逐步扩大，完成总产值6.5亿元，实现利润2 864万元，上缴税金2 002万元。

2012年，继续做好“三农”工作，促使现代农牧业稳步发展。全县“三农”投入4.8亿元，完成病险水库除险加固6座，冬窝子、暖圈各200座，饲料储备库1座，高效节水1 373公顷等一批农牧业基础设施工程；建立新技术、新品种试验示范区20个，机采棉示范区187公顷，全县主推品种和技术覆盖率达95%。牲畜良种率达85%，牲畜免疫率达100%。实施禁牧32.12万公顷、草畜平衡96万公顷，发放草原生态保护补助奖励金4 761.8万元。为受灾农牧民发放政策性农业保险理赔金171万元。农牧民专业合作社89家，辐射带动农户1 825户；转移农村富余劳动力4 844人次，劳务收入1 057.8万元。稳步实现850户3 500人脱贫和7个村、551户整村推进任务。北部山区贫困农牧民搬迁定居人均收入达8 724元，高于全县农牧民人均水平。和布克赛尔县顺利通过5个有机畜产品生产基地年度认证，并成功创建为“国家级有机畜产品生产基地”。

2015年，继续以改革促发展，全县农牧业经济稳步提升。

（一）做好政策性牧业保险推广工作，保障养殖业、种植业健康发展。完成18 689头牛、70 244只羊的政策性养殖业保险任务，查勘926笔，赔付1 156万元（其中羊赔付815万元、牛赔付341万元），受益农户3 680户；完成种植业保险7 495公顷，赔付126万元，受益农户81户。

（二）实施安居富民工程惠及民生，按照县委、县人民政府的统一要求，县委经工办对《和布克赛尔县安居富民房管理办法》进行修订。配合县审计部门完成安居富民房的审计工作，并按要求进行整改。同时，经过县委主要领导多次会议协调，由县委经工办负责统一跑办，分批为“幸福小区”“阳光小区”一期购房户办理房产证、土地证442户。

（三）完成土地清理清查工作，按照地区关于农业用地机电井清查清理工作相关要求，按照实际面积和数量依法对每一宗土地和每一眼机电井进行清查清理。全县共清查清理农业用地2.71万公顷；清查机电井799眼，顺利通过地区检查验收。

（四）成立全县农垦牧场改革工作领导小组。领导小组办公室设在县委经工办，组织相关人员参加地区举办的培训，并及时召开工作协调会议，为和布克赛尔县“十三五”农垦牧场的全面改革工作起好步、布好局。

## 第六节　机关党建

### 一、机构队伍

1993年，和布克赛尔县直属机关党委（简称“县直机关党委”），有干部职工3人。

1998年3月，县直机关党委更名为中共和布克赛尔县直属机关工作委员会（简称“县直机关工委”），为县委的派出机构（正科级），行政编制4名，其中书记1名、副书记2名（含纪检工委书记）、文秘档案人员1名。

2010年2月，成立县直机关工委纪工委。2013年10月10日撤销。

2015年，县直机关工委行政编制3名，实有干部职工8人。

### 二、党组织与党员

1993年，和布克赛尔县直属机关党委有基层党组织40个，其中党总支4个、党支部36个。党员522人，其中正式党员490人，预备党员32人。

2015年，和布克赛尔县直属机关党委有基层党组织40个，其中党总支2个、党支部38个。党员760人，其中女党员268人，占党员总数的35.26%；少数民族党员344人，占党员总数的45.26%；35岁及以下党员218人，占党员总数的28.68%；大专以上学历的党员657人，占党员总数的86.45%。

**1993—2015年和布克赛尔县直属机关工委所属基层党组织及党员情况表**

表19－5

| 年份（年） | 党组织（个） | | | 党员（人） | 年份（年） | 党组织（个） | | | 党员（人） |
|---|---|---|---|---|---|---|---|---|---|
| | 合计 | 总支 | 支部 | | | 合计 | 总支 | 支部 | |
| 1993 | 40 | 4 | 36 | 522 | 2005 | — | — | — | — |
| 1994 | 39 | 2 | 37 | 524 | 2006 | 57 | 3 | 54 | 690 |
| 1995 | — | 2 | — | 524 | 2007 | 63 | 6 | 57 | 742 |
| 1996 | 40 | 2 | 38 | 519 | 2008 | 66 | 7 | 58 | 761 |
| 1997 | 47 | 3 | 44 | 580 | 2009 | 63 | 8 | 55 | 795 |
| 1998 | 47 | 3 | 44 | — | 2010 | 70 | 8 | 62 | 824 |
| 1999 | — | 8 | — | — | 2011 | 43 | 2 | 41 | 767 |
| 2000 | — | — | — | — | 2012 | 51 | 4 | 47 | 818 |
| 2001 | — | — | — | — | 2013 | 51 | 3 | 48 | 865 |
| 2002 | 65 | 3 | 62 | 632 | 2014 | 45 | 2 | 43 | 883 |
| 2003 | 63 | 3 | 60 | 723 | 2015 | 40 | 2 | 38 | 767 |
| 2004 | 61 | 3 | 58 | 692 | | | | | |

### 三、思想教育与组织活动

1993—2000年，县直属机关工委把加强党员“三基本”（马列主义、毛泽东思想基本理论、党的基本路线和党的基本知识）教育作为解决党员思想入党的重要措施，开展工作研讨会和组织党员学习读报会等180多次。要求党员领导干部“三带头”（领导带领发言、领导带头写心得体会、领导以身作则），要求一般党员干部要“三结合”（业务与本职工作相结合、集体讨论与重点发言相结合、职工大会与个别人交谈相结合），“三联系”（把党规党纪的教育与社会实际相联系，把反对腐败现象与教育党员遵纪守法、保持和发扬党的优良传统相联系，把国际风云变幻的严峻形势与当前每个党员所面临的工作任务相联系），党员的政治素质和工作能力得到很大提高。

2001—2006年，建立政治理论学习长效机制，组织党员干部学习党章、邓小平理论和《江泽民文选》、社会主义荣辱观等，举办各类培训班6期，培训党务干部60余人，培训入党积极分子80多人，培训发展对象40多人。县直机关工委各党总支、支部共播放党员电教片920场，受教育党员1.02万人次，群众2 430人次。组织慰问老党员和困难党员200多人次，帮助社区解决问题45个。

2007—2010年，订购发放思想教育电教片34套、360盘；组织广大党员学习胡曼、王瑛等先进人物事迹，每个党员写心得体会1500字以上。组织向四川汶川特大地震灾区人民两次捐款捐物、缴纳“特殊党费”共31.95万元；向县内困难党员、弱势群体捐款捐物累计价值1.01万元。各总支、支部结合党建工作共撰写调研文章4篇、信息526期，向外发表300多期。共创建自治区级文明单位37个、地区级文明单位21个、县级文明单位13个。

2011—2014年，组织党员收看“中央新疆工作座谈会和自治区党委七届九次全委（扩大）会议精神解读”系列视频讲座、《科学跨越 创先争优》电视专题展播、远程电教片《信仰》《创先争优先锋颂》《天山歌颂》780余场次、6 500余人次。深化党员承诺制，县直机关工委作出公开承诺党组织共计62个，作出公开承诺党员累计1 333人，认领先锋岗党员580人；党组织承诺事项198件，党员承诺事项2 388件；开展各种点评60余场次、群众评议50余场次，群众满意率均在98%以上。成立党员志愿者服务队48个，党员志愿者303人，开展志愿服务活动96次，提供志愿服务560人次，为群众办实事好事287件。县直机关党员参加抗洪救灾活动达3 872人次，出动车辆2 215车次，为受灾群众捐款15.58万元（含单位捐款1.5万元）；为一名白血病男孩捐款13 680元。

2015年，工委在落实主体责任上当表率、做示范，与各支部签订党风廉政建设责任书，并在党风廉政教育月创新开展“六个一”为主要内容的反腐倡廉活动（即组织一次读书思廉座谈会、开设一个廉政视频剧场、绘制一批廉政宣传书画、签订一份廉洁自律承诺书、组织一场大型廉政讲座、开展一次党风廉政知识测试），全方位、多层次地开展机关廉政文化活动。坚持完善民主集中制，组织召开集体学习40次，召开工委会议18次，讨论决策事项22项。组织工委全体干部职工为和田皮山县地震灾区及莫特格乡一名患病儿童捐款1 350元。积极做好外宣工作，投稿主流媒体142条、重要网站526条、其他报刊网站2 479条。

## 第七节　党校教育

### 一、机构队伍

1993年，中共和布克赛尔县委员会党校（简称“县委党校”）内设办公室、组织教学室，有教职工12人，其中专职教师6人。

2003年9月，成立塔城电大和布克赛尔分校。2006年12月，成立和布克赛尔县行政学校，实行县委党校、县广播电视大学、县行政学校三块牌子、一套班子的办学模式，县委常委、县委组织部部长兼任党校校长。

2008年，县委党校设立教研室，负责教学科研工作。

2015年，县委党校内设办公室、教务室、教研室、开放教育办、财务室，核定编制20名，实际在职14人，其中行政管理人员1人、专职教学人员11人、工勤人员2人。

## 二、党校建设投资

1997年，县委党校基本建设费为56万元，办公设备费由各单位筹集而成。

2003—2004年，县委党校基本建设费和办公设备费由电大办公费和上级党校补助远程多媒体摄影设备费用构成，共16.38万元。

2006—2007年，县委党校基本建设费和办公设备费由县财政拨款，共28.02万元。

2008年2月，县委党校搬迁东归路3号，新校区占地面积10 474平方米，建筑面积4 582平方米，绿化硬化5 300平方米，总投资1 147.85万元，均由县财政拨款，其中基建费926.75万元、办公设备费221.10万元。

2010—2014年，县委党校办公设备费由上级电大和县财政拨款构成，共42.26万元。

## 三、干部培训

1993—2009年，县委党校紧紧围绕县委、县人民政府的总体思路和工作部署，认真按照县委组织部下达的培训任务，遵循上级党校的教学指导，制定教学计划，开展教学活动。在此期间，县委党校根据中组部的指示，每年举办一期入党积极分子培训班，对学员进行马列主义、毛泽东思想基本理论的教育、党的基本路线教育和党的基础知识的教育，加强基层党组织和干部队伍的建设。

2010—2011年，根据县委组织部调训通知，县委党校共开办各类培训班44期，培训总人数2 339人次。其中主体班11期，培训学员336人次；短训班33期，培训学员2 003人次。

2012年，为了使干部在学习中研究，在实践中锻炼，在考察中感悟，不断提高自主学习，独立思考和研究、解决问题的能力，县委党校不断改进和创新干部培训方式，针对主体班主要采取“集中学习、实践锻炼、考察学习”为内容的“三段式”模式对干部进行教育培训。其主要任务是充实学习内容，扩大学员知识面；改进学习方式，提升学习成效；加强考察学习，提升创新能力。通过“三段式”培训方式，使学员们变“要我学”为“我要学”，增强主动学习的内在驱动力，增强开拓创新的能力，增强胜任工作的能力，增强解决问题的能力。全年共开办各类培训班17期，培训总人数1 321人次。其中主体班6期，培训学员174人次；短训班11期，培训学员1 147人次。

2013—2014年，在总结“三段式”培训模式的基础上，继续在乡科班和中青班中推广。在“集中学习”阶段按需施教，合理安排学习内容，同时配合组织部干训室共同做好“岗位实践”和“考察学习”阶段具体工作；在“岗位实践”阶段完善县委党校与实践单位责任分工上进行细化、量化，切实达到岗位实践的效果；在“考察学习”阶段根据学员岗位特点，科学制定外出考察学习的考察内容和方式。两年共开办各类培训班32期，培训总人数2 502人次。其中主体班11期，培训学员328人次；短训班21期，培训学员2 174人次。

2015年，以需求为导向确定教学内容。根据不同班次、不同培训对象的特点和要求，设计不同的教学计划，安排不同的教学内容。改进培训方式，每期主体班学员在完成县委党校的教学任务后，一方面争取赴自治区党校脱产培训进行理论拔高；另一方面，争取参观考察以进一步开阔党员干部思路。全年共开办各类培训班22期，培训总人数2 645人次。其中主体班3期，培训学员73人次；短训班19期，培训学员2 572人次。

## 四、教学研究

### （一）发表论文

1.在各级各类报纸杂志上发表论文情况

1999—2009年，县委党校教师在各级各类报纸杂志发表论文共22篇。2010—2015年共88篇，其中副省级及以上36篇、地州级及以下52篇。

2.入选各级理论研讨会及获奖情况

2010—2015年，县委党校教师撰写的论文入选各级理论研讨会共计10篇，其中荣获一等奖1篇，二等奖3篇，三等奖2篇，优秀奖4篇（见下表）。

| 序号 | 作 者 | 论文题目 | 入选理论研讨会名称 | 颁发日期 | 获奖情况 |
|---|---|---|---|---|---|
| 1 | 陈涛 | 《和布克赛尔县发展现代农牧业的思考》 | 自治区党校第十届理论研讨会 | 2010年9月26日 | 优秀奖 |
| 2 | 陈涛 | 《和布克赛尔县文化惠民工程实施成效、问题与对策》 | 自治区党校第十三届理论研讨会 | 2013年10月14日 | 三等奖 |
| 3 | 梁雪芹 | 《推进城镇化建设，实现和布克赛尔县跨越式发展——和什托洛盖小城镇建设的调查与思考》 | 自治区党校第十届理论研讨会 | 2010年9月26日 | 一等奖 |
| 4 | 梁雪芹 | 《共筑“中国梦”，全面建成小康和布克赛尔》 | 自治区党校第十三届理论研讨会 | 2013年10月14日 | 二等奖 |
| 5 | 梁雪芹 | 《国家治理视野下创新社会治理体制的若干思考》 | 自治区党校第十四届理论研讨会 | 2014年11月3日 | 三等奖 |
| 6 | 梁雪芹 | 《构建和谐和布克赛尔的实践与思考》 | 自治区党校第七届理论研讨会 | 2007年6月 | 优秀奖 |
| 7 | 梁雪芹 | 《改善民生是实现“中国梦”的重要保障——新疆和布克赛尔县改善民生的实践与启示》 | 新疆科学社会主义学会年会暨“中国特色社会主义与中国梦”理论研讨会 | 2013年10月 | 优秀奖 |
| 8 | 梁雪芹 | 《坚持群众路线，做好新形势下群众工作》 | 新疆科学社会主义学会与新疆大学联合举办的理论研讨会 | 2014年10月 | 优秀奖 |
| 9 | 雷玉华 | 《遏制极端化思想渗透，加深各民族交往交流交融》 | 自治区党校第十五届理论研讨会 | 2015年8月1日 | 二等奖 |
| 10 | 雷玉华 | 《倡导“和文化”，遏制极端化思想渗透的几点思考——以和布克赛县为例》 | 新疆社会科学界青年学者论坛 | 2015年9月 | 二等奖 |

3.参加全疆党校系统优秀科研成果评选情况

2009—2015年，县委党校教师入选全疆党校系统优秀科研成果评选论文共计5篇，其中荣获一等奖1篇，二等奖1篇，三等奖2篇，优秀奖1篇(见下表)。

| 序号 | 作 者 | 论文题目 | 参加优秀成果评选 | 颁发日期 | 获奖情况 |
|---|---|---|---|---|---|
| 1 | 梁雪芹 | 《切实保障和改善民生 推进和谐和布克赛尔建设》 | 新疆维吾尔自治区第十届哲学社会科学奖评选 | 2014年11月26日 | 优秀奖 |
| 2 | 梁雪芹 | 《新疆和布克赛尔县全面建成小康社会的思考》 | 全疆党校系统第八届优秀科研成果评选 | 2015年10月26日 | 一等奖 |
| 3 | 雷玉华 | 《以江格尔文化为龙头，引领和谐和布克赛尔建设》 | 全疆党校系统第五届优秀科研成果评选 | 2009年10月16日 | 二等奖 |
| 4 | 雷玉华 | 《江格尔文化——和布克赛尔县文化强县战略核心》 | 全疆党校系统第七届优秀科研成果评选 | 2013年10月14日 | 三等奖 |
| 5 | 雷玉华 | 《新疆边境贫困县农牧民与全国同步建成小康社会的思考——对和布克赛尔县农牧民收入实现倍增的分析》 | 全疆党校系统第八届优秀科研成果评选 | 2015年10月26日 | 三等奖 |

(二)申报课题情况

县委党校教师2013—2015年主持自治区课题2项，结项1项。

**县委党校申报课题立项结项情况**

| 序号 | 主持人 | 课题项目名称 | 课题级别 | 立结项时间 | 鉴定等级 |
|---|---|---|---|---|---|
| 1 | 梁雪芹 | 《新疆和布克赛尔县加快推进新型工业化进程实践研究》(全疆党校系统百名骨干教师培养计划课题资助一般项目) | 自治区级 | 2014年5月结项 | 合格 |
| 2 | 梁雪芹 | 《新疆和布克赛尔县与全国同步实现全面建成小康社会问题研究》(全疆党校、行政学院系统一般项目) | 自治区级 | 2015年10月立项 | 良好 |

(三)新专题试讲和说课

2009年，县委党校开始实行新专题试讲制，至2015年，试讲、说课的新专题共计83个，其中2009年4个、2012年20个、2013年31个、2014年21个、2015年7个。

## 第八节　党史地方志工作

### 一、机构队伍

1993年，县史志办实际在职5人。2006年，实际在职4人。2007年，实际在职5人。2009年，县史志办列入公务员序列管理，核定编制5名，实际在职5人。2015年，实际在职3人。

## 二、设施建设

2007年,为确保史志工作顺利开展,县委给史志办配备1辆交通用车。同时,史志办积极争取资金支持,配置2台微机、1台打印复印机、1部手提电脑和1部数码相机。

2009年8月,县史志办搬迁至振兴宾馆综合办公区,办公室4间、资料室1间、书籍存放室1间,配置一批现代化办公设备及办公用车1辆。

2011年,配置2台电脑、5组书柜、3套办公桌椅、1部扫描仪等现代化办公设备,共有办公电脑6台、笔记本电脑1部、复印打印机1台、电子政务专用打印机1台、照相机1部,并配有办公用车1辆。完备的软件、硬件设施为史志各项工作的开展提供便利条件。

2013年11月,县史志办搬迁至县综合办公大楼,有办公室2间、书籍存放室1间。

## 三、党史编纂

### (一)《中国共产党和布克赛尔县历史大事记(1949.10—1992.9)》

1995年3月,《中国共产党和布克赛尔县历史大事记(1949.10—1992.9)》(以下简称"《大事记》")编写成送审稿。1996年3月,由新疆人民出版社出版。

《大事记》以《关于建国以来党的若干历史问题的决议》为依据,实事求是地记述了中国共产党和布克赛尔县委员会认真贯彻执行党的路线、方针、政策,带领全县各族人民进行社会主义革命和社会主义建设,特别是中共十一届三中全会以后以经济建设为中心,改革开放和两个文明建设的概况。主要包括新中国成立以来"基本完成社会主义改造时期(1949年10月至1956年9月)、开始全面建设社会主义时期(1956年10月至1966年4月)、"文化大革命"时期(1966年5月至1976年10月)、社会主义现代化建设新时期(1976年10月至1992年9月)四大历史时期县委贯彻执行党的路线、方针、政策的文件及会议精神;党和国家领导人以及自治区、自治州、地委领导人在和布克赛尔县视察工作的情况;党的组织建设、思想建设、作风建设的情况,附有中共和布克赛尔县党组织、党员发展情况简表、历次党代会简表、历届县委书记任职统计表、历年国民经济发展情况统计表。

### (二)《中共和布克赛尔县历次党员代表大会文献选编(1957.11—2001.9)》

2003年2月,开始收集《中共和布克赛尔县历次党员代表大会文献选编(1957.11—2001.9)》资料;7月,完成初稿,送交县编纂领导小组进行第一轮审核。

2004年3月,编写成送审稿,送塔城地区五县二市进行第二轮审核;6月23日,中共塔城地委党史研究室审稿小组通过对该书的审核;9月,由新疆科技出版社出版发行。

### (三)《中国共产党和布克赛尔县历史大事记(1992.1—2005.2)》

2005年5月,中共和布克赛尔县委、县人民政府研究决定启动《中国共产党和布克赛尔县历史大事记(1992.1—2005.12)》的资料收集工作。

2007年1月,经过资料征集、查阅档案、分工编写、补充修订等工作,完成36万字的《大事记》初稿;接着县史志办利用一个月的时间对初稿进行整理、筛选、考证、补充,于2月完成征求意见稿,约28万字,分别送县委、人大、政府、政协、纪检委等领导审阅,同时送地区主管领导审阅;4月,县史志办根据各方修改意见和建议对稿件进行再次修改,形成定稿;7月,由新疆人民出版社出版发行。

（四）《中国共产党和布克赛尔县简史（1950—2011）》

2012年10月，启动《中国共产党和布克赛尔县简史（1950—2011）》编纂工作。

2013年10月，完成《简史》征求意见稿，并分送县委、人大、政府、政协、纪检委等领导审阅，同时送地区、自治区主管领导审阅；之后，县史志办根据各方修改意见和建议对稿件进行再次修改，完成二审稿；11月28日，经县委、县人民政府同意，县史志办召开评审会。评审会后，县史志办根据评审意见进行再修改。

2014年5月，县史志办将三稿送塔城地委党史研究室审稿；之后，县史志办根据地委党史研究室的审订意见进行再修改，完成定稿。

2015年9月，由新疆人民出版社出版发行。

（五）其他党史资料编纂

2005年5月，开始收集整理《和布克赛尔县重要文件汇编》和《中共和布克赛尔组织史》的资料。2006年9月，完成两书资料汇总，并进入编审。2015年12月，《和布克赛尔县重要文件汇编》完成编审。

## 四、地方志编纂

（一）县志

第一轮县志编纂　1993年，开始编纂第一轮《和布克赛尔县志》。第一轮县志的起草完成共经历3个阶段：1993年5月3日至9月中旬为收集资料阶段，9月下旬至11月初为试写阶段，11月底转为正式编纂阶段。经过近一年的努力，完成县志送审稿。

1998年年初，县志送审稿报送自治区地方志编纂委员会评审；9月，自治区地方志编纂委员会对县志正式评审，并提出许多修改意见；之后，县志编辑人员根据自治区地方志编纂委员会的评审意见进行认真修改，完成付梓稿。1999年9月，由新疆人民出版社出版发行，首印1 000册。

《和布克赛尔县志》是和布克赛尔县有史以来的第一部志书。该志翔实编汇新中国成立以来和布克赛尔县的地情、地貌、政治、经济、社会生活等方面的历史档案资料，是社会各界了解和布克赛尔县的一部百科全书，并成为和布克赛尔县历届党政领导必备的资政工具书、外来客商投资建厂的首选资料书和各族干部群众了解和布克赛尔县历史文化的教科书，为和布克赛尔县的经济发展和社会进步发挥重要历史作用。由于需求量较大，2011年3月又加印300册。

2006年10月，县史志办根据自治区地方志编纂委员会关于和布克赛尔县要做好县志的翻译出版工作的要求，启动《和布克赛尔县志（蒙）》翻译工作，2007年10月完成蒙文翻译，并将翻译稿移交出版社。

第二轮县志编纂　2014年2月8日，和布克赛尔县人民政府批准并转发县史志办拟定的《和布克赛尔县第二轮修志工作实施方案》，和布克赛尔县第二轮修志工作正式启动。至2015年12月底，第二轮修志的初稿收集工作尚在进行中。

（二）部门志

1991年9月，完成《和布克赛尔县粮食志》出版发行工作。

2007年12月，完成《和布克赛尔县武装部志》，由新疆新华出版社出版发行。

2008年5月，完成《和布克赛尔县人民代表大会志》，由新疆人民出版社出版发行。

2015年7月，完成《和布克赛尔县农村信用合作社志》，由中国金融出版社发行。

（三）乡镇场志

2015年，县史志办在全县党史、地方志工作会议上提出，各乡镇场都要着手志书编写工作。首选夏孜盖乡、和什托洛盖镇作为试点，年内已启动资料收集整理工作。

（四）地情资料

2005年10月，启动《和布克赛尔风情》编写工作。2007年3月完成初稿，约13万字；4月，完成征求意见稿，交县领导、相关部门及部分老干部审阅。2009年2月，由新疆人民出版社出版发行。是一部全面反映和布克赛尔县历史文化、风俗人情、自然景观及建设成就的地情书。分为人文历史篇、资源景物篇、风土人情篇、建设成就篇4部分，共29个篇目，15万字。

2006年4月，县史志办启动《和布克赛尔县概况》修订本的编写工作；10月，完成初稿。2009年5月，由民族出版社出版发行。该书共分12章，24万字。修订本更全面、更系统地反映和布克赛尔县历史、地理、民族、政治、经济、文化，展示山川风貌、物产资源、建设成就和发展前景，并着重补充改革开放以来和布克赛尔县经济与社会发展的重要内容。

2006年6月，史诗《江格尔》被批准为国家首批非物质文化遗产，并将该项目的研究基地设在和布克赛尔县。为提升和布克赛尔县独特优势历史、民族文化传统地位，扩大宣传面，打造《江格尔》文化品牌。2008年，县史志办与新疆社科院联合出版《卫拉特研究》（和布克赛尔蒙古族历史文化专刊）。

2007年12月，县史志办主任乌·叶尔达专著《跨洲东归土尔扈特——和布克赛尔历史文化（汉）》翻译完成。2008年1月，由新疆人民出版社出版发行。2014年7月，该书在蒙古国翻译为斯拉夫文出版发行。

2008年6—8月，为更高层次、更大范围拓展和提升西部蒙古历史文化研究，大力弘扬和布克赛尔民族文化，打造文化名县，将江格尔文化发扬光大，和布克赛尔史志办与《西部蒙古论坛》编辑部合作，出版《西部蒙古论坛》（和布克赛尔蒙古族历史文化专刊），主编乌图那生·叶尔达。

2009年，县史志办与中国第一历史档案馆签订协议，启动《清代东归和布克赛尔土尔扈特蒙古满文历史档案全译》的译编工作。2012年5月，完成初稿。2013年7月，由新疆人民出版社出版发行。全书69万字。该书的出版，为研究土尔扈特蒙古历史文化提供第一手材料，并对维护民族团结、边境巩固、各民族和谐发展有着重要的现实意义。

2014年，内刊《宝木巴家园（汉）》第一期完成印刷。

2015年，内刊《宝木巴家园（蒙）》第一期完成印刷。同年，完成《爱国民族英雄亲王策布克道尔吉》的资料收集工作；着手编研《敖包文化》一书，并完成20余万字的初稿。

（五）年鉴

1.《和布克赛尔县年鉴》

2006年年底，启动《和布克赛尔县年鉴（2007）》的编写工作。2007年12月，《和布克赛尔县年鉴（2007）》出版发行。之后，除2009年外，年鉴连年编纂出版。至2015年年底，完成编纂《和布克赛尔县年鉴（2014）》。

2.其他年鉴

自1995年起，县史志办先后为《中国民族年鉴》《新疆年鉴》《伊犁年鉴》《塔城年鉴》提供资料（含图片），每年成为例行工作，从未间断。

### 第九节　保密工作

**一、机构队伍**

1993年，和布克赛尔县保密委员会由分管县委副书记任主任，县委办、政府办主任任副主任，配备1名专职副主任，委员由县委宣传部部长、县委政法委副书记、纪委办公室主任担任。无内设机构。

1994年，县保密委员会主任、副主任进行调整，由分管县委副书记任主任，县委常委、妇联主任，县委办主任任副主任。

2002年，下发《中共和布克赛尔县委员会保密委员会办公室职能配置、内设机构和人员编制规定》，县委保密办与县国家保密局实行一套机构、两块牌子的管理模式，规格是副科级单位，没有内设机构，编制2名，其中副科级领导职数1名。至2015年未变。

**二、主要工作**

1993—2000年，县委保密办制定完善各项保密规章制度，成立保密专项检查领导小组，制定切实可行的专项检查实施方案。加强高考期间保密管理，确保试题、答案不被泄露，维护考试公正公平，开展逐项检查。强化领导干部保密教育，加大《中华人民共和国保密法》宣传力度，做好《保密工作》杂志征订工作，共征订300余份；通过移动公司以短信的方式，向全县副科级以上领导干部发送保密信息，督促各级领导干部时时做好保密工作。

2001—2010年，县委保密办严格履行工作职责，突出重点、加强防范，强化管理，狠抓落实。在涉密文件管理方面，严格要求，做到文件下发、回收都有登记；在计算机使用方面，严格做到涉密不上网、上网不涉密；保密宣传教育方面，组织领导干部和公职人员培训16次，签订承诺书1 000余份，由党校教员讲授保密教育课8次。

2011—2015年，和布克赛尔县把保密工作摆上重要议事日程，每年与77个县直各单位、12个乡镇场，共89个部门签订保密工作目标管理考订责任书，将保密工作责任制的落实情况作为绩效考核内容之一，考核采取自查自评方式，重点督查。利用《保密工作》杂志等宣传载体，经常性开展学刊用刊活动，扩大保密宣传覆盖面。5年内共征订《保密工作》杂志520份；发放保密法宣传单3 000张、警示教育贴5 000张、临街展板20张、鼠标垫3 200个。将保密知识学习纳入到县委理论学习中心组学习中，共学习9次。根据保密形势，针对检查中出现的问题和工作中可能出现的失泄密问题，组织进行保密教育并观看《泄密隐患演示》电教片60余次。

## 第四章　主题教育实践活动

### 第一节　双学活动

党的十四届四中全会提出，用3年时间，在全体党员中有计划、有步骤地开展一次建设中国特色社会主义理论和党章的学习活动。1994年12月，中央组织部、中央宣传部印发《关于在党员中开展建设有中国特色社会主义理论和党章学习活动的意见》，明确“双学”活动的主要内容是，深入学习邓小平同志关于建设有中国特色社会主义理论的著作和《中国共产党章程》。

和布克赛尔县各级党组织按照上级要求和部署，把“双学”活动作为一件大事来抓。先后制定了党员学理论、学党章活动三年规划和实施方案，成立了“双学”活动办公室。以党校、党员活动室为主阵地，对学习骨干进行分期分批、长短结合的培训。三年来，全县共有2 500余名党员参加“双学”活动，约占党员总数的93%。广大党员比较系统地学习了建设有中国特色社会主义理论和党章，理想信念得到进一步增强，部分党员干部中存在的信念动摇、思想涣散、作风飘浮、办事拖拉、为政不廉等方面的问题得到有效解决，党员先锋模范作用得到进一步发挥。

## 第二节　“三讲”教育

2000年2月，中央决定在全国县级以上党政领导班子和领导干部中深入开展以“讲学习、讲政治、讲正气”为主要内容的党性党风教育。根据上级党委的总体部署，同年2月28日，和布克赛尔县委召开“三讲”教育动员大会。县委书记夏广泰作动员讲话，县直各单位、各乡镇场、各厂矿企、事业单位副科级以上领导参加会议。

县委在自治区党委巡视组和塔城地委“三讲”办的指导下，县四套班子、6个部门单位（纪委、法院、检察院、公安局、县委组织部、宣传部）的领导班子和领导干部38人深入开展“三讲”教育活动，并制定《县委、人大、政府、政协、纪委、法院、检察院、公安局领导班子、领导干部“三讲”教育实施意见》。成立以县委书记夏广泰为组长的“三讲”教育领导小组，抽调20多名干部组成“三讲”教育办公室，“三讲办”分为4个组并作明确分工。建立“三讲”教育活动一把手责任制，签订“三讲”教育责任书。根据自治区党委和地委的统一部署，县“三讲”教育分为4个阶段：第一阶段为思想发动、学习提高阶段；第二阶段为自我剖析、听取意见阶段；第三阶段交流思想、开展批评阶段；第四阶段为认真整改、巩固成果阶段。为加强“三讲”教育宣传工作，和布克赛尔县研究制定“三讲”教育宣传报道提纲，县“三讲”办和6个部门“三讲”办分别创办“三讲”教育简报。《和布克赛尔县“三讲”教育通讯》、县电视台开办“三讲”教育专栏、专题，对“三讲”教育进行跟踪报道，营造浓厚“三讲”教育氛围。

领导干部在“三讲”活动中广泛听取群众意见，梳理广大干部、群众对领导班子及其成员的意见、建议共400多条。四大班子、6个部门分别设立意见箱，开通专线电话，并在县电视台等新闻媒体上向社会公布专线电话实行24小时值班，随时收集干部群众意见。县“三讲”办还成立“三讲”教育信访接待室，接待群众来信来访。地委巡视组和县委分别对收集到的意见建议进行认真梳理和归纳整理，并以书面形式向四套班子成员反馈对班子成员个人的意见。县委书记向四套班子分别反馈县委收集到的对四套班子的意见。对反馈的意见，地委巡视组和县委坚持原汁原味，不抹棱去角，不走样变味，四套班子的主要负责同志利用反馈意见的机会，积极与班子成员开展谈心活动，班子成员之间也坦诚交换意见，相互帮助，共同提高。针对反馈的意见，县委首先集中几天时间，连续召开县委常委会议进行集体查摆剖析，从理论学习、贯彻党的路线方针政策、县委自身建设、贯彻民主集中制、思想工作作风、党风廉政建设等方面，认真查摆剖析县委班子和班子个人在党性党风方面存在的突出问题，紧紧围绕“讲政治”这个核心，从世界观深处进行自我剖析；同时查找领导班子存的突出问题，形成领导班子剖析材料，召开专题民主生活会，开展批评与自我批评。发动本单位干部职工进行民主评议。针对反映出的主要问题，逐条逐项地分析原因，认真总结，制定领导班子整改方案和领导干部整改措施，加以认真整改落实。

和布克赛尔县“三讲”教育历时两个月，于2000年4月底结束。按照自治区“三讲”教育工作会议的要求，顺利完成任务，取得明显成效。基本达到中央要求的思想上有明显提高，政治上有明显进步，作风上有明显转变，纪律上有明显增强的要求。通过“三讲”教育，四套班子、6个部门的领导普遍受到一次马克思主义、毛泽东思想和邓小平理论教育，进一步坚定共产主义信念和走有中国特色社会主义道路的信心；增强政治敏锐性和政治鉴别力，增加反腐拒变、抵御政治风险的能力，提高把讲政治贯彻到各项工作中去的自觉性；使党的批评与自我批评的优良传统得到恢复和发扬，增强解决领导班子自身矛盾和各种实际问题的能力，一定程度上改善党群、干群关系，加深对群众观点和党的宗旨的理解；增强“关键在党”的认识，对于提高党的领导干部的执政水平、团结和带领广大人民群众进一步统一思想、树立信心、扎扎实实地推进党的建设新的伟大工程，为实现“十五”计划目标，加快推进和布克赛尔县经济社会向前发展起到积极的促进作用。

## 第三节 “三个代表”重要思想学习教育活动

2000年年底，中共中央决定用两年左右的时间在全国农村开展“三个代表”（中国共产党始终代表中国先进社会生产力的发展要求，代表中国先进文化的前进方向，代表中国最广大人民群众的根本利益）重要思想的学习教育活动。2001年2月1日，和布克赛尔县委印发《关于在全县开展“三个代表”重要思想学习教育活动的安排意见》；9日，召开县“三个代表”重要思想学习教育活动动员大会，成立和布克赛尔县“三个代表”重要思想学习领导小组，县委书记孙彦哲担任领导小组组长。“三个代表”重要思想学习教育活动在全县启动，并将活动列入重要议事日程，周密安排，明确责任，严格把关，抓好落实。教育广大基层干部将其作为自我教育、自我改进、自我提高的重要环节，以饱满的热情和认真的态度，切实解决好查找出来的突出问题。

和布克赛尔县“三个代表”重要思想学教活动分3个批次进行，第一批为乡场镇及县直各部门，第二批为牧业村队及学校，第三批为农业村队。每批次学教活动又分3个步骤进行。第一步，学习培训。县直各部门、乡镇场、学校科级干部由县委党校统一培训，参加学习人员以《新疆农村干部“三个代表”重要思想学习教育读本》《新疆基层干部读本》为基本教材，集体学习、撰写心得体会，看电教片、专题讨论。第二步，对照检查。乡镇场和县直部门领导干部要与农民同吃、同住、同劳动，个别谈话、召开座谈会等形式认真听取群众意见，了解群众想什么、盼什么、要求干部做什么。对照“三个代表”重要思想的要求，检查自己在中共十五届三中全会以来在政治、思想和工作方面存在的问题，进行总结和反思，形成书面材料。领导班子成员之间开展谈心、进行思想交流，召开民主生活会，开展批评和自我批评。第三步，整改提高。乡镇场和县直部门领导班子从维护农村稳定、发展农牧区经济，增加农牧民收入、减轻农牧民负担、转变干部工作作风等方面制定具体的整改方案。整改方案紧紧联系全县的工作实际，按照自治区党委学习教育活动规定的步骤和程序，本着缺什么补什么，缺多少补多少的原则，严格执行学习教育活动实施方案，县委对整改方案的落实情况进行督促检查，防止流于形式，杜绝走过场。全县11个乡镇场、200多个部门、100多个村队，千余名干部参加。经过全县各级党组织、党政领导干部、广大基层干部和人民群众的共同努力，学习教育活动顺利、健康、扎实地向前推进，取得较好成效，达到预期目的。

县委结合农村开展"三个代表"重要思想学习教育活动，以"三级联创"贯穿于党建工作始终，坚持不懈地抓好农村基层组织建设工作，"抓乡带村、抓村促乡"，以点带面，点面结合。强化村党支部核心地位，规范村级管理，建立和完善相关配套制度，提升基层组织建设的整体水平。同时，为村级开展学习教育活动做好准备，将选编的《农村干部学习"三个代表"重要思想文件汇编》作为必读教材，把学习"三个代表"重要思想同学习邓小平理论、中共十五届三中、五中全会精神紧密结合起来，进一步建立健全各项规章制度和激励约束机制，为农业和农村工作服务保证机制更加完善，主动接受群众监督，让群众了解实情，看到希望，树立信心。

按照上级党委的统一部署，2001年5月，县委对全县"三个代表"重要思想学习教育活动进行回访复查，重点回访复查整顿机关工作作风，在机关、单位、乡镇、站所创建良好的服务环境。各单位、各部门普遍做到"三个有"（有一个咨询服务台、有一个办事指南、有一处便民利民服务点）；服务态度做到，笑脸相迎、耐心解释、热情相待、明确答复。县直部门把落实整改措施与实施政府机关形象工程相结合，机关作风和精神面貌大为改观。

通过开展"三个代表"重要思想学习教育活动，全县广大党员干部的思想认识得到较大提高，基层组织的凝聚力、战斗力进一步增强。农村存在的突出问题得到有效解决；各级领导班子自身建设得到加强，各级干部的群众观点特别是党员干部的宗旨意识有明显增强，工作作风有明显转变，工作效率有明显提高；许多久拖未决的热点、难点问题得到解决；"三个代表"重要思想学习教育活动，使广大干部受到教育，群众得到实惠，党群干群关系更加密切，党的领导核心地位得到全面加强和巩固，较好地推动全县改革开放的深入发展。

## 第四节　保持共产党员先进性教育

2005年1月，中共中央发出《关于在全党开展保持共产党员先进性教育活动的通知》，按照自治区党委、地委的统一部署，和布克赛尔县委立即作出具体安排，成立保持共产党员先进性教育活动领导小组及办公室，并制定《和布克赛尔县保持共产党员先进性教育活动实施方案》，从2005年1月下旬起，利用一年半的时间在全县开展保持共产党员先进性教育活动，分3批对全县260个党组织、3 159名党员进行先进性教育活动。

为确保扎实有效地开展活动，全县各级党组织成立先进性教育活动工作机构，配备专（兼）职工作人员，落实专项工作经费。健全党委书记是先进性教育活动的第一责任人，分管领导是主要责任人，各基层党组织负责人是直接责任人的领导责任制，形成一级抓一级、层层抓落实的责任体系。

教育活动分3个批次进行。在每一阶段开始之前都下发文件，对每阶段所需时间、目标任务提出具体要求，以保证此项工作的顺利进展。

第一批从2005年1月16日开始，到7月15日结束，参学单位有7个党工委、7个党组、91个党支部，涉及104个党政机关、企事业单位的1 139名党员。和布克赛尔县第一批保持共产党员先进性教育活动第一阶段为学习动员阶段，从2005年1月16日开始至3月5日结束。学习培训的内容有：《中国共产党章程》、《江泽民论加强各级执政党建设》、胡锦涛《在新时期保持共产党员先进性专题会上的讲话》、《保持共产党员先进性教育读本》及自治区党委和塔城地委的有关决定和文件，要求受培训的党员达到100%。第二阶段为分析评议阶段，从3月16日开始至4月25日结束。在分析评议阶段，进行广泛征求意见，查找在提高执政能力，落实科学发展观、政绩观、人生观、价值观等方面存在的问题和根源。广大党员通过“自己找、群众提、上级点、相互帮”的方法，找准自身存在的不足和问题，共征求意见和建议12 626条，梳理意见和建议5 321条，查摆问题2 012个。从4月26日至7月15日为整改提高阶段，以先进性教育活动为动力，全县各部门紧紧围绕和布克赛尔县发展思路，按照“两不误、两促进”的要求，坚持“边学边改、边议边改、边整边改”原则，把先进性教育的实效最终体现在解决问题、促进工作上。先进性活动开展期间，各级党组织开展扶贫帮困实践活动，为群众做事实、做好事。帮扶农村贫困人口1.4万人次，救助物资62万元，帮助特困学生555名，解决学费10多万元；调运农用物资600多吨，筹措春耕生产资金3 000多万元。广大党员以实际行动践行“三个代表”重要思想，各族群众充分感受到先进性教育的实际成效，进一步密切党群、干群关系。

第二批保持共产党员先进性教育活动从7月12日开始，参学单位有4个党委、68个支部、1 147名党员。第二批学教活动继续坚持县级领导干部联系点制度，28名县级党员领导干部确定40个联系点，选派37名政治素质高、有丰富党务工作经验的干部组成3个督导组和13个指导组具体指导学教工作。第二批先进性教育活动坚持突出特色，不搞“一刀切”，创新开展形式多样的主题实践活动，鉴于第二批先进性教育活动涉及面广、情况比较复杂，县委没有规定更多的“规定动作”，要求各级参学党组织在坚持县委基本要求的前提下，发挥主动性和创造性。根据各单位实际，进行贴近基层、贴近工作的“自选动作”。坚持把解决问题和整改问题贯穿始终，确保先进性教育活动不流于形式，真正成为群众满意工程。第二批先进性教育活动于2005年12月10日结束，活动达到预期效果。

和布克赛尔县第三批先进性教育活动于12月12日启动，涉及10个乡镇场党委，共有73个村队党支部、873名农牧民党员参加。学教活动中，结合全县农村党组织和农牧民党员实际情况，紧紧围绕“建设社会主义新农村”这一主题，着力解决农村党组织和党员队伍中存在的突出问题。在第三批先进性教育活动学习阶段中，创新学习形式，采取“施教式、实践式、现代式、交流式、帮送式、娱乐式”等“六式”学习法，调动广大农牧民党员的学习积极性。结合“科技之冬”，广泛展开科技下乡活动，提高农村党员带头致富的能力。在分析评议阶段，各参学村队党支部经过汇总归纳，共梳理出涉及经济发展、村务管理、党员队伍建设等方面的意见和建议2 505条；开展谈心2 448人次；撰写党性分析材料839份；参学党支部提出整改措施1 985条，得到整改1 372条。各参学党支部把教育活动与服务群众有机结合起来，把取得实效和群众满意作为第一要求。

县委把先进性教育活动和县“三级联创”、社会主义新农村建设有机地结合起来，以保持共产党员先进性教育活动来推动县“三级联创”和社会主义新农村建设工作的全面展开。

自2005年1月中旬开始，历时1年半时间，圆满完成上级党委部署的保持共产党员先进性教育活动的任务。在这次活动中，全县共有260个党组织，3 159名党员参加先进性教育活动。活动达到预期目标，党组织战斗堡垒作用进一步加强，党员先锋模范带头作用进一步发挥。经测评，先进性教育活动群众满意率达99.33%。

## 第五节　学习实践“科学发展观”活动

2007年10月，中共十七大作出在全党分批开展深入学习实践“科学发展观”活动。根据自治区党委和地委统一部署，2009年3月18日，和布克赛尔县委全面启动开展学习实践“科学发展观”活动。县委把学习实践科学发展观作为全县重要工作抓紧抓好，精心组织，周密部署。成立由县委书记张文强为组长的学习实践活动领导小组，下设办公室，办公室内设宣传组、秘书组、综合组、信息组和3个指导检查组。从县直单位、各乡镇抽调15名工作能力强的工作人员充实到工作机构，解决办公场所和工作经费，为扎实开展学习实践活动提供强有力的组织保障。

派出3个指导检查组，对党群口、经济口、大农口、政法口、政府综合口、科教文卫口和县垂管单位学习实践活动进行督促指导。参学单位也成立相应的组织机构，建立上下联动、分工明确、有机统一的责任体系。结合实际，研究制定学习实践活动实施方案、总体思路、工作流程，把学习调研、分析检查、整改落实3个阶段细化为18个步骤、37个项目、47项工作内容，具有较强的指导性和操作性。各参学单位强化措施，狠抓落实，确保学习实践活动健康有序开展。

县委紧紧围绕“党员干部受教育、科学发展上水平、长治久安固根基、人民群众得实惠”的总体要求，确定“科学发展，富民强县，构建和谐和布克赛尔”实践活动主题。在学习实践活动中，坚持把开展学习实践活动与解决突出问题有机结合起来，边查边改，着力解决加快经济发展，改善民生，维护社会稳定等工作中存在的突出问题。先后组织解放思想大讨论座谈会、研讨会、报告会264场次，参加人员达3 136人次。发放调查问卷1.28万份，开展谈心活动162场次，谈话人员达到2 619人次，征求到各类意见建议562条。各参学单位领导班子及成员共撰写领导班子发言材料149份，党员领导干部发言材料318份，党员发言材料2 100余份；全县共撰写领导班子分析检查报告63篇、分析检查材料79篇。

在学习调研阶段，县委领导班子开展7次集中学习，提出28个建议调研课题、15个重点调研项目，并带头深入基层，深入联系点开展调研。在分析检查阶段带头分析根源，制定措施，完善制度。在整改落实阶段，县委班子成员带头讲党课，作辅导。同时对参学单位的好经验、好做法进行挖掘整理，加以宣传，充分发挥典型带动作用。

在学习实践活动中，县委下大力气切实解决事关群众切身利益的实际问题，使改革发展成果更多地惠及广大人民群众。千方百计地为群众办实事、办好事、解难事。拨付教育经费4 332万元，投入教育设施资金5 054万元，落实“两免一补”资金213万元。新型农牧区合作医疗农牧民参合率达98.03%；农村养老保险和城镇居民医疗保险稳步推进；城乡低保实现应保尽保，享受农村低保和城市低保的困难群众达3 644户10 154人；城镇实现就业再就业1 114人，转移农村富余劳动力3 000余人次，实现劳务创收300万元；完成北部山区贫困农牧民搬迁定居住房200套，新建抗震安居房583套，新建农村安全饮水工程3个，解决5 500人、2.5万头（只）牲畜饮水问题。

以学习实践活动为契机，促进机关干部作风的转变。深入开展机关争先创优活动，改进机关干部作风，提高工作效率，制定《和布克赛尔县机关效能建设实施意见》《和布克赛尔县党政机关厉行节约制止奢侈浪费行为的规定》，举办各类干部“双语”培训班12期，培训干部585人。围绕提高科学决策能力、执政能力、驾驭全局能力、应对能力，县委制定《中共和布克赛尔县委常委会议事决策规则》《中共和布克赛尔县委、县人民政府督促检查工作考核办法》《和布克赛尔县村队干部管理办法》，完善《和布克赛尔县山区贫困农牧民搬迁定居实施方案》等，形成保障和促进科学发展的体制。

在全县广大党员干部中开展的这次科学发展观学习实践活动，使广大党员接受以科学发展观武装头脑的意识形态领域的深层次教育。县委十分重视加强党的基层组织建设，加强作风建设，把加强领导干部党性修养、转变机关作风作为重要内容纳入学习实践活动，切实解决党性党风党纪方面存在的突出问题。大力推进机关单位党组织和党员服务承诺制度，改进服务方式，提高服务质量。通过开展学习实践活动，全县党员领导干部对科学发展观的科学内涵、精神实质和根本要求有更深刻的理解，进一步深化推动全县科学发展的共识，转变干部作风，提高办事效率，优化县域经济发展环境。广大干部群众真切感受到活动带来的新变化、新气象。这次学习实践科学发展观活动，对推动全县各项事业的发展起到重要的促进作用。

## 第六节　学习宣传贯彻中共十八大精神和习近平总书记系列重要讲话

2012年11月20日，中共和布克赛尔县委召开传达学习贯彻中共十八大精神大会。

2012年12月7日，和布克赛尔县委根据《关于认真学习宣传贯彻党的十八大精神的通知》精神，印发《关于学习宣传贯彻党的十八大精神的实施方案》，就全县学习宣传贯彻中共十八大精神进行安排部署。

2014年2月18—26日，和布克赛尔县委在县委党校举办3期"学习贯彻习近平总书记系列重要讲话精神"专题培训班，每期3天。同年7月17日，县群众路线领导小组办公室下发《关于转发中央党的群众路线教育实践活动领导小组〈关于认真学习贯彻习近平总书记重要讲话精神深入推进教育实践活动的通知〉的通知》，要求组织党员干部学习贯彻习近平重要讲话精神，纳入党委理论学习中心组进行专题学习，特别是党员领导干部，要把学习讲话精神作为当前一项重要的政治任务，紧密联系思想工作实际，深入开展交流讨论，认真贯彻落实各项部署要求，推进教育实践活动深入开展，促进作风建设取得新成效。同年8月21日，和布克赛尔县委下发关于认真组织好《习近平总书记系列重要讲话读本》《改革热点面对面》学习宣传工作的通知，要求县委党校把《读本》作为培训教材，作为每个宣讲员的必备学习材料，原则上做到既保证学习实践，又保证学习用书。同年10月22日，和布克赛尔县委下发《关于转发〈关于全区各级基层党组织和党员干部认真学习贯彻习近平同志复信精神广泛开展向达西村学习活动的通知〉的通知》，要求各单位及时组织基层党组织、广大党员干部、各级住村工作队深入学习文件精神，认真借鉴典型经验，扎实做好宣传教育群众工作。

2015年1月5日，和布克赛尔县委下发关于认真组织好《习近平谈治国理政》一书学习征订工作的通知，要求各单位组织好对党员干部和群众的宣讲，促进基层党员干部群众统一思想，凝聚力量；通过开设专栏、专题，积极配合广大党员干部和群众学习此书，把学习活动不断引向深入。下发关于认真组织好《习近平总书记系列重要讲话读本》《改革热点面对面》学习宣传工作的通知。具体做到：

1.领导率先垂范，干部带头学习

各级党委（党组）中心组，把学习宣传贯彻习近平系列重要讲话精神作为核心任务，通过集体研讨、专题调研、个人自学、辅导报告、教育培训等多种形式，坚持原原本本学、带着问题学、联系实际学、融会贯通学，把学习成果积极转化为振兴发展的科学举措,形成领导干部带头学习宣讲、带头调研贯彻,一级带一级、层层推进的良好局面。

2.纵横结合宣讲,确保全面覆盖

充分发挥县、乡、村纵向三级理论宣讲体系与基层理论宣讲网格化横向理论宣讲体系的重要作用,围绕习近平总书记系列重要讲话精神,采取访谈、交谈、座谈的"三谈"方法,小型化、分众化、互动化的"三化"方式,广泛开展对干部群众的宣讲活动。

3.培训理论骨干,印发学习资料

本着宣讲人员先学懂再宣讲的理念,先后组织理论骨干培训班、宣传思想文化战线基层干部培训班等,为各单位培训理论宣讲骨干。为宣讲人员提供《马克思恩格斯经典名言品读》等理论书籍2 000余册、《习近平总书记系列重要讲话读本》5 000册。

4.加强舆论宣传,营造浓厚氛围

在报纸、广播、电视、网站等媒体的重要版面(频道)开设学习专栏,突出报道中央、自治区党委、地委、县委学习宣传贯彻习近平系列重要讲话精神的部署要求,及时报道各级党组织和党员干部的学习体会和反响评价,刊(播)发理论解读文章、学习体会文章、调研报告等,充分反映各乡镇场、各部门学习宣传贯彻习近平系列重要讲话精神取得的实效。利用电子屏、街道社区板报、宣传栏等载体,宣传习近平系列重要讲话精神,或直接引用讲话原文,或配上宣传画、图片等进行图文并茂的宣传。

通过学习,建立起深入学习宣传贯彻习近平系列重要讲话精神的学习机制,使习近平总书记系列重要讲话精神进机关、进学校、进农村、进社区、进家庭、进清真寺,做到全员覆盖,家喻户晓,人人皆知,形成"横到边、竖到底"的网格化宣讲大格局。

## 第七节 "热爱伟大祖国、建设美好家园"主题教育

2010年6月起至2012年10月,和布克赛尔县开展"热爱伟大祖国、建设美好家园"主题教育活动。县委把主题教育活动同做好各方面工作紧密结合起来,通过精心设计活动载体,不断创新活动内容,大力营造宣传氛围等形式,激发各族干部群众参与"热爱伟大祖国、建设美好家园"主题教育活动的积极性和主动性,增强各族干部群众实现和布克赛尔县跨越式发展和长治久安的责任感、使命感。

和布克赛尔县委高度重视,及时安排部署全县主题教育活动各项工作。成立县主题教育活动领导小组,加强对全县主题教育活动的组织、指导、协调。领导小组办公室设在宣传部,负责领导小组会务筹办、编发简报、督促检查等工作,及时反映工作进展和成效。各乡镇场也成立了主题教育活动领导机构,切实负起工作责任。充分发挥工会、共青团、妇联等群众团体的作用,动员组织各族干部群众积极参与到主题教育活动中来。根据《中央宣传部、中央统战部、教育部、国家民委和新疆维吾尔自治区党委关于在新疆开展"热爱伟大祖国、建设美好家园"主题教育活动的实施意见》,结合全县实际,印发《和布克赛尔县开展"热爱伟大祖国、建设美好家园"主题教育活动实施意见》。

"热爱伟大祖国、建设美好家园"主题教育活动以邓小平理论和"三个代表"重要思想为指导,深入贯彻落实科学发展观,全面贯彻中共十七大和十七届五中、六中全会精神,认真落实中央新疆工作座谈会、自治

区党委七届九次全委(扩大)会议和地委扩大会议以及县委扩大会议精神,牢牢把握各民族共同团结奋斗、共同繁荣发展的主题,着眼于巩固发展平等团结互助和谐的社会主义新型民族关系,从历史和现实、理论和实践的结合上,深入进行中国特色社会主义的教育,进行社会主义核心价值体系的教育,进行爱国主义和维护国家统一的教育,进行党的民族宗教政策、民族区域自治制度和社会主义法治的教育,进行改革开放和现代化建设成就的教育,大力唱响"六好"的主旋律,引导各民族干部群众牢固树立马克思主义"五观"和"三个离不开"的思想,进一步增强对伟大祖国、对中华民族、对中华文化和对中国特色社会主义道路的认同,团结一心为建设繁荣富裕文明和谐的社会主义和布克赛尔而不懈奋斗。

为深入学习贯彻中央新疆工作座谈会、党的十七届六中全会和自治区第八次党代会精神,大力营造主题教育活动浓厚舆论氛围,和布克赛尔县通过学习三史教育、举办文化讲堂、知识竞赛等宣传教育模式推进主题教育活动。

1.学习三史教育

全县各单位干部职工通过聆听自治区、地区宣讲团对"新疆三史"的解读,了解新疆历史,民族发展史、宗教演变史,同时,进一步提高对新疆"三史"宣传教育活动重要意义的认识,不断增强政治责任感和历史责任感,把三史教育与日常工作结合起来,精心谋划,整体推进。

2.在县江格尔影剧院开办首届文化讲堂

自治区6名专家、学者应邀讲授新疆本土文化、多元文化和历史文化。县委四套班子、副科级以上领导、各乡镇场、县直各党(工)委干部职工、宣传干部、社区、村(队)干部700余人聆听文化讲堂。该次围绕自治区党委宣传部开展的"基层建设年"活动与"学习型党组织建设"相结合,以"爱国主义、民族团结、热爱家乡"为主题的文化讲堂活动,旨在提升全县广大干部群众对新疆地域文化、土尔扈特东归文化和新疆历史文化的了解与认同,为干部职工充电。讲座结束后,专家、学者们与和布克赛尔县委副书记、县长才布格加甫及县委常委、宣传部部长吴其巴特等相关领导进行座谈。双方就如何利用和布克赛尔县丰富的历史文化资源,促进该县文化发展交换意见,专家、学者们为和布克赛尔县推进"文化强县"献言建策。

3.举办知识竞赛

和布克赛尔县在县第一中学举办以"强理论、谋发展、讲法制、促和谐"为主题的知识竞赛。该次知识竞赛是由县委宣传部、县文明办和县司法局联合举办。通过开展知识竞赛活动为全体党员干部职工提供一次别开生面的学习和教育机会,增进大家对党的历史、法律基本知识的了解,在全县进一步营造广大党员干部学党史、强理论、知法律、提素质的氛围。

在主题教育活动中,和布克赛尔县坚持贴近群众,创新服务内容,提高为民服务的效率。和布克赛尔镇将党的各项惠民政策、各项补贴发放等精心制作成版面在各社区进行公示;镇团总支结合本单位实际,认真地开展以"争做志愿者,创造新生活"为主题的青年志愿者服务活动。活动中,团县委组织各族青年志愿者依照"群众所需,志愿者能为"的原则,举着团旗、志愿者旗帜、宣传标语,戴着志愿者帽、徽到养老院,与困难老人谈心、打扫卫生并带去慰问品;镇巴格茨社区团支部还为敬老院的7名老人们理发,补衣服;镇巴音托洛盖社区与巴音布拉克社区团支部对社区各主要街道进行卫生大扫除,并到居民家中慰问老人,为他们进行义务劳动等。通过开展此次活动,向全社会展示和布克赛尔镇各族青年志愿者"奉献、友爱、互助"的形象,受到各族群众的好评。和什托洛盖镇以"和谐邻里、共创文明"为主题,依托"红歌大赛""周末文化广场"等特色活动为载体，先后举办红歌赛、“红色电影进社区”等文化活动10场次。组织镇社区党员、返乡大学生成立宣讲团，在镇社区内开展“热爱伟大祖国，建设美好家园”“民族团结”等主题宣讲活动8场。将党的方针政策、精神文明建设、民族团结等内容与丰富多彩的文艺活动有机结合，进一步丰富各族干部群众的精神文化生活。

## 第八节　党的群众路线教育实践活动

2013年5月，中共中央印发《关于在全党深入开展党的群众路线教育实践活动的意见》，6月召开党的党的群众路线教育实践活动工作会议。教育实践活动自上而下分两批进行，从2013年6月开始，到2014年9月底基本结束。第二批教育实践活动开展以来，和布克赛尔县紧扣活动主题，坚持领导带头、以上率下，精心组织、严格把关，确保教育实践活动深入扎实推进。

1.强化工作措施，确保活动取得实效

在县四套班子和县级领导干部中开展“六带头”转作风主题实践活动。在县直机关、窗口服务单位、执纪执法部门分别开展“三服务三强化三争创”“四亮四创四评”“恪尽职守，公正执法，高效服务”主题实践活动。520名党员领导干部联系帮扶困难群众545名，开展志愿活动1 800余次，解决群众反映的农资贷款、道路维修问题518件。开展日常督导259次，下发整改意见书78份，发放民主测评表2 772份，组织开展谈话2 039人次。

2.坚持立查立改，解决突出问题

坚持问题导向，扎实推进正风肃纪专项整治活动。清理腾退超标办公用房1 855平方米；为229辆公车安装了GPS；整治超标配备公车49辆；精简全县性会议33%、普发性文件减少85%。开展作风督查56次，下发督查通报4期，通报处理作风散漫干部9名，清理在编不在岗干部32名。全县共梳理“三个第一批”“三个第二批”“三个第三批”要解决的问题2871个，立查立改1 275个。废止各类制度139项，修订218项，新建169项。

3.坚持服务群众“零公里”，服务群众聚民心

选派409名干部组成工作队，进住76个村队、14个社区直接联系服务群众。县委、人大、政府、政协四套班子领导带头建立转变作风服务群众联系点37个，对口帮扶74户困难群众。各乡镇场、各部门单位科级干部认真落实“五个一”工作机制，联系帮扶困难群众477户，就近与困难户结对“认亲”，长期帮扶脱贫。通过创新服务群众方式，广大干部在与各族群众朝夕相处中，了解各族群众的思想感情和生产生活状况，加深了对党的群众观点、群众路线的理解和践行。

4.坚持强本固基，夯实基层基础

以创建“星级服务型党组织”为目标，投入180万元，改扩建社区、村级组织活动场所22个；全面落实社区、村级组织工作经费最低补助标准，55个行政村运转经费均达到7万元以上，14个社区均达到15万元以上；调优配强基层党组织书记，培训基层干部3 000人次；投入2 250万元，建设乡镇干部周转房314套；乡镇新招录协警46名；提高协警待遇，由县财政出资23万，为452名维稳一线人员购买人身保险；投入3 000余万

元，加大视频监控建设力度，确保各乡镇场、重点交通路口、人员密集场所视频监控全覆盖。通过解决基层薄弱问题，使基层组织建设得到加强，筑牢了执政基础。

## 第九节　“三严三实”专题教育

2014年3月，习近平在参加十二届全国人大二次会议安徽代表团审议时，要求党员、干部特别是各级领导干部既严以修身、严以用权、严以律已，又谋事要实、创业要实、做人要实。4月中央组织部发出通知，要求各级组织部门深入学习、带头践行“三严三实”要求，以更严格的标准、更扎实的作风，推动组织工作取得更大的成绩。“三严三实”专题教育启动以来，自治县严格按照“十项规定动作”，科学谋划、精心组织、突出“五抓（抓严、抓好、抓紧、抓实、抓牢）”，推进“三严三实”专题教育深入开展。

1.科学谋划抓严组织实施

县委高度重视，召开4次专题会议，研究制定了专题教育实施方案和推进计划，成立了“三严三实”专题教育工作协调小组，下设综合组、材料组、宣传组、简报组、督导服务联络组。县四套班子办公室和法检公安也分别确定1名领导和干部担任联络员，负责协调联络县级领导专题教育工作，确保自治县“三严三实”专题教育有序开展。

2.以上率下抓好党课教育

县委主要领导以传承延安精神为主线，统筹安排党课计划，分层分类组织协调各县级领导干部到所联系的村队、社区、分管部门（单位）上“三严三实”专题党课。自治县还邀请自治区党委党校党史教研部主任助理何伟昌教授和陈宏教授作了专题教育辅导报告。全县参学县级党员干部共讲授专题党课42场次，受教育党员干部3 257人次。

3.结合实际抓紧常态学习

自治县把“三严三实”专题教育融入领导经常性教育培训，科学组织集中学习，每个专题制定了专题教育方案和学习计划，及时印发各专题月学习重点书目，内容和相关材料。自治县还结合自身实际，精心组织，突出真学实学，制定了每月“五个一”（讲一次专题党课；开展一次中心组理论学习；开展一次学习研讨；观看一次专题警示片；开展一次“三严三实”专题辅导）学习计划。活动开展以来，全县共召开中心组集中学习21次，县级领导干部平均做读书笔记5万字以上。

4.紧扣主题抓实专题研讨

县四套班子领导围绕“严以修身”“严以律已”和“严以用权”三个主题认真开展了专题研讨会，要求各级领导紧扣“三严三实”要求，“摆问题”“找差距”“碰想法”，以认真查摆自身存在的“不严不实”方面的个性问题，列出问题清单，边学边查边改，全县30名参学领导共查摆“不严不实”问题276条，立查立改237条，解决群众反映的热点难点问题436件，化解信访积案12件。

5.务求实效抓牢专项整治

成立了基层干部不作为、乱作为专项整治工作领导小组，制定了专题整治工作方案，召开动员会，设立了22个举报信箱和两部举报电话，并在“和布克赛尔零距离”微信平台开辟了监督专栏，按照“四个排查”的具体要求，自查基层干部不作为乱作为方面的突出问题82条。

# 第五章　纪检监察

## 第一节　机构队伍

1993年6月9日，中共和布克赛尔县纪律检查委员会（以下简称县纪委）、和布克赛尔县监察局实行合署办公，一套工作机构，两个机关名称，履行两种职能。合署后内设办公室、执法监察室、信访室、案件审理室、纪检监察室。

是年9月，和布克赛尔县成立反腐败领导小组，领导小组办公室设在县纪委，纪委书记王维疆任办公室主任。

1998年3月，增设干部管理室。2004年1月，将执法监察室更名为执法纠风室，将干部管理室更名为干部党廉室。2010年4月，执法纠风室分设为执法室、纠风室；干部党廉室分设为干部党廉室、宣教政研室。2012年6月，增设绩效考评领导小组办公室；11月，增设第一纪工委监察分局、第二纪工委监察分局、第三纪工委监察分局、第四纪工委监察分局。

2000年11月18日，塔城地委委员、地区纪检委书记郭顺强在和布克赛尔县委三楼会议室宣读《地委关于重申地县两级纪检委规格的通知》，明确地区纪检委为副地级，县纪检委为副县级，同时纪委是五套班子之一。

2015年，县纪检委内设办公室、干部党廉室、宣教政研室、信访室、案件审理室、纪检监察室、绩效考评领导小组办公室、第一纪工委监察分局、第二纪工委监察分局、第三纪工委监察分局、第四纪工委监察分局，有干部职工47人。

**1993—2015年中共和布克赛尔县纪律检查委员会及监察局主要领导一览表**

表19－6

| 单位 | 姓名 | 民族 | 职务 | 任职时间 | 备注 |
|---|---|---|---|---|---|
| 县纪律检查委员会 | 王维疆 | 汉 | 书　记 | 1993年12月至1995年8月 | |
| | 赛格孜拜·哈尔哈巴提 | 哈萨克 | 书　记 | 1995年8月至1997年4月 | |
| | 曼开·热合木江 | 哈萨克 | 书　记 | 1997年4月至2002年10月 | |
| | 马合苏提汗·江木沙甫 | 哈萨克 | 书　记 | 2002年10月至2006年7月 | |
| | 贾林·托呼达哈孜 | 哈萨克 | 书　记 | 2006年7月至2009年12月 | |
| | 木合塔尔·卡里木别克 | 哈萨克 | 书　记 | 2009年12月至2012年6月 | |
| | 尕锋盘山 | 哈萨克 | 书　记 | 2012年6月至2016年7月 | |
| | 甘定·吉坎 | 蒙　古 | 副书记 | 1993年12月至1995年8月 | |
| | 哈德尔·霍加合买提 | 哈萨克 | 副书记 | 1993年12月至1995年8月 | |

续表 19－6

| 单位 | 姓名 | 民族 | 职务 | 任职时间 | 备注 |
|---|---|---|---|---|---|
| 县纪律检查委员会 | 崔锐峰 | 汉 | 副书记 | 1996年3月至1996年12月 | |
| | 秦锡关 | 汉 | 副书记 | 1997年1月至2002年11月 | |
| | 蒲兴茂 | 汉 | 副书记 | 1997年10月至2000年10月 | |
| | 濮传达 | 汉 | 副书记 | 2002年5月至2003年4月 | |
| | 桑其尔·乌兰 | 蒙　古 | 副书记 | 2000年10月至2005年6月 | |
| | 刘光华 | 汉 | 副书记 | 2003年6月至2011年3月 | |
| | 托塔·明吉尔 | 蒙　古 | 副书记 | 2005年6月至2011年3月 | |
| | 浩布克·才仁道尔吉 | 蒙　古 | 副书记 | 2011年3月至2015年8月 | |
| | 邓丽华 | 汉 | 副书记 | 2011年3月至2015年2月 | |
| 县监察局 | 甘定·吉坎 | 蒙　古 | 局　长 | 1992年12月至1998年10月 | |
| | 叶尔肯·乌米尔别克 | 哈萨克 | 副局长 | 1992年12月至2002年10月 | |
| | 阿米尔米德·宝力达 | 蒙　古 | 副局长 | 1998年10月至2000年10月 | 主持工作 |
| | 郭进劳 | 汉 | 副局长 | 1999年9月至2002年10月 | |
| | 王健全 | 回　族 | 副局长 | 1997年5月至1998年8月 | |
| | 桑其尔·乌兰 | 蒙　古 | 局　长 | 2000年10月至2005年5月 | |
| | 梁卫东 | 汉 | 副局长 | 2002年10月至2006年4月 | |
| | 叶尔扎提·穆斯塔帕 | 哈萨克 | 副局长 | 2002年10月至2006年4月 | |
| | 托塔·明吉尔 | 蒙　古 | 局　长 | 2005年6月至2011年3月 | |
| | 赛力克·库勒拜 | 哈萨克 | 副局长 | 2007年12月至2010年12月 | |
| | 徐清华 | 汉 | 副局长 | 2007年12月至2010年2月 | |
| | 邓丽华 | 汉 | 副局长 | 2010年2月至2011年3月 | |
| | 浩布克·才仁道尔吉 | 蒙　古 | 局　长 | 2011年3月至2015年8月 | |
| | 曹自坤 | 汉 | 副局长 | 2012年4月至2019年2月 | |
| | 赛力克汉·哈再孜 | 哈萨克 | 副局长 | 2011年10月至 | |

## 第二节　党风廉政建设

1993—1995年，和布克赛尔县委制定《县委常委廉洁自律、勤政务实的规定》，开展对县领导班子和机关进行思想作风整顿，整顿分3个阶段，即学习文件、统一思想，对照检查、解决问题，年终总结、评议考核。出台关于《加强党的建设的意见》,对全县各级党组织和党员提出加强理论学习和思想建设、组织建设、作风建设方面的要求,尤其对基层组织建设方面提出具体的整改要求。

1996—2000年,和布克赛尔县委出台《关于建立健全党风廉政建设和反腐败工作领导责任制的实施意见》(以下简称"《意见》")。《意见》强调:

(一)党风廉政建设和反腐败工作领导责任制的总体要求是"一把手负总责,分管领导各负其责";

(二)党风廉政建设和反腐败工作领导责任制的主要内容是领导干部廉洁自律、查办案件,纠正部门和行业不正之风,廉政教育;

(三)党风廉政责任制的要求是县委对乡镇场党委实行党风廉政建设考核责任制,纪委对下级纪委实行党风廉政建设组织、协调、督促、检查责任制,领导干部率先垂范,党风廉政建设工作同其他工作同部署、同落实、同检查、同考核;

(四)建立党风廉政建设领导责任制的监督和责任追究制度,具体建立目标管理制度、查阅资料制度、督查和监察制度、个别谈话制度、检查考核制度。《意见》还对县委常委和县人民政府副县级以下领导党风廉政建设和反腐败工作进行具体的分工负责。和布克赛尔县获塔城地区贯彻落实党风廉政建设责任制二等单位,受到塔城地委和行署的表彰。

2001—2005年,和布克赛尔县印发《和布克赛尔县党风廉政建设责任制实施意见》。《实施意见》由领导干部廉洁自律工作、查办案件工作、纠风部门和行业不正之风工作、实施"光明工程"工作、廉政教育工作、考核奖惩、责任追究七部分组成。

2006—2010年,和布克赛尔县加大党风廉政建设工作力度,每年年初由县委书记与各党委、党组签订党风廉政建设责任书,由县纪委与各纪委(纪检组)签订纪检监察责任书,年末由县纪委牵头对签订责任书单位进行考核。

2011—2012年,在全县各单位(部门)全面推行实施廉政风险防范管理工作,并开展"回头看"活动。制定印发《和布克赛尔县党政机关、事业单位党政正职"四不直接分管"制度的实施意见》("四不直接分管"即:"一把手"不直接分管财务、人事、物资采购、工程项目),在全县86个党政机关、事业单位试行"四不直接分管"制度。编制县《强农惠农宣传手册》,印发"四书两报告"制度;〔"四书"即《党风廉政建设责任书》《领导班子成员党风廉政建设任务告知书》《党风廉政建设牵头(配合)单位任务通知书》《落实党风廉政建设责任制工作建议书》;"两报告"即报告牵头(配合)任务和专项工作落实情况,报告领导班子成员分管党风廉政建设专项任务落实情况〕。

2013—2014年,和布克赛尔县被塔城地区确定为唯一一个廉政风险防控规范化管理试点县,成立以县委常委、县纪检书记为组长的"阳光农廉网"领导小组。制定印发《关于印发和布克赛尔县"阳光农廉网"试点建设工作实施方案》,召开"和布克赛尔县阳光农廉网试点建设工作"启动大会。针对重点对象、重点领域和关键环节,建立完善风险预警机制36项、纠错整改机制6项、内外监督机制16项、考核评价机制12项、责任追究制度机制6项,基本形成一整套行之有效的廉政风险防控制度体系。

2015年,制定下发《和布克赛尔县党风廉政建设工作实行台账管理》文件,要求和指导各部门(单位)详细记载落实党风廉政建设责任制工作情况轨迹,通过建立台账管理机制,使各部门(单位)贯彻执行党风廉政建设责任制任务更加具体,责任更加明确,轨迹更加清晰,追究更加有力,形成横向到边、纵向到底的党风廉政建设责任格局。

## 第三节　反腐倡廉党纪教育

1993—1996年，县纪检监察机关对领导干部廉洁自律专题民主生活会作了全面、详细的部署，并派人参加督促指导，严格按照“征求意见做好准备；学好文件，提高认识；对照检查，廉洁自律；意见反馈，接受监督”四个步骤进行，对照中央的“两个五条规定”和“四个补充规定”进行认真自查自纠。通过民主生活会，各级党委逐步完善廉政制度，各级领导干部廉洁自律意识有所提高，能够自觉遵纪守法，率先垂范。

1997—1999年，在党的思想和理论建设方面，坚持用邓小平建设有中国特色社会主义理论武装头脑，除在党委、总支和基层组织中开展邓小平理论学习、大讨论以外，县、乡党校还举办理论培训班，进行集中培训，并在党员干部中进行理论考试，收到良好效果。通过学习，广大党员的思想觉悟有明显提高，进一步坚定社会主义方向，增强改革开放和全心全意为人民服务的自觉性、自信心和责任感。县纪检委联合县委组织部、党校举办科级干部“党纪、政纪、党章”培训班，加强对科级干部的党政纪教育，提升党纪意识。

2000—2005年，和布克赛尔县相继召开党风廉政教育活动动员大会，部署开展反腐败斗争形势教育活动，并举行领导干部配偶子女廉政工作座谈会；召开“三个代表”重要思想经验交流会，全县各单位纪检书记和纪检干部参加会议，并集体观看电教片《为民书记郑培民》和《慕绥新腐败案》。举办反腐倡廉教育学习班，县级领导及各乡镇场党政领导、纪检书记、县直各单位领导参加学习班。组织观看塔城地区纪检委党风廉政建设巡回展览在和布克赛尔县展出，县委、人大、政府、政协、人武部领导与广大党员观看展出。

2006—2010年，结合社会主义荣辱观教育，加大对党员干部的党风廉政教育。开展领导干部配偶、子女座谈会6期，评选心系群众、廉政楷模5名。结合倡导八个方面良好风气主题教育，举办县首届廉政书画作品展，在县广播、电视媒体上推出廉政之声、廉政访谈等廉政专题片新栏目。在各党(工)委、党组等部门设立“廉政读书日”，组织召开兵地党风廉政建设共建交流会，开办党员领导干部廉政夜校。把《廉政准则》作为宣教工作重点，采取中心组集中学习、党校集中培训、多媒介宣传等多种形式，加强学习宣传。建立党风廉政宣传教育工作联席会议制度，强化相关单位职责意识，形成宣传教育工作整体合力。

2011—2015年，深入推进“廉政文化进工程”活动，开展签订项目廉政责任书、举办工程领域专题培训班、设立工程建设廉政公示栏、专题警示教育、廉政文艺专场演出活动，提升“廉政文化进工程”活动实效。坚持关口前移，深入开展理想信念、从政道德教育和政治品质、道德品行教育，组织开展反腐倡廉图板展、廉政文艺专场演出、廉政教育日和领导干部、中层干部及领导干部配偶廉政教育等活动，教育党员干部1.5万余人(次)，制作户外廉政宣传广告牌161个，编制印发《和布克赛尔县强农惠农宣传手册》1 200册。加强源头治理，构建预防腐败有效机制，集中开展典型案例警示教育活动，出版《弘扬榜样精神 凝聚发展力量 中国共产党典型宣传工作研究》一书。完善县委党校、革命先辈李冠英墓、县看守所“三点一线”廉政教育基地建设。挂牌成立“江格尔”廉政文化研究中心，深入挖掘和布克赛尔历史上蒙古族特有的廉政谚语、廉政格言、廉政观念、廉政故事等廉政资源，在县政府网站开设“为民务实清廉·江格尔廉政文化展览”专栏；召开和布克赛尔县“江格尔”廉政文化研究座谈会，全力打造全疆唯一的廉政文化研究中心，出版《和布克赛尔江格尔廉政故事》一书。

## 第四节 案件查处

1993—1996年,纪检监察机关适应新形势要求,重点查处党政领导干部严重以权谋私的案件。纠正执纪不严的问题,排除说情袒护等干扰。克服消极腐败现象。4年内,县纪检监察机关立案查处违纪案件49件,给予党政纪处分49人。

1997—2000年,纪检监察机关围绕中共十五大报告关于严格执行党的纪律,党内决不允许腐败分子有藏身之地的精神,着重查处司法机关和行政执法机关人员贪赃枉法的案件,金融违法违规的案件,严重违反组织人事纪律的案件,以及严重违反政治纪律的案件。认真查处企业领导干部以权谋私、玩忽职守造成国有资产严重流失的案件,查处基层干部违纪违法的案件,坚决制止少数干部工作简单粗暴、侵犯群众利益的行为。4年内,县纪检监察机关立案查处违纪案件73件,给予党政纪处分73人。

2001—2005年,县纪检监察机关着重查办建设工程招标投标、经营性土地使用权出让、金融、物资采购等领域和环节发生的案件,国有企业改革过程中国有资产严重流失案件,领导干部和执法人员为黑恶势力充当"保护伞"的案件。重视查办基层干部以权谋私、侵害群众利益的案件。5年内,县纪检监察机关立案查处违纪案件63件,给予党政纪处分63人。

2006—2010年,县纪检监察机关以查办发生在领导机关和领导干部中违反党纪的案件为重点,严肃查办领导干部滥用权力、贪污贿赂,利用人事权、司法权、审批权牟取私利的案件,以及国有资产严重流失的案件。查办金融、工程承包、土地管理、矿产开发和政府采购等领域的案件。注意查办严重侵害群众利益的案件,尤其是发生在安全生产、食品药品安全、环境保护和社会稳定等方面的失职渎职案件。对腐败分子坚决惩处,决不姑息。5年内,县纪检监察机关立案查处违纪案件34件,给予党政纪处分34人。

2011—2015年,坚决查办中共十八大后不收敛不收手、问题反映集中、群众反映强烈的重要岗位领导干部严重违纪违法案件,惩治腐败"零容忍、全覆盖、无禁区"形成共识和氛围。5年内,县纪检监察机关立案查处违纪案件45件,给予党政纪处分46人。

## 第五节 重要会议及决策

1993年12月,县反腐败领导小组办公室对干部拖欠公款、占用公物清退制定八条规定,由和布克赛尔县委转发。

1996年1月23日,和布克赛尔县纪检、监察反腐败动员大会在政府第一招待所会议厅召开。县委副书记、县长那木吉勒·吾夏主持会议。会上,县委书记夏广泰传达自治区反腐败工作电话会议精神,就反腐败斗争工作和端正行业作风提出要求,强调各级领导要提高思想认识,坚定反腐倡廉的信念,纠正部门和行业作风,巩固反腐败斗争成果。县委副书记、纪检书记赛格孜拜·哈尔哈巴提总结1995年领导干部廉洁自律、查处违法违纪案件、纠正不正之风、遏制公款吃喝万恶之风反腐败斗争工作所取得的成绩。

是年12月,中共和布克赛尔县第八次代表大会召开,会议听取并审议通过了赛格孜拜·哈尔哈巴提代表第七届纪律检查委员会所做的题为《抓住机遇,团结拼搏,为加快实现和布克赛尔县本世纪宏伟目标而努力奋斗》的工作报告。

1997年，县委出台《减轻农牧民负担，政务、财务公开目标管理考核办法》，要求县直各单位都要制定光明栏、公开栏、做到账务政务公开。同年，县委把每年的9月定为党风廉政建设教育月，进行思想教育，提高党员、干部的政治素养，增强反腐拒变得能力。

1998年、1999年，县委相继出台《关于建立健全党风廉政建设和反腐败工作领导责任制的实施意见》《和布克赛尔县党风廉政建设责任制实施意见》两个重要文件，党风廉政建设工作同其他工作同部署、同落实、同检查、同考核。

2000年7月20日，县委、县人民政府转发《中共塔城地区纪委、地区监察局关于严禁利用公款、工作日外出旅游、野游的通知》，要求全县各单位、各部门认真贯彻执行。

是年12月，召开县纪检监察工作会议，地区纪检委副书记卢源出席会议。会议表彰了地区级和县级先进集体、先进个人。

2001年9月9—11日，中共和布克赛尔县第九次代表大会召开，大会听取和审议了中共和布克赛尔县第九届纪律检查委员会工作报告，通过了纪律检查委员会工作报告的决议，选举产生中共和布克赛尔县纪律检查委员会常委7人。曼开·热合木江当选纪律检查委员会书记，马合苏提·江木沙甫、秦锡观、桑其尔·乌兰当选为副书记。

2003年，出台《和布克赛尔县组织人事部门与执纪执法机关工作联席会议制度》。联席会议由县纪检委、监察局、县委组织部、县检察院、县人事劳动和社会保障局、县审计局、县信访局等单位组成，会议主要通报在工作中了解和发现的乡科级党政领导干部在贯彻执行党的路线、方针、政策，廉政建设，道德品质，思想作风等方面的问题，通报乡科级党政领导干部违纪违法案件的查处情况和重要来信、来访、举报等情况；研究干部队伍建设，特别是乡科级领导班子思想作风建设中的重点问题。

2005年2月25日，和布克赛尔县召开纪检监察和行政监察工作会议，县委主要领导出席会议并讲话，县直各单位、各乡镇场党政领导、纪检书记参加会议，会上伊克乌图布拉格牧场、地税局作工作经验交流发言。

2006年8月17—20日，中共和布克赛尔县第十次代表大会召开，会议听取审议并通过贾林·托呼达哈孜代表中共和布克赛尔县第九届纪律检查委员会所做的《坚持惩防并举 加大预防力度 努力开创自治县党风廉政建设和反腐败工作新局面》工作报告。选举产生中共和布克赛尔县第十届纪律检查委员会。纪检委常务委员7名，选举贾林·托呼达哈孜为纪律检查委员会书记；托塔·明吉尔、刘光华为副书记。

2010年3月4日，和布克赛尔县纪委十届五次全会在县赛尔宾馆召开。共152人参加会议。县委常委、纪检委书记木合塔尔作《严明党的政治纪律 深入开展党风廉政建设和反腐败斗争》的工作报告，县委副书记、县长才布格加甫代表县委作重要讲话。

2011年9月16日-18日，中共和布克赛尔县第十次代表大会召开，大会选举产生了和布克赛尔县第十一届纪律检查委员会8名，常委9名，木合塔尔·卡里木别克当选为书记，浩布克·才仁道尔吉、邓丽华当选为副书记。

2012年11月6日，县纪委监察局成立4个纪工委、监察分局。按照“有利于整合纪检监察力量，有利于强化对管辖单位的监督，有利于推动党风廉政建设和反腐败工作开展”的原则和“归口设置机构、整合工作力量、强化监督职能”的思路，对县直58个单位(部门)、12个乡镇场，按照党政群口，经济口，政法、科教文卫、垂管口，大农、乡镇场口集中派出4个纪工委、监察分局,分片分行业负责监督落实党风廉政、纠风、纪检监察工作。

2013年3月7日,以"两办"名义下发《关于印发和布克赛尔县公务车辆安装GPS卫星定位监管系统的通知》,实行范围包括全县各级党政机关、事业单位、人民团体的所有公务车辆均统一安装GPS卫星定位监管系统。全县183辆公务用车已安装GPS定位系统。通过GPS定位系统,对日常各部门单位公车使用情况进行监管。

2013年3月12日,和布克赛尔县成立机关效能投诉中心,办公室设在县纪委,统筹用于绩效考评工作,切实解决机关和部门办事效率、工作作风等方面存在的突出问题,维护广大人民群众的切身利益。

2015年3月3日,中共和布克赛尔县第十一届纪律检查委员会第五次全体会议召开。县委常委、纪委书记尕锋盘山作《坚持从严治党,强化执纪监督,以改革创新精神推动和布克赛尔县反腐倡廉工作》工作报告。会上还宣读《关于和布克赛尔县2014年度党风廉政建设责任制考核结果的通报》。

## 第六节　行风评议

1993—2000年,县纪委监察局与教育、交通、公安、工商、税务、卫生、物价、计划、土地等14个重点行业和重点部门分别签订纠风目标责任书,聘请行风评议员,对上述单位进行检查和评议,并将行风评议和纠风工作作为一项制度长期坚持下去,较好解决有关部门的行风不正问题,带动社会风气的好转。

2001—2009年,县纪委、县委宣传部、县纠风办、县广播电视联合主办的《和广行风热线》电台节目,每年安排纠风行业部门定期录播节目,累计录播电台节目《和广行风热线》234期。

2010—2015年,深入开展民主评议政风行风活动,累计对城建、国土、卫生等110个单位、部门进行集中评议,创建自治区级示范窗口服务单位8家。

## 第七节　纠风与专项治理

1993—1995年,和布克赛尔县狠刹公款吃喝玩乐风。从领导班子、领导干部做起,坚决执行公务活动接待标准,公款吃喝玩乐风得到有效遏制,全县接待费用大幅度下降;纠正部门和行业不正之风,加强对党员违纪的查处;建立县级以上领导干部收入申报制度、住房登记制度;领导下基层轻车简从,经常性深入基层调查研究、现场办公,解决基层的实际问题,密切党群、干群关系。

1996—1998年,县纠风领导小组从人大代表、政协委员、群众团体、离退休干部、居民中聘请纠风评议员21名,义务监督员8名,针对县纠风工作进行监督、评议。为增强党组部门依法行政的透明度,在全县实施以"两公开、一监督"(公开办事制度、公开办事结果、接受群众监督)为主要内容的"光明工程"。其间,1998年11月11日,和布克赛尔县委批转县纪检委、县委组织部《关于严禁党政机关、企业单位领导干部驾驶公用机动车的暂行规定》。《规定》的主要内容是:全县各党政机构、企事业单位科级以上领导干部一律不准用公款和单位车辆学习驾驶技术;严禁领导干部驾驶公用机动车;严禁领导干部利用职权安排、使用公车办私事;凡领导干部驾车肇事,造成损失的由个人承担,纪委、组织部门将追究当事人的责任。

1999—2004年,和布克赛尔县人民政府批转县纠风办、卫生局、工商局、物价局、医院管理局、经济贸易委员会《关于纠正医药购销活动中不正之风实施意见》。《意见》包括指导思想、组织领导、工作范围和重点、责任和分工、具体部署和实施步骤、注意的问题内容，还公布举报和投诉6部电话。并成立纠正医药购销活动中不正之风专项治理工作领导小组，办公室设在县监察局。和布克赛尔县纪检委、监察局对全县58个党政、企事业单位的通信工具情况进行登记检查，共登记住宅电话446部，清零登记无线移动电话88部。凡用公款支付话费的由县纪检委、监察局向持机人追缴，话费上缴县财政。

2005—2010年，治理工程建设领域中的突出问题，重点对政府投资和使用国有资金在200万元以上的项目进行排查，共排查项目200多个，排查率100%。制定下发《和布克赛尔县开展工程建设领域突出问题专项治理工作实施方案》《和布克赛尔县组织开展工程建设领域突出问题排查工作意见》《关于查办工程建设领域违法违纪案件沟通协调移送会议制度》《和布克赛尔县工程建设领域突出问题专项治理工作监督检查制度》《关于工程建设领域突出问题专项治理工作月例会办事制度》等工作制度。

2011—2015年，开展正风肃纪整治活动。清查出超标办公面积3 706.48平方米，整治违规借车、超编、超标配车等46辆。

## 第八节　行政监察

1993—2000年，和布克赛尔县委、县人民政府、县纪检委、县监察局、财政局先后制定《和布克赛尔县无线移动电话管理暂行办法》《和布克赛尔县党政机关、企事业单位车辆管理实施办法》，分别对党政机关、企事业单位无线移动电话的配置、管理、使用作出规定；对党政机关、企事业单位车辆购置、更换、装修、停放、保管、使用、管理作出规定。

2001—2011年，认真落实从源头上防治腐败的重大决策和部署，取得良好效果。对576名新调整干部进行任前谈话；对11名领导干部进行提醒谈话，对14名领导干部进行诫勉谈话；对46个单位132名财会、项目管理等人员进行集体廉政谈话。严把用人关，强化对选用人、评先评优的审查，对3 856名（个）拟考察对象、拟选先进集体、先进个人等进行廉政审查，建议取消21名科级干部的评先选优资格，6名干部被暂缓提拔使用。加强效能督查，通过日常检查，明察暗访，对行政机关人员履职情况、在岗情况、公车管理使用情况及会纪会风等情况进行检查。28名机关干部因违反工作纪律和会议纪律被通报批评，35个单位因违反县委公车管理使用规定被通报批评。严格执行政府采购、建设工程招投标制度。监督县市政建设招标工程389个，中标金额7.21亿元；监督节约政府采购资金1 944.76万元，节约率11.3%。全面推行办事公开制度，进一步规范党务、政务、村务等公开行为，对各单位公开情况进行不定期督促检查，党务、政务、厂务、村务和公共事业单位办事公开工作不断深化。严格落实中央八项规定精神，建立《机关内部绩效考评实行"积分进等"制管理办法》《和布克赛尔县机关事业单位工作人员绩效考核办法》等制度。开办"聚焦效能"微信专栏，扎实开展整治"公车私用、公款吃喝、公款旅游"等专项治理活动，严格控制"三公"经费支出。

2012—2015年，建立覆盖6个乡镇"阳光农廉网"。为全县229辆公务用车安装GPS卫星定位系统。对492名新调整干部开展任前廉政谈话、任前廉政考试，签订廉政承诺书；对5 874个拟考察对象、先进党组织等进行廉政审查。开展各类督查136次，清查出超标办公面积3 706.48平方米，整治违规借车、超编、超标配车等46辆；下发《督查通报》84期，通报批评违规使用公车、违反工作纪律等干部（单位）79名（个）。受理效能投诉44件,办结44件,办结率100%。稳步推进县委巡察工作,机关干部作风建设不断改进,群众满意度逐步提升。

# 第六章 对口援疆工作

## 第一节 援疆工作综述

自2011年起,由辽宁省盘锦市对和布克赛尔县开始实施对口援疆工作。至2015年,对口援疆工作取得阶段性成果。援疆工作重点围绕“项目援疆重民生、人才援疆谋根本、产业援疆促发展”三个方面展开。5年共实施援疆项目22个,总投资37 226万元,其中援建资金8 737万元。在教育战线,开展“蓝青工程”(即师徒结对,以老带新),在受援学校定期组织教学交流活动,有效提高受援学校教学水平;在卫生战线,组织援疆医生参与完善医院管理制度工作,安排坐班接诊、值班急诊、专家会诊和远程诊疗,加强受援医院干部与援疆医生的业务交流,“造血强基”,大力培养业务骨干和后备人才,为培养本土人才发挥重要作用。

## 第二节 援疆干部人才情况

2011—2015年,和布克赛尔县迎来二批四轮辽宁省盘锦市援疆干部及专业技术人才,第一批第一轮共18人,其中党政干部6人,专业技术人才12人;第一批第二轮共18人,其中党政干部6人,专业技术人才12人;第二批第一轮共22人,其中党政干部6人,专业技术人才16人;第二批第二轮共22人,其中党政干部6人,专业技术人才16人。

**2011—2015年援疆干部人才队伍基本情况表**

表19-7　　单位:人

| 年份(年) | 党政干部 | | | | | 专业技术人员 | | 企业经营管理人员 |
|---|---|---|---|---|---|---|---|---|
| | 正厅 | 副厅 | 正县 | 副县 | 科级 | 高级 | 中级 | |
| 2011 | | | | 2 | 4 | 6 | 6 | |
| 2012 | | | | 2 | 4 | 6 | 6 | |
| 2013 | | | | 2 | 4 | 6 | 6 | |
| 2014 | | | | 2 | 4 | 9 | 7 | |
| 2015 | | | | 2 | 4 | 11 | 5 | |

## 第三节　对口援疆项目实施

### 2011—2015年对口援疆项目实施情况

| 年份（年） | 项目个数 | 总投资 | 援建资金 | 项目情况 |
|---|---|---|---|---|
| 2011 | 2个 | 386万元 | 1 600万元 | 一是县人民医院门诊综合楼项目，建筑面积16 810.2平方米，当年总投资3 284万元，援建资金1 484万元。<br>二是社区阵地建设项目，总投资580万元，援建资金116万元，建筑面积4 000平方米，其中子项目是和什托洛盖镇阳光社区、和布克赛尔镇幸福社区，项目已投入使用。 |
| 2012 | 4个 | 6 533万元 | 1 728万元 | 一是县人民医院门诊综合楼续建项目，当年总投资2 227万元，援建资金1 152万元；二是村级组织阵地建设项目，总投资60万元，援建资金60万元，建筑面积300平方米；三是富民安居项目（和什托洛盖镇），总投资3 840万元，援建资金400万元，建筑面积3.2万平方米；四是社区阵地建设项目，总投资406万元，援建资金116万元，建筑面积2 800平方米，其中子项目是和布克赛尔镇巴音西尔格社区、查和特乡社区，均投入使用。 |
| 2013 | 4个 | 13 091万元 | 1 625万元 | 一是党员干部现代远程教育站点建设项目，总投资100万元，援建资金60万元；二是查和特乡干部周转房项目，总投资471万元，援建资金415万元，建筑面积2 400平方米；三是富民安居工程，总投资11 620万元，援建资金1 000万元，建筑面积8万平方米；四是廉租房项目，总投资900万元，援建资金150万元，新建150套，已投入使用。 |
| 2014 | 5个 | 10 472万元 | 1892万元 | 一是和什托洛盖镇九年一贯制学校学生餐厅、宿舍楼项目，总投资1 320万元，援建资金832万元，新建学生餐厅2 965平方米，宿舍楼2 400平方米；二是党员干部现代远程教育站点建设项目，总投资100万元，援建资金50万元；三是富民安居项目，总投资7 680万元，援建资金600万元，新建600户4.8万平方米，完工；四是廉租房项目总投资900万元，援建资金150万元，新建150户，完工；五是和什托洛盖镇干部周转房项目总投资472万元，援建资金260万元，新建3 150平方米，完工。 |
| 2015 | 7个 | 3 266万元 | 1 892万元 | 一是和丰职业技术学校项目，计划总投资825万元，其中，援建资金401万元。主要建设宿舍楼，完工；二是和布克赛尔县九年一贯制学校图书综合楼项目，计划总投资1 541万元，其中，援建资金1 091万元，主要新建图书综合楼1座，面积7 869平方米，已投入使用；三是和布克赛尔县富民安居工程，计划总投资700万元，其中，援建资金200万元，主要建设富民安居房200套，完工；四是和布克赛尔县援疆资金资助内地普通高校学生项目，计划总投资54万元，全为援建资金，主要用于 资助少数民族家庭经济困难学生90人；五是和布克赛尔县援疆资金增进民族交往交流项目，计划总投资16万元，全为援建资金，主要用于少数民族文化手工艺产品宣传推荐等费用；六是和布克赛尔县智能卡口建设项目，计划总投资100万元，全为援建资金，新建电子智能卡口4套，交警大队指挥中心集成及内部执法功能区视频监控实施，完工；七是和布克赛尔县治安卡点建设项目，计划总投资30万元，全为援建资金，主要建设治安用房及配套设施，完工。 |

2008—2010年,和布克赛尔县将人才工作纳入党建工作责任书中,明确党委书记为“第一责任人”,并与党建和组织工作同安排、同部署、同考核。对普通高校毕业生就业情况、全县文化人才现状、储备编制人员、卫生系统人才队伍及基础设施建设情况等开展专题调研,并形成专题调研报告,为后续人才工作开展奠定基础,提供依据。选派33名专业技术人员到县信访局、社区等基层一线挂职锻炼,加强基层人才队伍建设。该期间,在8个乡镇场开展“万名”农村实用人才双语培训工作,培训农村实用人才608人;有1名第七批优秀专业技术拔尖人才被评选为塔城地区第七批优秀专业技术拔尖人才。其间,2009年,县委组织部被塔城地区组织系统评为“人才工作先进单位”。

2011—2015年,县委人才办起草印发《关于印发〈和布克赛尔县加快外引内培人才工作实施方案〉的通知》《关于印发〈和布克赛尔县以改革创新精神进一步加强和改进人才工作的实施意见〉的通知》《关于印发〈和布克赛尔县中长期人才发展规划(2011—2020年)〉的通知》《关于印发〈和布克赛尔县优秀人才评选管理办法>的通知》《关于印发〈和布克赛尔县人才工作领导小组及成员单位工作职责〉的通知》《关于印发〈和布克赛尔县人才开发专项资金管理办法(试行)〉的通知》《关于印发〈和布克赛尔县培养引进激励教育、卫生系统优秀人才办法(试行)〉的通知》等人才政策指导性文件。按照“少数民族普通高校毕业生赴辽宁省培养计划”要求,全县共选派4批102人参加培养学习。

# 第二十编

# 人民代表大会

1993—2015年,和布克赛尔县共进行5次县人大换届选举。选举均坚持"规范程序、依法办事、严格把关"原则,先后经过准备、宣传动员、选民登记、提名协商确定代表候选人、投票选举县人大代表。和布克赛尔县人民代表大会代表具有地域和界别的广泛性和代表性,各乡(镇、场)按人口多少分配代表名额并照顾民族成分,非中共党员、妇女代表占一定比例,工人、农民、知识分子也占有适当的比例。历届县人民代表大会期间,充分发扬民主,严格依法办事,代表们认真履行民主权利,听取和审议县人民政府专题工作报告、县人民法院工作报告、县人民检察院工作报告,对"一府两院"工作提出意见和建议。

乡镇人民代表大会每届任期原为三年。2004年,《中华人民共和国地方各级人民代表大会和地方各级人民政府组织法》修改为每届任期五年,届满后,进行换届选举。1993—2015年,和布克赛尔县共举行过6届乡镇人民代表大会换届选举。换届选举时,各乡镇设立选举委员会,主持乡镇人民代表大会代表的选举;县人大常委会设立选举工作办公室,指导乡镇的选举工作。乡镇人民代表大会代表由选民直接选举产生。乡镇人民代表大会代表听取和审议本级人民政府工作报告,对本级人民政府实行民主监督。

和布克赛尔县坚持和完善人民代表大会制度,使党的领导通过法律程序变为全县各族人民的共同意志,从制度上、法制上保证党的路线、方针、政策得以贯彻执行。

# 第一章　人民代表大会会议

## 第一节　人大代表

和布克赛尔县依照《中华人民共和国全国人民代表大会和地方各级人民代表大会选举法》,分别于1993年、1998年、2003年、2007年、2011年共进行5次县人大换届选举。历届换届选举都以"规范程序、依法办事、严格把关"为原则,坚持党的领导,充分发扬民主,严格依法办事,切实保障选民和代表的民主权利,先后经过准备、宣传动员、选民登记、提名协商确定代表候选人、投票选举县人大代表。

和布克赛尔县人民代表大会代表具有地域和界别的广泛性和代表性,并按照这一原则推荐代表候选人,优化代表结构。各乡(镇、场)按人口多少分配代表名额并照顾民族成分,非中共党员、妇女代表占一定比例,工人、农民、知识分子也占有适当的比例。

**和布克赛尔县人民代表大会代表名额分配情况表**

表20-1　　　　单位:人

| 地名 | 第九届 | | 第十届 | | 第十一届 | | 第十二届 | | 第十三届 | |
|---|---|---|---|---|---|---|---|---|---|---|
| | 合计 | 占% | 合计 | 占% | 合计 | 占% | 合计 | 占% | 合计 | 占% |
| | 122 | 100 | 139 | 100 | 136 | 100 | 138 | 100 | 139 | 100 |
| 和布克赛尔镇 | 26 | 21.3 | 31 | 22.3 | 31 | 22.8 | 32 | 23.1 | 32 | 23.0 |
| 和什托洛盖镇 | 11 | 9.0 | 15 | 10.8 | 15 | 11.0 | 17 | 12.3 | 22 | 15.8 |
| 夏孜盖乡 | 10 | 8.2 | 13 | 9.4 | 13 | 9.6 | 15 | 10.8 | 14 | 10.0 |

续表20－1

| 地名 | 第九届 | | 第十届 | | 第十一届 | | 第十二届 | | 第十三届 | |
|---|---|---|---|---|---|---|---|---|---|---|
| | 合计 | 占% | 合计 | 占% | 合计 | 占% | 合计 | 占% | 合计 | 占% |
| | 122 | 100 | 139 | 100 | 136 | 100 | 138 | 100 | 139 | 100 |
| 莫特格乡 | 10 | 8.2 | 10 | 7.2 | 10 | 7.4 | 10 | 7.2 | 10 | 7.1 |
| 巴音傲瓦乡 | 5 | 4.1 | 6 | 4.3 | 6 | 4.4 | 6 | 4.3 | 6 | 4.3 |
| 查干库勒乡 | 12 | 9.8 | 13 | 9.4 | 13 | 9.6 | 12 | 8.6 | 13 | 9.3 |
| 铁布肯乌散乡 | 10 | 8.2 | 10 | 7.2 | 10 | 7.4 | 10 | 7.2 | 10 | 7.1 |
| 那仁和布克牧场 | 8 | 6.6 | 8 | 5.8 | 8 | 5.9 | 8 | 5.7 | 8 | 5.7 |
| 巴嘎乌图布拉格牧场 | 4 | 3.3 | 5 | 3.6 | 5 | 3.7 | 5 | 3.6 | 4 | 2.8 |
| 布斯屯格牧场 | 6 | 4.9 | 7 | 5.0 | 7 | 5.1 | 7 | 5.0 | 7 | 5.0 |
| 伊克乌图布拉格牧场 | 9 | 7.4 | 9 | 6.5 | 9 | 6.6 | 9 | 6.5 | 9 | 6.4 |
| 工矿区 | 11 | 9.0 | 12 | 8.6 | 9 | 6.6 | 7 | 5.0 | 4 | 2.8 |

**和布克赛尔县人民代表大会代表情况表**

表20－2　　单位:人

| 构成 | | 第九届 | | 第十届 | | 第十一届 | | 第十二届 | | 第十三届 | |
|---|---|---|---|---|---|---|---|---|---|---|---|
| | | 合计 | 占% | 合计 | 占% | 合计 | 占% | 合计 | 占% | 合计 | 占% |
| | | 122 | 100 | 139 | 100 | 136 | 100 | 138 | 100 | 139 | 100 |
| 民族 | 蒙古族 | 47 | 38.5 | 53 | 38 | 52 | 38.2 | 51 | 36 | 52 | 37 |
| | 汉族 | 31 | 25.4 | 38 | 27 | 38 | 27.9 | 40 | 28 | 41 | 29 |
| | 哈萨克族 | 35 | 28.6 | 29 | 21 | 34 | 25 | 35 | 25 | 34 | 24 |
| | 回族 | 1 | 0.8 | 2 | 1.4 | 2 | 1.5 | 2 | 1 | 2 | 1 |
| | 维吾尔族 | 3 | 2.5 | 5 | 3.6 | 5 | 3.6 | 5 | 3 | 4 | 2.8 |
| | 其他 | 5 | 4.1 | 6 | 4.3 | 5 | 3.7 | 5 | 3 | 5 | 3.5 |
| 妇女 | | 26 | 21.3 | 28 | 20 | 32 | 23.5 | 38 | 27 | 37 | 26 |
| 非党 | | 30 | 24.6 | 26 | 19 | 47 | 34.6 | 48 | 34 | 49 | 35 |
| 界别 | 工农牧 | 46 | 37.7 | 40 | 29 | 74 | 54.4 | 73 | 52 | 72 | 51 |
| | 干部 | 69 | 56.7 | 84 | 60 | 26 | 19.1 | 31 | 22 | 30 | 21 |
| | 知识分子 | 6 | 4.9 | 8 | 5.8 | 26 | 19.1 | 28 | 8 | 29 | 20 |
| | 其他 | 2 | 1.6 | 6 | 4 | 10 | 7.3 | 6 | 4 | 8 | 5.7 |
| 文化程度 | 大专以上 | 30 | 24.6 | 53 | 38 | 76 | 55.9 | 84 | 60 | 102 | 73 |
| | 中专、高中 | 47 | 38.5 | 35 | 25 | 25 | 18.4 | 35 | 25 | 27 | 19 |
| | 初中以下 | 34 | 27.9 | 26 | 19 | 0 | 0 | 19 | 13 | 10 | 7.1 |

## 第二节　人民代表大会会议简况

### 一、和布克赛尔县第九次人民代表大会

任期为1993年3月至1998年1月。在此期间,共召开5次会议,审议议题6项,听取报告30个,通过决议

30项。

第一次会议　1993年3月4—7日在和布克赛尔县政府会议室召开,应出席大会的代表122人,实际出席代表122人,列席代表74人,特邀人员8人,特邀地区领导4人。

会议听取和审议那木吉勒·吾夏所作的《和布克赛尔县人民政府工作报告》;县计划委员会主任加·巴图那生汇报《和布克赛尔县人民政府关于1992年县国民经济和社会发展计划执行情况及1993年县国民经济和社会发展计划》;听取和审议县财政局局长卡勒甫汗·江铁木尔所作的《和布克赛尔县人民政府关于1992年县财政预算执行情况和1993年县财政预算草案的报告》;听取和审议县人大常委会主任加甫·查汗所作的《和布克赛尔县第八届人大常委会工作报告》;听取和审议县人民法院代院长巴·阿拉新德力克所作的《和布克赛尔县人民法院工作报告》;听取和审议县人民检察院检察长其·光布加甫所作的《和布克赛尔县人民检察院工作报告》。

会议通过《关于和布克赛尔县人民政府工作报告的决议》《关于和布克赛尔县人民政府关于1992年县国民经济和社会发展计划执行情况及1993年县财政预算的决议》《关于和布克赛尔县第八届人大常委会工作报告的决议》《关于和布克赛尔县人民法院工作报告的决议》《关于和布克赛尔县人民检察院工作报告的决议》。

会议选举产生县第九届人大常委会的组成人员,县人民政府县长、副县长;县人民法院院长和县人民检察院检察长;选举产生出席伊犁州第九届人大会议代表9名。

和布克赛尔县第九届人大常务委员会主任:其·郭木加甫;副主任:张炳义、赛尔·乌尔拉、卡楞别吉·赛富勒、张有才。

和布克赛尔县第九届人大常务委员会委员:加克·道尔吉、拉格娃·孟德尔、却·加尔层、霍·光木加甫、李文龙、热玛赞·巴依毛拉、努尔哈孜·木合德克、巴依居玛·那合巴依、巴远明、谢永川。

县人民政府县长:那木吉勒·吾夏;副县长:桑义正、哈再孜·热合木、图格杰加甫。

县人民法院院长:巴·阿拉新德力克。

县人民检察院检察长:马加·奎玉克。

县出席伊犁哈萨克自治州第九次人民代表大会代表:高宗麟、卡勒甫汗·江铁木尔、别木加甫·多克、其·郭木加甫、马合苏提汗·加木沙甫、阿克拜·哈依沙汗、巴依基尔根、甘普利·马茹沙。

第二次会议　1994年3月11—13日在县人民政府会议室召开。应出席大会的代表122人,实际到会代表93人,列席代表83人,特邀人员7人。

会议听取和审议那木吉勒·吾夏所作的《和布克赛尔县人民政府工作报告》;加·巴图那生所作的《和布克赛尔县人民政府关于1993年县国民经济和社会发展计划执行情况及1994年县国民经济和社会发展计划的报告》;卡勒甫汗·江铁木尔所作的《和布克赛尔县人民政府关于1993年县财政预算执行情况和1994年县财政预算草案的报告》;其·郭木加甫所作的《和布克赛尔县人大常委会工作报告》;听取和审议巴·阿拉新德力克所作的《和布克赛尔县人民法院工作报告》;听取和审议马加·奎玉克所作的《和布克赛尔县人民检察院工作报告》。

会议通过《关于和布克赛尔县人民政府工作报告的决议》《关于和布克赛尔县人民政府关于1993年县国民积极和社会发展计划执行情况及1994年县国民经济和社会发展计划的决议》《关于和布克赛尔县人民政

府关于1993年县财政预算执行情况和1994年县财政预算的决议》《关于和布克赛尔县第九届人大常委会工作报告的决议》《关于和布克赛尔县人民法院工作报告的决议》《关于和布克赛尔县人民检察院工作报告的决议》。

审查批准《关于1993年县国民经济和社会发展计划执行情况及1994年县国民经济和社会发展计划》《关于1993年县财政预算执行情况和1994年县财政预算》。

会议确认4名代表资格,其中蒙古族2人、哈萨克族2人。

第三次会议 1995年3月15—17日在县人民政府会议室召开。应出席大会的代表122人,列席代表88人,特邀人员8人。

会议听取和审议县人民政府县长那木吉勒·吾夏所作的《和布克赛尔县人民政府工作报告》;县计划委员会主任加·巴图那生所作的《和布克赛尔县人民政府关于1994年县国民经济和社会发展计划执行情况及1995年县国民经济和社会发展计划的报告》;听取和审议县财政局局长卡勒甫汗所作的《和布克赛尔县人民政府关于1994年县财政预算执行情况和1995年县财政预算草案的报告》;听取和审议县人大常委会主任其·郭木加甫所作的《和布克赛尔县人大常委会工作报告》;听取和审议县人民法院院长巴·阿拉新德力克所作的《和布克赛尔县人民法院工作报告》;听取和审议县人民检察院检察长马加·奎玉克所作的《和布克赛尔县人民检察院工作报告》。

会议通过《和布克赛尔县人民政府工作报告的决议》《和布克赛尔县人民政府关于1994年县国民经济和社会发展计划执行情况及1995年县国民经济和社会发展计划的决议》《和布克赛尔县人民政府关于1994年县财政预算执行情况和1995年县财政预算的决议》《和布克赛尔县第九届人大常委会工作报告的决议》《和布克赛尔县人民法院工作报告的决议》《和布克赛尔县人民检察院工作报告的决议》。

审查批准《和布克赛尔县人民政府关于1994年县国民经济和社会发展计划执行情况及1995年县国民经济和社会发展计划的报告》《和布克赛尔县人民政府关于1994年县财政预算执行情况和1995年县财政预算的报告》。

第四次会议 1996年3月13—15日在县人民政府会议室召开。应出席大会的代表120人,实际到会代表116人,列席代表95人,特邀代表8人。

会议听取和审议县人民政府县长那木吉勒·吾夏所作的《和布克赛尔县人民政府工作报告》;县计划委员会主任加·巴图那生所作的《和布克赛尔县人民政府关于1994年县国民经济和社会发展计划执行情况及1995年县国民经济和社会发展计划的报告》;听取和审议县财政局局长卡勒甫汗所作的《和布克赛尔县人民政府关于1994年县财政预算执行情况和1995年县财政预算草案的报告》;听取和审议县人大常委会主任其·郭木加甫所作的《和布克赛尔县人大常委会工作报告》;听取和审议县人民法院院长巴·阿拉新德力克所作的《和布克赛尔县人民法院工作报告》。

会议通过《和布克赛尔县人民政府工作报告的决议》《和布克赛尔县人民政府关于1994年县国民经济和社会发展计划执行情况及1995年县国民经济和社会发展计划的决议》《和布克赛尔县第九届人大常委会工作报告的决议》《和布克赛尔县人民法院工作报告的决议》《和布克赛尔县人民检察院工作报告的决议》。

审查批准《和布克赛尔县人民政府关于1994年县国民经济和社会发展计划执行情况及1995年县国民经济和社会发展计划的报告》《和布克赛尔县人民政府关于1994年县财政预算执行情况和1995年县财政预

算的报告》。

第五次会议 1997年3月17—20日在县人民政府会议室召开。应出席大会的代表122人,应出席大会的代表120人,实际到会代表97人,列席代表90人,特邀代表9人。

会议听取和审议县人民政府县长那木吉勒·吾夏所作的《和布克赛尔县人民政府工作报告》;县计划委员会主任加·巴图那生所作的《和布克赛尔县人民政府关于1996年县国民经济和社会发展计划执行情况及1997年县国民经济和社会发展计划的报告》;听取和审议县财政局局长卡勒甫汗所作的《和布克赛尔县人民政府关于1996年县财政预算执行情况和1997年县财政预算草案的报告》;听取和审议县人大常委会主任其·光布加甫所作的《和布克赛尔县人大常委会工作报告》;听取和审议县人民法院院长巴·阿拉新德力克所作的《和布克赛尔县人民法院工作报告》和县人民检察院检察长马加·奎玉克所作的《和布克赛尔县人民检察院工作报告》。

会议通过《和布克赛尔县人民政府工作报告的决议》《和布克赛尔县人民政府关于1996年县国民经济和社会发展计划执行情况及1997年县国民经济和社会发展计划的决议》《和布克赛尔县人民政府关于1996年县财政预算执行情况和1997年县财政预算的决议》《和布克赛尔县第九届人大常委会工作报告的决议》《和布克赛尔县人民法院工作报告的决议》《和布克赛尔县人民检察院工作报告的决议》。

审查批准《和布克赛尔县人民政府关于1996年县国民经济和社会发展计划执行情况及1997年县国民经济和社会发展计划的报告》《和布克赛尔县人民政府关于1996年县财政预算执行情况和1997年县财政预算草案的报告》。

会议补选人大常委会委员5人,其中汉族3人、蒙古族1人、哈萨克族1人。

**二、和布克赛尔县第十次人民代表大会**

任期为1998年1月至2003年1月。在此期间,共召开5次会议,审议议题6项,听取报告30个,通过决议30项。

第一次会议 1998年1月9—12日在和布克赛尔县政府会议室召开。应出席大会的代表139人,实际到会代表133人,列席代表94人,特邀代表5人。

会议听取和审议《和布克赛尔县人民政府工作报告》《和布克赛尔县人民政府关于1997年县国民经济和社会发展计划执行情况及1998年县国民经济和社会发展计划(草案)的报告》《和布克赛尔县人民政府关于1997年县财政预算执行情况和1998年县财政预算草案的报告》;听取和审议《和布克赛尔县第九届人大五年以来的工作报告》《和布克赛尔县人民法院工作报告》《和布克赛尔县人民检察院工作报告》。

会议通过《和布克赛尔县人民政府工作报告》《和布克赛尔县人民政府关于1997年县国民经济和社会发展计划执行情况和1998年县国民经济和社会发展计划的决议》《和布克赛尔县人民政府关于1997年县财政预算执行情况和1998年县财政预算的决议》《和布克赛尔县第八届人大常委会工作报告的决议》《和布克赛尔县人民法院工作报告的决议》《和布克赛尔县人民检察院工作报告的决议》。

审查批准《和布克赛尔县人民政府关于1997年县国民经济和社会发展计划执行情况及1998年县国民经济和社会发展计划的报告》《和布克赛尔县人民政府关于1997年县财政预算执行情况和1998年县财政预算计划的报告》。

会议选举产生县第十届人大常委会的组成人员，县人民政府县长、副县长；县人民法院院长和县人民检察院检察长；选举产生出席伊犁州第十届人大会议代表。

和布克赛尔县第十届人民代表大会第三次全体会议选举产生县人大常务委员会主任：其·郭木加甫；副主任：李文龙、拉·孟德尔、马述和、努尔哈孜·木哈沙德尔。

委员：乌·布音彩次克、加·道尔吉、依·道尔吉、霍·光木加甫、刘勤事、李保仓、肖志栋、崔师学、巴依居玛·那合巴依、曼开·热合木江、韩红·江木沙甫、热合买提多拉·阿比都拉库尔班。

县长：普·图格杰加甫；副县长：杨秀发、哈再孜·热合木、扎曼别克·扎合帕尔、巴·桑木桐。

人民法院院长：巴·阿拉新德力克。

人民检察院检察长：马加·奎玉克。

县出席伊犁哈萨克自治州第十次人民代表大会代表：夏广泰、其·光郭木布加甫、普·图格杰加甫、干·马茹沙、吐尔达洪·胡马尔、赛力克·卡西木、加·买尔嘎、古丽沙合什、普尔甫。

第二次会议　1999年2月6—8日在和布克赛尔县政府会议室召开。应出席大会的代表136人，实际到会代表125人，列席代表89人，特邀人员5人。

会议听取和审议县人民政府县长图格杰加甫所作的《和布克赛尔县人民政府工作报告》；县计划统计委员会主任丹木仁加甫作的《和布克赛尔县人民政府关于1998年县国民经济和社会发展计划执行情况及1999年县国民经济和社会发展计划（草案）的报告》；听取了审议县财政局局长马合苏提汗所作的《和布克赛尔县人民政府关于1998年县财政预算执行情况和1999年县财政预算草案的报告》；听取和审议县人大常委会副主任李文龙所作的《和布克赛尔县人大常委会工作报告》；听取和审议县人民法院院长巴·阿拉新德力克所作的《和布克赛尔县人民法院工作报告》、县人民检察院检察长马加·奎玉克所作的《和布克赛尔县人民检察院工作报告》。

会议通过《和布克赛尔县人民政府工作报告》《和布克赛尔县人民政府关于1998年县国民经济和社会发展计划执行情况和1999年县国民经济和社会发展计划的决议》《和布克赛尔县人民政府关于1998年县财政预算执行情况和1999年县财政预算的决议》《和布克赛尔县人大常委会工作报告的决议》《和布克赛尔县人民法院工作报告的决议》《和布克赛尔县人民检察院工作报告的决议》。

审查批准《和布克赛尔县人民政府关于1998年县国民经济和社会发展计划执行情况及1999年县国民经济和社会发展计划的报告》《和布克赛尔县人民政府关于1998年县财政预算执行情况和1999年县财政预算计划的报告》。

会议选举齐米德·巴德尔禾为和布克赛尔县人大常委会主任。

第三次会议　2000年2月17—18日在和布克赛尔县政府会议室召开。应出席大会的代表139人，实际到会代表119人，列席代表66人，特邀人员5人。

会议听取和审议县人民政府县长图格杰加甫所作的《和布克赛尔县人民政府工作报告》、县计划统计委员会主任丹木仁加甫作的《和布克赛尔县人民政府关于1999年县国民经济和社会发展计划执行情况及2000年县国民经济和社会发展计划》；听取和审议县财政局局长马合苏提汗所作的《和布克赛尔县人民政府关于1999年县财政预算执行情况和2000年县财政预算计划报告》；听取和审议县人大常委会主任齐·巴德尔禾所作的《和布克赛尔县人大常委会工作报告》；听取和审议县人民法院院长巴·阿拉新德力克所作的《和布克赛尔县人民法院工作报告》、县人民检察院代检察长山·乌图那生所作的《和布克赛尔县人民检察院工作报告》。

会议通过《和布克赛尔县人民政府工作报告的决议》《和布克赛尔县人民政府关于1999年县国民经济和社会发展计划执行情况及2000年县国民经济和社会发展计划的决议》《和布克赛尔县人民政府关于1999年县财政预算执行情况和2000年县财政预算的决议》《和布克赛尔县第八届人大常委会工作报告的决议》《和布克赛尔县人民法院工作报告的决议》《和布克赛尔县人民检察院工作报告的决议》。

审查批准《和布克赛尔县人民政府关于1999年县国民经济和社会发展计划执行情况及2000年县国民经济和社会发展计划的报告》《和布克赛尔县人民政府关于1999年县财政预算执行情况和2000年县财政预算计划的报告》。

第四次会议　2000年10月17日在和布克赛尔县政府会议室召开。应出席大会代表136人,实际到会议代表126人,列席代表31人,特邀人员5人。

大会补选巴·桑木桐为和布克赛尔县第十届人民代表大会常委委员会主任。

第五次会议　2001年4月24—25日在和布克赛尔县政府会议室召开。应出席大会的代表139人,实际到会代表124人,列席代表90人,特邀人员4人。

会议听取和审议县人民政府县长图格杰加甫所作的《和布克赛尔县人民政府工作报告》;县计划统计委员会主任丹木仁加甫作的《和布克赛尔县人民政府关于2000年县国民经济和社会发展计划执行情况及2001年县国民经济和社会发展计划》;听取和审议县财政局副局长冷明军所作的《和布克赛尔县人民政府关于2000年县财政决算执行情况和2001年县财政预算计划报告》;听取和审议县人大常委会主任巴·桑木桐所作的《和布克赛尔县人大常委会工作报告》;听取和审议县人民法院院长巴·阿拉新德力克所作的《和布克赛尔县人民法院工作报告》;听取和审议县人民检察院检察长山·乌图那生所作的《和布克赛尔县人民检察院工作报告》。

会议通过《和布克赛尔县人民政府工作报告的决议》《和布克赛尔县人民政府关于2000年县国民经济和社会发展计划执行情况及2001年县国民经济和社会发展经济计划的决议》《和布克赛尔县人民政府关于2000年县财政预算执行情况和2001年县财政预算的决议》《和布克赛尔县人民政府关于2000年县财政预算执行情况和2001年县财政预算计划的报告》。

会议补选赛格孜拜、依·道尔吉为和布克赛尔县第十届人大常委会副主任。

**三、和布克赛尔县第十一次人民代表大会**

任期为2003年1月至2008年1月。在此期间,共召开6次会议,审议议题36项,听取报告21个,通过决议32项。

第一次会议　2003年1月1—4日在县赛尔宾馆召开。出席会议的代表136人。

大会听取和审议《和布克赛尔县人民政府工作报告》《和布克赛尔县人民政府关于2002年县国民经济和社会发展计划执行情况及2003年县国民经济和社会发展计划(草案)的报告》,审查批准《和布克赛尔县人民政府关于2002年县国民经济和社会发展计划执行情况和2003年县国民经济和社会发展计划》;听取和审议《和布克赛尔县人民政府关于2002年县财政预算执行情况和2003年县财政预算草案的报告》,听取和审查

《和布克赛尔县2002年县财政预算执行情况的报告和2003年县财政预算草案》，批准《和布克赛尔县2003年财政预算》；听取和审议《和布克赛尔县人大常委会工作报告》《和布克赛尔县人民法院工作报告》《和布克赛尔县人民检察院工作报告》。

会议选举产生县第十一届人大常委会的组成人员，县人民政府县长、副县长，县人民法院院长和县人民检察院检察长；选举产生出席伊犁州第十一届人大会议代表和出席自治区第十届人民代表大会代表。

县人大常委会主任：巴·桑木桐；副主任：哈再孜·热阿合木、高金华、道·古力加甫、秦锡观。

县人大常委会委员：马合苏提汗·加木沙甫、阿尔克恰、崔维萍、巴远明、库力汗、达日玛、曼·那木苏荣、巴格达尔·胡山、浩·才仁道尔吉、葛辉、郭少平。

县人民政府县长：普·图格杰加甫；副县长：赵杰元、窦怀阳、巴·道尔吉、哈力木汗·白肯、努尔居玛·加海、司玉琳。

县人民法院院长：依·道尔吉。

县人民检察院检察长：巴·托卡。

出席自治区第十次人民代表大会代表：普·图格杰加甫、贾德兰。

出席伊犁哈萨克自治州第十一次人民代表大会代表：孙彦哲、古力沙合什·哈孜别克、马苏拉·马木提、陈振芳、马秀英、普·图格杰加甫、巴·桑木桐、布会·乌塔、赛尔江·马各总、加尔肯·托列吾汗、达·苏布生。

第二次会议　2004年2月21—23日在县赛尔宾馆召开。会议实到代表132人。

大会听取和审议《和布克赛尔县人民政府工作报告》；审查批准《和布克赛尔县2003年国民经济和社会发展计划执行情况和2004年国民经济和社会发展计划》；听取和审议《和布克赛尔县人民政府关于2003年县财政预算执行情况和2004年县财政预算草案的报告》，审查《和布克赛尔县人民政府关于2003年县财政预算执行情况的报告和2004年县财政预算草案》，批准《和布克赛尔县人民政府关于2004年县财政预算》；听取和审议《和布克赛尔县人大常委会工作报告》《和布克赛尔县人民法院工作报告》《和布克赛尔县人民检察院工作报告》。会议通过上述报告的决议。

第三次会议　2005年1月28—31日在县赛尔宾馆召开。会议实到代表131人。

会议听取和审议《和布克赛尔县人民政府工作报告》《和布克赛尔县人民政府关于2004年县国民经济和社会发展计划执行情况及2005年计划（草案）的报告》，审查批准《和布克赛尔县2004年国民经济和社会发展计划执行情况及2005年国民经济和社会发展计划》；听取和审议《和布克赛尔县人民政府关于2004年县财政预算执行情况和2005年县财政预算草案的报告》，审查《和布克赛尔县人民政府关于2004年县财政预算执行情况的报告和2005年县财政预算草案》，批准《和布克赛尔县2005年财政预算》；听取和审议《和布克赛尔县人大常委会工作报告》《和布克赛尔县人民法院工作报告》《和布克赛尔县人民检察院工作报告》。会议通过上述报告的决议。

会议补选尼克·乌音山为和布克赛尔县人民政府县长。普·那木吉加甫为和布克赛尔县第十一次人大常委会委员。

第四次会议　2006年1月7—9日在县赛尔宾馆召开。会议实到代表128人。

大会听取和审议《和布克赛尔县人民政府工作报告》《和布克赛尔县人民政府关于2005年县国民经济和社会发展计划执行情况及2006年计划（草案）的报告》，审查批准《和布克赛尔县2005年国民经济和社会发展计划执行情况及2006年国民经济和社会发展计划》;听取和审议《和布克赛尔县人民政府关于2005年县财政预算执行情况和2006年县财政预算草案的报告》,审查《和布克赛尔县2005年财政预算执行情况的报告和2006年财政预算草案》,批准《和布克赛尔县2006年财政预算》;听取和审议《和布克赛尔县人大常委会工作报告》《和布克赛尔县人民法院工作报告》《和布克赛尔县人民检察院工作报告》。会议通过了相关报告的决议。

第五次会议　2006年4月11日在县赛尔宾馆召开。会议实到代表129人。

会议审查和批准《和布克赛尔县国民经济和社会发展第十一个五年规划纲要》;会议通过《和布克赛尔县国民经济和社会发展第十一个五年规划纲要的决议》。会议还审议通过《关于和布克赛尔县草原生态保护条例》。

第六次会议　2007年1月31日至2月2日在县江格尔影剧院召开。会议实到代表122人。

会议听取和审议《和布克赛尔县人民政府工作报告》《和布克赛尔县人民政府关于2006年县国民经济和社会发展计划执行情况及2007年计划(草案)的报告》,审查批准《和布克赛尔县2006年国民经济和社会发展计划执行情况及2007年国民经济和社会发展计划》;听取和审议《和布克赛尔县人民政府关于2006年县财政预算执行情况和2007年县财政预算草案的报告》,审查《和布克赛尔县2006年财政预算执行情况的报告和2007年财政预算草案》,批准《和布克赛尔县2007年财政预算》;听取和审议《和布克赛尔县人大常委会工作报告》《和布克赛尔县人民法院工作报告》《和布克赛尔县人民检察院工作报告》。会议通过上述报告的决议。

**四、和布克赛尔县第十二次人民代表大会**

任期为2007年10月至2011年8月。在此期间,共召开4次会议,审议议题75项,听取报告42个,通过决议34项。

第一次会议　2007年10月24—27日在县城召开。应到代表139人,实到代表132人(选举产生的139人县级人大代表中,6人调离本行政区域,1人去世,出缺7人)。

大会听取和审议《和布克赛尔县人民政府工作报告》《和布克赛尔县2007年国民经济和社会发展计划执行情况及2008年国民经济和社会发展计划(草案)的报告》《和布克赛尔县2007年财政预算执行情况和2008年财政预算(草案)的报告》;听取和审议《和布克赛尔县人大常委会工作报告》《和布克赛尔县人民法院工作报告》《和布克赛尔县人民检察院工作报告》。

选举产生县第十二届人民代表大会常务委员会组成人员,选举产生县人民政府县长、副县长,选举产生县人民法院院长、人民检察院检察长,选举产生县出席伊犁哈萨克自治州第十二次人民代表大会代表。

人大常委会主任:桑加·桑金才;副主任:高金华、道尔吉·古力加甫、秦锡观、玛开西·哈比。

委员:贾林·托呼达哈孜、李魁剑、刘勤事、韩慧贤、普尔瓦·那木吉力加甫、浩布克·才仁道尔吉、那比汗·吐斯甫、陈涛、赵品品、钟固·钟卫红、木热力别克·胡山、杜格什·杜格尔、徐群英、那木加甫·傲云。

县人民政府县长:拉格瓦·才布格加甫;副县长:车建国、赵文明、木拉提汗·托呼塔汗、巴图那生·恰格德尔加甫、玛依拉·尼亚孜别克。

县人民法院院长:依登加甫·道尔吉。

县人民检察院检察长：巴特那生·托卡。

县出席伊犁哈萨克自治州第十二次人民代表大会代表：张文强、桑加·桑金才、拉格瓦·才布格加甫、才娃·那森、依登加甫·叶尔登巴依尔、赛尔江·马格总、海拉提·阿依提库尔曼、艾尔肯·阿不都卡德尔、彭苏克、阿黑哈提·伊马什、柯丽白·木哈什。

第二次会议　2009年2月27日至3月1日在县影剧院召开。应到代表139人，实到代表131人。

会议听取和审议《和布克赛尔县人民政府工作报告》《和布克赛尔县2008年国民经济和社会发展计划执行情况及2009年国民经济和社会发展计划（草案）的报告》《和布克赛尔县2008年财政预算执行情况和2009年财政预算（草案）的报告》；听取和审议《和布克赛尔县人大常委会工作报告》《和布克赛尔县人民法院工作报告》《和布克赛尔县人民检察院工作报告》。大会还表决通过《和布克赛尔县人大议案审查委员会关于代表议案审查情况的报告》。

第三次会议　2010年1月23—25日在县影剧院召开。应到代表139人，实到代表136人。

会议听取和审议《和布克赛尔县人民政府工作报告》《和布克赛尔县2009年国民经济和社会发展计划执行情况及2010年国民经济和社会发展计划（草案）的报告》《和布克赛尔县2009年财政预算执行情况和2010年财政预算（草案）的报告》；听取和审议《和布克赛尔县人大常委会工作报告》《和布克赛尔县人民法院工作报告》《和布克赛尔县人民检察院工作报告》。

会议补选木合塔尔·卡里木别克、武体新、王剑为和布克赛尔县第十二次人大常委会委员。

第四次会议　2011年1月10—12日在县影剧院召开。会议应到代表139人，实到代表130人。

会议听取和审议《和布克赛尔县人民政府工作报告》《和布克赛尔县2010年国民经济和社会发展计划执行情况及2011年国民经济和社会发展计划（草案）的报告》《和布克赛尔县2010年财政预算执行情况和2011年财政预算（草案）的报告》；听取和审议《和布克赛尔县人大常委会工作报告》《和布克赛尔县人民法院工作报告》《和布克赛尔县人民检察院工作报告》。

会议还听取《和布克赛尔县人民政府关于2010年度工作报告中承诺的“十件实事”办理情况的报告》；审议通过《和布克赛尔县矿产资源管理条例（草案）》。

### 五、和布克赛尔县第十三次人民代表大会

任期为2011年8月至2016年8月。截至2015年12月，共召开5次会议，审议议题83项，听取报告42个，通过决议37项。

第一次会议　2011年8月18—21日在县赛尔宾馆召开。应到代表139人，实到代表139人。

大会听取和审议《和布克赛尔县人民政府工作报告》；听取和审议《和布克赛尔县2007—2010年国民经济和社会发展计划执行情况及2011—2015年国民经济和社会发展计划（草案）的报告》；听取和审议《和布克赛尔县2007—2010年财政预算执行情况和2011—2015年财政预算（草案）的报告》；听取和审议《和布克赛尔县人大常委会工作报告》；听取和审议《和布克赛尔县人民法院工作报告》；听取和审议《和布克赛尔县人民检察院工作报告》。

大会选举产生县第十三次人民代表大会常务委员会组成人员，选举产生县人民政府县长、副县长，选举产生县人民法院院长、人民检察院检察长。

主任:道尔吉·古力加甫;副主任:李自刚、依登加甫·道尔吉、玛开西·哈比、成中乾。

委员:乌图那生·叶尔达、普尔瓦·那木吉力加甫、光布加甫·依登加甫、孟克·快塔乐、杜格什·杜格尔、王剑、王昌义、张磊、张远明、赵品品、赛力克·卡依多拉、哈斯铁尔·托留拜、木合塔尔·卡里木别克、韩慧贤。

县人民政府县长:拉格瓦·才布格加甫;副县长:刁永海、玛依拉·尼亚孜别克、梁景国、哈力比亚提·哈米提、巴特那生·孟克。

县人民法院院长:布会·乌塔。

县人民检察院检察长:那道日吉·孟和那尔苏。

第二次会议　2012年1月17—19日在县影剧院召开。应到代表139人,实到代表132人。

会议听取和审议《和布克赛尔县人民政府工作报告》;听取和审议《和布克赛尔县2011年国民经济和社会发展计划执行情况及2012年国民经济和社会发展计划(草案)的报告》;听取和审议《和布克赛尔县2011年财政预算执行情况和2012年财政预算(草案)的报告》;听取和审议《和布克赛尔县人大常委会工作报告》;听取和审议《和布克赛尔县人民法院工作报告》;听取和审议《和布克赛尔县人民检察院工作报告》。

会议通过《关于和布克赛尔县人民政府工作报告的决议》《关于和布克赛尔县人民政府关于2011年县国民经济和社会发展计划执行情况及2012年县财政预算的决议》《关于和布克赛尔县第八届人大常委会工作报告的决议》《关于和布克赛尔县人民法院工作报告的决议》《关于和布克赛尔县人民检察院工作报告的决议》。

会议补选了和布克赛尔县第十三届人民代表大会常务委员会。

副主任:王建江

委员:查汗·孜荣、王学光

会议选举产生出席伊犁哈萨克自治州第十三次人民代表大会代表:沃杰提·别里道拜、尼明格尔·吾尔格丽贾、普鲁瓦·敖其尔、海力其布·阿布力孜、拉格瓦·才布格加甫、沙依旦·提依甫、薛俊强、道尔吉·古力加甫、特尼克·热哈提汗、杨进、王江彬。

第三次会议　2013年1月21—23日在县影剧院召开。应到代表135人,实到代表131人。

会议听取和审议《和布克赛尔县人民政府工作报告》;听取和审议《和布克赛尔县2012年国民经济和社会发展计划执行情况及2013年国民经济和社会发展计划(草案)的报告》;听取和审议《和布克赛尔县2012年财政预算执行情况和2013年财政预算(草案)的报告》;听取和审议《和布克赛尔县人大常委会工作报告》;听取和审议《和布克赛尔县人民法院工作报告》;听取和审议《和布克赛尔县人民检察院工作报告》。

会议通过《关于和布克赛尔县人民政府工作报告的决议》《关于和布克赛尔县人民政府关于2012年县国民经济和社会发展计划执行情况及2013年县财政预算的决议》《关于和布克赛尔县第八届人大常委会工作报告的决议》《关于和布克赛尔县人民法院工作报告的决议》《关于和布克赛尔县人民检察院工作报告的决议》。

第四次会议　2014年1月22—24日在县影剧院召开。应到代表135人,实到代表128人。

会议听取和审议《和布克赛尔县人民政府工作报告》;听取和审议《和布克赛尔县2013年国民经济和社会发展计划执行情况及2014年国民经济和社会发展计划(草案)的报告》;听取和审议《和布克赛尔县2013年财政预算执行情况和2014年财政预算(草案)的报告》;听取和审议《和布克赛尔县人大常委会工作报告》;听取和审议《和布克赛尔县人民法院工作报告》;听取和审议《和布克赛尔县人民检察院工作报告》。

会议通过《关于和布克赛尔县人民政府工作报告的决议》《关于和布克赛尔县人民政府关于2013年县国民经济和社会发展计划执行情况及2014年县财政预算的决议》《关于和布克赛尔县第八届人大常委会工作报告的决议》《关于和布克赛尔县人民法院工作报告的决议》《关于和布克赛尔县人民检察院工作报告的决议》。

第五次会议　2015年8月31日至9月2日在县影剧院召开。应到代表139人，实到代表132人。

大会听取和审议《和布克赛尔县2014年国民经济和社会发展计划执行情况及2015年国民经济和社会发展计划（草案）的报告》；听取和审议《和布克赛尔县2014年财政预算执行情况和2015年财政预算（草案）的报告》；听取和审议《和布克赛尔县人大常委会工作报告》；听取和审议《和布克赛尔县人民法院工作报告》；听取和审议《和布克赛尔县人民检察院工作报告》；审议通过《和布克赛尔县湿地保护条例（草案）》。

会议通过《关于和布克赛尔县人民政府工作报告的决议》《关于和布克赛尔县人民政府关于2014年县国民经济和社会发展计划执行情况及2015年县财政预算的决议》《关于和布克赛尔县第八届人大常委会工作报告的决议》《关于和布克赛尔县人民法院工作报告的决议》《关于和布克赛尔县人民检察院工作报告的决议》。

会议补选和布克赛尔县第十三次人民代表大会常务委员会副主任、委员，其中，选举杨长年为和布克赛尔县第十三次人大常委会副主任，选举尕锋盘山（哈萨克族）、李文杰为和布克赛尔县第十三次人民代表大会常务委员会委员。

# 第二章　县人大常委会

## 第一节　常委会组成

和布克赛尔县人民代表大会常务委员会（以下简称“县人大常委会”）是县人民代表大会的常设机关，对本级人民代表大会负责并报告工作。根据宪法和地方组织法的规定，县人大常委会由本级人民代表大会在本级人大代表中选举主任、副主任若干人和委员若干人组成，其人员统称为县人大常委会的组成人员。县人大常委会每届任期同本级人民代表大会每届任期相同，行使职权到下届本级人民代表大会选出新的人大常委会为止。根据宪法和地方组织法的规定，县人大常委会的组成人员不得担任国家行政机关、审判机关和检察机关的职务；如果担任上述职务，必须辞去常务委员会的职务。

**1993—2015年和布克赛尔县人大常委会主任、副主任一览表**

表20－3

| 届期 | 职务 | 姓名 | 性别 | 民族 | 籍贯 | 任期 |
|---|---|---|---|---|---|---|
| 第九届 | 主任 | 其增·光布加甫 | 男 | 蒙古 | 新疆 | 1993年3月至1997年10月 |
| | 副主任 | 张柄义 | 男 | 汉 | 陕西 | 1993年3月至1997年10月 |
| | | 赛尔·乌尔拉 | 男 | 蒙古 | 新疆 | 1993年3月至1997年10月 |
| | | 卡林别克·赛福力 | 男 | 蒙古 | 新疆 | 1993年3月至1997年10月 |
| | | 张有才 | 男 | 汉 | 陕西 | 1993年3月至1997年10月 |

续表20-3

| 届期 | 职务 | 姓名 | 性别 | 民族 | 籍贯 | 任期 |
|---|---|---|---|---|---|---|
| 第十届 | 主任 | 其增·光布加甫 | 男 | 蒙古 | 新疆 | 1998年1月至1999年2月 |
| | | 齐·巴德尔禾(补选) | 男 | 蒙古 | 新疆 | 1999年2月至2000年3月 |
| | | 巴·桑木桐(补选) | 男 | 蒙古 | 新疆 | 2000年10月至2003年1月 |
| | 副主任 | 拉格娃·孟德尔 | 女 | 蒙古 | 新疆 | 1998年1月至2003年1月 |
| | | 努尔哈孜·木哈沙德尔 | 男 | 哈萨克 | 新疆 | 1998年1月至2003年1月 |
| | | 李文龙 | 男 | 汉 | 山东 | 1998年1月至2003年1月 |
| | | 马述和 | 男 | 汉 | 甘肃 | 1998年1月至2003年1月 |
| | | 赛格孜拜(补选) | 男 | 哈萨克 | 新疆 | 2001年4月至2003年1月 |
| | | 依·道尔吉(补选) | 男 | 蒙古 | 新疆 | 2001年4月至2003年1月 |
| 第十一届 | 主任 | 巴·桑木桐 | 男 | 蒙古 | 新疆 | 2003年1月至2007年11月 |
| | 副主任 | 哈再孜·热阿哈木 | 男 | 哈萨克 | 新疆 | 2003年1月至2007年11月 |
| | | 高金华 | 男 | 汉 | 河南 | 2003年1月至2007年11月 |
| | | 道尔吉·古力加甫 | 男 | 蒙古 | 新疆 | 2003年1月至2007年11月 |
| | | 秦锡观 | 男 | 汉 | 甘肃 | 2003年1月至2007年11月 |
| 第十二届 | 主任 | 桑加·桑金才 | 男 | 蒙古 | 新疆 | 2007年11月至2011年7月 |
| | 副主任 | 高金华 | 男 | 汉 | 河南 | 2007年11月至2011年8月 |
| | | 道尔吉·古力加甫 | 男 | 蒙古 | 新疆 | 2007年11月至2011年8月 |
| | | 秦锡观 | 男 | 汉 | 甘肃 | 2007年11月至2011年8月 |
| | | 玛开西·哈比 | 女 | 哈萨克 | 新疆 | 2007年11月至2011年8月 |
| 第十三届 | 主任 | 道尔吉·古力加甫 | 男 | 蒙古族 | 新疆 | 2011年8月至2016年9月 |
| | 副主任 | 李自刚 | 男 | 汉 | 甘肃 | 2011年8月至2016年9月 |
| | | 依登加甫·道尔吉 | 男 | 蒙古族 | 新疆 | 2011年8月至2016年9月 |
| | | 玛开西·哈毕 | 女 | 哈萨克 | 新疆 | 2011年8月至2016年9月 |
| | | 成中乾 | 男 | 汉 | 陕西 | 2011年8月至2016年9月 |

## 第二节　机构设置

和布克赛尔县人大常委会根据法律规定和工作需要,设立办事机构和工作机构。

1990年4月选举产生的和布克赛尔县第八届人大常委会设置办事机构办公室,配主任1人、副主任1人;其他工作机构有财政经济工作委员会、教科文卫工作委员会、法制工作委员会,各配主任1人。

## 第三节　常委会会议简况

### 一、和布克赛尔县第九届人民代表大会常务委员会

任期为1993年3月至1998年1月。在本届代表大会任职期间,共召开常委会会议33次会议,审议议题104项,通过决议决定41件,听取和审议“一府两院”工作报告71个。

第九届人大常委会第一次会议　1993年4月19日在县委四楼人大会议室召开。县人大常委会主任其·郭木加甫主持会议，县人大常委会主任、副主任、委员等19人出席会议。县人民政府主要领导，县人民法院、县人民检察院负责人参加会议。

会议批准和布克赛尔县1993年财政预算；批准任命县人民政府县长提名的政府组成人员和任命人大常务委员会各工作委员会人员。

第九届人大常委会第七次会议　1994年5月10—11日在县委四楼人大会议室召开。县人大常委会主任其·郭木加甫主持会议，县人大常委会主任、副主任、委员等13人出席会议。县人民政府主要领导，县人民法院、县人民检察院负责人参加会议。

会议听取和审议县人民法院《关于执法工作和开展反贪污贿赂工作的汇报》，县人民政府监察局《关于和布克赛尔县反腐倡廉情况的汇报》；讨论通过县人大常委会1994年工作安排意见。

第九届人大常委会第十四次会议　1995年5月16—17日在县委四楼人大会议室召开。县人大常委会主任其·郭木加甫主持会议，县人大常委会主任、副主任、委员等17人出席会议。县人民政府主要领导，县人民法院、县人民检察院负责人参加会议。

会议听取和审议县人民政府关于《中华人民共和国妇女权益保障法》执行情况的汇报。

第九届人大常委会第二十二次会议　1996年5月7—8日在县委四楼人大会议室召开。县人大常委会主任其·郭木加甫主持会议，县人大常委会主任、副主任、委员等16人出席会议。县人民政府主要领导，县人民法院、县人民检察院负责人列席会议。

会议传达了自治区八届人大四次会议精神和伊犁州九届人大四次会议精神；讨论通过县人大常委会1996年工作安排；听取和审议县人民政府关于1995年全县扶贫工作情况和1996年扶贫工作安排的汇报，县人民政府贯彻执行《中华人民共和国劳动法》的情况汇报。会议还进行了人事任免。

第九届人大常委会第三十次会议　1997年9月9日在县委四楼人大会议室召开。县人大常委会主任其·光布加甫主持会议，县人大常委会主任、副主任、委员等18人出席会议。县人民政府主要领导，县人民法院、县人民检察院负责人参加会议。

会议听取和审议县人民政府关于1997年1—8月县财政预算情况的报告，县人民政府关于承办第九届县人大第五次会议代表提出的批评、意见、建议办理情况的汇报。会议还进行了人事任免。

**二、和布克赛尔县第十届人民代表大会常务委员会**

任期为1998年1月至2003年1月。在此期间，共召开30次会议，审议议题94项，通过决议决定60件，听取和审议“一府两院”工作报告49个。

第十届人大常委会第一次会议　1998年2月9—10日在县委四楼人大会议室召开。县人大常委会主任其·郭木加甫主持会议，县人大常委会主任、副主任、委员17人出席会议。县委、县人民政府主要领导，县人民法院、县人民检察院负责人参加会议。

会议学习了总书记江泽民有关法律的论述节选以及组织法、宪法及有关法律法规；学习了第八、第九届县人大常委会作出的议事规则和两项决议；学习了地方组织法、代表法等法律法规。

第十届人大常委会第九次会议　1999年3月15日在县委四楼人大会议室召开。县人大常委会主任巴德尔禾主持会议，人大常委会主任、副主任、委员等17人出席会议。县委、县人民政府主要领导，县人民法院、县人民检察院负责人参加会议。

会议听取和审议县人民政府关于实施《中华人民共和国村民委员组织法》情况的报告，县经贸委关于和布克赛尔县工矿企业生产情况及下岗职工再就业安排情况的汇报，县广电局关于全县有线电视建设情况的汇报；听取了县人大常委会1999年工作要点。

第十届人大常委会第十七次会议　2000年5月19日在县委四楼人大会议室召开。县人大常委会副主任李文龙主持会议，人大常委会主任、副主任、委员共13人出席会议。县委、县人民政府主要领导，县人民法院、县人民检察院负责人参加会议。

会议听取和审议县人民政府关于扶贫开发工作情况的汇报；县人大常委会关于铁布肯乌散乡扶贫工作情况的调查报告。会议还进行了人事任免。

第十届人大常委会第二十三次会议　2001年1月9日在县委四楼人大会议室召开。县人大常委会主任巴·桑木桐主持会议，县人大常委会主任、副主任、委员15人出席会议。县委、县人民政府主要领导，县人民法院、县人民检察院负责人参加会议。

会议补选了伊犁州十届人大出缺代表；通过县人大常委会关于将全县各级人大代表活动经费列入本级财政预算的决定。会议还进行了人事任免。

第十届人大常委会第二十九次会议　2001年11月12日在县人大党组会议室召开。县人大常委会主任巴·桑木桐主持会议，县人大常委会主任、副主任、委员17人出席会议。县委、县人民政府主要领导，县人民法院、县人民检察院负责人参加会议。

会议通过《和布克赛尔县村委会换届选举工作实施方案》；通过县人民政府《关于和布克赛尔县村委会换届选举工作的实施方案》。

**三、和布克赛尔县第十一届人民代表大会常务委员会**

任期为2003年1月至2008年1月。在此期间，共召开28次会议，审议议题42项，通过决议决定27件，听取和审议“一府两院”工作报告26个。选介如下：

第十一届人大常委会第一次会议　2003年3月21日在县委四楼人大会议室召开。县人大常委会主任巴·桑木桐主持会议，县人大常委会主任、副主任、委员共16人参加会议，县委常委、组织部部长张建科应邀出席会议，县人民政府县长普·图格杰加甫列席会议。

根据2003年县人大常委会工作要点，会议首先组织新一届人大常委会委员学习了中共十六大精神，还学习了《中华人民共和国代表法》《中华人民共和国组织法》等法律知识。按照会议议程，依法任命18名新一届人民政府组成部门人员。

第十一届人大常委会第七次会议　2004年2月12日在县委四楼人大会议室召开。县人大常委会主任巴·桑木桐主持会议，县人大常委会主任、副主任、委员共14人出席会议，县人民政府县长、县人民法院院长、县人民检察院检察长以及政府办负责人、部分乡镇人大主席、各工作机构负责人列席会议。

会议审议通过和布克赛尔县第十一届人民代表大会第二次会议有关文件和人员名单。会议还进行了人事任免。

第十一届人大常委会第十七次会议　2005年4月5日在县委四楼人大会议室召开，县人大常委会主任巴·桑木桐主持会议，县人大常委会主任、副主任、委员共14人出席会议，县人民政府县长、县人民法院院长、县人民检察院检察长、县人民政府办公室主任、县财政局局长及县人大各工作机构负责人共15人列席会议。

会议听取和审议《和布克赛尔县人民政府2005年财政预算（草案）修改情况的报告》；听取和审议《和布克赛尔县2004年财政预算追加有关事宜的议案》；讨论通过《和布克赛尔县人大常委会讨论决定重大事项办法》；通过并批准《和布克赛尔县人民政府2005年财政预算（草案）修改情况的报告》，批准《和布克赛尔县人民政府2004年财政预算追加有关事宜的议案》。会议还进行了人事任免。

第十一届人大常委会第二十二次会议　2006年6月13日召开，县人大常委会主任巴·桑木桐主持会议，县人大常委会主任、副主任、委员共12人出席会议。

会议听取《中华人民共和国预算法》法制讲座，审议通过县人民政府贯彻落实《"四五"普法和依法治县》《中华人民共和国消防法》工作情况的报告，讨论通过县人大常委会关于对《"四五"普法和依法治县》《中华人民共和国消防法》执法检查情况的报告。听取县人民政府办理第十一届县人民代表大会四次会议上代表提出意见、建议情况的报告。会议还进行了人事任免。

第十一届人大常委会第二十七次会议　2007年4月5日召开，县人大常委会主任巴·桑木桐主持会议，人大常委会主任、副主任、委员共13人出席会议，县人大党组副书记桑金才及有关人员列席会议。

会议审批了《和布克赛尔县2007年度国民经济和社会发展计划》、2007年度本级财政预算、"五五"普法规划；审议通过县第十一届人大六次会议代表提出的批评、意见和建议并转交"一府两院"办理；会议还审议通过县人大常委会督查全县贯彻落实"法制宣传教育年"决议情况的报告。

**四、和布克赛尔县第十二届人民代表大会常务委员会**

任期为2008年1月至2011年8月。在此期间，共召开30次会议，审议议题75项，通过决议决定34件，听取和审议"一府两院"工作报告42个。

第十二届人大常委会第三次会议　2008年6月29日召开，县人大常委会主任桑金才主持会议，人大常委会主任、副主任、委员共17人出席会议，"一府两院"及县财政局、审计局、农业局、卫生局等部门领导列席会议。

会议审议通过县人民政府贯彻执行《中华人民共和国种子法》的工作报告、贯彻执行《中华人民共和国食品卫生法》的工作报告、关于开展新型农牧区合作医疗的工作报告；听取县人民政府2007年财政预算执行情况的审计报告；审议通过《和布克赛尔县矿产资源管理条例》的立法报告。会议还进行了人事任免。

第十二届人大常委会第八次会议　2009年4月20日召开，县人大常委会主任桑金才主持会议，县人大常委会主任、副主任、委员共16人出席会议。

会议审议通过2009年县人大常委会工作要点，通过县第十二届人大二次会议上代表提出的批评、意见、建议，并转交给"一府两院"。会议还进行了人事任免。

第十二届人大常委会第十三次会议　2010年1月18日召开，县人大常委会主任桑金才主持会议，人大常委会主任、副主任、委员共13人出席会议。

会议审议通过和布克赛尔县第十二届人民代表大会第三次会议相关议程；审议通过和布克赛尔县人民政府工作报告、2009年县国民经济和社会发展计划执行情况及2010年县国民经济和社会发展计划（草案）的报告、2009年县财政预算执行情况和2010年县财政预算(草案)的报告、县人大常委会工作报告、县人民法院工作报告、县人民检察院工作报告以及第十二届县人民代表大会第三次会议关于代表提出议案及其审议程序的决定(草案)。审议通过了关于补选第十二届县人民代表大会代表资格的审查报告及关于补选伊犁哈萨克自治州第十二届人民代表大会代表的报告。

第十二届人大常委会第二十三次会议　2011年5月5日召开,县人大常委会主任桑金才主持会议,人大常委会主任、副主任、委员共15人出席会议。

会议审议通过2011年县人大常委会工作要点;通过县第十二届人大四次会议上代表提出的批评、意见和建议并转交"一府两院";审议通过《和布克赛尔县农田水利建设规划》。会议还听取审议了县人民法院提请的人事任免议案。

第十二届人大常委会第三十次会议　2011年8月15日召开,县人大常委会主任桑金才主持会议,人大常委会主任、副主任、委员共13人出席会议。

会议审议通过《和布克赛尔县第十二届人大常委会代表资格审查委员会关于县第十三届人民代表大会补选代表资格的审查报告》;审议通过《和布克赛尔县旅游发展总体规划》。

**五、和布克赛尔县第十三届人民代表大会常务委员会**

任期为2011年8月至2016年9月。在此期间,共召开40次会议,审议议题83项,通过决议决定37件,听取和审议"一府两院"工作报告42个。

第十三届人大常委会第一次会议　2011年10月28日召开,县人大常委会主任道尔吉·古力加甫主持会议,人大常委会主任、副主任、委员共16人出席会议。

会议审议通过县第十三届人大一次会议上代表提出的批评、意见和建议并转交"一府两院";听取县人民政府关于县第十二届人大四次会议代表对批评、意见和建议办理情况的报告;审议通过关于设立县第十三届人大常委会代表资格审查委员会的决定(草案)。会议还选举产生县人大常委会办公室、工作委员会主任,县人民政府组成部门领导人选及县人民法院部分职务的人选。

第十三届人大常委会第五次会议　2012年6月8日召开,县人大常委会主任道尔吉·古力加甫主持会议,人大常委会主任、副主任、委员共16人出席会议。

会议听取和审议县人民政府贯彻执行《中华人民共和国统计法》的报告以及县人大常委会执法检查组关于县人民政府贯彻执行《中华人民共和国统计法》的执法检查报告;听取和审议县人民政府关于县"六五"普法和人民调节工作开展情况报告以及县人大常委会视察组关于对县"六五"普法和人民调节工作开展情况的视察报告;听取和审议县人民政府贯彻执行《中华人民共和国教育法》的报告以及县人大常委会执法检查组关于县人民政府贯彻执行《中华人民共和国教育法》的执法检查报告;听取县人民法院关于民事审判工作情况的报告、县人民检察院关于刑事案件公诉工作情况的报告;审议通过县人民政府关于《和布克赛尔县湿地保护条例》的立法报告。会议还进行了人事任免。

第十三届人大常委会第十次会议　2013年4月26日召开,县人大常委会主任古力加甫主持会议,人大常委会主任、副主任、委员共16人出席会议。

会议审议通过县第十三届人大常委会2013年工作要点(草案);听取和审议县人民政府贯彻执行《和布

克赛尔县矿产资源管理条例》情况的报告及县人大常委会执法检查组关于县人民政府贯彻执行《和布克赛尔县矿产资源管理条例》情况的报告；审议通过《关于对县政府工作部门进行工作评议的实施办法（草案）》《和布克赛尔县人大常委会关于办理县人大代表建议、批评和意见的办法（草案）》；并通过县第十三届人大三次会议上代表提出的批评、意见和建议并转交"一府两院"。

第十三届人大常委会第十七次会议　2014年4月22日召开，县人大常委会主任道尔吉·古力加甫主持会议，人大常委会主任、副主任、委员共15人出席会议。

会议审议通过县第十三届人大常委会2014年工作要点（草案）；听取和审议县人民政府关于食品安全工作情况的报告及县人大常委会调研组关于县食品安全工作情况的调研报告；审议通过《和布克赛尔县湿地保护条例（草案）》；对县教育和科学技术局进行工作评议。会议还进行了人事任免。

第十三届人大常委会第二十七次会议　2015年7月7日召开，县人大常委会主任古力加甫主持会议，县人大常委会主任、副主任、全体委员参加会议；县人民检察院、县人民法院及县部分单位部门负责人列席会议。

会议审议通过自治县第十三届人大常委会第二十七次会议议程（草案），听取和审议县人民政府贯彻执行《中华人民共和国行政许可法》的工作报告，听取和审议县人大常委会执法检查组关于县人民政府贯彻执行《中华人民共和国行政许可法》的报告，听取和审议人民政府关于县级公立医院综合改革工作情况的报告，听取和审议县人大常委会调研组关于县级公立医院综合改革工作开展情况的调研报告，听取县人民政府关于城市规划与建设情况的报告，听取县人民检察院关于查办职务犯罪工作情况的报告，听取县人民政府关于学前教育开展情况的报告。会议进行了人事任免。

# 第三章　主要工作

## 第一节　人事任免

和布克赛尔县人大常务委员会依照法律、法规规定的范围、方式和程序，认真行使人事任免权。在人事任免中，坚持党管干部原则和依法任免的统一，既认真贯彻党委人事安排的意图，又严格依法办事。同时，重视加强调查研究，在实际中不断改进和完善任免工作的程序和方法。六届任期内共任免556人次。

**和布克赛尔县人大常委会人事任免情况表**

表20－4　　单位：人

| 届次 | 政府组成部门负责人 | 人大工作机构负责人 | 法院 | 检察院 | 合计 |
|---|---|---|---|---|---|
| 第九届 | 52 | 6 | — | — | 58 |
| 第十届 | 47 | 3 | 15 | — | 65 |
| 第十一届 | 74 | 10 | 40 | 5 | 129 |
| 第十二届 | 12 | 2 | 46 | 9 | 69 |
| 第十三届 | 79 | 1 | 37 | 18 | 135 |

## 第二节 执法检查与视察调研

和布克赛尔县历届人大常委会按照《中华人民共和国宪法》和各项法律规定，根据全县不同时期的重点工作，组织县人大代表进行执法检查、视察调研，每年至少1次，多则9次。

### 和布克赛尔县历届人大常委会执法检查与视察调研情况表

表20-5

| 届别 | 年份(年) | 次数 | 执法检查与视察调研内容 |
|---|---|---|---|
| 第十一届 | 2003 | 4 | 《中华人民共和国传染病防治法》《中华人民共和国种子法》《中华人民共和国农业法》《中华人民共和国治安管理处罚条例》贯彻情况 |
| | 2004 | 9 | 《中华人民共和国招标投标法》《中华人民共和国政府采购法》《中华人民共和国土地管理法》《中华人民共和国未成年人保护法》《中华人民共和国村民委员会组织法》《中华人民共和国工会法》《中华人民共和国农业机械化促进法》贯彻情况；干部任职履职情况视察、法律法规修改征求意见调研 |
| | 2005 | 9 | 《中华人民共和国行政处罚法》《中华人民共和国药品管理法》《中华人民共和国劳动法》《中华人民共和国交通法》贯彻情况；代表意见建议跟踪、干部任职履职情况、高纯蒙脱石生产线项目视察；牧场体制改革、白杨河调水工程、煤电一体化项目投资建设、抗震安居工程、暖圈建设、饲草料基地建设及储备、牲畜品种改良、水利建设等情况调查 |
| 第十一届 | 2006 | 6 | 《中华人民共和国消防法》《中华人民共和国档案法》《中华人民共和国最低活保障条例》贯彻情况；“四五”普法、县重大企业及县境南部农业综合开发建设、什托洛盖防洪工程建设、县人口与计划生育工作、新型农牧区合作医疗制度实行等情况调查 |
| | 2007 | 2 | 《中华人民共和国审计法》贯彻情况；县人民政府报告中承诺十件实事落实情况调查 |
| 第十二届 | 2008 | 4 | 《中华人民共和国种子法》贯彻情况；县人民法院执行工作、县社会主义新农村建设工作情况视察：县人民政府2008年承诺“十件实事”办理情况调查 |
| 第十二届 | 2009 | 7 | 《中华人民共和国人口与计划生育法》《中华人民共和国节约能源法》《中华人民共和国就业促进法》《和布克赛尔县草原生态保护条例》贯彻情况；县抗震安居工程建设、县促进农牧民增收、县人民政府2009年承诺“十件实事”办理、县推进新型工业化建设等情况调查 |
| | 2010 | 8 | 《中华人民共和国妇女权益保障法》《中华人民共和国矿产资源法》《中华人民共和国水法》《中华人民共和国城乡规划法》《自治区民族团结教育条例》贯彻情况；县人民政府2010年承诺“十件实事”办理、县旅游业发展、县人民政府贯彻执行林业法律法规及林业生产等情况调查 |
| | 2011 | 3 | 《中华人民共和国治安管理处罚法》《中华人民共和国价格法》《中华人民共和国治安管理处罚法》贯彻情况 |
| 第十三届 | 2012 | 7 | 《中华人民共和国种子法》《中华人民共和国教育法》《中华人民共和国统计法》《中华人民共和国农业技术推广法》《中华人民共和国食品安全法》《中华人民共和国道路交通安全法》贯彻情况 |
| | 2013 | 5 | 《中华人民共和国消防法》《中华人民共和国城乡规划法》《中华人民共和国职业病防治法》贯彻情况；县农产品基地建设、县招商引资工作开展等情况调研 |
| | 2014 | 6 | 《中华人民共和国治安管理处罚法》《中华人民共和国环境保护法》《和布克赛尔县矿产资源管理条例》《和布克赛尔县草原生态保护条例》《中华人民共和国药品管理法》执法检查 |
| | 2015 | 4 | 《中华人民共和国行政许可法》《中华人民共和国老年人权益保障法》执法检查；县春耕备耕工作开展情况视察；县公立医院改革情况调研 |

## 第三节　代表议案建议办理

和布克赛尔县人大代表在代表大会期间，对全县各项工作提出议案和建议、批评、意见，既是法律赋予人大代表的权利，也是代表人民行使管理国家事务的具体体现，是人大代表对“一府两院”工作实行监督的重要形式，对改进和加强“一府两院”工作、促进全县经济社会全面发展、维护社会安定团结起到了积极作用。

县第九届人大代表在五次代表大会期间，共提出涉及全县经济建设和社会发展各个方面的建议、批评、意见247件（第四次代表大会资料缺失）。

县第十届人大代表在五次代表大会期间，共提出涉及全县经济建设和社会发展各个方面的建议、批评、意见141件（第三、四次代表大会资料缺失）。

县第十一届人大代表在六次代表大会期间，共提出涉及全县经济建设和社会发展各个方面的议案322件，建议、批评、意见188件，共510件（第五次代表大会属临时召集，未收集议案、建议）。

县第十二届人大代表在四次代表大会期间，共提出涉及全县经济建设和社会发展各个方面的议案0件，建议、批评、意见296件，共296件。

县第十三届人大代表在五次代表大会期间，共提出涉及全县经济建设和社会发展各个方面的议案0件，建议、批评、意见234件，共234件。

对于县人大代表提出的各种议案和建议、批评、意见，县人大常委会每年在人代会闭幕后，及时召开交办会，向“一府两院”和有关单位正式交办，并要求承办单位行政领导建立代表议案和建议、批评、意见办理责任制。闭会期间，县人大常委会还组织人大代表对承办单位办理情况进行视察、检查、督查，以提高办理质量，加快办理速度。交办3个月内，县人大常委会还要专门听取和审议“一府两院”及人大常委会有关工作部门办理代表议案和建议、批评、意见情况的报告，在肯定办理工作成绩的同时，明确指出办理工作中存在的问题和不足，督促有关国家机关和部门切实改进办理工作，提高办理质量和效率。

## 第四节　信访受理

信访工作是县人大常委会联系人民群众的桥梁和纽带。为进一步规范信访工作，制定了《县人大常委会信访工作办法》。县人大常委会机关内部挂牌设有信访室，健全了工作制度，并由专人负责信访工作，受理和接待群众来信来访。县人大常委会领导对一些重点信访件亲自阅批、督办，使一些群众反映强烈的问题得到有效解决，化解了矛盾，促进了民族团结和社会稳定。

20世纪90年代，县人大常委会收到群众来信50余件，有群众来访60余人，都予以妥善处理、热情接待。为了完善信访接待、健全信访工作机构，把信访工作落到实处，自2000年5月11日起，县人大常委会领导实行定期接待群众来访制度。规定每周四全天为领导干部接待群众来访日，接待群众来访的领导为人大主任、各副主任，每名领导接待来访值班次数全年不少于4次（遇到公务外出或因其他原因不能如期值班的，依次顺延）；对事关改革开放、经济建设的重大信访问题和一时难以解决的个别特殊信访问题，则采取领导约见群众和听取信访工作汇报的办法,责成有关部门进行调查研究并及早作出处理或答复;每月召开一次主任会议专题研究处理有关重大信访问题。至2005年,共接待来访180余人次,来信52件,全部办理完毕。

2006年,县人大常委会共受理人民群众来信33件、来访45人(次)。2007—2011年,共受理人民群众来信52件、来访180人(次)。2012—2016年,共受理人民群众来信46件、来访170人次。对一些重点信访件,县人大常委会领导亲自阅批、督办,使一些群众反映强烈的问题得到有效解决,化解了矛盾,促进了民族团结和社会稳定。

## 第五节 代表联系工作

县人大常委会高度重视代表联系服务群众工作。1993年12月30日,县九届人大常委会第五次会议通过《和布克赛尔县人大常委会关于县人大代表开展活动和联系代表工作实施办法》,以后又经修订于2000年7月25日在县十届人大常委会第十八次会议上通过。县人大常委会采取了一系列措施落实人大常委会组成人员联系人大代表和人大代表联系人民群众制度,切实加强与人大代表和人民群众的联系:将代表分成12个代表小组,推定各代表小组组长,由常委会领导和乡镇人大主席团分片联系,指导工作;坚持邀请人大代表列席常委会会议制度,请他们对"一府两院"工作提出建议和意见;通过多种方式吸收代表参加视察、执法检查、部门评议等工作,使他们深入了解全县经济和社会发展各方面的情况,积极建言献策;坚持经常性走访代表,认真解决代表在实际工作和生活中的困难和问题,为代表更好履行职责创造条件。

2006年,县人大常委会积极探索新形势下代表建议、批评、和意见办理工作的新途径,建立了代表建议、批评和意见督办制度。县第十一届人代会第四次会议上,代表共提出建议、批评和意见89件,全部办结。

2010年,在县境南部一乡一镇试点开展"代表之家"活动,为代表依法履职积极创造条件。县第十二届人代会第三次会议的99件建议、批评、意见均在规定的期限内办理完毕,代表满意率达到90.9%。

2012年,县人大常委会组织全县7个乡镇的县、乡人大代表以及乡(镇)人大干部进行蒙古、汉、哈萨克3种语言集中培训,累计举办各类培训班10班次,其中汉语班3班次、蒙古语班3班次、哈萨克语班4班次;培训代表及基层人大干部378人,有效提高了他们的履职能力。

2015年,加强代表培训,以学习贯彻中共十八届四中全会、县委十一届五次全委(扩大)会议精神以及相关法律法规和代表履职知识为重点,组织各代表小组对全县的县、乡人大代表进行集中轮训,累计培训各级人大代表420余人(次)。广泛开展代表活动,年初召集各乡镇人大主席召开专题会议,对代表工作进行安排部署,并下发《关于认真开展代表小组活动的通知》。日常工作中,通过邀请代表列席县人大常委会会议,组织部分人大代表围绕全县经济社会发展中的一些重大问题开展集中视察、调研和执法检查,丰富代表在闭会期间的活动,代表作用得到不断提升。认真督办代表建议,及时将县第十三届人大五次会议期间代表提出的29条批评、意见建议进行认真分析、梳理、归类并转交县人民政府及其相关部门,要求承办单位健全办理工作制度,严格办理程序,按照相关规定办理人大代表所提出的批评、意见建议。

## 第六节 县人大机关建设

20世纪90年代,县人大常委会领导及全体成员认真学习邓小平视察南方重要讲话精神、《中共中央关于建立社会主义市场经济体制若干问题的决定》，转变思想，提高认识，迅速跟上改革开放的时代步伐，努力贯彻党的方针、路线、政策和国家宪法、法律、法规，牢固树立体察民情、反映民意、为人民当家作主、不负人民重托、全力为社会主义经济建设服务的意识，充分发挥了县人大常委会每个成员应有的作用。

21世纪，在工作中注重加强理论学习，全面提高政治思想素质，认真学习邓小平理论，“三个代表”重要思想，中共十七届三中、四中全会精神以及胡锦涛总书记在新疆干部大会上的重要讲话，王乐泉书记在自治区党委七届八次会议上的讲话及地委扩大会议、县委三级干部大会会议精神，积极参加中心组的理论学习。在坚持政治理论学习的同时，重视学习法律法规，社会主义市场经济知识以及人大业务知识，不断提高自身的理论水平、政策水平和业务水平。时刻严格要求自己，树立爱岗敬业，勤奋务实，埋头苦干的精神，增强对人大办公室工作的主动性，创造性，各项工作高标准、严要求，增强责任感，面对新形势不断更新观念、改进工作方法，与时俱进，紧紧围绕县委中心工作做好人大常委会办公室服务工作。

2010—2015年，在人大办公室管理工作中，认真按照人大常委会领导提出的工作要求，规范服务程序，严格开展了机关作风建设和机关效能建设，认真执行内部管理制度，在上下班签到、文件发放和传阅、文档管理工作、新闻宣传工作、卫生清扫工作、值班制度以及财务管理等方面都认真执行有关规定，从而较好地提高了工作效率和服务质量，保证了工作的开展。加强理论学习，推动思想政治建设，深刻学习领会中共十七大、十七届三中、四中全会精神，特别是在学习实践科学发展观活动中，提出把学习实践活动与推动人大实际工作有机结合起来，确保人大工作取得新进展。认真学习了中央、自治区党委、地委以及县委关于维护稳定的一系列重要指示精神，进一步树立正确的民族观、国家观，坚决同民族分裂主义作斗争，以实际行动维护民族团结、维护社会稳定。认真贯彻中央、自治区、地区一系列党风廉政建设责任规定，把加强党风廉政建设摆上重要议事日程，使党风廉政建设的各项任务贯穿于人大的各项工作之中。

# 第四章　乡镇人民代表大会

## 第一节　代表选举

乡镇人民代表大会是地方国家权力机关，每届任期原为三年。2004年，《中华人民共和国地方各级人民代表大会和地方各级人民政府组织法》修改为每届任期五年，届满后进行换届选举。换届选举时，各乡镇设立选举委员会，主持乡镇人民代表大会代表的选举；县人大常委会设立选举工作办公室，指导乡镇的选举工作。

乡镇人民代表大会的代表根据《中华人民共和国全国人民代表大会和地方各级人民代表大会选举法》的规定确定，由选民直接选举产生。乡镇人民代表大会代表的构成比例，要求既体现人民代表大会以工农为主体的性质，又要使各地区、各方面、各民族都有适当数量的代表，既要有先进性，又要有广泛、代表性。乡镇人民代表大会代表的任期与同届乡镇人民代表大会相同，从每届本级人民代表大会举行第一次会议开始，到下届本级人民代表大会举行第一次会议为止。

1993—2015年，和布克赛尔县共举行过6届乡镇人民代表大会换届选举。

## 第二节 大会工作机构

按照法律规定的程序,乡镇人民代表大会每次会议举行预备会议,选举该次会议的主席团和秘书长,通过本次会议的议程和其他准备事项。乡镇人民代表大会会议工作机构设置主席团、秘书处等。

大会闭会期间,由各乡镇人民代表大会选举产生的主席团主席负责本级人大各项工作。

**1993—2015年和布克赛尔县各乡镇人民代表大会换届选举情况表**

表20-6

| 乡镇 | 选举代表时间 | 届次 | 代表人数 | | 主席团主席 | 备注 |
|---|---|---|---|---|---|---|
| | | | 本级 | 县级 | | |
| 和布克赛尔镇 | 1993年1月19日 | 第六届 | 47 | 26 | 马木提·热合曼 | 1990—1995年 |
| | 1996年2月22日 | 第七届 | 45 | 26 | 韩红·加木沙甫 | 1996—1998年 |
| | 1998年12月30日 | 第八届 | 46 | 31 | 吉力海达·思德克 | 1998—1999年 |
| | 2001年12月6日 | 第九届 | 46 | 31 | 吉力海达·思德克 | 1999—2002年 |
| | 2007年8月25日 | 第十届 | 47 | 32 | 吐尔松哈孜·胡加和买提 | 2003—2011年 |
| | 2011年7月6日 | 第十一届 | 47 | 32 | 赛力克·库勒拜 | 2011年至今 |
| 和什托洛盖镇 | 1993年1月25日 | 第四届 | 22 | 11 | 叶尔达克·拉格瓦 | 1993—1996年 |
| | 1996年2月18日 | 第五届 | 27 | 11 | 巴金·道尔基 | 1996—1998年 |
| | 1998年12月30日 | 第六届 | 41 | 19 | 肖孟瑜 | 1997—2003年 |
| | 2001年12月6日 | 第七届 | 46 | 13 | 张建国 | 2005—2006年 |
| | 2007年8月25日 | 第八届 | 43 | 17 | 张丽梅 | 2006—2010年 |
| | 2011年7月6日 | 第九届 | 43 | 17 | 费宏牛 | 2010—2015年 |
| 莫特格乡 | 1993年 | 第八届 | 42 | 9 | 拉木加甫·加明英 | 1993—1996年 |
| | 1996年 | 第九届 | 42 | 9 | 托尔嘎 | 1996—1998年 |
| | 1999年1月14日 | 第十届 | 42 | 9 | 托尔嘎 | 1999—2002年 |
| | 2002年4月 | 第十一届 | 42 | 10 | 党沙 | 2002年4月至2005年6月 |
| | | | | | 加克·根加甫 | 2005年5月至2007年3月 |
| | 2007年8月25日 | 第十二届 | 41 | 10 | 光布加甫·利明 | 2007—2011年 |
| | 2011年7月6日 | 第十三届 | 42 | 10 | 光布加甫·利明 | 2011—2015年 |
| 查干库勒乡 | 1987年6月 | 第十一届 | 43 | 11 | 和布克·才瓦 | 1987年6月至1996年2月 |
| | 1996年 | 第十二届 | 43 | 11 | 藏布·道布吨 | 1996—1998年 |
| | 1999年1月 | 第十三届 | 43 | 11 | 尼曼·伊夏 | 1999年1月至2002年6月 |
| | 2003年6月 | 第十四届 | 43 | 11 | 光布加甫·傲龙巴依尔 | 2003年6月至2007年8月 |
| | 2007年8月 | 第十五届 | 43 | 11 | 梁景国(书记兼任) | 2007年8月至2009年2月 |
| | 2011年2月 | 第十六届 | 43 | 11 | 确恩德尔·其米道尔吉 | 2011年2月至2012年12月 |

续表20—6

| 乡镇 | 选举代表时间 | 届次 | 代表人数 | | 主席团主席 | 备注 |
|---|---|---|---|---|---|---|
| | | | 本级 | 县级 | | |
| 铁布肯乌散乡 | 1993年4月 | 第八届 | 39 | 13 | 巴图那森·巴生加甫 | 1993—1996年 |
| | 1996年8月26日 | 第九届 | 35 | 11 | 巴图那森·巴生加甫 | 1996—1998年 |
| | 1999年1月 | 第十届 | 42 | 10 | 才仁·库尼斯 | 1999—2001年 |
| | 2001年11月8日 | 第十一届 | 42 | 10 | 才仁·库尼斯 | 2001—2005年 |
| | 2005年6月15日 | 第十二届 | 42 | 10 | 吾日力格·阿拉西加甫 | 2005—2007年 |
| | 2011年7月11日 | 第十三届 | 42 | 10 | 达布力·依登加甫 | 2007—2015年 |
| 夏孜盖乡 | 1993年3月 | 第六届 | 39 | 10 | 卞怀增 | 1993—1996年 |
| | 1996年2月 | 第七届 | 42 | — | 郑怀庆 | 1996—1999年 |
| | 1999年1月 | 第八届 | 42 | 11 | 郑怀庆 | 1999—2002年 |
| | 2002年1月 | 第九届 | 42 | — | 王忠孝 | 2002—2003年 |
| | 2007年9月 | 第十届 | 42 | 15 | 王国栋 | 2005—2011年 |
| | 2011年7月 | 第十一届 | 42 | 14 | 胡云波 | 2011—2015年 |
| | 2015年3月 | 第十二届 | 42 | 14 | 陈宜礼 | 2015年起 |
| 巴音傲瓦乡 | 2006年4月 | 第七届 | 41 | 3 | 阿曼格力德 | 2006年4月至2007年8月 |
| | 2007年8月 | 第八届 | 41 | 5 | 阿曼格力德 | 2007年8月至2010年8月 |
| | 2010年8月 | 第八届 | 41 | 5 | 巴合提别克 | 2010年8月至2011年7月 |
| | 2011年7月 | 第九届 | 41 | 5 | 巴合提别克 | 2011年7月至2016年7月 |
| | 2016年7月 | 第十届 | 41 | 5 | 巴合提别克 | 2016年7月至2019年3月 |

# 第二十一编

# 人民政府

1993—2015年，和布克赛尔县人民政府共召开110余次政府党组会议、100余次政府常务会议。在此期间，和布克赛尔县共进行过3次政府机构改革。1998年，县人民政府设置工作部门17个。2002年，设置20个。2012年，设置24个。经过不断改革，转变政府职能，实现政企分开，提高政府行政能力和工作效率，为推进县域经济社会跨越式发展和长治久安提供坚强的组织保障。

历届县人民政府始终坚持以经济建设为中心的基本方针，因地制宜，不断调整和优化经济结构，经济建设快速发展，基础设施日趋完善，综合经济实力大为增强，社会主义新农村建设成绩显著，建立健全社会保障体系，城乡面貌发生巨大变化，各族群众生活明显改善，幸福指数大幅提升。

# 第一章　政府组成

## 第一节　政府领导

1993—2015年期间，和布克赛尔县先后选举产生第九、十、十一、十二、十三届人民政府，共选举产生县人民政府县长4人、副县长39人。

**1993—2015年和布克赛尔县历任政府县长、副县长名表**

表21－1

| 届期 | 职务 | 姓名 | 性别 | 族别 | 籍贯 | 任期起止年月 |
|---|---|---|---|---|---|---|
| 第九届 | 县长 | 那木吉力·吾夏 | 男 | 蒙古 | 新疆 | 1993年1月至1997年11月 |
| | 副县长 | 桑义正 | 男 | 汉族 | 山东 | 1990年4月至1996年4月 |
| | | 哈再孜·热合木 | 男 | 哈萨克 | 新疆 | 1992年12月至1998年1月 |
| | | 普·图格杰加甫 | 男 | 蒙古 | 新疆 | 1993年3月至1998年1月 |
| | | 拉格娃·孟德尔 | 女 | 蒙古 | 新疆 | 1996年12月至1998年2月 |
| | | 扎曼别克·扎合帕尔 | 男 | 哈萨克 | 新疆 | 1997年9月至1998年1月 |
| | | 黑扎多拉·别勒克拜 | 男 | 哈萨克 | 新疆 | 1995年5月至1997年9月 |
| | | 王一新 | 男 | 汉 | | 1994年9月至1997年11月 |
| | 政府党组成员 | 杨秀发 | 男 | 汉 | 河北 | 1997年5月至2000年7月 |
| | | 朱春峰 | 男 | 汉 | | 1997年5月至2000年 |
| | 县长助理 | 白哈西 | 男 | | | 1997年1月至1999年 |
| | | 马斯卡 | 男 | | | 1999月至2001年 |
| 第十届 | 县长 | 普·图格杰加甫 | 男 | 蒙古 | 新疆 | 1998年1月至2003年1月 |
| | 副县长 | 哈再孜·热合木 | 女 | 哈萨克 | 新疆 | 1998年1月至2002年12月 |
| | | 扎曼别克·扎合帕尔 | 男 | 哈萨克 | 新疆 | 1998年1月至203年1月 |

续表21－1

| 届期 | 职务 | 姓名 | 性别 | 族别 | 籍贯 | 任期起止年月 |
|---|---|---|---|---|---|---|
| 第十届 | 副县长 | 杨秀发 | 男 | 汉 | 河北 | 1998年1月至2001年4月 |
| | | 巴·桑木桐 | 男 | 蒙古 | 新疆 | 1998年1月至2000年11月 |
| | | 巴合提·卡地尔(挂职) | 男 | 哈萨克 | 新疆 | 1998年3月至2000年3月 |
| | | 闫晓胜(科技) | 男 | 汉 | 新疆 | 1998年7月至2000年8月 |
| | | 曹戎明 | 男 | 汉 | 新疆 | 1999年5月至2001年5月 |
| | | 巴金·道尔吉 | 男 | 蒙古 | 新疆 | 2000年8月至2003年1月 |
| | | 赵杰元 | 男 | 汉 | 河北 | 2001年4月至2003年1月 |
| | | 哈力木汗·白肯 | 男 | 哈萨克 | 新疆 | 2001年4月至203年1月 |
| | | 窦怀阳 | 男 | 汉 | 江苏 | 2002年11月至2003年1月 |
| | | 司玉琳 | 女 | 汉 | 河北 | 2002年11月至2003年1月 |
| | 县长助理 | 肖志东 | 男 | 汉 | | 1998年5月 |
| | | 孟祥明(挂职) | 男 | 汉 | | 1998年5月 |
| 第十一届 | 县长 | 普·图格杰加甫 | 男 | 蒙古 | 新疆 | 2003年1月至2004年4月 |
| | | 尼卡·乌音山 | 男 | 蒙古 | 新疆 | 2004年4月至2007年10月 |
| | 副县长 | 赵杰元 | 男 | 汉 | 河北 | 2003年1月至2006年11月 |
| | | 窦怀阳 | 男 | 汉 | 江苏 | 2003年1月至2006年11月 |
| | | 巴金·道尔吉 | 男 | 蒙古 | 新疆 | 2003年1月至2007年10月 |
| | | 哈力木汗·白肯 | 男 | 哈萨克 | 新疆 | 2003年1月至2007年1月 |
| | | 努尔居玛·加海 | 男 | 哈萨克 | 新疆 | 2003年1月至2005年1月 |
| | | 司玉琳 | 女 | 汉 | 河北 | 2003年1月至2007年1月 |
| | | 沈中文(挂职) | 男 | 汉 | 浙江 | 2005年8月至2007年10月 |
| | | 李　龙(援疆) | 男 | 汉 | 甘肃 | 2005年11月至2008年1月 |
| | | 赵文明 | 男 | 汉 | 河南 | 2006年4月至2008年1月 |
| | | 别凯西·巴扎尔汗 | 男 | 哈萨克 | 新疆 | 2006年4月至2007年10月 |
| | | 车建国 | 男 | 汉 | 山东 | 2006年7月至2008年1月 |
| | | 杨友春 | 女 | 汉 | 四川 | 2006年7月至2007年10月 |
| | | 王旭东 | 男 | 汉 | 山东 | 2006年7月至2007年10月 |
| | | 木拉提汗·托呼塔汗 | 男 | 哈萨克 | 新疆 | 2006年7月至2008年1月 |
| | | 巴图那生·恰格德尔加甫 | 男 | 蒙古 | 新疆 | 2007年9月至2008年1月 |
| | | 玛依拉·尼亚孜别克 | 女 | 哈萨克 | 新疆 | 2007年9月至2008年1月 |

续表21－1

| 届期 | 职务 | 姓名 | 性别 | 族别 | 籍贯 | 任期起止年月 |
|---|---|---|---|---|---|---|
| 第十二届 | 县长 | 拉格瓦·才布格加甫 | 男 | 蒙古 | 新疆 | 2008年1月至2011年8月 |
| | 副县长 | 车建国 | 男 | 汉 | 山东 | 2008年1月至2008年9月 |
| | | 赵文明 | 男 | 汉 | 河南 | 2008年1月至2011年6月 |
| | | 木拉提汗·托呼塔汗 | 男 | 哈萨克 | 新疆 | 2008年1月至2009年12月 |
| | | 巴图那生·恰格德尔加甫 | 男 | 蒙古 | 新疆 | 2008年1月至2011年1月 |
| | | 玛依拉·尼亚孜别克 | 女 | 哈萨克 | 新疆 | 2008年1月至2011年8月 |
| | | 张建忠(援疆) | 男 | 汉 | 辽宁 | 2008年10月至2011年5月 |
| | | 梁景国 | 男 | 汉 | 山东 | 2008年9月至2011年8月 |
| | | 哈力比亚提·哈米提 | 男 | 哈萨克 | 新疆 | 2009年12月至2011年8月 |
| | | 买买提·克玉木(科技) | 男 | 维吾尔 | 新疆 | 2010年6月至2011年8月 |
| | | 张　忱(援疆) | 男 | 汉 | 辽宁 | 2011年1月至2011年8月 |
| | | 巴图那生·孟克 | 男 | 蒙古 | 新疆 | 2011年1月至2011年8月 |
| | | 刁永海 | 男 | 汉 | 江苏 | 2011年6月至2011年8月 |
| 第十三届 | 县长 | 拉格瓦·才布格加甫 | 男 | 蒙古 | 新疆 | 2011年8月至2017年3月 |
| | 副县长 | 刁永海 | 男 | 汉 | 江苏 | 2011年8月至2012年5月 |
| | | 玛依拉·尼亚孜别克 | 女 | 哈萨克 | 新疆 | 2011年8月至2015年8月 |
| | | 梁景国 | 男 | 汉 | 山东 | 2011年8月至2013年5月 |
| | | 哈力比亚提·哈米提 | 男 | 哈萨克 | 新疆 | 2011年8月至2015年8月 |
| | | 巴图那生·孟克 | 男 | 蒙古 | 新疆 | 2011年8月至2015年8月 |
| | | 张　忱(援疆) | 男 | 汉 | 辽宁 | 2011年8月至2014年4月 |
| | | 买买提·克玉木(科技) | 男 | 维吾尔 | 新疆 | 2011年8月至2012年4月 |
| | | 唐　江 | 男 | 汉 | 重庆 | 2012年6月至2016年6月 |
| | | 梁争柱(科技) | 男 | 汉 | 山东 | 2012年4月至2013年2月 |
| | | 张　磊 | 男 | 汉 | 陕西 | 2013年5月至2015年8月 |
| | | 夏　野(援疆) | 男 | 汉 | 辽宁 | 2014年4月至2014年12月 |
| | | 吐尔逊·吐尔洪(科技) | 男 | 维吾尔 | 新疆 | 2014年4月至2016年4月 |
| | | 韩　彤(援疆) | 男 | 汉 | 辽宁 | 2014年12月至2017年3月 |
| | | 刘　冲 | 男 | 汉 | 安徽 | 2015年8月至2019年3月 |
| | | 阿斯力别克·斯兰别克 | 男 | 哈萨克 | 新疆 | 2015年8月至2018年1月 |
| | | 曲鲁木·曲红 | 男 | 蒙古 | 新疆 | 2015年8月至2017年3月 |
| | | 杨新立 | 男 | 汉 | 山东 | 2015年8月至2016年4月 |

## 第二节　政府机构

1993—1997年，和布克赛尔县人民政府设置工作部门28个。

1998—2001年，和布克赛尔县人民政府设置工作部门17个。

2002—2011年，和布克赛尔县人民政府设置工作部门20个，监察局与纪律检查委员会机关合署办公；民族宗教事务委员与统一战线工作部合署办公，列入政府工作部门序列，不计入机构个数。设置部门管理机构1个：信访局，由政府办公室管理。

**2002—2011年和布克赛尔县人民政府机构情况表**

表21－2

| 工作部门 | | | | | | | | | | | | | | | | | | | | | |
|---|---|---|---|---|---|---|---|---|---|---|---|---|---|---|---|---|---|---|---|---|---|
| 办公室 | 发展计划委员会 | 经济贸易委员会 | 公安局 | 财政局 | 教育科学技术局 | 司法局 | 农业局 | 水利局 | 民政局 | 审计局 | 统计局 | 国土资源局 | 畜牧局 | 文化体育局 | 人事劳动和社会保障局 | 环境保护局 | 卫生局 | 监察局 | 民族宗教事务委员会 | 计划生育委员会 | 城乡建设局 |

2012—2015年，和布克赛尔县人民政府设置办公室和工作部门24个，监察局与纪律检查委员会机关合署办公，列入政府工作部门序列，不计入政府机构个数；民族宗教事务委员会挂民族语言文字工作委员会的牌子，与统一战线工作部合署办公，列入政府工作部门序列，不计入政府机构个数。政府办公室挂应急管理办公室、法制办公室、外事侨务办公室牌子；发展和改革委员会挂粮食局、价格监督检查局、扶贫开发办公室牌子；商务和经济信息化委员会挂非公有制经济发展局、中小企业发展局牌子；民政局挂新民间组织管理局牌子；国土资源局挂测绘局牌子；住房和城乡建设局挂地震局牌子；文化体育广播影视局挂新闻出版局、版权局、旅游局牌子；农业局挂乡镇企业局、农业产业化局、农产品加工局牌子；水利局挂移民管理局牌子；教育和科学技术局挂知识产权局牌子。

**2012—2015年和布克赛尔县人民政府机构情况表**

表21－3

| 工作部门 | | | | | | | | | | | | | | | | | | | | | | | | | |
|---|---|---|---|---|---|---|---|---|---|---|---|---|---|---|---|---|---|---|---|---|---|---|---|---|---|
| 办公室 | 发展和改革委员会 | 商务和经济信息化委员会 | 公安局 | 财政局 | 教育和科学技术局 | 司法局 | 林业局 | 农业局 | 水利局 | 民政局 | 审计局 | 统计局 | 国土资源局 | 畜牧兽医局 | 文化体育广播影视局 | 住房和城乡建设局 | 人力资源和社会保障局 | 安全生产监督管理局 | 环境保护局 | 卫生局 | 交通运输局 | 食品药品监督管理局 | 监察局 | 民族宗教事务委员会 | 人口和计划生育委员会 |

# 第二章　政府会议

## 第一节　政府全体会议

1993—2015年,和布克赛尔县人民政府每年举行一次全体会议。历届全体会议列举如下:

### 一、和布克赛尔县第九届人民政府全体会议

第九届人民政府全体会议于1996年3月13日召开。会议主要内容是,总结1995年各项工作,兑现各项考核责任状;研究贯彻自治区第五次党代会和地委扩大会议精神以及最近地区召开的各专业会议精神;安排部署1996年以经济建设为中心的各项任务。

### 二、和布克赛尔县第十届人民政府全体会议

第十届人民政府全体会议于1999年3月22日召开。会议主要内容是,总结1998年全年各项工作成绩并找出工作中存在的不足,全面安排1999年的各项工作任务,重点研究部署和布克赛尔县南部农业综合开发,推行村务、政务、企务、事务、校务公开"光明工程"等项工作。

### 三、和布克赛尔县第十一届人民政府全体会议

第十一届人民政府第一次全体会议于2003年7月31日召开。会议的主要任务是,总结2003年上半年的各项工作,找出工作中存在的不足,贯彻落实年初县委扩大会议以及县十一届人大一次会议精神,安排部署今后一段时间的工作,确保全面各项奋斗目标和任务落到实处。

第十一届人民政府第四次全体会议于2006年4月4日在县赛尔宾馆召开。会议的主要任务是,贯彻落实塔城地区行署2006年第一次全体会议和县委九届八次全会(扩大)会议精神,进一步动员全县各部门、各单位切实做好当前各项工作,确保完成全年目标任务。

### 四、和布克赛尔县第十二届人民政府全体会议

第十二届人民政府第三次全体会议于2009年4月27日上午在县赛尔宾馆二楼会议室召开。会议的主要任务是,以科学发展观为指导,全面贯彻落实国务院、自治区、地区廉政工作电视电话会议和地委扩大会议、县委第十届五次全委扩大会议精神,进一步动员全县各部门、各单位认清形势,统一思想,坚定信心,做好当前以经济建设为中心的各项工作。

### 五、和布克赛尔县第十三届人民政府全体会议

第十三届人民政府第四次全体会议于2014年4月23日召开。会议主要内容是,总结2013年各项工作,找出工作中存在的不足,贯彻落实县委扩大会议精神,转变干部作风、安排部署全年工作。

第十三届人民政府第五次全体会议于2015年3月23日召开。会议主要内容是,总结2014年工业经济、

农牧业、城乡一体化建设、民生保障等各项工作，安排部署2015年各项工作。继续贯彻落实十五年免费教育和“两免一补”政策，巩固和深化公立医院改革成效，积极推进基层医疗服务机构民族中医科标准化建设，加快推进保障性住房、安居富民房建设。全力抓好政府自身建设，统筹推进经济社会各项事业发展。

## 第二节　政府常务会议

1993—1995年，和布克赛尔县共召开县人民政府常务会议36次。

1994年，研究安排部署和布克赛尔县成立40年庆典活动方案；研究讨论《和布克赛尔县实施企业劳动争议处理条例办法》；研究讨论《和布克赛尔县实施〈新疆维吾尔自治区计划生育办法〉的实施方案》。

1995年，研究讨论和布克赛尔县开展“两基”工作（即基本实施九年义务教育和基本扫除青壮年文盲），并建立县级领导定点联系承包制度和“双线三级”承包负责制（即行政、教育两条线，县、乡镇、村三级承包负责制）。

1996—2000年，共召开政府常务会议26次。

1996年，研究讨论和布克赛尔县国民经济和社会发展第九个五年计划；研究讨论《关于县境内跨学区及交叉入学学生就学收费按当地入学学生收费标准执行》；研究讨论《和布克赛尔县深化城镇住房制度改革实施办法的细则》。

1997年，研究讨论《和布克赛尔县按比例安排残疾人就业实施意见》。

1998年，研究讨论《和布克赛尔县深化粮食流通体制改革的实施意见》。

1999年，研究讨论《和布克赛尔县粮食市场管理办法》；研究讨论《和布克赛尔县旅游开发经营优惠政策》。

2000年，召开县安全生产工作会议4次。

2001—2005年，共召开政府常务会议36次。

2001年，研究讨论和布克赛尔县国民经济和社会发展第十个五年计划；研究讨论《关于编制和布克赛尔县旅游景区（点）建设规划》；研究讨论《关于和布克赛尔县煤炭工业结构调整规划方案》；研究讨论《关于和布克赛尔县煤炭总体规划（讨论稿）及其说明》和《煤炭工业“十五”规划的建议（讨论稿）》。

2002年，研究讨论《和布克赛尔县农牧村合作医疗保险管理条例》。

2003年，研究讨论《和布克赛尔县招商引资优惠政策》。

2004年，研究讨论和布克赛尔县旅游开发优惠政策；研究讨论安排部署和布克赛尔县成立50周年庆典活动；研究讨论“以人为本、文明执法活动意见”；研究讨论和布克赛尔县2004年党风廉政建设情况。

2005年，研究讨论和布克赛尔县被列为新型农牧区医疗合作试点县后，如何进一步加强农村卫生基础设施建设，克服医务人员短缺困难，不断满足农牧民日益增长的、多层次的医疗需求问题。

2006—2010年，共召开政府常务会议40次。

2006年，研究讨论和布克赛尔县国民经济和社会发展第十一个五年计划；研究讨论和布克赛尔县被列为新农村建设试点县后，社会主义新农村建设的实施对农村经济、政治、文化和社会等方面的重大意义，坚持为建设经济繁荣、环境优美、文明和谐的社会主义新农村而努力奋斗。

2007年，审议《和布克赛尔县有机产业十年发展规划（大纲）》。

2008年，研究讨论《和布克赛尔县住房建设规划（2006—2010年）》。

2010年，研究讨论编制《和布克赛尔县旅游发展总体规划》，依托县域蒙元文化和江格尔文化，打造具有和布克赛尔县特色的旅游规划，以便提升旅游业吸引力，推动全县旅游业快速、健康发展。

2011—2015年，共召开政府常务会议56次。

2011年，研究讨论和布克赛尔县国民经济和社会发展第十二个五年规划；研究讨论《和布克赛尔县安居富民楼管理办法（试行）》，切实改善全县农牧民居住环境，提高农牧民生活质量，规范安居富民楼建设、使用和管理；举行《和布克赛尔县土地利用总体规划（2010—2020年）》听证会，针对规划各乡镇场、各相关单位结合本乡镇场、行业实际情况，提出具体可行的意见、建议。

2012年，研究讨论《和布克赛尔县"十二五"贯彻实施全民科学素质行动计划纲要工作方案》，进一步贯彻执行好"十二五"规划期间实施的各类项目。

2013年，研究讨论《和布克赛尔县农村土地承包经营权流转工作实施方案》，进一步规范农村土地承包经营权流转的工作方式方法及流程，规范土地使用。

2014年，研究讨论和布克赛尔县成立60周年庆典活动。

2015年，研究讨论2015年政府工作报告；研究讨论并印发《和布克赛尔县建立统一的城乡居民养老保险制度实施方案》；研究讨论并印发《和布克赛尔县安全生产目标管理办法》。

# 第三章　综合政务

## 第一节　办文办会

### 一、机构队伍

1993—2008年，和布克赛尔县人民政府办公室内设法制办、信访局、旅游局、语言文字办公室、外事侨务办公室、接待处、驻乌鲁木齐办事处7个二级下属单位。

2009年，和布克赛尔县人民政府办公室增设信息化办公室与电子政务管理中心、应急办、综合科。有干部职工57人。

2010年，和布克赛尔县人民政府办公室增设秘书科、信息督查科、档案资料科。

2011年，和布克赛尔县人民政府办公室内设秘书科、信息督查科、综合科、应急科、档案资料科。下属机构有法制办、外事侨务办公室（归国华侨联合会）、语言文字委员会办公室、信息化办公室和石油资源开发管理服务办公室。

### 二、主要工作

1993—2000年，和布克赛尔县人民政府办公室印发文件400余份，重要文件有：《关于企业人民教育基金征收办法的通知》《和布克赛尔县土地监察实施细则》《关于印发和布克赛尔县改水防病建设优惠办法的通知》《关于行政事业单位职工公费合作医疗（暂行）管理办法补充规定的通知》《和布克赛赛尔县城建监察实施细则》《和克赛尔县城市市容环境卫生管理细则》《和布克赛尔县关于确定土地所有权和使用权的若干规定》《和布克赛尔县深化粮食流通体制改革的实施意见》《和布克赛尔县行政事业单位职工公费医疗管理办法(试行)》《和布克赛尔县临时用地管理暂行办法》《和布克赛尔县关于引进人才、资金、技术、项目开展横向经济联合的优惠待遇的规定》《关于实施普及中小学实验教学工作的通知》《和布克赛尔县农牧区教育事业费附加征收管理使用办法》《和布克赛尔县人民教育基金征集管理办法》《和布克赛尔县计划生育贫困人口1998—2000年温饱工程计划》《和布克赛尔县关于蒙古族婚事从简的修订补充规定》《和布克赛尔县旅游资源开发管理办法》《和布克赛尔县教育督导实施细则》《和布克赛尔县1999—2000年温饱工程工作重点》《和布克河流域防洪预案》。召开大中小型会议1 000余次,重要会议有:和布克赛尔县一九九八年初级卫生保健工作总结会、扶贫工作会、抗灾保畜工作会议、卫生工作会议、农业口工作会议、计划生育工作座谈会、县百名劳模命名表彰大会、县土地利用总体规划(1996—2010年)会议、教育工作会议、牧业生产及抗灾保畜工作会议等。

2001—2005年,印发文件580余份,重要文件有:《和布克赛尔县集贸市场专项整治行动方案》《加强农牧区文化设施建设的实施意见》《和布克赛尔县边境文化长廊建设总体规划》《关于印发图格杰加甫同志在自治县第十一届人民政府第一次全体会议上的讲话的通知》《和布克赛尔县人民政府关于上报2003年农业及农村工作总结及2004年工作安排的报告》《关于印发和布克赛尔县儿童发展纲要的通知》《和布克赛尔县蒙古族婚事简办实施办法》《关于进一步做好按比例安排残疾人就业工作的实施意见》《和布克赛尔县县人民政府2003年工作总结》《和布克赛尔县城市居民最低保障制度实施意见》《和布克赛尔县农牧区卫生改革实施方案》《和布克赛尔县农村税费改革财政转移支付资金和农业三税附加管理办法(暂行)》《和布克赛尔县人民教育基金征收管理暂行办法》《和布克赛尔县土地收购储备工作实施方案》《和布克赛尔县新型农村合作医疗实施办法》《和布克赛尔县发放农牧民家庭人口与计划生育奖励金实施意见》。召开大中小型会议1 000余次,重要会议有:和布克赛尔县成立五十周年大庆筹备会、抗灾保畜工作会议、教育工作会议、安全生产工作会议、和布克赛尔县那达慕大会等。

2006—2010年,印发文件650余份,重要文件有:《关于印发和布克赛尔县2006年新型农牧区合作医疗试点工作安排意见的通知》《关于印发和布克赛尔县人民政府全面推进依法行政五年规划的通知》《关于进一步规范和布克赛尔县语言文字使用工作有关事宜的通知》《关于印发和布克赛尔县2006年食品安全专项整治工作实施方案的通知》《关于印发和布克赛尔县2008年度落实环境保护工作目标责任书落实情况的通知》《关于表彰和布克赛尔县2008年度城乡抗震安居工程工作先进单位的决定》《关于印发和布克赛尔县技能人才现状调查实施方案的通知》《关于将和布克赛尔县纳入自治区村级一事一议财政奖补试点县的报告》《关于印发和布克赛尔县2010年新型农牧区合作医疗实施方案的通知》《关于印发和布克赛尔县"农村公路养护管理年"活动实施方案的通知》。召开各类大小会议700余次,重要会议有:和布克赛尔县新型农牧区合作医疗现场交流会、和布克赛尔县卫生工作会议、和布克赛尔县环境保护工作会议、财税工作会议、农业农村工作会议、安全生产工作会议、教育工作会议等。

2011—2015年,印发文件700余份,重要文件有:《关于印发和布克赛尔县2011年安全生产目标管理实施意见的通知》《关于印发和布克赛尔县支持新型工业化发展基金管理暂行办法》《关于和布克赛尔县2011年新型农牧区合作医疗实施方案的通知》《关于印发和布克赛尔县2012年纠风工作实施意见的通知》《关于印发和布克赛尔县“十二五”主要污染物总量控制规划的通知》。召开各类会议600余次，重要会议有：经济暨财税金融工作会议、旧城区改造工程房屋征收工作汇报会、新疆地区使用蒙古文信息化标准全国研讨会、第七届全国卫拉特蒙古历史文化学术研讨会、和布克赛尔县那达慕大会、和布克赛尔县第十三届阿肯阿依特斯文化旅游节等。

## 第二节　外事侨务

### 一、机构队伍

1993年，和布克赛尔县外事侨务办公室为县人民政府直属事业单位，机构规格为正科级，核定事业编制3名，经费形式为全额预算管理。

1998年，撤销县外事侨务办公室，职能划归县政府办公室，无相关股室。

1999年5月7日，和布克赛尔县成立外事、侨务、旅游工作领导小组，组长由县委书记夏广泰担任，副组长7人，成员16人。

2000年12月6日，和布克赛尔县侨联成立，与县外事、侨务、旅游工作领导小组合署办公，一套人马、两块牌子，不增加人员编制。侨联主席由县外侨工作负责人兼任，副主席、秘书长、委员由专职干部中的归侨侨眷兼任。

2007年12月6日，经上级业务部门和县委常委会同意，单独成立和布克赛尔县外事侨务办公室，设侨联主席1人、委员7人，有专职办公人员3人。

2012年，按照中共塔城地区委员会、塔城地区行政公署《关于印发〈塔城地区五县二市政府机构改革方案〉的通知》文件要求，和布克赛尔县外事侨务办公室在和布克赛尔县人民政府办公室挂牌。同年，根据新机编办〔2012〕35号、和政发〔2012〕92号文件，成立和布克赛尔县边防委员会办公室，机构规格为股级，核定事业编制1名，隶属县人民政府办公室管理，原外事侨务办公室（外侨）3名事业编制，挂县边防委员会办公室，由外事侨务办公室（侨联）使用。

2014年1月28日，为进一步加强对外事工作的领导，经县委、县人民政府研究，决定成立和布克赛尔县外事工作领导小组，组长：县委副书记、县人民政府县长才布格加甫；副组长：县委常委、县人民政府常务副县长张磊、县人民政府副县长孟克，成员11人。领导小组下设办公室，办公室设在县外事侨务办公室。县外事工作领导小组办公室主任由县外事侨务办公室主任兼侨联主席根加甫兼任，具体负责处理外事日常工作。至2015年未变。

### 二、主要工作

2000年，和布克赛尔县侨联成立后，进行第二次侨情普查，共登记198人，实际办证196人，其中归侨2人、侨眷194人。向边境农牧民发放宣传手册150余份，受教育7 500人次。

2006年，建立健全外事侨务各项工作制度，组织开展侨情侨务普查摸底工作，对归侨、侨眷进行详细登记、核实。归侨侨眷共有610人，其中归侨5人、侨眷605人，发放归侨侨眷证共610人。

2009年，在完善外事侨务各项工作制度的基础上，认真开展侨情侨务普查摸底工作，对归侨、侨眷进行详细登记、核实。截至年底，归侨侨眷共有618人，其中归侨4人、侨眷614人，发放归侨侨眷证618本。认真做好因公出国审核工作，办理因公出国手续1批2人次。

2010年，深入宣传《中华人民共和国归侨侨眷权益保护法》《自治区实施〈归侨侨眷权益保护法〉办法》《新疆维吾尔自治区边境管理条例》等法律法规，累计发放汉、蒙古、哈萨克3种文字宣传单3.6万余份，制作宣传条幅12幅、板报15期，在电视图文频道用汉、蒙古、哈萨克3种文字24小时滚动播放宣传60天。年末有归侨侨眷618人，发放归侨侨眷证618本。

2012年，深入开展侨情、侨务普查工作，有归侨4人，侨眷129人，留学生8人，符合条件录入97户133人。认真做好边境政策法律法规的宣传工作。发放汉、蒙古、哈萨克文宣传材料3.6万余份，悬挂宣传条幅4幅，出板报2期，在县电视台图文频道24小时滚动播放20天。

2014年3月31日，和布克赛尔县边防委员会被塔城地区边防委授予2013年度"边防工作先进单位"边防工作先进县称号。同年4—8月，组织各成员单位，通过结合辖区实际采取在县城集中宣传，在边境乡场(团)以走村入户面对面教育相结合的形式对《新疆维吾尔自治区边境管理条例》《四个必须知道》《七个严禁》及《自治县边境规定》等进行宣传，共发放汉、蒙古、哈3种文字宣传单3.6万张、出动宣传车3辆、悬挂横幅16幅；在赛尔新闻播放7天，图文频道滚动播放45天。其次，积极争取上级专项资金，在县边界重要山口通道设立永久性边境法律法规宣传牌23处，进一步增强边民意识，形成"人人熟悉边境政策、人人按政策办事"的良好局面。同年11月19日，在乌鲁木齐市召开的新疆维吾尔自治区第七次归侨侨眷代表大会上，和布克赛尔县侨联获自治区"2009—2014年海外联谊工作先进集体"称号。

2015年，共发放汉、蒙古、哈3种文字宣传单3.8万张、出动宣传车6辆、悬挂横幅20幅；在赛尔新闻播放7天，图文频道滚动播放2个月，利用大喇叭反复播7天。在县域边界重要山口通道和边防大队门口设立永久性边境法律法规宣传牌17处。依法登记入境31人，办理因公出国手续5批25人次。

## 第三节 电子政务与信息化建设

2007年4月，和布克赛尔县人民政府公众网站开通，网站域名www.xjhbk.gov.cn通过信息产业部、新疆通讯管理局审批注册，具有独立向覆盖全球的因特网发布各类信息的资格。同时，电子政务文书传输系统与塔城地区的主干网调试安装成功，于6月1日启动，可以直接接收自治区和地区下发的各种文件和函件，也可以向自治区、地区发送文件和信息。进一步加强信息工作规范化建设，制定完善《县人民政府系统信息报送工作制度》《县人民政府系统信息工作奖惩办法》和《紧急信息报送工作制度》。全年共向地区、自治区上报各类信息236期、政务快报20期，其中被地区采用的各类信息88条。

2009年，加大资金投入，不断完善硬件设施，加快推进电子化办公进程，于3月1日正式启用协同办公系统。全年电子政务协同接入单位合计121家，用户数133个。为适应全面启动的电子政务工程需要，和布克赛尔县投入20余万元，通过5个月时间，对各子网站进行升级、完善，建成以和布克赛尔县政府信息公众门户网站为主网站，各乡镇场政府和各部门网站以子网站的相互联系、互为补充的网站群体系，并于8月1日正式开通运行。全年共发布各类信息1.2万余条，制作专题专栏4个。

2010年，加大政府网站群建设，全面提升和布克赛尔县人民政府信息公开力度。全县接入单位达126

家，实际接入客户端137个，各乡镇场、各局委办累计公开信息量达1.8万余条。公文及信息传输量居全塔城地区第一，月均信息流转量达2 500余次。积极探索协同办公、网上公文流转程序，组织开展县人民政府领导及办公室工作人员协同办公系统公文内部流转培训工作，进一步推动政府部门无纸化办公进程。全年共向地区上报各类信息582条，被塔城地区行署采用130条、被自治区政府办公厅采用14条，在全地区名列第二。

2011年1月，和布克赛尔县政府办公室通过协同办公系统审批流程实现内部文件流转；7月，将公文审批流程延伸至36家单位，办公室内部公文审批流程数达1123条，完成数据收集、流程制作及对70余人的培训工作。为突出网站的实用性功能，新增网上办事大厅及网上办件公示两大栏目，并对网站主页部分进行改版。全年收文审批流程办理文件数达1 200余件，初步实现全县政府系统无纸化办公。

2012年，狠抓信息报送、通报、奖惩制度落实，增强政府办公室专兼职信息员编报政务信息的积极性和责任感。年内分别向地区、自治区编报政务信息520期，被地区、自治区采用100余条。完成电子政务延伸至社区工作，二次流转工作完成对38家单位的数据整理。继续加强政府门户网站的应用力度，及时高效地报道全县重大活动。设有各类专题页10个，门户网站改版全面展开。积极开展等级保护及电子政务外网工作，政府门户网站通过自查定级为二级。完成机房建设及网站二级等级保护设备的采购方案。电子政务外网年底完成安装调试工作。

2015年，和布克赛尔县政府网站群完成站群系统自塔城地区迁移至本地及44个子站的全面改版工作及站群系统与电子政务外网的整合工作，完成“县十一届五次全委扩大会议”“访惠聚”及“民族团结”等6个专题的制作与信息发布，完成全国网站普查第一、二阶段的自查工作。县中心机房协助各相关单位完成电子政务外网的互联互接，完成县人民政府综合办公楼的网络及电话调试。协同办公系统完成对125个客户端的清查工作，撤销17个长期不使用或不再需要使用的账户，节约县财政支出；完成向地区政府门户网站上报信息400余条。

## 第四节　政务督查

2002年，县人民政府办公室按“三定”方案设立综合科，负责政府部门的信息督查工作。

2004年，县人民政府办公室综合科围绕政府重点工作和信息要点开展督促检查工作。

2007年，按照轻重缓急，督促检查各项工作任务。领导交办的任务重点督办，中心工作跟踪督办，下级请示事项按时限督办，一般事项正常督办。紧紧围绕自治区、地区以及和布克赛尔县的中心工作和领导关注的重大问题以及人民群众关注的热点、难点问题，加大督查力度，改进督查方式，通过督办促进工作效率的提高。共编写督查专报13期。

2012年，按“三定”规定，县人民政府办公室设立秘书和信息督查科，负责督促检查政府重要文件、会议议定事项和上级交办的督查事项。加强对政务督察工作的力度，充分发挥信息督查在推进政府工作落实、促进科学决策方面的参谋作用，特别是围绕政府的中心工作，认真督促落实领导安排部署的各项决策、工作，加大对全县12类102个重点民生建设项目的进展情况的督查工作，确保政令畅通，有效推动政府各项工作的顺利开展。全年编写督查调研材料5篇。

2015年，完成信息报送221篇，其中被自治区人民政府采用3篇，地区行署采用50余篇，为上级领导掌握情况、指导工作、科学决策提供可靠的信息服务。全年独立开展专题、专项督查30余次，印发《政务督查》通报7期，与县爱卫办联合开展督查6次，与县绩效办联合开展督查15次，与县红白喜事办公室联合督查28次，联合印发督查通报5期。

## 第五节　应急工作

2007年，和布克赛尔县突发公共事件应急委员会成立，制定《和布克赛尔县突发公共事件总体应急预案》，完善工作制度，并配备1名应急信息人员，每天向地区应急办有事报事，没事报平安。健全各类应急预案体系、应急保障体系，组织各部门做好宣传、训练和演练工作，为及时妥善处理公共突发事件奠定良好基础。牢固树立"以民为本、为民解困"的工作理念，夏季洪水灾害发生后，在第一时间组织有关单位深入受灾乡镇(场)指导抢险救灾工作，确保广大人民群众的生命财产安全。

2010年，认真宣传《和布克赛尔县突发公共事件总体应急预案》，全面掌握全县的应急救援预案情况。督促各乡镇(场)、各部门完成应急管理机构组建工作，明确责任主体，制定和完善各项工作制度和工作流程，为应急救援工作的开展奠定坚实的组织基础。调整充实县应急管理工作领导小组，严格落实成员单位职责、任务。研究制订县应对突发公共事件重大决策和指导意见，组织、指导、协调辖区内突发公共事件的预防预警、应急处置、应急保障、应急救援等工作。在冬春的雪灾、"2·23"交通事故、"3·30"鲁能煤矿事故中，及时启动应急预案，采取应对措施，最大限度地减少灾害损失。

2012年，将《新疆维吾尔自治区实施〈中华人民共和国突发事件应对法〉办法》纳入领导干部培训内容，制订工作方案。开展好突发事件风险排查工作，认真组织学习《突发事件应对法》，抓好预案体系建设。增强突发事件意识，提高有效防范和处理突发事件的能力。以"应急管理相关法律法规宣传周活动"为契机，扎实开展宣传工作。加强基础数据库建设，完善应急储备。

2015年，编制完成县级专项应急预案16个，部门单位应急预案40个。做好应急工作信息报送工作，完成上报应急工作信息70余篇。牵头安排或组织部门开展应急演练5次，发放《居民应急常识宣传手册》1.1万册，提高群众应急意识及应急避险和自救能力。加强应急避难场所建设，完善4处应急避难场所，且基本设施配备齐全，可容纳15万人。同时，加大对各乡镇场应急避难场所的建设力度，全县12个乡镇场均建起应急避难场所。

## 第六节　语言文字工作

### 一、机构设置

1990—2005年，和布克赛尔县语言文字工作划归县人民政府民族宗教事务局。2006年，划归县人民政府办公室。根据塔城地区编办《关于设立语言文字工作委员会办公室的复函》和《关于设立语言文字工作委员会的通知》精神，2007年6月，成立和布克赛尔县人民政府语言文字工作委员会办公室，在县人民政府办公室挂牌，所需编制从县人民政府办公室行政编制内调剂解决。2015年，因机构重新划转，和布克赛尔县人民政府语言文字工作委员会办公室划入民宗委。

## 二、主要工作

20世纪90年代初，和布克赛尔县积极提倡和鼓励各民族互相学习语言和文字，保障少数民族充分享有使用本民族语言文字的权利，设有本民族语言文字的小学和中学。县广播站和电视台坚持用汉、蒙古、哈萨克3种语文字和语言进行播放。

1998年9月，和布克赛尔县响应国务院的号召，启动首届推广普通话宣传周活动，当年的宣传主题为“推广普通话，促进语言文字规范化”。以后每年9月都根据不同的宣传主题，坚持开展推广普通话宣传周活动。

2007年6月，和布克赛尔县语委办与有关单位联合组成检查组对客运站、人民医院、蒙医院、宾馆、各种大型活动和旅游景点的社会用字（汉蒙）进行全面检查，确保全县服务行业窗口单位的社会用字使用规范，树立和布克赛尔县良好形象。结合三类城市语言文字达标工作，着重检查全县各所学校（包括幼儿园）在职教师普通话水平合格率和持证上岗率，以达到评估要求。9月8日，开展第十届“全国推广普通话宣传周”活动，扩大语言文字法律法规的宣传面。与县文明办、工商局等部门成立联合检查组，对主要街道、门面商店和服务行业的社会用字进行检查。与县工商局和劳动局等部门联合对个体工商户、服务行业的人员进行普通话培训。加大《中华人民共和国通用语言文字法》《新疆维吾尔自治区语言文字工作条例》和《塔城地区语言文字管理办法》的宣传力度，建立语言文字网，及时宣传、交流经验信息，推进语言文字工作的信息化进程。按照国家、自治区有关少数民族现代文学语言文字和普通话水平培训测试站建设的要求，申请建设培训测试站，由专人负责，对资料进行规范整理。加强全县普通话和少数民族现代文学语言文字正字正音水平测试队伍建设，组织测试员业务学习，并组织参加自治区普通话和少数民族现代文学语言文字正字正音测试中心培训考核。年底，草拟《和布克赛尔县语言文字管理暂行办法》，并将该《暂行办法》报县法制办审核，经县人民政府常务会研究，出台第一部语言文字工作的法规。

2010年，充分发挥党政机关龙头作用、各级各类学校基础作用、新闻媒体窗口作用，积极开展语言文字工作。发放自治区民语委签发的少数民族语言正字正音水平测试等级证书324本，少数民族语言正字正音工作基本达到要求。对全县机关、团体、事业单位、私营企业公章、门牌、证件和印有单位名称的信封、信笺，个体工商户商业挂牌予以规范。开展第十三届全国推广普通话宣传周活动，办宣传板报65块，挂横幅70条，发放宣传手册8 500份，营造各民族语言文字和谐共存、共同发展的语言文字环境。

2012年，组织成员单位对全县牌匾、印章、商店招牌等用字用语情况进行检查，纠正用字用语不规范现象，推动语言文字的规范化、标准化管理。开展第十五届全国推广普通话宣传周活动，悬挂横幅、标语，发放蒙古、汉、哈萨克文字宣传材料2 600份。

2015年，下发《和布克赛尔县开展第十八届全国推广普通话宣传周活动方案》，由县语言文字工作委员会办公室牵头，组织各成员单位，开展第十八届全国推广普通话宣传周活动，纠正用字用语不规范现象，推动语言文字的规范化、标准化管理。悬挂横幅、标语，发放汉、蒙古、哈萨克文字宣传材料1 800份。

## 第七节　接待与派出工作

### 一、接待工作

1998年12月，成立和布克赛尔县人民政府接待处（简称“县接待处”，与县委招待所合署办公，两块牌子、一套人员），属县人民政府下设机构，位于县城中心地段东街100号，规格正科级，是和布克赛尔县的窗口单位。核定事业编制4人，经费形式为全额拨款。主要职责是接待服务、对外宣传。2015年，县接待处下设赛尔宾馆，处、馆共有干部职工7人。下辖和什托洛盖迎宾馆，为自收自支单位，有干部职工6人。

赛尔宾馆整体占地面积1.2万平方米。1号楼建于1999年，建筑面积3 958平方米，有客房34间，其中标准间30间、套房4间。餐饮部内设8个包厢，可容纳100人就餐，大厅可同时容纳200人就餐，大、小会议室可分别容纳200人和60人开会。2号楼与1号楼相邻，建于2007年，建筑面积6 821平方米，内部设施按四星级宾馆标准设置，主要设有客房部、餐饮部和娱乐场所。客房部有豪华房间3间，普通套房6间，标准房41间；餐厅有豪华包厢5个，可容纳70人就餐，大厅可容纳60人就餐。

和什托洛盖迎宾馆建于2004年，占地面积5.1万平方米，建筑面积6 017.6平方米。有普通客房20标间，8套房，大、小会议室各1个；餐饮部有包厢9个，可容纳100人就餐，大厅可同时就餐180人。

县接待处认真履行县人民政府赋予的职责，积极开展各种业务。1998—2010年，全县累计洽谈联络21次，接待服务5万多人次，对外宣传12次。2011—2015年，全县累计接待服务3.8万多人次，对外宣传4次。和什托洛盖迎宾馆2004—2015年累计接待服务6万余人次。

### 二、派出工作

1998年5月29日，和布克赛尔县委常委会研究，同意县经济贸易委员会《县牧工商联营公司改革方案的报告》，将县牧工商联营公司有效资产分离出来，设立劳动综合服务社及和布克赛尔县驻乌鲁木齐市办事处。

2002年8月，正式成立和布克赛尔县人民政府驻乌鲁木齐市办事处（简称“县驻乌办事处”），位于乌鲁木齐河滩北路523号，是县人民政府下设机构，规格正科级，核定事业编制2名，经费形式为全额拨款。

2003年7月25日，县委、县人民政府印发《和布克赛尔县驻乌鲁木齐办事处管理办法》，明确驻乌鲁木齐办事处是和布克赛尔县对外联络、招商引资、接洽协调、宣传推介和对外开放的窗口，并制定驻乌鲁木齐办事处工作制度。

2005年10月8日，县委办公室、县人民政府办公室印发《关于和布克赛尔县因公赴乌出差人员在驻乌办事处定点住宿的通知》，要求全县各行政、企事业单位的领导干部和工作人员因公赴乌鲁木齐出差的必须在县驻乌办事处住宿，在办事处住宿费用标准按县财政局下发的新标准执行。10月23日，县委办公室、县人民政府办公室印发《和布克赛尔县驻乌市办事处接待方案》，对驻乌市办事处的接待原则、接待范围、接待标准、接待审批和接待费用的结算、接待要求作了明确规定。

至2015年年末，县驻乌办事处有两个下辖单位：宾馆和餐厅。宾馆建筑面积1 418平方米，有客房27间，其中标准间14间、三人间6间、套房7间。餐厅建筑面积400平方米，内设4个包厢，数个散台。聘有员工28人。

县驻乌办事处认真履行县人民政府赋予的职责，积极开展各种业务。2002—2010年，累计洽谈联络500余次，接待服务8万多人次，对外宣传110余次。2011—2015年，累计洽谈联络300余次，接待服务6万多人次，对外宣传80余次。

# 第四章 信 访

## 第一节 机构队伍

1993年，和布克赛尔县信访局（简称“县信访局”）内设办公室、接待室，有干部职工5人。1998年，有干部职工6人。2003年8月，增设督察室，人数未变。2007年8月，干部职工增至8人。2010年，县信访局内设科室未变，有干部职工18人。下辖基层信访组织12个，有专职信访干部12人。

2011年7月，成立中共和布克赛尔县委群众工作部，与县信访局合署办公，一个机构、两块牌子。内设县领导接访室、人民来访联合接待中心、办公室、群众服务大厅、接访室、督查室，有干部职工10人。下辖基层信访组织及专职信访干部数量未变。2013年，有干部职工14人以及县直相关单位里的信访部门干部10人脱离原单位，在信访局人民来访联合接待中心办公。

2015年，县委群众工作部（信访局）内设机构未变，有干部职工16人。下辖基层信访组织12个，有专职信访干部12人。

## 第二节 来访来信

1993年，县信访局受理各类信访事项16件，其中来信12件（次）、来访4件（次）。来信来访中反映历史问题的9件（次），占信访总数的57%；反映现实问题的7件（次），占信访总数的43%。还有其他县直单位受理的各种信访案件共65件（次）。

1994—1997年，县信访局受理各类信访事项61件126人次。办结50件，答复3件，后续办理8件。

1998—2005年，县信访局受理各类信访事项378件434人次，其中重访案件2件（次）、转办案件4件（次）。办结313件，答复10件，后续办理55件。

2006—2011年，县信访局共受理群众来信来访380件595人次，其中接待集体访11批154人次。办结162件，续办结案件11件，续办待结207件。其间，2010年县信访局受理各类信访事项114件317人次，办结105件，后续办理9件。其中涉及劳动社保类45件99人次；涉及城乡建设类16件95人次；涉及民政类14件42人次；涉及国土资源类15件32人次；涉及其他类24件49人次。

2012年，共接待群众来信来访162件600余人次，办结答复153件，调查的案件9件，办结率94%。网上信访案件录入72件，地区转办上访信件6批20余人次，全部办结。

2013年，和布克赛尔县委群众工作部（信访局）共接待群众来信来访36件228人次（个人访28件87人次，集体访7批次163人）。据统计，涉及劳动社保类3件24人次，涉及城乡建设类10件87人次，涉及民政类2件11人次，涉及国土资源类1件23人次，涉及“三农”问题6件54人次，涉及其他类14件29人次。

2014年，和布克赛尔县委群众工作部（信访局）共接待群众来信来访161件794人次，办结答复141件（建议走司法程序5件），后续办理的案件20件。其中，劳动社保84件、国土水林22件、城乡建设34件、交通能源环保6件、民政4件、农村农业3件、教育3件、科技文体2件、其他3件。

## 第三节　领导接访

2008年，实行领导接访日。按照“属地管理、分级负责”“谁主管、谁负责”和“依法、及时、就地解决问题与疏导教育相结合”的原则，坚持公开透明、规范有序、方便群众、解决问题，通过县级领导轮流值班接访和重点突出信访问题约谈约访的形式，形成日常群众来访有县级领导接待，重点信访问题有县级领导包案，复杂信访问题有县级领导协调，进一步密切党群干群关系。年内，县级领导受理群众上访案件38件，当场答复11件，批示责成相关部门办理27件，后续答复23件。

2010年，“县委书记接访活动”中接待21件，当场解决9件，当场答复8件，后续办理4件。

2011年，县信访局正式内设县级领导干部接访室。

2012年，8位县级领导参与接访，接访信访案件25批，接待群众代表49人次。实行领导包案，对县级领导干部包案的遗留案件办结情况及时整理和存档。年内，16位县级领导对33件信访案件进行包案，办结答复20件，其中5件签订息诉息访协议。

2013年，县级领导接待41件信访案件，184名群众代表，当场答复23件。地区转办上访案件10件，办结答复8件，办结率80%。

2014年，县级领导接待信访案件51件364人次，协调解决47件，4件后续办理解决。全县信访形势平稳可控。

2015年，县级党政领导干部共接待来访群众36批72人，当场解决12件，立案28件，结案28件。县党政主要领导以身作则带头下访，分别下访、约见上访人26次和38次，解决群众生产生活和信访问题分别达21件和32件，其他县级党政领导干部共下访达100余人次，解决群众生产生活和信访问题50余件。在接访日，若无访，接访领导干部则根据自己分管的工作批阅群众来信或召集有关职能部门、乡镇领导研究具体的信访案件，提高办结效率。

# 第二十一编

# 人民政协

1993—2015年，政协和布克赛尔县委员会先后召开第八届至第十二届委员全体会议。在此期间，县政协紧紧围绕经济建设这个中心，认真履行政治协商、民主监督、参政议政的职能，就全县经济、科技、教育、文化、医疗卫生、社会法制、民族宗教等方面的许多重要问题，经常组织委员深入基层开展专题调查、研讨、座谈、个别走访等活动，提出许多有深度的意见和建议，为县委、县政府的科学决策提供依据，对推动全县的各项工作起到不可替代的重要作用。

# 第一章　政协全体委员会议

## 第一节　政协委员

1993—2015年，中国人民政治协商会议和布克赛尔县委员会（简称“县政协”）历届委员都是由有关部门推荐，经过民主协商产生的各界知名人士，他们来自汉族、蒙古族、哈萨克族及其他各个民族，由党政、无党派、共青团、工会、妇联、工商联、文化艺术、经济、农业、牧业、社会科学、教育、医药卫生、台属、侨眷、宗教、非公有制经济17个界别组成。

**政协和布克赛尔县第八届至第十二届委员会委员情况表**

表22－1　　单位：人

| 构成 | | 第八届 | | 第九届 | | 第十届 | | 第十一届 | | 第十二届 | |
|---|---|---|---|---|---|---|---|---|---|---|---|
| | | 合计 | % | 合计 | % | 合计 | % | 合计 | % | 合计 | % |
| | | 74 | 100 | 74 | 100 | 74 | 100 | 76 | 100 | 76 | 100 |
| 中共党员 | | 30 | 40.5 | 14 | 18.8 | — | — | 30 | 39.5 | 30 | 39.5 |
| 非中共党员 | | 44 | 59.5 | 60 | 81.2 | — | — | 46 | 60.5 | 46 | 60.5 |
| 民族 | 蒙古族 | 31 | 41.9 | 34 | 45.9 | — | — | 25 | 32.9 | 25 | 33 |
| | 汉族 | 12 | 16.2 | 13 | 17.6 | — | — | 19 | 25.0 | 19 | 25 |
| | 哈萨克族 | 22 | 29.7 | 23 | 34.1 | — | — | 22 | 28.9 | 22 | 29 |
| | 其他民族 | 9 | 12.2 | 4 | 5.4 | — | — | 10 | 13.2 | 10 | 13 |
| 界别 | 党政 | — | — | — | — | — | — | 14 | 18.4 | 12 | 15.8 |
| | 无党派 | — | — | — | — | — | — | 1 | 1.3 | 8 | 10.5 |
| | 共青团 | — | — | — | — | — | — | 1 | 1.3 | 1 | 1.3 |
| | 工会 | — | — | — | — | — | — | 1 | 1.3 | 1 | 1.3 |
| | 妇联 | — | — | — | — | — | — | 0 | 0 | 1 | 1.3 |
| | 工商联 | — | — | — | — | — | — | 5 | 6.7 | 4 | 5.3 |
| | 文化艺术 | — | — | — | — | — | — | 1 | 1.3 | 4 | 5.3 |
| | 经济 | — | — | — | — | — | — | 3 | 3.9 | 5 | 6.6 |
| | 农业 | — | — | — | — | — | — | 9 | 11.8 | 10 | 13.2 |
| | 牧业 | — | — | — | — | — | — | 12 | 15.8 | 12 | 15.8 |

续表22－1

| 构成 | | 第八届 | | 第九届 | | 第十届 | | 第十一届 | | 第十二届 | |
|---|---|---|---|---|---|---|---|---|---|---|---|
| | | 合计 | % | 合计 | % | 合计 | % | 合计 | % | 合计 | % |
| | | 74 | 100 | 74 | 100 | 74 | 100 | 76 | 100 | 76 | 100 |
| 界别 | 社会科学 | — | — | — | — | — | — | 2 | 3.6 | 2 | 2.6 |
| | 教育 | — | — | — | — | — | — | 4 | 5.3 | 2 | 2.6 |
| | 医药卫生 | — | — | — | — | — | — | 3 | 3.9 | 2 | 2.6 |
| | 台属 | — | — | — | — | — | — | 1 | 1.3 | 1 | 1.3 |
| | 侨眷 | — | — | — | — | — | — | 1 | 1.3 | 1 | 1.3 |
| | 宗教 | — | — | — | — | — | — | 9 | 11.8 | 3 | 3.9 |
| | 非公有制经济 | — | — | — | — | — | — | 4 | 5.3 | 7 | 9.3 |
| | 其他(界别) | — | — | — | — | — | — | 5 | 6.7 | — | — |

## 第二节　政协全体委员会议

### 一、政协和布克赛尔县第八届委员会议

八届一次会议　于1993年3月3—6日在县城召开,参加会议委员74人。会议由斯兰木江·马沙力代表政协和布克赛尔县第七届委员会常务委员会作题为《解放思想 更新观念 努力做好新形势下的政协工作》的工作报告,卡格德尔代表政协和布克赛尔县第七届委员会常务委员会作题为《提高质量 发挥活力 努力做好提案工作》的提案工作报告。会议举手表决产生政协和布克赛尔县第八届委员会主席1人、副主席5人、常务委员17人。

政协主席:斯兰木江·马沙力

副主席:塔什干·吐尔库斯坦、刘树凯、那木吉力·旦木仁加甫、白万·孟克、桑义正

八届二次会议　于1994年3月10—12日在县城召开。会议由斯兰木江·马沙力代表政协和布克赛尔县第八届委员会常务委员会作题为《把握机会 再展宏图 立足新起点 迈上新台阶》的工作报告,白万·孟克代表政协和布克赛尔县第八届委员会常务委员会作提案工作报告。

八届三次会议　于1995年3月14—16日在县城召开。会议由塔什干·吐尔库斯坦代表政协和布克赛尔县第八届委员会常务委员会作工作报告,确立1995年县政协工作总的指导思想是:坚持以邓小平建设有中国特色的社会主义理论和党的基本路线为指导,全面贯彻中共十四大和十四届三中、四中全会精神,认真履行政治协商、民主监督和参政议政职能,继续为“抓住机遇,深化改革,扩大开放,促进发展,保持稳定”的全党、全国工作大局服务,协助党和政府做好工作,刘树凯政协和布克赛尔县第八届委员会常务委员会作提案工作报告。

八届四次会议　于1996年3月11—13日在县城召开。会议由斯兰木江·马沙力代表政协和布克赛尔县第八届委员会常务委员会作工作报告。会议认为,过去的一年,县政协坚持以邓小平建设有中国特色的社会主义理论和党的基本路线为指导,全面贯彻中共十四届三中、四中全会精神,按照县政协八届三次会议“服从大局,服务中心,理顺关系,化解矛盾,增强团结,保持稳定”的总体思路,团结和带领各族各界政协委

员，积极履行政治协商、民主监督和参政议政职能，大力推动社会主义市场经济的发展，为促进全县国民经济持续、快速、健康发展和政治稳定，社会全面进步，做出积极贡献。确立1996年县政协工作的指导方针是：坚持以邓小平建设有中国特色的社会主义理论和中国共产党的基本路线为指导，全面贯彻“抓住机遇，深化改革，扩大开放，促进发展，保持稳定”的基本方针，认真落实中共中央关于政协工作的要求。那木吉力·旦木仁加甫代表政协和布克赛尔县第八届委员会常务委员会作提案工作报告。

八届五次会议　于1997年3月16—18日在县城召开。会议由斯兰木江·马沙力代表政协和布克赛尔县第八届委员会常务委员会作工作报告，会议认为，过去的一年，按照县政协八届四次会议确定的指导思想和总体部署开展工作，围绕中心、服务大局，认真履行政治协商、民主监督和参政议政职能，为维护全党政治稳定，推动社会主义物质文明和精神文明建设，做出积极贡献。确立1997年县政协工作的指导思想是：坚持以邓小平建设有中国特色社会主义理论和中国共产党的基本路线为指导，继续贯彻落实中共十四届五中、六中全会和中央关于维护新疆稳定的重要指示精神，认真履行政治协商、民主监督和参政议政的职能积极为全县的物质文明和精神文明建设献策出力。善始善终地做好本届政协最后一年的工作，刘树凯代表政协和布克赛尔县第八届委员会常务委员会作提案工作报告。

**二、政协和布克赛尔县第九届委员会议**

九届一次会议　于1998年1月7—10日在县城召开，参加会议委员74人。会议由斯兰木江·马沙力代表政协和布克赛尔县第八届委员会常务委员会作题为《发挥优势 履行职能 进一步开创政协工作新局面》的工作报告，刘树凯代表政协和布克赛尔县第八届委员会常务委员会作提案工作报告。会议举手表决产生政协和布克赛尔县第九届委员会主席1人、副主席5人、常务委员17人。

政协主席：斯兰木江·马沙力

副主席：加克·巴图那生、库尔曼·库马依、那木吉力·旦木仁加甫、李桂一、韩红·江木沙甫（女）

九届二次会议　于1999年2月4—6日在县城召开。会议由斯兰木江·马沙力代表政协和布克赛尔县第九届委员会常务委员会作工作报告，会议认为，刚刚过去的1998年是不平凡的一年，县九届政协坚持以邓小平理论为指导，围绕县经济建设中心履行职能，努力推进政治协商、民主监督、参政议政的规范化、制度化，按照九届一次会议确定的任务和开创政协工作新局面的目标，抓好开局、起步工作，奠定思想和工作基础，知难而进，奋力拼搏，埋头苦干，使新一届政协各项工作呈现出新的面貌。确立1999年县政协工作的指导思想和主要任务是：以邓小平理论为指导，认真贯彻落实中共十五大、十五届三中全会和自治区党委政协工作会议精神，紧紧围镜经济建设一个中心，牢牢把握团结、民主两大主题，认真履行政治协商、民主监督、参政议政三项职能，切实加强政协领导班子、政协委员队伍和政协机关三项建设，积极为和布克赛尔县的改革、发展、稳定献计献策，不断开创政协工作的新局面。库尔曼·库马依代表政协和布克赛尔县第九届委员会常务委员会作提案工作报告。会议增补那木吉勒·吾夏同志为政协和布克赛尔县第九届委员会副主席。

九届三次会议　于2000年2月4—6日在县城召开。会议由斯兰木江·马沙力代表政协和布克赛尔县第九届委员会常务委员会作工作报告，会议认为，在过去的一年里，县政协常务委员会按照县委的工作部署和县政协九届二次会议确定的指导思想，各项工作取得新的进展，为推动全县社会主义物质文明和精神文明建设，做出积极贡献。确立2000年县政协工作的指导思想和总体要求是；以邓小平理论和党的基本路线为指导，高举爱国主义、社会主义和各民族大团结旗帜，牢牢把握团结和民主两大主题，认真贯彻中共十五大和十五届三中、四中全会精神及县党委的工作部署，团结和组织各民主党派、人民团体、工商联和各族各界委员，紧紧围绕经济建设中心，抓住西部大开发的历史机遇，切实履行政治协商、民主监督、参政议政职能，为全县改革，发展、稳定大局服务，为推进祖国和平统一大业贡献力量，以优异成绩迎接新世纪。库尔曼·库马依代表政协和布克赛尔县第九届委员会常务委员会作提案工作报告。

九届四次会议　于2001年4月22—24日在县城召开。会议由斯兰木江·马沙力代表政协和布克赛尔县第九届委员会常务委员会作工作报告，会议认为，在过去的一年里，县政协以邓小平理论为指导，认真贯彻落实中央、上级党委、县委有关重要会议精神及全国政协、自治区、自治州政协工作会议精神，按照县委的工作部署和县政协九届三次会议确定的指导思想，紧紧围绕中心工作，认真履行职能，切实做好服务，为促进全县改革开放、经济发展、维护团结稳定局面、推动社会全面进步做出积极贡献。确立2001年的县政协工作总的指导思想是：以邓小平理论为指导，认真贯彻落实中共十五大、十五届五中全会、全国统战工作会议和自治区党委五届七次全委（扩大）会议及县党委八届七次全委（扩大）会议精神，紧紧围绕经济建设这个中心，牢牢把握团结和民主两大主题。认真履行政治协商、民主监督、参政议政职能，为实现和布克赛尔县"十五"计划和西部大开发战略献计出力，为全县的改革发展和团结稳定再立新功，不断开创政协工作新局面，以良好的精神风貌踏上新世纪的征途。库尔曼·库马依代表政协和布克赛尔县第九届委员会常务委员会作提案工作报告。

九届五次会议　于2002年2月7—8日在县城召开。会议由斯兰木江·马沙力代表政协和布克赛尔县第九届委员会常务委员会作工作报告，会议认为，过去一年，县政协以邓小平理论为指导，认真贯彻落实中央、上级党委、县委有关重要会议精神及全国政协、自治区政协工作会议精神，在县委的领导下积极开展工作，按照县委的工作部署和县政协九届四次会议确定的指导思想，团结和带领各族各界委员和干部职工，紧紧围绕中心工作，认真履行职能，切实做好服务，在促进自治县改革开放、经济发展、民族团结和社会稳定等方面做出了积极贡献。确立2002年的县政协工作总的指导思想是：在县委的领导下，以邓小平理论和江总书记"三个代表"重要思想为指导，认真贯彻落实中共十五届五中、六中全会，自治区政协八届五次全委会和自治区第六次党代会及县委九届三次全委（扩大）会议精神，紧紧围绕经济建设这个中心，牢牢把握团结和民主两大主题，认真履行政治协商、民主监督、参政议政职能，为实施自治县"十五"计划和西部大开发战略献计出力，不断开创政协工作新局面，以优异的成绩迎接十六大的召开。巴特那生代表政协和布克赛尔县第九届委员会常务委员会作提案工作报告。

### 三、政协和布克赛尔县第十届委员会议

十届一次会议　于2002年12月31日至2003年1月2日在县城召开。会议由斯兰木江·马沙力代表政协和布克赛尔县第九届委员会常务委员会作工作报告。李桂一代表政协和布克赛尔县第九届委员会常务委员会作提案工作报告。会议举手表决产生政协和布克赛尔县第十届委员会主席1人、副主席4人、常务委员17人。

政协主席：赛格孜拜·哈日哈巴提

副主席：韩红·江木沙甫（女）、巴图·阿拉新德力克、其增·丹木仁加甫、李玉民

专职常委:姜振志、姜振志

十届二次会议　于2004年2月19—21日在县城召开。会议由赛格孜拜·哈日哈巴提代表政协和布克赛尔县第十届委员会常务委员会作工作报告。会议强调,县政协要在上级政协的指导和县委的领导下,以邓小平理论和"三个代表"重要思想为指导,认真贯彻落实中央、上级党委、县委有关重要会议精神及全国政协、自治区、自治州政协工作会议精神,按照县委的工作部署和县政协十届二次会议确定的指导思想,团结和带领各族各界委员和干部职工,紧紧围绕中心工作,认真履行职能,切实做好服务,在促进和布克赛尔县的改革开放、经济发展、民族团结和社会稳定等方面做出积极贡献。李玉民代表政协和布克赛尔县第十届委员会常务委员会作提案工作报告。

十届三次会议　于2005年1月27—30日在县城召开,会议由赛格孜拜·哈日哈巴提代表政协和布克赛尔县第十届委员会常务委员会作工作报告,会议确立2005年的县政协工作的思想和总体要求是:在上级政协组织的指导和县委的领导下,以邓小平理论和"三个代表"重要思想为指导,认真贯彻落实中共十六大、十六届四中全会精神和自治区党委六届八次全委(扩大)会议、和布克赛尔县委九届七次全委(扩大)会议辖神,深入学习胡锦涛在庆祝人民政协成立55周年大会上的重要讲话,全面落实自治区党委政协工作会议精神,紧紧围绕经济建设这个中心,牢牢把握团结和民主两大主题,切实履行政治协商、民主监督、参政议政职能,充分发挥政协委员的积极性、主动性、创造性,进一步巩固和发展广泛的爱国统一战线,同心同德,群策群力,为加快和布克赛尔县的经济发展、维护社会稳定、促进社会全面进步做出新的贡献,不断开创政协工作新局面。李玉民代表政协和布克赛尔县第十届委员会常务委员会作提案工作报告。

十届四次会议　于2006年1月5—8日在县城召开,会议由赛格孜拜·哈日哈巴提代表政协和布克赛尔县第十届委员会常务委员会作工作报告,会议确立2006年县政协要继续以邓小平理论和"三个代表"重要思想为指导,在中共十六届五中全会精神的指引下,紧紧围绕县各项工作任务,依靠全体政协委员,团结各界人士,高举爱国主义、社会主义旗帜,坚持团结、民主主题,推进政治协商,加强民主监督,积极参政议政,为和布克赛尔县的改革开放、现代化建设及全面建设小康社会献计出力,为促进祖国统一做出新的贡献。李玉民代表政协和布克赛尔县第十届委员会常务委员会作提案工作报告。

**四、政协和布克赛尔县第十一届委员会议**

十一届一次会议　于2007年10月23—25日在县城召开,参加会议委员76人。会议由赛格孜拜·哈日哈巴提代表政协和布克赛尔县第十届委员会常务委员会作工作报告。李玉民代表政协和布克赛尔县第十届委员会作提案工作报告。会议举手表决产生政协和布克赛尔县第十一届委员会主席1人、副主席3人、常务委员15人。

政协主席:哈力木汗·白肯

副主席:杨友春(女)、哈再孜·热合木、成中乾、夏格加·达日玛(女)

专职常委:巴特那生·孟克、姜振志、江华

十一届二次会议　于2009年2月27—28日在县城召开。会议由哈力木汗·白肯代表政协和布克赛尔县第十一届委员会常务委员会作工作报告。会议审议通过政协和布克赛尔县第十一届委员会常务委员会工作报告、政协和布克赛尔县第十一届一次会议之后所做的提案工作情况的报告及有关决议。会议认为,县政协围绕中共十七大作出的战略部署和县委经济工作会议确定的目标任务，切实履行政治协商、民主监督、参政议政职能，充分发挥优势作用，不断加强自身建设，积极为构建和谐美好的和布克赛尔县多做贡献，政协工作取得新成效。确立2009年县政协常委会工作的指导思想和总体要求是：高举中国特色社会主义伟大旗帜，以邓小平理论和"三个代表"重要思想为指导，认真学习贯彻中共十七大精神及其十七届三中全会精神，牢固树立和深入贯彻落实科学发展观，围绕县中心工作，牢牢把握团结和民主两大主题，切实履行政治协商、民主监督、参政议政三大职能，坚持把促进发展作为履行职能的第一要务，坚持把构建和谐社会作为履行职能的重点工作，坚持把开拓创新作为履行职能的内在动力，服务县委决策，跟进政府工作，积极参加全县经济社会建设，为建设富裕文明和谐和布克赛尔县做出积极贡献。中乾代表政协和布克赛尔县第十一届委员会常务委员会作提案工作报告。

十一届三次会议　于2010年1月23—24日在县城召开。会议审议通过政协和布克赛尔县第十一届委员会常务委员会工作报告、政协和布克赛尔县第十一届委员会第二次会议之后所做的提案工作情况的报告及有关决议。确定2010年县政协工作的指导思想和总体要求是：在县委的领导和上级政协组织的指导下，以邓小平理论和"三个代表"重要思想和科学发展观理论为指导，认真贯彻落实中共十七届四中全会精神和县委十届六次全委（扩大）会议精神，围绕县中心工作，牢牢把握团结和民主两大主题，切实履行政治协商、民主监督、参政议政三大职能，充分发挥政协委员的积极性、主动性、创造性，同心同德，群策群力，为加快和布克赛尔县经济发展、维护社会稳定、促进社会全面进步做出新的贡献。

十一届四次会议　于2011年1月10—11日在县城召开。会议审议通过政协和布克赛尔蒙县第十一届委员会常务委员会工作报告、政协和布克赛尔县第十一届委员会第三次会议之后所作的提案工作情况的报告及有关决议。

**五、政协和布克赛尔县第十二届委员会议**

十二届一次会议　于2011年8月17—20日在县城召开，参加会议委员76人。会议由哈力木汗·白肯代表县政协第十一届委员会常务委员会作工作报告，成中乾代表政协和布克赛尔县第十一届委员会常务委员会作提案工作报告。会议选举产生县政协第十二届委员会主席1人、副主席4人、常务委员15人。

政协主席：哈力木汗·白肯

副主席：巴图那生·冬梅（女）、陈欣龙、加玛丽·尼亚孜汗（女）、巴图吉尔格力·朝露萌（女）

专职常委：江华、吾·布音彩次克（女）、曼开·热合木江

十二届二次会议　于2012年1月16—18日在县城召开。会议由哈力木汗·白肯代表县政协第十二届委员会常务委员会作工作报告。会议审议通过政协和布克赛尔县第十二届委员会常务委员会工作报告、政协和布克赛尔县第十二届委员会第二次会议之后所做的提案工作情况的报告及有关决议。会议确立2012年县政协工作要坚持以邓小平理论和"三个代表"重要思想为指导，以科学发展观为统领，认真贯彻中共十七届六中全会和自治区第八次党代会精神，紧紧围绕县中心工作，突出团结和民主两大主题，切实履行政治协商、民三监督、参政议政三大职能，促进和布克赛尔县经济、政治、文化、社会建设和谐共进。陈欣龙代表政协和布克赛尔县第十二届委员会常务委员会作提案工作报告。会议增补张远明同志为政协和布克赛尔县第十二届委员会副主席。

十二届三次会议　于2013年1月221—22日在县城召开。会议由哈力木汗·白肯代表县政协第十二届委员会常务委员会作工作报告。会议确立2013年县政协工作的总体思路是:高举中国特色社会主义伟大旗帜,以邓小平理论、“三个代表”重要思想、科学发展观为指导,认真贯彻中共十八大精神,紧紧围绕县中心工作,牢牢把握团结和民主两大主题,切实履行政治协商、民主监督、参政议政职能,充分发挥协调关系、汇聚力量、建言献策、服务大局的重要作用,不断加强自身建设,为落实县委战略决策部署做出新的贡献。陈欣龙代表政协和布克赛尔县第十二届委员会常务委员会作提案工作报告。

十二届四次会议　于2014年1月22—23日在县城召开。会议由哈力木汗·白肯代表县政协第十二届委员会常务委员会作工作报告。会议确立2014年县政协工作指导思想和总体思路是:以邓小平理论、“三个代表”重要思想和科学发展观为指导,深入学习和贯彻落实中共十八大、十八届三中全会精神,突出团结和民主两大主题,广泛动员政协委员、政协参加单位和全县各族各界人士,紧紧围绕县委十一届四次全委(扩大)会议确定的奋斗目标,创造性地履行政治协商、民主监督、参政议政职能,为全县经济社会各项事业又好又快发展做出更大贡献。陈欣龙代表政协和布克赛尔县第十二届委员会常务委员会作提案工作报告。

十二届五次会议　于2015年8月31日至9月1日在县城召开。会议由陈欣龙代表县政协第十二届委员会常务委员会作工作报告。会议确立2015年县政协工作的总体要求是:以邓小平理论、“三个代表”重要思想和科学发展观为指导,全面贯彻中共十八届四中全会、第二次中央新疆工作座谈会、自治区党委八届八次全委(扩大)会议和地委扩大会议精神,突出团结和民主两大主题,广泛动员政协委员、政协参加单位和全县各族各界人士,紧紧围绕县委十一届五次全委(扩大)会议各项部署,依法履行政治协商、民主监督、参政议政职能,为促进全县社会稳定和长治久安,建设幸福和谐和布克赛尔做出更大成绩。曼开·热合木江代表政协和布克赛尔县第十二届委员会常务委员会作提案工作报告。会议增补木拉提汗·托呼塔汗、巴特那生·孟克、浩布克·才仁道尔吉、巴合提·努尔托合塔为政协和布克赛尔县第十二届委员会副主席。

十二届六次会议　于2016年3月20—21日在县城召开。会议由木拉提汗·托合塔汗代表县政协第十二届委员会常务委员会作工作报告。会议确立2016年县政协工作的总体要求是:全面贯彻落实中共十八届五中全会和自治区党委八届十次全委扩大会议精神,紧紧围绕县委十一届六次全委(扩大)会议确定的奋斗目标,认真履行政治协商、民主监督、参政议政职能,努力在推进依法治县和服务改革发展大局上建睿智之言,在增进民生福祉上谋长远之计,在促进社会和谐稳定上献可行之策,在健全协商民主制度上求创新之举,不断提高政协工作科学化水平,为全力实现“十三五”良好开局贡献智慧和力量。巴特那生·孟克代表政协和布克赛尔县第十二届委员会常务委员会作提案工作报告。

## 第二章　政协常务委员会

### 第一节　常务委员会组成

政协和布克赛尔县第八届委员会选举产生常委17人,主席1人、副主席5人;第九届委员会选举产生常委17人,主席1人、副主席5人、专职常委1人;第十届委员会选举产生常委17人,主席1人、副主席4人;第十一届委员会选举产生常委15人，主席1人、副主席3人；第十二届委员会选举产生常委15人，主席1人、副主席5人。

## 1993—2015年政协和布克赛尔县委员会党组书记、副书记，主席、副主席及专职常委名表

表22－2

| 届别 | 姓名 | 性别 | 民族 | 职务 | 任职时间 |
|---|---|---|---|---|---|
| 第八届 | 斯兰木江·马沙力 | 男 | 哈萨克 | 党组副书记、主席 | 1993年3月至1998年1月 |
| | 塔什干·吐尔库斯坦 | 男 | 哈萨克 | 党组成员、副主席 | 1993年3月至1997年9月 |
| | 刘树凯 | 男 | 汉 | 副主席 | 1993年3月至1997年9月 |
| | 那木吉力·旦木仁加甫 | 男 | 蒙古 | 党组成员、副主席 | 1993年3月至1998年1月 |
| | 白万·孟克 | 男 | 蒙古 | 党组成员、副主席 | 1993年3月至1996年11月 |
| | 桑义正 | 男 | 汉 | 党组成员、副主席 | 1993年3月至1998年1月 |
| 第九届 | 斯兰木江·马沙力 | 男 | 哈萨克 | 党组副书记、主席 | 1998年1月至2002年12月 |
| | 那木吉勒·吾夏 | 男 | 蒙古 | 党组书记、副主席 | 1999年2月至2002年9月 |
| | 加克·巴图那生 | 男 | 蒙古 | 党组成员、副主席 | 1998年1月至2001年12月 |
| | 库尔曼·库马依 | 男 | 哈萨克 | 党组成员、副主席 | 1998年1月至2001年3月 |
| | 那木吉力·旦木仁加甫 | 男 | 蒙古 | 党组成员、副主席 | 1998年1月至2002年12月 |
| | 李桂一 | 男 | 汉 | 副主席 | 1998年1月至2002年12月 |
| | 韩红·江木沙甫 | 女 | 哈萨克 | 党组成员、副主席 | 1998年1月至2002年12月 |
| | 赛尔·乌尔拉 | 男 | 蒙古 | 专职常委 | 1998年1月至2001年9月 |
| 第十届 | 赛格孜拜·哈日哈巴提 | 男 | 哈萨克 | 党组书记、主席 | 2003年1月至2007年10月 |
| | 韩红·江木沙甫 | 女 | 哈萨克 | 党组成员、副主席 | 2002年12月至2007年10月 |
| | 巴图·阿拉新德力克 | 男 | 蒙古 | 副主席 | 2002年12月至2008年7月 |
| | 其增·丹木仁加甫 | 男 | 蒙古 | 党组成员、副主席 | 2002年12月至2005年12月 |
| | 李玉民 | 男 | 汉 | 副主席 | 2002年12月至2007年10月 |
| | 车建国 | 男 | 汉 | 专职常委 | 2002年12月至2006年4月 |
| | 姜振志 | 男 | 汉 | 专职常委 | 2002年12月至2007年10月 |
| 第十一届 | 杨友春 | 女 | 汉 | 党组书记 | 2007年10月至2011年8月 |
| | 哈力木汗·白肯 | 男 | 哈萨克 | 党组副书记、主席 | 2007年10月至2011年8月 |
| | 哈再孜·热合木 | 男 | 哈萨克 | 党组成员、副主席 | 2007年10月至2011年8月 |
| | 成中乾 | 男 | 汉 | 党组成员、副主席 | 2007年10月至2011年8月 |
| | 夏格加·达日玛 | 女 | 蒙古 | 党组成员、副主席 | 2007年10月至2011年8月 |
| | 曲鲁木·曲红 | 男 | 蒙古 | 党组成员、副主席 | 2009年12月至2011年6月 |
| | 巴特那生·孟克 | 男 | 蒙古 | 专职常委 | 2007年10月至2011年2月 |
| | 姜振志 | 男 | 汉 | 专职常委 | 2007年10月至2011年8月 |
| | 江　华 | 男 | 汉 | 专职常委 | 2007年10月至2011年8月 |

续表22－2

| 届别 | 姓 名 | 性别 | 民族 | 职 务 | 任职时间 |
|---|---|---|---|---|---|
| 第十二届 | 杨友春 | 女 | 汉 | 党组书记 | 2011年8月至2016年9月 |
| | 哈力木汗·白肯 | 男 | 哈萨克 | 党组副书记、主席 | 2011年8月至2014年5月 |
| | 木拉提汗·托呼塔汗 | 男 | 哈萨克 | 党组副书记、副主席 | 2015年8月至2016年7月 |
| | 马合苏提汗·江木沙甫 | 男 | 哈萨克 | 党组副书记 | 2016年6月至2016年8月 |
| | 巴特那生·孟克 | 男 | 蒙古 | 党组成员、副主席 | 2015年8月至2016年9月 |
| | 巴图吉尔格力·朝露萌 | 女 | 蒙古 | 党组成员、副主席 | 2011年8月至2015年7月 |
| | 巴图那生·冬梅 | 女 | 蒙古 | 党组成员、副主席 | 2011年8月至2014年9月 |
| | 加玛丽·尼亚孜汗 | 女 | 哈萨克 | 党组成员、副主席 | 2011年8月至2014年9月 |
| | 陈欣龙 | 男 | 汉 | 党组成员、副主席 | 2011年8月至2015年12月 |
| | 浩布克·才仁道尔吉 | 男 | 蒙古 | 党组成员、副主席 | 2015年9月至2018年12月 |
| | 巴合提·努尔托合塔 | | 哈萨克 | 县政协党组成员、副主席兼教育和科学技术局党委书记 | 2015年9月至2016年7月 |
| | 张远明 | 男 | 汉 | 副主席 | 2012年1月至2016年9月 |
| | 江　华 | 男 | 汉 | 专职常委 | 2011年8月至2015年7月 |
| | 吾·布音彩次克 | 女 | 蒙古 | 专职常委 | 2011年8月至2014年9月 |
| | 曼开·热合木江 | 男 | 哈萨克 | 专职常委 | 2013年4月至2016年9月 |

## 第二节　工作机构

### 一、专门委员会

1993年3月至2015年9月，历届县政协内设综合工作委员会1个，配主任1人。

### 二、办公室

1993年3月至2016年9月，历届县政协内设办公室1个，配主任1人、副主任1人、一般干部3人。

## 第三节　常务委员会会议

1993—1997年，政协和布克赛尔县第八届委员会常务委员会共召开21次会议，主要议题是：认真贯彻落实中共十四届、十五届全会精神和中央关于维护新疆稳定的指示精神，贯彻落实自治区党委五届四次全委（扩大）会议精神和县委八届二次全委（扩大）会议精神；抓好委员学习工作，提高参政议政水平；服从和服务于大局，紧紧围绕县委的中心工作，深入开展“五个一”活动（走访一次群众、开展一次调研、提交一件提案、报送一条社情民意信息、为群众做一件实事好事）和“政协委员民族团结奖”活动等，积极履行职能。

1998—2002年，政协和布克赛尔县第九届委员会常务委员会共召开20次会议，主要议题是：认真开展“三讲”教育，用“三个代表”重要思想指导政协工作；紧紧围绕经济建设这个中心，牢牢把握团结和民主两大主题，认真履行政治协商、民主监督、参政议政职能，为实施和布克赛尔县“十五”计划和西部大开发战略献计出力，为全县的改革发展和团结稳定再立新功，不断开创政协工作新局面。

2003—2007年，政协和布克赛尔县第十届委员会常务委员会共召开24次会议，主要议题是：紧紧围绕中心工作，突出重点，锐意创新，认真履行政治协商、民主监督、参政议政基本职能，不断推进履行职能制度化、规范化和程序化，切实加强自身建设，使政协各项工作取得新的成绩、新的进展，为促进和布克赛尔县经济建设、政治建设、文化建设和社会建设，做出积极贡献。

2008—2011，政协和布克赛尔县第十一届委员会常务委员会共召开12次会议，主要议题是：认真贯彻落实科学发展观和中共十七届三中、四中、五中全会精神及中央新疆工作座谈会议精神，紧紧围绕县中心工作，牢牢把握团结和民主两大主题，切实履行政治协商、民主监督、参政议政三大职能，充分发挥协调关系、汇聚力量、建言献策重要作用，不断加强自身建设，为加快和布克赛尔县经济发展、维护社会稳定、促进社会全面进步做出积极贡献。

2012—2015年，政协和布克赛尔县第十二届委员会常务委员会期间，共召开20次会议，围绕“十二五”规划、政府工作报告等事关全局的重大事项，涉及经济社会发展的突出问题，以及人民群众关心的热点难点问题进行协商讨论；研究部署政协重要事务，听取政府经济运行情况通报，组织委员对重点项目调研视察。

# 第三章　主要工作

## 第一节　参政议政

1993—1997年，县政协每年都组织政协委员列席人大会议，听取政府工作报告，讨论上年度政府工作报告。对夏孜盖第一盐场和生产效益较好的县水泥厂进行重点调查，写出《建议尽快派工作组解决夏孜盖第一盐场原盐销售问题》，《企业有了自主权，生产经营有活力》专题报告。对《和布克赛尔县国民经济和社会发展“九五”计划和2010年远景目标纲要（草案）》及财政、计划等工作报告进行认真的协商讨论。由县政协主管科教的副主席牵头，通过走访、座谈、参观、调研，起草和布克赛尔县《关于科教兴县的决定》。县政协派一名副主席，办公室主任、副主任协同县化工厂副厂长到克拉玛依市政协，协商县化工厂购买克拉玛依市化工设备事宜，经双方政协的共同努力，与克拉玛依市石油管理局协商，达成一致协议同意将克市化工设备转让给和布克赛尔县化工厂。

1998—2002年，根据和布克赛尔县哈萨克族红白喜事大操大办这一现象，县政协组织有威望、较年长的哈萨克族居民近30人，针对如何办好哈萨克族红白喜事，移风易俗，勤俭节约，反对铺张浪费，举办座谈会，写成《关于和布克赛尔县哈萨克族如何办好红白喜事的若干规定》，递交给县人民政府，并以县人民政府文件形式下发到全县贯彻执行。按照县委的总体部署，及时组织部分政协常委、委员和非公有制经济界代表展开以“西部大开发，和布克赛尔怎么办”“西部大开发，政协怎么办”为主题的大讨论会，提出六点建议，所提的建议有的被县委、县人民政府采纳。县政协一名领导协助并参与县企业改制领导小组对全县企业的改制工作，对全县企业改制方案的设立、审批、运转提供操作性意见和法律依据。

2003—2007年，政协领导积极参与协调解决、妥善处理县化工厂改制，煤炭集团兼并重组过程中遗留下的问题。扎实开展调研视察工作，其中9篇调研视察报告为县委、县人民政府的科学决策提供有益参考。根据县委安排，县政协紧紧围绕县委九届七次全委（扩大）会议精神，积极参与和布克赛尔县开展的保持共产党员先进性教育活动、企业改制、城市建设、招商引资、抗灾保畜、防治牲畜疫病、基层组织建设、扶贫等各项工作中，力所能及地协助党委、政府解决一些"热点""难点"问题和农牧业生产中存在的一些具体问题。

2008—2011年，县政协紧紧围绕县委中心工作，积极参与和布克赛尔县城市建设、牧民定居、抗洪救灾等方面工作。在县天富花园小区搬迁改造工程和县城镇旧城、棚户区改造房屋征收工作中，县政协主要领导高度重视，积极参与，主动协调各自联系部门，召开协调工作会议，认真做好被搬迁居民的思想工作和安置搬迁，全面完成征收工作任务。有的政协委员也积极协调，主动搬迁，成为搬迁户的学习榜样。在县市场改建过程中，县政协主要领导积极组织有关部门负责人和个别有威望的政协委员，对一些"难缠户"进行走访，了解情况，进行调解，并亲自做耐心细致的思想工作，取得良好效果。在和布克赛尔县承办地区第十大届阿肯弹唱文化旅游节活动筹备中，一名政协副主席专门负责毡房组有关事宜，圆满完成对毡房的订购、运输、搭建、装饰等工作。2010年的大风暴雪天气给北部牧区造成严重灾害，根据塔城地区行署及县委的统一安排，县政协主要领导前往塔城市、额敏县、托里县调运草料，有力地缓解全县受灾牲畜的燃眉之急。在和布克赛尔县开展的阿肯弹唱文化旅游节和那达慕活动筹备中，县政协都积极参与协调相关事宜，保证活动的顺利开展。对集中供热、环境整治等热点问题积极出谋划策，为招商引资、企业发展献计献策的同时，政协一名专职常委积极协助县委、县人民政府做好县新型工业化方面的协调工作，解决群众反映的热点、难点问题。

2012—2015年，重点围绕编制"十二五"规划、维护社会稳定、保障和改善民生等课题，开展协商讨论，并及时归纳整理委员们提出的意见建议，经主席会议审议通过后以提案形式报送县委、县人民政府。在县开展的阿肯阿依特斯文化旅游节、江格尔文化旅游节暨那达慕大会和成立60周年大庆等活动筹备中，积极参与协调相关事宜，保证活动的顺利开展。在民族团结进步、精神文明创建、全国卫生城市创建，宗教和谐、扶贫帮困、县城镇旧城、棚户区改造及重点民生建设项目上，县政协主要领导高度重视，积极参与，主动协调各自联系部门，积极建言献策，有效地促进各项工作的全面完成。同时，广大政协委员以满腔的热情在各自的工作岗位上辛勤努力、扎实工作，为完成县委、县人民政府的各项工作任务贡献智慧和力量。

## 第二节　民主监督

1993—1997年，积极运用民主评议、委员视察、政情交流等载体开展民主监督活动，累计进行委员视察8次，政情交流5次。

1998—2002年，积极运用民主评议、委员视察、政情交流等载体开展民主监督活动，累计进行委员视察8次，政情交流5次。

2003—2007年，积极运用民主评议、委员视察、政情交流等载体开展民主监督活动，累计进行民主评议10次，委员视察7次，政情交流5次。先后有10名政协委员被聘为特邀监督员，有5名政协委员及部分政协退休干部被聘为县级政风行风评议员。

2008—2011年，积极运用民主评议、委员视察、政情交流等载体开展民主监督活动，累计进行委员视察8

次，政情交流4次。先后有21名政协委员被聘为特邀监督员，有5名政协委员及部分政协退休干部被聘为县级政风行风评议员。

2012—2016年，积极运用民主评议、委员视察、政情交流等载体开展民主监督活动，累计进行委员视察60余次，政情交流6次。先后有6名政协委员被聘为特邀监督员，有8名政协委员及部分政协退休干部被聘为县级政风行风评议员。

## 第三节　提案办理

和布克赛尔县各族各界政协委员依照不同时期政协会议确定的指导思想，紧紧围绕经济建设服务这个中心，为实现抓住机遇，深化改革，扩大开放，促进发展，保持稳定的目的，积极撰写提案，提案的质量逐年提升。各级领导把办理提案工作摆上重要议事日程，县直各部门、乡镇场高度重视对提案工作的办理，扎扎实实逐件逐项办复提案，给委员及全县群众一个满意的答复。通过多年的努力，提案办理质量得到进一步提高，办理程序更加规范，更加注重办理细节，全力提高满意率，保证委员的合理化建议得到落实，同时通过办理工作提升政府工作水平。

县政协八届会议期间（1993.3—1998.1），共收到提案332件，经审查立案303件，占提案总数的91.3%，有29件转来信处理。立案提案中，汉文26件，占8.6%；蒙古文153件，占50.5%；哈萨克文124件，占40.9%；办复率92%。其中，八届二次会议收到提案39件，反映较为突出的有3个问题：一是农牧区社会治安问题，有17件；二是学校收费问题，有13件；三是城市卫生问题，有9件。主要提案有：《关于减轻农牧业负担问题》《保护旧城文物问题》《关于社会治安问题的建议》《关于城市下水道建设的建议》《关于离县城较远的乡场镇的用电建议》《关于草场建设的建议》等。

县政协九届会议期间（1998.1—2002.12），共提交提案313件，经审查立案296件，17件转为委员来信来访处理，提案办复率98%。其中汉文64件，占21.6%；蒙古文92件，占31.1%；哈萨克文140件，占47.3%。主要提案有：《关于加强县城中小学教学楼消防设施的建议》《关于解决县第三中学供暖问题的建议》《关于解决县人民医院急救用车问题的建议》《关于加强物价监督，制止乱收费的建议》《关于加强城镇环境卫生问题的建议》《关于特困企业职工生活及再就业工程的建议》《加快南部农业综合开发步伐的建议》《加强扶贫攻坚的建议》等。

县政协十届会议期间（2002.12—2007.10），共提交提案261件，经审查予以立案的258件，全部提案均在规定期限内办结。主要提案有：《关于白杨河调水工程的建议》《关于加快非公有制经济发展的建议》《关于搞好国有企业的改革与发展的建议》《关于加强社会治安的建议》等。

县政协十一届会议期间（2007.10—2011.8），共提交提案277件，经审查立案256件，6件转作为委员来信来访处理，14件并案处理，提案办复率100%，满意率96%。其中经济建设方面110件，占43%；科教文卫体方面61件，占23.8%；城市环保交通方面53件，占20.7%；其他方面32件，占12.5%。主要提案有：《关于大力发展非公有制经济的建议》《关于加强城镇环境卫生的建议》《关于加快发展我县教育事业的建议》《关于安装加压灌溉的建议》《关于加大对个体私营企业扶持力度的建议》《关于加快旧城改造步伐的建议》《关于创建历史文化名城的建议》等。

县政协十二届会议期间(2011.8—2015.12),共提交提案481件,经审查立案418件,提案答复率100%,办结率95.2%。其中涉及经济方面151件,占32.2%;城市环保交通方面135件,占28.8%;科教文卫体方面108件,占25.4%;其他方面54件,占13.6%。主要提案有:《关于加强和布克赛尔县胡杨林保护力度的建议》《关于进一步加强小区物业管理,尽快成立物业公司的建议》《关于加大旅游景点和旅游基础设施建设的建议》《关于加强草原保护的建议》《关于解决铁布肯乌散乡缺水问题的建议》《关于清除流浪狗的建议》《关于将和布克赛尔县调整为五类地区和加强申报力度的建议》《关于加强对民间艺人以及传承人的奖励机制问题的建议》《关于增加基层工作人员补贴的建议》《关于加大退牧还草工作力度的建议》等。

## 第四节　视察调研

1993—1997年,根据县人民政府有关文件精神,全面落实企业自主权以后,县政协组织两个调查组,写成《建议尽快派工作组解决夏孜盖第一盐场原盐销售问题》和《企业有了自主权生产经营有活力》的两个专题报告。根据塔城地区政工委的工作部署,调查"农牧民收入和农牧民负担"情况,写成《关于农牧民收入和农牧民负担的调查报告》,调查报告中提出的六条意见和建议,引起县委的高度重视,对落实中央、国务院提出的要切实做好减轻农牧民负担的工作,起到积极促进和指导作用。对城市卫生问题和绿化问题进行重点视察,调查组写成《及早采取措施,防止垃圾包围城市》的报告。

1998—2002年,视察县人民检察院及公安机关履行职责及专业工作开展情况,县城镇城市卫生、居民饮用自来水、城市下水道情况,撰写《关于视察和布克赛尔镇城市卫生、居民饮用自来水、城市下水道情况的报告》,视察报告中提出的3条建议,引起县委、县人民政府的高度重视,并责成有关部门尽快落实,在有关部门的努力下,县城镇卫生问题、城市下水道问题得以解决,从而改变城市"脏、乱、差"的局面,为城市现代化和高级化建设奠定坚实的基础。针对县属企业生产经营和企业改制中应注意的一些问题,多次组织委员及相关人员积极深入到厂矿企业进行重点调研,通过听取汇报,实地察看,举行座谈等方式,掌握大量翔实的资料,整理分析后及时向县委、县人民政府提供具有一定参考价值的、切实可行的调研报告。

2003—2007年,先后组织政协委员通过实地查看、走访群众、座谈讨论等形式视察和什托洛盖镇的小城镇建设和养牛业发展情况、察和特生态农业综合开发区的工作开展情况、宗教活动场所、集贸市场、县城关小学和查干库勒乡中心校民汉合校情况、宏达盐业有限责任公司一分厂生产运行情况。视察活动结束后,起草视察报告,其中部分建议得到县委、县人民政府的高度重视,为全县的改革发展和稳定贡献力量。根据县委安排,就全县乡镇党委换届相关准备工作情况等进行调研,先后形成《关于白杨河调水工程》《新农村建设几点思考》《如何提高牧民生活质量》《县城市规划建设中的污水处理问题》等一批调研报告。这些报告呈送县委、县人民政府及有关部门后,都受到重视,特别是《关于白杨河调水工程》的提案报告受到自治区的高度重视,并加以落实。

2008—2011年,分别就牧民定居、"两基"教育、旧城改造等课题开展积极建言献策,献计出力;对草场保护、新型工业化进程等工作进行视察和协商。

2012—2015年,紧紧围绕加速推进"四化"进程、义务教育均衡发展、生态文明建设等经济社会发展中的热点、难点和群众普遍关心的民生问题,组织相关界别委员开展60余次调研视察活动,形成《关于和布克赛尔县生态环境保护情况的调研报告》《加强流动人口服务与管理促进社会平安和谐》《关于我县中、小学生实施素质教育工作情况的调研报告》《关于县城住宅小区物业管理情况调研报告》等41篇调研报告。这些调研报告报送县委、县人民政府后，得到县委、县人民政府的重视和采纳，成为县委、县人政府及其有关部门科学决策、做好工作的依据和参考。

## 第五节　文史资料征编

县政协高度重视文史资料的征集工作，分阶段进行整理、编辑、翻译、出版，并取得一批重要成果。

1994年，在和布克赛尔县成立40周年大庆前夕出版第一辑《和布克赛尔县政协文史资料》。

2005年2月，出版第二辑《和布克赛尔县政协文史资料》（哈萨克文版）。

2007年5月，出版第三辑《和布克赛尔县政协文史资料》（哈萨克文版）和第四辑《和布克赛尔县政协文史资料》（汉文版）。

2015年11月27日，《和布克赛尔县政协文史资料》（第五、六、七辑）发行赠书仪式在县综合楼5号会议室举行。《和布克赛尔县政协文史资料》汉文版第五辑，共217千字；哈文版第六、七辑，共660千字。《和布克赛尔县政协文史资料》第五、六、七辑的出版是县政协文史工作创新发展的有益尝试，从不同层面、不同角度，生动、翔实地记述和布克赛尔建县60年来的风云变幻，浓缩全县发展的艰辛历程，特别是改革开放以来，在民生建设、社会稳定、民族团结、精神文明方面取得巨大的成就，反映和布克赛尔历史上的重大历史事件、重要活动、重要人物，大力宣传美丽的自然风光、丰富的矿产资源优势、非物质文化遗产，宣传有突出贡献的各界人士、先进事迹、民间人物，具有一定的厚重度，对存史具有重要意义。

# 第二十三编
# 社会团体

1993年，和布克赛尔县有总工会、共青团、妇联、科协、残联、红十字会6个主要群团组织，其后于1994年成立县工商联，2008年成立县文联，至2015年，共有8个主要群团组织。这些群团组织成为党和政府联系人民群众的桥梁和纽带，长期各自立足自身实际，发挥自身优势，为全县的经济建设和社会发展做出重要贡献。

# 第一章　和布克赛尔县总工会

## 第一节　机构队伍

1993年，和布克赛尔县总工会（简称"县总工会"）内设办公室，有干部职工7人。下辖文化宫和印刷厂。文化宫为股级事业单位，县城、和什托洛盖镇两个活动点定编5名；印刷厂为股级大集体社会服务企业，自负盈亏，定编5~7名。1995年，印刷厂因倒闭而撤销。

2002年，县总工会设行政编制3名，其中科级领导职数2名。

2008年8月14日，根据《中华全国总工会关于建立困难职工帮扶中心的意见》，成立和布克赛尔县困难职工帮扶中心，机构为股级，从工会工人文化宫调剂2名编制，经费形式为全额预算管理，隶属县总工会。

2015年，县总工会内设办公室，有干部职工9人。下辖困难职工帮扶中心和工人文化宫两个事业单位，各有编制2名（管理岗位1名、专业技术岗位1名）。经费形式皆为全额拨款。

## 第二节　历届会员代表大会

### 一、和布克赛尔县第三次工会会员代表大会

1996年9月23日，和布克赛尔县第三次工会会员代表大会在县城召开。会议听取和审议县总工会上一届委员会的工作报告，选举产生第三届工会委员会，高金华被选为县总工会主席，乌尔扎提·巴布被选为副主席。

1997年5月，补选刘勤事为县总工会主席。同年7月，刘建萍任县总工会副主席、女工委主任。1998年12月，冬梅到任县总工会副主席、女工委主任。

### 二、和布克赛尔县第四次工会会员代表大会

1999年7月，和布克赛尔县第四次工会会员代表大会在县城召开。会议听取和审议县总工会上一届委员会的工作报告，选举产生第四届工会委员会，刘勤事被选为县总工会主席，冬梅被选为副主席。

2002年4月，巴图吉尔格力·朝露萌任县总工会副主席、女工委主任。

### 三、和布克赛尔县第五次工会会员代表大会

2002年8月，和布克赛尔县第五次工会会员代表大会在县城召开。会议听取和审议县总工会上一届委

员会的工作报告，选举产生第五届工会委员会，刘勤事被选为县总工会主席，巴图吉尔格力·朝露萌被选为副主席。

### 四、和布克赛尔县第六次工会会员代表大会

2005年7月，和布克赛尔县第六次工会会员代表大会在县城召开。会议听取和审议县总工会上一届委员会的工作报告，选举产生第六届工会委员会，刘勤事被选为县总工会主席，巴图吉尔格力·朝露萌被选为副主席。

### 五、和布克赛尔县第七次工会会员代表大会

2008年4月27日，和布克赛尔县第七次工会会员代表大会在县城召开。会议听取和审议县总工会上一届委员会的工作报告，选举产生第七届工会委员会，郭少平被选为工会主席，巴图吉尔格力·朝露萌被选为副主席。

## 第三节　主要工作与活动

### 一、工会基层组织建设

1993年起，按照“哪里有职工，哪里就建立工会组织”的建会原则和“依法建会、借势建会、诚信建会”的工作思路，以小型、微型非公有制企业（20人以下）工会组建为重点，每年都开展基层工会建设活动。截至2015年，和布克赛尔县共建基层工会171家（非公企业50家），会员25 177人（农民工15 347人），其中企业工会58家、会员4 507人，行政事业单位工会113家、会员5 323人。

### 二、保护职工合法权益

1993—2000年，成立县企业签订集体合同领导小组，组长：县委副书记周才玉；副组长：县总工会主席高金华、县劳动人事局局长兰积祥；成员：县经委党委书记崔天然、县体改委副主任江华、县劳动就业保险局局长姚富国。县总工会把县水泥厂工会列为签订集体合同的试点单位，正式开展集体合同的签订工作。

2001年，县总工会大力推广厂务公开光明工程制度，全县行政事业单位普遍实行政务公开、厂务公开、校务公开，增加工作透明度，借以维护职工合法权益。

2006—2007年，县总工会先后参与解决原化工厂、运输公司、粮食系统、查干库勒乡煤矿等13家破产（倒闭）企业下岗职工遗留问题。三方协调机构发挥作用，全县各企事业单位、12个乡镇场、社区均建立劳动争议调解组织，调解组织建制率达98%，调解率达100%；已建立工会的企业均签订集体合同，签订率100%。参与劳动保护和安全事故处理19件，结案率100%；参与处理拖欠农民工工资投诉举报案件72起，解决72起。

2010年，审计用工单位71家，签订劳动合同4 637人，签订率达100%；私营企业和建筑工程劳动合同签订率达95%。参与处理拖欠农民工工资投诉举报案件10起，解决10起，共为323名农民工解决拖欠工资41万元。

2013年，从一些重点单位挑选2名群众基础好、素质好、责任心强、热心工会工作的人员担任工资集体协

商指导员,配合县总工会具体负责集体协商工作,维护职工合法权益。

2015年,已建工会的有50家大中小非公企业,工资集体协商工作覆盖48家,覆盖率96%,涵盖职工4 441人。

**三、学习与培训**

1993—1997年,县总工会每年举办一期"基层干部理论培训班",每期各基层工会主席及女工干部60余人参加培训。该期间,总工会女工委还组织部分基层女干部职工参加地区工会女职工委员会组织的赴内地考察学习活动;县总工会女工委主任还带领机关女职工前往敦煌考察学习。

1999年,县总工会出资8 000元举办首期"基层工会干部理论培训班",每名参训人员只收取55元培训费。此后,这一活动正式成为县总工会每年出资必做的工作。还组织部分企业工会主席到巴音郭楞蒙古自治州各县市及哈密地区考查学习厂务公开工作。

2000—2006年,组织和布克赛尔县工会先进工作者和优秀工会主席赴内地考察学习1次;与县劳动人事局在和什托洛盖镇联合举办劳动合同、集体合同培训班1次;与县人事劳动等有关部门联合举办职业指导培训5次,培训下岗失业人员250余人,帮助74名下岗失业人员就业或临时就业。

2007—2010年,县总工会出资2.8万元免费为10户自治区总工会认可的困难职工家庭子女培训汽车驾驶执照;吸纳帮扶38名下岗职工实现再就业,为5名下岗失业人员和特困职工摆摊点、开门店发放优惠卡;帮助、指导32名务工人员与企业或个体商户洽谈工资待遇签订用工合同;联合相关部门认真实施"农民工援助行动",组织基层工会举办各类技能培训班4期,培训农民工1 700余人次。

2011—2015年,县总工会每年利用1—2月不忙时节,在11个乡镇场工会举办"科技之冬"培训班,共培训1 500人次,为农民工持证上岗和外出就业奠定基础。结合实际情况采取送出去,请进来等方式加强职工培训工作,先后选派15人次工会干部前往自治区工会干校、地区工会办事处进行业务理论培训,派1名总工会干部到地区工会跟班学习,提高单位业务理论水平;邀请自治区工会干校教授为全县基层工会主席及专干216人授课1次2天,提高基层工会干部专项业务知识。

**四、开展劳动竞赛**

2001年,和布克赛尔县总工会正式启动以技术竞赛、"我为企业献一计"活动。之后,该活动成为县工会工作的亮点,并为全县企业带来一定的经济效益。

2006年,县总工会与县人事劳动和社会保障局联合举办"餐厅服务员、宾馆服务员、西式面点师职业技能竞赛及民族手工艺制作表演展示"竞赛活动。

2011年8月,和布克赛尔县总工会举办首届宾馆服务技能大赛。

2013年,举办和布克赛尔县首届家政行业服务劳动技能大赛;举办和布克赛尔县首届"江格尔杯"土尔扈特蒙古族服饰设计制作展示技能大赛。

2014年,举办和布克赛尔县首届汽修技能大赛。系列劳动竞赛活动在广大干部职工中形成"比、学、赶、帮、超"的工作氛围。

至2015年,全县共评选出岗位能手、金牌职工、首席员工、创新能手、财务先进工作者223人,创新班组、工人先锋号集体奖21个。

### 五、职工文体活动

1992年4月，由县总工会牵头与团委、县经贸委成功举办第一届企业文化节，开展职工长跑、短跑、拔河、乒乓球、篮球、棋类等比赛及书画展览活动。其后，不定期共举办五届企业文化节。

1999年，县总工会利用“五一”国际劳动节，连续举行劳模表彰大会、演讲比赛、交谊舞比赛及其他体育活动。

2000年，县总工会独家举办首届卡拉OK演唱比赛。其后，不定期共举办九届卡拉OK演唱比赛。

2012年，举办首届“安康杯”广场舞比赛；举办和布克赛尔县首届垂钓大赛；举办和布克赛尔县首届职工风筝大赛。

2013—2015年，县总工会组织铁布肯乌散乡农牧民237人在查干阿德热格村举办“赴基层、转变作风、服务群众提高农牧民生产技能、丰富农牧民文化生活”比赛活动，内容有剪羊毛、手工制作毛毡、手工制作毛线、各村队之间拔河、踩气球、抢凳子、背媳妇等各类有趣的项目和江格尔说唱、托布秀尔弹唱、民族服饰表演等；联合神华国能和丰煤电公司举办两届“缘来是你”联谊会。

### 六、女职工工作

1993—2004年，县总工会女工委根据上级女工委的工作安排，组织行政企事业工会女工委加大对《中华人民共和国妇女权益保障法》和《女职工劳动保护规定》的宣传教育，将集体合同中女职工劳动保护内容作为一项重要内容纳入各企事业单位年终工作考核中。

2005年，县总工会要求各行政、企事业单位每年至少为女职工体检一次，并将此项工作纳入目标考核责任书中，引起各级领导高度重视。

2007年，和布克赛尔县各基层工会建立女职工组织，女工组织健全率达到100%。

2009年，县总工会推进女职工权益保护专项集体合同，要求各基层工会认真落实女职工权益保护专项集体合同机制，维护女职工的合法权益，保障女职工劳动关系的协调、稳定。

2011年，县总工会为让广大妇女群众树立正确的健康理念，邀请专家到和布克赛尔县开展“女性健康保健知识讲座”及“您的形象价值百万知识讲座”，同时与县妇联联合对困难女职工进行免费体检321人。

2015年，在全县女职工中开展“中国梦·劳动美·女职工在行动”有奖征文活动。

### 七、“送温暖”活动

1998年，县总工会启动以“进万家门、知万家情、解万家难、暖万家心”为内容的送温暖工程，每年在各种节庆日对下岗特困职工、退休工人、劳模、先进个人进行慰问、帮扶，成为一项长期性工作。

2006年，县总工会启动“金秋助学”活动。同年，对特困、困难职工重新建立档案，并录入自治区总困难职工帮扶软件管理系统，进行微机化动态管理。

2012年，县总工会投入资金13万余元在乡镇场、社区及上规模企业建立工会服务站19个，利用社区这一平台，以工建服务党建为抓手，整合社区公共资源，强化和完善工会工作方法和手段，使工会重点工作得到提升。

2015年，县总工会实施大病救助困难职工累计43人，资助资金14.95万元；录入困难职工电子档案累计

1 944户，其中机关事业单位674户、国有企业673户、民营企业483户、其他114户。

### 第四节　工会会费

1993—2004年，和布克赛尔县工会会费的收缴方法是：将全县行政事业2%的工会经费拨到各基层，县总工会再到各基层按比例将50%收回来，之后，县总工会再按一定比例下拨到各基层工会。

2005年，按照上级要求，工会会费改为由县财政局统一按月将全县行政事业单位2%的工会经费划拨到县总工会，然后再由县总工会将其中的50%向各基层工会发放。建立"专户储存、单独设账，独立核算"，强化审计，规范工会经费和工会资产的管理，避免工会经费挪作他用，使各基层工会经费能够足额到位，确保收好、管好、用好工会经费。

2009年10月1日起，对在和布克赛尔县地税系统办理税务登记的各类已建立或应建立（未建立）工会组织的企业、事业单位和社会团体，由地税部门代收工会经费（或筹备金）。2010年1月1日，和布克赛尔县第一笔税务代收工会经费顺利征缴，共453 422.9元。至2015年，税务代收工会经费累计896 249.27元。

## 第二章　共青团和布克赛尔县委员会

### 第一节　机构队伍

1993年，共青团和布克赛尔县委员会（简称"团县委"）内设办公室、中国少年先锋队和布克赛尔县工作委员会（简称"县少工委"），有干部职工3人。

2005年，团县委有干部职工5人。2007年，团县委增设大学生服务西部计划项目办。2011年，团县委有干部职工6人。

2015年，团县委内设办公室、少工委，有干部职工6人。

### 第二节　历届团员代表大会

共青团和布克赛尔县第八次代表大会　1992年9月10—11日在县城召开，出席代表115人。大会选举产生该届团县委书记肖志东，副书记杰恩斯、彭次克。

共青团和布克赛尔县第九次代表大会　2001年10月20—21日在县城召开，出席代表119人。大会选举产生该届团县委书记曲·曲红，副书记王道明、夏尔巴特·赛格孜拜。

共青团和布克赛尔县第十次代表大会　2007年9月15—16日在县城召开，出席代表123人。大会选举产生该届团县委书记塔里哈提·艾米尔别克，副书记曹自坤。

共青团和布克赛尔县第十一次代表大会　2013年12月20—21日在县城召开，出席代表128人。大会选举产生该届团县委书记哈斯巴特，副书记伍鹏。

## 第三节　主要工作与活动

### 一、基层团组织发展

1993年，和布克赛尔县有团委14个，总支1个，支部162个。

2000年，和布克赛尔县有团委14个，总支1个，支部176个。

2006年，和布克赛尔县有团委14个，总支1个，支部181个。

2010年，和布克赛尔县有团委14个，总支2个，支部184个。

2015年，和布克赛尔县有团委15个，总支3个，支部190个。

### 二、青年文明号活动

1994年，共青团和布克赛尔县委员会响应共青团中央的号召，在全县开展创建青年文明号活动。至2015年，连续开展青年文明号活动22次。其间，2006年活动成效更为突出，全县共创县级青年文明号集体4个、地区级6个、自治区级3个。

### 三、思想道德建设

1993—2000年，以庆"五四"青年节为基础，开展各类文体、读书活动，设计青年喜闻乐见的活动内容，共开展活动440余场次。通过各类活动的开展、有效促进各族城市青年交流交融，在开展活动中超越自我，茁壮成长。

2001—2005年，开展"五四"青年节系列主题活动520余场次，教育和引导全县各族青年努力提高政治素养、文化水平、业务能力，明确自己的理想与责任，做21世纪奋发有为的新一代。

2006—2010年，启动并实施"大学生志愿服务西部计划"项目，先后招募130余名大学生志愿者，开展各类志愿活动390余场次。

2011—2015年，开展"现代文化与青年同行相声小品大赛""共青杯篮球赛""共青杯乡村青年乒乓球、台球联赛"等系列活动700余场次。推选出12名村（社区）团支部书记参加和布克赛尔县村（社区）团组织书记技能大赛，促进交流、增进学习，发挥团支部书记的模范带头作用。

### 四、农村青年成才工程

2006—2010年，和布克赛尔县启动并实施服务农村青年月系列活动。开展送文化入村活动420余场次；以"科技之冬"活动为平台，开展"科技之冬"教育场活动60余场次；组织农村青年开展创业政策宣讲200余场次。

2011—2015年，团县委在各乡镇场建立一个青年之家，让青年们有活动场所；开展重点青少年群体服务管理和预防犯罪"牵手行动"，全县摸底重点青少年共115人，由县预防青少年犯罪专项领导小组牵头，各成员单位积极协调、配合，完成"帮教结对"103对；共举"青少年模拟法庭"活动4场次，引导各族青少年争做尊法学法守法用法的新青年。

### 五、城镇青年再就业

2011—2015年，和布克赛尔县开展青少年创业就业大赛。团县委、县人社局、县经信委联合举办青少年创业就业大赛4场次，进一步激发创业热情，营造全民创业良好氛围，促进以创业带动就业。

### 六、少先队活动

1993—2000年，开展“青少年融情实践活动”。各节庆期间开展“你来我家吃馓子”“我到你家吃粽子”“我在城里有个家”“我在农村有个家”“融情夏令营”等系列品牌活动2 000余场次，促进各族青少年的相互交流和感情融合。

2001—2005年，开展“红色旗帜代代相传”活动共1 000余场次，增强少年儿童对党、团、队组织意识衔接的进一步认识，强化爱国情感的凝聚力。

2006—2010年，举行“全童入队”仪式共24场次，激发每一个少年儿童为“红领巾而感到自豪”，好好学习，天天向上。累计开展各类文化体育活动共30余场次。

2011—2015年，举办鼓号队大赛21场次，在查干库勒乡成立“嘎勒珍扈”少年艺术表演队。举办“感恩之旅 融情盛夏”夏令营活动，让12个乡镇场各族小朋友们从小玩在一起，学在一起，成长在一起。

# 第三章　和布克赛尔县妇女联合会

## 第一节　机构队伍

1993年，和布克赛尔县妇女联合会（简称“县妇联”）有干部职工6人。下辖基层妇联组织50个，有专职妇女干部6人。

2015年，县妇联有干部职工8人。下辖基层妇联组织76个，有专职妇女干部5人。

## 第二节　历届妇女代表大会

1999年5月25—26日，县妇联第八次妇女代表大会在县城召开，参加会议代表83人。大会听取和审议第七届妇女代表大会工作报告，选举产生新一届县妇联主席布云彩才克，副主席葛梅。

2004年12月26—29日，县妇联第九次妇女代表大会在县城召开，参加会议代表70人。大会听取和审议第八届妇女代表大会工作报告，选举产生新一届县妇联主席玛开西。

2008年5月26—28日，县妇联第十次妇女代表大会在县城召开，参加会议代表89人。大会听取和审议第九届妇女代表大会工作报告，选举产生新一届县妇联主席贾德兰，副主席乌仁彩彩克。

## 第三节　主要工作与活动

1993—2010年，县妇联共表彰“三八红旗手”1 223名，“三学三比”（学政治、学文化、学技术，比民族团结、比成绩、比贡献）女能手1 080名，“五好文明户”1 540户（“五好”即：爱国守法热心公益好、学习进取爱岗敬业好、男女平等尊老爱幼好、移风易俗少生优育好、勤俭持家保护环境好）。县妇联和电视台联合播制的主题片《慈母的奉献》获自治区第三届“美好家庭”电视专题展播二等奖；宣传“中国妇女发展纲要”教育传单2.56万份，张贴标语2.06万份，广播电视宣传154天；进行碘缺乏病宣传活动，散发宣传提纲600分，咨询人1.08万人次；联合多部门开展庆“三八”国际劳动妇女节维权周大型宣传活动，发放宣传材料万余份。相继举办交谊舞表演赛、农牧区妇女文艺演出10余场；开展靓丽工程“七好”、寻找“最美家庭”活动，参与群众5 000余人；开展“民族团结 抵制宗教极端思想”宣讲200多场，5 000余人次参加。县妇联慰问离退休妇女干部、劳动模范共1 144人；走乡入校，对贫困学生就学情况进行摸底调查，动员县直机关妇委会资助贫困学生完成九年义务教育，前往克拉玛依市妇联请求资助，该市妇联提供资助资金6.45万元；县妇联争取自治区基金会“安康教师”项目，设在第二小学，价值2万元。

2011—2015年，县妇联为全县7个乡镇争取实施自治区“办公自动化在基层”项目，并由政府出资2万余元为4个牧场配备电脑、打印机，解决4个牧场妇联主席工资待遇问题。推进妇女儿童维权工作，为3名先天性心脏病女童争取新疆妇女儿童发展基金会免费手术项目，为夏孜盖乡桑布根拜兴村一名聋患女童争取中国儿童少年基金会与《梦想星搭档》合作人工耳蜗项目10万元，为铁布肯乌散乡乌兰布拉村最美妈妈争取新疆脑瘫智障患儿关爱工程项目5 000元，为贫困学生、社区、福利院儿童发放援助笔1200支、送去慰问金4 600元、书籍5 700本。动员社会力量关爱病困儿童，为一名白血病患儿筹集善款6.82万元；为贫困儿童发放“恒爱毛衣”71件。开展“春蕾女童”资助款发放仪式，为187名“春蕾女童”、女大学生、先天性心脏病儿童发放资助款12.1万元。县妇联各级“爱心妈妈”开展慰问帮扶活动，200余名“爱心妈妈”走入12个乡镇场，为贫困妇女儿童捐赠文化、体育、生活用品，累计捐赠物资价值8.34万元，走访慰问300余人。开展“关爱女性健康新疆行”巡回义诊暨健康知识宣传活动，受益妇女400余人次。县委、县人民政府出资81.53万元为7 397名贫困妇女进行两癌免费检查，为5名妇女发放贫困母亲“两癌”救助金5万元，为各乡镇场发放电动摩托车8辆；由中国妇女发展基金会为和布克赛尔县提供3辆“母亲健康快车”项目车，项目工作由县妇幼保健院和县慈善医院承接。突出“两纲”（新疆维吾尔自治区妇女发展纲要、新疆维吾尔自治区儿童发展纲要）工作，召开和布克赛尔县妇儿工委“两纲”终期评估专题工作会议、评估工作推进会，对全县妇儿工委成员单位联络员（专干）50余人进行培训；出台《和布克赛尔县贯彻〈新疆维吾尔自治区妇女发展纲要（2011—2020年）〉和〈新疆维吾尔自治区儿童发展纲要（2011—2020年）〉的实施办法》，将“两纲”实施情况纳入科级领导班子和科级干部年度重要基础工作考核中；开展新“两纲”宣传月，深入基层开展宣传，发放宣传单2 000余份，接受咨询人数1 000余人。邀请西安舒琦“健康人生新理念”知识讲座团举办“魅力女性”知识讲座，受教育人数1 500余人。联合相关单位举办“春风送岗位活动”，为3 500余名妇女提供免费服务，实现女性就业700余人，发放宣传材料6 000余份，累计为447名妇女发放贷款1 436.6万元。联合相关单位举办各类实用技术培训班，培训妇女6 000余人；参加自治区、塔城地区、和布克赛尔县举办的手工艺品展示展洽活动，现场销售2.7万余元。在各乡镇场开展“庆三八·惠民意”送健康、送文化、送法律下基层活动，受益妇女1 000余名。依托“妇女之家”平台推进“访惠聚”活动，建强妇联基层组织，在“妇女之家”开展惠民政策等宣讲、培训活动6次；开展各式各样的活动500余次；对全县“妇女之家”建设情况进行摸底评比，制作400个民情联络卡，为全县村队、社区“妇女之家”挂牌。

# 第四章　和布克赛尔县科学技术协会

## 第一节　机构队伍

1997年5月，县科协与县科委合并，两套班子、一套人马。

2013年7月，县科协和县科技局正式分设，为股级事业单位，内设反邪教协会（股级），核定事业编制3名，有工作人员5人。

2015年，县科协为科级事业单位，内设反邪教协会（股级），核定事业编制4名，有工作人员6人。

县科协于1986年8月召开县第一届代表大会，其后至2015年未召开县代表大会。

## 第二节　主要工作与活动

### 一、科普培训宣传

1996年11月13日，县委办、县人民政府办转发《和布克赛尔县科协关于开展第八届“科技之冬”活动的安排意见》，同时成立县“科技之冬”活动协调领导小组，由一名县委副书记任组长。县“科技之冬”活动协调领导小组与各乡镇场签订技术培训责任书。

1997—2002年，县科协组织动员全县22个“科技之冬”活动协调领导小组成员单位深入10个乡场镇开展第九至第十四届“科技之冬”活动。累计举办各类实用技术培训班150期，培训农牧民61 930人次，投入资金2.5万元，发放科普资料28 160份，放映科技录像529场。

2003—2005年，由科技局牵头，联合农业、畜牧、扶贫等部门在全县范围内开展第十五至第十七届“科技之冬”活动。累计举办各类实用技术培训班360期，培训农牧民2.2万人次，其中党员干部5 000人次，贫困人口3 000人次，妇女1.2万人次；播放电视专题节目120期，举办科普报告会2场；评定农牧民技术员130人，组建专业协会10个，创建科普文明村（队）5个，放映科普录像110场，发放蒙古、汉、哈萨克语3种科普材料3.3万余份，科普书籍3 000册，科普光盘240盘。在科技活动周、全国科普日活动期间出动宣传车9次，悬挂横幅15条，展出黑板报80块，科普展板100块，张贴挂图100余张，发放各类宣传资料1万余份，科普读本2 000册，放映科技影片5部。

2006—2010年，县科协组织各类技术员深入基层举办各类培训班264期，培训农牧民3.8万余人（次），发放科技培训资料3.4万余份，发放科技书籍3 932册，科普光盘282盘，放映科技录像186场，农牧民培训率达95%以上。利用“科技活动周”“全国科普日”“三下乡”等活动开展科普宣传6期，发放科普宣传单5 000余份，发放科普读本1 600册，放映科技影片3部，展出科普展板60余块，张贴科技图片50余幅，出板报30期。

2011—2015年，县科协利用“科技之冬”累计举办中共十八大、十八届三中、四中全会精神宣讲205场次，参与宣讲200人，受教育6 000人，其中党员干部3 957人次，妇女6 252人次，贫困人员2 803人次，举办各类培训班621期，受益农牧民57 537人次。共投入培训经费16万元，聘请专家6人，编印科普书籍5 000册，刻录农牧业种养殖方面的科普光碟2 000盘，印刷科普知识宣传抽纸4 000盒，宣传纸杯1万个，健康教育宣传手册3万份，免费为农牧民发放图书资料4.5万余册。会同有关部门利用“科技活动周”“全国科普日”“三下乡”等科普活动，举办大型科普宣传21期，发放各类实用技术资料3.5万份。

**二、青少年科普教育**

2003年7月11—17日，县科协组织17名中小学生到乌鲁木齐市参加“我与科技同行”为主题的青少年科技夏令营活动，增强青少年的科技兴趣。

2005—2007年，连续3年与县教育局、环保局举办全县青少年科技创新大赛，活动共收到科技小制作，小发明，科幻画作品400余件，评选优秀作品参加地区级大赛，活动促使全县青少年形成“学科学、爱科学、用科学”的良好风尚，增强青少年的创新精神和实践能力。

2011—2015年，县科协每年投入2万余元举办和布克赛尔县青少年科技创新大赛暨青少年科技节，推荐选出的优秀作品参加地区、自治区青少年科技创新大赛和青少年科技节。5年内，经县科协推荐到地区科协的科学幻想绘画作品共91幅，其中68幅作品分别获得地区一、二、三等奖，15幅获得自治区青少年科技创新竞赛项目二、三等奖；两项科技创新成果分别获青少年科技创新竞赛项目一等奖和二等奖；县科协同时获自治区第二届青少年科技节先进集体。组织各学校科技辅导员和有条件的学生观摩自治区青少年科技节，通过观摩提高科技辅导员和中小学生的科技创新能力。

# 第五章　和布克赛尔县工商业联合会(商会)

## 第一节　机构队伍

1994年4月，和布克赛尔县工商业联合会(简称“县工商联”)成立，内设办公室，编制2名。2006年，县工商联有干部职工3人。2009年，有干部职工4人，至2015年未变。

## 第二节　历届会员代表大会

1994年4月，县委组织部任命李克龄为和布克赛尔县第一届工商联主席。

2002年6月，县委组织部任命戴庆襄为和布克赛尔县第二届工商联主席。

2006年12月8日，县工商联第三次会员代表大会在县城召开，参加会议代表96人。大会听取和审议县第二届工商联工作报告，选举产生新一届县工商联主席车建国(县委常委、常务副县长)，常务副主席、名誉副会长各1人，副会长(非公人士)21人。

2011年11月28—29日，县工商联第四次会员代表大会在县城召开，参加会议代表117人。大会听取和审议县工商联第三届会员代表大会工作报告，选举产生新一届县工商联主席刁永海(县委常委、常务副县长)，常务副主席、名誉副会长各1人，副会长(非公人士)18人。

## 第三节　主要工作与活动

### 一、政治理论学习

1994年，县工商联组织干部职工和个体工商户学习党和国家的方针政策、《邓小平文选》、地委、上级工商联和县委相关文件精神。

2000年，县工商联召开会议6次，主要学习马列主义、毛泽东思想和邓小平理论相关内容，重点学习经济发展相关文件和地委、县委下发文件的精神。

2006年，县工商联组织非公有制经济人士认真学习中共十六大，十六届三中、四中、五中全会精神和《国务院关于鼓励支持和引导个体私营等非公有制经济发展的若干意见》，不断加强在新形势下发展非公有制经济重要性的认识。同时，在工商联内部，建立健全理论学习制度、考勤制度，每周定期组织干部职工学习政治理论，提高政治思想水平。

2010年，县工商联组织召开非公有制经济人士执委会1次、理论学习10次，座谈会4次，认真传达学习《中共中央关于加强改进新形势下党的建设若干重大问题的决定》、中央新疆工作座谈会、自治区党委七届九次全委（扩大）会议、《国务院鼓励和引导民间投资健康发展的若干意见》《中共中央关于加强和改进新形势下工商联工作的意见》及塔城地委、县委等重要文件精神。

2012年，县工商联组织召开非公有制经济人士政治理论学习14次，座谈会2次，认真传达学习十七届六中全会、胡锦涛“7·23”重要讲话及地委、县委等重要文件精神。教育和引导广大非公有制经济人士合法经营、诚信服务，牢固树立中国特色社会主义的共同理想，诚心诚意做中国特色社会主义建设者。

2015年，县工商联组织机关干部及非公有制经济人士参加理论学习13次。组织非公人士及机关干部学习县委扩大会议、地委扩大会议、第二次中央新疆工作座谈会、中共十八届四中全会、自治区党委八届八次全委（扩大）会议、自治区工商联十届三次执委会议精神以及和布克赛尔县开展“去极端化”宣传教育工作实施意见、和布克赛尔县开展集中打击整治暴恐音视传播专项行动实施方案、地区工商联（总商会）工作任务、习近平系列讲话等重要文件精神。教育引导广大非公有制经济人士把思想和行动统一到地委、县委的决策部署上来，提高他们的政治理论水平，增强非公有制经济代表人士的知情权和参与意识，加大工商联组织建设力度。

### 二、非公有制经济发展

1994年，和布克赛尔县有个体工商户452户，私营企业8家，注册资金605万元。

2000年，全县个体工商户发展到1 203户，私营企业达到26家，注册资金2 486万元。个体工商户和私营企业的壮大，进一步促进和布克赛尔县经济又快又好发展。

2006年，全县个体工商户发展到2 036户，私营企业达到52家，注册资金8 306万元，非公有制经济成为推动县域经济增长的一支重要力量。

2010年，全县建立乡镇场商会9个，行业商会3个，发展个人会员1 313人，企业会员21家，个体工商户2 322户，从业人员3 347人，注册资金5 677万元。私营企业124户，从业人员3 836人，注册资金20 061万元。

2013年，全县建立乡镇场商会11个，发展个人会员1 183人，企业会员26家。全县共有私营企业48家（建立党组织11家），注册资金24 634万元，从业人员5 796人；个体工商户2 456户，注册资金5 127万元，从业人员3 496人。

2015年，全县个体工商户3 208户，从业人员4 740人，注册资金12 891.2万元。私营企业318户，从业人员6 749人，注册资金153 871.2万元。县工商联建立商会11个，发展个人会员1 084人、企业会员27家。非公有制经济人士作为新的社会阶层不断壮大，在活跃全县市场、增加政府税收、解决劳动就业等方面发挥重要作用，已成为推动经济发展的一支不可替代的新兴力量。

### 三、参政议政

1994—2010年，县工商联在"两会"期间组织召开非公有制经济代表人士会议，提前有计划、有规范地征求意见和建议。县工商联有县人大代表1人、县政协委员10人。在县人大会上共提交关于解决国有企业下岗职工养老金、农牧民群众就医难、建立城镇社保缴费点等建议及意见3条；在县政协会上提交提案方案26条。

2011—2015年，县工商联有人大代表1人，政协委员10人。在县"两会"期间共提交关于教育、城建、交通、土地、安全等方面的意见和建议72条。

### 四、光彩事业

1994年，加大"致富思源，富而思进"的教育宣传活动，教育引导会员们发扬中华民族扶危济困、乐善好施的传统美德，回报社会。

2000年，加大教育引导宣传作用，使会员们弘扬中华民族传统美德，积极承担社会责任，热心公益事业，投身光彩事业，全年扶贫捐款共2.1万元。

2010年3月，和布克赛尔县遭受雪灾，县工商联发动民营企业积极救灾。县宏达盐业有限责任公司捐款10万元、沙吉海煤业有限责任公司捐助煤500吨（价值10万元）、雪山水泥有限责任公司捐款3万元。

沙吉海煤业有限公司帮扶6户贫困农户，送去慰问品。县工商联结合"民生面对面"服务活动，对巴音布拉克社区2户贫困户各送去慰问金200元。广大非公有制企业及个体工商户广泛吸纳社会闲置劳动力351人，为政府排忧解难，为全县经济建设和社会稳定大局服务。

2015年，县工商联大力宣传"光彩事业"，使每一名非公有制经济人士都做一个政治上的明白人，动员他们积极投身于社会公益事业和"光彩事业"中去。7月3日，和田地区皮山县发生6.5级地震，县工商联通过QQ群、微信、召开会议等方式倡议非公有制人士为灾区捐款，共募捐款24 838元，弘扬"一方有难，八方支援"的传统美德。

### 五、调研工作

1994年，县工商联走访个体工商户3次，引导参与县工商联工作，宣传工商联主要职责。

2000年，县工商联调研6次，宣传党的方针政策、经济发展相关文件精神，教育引导个体工商户和企业积极入会，编发信息6篇。

2006年，县工商联深入全县11个乡镇场，大力宣传建立各级商会组织的重要意义，摸清全县个体私营经济的基本情况、存在问题和分布特点，为组织非公有制经济人士建立健全各级商会组织网络工作打下良好的基础。全县建立乡镇场基层商会9个，行业商会3个，发展企业会员12家，个人会员1 224名。共撰写调研报告7篇，编写信息83期。

2010年，按照地委、县委关于《开展非公有制经济组织和新社会组织百日集中组建活动实施意见》的安排部署，县工商联组织人员深入企业调查摸底，了解非公企业党建工作的现状和存在问题，通过梳理细化、分类整理，加强非公有制企业党组织建设工作，实现党组织和党的工作全面覆盖。在实有企业中，共有党员88人，成立企业党组织7家；在非公有制企业中，建立党组织2家。写出有关中小企业融资难的调研报告2篇，编发非公有制经济发展方面的信息18期，被自治区、地区采用9篇。

2012年，县工商联开展非公有制调研，写出有关党建工作等方面调研报告2篇，编发非公有制经济发展方面的信息15期。

2015年，县工商联深入会员企业正宏蔬菜种植专业合作社、新疆贝龙农业发展有限公司、蒙哥尔肉类开发有限公司、沙吉海煤业有限责任公司、新疆新雅泰化工有限公司进行走访调研。视察盘锦援疆企业联合会成立进度情况和个体工商户奶制品等销售情况。编发非公有制经济发展方面的信息19期，撰写调研报告4篇。

# 第六章　和布克赛尔县文学艺术界联合会

## 第一节　机构队伍

2008年6月，和布克赛尔县文学艺术界联合会（简称“县文联”）成立，为民间团体，下辖作家协会，书法、美术、摄影协会2个协会。

2016年3月，县文联升格为全额预算正科级事业单位，核定事业编制3名，下辖作家协会，书法、美术、摄影协会2个协会及《宝木巴家园》杂志社。办公地址在县委综合楼十一楼，与县委宣传部合署办公。两个协会共有会员175人，其中作家协会会员108人，书法、美术、摄影家协会会员67人；自治区级会员23人，地区级会员23人，县级会员129人。

## 第二节　历届县文联代表大会

2008年6月，县文联第一次代表大会在县城召开，参加会议代表80人，大会审议和听取县文联第一次代表大会筹备工作报告，选举产生第一届文联主席冬梅。

2015年6月，县文联第二次代表大会在县城召开，参加会议代表100人，大会审议和听取县文联第一届委员会工作报告，选举产生第二届文联主席朝克图。

## 第三节　主要工作与活动

2008—2012年，县文联成功举办国际蒙古族长调邀请赛、第五届江格尔文化旅游节暨第十三届那达慕大会、全国第七届卫拉特蒙古历史文化学术研讨会、新疆地区使用蒙语信息化处理通信标准全国研讨会、第二届“和文化”论坛、首届“牧民”文化研讨会和全疆首推“牧游”旅游等重大活动；先后与北京民族音像出版社合作录制中国首张《中国新疆蒙古族民歌宝库之“江格尔卷”》激光唱盘，共录制26首江格尔说唱；制作由本土歌手参与的MV歌曲光碟《天赐和布克赛尔》；印刷制作《和布克赛尔——建党九十周年纪念邮册》，其中《中国新疆蒙古族民歌宝库之“和布克赛尔卷”》和本土作家的《跨州东归》获得自治区外宣品三等奖；县文工队赴呼和浩特市参加内蒙古电视台举办的《蔚蓝的故乡》春节联欢晚会，赴辽宁盘锦、安徽芜湖进行文化交流演出；举办“双百”活动各类文艺演出228场，参与人数0.84万人次，观众人数6.5万人次；开展文化“六进”活动90场，开展文艺下乡演出70场；在中央文明办、农业部、文化部举办的“村歌向党”全国优秀村歌评选活动中，塔尔兰组合冬布拉演唱《黑走马》获优秀组织奖和最佳表演奖。

2013—2015年，以和布克赛尔县成立60周年为契机，重新编排并演出英雄史诗歌舞剧《江格尔》四幕四场；出版“和布克赛尔文化丛书”《天边的宝木巴——天赐和布克赛尔》《弘扬榜样力量、凝聚发展力量——中国共产党典型宣传工作研究》《天边宝木巴——幸福和布克赛尔》《新疆启明星》《宝木巴家园》《松树》《和布克赛尔县本土作家小说集》《史诗圣地 和美家园》画册等8套蒙古、汉、哈萨克文书籍。拍摄和布克赛尔纪录片、萨吾尔登舞蹈专辑、和布克赛尔县本土歌曲MTV集；绘画《剪羊毛》《其乐融融》被自治区文化馆收藏；在塔城地区第六届“梨园情”戏曲票友大赛中，和布克赛尔县代表队获得优秀组织奖、个人一等奖、个人三等奖。成功举办庆祝和布克赛尔县成立60周年文艺晚会、阿肯阿依特斯、向“江格尔史诗致敬”诗歌朗诵会及“一乡一品”等大型活动15场次。开展“双百”活动278场次，文艺下乡演出95场次。伊克乌图布拉格牧场学校在2014神韵之星推选活动暨第十一届“星星火炬”中国青少年艺术英才（新疆）推选活动中获优秀组织单位奖，23名学生表演的《江格尔说唱》《校园童谣》荣获第十一届“星星火炬”中国青少年艺术英才全国推选活动“特金奖”；和什托洛盖镇中心学校获“第十八届国际少儿书法、绘画、作文大赛”新疆赛区组织一等奖；县第三中学1名学生代表塔城地区参加新疆维吾尔自治区文学艺术界联合会与甘肃省阿克塞哈萨克自治县联合举办的第二届青少年阿肯阿依特斯比赛中获二等奖；江格尔少年马头琴乐团参加第十八届香港世界青少年“金紫荆花奖”音乐、舞蹈、器乐艺术大赛获大赛金奖、组织金奖、器乐组最高金奖三项奖；参加地区蓓蕾少儿艺术大赛获优秀组织奖，8名选手获二等奖。成功举办第三届江格尔文化国际学术研讨会、第三届“和文化”论坛。作家协会会员普·拉格瓦获全国首届“水晶”杯蒙语网络长篇小说大赛第一名；布斯屯格牧场牧民别坎·玛勒江获八省区首届“天骄杯”民族手工艺品大赛暨第二届成吉思汗陵旅游区民族用品展示展销会二等奖；自治区文联聘签约作家1人。3名本土音乐人获得新疆蒙语广播电台举办的《蒙古原创歌曲排行榜》月冠军，5名本土音乐人获周冠军称号，20幅作品（美术6幅、书法8幅、摄影6幅）入选地区庆自治区成立60周年美术书法摄影大赛暨展览。

# 第七章 和布克赛尔县残疾人联合会

## 第一节 机构队伍

1991年5月,和布克赛尔县残疾人联合会(简称“县残联”)成立,副科级,与县民政局合署办公,编制7名。同时成立残疾人康复中心,事业编1名,由民政局代管。

1997年,县残联机构独立设置,内设残疾人就业服务所,编制7名。1998年7月18日,县残联升格为正科级单位。

2009年,县残联内设办公室所属事业机构、残疾人就业服务所,在职8人。全县共5个残疾人康复站,分别为蒙医院残疾人康复站、县人民医院残疾人康复站、和什托洛盖镇慈善医院残疾人康复站、和什托洛盖镇那木德格社区残疾人康复站、和布克赛尔镇幸福社区残疾人康复站及残疾人用具供应站,共有医护人员10人。全县有4个残疾人协会,分别为健全肢体残疾人协会、听力语言残疾人协会、视力残疾人协会、智力和精神残疾人协会。

2011年,全县11个乡、镇、场成立基层残疾人联合会,并配备专(兼)职干部;相应成立残疾人协会。

2015年,县残联内设办公室、残疾人就业服务所、残疾人康复中心,共有干部职工12人。全县有基层残疾人联合会12个,残疾人协会4个,基层残联组织专(兼)干部19人。

## 第二节 历届残疾人代表大会

和布克赛尔县第一届残疾人代表大会 于1991年5月17—18日在县城召开。参加会议代表82人,其中残疾人代表45人,选举产生第一届主席团委员、执行会理事长和副理事长。

和布克赛尔县第二届残疾人代表大会 于2000年7月10日在县城召开。参加会议代表49人,其中残疾人代表25人,选举产生第二届主席团委员、执行会理事长和副理事长。

和布克赛尔县第三届残疾人代表大会 于2007年12月28日在县城召开。参加会议代表86人,其中残疾人代表30人,选举产生第三届主席团委员、执行会理事长和副理事长。

## 第三节 主要工作与活动

**一、康复工作**

1999年4月20日,和布克赛尔县残疾人服务中心立项兴建,建筑面积500平方米,总投资30万元。

2001—2004年,和布克赛尔县实施“长江新里程计划”为残疾人安装7例假肢,实施“视觉第一中国行动”为30名白内障患者免费做复明手术。

2006年,县残联开展白内障患者、听力、低视力、截肢等残疾对象的调查,筛选需康复手术的对象,建立健全康复数据库和档案。根据“视觉第一中国行动新疆光明工程”统一安排,将6名白内障患者送往塔城做手术，成功2例，为患者节省各种费用1万余元；为特教学校1名盲童和1名聋童资助各种费用3 000元；与煤炭集团、民政、国有牧场共同出资4万元将4名精神病患者送往伊犁精神病医院、石河子精神病医院进行康复治疗。

2010年，通过实施贫困残疾人居家托养"阳光家园计划"、残疾人康复救助"关爱工程""阳光助行工程"等活动，经过筛选，为2名重度肢体残疾人补助康复费用每人3 000元，为4名低视力残疾人补助康复费用每人300元，为4名脑瘫残疾儿童每人补助4 000元，为2名重度肢体残疾人无障碍改造补助费用每人2 000元，为10名精神病患者发放补助金每人450元，为50名肢体残疾人免费发放轮椅并建案存档，为3名肢体残疾人安装假肢，实施白内障免费复明手术12例，聋儿语训3名，助听器适配8名，建立社区康复站2座及辅助器具供应站1座。全县新增盲道20千米。为50名重度精神、智力、肢体残疾人，城镇户籍和农村户籍分别补助2 000元、1 000元，共发放补助金6万元。

2012年，在县蒙医医院建立康复医学科室，为全县残疾人从康复医疗到康复训练提供全方位服务。认真实施贫困残疾人居家托养"阳光家园计划"、残疾人康复救助"关爱工程"等一系列惠残助残工程，扩大残疾人康复服务面，提升服务质量。为107名智力、精神、重度肢体残疾人发放残疾人居家托养"阳光家园计划"补助金17.1万元；向肢体残疾人捐赠轮椅80辆；发放助听器50副；装配矫形器1人、装配假肢2人；康复训练肢体残疾人5人；送脑瘫儿童赴乌鲁木齐市温泉康复医院康复2人；康复救助残疾人12人；为贫困残疾人家庭捐赠太阳能发电设备40台；通过社区康复站对60名肢体残疾人进行生活自理、简单劳动技能、适应社会生活、生活护理综合训练等服务。

2015年，开展残疾人康复救助工作，完成盲人定向行走4例，完成精神残疾人免费住院4例，完成10名精神残疾人社区康复训练，将10名肢体残疾人送往县蒙医医院残疾人康复中心进行蒙医治疗及康复训练，将1名脑瘫儿童送到乌鲁木齐市温泉康复医院进行康复训练及治疗。成功将和什托洛盖慈善医院申报为残疾人社区康复站，同时完成肢体残疾人社区康复训练10例、脑瘫儿童社区康复训练12例，发放助视器135件，完成助听器验配18例，完成假肢安装2例，免费为肢体残疾人发放辅助器具220余件。筛查白内障患者23人，完成地区下达"民生工程"白内障免费复明手术任务10例。对12户重度残疾人家庭进行无障碍设置改造并完成数据录入工作。全年共筛查残疾人数128人，其中听力残疾人23人、视力残疾人11人、肢体残疾人94人。共完成适配辅助器具82件。其中适配轮椅残疾人31人，助行架残疾人5人，拐杖残疾人15人，坐便椅残疾人16人，配助视器残疾人12人，配助听器残疾人3人。

## 二、就业、保障金征收及培训

1997年2月20日，《和布克赛尔县按比例安排残疾人就业实施意见》下发，要求各单位按在职职工总人数2%的比例安排残疾人就业。《意见》规定，按比例计算达到0.5人以上不足1人的，应当安排1名残疾人就业；安排1名盲人或重度残疾人就业的，按2名计算；未安排残疾人就业的城乡个体工商户按年度工商部门核实的营业额的2%缴纳残疾人就业保障金，未核定营业额的个体工商户每户每年按20元的标准收缴。当年共安排11名残疾人就业。

1999年11月26日，塔城地区首家社区服务中心在和布克赛尔县建成，共3层楼，投资200万元，占地面积1 100平方米，建筑面积1 750平方米。该社区服务中心设有残疾人服务中心、婚姻服务中心、军地实用人才培训中心等9个服务项目，面向残疾人及社会各阶层群众服务。当年共安排14名残疾人就业。

2003年11月21日，县人民政府印发《关于进一步做好按比例安排残疾人就业工作的实施意见》。《意见》要求全县各单位必须按2%的比例安排残疾人就业；对国家机关、社会团体、事业单位、垂直管理部门和单位、国有企业、集体企业、私营企业、自收自支事业单位、城镇个体工商户、个体运输户、城市建设施工单位缴纳残疾人就业保障金作具体的规定。当年共安排12名残疾人就业。

2006年，和布克赛尔县贯彻执行《关于印发〈新疆维吾尔自治区残疾人就业保障金征收管理暂行办法〉的通知》，首次实施由地税部门代征残疾人就业保障金，将全县各企业及自收自支事业单位纳入地税代征范围，年底共代征保障金8.5万元；行政事业单位残疾人就业保障金的收缴，以财政划拨为主，累计划拨39.8万元；全县运输车辆残疾人就业保障金的收取由养路费征稽代征，个体工商户由联合会工作人员上门收取，共收1万余元。全年安排残疾人就业4人。

2010年，县残联在全县6个乡、场、镇举办6期残疾人实用技术培训班，共培训186名残疾人及亲属。培训的主要内容为计算机应用、冬羔养殖技术、棉花病虫害防治等。将22名有劳动能力的残疾人送往塔城地区职业技能学校参加为期1个月的职业技能免费培训，并取得初级职业技能资格证书。全年共解决残疾人就业23人，其中按比例就业5人、集中就业11人、个体就业7人；收取残疾人就业保障金50万元，超额完成地区下达的征收任务。年内，还将那木德格天和福利有限公司确定为县级残疾人扶贫就业基地，争取到上级项目经费50万元、县财政配套经费50万元，解决800平方米康复、就业等办公用房。

2012年，县残联与那木德格天和福利有限责任公司和德润牧业公司联合开办农村实用技术培训班3期，免费培训残疾人172人。共征收残疾人就业保障金61万元，安置50名残疾人就业，均超额完成地区下达的就业任务。同时，完成全县城镇、农村就业年龄段的1 016名残疾人的系统录入工作。

2015年，新增残疾人就业51人，其中按比例就业14人，集中就业10人、个体就业15人、基地就业10人、社区就业2人。为21户残疾人办理小额贴息贷款，贷款100万元，贴息约10万元，其中扶持发展养殖业4户、个体开店3户、企业帮扶14户。

### 三、维权与关爱活动

1995年5月16日，和布克赛尔县人民政府第22号县长令颁布《和布克赛尔县对残疾人实行优惠政策的规定》，对残疾人在接受教育、就业、医疗、生活等方面实行优惠。

1997年，县残联对残疾人进行鉴定及劳动能力评估，残疾人工作实现法制化、规范化、正规化。

2006年，县残联与县司法局等单位建立法律援助中心，共接待残疾人来信来访400余人次，做到事事有登记。为残疾人或残疾人家庭减免学杂费、各种税费、土地管理费及发放救济补助费等10万余元。将269名残疾人纳入最低生活保障。走访慰问贫困残疾人家庭100余户。

2010年，与司法局、工会、妇联、团委联合成立和布克赛尔县残疾人法律援助工作站，成功为2名贫困残疾人提供法律援助；与团县委联合组织120名残疾人服务志愿者队伍。在元旦、春节、古尔邦节、“全国助残日”等重大节日期间，走访残疾人贫困户，送去慰问品和慰问金共2.8万元。根据县委、县人民政府的统一安排，将农村贫困残疾人危房改造工程与县农牧民安居工程、新农村建设、抗震安居、牧民定居相结合，有30名残疾人喜迁新居。在“国际残疾人日”来临时，向残疾人免费配发15套太阳能发电板设备，结束他们在牧区无电生活的日子。全年将城镇264名、农村124名贫困残疾人纳入低保，105名残疾人得到各种救助帮扶。有696名残疾人参加农村合作医疗。出台为农村重度残疾人（1～2级）实施新型农村养老保险每人每月补助100元优惠政策，431名残疾人参加新型农村养老保险。扶持残疾人从事个体经营，为4名从事个体工商的残疾人实施按照缴纳养老金的20%给予补助。

2012年，将残疾人扶贫纳入县扶贫计划，同时广泛动员社会力量开展多种形式的帮、包、带、扶活动。按照上级下达农村贫困残疾人危房改造122户的任务，共发放补助金32.3万元，平均每户2 646元。积极开展残疾人普法教育宣传，为残疾人提供优质的法律服务和法律援助，维护残疾人的合法权益。在元旦、春节、古尔邦节、"全国助残日"等重大节日期间，组织开展扶残、助残"送温暖"活动，走访残疾人贫困户，共发放慰问品和慰问金3.14万元。资助贫困残疾学生完成初、高中阶段及高等教育，协调2名牧场残疾人家庭子女在县城关小学就读；协调1名言语残疾人到自治区残疾人职业中专学校就读。

2015年，县残联调整残疾人维权工作领导小组。制定《残疾人法律援助接待制度》《县法律援助中心咨询接待制度》《法律援助案件监督制度》《法律援助中心保密制度》4项残疾人法律援助工作制度，全县残疾人法律援助工作站为15名残疾人提供法律援助，保障残疾人的合法权益。县残联会同民政、财政部门经过认真审查为24名服药精神残疾人共发放补助金8 400元。

# 第八章　和布克赛尔县红十字会

## 第一节　机构队伍

1992年4月13日，和布克赛尔县人民政府批准县红十字会第一届代表大会。5月8日，红十字会（简称县红十字会）成立，挂靠在县卫生局，设专干1人。

2005年7月，根据塔城地区行署《关于县（市）独立设置红十字会的通知》要求，县红十字会独立设置，级别为副科级，编制4人。

2009年8月，县红十字会升格为正科级，归县委管理，内设3个科室：办公室、组织宣传科、赈济救护科，有干部职工4人。核定领导职数1人，会长主持日常工作。2015年，县红十字会仅内设综合办公室，有干部职工7人。

## 第二节　主要工作与活动

1993—2004年，县红十字会挂靠在县卫生局，工作与活动资料缺失。

2005年，县红十字会积极开展救灾、救护、救助工作，争取到由中国红十字总会香港特别行政区红十字会捐赠的面粉46.5吨，发放给2个镇、5个乡、4个牧场，共854户贫困农牧民。

2007年，自治区红十字会确定和布克赛尔县为第二批参与新型农村合作医疗及救助试点县，县红十字会获得大病救助基金6万元，其中自治区红十字会下拨3万元、县人民政府配套资金3万元。原则上实行年度一次性救助，救助金额最高不超过1 000元/人，全年共发放大病救助金6万元，76人得到救助。

2010年，利用世界艾滋病宣传日、“5·8”红十字博爱周、无偿献血等宣传活动，发放宣传资料2 000余份，义诊200余人，举办初级卫生救护培训2期255人次。看望慰问高龄老人和残疾户，送去价值6 000元的慰问品。通过“嫣然天使基金”给6名唇腭裂患者免费做手术。青海玉树发生地震后，县红十字会立即开展募捐工作，共收到社会捐款6.7万元；还为县和什托洛盖镇城关小学一重病学生、县阿克赛医院一重病牧业医生开展募捐帮扶活动，分别募得捐款3.5万元、8 504元。

2011—2015年，县红十字会加大宣传力度，丰富和提升红十字品牌的内涵和形象，积极开展各种宣传活动，利用电视、广播、网络进行宣传50余场次。深入开展“红十字博爱进万家”救助活动，稳步推动救助工作进农村、进社区、进学校、进机关、进企业，慰问救济低收入家庭138户，发放慰问物资价值2万元，申请嫣然天使基金8人4.8万元、天使阳光基金1人7万元、小天使基金1人5万元，共救助大病患者72人次，以救助方式垫付基金17.62万元。开展救护培训、无偿献血和造血干细胞捐献活动，共举行初级救护培训643人次，组织献血1 025人次，组织造血干细胞捐献采样90人次，有遗体捐献志愿者1人。

# 第二十四编

# 法　　治

1993—2015年,随着改革开放不断深入,促进了和布克赛尔县经济的快速发展,但社会上一些经济犯罪、迷信、色情、赌博等不良现象也沉渣泛起,县公安、检察、审判、司法部门采取有效措施,严厉打击经济犯罪和各种刑事犯罪;同时有组织、有针对性地向全体公民普及法律知识,加强法制宣传教育,增强公民法制观念,加强社会治安,有力地维护了全县的改革开放、经济发展和社会稳定。

# 第一章 公 安

## 第一节 机构队伍

1993年,和布克赛尔县公安局(简称"县公安局")内设机构8个,辖7个乡、镇、场公安派出所,4个边防派出所,1个林业派出所和1个边防检查站。

1996年,县公安局内设机构6个,下辖9个公安、边防派出所。

2006年,县公安局内设机构14个,下辖6个派出所。

2012年,县公安局内设机构17个,下辖6个公安派出所。

2013年,增设查和特乡派出所。

2015年,县公安局内设机构24个,下辖城镇派出所、和什托洛盖派出所、东山派出所、夏孜盖派出所、巴音敖瓦派出所、查干库勒派出所、查和特派出所。

## 第二节 刑事侦查

1993—2004年,县公安局刑侦大队坚持开展打击盗窃牲畜犯罪专项行动。

2005—2010年,局刑侦大队立集体三等功1次。其间,2006年,开展打击新疆籍未成年人被拐卖(骗)违法犯罪专项行动,打击"两抢一盗"(抢劫、抢夺、盗窃)犯罪专项斗争,破获一个未成年人系列盗窃团伙,以撬窗、撬门为主要作案手段,涉案金额6万余元。

2011—2015年,局刑侦大队获集体二等功1次、三等功2次。其间,2014年,开展打击犯罪"春雷行动",局刑侦大队成功破获"12·17"系列盗窃牲畜案,摧毁15人盗窃牲畜团伙,涉跨省、跨县盗窃牲畜案件38起,盗窃各类牲畜101头,涉案价值90余万元。先后侦破"5·21"杀人案、"12·11"杀人案等一批社会影响恶劣的命案。

## 第三节 经济案件侦查

1993—2012年,和布克赛尔县未发生经侦类案件。

2013年,县公安局开展"打击假币"专项行动,民警通过走访、宣传,成功破获非法经营案件1起,抓获犯罪嫌疑人1人。

2014年，相继破获非法持有假币案1起，抓获犯罪嫌疑人3人，刑拘3人；破获合同诈骗案件1起，抓获犯罪嫌疑人1人，刑拘1人；破获销售伪劣商品一案，抓获犯罪嫌疑人1人，刑拘1人；破获伪造公司、企业、事业单位人民团体公章罪一案，抓获犯罪嫌疑人1人，刑拘1人。

2015年，开展“猎狐2015”专项行动，辖区未发现该类行动涉案人员。

## 第四节　治安管理

1993—1997年，县公安局坚持“标本兼治、重在治本”的原则，打防并举，共列管特种行业场所98家，对不符合条件行业场所限期整改169家次；为确保安全生产，采取层层把关的方式，对民爆物品生产和使用严格监管，共检查涉爆单位112家次，下发整改通知书31份。5年共查处治安案件247起，抓获违法人员287人。

1998—2002年，加强对特种行业、公共娱乐场所的管理，加大安全防范力度，对全县重点单位、重点部位进行安全大检查5次，共检查316家次，下发整改通知书163份，当场纠正安全隐患60次；对于涉爆单位，采取“严管理、严控制、勤检查”的管理方式加强对枪支弹药、爆炸物品的管理工作，共检查涉爆单位742家次，下发整改通知书205份。5年共受理治安案件386起，查处治安案件278起，抓获违法人员363人。

2003—2007年，结合和布克赛尔县实际，落实“创安达标”工作，对重点要害部门的“三防一保”（防抢劫、防盗窃、防诈骗，保护金融资产安全）措施落实到位，对全县重点单位、重点部位进行安全大检查，共检查519家次，下发整改通知书479份，当场纠正安全隐患112次；加大治安防范力度，在全县范围内对民爆物品进行安全检查，检查涉爆单位155家次，下发整改通知书72份。5年共受理治安案件1 056起，查处治安案件802起，抓获违法人员1 005人。

2008—2012年，健全群防群治组织，巩固社会治安防范，组织开展集中突击大检查34次，重点对娱乐场所、网吧、重点单位、宾馆旅社、废品收购站、车辆维修点等场所进行安全检查，及时消除安全隐患。以奥运安保为中心，拓展工作内容，开展专项整治，共检查涉爆单位364家次，下发整改通知书138份。5年共受理治安案件728起，查处治安案件598起，抓获违法人员875人。其间，2011年7月，局治安大队获“城乡互联 结对共建”先进集体、“和布克赛尔县创先争优”先进基层党组织等荣誉称号。

2013—2015年，结合“断链”行动、“扫黄打非”“夏季攻势”“秋风行动”等系列专项行动，开展各项日常工作，共检查特种行业、娱乐场所1 992家次，发现安全隐患539处，下发整改通知书291份；加强对涉爆涉枪单位督导检查工作力度，每月开展一次检查，对发现的问题跟踪督导整改，共检查涉爆单位368家次，下发整改通知书46份。5年共受理治安案件424起，查处治安案件382起，抓获违法人员668人。2015年3月13日，局治安大队被授予塔城地区“缉枪治爆”先进单位。

## 第五节　户籍与出入境管理

### 一、户籍管理

#### （一）户口管理

1996年，全县总人口49 120人，暂住人口1 243人。全年办理户口迁移证112个，暂住证962个，办证率

87%;办理居民身份证920个,临时身份证33个,办证率94%。

1997年,全县共办理长期身份证1 379人,办理户口准迁证81人,迁移证116人。

1998—2002年,县公安局加强户政管理工作,人口管理划分责任区,实现责任到人。坚持人口"七项"(出生、死亡、迁出、迁入、移出、移入、变更更正)登记制度,对常住人口进行分层次管理,及时了解掌握数量和动向,加强对暂住证的发放,查验工作,共办理居民身份证4 960个,户口迁移证271个,准迁证188个,暂住证1 262个,临时身份证46个,小城镇户口410个。

2003—2007年,以上级公安机关户籍工作要点为指导,狠抓户籍管理工作。共审核审批县、市外迁入落户416人,出生落户499人,迁出县外511人,县内移居726人,死亡注销181人,办理暂住证1 203人,办理二代身份证10 130人。

2008—2012年,加大户籍管理的指导、监督和检查力度。共办理二代身份证3 833人,临时身份证861人,居住证5 439人,办理县外迁入318人,县外迁出120人,新生儿落户809人,死亡注销283人,其他注销5 234人。

2013—2015年,规范户籍业务管理,共办理二代身份证3 282人,临时身份证935人,居住证4 377人,县外迁入254人,县外迁出225人,新生儿落户874人,死亡注销387人,其他注销20人,主项变更272人,注销恢复35人。

(二)流动人口管理

1998—2007年,对流动人口和暂住人口做到"五有六清"(有登记、有底册、有信息、有服务、有措施;身份清、职业清、现住址清、户口所在地清、暂住理由清、家庭成员清)。共清查暂住人口2 811人,登记流动人口2 691人,发暂住证1 584人。

2008—2012年,落实对流动人口及出租房屋的管理,加强对肇事肇祸精神病人的管控,严厉打击流窜至辖区内的违法犯罪分子和藏匿于出租房屋中的负案在逃人员。5年共开展9次集中清查行动,清查流动人口10 566人次,清查出租房屋741家次,核实"三无(无身份证、无暂居证、无用工证明)人员"身份25人。

2013—2015年,开展流动人口和出租房屋清查专项行动,利用微信、QQ、微博等新型媒介扎实开展"369"工作宣传活动(即要求辖区各出租房屋业主在流动人口入住或离开后,务必于3小时内向各地警务室报告,民警在6小时内完成信息注销、上传登记等工作,9小时内向其户籍地通报情况)。3年共开展15次集中清查行动,清查流动人口30 644人次,其中重点地州流动人口456人。

## 二、出入境管理

2006—2015年,全县申请办理护照人员总数4 858人。其中,赴港澳300人,赴台湾107人,出国4 451人(出国定居189人、留学16人、商务28人、旅游512人、探亲3 706人)。外国人员来华进县634人。

2011—2015年,查处"三非"(非法入境、非法居留、非法就业)案件3起6人,其中遣送3人,延期签注3人。

2015年8月8日起,县公安局开始执行《新疆维吾尔自治区普通护照签发管理工作的意见》。文件规定,普通护照的签发管理统一由公安机关负责,其他单位、组织不再审核,简化和规范办理程序,最大限度满足居民办证申请。

## 第六节　交通管理

### 一、基本情况

截至2015年，和布克赛尔县机动车保有量12 012辆，驾驶人保有量15 125人；电动车及非标摩托车登记注册2 189辆。辖区有驾驶员培训学校3所，机动车辆检测站2个，长短途客运公司3个，营运出租车公司1个，货物运输公司5个。管辖道路全长1 417.5千米。

### 二、事故处理

1995—2004年，全县累计发生交通事故372起，死亡128人，受伤485人，经济损失86.33万元。

2005—2015年，全县累计发生各种交通事故242起，死亡92人，受伤331人，财产损失55.12万元。都依法作了妥善处理。同时，县交警大队与县安监、运管部门人员一起多次深入到客运公司、客运站，对客运车辆进行安全检查，与客运公司负责人进行座谈，落实企业主体的安全责任，针对客运公司驾驶人进行安全教育，不断提高驾驶人安全意识，预防客运车辆交通事故发生。

**2005—2015年和布克赛尔县交通事故情况表**

表24－1

| 年份（年） | 事故数（起） | 死亡数（人） | 受伤数（人） | 财产损失（万元） |
|---|---|---|---|---|
| 2005 | 67 | 14 | 112 | 21.61 |
| 2006 | 47 | 15 | 59 | 12.04 |
| 2007 | 28 | 13 | 39 | 5.44 |
| 2008 | 25 | 7 | 32 | 4.95 |
| 2009 | 23 | 6 | 26 | 4.00 |
| 2010 | 18 | 8 | 27 | 2.46 |
| 2011 | 9 | 7 | 11 | 2.30 |
| 2012 | 5 | 6 | 9 | 1.18 |
| 2013 | 5 | 5 | 5 | 0.35 |
| 2014 | 7 | 6 | 6 | 0.40 |
| 2015 | 8 | 5 | 5 | 0.39 |

### 三、车管所窗口服务

2010年，县交警大队车管所成立后，结合岗位和服务群众的需求，对人员按照AB岗进行明确分工，确保窗口服务不缺位。在车管业务大厅设立值日警官和导办员，负责接待、引导、咨询、解答等各项工作。各岗位设置醒目的标牌和具体办理业务范围，做到定岗、定人、定业务范围，实行一窗式低台办公，拉近与群众的距离。车管所站在服务发展、保障民生的高度，因地制宜推出一系列符合全县实际的便民利民措施，惠及百姓，服务发展。至2015年，车管所共办理驾驶人年审业务6 800余人，增驾407人，摩托车驾驶证初次领证227人，办理机动车业务8 871笔，补换牌证合格标志436人，补换登记证书228人，档案变更621人，办理临时号牌1 126人，组织科目一考试3 130人次、科目二考试2 511人次，新增驾驶人2 557人，办理互联网“面签”业务442人次。县交警大队车管所每周深入到农牧区，开展“流动车管所”下乡服务活动，共办理业务2 530笔，发放车管业务流程手册8 000余份，方便全县农牧民群众。

**四、交通秩序整治**

（一）整治工作

1995—2007年，县交警大队共开展各类交通专项整治行动340余次，重点加大对国、省道路上交通违法行为的整治。在春秋季节中对无牌无证摩托车、农用车载人进行治理，预防各类交通事故。共纠正各类交通违法行为145 620起，暂扣机动车3 610辆次，暂扣驾驶证、行驶证1 660本，查扣无牌无证报废摩托车3 200辆次。同时，每年开展元旦、元宵节、古尔邦节、“五一”“十一”等安全保卫活动交通安全警卫任务累计160余次。

2008—2010年，在全县范围内开展春运、春季摩托车、夏季车辆超速等违法行为集中整治，与相关部门、单位联合对客、货运车辆驾驶人准驾资格、车辆检验有效期、车辆灯光和轮胎状况、警示标志牌、灭火器配备情况等进行检查和登记，确保春运客车的安全运行；在开展整治行动中，加大对运送劳务民工交通安全隐患突出单位的清理整顿，打击低速货运车辆超员载人、无证驾驶、报废车辆继用等严重违法行为，共开展各类专项整治行动45次，交通安全保卫72次，处罚交通违法行为18 522起，暂扣机动车2 320辆次，暂扣驾驶、行驶证320本。其中查处酒驾60余人次，行政拘留86人次，查扣各类无牌无证摩托车2 100余辆次。

2011—2015年，强化严重交通违法行为整治，重点治理酒驾、无证驾驶、货车超载超限，特别是在2014年酒驾入刑后，对酒后驾驶严查重罚，杜绝因酒驾造成的交通事故。同时，将道路交通安全隐患排查行动与当前开展的各项道路交通安全集中整治专项行动结合起来，加大对交通违法行为的查处力度，重点针对国、省道、G3014高速公路等重点路段严查“三超一疲劳”（超速、超员、超载和疲劳驾驶）、酒后驾驶、无证驾驶、夜间违法停车、涉牌涉证等严重交通违法行为，始终保持严管高压态势。5年共查获各种交通违法行为84 650起，因醉酒驾驶拘留260人次，暂扣各类车辆2 840辆次，检查登记7座以上客运车辆21 170辆次。开展春运、百日行动、“三超一疲劳”、农牧区道路整治等行动，改善各族群众的出行环境。同时，在每年春节、“两会”、元宵节、“五一”、中秋节、“十一”等重大假日、那达慕、中国环塔（国际）拉力赛（环塔克拉玛干汽车摩托车越野拉力赛）、元宵社火及各级重要会议等活动期间，抽调警力全面做好交通安全保卫活动，确保各项活动期间的交通安全。其间，2014年，G3014高速公路全线正式通车，和布克赛尔县管辖3014高速公路全长154千米，经县编办同意成立G3014高速公路管理大队，对过往车辆进行巡逻检查，在高速公路上加大与路政、高速公路管理局、运管等部门的配合，杜绝各类交通事故的发生。

（二）交通安全宣传

2005—2015年，县公安局交警大队始终将安全宣传作为预防交通事故的主要措施，积极组织开展“六进”（进农村、进社区、进学校、进单位、进企业、进家庭）宣传活动，在春耕、秋收等农忙季节深入到田间地头与群众面对面开展宣传，通过讲解交通安全知识、发放宣传单、悬挂安全横幅、摆放事故警示展板、手机短信提示、微信群发安全信息等多种方式，不断提高机动车驾驶人、各族农牧民群众、单位职工、中小学生的交通安全意识，全力预防交通事故发生。11年间，交警大队共开展各类宣传活动3 400余次，深入农村、牧场、团场等地发放宣传单12.23万余份，制作悬挂宣传横幅2 500余条，发送安全提示短信、微信6 000余条，展出宣传展板5 300余块，上交通安全课330余次，受教育群众达到6.88万余人。

### 第七节 安全保卫

1993—2008年，县公安局积极做好大型群众活动安全保卫工作，为辖区群众创造良好的社会治安环境。先后圆满完成那达慕大会、春节、元宵节、国庆节等重大节假日各项活动安保工作。

2009—2015年，和布克赛尔县群众性活动频繁举办，群众自发性大型活动密集，该类活动由于规模大、参与人员多，安保任务逐渐增大。为加强大型活动安全管理，县公安局及时动员部署，细化安保方案，明确职责任务，在活动举办前夕，认真组织开展社会治安集中整治，净化社会治安环境，为安保工作扫平治安障碍。活动期间，加强活动现场周边道路的交通疏导及巡逻管控工作，严格落实安检措施，加强各点位、各部门的工作对接，及时发现整改安保工作中的隐患。全体民警坚守执勤岗位，文明执勤，先后圆满完成元宵节、"纳吾尔孜节"文艺晚会、和布克赛尔县"两会"、中国环塔（国际）拉力赛、和布克赛尔县江格尔文化旅游节暨那达慕大会、"亚欧博览会"、和布克赛尔县党代会等多项大型安保任务。

### 第八节 监所管理

和布克赛尔县看守所2001年启动新建工程，2003年6月正式投入使用。2009年9月，完成供暖工程改造，接入集中供暖。

2011年，县看守所成立医务室，同时与县人民医院签订医疗合作协议开通绿色通道，配备医务人员，按需购置10余种医疗器械及50余种药品。县看守所医务室成立后对每名入所人员进行健康检查、日常巡诊和消毒，预防各种疾病传染，杜绝在押人员非正常死亡。

2012年9月，投资2万余元将供水管网与自来水公司管网连接，自来水接入看守所，确保在押人员的饮水安全。

2014年10月，投入100余万元完成看守所执法功能区和信息化改造。对监区进行改建，在原有基础上对监室进行地暖改造，床位制改为床铺制。同时，加大办公区、办案区、监控区的改建力度，新增执法功能区。

2015年10月，县看守所AB门建成投入使用。AB门的交付使用，真正达到监所与武警中队"共建、共管、共保安全"的双向互动工作目标。同年12月，县看守所建成符合新形势下监管有力、执法功能完善的全国二级看守所。

## 第二章 检 察

### 第一节 机构队伍

1993年，和布克赛尔县人民检察院（简称"县人民检察院"）内设办公室、刑事检察科、经济检察科、法纪检察科、控告申诉科，共有干警20人。

1995年，增设刑事检察二科、监所检察科。

1997年，原经济检察科撤销，成立和布克赛尔县人民检察院反贪污贿赂局（简称“县反贪局”）；原刑事检察科改名为审查起诉检察科，原刑事检察二科改名为审查批捕检察科，两科分设。

2001年，设审查批捕检察科、审查起诉检察科、反贪污贿赂局、法纪检察科、控告申诉（民事行政检察）科、监所检察科、办公室。

2002年8月6日，审查批捕检察科更名为侦查监督科，审查起诉科更名为公诉科，法纪检察科更名为渎职侵权科，增设政工科。

2006年3月，原渎职侵权科更名为反渎职侵权局。

2013年3月，增设案件管理办公室、职务犯罪预防科；同年11月，民事行政检察科与控告申诉检察科分设。

2015年，县检察院内设办公室、政工科、公诉科、侦查监督科、控告申诉检察科、民事行政检察科、监所检察科、反渎职侵权局、反贪污贿赂局、案件管理办公室、职务犯罪预防科等11个科、局室，共有干警30人。

## 第二节　侦查监督工作

县人民检察院坚持把维护社会稳定作为首要任务，通过加强审查批捕和审查起诉工作，密切协同公安、法院等部门，坚持“从重从快”的方针，依法严厉打击各种刑事犯罪活动。

1993—1997年，共受理审查逮捕案件127件162人、批准逮捕120件150人。

1998—2002年，共受理审查逮捕案件114件188人、批准逮捕102件169件。

2003—2007年，共批准逮捕164件250人。2008—2010年，共批准逮捕102件169人。

2011—2015年，共受理审查逮捕案件116件207人，批准逮捕108件187人，不批准逮捕8件20人。

## 第三节　公诉工作

县人民检察院认真落实社会治安综合治理措施，积极参与和布克赛尔县社会治安防控体系建设和对突出治安问题的集中整治，针对办案中发现的问题，及时提出检察建议，预防和减少犯罪，确保社会大局稳定。

1993—1997年，起诉案件80件138人。1998—2002年，起诉135件215人。2003—2007年，起诉223件302人。2008—2010年，起诉210件296人。2011—2015年，受理公安机关移送审查起诉案件242件350人，受理县人民检察院反贪局、反渎侵权局移送起诉案件15件18人，移送法院审查起诉案件230件330人，不起诉24件35人，移送地区分院3件3人。所有案件均在法定时限内办结。

## 第四节　反贪污贿赂工作

县人民检察院坚决落实县委关于推进党风廉政建设和加强反腐败斗争的总体部署，始终把查办职务犯罪放在突出位置，努力以查办和预防职务犯罪的实际成效服务发展、取信于民。

1993—1997年,共查处贪污贿赂案件83件88人。1998—2002年,共查处贪污贿赂案件45件50人。2003—2007年,共查处贪污贿赂案件16件17人。2008—2010年,共查处贪污贿赂案件10件10人。2011—2015年,共初查贪污贿赂案件线索16件17人,立案9件9人,移送起诉9件9人。

## 第五节　反渎职工作

县人民检察院认真履行法律赋予的职责,加强惩治和预防渎职侵权工作,加大查办渎职侵权犯罪力度,不断提高立、办案件数量和质量,推进依法行政和公正司法,维护社会公平正义,保护人民群众合法权益。

1993—2010年,县反渎职侵权局共初查渎职侵权案件线索46件。2011—2015年,共初查渎职侵权案件线索24件26人,立案7件10人,移送起诉6件9人,撤诉1件1人。在办理案件过程中严格规范侦查活动,落实各项办案安全防范措施,不断强化人权意识,证据意识,程序意识,实行讯问犯罪嫌疑人全程同步录音录像,规范执法行为,确保办案质量。与县人民医院签订办案工作区医疗服务《绿色通道协议》,建立医疗服务“绿色通道”,实现办案安全事故零发生。

## 第六节　预防职务犯罪

县人民检察院与各成员单位签订责任书,形成各成员单位相互配合、相互协作,统一领导、齐抓共管,各负其责的预防工作大格局。要求各成员单位对重大基础设施、民生工程项目建设、对容易诱发职务犯罪的关键环节、关键部位建章立制,加强管理和监督,堵塞漏洞。

1993—2015年,县人民检察院上预防法制课50次,开展预防宣传120次,受教育人数2万余人。在县医院、县畜牧局等单位开展预防职务犯罪警示教育工作。利用举报宣传周,深入9个乡镇场宣传检察职能共散发传单1.5万余份,展出挂图、板报50场次,播放宣传录音300小时,积极为群众提供法律咨询服务,引导群众依法、理性解决诉求,检举揭发职务犯罪。通过查办职务犯罪,对发案单位、行业主管部门等提出预防职务犯罪的对策和建议。共发出检察建议20件,督促发案单位出台预防性制度,体现侦防一体、惩防并重、资源整合的法律效果。

## 第七节　监所检察

县人民检察院按照“一级规范化检察室”的要求,加强对刑罚执行和监管活动的监督。

1993—2010年,对看守所进行安全检查35次。2011—2015年,与公安、法院、司法行政部门,对社区矫正人员进行专项检查10次,开展看守所安全防范检查150次,提出口头建议110次;召开联席会议60次,每年对在押人员开展法制宣传教育2次。加强规范化驻所检察室建设,完成“两网一线”(监控联网、信息联网、检察专线)铺设工作。

### 第八节　民事行政检察

2001年，县人民检察院设置控告（民事行政检察）科后，认真贯彻修订后的《中华人民共和国民事诉讼法》和《人民检察院民事诉讼监督规则》，积极探索新形势下民事行政检察监督工作新途径，加大对法院民事、行政审判、执行活动的法律监督力度。

2007年，县检察院民事、行政检察部门共受理各类民事行政申诉案件4件，初查4件，其中提请抗诉1件，建议提请抗诉2件，终止审查1件。

2011年，共受理各类民事申诉案件8件8人，经审查立案3件，建议提请抗诉3件，被分院采纳2件2人，其中办理民事和解1件，服判息诉案件5件5人。

2012年，共受理各类民事行政申诉案件8件，经审查决定立案6件，其中2件提请上级院抗诉，4件终止审查，2件做当事人服判息诉工作。其后至2015年，未受理民事行政申诉案件。

### 第九节　控告申诉

县人民检察院从促进社会和谐出发，把依法化解社会矛盾放到更加突出的位置，坚持检察长接待制度，完善带案下访制度，落实首问、首办责任制，尽力将矛盾化解在源头。

1993—2015年，共受理群众来信来访280件（次），检察长接待日批办150件。扎实开展民生面对面活动，组织检察官每月一次深入社区和老百姓面对面，了解人民群众的诉求，为群众提供法律咨询服务，从源头上预防和杜绝涉检信访案件的发生。对县委、县人大转办、交办的案件依法认真办理，切实解决涉检上访问题，23年内未发生越级上访案件。

## 第三章　法　院

### 第一节　机构队伍

1993年，和布克赛尔县人民法院（简称“县人民法院”）内设办公室、刑事审判庭、民事审判庭、经济审判庭、行政审判庭，派出机构有和什托洛盖镇人民法庭和伊克乌图布拉格人民法庭。全院共有干警45人。

1995年，设立告申庭和执行庭。2000年1月，撤销伊克乌图布拉格人民法庭。2002年8月，县人民法院机构改革，内设办公室、纪检组（监察室）、政工科、立案庭、民事审判庭、刑事审判庭、行政审判庭、审判监督庭（督察室）、执行庭、司法警察大队，派出机构有和什托洛盖人民法庭。全院共有干警48人。

2015年，和布克赛尔县人民法院的内设及派出机构未变，共有干警54人。

### 第二节　刑事审判

1993—2000年，和布克赛尔县人民法院坚持以事实为依据，以法律为准绳，依法办理刑事案件，维护社会治安，保障公民的合法权益，为社会主义建设的深入推进提供有力的司法保障。期间，根据案件审理的情况分析有挪用公款罪、贪污罪、交通肇事罪、合同诈骗罪、非法拘禁罪、敲诈勒索罪、偷税罪以及盗窃、故意伤害、强奸罪。其中盗窃、故意伤害、强奸罪等犯罪是和布克赛尔县刑事犯罪的主要类型，也是打击防范的重点。犯罪人数多集中于青年。县法治部门加强对青少年的法制宣传教育，坚持打防并举的方针，以惩罚为手段，达到教育的目的。

2001—2005年，根据案件审理分析有盗窃、故意伤害罪、强奸罪、交通肇事罪、故意毁坏财物罪、贪污罪等案件。从案件类型分析，和布克赛尔县盗窃、故意伤害、交通肇事、强奸罪呈上升趋势，且犯罪人多数为青少年和农牧民。盗窃案件多发生在农牧区，盗窃对象主要是牲畜，故意伤害案件多发生在青少年中，交通肇事案件的多发与和布克赛尔县个体营运车辆的快速增长、驾驶员低龄化、驾驶技术不熟练等有着密切的关系。

2006—2010年，根据案件审理分析有盗窃罪、故意伤害罪、强奸罪、交通肇事罪、故意毁坏财物罪、贪污罪等案件。从案件类型分析，盗窃、故意伤害、交通肇事罪仍然是和布克赛尔县刑事犯罪的主要类型，且犯罪人多数为青少年和农牧民，盗窃案件多发生在农牧区，盗窃对象主要是牲畜和家庭财产，故意伤害和抢劫案件多发生在青少年中；同时，农民工工资纠纷引发的案件也时有发生，交通肇事案件的多发与近年来和布克赛尔县个体营运车辆的快速增长，驾驶员低龄化，驾驶技术不熟练等有着密切的关系。

2011—2015年，根据案件审理分析有盗窃罪、故意伤害罪、强奸罪、交通肇事罪、故意毁坏财物罪、贪污罪、侵犯财产罪、诈骗罪、非法持有枪支弹药罪等。其中，盗窃、故意伤害、交通肇事罪仍然是和布克赛尔县高发犯罪案件。

## 第三节 民事审判

县人民法院始终坚持贯彻主体平等的审判原则，注重法律效果和社会效果的有机统一，提高司法审判能力，确保公正与效率，推进司法为民能力建设，促进社会的和谐稳定。

1993—2000年，县人民法院共受理民事案件2 417件，结案2 309件。根据受理案件情况分析，主要民事案件有继承案件、赔偿案件、人身权案件、婚姻家庭案件、债务案件、买卖纠纷案件、抚养纠纷案件、财产分割案件、房产纠纷案件、牲畜纠纷案件等。根据数据分析，婚姻家庭问题是和布克赛尔县的突出问题，而且离婚案件逐年上升。县法治部门针对离婚案件增多的实际情况，加强法制宣传，引导全社会都来关心妇女儿童，从而维护家庭和谐和社会稳定。

2001—2005年，共受理民商事案件1 769件，审结1 741件。根据受理的民商事案件分析主要有离婚纠纷案件、继承纠纷案件、抚养费纠纷案件、合同纠纷案件、侵权纠纷案件等。在审理案件中，婚姻家庭案件仍占很大的比例。除此之外，欠款纠纷、土地使用权出让合同、人身损害赔偿、医疗服务合同、加工承揽合同、土地草场使用权纠纷案件不断增多，且复杂性、多发性纠纷也增多。

2006—2010年，共审理民商事案件1 326件，审结1 583件。根据民商事案件分析，以离婚纠纷、抚养关系纠纷、民间借贷纠纷、买卖合同纠纷为主。其中，合同纠纷占民商事案件的第一位，其次为借款合同纠纷案件、买卖合同纠纷案件、承揽合同纠纷案件。权属、侵权纠纷也逐年上升。同时，县人民法院认真贯彻“能调则调、当判则判、调判结合、案结事了”的立法精神，尽可能引导当事人在自愿平等、互相谅解的基础上达成调解协议，调撤率逐年上升。

2011—2015年，共受理民商事案件2 140件，审结1 974件。根据民商事案件分析，以离婚纠纷、抚养关系纠纷、民间借贷纠纷、买卖合同纠纷为主。民商事案件逐年增多，县人民法院坚持“调解优先、调判结合”的工作原则，不断加大调节力度，化解各种矛盾纠纷，调撤率逐年增长。其间，2013年，和布克赛尔县人民法院调撤率位列地区基层院之首，获“法院调解工作先进单位”。

**1993—2015年和布克赛尔县人民法院民事案件收结情况表**

表24－2　　单位：件、%

| 年份（年） | 收案 | 结案 | 结案率 | 年份（年） | 收案 | 结案 | 结案率 |
|---|---|---|---|---|---|---|---|
| 1993 | 186 | 178 | 95.7% | 2005 | 324 | 323 | 98.77% |
| 1994 | 204 | 188 | 92% | 2006 | 290 | 288 | 99.3% |
| 1995 | 359 | 336 | 93.6% | 2007 | 279 | 276 | 98.9% |
| 1996 | 333 | 324 | 97.3% | 2008 | 137 | 106 | 77.4% |
| 1997 | 333 | 307 | 92.2% | 2009 | 312 | 300 | 96.2% |
| 1998 | 372 | 360 | 97.7% | 2010 | 308 | 290 | 94.2% |
| 1999 | 308 | 300 | 97.4% | 2011 | 495 | 473 | 95.5% |
| 2000 | 322 | 316 | 98.1% | 2012 | 277 | 268 | 96.9% |
| 2001 | 437 | 434 | 99.3% | 2013 | 297 | 293 | 98.7% |
| 2002 | 305 | 299 | 98% | 2014 | 401 | 301 | 75.05% |
| 2003 | 377 | 368 | 97.67% | 2015 | 669 | 612 | 91.43% |
| 2004 | 326 | 317 | 97.24% | | | | |

## 第四节　经济审判

1993—2000年，和布克赛尔县人民法院依法受理经济案件149件，审结126件，主要案件类型为企业破产案件、金融企业的逾期贷款拖欠问题的审理。审理企业破产案件，严格依照《中华人民共和国企业破产法》《中华人民共和国民事诉讼法》规范破产程序，加快和布克赛尔县经济体制改革和企业改制工作，保障债权人和债务人的合法权益。由于法院内部改革，2001年经济庭撤销。

**1993—2000年和布克赛尔县人民法院经济案件收结情况表**

表24－3　　单位：件、%

| 年份（年） | 收案 | 结案 | 结案率 |
|---|---|---|---|
| 1993 | 19 | 20 | 105% |
| 1994 | 29 | 28 | 96.5% |
| 1995 | 21 | 19 | 90.5% |
| 1996 | 11 | 10 | 90.9% |
| 1997 | 20 | 18 | 90% |
| 1998 | 12 | 10 | 83.3% |
| 1999 | 12 | 5 | 41.7% |
| 2000 | 25 | 16 | 64% |

## 第五节　行政审判

1993—1998年，县人民法院受理行政案件8件，审结8件，结案率100%。申请执行的行政案件30件，结案27件，结案率85%。行政案件主要类型为土地纠纷案件、行政执行案件。由于行政案件案源少，宣传力度不够，群众对行政诉讼法了解少，存在阻碍大、干扰大、处理难等问题。

1999—2005年，共受理行政诉讼案件16件，审结16件，审结率100%。行政申请执行案件24件。案件主要类型为行政案件、行政赔偿案件。该期间，和布克赛尔县非诉行政案件大幅上升，共受理非诉行政案128件。针对非诉行政案件存在的问题，县人民法院邀请县城建局、信访局、残联、环保局、质量技术监督局及县人大、检察院、信访局召开"非诉行政申请强制执行案件有关事宜座谈会"并形成会议纪要，作为以后行政机关申请人民法院强制执行及人民法院审查非诉行政案件的参考依据。

2006—2010年，共受理行政诉讼案件21件，审结19件，审结率90.48%。受理行政非诉案件12件，审结5件，裁定准许执行5件，裁定不准许执行2件。主要受理劳动和社会保障、药草专卖、税务全县棚户区改造等行政诉讼案件。

2011—2015年，共受理行政诉讼案件17件，审结13件，审结率76.47%。受理行政非诉案件11件，审结11件。主要受理房屋拆迁、不服颁发房屋产权证书的具体行政行为等案件。

## 第六节　审判监督

2000年起，县人民法院高度重视审判监督工作，以法院机构改革为契机，于2003年成立审判监督庭，对近3年的发回重审案件进行清理，共审理发回重审案件29件。

2004年，依审判监督程序共受理已发生效力的案件9件，受理各类发回重审案件24件。

2005年，受理审判监督案件2件。完善以立案庭为主体、流程管理为中枢的监督体系；以纪检监察为主体、查出违法违纪和预警防范为中心的监督体系；以政工科等部门为主体、考评管理机制为中心的监督体系。

2006—2007年，共受理审判监督案件2件。和布克赛尔县人民法院改革信访处理机制，疏通信访渠道，加强信访力量，先后对县委政法委、县人大等转办的16件信函予以答复。

2008年，县人民法院建立案件监督管理机制，同时将全院案件评查工作归入审判监督庭，对于评查案卷规范化起到积极作用。

2009—2014年，审判监督庭坚持月月评查，每季度通报，使案件评查工作步入规范化轨道。在开展"百万案件评查"工作中，共评查各类案卷2 429件，发案件质量评查分析督查通报8篇，对全院在规定评查期间已审结、执结的案件评查比例达到100%。制定《和布克赛尔县人民法院工作作风监督督察工作办法》，定时不定时地对审执作风、工作作风进行检查20余次。其间，2013年，县法院公正指标、效率指标、效果指标的综合指标居地区基层人民法院第三名。

2015年，以"加强和完善法院案件质量管理与监督，全面客观评查案件质量，提高审判质量和效率"为宗旨，共评查各类案卷788件，评查率100%。

## 第七节　执行工作

县人民法院加强执行工作，提高执行效率，通过狠抓源头，筑牢根基，加大力度等方式，创新执行机制。

1993—2000年，共受理执行案件712件，执结545件，主要案件类型为刑事附带民事案件，民事案件，行政机关申请强制执行的案件。县人民法院开展执行年活动，加强执行领导工作，针对执行难问题，召开执行督促大会，在县城、和什托洛盖镇、东三牧场进行巡回宣传法律。特别是在"执行年、公正年"活动中，针对执行难的问题，强化执行措施，以中央111号文件和《人民法院五年改革纲要》的精神为指针，依法对具有履行能力而抗拒义务的当事人采取强制措施。

2001—2005年，共受理执行案件817件，执结624件。根据案件分析执行案件受案数下降幅度较大，主要原因是在民事案件的审判中，注重调解，案件调解率上升，部分案件当事人达成协议后主动履行，非诉行政案件大量减少。

2006—2010年，共受理执行案件528件，执结369件。以全国"集中清理执行积案"活动为契机，不断深化执行工作机制改革与创新，执行案件逐年降低。

2011—2015年，共受理执行案件850件，执结718件。全力破解"执行难"问题，深化执行工作机制改革与创新，逐步建立健全执行工作监督体系，执行工作威慑与联动、执行快速反应，执行救助制度等长效机制，开展集中清理执行积案等活动，通过"自治区无执行积案先进法院"考核验收，提高执行质量和效率。

**1993—2015年和布克赛尔县人民法院执行案件收结情况表**

表24-4　　单位：件、%

| 年份（年） | 收案 | 结案 | 结案率 | 年份 | 收案 | 结案 | 结案率 |
|---|---|---|---|---|---|---|---|
| 1993 | 178 | 110 | 61.8% | 2005 | 122 | 70 | 57.4% |
| 1994 | 32 | 29 | 91% | 2006 | 122 | 74 | 60.7% |
| 1995 | 70 | 62 | 88.6% | 2007 | 111 | 82 | 74% |
| 1996 | 79 | 65 | 82.3% | 2008 | 108 | 62 | 57% |
| 1997 | 62 | 51 | 82.2% | 2009 | 124 | 101 | 81.4% |
| 1998 | 58 | 43 | 74.4% | 2010 | 63 | 50 | 79.4% |
| 1999 | 113 | 91 | 80.5% | 2011 | 356 | 326 | 91.7% |
| 2000 | 120 | 94 | 78.3% | 2012 | 80 | 77 | 96.2% |
| 2001 | 205 | 180 | 87% | 2013 | 83 | 80 | 96.4% |
| 2002 | 141 | 115 | 81.6% | 2014 | 119 | 76 | 63.8% |
| 2003 | 219 | 157 | 71.69% | 2015 | 212 | 159 | 75% |
| 2004 | 130 | 102 | 78.5% | | | | |

# 第四章　司法行政

## 第一节　机构队伍

### 一、行政机构

1993—2014年，和布克赛尔县司法局(简称"县司法局")内设办公室、公证律师管理科、基层科、普法办、法律服务所、社区矫正科，法律援助中心，有干部职工28人。下辖11个乡镇场司法所，有专职司法助理员11人。

2015年，县司法局内设办公室、法制宣传科、政工科、计财装备科、基层科、公律科、法律援助科，律师事务所，有干部职工34人。下辖11个乡镇场司法所及11个法律援助工作站，共有工作人员11人。

### 二、业务机构

*县律师事务所*　1993年，有专职律师3人。2006年，成立法律援助中心，有专职律师2人。2015年，有专职律师1人。

*县公证处*　1993年，有工作人员3人，2015年，有工作人员2人。

## 第二节　法制宣传

1993—1997年，县司法局以法律法规为重点，组织全县各族干部群众有针对性地学习国家基本法律常识，促进各项事业的依法管理。发放《公务员法规知识读本》《青少年法规知识读本》《个体工商户法规知识读本》《中华人民共和国刑事诉讼法》《中华人民共和国婚姻法》《民族事务条例》等普法教材4 679册。举办培训班5期，普法对象总人数32 611人。其中，县级领导24人，副科以上干部383人，一般干部3 135人，工人11 329人，农牧民13 507人，学生2 920人，个体工商户1 313人。

1998—2000年，县司法局继续深入开展法制宣传工作，加大对全县领导干部和中小学生农牧民、企业工商户的宣传教育力度。发放《中华人民共和国公司法》《中华人民共和国企业法》《中华人民共和国刑法》《中华人民共和国刑事诉讼法》《中华人民共和国行政处罚法》《青少年法规知识读本》《个体工商法规知识读本》《国家公务员法规读本》等普法教材17 009册，举办培训班5期，普法考试3次，散发宣传单8 000余份，出动宣传车18辆20次，电台宣传播放累计100小时。全县普法对象总数33 310人。其中，县级领导34人，副科级以上389人，一般干部3 135人，职工11 392人，农牧民13 374人，中小学生2 920人，个体工商户1 313人，流动人口683人，宗教人员70人。举办培训班17期，大型宣传20次，散发宣传单2万余份。

2001—2005年，县司法局加大全县普法宣传工作力度，发放《维护新疆稳定法律知识读本》《干部法律知识读本》《青少年法律知识读本》《宪法学习手册》《四五普法知识问答》《外来务工人员法律知识》等相关普法教材5 988册，全县普法对象总数33 310人。其中，县级领导34人，副科级以上389人，一般干部3 135人，职工11 392人，农牧民13 374人，中小学生2 920人，个体工商户1 313人，流动人口683人，宗教人员70人。

2006—2010年为"五五"普法阶段，普法宣传覆盖全县不留死角。发放《中华人民共和国道路安全交通法》《中华人民共和国村民委员会组织法》《中华人民共和国治安管理处罚法》《中华人民共和国未成年人保护法》《中华人民共和国合同法》《中华人民共和国婚姻法》等普法宣传材料。县司法局开展法治“六进”活动，其中“法制进机关”28个、“法治进乡村”22个、“法治进社区”5个、“法治进学校”15个、“法治进企业”4个、“法治进单位”20个；“五五”普法对象47 570人，举办培训班20余次，法律知识竞赛5次，出动宣传车144辆次，板报评比178次，电视宣传333小时，印发宣传材料5万余份，街头宣传178次，举办法制讲座30次，学校上法制课60次，企业上法制课11次，组织普法考试50次。

2011—2015年为“六五”普法阶段，县司法局在巩固“五五”普法的基础上，继续创新，加强普法宣传形式和力度，深入全县11个乡场镇播放“全国百名法学家百场报告会”光碟，提高全县领导干部法制讲座的质量和水平。订购普法漫画及“六五”普法影像材料，发放到11个乡场镇，普法对象48 672人。打造“一乡一镇一场”一特色品牌，铁布肯乌散乡成立“马背宣调队”，共开展法制宣传123场（次），1 500余名农牧民群众受教育；伊克乌图布拉格牧场的“流动宣调室”，共开展法制宣传126场（次）；和什托洛盖镇利用与兵团接壤的优势，建立兵地联调共宣机制，共进行法治文艺会演4场次。全县组织开展大型宣传40次，出动宣传车844辆次，举办法律知识竞赛6次，板报展评478次，电视宣传433小时，印发宣传材料5万份，举办法制讲座20次，深入各社区上法制课28次，学校上法制课60次，企业上课22次，组织普法考试21次，领导干部法制讲座5次，进行统一考试6次。

## 第三节　人民调解

1993—2000年，县司法局深入开展矛盾纠纷排查工作，积极预防，做到小事不出村，大事不出乡，及时消除矛盾隐患。共受理纠纷368起，成功调解337起，调解成功率91.57%。成功调解中，婚姻纠纷170起，受理纠纷148起，债务纠纷2起，经济纠纷10起，其他纠纷7起。

2001—2005年，在“四五”普法期间，县司法局将普法宣传工作和矛盾纠纷排查工作相结合，在开展普法宣传的同时加大矛盾纠纷排查工作，全县共调处纠纷265起。

2006—2010年，在“五五”普法期间，对全县各族群众开展普法宣传的同时深入开展矛盾纠纷排查工作，全县共调处矛盾纠纷1 014起。

2011—2015年，在“六五”普法期间，县司法局利用普法宣传的同时加大对矛盾纠纷排查工作，共调处矛盾纠纷2 854起。其间，2013年县司法局组织人民调解员业务培训班3次，全县各乡镇场、社区（村队）调委会共调解纠纷973件（书面纠纷536件、口头纠纷437件），调处成功973件，调解成功率100%；排查民间纠纷18起，防止民间纠纷激化和上访事件发生；按照书面调解50元、口头调解20元的标准，及时足额发放“一案一补”资金35 540元，调动各级调解员工作的热情和积极性，维护全县社会稳定。

## 第四节　法律服务

### 一、公证

1993—1998年，县司法局公证处共办理案件114件。其中，继承公证23件，房屋买卖公证30件，委托公证10件，拒绝公证6件，经济公证21件，民事公证7件，其他公证9件。接待来访8人次。收入3万余元。

1999—2002年，办理民事公证32件，经济公证544件，接待来访18人次。收入2万余元。

2003—2005年，共办理合同公证910件。接待来访76人次。收入6万余元。

2006—2010年，共办理案件395件。接待来访193人次。收入2万余元。

2011—2015年，共办理案件393件。接待来访160人次。收入2万余元。

**二、律师事务**

1993—1999年，县律师事务所共代办案件98件，代写法律文书141份。解答法律咨询420人次。

2000—2005年，县律师事务所共代办案件187件，代写法律文书237份，解答法律咨询1 088人次。

2006—2010年，县律师事务所共代办案件970件，代写法律文书618份，解答法律咨询1 508人次。担任法律顾问30家。法律援助26起。其间，2007年，律师事务所代理刑事辩护7起，民事代理18起，法律援助5起，代写法律文书52件，咨询116人次，担任法律顾问7家；法律服务所共担任法律顾问2家，代理诉讼及非诉讼16件，调解纠纷10件，代写法律文书82份，解答咨询131人次。

2011—2015年，县律师事务所共代办案件444件，代写法律文书771份，解答法律咨询1 449人次。其间，2014年律师义务解答法律咨询276人次，代写法律文书37份；受邀请为学校、单位上法制课40课时，办理刑、民、经济案件11件，代理非诉讼法律案件5件，办理法律援助案件7件；法律援助中心受理法律援助案件18件，免费法律咨询16人次，代写法律文书9件，挽回经济损失2.3万元；发放便民服务卡200张，来电咨询16人次，接待来访15人次。通过"12348"法律服务专线电话为广大群众解答法律咨询12人次。

# 第二十五编

# 军　　事

和布克赛尔县的驻地部队、武警官兵弘扬人民军队“听党指挥、服务人民、英勇善战”的优良传统,长期立足军地实际,积极主动作为,与驻地各族人民群众一道,与时俱进,开拓创新,在维护祖国统一、反对民族分裂、保卫边疆、建设边疆的伟大斗争中做出巨大贡献。

# 第一章　人民武装

## 第一节　组织机构

### 一、和布克赛尔县人武部

和布克赛尔县人民武装部(简称“县人武部”)隶属塔城军分区,受地方同级党委领导,县委书记兼县人武部党委第一书记。

1993—2015年,县人武部内设3个科室。

### 二、县基层人武部

1993年,和布克赛尔县辖2个镇、5个乡、4个农场,共设基层人民武装部11个,有部长11人。

2012年4月,和布克赛尔县查和特乡成立,增设查和特乡人民武装部,有部长1人。

2015年年末,全县辖2个镇、6个乡、4个农场,共设基层人民武装部12个,有部长12人。

## 第二节　政治教育

1993—1997年,和布克赛尔县人武部党委认真学习领会江泽民提出的“四个教育”(即爱国奉献、革命人生观、尊干爱兵、艰苦奋斗教育),教育官兵增强爱国奉献的意识,树立正确的人生观、价值观,发扬尊干爱兵的优良传统,培养艰苦奋斗的精神,提高官兵思想觉悟。

1998—2002年,以《军队基层建设纲要》为依据,主要以“打得赢、不变质”“三讲”和“三个代表”重要思想进行学习教育,使官兵树立打得赢和拒腐防变的思想。在工作中讲学习、讲政治、讲正气,培育革命军人为人民服务的意识,提高官兵思想素质。新疆军区副政委肉孜·吾守尔在分区部队检查工作时,对县人武部党委建设、民兵训练等工作给予高度评价并题词;兰州军区副司令员邹庚壬考察时,对县人武部民兵作战部署和演练工作给予充分肯定。

2003—2007年,县人武部贯彻落实科学发展观,履行新世纪新阶段军队历史使命,主要进行“强化战斗精神,提高打赢能力”主题教育活动。开展“赞成就、履使命、迎盛会”系列教育活动,强化官兵战斗精神,统一官兵思想,增强凝聚力。新疆军区司令员邱衍汉检查工作时,充分肯定民兵执勤哨所工作。

2008—2012年,县人武部主要开展学习实践科学发展观教育、坚定社会主义理想信念,履行历史使命教育和缅怀英烈砺斗志,强边固防铸忠诚主题实践活动。学习贯彻中共十八大精神,提高党员干部和职工的思想理论水平。

2013—2015年，县人武部主要以习近平系列重要讲话精神和总政印发的《习近平关于国防和军队建设重要论述选编》为基本教材，开展“牢记强军目标、献身强军实践”“学习践行强军目标、做新一代革命军人”为主题的教育活动，引导部队适应新体制、履行新职能、担当新使命，激励官兵在新起点上开创强军兴军新局面。

**1993—2015年和布克赛尔县人武部受表彰情况表**

表25-1

| 年限(年) | 集体荣誉 | | | 个人荣誉 | | | |
|---|---|---|---|---|---|---|---|
| | 获奖单位 | 荣誉名称 | 授奖单位 | 获奖个人 | 职位 | 荣誉名称 | 授奖单位 |
| 1993—1997 | 县人武部 | 安全管理工作先进单位 | 塔城军分区 | 赵生荣 | 政委 | 三等功 | 塔城军分区 |
| | | 双拥模范单位 | | | | | |
| | | 民族团结先进单位 | | | | | |
| | 后勤科 | 后勤工作先进单位 | | | | | |
| 1998—2002 | 县人武部 | 边防执勤先进单位 | 塔城军分区 | 张维东 | 部长 | 优秀共产党员、三等功 | 塔城军分区 |
| | | 先进县人武部 | | 海热提 | 副部长 | 基层建设先进个人 | |
| 2003—2007 | 县人武部 | 先进县人武部 | 新疆军区 | 杨彦国 | 科长 | 优秀共产党员 | 塔城军分区 |
| | | 民兵放心岗 | | | | | |
| | | 基层建设先进单位 | 塔城军分区 | | | | |
| 2008—2012 | 县人武部 | 基层建设先进单位 | 塔城军分区 | 杨彦国 | 科长 | 优秀机关干部、三等功 | 塔城军分区 |
| | | 安全管理工作先进单位 | | 蒋宏伟 | 科长 | 优秀机关干部 | |
| | | 边防执勤先进人武部 | | | | | |
| | 军事科 | 军事工作先进科 | | | | | |
| 2013—2015 | 县人武部 | 安全管理工作先进单位 | 塔城军分区 | 蔡帅杰 | 干事 | 优秀共产党员、新闻报道先进个人 | 塔城军分区 |
| | | 边防执勤先进人武部 | | 吴海波 | 参谋 | 三等功 | |
| | | 新闻报道先进单位 | | | | | |

## 第三节　军事训练

1993—1997年，县人武部贯彻“严格训练、严格要求”的方针，主要组织轻武器射击、军事地形学、参谋六会等科目训练。民兵主要组织侦察、捕俘、警棍盾牌术等课目训练，并组织民兵应急分队进行防暴演练。专武干部每年组织15～20天军事训练，主要内容有法规制度、基层武装部建设、文书拟制、军事地形学、队列、战术及实弹射击等科目训练。根据分区统一安排部署，更换老旧武器，集中民兵武器统一存放管理，解决以前多点存放混乱、检查管理不便问题。

1998—2002年，坚持“依法治训、按纲施训”的原则，加强对高科技知识、军事理论的学习和训练，提高县人武部首长机关的组织指挥、分析判断和处置突发事件的能力。组织民兵进行战备常识、政策法规、边防常识、队列、战术、轻(重)武器射击、手榴弹投掷、警棍盾牌术、反恐基本技能、边防勤务、战术综合训练、反恐综合演练等科目训练。

2003—2007年，按纲施训、依法治训，采取抓特点、突重点、解难点的方法，完成以反恐维稳为重点的训(演)练任务。县人武部针对辖区维稳形势及驻地敌社情特点，结合上级关于反恐工作指示要求，修改完善各类应急预案。组织民兵应急连进行一线支边战斗、保护重要目标、快速集结等课目的演练，提升民兵应急连军事专业素质和应急处突能力。

2008—2012年，按照“平时能应急、战时能应战”的总要求，狠抓民兵队伍建设，配齐配强专武干部，有针对性组织军事训练和边防执勤。结合民兵整组对民兵队伍进行教育整顿，规范民兵组织资料和民兵整组程序。组织保护重要目标、快速集结等课目演练20余次，组织民兵应急分队进行综合演练和防偷袭演练19次。

2013年，围绕“听党指挥、能打胜仗、作风优良”强军目标，推进国防后备力量建设。依据《民兵预备役军事训练考核大纲》，狠抓机关干部业务技能训练。在分区组织的年终考核中，现役干部体能考核合格率100%。地区在县人武部召开两级人武部正规化建设现场会，部领导按照地区和分区指示，规范作战室、资料室、各类战备库室和民兵武器仓库，完善各类软件资料。根据地区两级人武部正规化建设现场会的要求，分3批组织铁布肯乌散乡、那仁和布克牧场民兵赴阿吾斯奇连赴边合训，分5批组织专武干部和民兵集训。由县人武部指导，两个基层武装部组织民兵分队进驻季节性执勤哨所，依据《和布克赛尔县边境管理规定》要求，按计划在所属辖区内开展边防执勤工作。

2014年，按照中央军委和军区命令组建生产连，隶属县人武部。依据《军事训练考核大纲》《民兵预备役军事训练考核大纲》，主要抓好县人武部和生产连军事技能训练，坚持对体能课目周测月考，生产连很快形成战斗力。在分区组织的年终考核中获全地区现役干部队列指挥第武干部理一名、专论考核第一名、民兵战备拉动第二名。

2015年，依据《军事训练考核大纲》、新疆军区《2015年军区部队屯垦部队军事训练任务安排》和分区指示要求，突出官兵体能素质的训练，每周安排2个5千米和3个3千米，每月考核一次；落实特种射击训练，每周安排射击技能训练不少于半天，每月组织实弹射击不少于2次；突出防爆技能训练，安排擒敌技术、防暴装备器材操作使用等训练内容不少于1天；加强维稳特情处置训练，提高官兵应急处突事件能力，每周王上午组织防偷袭和支援行动演练。县人武部先后2次组织专武干部进行集中培训，围绕增强事业心责任感，突出民兵整组、民兵军事训练、情报信息搜集、基层武装部规范化建设等内容，加强对武装工作基本理论、基本技能、基本业务、基本方法的学习训练，针对基层建议，增加警棍盾牌术训练、微机操作技能等武装业务必备基本技能训练。

## 第四节　基础设施建设

1993—1997年，军区投资200万元修建县人武部办公楼和家属楼1 630平方米。

1998—2007年，军区投资100万元装修机关楼，建成图书室及双拥及民族团结展厅。

2008—2012年，县委、县人民政府先后投资1 000万元建设民兵训练基地，民兵宿舍、食堂和车库为一体的综合楼，对办公楼、家属院进行抗震加固改造。

2013—2015年，军区投资170万元改造和装修营区、办公楼、住宅楼，投资40万元为连队购置大功能冰箱、蒸箱、洗衣机，体育设施。军区为生产连配发车辆（解放运输车、依维柯巡逻车、三轮摩托车）。完成生产连选址和新建筹备工作。

## 第五节　拥政爱民

1993—1997年，县人武装对6名贫困学生进行对口帮扶，资助贫困学生完成学业，累计帮扶资金8 000元。为贫困家庭和孤寡老人捐赠被子40床，大米、面粉1 000公斤，清油1 500公斤。参加植树2 000余株，义务劳动200多个工作日。

1998年，和布克赛尔县连降大雪，造成牲畜大量死亡，县人武部及时为对口帮扶单位送去生活物资，大米4袋、清油100公斤。

2002年，先后出动150人，车辆40台，清运垃圾800多吨，改善县城及周边地区环境。为福利院老人种花、种草，帮老人理发、看病，同老人谈心聊天。

2004年，和布克赛尔县发生牲畜疫情，县人武部发动干部职工捐款3 200元。

2005年，和布克赛尔县突发暴风雪，气温骤降，全县4个牧场遭受严重损失，县人武部发动干部职工捐款捐物，支援灾区5 000余元。

2008—2012年，县人武部与巴音西尔格社区建立军民共建单位，进行军地联谊活动6次，帮助社区美化环境，清理社区垃圾。帮孤寡老人打扫房间卫生。对和布克镇巴格荧社区1名哈萨克族特困学生进行资助，官兵共捐款3 500元；对另一名贫困学生每月资助200元，5年共资助1.2万元。组织干部职工参加地方组织的“植树造林、美化家园”活动，植树1.3万平方米6 000株。

2013—2015年，县人武部领导每人每年出资1 500元资助3名贫困学生。针对牧民缺乏技术资金、缺少生产资料的实际，县人武部与牧场党委经过多次调查、论证，3次与县畜牧兽医局协商，采取“扶贫资金拨一点、县人武部共建资金拿一点、牧民个人掏一点”的办法，筹集资金60多万元购买奶牛63头，现场发放到牧民手中；协调县防疫站进行防病知识培训，积极做好鲜奶回收、销售、加工等服务工作；协调县人民政府投入57万元，为巴嘎乌图布拉格村建成总面积400平方米的文化活动室，并为其购置电视机、电脑、图书、音像资料和文体器材；与生产连一起与5家贫困户建立长期帮扶关系；帮助布斯屯格牧场搬运土豆40吨；出动专武干部和独立连参加县人民政府组织的“植树造林、美化环境”活动，植树3 000余株；定期为贫困家庭送去米、面、油等慰问品。1993—2015年，县人武部连续被和布克赛尔县评为军民共建模范单位。

## 第六节　兵　役

### 一、义务兵

1998年12月29日，第九届人大常委会第六次会议审核通过《中华人民共和国兵役法修正案》，1999年开始实施。

2009年，全军深化士官制度改革工作会议决定，增加高技术专业士官编制、调整士官军衔制度、改进士官选拔办法。同年，国防部征兵办公室颁布《女兵征集工作试行办法》。

2010年，为规范直接从非军事部门招收士官工作，根据《中华人民共和国兵役法》《中华人民共和国征兵工作条例》以及有关规定，制定《中国人民解放军士官管理规定》。

2013年，经国务院、中央军委批准、国防部征兵办公室通知，全国征兵时间由冬季征兵调整为夏季征兵，即调整为每年7月、8月开始征兵，9月1日批准入伍，9月30日征兵结束；同步建立新兵“先训后补”机制，新兵集中训练后补入部队。2013年以前入伍老兵的退役时间仍为11月底至12月初，2013年以后入伍士兵的退役时间为8月底至9月初，服兵役时间仍为《兵役法》规定的两年。

### 二、预备役

根据1984年颁布的新《兵役法》，实行民兵与预备役相结合，民兵训练即预备役训练。县人武部为每名预备役人员建立档案。

### 三、征兵工作

1993—2012年，专武干部到乡镇场上门宣传，用贴海报的方式进行征兵宣传教育。2013年6月开始征兵工作，实行网上预征报名，对报名人员进行网上审核，合格后进行体检、政审和定兵。对全部合格人员进行为期10天的适应性训练，考察应征人员身体素质。9月1—30日，对体能、身体情况达标人员进行输送工作。

## 第七节　民兵工作

### 一、组织建设

1996年，县人武部对民兵组织重新调整，取消民兵团编制，编民兵应急连1个、专业技术分队1个。之后，按照“精干、可靠、管用”和“招之即来、来之能战”的原则，每年4月调整民兵组织，进行思想教育，评选先进单位和先进个人，对出入转队民兵填写卡片、造册登记。

2003年4月，在和布克赛尔镇、和什托洛盖镇组建民兵反恐分队、民兵专业技术分队。

2005年，根据塔城军分区关于民兵的指示精神，对民兵队伍进行调整改革，全县设应急民兵分队4个。

2011年，新建巴音达拉护路分队1个。对民兵队伍进行改革，缩减编制人数。对全县民兵队伍进行全面考核、排查。对素质偏低，军事弱的民兵进行清理清编，对剩余人员进行强化训练，按人分配任务。

2015年，全县有3支民兵队伍，即应急队伍、支援队伍、储备队伍。其中，应急队伍有4个分队，支援队伍有10个分队，储备队伍有3个分队。

### 二、思想建设

1993—1997年，县人武部对民兵进行《中华人民共和国兵役法》的宣传教育。以邓小平建设有中国特色社会主义理论为指导，以党的基本路线和国防教育为重点，进行坚定社会主义理想信念、光荣传统、爱国主义、边防政策、形势战备及党的民族宗教政策教育，强化“三维护”（维护祖国统一、维护民族团结、维护社会稳定）教育。每年对民兵队伍集中整训一次，进行爱国主义、革命英雄主义、革命传统和革命人生观、价值观教育，增强官兵吃苦意识，奉献意识。利用农闲之际开展“科技之冬”活动40次，有800人受益。

1998—2002年，重点进行以维稳为主要内容的战备形势、民族团结、维护祖国统一、反对民族分裂教育和经常性思想教育。组织民兵队伍认真学习中共中央和江泽民关于西部大开发的指示，引导广大民兵忠实履行职责，参加支援西部大开发，累计授课30余次。被军分区评为边防执勤先进单位、放心岗。

2003—2007年，学习实践"三个代表"重要思想，江泽民系列重要讲话和十五届六中全会精神，贯彻《公民道德建设纲要》和中共十六大精神，加强民兵预备役人员思想道德建设，召开大小会议40余次。

2008—2012年，组织民兵进行"讲党性、重品行、做表率""坚定社会主义理想信念，有效履行我军历史使命""学习实践科学发展观""践行当代军人核心价值观"主题教育，分为4个专题，每月1个专题辅导，采取县人武部统一组织专武干部授课，专武干部组织民兵进行教育的模式进行。共对7个乡民兵进行集中教育。

2013—2015年，组织民兵预备役部队开展当代军人使命教育，专武干部集中授课12次，累计60天，专武干部到辖区民兵点授课200余次。

## 三、军事训练

1993—1997年，县人武部完成全县基干民兵、普通民兵的组织整顿工作，主要训练射击、投弹、刺杀、队列、武器使用、进攻、防御等基本动作，利用地形地物、盾棍术、防暴动作、通信等专业技术，进行综合演练。

1998—2002年，根据地区稳定情况，主要训练内容为侦察、捕俘、警棍盾牌术等防暴科目，组织应急连进行防暴演练，由作战防御向维护地区稳定转变。

2003—2007年，组织民兵应急分队进行综合演练和防偷袭演练15次，提高民兵队伍快速反应和应付突发事件的能力。

2008—2012年，组织民兵应急分队进行综合演练和防偷袭演练15次。每年组织专武干部和民兵应急连，以防暴技能、军事体能和维护社会稳定基本知识为重点内容，按照"连队式管理、院校式教学"的方法进行为期15天的强化训练，提高民兵队伍整体军事素质。

2013—2015年，共组织民兵应急连进行综合演练、防偷袭演练、维稳处突演练10次。每年组织民兵应急连进行为期15天的强化训练，以防暴队形、警棍术、快速集结拉动为主要科目。组织边防民兵队伍跟阿吾斯奇边防连合编赴边执勤训练。

## 四、主要活动

### （一）维护社会治安

1995年，县人武部修改完善《和布克赛尔县军民联防方案》《协助维护社会治安方案》《平暴方案》和《应急分队紧急出动方案》。

1997年，布斯屯格牧场武装部得到群众举报，称有人正在贩卖假币，立即报告场派出所，组织民兵协助派出所干警在牧场一小饭馆内将犯罪嫌疑人抓获，从其身上搜出假币2万元。

2003年8月12日晚，和什托洛盖镇民兵分队巡逻时，发现路基下有2人身负重伤，立即送往医院，1人经抢救无效死亡。经公安机关鉴定，这是一起交通事故，肇事司机逃逸，镇武装部和民兵应急分队协助派出所、交警部门进行搜捕，迅速将肇事司机抓获。

2005年10月，和什托洛盖镇江南大桥发生一起重大交通事故。一辆装满货物的卡车掉到桥底，围观群众堵塞交通。和什托洛盖镇民兵应急分队立即组织抢救伤员，疏导交通，保护现场，直到交警部门处理好现场后才离开，受到上级领导表彰。

2013—2015年，县人武部组织民兵巡逻，对地势平坦易越境地区，长期驻扎民兵执勤分队，做到无一人从辖区内潜入潜出。

（二）边防执勤

1993—1997年，县民兵哨所劝回在争议地区放牧的群众45人次，拦截越境牲畜1 500余头（只）。巡逻边防线265次，共1 500千米。

1998—2002年，组织边防民兵分队对和布克赛尔县73千米的边防线实施不间断管理，主要采取徒步或乘马相结合的方式进行执勤，及时发现可能发生的越界问题，共巡逻367次，阻止边民违法放牧16起，人员21人，牲畜800余头（只）。

2003—2007年，在边境地区修建简易国防公路，逐步实行摩托化巡逻。2005年，有3户牧民搬迁至边境禁区，武装部部长带领民兵应急分队与政府工作人员一同将其妥善安置，并向牧民宣传边防政策，做好思想工作，防止越界问题发生。共阻止边民临界放牧8起13人次，拦截临境牲畜940余头（只）。

2008—2012年，在托乎皆料山口、浩尔爱沟、布茹勒沟修建3个民兵哨所，每年6—10月组织3个乡镇场民兵进点执勤，防止潜入潜出和越界问题发生。阻止边民临界放牧4起5人次，拦截临界牲畜1 200余头（只）。与阿吾斯奇边防连共同巡逻36次342千米。边防民兵分队乘车巡逻223次、3 000余千米。

2013—2015年，县人武部健全党政军警兵民“六位一体”联防共守机制，定期牵头组织边防委成员单位召开边境管控联防会议、分析研究管控现状，部署联防任务。定期联合县边防大队、边防连开展边境踏察、巡逻检迹、清山清边，对边境地区存在的问题进行现场办公，防止越界问题发生。组织边防民兵分队到边防一线执勤，阻止边民临界放牧1起1人次，拦截临界放牧牲畜1 000余头（只）。逢护边员工作日（每月26日）前往边境了解掌握边防情况，发放护边员经费，组织学习相关政策法规。巴音达拉护路分队对铁路、桥梁进行驻守，每天巡逻1～2次，确保铁路运输安全畅通。为加强民兵分队的执勤能力，每年组织3个乡镇场民兵到阿吾斯奇边防连赴边合训，提高边防执勤能力和军事素质。

（三）抢险救灾

1997年，和布克赛尔县持续严重干旱，蝗虫成灾，全县101万公顷草场受灾，牧场草场平均减少50%，打草场减少60%，干旱缺草时15万头（只）牲畜面临危境。9月12日，县武装部下发通知，民兵迅速行动参与抗灾保畜工作。

2000年8月，和布克赛尔县北部连降暴雨导致山洪暴发，洪水冲垮房屋158间，冲毁农田、草场133公顷。民兵预备役人员连续两天两夜奋战在抗洪一线，协助全县抗洪人员救灾，救出灾民100余人，抢修道路9 000米，维修民房50间，挽回经济损失近100万元。

2001年开春，县境普降大雪，北部3个乡、4个牧场受灾严重，山区积雪厚度1米以上。县人武部立即召集民兵参加救援，救出受灾牧民50户，转移牲畜3 800余头，挽回经济损失10万余元。

2004年，铁布肯乌散乡内发现牲畜疫情，根据县委、县人民政府安排部署出动民兵，不分昼夜在全县各重要路口对人畜设卡拦截，进行检疫消毒，防止牲畜进出。对感染疫情的牲畜进行隔离，防止疫情扩散。对未感染的畜群加班加点注射预防针，防止感染。

2005年，全县突降暴雨，和什托洛盖镇、布斯屯格牧场、莫特格乡受到严重洪灾，县人武部抽调民兵，调用车辆，投入到抗洪抢险斗争中。和什托洛盖镇武装部在县人武部指挥下，组织民兵应急分队连续2天2夜奋斗在抗洪第一线，最大限度挽回人民财产损失。

2008年，和布克赛尔县突发暴风雪，气温下降至-40℃，积雪厚50厘米，牲畜冻死、冻伤2万余头（只），县人武部立即组织民兵预备役紧急出动，投入抗灾保畜工作。

2012年8月，县伊克乌图布拉格牧场、查干库勒乡、夏孜盖乡等6个乡镇遭受严重洪涝灾害，县人武部紧急组织民兵，投入车辆，转移群众1 500人、牲畜2 500余头（只），为人民群众挽回经济损失近60万元。

2014年7月，夏孜盖乡遭遇暴雨、冰雹袭击，大量农作物受损，房屋被冲毁，县人武部组织民兵应急分队，赶赴受灾地区进行抢险救，迅速转移受困人员，保护人民生命财产安全。

# 第二章　国防教育与人民防空

## 第一节　组织机构

### 一、县国防动员委员会

1997年，和布克赛尔县国防动员委员会成立，由县“党政军警”17名领导组成，第一主任由县委书记担任。主要贯彻落实新时期军事战略方针，组织实施全县国防动员工作，协调国防动员工作中的经济与军事、军队与政府、人力与物力之间的关系，以增强国防实力。

### 二、县人民防空工作领导小组

2014年10月，和布克赛尔县为认真贯彻落实地区行署《关于印发加快推进县（市）人民防空工作实施意见的通知》精神，成立县人民防空工作领导小组，下设办公室，县人民政府副县长唐江任组长，成员30人。领导小组设在县住房和城乡建设局，办公室主任由县住房和城乡建设局局长兼任，由住建局安排1～2名专（兼）职业务人员负责县人防日常工作。

## 第二节　主要工作

### 一、国防教育宣传

1993—1997年，县人武部每年组织全县各级领导过“军事日”，开展“八一”周末文化广场活动，邀请全县党政工作人员和人民群众参观武器装备、普及军事知识。带领各界代表参观党史、国史、军史文化长廊，阅读国防教育读本。发放《中华人民共和国国防教育》宣传资料300余份。

1998—2002年，对全县党政工作人员、学生、群众进行《中华人民共和国国防法》《中华人民共和国兵役法》《中华人民共和国人民防空法》以及“三维护”（维护国家统一、维护民族团结、维护社会稳定）、艰苦奋斗等方面的教育，对全县各族人民群众进行形势战备教育，发放宣传资料3 000余份。

2003—2007年，根据县委安排，县人武部政委带领30余名党政领导干部，前往距县城50千米外的阿吾斯奇边防连慰问，开展“学习边防历史，体验军营生活，强化国防意识”主题教育活动。县委和县人武部党委始终将边防、辖区稳定作为促进经济发展和社会和谐的重要保证，高度重视国防教育，以实际行动巩固和发展军政军民团结，每年借助“八一”慰问之机，组织全县各界人士进行国防教育宣传活动。

2008—2012年，和布克赛尔县党政军领导带头进行国防教育，在一年一度的“八一”建军日，县四套班子领导成员进行为期一天的“走军营、巡边防、描界碑”活动，引领全县人民普及和提高国防意识，把国防教育纳入全县中、小学的必修课程。

2013—2015年，县人武部以“依法开展国防教育，增强公民国防观念”为主题，组织政府机关150余人进行国防教育专题学习，发放《中华人民共和国教育法》《全民国防教育大纲》等有关法律法规宣传资料500余份；组织县第二中学师生350人进行国防教育宣讲，观看爱国系列影视。

### 二、人防工程与通信警报

2014年10月，和布克赛尔县人民防空办公室成立。2015年12月，县人防工程尚在规划建设中。

县人防办公室成立后，制定《防止敌人突然袭击警报信号通信规定》《战时灯火管制办法》《人民防空工作报告制度》。2015年，开始在各个乡镇场装备一键启动报警器跟县公安局联网，做到一处发现情况，多处预防。县人武部作战值班室建立与战区、分区网上联合作战视屏系统，做到时时与战区、分区作战室保持通联，加强和布克赛尔县情况上报和指挥突发情况处置能力。

# 第三章　武　警

## 第一节　县公安边防大队

### 一、组织机构

1993年，和布克赛尔县公安边防大队（简称“县边防大队”）为副团级单位，隶属武警塔城地区边防支队，下设4个边防派出所（正营级）和1个机动中队（副营级），其中一级派出所1个、二级派出所3个。担负和布克赛尔县3个乡场及新疆生产建设兵团第七师1个牧业营的治安和边境管理任务。至2015年，县边防大队的组织机构情况未变。

### 二、队伍建设

（一）政治工作

1993—2000年，县边防大队开展“认清形势，站稳立场”教育，结合部队所担负的任务和所处环境，因势利导，常抓不懈，提高官兵“反渗透、反分裂、反颠覆、反和平演变”斗争的自觉性和拒腐防变能力。突出进行坚持党对武警部队的绝对领导和坚定社会主义信念教育，以《坚持党的绝对领导》《坚定社会主义信念》等教材为内容，进行热爱党、热爱社会主义、热爱祖国教育。组织党员干部学习邓小平视察南方重要讲话和江泽民在中共十四大上的讲话，增强干部战士对外开放意识和“发展才是硬道理”的深入理解。根据总队“二五”普法规划和要求，学习《法学基础论》《中华人民共和国宪法》《中华人民共和国兵役法》及《中华人民共和国惩治军人违反职责罪暂行条例》,增强官兵法制意识。其间,1994年、1999年,大队先后2次被新疆公安边防总队表彰为先进单位。1996年4月,大队被塔城地区边防委员会评为边境管理先进单位。1998年12月,大队及4个边境工作站被自治区、塔城地区文明委评为精神文明先进单位。

2001—2005年,大队政治工作以“三个代表”重要思想不断提高干部战士的政策理论水平。同时,组织官兵学习贯彻《中华人民共和国现役军官法》《军队转业干部安置暂行办法》,增强官兵事业心和责任心。其间,2002年,大队被新疆公安边防总队表彰为先进单位。2001年12月,大队被自治区复验为自治区级文明单位。

2006—2010年,大队政治工作突出主题教育及其大讨论活动;贯彻学习落实中共十六大 精神和践行“三个代表”重要思想;加强民族团结教育,弘扬抗震救灾精神,宣扬“社会主义好、改革开放好、民族团结好、祖国大家庭好、解放军好”这一主题思想。其间,2006年、2007年,大队先后2次被新疆公安边防总队表彰为安全工作先进单位、大练兵基层先进单位。

2011—2015年,大队党委加强和改进思想政治工作的方式方法,完善“三位一体”(部队、家庭、个人“三位一体”)教育模式,落实部队思想状况分析制度,开展争当优秀士兵(干部)、争创先进单位为主要内容的“双争”活动和“三互”(互帮互助互学)、“四会”(会说、会教、会做、会做思想工作)活动,增强思想政治工作的针对性和有效性。其间,2012年、2013年,大队2次被新疆公安边防总队表彰为安全工作先进单位。2013年3月,大队被县委表彰为警地党组织联创联建先进党组织。2014年1月,大队被新疆公安边防总队表彰为先进大队。2014年2月,大队被地区表彰为地区级民族团结模范单位。2015年7月,大队被地区表彰为民族团结进步示范警营;12月,大队党委被新疆公安边防总队评为先进大队党委。

(二)军事工作

2001—2005年,大队加强对边境重点地域的管控。每年入春后,大量生产作业人员涌入边境管理区,人员增多,比较分散,成分复杂,边境意识淡薄,活动随意性大,对边境管理工作带来压力。大队适时调整边境管理工作,重点在托呼皆料山口、大扎尔沟、善都可塔斯一带开展边境宣传、边境整治、边境巡查工作;在易于通行的山口要道、布置联防队员、护边员、信息员。

2006—2010年,开展“打击暴恐音视频、秋风行动、危爆物品大清查、反恐情侦调查大会战”等专项行动,突出对重点要素的管理,严格落实流入人员100%核查比对,对重点人群和场所实施“责任单位、村队、派出所”三级治理工作机制。在每年各类敏感节点,集中开展“午夜查缉”和边境联合行动,打击和震慑各类违法犯罪活动。从严治警,加大对所属部队“人、车、枪、酒、赌”和部队执勤执法的监管力度,促进部队的正规化建设。

2011—2015年,大队围绕全疆反恐大形势,开展“边境管控七项行动”,固化“党政军警兵民”六位一体联控联管机制,针对边境牲畜盗窃和非法采挖日益猖獗的现状,抽调官兵启动3个边境一线执勤点和2个临时执勤卡点,实施驻点检查和流动巡查,构建“交叉执勤、卡口控面、点线面结合”的防控格局。在部队管理方面,结合总队、支队组织开展的各类培训、竞赛,大队从严把关,推荐基础扎实、领悟能力强的官兵参加培训,归队后组织受训官兵充当小教员,做搞好培训知识的宣讲扩散,实现培训一个,受益一群,最大限度运用好各类培训成果。组织官兵参加总队警务实战培训。组织基层民警到县公安局跟班学习,培养过硬执法人才,实现执法官兵基本法律知识全部受训一遍,专业民警重点培训一批,整体提升队伍能力素质。

### 三、军民共建

1993—1998年，县公安边防大队与县地税局、工商局、保险公司学校等15个单位建立共建关系。

1999年，与克拉玛依钻井工艺研究院、县国税局等8个单位建立共建关系。

2000年，与县人民银行、农行等4家单位建立共建关系。

2001年，与县雪山水泥、宏达盐业责任有限公司、一至三矿等12家单位建立共建关系。

2002年，与县蒙医医院、8116台等5家单位建立共建关系。

2003年，与县劳动和社会保障管理局、养路段等7家单位建立共建关系。

2009年3月9日，县边防大队铁布肯乌散边防派出所出动警力，为群众找回因大风散失的羊群近600只，挽回经济损失32万元。

2010年2月8日，县人民政府春节慰问团到和布克赛尔县边防大队对边防官兵进行春节慰问；3月14日，大队抗雪救灾救援小分队救助辖区群众4人、牲畜780只，挽回经济损失80万元。

2012年，县边防大队慰问牧区东窝子蒙古族贫困户1次；为莫特格乡莫特格村抗洪抢险1次，为莫特格乡吉木格尔村扑灭火灾2次；为驻地第三中学180余名新生进行军训5天；联合县工商局开展以“真爱家庭，远离传销”为主题的打击传销宣传活动1次；与和布克赛尔县委宣传部联合召开警地新闻宣传工作座谈会1次，县委宣传部向大队官兵赠送红色书籍，充分肯定大队在边境维稳、军地共建工作中做出的突出贡献。

2015年7月30日，县林业局慰问县边防大队全体官兵，并进行文艺演出；9月2日，大队与县委宣传部联合举办纪念抗战胜利70周年暨庆祝自治区成立60周年大合唱比赛，以“铭记历史、珍爱和平、建设家园”。

## 第二节　县公安消防大队

### 一、组织机构

1997年，和布克赛尔县公安局消防股设立，正营级，隶属塔城地区消防支队。

2010年，和布克赛尔县公安消防大队（简称“县消防大队”）成立，同时命名应急救援大队，下辖和什托洛盖消防中队，负责全县防火、灭火及各类灾害事故救援工作。至2015年未变。

### 二、队伍建设

#### （一）政治工作

2010—2011年，县消防大队主要学习宣传贯彻中共十七大精神。大队领导高度重视，精心组织，创新方法，教育引导官兵把思想和行动统一到中央的决策部署上来。通过教育，党员干部和官兵的思想理论水平得到很大提升。2011年，县消防大队被县委评为共驻共建工作先进单位、安全生产先进单位。中队有3名战士立三等功。

2012—2013年，开展“坚定信念，筑牢警魂”主题教育活动，紧贴形势任务和官兵思想实际，坚持政治坚定与思想道德纯洁相统一，教育引导官兵坚定中国特色社会主义信念，锤炼忠诚可靠的政治品格，提高防火、灭火和应急救援能力。2013年，县消防中队被消防总队评为基层基础先进中队，大队被支队评为先进基层党组织。中队有1名干部立三等功。

2014年，开展“牢记强警目标、践行消防使命”主题教育活动。以消防总队党委一届三次（扩大）会议确定的“抓基层、强素质、保稳定、促发展”方针为总基调，以坚定信念、牢铸警魂、提升素质、践行使命为主要任务，坚持正面宣传教育灌输，深刻领会习近平系列重要讲话精神实质，牢牢把握新形势下强警目标深刻内涵，强化政治意识、大局意识、忠诚意识和忧患意识，增强工作责任感、紧迫感和使命感，为圆满完成各项工作任务提供强劲精神动力和可靠思想保证。年内，县消防大队被县委评为“拥政爱民先进单位”，县消防中队被消防总队评为基层建设先进中队，大队被支队评为先进大队。中队有1名干部立三等功。

2015年，主要开展“学习践行强军目标，做新一代革命军人”主题教育活动。以学习贯彻习近平系列重要讲话精神为主线，认真贯彻落实中央军委和公安部党委决策部署，围绕军队政治工作时代主题，贯彻整风整改基调，以领导干部为重点，坚持正面教育与纠治问题相结合、弘扬传统与改进创新相统一，着力凝魂聚气、正本清源、革除积弊、激发动力，全面突出政治工作的生命线地位，持续推动消防工作和部队建设科学发展。年内，县消防大队被消防总队评为“基层建设先进大队”，县消防中队被消防支队评为“基层建设先进中队”。大队有1名干部立三等功。

（二）训练

2010—2013年，县消防大队开展“创建铁军中队，深化‘三化’成效”活动。以胡锦涛“努力建设一支‘忠诚可靠、服务人民、竭诚奉献’消防队伍”的总要求为统领，以公安部消防局打造消防铁军工作要求为依据，遵循“编员合理化、装备实用化、训练全员化、考评标准化、攻坚常态化”的原则，以灭火救援“指挥扁平化、处置程式化、队伍专业化”建设为推动力，全面开展铁军中队创建工作，提升部队整体作战能力，更好地履行法定职责。

2014—2015年，开展消防部队实战化大练兵活动。以习近平关于“能打仗、打胜仗”的强军要求为指导，以实战化改革为突破口，坚持战斗力标准，遵循训战一致、科学练兵、注重效益、保证质量的原则，以执勤岗位实战化大练兵活动为抓手，加快转变战斗力生成模式，狠抓部队全员化、常态化训练机制，推动装备、编成训练实战化，大力提升部队灭火救援实战能力，努力建设一支“招之即来、来之能战、战之必胜”的新疆公安消防铁军，忠诚履行职责使命。

## 三、消防监督

2010—2012年，县公安消防大队开展“平安天山”消防安全专项整治行动，做好易燃易爆场所的消防安全工作，检查单位3 091个，发现火灾隐患或违法行为6 669处，督促整改火灾隐患或违法行为6 923处，下发责令整改通知书1 958份，下发行政处罚决定书161份，下发临时查封决定书128份，责令“三停”（停产停业、停止施工、停止使用）单位52家，罚款27.16万元。

2013—2014年，县公安消防大队开展“除火患、保平安”“打非治违”“迎亚博、保平安”等消防安全专项整治行动，共检查单位3 848个，发现火灾隐患或违法行为6 033处，督促整改火灾隐患或违法行为5 934处，下发责令整改通知书1 812份，下发行政处罚决定书121份，下发临时查封决定书28份，责令“三停”单位26家，罚款42.36万元。

2015年，开展夏季消防检查灭火救援专项行动、危险化学品灭火救援准备工作专项行动、消防执法腐败问题集中整治专项行动，共检查单位2 156个，发现火灾隐患或违法行为3 002处，督促整改火灾隐患或违法行为3 002处，下发责令整改通知书1 012份，下发行政处罚决定书82份，下发临时查封决定书18份，责令

"三停"单位23家,罚款141.55万元。同年7月,县消防大队获全疆消防执法量化第一名。

### 四、灭火救灾

2010—2011年,县消防大队接警50起,出动车辆60辆,出动警力358人,抢救被困人员13人,疏散被困人员26人,抢救财产价值124.4万元。

2012—2013年,出警125起,出动车辆228辆,出动警力1 045人,抢救被困人员29人,疏散被困人员56人,抢救财产价值572.7万元。

2014—2015年,出警173起,出动车辆243辆,出动警力1 298人,抢救被困人员20人,疏散被困人员45人,抢救财产价值958.37万元。

## 第三节　县武警中队

### 一、组织机构

1983年4月,和布克赛尔县武装警察中队改番号为中国人民解放军武装警察部队和布克赛尔县中队(简称"县武警中队"),归属中国人民武装警察部队塔城地区支队。至2015年,部队番号及隶属关系未变。

### 二、执勤战备

1993—2000年,县武警中队学习贯彻支队党委关于抓中心工作的一系列重要指示,针对反恐和处突任务的新要求,自上而下学习理解、对照上级要求回顾反思,针对本单位执勤工作存在的弱项,研究具体落实措施,做到"问题查摆清、措施制定实"。中队还开展"四查四看"活动,即查思想,看谁执勤作风过硬;查形象,看谁警容警姿端正;查素质,看谁情况处置好;查规范,看谁制度落实严格。通过支队开展的系列活动和中队自行组织的辅助活动,使官兵及时统一思想,认清执勤工作的现状,不断强化中心意识、责任意识和忧患意识。中队党支部每年议勤12次,中队、班对执勤形势分析20余次,及时发现和纠正执勤中的各种问题。

2001—2005年,严格落实八项制度,加强分类指导,严密组织部署,严格实施管控。贯彻上级有关会议精神,扎实开展支部议勤和正规化执勤等级评定活动。落实科技强勤要求,推进执勤信息化建设。加强勤务值班员、网络查勤员全时值班,形成有效的全时管控。严格执勤制度,严守执勤纪律,重视抓好季节性和重要时期的执勤工作,坚决杜绝执勤事故发生。注重研究新情况、解决新问题,切实把原因析透、把指施定实、把问题治好,经常性地分析研究执勤形势,真正使执勤工作在不断化解矛盾、治理弱项、解决难题中求创新、求发展。围绕"共保安全"这一主题,坚持"互帮互促、共同提高、联合防范"的原则,加强与县公安局和看守所的联系,共同研究联合演练,加强跟踪治理隐患工作,立足以我为主的思路,争取工作主动,筑牢共保安全的防线。每年完成54个教育训练日,达到总评优秀;在支队勤务训练会操中,成绩排在前列。

2006—2010年,贯彻落实总队、支队执勤工作、反恐工作会议精神和上级首长指示精神,每天利用勤务交班之机,分析不足,强调重点,对当天执勤中存在的问题做到及时纠、及时查,使经常性执勤工作坚持经常抓、经常议、经常析,个别问题重点治,共性问题集中治。此期间,党支部议勤10次,中队、班对执勤形势分析23次,共解决执勤"常见病、多发病"16个。

2011—2015年，深入开展执勤安全教育整顿活动。执勤工作坚持做到月有分析、周有评比、日有交接，严格落实执勤八项制度，坚持每天实地查勤不少于5次，哨兵每15分钟向勤务值班室汇报执勤情况，网络查勤员兼领班员全时监督哨兵履职。采取干部、勤务值班员实地查、网上查、电话查、定期查与不定期查等形式，形成严格查勤互控机制；开展优秀勤务值班员、优秀网络查勤员、优秀哨兵"三优"评选活动，加强执勤秩序。以任务为牵引，狠抓执勤处突专项训练，在重大节日和敏感时期，加强防暴器材使用、机动战斗群抽组、分队紧急集结和"两官"（军官、士官）编组作业等课目训练，为遂行各项任务奠定基础。

## 三、政治教育

1993—2000年，县武警中队健全"三互"（互学、互助、互教）小组，开展谈心交心活动，干部骨干做到心中装着战士的"内心想法"，脑子里有战士的"心电图"，本子上有战士的"备忘录"，切实摸准官兵思想脉搏。中队干部在老兵退伍后向战士家中拨打"通情况、报平安"红色电话，确保退伍老兵安全到家。该期间，个人立三等功8人，班（排）立集体三等功8次，100余名官兵获嘉奖或优秀士兵称号。

2001—2005年，中队党支部结合工作实际，研究制定教育计划，贯彻落实中共十六大以及三级党委（扩大）会议精神，注重在深化理解，实际运用上下功夫，运用网上专栏、板报宣传、警营小广播营造浓厚政治氛围，激发官兵的学习、创作热情。此期间，个人立三等功5人，班（排）集体立三等功5次，70余名官兵获嘉奖或优秀士兵称号。

2006—2010年，把学习当作提升思维层次、理清工作思路、提升抓建能力的重要手段，着力提升干部把握方向、教育疏导、爱兵育人、依靠组织开展工作的四项基本功。教育一改以往"你讲我听"的被动式教学方法，让官兵主动占据教育的主体，形成道理大家讲、疑惑大家解、困难大家帮的良好局面。运用"一网通"平台，搜集教育资料，充实教育内容，增强官兵参与教育的积极性和主动性。该期间，个人立三等功5人，班（排）立集体三等功5次，70余名官兵获嘉奖或优秀士兵称号。

2011—2015年，落实理论学习制度，明确自身职责，凝聚抓教合力，加强教育统筹，确保教育时间、内容、人员、效果"四落实"。注重发挥"三互"作用，深入开展大谈心活动，切实把官兵所思所想、所忧所虑搞清楚、弄明白，为加强教育找准标靶。新兵、上等兵、士官、干部不同群体的教育特点鲜明。以"学英烈事迹、当维稳先锋"学习教育活动为引领，突出各自教育重点。用好驻地红色资源，发挥红色教育基地的作用。把加强教育与模范带头结合起来，干部、党员以身作则、率先垂范，用自身良好形象和人格魅力影响感召官兵。此期间，个人立三等功5人，班（排）立集体三等功5次，73名官兵获嘉奖或优秀士兵称号。

## 四、训练

1993—2000年，县武警中队根据支队训练计划，落实军事训练制度，重点落实每周组织一次会操，并及时进行分析讲评。每个训练科目训练结束后，及时组织考核，总结经验教训，查找存在问题，制定整改措施，明确努力方向和注意问题。充分发扬军事民主，结合干部、骨干和军事民主组对军事训练工作的意见和建议，认真梳理分析，制定做好下一步训练计划措施。每月评选出4名训练标兵，并将训练成绩与骨干培训、入党、考学、选取士官、评优、立功受奖、称职等级评定挂钩。

2001—2007年，以担负任务为牵引，以正规化建设为主线，以执勤处突为中心，以能力建设为重点，扎实推进军事建设，高标准实现“两个确保”（确保以执勤处突为中心的各项任务圆满完成，确保部队高度集中统一和安全稳定），在新的起点上开创军事工作的新局面。训练课目开训前，集中干部骨干、进行示范训练，明确训练的方法步骤，完成的时限和达到的目的。训练结束后，组织考核，评出训练标兵。坚持每周会操制度，在会操中获得第一名的班，对班长进行奖励，对考核不合格的班和人员，及时组织复训、补考。每月召开一次训练安全分析会，查找不安全因素，发现问题及时纠正，严防训练摔伤、冻伤、中暑等训练伤亡问题发生。

2008—2012年，对照《军事训练与考核大纲》制定年度训练计划，组织教员编写教案，由主官亲自审定；检查清理各类训练器材，培训中队授课教员，统一规范动作，组织开展“两官”“四会”教学考核。按照总队《关于大力加强军事训练的决定》，利用每周队伍会、每月按纲建队形势分析会，分析研究训练形势，查找存在问题，总结经验教训，制定整改措施，明确努力方向和注意问题。落实周会操、月考核制度，每个训练课目结束后，及时组织普考。

2013—2015年，以中共十八届五中全会和军委改革会议精神为指导，学习贯彻习近平系列重要讲话精神，注重全面训练，坚持分步细训，狠抓以防爆（防护）装备器材使用、擒敌术、刺杀、轻武器操作、战斗动作、体能为重点的共同科目训练，逐步完成专勤专训、战术等训练。综合抓好技能、智能、体能、心理素质和作风纪律训练，打牢个人军事素质基础；采取集中培训、岗位轮训、考核排名等形式，抓好教练员培养，强化“三能四会”（能遂行任务、能教育管理、能组织训练，会讲、会做、会教、会做思想工作）素质。组织官兵学习新知识、掌握新装备、提高新技能、研练新战法，提高打赢防袭反恐能力。

# 第二十六编

# 民　　政

20世纪90年代,和布克赛尔县根据国家相关政策,以人为本,对农村丧失劳动能力和生活没有依靠的老、弱、孤、寡、残农民实行保吃、保穿、保住、保医、保葬的“五保”制度;对城镇家庭人均收入低于城市居民最低生活标准的居民实施城市最低生活保障制度;安排足够资金对受灾户、特困户等困难群体进行各种救助,确保困难群众生活无忧。进入21世纪后,社会救助力度进一步加大,先后建起县儿童福利院、县老年福利服务中心,建立新型农村合作医疗制度,对高龄老人实行基本生活补贴。2015年,累计发放城乡低保、优待抚恤、大病医疗救助、高龄老人基本生活补贴等各类资金2 321.68万元,8 970人受益。全县社会福利体系更加完善,人民安居乐业。

# 第一章　机构队伍

## 第一节　行政机构

1993年,和布克赛尔县民政局(简称“县民政局”)内设农村基层政权建设、优抚安置、社团管理、地震救灾、人事、财务管理、思想政治、社会福利、扶贫经济开发、收养登记、敬老院、勘界车辆管理、农村救灾、社会救济工作、婚姻殡葬管理、来信来访、社区服务、残联等科室。全局共有在职干部职工13人(含残联5人)。

1997年,残联分出。县民政局内设综合办、城市低保城市医疗救助办、农村低保农村医疗救助办、救灾救济办、社会事务办、社团与民非办、双拥办8个职能科室;下辖社会福利院、殡葬管理所、老年服务中心、婚姻登记处。全局共有在职干部职工13人。

1998年,地名办划到县民政局。

2006年,县民政局内设综合办,城市低保、城市医疗救助办,农村低保、农村医疗救助办,救灾救济办,社会事务办,地名办,社团与民办非企业单位登记管理办,双拥办8个职能科室;下辖社会福利院、殡葬管理所、老年服务中心、婚姻登记处。

2010年,县民政局内设办公室、财务室、低保和医疗救助办、救灾办、优抚安置办、社会福利办、基层政权办、区划地名办、新社会组织管理办、殡葬管理所、婚姻登记处11个职能科室;下辖社会福利院、儿童福利院、老年活动中心、流浪乞讨救助站、乡镇社会事务所。全局共有在职干部职工74人,其中临时聘用16人。

2015年,县民政局内设城乡低保办、社会福利办、区划地名办、基层政权办、优抚安置办、社团登记办、救灾救济办、办公室、财务室;下辖社会福利院、儿童福利院、老年活动中心、殡葬管理所、婚姻登记处、流浪乞讨救助站。全局共有在职干部职工91人,其中临时聘用8人。

## 第二节　基层组织

1993年,和布克赛尔县辖2个镇、5个乡、4个牧场,各基层单位设民政工作人员1人,共有基层民政工作人员11人。

2012年4月，和布克赛尔县设立查和特乡，增加基层民政工作人员1人。

2015年年末，和布克赛尔县辖2个镇、6个乡、4个牧场，各基层单位设民政工作人员1人，共有基层民政工作人员12人。

# 第二章 基层自治组织建设

## 第一节 村级组织换届选举

1998年，全县共进行3届村民委员会换届选举。1998年11月4日，第九届全国人民代表大会常务委员会第五次会议修订通过《中华人民共和国村民委员会组织法》，和布克赛尔县随即贯彻执行。

1999年2月9日，和布克赛尔县人民政府批转县民政局《关于做好和布克赛尔县1999年村(居)民委员会换届选举的安排意见》，成立县村(居)民委员会换届选举领导小组，县委常委、组织部部长任组长，领导小组办公室设在县民政局。全县进行第四届村委会换届选举。

2001年11月，和布克赛尔县开始进行第五届村委会换届选举，制定《和布克赛尔县村委会换届选举工作实施方案》，于12月8—12日组成2个工作组赴南、北两个片区村(队)进行监督检查。翌年初，全县完成村委会换届选举工作。

2004年11—12月，和布克赛尔县进行第六届村民委员会换届选举。

2008年1—2月，和布克赛尔县进行第七届村民委员会换届选举。

2012年1—2月，和布克赛尔县进行第八届村级组织换届选举。全县参加换届选举村委会55个，完成换届选举产生村“两委”班子成员总数219人。村党支部职数、村委会职数各为165人。其中书记、主任“一肩挑”53人，占96.36%；村“两委”交叉任职111人，占67.27%；村委会班子成员中党员127人，占76.97%；年龄结构：35岁及以下102人、36～45岁66人、46～59岁47人、60岁及以上4人；文化结构：初中及以下42人、高中(中专)124人、大专及以上53人；少数民族159人；妇女进“两委”班子共83人，占37.90%。

## 第二节 村务公开与民主管理

2000年6月20日，和布克赛尔县人民政府批转县农业局《关于推行农村财务公开、民主管理、审计监督制度规划》，并随文下发《村集体经济组织财务公开和民主管理制度实施意见》《和布克赛尔县村合作经济组织财务制度实施细则》《和布克赛尔县农村集体经济组织审计实施办法》，开始全面推行村务公开与民主管理工作。

2004年，和布克赛尔县根据中共中央办公厅、国务院办公厅《关于健全和完善村务公开和民主管理制度的意见》，积极推行村务公开，坚持把村务公开与村民自治和村级班子建设有机结合起来，建立村务公开栏、《村民代表大会制度》《村民议事会制度》《村民自治章程》。

2006年，全县所有村队完善以村务公开、民主管理为核心的村民自治机制，实现村务公开民主管理、民主决策和民主监督的规范化、制度化，使“四民主、一公开”(民主选举、民主决策、民主管理、民主监督，村务公开）上一个新台阶；充分发挥各级村务公开民主管理工作机构的作用，落实工作职责，形成齐抓共管的全力，开展示范带动活动，培养一批典型示范单位，促进全县村务公开工作；加强调度检查，狠抓制度落实，确保全县村务公开率达到100%。

2009年，在农村和社区推行“四知四清四掌握”工作机制（“四知”即对农、居民家庭做到知基本情况、知家庭经济状况、知家庭成员政治表现、知家庭成员遵纪守法情况；“四清”即对辖区人口做到就业情况清、重点人员情况清、流动人口情况清、贫困群体情况清；“四掌握”即对辖区情况做到掌握基本情况及社情动态、掌握宗教管理状况、掌握热点难点问题、掌握各类积极分子发挥作用情况），将全县76个村队、7个社区分为335个片区，分片包干，责任到人；选拔483名楼栋（巷道）长、1 234名信息员，配备140名专职治安员做好惠民政策宣传、社情民意收集等工作，要求基层工作人员对辖区基本情况的知晓率达到100%。

2012—2015年，全县55个行政村全部设立村务监督委员会，推进村务监督机构正确履行职责。全面推行“四议两公开”工作制度（即农村所有村级重大事项都必须由党支部会提议、“两委”会商议、党员大会审议、村民代表会议或村民会议决议的程序决策实施，必须决议公开、实施结果公开）和“一诺三会”制度（即通过“承诺”形式，用民情征询会、民主协商会、监督评议会“三会”对村级事务实行规范有效治理）。其间，2012年，夏孜盖乡被自治区村务公开领导小组评为“村务公开民主管理示范乡（镇）”。

## 第三节　社区建设

2002年，和布克赛尔县贯彻执行中央办公厅和国务院办公厅转发的《民政部关于在全国推进城市社区建设的意见》，开始推行城市社区建设。

2006年，和布克赛尔县着力完善以基础设施和服务为重点的社区管理机制。落实社区干部工资，调动社区干部工作的积极性。按照居民自治和费随事转的原则，完善社区管理体制和运行机制，落实居民户口、计划生育、城市低保和劳动保障等各项社区事务的属地化管理；坚持“政府主导、社区主办、民间力量参与”的方针，健全社区服务网络，拓展社区服务领域，实现社区服务市场化、产业化和社会化。

2009年，和布克赛尔县对2008年度6个申请县级“绿色社区”的创建单位进行检查验收。经评比审查报批，那木德格社区和迭仑社区成功创建为县级“绿色社区”。同年，和布克赛尔县在全疆率先开展农村社区建设试点工作，成功创建农村社区4个，分别是赛尔社区、哈同社区、查干屯格社区、孟根敖包社区。

2012年，开展“五百”（进百家门、知百家情、管百家事、解百家难、暖百家心）、“五好”（机构建设好、安全防范好、治安管理好、便民服务好、法德教育好）社区党支部创建活动和“共驻共建”、“结对共建”、廉政文化进社区及防灾减灾等活动，全面落实基层组织建设年工作部署，50%社区实现“单位化管理、网格化覆盖、社会化服务”建设目标。

2014—2015年，实施社区“四化”建设：

### （一）“民主化”管理促和谐

在社区普遍建立党员代表之家和议事室，推行党员代表和群众代表议事制度，对社区重大事务实行群众议、居民定，实现“社区事代表议，居民事自己定”，提升社区居民主人翁意识，调动社区居民参与社区管理的主动性和积极性，促进社区回归自治本位，形成团结共进，共促发展的和谐局面。

(二)“契约化”管理明责任

制定《和布克赛尔县建立社区事务准入制实施方案》,明确15个社区服务项目和管理权限,明确准入项目、审批程序、办理步骤。建立完善管理制度,由社区与干部、志愿者、社区居民签订承诺书、目标责任状,明确各自责任和义务,实现社区强服务,干部强责任,群众强义务的共建共荣机制,做到权责义务明确,促进社区管理。

(三)“网格化”管理强工作

依托社区一站式服务大厅,构建党支部、综治维稳中心和服务队“三位一体”管理服务平台。科学划分社区管理网格,整合在职党员、志愿者等多方资源,组建以社区干部为主体,社会优秀骨干分子、专业人才为补充的网格化服务团队,合理配置网格管理员,实行分片包干、责任到人、设岗定责、服务到户、跟踪保障,把基层服务的各项工作整合到网格,把各项公共服务和社会管理措施落实到每家每户,推动各项工作的开展和落实。全县各社区共划分354个网格,配备网格管理员380人。

(四)“互助化”管理助团结

以党员志愿者服务进社区活动为载体,发挥“党员+义工”示范作用,全县党员志愿者沉下心来,走出家门,放下身段,走进邻里家中,走入社区服务大厅参与群众工作,服务民生,与社区群众搭起“连心桥”,共筑“社区梦”。社区居民以单元楼为单位,开展自助互助服务,调解纠纷,化解矛盾,形成邻里团结的良好氛围。全县1 000余名志愿者收集群众意见、建议300多条,社区居民通过互帮互助解决实际困难200余件,化解各类矛盾纠纷60余起。

# 第三章 救灾救济

## 第一节 赈灾救济

1993—2000年,和布克赛尔县根据国家相关政策,每年安排足够资金对受灾户、贫困户、特困户等进行各种救助,确保困难群众生活无忧。

2001年7月30日至8月1日,和布克赛尔县境内连续普降大雨,时间长达84小时,全县倒塌房屋1 113间,受灾人口894户4 923人。共发放救灾救济款39.8万元,救济面粉236吨。

2002年,和布克赛尔县加强救灾救济款的管理,制定严格的财务制度,做到专款专用,发放面粉45吨,救灾款125万元。

2005年,和布克赛尔县共有农村特困户1 190户4 126人。为安排好春荒灾民生活,县民政局给各乡镇场发放面粉144吨,全部发放到户,实行发放救济卡制度。上级财政拨付特大自然灾害生活补助款75万元,县民政局先后下拨各乡镇场救灾补助款91万元,向受灾乡镇场供应救灾面粉151吨,救济灾民2.1万人次,占全县总农户人口的30%;同时,为尽快帮助灾民重建家园,上级财政拨付特大自然灾害恢复重建款50万元、县自筹60万元,妥善解决灾民的住房、吃饭、穿衣、治病等困难。

2006年全年发放救灾款120万元(上级拨款60万、配套资金60万)。

2007年,县境内相继发生洪涝、风灾、冰雹等自然灾害,给全县城乡居民生产生活带来严重影响。全县受灾人口1 632人;倒塌居民住房96间,损坏房屋102户251间;农作物受灾面积150公顷,直接经济损失2 000万元。全年共发放救灾面粉375吨、大米26吨、清油10吨,救灾款23.5万元;恢复重建居民住房137户347间,恢复重建住房款130万元。

2008年,和布克赛尔县遭受了不同程度的各种灾害、洪涝灾、风雹灾、旱灾影响程度最深、经济损失最重的旱灾。据统计,全县受灾人口13 825人,农作物受灾面积2066公顷,损坏及倒塌房屋273间,其中倒塌居民住房9户32间,因灾死亡大小牲畜18 244头(只)。境内大部分农村公路冲坏;草场冲毁、大量蔬菜大棚、养殖场棚、市场顶棚受损。因灾直接经济损失1 886万元,其中农业直接经济损失669万元。县委、县政府高度重视,积极争取上级资金支持,争取了自然灾害生活补助资金、春荒冬令款等总计55万元,本级下拨春荒冬令款和生活补助款共计115万元。其中配套资金60万元。开展全县农村困难群众全面排查,不漏一村、一户、一人,建立以乡镇为单位、名册到户的《春荒需救济人口台帐》和《倒塌民房台帐》。

是年,为困难群众下拨了130吨面粉、16.9吨大米、5.5吨清油、28.2万元救灾款,此外还安排了临时救济款11万元。

2009年,民政局争取救灾资金143.51万元(上级资金115万元,自治县配套28.51万元),其中用于发放口粮款83万元,用于发放救灾款60.51万元,先后救济4922人次,有效解决了各族群众的实际困难和基本生活问题。

2010年,县境内先后发生特大暴风雪、低温冷冻、暴雨洪水等多种自然灾害,给各族人民群众生产生活造成较大损失。民政局及时组织开展灾情调查统计和上报工作,采取有力措施,实施救助。共争取生活救济资金71.8万元,先后组织发放救灾口粮187吨,发放被褥220床、棉大衣220件、各种衣服1 520件,救济2万余人次,保证各族受灾群众的基本生活需求。争取上级专项建房补助资金614万元,其中70万元用于生活救助款直接下拨;下拨建房补助款322万元资助并完成161户重建;年末下拨补助资金214万元资助107户困难群众建房。

2012年,修订完成《和布克赛尔县自然灾害救助应急预案》以及县、乡镇场、村(居)三级共85份自然灾害救助应急预案,全面落实受灾群众生活救助政策。争取救灾资金115万元。组织发放救灾面粉120吨、大米27吨、清油10.5吨,发放救灾款35.5万元。同年,还出台《和布克赛尔县城乡困难群众临时救助实施组则》和《关于严格规范民政社会救助对象资格审查的通知》,临时救助工作实行个人申请、三级审查的工作流程,防止救助不实现象。至年底,实施救助105人次,支付救助金23.25万元(城乡困难群众生活救助20人,3.55万元;城乡困难家庭学生救助85人19.7万元)。

2013年,和布克赛尔县先后发生大风降温、暴雨山洪等严重自然灾害3次,12个乡镇场15个村受灾,受灾人口13 600人,直接经济损失245.97万元,灾情发生后,民政局及时组织查灾、报灾、抗灾工作,实现了灾害损失最小化。全面落实受灾群众生活救助政策,争取上级救灾资金164.32万元,组织发放救灾面粉193吨、大米24.6吨、清油14.95吨,价值100.32万元;发放救灾款64万元(22万元用于帮助11户上年度因灾倒房户实现重建,22万元直接下发各乡镇场,20万元用于灾后临时救济),救济人口13 659人次。县财政安排救灾配套资金50万元,发放因灾牲畜死亡补偿金39.64万元,支持7个乡19户困难群众危房加固维修10.36万元。实施临时救助366人次,支付救助金62.07万元,其中助学救助284人次、42.72万元,因病生活救助82人次、19.35万元。争取上级救灾资金164.32万元,组织发放救灾面粉193吨、大米24.6吨、清油14.95吨,价值

100.32万元；发放救灾款64万元。

2014年，县境内先后发生大风降温等严重自然灾害多起，全县12个乡镇场不同程度受灾，农作物受灾面积5 502公顷，成灾面积3 312.97公顷，绝收面积1 018.3公顷，草场受灾面积67公顷，受灾人口7 320人，因灾(雷击)死亡1人，因灾死亡牲畜450头(只)，因灾损坏房屋19户43间，直接经济损失3 125.6万元。县民政局及时组织查灾、报灾、抗灾工作，发放救灾口粮54.35吨，折款25.52万元；下拨救灾款90.65万元，发放救灾款、物合计116.17万元；资助5个乡镇场19户因灾倒损房屋户修缮房屋43间，救助受灾人口3 790人。此外，县财政预算临时救助资金120万元，拨付到位90万元，全年使用62.05万元，其中实施困难大学生救助377人次计58.1万元，实施其他生活困难救助36人次计3.95万元。

2015年，为保障冬令、春荒时期受灾困难群众的基本生活，发放救灾口粮122.675吨(面粉94.625吨、大米15.7吨、清油12.35吨)，救助户数3 475户，救助人口8 659人。此外，元旦、春节前为城乡低保对象和五保对象等特困家庭开展"送温暖"活动，发放到户185户，发放面粉4.625吨(每户25公斤)、大米3.7吨(每户20公斤)、清油1.85吨(每户10公斤)，折款6.23万元；发放煤185户，每户2吨，发放370吨沙吉海无烟块煤，折合款7.03万元，总计16.89万元；发放上级专项救灾款72万元(57万元用于12个乡镇场因灾生活困难户救助，15万元用于4个乡镇场12户倒损住房户修建、维修住房32间)；使用上级专项救灾资金发放救灾款、物计价124.59万元。

## 第二节　医疗救助

2006年，和布克赛尔县开始实施医疗救助。出台《和布克赛尔县城镇大病医疗救助实施细则》，建立各项管理制度和城镇医疗救助基金。至年底，全县共有158名城市低保户得到救助，解决医疗费34.4万元，其中大病医疗救助40人，解决救助资金21.6万元。制定《和布克赛尔县农村医疗救助使用办法》，地方财政拨付40万元专项医疗救助资金用来解决农村特困群体看病难问题。全县共有农村特困救济对象428户1 488人、农村低保对象1 010户3 442人、农村五保对象97户117人，全部按每人每年30元的标准纳入新型合作医疗，拨付合作医疗款15.5万元。年内共救助43人次，发放医疗救助金8.03万元，最高救助2万元，最低救助200元。

2007年，全县共有农村低保对象1 733户5 685人、农村五保对象116户125人，全部按每人每年30元的标准纳入新型合作医疗，拨付合作医疗款17.8万元。根据《医疗救助使有办法》，最高救助2万元，最低救助223元，共救助172人次，支出医疗救助资金42万元。

2010年，和布克赛尔县争取上级城镇医疗救助资金29万元、农村医疗救助资金33万元，分别资助1 923名城镇居民、4 703名农村困难群众参加相应医疗保险，当其发生疾病诊治情形时，首先通过相应保险渠道予以报销，报销后仍超过自身承受能力的，再申请医疗救助。全年实施城镇医疗救助380人，支付医疗救助金85万元。实施农村医疗救助340人，支付救助金140万元。救助资金实现从"提前预借医疗费"到"直接汇入医院账户"的改革，保证资金安全，解决特困危重病人看病难问题。

2012年，制订《和布克赛尔县城乡医疗救助实施细则》，在统一城乡医疗救助标准的基础上，将和布克赛尔县易发多发的白血病、尿毒症作为特殊情况予以特惠救助。全县共支付64.3万元救助4 236名城市低保对象参加医疗保险；支付23.5万元救助4 703名农村低保对象参加合作医疗；支付24.8万元，救助8 265名城乡低保对象参加农村小额人身保险。全年共实施城乡医疗救助878人次，支付医疗救助金215.2万元。

2014年，支付50.398万元救助3 336名城市低保对象参加医疗保险；支付25.824万元救助4 304名农村低保对象参加合作医疗。实施城乡医疗救助1 108人次，支付医疗救助金232.94万元。城、乡困难群众报销、救助比例达到84.72%。

2015年，农村低保对象住院救助664人，支付医疗救助金127.53万元，农村参加合作医疗3 523人，支付救助金42.28万元。城市低保对象428人，支付医疗救助金104.45万元，参加社保2 881人，支付医疗救助金43.52万元。

# 第四章　社会福利

## 第一节　福利机构

### 一、县儿童福利院

2005年10月28日，县人民政府常务会议研究同意建立和布克赛尔县儿童福利院，于2007年动二，2010年建成。县儿童福利院占地面积1万平方米，建筑面积1 821平方米，总投资363万元，设计床位50张。2010年3月，县儿童福利院正式投入使用，收住孤残儿童23人。

2012年，县儿童福利院供养孤残儿童36人，儿童供养经费在上级下拨资金基础上，和布克赛尔县补差至1 000元/人/月。

2015年，县儿童福利院收住孤残儿童34人，占全县89名孤残儿童的38.2%，集中供养经费1 000元/月/人，比自治区标准高100元/月/人（社会散居儿童供养经费600元/月/人，发放基本生活费86.22万元）。在院儿童全部在县各中小学接受基础教育（1名儿童因学习优异被选送到奎屯“内初班”学习）。其中，5名完成基础教育的儿童被选送到外地接受高等（职业技术）教育、2名参军入伍。

### 二、县老年福利服务中心

和布克赛尔县老年福利服务中心经历3个发展阶段：县敬老院—县社会福利院—县老年福利服务中心。

1991年8月，和布克赛尔县敬老院正式动工修建，院址位于县城东街尽端，1992年10月土建工程竣工。县敬老院占地面积25 308平方米，建筑面积507平方米，总投资26万元。院内水、电、暖设施齐全。白于经费不足，至1998年无老人入住。

1999年1月14日，县敬老院更名为和布克赛尔县社会福利院，首批入住老人11人。2007年，供养老人24人。

2012年10月，县社会福利院更名为和布克赛尔县老年福利服务中心，并进行改建，占地面积1.2万平方米，建筑面积7 817.3平方米，设计床位216张，主体工程投资1 671.52万元。该中心是集农村敬老院、社会福利院、老年公寓、托老院、光荣院、日间照料中心、老年养护院多院合一的养老机构。当年供养老人25人，在院老人供养标准达到1 000元/人/月。2013年，供养老人33人。

2015年，县老年福利服务中心收住各族老人35人，年内联系相关单位为老人开展慰问演出2次，组织2名白内障老人赴塔城进行免费手术。

**三、老年活动中心**

2004年，县老年活动中心开工建设，位于和什托洛盖镇，占地面积6 969.48平方米，建筑面积2 943.2平方米。总投资327万元。2006年7月竣工投入使用。每年开展老年活动2次（妇女节、元宵节），接待老人活动约1.4万人次。

2015年，和什托洛盖老年活动中心改进服务，为当地各族老年群众提供各种良好的休闲娱乐活动，每天前来参加太极、二胡独奏、棋牌、舞蹈、戏曲表演的老人近60人。至年末，共接待老人活动约13.3万人次。

## 第二节　五保户供养

1999年6月，和布克赛尔县民政局启动城市最低生活保障线工作，为108户438人每月发放最低生活保障金45元。9月，和布克赛尔县按照国务院公布施行的《农村五保供养工作条例》，对农村丧失劳动能力和生活没有依靠的老、弱、孤、寡、残农民实行保吃、保穿、保住、保医、保葬的“五保”社会救助制度，供养标准为当地村民一般生活水平，所需经费和实物，从村提留或者乡统筹费中列支。

2000年，随着农村税费改革试点工作的推进，农村五保供养资金渠道随之调整。取消农业税及附加后，和布克赛尔县的农村五保供养经费调整为主要从上级财政转移支付和县级财政预算中安排。

2006年，和布克赛尔县根据新修订的《农村五保供养工作条例》，进行深入细致调查，确定全县共有五保户97户117人。按和布克赛尔县实际情况，实行集中供养和分散供养相结合，其中集中供养19人，共下拨生活补助费19.59万元，平均每人每年10 310.53元。

2007年，确定全县共有五保户116户125人，其中集中供养25人，下拨供养费29.4万元。同时救助城市生活无着落的流浪乞讨人员3人，救助金额600元。

2011年，全县113户121名农村五保供养对象全部实行建档管理，将102名散居五保对象供养标准提高到300元/人/月，按月及时发放。

2014年，对全县85户91名农村五保供养对象，发放五保供养金24.64万元、城镇“三无”人员保障金34.68万元；投入资金5 580元资助94名农村五保对象参合；投入资金4 260元资助71名城镇“三无”人员参保。

2015年，对全县80户85名农村五保供养对象和53户58名城镇“三无”人员全部实行建档管理。发放五保供养金32.4万元、城镇“三无”人员保障金29.4万元。投入资金2.82万元资助256名五保、三无、孤儿“参合”，对其医疗报销的剩余部分给予100%救助。

## 第三节 最低生活保障

### 一、城市低保

1999年9月，《城市居民生活最低保障条例》经国务院审定并于同年10月1日在全国施行，和布克赛尔县随即开始实施城市最低生活保障制度。本着“应保尽保，动态管理、规范有序”的原则，对城镇及农村无生活来源、无劳动能力、无法定赡养人或抚养人的，领取失业救济金期间或失业期满未重新就业的，家庭人均收入低于城市居民最低生活标准的，在职人员、下岗人员、退休人员中，在领取工资或最低工资、基本生活费和退休金后，其家庭人均收入仍低于当地最低生活保障标准的三类居民，全部纳入最低生活保障范围，保证无一缺漏。年内，全县城镇居民最低生活保障户数137户483人，其中全部保障的25户41人、差额保障的112户442人，共发放保障金227 070元。

2001年11月底，按照国务院的低保人员要扩大保障面的指示精神，对全县倒闭企业、下岗职工的情况进行调查，低保人员由942人扩大到1 530人，全年共发放保障金704 730元。

2002年，和布克赛尔县开展低保扩面工作。至年底，有低保户1 290户，低保人数3 253人，共发放保障金206万元。

2006年，全县城镇纳入低保对象2 033户5 479人，月发放低保金39.3万元，全年发放保障金462.6万元。

2007年，全县纳入城市低保对象2 093户5 452人，月发放低保金53万元，全年发放保障金566万元，人均补差97元。

2010年，全县取消城镇低保88户193人，停发保障金31 688元，调减45户101人，减发保障金14 876元，新增352户811人，增发保障金97 195元。经动态调整后，城镇低保数由年初的2 048户4 983人变更为2 331户5 626人，发放低保金1 028万元。

2012年，和布克赛尔县城市低保标准由170元/人/月提高至291元/人/月。全县有城市低保户1 810户3 881人，发放城市低保金1 362.15万元，

2014年，和布克赛尔县城市低保标准由316元/人/月提高至346元/人/月。全县有城市低保户1 575户2 998人，发放城市低保1 096.92万元；另有547名城市低保对象享受分类施保政策（残疾增发25元/月，老年人增发65元/月）。同年7—12月，全县城市提标补助20元/人/月。

2015年，和布克赛尔县城市低保标准由346元/人/月提高至381元/人/月。全县有城市低保户1 346户2 347人，发放城市低保908.76万元。

### 二、农村低保

2004年，和布克赛尔县被列入自治区农村最低生活保障工作试点县，纳入农村低保人员1 010户3 442人，月发放低保金10.49万元，全年发放保障金125.93万元。

2007年，全县纳入农村低保对象1 733户5 685人，月发放保障金为15.19万元，全年发放38万元。

2010年，全县取消农村低保37户102人，停发保障金7 281元，减发89户100人，减发保障金7 409元，新增23户28人，增发保障金2 137元。动态调整后，农村低保数由年初的1 474户4 579人变更为1 694户5 024人，发放低保金445万元。

2012年，和布克赛尔县农村低保标准由1 060元/人/年提高至1 600元/人/年。全县有农村低保户1 663户4 415人，发放农村低保金717.03万元。

2014年，和布克赛尔县农村低保标准由1 840元/人/年提高至2 032元/人/年。全县有农村低保户1 711户3 905人，发放农村低保金668.87万元；另有1 090名农村低保对象享受分类施保政策（残疾人、老年人增发17元/月）。同年7—12月，全县农村提标补助20元/人/月。

2015年，和布克赛尔县农村低保标准由2 212元/人/年提高至2 245元/人/年。全县有农村低保户1 764户3 338人，发放农村低保金613.92万元。年内全县农村居民低保人均补差140.6元/人/月。同年7—9月，全县残疾人、老年人和未成年人补助10元/人/月。

## 第四节　收容遣送与救助

2008年，和布克赛尔县流浪乞讨救助站成立，编制3人。2011年首次救助10人，2012年救助3人，2013年救助4人，2014年救助23人，2015年救助9人。累计救助流浪乞讨人员49人，受助人员全部安全返回原住地。

## 第五节　慈善工作

2010年，和布克赛尔县慈善会成立，设立基本账户，注册资金1万元。其后，和布克赛尔县的慈善事业健康有序发展，分别在和布克赛尔镇、和什托洛盖镇设立慈善捐赠点，开展日常捐赠接受和登记、发放工作。

2013年4月25日，为"4·20"四川芦山7.0级地震发起盛大捐款活动，全县63个单位共捐款13万元支援灾区重建。

2014年11月，先后发布爱心捐款倡议书两次，分别为严重交通事故受害的1名巴音傲瓦乡村民、1对和什托洛盖镇夫妇筹集爱心善款17 898元、15 482元。

2015年7月，全县132个单位、4 817名干部群众为新疆皮山地震灾区捐款317 098.5元。

## 第六节　移民安置

2007年始，和布克赛尔县有计划、有步骤、有组织地从北部查干库勒乡、莫特格乡、巴音傲瓦乡、布斯屯格牧场、伊克乌图布拉格牧场5个乡镇牧场陆续进行牧民搬迁，并为每户分配3.33公顷土地和住宅院落。经多方筹措资金，在察和特开发区养殖小区建成暖圈85座、300吨青贮窖3个、1万吨大型青贮窖1座。

2010年，按照地区的安排部署，察和特开发区新区移民点安置甘肃移民200户，共880人。为使移民家庭创收，开发区组织移民拾棉花，历时30天，共拾棉花260吨，户均创收4 000元；为200户甘肃移民解决农资贷款300余万元；共播放农业讲座专题片3期（次），举办各类农业技术培训班3场次，免费向移民发放农业技术资料1 000多份，培训500人次。同年，察和特开发区协调426.67公顷土地解决养殖小区128户搬迁户的土地问题；和布克赛尔县与香港弘港集团签约在察和特开发区建立有机棉生产基地，使定居农牧民就地就近实现长期就业，针对北部山区贫困农牧民初来开发区，一无资金，二无技术的实际情况，实行“公司带农户”“五统一”（“统一筹资、统一生产、统一管理、统一销售、统一分配”）的管理模式，使搬迁农牧民从生产中了解和掌握生产技术和农业知识。

2011年4月，察和特开发区从和布克赛尔县北部9个乡镇牧场接收搬迁贫困农牧民471户、双色港（查干屯格一区东向）移交搬迁牧民132户，完成603户定居牧民的摸底调查造册工作。引进和和布克赛尔县康隆农业科技发展有限公司，实行“公司+管委会+基地+搬迁户”的管理模式，打造察和特甘草基地品牌，带领搬迁户脱贫致富。为帮助北部搬迁牧民尽快掌握农作物种植技术，在承诺保证牧民搬迁户达到一定收入的前提下，由康隆公司种植技术人员带领北部搬迁牧民进行田间管理，从春播到秋收，使他们逐步掌握压滴灌棉花栽培技术，同时保证北部搬迁户每个正常劳动力月收入2 200元（包括200元午餐补助），年内大多数定居牧民家庭收入5万余元。

2012年，从和布克赛尔县北部乡场搬迁到查和特乡（原察和特开发区）定居的农牧民共48户，每户分配土地3.33公顷。实施庭院经济、牲畜养殖、低质土整治项目，安排自治区专项扶贫资金600万元，和布克赛尔县北部乡场搬迁贫困户共600户受益。之后无新的移民。

2013年，自治区专项扶贫资金190万元实施牲畜养殖项目，和布克赛尔县北部乡场搬迁贫困户190户受益。

2013—2015年，连续3年跨省移民由查和特乡政府担保贷款，进行农业种植，享受政策性农业保险、良种补贴、农机补贴等各项惠民政策。

# 第五章　拥军优属

## 第一节　拥军活动和军地共建

历届和布克赛尔县委、县人民政府把“拥军优属”作为一项重要工作长期坚持。围绕“拥军优属”工作，县委先后制定《节日慰问制度》《军地联席会议制度》《军地互访制度》《军民共建制度》等规章制度。每逢春节、国庆节、“八一”建军节等重大节日，县委、县人民政府和驻地部队联合召开军民座谈会和联欢会，共商军民共建大计。县委、县人民政府组织慰问团到部队营房、边防哨所、军烈属、残疾军人家中慰问。各级政府对军烈属、残疾军人和退伍军人在就业、住房等方面都给予照顾。

1993年起，和布克赛尔县相继在农村牧区建立拥军优属服务中心和服务小组。边防连队常年驻守在边防哨所，环境艰苦、生活单调，县委、县人民政府及时给边防连队送去生活用品、彩电、摩托车等物资。优先安置退伍军人、部队家属就业，孩子入学、入托、分配住房等。

1995年，和布克赛尔县与县人武部、边防大队、公安中队、阿吾斯奇边防连、阿吾斯奇边防派出所、夏孜盖雷达站、和什托洛盖通讯排等结成共建关系。拨款50多万元解决民兵训练基地、应急民兵分队装备、修建边防公路和维修部队营房。

1996年5月13日，和布克赛尔县四套班子领导带上慰问品慰问县境内担负北疆光缆工程施工任务的解放军某部队官兵，并赠送牌匾。

1998年，阿吾斯奇边防连与县社会福利院签订精神文明共建单位。

2001年，和布克赛尔县对境内驻军单位进行慰问。“八一”期间，为解决边防一线战士文化生活单调的困难，出资4万元为战士购买通信用品。

2002年，和布克赛尔县对驻县部队、老复员军人、伤残军烈属进行慰问；“八一”前夕，为解决边防一线战士生活上的困难，与各慰问单位协商出资4万元为战士购买生活用品。

2006年，全力抓好《和布克赛尔县拥军优属拥政爱民工作三年规划》的落实。围绕“致力全新双拥、共建和布克赛尔县钢铁长城”这一主题，广泛开展国防教育和双拥宣传，春节、“八一”期间，和布克赛尔县共组织拥军优属慰问团60个，慰问驻地部队、军属、转业军人等。发慰问金20万元。

2010年“八一”期间，县民政局为驻县部队送去太阳能热水器、电视机、投影机等慰问品以及慰问资金6.6万元。

2012年，春节、“八一”期间，和布克赛尔县对辖区驻县部队进行走访慰问；为现役军人家属送去每户200元慰问金；为优抚对象及困难退伍军人送去慰问品。

2015年春节期间，先后对辖区驻县部队及优抚对象进行慰问，送去慰问品、慰问金价值14.72万元；八一建军节前夕，和布克赛尔县投入资金15万元对全县驻县部队进行慰问。

## 第二节　优抚安置

20世纪90年代，和布克赛尔县根据国务院《关于义务兵退伍的暂行规定》对退伍士兵进行安置，原则是“从哪里来，回哪里去”。城镇的按系统包干安置，农村的按照政策以奖励现金方式安置，有技术专长及伤残军人由乡镇企业招聘录用。2000年，县委、县人民政府采取行政调配和市场调节相结合的办法，拓宽就业渠道，把城镇兵退伍安置作为一项重要任务，纳入各级领导目标责任考核制整体规划，做到应办尽办，保证人尽其才、才尽其用。

1993—2007年，根据《退役士兵安置条例》将符合城镇户口安置的退役士兵按政策规定已安置，其余不符合安置规定的人回到农村和牧场，按照农村政策以奖励现金方式安置。

2006年，为全县伤残军人、伤残国家机关工作人员、伤残人民警察，不分“在乡”“在职”，统一发放伤残抚恤金其中，老复员军人发放抚恤补助金208 908元；病故军人家属定补费5 040元；革命伤残人员抚恤费106 480元；

2010—2015年，接收持安置卡退伍军人全部100%予以安置。

2010年，还对历年来遗留的退伍军人给予合理的安置。每年组织农村籍退役士兵参加免费职业技能培训；累计投入培训资金10万余元。

2012年，出台《和布克赛尔县义务兵家庭优待金发放实施细则》，从制度上保障义务兵及其家庭的合法权益。为全县重点优抚对象发放优待抚恤金102.16万元，还为复员干部缴纳城镇职工医疗保险金7 002.26元，每人发放取暖费1 200元，发放救助资金18 226元；组织重点优抚对象进行免费体检，投入资金l3 540元。

2015年，向退役士兵发放一次性自主就业补助金131.8万元，发放现役军人家属优待金89.92万元。为复员干部缴纳医疗保险9 019.2元、养老保险27 988.8元；为在乡老复员军人缴纳农村合作医疗保险金10 650元，支付救助资金21 494.63元；其次还为在乡老复员军人进行免费体检；组织符合参加疗养的在乡老复员军人赴荣军医院免费疗养；为重点优抚对象发放优待抚恤金177.84万元。

# 第六章　老龄事业

## 第一节　机构队伍

2002年9月，和布克赛尔县老龄工作委员会（简称“县老龄委”）成立，负责全县的老龄工作，有干部职工2人。与此同时，全县各乡、镇、场相继成立老龄工作领导小组。

2006年，县老龄办有干部职工4人。和布克赛尔县老龄工作委员会办公室在县政府大楼正式挂牌办公，配备专职工作人员、公务用车，购买微机、复印机、打印机、过塑机等办公设施。

2012年，县老龄办有干部职工6人。至2015年未变。

## 第二节　老龄人口

2015年，和布克赛尔县60岁以上老龄人口5 231人。其中60～69岁3 301人，占63.11%；70～79岁1 594人，占30.47%；80～89岁291人，占5.56%；90～99岁44人，占0.84%；100岁以上1人，占0.02%。

**1993—2015年和布克赛尔县百岁老人一览表**

表26－1

| 姓　名 | 性　别 | 出生年月 | 年龄（岁） | 家庭住址 | 备　注 |
|---|---|---|---|---|---|
| 张富强 | 男 | 1911年4月4日 | 101 | 和什托洛盖镇 | 2012年去世 |
| 范文成 | 女 | 1911年9月1日 | 104 | 布斯屯格牧场 | |

## 第三节　敬老帮扶与慰问

2003年春节期间，和布克赛尔县领导走访慰问全县离退休老干部、老干部遗孀、困难党员以及“三老”人员（老干部、老党员、老模范），送去清油、大米等慰问品。

2006年，和布克赛尔县认真落实老年人的赡养和帮扶措施，并按照《自治区开展创建“敬老模范村居（社区）”活动实施意见》的评选标准，对各乡镇场从组织建设、落实老年人优待政策、维护老年人合法权益、老年服务设施建设、老龄宣传方面进行严格评选、严格考核。通过评审，和布克赛尔镇巴音布拉格社区及莫特格乡莫特格村被分别评为自治区敬老模范社区和国家级敬老模范村。此外，县城镇卫生院定期组织医护人员到社会福利院为老人检查身体；县青年志愿者为需要帮助的孤寡老人送去关怀和温暖；在重大节日，县领导走访慰问离退休老人和孤寡老人。

2010年春节和老人节期间，县领导分组走访慰问离退休老干部、老干部遗孀、困难党员以及“三老”人员，共计走访慰问老人36户59人，发放清油、大米等慰问品价值5 000元。和布克赛尔镇团支部组织辖区内的20余名青年志愿者到县社会福利院为老人们打扫院落卫生，并表演文艺节目。和布克赛尔镇卫生院工作人员为巴音布拉克社区50余名老人详细讲解帕金森综合征的诊治与日常保健，使老人们提高保健常识。

2012年“两节”期间，对全县农村“四老”人员（老党员、老干部、老模范、老军人）、离退休老干部进行慰问，共涉及农村“四老”人员116人，发放慰问金7.33万元及大米、清油、面粉等生活用品。各单位也积极组织春节慰问活动。县食品药品监管局开展“学习雷锋见行动、健康服务敬老人”送医赠药服务活动，为全县即将赴内地旅游的退休干部、老人详细讲解高血压、糖尿病、心脏病等常见疾病的防治常识，为老年人免费发放价值1 000余元的常见病、多发病家庭常备药品；安徽芜湖对口援疆医务人员为老年人提供义务诊治、健康咨询，共接受咨询60人，接受诊治30人，发放宣传单100余份。在中国共产党成立91周年之际，广泛走访慰问“四老”人员及生活困难党员，在“八一”建军节走访慰问242名重点优抚对象，送慰问金、慰问品计价31 050元。

2015年“两节”期间，县领导分组对全县农村“四老”人员、离退休老干部进行慰问，共涉及农村“四老”人员131人，发放慰问金及大米、清油、面粉等生活用品。在春节、古尔邦节及重阳节期间，县老龄办深入开展走访慰问老年人活动。县直各单位及各乡镇场也广泛开展走访慰问高龄老人、孤寡老人和生活困难老人活动，全年慰问高龄及生活困难老年人120人次。

## 第四节　老年人优待证管理

2006年，县老龄办在全县范围内对60岁以上的老年人进行摸底调查，按照自治区的文件精神，认真把好老年人优待证的发放、使用、回收和监督管理关。加强对内部工作人员的教育和监督工作，杜绝各种违法、违规行为，特设举报电话，加强社会监督。不定期对办证情况进行抽查、找个别老人询问办证情况，以确保此项工作落到实处。全年累计办理老年人优待证2 593本。

2009年2月起，每年由县财政补贴6万元，实现持老年优待证的老人在县内免费乘坐公交车。累计办理老年人优惠服务证1 287本、优惠待遇证2 115本。

2012年，认真贯彻落实各项老年人优待政策，全县的公厕、公共体育场所、图书馆、电影院、医院等场所都为老年人提供无偿服务。设立举报电话，对全县落实老年人优待规定进行及时监控、督察，确保优待规定落到实处。累计共办理老年人优待证4 231本。

2015年，认真贯彻落实《优待老年人规定》，严格按政策办理老年优待证，将老年优惠服务证和优待证办理的初审权下放至各乡镇场，做到“好事让基层干，好人让基层干部当”。加大对全县各单位落实老年人优待规定的监控和督查，确保各项优待规定落到实处。继续将老年人免费乘坐公交车费用列入财政预算，做到持优待证老年人免费乘坐县内公交车。公厕、公共体育场所、图书馆、电影院等场所也都为老年人提供优先、优待服务。累计共办理老年优惠待遇证3 441本，优惠服务证1 732本。

## 第五节 高龄补贴

2010年7月起，和布克赛尔县率先在塔城地区实行高龄补贴制度，每年由县财政拨专款落实老年人的高龄补贴。补贴标准为：80～90岁老年人每人每月80元（比自治区规定的标准高30元）；90～100岁老年人每人每月120元；100岁以上老年人每人每月150元。全年共为211名高龄老人发放高龄补贴106 320元。

2011年，《自治区80岁以上老年人基本生活津贴制度实施细则》和《自治区80周岁以上老年人免费体检制度实施细则》颁发，规定80～89岁老人每月补贴50元，90～99岁老人每月补贴120元，100周岁以上每月补贴200元，并且按每人134元标准免费体检。

2012年，全县共发放老年人基本生活补贴176 960元。共有47名老年人参加免费体检，支付体检费6 298元。

2015年，按照相关政策规定，完成全县老年人调查摸底和登记造册工作。为全县337名80周岁以上老年人发放基本生活补贴338 560元。共有37名老年人参加免费体检，支付体检费5 901.5元。

## 第六节 老年人文体活动

2003年，春节前举办“庆元旦、迎新春”文体活动，共有100余名老人参加台球、棋类、扑克和舞蹈等项目的比赛和表演活动。

2004年，县老龄办与老干局、社保局联合举办和布克赛尔县首届老年人秋季运动会，比赛项目设有扑克、环城跑、乒乓球、端球赛跑、绕杆跑、台球、掷垒球、倒退跑、1分钟跳绳、国际象棋、中国象棋等11个比赛项目。

2006年，县老龄委先后举办和布克赛尔县第二届老年人秋季运动会，比赛项目设有台球、乒乓球、端球赛跑、杆跑150米倒退跑、垒球、1分钟跳、国际象棋、扑克、环城跑等。县老年门球队在塔城地区举办的第五届老干部体育运动会中获门球第一名；老年乒乓球队获团体第一，单打第一、第二名；老年门球队并代表塔城地区参加在库尔勒市举办的自治区第四届老年人运动会门球项目比赛。

2010年7月21日，由和布克赛尔县承办的“塔城地区第四届老年人运动会”在县体育休闲广场举行，来自全地区的老年运动员多达330人；和布克赛尔县的老年运动员也积极参赛，并在门球、乒乓球等项目比赛中获得优良成绩。春节前，和布克赛尔县举办迎新春老干部棋类比赛，共有100多名老干部参加各个项目的比赛。元宵节时，由50名老人组成的老年秧歌队用喜庆、健康的方式喜迎元宵佳节。同年，和布克赛尔县成立“社区老年大学”，开设歌舞班、声乐班、书画班，首批老年学员达70人。

2012年，春节前举办“庆元旦、迎新春”文体比赛活动，共有100余名老人参加台球、棋类、扑克和舞蹈等项目的比赛和表演活动。在“五一”节来临之际，老干部积极报名、踊跃参加在老年活动中心举办的台球、乒乓球、象棋等项目比赛。5月25日，县老年大学的学员们在振兴花园小区举行“感恩伟大祖国、建设美好家园”文艺表演活动。7月1日，县老年大学主办“庆祝建党91周年、迎接党的十八大胜利召开”文化广场专场文艺演出。9月，和布克赛尔县举办首届中老年人广场舞大赛，来自各乡镇场的老年广场舞蹈队参加比赛。

2013年，县老龄委举办和布克赛尔县首届老年人健身大会。比赛项目设有台球、乒乓球、门球、中国象棋、国际象棋、扑克、太极拳(剑)等9个项目,来自全县20个乡镇场的120余名老年人参加比赛。

2014年7月19—21日,塔城地区第三届老年人体育健身大会在和布克赛尔县举行,来自塔城地区各县(市)的9个代表队、1 000多人参加该次活动。该届老年人体育健身比赛共设乒乓球、太极拳、中国象棋、台球、健身球等项目的比赛。和布克赛尔县老年运动员与兄弟县市老年运动员认真切磋技艺,交流感情、增进友谊。

2015年,和布克赛尔县按每名老年人10元标准将老龄事业发展经费列入财政预算,作为老年人文体活动经费。1—3月,县老龄委举办"羊羊得意迎新年庆元旦"文体比赛活动、"大手牵小手 一起向前走"春节老年人专场文艺会演、"关爱老人健康保健"三八国际妇女节知识竞赛;5—9月,举办"中国梦·我的梦"文体比赛活动、"民族团结一家亲"喜看家乡新变化书画摄影展、"弘扬婚育新风,关爱弱势群体"文艺汇演、"公路杯"老年人体育运动会、和布克赛尔县第二届老年人健身大会并选派队员参加塔城地区第四届老年人健身大会、选送舞蹈和书法作品参加自治区第三届老年文化艺术节,有1名老人书法作品获三等奖。

# 第七章　其他事务管理

## 第一节　社团管理

1999年,县民政局正式开展社会团体和民办非企业单位登记管理业务。按照地区民政局的文件要求,结合实际对全县10家社会团体和民办非企业单位进行年检。6月中旬,全面完成年检任务,年检及合格率100%。以后每年坚持年检。

2013年,和布克赛尔县社会组织和民办非企业单位评估委员会成立,对全县符合条件的10家社会组织进行评估,其中有5家社会组织被初步评定为A级。2015年年末,全县共有社会团体20家(不含民办非企业单位),年检及合格率均达到100%。

**2015年和布克赛尔县社会团体登记在册基本情况表**

表26-2

| 社会团体名称 | 成立时间 | 法人代表 | 业务主管单位 |
|---|---|---|---|
| 县消费者协会 | 1986年9月 | 马力民 | 县工商局 |
| 县私营企业个体劳动协会 | 2000年6月 | 杨志刚 | 县工商局 |
| 县佛教协会 | 2004年3月 | 恳　确(已故) | 县民宗委 |
| 县书法美术摄影协会 | 2008年7月 | 唐　浚 | 县文联 |
| 县少数民族能力开发协会 | 2005年3月 | 杜格西·杜古尔加甫 | 县民宗委 |
| 县作家协会 | 2007年5月 | 光木苏荣·达伦塔 | 县文联 |
| 县慈善会 | 2010年9月 | 阿孜古丽·扎满别克 | 县民政局 |
| 县信鸽协会 | 2011年4月 | 张吉东 | 县文广局 |
| 县反邪教协会 | 2013年10月 | 夏格达·达日玛 | 县科协 |
| 县法官协会 | 2011年9月 | 布辉·乌塔 | 县人民法院 |

续表26－2

| 社会团体名称 | 成立时间 | 法人代表 | 业务主管单位 |
|---|---|---|---|
| 县和美家园志愿者协会 | 2014年4月 | 李　道 | 县委宣传部 |
| 县赛尔足球协会 | 2015年8月 | 胡安别克·哈比旦 | 县文广局 |
| 县江格尔骏马马业文化协会 | 2015年4月 | 尼马·盖能道尔吉 | 县文广局 |
| 县金融系统青年联合会 | 2013年9月 | 王　翔 | 县人民银行 |
| 县枣红马蒙古象棋协会 | 2014年7月 | 桑格佳·索德曼 | 县文广局 |
| 县乒乓球协会 | 2013年10月 | 阿尔新别克·散克多拉 | 县文广局 |
| 县乐龄服务协会 | 2013年6月 | 张　伟 | 县民政局 |
| 县中国象棋协会 | 2015年10月 | 姜文彦 | 县文广局 |
| 县摔跤运动协会 | 2015年10月 | 努尔兰·阿依提木拉提 | 县文广局 |

## 第二节　婚姻 收养

### 一、婚姻

1993—1997年，全县每年婚姻登记约400对。

1998年，全县办理结婚登记537对、离婚登记9对。

2015年，办理结婚登记473对、离婚登记159对、补发结婚登记证258对，历史婚姻档案补录工作有序进行。开展婚丧嫁娶活动督促指导，引导各族群众移风易俗，新事新办，查处违规大操大办案件3件，收缴罚金1.1万元。

### 二、收养

1998年收养登记3件，2010年14件，2015年6件，登记合格率100%。

**1998—2015年和布克赛尔县婚姻及收养情况表**

表26－3　　单位：对、份

| 年份（年） | 结婚 | 离婚 | 收养 | 年份（年） | 结婚 | 离婚 | 收养 |
|---|---|---|---|---|---|---|---|
| 1998 | 537 | 9 | 3 | 2007 | 448 | 70 | 2 |
| 1999 | 460 | 7 | 2 | 2008 | 620 | 114 | 5 |
| 2000 | 537 | 8 | — | 2009 | 620 | 94 | 6 |
| 2001 | 433 | 12 | — | 2010 | 539 | 93 | 14 |
| 2002 | 481 | — | 2 | 2011 | 527 | 116 | 9 |
| 2003 | 474 | 20 | 3 | 2012 | 603 | 126 | 7 |
| 2004 | 478 | 37 | 3 | 2013 | 587 | 134 | 5 |
| 2005 | 501 | 55 | 1 | 2014 | 506 | 100 | 8 |
| 2006 | 475 | 67 | 1 | 2015 | 473 | 159 | 6 |

## 第三节　殡　葬

### 一、殡仪馆

和布克赛尔县夏布尔江殡仪馆　2010年5月筹建，占地面积1万平方米，建筑面积1 347.94平方米，该殡仪馆设计大、中、小3个吊唁厅，并配套建设相应附属设施。2012年10月投入使用。2015年年底，殡葬服务人员3人，属公益性殡仪馆。

和布克赛尔县乌苏尕殡仪馆　2012年6月筹建，占地面积1万平方米，建筑面积1 016.52平方米，设计两个吊唁厅及配套附属设施，属公益性殡仪馆，至2015年年末尚未竣工。

和什托洛盖镇亚布尔殡仪馆　2007年筹建，占地面积6 000平方米，建筑面积321平方米。2009年投入使用，属公益性殡仪馆。

和什托洛盖镇查斯特殡仪馆　2012年5月筹建，占地面积1万平方米，建筑面积1 444.21平方米，设计大、中、小3个吊唁厅，并配套建设相应附属用房，属于公益性殡仪馆，2015年投入使用。

### 二、公墓

和布克赛尔县乌苏尕公墓　2005年5月建成，占地面积41万平方米。2014年重新修建围墙，投入资金248万元，和布克赛尔县公墓内约有坟墓500座。

和什托洛盖镇查勒尕恩赛公墓　2011年筹建并投入使用，占地面积40万平方米，投入资金165万元。

### 三、殡葬管理

1998年2月，和布克赛尔县殡葬管理所成立，属事业单位性质，编制3名。同年6月9日，和布克赛尔县实施《殡葬管理条例(办法)》。2002年3月1日，成立殡葬服务中心。

2006年，和布克赛尔县建立《殡葬管理工作制度》，县民政局联合县工商行政部门对非法经营殡葬用品的销售单位和个人予以清理和取缔；同时下发《关于规范和布克赛尔县公益性公墓管理的通知》，对公益性公墓实行规范性管理。

2013—2015年，全县两镇23起新亡入葬全部按规定埋入公墓内，未发生乱埋乱葬现象。

## 第四节　区划地名

1993—2005年期间，和布克赛尔县的区划地名职能先归属县政府办，后划归县国土资源局，再后又划归县民政局，由于变异较多，资料缺失。

2006年，和布克赛尔县设置街(路)、巷标牌139块，沿街门牌1 411块，户号牌4 789块，楼单元牌219块。11个乡镇场地名标志摸底调查工作基本完成，建立2个镇、5个乡门牌号规范文档，做到统一编码，一门一号，逐步理顺城乡地名门牌工作与户籍管理的关系，保障第二代身份证换发工作的顺利实施。

2010年，县民政局组织开展和布克赛尔县与克拉玛依市边界现场勘察、和布克赛尔县与兵团一六五团、一三七团边界踏勘，完成和布克赛尔县与托里县、额敏县行政界线联检。全面开展乡镇场地名标牌普查统计工作，制作安装察和特移民居住区街、路、巷牌24块，户牌200块。

2012年，完成《中华人民共和国政区大典（新疆分卷）》（和布克赛尔县部分）编撰工作，并上报塔城地区编纂委员会审编。开展与吉木乃县、福海县、克拉玛依市边界现场勘察、调处工作，推动平安边界、和谐边界建设。第二次地名普查工作中，和布克赛尔县被自治区民政厅评为全疆示范县。

2015年，深入和布克赛尔镇、和什托洛盖镇及查和特乡开展入户核查地名设标工作，指导和规范小区、楼栋、单元（户牌）排序、命名，调整不规范小区单元顺序，出具地名标牌通知单129份，完成两镇2条新增街（路）巷和5个花苑（小区）命名；配合各相关部门，核查和布克赛尔县与驻县兵团及周边县（市）行政界线情况；协调解决县域内有关乡镇场土地草场纠纷7起。

# 第二十七编

# 民族宗教事务管理

和布克赛尔县有藏传佛教、伊斯兰教和基督教。县委、县人民政府认真贯彻落实党的民族宗教政策，组织宗教界人士学习讨论《宗教事务管理条例》《宗教活动场所管理条例》和《境内外国人宗教活动管理规定》，开展“五好寺院”和“五好宗教人士”评选活动，引导宗教与社会主义社会相适应，巩固和发展宗教爱国统一战线。全县宗教界人士和广大人民群众始终保持政治上的清醒与坚定，坚定反对宗教极端势力，有力促进改革、发展、稳定和全县各族人民的大团结，保持全县经济社会稳步、健康发展。

# 第一章　机构设置

## 第一节　管理机构

1993年，和布克赛尔县民族宗教事务局内设办公室，有行政编制3名。

1996年3月，成立和布克赛尔县宗教工作领导小组，由一名县委副书记任组长，一名副县长任副组长，成员10人。

2002年，和布克赛尔县民族宗教事务局更名为和布克赛尔县民族宗教事务委员会（简称“县民宗委”），与县委统战部合署办公。县民宗委内设办公室，核定行政编制7名，至2015年未变。

## 第二节　其他组织

### 一、基层组织

1996年3月，和布克赛尔县各乡场镇成立统战民族宗教工作办公室和宗教工作领导小组，并配备专职干事1人，至2015年未变。

### 二、佛教协会

2003年8月5日，成立和布克赛尔县佛教协会，设会长1人，副会长2人，理事4人，秘书长1人，办公场所在县民宗委内，至2015年未变。

# 第二章　民族事务管理

## 第一节　民族团结教育月活动

1993年，和布克赛尔县结合第十一个民族团结教育月活动，开展党的民族政策宣传，加快少数民族地区经济建设，促进各民族共同繁荣进步，为各族人民多办好事、实事。全县先后召开动员大会60次，座谈会、讨论会102次，参加人数2万人次，出大小墙报180期。县幼儿园、文化馆、火电厂、莫特格乡等单位开办蒙古、哈萨克语学习班，县一中开办汉语学习班。和布克赛尔县每年都结合党和政府的中心工作和重点任务，开展民族团结教育月活动，坚持以爱国、团结、进步、稳定、发展为主题，总结民族团结教育月活动经验，表彰维护民族团结的先进典型，巩固成果，提高水平，发展民族团结的大好形势，强化各民族共同繁荣发展的意识，为全县的经济建设和各项事业发展创造团结稳定的社会政治环境。

2015年，和布克赛尔县在第三十三个民族团结教育月中，创新形式，开展民族团结教育"十个一"活动，即结交一个民族朋友，开展民汉"结对子、交朋友"活动；组织邻里互动，在各社区、民汉合居村（队）中开展"邻里守望一家亲"活动；同唱一首爱国主义歌曲，开展以"双语"歌颂党、歌颂祖国、歌颂家乡活动；共话一个传统佳节，利用古尔邦节、祖鲁节、端午节等"民汉节"庆日，开展走"亲戚"、访朋友活动；互诵一篇民族经典，在各单位及中小学校开展中华经典诵读活动；深入驻县部队、公安局（派出所）、建设兵团开展一次民族团结联谊活动；评选一批民族团结典型，开展"民族团结个人""民族团结家庭"等评选活动；举办一场民族团结文化体育活动，促进各民族间的文化交流与融合；组织"四老人员"、先进模范、爱国宗教人士及群众代表召开一次民族团结座谈会活动；开展一次送技术、送文艺、送图书、送法律、送医疗等形式多样的支农助农志愿服务活动。通过开展民族团结教育"十个一"活动，唱响民族团结主旋律，维护社会稳定，促进经济发展。

## 第二节　民族团结进步创建

2009年，县委、县人民政府印发《关于成立和布克赛尔县创建民族团结进步模范单位、争当民族团结进步模范个人活动领导小组的通知》，由县人民政府县长才布格加甫任组长，在全县范围内开展民族团结进步模范创建活动。

2012年6月29日，县人民政府印发《和布克赛尔县创建"民族团结进步模范单位"五年规划（2011—2015年》的通知，全县各单位、各部门积极开展民族团结进步创建活动。当年，全县涌现出一批创建意识强、宣传氛围浓、工作成绩突出、创建成效显著的民族团结进步模范单位，县委、县人民政府对48个县级民族团结进步模范单位予以命名，其中乡镇场3个，县直部门7个，村（队）、站（所）38个。

2013年，和布克赛尔县印发《关于进一步认真做好民族团结进步模范单位申报材料的通知》，各部门、各乡镇场按照要求开展民族团结进步模范单位的申报工作，结合本单位实际制定民族团结进步模范创建方案，明确创建目标、任务、方法步骤、组织领导和工作要求。年内县级以上申请民族团结进步模范单位162个，其中县级单位20个、地区级111个、自治区级31个，申报率85%，表彰10个民族团结进步模范先进集体和23名民族团结进步模范先进个人。

2015年，县委、县人民政府团结带领全县各族干部群众，贯彻落实党和国家的民族政策及民族区域自治制度，推动各民族团结进步、交流交往交融，全县形成各民族同呼吸、共命运、心连心的良好局面，涌现出众多民族团结进步创建的先进集体和先进个人。11月3日，县委、县人民政府下发《关于表彰和布克赛尔县创建全国民族团结进步模范县工作先进集体和先进个人的决定》，全县有30个部门单位获民族团结进步创建工作先进集体荣誉称号，50名干部、职工、村民获民族团结进步创建工作先进个人荣誉称号。

### 第三节　兴边富民行动

1998年，国家民委倡议发起“兴边富民行动”。2000年，和布克赛尔县根据自治区的部署，制定《和布克赛尔县“兴边富民行动 ”（2001—2010）规划》，建立“兴边富民行动”项目库，向自治区申请列入“兴边富民行动”重点县。

2008年，和布克赛尔县和全疆32个边境县（市）一道被国家确定为“兴边富民行动”重点县，纳入扶贫范围。

2010年，和布克赛尔县实施兴边富民项目9个，分别是铁布肯乌散乡铁布肯乌散村道路建设、莫特格乡油田新村特色养殖建设、那仁和布克牧场新疆山羊品种改良、那仁和布克牧场江格尔村人畜饮水工程、铁布肯乌散乡科克莫墩村人畜饮水工程、巴音傲瓦乡克勒根特村棚圈及配套设施建设、县少数民族能力培训项目等。资金总投入393万元，其中国家兴边富民资金296万元、县财政配套及自筹资金97万元。

2012年，和布克赛尔县共实施兴边富民项目17个，分别是和布克赛尔镇饲草料基地建设、莫特格乡防渗渠建设、莫特格乡人工饲草料基地围栏建设、那仁和布克牧场育肥发展畜牧业、铁布肯乌散乡防渗渠建设、那仁和布克牧场绒山羊养殖、铁布肯乌散乡输电线路架设、莫特格乡防渗渠建设、和什托洛盖镇牧区新建饮水渠、伊克乌图布拉格牧场大口井建设、查干库勒乡青贮玉米基地建设、少数民族能力培训、巴嘎乌图布拉格牧场新建田间防渗渠、巴音傲瓦乡修建大口井、布斯屯格牧场滴灌、莫特格乡新建草场围栏，查干库勒乡新建饲草料基地等。总投资800万元。

2013年，实施少数民族发展资金项目15个，总投资1 100万元，项目主要包括少数民族技能培训、牧道、灌溉、防渗渠、自来水管网改造、路灯、牲畜养殖、饲草料基地、特色养殖等，项目覆盖（累计）21个乡镇场、41个村、3 659户，当年全部实施完毕。

2014年，实施少数民族发展资金项目16个，总投资1 200万元，项目主要包括牲畜棚圈、刺绣基地、塘坝、电力、牲畜养殖、饲草料基地、牧道、少数民族技能培训、防渗渠等，项目覆盖（累计）16个乡镇场、21个村、1 658户，当年项目全部实施完毕。

2015年，实施少数民族发展资金项目26个，总投资1 250万元。项目主要包括防渗渠、肉牛养殖、自来水管网改造、牲畜养殖、牧道、生产母牛养殖、生产母羊养殖、饲草料基地、路灯亮化、少数民族能力培训、电力建设、高压滴灌等，项目覆盖（累计）36个乡镇场、38个村、2 099户，当年项目全部实施完毕。

## 第三章　宗教事务管理

### 第一节　民族宗教政策宣传教育

1993年，县民宗局对全县宗教人士和信教群众进行党的政策教育、形势教育，民族团结教育和爱国宗法教育，提高信教群众的思想觉悟和依法从教的自觉性。

1996年6月，县民宗局会同县委统战部召开民族宗教人士座谈会，学习党的民族宗教政策及《中华人民共和国民族区域自治法》。

2000年，县民宗局组织宗教界人士学习江泽民视察新疆工作重要讲话精神及《维护祖国统一 反对伊斯兰主义》《民族宗教活动场所管理条例》《境内外国人宗教活动管理规定》等文件，给相关宗教活动场所下发自治区主管部门编译的《卧尔兹选编》一书，把清真寺讲经内容纳入规范化轨道。

2009年1月，和布克赛尔县举行专题视频讲座，学习宣传党的民族宗教政策，宣传中共中央关于新疆发展稳定的重大决策，宣传中央各部门、全国各地对新疆的全方位支援，宣传民族团结先进典型，各相关部门负责人和宗教界人士参加专题视频讲座。

2013年，开展党的民族宗教政策和《中华人民共和国民族区域自治法》《中华人民共和国宗教事务条例》等法律法规的宣传教育。3月25日，和布克赛尔县在查干库勒乡召开爱国宗教人士座谈会，宣传党的民族宗教政策，鼓励他们弘扬中华民族“乐善好施、济贫助困”的优良传统，为国家和社会做贡献。3月29日，查干库勒乡拉布荣喇嘛庙的爱国宗教人士为查干库勒乡小学20名贫困生捐赠4 000元。

2015年，和布克赛尔县继续开展党的民族宗教政策宣传教育，引导宗教界人士充分发扬爱国爱教优良传统，发挥宗教积极作用，依法信教、依法管理宗教事务，做维护民族团结、促进宗教和顺、加快经济社会发展的模范。12月8日，县部分宗教人士代表给县委、县人民政府送去一面绣着“发扬传承民族传统文化，尊重保护民族宗教信仰”的锦旗表示感谢，决心继续高举爱国爱教旗帜，为全县的经济社会发展做贡献。

## 第二节　双“五好”评选活动

2011年，和布克赛尔县启动“五好寺院”“五好宗教人士” 评选活动（“五好”即“爱国守法好、团结和谐好、自我管理好、示范作用好、环境卫生好”）。

2012年，按照宗教工作“主体在县，延伸到乡，落实到村，规范到点”的要求完善县、乡、村三级宗教工作网络，建立健全乡、村两级民族宗教工作队伍，每季度汇总工作落实情况。定期向宗教人士宣传民族宗教方面的各项方针、政策，关心他们的生活情况，增进与宗教人士之间的了解。当年，和布克赛尔县莫特格乡敖包特库热喇嘛庙获自治区“五好”宗教活动场所荣誉称号。

2015年，和布克赛尔县继续在宗教活动场所、宗教人士中开展双“五好”及民族团结进步模范创建活动，莫特格乡敖包特库热喇嘛庙僧人恳确评选为当年自治区“五好”宗教人士；莫特格乡敖包特库热喇嘛庙评选为首届“全国创建和谐寺观教堂先进集体”，另评选自治区级双“五好”宗教活动场所2个，县级双“五好”宗教活动场所6个，双“五好”宗教人士12人。查干库勒乡拉布荣喇嘛庙巴图那生·巴音和布克爱国宗教人士因连续多年资助贫困学生被评为地区级民族团结进步先进个人。

## 第三节　宗教人士管理

### 一、宗教人士培训

1993—2005年，县民宗委会同县委统战部选派宗教人士到地区、自治区进行培训，学习党的民族宗教政策和相关业务，使全县宗教教职人员普遍轮训一次。

2006—2007年，县民宗委与各乡镇场联合举办宗教人士培训班13次，参加培训1 000余人（次），人员包括宗教教职人员、统战民宗干事、业务人员、寺管会成员、宗教团体负责人和部分信教群众。培训中印发汉、蒙古、哈萨克、维吾尔语4种文字的宣传材料。

2010年，县民宗委举办宗教人士座谈5次，组织宗教人士培训班2次，共200余人（次）参加。9月，21名宗教人士在地区参加藏传佛教培训班。

2012年8月，县民宗委与县委组织部、统战部联合举办为期2天的民族宗教理论培训班。各乡镇场分管领导、各成员单位、全县宗教人士100余人参加该次培训。县民宗委举办宗教人士座谈会5次，组织宗教人士培训班2次，参加人数共200余人（次）。

2013—2015年，自治区党委、自治区人民政府决定对全区藏传佛教教职人员在和布克赛尔县进行培训。按照3年培训计划，来自全疆6个地州、110名年轻藏传佛教教职人员参加培训班，所有学员均通过严格的考试并取得结业证书，并评选出共12名优秀学员，培训工作取得圆满成功。3年内，自治区佛协在和布克赛尔县成功举办3期培训班。

2015年，爱国宗教人士进行习近平系列讲话精神、张春贤在自治区稳定工作会议上的讲话精神、党的民族宗教理论政策等知识的集中教育；组织安排宗古鲁等爱国宗教人士到辽宁盘锦市等省区参观学习。召开爱国宗教人士座谈会2场次。

## 二、宗教人士生活补助费发放

2008年，和布克赛尔县开始给宗教人士发放生活补助费。至2015年，累计为全县464名宗教人士发放生活补助费241.77万元。

**2008—2015年和布克赛尔县宗教人士生活补助费发放情况表**

表27－1　　单位：人、万元

| 年份（年） | 宗教人士 | 补助费 | 年份（年） | 宗教人士 | 补助费 |
|---|---|---|---|---|---|
| 2008 | 56 | 24.85 | 2012 | 59 | 29.56 |
| 2009 | 59 | 27.14 | 2013 | 59 | 33.45 |
| 2010 | 58 | 29.32 | 2014 | 57 | 32.84 |
| 2011 | 59 | 29.44 | 2015 | 57 | 35.17 |

# 第二十八编

# 编制　人事　劳动　社会保障

1993—2015年，干部任用实行公开选拔、竞争上岗、任职前公示、任职试用期等制度，使干部选拔任用工作扩大民主，保证干部队伍的生机与活力；高度重视专业技术人员的引进、交流和培养，为现代化建设提供人才保障；改革劳动用工制度，一手抓改革发展，一手抓就业再就业，确保就业局势稳定。先后实行基本养老保险、基本医疗保险、失业保险、工伤保险、生育保险、城镇居民基本医疗保险、农村养老保险，充分发挥保险作为社会“稳定器”和经济“助推器”的作用，为全县的经济建设、社会发展做出重要贡献。

# 第一章　编　制

## 第一节　机构队伍

1993年，和布克赛尔县机构编制委员会（简称“县编委”）定编4名。

1998年8月10日，和布克赛尔县机构编制委员会办公室（简称“县编办”）成立，正科级，有干部4人。

1999年，和布克赛尔县事业单位登记管理局成立，股级，在县编办挂牌，核定全额事业编制2名，参照公务员法管理。县编办有干部4人，其中主任1人，副主任1人，一般干部2人。

2011年，县编办、县事业单位登记管理局定编8名（行政编制7名、全额事业编制1名）。实际在职8人，其中主任1人，副主任1人，一般干部6人，县财政聘用2人。至2015年未变。

## 第二节　机构编制管理

### 一、机关行政编制管理

1993—2004年，和布克赛尔县县级行政编制数316名，乡镇行政编制数146名。

2011年，全县行政编制共729名。其中，党政群336名，在职430人；专项239名，在职220人；乡镇146名，在职219人。

2012年，全县行政编制共729名。其中，党政群345名，在职454人；专项237名，在职214人；乡镇146名，在职216人。

2013年，全县行政编制共745名，在职862人。其中，党政群345名，在职430人；专项254名，在职220人；乡镇146名，在职212人。

2014年，全县共有行政编制745名，在编826人。其中，党政群345名，在编412人；专项254名，在编214人；乡镇146名，在编200人。

2015年，全县行政编制无变动。

### 二、事业单位登记

和布克赛尔县事业单位登记管理局按照《事业单位登记管理暂行条例》和《事业单位登记管理暂行条例

实施细则》规定，在实施事业单位年检的过程中争取早准备、早安排、早部署，认真指导，严格审查，确保质量。

1993—2004年，和布克赛尔县有各类事业单位166个，分6批登记事业单位83个，变更事业单位14个。

2010年，全县应年检93家，实际年检93家，年检合格率为100%。共设立登记13家、变更登记24家、注销登记3家。

2011年，全县登记事业单位总数114个，应年检事业单位109个，实际年检单位109个，不需要参加年检事业单位5个，年检及年检合格率均为100%。变更登记事业单位32个，补领证书单位2个。

2012年，全县共设立登记机构119家，应参加年检单位112家，年检单位112家，年检率达到100%。新设立登记6家，注销单位2家，变更登记32家，年检合格单位112家，年检合格率100%。

2013年，全县应参加年检单位118家，年检单位数118家，年检率达到100%，不参加年检数3家，无注销单位，变更登记29家，补领1家，设立2家。

2014年，全县完成114家事业单位法人年度报告公示。变更登记27家，设立1家。

2015年，全县完成123家事业单位法人年度报告公示。变更登记53家，设立6家。

## 第三节　机构改革

### 一、党政机关机构改革

1998年，和布克赛尔县实施党政机关改革，共设置机关党委5个，政府机关17个，群团机关4个，人大机关1个，政协机关1个，检察机关1个，法院机关1个。

2002年，全县党政机关共设置党委机关5个，政府机关22个，群团机关4个，人大机关1个，政协机关1个，检察机关1个，法院机关1个，乡镇党政机构7个。

2012年，县人民政府工作部门由20个增设至24个。

### 二、事业单位机构改革

2013年，和布克赛尔县根据《自治区党委、自治区人民政府关于分类推进事业单位改革的实施意见》精神及自治区关于分类推进事业单位改革实施意见和配套政策要求，及时成立和布克赛尔县事改领导小组，制定下发《和布克赛尔县事业单位分类改革工作方案》和《关于开展和布克赛尔县事业单位分类工作的通知》。同年12月23日，县人民政府召开“和布克赛尔县分类推进事业单位改革暨业务培训工作会议”，对分类推进事业单位改革工作做全面安排部署，同时采取以会代训的形式对乡镇、部门主要领导及人事专干200余人进行专题培训。根据塔城地区事业单位改革领导小组办公室（简称“事改办”）《关于开展事业单位分类工作的通知》精神，拟定3个事业单位（农牧机械管理局、煤炭工业管理局、爱国卫生运动委员会办公室）划分为行政类，拟定213个事业单位划分为公益一类，拟定22个事业单位划分为公益二类，拟定8个事业单位划分为生产经营类。暂不参加分类事业单位68个。

2015年，和布克赛尔县按照《新疆维吾尔自治区事业单位分类指导目录及其说明》，结合全县各事业单位基本情况，将参加该次分类的247个事业单位划分为行政类的3个，划分为公益一类的214个、划分为公益二类的22个、划分为生产经营类的8个。暂不纳入分类范围的71个。

**三、乡镇机构改革**

2002年，和布克赛尔县根据《自治区党委、自治区人民政府关于乡镇机构改革的实施意见》精神，成立乡镇机构改革领导小组并印发《和布克赛尔县乡（镇）机构改革实施方案》。制定乡镇“三定”规定，即定主要职责、定机构、定人员编制和领导职数。巴音傲瓦乡人民政府核定行政编制19名，其中科级领导职数9名。夏孜盖乡人民政府，核定行政编制22名，其中科级领导职数10名。铁布肯乌散乡人民政府核定行政编制19名，其中科级领导职数9名。查干库勒乡人民政府核定行政编制22名，其中科级领导职数10名。和布克赛尔镇人民政府核定行政编制20名，其中科级领导职数8名。莫特格乡人民政府核定行政编制20名，其中科级领导职数9名。和什托洛盖镇人民政府核定行政编制24名，其中科级领导职数10名。

2013年，和布克赛尔县根据《自治区党委办公厅 自治区人民政府办公厅印发〈关于进一步做好乡镇机构改革的意见〉的通知》精神，成立乡镇机构改革领导小组并印发《和布克赛尔县乡（镇）机构改革实施方案》。制定乡镇“三定”规定，即定主要职责、定机构、定人员编制和领导职数。进一步规范乡（镇）事业单位管理。至2015年，全县乡镇行政编制146名，机关后勤服务人员事业编制18名，科级领导职数82名，各乡镇设置综合办公室2～5个，未突破编制数和领导职数。

# 第二章　人　事

## 第一节　机构队伍

1993年，和布克赛尔县劳动人事局（简称“县人事局”）有职工13人。办公地点位于县政府综合楼一楼。

2001年，县人事局更名为和布克赛尔县人事劳动和社会保障局。2010年12月15日，办公地点搬迁至哈同南路2号，占地面积6 300平方米。

2012年，和布克赛尔县人事劳动和社会保障局更名为和布克赛尔县人力资源和社会保障局（简称“县人社局”）。机构规格为正科级，内设13个科室，即行政办公室、财务室、工考办、人才交流中心、公务员管理科（军转办公室）、工资福利科、专业技术人员管理科、就业科、培训科、劳动保障监察大队、人力资源大厅、社保工资科、档案管理室。下辖劳动保障监察大队、人事争议仲裁委员会、培训就业中心（引智办公室）、7个乡镇劳动保障事务所。

2015年，县人社局内设及下辖机构未变，核定行政编制13名，事业编制34名，实际在职57人（含乡镇劳动保障所）。

## 第二节　干部来源与结构

**一、干部来源**

和布克赛尔县历年新增国家干部主要来源于社会考试录用和军转干部安置。

2015年，和布克赛尔县干部总数691人。新增国家干部35人，其中社会考试录用干部（含大中专毕业生)27人,占新增国家干部总数的77.14%;军转干部安置8人,占新增国家干部总数的22.86%。

### 二、干部状况

1993年年初,和布克赛尔县干部总数2 536人。其中女性干部967人,占干部总数的38.13%;少数民族干部1 468人,占57.89%;中共党员干部944人,占37.22%,非中共党员干部1 592人,占62.78%;具有大专以上文化程度的干部490人,占19.32%。

2015年,全县公务员及参照公务员法管理人员共691人。其中女性干部282人,占干部总数的40.81%,比1993年增加2.68%;少数民族干部413人,占59.77%,比1993年增加1.88%;中共党员干部404人,占58.47%,比1993年增加21.25%;具有大专以上文化程度的干部640人,占92.62%,比1993年增加73.3%。

## 第三节 干部管理

### 一、干部选拔录用

1993—2015年,和布克赛尔县实施公务员法,改革干部选拔任用制度,实行公开选拔、竞争上岗、任职前公示、任职试用期等制度,使干部选拔任用工作扩大民主,拓宽视野,强化公开竞争,改变公务员晋升的单一方式。公务员传统晋升方式和公开选拔、竞争上岗方式并存,发挥两种方式的功能作用,使公务员职务晋升制度更具生机与活力。

### 二、人才交流

2005年,和布克赛尔县人才交流服务中心领导小组成立,领导小组办公室设在县人社局,初步建立以县人才交流中心推介为主、外地人才交流服务提供信息为辅、个人联系为补充,正式调动、聘用等多种人才交流服务网络。至2015年,共参与自治区人才交流招聘和普通高校毕业生校园供需见面系列招聘会7次,先后签订意向书108人。

### 三、干部离退休

至2015年12月,全县机关事业单位共有离退休人员2 305人,其中离休人员13人。

(一)离休待遇

和布克赛尔县对离休干部执行党和国家生活待遇略为从优的政策原则。1982年4月,《国务院关于发布老干部离职休养制度的几项规定的通知》中规定:老干部离休后,发给原工资100%的离休费,不打折扣。1993年10月1日后离休的,机关实行职级工资制离休人员按本人原基本工资全额计发;事业单位离休人员按本人职务工资与津贴之和全额计发。1937年7月6日以前参加革命工作的,按本人离休前标准工资,每年增发3个月的工资;1937年7月7日至1942年12月31日参加革命工作的,按本人离休前标准工资,每年增发两个半月的工资;1943年1月1日至1945年9月2日参加革命工作的,按本人离休前标准工资,每年增发两个月的工资;1945年9月13日至1949年9月30日参加革命工作的,按本人离休前标准工资,每年增发一个月的工资。

(二)退休待遇

1993年起,和布克赛尔县男性干部职工年满60周岁、女性干部年满55周岁、女性工人年满50周岁,连续工龄满10年以上者可办理正常退休;男年满50周岁、女年满45周岁,参加革命工作年限或连续工龄满10年者,经由医院证明和鉴定确认完全丧失工作或劳动能力的可办理病退;因公(工)致残,经由医院证明和鉴定确认完全丧失工作或劳动能力的可办理退休。经过医院证明完全丧失工作能力,又不具备退休条件的,应当退职。公务员和事业单位工作人员退休后的退休费按本人退休前职务工资(岗位工资)和级别工资(薪级工资)之和的一定比例计发,其中工作年限满35年的,按90%计发;工作年限满30年不满35年的,按85%计发;工作年限满20年不满30年的,按80%计发;工作年限满10年不满20年的,按70%计发;工作年限不满10年的,按50%计发(事业单位工作人员工作年限不满10年的,只能退职)。机关技术工人、普通工人退休后的退休费按本人退休前岗位工资和技术等级工资之和、岗位工资的一定比例计发,其中工作年限满35年的,按90%计发;工作年限满30年不满35年的,按85%计发;工作年限满20年不满30年的,按80%计发;工作年限满10年不满20年的,按70%计发(工作年限不满10年的,只能退职)。除国家规定外,凡在新疆工作满10年以上的,根据参加工作年限长短发给退休补助费,即工作年限30年以上的加发原标准工资的25%,工作年限25年以上不满30年的加发原标准工资的20%,工作年限20年以上不满25年的加发原标准工资的15%,工作年限15年以上不满20年的加发原标准工资的10%;对在新疆工作累计满20年以上的知识分子,离退休后退休费标准提高10%。县内机关事业单位工作人员退休,其审批权限为:科级干部由县委组织部审批,一般干部由县人力资源和社会保障局统一办理。

## 第四节　考核奖惩

### 一、考核与奖励

1993年6月5日,和布克赛尔县委、县人民政府批转县委组织部、劳动人事局《关于和布克赛尔县党政机关干部考核工作的安排意见》。决定在全县考核党政机关干部1992年工作。6月7日,和布克赛尔县成立党政机关干部考核领导小组。组长高宗麟(县委书记);副组长那木吉勒·吾夏(县委副书记、县人民政府县长)、刘宇平(县委副书记)、桑义正(县人民政府副县长),成员9人。领导小组下设办公室,办公室设在县劳动人事局,依·道尔吉(县委组织部副部长)任办公室主任。随后即对全县干部的德、能、勤、绩进行考核。考核标准分为优秀、称职、基本称职、不称职,优秀占干部考核总数的15%;科级干部写述职报告,一般干部写工作总结,考核结果作为使用和奖惩干部的依据。

1999年1月17日,和布克赛尔县在政府宾馆举行1998年县级领导干部考核大会。县级领导分别就1998年全县国民经济和社会发展、各项事业分管的工作进行述职。塔城地委、行署有关领导,县直机关各企事业单位领导干部参加考核大会。

2000年11月29日,和布克赛尔县委办公室、县人民政府办公室联合下发《关于认真做好2000年度干部考核工作的通知》,调整县党政机关事业单位工作人员考核委员会成员,由主持工作的县委副书记孙彦哲任主任,县委副书记、县人民政府县长普尔瓦·图格杰加甫,县委副书记、政法委书记赛格孜拜·哈尔哈巴提、县委常委、组织部部长张建科,县委常委、纪检书记曼开·热合木江任副主任,成员12人,考核委员会办公室设在县委组织部,张建科兼任办公室主任。成立2000年度县直机关、事业单位六大口干部考核领导小组(党群口、政府综合口、经济口、科教文卫口、政法口、大农业口)和乡镇场3个考核组。各考核单位副科级以上领导撰写述职报告,一般干部撰写工作总结,考核优秀比例控制在12%以内,国家和自治区表彰的单位考核优秀比例控制在18%以内,考核工作从2000年12月11日开始,2001年1月20日前结束。

2015年11月2—18日,和布克赛尔县委考核组对各乡镇(场)、县直单位82个科级领导班子和445名科级干部进行年度综合考核。根据综合考核情况,经县委研究,评定好班子75个、较好班子6个、暂不定等班子1个。全县干部队伍中优秀67人,占9.7%;称职325人,占47.03%;基本称职1人,占0.14%。无不称职人员,无辞退人员。

**二、惩处**

1993年,和布克赛尔县根据国务院公布的《国家公务员暂行条例》对全县行政机关公务员的奖惩制度作出规定,正式确立公务员奖励制度和十四项不得违反的纪律。机关事业单位行政处分分为警告、记过、记大过、降级、降职、撤职、开除留用察看、开除8种。

2001年起,执行《中华人民共和国法官法》《中华人民共和国检察官法》。2004年起,执行《中国共产党纪律处分条例》。

2007年,和布克赛尔县辞退1人、取消公务员资格1人。

## 第五节　公务员管理

1993年,和布克赛尔县贯彻落实国务院颁布的《国家公务员暂行条例》,正式推行国家公务员考核制度。

1994年,和布克赛尔县根据中共十四届四中全会通过的《中共中央关于加强党的建设若干重大问题的决定》和人事部印发的《国家公务员考核暂行规定》,把完善考核作为加快党政领导干部选拔任用等重要制度改革的一项重要内容,同时作为工作人员评优评先、工资晋升、职务升降、续聘解聘、奖惩等重要依据。干部年度考核为优秀、称职的,按政策规定调升工资;连续两年考核为不称职的,按规定予以辞退。

1996年起,和布克赛尔县干部培训工作按照《国家公务员培训暂行规定》执行。

1999年起,考核等次由原来的优秀、称职、不称职3个等次,增加"基本称职"等次,计4个考核等次。

2004年,和布克赛尔县将中共中央公布的《中国共产党纪律处分条例》中明确地对党员不得违反的纪律的全面具体规定作为考核奖惩的重要依据。

2006年1月1日起至2015年,和布克赛尔县公务员队伍管理主要依据《中华人民共和国公务员法》及《国家公务员暂行条例》。同时,依据《公务员法》《干部教育培训工作条例(试行)》及2008年中组部、人力资源和社会保障部印发的《公务员培训规定(试行)》和有关法律法规,按规定开展干部培训工作。公务员录用按照《中华人民共和国公务员法》以及地区公务员主管部门的安排,每年制定地区公务员招录计划并报自治区审核,通过笔试、资格复审、面试、专业测试、体能测评、体检、公示、考察等环节,确保招录工作安全有序进行。

## 第六节　职称评聘

1995—2005年，和布克赛尔县共评审各类专业技术人员2 807人，其中初级2 101人、中级637人、高级69人。

2006年，和布克赛尔县重新组建中学教师、小学教师、工程、卫生、农业、林业、经济、文化等系列专业技术初级评审委员会，其他系列不够条件组建初级评委会的，委托地区有关评审委员会代评或以考代评。按照评审权限，初、中、高级专业技术职称分别由县、地区、省评审。评审把住“三严”（严格审查参评人员资格、严格审查表格材料、严格评审）。至2015年，全县共评审各类专业技术人员4 528人，其中初级3 010人、中级1 195人、高级323人。

**1995—2015年和布克赛尔县获得专业技术资格人员情况表**

表28－1　　单位：人

| 年份（年） | 初级资格 | 中级资格 | 高级资格 | 年份（年） | 初级资格 | 中级资格 | 高级资格 |
|---|---|---|---|---|---|---|---|
| 1995 | 8 | 12 | — | 2006 | 70 | 68 | 10 |
| 1996 | 113 | 121 | 12 | 2007 | 81 | 71 | 22 |
| 1997 | 7 | 48 | 8 | 2008 | 5 | 86 | 14 |
| 1998 | 536 | 1 | — | 2009 | 202 | 71 | 33 |
| 1999 | 134 | 13 | — | 2010 | 55 | 75 | 28 |
| 2000 | 343 | 157 | 13 | 2011 | 85 | 16 | 11 |
| 2001 | 292 | 21 | — | 2012 | 91 | 39 | 24 |
| 2002 | 4 | 72 | 10 | 2013 | 85 | 33 | 25 |
| 2003 | 418 | 87 | 3 | 2014 | 138 | 59 | 14 |
| 2004 | 170 | 67 | 11 | 2015 | 97 | 40 | 73 |
| 2005 | 76 | 38 | 12 | | | | |

## 第七节　工资福利

### 一、机关事业单位工资

1993年10月，和布克赛尔县实施机关事业单位工资制度改革。按机关事业单位各自特点实行不同工资制度。行政机关实行基础工资、级别工资、职务工资、工龄工资4项组成职级工资制。全县行政机关有895人参加级别工资改革，人均增资114.34元；事业单位有2 987人参加工资改革，人均增资174.12元。

1999年7月，和布克赛尔县对机关事业单位工作人员调标增资。全县行政机关有1 109人参加调标增资，人均增资117.89元；事业单位有2 817人参加调标增资，人均增资118.58元。

2001年1月，和布克赛尔县机关事业单位工作人员调整工资标准，实施艰苦偏远地区津贴。全县行政机关有1 050人参加调标增资，人均增资266元；事业单位有2 672人参加调标增资，人均增资268元。2001年

10月，全县机关事业单位工作人员调整工资标准，有1 116人参加调标增资，人均增资86元；事业单位有2 665人参加调标增资，人均增资79元。

2003年7月，和布克赛尔县机关事业单位工作人员调整工资标准。全县行政机关有1 126人参加调标增资，人均增资43元；事业单位有2 350人参加调标增资，人均增资41元。

2006年7月，和布克赛尔县实施机关事业单位工资制度改革。行政机关实行职级工资，由职务工资、级别工资两项组成；技术工人、普通工人均实行技术等级工资制；事业单位实行岗位绩效工资制度，由岗位工资、薪级工资、绩效工资和津贴补贴4部分组成。全县行政机关有1 245人参加调标增资，人均增资378元；事业单位有2 338人参加调标增资，人均增资343元。

2014年10月，和布克赛尔县机关事业单位工作人员调整基本工资标准。全县行政机关有1 217人参加调标增资，人均增资819元；事业单位有2 760人参加调标增资，人均增资857元。

**二、福利保障**

1993—2001年，和布克赛尔县执行国家职工福利保障的相关政策、规定，全县机关事业单位职工享有各种休假、探亲、抚恤等福利待遇。

2002—2005年，和布克赛尔县机关事业单位人员死亡后发放一次性抚恤金、丧葬费147人，共2 109 532元，机关事业单位人员死亡后发放遗属生活困难补助160人，共22 960元。

2006—2010年，和布克赛尔县机关事业单位人员死亡后发放一次性抚恤金、丧葬费200人，共7 697 323元，机关事业单位人员死亡后发放遗属生活困难补助168人，共28 360元。

2011—2015年，和布克赛尔县机关事业单位人员死亡后发放一次性抚恤金、丧葬费222人，共19 786 845元，机关事业单位人员死亡后发放遗属生活困难补助81人，共27 330元。

## 第八节　人才开发

**一、人才市场**

2010年，和布克赛尔县人力资源市场于建成，建筑面积2 040平方米，总投资130余万元。配有公示栏、宣传栏、LED电子屏，并设有洽谈区、服务区、休息区，同时配置饮水机、书报刊、针线盒、电话、复印机等物品，是综合性一站式服务的人力资源市场，有工作人员8人。同时，在全县7个乡镇场（和布克赛尔镇、和什托洛盖镇、铁布肯乌散乡、查干库勒乡、巴音敖瓦乡、夏孜盖乡、伊克乌图布拉格牧场）设立分市场（公共服务平台），因没有单独建成办公场所，各分市场均借用各乡镇场办公楼或文化站活动场地，先后投资约112万元用于分市场改造装修及办公设备购置，共有工作人员45人。

2015年，根据上级要求，将人才交流服务机构和人力资源市场的管理职能进行整合，机构名称变更为和布克赛尔县人力资源服务中心。该中心设有政策咨询、小额信贷、公益性岗位社保补贴、来信来访、职业介绍、就业失业登记、大中专毕业生报到、就业困难人员认定、失业金办理等服务窗口，工作人员8人。

**二、人才服务**

2010—2015年，县人社局发布各类用工信息520条，提供80多家企业、1 500个就业岗位。组织举办"春风行动”、高校毕业生专场招聘周、民营企业招聘周等各类招聘会40场，共5 000人次参加，达成就业意向1 000余人。悬挂横幅90条，制作展板50个，设立咨询台70个，印制宣传材料1.5万份、宣传品2万份。审核发放公益性岗位补贴2 527.15万元，审核发放公益性岗位社会保险补贴1 043.97万元。享受企业吸纳人员就业社会保险补贴98人，金额25.34万元。享受灵活就业人员补贴238人，金额39.74万元。领取失业保险金289人，金额110.45万元。发放贷款2 399笔6 528万元，回收率100%；发放就业失业登记证9 555本。接待就业信访人员390人，答复390人。办理大中专毕业生报到836人。

**三、人才引进**

2007—2015年，各机关事业单位从全县未就业的大中专毕业生中，经考试择优考察聘用公职人员1 500余人。

2011—2015年，引进盘锦援疆干部人才71人，其中党政干部12人、专业技术人才59人；引进芜湖援疆干部专业技术人才119人。借助引进人才人脉信息资源，建立辽宁科技大学、盘锦北方工业学校、安徽芜湖市职业技术学院3家技能人才实训基地，有16名技能人才获得车工中、高级工证书。

2015年，县人民政府制定下发《和布克赛尔县培养引进激励教育系统优秀人才办法（试行）》及配套实施细则、《和布克赛尔县加快外引内培人才工作实施方案》《和布克赛尔县人才开发专项资金管理办法（试行）》《和布克赛尔县优秀人才管理办法》，随即施行。

# 第三章　劳　动

## 第一节　劳动管理

**一、职工队伍**

1993年，和布克赛尔县职工总人数11 952人，其中机关事业单位职工3 487人、企业职工8 465人。

2000年，全县有职工6 148人，其中机关事业单位职工3 747人、企业职工2 401人。

2001年，全县有职工6 031人，其中机关事业单位职工3 704人、企业职工2 327人。

2007年，全县有职工5 357人，其中机关事业单位职工3 608人、企业职工1 749人。

2010年，全县有职工6 167人，其中机关事业单位职工3 925人、企业职工2 242人。

2015年，全县有职工7 113人，其中机关事业单位职工3 934人、企业职工3 179人。

**二、劳动用工制度改革**

1995年1月，和布克赛尔县开始贯彻执行1994年7月颁布的《中华人民共和国劳动法》。2008年，和布克赛尔县劳动和社会保障局建立劳动用工备案制度，贯彻落实2007年6月颁布的《中华人民共和国劳动合同法》。

2012年，县人力资源和社会保障局建立农民工工资保证金和农民工工资专户制，以规范建设领域农民工工资保证金的缴纳、使用和退还工作，预防和及时解决拖欠农民工工资问题，切实维护农民工工资权益。

2013年，县人力资源和社会保障局建立“两网化”（网络化、网格化）平台，设置以各乡镇场、社区为网格基本单位，参照乡镇场和社区用工单位或用人单位数量相对集中等实情，共建立网格21个。

2014年，县人力资源和社会保障局制定年度日常巡视检查计划，建立日常巡视检查台账，落实日常巡视检查责任，确保日常巡视检查工作文档有序推进，完成年度日常巡视检查任务150余次。

2015年，县人力资源和社会保障局利用“两网化”平台累计采集企业信息75户，涉及职工人数4 840人。存缴农民工工资保证金1 836.55万元，退还农民工工资保证金及农民工工资专户16家1 273 599元。设立农民工工资专户制每笔工程款的30%用于监督发放工资。监督发放农民工工资14 338 533元，涉及农民工1 341人次，在工资发放过程中未发生纠纷问题。

### 三、劳动安全管理

1993—2003年，和布克赛尔县工伤(残)认定和劳动能力鉴定工作，由县劳动能力鉴定委员会负责，县劳动人事局、卫生局、县人民医院等为成员单位，办公室设在县人民医院，由县劳动人事局，具体办理日常事务。工伤(残)认定对象为县内国有企业、集体企业、外商投资企业、私营企业、社会团体、民办非企业单位因工负伤、患职业病的职工和离退休人员。工伤(残)级别按轻重程度设有1～10个等级。

2004年以后，劳动能力鉴定由地(市)以上劳动鉴定委员会负责，和布克赛尔县具体负责鉴定对象申请、审核、上报和组织等工作。鉴定结论分为完全丧失劳动能力(伤残等级1～4级)、大部分丧失劳动能力(5～6级)、部分丧失劳动能力(7～10级)3种。

2015年，受理工伤申请26起，7起予以认定，3起不予认定，劳动能力鉴定16起。

## 第二节　劳动就业

### 一、就业再就业

20世纪90年代初期，和布克赛尔县城镇新成长劳动力增长进入高峰期，加上当时“农转非”人口增加过快，农村和外地劳动力盲目流入城镇，使城镇社会劳动力资源总量急剧增大。由于当时经济基础差，又处于压缩投资规模、调整经济结构时期，一些基建工程下马，部分企业关停并转，各类公司清理整顿，社会对劳动力总需求量减少，加之城镇待业青年不切实际选择职业，劳动力供大于求的矛盾日益突出，逐年积累下来的待业人数不断增多，待业时间延长，待业率再度回升。

1993年，和布克赛尔县根据《中共中央关于建立社会主义市场经济体制若干问题的决定》精神，明确提出在全县范围内培育和发展劳动力市场。

1998年，和布克赛尔县根据中共中央、国务院关于“国有企业下岗职工基本生活保障和再就业工作会议”精神，启动全县企业改革工作和下岗职工再就业工作，注重培育和发展劳动力市场，各类职业咨询网络基本形成，城市劳动力职业的选择趋于多样化，劳动力市场供求机制和自由流动机制开始发挥作用，逐步建立和完善社会保障制度。就业双向选择机制、劳动力流动与竞争机制、失业机制、社会保险机制等劳动力市场机制与政府对劳动力市场的宏观调控机制也开始逐步完善，和布克赛尔县城乡劳动力市场初步确立。

1999年开始，和布克赛尔县进行农业经营开发，在城镇发展社区服务业，采取下岗职工“快进快出”的办法，使下岗职工有一半以上当年实现再就业。

2000年，随着改革的深入，国有企业下岗职工、城镇失业人员、历年沉淀的大中专毕业生就业问题"三峰"叠加，和布克赛尔县按照地委提出的"一手抓改革发展，一手抓就业再就业"的战略决策，把城镇失业人员与下岗职工一并纳入政策扶持范围，采取落实经济补偿金和服务中心生活费等措施，确保就业局势稳定。

2002年，和布克赛尔县实行机构改革，就业工作从县劳动就业保险局划转县劳动和社会保障局。专门成立城乡就业和培训工作领导小组及办公室，全面承担就业培训等各项工作。

2005年起，和布克赛尔县全面实施就业再就业扶持政策，通过落实社保补贴、岗位补贴、培训补贴、小额贷款等政策措施，重点解决历史遗留问题和下岗职工再就业与失业保险并轨问题。就业工作重点由下岗失业人员转移到城镇失业人员、大中专毕业生、农业富余劳动力和退役军人。截至2015年，城镇新增就业年均3 000人次，农业富余劳动力年均转移就业5 000人次，大中专毕业生就业率达到85%以上。

### 二、创业促就业

2008年，国务院下发《关于促进创业带动就业实施意见》。2009年，和布克赛尔县先后成立创业服务中心领导小组和11个乡镇场创业服务站领导小组。

2010年，和布克赛尔县创业孵化园区建成，为创业者提供创业平台，促进创业。

2012年，和布克赛尔县设立创业服务中心机构。按照创业需求，着力从改善创业者的创业意识、创业能力、创业环境入手，全县形成政府促进、社会支持、市场导向、自主创业的新格局。

### 三、职业技能培训

2010年，和布克赛尔县开始规模性职业技能培训工作，立足于县情，以加强技能培训能力建设为重点，统筹兼顾、协调推进，逐步形成技能培训新格局。坚持"先培训、后就业、先培训、后上岗"的制度，同时推行职业资格证书制度。至2015年，全县有职业技能培训机构3家，即和布克赛尔县培训就业中心、塔城地区和丰技工学校、诚信职业技术培训学校。累计举办计算机操作员、手绣制作工、中式烹调师、中式面点师、餐厅服务员、动物疫病防治员、电焊工、保洁员等专项培训245期，培训22 733人次。

## 第三节　劳动者权益保障

和布克赛尔县一直重视劳动者权益保护工作。县人社局专职劳动监察人员采取普查、抽查、专查等监察方式，同时设立投诉箱、举报电话与信访接待室等，进行劳动监察。坚持开展《中华人民共和国劳动法》执行情况大检查，督促职工补签劳动合同，对存在问题企业发出劳动监察指令书，责令限期补办有关用工手续，按规定缴纳养老保险金和失业保险金，规范用工行为。劳动仲裁部门坚持依法妥善处理劳动争议案件，最大限度保护劳动者的合法权益。

### 一、劳动监察

1993年，和布克赛尔县以《中华人民共和国劳动法》和其他劳动法规为依据，对用人单位和劳动者遵守劳动法规情况进行检查监督，发现违者及时责令改正，情节严重者给予行政处罚。同时，组织宣传劳动法律法规。

2000年后，和布克赛尔县加强劳动保障监察力度，劳动监察工作人员深入劳动现场为农民工发放劳动保障相关文件，开展农民工劳动保障权益保护专项检查、农民工工伤保险工作专项检查工作。

2006年，重点对建筑、水利、交通、服务餐饮业签订劳动合同情况进行全面监察。共检查企业49户，涉及劳动者5 300人，签订合同4 909人；建筑工地25家，涉及劳动人数824人，签订合同771人，补缴社会保险费3万元。共巡视监察用人单位851户，累计涉及劳动者8 121人次。在全县建筑领域建立农民工工资保障金制度，开展农民工劳动保障权益保护专项检查、农民工工伤保险工作专项检查，维护农民工合法权益。

2010年，劳动监察工作人员深入劳动现场为农民工发放劳动保障相关文件，切实维护农民工合法权益，共检查用人单位50家，督促用人单位和劳动者依法补签劳动合同293份。为697名农民工追讨被拖欠工资71万元。

2012年，共检查用工单位49家，建筑工程项目130户，涉及劳动者6 732人（各类企业2 832人、建筑农民工3 800人），年审企事业单位81家，涉及劳动者4 296人。企业与劳动者签订劳动合同率达到100%，个体工商户与劳动者签订劳动合同率达到95%。

2015年，在全县范围内开展清理人力资源市场秩序专项行动、用人单位遵守劳动用工和社会保险法律法规专项检查、农民工工资支付情况专项检查。年审用人单位90户，涉及劳动者4 180人，签订合同4 096人，缴纳社保4 075人，劳动合同签订率和缴纳社保率分别为98%和97.5%。补签劳动合同84人、补缴社会保险105人。共受理举报投诉案件49起，涉及人员826人，解决拖欠工资1 682.77万元。监督发放农民工工资1 433.85万元，涉及农民工1 341人次，在工资发放过程中未发生纠纷问题。退还农民工工资保证金及农民工工资专户16家共127.36万元。两网化工作进一步推进，75家企业录入备案。

## 二、劳动仲裁

1993年，和布克赛尔县劳动争议仲裁委员会贯彻仲裁调处法律法规，完善依法办案制度，加大案件处理力度，妥善处理来信来访。受理劳动争议案件4起，调处4起，结案率100%。

2000年，县劳动争议仲裁委员会受理劳动争议案件6起，调处6起，结案率100%。

2006年，县劳动争议仲裁委员会受理劳动争议案件5起，调处5起，结案率100%。

2012年，县劳动争议仲裁委员会受理劳动争议案件9起，调处9起，结案率100%。

2015年，成立劳动争议仲裁院，受理劳动人事仲裁争议案件16起。其中仲裁案件5起，受理3起，不予受理5起，仲裁撤销1起，中止案件2起，涉及金额384 949.61元；政策解答80余起；受理工伤申请26起，7起予以认定，3起不予认定，劳动能力鉴定16起。同时，坚持预防为主、基层为主、调解为主的原则，积极开展劳动争议预防工作，设立窗口进行咨询服务，宣传有关政策法规，帮助和指导企业完善厂规厂纪，力求争议在基层调解，尽量减少争议发生，促进劳动关系不断改善。

# 第四章　社会保险

## 第一节　机构队伍

1990年11月,和布克赛尔县劳动服务公司从县劳动人事局析出,成立和布克赛尔县劳动就业保险管理局,独立办公,有干部职工15人。

2001年6月,县劳动就业保险管理局更名为和布克赛尔县人事劳动和社会保障局(简称“县人社局”)。

2011年,《关于和布克赛尔县人事劳动和社会保障局所属事业单位机构编制方案的批复》文件规定,县社会保险管理局机构规格为副科级,核定事业编制22名(管理岗位21名、工勤岗位1名),其中领导职数3名,经费形式为全额预算管理。县农村养老保险办公室机构规格为股级,核定事业编制3名(管理岗位1名、专业技术岗位2名),经费形式为全额预算管理,隶属县人事劳动和社会保障局管理。

2012年,县人事劳动和社会保障局更名为和布克赛尔县人力资源和社会保障局(仍简称“县人社局”),机构规格为正科级。县社会保障机构核定事业编制22名(管理岗位21名、工勤岗位1名),实有工作人员21人,经费形式为全额预算管理;县农村养老保险办公室机构规格为股级,核定事业编制3名(管理岗位1名、专业技术岗位2名),实有工作人员3人,经费形式为全额预算管理。

2015年,县社会保障机构实有工作人员14人;县农村养老保险办公室实有工作人员2人。

## 第二节　社会保险制度改革

1993年,根据《中共中央关于建立社会主义市场经济体制若干问题的决定》,和布克赛尔县实行社会统筹和个人账户相结合的社会保险制度。

1997年,根据国务院《关于建立统一的企业职工基本养老保险制度的决定》,和布克赛尔县为解决养老保险制度多种方案并存的问题,制定社会统筹与个人账户相结合的养老保险制度改革方案,建立职工基本养老保险个人账户,促进养老保险新机制的形成,保障离退休人员的基本生活。

2001年,根据自治区“新劳社字〔2001〕6号”文件精神,和布克赛尔县加强企业职工退休审批工作,执行国家关于退休年龄的规定,实行企业职工退休审批公示制,按退休审批程序办事,审查和掌握退休条件,杜绝提前退休现象。

2003年,根据自治区“新社险业字〔2003〕09号”文件精神,和布克赛尔县做好企业退休人员社会化管理服务工作,建立企业退休人员基本信息,向企业退休人员发放社会化管理服务联系,指导企业退休人员建立自我管理和互助服务组织。

2006年1月1日起,和布克赛尔县改革基本养老金计发办法。为与做实个人账户相衔接,个人账户的规模统一由本人缴费工资的11%调整为8%,全部由个人缴费形成,单位缴费不再划入个人账户。同时,进一步完善鼓励职工参保缴费的激励约束机制,相应调整基本养老金计发办法。累计满15年的人员,退休后按月发给基本养老金。基本养老金由基础养老金和个人账户养老金组成。退休时的基础养老金月标准以当地上年度在岗职工月平均工资和本人指数化月平均缴费工资的平均值为基数，缴费每满1年发给1%。

2010年，根据《新疆维吾尔自治区关于解决城镇未参保集体企业退休人员基本养老保障等遗留问题的试行办法》，和布克赛尔县做好城镇未参保集体企业退休人员基本养老保障工作。凡具有和布克赛尔县城镇户口，在2009年12月31日前男年满60周岁、女年满55周岁以上未参加城镇企业职工基本养老保险的“五·七工、家属工”等，于1996年1月1日前与城镇各类用人单位建立或形成劳动关系且累计工作满3年以上的人员，依照权利与义务对等和自愿的原则，从2009年起，按照城镇企业退休人员基本养老保险有关规定一次性补缴15年的基本养老保险费后，纳入城镇企业职工基本养老保险社会统筹范围，并建立个人缴费账户。

2015年，根据《国务院关于机关事业单位工作人员养老保险制度改革的决定》，和布克赛尔县对机关事业单位工作人员养老保险实行社会统筹与个人账户相结合的基本养老保险制度。基本养老保险费由单位和个人共同负担。单位缴纳基本养老保险费的比例为本单位工资总额的20%，个人缴纳基本养老保险费的比例为本人缴费工资的8%，由单位代扣。按本人缴费工资8%的数额建立基本养老保险个人账户，全部由个人缴费形成。个人工资超过当地上年度在岗职工平均工资300%以上的部分，不计入个人缴费工资基数；低于当地上年度在岗职工平均工资60%的，按当地在岗职工平均工资的60%计算个人缴费工资基数。

## 第三节　基本养老保险

1997年，和布克赛尔县贯彻落实《国务院关于建立统一的企业职工基本养老保险制度的决定》，个人缴纳基本养老保险费的比例1997年不能低于4%，此后每两年提高一个百分点，最终达到8%。

2005年，和布克赛尔县参加基本养老保险人数6 633人，参保率100%；全县机关企事业离退休人员1 531人（其中企业1 440人、国有牧场686人），行政事业单位退休74人，个体工商户退休17人，全年支出发放养老金899.91万元。

2007年，全县参加基本养老保险6 988人（机关事业单位67家607人、企业27家4 593人、个体1 788人），完成地区新增扩面任务的101%。收缴养老保险费3 595万元，支出养老金2 045万元，累计结余2 617万元。

2010年，全县参加基本养老保险7 249人，完成地区新增扩面任务的156%。收缴养老保险费2 838万元，完成地区下达征缴任务的109%。支出养老金3 635万元，基金累计结余2 024万元。

2012年，全县参加基本养老保险8 176人，完成地区基金征缴任务的168%；征缴养老保险费3 077万元，完成地区基金征缴任务的127%。为3 125名离退休人员发放养老金5 610万元；发放丧葬费、抚恤金及退一次性个人账户313万元，基金累计结余4 213万元。养老金社会化发放100%。

2015年，全县参加基本养老保险9 318人（在职5 863人、退休3 455人），完成地区新增扩面任务的100%；征收基本养老保险费6 521万元，完成地区基金征缴任务的104%。

## 第四节　基本医疗保险

1999年，和布克赛尔县贯彻落实《国务院关于建立城镇职工基本医疗保险制度的决定》，在全县范围内建立以城镇职工基本医疗保险制度为核心的多层次医疗保障体系。

2005年，和布克赛尔县参加基本医疗保险7 987人，参保率100%；征收基本医疗保险费892.42万元，支付医疗费782.31万元。

2007年，全县参加基本医疗保险8 250人，比2006年新增151人，完成地区新增扩面任务的100%。征收基本医疗保险费1 160万元，收缴率100%。支付医疗费998万元（其中统筹金支出538万元、个人账户基金支出460万元），累计结余667万元（其中统筹基金结余247万元、个人账户基金结余417万元）。

2009年，全县参加基本医疗保险8 908人，比2008年年末净增参保人数210人，完成计划扩面任务的106%。征收基本医疗保险费2 162万元，完成计划征缴任务的119%。为1 308人次住院医疗患者报销医疗费用474万元，为631人次慢性病患者报销慢性病医疗费用41万元，为9 7001人次在定点医疗机构刷卡结算医疗账户总金额681万元，为340人次异地安置人员退个人医疗账户结算总金额41.3万元。基本医疗保险基金当期结余724万元，累计结余1 918万元。

2012年，全县参加基本医疗保险10 716人，比2011年年末净增参保228人，完成计划扩面任务的116%；征缴基本医疗保险费2 881万元，完成地区基金征缴任务的102%。城镇职工基本医疗住院统筹待遇享受2 682人次、统筹支付1 350万元；慢性病待遇已享受1 483人次，支付金额192万元。基金累计结余2 644万元。

2015年，全县参加基本医疗保险19 526人，比2014年年末净增参保人数98人，完成地区新增扩面任务的100%；征收基本医疗保险费6 432万元（医疗保险费征收5 931万元、大病医疗保险费征收203万元、公务员医疗补助298万元），完成地区基金征缴任务的102%。

## 第五节　失业保险

1999年，和布克赛尔县贯彻落实《中华人民共和国失业保险条例》，在全县范围内建立失业保险制度。城镇企业事业单位、城镇企业事业单位职工依照《条例》的规定缴纳失业保险费，城镇企业事业单位职工开始享受失业保险待遇。

2005年，和布克赛尔县参加失业保险人数6 549人，比2004年净增参保人员102人，参保率100%。失业保险金收入242.85万元，失业保险金支出20.07万元。

2007年，全县参加失业保险6 749人，比2006年新增100人，完成地区新增扩面任务的100%。收缴失业保险费348万元，收缴率100%。领取失业金4 346人次，发放失业金534万元，累计结余214万元。

2009年，全县参加失业保险人数5 009人，比2006年新增130人，完成计划扩面任务的100%。收缴失业保险费371万元。共为354名失业人员发放失业金59万元。失业保险基金当期结余312万元，累计结余666万元。

2012年，全县参加失业保险5 809人，比2011年新增222人，完成计划扩面任务的168%。征缴失业保险费490万元。享受失业保险待遇共828人次，发放52万元，基金累计结余438万元。

2015年，全县参加失业保险6 267人，比2014年年末净增参保人数178人，完成地区新增扩面任务的100%；征收失业保险费714万元，完成地区基金征缴任务的78%。

## 第六节　工伤保险

2004年10月，和布克赛尔县正式启动工伤保险。至2005年年底，全县参加工伤保险4 477人，征缴工伤保险费58万元。工伤保险基金支出36万元。

2006年，全县参保人数4 930人，征缴工伤保险费98万元，工伤保险基金支出31万元。

2007年，全县参加工伤保险5 730人，比2016年新增800人，完成地区新增扩面任务的100%。征缴工伤保险费154万元。支付工伤保险待遇59人次，共56万元。累计结余154万元。

2010年，全县参加工伤保险人数7 355人，完成计划扩面任务的101%。征缴工伤保险费216万元，完成计划征缴任务的101%。工伤保险基金总支出176万元。工伤保险基金累计结余266万元。

2012年，全县参加工伤保险8 147人，比2016年新增参保403人，完成地区扩面任务的109%。征缴工伤保险费299万元，完成地区基金征缴任务的116%。享受工伤保险待遇共825人次，发放347万元。基金累计结余50万元。

2015年，全县参加工伤保险8 434人，比2014年年末净增参保人数50人，完成地区新增扩面任务的100%；征收工伤保险费761万元，完成地区基金征缴任务的103%。

## 第七节　生育保险

2004年10月1日，和布克赛尔县正式启动生育保险。至2005年年末，全县参加生育保险4 059人。征缴生育保险费31.38万元，支出14.85万元。

2007年，全县参加生育保险4 428人，比2006年新增57人，完成地区新增扩面任务的114%。征缴生育保险费50万元。支付生育保险待遇99人次，支出16万元。累计结余72万元。

2009年，全县参加生育保险人数5 946人，比2008年新增参保人数344人，完成计划扩面任务的100%。征缴生育保险82万元，完成计划征缴任务的108%。生育保险基金支出15万元。生育保险基金当期结余35万元，累计结余167万元。

2012年，全县参加生育保险7 636人，比2011年新增参保272人，完成计划扩面任务的102%。征缴生育保险费118万元，完成地区基金征缴任务的109%。享受生育保险待遇共179人，发放24万元。基金累计结余417万元。

2015年，全县参加生育保险7 963人，比2014年年末净增参保人数100人，完成地区新增扩面任务的100%；征收生育保险费189万元。完成地区基金征缴任务的90%。

## 第八节　城镇居民基本医疗保险

2008年6月，和布克赛尔县正式启动城镇居民基本医疗保险。至2009年12月，全县城镇居民基本医疗保险实际参保人数达到7 642人(应参保人数9 486人)，参保率80.4%。征缴城镇居民医疗保险费26万元。

共为172名患者结算医疗费45万元。

2010年，全县参加城镇居民基本医疗保险人数5 695人（成年1 276人、成年低保1 625人、低收入老年人211人、未成年2 100人、未成年低保485人），参保率85%。城镇居民基本医疗保险基金收入30万元。支出91万元，当期结余61万元，累计结余78万元。

2012年，全县城镇居民基本医疗保险参保8 387人（成人一类1 966人、低保人员3 048人、未成年一类2 185人、低保儿童1 188人），完成地区任务的122%。收缴城镇居民基本医疗保险费118万元，其中64万元为民政部门为低保人员拨款。城镇居民医疗保险住院931人次，支付200万元。基金累计结余73万元。

2015年，全县城镇居民基本医疗保险应参保8 453人，实际参保缴费8 216人，参保率97%。其中成年男1 254人、成年女1 603人，未成年男1 342人、未成年女1 136人；低保成年男1 142人、低保成年女905人，低保未成年男439人、低保未成年女395人。收缴城镇居民基本医疗保险费个人部分115万元，中央财政补贴128万元、自治区财政补贴69万元。

## 第九节　新型农村社会养老保险

2007年11月，和布克赛尔县正式启动农村养老保险工作。至2008年12月，全县申请参加农保人数1 493人，实际缴费人数1 045人，收费1 406万元，其中农牧民个人缴费679万元，县财政、集体应补助资金727万元。41名参保农民享受到农村社会养老保险待遇，累计发放养老金23万元。同年6月，人力资源和社会保障部正式行文，确定和布克赛尔县为全国78个农村养老保险经办重点联系市县之一。

2010年，全县参加新农保人数11 081人，参保率97%。累计征缴养老保险基金153万元。有1 230名60岁以上的农村户籍老年人领取每月每人110元的基础养老金，累计发放养老金126万元，养老金社会化发放率达100%。

2012年，全县参加农村养老保险覆盖5个乡、1个镇、4个牧场，应参保人数9 633人，实际参保9 274人，完成续保缴费的94%。收缴新型农村养老保险费个人缴费222万元，为1 401名农牧民发放养老金318万元。基金累计结余1 680万元。

2015年9月，县人民政府印发《和布克赛尔县建立统一的城乡居民基本养老保险制度实施方案》，全县新型农村养老保险与城镇居民养老保险合并。年内，全县城乡居民养老保险应参保12 933人，实际参保缴费10 853人，参保率83%。截至12月底，收纳个人缴费金额297万元，对应省级补贴24万元、县级补贴93万元，计生家庭1 707人对应补贴22万元，共436万元（未含上半年残疾五保户26人对应补贴2 080元）。

## 第十节　社会保险基金管理

2001年，县人社局根据《自治区社会保险基金会计报表考核办法》《自治区社会保险统计报表考核办法》及劳动和社会保障部关于加强社会保险会计和统计报表工作的要求，制定会计、统计报表考核办法。考核评比每年进行一次。

2006年，根据“劳社部发〔2006〕42号”文件精神，和布克赛尔县对基本养老保险基金、失业保险基金、基本医疗保险基金、工伤保险基金、生育保险基金、农村养老保险基金进行全面审计和检查。从2007年开始，定期向社会公布社会保险基金的筹集、管理、使用和运作情况，接受社会监督。

2014年，根据自治区《关于开展社会保险基金管理情况检查的通知》要求，和布克赛尔县对2013年度全县医疗保险基金的征缴、支付、财务、审批评审和经办服务管理情况以及相关管理制度执行情况进行专项检查，重点检查基本医疗保险基金和医疗保险经办机构。

# 第二十九编

# 教育　科技

和布克赛尔县全面贯彻党的教育方针,教育事业快速发展。1995年"两基"(基本实施九年义务教育和基本扫除青壮年文盲)工作顺利推进,于1999年通过自治区的验收。随着财力逐年增强,对教育经费投入不断加大,到"十五"计划末全县学校基本消灭危房。进入"十一五"规划时期,加大对教育基础设施的投资力度,累计投入资金1.5亿元,使教学硬件设施达到全疆一流水平。2010年,和布克赛尔在全疆率先实行高中免费教育。2012年,又率先在全疆实现15年免费教育。2015年,县义务教育学校标准化建设顺利通过自治区验收。

和布克赛尔县也高度重视科学技术在发展国民经济中的重要作用。1993年,县九届人大常委会第二次会议任命县人民政府科技副县长,并形成制度,重点抓科技工作。1996年始,每年持续开展"科技之冬"活动。2003年,县委制定《和布克赛尔县科技兴县实施意见》,正式把科技进步确定为推动县经济和社会发展的战略决策,并于2011年创建为"全国科技进步考核通过县"。至2015年,累计争取国家科技项目4项,资金493万元,自治区科技项目35项,资金670万元,地区科技项目13项,资金90万元;共获得科技成果14项,其中自治区级6项、地区级8项。

# 第一章　教　育

## 第一节　机构队伍

1993年,和布克赛尔县教育局(简称"县教育局")下设办公室、普通教育办公室、教学研究室、成人教育办公室、招生办公室、教育服务办公室、实验教学仪器站、人事劳资办公室,有干部职工30人。

1998年3月,教育局更名为教育委员会。

2002年5月,县教育委员会与科学技术委员会合并,成立县教育科学技术局。

2003年5月,县教育科学技术局撤销,分设教育局、科学技术局。

2006年,县教育局下设15个科室,其中德育室、工程项目办、学前教育办公室、信息技术室、体育卫生艺术室、档案室、统计室为增设科室,有干部职工40人。

2010年,县教育局下设18个科室,其中督导室、纪检办、师训办为增设科室,有干部职工41人。

2013年7月,县教育局与县科学技术局合并为和布克赛尔县教育和科学技术局(简称"县教科局"),下设20个科室,其中知识产权办、科技办为增设科室,有干部职工50人。

2015年,县教科局挂牌成立创立教育强县办公室,其他科室未变,有干部职工49人。

## 第二节　教育改革

### 一、教材改革

1993—2004年,和布克赛尔县中小学使用人民教育出版社统编教材。

2005年,和布克赛尔县启动双语模式二教学,除母语课外,其余课程全部用国家通用语言授课。学校发放的所有教材和教辅材料符合规定要求，都在自治区教育厅制定的《普通中小学幼儿园教学用书目录》的范围内。体育、音乐、美术、信息技术等部分学科则使用“循环教材”（指循环使用的教科书，由学校集中管理，不属于学生个人所有。开学初，将循环教科书发放给学生；学期结束时，全部收回，集中保存，以便下学期学生使用）。

**二、课程改革**

2001年，和布克赛尔县贯彻《中共中央国务院关于深化教育改革全面推进素质教育的决定》和《国务院关于基础教育改革与发展的决定》文件精神，推进基础教育课程改革，调整和改革基础教育的课程体系、结构、内容，构建符合素质教育要求的新的基础教育课程体系。新的课程体系涵盖幼儿教育、义务教育和普通高中教育。教师在教学过程中与学生积极互动、共同发展，处理好传授知识与培养能力的关系，注重培养学生的独立性和自主性，引导学生质疑、调查、探究，在实践中学习，促进学生在教师指导下主动地、富有个性地学习。教师尊重学生的人格，关注个体差异，满足不同学生的学习需要，创设能引导学生主动参与的教育环境，激发学生的学习积极性，培养学生掌握和运用知识的态度和能力，使每个学生都得到充分的发展。至2015年，和布克赛尔县坚持贯彻上述两个《决定》的文件精神未变。

2003年，全县各学校开始推进信息技术在教学过程中的应用，充分发挥信息技术的优势，促进信息技术与学科课程的整合，逐步实现教学内容的呈现方式、学生的学习方式、教师的教学方式和师生互动方式的变革，为学生的学习和发展提供丰富多彩的教育环境和有力的学习工具。至2015年，信息技术在全县各级教学中得到普遍应用。

**三、教学改革**

2005年，和布克赛尔县启动双语模式二教学。同年秋季学期开始，全县各语种授课的小学、初中起始年级全面启动基础教育课程改革实验，实施新课程，选用新课程标准。2008年，顺利通过国家“两基”验收。

2009年，县教育局贯彻落实《中共中央国务院关于加强青少年体育增强青少年体质的意见》精神和《学校体育工作条例》，动员中小学生积极参加体育锻炼，严格执行课时计划，开齐开足并上好体育课，切实将“两课两操”落实到位，各中小学“两操”实行制度化、经常化、规范化。各学校积极开展阳光体育活动，落实好每天锻炼一小时的要求。同年，县教育局组织县第二中学、城关小学、和什托洛盖镇中心校开展小课题研究活动，向自治区申报11个小课题，其中县第二中学的“江格尔说唱音乐文化根源”、和什托洛盖镇中学“数学日记的实践与探索”被定为自治区级小课题。组织学生参加自治区开展的数学、化学、物理、生物等学科竞赛1 410人次，其中有8名学生获国家级奖、122名学生获自治区级奖。

2010年，县教育局严格执行国家和自治区制定的课程计划和教学大纲，开齐课程、开足课时。

2012年，县教育局投入资金37万元启动特色学校建设活动，打造“一校一品”特色办学，逐步实现“文化立校”“特色强校”的发展目标。

2013年，制订《关于和布克赛尔县选派城镇学校教师到农村学校支教工作的实施方案》。

2014年，制订《和布克赛尔县学校联盟捆绑发展办学规划》及《和布克赛尔县学校联盟捆绑发展办学方案》。

2015年，制订《和布克赛尔县教育系统引才、育才、励才实施方案》。同年，和布克赛尔县顺利通过国家

“标准化”验收。县青少年校外活动中心分别设立艺术部、书画部、体育部、文化部、科技部5个部，并根据青少年兴趣爱好需求设置66个培训班，分为四大类。(一)开放艺术类培训班：钢琴、马头琴、电子琴、手风琴、托布秀尔、冬不拉、吉他、江格尔说唱、舞蹈、乐理、声乐、架子鼓等；(二)开放书画类培训班：绘画、书法、国画、雕塑、DIY手工制作、版画、油画等；(三)开放科技培训班：电子制作班、电子积木班、航模班、科学奥秘、科学探索班等；(四)开放文体类培训班：英语、奥数、作文、识字、珠心算、篮球、足球、羽毛球、乒乓球、跆拳道、游泳等。全年共举办各类大型活动48次，1万多名青少年儿童参与其中。

**四、人事制度改革**

1993—1994年，和布克赛尔县为充实教师队伍，录用民办教师324人。1999年，录用代课教师4人。

2008年，县教育局修订《关于进一步深化学校人事制度改革的实施意见》，逐步建立中小学教师定期交流制度，积极完善公开选拔、竞争上岗、择优聘任的校长选拔任用机制。

2002—2015年，全县各中小学校实行全员竞聘，各校专任教师通过竞聘上岗。对农村各中小学校长实行竞聘上岗制度，通过面试、业务考核、民主测评、组织考察等方式，20所农村中小学的20名校长都竞聘上岗，任职期为一年，一年后对这些学校校长进行任职期考核，考核合格的将连聘连任。其间，2009年，招聘67名农村特设岗位教师和12名双语教师，于同年9月上岗，缓解教师结构性短缺问题，充实教学一线的师资力量。

2015年，全县招聘双语特岗教师10人，学前双语教师17人，定向培养免费师范生19人，教育部直属国家免费师范生2人。全县有高级教师85人，中级教师347人，初级教师592人。

**五、双语教育**

（一）学前双语教育

1993—2005年，和布克赛尔县未实施学前双语教育。2006—2010年，县城部分幼儿园开始试验学前双语教育。

2011年，全县有少数民族适龄幼儿1 895人，其中接受学前两年教育少数民族适龄幼儿1 341人，学前两年双语普及率70.7%。

2013年，全县有少数民族适龄幼儿2 734人，其中接受学前两年教育少数民族适龄幼儿1 927人，学前两年双语普及率70.5%。

2015年，全县有少数民族适龄幼儿2 012人，其中接受学前两年教育少数民族适龄幼儿1 988人，学前两年双语普及率98.8%。

（二）中小学双语教育

2004年起，和布克赛尔县按照自治区党委、政府的安排部署，开始加快民汉合校、民汉学生混合编班步伐，将县一、二、三小学撤并为县城关小学，实行汉、蒙古、哈萨克3个教学语种混合编班，教师按年级组统一备课、统一开展教研活动。

2006年，将全县蒙语初中部撤并到县第一中学，并调整双语教学模式，积极改善双语教育环境，采用全部课程使用汉语授课，开设民族语文课程的模式二教学。全县实施双语教学9所中小学接受双语授课学生

1 826人(其中双语小学学生1 323人、双语初中生503人),双语教学普及率92.25%。少数民族适龄幼儿2 171人,其中接受学前两年教育少数民族2 072人,学前两年双语普及率为95.83%。

2009年,县教育局对双语教师培训119人次。

2015年,全县实施双语教学9所中小学接受双语授课学生1 694人(其中双语小学学生1 240人、双语初中生454人),双语教学普及率92.25%。

### 六、两免一补

自2005年起,和布克赛尔县用本级财政资金对全县农村义务教育阶段的寄宿学生实行40元/生/月的生活补助; 2007年,提高到120元/生/月;2009年,贫困寄宿生生活补助提高到150元/生/月,一般寄宿生生活补助120元/生/月。

从2007年秋季学期开始,按照国家"明确各级责任、中央地方共担、加大财政投入、提高保障水平、分步组织实施"的基本原则,逐步将农村义务教育全面纳入公共财政保障范围,建立中央和地方分项目、按比例分担的农村义务教育经费保障机制,全面实施"两免一补"政策。

2010年春季起,和布克赛尔县在全疆率先推行高中阶段免费教育,扩大"两免一补"教育资助等政策,免除课本费、学费、寄宿生住宿费,并对贫困寄宿生给予生活补贴。全年县财政共承担1 045名高中阶段学生学费87.57万元、课本费43.78万元、免除学生住宿费12.72万元,共144.07万元。

2011年,县财政共承担全县高中阶段免费教育资金226.39万元,其中免除全县1 051名高中阶段学生学费93.53万元、课本费42.28万元,补助公用经费15.76万元。

2012年起,和布克赛尔县又率先在全疆推出学前教育免费政策,县财政投资约260万元,为全县11所幼儿园(5所为民办幼儿园、6所为公办幼儿园)2 304名孩子承担每人每年的保育费、伙食费、教材费。

2013年,和布克赛尔县2 751名幼儿享受学前免费教育补助资金740万元(上级专项下达2 197名农村学前教育保障经费290万元)。高中免费教育资金151.54万元(免除1 040名高中阶段学生学费93.6万元、课本费42.34万元,补助公用经费15.6万元)。

2014年,县财政投入292.29万元,免除2 654名入园学生的用书费、餐费、保育费。高中免费教育预算资金136.5万元(免除910名高中阶段学生学费81.9万元、课本费40.95万元,补助公用经费13.65万元)。

2015年,和布克赛尔县投入高中免费教育经费136.2万元,享受补助学生908人;投入81.72万元免除入园孩子每学年的用书费、餐费、保育费。学前"双语"教育经费保障补助80%资金284.14万元(中央178.32万元、自治区财政资金64.41万元、县级配套41.41万元),1633名幼儿受助。"两免一补" 投入533.04万元,其中县财政配套58.6万元、县级财政投入补助中小学公用经费58.72万元,享受补助学生5 569人。

## 第三节　基础教育

### 一、学前教育

1993年,和布克赛尔县有幼儿园1所,班级28个,在园幼儿756人,专任教师18人。

1999年9月,成立和什托洛盖镇幼儿园(其前身为职高幼儿园),有教学班级3个,幼儿人数近70人,专任教师3人。2008年8月,和什托洛盖镇幼儿园搬迁到和什托洛盖镇西街,占地面积4 600平方米,建筑面积

2 010平方米，成为和什托洛盖镇唯一一所全日制公办幼儿园。2012年3月，和什托洛盖镇幼儿园分园在阳光小区建成并投入使用，分园占地面积5 640平方米，建筑面积900.33平方米。2015年，和什托洛盖镇幼儿园两处园所共开设教学班级10个，在园幼儿445人。每班都有宽敞、明亮的活动室，配备有电视机、DVD、消毒柜、开水器等设备设施，园内攀岩架、多功能娃娃城堡等大型玩教具一应俱全。

2003年，和布克赛尔县创办首家民办幼儿园——蓝天幼儿园，有教学班级3个，在园幼儿43人，专任教师3人。至2015年，蓝天幼儿园发展为3所独具规模的幼儿园以及蓝天旗下两个分支机构，分别为和布克赛尔县直蓝天幼儿园、沙吉海蓝天幼儿园、和什托洛盖镇蓝天双语艺术幼儿园（在建），其中还包含特色蒙台梭利早教中心、易道手脑潜能会馆，现有在园幼儿450余人，专任教师16人。园内基础设施完善，校园环境优美。

2011年，新建铁布肯乌散乡双语幼儿园，有教学班级4个，在园幼儿56人，专任教师5人。至2015年，铁布肯乌散乡双语幼儿园有教学班级3个，在园幼儿52人，专任教师5人。

2012年，新建夏孜盖乡双语幼儿园、布斯屯格牧场双语幼儿园、伊克乌图布拉格牧场双语幼儿园，共有教学班级72个，在园幼儿2 654人，专任教师122人。同年，和布克赛尔县实施学前三年免费教育政策。免费对象为在和布克赛尔县公办幼儿园、取得合法办园资质的民办幼儿园、中小学附设幼儿班就读的学前三年幼儿。免除书费、保育费、伙食费。年内，经塔城地区教育局评审，和布克赛尔县幼儿园、和什托洛盖镇幼儿园被评为地区级示范幼儿园。

2015年，全县有幼儿园11所，小学附设幼儿班4个，在园幼儿2 921人，专任教师146人。实施学前三年免费教育后，县委、县人民政府加大投入力度，改善办园条件，多渠道招聘学前教师，保教水平和学前入园率逐年提高。2011年，学前一年入园率84%，学前三年入园率73.6%。到2015年，学前一年入园率达96.8%，学前三年入园率达85.6%。

**2015年和布克赛尔县幼儿园基本情况表**

表29－1

| 幼儿园名称 | 学生数（人） | | | 教职工数（人） | | | 班数（个） |
|---|---|---|---|---|---|---|---|
| | 合计 | 其中 | | 合计 | 其中 | | |
| | | 女 | 少数民族 | | 专任教师 | 代课教师 | |
| 县双语幼儿园 | 928 | 465 | 674 | 64 | 50 | — | 21 |
| 和什托洛盖镇双语幼儿园 | 577 | 258 | 211 | 38 | 32 | 2 | 12 |
| 铁布肯乌散乡双语幼儿园 | 52 | 25 | 52 | 5 | 5 | — | 3 |
| 夏孜盖乡双语幼儿园 | 74 | 31 | 18 | 8 | 8 | — | 3 |
| 布斯屯格牧场双语幼儿园 | 51 | 23 | 51 | 7 | 7 | 0 | 4 |
| 伊克乌图布拉格牧场双语幼儿园 | 171 | 86 | 170 | 9 | 9 | 2 | 4 |
| 公立幼儿园小计 | 1 853 | 888 | 1 176 | 131 | 111 | 4 | 47 |
| 蓝天幼儿园 | 422 | 199 | 336 | 33 | 14 | — | 11 |
| 县快乐小世界幼儿园 | 116 | 45 | 111 | 12 | 4 | — | 4 |
| 托洛盖镇快乐小世界幼儿园 | 104 | 43 | 54 | 10 | 6 | — | 4 |
| 华光幼儿园 | 172 | 98 | 164 | 15 | 6 | — | 4 |
| 小天使幼儿园 | 150 | 63 | 149 | 13 | 5 | 0 | 4 |
| 民办幼儿园小计 | 964 | 448 | 814 | 83 | 35 | 0 | 27 |
| 夏孜盖乡良种场教学点附设幼儿班 | 18 | 12 | 6 | — | — | — | 1 |

续表29－1

| 幼儿园名称 | 学生数(人) | | | 教职工数(人) | | | 班数(个) |
|---|---|---|---|---|---|---|---|
| | 合计 | 其中 | | 合计 | 其中 | | |
| | | 女 | 少数民族 | | 专任教师 | 代课教师 | |
| 那仁和布克牧场学校附设幼儿班 | 6 | 2 | 5 | — | — | — | 1 |
| 查干库勒乡学校附设幼儿班 | 66 | 24 | 65 | — | — | — | 4 |
| 巴音傲瓦乡学校附设幼儿班 | 14 | 5 | 14 | — | — | — | 2 |
| 小学附设幼儿班小计 | 104 | 43 | 90 | — | — | — | 8 |
| 合　计 | 2 921 | 1 379 | 2 080 | 214 | 146 | 4 | 82 |

## 二、义务教育

### (一)学校布局

1993年,全县有中小学36所。其中,小学30所,在校学生6 618人,小学专任教师共451人;普通中学6所,在校学生2 783人,中小学专任教师共277人。

2001年,全县中小学开始进行布局调整:夏孜盖乡蒙校、夏孜盖乡八村教学点并入夏孜盖乡中心校;夏孜盖乡一村教学点并入夏孜盖乡良种场学校;和什托洛盖镇牧业教学点并入县第一小学;那仁和布克牧场托拉教学点并入那仁和布克牧场九年一贯制学校;查干库勒乡拉布荣教学点并入查干库勒乡拉布荣学校;查干库勒乡中心校与查干库勒乡中学合并为查干库勒乡九年一贯制学校。

2002年,莫特格乡桃花渠教学点并入莫特格乡中心校。

2004年,县一小、县二小、县三小合并为县城关小学;和什托洛盖镇查斯村学校与和什托洛盖镇一矿子校(企业学校整体划转)合并为和什托洛盖镇查斯小学;和什托洛盖镇哈校初中部并入和什托洛盖镇中学;和什托洛盖镇哈校小学部并入和什托洛盖镇中心校。莫特格乡汉语部并入县城关小学;保留原县一小成立县后勤管理中心,县城镇所有寄宿生集中在该中心寄宿。

2015年4月,和什托洛盖镇小学与和什托洛盖镇中学合并,另选址新建学校,更名为和什托洛盖镇九年一贯制学校。至年底,全县有中小学14所。其中,小学10所,在校学生4 031人,小学专任教师590人;普通中学4所,初中在校学生1 470人,小学专任教师共179人。

### (二)招生考试

1993—2015年,和布克赛尔县的义务教育认真贯彻落实教育部、自治区教育厅、塔城地区教育局的招生工作方案,按“免试、就近、划片、分配”的原则进行,确保适龄儿童少年就近入学。严格执行“阳光分班”政策,不分快慢班,不设重点班。其间,2006年,自治区开始实施新疆区内初中班招生计划,至2015年和布克赛尔县共录取新疆区内初中班学生299人。

## 三、高中教育

### (一)基本情况

1993年,全县有第一中学、第二中学、第三中学3所高中,在校学生658人,专任教师84人;职业高中1所,在校学生26人,专任教师84人。

2008年，新疆内地高中班招生工作全面启动。至2015年，和布克赛尔县共录取新疆内地高中班学生150人。

2009年，全县实施高中免费教育，免除高中阶段学生的学费、住宿费和课本费。免费对象为具有和布克赛尔县户籍且就读于和布克赛尔县境内公办普通高中的学生。

2015年，全县有高中3所，在校学生966人，专任教师123人；中等职业技术学校共3所，在校学生432人，专任教师35人。

（二）高考

20世纪80年代至1994年，和布克赛尔县的高考一直采用文科考6科、理科考7科的形式。1995年，根据教育部决定，和布克赛尔县的高考实行会考后的高考"3+2"科目组设置方案，即语、数、英3科为必考科目，文史类加考政、史；理工类加考理、化，每科满分原始分150分。

2001年，和布克赛尔县的高考录取率为73.2%。

2002年，根据教育部的决定，和布克赛尔县的高考实行"3+X"科目设置方案，语文、数学、外语3门为必考科目，"X"是在政治、历史、地理、物理、化学、生物等科目中选择1～2科。

2005年，和布克赛尔县的高考录取率为51%。

2007年，根据自治区的部署，和布克赛尔县高考实行网上阅卷。

2010年，全县290名普高毕业生参加高考，录取205人，录取率71.18%。同年，和布克赛尔县高考实行网上报名。

2013年，全县368名普高毕业生参加高考，录取276人，录取率75%。

2015年，全县323名普高毕业生参加高考，录取221人，录取率87.19%。

**1993—2015年和布克赛尔县中小学教育学生情况表**

表29-2　　单位：人

| 年份（年） | 小学 | | | 初中 | | | 高中 | | |
|---|---|---|---|---|---|---|---|---|---|
| | 在校人数 | 招生人数 | 毕业人数 | 在校人数 | 招生人数 | 毕业人数 | 在校人数 | 招生人数 | 毕业人数 |
| 1993 | 6 618 | 1 117 | 604 | 2 125 | 577 | 901 | 658 | 290 | 326 |
| 1994 | 6 807 | 1 188 | 863 | 2 112 | 806 | 604 | 498 | 165 | 233 |
| 1995 | 6 852 | 1 210 | 890 | 2 172 | 842 | 699 | 551 | 227 | 131 |
| 1996 | 7 036 | 1 145 | 896 | 2 422 | 843 | 540 | 398 | 77 | 199 |
| 1997 | 7 003 | 1 118 | 998 | 2 575 | 941 | 766 | 435 | 176 | 125 |
| 1998 | 6 872 | 947 | 960 | 3 090 | 906 | 805 | 487 | 288 | 200 |
| 2003 | 4 861 | 701 | 1 122 | 3 186 | 1 079 | 951 | 836 | 337 | 213 |
| 2004 | 4 550 | 692 | 890 | 2 854 | 836 | 1 067 | 949 | 387 | 219 |
| 2005 | 4 318 | 680 | 844 | 2 532 | 759 | 994 | 957 | 362 | 263 |
| 2006 | 4 206 | 757 | 788 | 2 208 | 707 | 931 | 885 | 242 | 300 |
| 2007 | 4 063 | 666 | 710 | 1 960 | 608 | 741 | 819 | 255 | 327 |
| 2008 | 3 846 | 601 | 679 | 1 904 | 597 | 654 | 789 | 297 | 337 |
| 2009 | 3 774 | 640 | 666 | 1 726 | 583 | 703 | 860 | 322 | 241 |

续表29-2

| 年份(年) | 小学 | | | 初中 | | | 高中 | | |
|---|---|---|---|---|---|---|---|---|---|
| | 在校人数 | 招生人数 | 毕业人数 | 在校人数 | 招生人数 | 毕业人数 | 在校人数 | 招生人数 | 毕业人数 |
| 2010 | 3 680 | 625 | 592 | 1 637 | 520 | 582 | 1 045 | 408 | 271 |
| 2011 | 3 804 | 645 | 561 | 1 577 | 499 | 544 | 1 033 | 335 | 301 |
| 2012 | 3 859 | 840 | 711 | 1 613 | 595 | 546 | 1 040 | 359 | 334 |
| 2013 | 3 957 | 816 | 602 | 1 587 | 500 | 504 | 910 | 294 | 363 |
| 2014 | 4 052 | 701 | 561 | 1 517 | 468 | 478 | 908 | 315 | 317 |
| 2015 | 4 031 | 668 | 637 | 1 470 | 523 | 568 | 966 | 383 | 325 |

## 四、主要学校

### (一)县第一中学

和布克赛尔县第一中学位于和布克赛尔镇敖包特东街031号,是和布克赛尔县唯一一所蒙古族完全中学。

1993年,学校占地面积5万多平方米,有教学楼1栋,建筑面积3 595平方米。学校环境建设基本达到“绿化、美化、净化、硬化”的要求。学校内设教务处、德育处、总务处、工会、党建办、团委及各年级组,有教职工84人。有教学班20个,其中初中班11个,高中班9个,在校学生716人。当年初中、高中毕业生共264人,其中,初中117人,高中147人,其中19人考取各类大专院校,15人考取中等专业学校。

2015年,学校占地面积46 683平方米,有教学楼及实验综合楼各1栋,建筑面积6 874平方米。学校环境建设达到标准化建设的基本要求。学校内设教务处、德育处、总务处、工会、党建办、团委、办公室及各年级组,有教职工91人,其中专任教师79人。有教学班22个,其中初中班9个、高中班13个;双语班14个、母语班8个。在校学生645人,其中初中在校生321人、高中在校生324人。当年初、高中毕业生初中119人、高中87人,其中81人考取各类大专院校,2人考取中等专业学校。

1993—2015年,学校先后获得自治区文明单位、自治区实验室工作先学校、第三次新疆各族青年团结进步先进集体、自治区阳光体育运动先进学校、塔城地区德育达标学校、塔城地区“四好”学校、塔城地区花园式学校、塔城地区未成年人思想道德建设工作先进单位、塔城地区民族团结进步模范单位、塔城地区“双语”教学管理示范性学校、奥中青少年国际文化交流先进单位、全国八省区“八骏杯”中学生作文大赛优秀组织单位、第十八届香港世界青少年“金紫荆花奖”音乐、舞蹈、器乐艺术大赛优秀组织单位、和布克赛尔县优秀平安单位等50多项荣誉称号。

### (二)县第二中学

和布克赛尔县第二中学位于和布克赛尔县城赛尔东街南侧,是一所办学规模大、设施齐备的完全中学。

1993年,学校占地面积46 785.2平方米,有教学楼1栋,建筑面积1 596平方米。学校环境建设基本达到“绿化、美化、净化、硬化”的要求。学校内设教务处、德育处、总务处、工会、党建办、团委及各年级组,有教职工84人。教学班18个,其中初中班12个、高中班6个,在校学生650人。

2015年,学校占地面积46 785.2平方米,校舍建筑面积11 746平方米。有教学楼2栋,综合实验楼1栋,塑胶田径运动场1个，机房2个，班班通设备30套，录播室1间，多媒体室5间，办公电脑269台，音乐教室3间、美术教室3间、舞蹈室1间，语音室1间、阶梯教室1间，图书阅览室藏书37 047册；绿化草坪面积7 800平方米，运动场面积14 390平方米。学校有教职工95人，其中高级教师19人、中教一级教师25人；共29个教学班，在校学生1 032人，其中少数民族学生631人，占总人数的61%。中考考入内高班学生3人，高考本科上线率41.46%。

1993—2015年，学校先后获得自治区文明单位、地区德育达标校复验、和布克赛尔县"六好班子"、和布克赛尔县宣传思想暨精神文明建设工作先进单位、综合治理工作先进单位、妇联工作先进集体等荣誉称号。

（三）县第三中学

和布克赛尔县第三中学位于和布克赛尔县和布克东街020号，是一所以哈萨克语授课的完全中学。

1993年，学校占地面积5万多平方米，有教室5栋，建筑面积3 595平方米。学校环境建设基本达到"绿化、美化、净化、硬化"的要求。学校内设教务处、德育处、总务处、工会、党建办、团委及各年级组，有教职工57人。教学班18个，其中初中班11个、高中班7个，在校学生754人。当年毕业生初中220人、高中110人，其中29人考取各类大专院校，30人考取中等专业学校。

2015年，学校占地面积26 516.4平方米，有教学楼2栋，教学楼建筑面积3 663平方米，配有物理、化学、生物实验室，图书室、阅览室，音乐、体育、美术教室。学校内设校委会、教务处、党支部、工会、团委、政教处、教研室、精神文明领导小组、综合治理领导小组、安全工作领导小组，有教职工87人，其中专任教师74人（高级教师5人、一级教师22人、二级教师58人）。在校生451人，班级17个，其中初中9个班、246人，高中8个班、195人，初中阶段"双语"班6个，高中阶段"双语"班3个。初、高中毕业生168人，其中24人考取各类大专院校，2人考取中等专业学校。

1993—2015年，学校先后获得"花园式学校"、"少年军校"、和布克赛尔县"平安校园"、"塔城地区民族团结进步模范单位"、"三八红旗集体"、塔城地区级"平安校园"、"足球特色学校"等荣誉称号。

（四）县教师进修学校

和布克赛尔县教师进修学校位于和布克赛尔镇师范路，是伊犁、塔城和阿勒泰三地区中小学蒙古族教师继续教育培训基地，新疆师范大学函授学院和布克赛尔县分站，全县母语教学点。

1993年，县教师进修学校占地面积8 423.6平方米，建筑面积4 223.2平方米。学校内设教务处、理科组、文科组、财务室等科室，有教职工25人，其中专任教师18人（讲师2人、助理讲师3人）。在校培训学员120人。

2004年2月，经自治区教育厅批准，成为新疆师范大学和布克赛尔县教师进修学校函授站。

2015年，学校占地面积4 270平方米，建筑面积1 097.18平方米，有办公室7间（配电脑15台），图书室、活动室、会议室各1间。内设教务处、教研组、函授站工作办公室、继续教育工作办公室、工会、妇委会等科室，有教职工16人，其中专任教师12人（讲师3人、助理讲师9人），在校学员120人。学校函授站有学员63人，其中本科蒙语言文学班23人，汉语言文学专科班40人。

1993—2015年，县教师进修学校开展中小学继续教育培训累计1 613人。学校先后获得"全疆中小学教师篮球比赛中获二等奖""塔城地区级模范职工之家""外宣先进集体""中小学教师继续教育培训先进集体"等荣誉称号。

（五）县城关小学

和布克赛尔县城关小学位于和布克赛尔县和布克东街022号。

2004年3月，由原县第一小学（蒙校）、县第二小学（汉校）、县第三小学（哈校）合并而成（随后几年又先后合并县城周边4所学校）。

2015年，学校下设德育处、工会、教务处、总务处、办公室等，共有教职工229人，其中专任教师182人（汉族87人、蒙古族50人、哈萨克族37人、其他民族5人）。在校学生2 287人，教学班66个，汉语班33个，学生1 287人；双语班25个（蒙语双语班13个、哈语双语班12个，均为模式二），学生862人；4个蒙语母语班，学生138人。

2004—2015年，学校先后获得“全国艺术教育先进单位”“全国民族团结进步模范集体”“自治区教育科技系统模范教职工之家”“中华传统文化艺术传承学校”“全国民族团结进步模范集体”“自治区优秀少先队大队”等荣誉称号。

（六）县幼儿园

和布克赛尔县幼儿园位于县城后街中心地段，是一所公立双语幼儿园。

1993年，县幼儿园占地面积2 100平方米，建筑面积650平方米。在园幼儿300人，开设教学班级7个，有幼儿教师20人。

1998年，县托儿所与县幼儿园合并，申请扩建，于1999年立项、动工，2001年交付使用。占地面积4 000平方米，人均14.2平方米；建筑面积1 028.5平方米，人均3.7平方米；绿化面积1 500平方米，人均5.4平方米；户外活动场地2 742平方米，人均9.8平方米。

2011年4月12日，自治区为和布克赛尔县招聘的首批学前双语教师到县幼儿园工作。

2012年3月29日，县幼儿园被列为全县教育系统食堂卫生示范点，被评为“地区级巾帼文明单位”；暑假，组织幼儿赴北京参加“魅力中国系列活动”，获银奖；选送的4节录像课在第一届全国“幼儿园国学经典教育优秀成果”评选活动中获优秀奖。

2013年5月，县幼儿园被评为“地区级示范园”。6月4日，和布克赛尔县首届幼儿双语教师教学基本功大赛在县幼儿园举行，县幼儿园参赛的5名教师分别获得一等奖1人、二等奖1人、三等奖2人、鼓励奖1人。

2015年，县幼儿园占地面积13 350.5平方米，建筑面积6 437.7平方米，绿化面积4 931.6平方米，内设娱乐设施3处。有教职工70人，其中专任教师58人。设教学班级21个，在园幼儿680人。年内，和布克赛尔县幼儿园被评为综合治理优秀单位。

## 第四节　成人教育

### 一、教师培训

1996—2000年，联合国儿童基金会“促进贫困地区初等教育项目”在和布克赛尔县实施。1996年，县教育局教研室与教师进修学校合办开展培训工作，培训时间安排在寒暑假期间，寒假期间举办一期小学语文骨干教师培训班，暑假开办一期小学数学骨干教师培训班，共有170名小学骨干教师参加培训，培训内容为汉语语法、识字、听说、阅读、作文的教学等。随后4年内，相继举办语言、新课程、计算机及远程网络、民族团结等培训班，至2000年项目结束，累计培训各类专业学员达1 447人次，年均培训289.4人次。

2001—2005年，根据自治区教育部门的安排，每年都选派各科中小学教师参加新疆教育学院、伊犁教育学院、塔城地区师范学校举办的中小学教师继续教育培训。培训内容主要有语言、计算机、新课程标准等，累计培训613人次，年均培训122.6人次。

2006—2010年，和布克赛尔县参加中小学教师继续教育培训累计达1 399人（次），年均培训279.8人次。

2011—2015年是和布克赛尔县中小学教师继续教育培训大发展的时期，培训项目有10项，培训总人数达3 597人，年均培训719.4人次。

**2011—2015年和布克赛尔县教师培训情况表**

表29－3　　单位：人

| 年份（年） | 项目 | | | | | | | |
|---|---|---|---|---|---|---|---|---|
| | 班主任培训 | 骨干教师培训 | 双语教师培训 | 新课程培训 | 继续教育培训 | 计算机、远程网络培训 | 国家级培训 | 骨干教师培训 |
| 2011 | 257 | 110 | 47 | 20 | 98 | 47 | — | — |
| 2012 | 140 | — | 165 | 250 | — | — | 123 | — |
| 2013 | — | — | 10 | 248 | 132 | — | — | 114 |
| 2014 | — | — | 15 | 59 | 441 | — | — | 341 |
| 2015 | 3 | 26 | 11 | 19 | 345 | 517 | 33 | 26 |

### 二、成人高等教育

1983年，和布克赛尔县开办成人高等教育。各类成人高等学校以招生在职、从业人员为主，报考类别分高中起点升本科、高中起点升专科、专科起点升本科，同等学力人员可报名参加国家统一考试，考试科目有语文、数学、政治、物理、化学、地理、历史、英语等。学制为高升专函授业余2～3年，脱产2年；专升本函授2～3年，脱产2年。

1984年，和布克赛尔县始办自学考试。按规定每年上半年和下半年各举行一次考试。各专业考试由自治区自学考试指导委员会命题和编印试卷。由地区教育局招生办公室组织考试，自治区组织阅卷评分。凡是及格者，由自治区自学考试指导委员会发给毕业文凭，国家承认其学历。

1998年6月18日，经自治区教育委员会批准，新疆农业大学在和布克赛尔县农广校暂设函授辅导站，举办函授教育，只限1998年招收农业经济管理、水利水电工程造价管理专业考生，学制执行教育部的规定。据统计，1983—2004年，全县成人高等教育（含自学考试）累计毕业532人。自2005年起，成人高等教育（含自学考试）的报名、招生等工作均改为网上进行，由自治区教委主管部门直接管理，毕业证由相关大专院校直接颁发给学员，地、县两级教委不再负责成人高等教育工作。

### 三、扫盲及职业技能培训

2009年，和布克赛尔县尚有4个剩余文盲人员、97个失能人员。全县共有75个农牧民文化技术学校，并针对农牧民劳动力进行职业技能培训。

2013年起，和布克赛尔县对“两后生”(指初、高中毕业未能继续升学的贫困家庭中的富余劳动力)进行职业技能培训，当年全县有“两后生”25人，其中初中毕业未升学人数15人，高中毕业未升学人数10人。

2014年，全县有“两后生”28人，其中初中毕业未升学人数20人，高中毕业未升学人数8人。2015年，全县有“两后生”6人，均为高中毕业未升学人员。

## 第五节　教师队伍

1993年，和布克赛尔县教育系统共有教职工1 459人，其中汉族教师379人、少数民族教师1 080人(蒙古族教师529人、哈萨克族教师520人、其他民族31人)；教职工中有专任教师853人，其中高级教师2人、中级教师67人、初级以上教师784人。

2015年，和布克赛尔县教育系统共有教职工1 323人，其中汉族教师447人、少数民族教师846人(蒙古族教师434人、哈萨克族教师386人、其他民族26人)；教职工中有专任教师1 038人，其中高级教师85人、中级教师347人、初级教师592人。

**2003—2015年和布克赛尔县教师结构情况表**

表29－4　　单位：人

| 年份(年) | 教职工总数 | 专任教师总数 | 民族 | | | | 职称 | | |
|---|---|---|---|---|---|---|---|---|---|
| | | | 蒙古 | 哈萨克 | 汉 | 其他 | 高级 | 中级 | 初级及以下 |
| 2003 | 1 241 | 984 | 443 | 437 | 312 | 49 | 9 | 168 | 807 |
| 2004 | 1 231 | 987 | 454 | 431 | 311 | 35 | 12 | 238 | 737 |
| 2005 | 1 207 | 971 | 423 | 409 | 317 | 58 | 20 | 242 | 709 |
| 2006 | 1 145 | 926 | 400 | 376 | 328 | 41 | 25 | 257 | 644 |
| 2007 | 1 088 | 865 | 373 | 376 | 300 | 39 | 41 | 286 | 538 |
| 2008 | 1 041 | 772 | 375 | 350 | 278 | 38 | 48 | 275 | 449 |
| 2009 | 1 046 | 803 | 343 | 334 | 329 | 40 | 60 | 329 | 414 |
| 2010 | 1 124 | 874 | 144 | 91 | 360 | 27 | 70 | 352 | 452 |
| 2011 | 1 200 | 934 | 380 | 354 | 418 | 48 | 73 | 343 | 518 |
| 2012 | 1 309 | 1 050 | 405 | 359 | 480 | 65 | 81 | 328 | 641 |
| 2013 | 1 298 | 1 053 | 395 | 369 | 468 | 66 | 79 | 321 | 653 |
| 2014 | 1 328 | 1 037 | 424 | 378 | 468 | 58 | 66 | 290 | 681 |
| 2015 | 1 323 | 1 038 | 434 | 386 | 447 | 26 | 66 | 300 | 672 |

## 第六节　教育经费

### 一、勤工俭学

2007年，和布克赛尔县根据自治区教育厅的部署，撤并原县教学仪器供应管理站和勤工俭学办公室，新组建县教育局勤工俭学办公室。

2012年9月始,县财政每年投资60多万元为全县所有中小学、幼儿园(含民办幼儿园)在校师生,投意外伤害保险。至2015年,和布克赛尔县教育局勤工俭学办公室依然保留,但工作任务和性质发生变化,勤工俭学业务萎缩,更多的是承担学生保险、工装校服管理、教材征订统计等业务。

**二、财政拨款**

1996年,和布克赛尔县财政为教育系统拨款1 145万元,占县预算内财政支出的28%。

2000年,和布克赛尔县财政为教育系统拨款1 969万元,占县预算内财政支出的21.7%。

2010年,和布克赛尔县在全疆率先推行高中阶段免费教育。至2015年,累计免除全县5 987名高中阶段学生学费883.61万元,平均每年免除全县高中阶段学生学费147.268万元。

2012年,和布克赛尔县开始实施学前三年免费教育。至2015年,累计有10 986名幼儿享受学前免费教育补助资金2 768.46万元,县财政平均每年为学前三年免费教育拨款692.115万元。

**1996—2015年和布克赛尔县地方财政为教育系统拨款情况表**

表29-5　　单位:万元、%

| 年份(年) | 拨款金额 | 占预算内财政支出 | 年份(年) | 拨款金额 | 占预算内财政支出 |
|---|---|---|---|---|---|
| 1996 | 1 145 | 28 | 2006 | 5 899 | 9.57 |
| 1997 | 1 103 | 27 | 2007 | 7 688 | 12.38 |
| 1998 | 1 535 | 26 | 2008 | 11 391 | 15.98 |
| 1999 | 2 049 | 28.8 | 2009 | 14 148 | 23.65 |
| 2000 | 1 969 | 21.7 | 2010 | 15 696 | 15.67 |
| 2001 | 2 324 | 26 | 2011 | 25 056 | 19.53 |
| 2002 | 2 592 | 25 | 2012 | 27 258 | 17.21 |
| 2003 | 2 533 | 29 | 2013 | 25 213 | 15.92 |
| 2004 | 3 037 | 32 | 2014 | 28 411 | 16.50 |
| 2005 | 5 337 | 15.02 | 2015 | 24 206 | 19.50 |

## 第七节　援教工作

2000年,和布克赛尔县有山东援疆教师2人,其中1人到县第二中学教高中化学,支教2年;另1人到县第二中学教高中数学,支教2年。

2004年,新疆蒙古师范下派支教教师4人,都在县第一中学任教。

2009年春季至2015年秋季,河西学院到和布克赛尔县实习支教学生共300人。

2011年3月至2015年,辽宁省外派援疆教师23人到和布克赛尔县进行政策援疆。

2012年至2015年,安徽外派30名教师到和布克赛尔县进行友情援疆。

2014年春季至2015年秋季,新疆师范大学到和布克赛尔县实习支教学生共304人。

2003年，县委制定《和布克赛尔县科技兴县实施意见》，正式把科技进步定为推动和布克赛尔县经济和社会发展的战略决策。全县11个乡（镇、场）都配备科技副职领导，各村队配备科技副主任，形成层层有人抓科技的局面。2004年，和布克赛尔县获塔城地区科技兴县工作先进县二等奖。

2006年10月，和布克赛尔县实施科技特派员工作制度，成立以县委书记为组长的科技特派员工作领导小组，下设办公室（在县科技局），开展科技特派员试点工作。2009年，和布克赛尔县创建为“自治区科技兴县先进县”。至2010年，和布克赛尔县先后聘任科技特派员7人，主要是县农业、畜牧、水利部门的技术人员，分别派往和什托洛盖镇和夏孜盖乡开展技术服务。此期间，争取自治区科技特派员项目5个、资金8.5万元。举办农技培训班15期，开展技术咨询服务30次，示范带动农户80户。

2011年，和布克赛尔县创建为“全国科技进步考核通过县”，夏孜盖乡、和什托洛盖镇创建为“自治区科技进步先进乡镇”，均顺利通过两年一次复验。至2015年，和布克赛尔县科技特派员增加到75人，主要包括合作社负责人、企业技术人员、大学生村干部、种植养殖大户和乡土科技人才，科技特派员工作覆盖到全县12个乡镇场。该期间，争取自治区科技特派员项目8个、资金21.5万元，举办农技培训班26期，开展技术咨询服务29次，示范带动农户230户，引进农业种植和牲畜养殖新品种、新技术10个。

## 第三节　科技项目

### 一、实施本级科技项目

2005年、2006年、2014年，和布克赛尔县分别专门安排科技项目资金76万元、130万元、30万元，由县科技局实施一批能带动全县经济社会发展的科技项目，先后实施“科普示范基地建设”“测土配方施肥技术”“绒山羊养殖技术推广”“农业新品种引进”“乌珠穆沁羊推广 ”等一系列科技项目，促进产业结构调整和经济社会发展。

2010—2015年，根据创建“全国科技进步考核通过县”和“党政领导科技进步目标责任制考核”要求，和布克赛尔县财政科技投入累计591万元，平均每年98.5万元，每年科技投入平均达到本级财政地方支出的1.53%。

**2010—2015年和布克赛尔县财政科技投入比例情况表**

表29－6

| 年份（年） | 科技投入（万元） | 占财政支出比例（%） |
|---|---|---|
| 2010 | 1 934 | 1.93 |
| 2011 | 2 062 | 1.61 |
| 2012 | 2 063 | 1.57 |
| 2013 | 2 073 | 1.86 |
| 2014 | 2 657 | 1.73 |
| 2015 | 591 | 0.48 |

### 二、争取地区级科技项目

和布克赛尔县科技局自2011开始申报地区级科技项目，争取地区资金支持。至2015年，共争取地区科技项目13项、资金90万元。

**2011—2015年和布克赛尔县争取地区科技项目情况表**

表29－7

| 序号 | 项目名称 | 承担单位 | 金额(万元) | 时间(年) |
|---|---|---|---|---|
| 1 | 年产5000万粉煤灰页岩转烧结 | 雪龙建材有限公司 | 6 | 2011 |
| 2 | 动脉硬化早期检测与流行病学调查 | 县蒙医院 | 8 | 2011 |
| 3 | 梅花鹿高效养殖技术推广示范 | 贝龙农业科技有限公司 | 8 | 2011 |
| 4 | 无土栽培育苗技术推广 | 和什托洛盖镇蔬菜大棚协会 | 10 | 2012 |
| 5 | 传统蒙药“古尔古木—4味”开发和研究 | 和布尔克赛尔县蒙医医院 | 7 | 2012 |
| 6 | 水库蟹鱼立体生态混养技术推广 | 祥和利达农业发展有限公司 | 5 | 2013 |
| 7 | 花卉蔬菜专业种植技术推广 | 正宏蔬菜种植专业合作社 | 5 | 2013 |
| 8 | 新疆飞鹅的引进与示范推广 | 布斯屯格牧场 | 6 | 2014 |
| 9 | 巴什拜羊的引进与示范推广 | 布斯屯格牧场 | 6 | 2014 |
| 10 | 科技综合服务中心能力建设 | 县教科局 | 10 | 2015 |
| 11 | 信息化建设管理 | 布斯屯格牧场 | 6 | 2015 |
| 12 | 新型能源太阳能路灯引进和推广 | 夏孜盖乡人民政府 | 5 | 2015 |

## 三、争取自治区科技项目

2003年5月县科技局单设后，积极争取自治区科技项目，以项目为载体，引进新技术，推广新品种，促进科技成果转化，培养科技人才。累计争取科技厅各类科技项目35项、资金670万元。

**2003—2015年和布克赛尔县争取自治区科技项目情况表**

表29－8

| 序号 | 项目名称 | 承担单位(人) | 金额(万元) | 时间(年) |
|---|---|---|---|---|
| 1 | 年产2000吨高纯蒙脱石中试生产线 | 雪山水泥有限公司 | 20 | 2003 |
| 2 | G级油井水泥的规模化生产项目 | 海丰东盛有限公司 | 25 | 2005 |
| 3 | 北疆赛尔绒山羊扩繁项目 | 那仁和布克牧场 | 15 | 2005 |
| 4 | 油田钻井有机高分子强力抑制剂的研究及应用 | 海丰东盛有限公司 | 30 | 2006 |
| 5 | 新疆绒山羊北疆型产业化综合技术开发项目 | 那仁和布克牧场 | 4 | 2006 |
| 6 | 科技特派员试点工作 | 和布克赛尔县科技局 | 4 | 2006 |
| 7 | 用盐湖含钾卤水非浮选法生产富镁硫酸钾 | 新疆新雅泰化工有限公司 | 25 | 2008 |
| 8 | 有机畜牧业养殖标准的推广应用 | 有机生产办公室 | 25 | 2009 |
| 9 | 绒山羊养殖基地建设项目 | 那仁和布克牧场 | 1 | 2009 |
| 10 | 特色养殖 | 那仁和布克牧场 | 1 | 2010 |
| 11 | “赛月”牌驼绒系列产品开发 | 江格尔王绒制品有限公司 | 40 | 2010 |
| 12 | 新型分梳技术在驼绒制品中的应用 | 江格尔王绒制品有限公司 | 30 | 2010 |
| 13 | 新疆天然膨润土资源高效利用技术研究与示范 | 夏子街中非膨润土公司 | 5 | 2011 |
| 14 | 年产20万平方米抗盐耐污型膨润土防水毯生产线建设 | 夏子街中非膨润土公司 | 20 | 2011 |
| 15 | 梅花鹿标准养殖与产品深加工技术引进与推广 | 新疆贝龙科技发展有限公司 | 40 | 2012 |
| 16 | 绒山羊良种繁育基地建设 | 那仁和布克牧场 | 30 | 2012 |

续 表29－8

| 序号 | 项目名称 | 承担单位(人) | 金额（万元） | 时间（年） |
|---|---|---|---|---|
| 17 | 甘草规范化种植生产技术集成示范与推广 | 新疆康隆农业发展有限公司 | 35 | 2012 |
| 18 | 有机畜牧业科技成果转化基地项目 | 县有机生产办公室 | 30 | 2012 |
| 19 | 甘草种植新技术推广及产品加工 | 新疆康隆农业发展有限公司 | 8 | 2012 |
| 20 | 仓库滑动运输专利技术实施 | 蒙哥尔肉类开发有限公司 | 20 | 2013 |
| 21 | 油沙推进式热解提油技术研究 | 庆华集团新疆和丰能源化工有限公司 | 40 | 2013 |
| 22 | 200亩色素辣椒示范田育苗移栽推广 | 察和特长江棉花合作社 | 2 | 2013 |
| 23 | 中药材黄芪的种植与推广 | 察和特:唐小川 | 2 | 2013 |
| 24 | 有机畜牧业科技成果转化基地 | 县有机生产管理办公室 | 15 | 2014 |
| 25 | 高效分梳技术在驼绒系列产品中的应用 | 江格尔王绒制品有限公司 | 35 | 2014 |
| 26 | 花卉蔬菜新品种引进种植与推广目 | 正宏蔬菜种植专业合作社 | 40 | 2014 |
| 27 | 地方土种鸡的基因保留与推广养殖 | 托儿巴依尔 | 2 | 2014 |
| 28 | 三道眉等大葵新品种引进示范推广 | 汪志鹏 | 2 | 2014 |
| 29 | 科技综合服务中心能力建设 | 县教科局 | 20 | 2015 |
| 30 | 水库蟹鱼生态立体养殖技术研究 | 祥和利达农业有限公司 | 40 | 2015 |
| 31 | 有机畜牧业科技成果转化基地 | 县有机食品生产办公室 | 15 | 2015 |
| 32 | 鱼蟹生态立体混养技术推广 | 杨超 | 3 | 2015 |
| 33 | 新陆早55号示范推广 | 单长江 | 3 | 2015 |

### 四、争取国家科技项目

2003年，县科技局争取到第一个国家项目——“年产2000吨高纯蒙脱石中试生产线”项目，获得科技部50万元资金支持。

2009年，“绒山羊标准化生产技术集成示范与推广”项目获得国家科技富民强县专项支持328万元。

2010年，“和什托洛盖镇5000亩(333.33公顷)棉花膜下有压滴灌示范”项目获得国家科技星火计划支持50万元。

2014年，“甘草高产栽培技术成果转化基地”项目获得国家农业科技成果转化支持65万元。

## 第四节　科学普及

### 一、科技之冬

1996年11月13日，县委办、县人民政府办转发《县科协关于开展第八届“科技之冬”活动的安排意见》，同时成立县“科技之冬”活动协调领导小组，由一名县委副书记任组长。县“科技之冬”活动协调领导小组与各乡镇场签订技术培训责任书。至2004年，共举办9届“科技之冬”活动，发放科技资料85 450份，科普书籍5 174册，科普光盘290盘，放映科技录像656场。

2005—2007年，县科技局与县科协联合开展“科技之冬”活动，组织相关单位通过出动宣传车、悬挂横幅、设立咨询台等多种形式进行宣传；县科技局与县教育局、环保局联合举办青少年科技创新大赛活动，展出科技小制作、小发明、科幻画作品430余件；由县科技局、扶贫办及县涉农部门联合在县电视台举办《赛尔农牧》栏目，每逢周六、周日晚上10点播出，每期30分钟，内容包括农业、畜牧、扶贫等科技知识，为农牧民解决生产技术上的难题。

2008—2012年，每年由县科技局牵头，联合县农业、畜牧、扶贫等部门开展“科技之冬”活动，认真学习、宣传党的一系列涉农文件精神。播放电视专题节目100期，举办科普报告会2场、科普晚会1场，放映科技录像210场，发放蒙古、汉、哈萨克3种语言文字材料3.3万余份，发放科普书籍3 000多册，发放科普光盘420盘，印制科技书籍5 000册。

2013—2015年，和布克赛尔县结合“科技兴县素质工程”开展“科技之冬”活动，共发放科技书籍5 000册，印制科技纸杯5万个。

### 二、科技培训

1993—2003年，和布克赛尔县重点开展牲畜品种改良、牛羊育肥、优质牧草种植、棉花高产栽培、病虫害防治、冷配和胚胎移植等技术培训。培训分蒙汉哈3种语言，采取技术员现场讲课、发放科技书籍、播放科普光盘、经验交流等多种形式进行。累计举办各类培训班583期，培训65 220人次，其中基层党员干部7 248人次，妇女14 120人次。

2004—2007年，举办培训班390期，培训农牧民6.3万人次。

2008—2012年，围绕农民增收、农业增效，结合各乡镇场实际，因地制宜地开展科技培训工作。共举办培训班335期，培训农牧民4万人次，其中党员干部5 100人次、贫困人口3 030人次、妇女1.1万人次。

2013—2015年，共举办各种农牧业科技培训班20期，培训2 700人次，其中县乡村干部200人次，县乡企业管理人员及企业职工160人次，科技人员继续教育150人次，农牧民3万人次，城镇待业人员500人次。

## 第五节　科技合作洽谈

2001年起，中国科学院—新疆科技合作洽谈会（简称“科洽会”），每两年举行一次。县科技局2003年单设后第一次参加第二届科洽会，以后每届都积极组团参加，取得良好成绩。

2003—2010年，和布克赛尔县参加2003年、2005年、2007年、2009年4届科洽会，共发布项目合作需求64项，制作宣传展板8块，签订意向性合作项目10项。

2011—2015年，和布克赛尔县参加2011年、2013年、2015年3届科洽会，共发布项目合作需求31项，发放和布克赛尔县优势资源宣传单2 000份，签订意向性合作项目11项，合作金额3 869万元，制作宣传展板9块。

## 第六节　科技成果

1994年起，县科技主管部门积极组织全县各企事业单位申报地区级、自治区级科技成果鉴定。至2015年，共获得科技成果14项，其中，自治区级6项、地区级8项。

**1994—2015年和布克赛尔县科技成果登记表**

表29－9

| 年份 | 项目(成果)名称 | 获奖情况 | 级别 |
| --- | --- | --- | --- |
| 1994 | 绒山羊改良 | 成果登记 | 自治区级 |
| 1995 | 新疆维吾尔自治区绒山羊开发推广 | 科技进步二等奖 | 自治区级 |
| 1998 | 北疆百万绒山羊技术开发与推广 | 成果登记 | 自治区级 |
| 2003 | 年产2000吨高纯蒙脱石中试生产线 | 科技进步三等奖 | 自治区级 |
| 2005 | 北疆型赛尔绒山羊繁育与推广 | 科技进步二等奖 | 地区级 |
| 2005 | 和布克赛尔县常见肠道寄生虫监测与防治研究 | 科技进步二等奖 | 地区级 |
| 2005 | G级油井水泥的规模化生产 | 科技进步三等奖 | 地区级 |
| 2006 | 油田钻井有机高分子强力抑制剂的研究及应用 | 科技进步一等奖 | 自治区级 |
| 2009 | 膨润土防水颗粒原料的研究与开发 | 科技进步二等奖 | 地区级 |
| 2012 | 包虫病监测与防治技术推广 | 科技进步一等奖 | 地区级 |
| 2012 | 和布克赛尔县干旱气候分析及旱情监测预防对策研究 | 科技进步二等奖 | 地区级 |
| 2012 | 甘草规范化种植技术的应用 | 科技进步二等奖 | 地区级 |
| 2014 | 甘草高效种植技术示范推广 | 科技进步三等奖 | 地区级 |
| 2015 | 小颗粒煤炭、油砂、油页岩热解技术实验研究项目 | 科技进步三等奖 | 自治区级 |

## 第七节　科技专项服务

### 一、气象

(一)机构队伍

1993年,和布克赛尔县气象局(简称“县气象局”)内设预报室、地面室、测风室,有干部职工20人。

2006年,县气象局内设办公室、预报室、地面室、测风室、科技服务办公室,有干部职工11人。

2009年9月16日,县人影办公室从县农业局划归县气象局,有干部职工12人。

2015年,县气象局内设办公室、财务室、预报室、地面室、测风室、科技服务办公室、防雷办、人影办(人工影响天气办公室),有干部职工12人。

(二)台站建设

办公室及住房建设　1998年,新建住宅142平方米;2003年,改造业务值班室,完成业务系统的规范化建设;2005年,新建职工宿舍150平方米,重新对办公室进行装修,并对供暖、供电、围墙、污水等进行改造,总投入达59万元;2007年,投入资金49万元扩建业务办公室247平方米,使台站面貌焕然一新。

2013年开始实施迁站工作,新站占地面积近6.67公顷,2015年1月1日开始运转。

园区建设　1998—2005年,和布克赛尔县气象局分期、分批对院内的环境进行硬化、绿化改造,规划整修道路,硬化面积达800平方米;修建草坪和花坛300多平方米,使单位绿化率达到50%。

仪器设备　1993年,和布克赛尔县气象局观测仪器主要有气压表、温度表、湿度表、风杆、风杯、地温表、电线积冰。

2015年年末,和布克赛尔县气象局主要仪器设备有气压计、温度计、湿度计、风杆、风杯、地温计、固态降水仪、能见度仪。

(三)气象业务

和布克赛尔县气象局主要开展地面气象观测及小球测风业务,每天向新疆维吾尔自治区气象台传输4次定时观测电报及4次补绘观测报,小球测风业务2次观测报。制作地面观测及小球测风气象月报表及年报表。

地面气象观测　1987年1月1日2时起,增发该站气压组。1997年,电报传输方式改为单边带,直接传到新疆维吾尔自治区气象局报房。2003年9月,建成ZQZ-II型自动气象站,2004年1月1日正式投入业务运行,2006年1月1日自动站单轨运行,电报传输改为由分组交换网进行传输。至2015年无变化。

小球测风　1959年1月1日开展小球测风业务,每天7时、19时观测;1983年1月1日,根据新气业发〔1982〕330号通知,观测时间变更为07:15、19:15。至2015年不变。

建站时小球测风设备为长春生产的五八式经纬仪及上海生产的A型绘图板,制氢设备使用法式制氢筒;1970年1月1日,使用国产制氢筒;1975年,测风设备更换为北京生产CFJ-1型经纬仪;1983年2月1日,根据新气业字〔1982〕328号通知,小球测风点绘改用FX-702P计算器。2004年,改用电子经纬仪。至2015年不变。

天气预报　建站时天气预报所需资料主要靠每日15时收听收音机手抄电码、手工绘图来获取;1984年改用传真机获取资料,结合地面观测资料制作预报;1999年10月,建成VSAT单收站,通过Micap系统制作天气预报。至2015年不变。

(四)气象服务

1993—2000年,根据"提高气象服务的社会效益、经济效益和生态效益"指导思想,组织开展春夏气象服务,秋冬气象服务,重大气象服务和气象保障服务等服务专题,制作月预报90多份、旬预报260多份、年景分析8份等气候预测产品。

2000年,开始推行气象专业有偿服务。气象服务内容主要是短、中、长期天气预报和《气象年景分析》《春耕春播气象预测》《重要天气预报》《专项天气预报》《气象灾害预警信号发布》等。同年3月21日,建成"121"气象信息自动答询系统并投入使用。

2002年4月28日,建成多媒体电视天气预报制作系统,将自制节目录像带送电视台播放。

2004年4月,在和什托洛盖镇建成ZQZ-AE型6要素区域无人自动气象站,气象资料主要用于防灾、减灾、预报预警工作。2005年,开展手机短信气象信息服务。

2006年,贯彻"三个气象"(公共气象、安全气象、资源气象)理念,建立专职服务机构,开展天气预报、警报、气象情报、气候评价、气候资料、农业气象情报和预测、应用气候等多项气象服务。全年共印发专题服务材料8期共80份,月预报10期共100多份,10天预报24期共250多份,决策服务4期40份,重要天气预报2期20份。同年5月1日,和布克赛尔县天气预报在新疆卫视1、2、3套节目中播放。

2007年12月,电视台电视播放系统升级,电视天气预报制作系统升级为非线性编辑系统。

2009年,以春耕春播、牧业转场为主线,突出春洪、春寒、春旱等气象保障服务工作。全年累计完成气象旬报、短期气候预测等服务材料99期。共发布月预报10期,10天天气预报30期,决策服务19期;共发布6次预警信号(1次寒潮黄色预警信号、3次霜冻黄色预警信号、2次大风黄色预警信号)。将新疆生态环境遥感中心提供的每旬和布克赛尔县生态环境遥感监测图以及和布克赛尔EOS/MODIS卫星积雪监测专题图,通过和布克赛尔县政府网"专项气象服务"栏进行发布,每天在地方电视台播出24小时天气预报。在和布克赛尔政府网主页上刊登每天的天气预报。全年降雪准确率77%，降雨准确率60%，最高、最低气温预报准确率60%，晴雨预报准确率91%，月平均气温预测准确率69%，月平均降水量预测准确率27%。

2010年，累计制作完成中长期气候趋势决策气象服务3期，春防气象服务专题11期，长期气候预测11期，农牧业气象月报预报32期，春季专题预报服务信息15期，节日专题预报4期，气象灾害预警信号4期，重要天气报告10期，实时气象服务报告7期，专项气象服务预报9期，灾情快报1期，季气象评价4期。发布3次预警信号，2次寒潮蓝色预警信号和1次暴雪蓝色预警信号。发布节假日、中考、高考预报5期。在县委办公大楼安装预警电子显示屏一个，在乡（镇、场）安装大喇叭7个，在和什托洛盖镇、察和特开发区挂牌成立两个气象信息服务站，借助电子政务平台及时发布对人民群众生产、生活有重大影响的天气预警预报，最大限度地扩大气象服务面，减轻气象灾害造成的损失。

2011年，共发布月预报10期，10天天气预报30期，决策服务2期，重要天气5期，专项天气预报16期，月气候评价10期，季气候评价2期。共向社会公众发布预警信号2种类、5次（1次寒潮蓝色预警信号、1次霜冻黄色预警信号、3次霜冻蓝色预警信号）。共向农业、水利、畜牧、国土资源等部门报送决策气象服务材料53次。

2012年，加强公众预报服务，并经过非线性编辑系统制作天气预报节目送至电视台播放，为百姓工作生活提供便利。全年共向社会公众发布预警信号3种类、发布5次（1次寒潮蓝色预警信号、1次霜冻黄色预警信号、1次雷电蓝色预警信号、2次大风预警）。

2015年，完成各种决策服务、气象旬报、气候影响评价、短期气候预测等服务材料151期，重大灾害性天气无空报和漏报，发布预警信息83次，接受新闻媒体采访14次，向联合部门报送决策气象服务材料2次，圆满完成汛期气象服务工作；开展多部门联合会商2次。

（五）人工影响天气

2004年10月28日，和布克赛尔县人民政府下发《关于成立和布克赛尔县人工影响天气工作领导小组的通知》，成立和布克赛尔县人工影响天气办公室（设在县气象局）。2005年2月25日，和布克赛尔县人民政府投入40万元购置车载式火箭发射装置等设备；2006年1月7日，县政府投入60万元购置711M车载式雷达，为和布克赛尔县农牧生产和经济建设保驾护航。

2010年8月6日，自治区人影办公室配备2辆人影牵引车到位，和布克赛尔县人影经费纳入县财政预算。

2011—2012年，落实人影经费35万元，其中6万元建112平方米的彩钢板人影车库。利用有利天气开展人影作业32次（其中人工增雪5次），制作《人影简报》20期。

2015年，共开展人影作业8次，发射火箭弹24枚，查和特乡与夏孜盖开展人影作业1次，发射火箭弹6枚，合计30枚。经县人民政府同意，举办一期和布克赛尔县人工影响天气培训班，培训人员主要由乡镇场和兵团一八四团武装干事参加，培训人员达到22人。开班仪式邀请县人民政府副县长哈力比亚提作开班讲话，地区人影办主任彭新友通过课件和实际操作进行全面授课，培训结束时组织一次现场人影应急演练。全年共参与人影应急演练2次，一次由县气象局组织，一次应兵团一八四团邀请参加兵地人影联防应急演练。

（六）防雷检测

2006年，和布克赛尔县开始按照《国务院办公厅关于进一步做好防雷减灾的通知》精神，实施防雷减灾工作。

2009年春季，对辖区所有矿山、轧花厂、加油站防雷设施进行检测，对存在问题提出整改意见。由于和布克赛尔县城地处山区，许多老建筑无防雷设施，为排出隐患，对和布克赛尔县城镇所有行政、事业单位办公场所进行拉网式检测，每到一个单位都向单位负责人宣传国家对防雷安全的要求，并把检测中发现的问题隐患及时告知所在单位领导，要求及时整改。

2012年，依据《中华人民共和国气象法》第31条、《防雷减灾管理办法》《新疆维吾尔自治区雷电灾害防御办法》《塔城地区防雷减灾管理办法》，县气象局对全县易燃易爆场所进行防雷检测工作，消除安全隐患。

2015年，加强全县企事业单位防雷、防静电检测，重点加强对易燃易爆场所、人员密集场所的检测，其中包括加油站、液化气站、烟花爆竹仓库等检测场所，同时对各乡镇中小学进行严格检测，提高检测覆盖率，加大各受检单位整改力度，减少雷击隐患。

## 二、地震

### （一）机构队伍

2012年9月10日，成立和布克赛尔县地震局，局长由县住房和城乡建设局局长兼任（与县住房和城乡建设局两块牌子、一套人马），核定行政编制5名，其中科级领导职数3名，实际在职2人。2015年，机构与人员未变。

### （二）地震测报

2008年起，和布克赛尔县6名“三网一员”（地震宏观测报网、地震灾情速报网、地震知识宣传网；防震减灾助理员）每月每周坚持做地震预测预报。测报所在地为和布克赛尔镇、和什托洛盖镇热气泉、莫特格乡夏尔构村、莫特格乡一大队、铁布肯乌散乡、夏孜盖乡托热特村。

2012年8月31日17时12分（北京时间），成功测报和布克赛尔县境内发生3.7级地震，震中位于北纬46.5°、东经86.9°，未造成人员伤亡及财产损失。

### （三）防震减灾

县地震局成立后，按照地区地震局要求做大量宣传工作，各乡镇场、学校和媒体（如电视）每年开展两次宣传，“三网一员”每年培训1次。

2013年7月15日，县人民政府印发《和布克赛尔县地震应急预案》，并成立县抗震救灾指挥部，由县长任指挥长，负责统一领导、指挥和协调全县抗震救灾工作；有关部门和单位按照职责分工，各负其责，密切配合，共同做好抗震救灾工作。

2013年10月31日，县地震局拟定《和布克赛尔县防震减灾综合演练议程》和《防震减灾综合演练活动方案》，并上报县人民政府审批。

2014年3月12日，县地震局在县住房和城乡建设局中开展地震应急疏散演练，主要演练预防地震来临时，如何做到迅速、规范、有效就地安全躲避。县住建局26名干部职工以及城管大队12名队员参加该次演练。

2015年9月12日，塔城地区地震局领导到和布克赛尔县督查防震减灾工作，查阅县地震预防工作文件资料，察看应急救援器材储备和人员疏散场地，对和布克赛尔县的防震减灾工作予以肯定。

# 第三十编

# 文化　体育

和布克赛尔县文化底蕴深厚，民间文学源远流长，主要有英雄史诗、民间故事、神话传说、祝词赞词、长调和短调民歌等形式；民间艺术多姿多彩，独具特色，主要有民族手工艺品、服饰、刺绣、生活用品、毡房挂饰、编织、木雕等。进入21世纪后，县委、县政府高度重视文化建设，文化事业得到快速发展。至2015年，全县建起农牧区文化室、图书室、广播室，建立健全县、乡、村三级文化网络；文学艺术创作活跃，累计出版小说4部、诗歌5部、诗歌集5部、民歌集1部，民族历史、文化研究4部；广播电视大发展，全县广播覆盖率达99%，无线模拟电视覆盖率达97%，数字电视覆盖率达75%。

和布克赛尔县也是体育之乡，群众体育活动主要有长跑、拔河、跳绳、乒乓球、篮球、排球、足球、棋类、健美操、广播体操等；民族传统体育文化活动主要有摔跤、押胛、赛马、赛骆驼、走马赛、刁羊、那达慕大会、阿肯弹唱会等；竞技体育项目主要有篮球、足球、射箭、摔跤、散打等，其中许多项目在地区、自治区、全国运动会上取得名次。进入21世纪后，先后投巨资健全乡镇场体育活动场地，完成县综合体育广场、县综合体育馆等重大场、馆建设。至2015年，全县有田径场23个、沙坑20个、篮球场104个、排球场52个、足球场13个、灯光球场6个、乒乓球室104个、摔跤场3个、赛马场3个、门球场3个、健身路径42条，为广大人民群众进行体育活动提供良好的体育活动场所。

# 第一章　文化艺术

## 第一节　机构队伍

1998年，县文化局与县体委合并，称和布克赛尔县文体局（简称县文体局），内设机构6个，下辖文化馆、图书馆、文工队、电影发行放映站、文物管理所、文化市场稽查大队，有干部职工59人。

2009年2月，和布克赛尔县新闻出版局（版权局）成立，与县文体局一套班子、两块牌子，不增编、不增人。

2012年4月，县广播电视局（含县电影发行放映站）与县文体局合并为县文化体育广播影视局（简称县文广局），内设办公室，下属单位10个，即局机关、广播电视台、文化馆、图书馆、文工队、文化市场稽查大队、非物质文化遗产保护中心、体育馆、文物管理所、乡镇场文化站。全系统有在职干部职工103人。

2015年，因事权下放，乡镇场文化站17人连人带编划给乡镇场管理。县文广局内设机构、其余下属单位与2012年相同。全系统总人数86人。

## 第二节　文化设施

### 一、文化馆

2006年，国家投入40万元、和布克赛尔县自筹40万元在县城新修文化馆大楼，馆舍面积2 200平方米，于2015年建成独立馆舍楼体，内设音乐室、培训室、展厅等，并由文化部发文命名为国家一级文化馆。

### 二、图书馆

1993年7月，县图书馆成立，无独立馆舍，暂借县文化馆大楼办公，借用办公面积150平方米。

2010年，投资260万元新建县图书馆，馆舍面积1 200平方米，于2013年竣工使用。

2013年4月，县图书馆建成电子图书阅览室，配备电脑40台(成人电子阅览室电脑25台、儿童电子阅览室15台)。此外，还设立外借室、报纸杂志阅览室、信息资源共享工程室、儿童图书室、阅览室、工具书室、本土作家室、过刊室等。各项免费开放工作顺利开展，全年开放。

### 三、展览馆、博物馆

2004年，县展览馆在王爷府成立，并命名为爱国主义教育基地和国防教育基地。2012年11月，县博物馆在王爷府成立。

### 四、新华书店

2015年，和布克赛尔县有新华书店1家，位于县城和布克东街12号，占地面积440平方米。其中，门市大厅营业面积190平方米，库房使用面积80平方米，办公室使用面积60平方米，门面出租5间，使用面积共100平方米。

### 五、乡镇场文化站(室)

1993年，全县有乡镇场文化站11个，村队文化室4个，各企事业机关也建有文化室(职工之家)。

2002年，和布克赛尔县开始创建自治区“边疆文化长廊建设”先进县活动，并以此为契机，实施“乡镇文化站”“农家书屋”等文化建设工程，新建牧场文化站4个，完成“农家书屋”35个。

2004年，全县11个乡镇场初步建立文化站，建站率100%；33个行政村建文化室，建室率100%；夏孜盖乡、和什托洛盖镇、巴音傲瓦乡、布斯屯格牧场文化站被评为自治区标准文化站。

2008年，建设综合性乡镇文化站2个：铁布肯乌散乡文化站、和布克赛尔镇文化站，各投资46万元。

2010年，建设综合性乡级文化站1个：莫特格乡文化站，国家投入16万元、和布克赛尔县投入36万元；年内为全县13个“农家书屋”配备书籍15 413册，价值19.18万元。

2015年，县、乡、村三级文化网络配备音响、器乐、电脑、公共文化一体机等设备，基础设施更加完善，公共文化服务功能显著加强。

## 第三节　民族传统文化

### 一、那达慕大会

“那达慕”为蒙古语“欢乐的盛会”之意，是蒙古族的民间体育盛会，内容主要有摔跤、赛马、射箭、套马、下蒙古棋等，也伴以引人入胜的歌舞。

1993—2004年，和布克赛尔县只举办过1次那达慕大会，即第七届那达慕大会。

2005年6月18—20日，和布克赛尔县举办第八届那达慕大会。会上表演传统的民族特色节目江格尔说唱、马头琴演奏、萨吾尔登、民族服饰展、民族舞蹈。举行赛马、摔跤、赛骆驼、射箭等传统民族体育活动。中央电视台、新疆电视台等宣传媒体报道该次那达慕大会。

2006年，和布克赛尔县将那达慕大会与江格尔文化相结合，投入109万元于7月9—12日举办和布克赛尔县首届江格尔文化旅游节暨第九届那达慕大会，共有350余名运动员、240匹马、55峰骆驼参加各项比赛，大会为运动员颁发奖金总计10.87万元。其后，基本上每年举行一次。

2009年8月6日，和布克赛尔县举办第三届江格尔文化旅游节暨第十一届那达慕大会，开展以全新疆蒙古长调、全新疆说唱《江格尔》、全新疆祝词等比赛活动，全疆近60名选手参加比赛，其中和布克赛尔县有9名选手获奖。

2012年7月25—27日，和布克赛尔县举办第五届江格尔文化旅游节暨第十三届那达慕大会。该届那达慕大会上，江格尔勇士队、江格尔齐队、长调歌手队、托布秀尔齐队、民间艺人队、作家墨客代表队、各民族服饰代表队、老年秧歌队、舞龙队、哈萨克族“黑走马”组合、工人、农牧民代表等纷纷献艺会场，展示特色。

2015年8月15日，和布克赛尔县举办第八届江格尔文化旅游节暨第十六届那达慕大会。开幕式上60匹民族团结马队、江格尔说唱队、长调歌手队、托布秀尔队、民间艺人队、老年秧歌队、冬布拉队、公安边防队、援疆队等代表队以独特的方式展现各自风采。各民族观众达3 000余人次。

### 二、阿肯弹唱会

“阿肯”，为“歌手、诗人”之意。阿肯弹唱是哈萨克族群众的传统文艺活动。夏季，天气晴朗，水草丰茂之际，一般都要自发择日举行“阿肯弹唱会”。届时人们在草原上聚集，搭起帐篷，将牛、马、羊放牧在附近草地。各地“阿肯”也都前来，弹起乐器冬不拉，一展歌喉。人们围坐听唱，如痴如醉。弹唱形式有独唱、对唱、合唱等。除传统曲目外，还往往即兴编词，歌唱赞美草原生活、追求自由民主的理想，以弹唱时间最长、口才流利、声音嘹亮、最吸引听众者为优胜，备受人们尊敬。

2000年，和布克赛尔县举办第六届阿肯弹唱会，有20名选手参加，观众达340人次。

2002—2014年，和布克赛尔县先后举办第七届至第十四届阿肯弹唱会，每次参加选手都在25～30人不等，观众达300～400人次。其间2006年8月28日，在巴音傲瓦乡其木尼尔村举办和布克赛尔县第十届阿肯弹唱会，比赛中有阿肯选手30人、铁尔麦选手20人、冬不拉独唱选手10人，毡房26个。比赛实况在当年10月由新疆电视台播出，《塔城日报》出专版对该次活动进行特别宣传报道。

和布克赛尔县除在县内组织阿肯弹唱会外，还多次派选手参加塔城地区举办的阿肯弹唱会及文化旅游节。其中成绩较为突出的一次是2006年6月21—23日在塔城地区第十七届阿肯弹唱文化旅游节上，和布克赛尔县参赛的10个毡房获2个一等奖、2个二等奖、6个三等奖；选手获阿肯弹唱三等奖1名、优秀奖2名、冬不拉独奏一等奖1名、库布孜独奏二等奖1名、铁力麦独奏三等奖1名，2名长发女郎获优秀奖，1人获“人民的阿肯”特殊贡献奖。

### 三、民间文化艺术节

2006年9月1日，和布克赛尔县在新世纪广场举行首届民间文化艺术节启动仪式。19日，在县文化馆二楼展厅举办“民间手工艺品”展览，展出11个乡镇场选送的民族手工艺品、服饰、刺绣、生活用品、毡房挂饰、编织、木雕等10余个品种120件作品。20日，在县新世纪广场举行由县文化馆承办的和布克赛尔县首届民间文化艺术节文艺展演活动。和布克赛尔县选送的乐器、服饰、手工艺品代表地区参加“自治区非物质文化遗产成果展”并获优秀组织奖。至2015年，和布克赛尔县共举办9届民间文化艺术节。

## 第四节　群众文化活动

### 一、节日文化活动

1993—2015年，随着和布克赛尔县人民生活水平的提高，节日文化活动成为常态。每逢元旦、春节、元宵节、“三八”国际妇女节、“五一”国际劳动节、“七一”党的生日、“八一”建军节、“十一”国庆节等重大节假日，和布克赛尔县各族群众都要举行各种各样的文化活动。其间，2006年，全县城乡举办各种节庆文化活动270场次，其中县城广场演出43场次，和什托洛盖镇广场、宏达盐业广场演出22场次，其他乡、场、村各种活动场所演出205场次；2014年，庆祝和布克赛尔县成立60周年文化活动尤为盛大，庆典以群众演出为主，江格尔说唱、萨吾尔登、蒙古长调、托布秀尔、舞蹈、歌舞剧、阿肯弹唱等特色节目隆重登场，还表演赛马、摔跤、射箭、叼羊、姑娘追等传统体育项目，各族观众达5 000余人。

### 二、百日广场文化活动

2002年，和布克赛尔县启动首届百日广场文化活动，从“五一”国际劳动节到“十一”国庆节，虽以“百日”冠名，实际长达5个月。以往只能在老年活动室、青少年文化宫、单位礼堂自娱自乐的各类群众性业余文艺演出团队由室内走向户外、由本社区串场到其他社区、由本单位串场到其他单位，群众文艺演员成为“走穴串场”的“明星”。随着各企事业单位参与的积极性日益高涨，广场文化演出由周末活动扩展到天天有活动，由晚间活动延伸到周六、周日白天也有活动，农村演出队也不甘寂寞，纷纷到城里，成为新世纪的一种独特而普遍的文化活动。至2015年，和布克赛尔县共举办14届百日广场文化活动。其间，2009年，第八届百日广场文化活动中，全县共演出224场次，参加演出社区文艺团队29个1 350人，观众1万余人次，被国家级新闻报道11次、自治区级报道13次、地区(县)级报道50次，获自治区第八届百日广场文化活动竞赛先进县。

### 三、文化下乡

1996年12月，中央宣传部、国家科委、农业部、文化部等十部委联合下发《关于开展文化科技卫生“三下乡”活动的通知》。1997年，和布克赛尔县正式开展“三下乡”活动，每年进行文化下乡演出约30场次。

2006年，在文化下乡活动中，县文化馆专业人员下乡辅导累计56天，举办文艺演出和图片展览72场次，观众达8 950人；放映电影90场，观众达6万余人。

2010年，文化下乡与“全民读书月”相结合，县文化馆深入全县11个乡镇场文化站和“农家书屋”进行业务辅导，举办“加强民族团结、维护社会稳定”讲座，广泛开展“读一本好书”全民阅读活动，先后为基层和乡边防派出所赠送图书共1 400本。

2012年，县文化馆按年初确定的目标任务开展文化下乡活动，为农牧民送电影700场次，送图书资料1.5万册，送文艺演出85场。

2015年，县文化馆开办江格尔、托布秀尔、武术散打、电子琴、舞蹈等免费培训班5期。全年完成电影下乡660场（次），乡村百日文体活动50场（次）、百日文化广场活动竞赛100场次、政府购买公益性演出80场（次），超额完成绩效业务。

## 第五节　文学艺术创作

1993—2007年，和布克赛尔县文学艺术创作活动处于“自发”发展时期，全县先后出版蒙古语小说1部，蒙古语诗歌集3部；创作集体舞1个，歌舞剧1部。

2008年，和布克赛尔县文学艺术界联合会成立后，全县文学艺术创作活动趋于活跃，处于“自觉”发展时期。至2015年，先后出版蒙古语小说3部，蒙古语诗歌集7部，民歌集1部，民族历史、文化、体育研究专著4部；创作集体舞1个、群舞1个，重排歌舞剧1部；创作歌曲180首。

**1993—2015年和布克赛尔县文学创作情况表**

表30－1

| 书名 | 作者 | 出版社 | 语言 | 作品类别 | 出版时间 |
|---|---|---|---|---|---|
| 《八山之乡》 | 敏·光布加甫 | 内蒙古少年儿童出版社 | 蒙古 | 小说 | 2004年8月 |
| 《宗古鲁巴图尔》 | 达·那木吉勒 | 内蒙古人民出版社 | 蒙古 | 小说 | 2009年8月 |
| 《和布克赛尔土尔扈特蒙古族口头文学》 | 欧其尔加甫·台文 | 内蒙古人民出版社 | 蒙古 | 小说 | 2012年12月 |
| 《我本善良》 | 刘备 | 中国文化出版社 | 汉 | 小说 | 2014年3月 |
| 《大地之韵》 | 阿·那木吉力 | 内蒙古文化出版社 | 蒙古 | 诗歌 | 2001年11月 |
| 《和布克赛尔蒙古族民间文学精选》 | 努·卓日格图 | 新疆人民出版社 | 蒙古 | 诗歌 | 2004年6月 |
| 《坚硬的石头》 | 卡·才仁道尔吉 | 民族出版社 | 蒙古 | 诗歌 | 2009年7月 |
| 《苍缘》 | 甫·道尔吉 | 内蒙古文化出版社 | 蒙古 | 诗歌 | 2010年9月 |
| 《和布克赛尔县蒙古族谚语选集》 | 朝伦巴图 | 内蒙古人民出版社 | 蒙古 | 诗歌 | 2013年1月 |
| 《候鸟》 | 克·叶尔达 | 内蒙古人民出版社 | 蒙古 | 诗集 | 2007年1月 |
| 《岩石中的一棵草》 | 加·恰格德尔加甫 | 远方出版社 | 蒙古 | 诗集 | 2011年5月 |
| 《石恋》 | 卡·才仁道尔吉 | 新疆人民出版社 | 蒙古 | 诗集 | 2011年6月 |
| 《七星之韵》 | 都·道尔吉 | 内蒙古人民出版社 | 蒙古 | 诗集 | 2012年4月 |
| 《石人》 | 卡·才仁道尔吉 | 新疆人民出版社 | 蒙古 | 诗集 | 2015年1月 |
| 《和布克赛尔县蒙古原创歌曲选集》 | 孟克巴依尔 | 内蒙古人民出版社 | 蒙古 | 民歌集 | 2013年1月 |
| 《准噶尔汗国史》 | 敏·光布加甫 | 内蒙古文化出版社 | 蒙古 | 民族历史 | 2011年9月 |
| 《东归和布克赛尔土尔扈特满文档案全译》 | 乌·叶尔达 | 新疆人民出版社 | 汉 | 民族历史 | 2013年7月 |
| 《跨州东归土尔扈特》 | 乌·叶尔达 | 新疆人民出版社 | 汉 | 历史文化 | 2008年1月 |
| 《和布克赛尔土尔扈特那达慕文化——传统与继承之概况》 | 那·巴图尔 | 内蒙古人民出版社 | 蒙古 | 民族体育研究 | 2012年6月 |

**1993—2015年和布克赛尔县艺术创作情况表**

表30－2

| 作品类别 | 作品名称 | 作者 | 获奖单位 | 获奖等级 | 公演时间 |
|---|---|---|---|---|---|
| 集体舞 | 萨吾尔登 | 巴音 | 县江格尔艺术团 | 特别奖(自治区级) | 2007年2月 |
| 歌舞剧 | 江格尔(四幕四场) | 乌尔格西拉图 | 县江格尔艺术团 | 金奖(自治区级) | 2007年8月 |
| 群舞 | 萨吾尔登 | 巴音 | 县江格尔艺术团 | 二等奖(自治区级) | 2008年 |
| 集体舞 | 铁臂萨布尔 | 集体 | 县江格尔艺术团 | 优秀奖(地区级) | 2009年1月 |
| 马头琴独奏 | 马头琴《万马奔腾》 | 达西加甫 | 县江格尔艺术团 | 优秀奖(地区级) | 2009年1月 |
| 独奏 | 托布秀儿十二曲 | 洪古尔 | 县江格尔艺术团 | 优秀奖(地区级) | 2009月 |
| 原创歌曲 | 天赐和布克赛尔 | 作词:加·巴图那生、<br>作曲:才孟克巴依尔 | 县江格尔艺术团 | 银奖(地区级) | 2012年7月 |

## 第六节　“和文化”论坛

2009年,和布克赛尔县根据本地自改革开放以来的发展体验,提出塑造具有地方特色的“和文化”理念。通过两年多的梳理、搜集、挖掘和策划工作,确立“和文化”塑造规划,并于2011年6月13日举办和布克赛尔县首届“和文化”论坛,多名国内文化名人参与研讨,为历史名县和布克赛尔的文化产业开发、文化品牌塑造、文化旅游事业发展献计献策。

“和文化”是指在梳理、总结和布克赛尔县自然、历史、民俗、社会政治经济现实等诸多要素的基础上,提炼、升华而成的一种以和谐思想为价值取向,以倡导、研究、构建、传播、实施“人民友善,族群包容,政治亲和,文化交融,自然和谐”理念为主要内容的文化形态、文化现象和文化性状。“和文化”是在日常生产、生活、意识、情感层面对和谐理念的社会化践行。

至2014年7月,和布克赛尔县共举办3届“和文化”论坛,自觉地将“和文化”作为一种文化资源,与市场有机结合,推动当地的经济社会发展。

## 第七节　文物考古

1993年,自治区考古工作者对和布克赛尔县加林塔然古墓葬进行挖掘,确定“道尔本厄鲁特森木”古城、王爷府、米其根乌必勒砾石岩画群、东大沟东岸墓葬群、阿门屯格土墩墓、加林塔然石室石棺墓葬群、哈同山北坡墓葬群等为地、县级文物保护单位。

2004年,和布克赛尔县投入40万元对王爷府旧址进行保护性修缮。

2006年,和布克赛尔县文物管理部门坚持“保护为主、抢救第一”的方针,按照“有效保护、合理利用、加强管理”的原则,对境内8处文物点进行测量,办理保护点土地证,并将这8处文物保护点及其他有价值的重点文物积极申报自治区文物保护单位。在文物保护宣传周期间,通过散发宣传单、播放录音、设立咨询台等形式,进行“保护文物、人人有责”的宣传活动。制订《和布克赛尔县道尔本厄鲁特森木古城遗址保护方案》,并上报县人民政府。

2009年，根据国务院《关于开展第三次全国文物普查的通知》，对县境内的文物进行普查。共普查文物点108处，其中26处为复查点，主要是古墓群、古岩画、古遗址、草原石人；其余80处为新发现点，主要是古墓群、岩画群。

2010年5月，开始动工建造江格尔博物馆。

2011年，将阿吾斯奇土墩墓、伊克库热庙、谢米斯赛北坡A墓群、米其根乌必勒砾岩画、哈日托洛盖岩画、敖包特库热庙、乌拉斯特藏传佛教遗址、格拉吉旦江墓群、玉吉尔鹿石9处文物保护点申报为第七批自治区级文物保护单位。将展览馆申报为第三批自治区级爱国主义教育基地。免费开放博物馆，全年接待城乡群众及县城青少年参观展览达1200人次。

2011年，开始修缮县级文物保护单位伊克库热庙，对其进行文物本体修缮恢复原貌。

2012年5月，对道尔本厄鲁特森木古城遗址进行保护性实施围栏建设及木栈道；对王爷府博物馆文物本体进行加固修复及恢复原貌；10月，王爷府博物馆正式对外开放。

2014年5月江格尔博物馆竣工，7月15日正式对外开放。

## 第八节　非物质文化遗产申报与保护

2005年6月，和布克赛尔县人民政府邀请自治区文联的有关领导和研究《江格尔》的学者召开申报非物质文化遗产工作会议，随后呈报相关材料；同年12月31日，文化部向全社会公示第一批国家非物质文化遗产名录推荐名单，和布克赛尔县与巴音郭楞蒙古自治州、博尔塔拉蒙古自治州联合申报的蒙古族史诗《江格尔》被列为其中。

2006年，和布克赛尔县文体局成立非物质文化遗产保护领导小组；同年3月9日，和布克赛尔县与新疆师范大学人文学院签订《和布克赛尔"江格尔"和民间信仰与民俗文化的保护与传承》科研项目实施计划协议书，投资修建江格尔文化艺术宫；6月，《江格尔》被批准为国家首批非物质文化遗产代表作。

2007—2010年，申报莫特格乡为萨布尔登之乡、查干库勒乡为蒙古族民间长调之乡、那仁和布克牧场为江格尔之乡。在第一批国家级非物质文化遗产名录代表性传承人名申报中，和布克赛尔县加·朱乃成为《江格尔》代表性传承人，加·道尔基为新疆蒙古族长调民歌代表性传承人，那·布瓦、道鲁木加甫为新疆蒙古族托布秀儿音乐代表性传承人；申报自治区级非物质文化遗产项目5项，分别是蒙古族五畜的烙印和耳记、蒙古族马具制作技艺、祝赞词、蒙古族民俗祭敖包、蒙古族服饰。积极开展非物质文化遗产的普查工作，确定县级非物质文化遗产13大项、72小项，调查线索555个。成功申报国家级非物质文化遗产名录项目和扩展项目2个，分别为民间文学项目《江格尔》，蒙古族长调民歌；自治区级非物质文化遗产名录项目和扩展项目6个，分别是《江格尔》、新疆蒙古族托布秀儿音乐、新疆蒙古族长调民歌、蒙古族祭祀敖包、新疆蒙古族服饰、新疆蒙古族祝赞词。

2011—2014年，完成国家级"中国民间艺术之乡"——查干库勒乡的申报工作。整理、申报第二批、第三批县级非物质文化遗产保护项目，确定和布克赛尔县非物质文化遗产名录项目30个，建立和布克赛尔县非物质文化遗产数据库档案。铁布肯乌散乡以"蒙古族托布秀尔"民间艺术的传统优势，获自治区第五批"民间文化艺术之乡"荣誉称号。和布克赛尔县蒙古族奶酒酿造技艺列入自治区级非物质文化遗产名录。在和布克赛尔县成立60周年之际，先后举办和布克赛尔县祝赞词、长调民歌、江格尔说唱、托布秀尔弹奏、阿肯弹唱、蒙古族服制作技能等一系列“非遗”项目比赛。

2015年，收集完成县级非物质文化遗产代表性传承人摸底调查，整理成档。根据财政部、文化部《国家非物质文化遗产保护专项资金管理办法》，县“非遗”中心完成本年度国家非物质文化遗产保护专项工作、国家级代表性传承人补助费申报工作；完成本年度自治区非物质文化遗产保护专项资金申报工作、自治区级非物质文化遗产代表性传承人补助费申报工作。推荐两位长调民间艺人为自治区级传承人，制作好文本申报、申报照片、申报光碟、装档。加强对国家级、自治区级代表性传承人的管理机制，拟出评估定级工作实施方案，明确传承人责任和义务。年内上级拨付传承人补助费2.8万元，项目保护传承费41万元，用于和布克赛尔县传承人补助、“一乡一品”活动及省内外举办的各项比赛和展示活动。

## 第九节　文化市场管理

1994年，和布克赛尔县根据文化部、国家工商行政管理局《关于营业性歌舞娱乐场所实行文化经营许可证》的有关规定，成立县文化市场稽查管理委员会。1998年，县文体局成立文化市场稽查大队，依法管理文化市场，保证文化经营活动正常有序开展。

2006年，县文体局遵循一手抓管理、一手抓繁荣的方针，发展、培育和繁荣文化市场，使文化市场保持健康发展的势头。贯彻落实《自治区文化市场管理条例》《自治区娱乐场所管理条例》《自治区营业性演出管理条例》《自治区出版物管理条例》《自治区音像制品管理条例》，加大网吧市场治理和监管力度，进行定期和不定期检查。整顿市场秩序，规范经营行为，打击各类违法经营活动。规范文化市场，与全县文化经营户签订文化市场消防责任书、文化市场目标管理责任书。文化稽查大队开展全面检查63次，其中专项检查22次，专项治理接纳未成年人上网的网吧2家，罚款3 000元；查缴盗版光碟1 300余张，办理文化经营许可证18家，其中网吧2家，打字、印刷4家，音像制品4家，图书经营3家，台球厅2家，娱乐场所3家。

2010年，县文体局在全县范围内集中开展清缴整治低俗音像制品专项行动，共出动执法人员80人次，开展各种集中清查行动4次，检查音像制品经营场所17家，维护音像市场秩序，未发现第一批、第二批低俗音像制品清缴目录规定的低俗音像制品。运用高科技手段监管文化市场，全县拥有网吧6家，电脑240台，完成搭建全县网吧信息管理服务平台。加大对各文化娱乐场所的安全检查工作，在每个重大节假日开展文化娱乐生活场所的各项检查，全年共检查和走访各娱乐经营场所185家(次)，督促各经营场所必须达到国家有关规定。定期以“查、阅、问”多种方式，深入了解各经营单位的主要业务范围，坚决抵制非法宣传资料进入社会。

2012年，按照上级文件要求，联合公安、民宗、教育部门在全县范围内开展校园周边文化市场环境治理和打击政治性宗教类非法出版物集中治理行动，文化市场稽查大队全年共出动检查1 503人次，检查网吧203家次，检查游艺厅89家次，歌舞娱乐场所274家次，检查出版物市场、典当摊点226家次，检查印刷复制企业403家次，棋牌室185家次，保证全县文化市场健康有序发展

2015年，全县有文化、出版物经营场所160家，其中网吧经营场所10家(1家歇业)，图书经营场所8家，音像制品经营场所6家，KTV、歌舞厅经营场所10家，桌球经营场所10家，电影放映经营场所1家，打字复印

经营场所32家，印刷厂经营场所4家，电子游艺经营场所7家（全部停业），棋牌室70家。在新形势下，县文化市场稽查大队一手抓管理、一手抓繁荣，加大检查力度，未发现严重违规经营现象。

# 第二章 广播 电视 电影

## 第一节 机构队伍

1993年，和布克赛尔县广播电视局下辖县广播站、电视录像转播台、8116中波转播台及5个乡场广播放大站，有干部职工73人。

1998年3月，实行局台合一，内设办公室、广播站、电视录像转播台、8116中波转播台、新闻部、有线电视台6个部门，有干部职工78人。

2000年11月，8116中波转播台上划自治区广播电影电视局，上划人数22人。

2008年7月，电影发行放映站划转归县广播电视局管理。同年12月，和布克赛尔县电视录转台、广播站升格为广播电视台。新建广播电视播控生产大楼于2010年12月投入使用，面积2 300平方米。

2012年4月，县广播电视局（含县电影发行放映站）与县文体局合并为县文化体育广播影视局。原县广播电视局改为县广播电视台，内设办公室、广播电台、有线电视台、新闻中心、电影发行放映站5个部门，有干部职工123人。

2015年，县广播电视台内设办公室、广播电台、有线电视台、新闻中心4个部门，有干部职工109人。

## 第二节 广 播

### 一、广播发展

20世纪90年代，由于电视的普及，和布克赛尔县广播收听用户大幅度下降，入户小喇叭已全部消失，全县仅有大喇叭30多只。

2001年10月，国家“西新工程”（西藏、新疆等边疆少数民族地区广播电视覆盖工程）给和布克赛尔县配发2部300瓦调频发射机，采用FM(S)300A，用于转播新疆人民广播电台第一套汉语节目和新疆人民广播电台第二套维吾尔语节目。频率为87.9兆赫（汉语）、89.9兆赫（维吾尔语），天线制式为2×2偶极子全向天线，垂直极化，全天播出时间18小时以上。

2003年，县广播站投入23万元购置6套音频工作站，实现广播播出自动化。2006年，安装2套调频广播数字卫星接收系统，改变以往的天线接收模式，增强广播信号接收的准确性和清晰度，全县广播覆盖率达到85%。

2007年，国家“西新工程”配备两台300瓦发射机，频率分别为调频9.9兆赫和87.989.9兆赫，转播中央人民广播电台第一套节目、新疆人民广播电台第一套汉语节目、新疆人民广播电台第三套哈萨克语节目和新疆区蒙古语节目，全天播音16小时。年内，调频87.9兆赫（新疆汉语）播出6 237小时，调频89.9兆赫（新疆维吾尔语）播出5 700小时，安全转播中央台及新疆区台广播节目1 938小时。全县广播覆盖率达到91%。

2009年，和布克赛尔县电视录转台、广播站升格为广播电视台后。为满足全县各族群众收听广播节目的需求和形势发展的需要，县广播电视台对调频广播99.6兆赫设备进行改造，节目播出时间增时，将升格前5小时的广播节目增加到15小时。调频广播自办频道99.6兆赫为混播频率，除播出新闻人民广播电台蒙古语、汉语、哈萨克语节目及县广播自办节目外，其余时间转播中央一套广播节目。年内，调频87.9兆赫（新疆汉语）播出6 289小时，调频89.9兆赫（新疆维吾尔语）播出5 700小时。全县广播覆盖率达到92%。

2012年，县广播电台转播中央人民广播电台第一套节目、新疆人民广播电台第一汉语节目、新疆人民广播电台第三套哈萨克语节目和新疆区蒙古语节目，自办99.6兆赫调频混播汉、蒙古、哈萨克三语节目，发射功率1 000瓦。87.9兆赫调频广播转新疆汉语一套节目，发射功率300瓦。89.9兆赫调频广播转新疆哈萨克语三套节目，发射功率300瓦。全县广播覆盖率达到95%。

2015年，县广播电台转播中央人民广播电台第一套节目、新疆人民广播电台第一汉语节目、新疆人民广播电台第三套哈萨克语节目和新疆区蒙古语节目，自办99.6兆赫调频混播汉、蒙古、哈萨克三语节目，发射功率1 000瓦。87.9兆赫调频广播转新疆汉语一套节目，发射功率300瓦。89.9兆赫调频广播转新疆哈萨克语三套节目，发射功率300瓦。全县10个乡场共发放户户通电视广播接收设备2 361套，户户通接收设备可接收20余套广播节目，全县广播覆盖率达到99%。

**二、广播节目**

20世纪90年代，和布克赛尔县广播节目分为早、中、晚3次播音，除转播中央一套外，还转播新疆台汉语、蒙古语、哈萨克语节目，每天播出7小时，并开办《本县消息》《天气预报》《农业知识》《为您服务》《生活小常识》等节目。

进入21世纪后，县广播电台从单一的转播节目单独开办自办频率99.6兆赫，到开办蒙、汉、哈3种语言的《和布克赛尔新闻》《生活小贴士》栏目，丰富县域内自办频道的空缺。2009年5月，开办政风行风类《和广行风热线》栏目。2010年1月，开办音乐娱乐类《周末快车》栏目，开办教育、民族团结类栏目《蒙古语跟我学双语》《哈萨克语跟我学双语》。

2011年1月，开办文学类《神奇的和布克赛尔》栏目；6月1日，开办校园类《校园之音》栏目，每日播出蒙古、汉、哈萨克3种语言《天气预报》等14个自办栏目。同年，为充实广播电视节目内容，在稳定制作播出节目的基础上，增开《今日关注》《今日提示》等小专栏，《和布克赛尔县天气预报》节目也正式开播，节目采用蒙古、汉、哈萨克3种语言同步播出，增加气象信息的受众面和发布途径。

**2008—2015年和布克赛尔县广播各档栏目播出情况表**

表30－3

| | |
|---|---|
| 汉语 | 1.《和布克赛尔新闻》播出时间：每晚首播21时00分，重播22时00分，次日复播9时00分，再播14时00分，时长10分钟 |
| | 2.《神奇的和布克赛尔》播出时间：周一、周二早上9时00分，时长20分钟 |
| | 3.《校园之音》播出时间：周一中午14时30分，时长30分钟 |
| | 4.《和广行风热线》播出时间：周五8时30分，时长30分钟 |
| | 5.《周末快车》播出时间：周六、周日早上11时00分，时长55分钟 |
| 蒙古语 | 1.《和布克赛尔新闻》播出时间：每晚首播21时10分，重播22时10分，次日复播9时10分，再播14时10分，时长30分钟 |
| | 2.《跟我学双语》播出时间：周一、周二早上9时30分，时长10分钟 |
| | 3.《赛尔山韵》播出时间：周三、周四早上9时00分，时长20分钟 |
| 哈萨克语 | 1.《和布克赛尔新闻》播出时间：每晚首播21时20分，重播22时20分，次日复播9时20分，再播14时20分，时长10分钟 |
| | 2.《跟我学双语》播出时间：周三、周四早上9时30分，时长10分钟 |
| | 3.《相约阿肯》播出时间：周五早上9时30分，时长25分钟 |

## 第三节　电　视

### 一、电视发展

1993年，和布克赛尔县开始安装有线电视。当时采用分前端、分散分区域的方式，配有350兆赫的隔频系统，只能传送11套节目。随着有线电视技术的发展，采用邻频技术增补频道。到1996年年底，建成大小有线电视网20多个，开通中央四套加密频道，发展用户4 000多户。

1997年，和布克赛尔县广播电视综合业务网工程通过县计委和地区计委立项，当年6月正式动工。1999年2月，550兆赫、总长315千米的光缆联网工程在全县开通，连接11个乡、镇、场及驻县单位，传输25套电视节目，6套调频广播。

2003年8月，和布克赛尔县投资192万元对和布克赛尔镇有线电视网络进行改造。县城共架设光缆干线16千米，熔接光接点30个，改造用户2 072户，有线电视网络系统由550兆赫升级至750兆赫，传输30套电视节目。同年10月，投资36万元在巴音敖包乡用SQF—02W型发射机实行微波（MMDS）覆盖，用户只需用过风式下变频器天线就可接收到中央1台、新疆区台和各省区台近18套电视节目，覆盖半径10千米。

2004年8月，和布克赛尔县投入资金140万元对和什托洛盖镇有线电视网络进行改造，共架设线路16.3千米，熔接光接点29个，改造用户840户。县城有卫星地面接收站8套，其中4套用于卫星电视接收，分别接收中央台电视节目和新疆区台节目及各省级台电视节目；2套用于卫星广播接收，使用“中卫一号”接收新疆人民广播电台各套节目；1套4.5米地面卫星接收站专为录转台用于转播新疆汉、哈萨克、维吾尔电视和调频广播节目；1套备用。和什托洛盖镇配套4.5米贵州振华地面卫星接收站1套，用于接收“亚洲6号”卫星上的中央电视台第一套节目。年内，全县共有有线电视用户5 100户，覆盖率49%。

2007年，无线电视：频道3个，覆盖率达90%以上。有线电视：形成315千米光纤传输网，新增有线电视用户200户，全县有线模拟电视用户总户数6 200户，传送44套模拟电视信号，有线电视覆盖率达50%。数字电视：投入480万元实现农村无线数字广播电视工程，采取移动模式固定接收的DMB-T技术，传送数字电视节目62套，发展数字无线电视用户500余户。同年8月1日，完成国家卫星广播电视转星调整工作；完成县委组织部远程教育67个站点、教育系统远程教育19个站点的全部转星调整工作。全县有卫星地面电视接收站8套。其中，4套用于卫星电视接收，分别接收鑫诺3号、中星6B、亚洲3S卫生上的中央及各省台电视节目；2套用于卫星广播，接收新疆人民广播电台各套广播节目；1套用于转播新疆汉、哈萨克、维吾尔语电视节目和调频广播节目；1套在和什托洛盖镇用于接收中星6B卫星上的中央及各省台电视节目。

2009年，无线电视：频道为DS－3、DS－6、DS－8、DS－10、DS—16，主要转播中央一套、中央七套、新疆一套汉语、新疆3套哈语电视节目。3频道（新疆哈萨克语）播出6 234小时；6频道（新疆汉语）播出6 256小时；8频道（中央一台）播出6 213小时；16频道（中央七套）6 267小时；10频道（和什托洛盖镇差转台300瓦）全天直转中央一套节目，播出6 096小时。全县无线模拟电视覆盖率达90%。有线电视：实现一根光纤传输三种不同制式的信号，新增有线电视用户170户，全县有线电视总户数6 870户，传输有线模拟电视节目46套，全县有线电视覆盖率达到57%。数字电视：新建数字前端1个，具备向无线数字电视传输40套节目源、向有线数字电视网传输62套数字电视节目（实际具备传输上百套节目）的能力，新增无线数字电视用户50户，置换用户450户，无线数字电视总户数达到2 543户，无线数字电视覆盖率达到90%。

2012年，无线电视：模拟无线3频道转播中央一套节目，发射功率1 000瓦，覆盖县东部地区；模拟无线6频道转播新疆汉语一套节目，发射功率3 000瓦，覆盖县东部地区；模拟无线8频道转播新疆哈萨克语三套节目，发射功率3 000瓦，覆盖县东部地区；模拟无线16频道转播中央七套节目，发射功率3 000瓦，覆盖县东部地区；模拟无线10频道转播中央一套节目，发射功率300瓦，覆盖县和什托落盖镇地区；模拟无线14频道转播中央1节目，发射功率50瓦，覆盖县夏孜盖乡。全县无线模拟电视覆盖率97%。有线电视：模拟有线电视传输46套节目，地埋光纤273千米，改建架空光缆线路42千米，网络为第三代750兆带宽，自办有线电视五个频道（汉、蒙古、哈萨克、图文、远程教育）。全县11个乡镇场有线电视用户7 000余户，主要区域为和布克赛尔镇、和什托落盖地区。全县有线电视覆盖率57%。数字电视：有线数字电视前端具备62套数字电视的传播能力，发展用户100户。无线数字电视节目32套，无线数字电视覆盖率为90%。主站三台1 000瓦数字发射机，120米自立塔；和什托洛盖分站一台100瓦宽带数字发射机，85米拉线塔；夏孜盖分站一台100瓦宽带数字发射机，120米拉线塔；铁布肯乌散乡分站一台100瓦宽带数字发射机，45米拉线塔；国营分站一台100瓦宽带数字发射机，30米拉线塔。分站备份一台100瓦宽带数字发射机。

2015年，无线电视：数字无线电视传输3个频点730兆赫（40频道）、746兆赫（42频道）、762兆赫（44频道）三台数字1 000瓦发射机共向全县乡镇场传送数字无线电视节目30套，其中BBEF北广数字机顶盒400余户，“户户通”双模机顶盒2361户。有线电视：9月接到国家广电总局的通知，县模拟有线电视传输46套节目停止传送，开始传送“天山云”数字节目105套、高清节目30余套。数字电视：天山云高清数字电视接收终端和布克赛尔镇5×5网络架构具备双向传输能力，和什托洛盖镇4×4网络架构具备双向传输能力，传输基本频道105个，高清节目30余套。年末两镇天山云数字电视用户达到5 300户，县城及和什托洛盖镇覆盖率达到75%。

**二、重点工程建设**

(一)“村村通”与“户户通”工程

1998年,国家正式启动农村广播电视“村村通”工程。至2000年9月,和布克赛尔县先后开通和什托洛盖镇的伊森托洛盖村、铁布肯乌散乡的孟根布拉克村、查干阿德尔村、巴嘎乌图布拉格牧场的加音塔拉村、那仁和布克牧场的图拉村、查干库勒乡的布林村6个盲点。其中布林、加音塔拉、伊森托洛盖为无线电视、调频广播(1+1)覆盖;图托、拉加、查干阿德尔为有线覆盖,传输4套中央和新疆区台电视节目。2001年9月,通过自治区广电局的验收,并被评为“村村通”工程先进集体。

2009年,“村村通”工程对20户以上已通电自然村实行广播电视直播卫星覆盖。自治区广电局为和布克赛尔县配发848套直播卫星设备(其中28套为“村村通”大喇叭、820套为户用直播卫星),县广播电视局积极做好人员技术培训、登记造册等各项准备工作,在夏孜盖乡、和什托洛盖镇和铁布肯乌散乡的23个站点安装23套“村村通”大喇叭;在县南部察和特开发区安装直播卫星设备178套;在沙吉海以直播卫星覆盖方式置换有线电视用户288户。广大农牧民可以收听、收看到63套调频的广播节目、54套电视节目。

2012年,和布克赛尔县被确定为塔城地区“户户通”工程唯一试点县(“户户通”是广播电视“村村通”工程的延伸)。当年12月4日启动,至2013年1月9日首批“户户通”设备发放完毕。该次发放2 361户,累计争取资金209万元。和布克赛尔县电视台是全疆首个无须做任何设备更改,就能让用户同时收看到直播卫星节目和本地无线节目的电视台。

2015年,县广播电视台深入农牧区各乡镇场开展入户调查,根据全县农牧区实际情况,积极上报“十三五”“户户通”规划任务,共上报5 800套“户户通”双模型卫星直播设备,翌年全部到位并发放安装完毕。

(二)“西新工程”

2001年10月,国家“西新工程”开始为和布克赛尔县配备广播电视设施,2003年10月1日安装完成并正式开播。3部1千瓦发射机分别为3频道(新疆三台)、6频道(新疆一台)、8频道(中央电视台一套),3部发射机均为北京北广电子集团生产的全固态数字电视发射机,采用高科技前端技术、进口器件、多极独立放大推挽技术,双激励器自动倒换,并配有10千伏安智能无触点稳压电源。3部发射机除每周二下午14:00~18:30检修外,每天播出18小时以上。和什托洛盖镇差转台也于2003年10月1日正式开播,转播中央电视台第一套节目。发射机采用300WDF300W全固态电视发射机,铁塔为“西新工程”配备,边宽1米,4层拉线式,高度为85米,天线制式为4×4隙缝天线,水平极化。发射频道为10频道,带宽为200.25~206.75兆赫(兹)。每天24小时播出。

2009年,和布克赛尔县实施自治区级无线模拟大功率覆盖工程,配合成都凯腾四方数字电视设备有限公司完成6频道(新疆汉语1套)、8频道(新疆哈萨克语3套)、16频道(中央七套)发射机的拆除(原发射机功率为1 000瓦)。新安装22频道(新疆维吾尔语2套)、6频道、8频道3 000瓦发射机3部,调整16频道3 000瓦发射机1部;安装22频道、6频道、8频道、16频道的混合天线1副、馈管1套。

2015年,和布克赛尔县广播电视台地面数字无线发射系统,14CH、19CH系统设备陆续安装,翌年配电系统和检测系统安装调试完毕。

### 三、电视节目

1995年4月1日,《和布克赛尔新闻》(汉语)正式开播,初期为每周一次新闻。周五晚播出10分钟左右。1998—1999年,改为每周3次新闻,周一、周三、周五晚播出8分钟左右(2000年起改为每日新闻,每次播出12分钟左右,周日晚播出《一周新闻回顾》,成为定制)。同年,和布克赛尔县广播电视局加入全国八省区广播电视友好协作体。之后,每年向全国、自治区、伊犁哈萨克自治州推荐汉语、蒙古语、哈萨克语优秀广播电视新闻作品参加评比活动。1995—2004年,在全国优秀广播电视节目评比中获二等奖1个、三等奖3个;在自治区优秀广播电视节目评比中获二等奖2个、三等奖5个;在伊犁哈萨克自治州优秀广播电视节目评比中获一等奖1个、二等奖3个、三等奖9个。

1996年1月,《和布克赛尔新闻》(蒙古语)正式开播。

2003年1月,现场制作播出首届《和布克赛尔之歌》春节联欢晚会,成为定制。

2011年,电视节目在新闻中适时开播专栏208期,其中汉语新闻1 404条、蒙古语新闻1 194条、哈萨克语新闻1 043条。专题部完成30部专题片的拍摄制作,创收资金逾10万元,取得历年最好成绩。广告部创收资金10万元,同时播出公益性广告30余部。同年,塔城地区优秀电视节目评审会在和布克赛尔县召开,县广电局共参评24件广播电视作品,18件作品分别获奖,较历史最好获奖成绩多出4倍以上。汉语作品在此次参赛中实现重大突破,参评5件作品中有4件作品分别获奖,其中纪录片《东行万里传春鸣》作为历届评审会首次出现的作品形式受到关注。

2011年,制作体现出和布克赛尔县民生建设的电视节目《给力民生 载水一方》在新疆电视台主打栏目《农牧新天地》播出,得到广大观众的认可。

**1995—2015年和布克赛尔县电视各档栏目播出情况表**

表30-4

| | |
|---|---|
| 汉语 | 1.《和布克赛尔新闻》播出时间:每日首播22时00分,重播23时30分,次日复播早9时00分,午间再播14时30分、15时30分,时长10~15分钟 |
| | 2.《关注》栏目播出时间:每周五晚首播9时00分,周一至周四重播,时长8~15分钟 |
| 蒙古语 | 1.《和布克赛尔新闻》播出时间:每日首播22时00分,重播23时30分;次日复播早9时00分,再播午间14时30分、15时30分,时长10~15分钟 |
| | 2.《江格尔》栏目播出时间:每周三首播,下周一重播,时长15~30分钟 |
| | 3.《知识之窗》播出时间:每周一首播,周六重播,时长8~12分钟 |
| | 4.《汗赛尔之声》播出时间:每周五首播,周日重播,时长8~12分钟 |
| | 5.《天气预报》播出时间:每周一至每周日,在新闻后面播出时常为2分40秒 |
| 哈萨克语 | 1.《和布克赛尔新闻》播出时间:每日首播22时00分,重播23时30分,次日复播早9时00分,再播午间14时30分、15时30分,时长10~15分钟 |
| | 2.《优美歌声》栏目播出时间:每周六、周日23时00分,时长30分钟 |

## 第四节　电影放映

1992年和布克赛尔县给电影公司解决一套16毫米电影放映设备及四轮拖拉机2辆,恢复电影放映。

1993年,和布克赛尔县成立19个农牧区电影放映队。1994年,19个农牧区电影放映队业务工作停止,成立县国办电影队。

1996年6月，县电影发行放映公司恢复事业性质。1997年，县电影发行放映公司更名为县电影发行放映站。1999年，县电影发行放映站和县国办电影队联合成立农牧区放映队。

2001年，根据《国家计委、国家广电总局、文化部关于进一步实施农村电影放映“2131”工程的通知》精神（“2131”意为“21世纪初广大农村要实现1村1月放映1场电影”），县电影发行放映站开始实施“2131”工程，能基本完成任务，坚持每月每村放映一部电影，以满足全县农牧民看电影的需求。

2006年，县电影发行放映站接待大型会议、报告团17次，大型文艺演出18场，为学生放映电影《兄弟姐妹》8场，放映儿童教育片《母子情深》10场。完成“2131”工程，进社区、农牧区、广场放映电影290场，观众达9 250人（次）。为进一步推动未成年人思想道德教育，开展优秀电影进校园活动，组织千余名青少年及家长观看《死亡之吻》《牵挂》《张思德》等10余部优秀影片，并实行学生半票，有困难的学生免费措施，使在校学生观看影片人数达100%，加强未成年人思想教育工作。

2009年，县电影发行放映站在各乡镇场放映农村公益性电影585场，播放科教电影4部，故事片20部，带贴片移动公司广告8部，观众达7万余人；组织县直各单位工作人员、学校师生观看电影《走近毛泽东》《暖春》等，观众达3 000余人。

2012年，加快农村公益性电影放映和数字电影放映发展，采取露天放映与室内放映相结合、免费放映与有偿放映相结合、胶片放映与数字电影相结合的方式，在确保完成一村一月放映一场电影的公益服务目标的同时，深入社区、部队、学校、敬老院、厂矿企业、南部开发区开展放映活动。全年接待大型会议、文艺演出22场，其中接待2场哈萨克斯坦共和国演出、1场中蒙联合演出；放映公益性电影、农村公益性电影660场，社会福利院、社区、军营、学校放映电影25场，观众达4万余人次。

2015年，强化使命意识，把握电影工作方向，凡是由中央推出的优秀影片和要求组织观映的影片，都加大宣传力度，做到影前有策划，影中有质量，影后有落实。以爱国主义教育电影为主，科教片为辅的放映形式充实农村和学校电影，满足农民群众和中小学生的观映需求，全年共放映农村、学校电影700余场，观映达4万余人次；做好广场公益性电影放映，全年共放映50场，观众5 000人次；积极开展电影进军营、进厂矿、进社区等放映活动，共放映12场，观众3 000人次。

# 第三章　图书 档案

## 第一节　图　书

1993年，县图书馆藏书10 012册，其中蒙古文书籍1 371册、汉文书籍7 621册、哈萨克文书籍1 020册；各基层文化室平均存书约1 000册。2004年，县图书馆被评为国家三级图书馆。

2006年，县图书馆顺利通过自治区的评估验收，成为国家三级、自治区二级图书馆。为了提高服务质量，充分发挥图书馆传播先进文化的窗口作用，利用寒假开展少儿读书会，利用“六一”儿童节举办“妈咪宝贝一起看书”活动；在沿街设立咨询台开展新书、报纸、杂志推介活动；结合“全民读书月”开展“社会主义荣辱观”讲座活动。图书馆业务人员利用“文化下乡”活动帮助基层图书室进行分类辅导、建档、上架等工作，并为县城3个社区和敬老院送去图书220册。全年征订各类报刊31种，蒙古、汉、哈萨克等各语种杂志180种。

2010年，新疆新闻出版“东风工程”为全县5个乡、2个镇、55个行政村共赠阅《人民日报》7份、《新疆日报》125份、《新疆科技报》135份、《塔城日报》124份，价值64 774.8元；免费发送图书、期刊、音像制品15 413册，价值191 758元。

2012年，县图书馆办理借阅证2 124个，借阅图书杂志1.65万次，阅读2.01万人次。开展新书推介活动，沿街摆放当年新订报纸杂志659种，设立读者服务台现场解答问题，有352名过往群众参与咨询活动。新疆新闻出版“东风工程”继续为全县5个乡、2个镇、7个社区、55个行政村共赠阅7种党报625份，价值120 903.6元；配送期刊10 480册，价值59 914.8元；为“农家书屋”配送图书和音像资料13 789册，价值204 096.4元；为4个牧场配送图书和音像资料398册，价值54 938.2元。

2015年，县图书馆订购报纸杂志339种，全年完成图书下乡20场。办理借阅证1 251份。借阅图书、过刊8 650人次，阅览12 510人次，上网1 256人次。

## 第二节　档　案

### 一、机构队伍

1993年，和布克赛尔县档案局（馆）为正科级单位，实行局馆合一，两块牌子、一套人马，有干部职工5人。

1996年，县档案局（馆）内设综合办公室，有干部职工6人。

1999年，县档案局（馆）撤销综合办公室，有干部职工9人。2001年，有干部职工10人。2005年，有干部职工11人。2006年，有干部职工12人。2008年，有干部职工13人。

2010年，县档案局（馆）内设综合办公室、档案业务室、档案保管利用室、财务室，有干部职工14人。2012年，有干部职工18人。2013年，有干部职工17人。2014年，有干部职工16人。2015年，有干部职工14人。

### 二、档案管理

（一）馆藏档案

1993—2015年，县档案馆有档案52个全宗16 545卷，其中文书档案14 816卷（永久保管的档案9 790卷，长期4 214卷、短期712卷）3 712件；会计档案662卷；死亡干部档案337袋；三区革命历史档案597卷；明清档案40卷。照片档案274张；图书资料2 478册、底图49张。珍藏有明末盔甲和清乾隆五十年（1785）九月清廷颁发给旧土尔扈特北部右翼旗扎萨克（旗长）恭格车凌官印等国家级文物。

（二）档案接收

**1999—2015年和布克赛尔县档案馆接收档案材料情况表**

表30－5

| 年份（年） | 全宗编号 | 数量 | | 档案来源单位 | 备注 |
|---|---|---|---|---|---|
| | | 卷数 | 件数 | | |
| 1999 | 20 | 202 | — | 县工行 | — |
| 2000 | 1 | 437 | — | 县委（办公室） | 县委办354卷、组织部31卷、宣传部21卷、统战部24卷、保密办7卷 |
| | 2 | 333 | — | 县人民政府办 | — |
| | 17 | 4 | — | 县统计局 | — |
| | 21 | 21 | — | 县人口计生委 | 永久4卷、长期17卷 |
| | 22 | 12 | — | 县城建局 | — |
| | 23 | 33 | — | 县农机局 | — |
| | 24 | 24 | — | 县信访局 | 永久15卷、长期9卷 |
| | 25 | 74 | — | 县教委 | — |
| | 26 | 103 | — | 县计委 | — |
| | 27 | 30 | — | 县广电局 | — |
| | 28 | 16 | — | 县司法局 | — |
| | 29 | 14 | — | 县农业局 | — |
| | 30 | 16 | — | 县政协 | — |
| | 31 | 18 | — | 县文体局 | — |
| | 32 | 5 | — | 县地矿局 | — |
| | 33 | 4 | — | 县林业局 | — |
| | 34 | 14 | — | 县企业局 | — |
| | 35 | 6 | — | 县交通局 | — |
| | 36 | 20 | — | 县科委 | — |
| | 37 | 17 | — | 县水利局 | — |
| | 38 | 59 | — | 县劳动人事局 | — |
| | 39 | 25 | — | 县畜牧兽医局 | — |
| | 40 | 48 | — | 县物价局 | — |
| 2001 | 4 | 32 | — | 县商业局 | — |
| | 10 | 38 | — | 县粮食局 | — |
| | 41 | 44 | — | 县财政局 | — |
| | 42 | 36 | — | 县民政局 | — |
| | 43 | 4 | — | 县劳动保障局 | — |
| | 44 | 66 | — | 县经委 | — |
| | 45 | 45 | — | 县卫生局 | — |
| 2006 | 1 | 110 | — | 县委（办公室） | 含县委办1990—1995年档案110卷 |
| | 1 | 9 | — | 县委（统战部） | — |
| | 1 | — | 745 | 县委（保先办） | 保持共产党员先进性教育活动办档案 |

续表30－5

| 年份（年） | 全宗编号 | 数量 | | 档案来源单位 | 备　注 |
|---|---|---|---|---|---|
| | | 卷数 | 件数 | | |
| 2007 | 1 | 13 | — | 县委（宣传部） | — |
| | 2 | 542 | — | 县人民政府办 | — |
| | 47 | 31 | 293 | 雪山化工有限责任公司 | — |
| | 48 | 104 | 135 | 县煤炭销售公司 | — |
| 2008 | 4 | 12 | — | 县商业局 | — |
| 2009 | 49 | — | 55 | 县解决历史遗留问题领导小组办 | — |
| 2010 | 46 | 361 | 90 | 县雪山化工有限责任公司 | — |
| | 50 | 311 | — | 县绒毛分梳厂 | — |
| | 51 | — | 1 903 | 县学习科学发展观活动办公室 | — |
| 2012 | 1 | 92 | 4册 | 县委（组织部） | 县党委、人大、政协换届选举工作档案1988年1本、2001年1本，2006年19卷、2011年71卷 |
| | 8 | 33 | — | 县国家税务局 | 1994—2000年永久纸质档案 |
| | 32 | 8249 | — | 县国土资源局 | 1987—2002年永久、长期纸质档案 |
| | 52 | 81 | 535 | 县地方税务局 | 1994—2002年永久、长期纸质和电子档案 |

（三）未入全宗编号的专题档案

2012年，征集接收全国第七届卫拉特蒙古历史文化学术研讨会文件资料论文汇编上、下2册，电子文件10件，电子照片25张；和布克赛尔县第五届江格尔文化旅游节暨第十三届那达慕活动文书档案1卷，电子照片17张，画册资料2册；县委主要领导人率队成功登上海拔3 858米的赛尔山主峰记录；中国民间疗法特技人才达瓦·那木吉力医生的基本情况档案1卷、照片41张、荣誉证26张、论文奖励1卷。

2013年，征集接收由新疆和布克赛尔县人大常委会筹办的全国六省区蒙古族自治县民族立法研讨会交流材料汇编1卷5件，电子文件12件，电子照片5张；县政府办收集的内蒙古自治区阿拉善盟政协于2011年7月15日至8月1日，赴新疆部分地区（包括和布克赛尔县）学习考察的《两地风情》画册2本。

2014年，征集接收和布克赛尔县60年大庆系列重大活动档案资料1套（文书档案12件，照片77张，资料6册，声像档案碟2张）；党史办《宝巴家园》作家协会文件材料11本。

2015年，征集接收和布克赛尔县第八届江格尔文化旅游节暨第十六届那达慕活动文书档案5卷；和布克赛尔县举办的首届职工田径运动会和新疆维吾尔自治区青少年射箭比赛活动材料15件。

## 三、档案利用与开放

（一）档案利用

1993—2000年，县档案馆共提供利用档案资料254卷次，查阅人员238人次。查阅内容主要是编制书依据档案、干部人事任命、单位成立、个人工资介绍信等方面。

2001—2005年，县档案馆共提供利用档案资料498卷次，查阅人员219人次。查阅内容主要是机关成立文件、干部职称、人事任命、土地纠纷等方面。

2006—2010年，县档案馆共提供利用档案资料185卷次，查阅人员97人次。查阅内容主要是县土地纠纷、干部人事任命、历史档案、机关成立文件等方面。

2011—2015年，县档案馆共提供利用档案资料1 389卷次，查阅人员180人次。查阅内容主要是人事任命、单位成立、编制历史资料依据、重大活动图片资料等方面。

23年期间，县档案馆共提供利用档案资料12 660卷次，查阅人员7 700人次。

（二）档案开放

2008年3月1日，和布克赛尔县政府信息公开网开通。2011年11月17日，建立和布克赛尔县档案局网站，开放提供1951—1980年永久档案221卷。

2012年，和布克赛尔县供销社、人行和布克赛尔县支行、县外贸局、气象局、人民医院、档案馆6个单位1953—1964年保管期限到期的35卷永久档案向社会开放。

2015年，自治区文物局、中央电视台、新疆电视台、西部影视公司等媒体拍摄恭格车凌印16次，在媒体中播出，在宣传画册刊载，提高和布克赛尔县馆藏档案文物的知名度。

# 第四章　体　育

## 第一节　机构队伍

1993年，和布克赛尔县体育委员会（简称“县体委”）有干部职工4人，其中领导职数1人、一般干部3人。1998年3月，县体委与县文化局合并成立县文体局，内设体育科，有干部职工6人，其中领导职数2人，一般干部4人。至2015年未变。

## 第二节　体育设施

1993年，和布克赛尔县有田径场23个、沙坑19个、篮球场31个、排球场31个、足球场17个、灯光球场1个、乒乓球室39个、摔跤场1个、赛马场1个。

2003年5月，自治区体育局为和布克赛尔县捐赠价值20万元的配套安全健身路径器材20件，经县政府同意，全部安装在县新世纪广场。2004年5月，县财政局投入326万元修建体育文化广场。

2005年5月，和布克赛尔县在体育文化广场上安装篮球架、单杠、双杠、健身路径等设施。6月，在217国道南1千米处修建赛马场。

2006—2011年，和布克赛尔县为贯彻落实全民健身要求，丰富广大农牧民的业余体育生活，先后在所属11个乡、镇、牧场投资兴建文化站，建立健全乡镇场体育活动场地。

2008年5月，在白花林投入245.6万元建立小型摔跤场。

2009—2010年，县第一中学、第二中学、和什托洛盖镇中学分别投入500万元修建操场；县城关小学由自治区体育局投入2万元建造4 500平方米的滑冰场，成为和布克赛尔县第一个滑冰场。

2011年5月20日，动工兴建县综合体育广场，投资总额2 200万元，总用地面积45 151平方米。其中，硬化面积22 753.5平方米，绿化面积21 586平方米，建设面积811.5平方米，涵盖田径跑道、标准比赛灯光篮球场、练习篮球场、羽毛球场及健身器械场地等体育运动设施。县综合体育广场于同年8月10日正式交付使用。

2011年6月，动工建造和布克赛尔县综合体育馆，2014年5月竣工使用。县综合体育馆项目投资总额8 500万元，占地面积13 526平方米，其中体育馆占地面积6 500平方米，游泳馆占地面积7 026平方米，设计总建筑面积8 346平方米，其中体育馆面积4 882平方米、游泳馆面积2 613.39平方米。共分为上、中、下3层（中层为篮球馆、健身房、游泳馆等，上层为乒乓球馆、桌球馆，下层为设备用房）。篮球馆可容纳1 800人，观众席共1 320座，活动座840座。抗震6度，防水2级，防火一级，使用年限50年，属丙级体育馆。游泳馆长50米，宽25米，有8个泳道及浅水池（1.5米）和深水池（2米）。

2014年，为发展县旅游文化事业，建成和布克赛尔县1千米标准赛马场，用于那达慕大会和敖包赛马盛会。

截至2015年，全县有田径场23个、沙坑20个、篮球场104个、排球场52个、足球场15个、灯光球场6个、乒乓球室104个、摔跤场3个、赛马场3个、门球场3个、健身路径42条。

## 第三节　群众体育

和布克赛尔县的群众体育活动主要有长跑、拔河、跳绳、乒乓球、篮球、排球、足球、棋类、健美操、广播体操等，全民健身运动蔚成风气。

1993—2000年，县体委举办冬季长跑比赛5次；举办庆“三八”拔河、乒乓球比赛、趣味游戏等体育活动4次；举办庆“五一”职工篮球、拔河、排球、足球等比赛4次；举办国际象棋比赛1次；举办“千禧年”棋类、乒乓球比赛1次；举办“建行杯”职工篮球赛1次；举办“邮电杯”职工第八套广播体操比赛1次；举办和什托洛盖镇企业文化节篮球赛、棋类比赛1次。组队参加沙湾县举行的地区“振兴杯”职工男子篮球邀请赛1次，获第四名。

2001—2005年，举办冬季环城长跑比赛4次；举办庆“三八”女子环城长跑、乒乓球、台球、棋类、扑克比赛3次；举办庆“七一”交通杯“强身健体、抗击非典”职工篮球比赛1次；举办“迎十六大”新世纪老中青少环城长跑比赛1次；举办庆“和布克赛尔县成立50周年”摔跤、射箭、赛马、走马、赛骆驼等体育项目比赛1次；举办庆祝“建国55周年暨保持共产党员先进性教育活动”运动会1次、“欢腾的和布克赛尔”健美操比赛1次；此外，还举办其他各种名义的球类、棋类、拔河、跳绳、健美操、广播体操等比赛17次。

2006—2010年，举办冬季长跑比赛4次；举办“庆元旦”乒乓球比赛1次；举办庆“三八”羽毛球、乒乓球比赛4次；举办庆“五一”男女职工篮球、羽毛球比赛5次；举办庆“七一”退休老干部象棋、扑克、门球比赛1次；此外，还举办其他各种名义的球类、棋类、拔河、跳绳、健美操、广播体操等比赛6次。其间，2007年3月，和布克赛尔县夏孜盖乡被命名为第三批自治区体育先进乡；2000年，人民银行和布克赛尔县支行获地区“全民健身宣传月”活动先进单位奖。

2011—2015年，举办冬季长跑比赛5次；举办庆“三八”女子乒乓球比赛3次；举办庆“五一”职工篮球、乒乓球、徒步、拔河、象棋、国际象棋比赛4次；举办“中国梦·劳动美”篮球、乒乓球、拔河比赛1次；举办“纪念抗战胜利70周年、庆祝自治区成立60周年”老年人广场健身舞、太极拳（剑）、乒乓球、台球、门球、中国象棋、国际象棋、麻将、扑克比赛1次；举办5县2市“特变电工”杯足球邀请赛1次（和布克赛尔县参赛队获总分第五名);举办地区"江格尔"杯青少年武术散打邀请赛1次(和布克赛尔县参赛队获得总分第一名);此外,还举办其他各种名义的球类、棋类、拔河、跳绳、风筝、健美操、广播体操等比赛14次。

## 第四节　民族传统体育

和布克赛尔县的民族传统体育活动有摔跤、押肿、赛马、走马赛、刁羊、那达慕大会、阿肯弹唱会等。

1993—2005年,和布克赛尔县体委在县内举办那达慕大会3次。组队参加伊犁州阿肯弹唱会男女民族式摔跤比赛1次,其中1人获金牌、1人获银牌。组队参加伊犁州少数民族传动运动会获个人2金、2银、1铜。组队参加在伊犁州举办的全疆少数民族传统运动会中国式摔跤比赛,1人获90公斤级金牌,1人获90公斤级银牌,1人获54公斤级银牌。

2006—2015年,在县内举办那达慕大会4次。组队参加地区少数民族传统体育运动会1次,其中1人获自由式摔跤48公斤级金牌,1人获自由式摔跤66公斤级银牌,1人获古典式摔跤73公斤级银牌。组队参加自治区少数民族传统体育运动会3次,其中1次获射箭比赛六等奖、1次获射箭比赛七等奖;1人获摔跤比赛74公斤冠军、1人获90公斤银牌、1人获70公斤铜牌。还曾派3名选手前往内蒙古自治区鄂尔多斯市举办的那达慕大会参加摔跤比赛。

## 第五节　学校体育

和布克赛尔县坚持贯彻执行德、智、体全面发展的教育方针,高度重视学校体育工作。各幼儿园均安有滑梯、木马转椅、乒乓球案、平衡木、秋千、蹦蹦床等体育设施,建有体育操场;幼儿每天有2小时体育游戏活动时间,主要体育活动项目有体操、徒手操、花样操、列队、各种小游戏等。各中小学实行《国家体育锻炼标准》,开展体育达标活动,坚持每天两操(早操和课间操),成立课外体育训练班,设有篮球、足球、排球、乒乓球等项目。县体委经常组织学校开展各种学生体育活动并组队参加地区以上各种体育项目比赛。

1993—2000年,县体委在县内举办小学生足球选拔赛1次,小学生女子篮球比赛1次。组队参加地区儿童足球比赛1次,3名儿童足球运动员被选拔在地区业余体校集训。组队参加地区小学生足球比赛1次,获团体第四名。组队参加地区中学学生足球比赛5次,其中1次获团体第二名、1次获团体第三名、1次获团体第4名、1次获团体体育道德风尚奖;2名足球运动员被地区体委选拔参加全疆中学生足球比赛,1名足球运动员代表塔城地区中学生足球队参加全国中学生新疆赛区预选赛。

2001—2005年,组队参加地区中学生摔跤比赛2次。其中1次获团体第四名,1次获团体体育道德风尚奖;2名选手获不同级别第一名,4名选手获不同级别第二、第三名,5名运动员被选拔在地区业余体校集训。

2006—2010年,在县内举办"新华杯"中学生篮球和足球比赛1次,"文体杯"全民健身中学生篮球和足球选拔赛1次,小学生田径运动会1次。组队参加地区中学生足球比赛2次,其中1次获团体第三名。组队参加地区中学生篮球比赛2次,2次均获团体第二名,其中3名运动员被选拔参加自治区中学生篮球赛。组队参加地区中学生摔跤比赛3次,其中1次获团体第二名,1次获团体体育道德风尚奖;个人获6个一等奖,4金、5银、5铜,1人第一名、2人第二名。组队参加由自治区体育局在阿勒泰地区举办的小学生男女小组500

米滑雪比赛。

2011—2015年，组队参加地区中学生摔跤、举重比赛各1次，其中1人获摔跤第三名、1人获举重63公斤级第三名。组队参加地区中学生长跑比赛1次，其中1人获女子组1 500米第一名。组队克拉玛依市举办的中学生冬季滑雪比赛1次，1人获500米第15名；参加在乌鲁木齐市举办的全疆中学生冬季滑雪比赛，1人获500米第二十九名。县尼曼健身搏击俱乐部举办新疆武术、散打邀请赛1次，县队获7金、3银、3铜。

除全日制学校外，和布克赛尔县还设有业余体校。1993年起，县业余体校开设射箭班，摔跤班、篮球班、足球班、田径班等，规定年体育训练时间380～420小时，但实际训练不经常。2015年，射箭班有学生30人，摔跤班学生45人，篮球班学生80人，足球班学生48人，田径班学生15人；自由教练有5人，聘用教练3人。

## 第六节 竞技体育

和布克赛尔县参加地区以上的竞技体育项目主要有篮球、足球、射箭、摔跤、散打等。

### 一、地区级比赛

1993—2000年，参加地区级少数民族运动会1次，获第四名速度赛马10千米1匹马。参加地区青少年足球赛1次，获第三名。参加地区男子“雪山杯”篮球赛1次，获第二名。

2001—2005年，参加地区“雪山杯”篮球赛1次，获第三名。参加地区第七届“三宝杯”职工足球赛1次，获第三名及体育道德风尚奖。参加地区“三杰杯”职工男子足球赛1次，获第三名和体育道德风尚奖。

2006—2010年，参加地区男子职工篮球赛3次，其中2次获一等奖、一次获三等奖。参加地区散打赛1次，获一等奖和两枚金牌。

2011—2015年，参加地区职工足球赛1次，获第四名。参加地区级国际象棋赛1次，获第三名。

### 二、自治区级比赛

1993—2010年，参加自治区篮球赛4次，其中2次获男子一等奖，1次获女子一等奖和女子二等奖，2次获自治区教职工男子篮球比赛第五名。参加自治区全运会2次（第八、九届），其中射箭赛获男子双轮第一名、50米第一名、70米第一名、90米第二名、30米第五名；参加自治区少数民族运动会2次（六、七届），其中射箭比赛获团体第六名和第七名，2名摔跤运动员分别获第一名；和布克赛尔县获“自治区九运会突出贡献单位”奖。参加全疆残疾人运动会1次，获男子自由式拳击赛56公斤级第二名。参加乌鲁木齐市女子自由式散打赛1次，获第一名。

2011—2015年，参加全疆蒙古族青年篮球赛、农牧民男子篮球赛各1次，分别获一等奖、第二名。参加乌鲁木齐第一、二届“巴瑞杯”足球赛各1次，分别获第八名、精神文明奖。参加由和布克赛尔尼曼健身搏击俱乐部举办的新疆武术、散打邀请赛，和布克赛尔县获7金、3银、3铜。

### 三、全国级比赛

1993年，参加全国青少年运动会，获射箭赛男子50米第一名、全能第五名。1996年，参加全国青少年运动会，获射箭赛男子第七名。2006年，参加全国青少年运动会，获自由式拳击赛男子60公斤级第一名。

## 1993—2015年和布克赛尔县参加地级以上体育比赛团体成绩情况表

表30－6

| 级别 | 年份（年） | 举办单位 | 比赛地点 | 参赛项目 | 成 绩 |
|---|---|---|---|---|---|
| 地区 | 1994 | 哈密地区 | 哈密市 | 少数民族运动会速度赛马10千米 | 第四名 |
| | 1997 | 塔城地区 | 塔城市 | 青少年足球赛 | 第三名 |
| | 2000 | 塔城地区 | 塔城市 | 男子篮球“雪山杯”赛 | 第二名 |
| | 2001 | 塔城地区 | 塔城市 | 男子篮球“雪山杯”赛 | 第三名 |
| | 2002 | 塔城地区 | 塔城市 | 第七届职工足球赛“三宝杯”赛 | 第三名 |
| | 2002 | 塔城地区 | 塔城市 | 职工男子足球“三杰杯”赛 | 第三名 |
| | 2008 | 塔城地区 | 沙湾县 | 男子篮球“地理杯”赛 | 三等奖 |
| | 2009 | 塔城地区 | 塔城市 | 男子篮球“公路杯”赛 | 一等奖 |
| | 2010 | 塔城地区 | 塔城市 | 男子篮球“公路杯”赛 | 一等奖 |
| | 2010 | 塔城地区 | 乌苏市 | 乌苏市第三届“啤酒节杯”散打赛 | 一等奖和两枚金牌 |
| | 2015 | 塔城地区 | 沙湾县 | 职工男子足球赛 | 第四名 |
| 自治区 | 1995 | 自治区 | — | 全疆蒙古学校教职工男子篮球赛 | 第五名 |
| | 1996 | 自治区 | — | 全疆教育系统教职工男子篮球赛 | 第五名 |
| | 2006 | 自治区 | 博州 | 第六届少数民族运动会射箭比赛 | 第六名 |
| | 2010 | 自治区 | — | 第七届少数民族运动会射箭比赛 | 第七名 |
| | 2010 | 自治区 | 乌鲁木齐 | 全疆蒙古青年男子篮球赛 | 一等奖 |
| | 2010 | 自治区 | 和布克赛尔县 | 新疆蒙古“科摸尔杯”篮球赛 | 女子一、二等奖 |
| | 2011 | 自治区 | 乌鲁木齐 | 全疆蒙古“科摸尔杯”篮球赛 | 一等奖 |
| | 2014 | 自治区 | 塔城市 | 新疆农牧民男子篮球比赛 | 第八名 |
| | 2015 | 自治区 | 巴楚县 | 新疆农牧民男子篮球比赛 | 第三名 |
| | 2015 | 自治区 | 乌鲁木齐 | 第二届“巴瑞杯”男子职工足球赛 | 第八名 |

## 1993—2015年和布克赛尔县参加地区以上体育比赛个人成绩情况表

表30－7

| 级别 | 年份（年） | 姓名 | 性别 | 民族 | 参赛项目 | 参赛地点 | 成绩 |
|---|---|---|---|---|---|---|---|
| 地区 | 2015 | 孟克 | 男 | 蒙古族 | 阿勒泰地区国际象棋赛 | 阿勒泰市 | 第三名 |
| 自治区 | 1995 | 布尔格特 | 男 | 蒙古族 | 自治区八运会射箭赛 | 伊宁 | 双轮第一名、90米第二名、70米第一名、50米第一名、30米第五名 |
| | 2000 | 达菇冉 | — | — | 全疆56公斤自由式拳击赛 | — | 第二名 |
| 自治区 | 2004 | 尼玛 | — | — | 全疆自由式散打 | 乌鲁木齐 | 第一名 |
| | 2006 | 布尔格特 | 男 | 蒙古族 | 自治区第六届少数民族运动会射箭比赛 | 博乐 | 第六名 |
| | 2010 | 布尔格特 | 男 | 蒙古族 | 自治区第七届少数民族运动会射箭比赛 | — | 第七名 |
| 全国 | 1993 | 布尔格特 | 男 | 蒙古族 | 全国青少年运动会射箭赛 | 西宁市 | 50米第一名、全能第五名 |
| | 1996 | 布尔格特 | 男 | 蒙古族 | 全国青少年运动会射箭赛 | 北京市 | 第七名 |
| | 2006 | 尼玛 | 男 | 蒙古族 | 全国青少年散打60公斤自由式拳击赛 | — | 第一名 |

## 第七节　体育彩票

2003年，体育彩票开始在和布克赛尔县发行。截至2015年，平均每年返回和布克赛尔县用于体育事业的资金为3万元，共36万元，主要用于全县各项体育活动的开展。其间，2014年，下拨专项资金50万元用于采购体育健身设施。

# 第三十一编

# 史诗《江格尔》文化

英雄史诗《江格尔》约形成于15世纪至17世纪上半叶的西蒙古或卫拉特蒙古地区,深刻反映了蒙古族人民的历史文化、现实生活、思想愿望和崇高理想,是一部不朽的爱国主义民间文学巨著,被誉为“中国少数民族三大英雄史诗”之一,被列入中国第一批国家级非物质文化遗产保护代表作名录。

和布克赛尔县《江格尔》内容流传年代最久、收集章节最多、民间传说遗迹众多、拥有著名江格尔奇最多,故被中外《江格尔》学者和专家誉为孕育和发展《江格尔》文化的源头和故乡。

进入21世纪后,和布克赛尔县实施“文化强县”战略,着力打造中国“江格尔故乡”文化品牌,投入巨资发掘、保护、传承和弘扬《江格尔》文化,先后建成“江格尔”风情园、江格尔文化广场、江格尔影剧院、江格尔文化艺术宫、江格尔文化村、江格尔文化口头研究田野基地和江格尔培训基地,为和布克赛尔县的经济、社会快速发展奠定坚实的文化基础。

# 第一章 《江格尔》传承与发展

## 第一节 和布克赛尔的江格尔齐

和布克赛尔土尔扈特蒙古人在自己的土地上孕育、创造、完善、发展、保护和传承蒙古族文化精华《江格尔》上付出了艰巨的劳动。其中江格尔齐(说唱《江格尔》的艺人)们的积极努力功不可没。

和布克赛尔地区自17世纪初就有“多章节”的美称。能说唱70章《江格尔》的江格尔齐前人托尔巴依尔是个举世公认的著名江格尔齐,据说他从前曾在和布克赛尔赛尔山北端驻牧,因他是一个非常著名的江格尔齐,人们为了纪念他就把该地叫成“江格尔拜”,土尔扈特西迁前他就有很大的名气。故此,和鄂尔勒克率部西迁时特地将托尔巴依尔等江格尔齐们也带到伏尔加河流域继续传承《江格尔》。

史诗《江格尔》中有“富饶阿勒泰山西侧,锦绣宝木巴国度”的诗句,由此可以判定《江格尔》是在和布克赛尔地区萌生和发展扩散开的,因为阿勒泰山西侧正是和布克赛尔地区。

与卫拉特其他地区相比较,无论是《江格尔》的传播、传承情况或是《江格尔》以书面形式被记录及江格尔齐人数之多都比其他地方多。所以,可以认为《江格尔》是以和布克赛尔地区为中心产生和发展起来的。过去在和布克赛尔地区从王府到贫民家,从冬牧场到夏牧地,从平时的娱乐活动到重大节庆活动,从出征仪式到祭祀敖包等,都要进行《江格尔》演唱活动,由此可见,其广泛的群众性和社会生活中的深入性。

通过调查发现,在和布克赛尔地区有过较多的手抄本《江格尔》,曾有过3章、8章、12章、16章,甚至32章的手抄本《江格尔》。但后来因种种原因均已遗失。

在和布克赛尔历史上,除有过前面所提到的著名江格尔齐托尔巴依尔外,也有过许多著名江格尔齐随策伯格道尔吉东归到故土和布克赛尔。对此,1802年曾到伏尔加河流域的卡尔梅克进行过考察的探险家德国人别尔格曼做过详细的记载。他说:“土尔扈特人于1771年回新疆以前,伏尔加河流域卡尔梅克汗王属部的策伯格道尔吉首领,曾带其所部中的一个著名江格尔齐到渥巴锡汗宫中为其演唱《江格尔》。该江格尔齐能连续好几天演唱《江格尔》的许多章节。所以,君臣听众们很是赞赏,给了他许多赏赐。1771年渥巴锡率部东归时，其部下首领也带走了那个江格尔齐"。证实这一情况的和布克赛尔方面的依据可以从和布克赛尔著名江格尔齐朱乃的一本手抄资料《海仑传略》中找到。其中说："海仑是……和布克赛尔土尔扈特人昭布格乌兰巴图尔之长子。他于1779年迁至和布克赛尔后在88岁时去世。他是和布克赛尔中旗大左苏木人。可见，他是和鄂尔勒克首领之掌印秘书格日勒朝克图之徒弟，有《达兰图伯齐》之称的托尔巴依尔及其妻图布欣吉日嘎拉江格尔齐的接班人。如70章《江格尔》、40章《莫领大师》《成吉思汗的故事》《阿尔其宝尔其汗》《麻雀萨尔吉传》《那仁达来汗史》等许多民间故事……他是留在北国故乡的非常有学问的江格尔齐。"由此可推断，别尔格曼所说自伏尔加河流域回到阿勒泰附近的土尔扈特著名江格尔齐，即是策伯格道尔吉首领自伏尔加河流域带回阿勒泰山之阳面的那个叫海仑的江格尔齐。

海仑（1691—1779）在伏尔加河流域生活期间，不仅在卡尔梅克人中间大为出名，也是在周边国家民族中也享有盛名的著名江格尔齐。海仑回归到和布克赛尔以后，有关他的一个记载中说道："土尔扈特自伏尔加河流域东归以后的第二年，即乾隆三十七年，策伯格道尔吉亲临北京城去拜谒皇帝，受到册封，划定了驻牧地界，得到亲王及盟长头衔，又领到印鉴。同时他也向清帝推荐介绍了著名江格尔齐托尔巴依尔的高超技艺情况。皇上听到这些奏请后即封土之第六代孙为"达兰图伯齐"称号，并赐予盖有玉玺的证书。"《江格尔》研究学者达·塔亚曾提出过"托尔巴依尔第六代孙"乃海仑的论断。

从以上分析可以得知，在17世纪初叶驻牧于和布克赛尔土尔扈特部落中曾经有过一个能说唱70章《江格尔》记忆力特强的著名江格尔齐托尔巴依尔，故当时人们尊称他为"达兰图伯齐"（意为会演唱70部《江格尔》的史诗囊）。18世纪后半叶，当土尔扈特部从伏尔加河流域返回祖国怀抱后，在策伯格道尔吉属民当中曾有一个著名江格尔齐，即托尔巴依尔第六代孙——海仑，这是不争的事实。这两者之间完全可以互相印证、互相补充。这两个材料无疑是很有价值的。尽管事情发生的时间、地点不同，但涉及的却正是同一个命题。如果说别尔格曼所听到的是策伯格道尔吉早在伏尔加河时期如何重视"江格尔齐"的情况，那么，从朱乃那里所听到的正好是策伯格道尔吉迁到新疆和布克赛尔后对江格尔齐的更加重视和宠爱。脉络清楚，前后相承，这不可能是偶然的巧合，而正是脱节的历史真实的重新连接。

著名的江格尔齐朱乃以托忒蒙文所写《在和布克赛尔历史上对江格尔研究过三次的经过》一文中记载了和布克赛尔土尔扈特王公们自伏尔加河流域回归后进行《江格尔》演唱比赛的情况。第一次，是在策伯格道尔吉亲王的建议下于1774年对江格尔文化的13点特性进行了总结。第二次，是在策伯格道尔吉亲王第四代孙恩克吉日嘎拉王时期的管印秘书加马达克等人的领导下搜集到32章的《江格尔》并进行说唱表演。后来在19世纪中叶，即和布克赛尔第六代亲王桐格尔布才登时期出了一个叫西西那之子布热勒的著名江格尔齐。他能说唱（背诵）32章《江格尔》。因他是和布克赛尔历史上又一个著名江格尔齐，所以桐格尔布才登亲王聘他为王府专职江格尔齐，他曾到塔尔巴哈台都统处演唱过《江格尔》，也曾去焉耆参加《江格尔》演唱比赛，获得过"头等江格尔齐"的荣誉称号，并领回金银、绸缎等许多奖品。其后，和布克赛尔土尔扈特人称他为《祖传江格尔齐》。在和布克赛尔19世纪末曾有巴本额西·库克、巴杰·陶格陶夫；20世纪初，曾有额尔赫太等著名江格尔齐。他们都能说10～20章《江格尔》。

从此以后的《江格尔》传承人是和布克赛尔第七代亲王敖尔勒古加甫的专职江格尔齐西西那·布热勒之徒弟胡里巴尔巴依尔为首的夏拉·那生、阿乃之子尼开、额尔赫太·加甫、达西·浩吉郭尔、图门·德琴、柯克·滚尊、布雅开、阿雅卡、衣克尔·艾来、嘎麦·巴雅尔、诺高拉·鲁力甫等人。这些江格尔齐能说唱8～25章《江格尔》。

关于和布克赛尔土尔扈特蒙古人中《江格尔》的口头传承情况、书面继承情况和如何演唱等情况曾获国家奖的作家加克·巴图那森在其《关于史诗江格尔及对和布克赛尔江格尔齐们的调查报告》一文中做过详细的介绍。

在新疆的蒙古族较集中聚居的二十几个县中,能说唱《江格尔》较多章节江格尔齐们多数出自和布克赛尔县、温泉县、尼勒克县、和静县和和硕县。其中和布克赛尔县尤为突出。他们有“六多一长”的特点。“六多”即:江格尔齐多,说唱章节多,新发现章节数多,出版的部数多,以江格尔的名称命名的地方和事多,《江格尔》的手抄本多;“一长”即:说唱和传承江格尔的历史时间长。

从上面所提到的历史上的著名江格尔齐传承到当代的著名江格尔齐有:北左旗的玛尼肯苏木的塔布克·宾拜(1914—1987)、勃热生苏木的沙里代家族巴音哈尔盖·那木吉拉(20世纪30年代至1978年)、女江格尔齐确代(1956—2000)北旗小右苏木巴嘎图特氏沙布特阿尔本之西格苏太家族乌加图·那麦(1954—)、太吉苏木的钟古如甫(1919—1989)小右苏木艾来(20世纪初至60年代),其子满吉(20世纪20年代至70年代)、大左苏木皮尔来·冉皮勒(1923—1994)、加甫·朱乃(1925—2017),汗代·巴德马加甫(1926—1997)、阿牙卡·何希格太(1939—1986)、大右苏木巴勒班家族巴图敖其尔·察哈尔达瓦(1901—1978)、察哈尔伊西格隆(1916—1972)、巴勒班家族巴图敖其尔·伊登加甫(1934—)、胡里巴尔巴依尔·阿拉盖(20世纪20年代至80年代)、格开尔氏毛来的阿尔本奈巴依尔·查干哈拉嘎(1911—1980)、查之子图如陶格陶夫(1952—)、北右旗小左苏木开太·奴德勒其(1903—1978)、大右苏木巴图·扎格拉(1912—)、加甫·尼开(—1916)、乌卡(1918—)、敖如拉嘎(1923—1984)、巴·策伯格加甫(1925—)、哈·图格杰(1958—)等。上述人中有能背记演唱20多章《江格尔》的民间传统江格尔齐冉皮勒和识字又能说唱近30章《江格尔》的朱乃等著名江格尔齐。还有图如陶格陶夫和布日格德拜等年青一代江格尔齐。少年一代江格尔齐有:格克仁苏木那楚格道尔吉·普尔布加甫(1987.3.12)勃热苏苏木欧其尔加甫·台文(1987.8.11)、玛尼肯苏木普日布加甫·巴图那生(1986.1.1)、北旗大左苏木朱乃·道敦(1962.10)、达木加甫·思尔勤(1982.10.13)等。这样老、中、青三代江格尔齐队伍的形成在其他地区是少见的。所以,青年学者达·塔亚说:“和布克赛尔是《江格尔》不枯的源泉,不灭的圣火”。

过去除和布克赛尔有过许多远近闻名的江格尔齐以外,旗、苏木级的江格尔齐不计其数。他们可分为王爷的江格尔齐、活佛的江格尔齐、扎萨克首领的江格尔齐。他们受到社会的尊重,除经常受奖外还被授予无实职章京、扎兰等。对和布克赛尔的江格尔齐们按其学习《江格尔》的情况又分为出师有门的江格尔齐、记忆力特强的江格尔齐、有嗣江格尔齐和九章江格尔齐。

过去演唱《江格尔》的场合有:平时在饭后茶余作为百姓一种文化娱乐活动来说唱;在重大节日时演唱;专为比赛而说唱。演唱形式有:以白话形式说唱,无伴奏演唱;有伴奏演唱。他们的演唱曲调各有不同,其中多数是继承其上辈师傅的曲调来演唱。

《江格尔》的演唱活动绝不限于王爷、活佛、王公、财主们的范围,大多数还是在民间进行。《江格尔》就是在民间反复说唱中日趋成熟、提高和完善的。著名的江格尔齐西西那·布热勒、胡里巴尔巴依尔和巴加·陶克陶呼、阿乃·尼开等都是贫苦牧民和贫民的儿子,他们无不是在萧瑟的秋夜和严寒的冬夜,围在火炉旁通宵听老江格尔齐的说唱而学成的。后来他们也无不乐于接受乡亲们的邀请,在贫民的蒙古包里,一年四季为大家说唱《江格尔》。正是有这样广泛的群众基础,《江格尔》才能在人民中广为流传、发展,有声望的著名江格尔齐才能产生出来。

20世纪90年代初,随着和布克赛尔老一辈江格尔齐逐步减少,面临急需继承发展《江格尔》的问题。对此,和布克赛尔县老领导其·光布加甫向孟根布拉格学校原校长布音太强调要在学校学生当中培养下一代江格尔齐,并捐赠新疆人民出版社出版的两本60章《江格尔》书。从此时开始,孟根布拉格学校组织对民间文学故事有兴趣的学生开展学习班,请各乡镇场的老江格尔齐担任教师。最初只有6名学生,后来有17名小江格尔齐。大的20岁,小的只有7岁,每逢乡、县有大型活动,这些小江格尔齐都扮演着重要的角色,也是活动当中一道亮丽的风景。他们的演唱已经独具特色,在社会各界产生广泛的影响力。

在新疆蒙古族聚居较集中的二十多个县中,能说唱《江格尔》的江格尔齐以和布克赛尔县最多,其中最为著名的江格尔齐有冉皮勒和朱乃,两人同在1989年获文化部颁发的《江格尔》演唱一等奖,是国家级的《江格尔》演唱大师,在国际上也享有崇高声誉。

**和布克赛尔县当代知名江格尔齐一览表**

表30-1

| 姓名 | 居住地 | 时间(年) |
|---|---|---|
| 察哈尔达瓦 | 现莫特格乡 | 1901—1978 |
| 奴德勒其 | 现莫特格乡 | 1903—1978 |
| 查干哈拉嘎 | — | 1911—1980 |
| 扎格拉 | 现查干库勒乡 | 1912— |
| 塔布克·宾拜 | 现铁布肯乌散乡 | 1914—1987 |
| 察哈尔伊西格隆 | — | 1916—1972 |
| 乌卡 | — | 1918— |
| 钟古如甫 | 现夏孜盖乡 | 1919—1989 |
| 敖如拉嘎 | — | 1923—1984 |
| 皮尔来·冉皮勒 | 现莫特格乡 | 1923—1994 |
| 加·朱乃 | 现那仁和布克牧场 | 1925—2017 |
| 巴·策伯格加甫 | — | 1925— |
| 巴德马加甫 | — | 1926—1997 |
| 伊登加甫 | — | 1934— |
| 何希格太 | — | 1939—1986 |
| 艾来 | 现莫特格乡 | 20世纪初至60年代 |
| 满吉 | 现莫特格乡 | 20世纪20年代至70年代 |
| 阿拉盖 | — | 20世纪20年代至80年代 |
| 那木吉拉 | 现铁布肯乌散乡 | 20世纪30年代至1978年 |
| 图如陶格陶夫 | — | 1952— |
| 那麦 | 现莫特格乡 | 1954— |
| 确代(女) | 现铁布肯乌散乡 | 1956—2000 |
| 哈·图格杰 | — | 1958— |
| 朱乃·道敦 | 现那仁和布克牧场 | 1962—2006 |

续表30－1

| 姓名 | 居住地 | 时间(年) |
|---|---|---|
| 普·巴图那生 | 现铁布肯乌散乡 | 1986— |
| 达木加甫·思尔勤 | 现那仁和布克牧场 | 1982— |
| 那·普尔布加甫 | 现铁布肯乌散乡 | 1987— |
| 欧其尔加甫·台文 | 现铁布肯乌散乡 | 1987— |
| 道尔吉·尼玛 | 现那仁和布克牧场 | 1988— |

## 第二节 《江格尔》演唱活动

和布克赛尔土尔扈特说唱《江格尔》的说唱法有“自说唱”和“集体说唱”两种形式。“自说唱”是几个人合作，在节日庆典夜晚空闲时间聚集到江格尔齐家，让江格尔齐说唱《江格尔》。“集体说唱”指“江格尔比赛”、那达慕大会、婚礼、敖包、祭典，甚至学校举办的《江格尔》活动。

1984年、1994年、2004年、2014年，在和布克赛尔县成立30周年、40周年、50周年、60周年之际，先后举办盛大的《江格尔》演唱活动。和布克赛尔县的著名江格尔齐加·朱乃和皮尔来·冉皮勒等曾被邀到北京、乌鲁木齐，甚至到日本说唱《江格尔》，受到国内外研究《江格尔》学者们的关注和表扬。

1981年7月，冉皮勒和朱乃参加由自治区文联在和布克赛尔县举办的阿勒泰、塔城地区《江格尔》说唱大会，会上共有25名江格尔齐参加演唱。

1982年8月，冉皮勒和朱乃参加在乌鲁木齐举办的全国首届《江格尔》学术研讨会。

1984年7月，冉皮勒和朱乃参加在庆祝和布克赛尔县成立30周年之际举办的《江格尔》演唱大会，会上共20名江格尔齐进行演唱。

1988年8月，冉皮勒和朱乃参加在新疆乌鲁木齐举办的中国《江格尔》史诗首届国际学术研讨会。

1989年8月，在和布克赛尔县举办包括乌苏和额敏的江格尔齐们参加的《江格尔》演唱会，会上共有20名江格尔齐进行演唱。同年8月，冉皮勒和朱乃参加新疆维吾尔自治区在北京举办的搜集、整理、出版《江格尔》成果展，并进行流利的《江格尔》演唱表演，大受与会各族人员的赞赏；展会上除展出冉皮勒和朱乃的照片和事迹介绍外，还获得文化部颁发的《江格尔》演唱一等奖。

1991年1月，乌鲁木齐市成立中国江格尔协会，自治区宣传部、自治区“江格尔”领导小组、自治区文化厅、自治区文联在表彰搜集、整理、出版《江格尔》先进集体和先进个人大会上，冉皮勒和朱乃被评选为先进个人，受到表彰。

1994年7月，庆祝和布克赛尔县成立40周年期间，举办《江格尔》演唱活动。

1998年8月，江格尔齐朱乃随中国少数民族对外交流协会组派的“中国蒙古族民间艺术家小组”赴日本友好访问，并进行《江格尔》演唱表演，他流利演唱的精湛技艺受到国内外学者和日本观众的高度赞扬。

1999年7月，举办塔城地区首届暨和布克赛尔第四届《江格尔》演唱会，会上有大小25名江格尔齐进行演唱。

2002年7月，在举办曾获国家奖的诗人加克·巴图那森文学作品研讨会之际，在和布克赛尔县铁布肯乌散乡孟根布拉格学校，那楚克道尔吉之子甫尔布加甫、敖其尔加甫之子泰崩、普日布加布之子巴图那生等少年江格尔齐演唱《江格尔》。

2004年8月，庆祝和布克赛尔县成立50周年在县城举办《江格尔》演唱会，会上共有15名江格尔齐进行演唱。

2005年7月，和布克赛尔县举办第八届那达慕大会，会上专门进行江格尔说唱活动，共15名江格尔齐演唱《江格尔》。

2006年7月10日，和布克赛尔县举办首届江格尔文化旅游节暨第九届那达慕大会，会上著名江格尔齐朱乃跟他的十几个传人少年江格尔齐一起说唱《江格尔》，并举行包括《江格尔》内容的文艺演出。

2006—2013年，和布克赛尔县成功举办8届江格尔文化旅游节暨那达慕大会。

2007—2013年，和布克赛尔县成功举办7届"贺吉勒根"杯诗歌朗诵比赛。

2012年8月6日，在那仁和布克牧场举办和布克赛尔县江格尔齐培训班，培训班上邀请内蒙古大学教授、江格尔学者塔亚授课。同年8月7日，和布克赛尔县第三届"达林陶布奇"杯《江格尔》说唱比赛在那仁和布克牧场《江格尔人家》牧家乐举行，来自各乡镇场喜爱江格尔说唱的江格尔齐们在这里欢聚一堂。该次《江格尔》说唱比赛按照年龄段分为少年组、青年组、老年组进行比赛，取每组的前3名予以奖励。

2011年开始至2015年，和布克赛尔县举办4届"明严杯"祝赞词大赛。

2013年始，和布克赛尔县连续举办两届"江格尔杯"土尔扈特蒙古族服饰设计制作大赛，大赛期间也进行《江格尔》演唱活动。

除上述县级和地区级、自治区级《江格尔》演唱会以外，各乡、镇、场和学校每年都要进行不同规模的那达慕大会和《江格尔》演唱会。

## 第三节　与"江格尔"有关的地名

在和布克赛尔的赛尔山西北部有一条山沟名叫"江格尔拜"。据说，这是16世纪末17世纪初获得"七十章史诗袋子"称号的著名江格尔齐托尔巴依尔放牧的地方。人们为了纪念他，就将该山沟叫"江格尔拜"。

在"江格尔拜"山沟南部还有一条山沟名叫"布热勒拜"，也与"江格尔"有关。和布克赛尔的桐格尔布才登亲王时期（1887—1895）有个名叫西西那·布热勒的著名江格尔齐，能说唱36章《江格尔》，不仅出名于和布克赛尔一带，而且被邀请到新疆其他地方乃至蒙古国有些地方去演唱，被人称为"雅苏乃（祖传的）江格尔齐"。为了纪念这位"祖传的"江格尔齐，人们便把这个地方命名为"布热勒拜"。

"江格尔拜""布热勒拜"两条山沟的名称都带有"拜"字。"拜"是纪念历史事件而堆建的类似敖包的东西。"江格尔拜""布热勒拜"两条山沟在和布克赛尔的赛尔山北部并存，一个是纪念能说唱70章《江格尔》的江格尔齐托尔巴依尔，另一个是纪念能说唱36章《江格尔》的江格尔齐布热勒。由此可见，在举办过《江格尔》大型演唱会和纪念著名江格尔齐居住的地方堆建敖包的习俗在和布克赛尔县土尔扈特蒙古族中流传已久。

# 第二章 《江格尔》学术研究

## 第一节 《江格尔》搜集整理

20世纪70年代末,新疆开始有组织、有计划地全面搜集史诗《江格尔》资料,科学、系统地整理、出版了有关《江格尔》的论著。研究和布克赛尔县江格尔齐的论著也是从这时开始的。对于江格尔齐加·朱乃、冉皮勒和青年江格尔齐甫尔布加甫说唱的《江格尔》,加克·巴图那森、朝克金、努·卓日格图、道·孟克、托·贾木查、才·巴图、达·塔亚、浩娃等人均写论文进行过专题研究。

20世纪90年代至21世纪初,加克·巴图那森发表的《关于江格尔在和布克赛尔传承情况的调查》一文引起国内外《江格尔》研究学者们的关注,给予很高的评价,并转译成汉文、日文、德文等文字发表。此外,和布克赛尔县知识分子中还有特·那木吉拉、那·苏德门、努·卓日格图、哈·阿勒坦、乌·叶尔达、道·噶尔丹、哈·库木吉拉、都·叶尔达等人专题研究过《江格尔》。

达·塔亚写了许多专题研究《江格尔》的论文。1996年7月,他以论文《〈江格尔〉史诗地理研究》获得硕士学位;2001年6月,他以论文《对新疆江格尔齐的研究》获得博士学位。他还在国内外刊物上发表《英雄史诗〈江格尔〉中宝木巴之地的初探》《关于〈江格尔〉中方向问题研究》《二十世纪中国〈江格尔〉研究概述》《关于〈江格尔〉中拜红日拿胫骨习俗》《二十世纪新疆卫拉特江格尔齐队伍》《〈江格尔〉在乌苏的传承》《19~20世纪有关新疆江格尔齐队伍的几个问题》《古卫拉特江格尔齐们的一些事》《〈江格尔〉中对黄色及其兆示之意的渊源》等系列论文;还有他所搜集整理的《朱乃手抄本〈江格尔〉》(内蒙古人民出版社出版)、《新疆江格尔齐研究》(北京民族出版社出版)。达·塔亚在日本出版的《冉皮勒的〈江格尔〉》一书是将著名江格尔齐冉皮勒留给其外甥塔亚的17章《江格尔》演唱录音磁带,一字不漏、一字不加照原样记录下来的作品,其中也包括江格齐冉皮勒传记。书中,作者对《江格尔》的主要论述观点、江格尔齐们演唱《江格尔》章节的统计、各江格尔齐说唱《江格尔》的曲调等,都用蒙、日两种语言做了记述。该书对研究和布克赛尔著名江格尔齐冉皮勒所演唱的《江格尔》打下了重要基础。

乌·叶尔达在其《跨洲东归土尔扈特—和布克赛尔历史与文化》(2004年新疆人民出版社出版)一书中详细阐述了《江格尔》在和布克赛尔县的流传、发展情况。2006年9月,他参加在乌鲁木齐市召开的中国新疆史诗《江格尔》国际学术研讨会并宣读论文《〈江格尔〉在和布克赛尔的流传和发展概况》。该论文比较全面地包括了古今和布克赛尔县江格尔齐情况介绍、在和布克赛尔县举办《江格尔》演唱活动概况、在和布克赛尔县研究《江格尔》情况、关于发展史诗《江格尔》文化所起作用的人员、在和布克赛尔县以“江格尔”命名的地方及事物5个方面,详细论证和布克赛尔县是真正的“江格尔的故乡”的观点,引起学者们的高度关注。

2006年9月12—14日,抓住《江格尔》史诗被列为全国非物质文化遗产保护名录的有利机遇,中国社会科学院民族文学研究所、新疆维吾尔自治区文联与和布克赛尔县人民政府联合成功承办中国新疆《江格尔》史诗国际学术研讨会,安排研讨会在和布克赛尔县的考察活动。来自美国、德国、俄罗斯、蒙古国、哈萨克斯坦等国家的著名《江格尔》文化研究学者及自治区、地区领导在县江格尔广场举行“江格尔文化艺术宫”奠基仪式。

2006年,为打造中国“江格尔故乡”文化品牌,和布克赛尔县与新疆海之兰传媒公司签订合作协议,出版

《寻踪"江格尔"故乡》系列丛书。该丛书分上、中、下3册，系统地向读者介绍和布克赛尔县的民族文化。

### 第二节　《江格尔》篇章出版情况

1980—1986年，和布克赛尔县的著名江格尔齐冉皮勒和加·朱乃演唱的《江格尔》篇章由中国民间文学艺术研究会新疆分会和新疆少数民族古籍办公室共同搜集、整理编入《江格尔》原始资料汇编中。第一辑收入冉皮勒演唱的16章，第八、九辑收入加·朱乃演唱的25章。

1993年，中国民间文学艺术研究会新疆分会和新疆维吾尔自治区《江格尔》工作组搜集整理的《七十章江格尔》（汉文版）由新疆人民出版社出版。《七十章江格尔》中，和布克赛尔县冉皮勒演唱的有13章，加·朱乃演唱的13章，扎格拉演唱的2章，落热甫演唱的2章，塔布肯·宾布演唱的2章，阿那·尼开演唱的1章，甫尔瓦演唱的1章，宗格鲁演唱的1章，扎格拉和尼开合作演唱的1章，乌力加图千户长手抄本1章，共收入10名江格尔齐的38章《江格尔》，占《七十章江格尔》的54.3%。

1993年起，由新疆人民出版社先后出版的《江格尔》汉文全译本6册，其中1～4册由黑勒、丁师浩合译，5～6册由黑勒、李金合译。这是迄今为止规模最大、涵盖资料最多的《江格尔》汉文全译本。稍后出版的《49章江格尔》（汉文版）中，和布克赛尔县冉皮勒演唱的有13章（含与其他江格尔齐合说的4章），朱乃演唱的4章，甫尔瓦演唱的3章，扎格拉演唱的3章，塔布肯·宾布演唱的2章，尼开演唱的2章，扎格拉和尼开合作演唱的1章，共收入7名江格尔齐的31章《江格尔》，占《49章江格尔》（汉文版）的63.3%。

1999年，达·塔亚在日本千叶大学出版17章原始资料《冉皮勒江格尔》。2006年，在内蒙古人民出版社出版17章《朱乃手抄本江格尔》。

## 第三章　《江格尔》文化设施建设

### 第一节　"江格尔"文化建筑

**一、"江格尔"敖包**

1981年，自治区有关部门为搜集蒙古族民间著名史诗《江格尔》的资料，到和布克赛尔县铁布肯乌散乡驻地西北27千米处古尔班郭勒河边举办《江格尔》演唱会。为纪念该事，人们堆筑起敖包，称之为"江格尔"敖包。2006年9月，中国新疆史诗《江格尔》国际研讨会在和布克赛尔县召开。为了纪念该事，县人民政府在和什托洛盖镇217国道的7千米处建起大型的"江格尔"敖包。

**二、江格尔影剧院**

1983年始建，1985年竣工，占地面积2 400平方米，主体建筑1 800平方米。内部设施有表演舞台，面积136平方米，观众席可容纳观众635人。2005年，县人民政府投资200万元进行内部二次装修。

**三、"江格尔"风情园**

2005年，投入300万元建设"江格尔"风情园，位于和布克赛尔县巴嘎乌图布拉格牧场可可胡都克处，

2006年7月投入正式使用。该处主要举办《江格尔》说唱比赛和赛马、摔跤、射箭等民族特色的那达慕大会。

### 四、江格尔文化艺术宫

2010年5月动工兴建,由一个主帐及两个配帐组成,均为全框架结构,主帐建筑层数为地下一层,地上三层,副帐为地上两层,总建筑面积6 048.5平方米。土建投资581万元,主帐陈展投资1 820万元,主帐内360度环幕投资1 243.6万元;左右配帐土建581万元,总投资1 308万元。2014年1月,历时4年建设的江格尔文化艺术宫落成,并向世人免费开放。该文化艺术宫将蒙古族的历史和民俗文化有机整合,打造出一个充满史诗感的展览空间,被国际上誉为研究《江格尔》文化的中心和国际性的《江格尔》文化资料库。360度环幕电影和声光电等现代化环影技术的运用,使人如身临其境一般,该项技术在自治区同类场馆中的运用尚属首例,在全国也不多见。

### 五、江格尔广场

2012年5月动工兴建,2014年7月竣工使用。占地总面积9万平方米,该建设项目包括花岗岩地面硬化,绿化、亮化、喷泉、景牌、石刻图腾柱以及石雕狮子等内容,总投资3177万元。

除上述建设筑外,县城还有"江格尔"餐馆;县城王爷府里有"江格尔"展厅;县赛尔宾馆里有"江格尔"接待厅。

## 第二节 《江格尔》研究基地

2006年9月,中国社会科学院民族文学研究所与和布克赛尔县合作建立《江格尔》田野调查研究基地,双方在和布克赛尔县合作举办国际《江格尔》研讨会。中国社会科学院民族文学研究所的"《江格尔》口头研究田野基地"和"田野研究点"分别在和布克赛尔县城的王爷府和铁布肯乌散乡的孟根布拉克学校揭牌成立,孟根布拉克学校从此成为"江格尔齐培训基地",从小学就开始向孩子们传唱《江格尔》。其后至2015年,双方每年都在基地定期开展活动,为《江格尔》史诗的抢救、保护、研究和传承做出重要贡献。

# 第四章 《江格尔》文化艺术作品

## 第一节 音乐图书

### 一、音乐

(一)"江格尔"乐队

1998年,成立"江格尔"乐队。乐队有专门歌手、乐手,在和布克赛尔开展以《江格尔》为内容的各项文艺活动,并前往乌鲁木齐、巴音郭楞、伊犁、塔城、阿勒泰等地演出,宣传《江格尔》文化。2005年,"江格尔"乐队与和布克赛尔文工队的专职演员布音巴图演唱的12首歌的录音带冠以《江格尔的故乡》名称出版。

2008年8月,和布克赛尔县成立"江格尔"少年马头琴乐队。2009年,组织"江格尔"少年马头琴乐队10

名小队员赴德国、奥地利、捷克、匈牙利进行演出，特别是参加第一届维也纳国际青少年音乐节，在维也纳金色大厅进行精彩演出，并获得维也纳“金色大厅”最佳表演奖。2013年，“江格尔”少年马头琴乐团参加第十八届香港世界青少年“金紫翔花奖”艺术大赛荣获全奖，并接到美国音乐之声艺术节邀请函，引起国内外艺术家的强烈反响。

(二)“江格尔”歌曲

2002—2010年，由和布克赛尔县人创作演唱的《江格尔的故乡欢迎您》《江格尔的故乡和布克赛尔》《江格尔的摇篮》《江格尔故乡》等歌曲在当地广为流传。

2004年8月，为了庆祝和布克赛尔县成立50周年，和布克赛尔县的歌唱演员演唱的《江格尔的故乡欢迎您》光碟出版。

至2015年，共搜集、整理和布克赛尔蒙古族民间长调民歌209首。

### 二、图书

2016年1月，新疆青少年出版社推出具有新疆本土文化特点、表现新疆少数民族传统文化特质的14册《江格尔》系列绘本图书。该绘本图书由和布克赛尔县策划，作家刘慧敏和画家熊秀丽合作完成。绘本主要讲述了江格尔和汇聚在他麾下的12个英雄，为天下苍生，为和平统一、保家卫国而演绎的一个个奇妙动人又可歌可泣的故事，图书涉及和反映了蒙古族历史上的宗教、哲学、政治、经济、军事、外交、生活、民俗、风物等方面的内容，具有很高的文学和艺术收藏价值。

## 第二节　雕塑工艺品宣传牌

### 一、雕塑

2006年，江格尔可汗骏马雕塑竖立在和布克赛尔县318省道路口处。赛尔宾馆院内竖立江格尔齐的雕塑。

2010年6月，在县东归广场竖立江格尔可汗的雕塑。“江格尔”铸铜像长5米、宽6米，筑成的柱子长7米、宽4米。同年7月12日，举行江格尔雕塑揭幕仪式。

2013年12月，和布克赛尔县江格尔文化艺术宫主题工程开始投入使用，并在艺术宫之前竖立“江格尔十二勇士”和“江格尔福碗”雕塑。

### 二、工艺品

2006年，和布克赛尔县作为“江格尔的故乡”，特制“江格尔徽章”。徽章中部是一座圆形基底，基底上有一个蒙古马头，马头四周排列着两排羽翼。马代表蒙古族的精神和灵魂，羽翼代表蒙古族的腾飞，也代表中国《江格尔》研究蒸蒸日上。

### 三、宣传牌

2005年始，先后在和布克赛尔县城内外制作建立一系列蒙古、汉、英3种文字宣传江格尔内容的永久性宣传牌。内容主要是：“江格尔之乡和布克赛尔县欢迎您”“传承江格尔精神，谱写现代文明”“振兴江格尔文化，传承草原文明”“打造江格尔文化品牌，弘扬优秀民族文化”“建设文化旅游县，振兴江格尔故乡”“继承和发扬江格尔英雄精神，建设富饶的和布克赛尔”“让世界了解和布克赛尔，让江格尔文化走向世界”“弘扬江格尔文化，建设文化旅游大县”“传承江格尔精神，建设富饶和谐的和布克赛尔”“江格尔文化是和布克赛尔面向世界的桥梁”等。

## 第三节　舞剧　影视　动漫

**一、舞剧**

2006年，由和布克赛尔县文工队推出大型四幕四场史诗歌舞剧《江格尔》，其中百余名演员全部都是文工队演员及本土江格尔齐。《江格尔》史诗歌舞剧分为《江格尔诞生》《江格尔的童年》《江格尔降妖魔及迎亲》《江格尔建立宝木巴国度》4幕，讲述江格尔从出生到建立宝木巴国度的一系列故事。这是全国首次以舞台表演形式推介史诗《江格尔》的大型歌舞剧。和布克赛尔县人民政府投入100万元。同年12月27日，英雄史诗《江格尔》歌舞剧在新疆人民剧场演出，受到热烈欢迎。

2007年8月23日，和布克赛尔县为庆祝内区成立60周年，作为献礼剧目，四幕四场英雄史诗《江格尔》歌舞剧专场演出在内蒙古政府礼堂举行。

2014年7月15日，为庆祝和布克赛尔县成立60周年，四幕四场英雄史诗《江格尔》歌舞剧专场演出在县江格尔影剧院再次举行。

**二、影视**

2010年，与中央电视台电影频道、中国新闻社新疆分社合作，拍摄两部反映本土文化的数字电影，一部名为《月亮之声》，一部名为《江格尔齐》。

2011年，协助国家民委录制《江格尔》27个章回。

**三、动漫**

2014年1月15日，《江格尔传奇》3D动画片在和布克赛尔县江格尔文化艺术宫上演。播出时间13分钟，内容主要反映江格尔和他的十二英雄的故事情节。

# 第三十二编

# 卫　生

1993年，和布克赛尔县有医疗卫生机构33个、卫生专业技术人员367人。进入21世纪，加大对医疗卫生的投入，改善县级医院和各个乡镇场卫生院的医疗条件，加强公共卫生体系建设，有效缓解群众"看病难"问题。2015年，全县医疗卫生机构增至66个、卫生专业技术人员685人，形成县、乡、村三级医疗卫生服务网络，新型农村合作医疗参合率达到99%，覆盖率达到100%，在全疆率先将乡村医生养老统筹和工资待遇纳入财政预算，疾病防控、地方病防治、妇幼保健等其他医疗事业也取得显著成效，全县各族人民群众的就医条件显著改善，健康水平得到很大提高。

1993—2015年，和布克赛尔县始终把人口计生工作作为入"一把手"工程，认真落实国家和自治区的各项计划生育政策，建立计划生育利益导向机制，提升计划生育服务质量，确保计划生育工作落到实处，从而使全县人口增长得到有效控制。

# 第一章　卫生机构

## 第一节　行政机构

### 一、卫生机构

1993年，和布克赛尔县卫生局（简称"县卫生局"）内设办公室，有干部职工5人。

1995年，县卫生局增设地方病防治科、红十字会。2002年，增设卫生监督所。2005年，增设新型农牧区合作医疗管理中心。2006年5月，增设医政科、疾妇科、党建办。

2015年，县卫生局内设办公室、党建办、综合办、疾妇科、医政科、项目办、财务科，有干部职工25人。

### 二、计划生育机构

1993年，和布克赛尔县计划生育委员会（简称"县计生委"）内设统计办公室、宣传股、协会办公室、药具办公室、办公室、财务室等股室，有行政、事业编制各6名。

1998年，内设办公室、计划统计室、财务室、业务科室、协会办公室5个职能科室，有行政编制6名。

2006年12月30日，和布克赛尔县计划生育委员会更名为和布克赛尔县人口和计划生育委员会（简称"县人口计生委"），内设办公室、发展规划办公室、流动人口管理办公室、政策法规室、宣传股、科学技术办公室、协会办公室、财务室、信息中心9个股室。核定行政编制9名，计划生育协会参照公务员3名，县人口计生委信息中心事业编制10名。至2015年，内设机构及人员编制未变。

## 第二节　专业机构

### 一、县疾病预防控制中心

1993年，和布克赛尔县防疫站（简称"县防疫站"）内设办公室、防疫科、结防科、检验科、地方病科，有专业技术人员33人，其中中级职称12人、初级职称21人。

2003年,县防疫站更名为和布克赛尔县疾病预防控制中心(简称“县疾控中心”),内设办公室、防疫科、卫生科、结防科、检验科、食品卫生科,有专业技术人员35人,其中高级职称1人、中级职称4人、初级职称30人。

2005年,县防疫科更改为疾控科。2014年3月,成立免疫规划科。

2015年,县疾控中心内设综合办公室、健康教育科、疾控科、地病科、检验科、结防科、性艾科、职业病慢病科、免疫规划科,在编工作人员29人(由汉、蒙、哈、塔塔尔族、裕固族5个民族组成),其中管理人员2人、专业技术人员25人(副高职称1人、中级职称7人、初级职称17人)、工勤人员2人。

**二、县妇幼保健院**

2003年6月,和布克赛尔县妇幼保健站(简称“县妇幼保健站”)成立,内设儿保科、妇保科,有干部职工8人,其中专业技术人员7人。

2013年12月,县妇幼保健站更名为和布克赛尔县妇幼保健院(简称“县妇幼保健院”),内设办公室、医务科、儿保科、妇保科、护理、门诊、项目办、信息办、绩效办9个科室,有干部职工38人,其中专业技术人员29人。

2015年,县妇幼保健院内设9个科室不变,有干部职工44人,其中专业技术人员30人(副高2人、中级6人、初级14人、一般医务人员8人)。

**三、县卫生监督所**

2002年,和布克赛尔县卫生监督所(简称“县卫生监督所”)成立,人员由原防疫站食品科划转,主要工作职责是在全县范围内依法开展医疗机构监管、公共场所卫生、饮用水卫生、学校卫生、医疗卫生、职业卫生、放射卫生、传染病防治、餐饮具消毒等综合行政执法工作。2012年,食品药品化妆品监督职能划转到县食品药品管理局。2015年,县卫生监督所在职8人,其中副科级领导职数1人。

**四、县爱卫办**

1993年,和布克赛尔县爱国卫生运动委员会办公室(简称“县爱卫办”)隶属县卫生局,全额预算管理。核定事业编制2名,实际在职5人。

2008年8月16日,经县编委研究同意,县爱国卫生运动委员会规格升为正科级,核定事业编制2名,实际在职5人。

2014年6月,县爱卫办办迁出卫生局办公楼,搬入县委综合楼独立办公。

2015年,县爱卫办核定事业编制2名,实际在职5人。

**五、县新型农牧区合作医疗管理中心**

2005年,县新型农牧区合作医疗管理中心成立,副科级单位,内设财务科、审核科,在岗人员8人。2012年,中心增设督察室、办公室、结算大厅和11个乡镇场合管办。

2015年,县新农合管理中心内设科室不变,在岗人员25人,其中10人为地方财政拨款。

## 第三节 医疗机构

### 一、县人民医院

1993年，和布克赛尔县人民医院（简称“县人民医院”）内设门诊、内儿（内科、儿科）、外妇（外科、妇产科）、药剂、医务、行政六大科室，有职工112人，其中专业技术人员84人，占职工总数的75%。

2000年，设立医技科（检验室、心电室、B超室、放射室）。2008年，设立院感办、急诊科。2009年12月，设立妇产科。2010年，设立检验科、医技科（检验、心电、B超、放射）。2011年1月，设立手麻科。2011年6月，设立儿科。2012年，设立质控办、体检办。

2015年，县人民医院内设临床科室10个：内科、外科、妇产科、儿科、门诊、急诊、手麻科、检验科、医技科（心电图室、B超室、放射室）、药剂科；非临床科室3个：行政科（院办、医务科、护理部、质控办、设备办、信息办、体检办）、计财科、后勤科。全院有职工210人（事业编制109人、县财政编制85人、聘用16人），其中专业技术人员159人，占总人数的75%。

### 二、县蒙医医院

1991年，和布克赛尔县蒙医门诊部改建为和布克赛尔县蒙医医院（简称县蒙医医院），内设行政科、门诊部（诊断室、门诊注射观察室、理疗室）、住院部（病房部、外妇科手术室），具有蒙医特色的“五味药浴室”、药剂科（蒙药房、西药房、草药库）、医技科（化验、X光、B超、心电图）等科室。全院职工33人，其中医护人员24人（1名副主任医师、5名主治医师、9名住院医师、9名护士），构成以蒙医药为主、蒙西医结合的蒙医医疗队伍。

1995年，县蒙医医院设立普外科手术室。2004年5月，设立医务科。2012年7月，设立外科；同年11月，设立护理部、院感办、总务科。2013年1月，设立传统疗术科、皮肤科（两科均列为院级、地区级重点专科）；5月，设立医技科、皮肤科、治未病科、急诊科等科室。

2015年，县蒙医医院设有门诊部（医技科、急诊科）、内科、外科、传统疗术科、皮肤科、药剂科（蒙、西药房、药库）、医技科（检验、X光、B超、心电图）、行政科（院办，医务科，财务科、院感办、护理部、总务科）等科室。全院在职员工134人，其中专业技术人员97人（主任医师2人、副主任医师4人、主治医师5人、主管药师1人、医师32人、护士41人、药师5人、检验士1人、放射技士2人、其他专业技术人员4人）。

### 三、新疆和布克赛尔慈善医院

2008年4月，新疆和布克赛尔慈善医院开始筹建，位于和布克赛尔县和什托洛盖镇。2010年11月29日正式投入运行。2013年7月19日，新增挂牌和布克赛尔县第二人民医院。是自治区唯一一家由政府投资新建的慈善医院，也是自治区唯一一家集医疗、科研、教学于一体的现代化二级综合医院。2015年，医院开设有内、儿、外、妇、急诊、中医等17个专业科室，有职工135人，其中专业医疗技术人员97人，医护比例1∶1.3。

### 四、基层卫生院

1993年，和布克赛尔县有13个乡镇场卫生院(所)，即和什托洛盖镇卫生院、查干库勒乡卫生院、巴音傲瓦乡卫生院、夏孜盖乡卫生院、莫特格乡卫生院、铁布肯乌散乡卫生院、阿克赛牧业卫生院，和布克赛尔镇卫生所、布斯屯格牧场卫生所、伊克乌图布拉格牧场卫生所、阿克赛牧业医院、巴嘎乌图布拉格牧场卫生所、那仁和布克牧场卫生所，职工总数174人，其中专业技术人员99人。

2000年，伊克乌图布拉格卫生院与阿克赛牧业医院实行一套人马、两块牌子经营合并，使用阿克赛牧业医院名称。内设内科门诊、药房、财务、注射室4个科室，在岗人数18人。

2006年，和布克赛尔县人民医院一分院与和什托洛盖镇卫生所重新组建，成立和什托洛盖镇卫生院，内设全科诊疗室、妇幼保健科、疾病预防科、计生服务办、药房等10个科室，在岗人数30人，下设5村卫生室。

2007—2010年，和布克赛尔镇卫生院、和什托洛盖镇卫生院完成改扩建。

2011—2015年，和布克赛尔县根据标准化乡镇卫生院建设和满意乡镇卫生院建设标准，在原有门诊、住院的基础上，增设公共卫生科、计划免疫科、妇幼保健科、检验室、B超室、中医科、中医治疗室等科室；全县乡镇场卫生院业务用房总面积改扩建到8 545平方米，床位由1993年的不足50张增加到167张，达到1.7张/千户籍人口。

2015年，全县有12个乡镇场卫生院，即和布克赛尔镇卫生院、和什托洛盖镇卫生院、查干库勒乡卫生院、巴音傲瓦乡卫生院、夏孜盖乡卫生院、莫特格乡卫生院、铁布肯乌散乡卫生院、布斯屯格牧场卫生院、巴嘎乌图布拉格牧场卫生院、那仁和布克牧场卫生院、阿克赛牧业医院(伊克乌图布拉格牧场卫生院)、查和特乡中心卫生院，职工总数313人，其中专业技术人员228人。

## 五、个体诊所

1993年，全县仅有4家个体诊所。随着卫生事业的长足发展，至2015年，全县共有个体诊所16家，其中西医诊所10家、中医民族医诊所3家、口腔诊所3家。

**2015年和布克赛尔县个体诊所情况表**

表32－1

| 诊所名称 | 医生姓名 | 诊所位置 |
|---|---|---|
| 益民诊所 | 赵继明 | 和布克赛尔镇哈同北街 |
| 康复诊所 | 陈玉辉 | 和布克赛尔镇影剧院路天福小区3号楼105室 |
| 康复牙科诊所 | 韦长安 | 和布克赛尔镇北街009-9号 |
| 潘济诊所 | 潘俊刚 | 和布克赛尔镇影剧院路6-3号 |
| 红十字会诊所 | 段湘蓉 | 和布克赛尔镇敖包特街22-2号 |
| 蒙医诊所 | 才布格加甫 | 和布克赛尔镇阿尔茨特路209号 |
| 次陈藏医诊所 | 公保才让 | 和布克赛尔镇敖包特街227号 |
| 那氏惠民诊所 | 巴登木加甫·那木加甫 | 和布克赛尔镇富民小区10号楼 |
| 和济诊所 | 李复林 | 和什托洛盖镇西街南6栋一单元102室 |
| 耿记诊所 | 耿忠 | 和什托洛盖镇迭仑南街10号 |
| 益康诊所 | 尚尊义 | 和什托洛盖镇迭仑社区021号 |
| 许生彦牙科诊所 | 许生彦 | 和什托洛盖镇迭仑南街005号 |
| 忠嘎蒙医诊所 | 严德克·忠嘎 | 和什托洛盖镇北街104号 |

续表32－1

| 诊所名称 | 医生姓名 | 诊所位置 |
|---|---|---|
| 廖鹤军中医诊所 | 廖鹤军 | 和什托洛盖镇南街35-09号 |
| 新梅诊所 | 孙新梅 | 查干库勒乡买达尼村 |
| 阿拉新诊所 | 阿地尼提·阿拉新 | 布斯屯格牧场布斯屯格村 |

## 第四节　卫生队伍

1993年，和布克赛尔县卫生系统职工总人数349人，其中各级卫生机构医务人员283人，占职工总人数的81.09%。注册乡村医生84人。

2015年，和布克赛尔县卫生系统职工总人数870人（县级卫生机构518人、基层卫生机构313人、其他39人），其中各级卫生机构专业技术人员685人，占职工总人数的78.75%。注册乡村医生77人。

**2015年和布克赛尔县县级医疗卫生机构人员情况表**

表32－2　　单位：人

| 名　称 | 职工总数 | 专业技术人员 | | | | | |
|---|---|---|---|---|---|---|---|
| | | 执业医师 | 执业助理医师 | 检验人员 | 药剂人员 | 注册护士（师） | 其他 |
| 县疾病预防控制中心 | 29 | 3 | 4 | 4 | 1 | 6 | － |
| 县妇幼保健院 | 37 | 11 | 5 | 3 | 2 | 11 | － |
| 县人民医院 | 178 | 33 | 16 | 9 | 10 | 82 | 28 |
| 县蒙医医院 | 135 | 32 | 11 | 4 | 8 | 44 | － |
| 新疆和布克赛尔慈善医院 | 139 | 18 | 8 | 6 | 9 | 38 | － |
| 合计 | 518 | 97 | 44 | 26 | 30 | 181 | 28 |

**2015年和布克赛尔县基层卫生单位人员情况表**

表32－3　　单位：人

| 名 称 | 职工总数 | 专业技术人员 | | | |
|---|---|---|---|---|---|
| | | 主治医师 | 助理医师 | 注册护士 | 全科医生 |
| 和布克赛尔镇卫生院 | 54 | 4 | 7 | 15 | 9 |
| 和什托洛盖镇卫生院 | 63 | — | 20 | 24 | 18 |
| 查干库勒乡卫生院 | 19 | — | 5 | 2 | 5 |
| 巴音傲瓦乡卫生院 | 13 | 1 | 4 | 3 | 1 |
| 夏孜盖乡卫生院 | 27 | — | 6 | 5 | 4 |
| 莫特格乡卫生院 | 31 | — | 12 | 2 | 7 |
| 铁布肯乌散乡卫生院 | 18 | — | 5 | 3 | 2 |
| 布斯屯格牧场卫生院 | 18 | — | 4 | 5 | 3 |
| 巴嘎乌图布拉格牧场卫生院 | 8 | — | 2 | 1 | 1 |

续表32－3

| 名 称 | 职工总数 | 专业技术人员 | | | |
|---|---|---|---|---|---|
| | | 主治医师 | 助理医师 | 注册护士 | 全科医生 |
| 那仁和布克牧场卫生院 | 15 | 3 | 2 | — | 6 |
| 阿克赛牧业医院(伊克乌图布拉格牧场卫生院) | 30 | — | 10 | 15 | 6 |
| 查和特乡中心卫生院 | 17 | — | — | 6 | — |
| 合计 | 313 | 8 | 77 | 81 | 62 |

# 第二章　医疗卫生体制改革

## 第一节　公立医疗改革

20世纪90年代，和布克赛尔县推行新的医疗保险制度，即基本医疗保险的费用由单位和职工双方共同负担，基本医疗保险基金实行社会统筹和个人账户相结合；建立医患双方的制约机制，凡属个人超出的一律自负，使医疗超支现象得到控制。

2006年，和布克赛尔县完成卫生系统第一家事业单位县人民医院药房托管改革，体现医药收支两条线的优势；在5个卫生院推行卫生院长竞聘上岗，使一批有能力的年轻专业技术人员走上领导岗位；完善乡村卫生机构一体化建设，从人、财、物上统一划归县卫生局管理；逐步实现从“坐等病人”到上门服务和预约服务等服务模式的转变，让群众享受到预防、保健、医疗、康复等结合为一体的医疗卫生服务。

2012年，和布克赛尔县贯彻落实《中共中央国务院关于深化医药卫生体制改革意见》，召开医改启动会，全县各单位和企业积极响应并且稳妥地推进这项改革，按照医改责任状和县医改任务实施方案，结合实际研究制定《和布克赛尔县卫生事业单位绩效工资考核分配指导意见》，明确规定医疗机构必须坚持多劳多得、优绩优酬，收入分配重点向关键岗位、业务骨干和作出突出贡献的人员倾斜。合理拉开收入差距，要求按时足额发放。公立医院实施绩效工资所需经费，由业务收入返还额中的一定比例进行总体安排，基层医疗机构则在收支结余中安排，充分调动医务人员积极性，最终目的是更好地“以病人为中心”，充分体现医疗机构的公益性。绩效考核主要以德、能、勤、绩、廉几个方面进行综合考核，严禁与收入挂钩。医疗机构制定的绩效分配实施方案需经县卫生局研究批准后实施，并定期上报执行情况，分析利弊，提出持续改进的措施和方法，充分发挥绩效工资分配的真实意义，实现全县医疗机构的长足发展。

主要措施是：

(一)深化人事体制改革，将县人民医院、和布克赛尔慈善医院及和布克赛尔县蒙医医院实行老人老办法、新人新办法，公立医院在编人员90%工资按照100%发放，原有财政聘用人员档案工资保持不变，新进人员实行公开招聘，新进人员或地方财政人员工资不足2 000元/月提高到2 000元/月，聘用人员经过考核取得资质后参照统筹人员工资调整，聘用人员社保医保医院个人承担部分外，由政府纳入补助；

(二)公立医院财务纳入县财政实行收支两条线统一管理，医院业务账目和药品账目分账设立，业务收入的50%财政返还医院，作为医院绩效和日常开支；

（三）破除“以药养医”，全县所有公立医院取消药品加价，实行药品（包括基药和非基药）零差价销售，切断公立医院和药品购销之间的直接利益关系，公立医院因药品零差率减少收入采取调整服务收费和政府补助方式予以补偿；

（四）取消各公立医院门诊挂号费、诊疗费、暖气费和大型设备检查让利10%；

（五）实行医药分家，成立药品采购中心，由卫生局医改办对医疗机构使用的基本药物实行统一采购、统一配送，确保基本药物安全有效、品质良好、价格合理、供应及时；

（六）各公立医院基本运行费用（水、电、暖、车辆保险、医务人员风险保险、培训费、财产保险、设备年检费用、专家聘用费用）纳入政府支出。

至2015年年底，县财政为公立医院改革累计投入1.29亿元，3家公立医疗机构药品销售让利458.13万元，药品销售价格下降15%，门诊次均费用平均降幅为24.2%，住院次均费用平均降幅为9.6%。公立医院员工人均工资增幅达25%以上。

## 第二节　新型农村合作医疗

2005年10月，和布克赛尔县开始实施新型农牧区合作医疗制度。2006年，被正式纳入国家新型农牧区合作医疗试点县，成为全疆率先以县市为单位实现全覆盖的县市之一，当年全县参合总人数19 478人，参合率91%。筹措基金193万元，其中个人缴纳58.4万元（民政补助15.14万元）、乡级财政补助8.1万元，县级财政补助85.5万元、自治区和中央财政补助41万元。参保人员中享受新型农牧区合作医疗报销的门诊补偿13 478人次，补偿金额278 434元；住院补偿404人，补偿金额427 586元，总受益率52.2%。

2011年，和布克赛尔县调整新农合补偿比例。乡镇卫生院单次门诊费用补偿比例由40%提高到85%，村级卫生室单次门诊费用补偿比例由50%提高到90%。乡镇卫生院住院费用全免；县级医疗机构住院补偿比例提高到85%。慢性病病种由13种增加至19种，补偿比例由40%提高到50%。常规住院封顶线调整至8万元，重大疾病补偿封顶线调至12万元，且不低常规住院封顶线，至此和布克赛尔县住院累计封顶线达到20万元。将意外伤害纳入医疗救治范围（打架斗殴、交通事故除外），缓解农牧民因务农过程中的意外伤害带来的经济负担。

2012年，为方便农牧民就诊，县财政投入16.88万元率先在塔城地区推行“一卡通”工作；6月，和布克赛尔县参合农牧民即可持信息齐全的“一卡通”在全疆范围内的定点医疗机构就诊，并享受合作医疗补偿政策；7月1日，根据自治区卫生厅、民政厅、财政厅下发的关于《关于印发新疆维吾尔自治区扩大农牧区居民重大疾病医疗保障试点工作实施方案（试行）的通知》，和布克赛尔县及时补充完善新农合补偿实施方案；7月9日即为1名慢性粒细胞性白血病患者予以补偿，这是全疆重大疾病新增12类病种后的第一例补偿，率先在全疆开展新增特殊重大疾病的救助。同年，在乡镇卫生院实行门诊总额预付制和住院床日付费制，自此，和布克赛尔县农牧民在乡镇卫生院享受免费住院。

2013年，新农合在县内定点医疗机构实行双向转诊制度，在基层医疗机构实行住院床日付费制和一般诊疗费制度，使就医流向日趋合理，困扰和布克赛尔县的“住院患者三分之二转外就诊”现象得到改善。

2015年，和布克赛尔县新农合参合总人数26 420人，参合率达到99.9%。县财政补助由40元/年/人提高到220元/年/人，人均筹资标准达到730元/年/人。

# 第三章　医药卫生管理

## 第一节　医政管理

1993—2000年，县卫生局根据《医疗机构管理条例》建立健全医疗机构设置审批制度，明确医疗机构执业必须登记，对其执业活动及服务质量进行综合评价。对全县3家县直医疗机构、12家乡镇卫生院（所）、4家个体医进行重新登记，并发放医疗机构执业许可证。

2001—2005年，加强执业（助理）医师考试、医师资格认定及执业注册的管理工作，并制定资质考试激励制度。

2006—2010年，随着个体诊所的增加，卫生局根据县城规划编制《医疗机构设置规划》，合理配置利用医疗资源，将各级各类、不同所有制形式的医疗机构统一设置和布局。

2011—2015年，完善大型设备配置准入制度和管理，加强设备操作人员的资质管理。对全县4家具有放射资质的医疗机构定期督查。加强医疗机构院感工作的监管培训，督促各乡镇场卫生院建立质控科，院长为质控第一责任人，预防职业暴露，规范医疗行为，确保医疗安全。

## 第二节　药政管理

1993—2001年，和布克赛尔县没有专门药政管理机构，仅由县卫生局局长、县医药公司经理、县卫生局秘书和县医院药房主任兼职义务药品监督员，每年由县卫生局组织监督员，定期或不定期对全县医疗卫生保健机构及医药公司药品大检查，收回过期失效药品年终集中销毁。

2002年，县卫生监督所成立，药品监管职能由县卫生监督所承担。每半年联合县卫生局、医药公司、工商局等相关单位对医疗机构、药品经营场所、个体诊所等开展联合检查，发现问题限期整改，罚没及过期食品药品定期集中销毁。

2009年，和布克赛尔县申报自治区农村基层医疗机构开展国家基本药物制度，实行零差率销售试点工作。全县11个乡镇场卫生院和1个牧业医院于2010年9月开始实施基本药物制度并实行基本药物零差率销售，推行药品网上统一招标采购。2012年，全县乡镇卫生院全部实行国家基本药物制度；同年，食品药品化妆品监督职能划转到县食品药品管理局。

## 第三节　卫生监督管理

**一、食品安全监督**

1993—2012年，和布克赛尔县卫生局负有食品安全监督管理职责，每年定期对全县所有学校、幼儿园食品卫生安全情况进行检查，提出针对性的整改指导意见，举办学校从业人员培训班，就学生食堂规范管理、食物中毒预防控制及相关法律法规知识进行培训；在和布克赛尔县食品行业推行食品卫生监督经常化、制度化和规范化管理工作；在全县范围内开展熟肉制品业的专项整治工作；对有关市场、超市、批发部、副食品店、餐饮单位进行节前专项执法检查，防止各种劣质不安全食品上市。其间，2011年，县卫生局加强日常卫生许可监督检查，出动监督员80人次、车辆12车次，开具卫生监督意见书60份，审查发放公共场所卫生许可证58家，餐饮服务卫生许可证130家，发放从业人员健康证910份，年审餐饮卫生许可证65家。自2013年起，食品安全监督管理职能划归县食品药品监督管理局。

## 二、初级卫生保健

1999年，为落实中国政府"2000年人人享有初级卫生保健"的庄严承诺，和布克赛尔县成立以县人民政府县长为组长的初级卫生保健达标领导小组，将各乡镇场及相关单位列为成员，办公室设在县卫生局，局长兼办公室主任，负责日常工作。为了保质保量如期完成突击任务，县人民政府抽调县卫生局和防疫站的相关人员，组成工作组，深入乡 、镇、牧场和村指导达标工作。2001年，和布克赛尔县初级卫生保健工作顺利通过自治区和塔城地区的考核验收。

## 三、基本公共卫生服务项目

2012年，和布克赛尔县启动10类41项基本公共卫生服务项目。县委、县人民政府分管领导多次召开协调会，安排部署，完善制度，加强硬件建设，推动公共卫生服务项目取得成效。至2015年年底，居民健康管理建档46 042人，建档率85%；高血压管理2 784人，建档率100%；糖尿病管理598人，建档率 100%；老年人管理2 322人，建档率95%；重性精神病管理75人，管理率90%。

## 四、免疫规划专项整治活动

2014年，和布克赛尔县开展免疫规划专项整治活动。建立健全相关工作制度和技术方案，做好传染病登记、报告和处置工作，配备计算机、宽带等硬件设备，确保传染病网络直报系统正常运行。儿童保健与孕产妇使用统一的服务券发放登记本，回收的服务券与服务人次数一致，孕产妇、儿童保健服务券发放、回收、审核流程基本合理。对确诊的高血压、糖尿病等重点慢性病人实施规范管理和随访。至2015年年末，各种免疫规划疫苗报告接种率均稳定保持在98%以上，孕产妇管理率100%，儿童管理率100%，慢性病管理规范率90%，重性精神病管理规范率75%，老年人管理规范率85%。

## 五、农村环境卫生监测

2011年，和布克赛尔县首次申请到中央补助地方公共卫生专项资金新疆农村环境卫生监测项目。至2015年，在100个行政村开展500户农牧民家庭环境卫生现况调查；采集100份土壤进行蛔虫卵、铅、镉、铬、汞、砷等含量测定和土壤中pH值检测（铅、镉、铬、汞、砷由自治区疾控中心检测），土壤蛔虫卵感染率5%，重金属未超标。

### 第四节　医疗市场管理

1993—2001年，和布克赛尔县没有具体的职能科室负责医疗市场管理，由县卫生局聘请义务监督员定期开展相关监督检查工作。

2002年，县卫生监督所成立后，逐步建立完善举报查处、日常监督、专项整治等工作机制，明确卫生监督所职责。在日常监管中，卫生监督所联合相关部门开展综合执法，对非法行医、药店坐堂行医、违法发布医疗广告、生活美容机构从事医疗美容、保健按摩机构从事针灸推拿等加大打击力度，维护医疗市场秩序。

2015年，在医疗机构自查的基础上，县卫生监督所对辖区内所有医疗机构进行全覆盖、多轮次监督检查，对发现问题的单位责令限期整改，追踪复查，对违法行为及时立案查处。全年出动执法人员100余人次，检查医疗机构134户次，责令改正26户次，追踪复查26户次，行政处罚3件。

## 第四章　医疗服务

### 第一节　医疗设备

#### 一、县级医疗机构设备

1993年，和布克赛尔县医疗设备相对落后，大型医疗设备仅有50毫安X光机2台，手提式黑白B超2台及克拉玛依市中心医院赠送价值2万余元的医疗设备，包括早产培养箱、A超机、心电图、万能产床。

2008—2012年，县蒙医医院争取到自治区农村医疗机构针灸 理疗康复特色专科建设项目康复理疗项目共持资金，购置传统疗术科设备，蒙医五疗灯、尼如哈仪、红外线治疗仪、疼痛治疗仪、牵引床，熏蒸床、电动按摩床、骨质增生治疗仪、过敏源治疗仪、微量元素治疗仪、脑循环治疗仪等先进医疗器械。

2015年，县级医院拥有16排螺旋CT、全自动生化仪、全自动血球分析仪、DR设备、彩色多普勒超声诊断仪，呼吸机、麻醉剂、辐射台及一拖四监护仪、腹腔镜、胆道镜、电子胃镜、宫腔镜、阴道镜、全自动细菌鉴定仪等先进设备，医院设备设施全部更新，医院综合医疗救治能力提高。县人民医院、蒙医医院、慈善医院均达到二级甲等水平。

#### 二、基层机构设医疗备

1993年，和布克赛尔县乡镇场卫生院机构设医疗备十分落后，仅有听诊器、血压仪等简单设备，无法开展检验检测工作。随着国家对基层医疗卫生事业的关注，全县乡镇场卫生院医疗设备得到改善。至2015年，各乡镇卫生院均配备500毫安X光机、大生化仪、全自动血球分析仪、尿分析仪、十二导心电图机、黑白B超机、熏蒸治疗仪、牵引床、微压氧舱治疗仪等仪器，基本满足农牧民就医需求。

### 第二节　诊疗技术

1993年，和布克赛尔县诊疗技术相对落后，仅能开展基本医疗服务，外科仅能开展肝包虫摘除术、胆囊摘除术、剖宫产等简单手术。年门诊量在5万人次左右，住院病人不足1 500人，床位使用率近55%。

2000年，年门诊量在5.3万人次左右，住院病人近1 800人，床位使用率近57%。

2010年，医疗事业得到发展，县人民医院成立医技科（检验室、心电室、B超室、放射室），可开展部分腔镜手术，蒙医成立针灸理疗康复特色专科。年门诊量在7万人次左右，住院病人3 385人，床位使用率63%。

2012年，县人民医院外科开展12项新业务、新技术，其中膝关节置换术、腰椎间盘突出椎板开窗髓囊摘除术、甲状旁腺瘤切除术、胸腰椎骨折切开复位内固定术、腔镜下行输卵管切除术、腔镜下行胃穿孔修补术及B超室开展的心脏大血管及四肢血管超声诊断等都达到较高水平。

2015年，随着辽宁、安徽芜湖援疆专家不断援助，和布克赛尔县医疗服务水平提高较快，各功能科室基本配齐，3家县级医疗机构先后创建为二级甲等医院，疾病预防控制中心、妇幼保健院能充分发挥预防保健作用，全县医疗水平能满足患者基本就诊需求，骨关节置换术、脑外科手术、重伤后康复修炼、肾衰透析治疗等大型治疗能熟练开展。年门诊量在10万人次左右，住院病人5 539人，床位使用率75.75%。

## 第三节 医疗护理

1993年至2000年年末，和布克赛尔县有医护人员203人，其中护理人员68人，中级以上护理人员4人，医务人员131人，中级以上职称23人。2000年年末，全县总人口48 087人，护理人员的千人拥有数为1.41人。经过医疗卫生体制初步改革，全县护理人员的报酬有所提高，对于稳定护理队伍起到重要作用。

2001年至2005年年末，全县有医护人员177人，其中护理人员74人，中级以上护理人员4人，医务人员103人，中级以上职称12人。2005年年末，全县总人口50 930人，护理人员的千人拥有数为1.45人，比2000年增加0.04人。县卫生局组织全县卫生系统护士岗位培训，开展技能竞赛，提高基层护理人员业务水平。

2006年至2010年年末，全县有医护人员298人，其中护理人员116人，中级以上护理人员5人，医务人员182人，中级以上职称28人。2010年年末，全县总人口51 690人，护理人员的千人拥有数为2.24人，比2000年增加0.83人。县卫生局贯彻落实《基础护理服务工作规范》《综合医院分级护理指导原则》，规范护理操作；强化护理人员的理论和业务学习，定期组织全县护理人员进行技术操作培训及考试，合格率92%。

2011年至2015年年末，全县有医护人员487人，其中护理人员208人，中级以上护理人员14人，医务人员279人，中级以上职称71人。2015年年末，全县总人口55 046人，护理人员的千人拥有数为3.78人，比2000年增加2.37人。县卫生局有计划地选派业务能力强、认真负责的护理骨干外出进修学习，组织护理人员参加省内外护理业务和管理短期培训；开展护理技能比武，提高实际护理水平；落实护理质量缺陷登记报告制度，鼓励护理人员及时上报护理不良事件；规范护理文书书写，对运行中的病历和已归档的病历开展护理文书质量控制，抽查合格率93%；培养以“年轻护士全科化”为导向，共招聘护理专科学历人员3人、中专2人，使护理队伍梯队建设更趋合理。

# 第五章　卫生防疫

## 第一节　预防接种

1993年，和布克赛尔县施行卡介苗、脊髓灰质炎疫苗、百白破疫苗、麻疹疫苗4种生物制品的预防接种，降低结核、麻疹、破伤风、白喉、脊髓灰质炎等各种传染病的发病率、发生与流行。

2000年，国家将乙肝疫苗纳入免疫规划，和布克赛尔县随之实施。

2003年7月1日，正式启动《中华人民共和国卫生部/全球疫苗免疫联盟(GAVI)合作项目》，提高乙肝疫苗及其他疫苗接种率，降低相应传染病发病率，减少相应费用支出。

2014年10月，和布克赛尔县开展免疫规划规范化管理专项整治活动。在自治区免疫规划规范化管理专项整治活动中期评估时，和布克赛尔县受到自治区通报表扬。

2015年，实行10种生物制品预防接种，控制结核病、麻疹、破伤风、白喉、百日咳、脊髓灰质炎、乙肝、甲肝、腮腺炎、风疹、流行性脑膜炎等各种传染病的发生、流行，减少发病率。

**1993—1999年和布克赛尔县开展四种疫苗接种情况表(一)**

表32－4

| 年份(年) | 建卡人数 | | | 卡介苗 | | | 脊髓灰质炎疫苗 | | |
|---|---|---|---|---|---|---|---|---|---|
| | 应建人数 | 实建人数 | 建卡率(%) | 应种人数 | 实种人数 | 接种率(%) | 应种人数 | 实种人数 | 接种率(%) |
| 1993 | 579 | 572 | 99 | 577 | 572 | 99 | 551 | 537 | 97 |
| 1994 | 544 | 542 | 99 | 544 | 542 | 99 | 557 | 545 | 98 |
| 1995 | 501 | 496 | 99 | 501 | 496 | 99 | 536 | 523 | 98 |
| 1996 | 512 | 511 | 99 | 512 | 511 | 99 | 506 | 497 | 98 |
| 1997 | 542 | 533 | 98 | 542 | 533 | 98 | 515 | 502 | 97 |
| 1998 | 527 | 525 | 99 | 527 | 525 | 99 | 519 | 512 | 99 |
| 1999 | 511 | 511 | 100 | 290 | 270 | 93 | 499 | 423 | 85 |

**1993—1999年和布克赛尔县开展四种疫苗接种情况表(二)**

表32－5

| 年份(年) | 百白破疫苗 | | | 麻疹疫苗 | | | 覆盖数 | | |
|---|---|---|---|---|---|---|---|---|---|
| | 应种人数 | 实种人数 | 接种率(%) | 应种人数 | 实种人数 | 接种率(%) | 应种人数 | 实种人数 | 接种率(%) |
| 1993 | 551 | 537 | 97 | 583 | 564 | 97 | 2 262 | 2 210 | 98 |
| 1994 | 557 | 545 | 98 | 566 | 551 | 97 | 2 224 | 2 183 | 98 |
| 1995 | 536 | 523 | 98 | 547 | 538 | 98 | 2 120 | 2 080 | 98 |
| 1996 | 506 | 497 | 98 | 476 | 467 | 98 | 2 000 | 1 972 | 99 |
| 1997 | 515 | 502 | 97 | 529 | 513 | 97 | 2 098 | 2 046 | 98 |
| 1998 | 519 | 512 | 99 | 501 | 492 | 98 | 2 066 | 2 041 | 99 |
| 1999 | 495 | 430 | 87 | 541 | 500 | 92 | 1 825 | 1 623 | 89 |

## 2000—2008年和布克赛尔县开展五种疫苗接种情况表(一)

表32－6

| 年份(年) | 出生儿童数 | 建卡人数 | 基础免疫(一) | | | | | | |
|---|---|---|---|---|---|---|---|---|---|
| | | | 应种人数 | | | | | | |
| | | | 卡介苗 | 脊灰疫苗 | 百白破疫苗 | 麻疹疫苗 | 乙肝疫苗 | | |
| | | | | | | | 第一针 | 第二针 | 第三针 |
| 2000 | 531 | 525 | 520 | 506 | 496 | 525 | 289 | 15 | 7 |
| 2001 | 451 | 451 | 451 | 496 | 499 | 484 | 129 | 197 | 161 |
| 2002 | 490 | 490 | 490 | 519 | 515 | 523 | 196 | 186 | 187 |
| 2003 | 521 | 521 | 521 | 491 | 492 | 476 | 521 | 222 | 241 |
| 2004 | 480 | 480 | 480 | 547 | 550 | 508 | 480 | 411 | 408 |
| 2005 | 597 | 597 | 597 | 612 | 612 | 488 | 597 | 578 | 508 |
| 2006 | 581 | 581 | 581 | 570 | 568 | 581 | 581 | 545 | 568 |
| 2007 | 613 | 611 | 611 | 611 | 613 | 583 | 609 | 562 | 529 |
| 2008 | 604 | 604 | 604 | 750 | 753 | 639 | 604 | 617 | 641 |

## 2000—2008年和布克赛尔县开展五种疫苗接种情况表(二)

表32－7

| 年份(年) | 出生儿童数 | 建卡人数 | 基础免疫(二) | | | | | | | 加强免疫 | | | | | |
|---|---|---|---|---|---|---|---|---|---|---|---|---|---|---|---|
| | | | 实种人数 | | | | | | | 应种人数 | | | 实种人数 | | |
| | | | 卡介苗 | 脊灰疫苗 | 百白破疫苗 | 麻疹疫苗 | 乙肝疫苗 | | | 脊灰疫苗 | 百白破疫苗 | 麻疹疫苗 | 脊灰疫苗 | 百白破疫苗 | 麻疹疫苗 |
| | | | | | | | 第一针 | 第二针 | 第三针 | | | | | | |
| 2000 | 531 | 525 | 495 | 501 | 494 | 522 | 286 | 14 | 3 | 406 | 482 | 446 | 394 | 450 | 426 |
| 2001 | 451 | 451 | 443 | 475 | 478 | 465 | 129 | 182 | 117 | 412 | 447 | 401 | 389 | 394 | 388 |
| 2002 | 490 | 490 | 490 | 514 | 510 | 507 | 190 | 184 | 187 | 400 | 421 | 360 | 397 | 421 | 356 |
| 2003 | 521 | 521 | 521 | 487 | 490 | 471 | 521 | 218 | 236 | 303 | 363 | 304 | 300 | 358 | 297 |
| 2004 | 480 | 480 | 480 | 532 | 535 | 494 | 480 | 393 | 397 | 265 | 363 | 233 | 265 | 363 | 233 |
| 2005 | 597 | 597 | 597 | 611 | 611 | 488 | 581 | 578 | 508 | 347 | 397 | 332 | 347 | 397 | 329 |
| 2006 | 581 | 581 | 581 | 570 | 567 | 579 | 581 | 543 | 566 | 376 | 441 | 387 | 376 | 427 | 385 |
| 2007 | 613 | 611 | 611 | 610 | 612 | 582 | 609 | 562 | 521 | 534 | 601 | 574 | 534 | 601 | 573 |
| 2008 | 604 | 604 | 604 | 749 | 752 | 639 | 604 | 617 | 641 | 585 | 624 | 601 | 584 | 623 | 601 |

2009年，和布克赛尔县开始实施国家扩大免疫规划，将麻风疫苗、麻腮风疫苗、A群流脑疫苗、甲肝疫苗、白破疫苗、A+C流脑疫苗纳入计划免疫工作。至2010年，全县共出生新生儿1 248人，应建卡1 248人，实建卡1 248人，建卡率达100%，其中，新生儿乙肝疫苗应种1 248人，实种1 248人，接种率100%；卡介苗应种1 248人，实种1 248人，接种率100%；脊髓灰质炎疫苗应种1 285人，实种1 281人，接种率99.7%；百白破疫苗应种1 323人，实种1 314人，接种率99.3%；白破二联疫苗应种1 128人，实种1 118人，接种率99.1%；麻疹疫苗应种183人，实种183人，接种率100%；麻风疫苗应种821人，实种758人，接种率92.3%；麻腮疫苗应种

752人，实种746人，接种率99.2%；A群流脑疫苗应种835人，实种832人，接种率99.6%；A+C流脑疫苗应种471人，实种465人，接种率98.7%；甲肝疫苗应种1 138，实种1 132人，接种率99.5%。全县11种疫苗应覆盖10 432人，实覆盖10 325人，覆盖率99%。

2011—2015年，常规免疫接种工作中按照《国家扩大免疫规划实施方案》的要求，开展10种计划免疫疫苗的接种工作。全县共出生新生儿3 095人，应建卡3 095人，实建卡3 095人，建卡率100%，其中，新生儿乙肝疫苗应种3 095人，实种3 095人，接种率100%；卡介苗应种3 095人，实种3 095人，接种率100%；脊髓灰质炎疫苗应种3 752人，实种3 732人，接种率99.5%；百白破疫苗应种3 934人，实种3 908人，接种率99.3%；白破二联疫苗应种3 988人，实种3 897人，接种率97.7%；麻风疫苗应种4 472人，实种4 423人，接种率98.9%；麻腮风疫苗应种3 868人，实种3 800人，接种率98.2%；A群流脑疫苗应种3 815人，实种3 775人，接种率98.9%；A+C流脑疫苗应种3 692人，实种3 617人，接种率98%；甲肝疫苗应种4 439，实种4 404人，接种率99.2%。全县10种疫苗应覆盖38 150人，实覆盖37 746人，覆盖率98.9%。

## 第二节　地方病防治

### 一、包虫病

1993年，《和布克赛尔县家犬管理办法》以第13号县长令发布，于1994年1月1日执行，办法共11条，主要目的是控制包虫病和消灭狂犬病的传播，维护各族人民群众得身心健康和生命安全。

1996年，世界卫生组织包虫病项目调查组一行7人在和布克赛尔县开展包虫病调查研究和包虫病囊摘除手术。

1999年，县疾控中心对部分单位和学生进行包虫病普查1 480人，发现包虫病人数9人，患病率为0.64%。

2004年，在24所中小学开展包虫病普查，7 931名学生中患包虫病人数为23人，患病率为0.29%。

2006—2008年，包虫病基础医学重点实验室开放课题资助项目在和布克赛尔县开展，新疆包虫病临床研究所的4名专家、学者在那仁和布克牧场、铁布肯乌散乡和查干库勒乡开展包虫病普查普治工作，共检查1 340人，查出包虫病患者60人，总患病率为4.48%，在县人民医院为9名患者免费进行包虫内囊摘除术。

2007年，县疾控中心"常见肠道寄生虫监测与防治研究攻关"项目荣获塔城地区科学技术进步二等奖。

2013年，"包虫病防治与监测技术推广"荣获塔城地区2010—2011年度科学技术进步二等奖。

2014年，和布克赛尔县实行中央补助地方公共卫生专项资金人体重点寄生虫病现况调查，对和布克赛尔镇巴格茨社区250人进行肠道寄生虫调查和粪便采集检测工作，蛔虫感染率为2%。

**2008—2015年和布克赛尔县开展中央补助地方公共卫生专项资金包虫病防治项目情况表**

表32－8　　单位：人

| 年份（年） | B超普查人数 | 普查发现患者人数 | 犬粪检测例数 | 犬粪阳性例数 | 儿童血清检测人数 | 血清阳性人数 |
|---|---|---|---|---|---|---|
| 2008 | 1 099 | 13 | 501 | 93 | 569 | 219 |
| 2009 | 5 021 | 28 | 800 | 81 | 602 | 60 |
| 2010 | 5 003 | 8 | 800 | 105 | 1 021 | 108 |

续表32-8

| 年份（年） | B超普查人数 | 普查发现患者人数 | 犬粪检测例数 | 犬粪阳性例数 | 儿童血清检测人数 | 血清阳性人数 |
|---|---|---|---|---|---|---|
| 2011 | 6 704 | 16 | 1 650 | 196 | 917 | 2 |
| 2012 | 7 947 | 14 | 1 100 | 61 | 1 140 | 22 |
| 2013 | 6 069 | 5 | 1 100 | 22 | 600 | 8 |
| 2014 | 9 454 | 18 | 1 100 | 22 | 600 | 8 |
| 2015 | 7 084 | 7 | 700 | 3 | 614 | 2 |

**二、碘缺乏病**

1992年，和布克赛尔县碘缺乏病发病率由1982年的34.8%下降到24.79%。

2000年，和布克赛尔县达到基本消除碘缺乏病阶段目标。

2004年，在24所中小学开展甲状腺肿大普查，调查8 153名学生，甲状腺肿人数297人，肿大率3.64%。

2014年，开展碘缺乏病监测工作，8～10周岁的尿碘中位数为155微克/升，尿碘低于50微克/升的有4人，比例8%，没有超过20%。孕妇尿碘中位数246微克/升，大于150微克/升。8～10岁儿童甲状腺肿大率小于5%。至2015年，居民合格碘盐食用率均大于95%。经过自治区地方病工作领导小组评估，确定和布克赛尔县实现消除碘缺乏病的目标。

**三、氟中毒**

1987年开始，县人民政府开展改水降氟工作，修建以地下水为主的人畜饮水工程，地方性氟中毒基本得到控制。1993年，饮用卫生水人数达到3.94万人。

2003年10月，自治区疾病预防控制中心在巴音傲瓦乡和查干库勒乡抽查250名在校学生和10口居民用水井检测，结果显示饮用水中20%氟含量超标，氟斑牙患病率37.6%。

2007年2月，和布克赛尔县申请到中央补助地方公共卫生专项资金地方病防治项目，开展饮茶型氟中毒流行现况调查、高氟水筛查（20个行政村）、降氟降砷改水工程监督检测（20项改水工程）、高砷水源筛查（20个行政村），共采集居民户饮用水600份，氟含量超标54份，饮用水氟合格率为91%；砷含量超标54份，饮用水砷合格率为91%；20项改水工程，水中氟、砷含量合格率100%。

2009年，和布克赛尔县实施中央补助地方公共卫生专项资金农村饮用水监测项目。对存在饮水型氟中毒地区的人员进行搬迁，新居住地都已经进行农村饮用水的改建。经过几年监测，至2015年，没有发现氟超标的饮水工程。

**四、布鲁氏菌病**

1993年，和布克赛尔县疾控中心对1 140人进行血清学检查，血清阳性率1.05%。

2008—2014年，和布克赛尔县实施中央补助地方公共卫生专项资金布鲁氏菌病重点人群高危筛查项目工作。病监测结果显示，全县人类布病疫情形势严峻，对各族群众身体健康和畜牧业发展带来直接或间接威胁。

**2008—2015年和布克赛尔县布鲁氏菌病患病情况表**

表32-9　　单位：人

| 年份(年) | 检测人数 | 患病人数 | 患病率% | 网络上报人数 |
|---|---|---|---|---|
| 2008 | 1063 | 1 | 0.09 | 0 |
| 2009 | 550 | 0 | 0 | 0 |
| 2010 | 502 | 2 | 0.40 | 0 |
| 2011 | 0 | 0 | 0 | 6 |
| 2012 | 0 | 0 | 0 | 20 |
| 2013 | 55 | 2 | 3.64 | 16 |
| 2014 | 489 | 29 | 5.93 | 50 |
| 2015 | 447 | 27 | 6.04 | 26 |
| 合计 | 3 106 | 61 | 1.96 | 118 |

### 五、细菌学检验

1993—2015年，和布克赛尔县疾控中心对动物脾脏和蚤类按显微镜检查、分离培养、鼠疫噬菌体裂解试验、动物实验4步检验，未分离出鼠疫菌。

## 第三节　传染病防治

1993—2004年，和布克赛尔县各种常见传染病中，麻疹、手足口病、水痘、肝炎、结核等传染病发病率较高，共报告法定传染病911例。发病总数居前3位的是病毒性肝炎、肺结核、腹泻。

2003年，“非典型肺炎”疫情爆发，和布克赛尔县是“非典型肺炎”的三类地区(未发现疫情地区)，县防疫站在“非典型肺炎”防治工作期间不断加强业务人员的“非典”防治知识培训，发放宣传单2万余份。

2005—2010年，无甲类传染病发生，累计报告乙类、丙类传染病2 720例。

2011—2015年，无甲类传染病发生，累计报告乙类传染病20种779例、丙类传染病3 788例。肺结核死亡6例，肝炎死亡1例。

### 一、结核病

1994年4月1日，和布克赛尔县“世行贷款中国结核病控制项目”(简称“卫五项目”)正式启动。对咳嗽、咳痰3周以上的肺结核可疑患者和病人实行免费检查，对痰检阳性病人实行免费治疗和管理。2002年年初，“卫五项目”结束。

2002年3月24日，世行贷款/英国赠款中国结核病控制“卫十项目”启动。2004年1月1日，中央转移支付项目、全球基金第一轮项目启动。2005年7月1日，全球基金第四轮项目启动。2008年，对痰检阴性结核病人也开始实行免费治疗和管理。

2013年6月1日，根据国家和自治区结核病防治“十二五”规划要求，和布克赛尔县实施结核病防治新型服务体系，由卫生局负责组织领导，县疾控中心负责结核病防治整体规划、协调、项目管理和日常督导，县人民医院具体负责结核病患者的登记、报告、诊断和治疗，其他医疗机构负责初筛转诊，乡镇卫生院、村卫生室

续表32－10
落实结核病患者的规范化管理。2014年12月31日，全球基金第一轮项目结束。2015年，和布克赛尔县结核性胸膜炎纳入免费治疗管理。

**2005—2015年和布克赛尔县肺结核发现、治疗管理情况表**

表32－10 单位：人

| 年份（年） | 初治涂阳 | 初治涂阴 | 复治涂阳 | 其他 | 胸膜炎 | 治疗管理数 |
|---|---|---|---|---|---|---|
| 2005 | 62 | 15 | 2 | — | 13 | 92 |
| 2006 | 50 | 34 | 11 | 1 | 31 | 127 |
| 2007 | 45 | 42 | 12 | — | 16 | 115 |
| 2008 | 50 | 42 | 11 | — | 14 | 117 |
| 2009 | 50 | 44 | 12 | — | 5 | 111 |
| 2010 | 47 | 43 | 8 | — | 0 | 98 |
| 2011 | 42 | 42 | 10 | — | 0 | 94 |
| 2012 | 21 | 45 | 7 | — | 0 | 73 |
| 2013 | 32 | 44 | 4 | — | 0 | 80 |
| 2014 | 24 | 27 | 9 | — | 0 | 90 |
| 2015 | 16 | 46 | 2 | — | 0 | 64 |

## 二、艾滋病

2007年，县疾控中心设立性病艾滋病科，并通过自治区疾控中心初筛实验室认证，县人民政府拨专款购买实验室设备，并确立3家卫生医疗保健机构（疾控中心、县人民医院、县妇幼保健院）具体开展资源咨询、住院病人、门诊病人、婚检、孕产妇的艾滋病病毒抗体检测和梅毒螺旋体抗体检测工作。检出的阳性病人由疾控中心性艾科负责上报。2007—2010年，完成各类人群监测753人，共发现艾滋病病毒感染者3例，病人1例，其中县境内发现HIV感染者2例，外地发现报本地感染者2例，波及和布克赛尔县1个镇、1个牧场，死亡1例。

2011—2015年，完成各类人群监测35 983人次，发现艾滋病病人2例，艾滋病感染者6例，其中县境内发现HIV感染者6例，艾滋病病1例人，外地发现报本地感染者1例，波及和布克赛尔县1个镇、1个牧场，死亡1例。

## 三、鼠疫

和布克赛尔县夏孜盖地区位于准噶尔盆地的西北部，和布克赛尔县城东南约70千米，和布克河下游，海拔400～500米。1956年，首次证实准噶尔盆地为大沙鼠鼠疫疫源地后，2009—2011年，调查又发现一些新疫点，夏孜盖地区距已证实的新疫点约100千米，且没有阻断动物来往活动的自然屏障。因此，夏孜盖地区受到动物鼠疫影响。

小型动物种类和密度调查　梭梭、红柳灌丛沙堆、沙丘是大沙鼠的优生境，大沙鼠密度为2～5只/平方米。5米夹线法夜行鼠捕获率3.6%（56/1551）；捕获小型动物5科10种，其中红尾沙鼠和子午沙鼠为优势种，分别占43.6%(24/55)、9.1%(16/55);其他有灰仓鼠、西伯利亚五趾跳鼠、柽柳沙鼠、小五趾跳鼠、小家鼠、虎鼬、大耳猬等。

体外寄生物检查　117只小型动物采集体外寄生物1 832只,其中跳蚤8种1 501只,分别为簇鬃客蚤、长吻角头蚤、短须双蚤、距细蚤、突病客蚤、同形客蚤、修长栉眼蚤和叶状切唇蚤突高亚种,簇鬃客蚤和长吻角头蚤为优势种,分别占总蚤数的79.1%(1 187/1 501)和13.1%(197/1 501);大沙鼠蚤指数为21.1(1 309/62),优势寄生蚤簇鬃客蚤和长吻角头蚤分别为大沙鼠体蚤总数的83.9%(1 098/1 309)和13.9%(182/1 309);红尾沙鼠蚤指数为4.8(114/24),优势寄生蚤簇鬃客蚤和短须双蚤分别为体蚤总数的71.1%(81/114)和24.6%(28/114);子午沙鼠的蚤指数为1.7(27/16),优势寄生蚤长吻角头蚤和簇鬃客蚤分别为体蚤总数的55.6%(15/27)和29.6%(8/27)。117只小型动物检蜱3种513只,平均蜱指数为4.4,其中亚洲璃眼蜱492只,占总蜱数的95.0%,短小扇头蜱14只,短垫血蜱7只。

鼠疫F1抗体检测　血清和胸腔洗液标本共146份。ELISA法检测鼠疫F1抗体阳性12份,其中大沙鼠阳性率11.5%(9/78),子午沙鼠、红尾沙鼠、虎鼬阳性率分别为5.6%(1/18)、4.2%(1/24)、100.0%(1/1);GICA法检测鼠疫F1抗体阳性11份,其中大沙鼠阳性率10.3%(8/78),子午沙鼠、红尾沙鼠、虎鼬阳性率分别为5.6%(1/18)、4.2%(1/24)、100.0%(1/1)。动物肝、脾脏未检出F1抗原。

**ELISA和GICA法检测和布克赛尔县夏孜盖地区小型动物鼠疫F1抗体结果情况表**

表32－11

| 动 物 | 标本数(只) | ELISA法 | | GICA法 | |
|---|---|---|---|---|---|
| | | 阳性(+) | 阴性(－) | 阳性(+) | 阴性(－) |
| 大沙鼠 | 78 | 9 | 69 | 8 | 70 |
| 子午沙鼠 | 18 | 1 | 17 | 1 | 17 |
| 红尾沙鼠 | 24 | 1 | 23 | 1 | 23 |
| 柽柳沙鼠 | 2 | — | 2 | — | 2 |
| 西五趾跳鼠 | 9 | — | 9 | — | 9 |
| 小五趾跳鼠 | 2 | — | 2 | — | 2 |
| 灰仓鼠 | 7 | — | 7 | — | 7 |
| 小家鼠 | 1 | — | 1 | — | 1 |
| 虎鼬 | 1 | 1 | — | 1 | — |
| 大耳猬 | 4 | — | 4 | — | 4 |
| 合 计 | 146 | 12 | 134 | 11 | 135 |

说明:ELISA法:酶联免疫吸附试验法;GICA法:胶体金试验法

## 第四节　职业病、慢性病防治

1993—2010年,县疾控中心坚持在全县开展计划免疫、结核病防治、地方病防治、艾滋病防治、疫情监测与上报、突发公共卫生应急、检验检测等工作,没有承担职业病、慢性病防治任务。

2011年,县疾控中心贯彻落实《中共中央国务院关于深化医药卫生体制改革的意见》及《中国慢性病防治工作规划(2012—2015年)》,建立慢性病监测与信息管理系统,指导全县各级医疗卫生机构开展慢性病防治工作,对慢性病信息管理系统数据进行审核。县疾控中心成立职业病、慢性病科。4月25日,县疾控中心获得职业健康检查机构资质(后于2015年4月27日通过资质复审),随即受5家企业委托,对粉尘作业人员进行职业健康检查,检查人数累计1 268人,其中上岗前230人、在岗期间1 023人、离岗时15人。共发现尘肺病0例、疑似职业病0例,其他疾病345人,未见异常942人。

2012年4月,县疾控中心职业病防治科获伊犁哈萨克自治州总工会颁发的五一文明岗称号。

2014—2015年,和布克赛尔县开展上消化道癌早诊早治项目工作,完成筛查600人,完成率100%,筛查发现食管癌4例,胃癌1例。

### 第五节　卫生防病宣传教育

1993—2011年,和布克赛尔县疾控中心未设健康教育科,结防科、地方病科及性病艾滋病科专业人员利用每年3月24日结核病宣传日、每年5月15日碘缺乏病宣传日及每年12月1日世界艾滋病日开展宣传教育活动,通过发放宣传单、宣传材料、制作展板,悬挂横幅、电视讲话等形式开展活动,累计发放宣传材料4万余份,制作展板12块,电视讲话10次,受益人群2.5万人次。

2012年,疾控中心设立健康教育科,有兼职工作人员1人。之后,县疾控中心利用"3·24"结核病宣传日、"4·25"计划免疫宣传日、"5·15"碘缺乏病宣传日、世界无烟日、科技宣传周、"12·1"艾滋病宣传日、全民健康生活方式日、全国爱牙日、全国高血压日等专题宣传日,采用板报、咨询、培训、短信微博、网站信息、电视等形式进行疾病预防控制工作宣传。

至2015年,配合地区健康巡讲专家团开展大型健康巡讲活动16场;制作印制各种传染性疾病防治宣传材料、宣传品6万余份;发放宣传材料、宣传品3万余份。争取自治区健康促进医院创建项目资金8万元,开展控烟履约工作,利用项目资金,制作控烟知识手册、折页8 000余份,制作禁烟标识1 000个,分发给各级医疗卫生机构;购买禁烟垃圾桶24个分发给各乡镇场卫生院;设置室外吸烟区,设立明显引导标识;在县疾控中心大厅、候诊区、电梯间、楼梯转角处、走廊、会议室、卫生间等处张贴规范禁烟标志,为服务对象、门诊患者、前来办事的其他人员以及全系统职工提供良好的服务和工作环境。

## 第六章　妇幼保健

### 第一节　婚前保健

2003—2011年,根据《中华人民共和国母婴保健法》《婚前保健工作规范》《中华人民共和国婚姻法》和《中华人民共和国人口与计划生育法》等有关法律法规要求,和布克赛尔县实行免费婚前医学检查,由政府主导,各部门配合,全县婚前医学检查率达到100 %。

2012年7月10日开始,县人民政府为每对新婚夫妇补助300元进行婚前医学检查。县妇幼保健站针对婚检工作开展健康教育宣传,依托"母亲健康快车"项目优势,以法制宣传日、世界卫生日、高血压日、民生面对面及科技宣传周等多种活动为载体,制作婚检宣传材料,走上街头,开展义诊、健康咨询等服务;与广播电视台配合，在电视上滚动播出婚前医学检查相关知识；在县妇幼保健站大厅悬挂婚前医学检查相关知识专题展板，为民政局婚姻登记处提供婚检宣传材料。县妇幼保健站组织实施婚检具体工作，县民政部门把好婚姻登记关，双方密切配合，保证婚检工作按流程进行，应检必检，无一漏查。2015年，和布克赛尔县成为塔城地区免费婚前医学检查率唯一达到100%的县(市)。

## 第二节　妇女保健

2003—2015年，县妇幼保健院围绕降低孕产妇死亡率、5岁以下儿童死亡率两个目标，把孕产妇保健与临床结合起来，实行产前、产时、产后保健系统化服务，发挥县、乡、村三级医疗预防保健网功能，以孕产妇、儿童保健系统管理为基础，使孕妇建卡率、7岁以下儿童系统管理率、住院分娩率、产妇系统管理率等各项指标逐年上升，2013—2015年孕产妇死亡率连续3年为零。

**2003—2015年和布克赛尔县妇女保健工作情况表**

表32-12

| 年份(年) | 产妇数(人) | 产妇建卡率(%) | 产妇系统管理率(%) | 住院分娩率(%) | 高危孕产妇管理率(%) | 孕产妇中重度贫血率(%) | 孕产妇死亡率(1/10万) | 妇女病筛查率(%) |
|---|---|---|---|---|---|---|---|---|
| 2003 | 499 | 64.33 | 5.16 | 72.02 | 100 | — | 595.2381 | — |
| 2004 | 571 | 76.53 | 7.43 | 90.97 | 100 | — | 353.9823 | — |
| 2005 | 639 | 68.70 | 10.60 | 99.21 | 99.17 | — | 474.6835 | — |
| 2006 | 593 | 73.36 | 19.66 | 98.14 | 98.37 | — | 338.9831 | — |
| 2007 | 605 | 94.25 | 28.29 | 99.18 | 100 | — | — | — |
| 2008 | 644 | 96.43 | 57.48 | 99.07 | 100 | 2.33 | — | — |
| 2009 | 657 | 98.33 | 85.13 | 99.85 | 100 | 7.15 | 151.745 | 39.10 |
| 2010 | 671 | 98.51 | 90.87 | 100 | 100 | 12.07 | 299.401 | 71.53 |
| 2011 | 652 | 96.47 | 94.15 | 99.85 | 100 | 3.53 | — | 5.58 |
| 2012 | 730 | 94.38 | 88.44 | 100 | 100 | 18.08 | 136.054 | 82.85 |
| 2013 | 663 | 99.85 | 88.08 | 100 | 100 | 6.79 | — | 111.80 |
| 2014 | 780 | 99.87 | 90.36 | 100 | 100 | 5.26 | — | 21.12 |
| 2015 | 742 | 99.87 | 85.20 | 100 | 100 | 3.25 | — | 1.23 |

## 第三节　儿童保健

2003—2015年，县妇幼保健院根据儿童生长发育的特点开展以儿童为对象的健康保健及护理工作。通过健康教育、咨询及儿童生长发育的筛查等措施，促进儿童生长发育及正常人格的形成，增强儿童体质，降低婴幼儿死亡率，减少儿童常见病及多发病的患病率，提高儿童的总体健康水平。

**2003—2015年和布克赛尔县儿童保健工作情况表**

表32－13

| 年份（年） | 活产数 | 7岁以下儿童保健覆盖率（%） | 3岁以下儿童系统管理率（%） | 母乳喂养率（%） | 5岁以下儿童死亡率（‰） | 5岁以下儿童中重度营养不良患病率（%） |
|---|---|---|---|---|---|---|
| 2003 | 504 | 42.31 | 3.03 | 100 | 25.79 | 1.38 |
| 2004 | 565 | 52.71 | 27.76 | 96.47 | 28.32 | 1.95 |
| 2005 | 632 | 59.74 | 40.52 | 99.54 | 12.66 | 3.24 |
| 2006 | 590 | 62.17 | 49.29 | 82.54 | 16.95 | 4.80 |
| 2007 | 599 | 72.27 | 86.73 | 93.32 | 21.70 | 6.10 |
| 2008 | 642 | 88.12 | 93.10 | 98.67 | 20.25 | 0.40 |
| 2009 | 659 | 89.20 | 89.65 | 97.58 | 15.17 | 1.15 |
| 2010 | 668 | 92.06 | 91.69 | 99.63 | 13.47 | 4.67 |
| 2011 | 650 | 94.07 | 95.17 | 99.85 | 12.31 | 1.58 |
| 2012 | 735 | 93.99 | 90.22 | 95.51 | 12.24 | 1.44 |
| 2013 | 671 | 92.26 | 94.08 | 100 | 11.92 | 0.59 |
| 2014 | 778 | 91.72 | 89.39 | 98.80 | 12.85 | 0.86 |
| 2015 | 750 | 90.24 | 89.36 | 92.79 | 13.33 | 0.82 |

## 第四节　降消项目

2003年，县妇女保健院依托“降消”项目，加强产科建设实行住院分娩贫困救助，降低孕产妇死亡率，消除新生儿破伤风。按照上级要求制定《贫困孕产妇救助实施方案》，符合救助条件的孕产妇，可享受“降消”项目住院分娩救助资金；将“降消”项目与新型农村合作医疗资金捆绑使用，对参合农牧民贫困孕产妇在乡镇卫生院实行免费住院分娩，在县级医疗保健机构实行限价接生。

2007年，自治区给县人民医院、县妇幼保健站配备妊高症监测仪、产后康复治疗仪等产科医疗设备，价值4.38万元；拨付项目经费6.7万元用于开展健康教育、人员培训、贫困救助、下派专家督导等工作。组织技术骨干对各乡镇场“降消”项目工作开展情况进行督导5次；召开妇幼保健工作例会12次，以会代训，针对孕期产褥期保健、难产的诊断处理、妊娠合并贫血、妊高症的预防处理等进行培训并进行考核。扩大贫困孕产妇住院分娩救助覆盖面，限定贫困孕产妇在县级医疗保健机构住院分娩，平产收费不得超过350元；在乡级医疗机构住院分娩收费不得超过250元。实行贫困救助，对农牧民和享受城市低保的孕产妇住院分娩实行一次性救助200元；对有其他合并症的放宽救助范围，并对救助对象实行张榜公示。全年共救助贫困孕产妇323人次，救助金额8.71万元。

2009年，和布克赛尔县根据“降消”项目工作要求，制定《农村孕产妇住院分娩补助项目实施方案》《贫困孕产妇救助管理办法》等规范性文件和年度健康教育、培训、督导等各项工作计划，当年落实项目资金87.38万元。至2015年，和布克赛尔县“降消”项目累计救助贫困孕产妇2 529人，发放救助资金107.7万元。

# 第七章　爱国卫生

## 第一节　创建卫生城市

20世纪90年代初，和布克赛尔县贯彻《全国爱国卫生运动委员会关于开展创建国家卫生城市活动的通知》，开始创建卫生城市工作。全县各乡镇场、企业单位相应成立爱国卫生委员会，广大干部职工和各族群众积极参与，每年元旦、春节、“五一”、“七一”、国庆节等重大节假日前夕，都组织爱国卫生大检查。

1995年始，按照《新疆维吾尔自治区爱国卫生工作条例》，和布克赛尔县积极推进农村“三改”(改水、改厕、改造环境)工作，县爱卫办协助做好环境卫生整治、道路建设、小区绿化、垃圾场及污水厂建设等方面的技术指导工作。

2005年和布克赛尔县被评为塔城地区最佳卫生县城。2006年，被评为自治区卫生县城。2009年，被评为自治区最佳卫生县城。2013年，通过“国家卫生县城”初验。

2015年为环境卫生整治年，和布克赛尔县根据上级对环卫设施的总要求，为各乡镇场及相关单位配备垃圾收集车18辆、填埋设备29辆、垃圾碾压车7辆、双桥车14辆、洒水车6辆、吸污车9辆、拖拉机14辆、扫雪车10辆、道路检查巡逻车5辆、拉拉车368辆；有生态环保厕所218座、垃圾收集房93个、垃圾箱2 658个、果皮箱1 552个、铁锹850把、环卫冬季工作服697套、马甲731件，有环保工人442人。迎宾路绿化工程总投资368.55万元，在赛尔南街入口处铺装花岗岩地面3 200平方米、铺装水管2 400米、整理绿化用地及种草皮3 300平方米，栽乔木430株、灌木2 138株，在县城出入口种植野花组合10 690平方米。同年，和布克赛尔县被评为“国家卫生县城”。

## 第二节　爱国卫生活动

### 一、农村改厕

1995年，和布克赛尔县开始进行农村改厕工作。至2006年，全县完成农村改厕300座。2009年，获得中央补助地方农村改厕项目工作先进县(市)称号。

2010年，制定《和布克赛尔县农村改厕实施方案》。至2015年，全县累计完成农村改厕任务4 728座，修建水冲式公厕5座，总投资201.3万元。对公厕实行承包管理制度，设专人管理，确保卫生清洁，优化环境，方便群众。

### 二、除“四害”和灭病预防

2001年起，和布克赛尔县开展“统一灭鼠、一役达标”活动。每年对鼠密度进行调查1～2次，根据鼠情，定期投饵灭鼠，使鼠密度始终控制在国家标准以下。坚持每年对城乡的公共场所、食品行业、公共厕所进行蚊蝇杀灭2～3次。

2011年，为净化减少全县病媒生物繁殖，控制疾病传播，保障各族群众身体健康，确保病媒生物防制任务达标，对全县的病媒生物工作进行统一安排部署，加强密度监测，科学调查评估。在全县设立30多个监测点，定期监测病媒生物分布、消长、危害及密度变化等情况，及时通报监测、调查和评估结果。各成员单位出板报、展出宣传展板10块，发放除“病媒生物”宣传资料6 000余份。全县发放鼠药4 250公斤、蟑螂药280公斤、蝇蚊药300公斤、毒饵盒9 500个，灭鼠、灭蟑、灭蝇蚊总面积41.98万平方米。同年获得自治区除“四害”达标先进城区称号。

2015年，全县发放鼠药4 250公斤、蟑螂药280公斤、蝇蚊药300公斤、毒饵盒9 500个，较好完成统一“病媒生物防制”工作。在整个灭鼠灭蟑除害工作中，未发生中毒事件。

**三、普及全民健康教育**

20世纪90年代，和布克赛尔县每年开展爱国卫生月宣传活动。县爱卫办利用电视、广播、宣传栏等形式，宣传爱国卫生运动的重要意义和重点任务，做到家喻户晓。

2007年，开展全民健康教育知识讲座活动，在县新闻媒体开辟健康之友、创卫简报等专栏；在城乡建立健康知识橱窗，宣传群众日常生活健康知识。印发《知识与健康》等卫生知识宣传册（单）3 000余份，举办各类健康教育培训班、座谈会70场次。

2010年始，坚持将健康教育列入爱国卫生工作年度计划，通过“碘缺乏病防治日”“爱国卫生月”“手足口病防治”“世界卫生日”“爱牙日”“洗手日”等活动组织各单位进行宣传教育。在每年春季，采取讲座、知识竞赛、广播、宣传单等形式广泛宣传传染病防控知识。至2015年，利用广播、电视、橱窗、黑板报等形式开展卫生知识宣传10场次，发放《环境卫生与健康常识》《病媒生物防制手册》《农村改厕指南》等健康教育宣传资料1万余册（份），创建无吸烟单位10个；全县健康教育业务工作率达到100%，健康知识知晓率达到95%，健康行为形成率达到85%。

# 第八章　主要医院

## 第一节　县人民医院

**一、基础设施建设**

1993年，县人民医院占地面积1.65万平方米，建有门诊住院综合楼以及供应室、洗衣房等相关辅助设施，总建筑面积3 000平方米。开设床位80张。

1996年10月，县人民医院正式投入使用污水消毒处理系统。

2003年9月至2005年10月，县人民医院投入185万元新建行政楼2 312平方米，地下室改建成药库。

2007—2009年，县人民医院投入977.82万元新建住院综合楼3 295.4平方米；在四楼建成标准化层流手术室。

2011年4月，由辽宁省盘锦市援建的1.68万平方米县人民医院门诊住院综合楼开工建设，总投资6 568万元，其中，争取国家项目资金1 330万元、援建资金2 636万元、县财政配套资金2 602万元，于2013年6月正式投入使用。

2014—2015年，县人民医院投入147万元改建医院污水处理系统；投入42万元改建血液透析室；投入177.8万元新建发热门诊、感染病房；投入24.5万元改建职工食堂。医院占地面积2.02万平方米，总建筑面积2.24万平方米。床位编制数达到150张。

## 二、医疗设备

1993—2004年，县人民医院医疗设备相对落后，大型医疗设备仅有50毫安X光机1台，手提式黑白B超1台及克拉玛依市中心医院赠送价值2万余元的医疗设备，包括早产培养箱、A超机、心电图、万能产床。

2005—2010年，县人民医院加大设备投入，促进医院快速发展。先后投入15万元购入医疗信息管理软件及相关设备，实现远程会诊；投入285万元购置单层CT一台；投入近100万元购置全自动生化仪、全自动血球分析仪、DR设备；投入近200万元购置彩色多普勒超声诊断仪，呼吸机、麻醉剂、辐射台及一拖四监护仪、腹腔镜、胆道镜、电子胃镜、宫腔镜、阴道镜等先进设备。

2011—2013年，为全面达到二级甲等医院的水平，县人民医院引进先进设备，开展诊疗项目，推动医院学科快速发展。投入500万元引进VEP-100弱视诊疗系统、数字胃肠机、彩色多普勒诊断仪、DR数字化影像系统、全自动生化仪、膀胱镜、关节镜、电脑骨创伤治疗仪、全电脑牙科综合治疗仪、远红外线按摩牵引床等先进医疗设备；投入246万元更新改进医院信息管理系统，建立覆盖医疗、服务、管理全过程的医院信息系统，达到实时采集、处理、汇聚信息，整合医院主要业务及管理流程，提高管理水平和管理效能。争取急救体系项目资金105万元配备救护车2辆及先进急救设备；盘锦市人民政府捐赠价值50万元的救护车2辆，提高医院应急救治能力。

2014—2015年，购置一台价值545万元原装进口16排螺旋CT并开展增强CT及三维重建诊疗工作，促进影像学科发展；投资128万元引进雅培血气电解质分析仪检验、85.8万元引进全自动细菌鉴定仪，开展结核杆菌荧光染色新技术用于结合杆菌的诊断，增加检验科检测范围；投入50万元资金购置平衡杠、电动起立床等先进康复设备，开展康复运动项目；投入10万元购进脑外手术器械，开展脑外科手术。至此，医院设备设施已全部更新。

## 三、对口帮扶工作

1991年8月1日至1993年8月10日，克拉玛依职工总医院先后抽派7批34名业务水平高的专业技术人员援助县人民医院。门诊诊疗14 139人次，其中巡回义诊955人次，抢救危重病人130人次，手术372人次，业务讲课44次，教学查房78次，开展新项目58项，经济效益提高23.9%。

2010—2012年，与伊犁州奎屯医院开展医疗技术业务合作，伊犁州奎屯医院分批派遣33名医生长期对县人民医院进行业务指导，提高医务人员的理论水平、业务能力和诊疗水平。门诊诊疗21 563人次，抢救危重病人236人次，手术152人次，业务讲课25次，教学查房69次。

2010年12月至2015年12月，辽宁盘锦市共派出4批医疗队19名专家支援县人民医院，开展临床教学、技术培训、操作示教等一系列工作，使医院的学科建设和人才培养得到迅速发展。共开展义诊下乡义诊51次，受益群众3 000多人次。先后参加急危重病人抢救工作429例，协助参与各类手术611台次，开展业务讲课55次，培训医务人员2 025人次，开展弱视诊疗、心脏破裂修补术、急性心肌梗死溶栓治疗等新技术、新项目11项。其间，2012年8月、2013年9月，由辽宁省盘锦市卫生局联合承办白内障免费手术与眼科大型义诊活动，为和布克赛尔县41例白内障患者进行免费手术治疗。

2013年3月至2015年12月，安徽省芜湖市先后为县人民医院派遣8批33名专家，涵盖心内、神经内、神经外、骨科、妇产、重症、麻醉、儿科、超声、心理咨询等专业的医疗专家及医务、护理、院感的管理专家。参加急危重病人的抢救工作232例，协助参与各类手术352台次，开展业务讲课101次，培训医务人员1 020人次；下乡义诊33次，受益群众达1 500人次；成立心理咨询门诊，开展心脏及血管彩色多普勒诊断、康复运动治疗、颅内血肿钻孔引流术等新技术、新项目6项。

**四、医疗实绩**

1993—1995年，医院平均每年收治门急诊病人443 236人次，住院病人1 511人次，病床使用率56.3%，医疗业务总收入163.27万元。

1996—2000年，医院平均每年收治门急诊病人48 030人次，住院病人1 274人次，病床使用率53.97%，医疗业务总收入242万元。其间，1999年10月，被评为国家"爱婴医院"。

2001—2005年，医院平均每年收治门急诊病人48 926人次，住院病人1 377人次，病床使用率54.3%，医疗业务总收入405万元。

2006—2010年，医院平均每年收治门急诊病人50 460人次，住院病人2 185人次，病床使用率44%，医疗业务总收入1 493万元。2010年，医院指定为塔城地区公立医院改革试点单位、县城镇居民医疗保险、新农合定点医院。

2011—2015年，医院平均每年收治门急诊病人64 586人次，住院病人3 539人次，病床使用率60.49%，医疗业务总收6 085万元。其间，2011年5月，医院取得自治区卫生厅职业健康检查机构资质；2012年，被指定为自治区包虫病外科治疗定点医院、结核病三位一体定点医院；2013年11月，被自治区卫生厅命名为二级甲等医院。

## 第二节　县蒙医医院

**一、基础设施建设**

1991年，县蒙医医院有业务用房面积1 200平方米，辅助用房面积300平方米。

1998年，改建近60平方米的五味药浴室。

2006年，县蒙医医院投资20万元新建污水处理池等污水处理系统；投资35万元对两层综合楼进行彻底装修改造，安装塑钢门窗、更换暖气片、办公设备等，并在院内室内植树种花，改善医院就诊环境和整体容貌。

2007—2008年，投资30余万元重新修建供应室、洗衣房，购置洗衣机、大型高压蒸汽压力锅，彻底解决医院多年消毒难的问题；投资25万元重新修建阿尔格勒特热气泉，建成110平方米的钢筋混凝土蒸气疗养室、宿舍。

2009年，争取到国家基础建设项目蒙医医院病房楼新建项目，建设规模4 000平方米，总投资1 005万元

（中央投资905万元、地方配套资金100万元）。2010年，争取到蒙医医院门诊楼建设项目，总投资268万元，新建3 000平方米门诊楼。2011年3月11日，整体搬迁至哈尔尕图南路。

2012年，争取到80万元建设辅助房项目，新建400平方米五味药浴室、洗衣房、供应室；新建60平方米门卫室及400米围栏。医院业务用房面积达到7 000平方米。

## 二、医疗设备

1993年，县蒙医医院医疗设备比较落后，大型医疗设备仅有50毫安X光机1台，手提式黑白B超1台、12导联心电图1台、显微镜1台等。

2006年，县蒙医医院被列入"中央补助县级中医民族医院急诊急救能力建设项目"行列，争取到资金33万元，购进急救医疗设备。

2007年，县财政投资100万元购置北京万东双床双管500mA程控X光机、瑞典进口全自动血液分析仪、血流变分析仪、北京用友软件公司信息设备，康尔生22项全自动血流变仪器，全自动生化仪、B超、外科各种手术医疗器械等，解决多年医院医疗设备简陋、诊断条件差等问题。

2008年1月，县蒙医医院获得自治区农村医疗机构针灸理疗康复特色专科建设项目康复理疗项目共持资金，购置传统疗术科设备，改善蒙药房环境。

2011年，搬迁新楼后县人民政府招标120余万元用于更换医院办公设施和部分设备，采用全新办公用品和电脑、液晶电视和动态血压计等。

2012年，争取国家中医药管理局中医诊疗设备专项200万元，公开招标购置全自动生化仪、彩色B超、电频麻醉刀、中医诊疗设备（如蒙医五疗灯、尼如哈仪、红外线治疗仪、疼痛治疗仪、牵引床，熏蒸床、电动按摩床、骨质增生治疗仪、过敏源治疗仪、微量元素治疗仪、脑循环治疗仪）等先进医疗器械。

2015年，医院拥有DRX光机、彩超、24小时动态血压和心电分析仪、全自动生化分析仪、全自动血流变仪等各种设备100余台件。全院专科门诊及病区设施设备全部更新，实现传统医学与现代科学技术的有机结合。

## 三、医疗实绩

（一）常规医疗

1993—1995年，医院平均每年收治门急诊病人7 000人次，住院病人340人次，病床使用率70%，医疗业务总收入30万元。

1996—2000年，医院平均每年收治门急诊病人8 100人次，住院病人380人次，病床使用率70%，医疗业务总收入150万元。其间，1999年，医院承办全疆蒙医药学术交流会。

2001—2005年，医院平均每年收治门急诊病人1.2万人次，住院病人680人次，病床使用率85%，医疗业务总收入340万元。

2006—2010年，医院平均每年收治门急诊病人2万人次，住院病人1 200人次，病床使用率89%，医疗业务总收入400万元。

2011—2015年，医院平均每年收治门急诊病人3.5万人次，住院病人2 000人次，病床使用率91%，医疗业务总收入1 000万元。2012年，医院申报"古尔古木—4味"开发和研究项目获地区级科研新项目；2013年，获得自治区科技厅“基层青年科技人才称号”；2015年，获得国家中医药管理局专科项目“尼如奈胡英病（腰椎间盘突出症）”专科培育项目。

（二）蒙医特色医疗

1993年以来，县蒙医医院坚持用蒙医药治疗多发病、常见病，主要治疗心血管疾病、胃病、肝病、鼻炎咽喉炎、骨关节疾病、过敏性紫癜（巴木病）、胆囊疾病、妇科疾病、小儿感冒、小儿黄疸、肾病等，效果明显。

1999年7月，县蒙医医院协同县人民政府承办第五届新疆维吾尔自治区民族医药协会蒙医药学术会议，全疆4家蒙医医院和知名蒙医专家及蒙医爱好者参加会议。会上，县蒙医医院介绍该院开展蒙医医疗的基本做法和经验；县蒙医医院才吾格加甫（第一作者）发表的学术论文《蒙西医结合治疗肾病的体验》获一等奖，孟克巴图（第一作者）发表的学术论文《天然蒸汽治疗皮肤病的体会》获二等奖。

2005年起，县蒙医医院每年派出5～10名专业技术人员到自治区大型医院进修学习。截至2015年，派出进修人员达到150人次。

2007年3月，在自治区卫生厅“万名医师支援农村医疗卫生”工程的文件精神要求下，县蒙医医院第一次接受三甲医院专家对口支援工作。截至2011年11月，昌吉州中医医院先后派遣32名专家到县蒙医医院对口支援。

2008年1月，自治区卫生厅将县蒙医医院列入全区农村医疗机构针灸理疗康复特色专科建设项目。县蒙医医院开设针灸室专科病房，项目投资30万元。同年，县蒙医医院列入自治区中央补贴地方县级中医民族医院中药民族药药房建设项目和2008年度自治区中央补助地方中医民族医特色专科（专病）建设项目，设立蒙药房和蒙医皮肤科，共争取中央补贴项目专项资金80万元。

2013年，县蒙医医院争取到地区级科技攻关“古日古木—4味”应用和研究项目，获得扶持资金7万元；该项目负责人巴图·查汗被自治区科技厅授予“基层青年科技人才”称号，获得扶持资金5万元。

是年8月，在全院医护人员的共同努力下成功创建了二级甲等民族医院。

2015年，县蒙医医院开展“达布森扎萨勒”“小儿蒙医特色按摩法”等创新项目；同年，获得自治区中医民族医药管理局“尼如奈胡英”专科培育项目。

**1993—2015年和布克赛尔县蒙医医院学术论文情况表**

表32－14

| 论文、著作或教材名称 | 作者 | 发表时间、期刊（学术会议） |
|---|---|---|
| 《蒙医药治疗不孕35例观察》 | 苏布生（第一作者） | 1995年5月“全国民族医药学术交流会论文汇编” |
| 《蒙医药传统疗法治疗不孕症35例观察》 | 苏布生（第一作者） | 1996年8月参加国际传统医药学术交流大会入选“论文集”题录 |
| 《用蒙药治疗10例肝包虫的报道》 | 苏布生（第一作者） | 1996年8月“自治区民族医药学会青年民族医药研究会成立暨首届学术交流会议”上获优秀论文一等奖 |
| 《图鲁木疗法的浅深》 | 苏布生 | 1996年9月编入中国中医药出版社《非药物疗法万家论治精要》 |
| 《含珠停在新疆地区的临床观察报告》 | 苏布生（第一作者） | 1997年7月《自治区计生科技处杂志》发表 |

续表32－14

| 论文、著作或教材名称 | 作者 | 发表时间、期刊(学术会议) |
|---|---|---|
| 《用蒙医治疗牛皮癣5例》 | 苏布生<br>(第一作者) | 1997年10月"自治区民族医药学会青年民族医药研究会第一届二次学术交流会议"上被评为"优秀论文" |
| 《蒙医药治疗"乙肝"的体会》 | 孟克巴图 | 1997年10月"自治区民族医药学术会议论文" |
| 《脉络疾病的浅略认识》 | 才吾格加甫<br>(第一作者) | 1998年9月在全疆第四届蒙医药学术交流专题会上获得医疗组评二等奖 |
| 《蒙药治疗"牛皮癣"体会》 | 孟克巴图 | 1998年新疆维吾尔自治区民族医药会上发表 |
| 《应用蒙药"牛皮癣"治疗15例体会》 | 孟克巴图<br>(第一作者) | 1998年11月自治区民族医药第四次会员代表会暨学术交流会上发表 |
| 《用蒙药和针灸治疗面瘫的体会》 | 孟克巴图<br>(第一作者) | 1999年1月新疆《健康》杂志(蒙文版)上发表 |
| 《用马奶治疗高血压病的体会》 | 孟克巴图<br>(第一作者) | 1999年4月新疆《健康》杂志(蒙文版)上发表 |
| 《治疗妇女气血病的体会》 | 苏布生<br>(第一作者) | 1999年4月新疆《健康》杂志(蒙文版)上发表 |
| 《天然蒸汽治疗皮肤病的体会》 | 孟克巴图<br>(第一作者) | 1999年7月自治区民族医药会上发表获二等奖 |
| 《蒙西医结合治疗肾病的体验》 | 才吾格加甫<br>(第一作者) | 1999年7月在全疆第五届蒙医学术经验交流会议上获优秀论文一等奖 |
| 《蒙药"阿木尔—6味"临床应用》 | 乔龙巴图<br>(第一作者) | 2000年1月新疆《健康》杂志(蒙文版)上发表 |
| 《阿尔根特热气泉和五味药浴》 | 孟克巴图 | 2000年6月《新疆日报(蒙文版)》上发表 |
| 《蒙医药饮食疗法与防病探讨》 | 苏布生<br>(第一作者) | 2003年编入国际蒙藏医药学术交流会论文集 |
| 《心脑血管治疗经验》 | 才·巴图吉尔格力 | 2004年7月在全疆第六届蒙医学术研讨会上发表 |
| 《滴虫性阴道炎预防及药物治疗》 | 才·巴图吉尔格力 | 2004年8月在《中华实用医学理论》杂志上发表 |
| 《蒙医药治疗子宫内膜异位症35列》 | 巴图·查汗<br>(第一作者) | 2008年7月在《中国民族医药杂志》上发表 |
| 《珍宝丸治疗肢体周围神经炎的体会》 | 才·巴图吉尔格力 | 2010年5月在《中国蒙医学》杂志上发表 |
| 《蒙药"古尔古木—4味"临床应用》 | 巴图·查汗<br>(第一作者) | 2010年7月在《中国民族医药杂志》上发表 |
| 《急性白血病误诊一例》 | 巴图·查汗<br>(第一作者) | 2010年10月在《中国中医药现代远程教育杂志》上发表 |
| 《胃衰病治验》 | 东达·阿丽腾才次克、巴图·查汗 | 2014年在《中国蒙医药杂志》上发表 |
| 《蒙医对胡英协日乌苏病(黄水病)的认识》 | 巴图·查汗 | 2015年7月在第二届国际蒙医药协同创新论坛会议上发表 |
| 《地方蒙医验方》 | 巴图·查汗 | 2015年7月在第二届国际蒙医药协同创新论坛会议上发表 |

## 第三节　县慈善医院

### 一、基础设施建设

2008年6月4日，自治区发改委批准和布克赛尔县慈善医院立项建设，批准文号委新发改设字〔2008〕825号，该院建设总规模9 770平方米，其中：门诊楼建筑面积3 000平方米，病房楼建筑面积5 000平方米，传染病房面积500平方米、辅助用房面积1 270平方米，项目总投资1 600万元。

### 二、医疗设备

2010年，县慈善医院主要医疗设备有飞利浦双排螺旋CT机、卡尔史托斯腹腔镜、中科美伦DR数字化X光机、飞凡彩色多普勒超声诊断仪、美国Ho1ogic全数字化乳腺机、美国MD魅力4000型全自生化分析仪、飞利浦金科威SLC－2000A电子数码阴道镜、C型臂机等60余台（套）等国际一流的医疗设备。拥有千、万级层流净化手术室3间和ICU中央监控病房。

2011年，新购置腹腔镜等仪器设备13台（件），价值345万元。

2012年，筹措资金150万元，通过政府采购引进迈瑞全自动生化仪、K520型冷冻手术治疗机、电测听、康复理疗设备等先进医疗设备，并新购功能性救护车1辆。

2015年，医院新增主要医疗设备有二氧化碳激光治疗机。

### 三、医疗实绩

2010年11月29日，医院投入试运行。在试运行的第一周内，对就诊患者免挂号费，检查和治疗费减免50%，共减免优惠资金总额104 703元。12月12日，医院举行开业庆典。

2011年，医院门诊诊疗2万人次，住院1 900人次，手术210例，“120”出诊210车次，院内外急救265人次。重大特大抢救6次，体检1 322人。入院与出院、术前与术后、临床与病理诊断符合率都在98%以上。与自治区人民医院和新疆医科大学附属医院开展远程会诊40余例，腹腔镜微创手术开展肝包虫、子宫巨大肿瘤、胆囊炎等手术50余例。全年下乡医疗巡诊13次，先后为县老干局、消防大队、边防大队、交警大队268人免费体检，开展关爱妇女儿童健康大型体检、县贫困妇女“两癌”免费筛查、县80岁以上老年人免费体检等活动，为广大患者、低保、贫困、孤寡残等弱势群体免费医疗总价值159 903元。

2013年，医院门诊量为23 558人次，住院量3 522人次，手术280例，“120”出诊375车次，院内外急救226人次，急诊抢救成功率达99%。医院总收入1 541.51万元。其中，门诊收入400.83万元，住院收入660.68万元，药品销售480万元。免费体检1 100余人次。

2015年，医院与自治区人民医院、克拉玛依市中心医院签订远程合作医疗协定，临床医务人员对疑难杂症、急危重病人、医技影像进行远程会诊247人次。成立以党支部书记、院长为组长、各科室主任为成员的爱婴医院领导小组，制订创建爱婴医院工作计划以及促进母乳喂养的十条规定和促进母乳喂养成功的十点措施。分别对周边社区孕妇及医院全体医护人员进行母乳喂养知识培训，将有关母乳喂养婴儿的好处及方法传授给所有的孕产妇，保护妇女及婴幼儿健康安全，提升产科、儿科服务质量。同年7月，血液透析室正式投入使用，并引进双泵血滤机一台，每季度到乌鲁木齐市疾病预防控制中心进行水质检测，确保患者就医安全；10月，医院顺利通过二级甲等医院创建验收，并成功创建为二级甲等医院。全年门诊量234 388人次，住院量2 030人次，手术339例，“120”出诊339车次，院内外急救680人次，急诊抢救成功率达94%。医院医疗总收入1 630万元，其中，门诊收入342万元，住院收入365万元，药品销售653万元。

# 第九章　计划生育

## 第一节　计划生育宣传教育

1993年，为增强农村牧区群众对计划生育政策的进一步理解，县计生委联合县委宣传部、县妇联、县广播电视局等新闻单位，以节假日、大型活动为契机利用广播电视进行宣传教育。根据和布克赛尔县山区特点，利用牧民转场、剪毛等各种时机，深入牧区对农牧民进行集中宣传。仅一个夏季就入户宣传789户，受教育4 724人。同年6月，莫特格乡举办人口与计划生育知识竞赛，40名农牧民参加该次活动并分别获得一、二、三等奖和鼓励奖。全年利用简报宣传共13期(2 340份)、专栏生育宣传栏18期(32个版面)，发放计划生育政策小册3 375份、计划生育答卷宣传1 750份。

1998年，县计生委举办宣传画竞赛、计划生育人寿保险知识竞赛、“7·11”世界人口日及计划生育文艺会演，强化全民人口素质意识，促使各族群众生育观念的转变。全年共出计划生育简报240期、专栏板报205期、大幅标语1 087副、张贴标语6 209副(条)，各种宣传活动112次、电视专题节目54次，翻译印发宣传小册2 403本，总投入宣传教育经费6万元。

2003年，利用妇女大会之机，在全县开展宣传活动并发放宣传材料3 000份。以“婚育新风进万家”活动为载体进行宣传教育，提高各族群众对计划生育政策的知晓率。

2008年，县人口计生委宣传计划生育政策法规、奖励优惠政策、避孕节育、优生优育和流动人口计生等相关知识以及国情区情县情、男女性健康、碘缺乏病防治、艾滋病预防知识、“五期”(青春期、新婚期、孕产期、育儿期、中老年期)教育、出生缺陷干预、免费婚检、计划生育系列保险和禁止利用特殊人群贩毒等内容。在“八一”建军节来临之际，对驻守在阿吾斯奇边防连的官兵、战士进行慰问，免费为官兵、战士体检、开展互动联谊活动、赠送计划生育书籍、宣传手册和宣传品。5月，县人口计生委、计生协在和什托洛盖举办“为奥运添彩，树文明新风，倡婚育道德，建幸福家庭”为主题的千人签字、宣传咨询、义诊、发放奖励金、文艺汇演等大型系列宣传活动，参加人数3 000多人。利用“7·11”世界人口日之机，联合县远程办、县妇幼保健站等部门深入边远牧区开展“婚育新风进毡房，优质服务你我他”为主题的集中宣传、技术服务和文艺会演活动。全年共出板报260期，简报152期，发送手机短信600多条，开展大型宣传活动117次，参加人数39 106人次。自制宣传品有9种、宣传册有2种、宣传单有10种；宣传品进村入户率93.90%以上，保证每户家庭3份以上宣传材料；每村刷写永久性标语20条，群众对计生知识知晓率达到90%以上。

2013年，县人口计生委将人口婚育文化融入蒙元特色文化和精神文明建设创建活动中。建立人口文化园、人口文化大院、人口计生图书角等宣传阵地，组建“婚育新风演出工作服务小分队”“马背宣传队”“俏婆婆艺术队”，开展人口文化“六进”(进学校、进机关、进农村、进社区、进企业、进家庭)活动，创新宣传形式，增强人口文化感染力和渗透力。组织开展婚育新风示范户、幸福家庭、优秀计生协会会员评选表彰活动；开展男性健康日、“艾滋病”宣传日、协会纪念日、世界人口日等大型宣传活动。开展宣传品展评活动，在县人口计生委设立人口文化中心，长期展出百余种群众自制的计生宣传品。全年县、乡、村三级共举办不同层次、不同形式、不同规模培训班374期，育龄群众基础知识教育普及率94%，发放各类宣传品（材料）4万余份，群众计生知识知晓率95%。

2014—2015年，累计投资100多万元建成人口文化园3个，人口计生知识宣传一条街14个，人口计生宣传文化墙、宣传标语、灯箱、广告牌600个，印制发放蒙古、汉、哈萨克3种文字资料袋、手提袋、挂袋、围裙等宣传品1万余份，宣传材料3万余份。利用电子屏、计生网站、手机短信和微博、微信公众号等形式发布并及时更新人口计生知识30余条。各族群众对人口计生政策知晓率96%以上，满意率95%以上。

## 第二节　计划生育政策

### 一、少数民族计划生育政策

1993—2002年，和布克赛尔县贯彻执行自治区1992年7月起施行的《自治区计划生育办法》。《办法》规定城镇少数民族居民一对夫妇只准生育两个子女，少数民族农牧民一对夫妇可生育三个子女。

2003—2015年，和布克赛尔县在少数民族计划生育政策上，一直沿用《新疆维吾尔自治区人口与计划生育条例》。《条例》规定城镇少数民族居民一对夫妇可生育两个子女，少数民族农牧民一对夫妇可生育三个子女。夫妻一方为少数民族按少数民族计划生育规定生育。

### 二、汉族计划生育政策

1993—2002年，和布克赛尔县贯彻执行《自治区计划生育办法》。《办法》规定城镇汉族居民一对夫妇只准生育一个子女，农牧民一对夫妇可生育两个子女。

2003—2015年，和布克赛尔县贯彻执行《新疆维吾尔自治区人口与计划生育条例》。《条例》规定城镇汉族居民一对夫妇可生育一个子女，汉族农牧民一对夫妇可生育两个子女。

### 三、奖励扶助优惠政策

（一）政策制定

1993—2004年，和布克赛尔县未制定计划生育相关奖励扶助优惠政策文件，仅设有达标先进奖。

2005年，和布克赛尔县为贯彻落实《新疆维吾尔自治区人口与计划生育条例》有关奖励优惠政策的规定，先后制定《关于印发〈和布克赛尔县发放农牧民家庭人口与计划生育奖励金实施意见〉的通知》《关于印发和布克赛尔县兑现农牧民领证家庭奖励金实施方案的通知》《关于贯彻执行〈新疆维吾尔自治区人口与计划生育条例〉中城镇居民奖励政策的规定》。

2007年，和布克赛尔县人口计生委联合县民政局出台《关于对计划生育贫困家庭实行社会救助和优先优惠政策的通知》《和布克赛尔县农村部分计划生育家庭新型合作医疗奖励扶助制度工作实施办法（暂行）》。至2015年，以上优惠政策一直沿用未变。

（二）表彰奖励情况

1993年，和布克赛尔县设立人口与计划生育目标管理指标全面达标单位奖，获奖单位9个，即和布克赛尔镇1 200元；夏孜盖乡1 000元；布斯屯格牧场、第二煤矿各800元；新乌森盐场、水泥厂、火电厂、第一煤矿、第三煤矿各600元。

1995年，和布克赛尔县评出人口与计划生育目标管理指标先进单位15个，即和布克赛尔镇、夏孜盖乡、巴嘎乌图布拉格牧场各奖励2 000元；第二煤矿、第三煤矿、新乌森盐场各奖励1 000元；莫特格乡、和什托洛盖镇、查干库勒乡、那仁和布克牧场、布斯屯格牧场、伊克乌图布拉格牧场，各奖励1 000元；夏孜盖盐场、第一煤矿、化工厂各奖励500元。

2003年，和布克赛尔县评出计划生育工作先进单位6个，即和什托洛盖镇（计生办工作责任奖）、铁布肯乌散乡（计生统计求实奖）、布斯屯格牧场（计生科技管理与优质服务奖）、宏达盐业有限公司（计生宣传教育奖）、巴嘎乌图布拉格牧场（计生协会工作奖）、夏孜盖乡（计生村民自治先进单位奖）；评出计划生育工作先进个人16人。

2008年，和布克赛尔县评出计划生育工作先进单位4个，即查干库勒乡（信息化管理工作奖）、巴嘎乌图布拉格牧场（婚育新风进万家活动奖）、那仁和布克牧场（计划生育协会工作奖）、那仁和布克牧场（药具规范化管理先进奖）；评出县计划生育工作先进工作者11人、村级优秀计划生育宣传员6人、县人口计生成员单位优秀计生兼干5人。

2011年，和布克赛尔县评出计划生育工作先进单位13个，即和什托洛盖镇（人口创新奖、优质服务奖）、伊克乌图布拉格牧场（人口贡献奖、药具规范化管理先进奖）、查干库勒乡（计划生育综合改革奖）和布克赛尔镇（流动人口服务管理奖）、铁布肯乌散乡、察和特开发区（宣传工作奖）、巴音傲瓦乡（新机制奖）、夏孜盖乡（政务信息奖）、莫特格乡（依法行政奖）、那仁和布克牧场（计划生育协会工作奖）；评出县优秀计生专干6人、优秀村级计划生育宣传员6人。

2013—2015年，根据《和布克赛尔县绩效考评管理办法》要求，不再对下级单位单独设立奖项，全部转化为分值纳入和布克赛尔县年终绩效考核。

## 第三节　计划生育管理

### 一、“一把手”工程

1993—2015年，和布克赛尔县把人口计生工作纳入“一把手”工程，党政“一把手”亲自抓、负总责，实施计划生育一票否决制。成立由县委书记为组长，县人民政府县长为副组长，各成员单位、乡镇场、企业公司“一把手”为成员的人口和计划生育领导小组，领导小组下设办公室，具体负责本县的人口和计划生育工作。每年各兼职成员单位、乡镇场、企业公司与县人民政府签订人口和计划生育目标管理责任书，保证落实奖励与优待等计划生育各项措施。实行党政线、部门线、计生线“三线考核”，建立和完善人口计生领导小组联络员制度，将各部门人口计生工作纳入绩效考核内容，保证计划生育工作落到实处。

## 二、流动人口计划生育管理

1993年，随着经济迅速发展，第三产业崛起，和布克赛尔县流动人口日益增加。为了加强对流动人口计划生育的管理，县委、县人民政府动员各部门密切配合，通力协作，齐抓共管。在宣传、民政、新闻、广播电视、工、青、妇等部门的支持协作下，计划生育宣传进入千家万户。在公安、工商、税务等部门配合下对流动人口重新进行登记造册，签订不育合同并纳入规范管理。根据国家《流动人口计划生育管理实施办法》《新疆维吾尔自治区流动人口计划生育管理实施办法》有关规定，县人民政府制定《和布克赛尔县关于贯彻执行〈新疆维吾尔自治区流动人口计划生育管理实施办法〉的暂行规定》。对无计划生育证明或计划生育证明不完备的，有关部门和用工单位或个人不得给予安排或收留；对所有流动人口育龄妇女，每两个月到驻地医疗单位进行检查；对流动人口中计划外生育的，除由常住户口所在地和现居住地的乡（镇）人民政府、街道办事处或计划生育行政部门分别按照规定收取计划生育费外，有关部门和单位还给予吊销营业执照、解除劳动合同等行政处罚。

1998年，县人口计生委坚持一级抓一级，一级向一级负责。多次召开有关部门联席会，并实行“谁用工、谁负责，谁受益、谁管理，谁的辖区、谁清理”制度，把流动人口计划生育管理纳入综合治理轨道。和什托洛盖镇党委、镇人民政府率先加强领导，成立流动人口管理办公室，从镇、镇派出所、工商所抽调1～2名工作人员联合办公，走访宣传，摸底数，与流动人口签订计划生育合同书。

2003年，和布克赛尔县将流动人口纳入责任书的重要内容，使参与计划生育综合治理工作的部门职责分明，任务具体，明确流动人口计划生育管理以现居住地为主的管理体制，将流动人口纳入常住人口管理。年内全县有流动人口2 654人，占全县总人口数的5.36%，已婚育龄妇女690人，占全县已婚育龄妇女数的6.47%。

2008年，由县委政法委牵头联合县公安、民政、综治、边防大队、司法、工商、外办、团县委、妇联、工会、人口计生委等部门在全县开展地毯式流动人口普查登记工作。同时开展2005—2007年回顾性流动人口计划生育服务管理专题调查。发挥县内流动人口信息平台、部门人口信息交换平台、全国流动人口信息交换平台作用，实行出租流动人口计划生育合同管理，落实房东责任制。坚持“属地化管理、市民化服务”的服务理念，为流动人口及时提供国家规定的计划生育免费技术服务，维护流动人口合法权益。积极开展“流动人口服务和管理年”活动、“战胜灾害——关怀在你身边”专项行动、“关怀关爱——共渡难关”活动，提升服务和管理水平，形成协调一致、管理互补、服务互动、信息互通、资源共享的流动人口计划生育工作“一盘棋”格局。年内全县流动人口2 953人，育龄人数2 210人，持证人373人。流入人口共出生25人，符合政策生育率88%；流出人口出生11人，符合政策生育率100%。提交县外流动人口信息588条。查验流动人口婚育证明124个。

2013年，开展自治区流动人口计划生育基本公共服务均等化示范单位创建活动，举办流动人口计划生育基本公共服务均等化服务启动仪式，在民工公寓、流动人口集中的社区设置流动人口服务中心、流动人口便民服务室，为流动人口提供方便快捷的避孕节育、优生优育和生殖健康服务。落实方便群众办证措施，公开计生证件办理程序，发放“亲情服务联系卡”，执行首接责任制、一次性告知制和限时办结制，畅通流动人口办事渠道；依托乡镇文化站建立流动人口文化活动中心，为务工人员举办法律讲座、文化辅导、艺术培训，开展联谊、才艺比拼、读书演讲等活动，丰富流动人口精神文化生活。在流动人口集中的社区、企业成立流动人口计生协会，建立“流动人口之家”，开展关怀关爱活动，引导流动人口自我服务管理。建立流动人口创业基地，鼓励和支持流动人口在和布克赛尔县干事创业，使流动人口真正融入本地社会生活。各相关部门结合业务特点，制定流动人口均等化服务政策，实现流动人口安居、就业、保障、维权、关爱、素质提升、子女教育、计划生育等八大均等化服务，推动均等化建设健康发展。

2015年，建立流动人口计划生育服务中心、流动人口便民服务室，设立流动人口文化活动中心，免费为流动人口提供避孕节育、孕前优生、健康体检等技术服务，制定《和布克赛尔县流动人口基本公共卫生计生服务均等化工作的实施方案》，将流动人口计生工作纳入社会管理和公共服务体系，加强与公安、综治等相关部门的信息互通，实现资源共享，推进流动人口计划生育公共服务均等化。

## 第四节　优质服务

1993年，和布克赛尔县贯彻“避孕为主”方针，县计生委与基层专干深入到农村、牧区进行入户调查，一边宣传避孕知识，一边发放避孕药具。全年应用药具1 458人，避孕药具应用率74.31%，避孕药具有效率97.19%。

1997年，县计生指导站竣工使用，建成“一条龙”服务格局的计划生育规范手术室。

1998年，多次选派医务工作人员前往乌鲁木齐、昌吉、克拉玛依、塔城地区及县人民医院进修学习。妇检49人，早孕试剂检查49人次，B超检查30人次，妇科治疗13人次。

2003年，宣传普及避孕节育知识，指导育龄群众选择适合自身特点的安全、有效、适宜的避孕方法，订购《计划生育避孕节育知识选择》光碟发放到基层，开展避孕节育知情选择宣传活动。开展“优质服务进万家”活动，拓宽服务领域，县站全年共为8 993人提供优质服务，查孕363次，查病治病3 257次，免费发放避孕药具4 456人。

2008年，争取到国债资金，将县服务站和3个乡级服务站（和什托洛盖镇、夏孜盖乡、查干库勒乡服务站）改扩建纳入2008年、2009年国债建设项目中，其中，查干库勒乡服务站被纳入自治区2009年财政补助建设项目。按照创建先进县的标准，将县服务站面积扩建为1 069.02平方米。由县财政投入1.8万元更新县服务站的微机、打印机、传真复印一体机、照相机等设备。先后选派4名县站技术人员分别到南京、自治区、县蒙医院参加副站长和药剂培训班及检验专业进修。自治区人口计生委免费为夏孜盖乡、巴音傲瓦乡各配备1辆计划生育流动服务车。

2013年是“优质服务提升年”，从强化基础建设、深化药具改革、强化培训练兵三个方面提升优质服务能力。应用“乡村级药具管理通用系统”，规范药具管理，开展药械市场清查，设置100个免费发放网点，定制30个统一规范的药具自取箱。举办生殖健康咨询师、药具等专题培训6期。选派11名技术人员赴辽宁、自治区计生科研所及县级医疗机构参加不少于3～6个月的进修学习。抽调4名乡镇服务站技术人员在县站跟班学习6个月，举办第八届技术练兵比武和第三届药具练兵比武活动，在地区举办的技术服务和药具练兵比武活动中分别获集体奖第一名和第三名，两人荣获个人奖第一名、一人荣获第三名。

2015年，制定和布克赛尔县“优质服务巩固提升年”实施方案并抓好落实，对专业技术人员采取分级培训和跟班学习等形式加大学习培训力度。运用“技能操作培训基地”对县乡技术人员进行现场模拟操作和培训，推行承诺服务和岗位目标责任制管理，严格遵守操作规程，实行周汇报月点评机制，鼓励技术人员参加各类资格证考试，建设职业化、专业化技术服务队伍。加大人才引进力度，从塔城地区、额敏县分别引进高级职称和副高级职称专业技术人员各1名，增强县计生技术服务力量。建立医疗设备、人员、车辆共享机制，实施县乡服务站“集团化”管理。运用县计生指导站数字化管理系统，提升便民服务效率。拓展服务项目，开展妇女常见病普查普治工作。举办药具管理规范化专题培训班，应用乡（镇）药具通用系统规范药具管理和发放，设置免费发放网点96个，做好流动人口药具免费发放与服务指导，满足流动育龄群众避孕节育需求，确保育龄群众享受到优质的计生服务。

2016年12月29日，国家卫生计生委下发《关于命名2014—2016年全国计划生育优质服务先进单位的通知》，和布克赛尔县名列其中。

# 第三十三编

# 精神文明建设

和布克赛尔县把加强社会主义精神文明建设放在和经济建设同样重要位置，坚持两手抓、两手硬的方针，1998年通过地区级精神文明建设先进县的验收。2000年，县委决定在全县范围内开展“创建自治区级精神文明建设先进县”活动，且当年创建为“自治区级精神文件建设先进县”。其后，通过“三观”“三义”“三德”教育、公民道德建设、文明单位创建、“讲文明 树新风”、志愿者服务等活动，有力促进了全县精神文明建设。2014年，和布克赛尔县成为自治区级精神文明先进县。

# 第一章　机构队伍

## 第一节　行政机构

1991年3月，县“五讲四美三热爱”活动委员会更名为和布克赛尔县社会主义精神文明建设活动指导委员会，“五讲四美三热爱”活动办公室更名为和布克赛尔县社会主义精神文明建设活动办公室。

1992年12月18日，和布克赛尔县精神文明建设指导委员会办公室并入县委宣传部，有工作人员2人。和布克赛尔县社会主义精神文明建设活动办公室更名为和布克赛尔县精神文明建设活动办公室（简称“文明办”），县委宣传部副部长兼任县文明办主任。

2002年9月，根据《和布克赛尔县党政机构改革方案》和《关于和布克赛尔县党政机关机构改革实施“三定”工作的意见》精神，县委宣传部挂县精神文明建设指导委员会办公室的牌子，有工作人员2人。同年5月13日，和布克赛尔县成立创建自治区精神文明建设先进县领导小组，组长由县委书记、县文明委主任孙彦哲担任，副组长6人，成员19人。领导小组下设4个工作小组，分别为综合协调组、新农村建设督查指导组、创建督查指导组和创建宣传文艺组。

2011年10月，县文明办设专职主任。2013年5月，经县委研究同意，在县文学艺术界联合会原有编制基础上连人带编制增加3名全额预算管理事业编制，从事精神文明创建工作。

2015年年底，县文明办有编制4名，其中行政编制1名，事业编制3名。

## 第二节　基层组织

1993—1997年，和布克赛尔县11个乡镇场由分管精神文明建设的领导具体负责精神文明创建工作。

1998年3月13日，县委召开“讲文明，树新风”动员大会，在全县范围内广泛深入开展“讲文明，树新风”活动。到2012年11月，全县各乡镇场均有精神文明创建领导小组，由分管精神文明建设的主管领导和精神文明专干具体负责乡镇场、村（队）的精神文明创建工作。

2012年12月，县委任命7个乡镇的党委委员、宣传员。2013年11月，县委任命4个牧场的党委委员、宣传干事，进一步加强精神文明创建工作。

2014年11月，和布克赛尔县91个村、队、社区均配备1名宣传员兼精神文明专干，开展村、队、社区的精神文明创建工作，实现全县乡村精神文明创建工作人员全覆盖。

# 第二章 思想道德教育

## 第一节 "三观""三义""三德"教育

1996年，和布克赛尔自治县遵照自治区党委的总体部署，在全县范围内深入开展为期一年的"三观""三义""三德"（"三观"指世界观、人生观、价值观；"三义"指社会主义、爱国主义、集体主义；"三德"指家庭美德、社会公德、职业道德）和中国近代史、中国共产党党史教育活动。各行各业针对不同的工作岗位和职业道德规范制订文明市民公约和行为准则；倡导"三从三不"：从现在做起，从我做起，从小事做起；不随地吐痰，不在公共场所吸烟，不说脏话。商业中开展优质服务承诺和百店无假货活动。在干部中提倡重"官德"，教师中提倡重师德，医疗行业提倡重医德，要求每个从事社会公益事业的人员重视职业道德。在青少年中开展爱国主义教育，从小培养他们热爱祖国、热爱新疆、热爱家乡的感情，树立正确的世界观、人生观、价值观。深入开展向雷锋、李素丽、李润武等先进人物学习活动，加强思想道德建设。弘扬中华民族的传统美德，提倡助人为乐、见义勇为、诚实守信、勤俭节约的良好风尚，发展互敬、友爱和睦的新型人际关系。

对乡场镇农村牧区的教育活动以小康建设为主体，科技致富为手段，以"十星级"文明户评比为载体。在各级党组织的统一安排领导下，通过教育活动的开展，把提高广大农牧民思想素质、增强科技种田意识、提高农牧民生活水平的思想道德教育工作做到千家万户，形成浓厚的"十星光荣"的氛围。至1996年年底，全县有95%的村队开展了"十星级"文明户评比活动，进一步把农村精神文明建设落到实处，促进了农村牧区社会风气的好转。

## 第二节 公民道德建设

2005年起，县委组织全县各族干部职工深入学习《公民道德建设实施纲要》，并进行广泛的讨论、座谈，使公民道德建设家喻户晓，深入人心。深入开展"社会主义荣辱观"为主要内容的教育，大力倡导"爱国守法、明礼诚信、团结友善、勤俭自强、敬业奉献"的基本道德规范，努力提升全县公民的道德水平。

2007年，启动"情暖和布克赛尔"道德模范评选表彰活动。2010年，表彰了坚守水库31年，任劳任怨、无怨无悔的基层水利工作者才吾克·其克和查干库勒乡安全接生1 000个孩子的民间接生员欧·散巴依尔等10位典型人物。通过表彰先进模范人物，弘扬了社会正气，使助人为乐，扶危济困的美德在全县蔚然成风。

2011年10月25日，中共十七届六中全会通过的《中共中央关于深化文化体制改革 推动社会主义文化大发展大繁荣若干重大问题的决定》公布。全县随即组织开展道德领域突出问题专项教育和治理活动，推进公民道德建设工程，把诚信建设摆在突出位置。县委、县人民政府在群众关心、社会关注的食品药品安全、社会服务、公共秩序3个重点领域，深化道德教育，强化集中整治，健全长效机制。

2013年，加强"道德讲堂"建设使用，按照"就近就便、类型齐全、覆盖合理、有序推进"的原则，依托各类已有活动阵地，实现"道德讲堂"全面覆盖。全县共建立"道德讲堂"150个，开展以社会公德、职业道德、家庭美德、个人品德为主要内容的道德讲堂活动，评选出40位道德模范人物。6月28日，由和布克赛尔县委宣传部、县文明办举办的“美映中国梦·情暖和布克赛尔”道德模范人物评选暨颁奖典礼在县人事劳动和社会保障局四楼党政视频会议室召开。县委班子成员，历届县道德模范代表，人大、政协代表，离退休干部，县直各党（工）委、乡镇场党委书记、分管宣传思想工作领导及宣传思想精神文明专干，部分村队村民、社区居民代表210余人参加颁奖典礼。

2014年，持续开展推荐、宣传、学习、争做“最美和布克赛尔人”活动，构建了基层推荐、媒体宣传、社会关爱的完整体系。通过组织道德模范与身边好人现场交流活动、道德模范和“最美和布克赛尔人”进社区、进机关、进企业、进学校、进村镇、进军营巡讲活动，以及拍摄好人专题片等，传播好人精神，放大好人影响。印发《和布克赛尔县帮扶礼遇道德模范实施意见》，通过领导慰问、节庆礼遇，建立帮扶机制，引导社会赞助，倡导好人互助等方式，推动形成好人有好报的社会氛围。

2015年，启动县第五届“情暖和布克赛尔”道德模范人物评选活动，表彰10名道德模范人物。积极参与上级文明办举办的各类道德模范人物评选表彰活动。成功推荐第四届自治区道德模范1人，中国好人榜候选人10人，最美新疆榜候选人5人，最美塔城榜候选人7人，其中1人获自治区第四届道德模范提名奖，2人受到自治区成立60周年中央代表团的接见。大力开展“道德讲堂”和“道德广场”活动，通过“身边人讲身边事、身边人讲自己事、身边事教身边人”，提升干部群众的道德自觉和道德水准。全年累计开展“道德讲堂”活动753场次，参与人数2万人次。至2015年年底，县文明办共推地区级道德模范20人，最美新疆人5人，新疆“感动中国十大人物”1人，中国好人榜1人，感动新疆1人。

# 第三章　文明创建活动

## 第一节　文明单位创建

1996年10月，中共十四届六中全会作出《中共中央关于加强精神文明建设若干重要问题的决议》，系统地归纳了邓小平理论中所包含的极其丰富的关于精神文明建设的思想，成为带领各族人民迈向新世纪，建设精神文明的行动纲领。

1997年1月20日，中共和布克赛尔县委召开全委扩大会议，县委书记夏广泰就如何贯彻落实中共十四届六中全会精神作重要讲话，强调指出“中共中央关于加强精神文明建设若干重要问题的决议”，提出了在新形势下精神文明建设的指导思想、奋斗目标和工作方针。会议对社会主义精神文明建设作了全面的部署和规划，提出要积极开展文明城镇、文明乡村、文明行业、文明单位和文明家庭等活动为中心的精神文明创建工作，大会制定并下发了《关于贯彻党的十四届六中全会精神，加强社会主义精神文明建设的意见》。同时，成立以县委书记、县人民政府县长为主任，县委副书记、政法委书记、宣传部部长等领导为副主任的和布克赛尔县精神文明建设委员会，形成了党政主要领导亲自抓、各方面分工负责的精神文明建设领导体制和工作机制；在县直部门及乡镇场也实行了精神文明建设目标责任制。自此，精神文明建设每年有计划安排，有督促检查，有总结表彰，重大活动县领导有专人负责；县委、县人民政府每年召开两次精神文明建设会议，专题研究精神文明建设的有关问题。

1998年3月13日，县委召开“讲文明，树新风”动员大会，在全县范围内广泛深入开展“讲文明，树新风”活动。县委宣传部、文明办、爱卫办、总工会、团委、妇联等联合举办“告别不文明行为”签字仪式，县委印刷4万份“告别不文明行为倡议书”，发送到乡场镇街道办事处和干部群众手中。各企事业单位及服务行业设立服务窗口，推行“星级服务员”，实行承诺服务制度，县委制定《关于和布克赛尔县党政机关“讲文明，树新风”实施方案》，要求机关干部和工作人员进一步树立全心全意为人民服务的公仆意识，加强机关廉政建设，转变机关服务态度，提高机关办事效率树立公仆形象，并在全县开展“十佳公仆”评选活动，树立先进典型。全县各机关单位实行挂牌上岗，建立岗位监督，实行政务公开，设立举报电话和群众意见箱。通过全县“讲文明，树新风”活动的开展，取得了阶段性成果。同年，和布克赛尔县通过了地区级精神文明建设先进县的验收，全县创建自治区级精神文明单位5个；创建地区级精神文明单位6个。

2000年6月，和布克赛尔县委、县人民政府决定在全县范围内开展“创建自治区级精神文明建设先进县”活动。7月13日，和布克赛尔县召开创建自治区级精神文明建设先进县动员大会。自治县四套班子领导出席会议，地委委员、地委宣传部部长廖运建，地区精神文明建设指导委员会办公室主任庞喜荣应邀到会指导。7月25日，县委下发《和布克赛尔县关于贯彻地区“美化家园，塑造形象”电话会议的实施意见》，成立和布克赛尔县“美化家园，塑造形象”工作领导小组，在全县范围内大力开展“美化家园，塑造形象”活动。经过全县各族人民的共同努力，至年底，和布克赛尔县争创自治区级精神文明建设先进县工作顺利通过了自治区精神文明建设检查团检查验收，成功创建为“自治区精神文明建设先进县”。建成三级文明单位107个，其中自治区级文明单位17个、地区级文明单位23个、县级文明单位67个；自治区级文明行业示范单位2个，地区级最佳文明单位3个，“十星级”文明户3 006户。

2002年5月13日，和布克赛尔县委、县人民政府印发《关于争创自治区精神文明建设先进县的实施意见》，《意见》要求认清形势，分析现状，充分认识再创自治区精神文明建设先进县的复杂性和紧迫性；统一思想，强化措施，全面提高自治县精神文明建设整体水平；全面动员，发动群众参与，争创自治区精神文明建设先进县。

2006年，全县“十星级”文明户达到5 725户，占全县总户数的39%；创建成自治区级文明单位44个，地区级文明单位增至77个、县级文明单位增至118个。

2010年，全县新创建自治区级文明单位2个、文明村1个、文明社区3个、地区级文明单位2个、县级文明单位4个。文明乡镇1个、文明村4个、文明社区2个，并顺利通过自治区文明委复验。

2013年，和布克赛尔县跨入自治区精神文明先进县行列。全县建立了完备的创建工作网络，形成了横向到边、纵向到底的创建工作格局，为创建工作有序推进、高效落实奠定了坚实基础。

2015年，加强对各级文明单位、文明乡镇（村）日常创建工作的调查研究和业务指导，充分运用社会评议、媒体监督等多种方式，切实加强对非评选年文明单位的动态管理，使文明单位评选重在质量、从严把关。举办2期文明单位（文明乡镇村）业务工作培训班，各单位分管领导、专干378人参加，不断深化文明创建活动。重点开展作风建设、文明塑造和效能提升3个专项行动，开展“爱岗敬业、激情奉献”教育实践活动，发挥好党政机关的表率作用，加强作风整治，强化责任担当。在全县党政机关、窗口单位和企业开展“优质服务我先行”活动，通过服务竞赛、专题培训等形式，规范行业行为，提高服务效能。通过完善有效的教育、监督和管理体系，引导干部职工养成文明习惯，传播文明风尚。全县189个单位积极参与文明单位创建活动，118家文明单位运用三大创建网上平台新疆文明网、地区文明网进行创建活动展示，有序推进文明创建工作。至2015年年底，全县有自治区文明单位31个、地区文明单位48个、县文明单位39个；自治区文明乡镇1个、地区文明乡镇2个、县文明乡镇9个。

## 第二节 “讲文明，树新风”活动

2012年，为严格贯彻落实《关于对领导干部操办婚丧喜庆事宜进一步加强监督管理的通知》，进一步加强婚丧喜庆活动的管理，大力倡导移风易俗，婚丧喜庆简办的新风，县政府出台和颁布《和布克赛尔县人民政府令》（2012年第1号），抵制民族婚丧喜庆活动程序复杂、不文明、浪费等情况导致人民生活水平下降现象的发生。同年，对已颁布的政府令补充“哈萨克民族婚丧事简办管理办法”，明文禁止13项蒙古族、10项哈萨克族仪式和酒宴，明确婚丧喜庆活动程序、规格及处罚标准。

2013年，中央宣传部、中央文明办、国家互联网信息办公室、工业和信息化部、国家工商总局、国家新闻出版广电总局部署在全国开展“讲文明，树新风”公益广告宣传。县委建立职能部门各司其职的领导机制和联席会议制度，重点突出核心价值观12个主题词（富强、民主、文明、和谐，自由、平等、公正、法治，爱国、敬业、诚信、友善）和中国梦的宣传。县电广播电台、电视台每天在重要黄金时段重复播放，年播放达上万条次。县域网站在首页固定位置长期刊播公益广告；城区建筑工地封闭围挡按照30%的比例制作发布公益广告。广泛利用公交站台、出租车等各种载体和重要节庆、重大活动期间，开展公益宣传。同年，和布克赛尔县文明办出台《关于在全县家庭开展“晒家风”活动的实施意见》，推进社会主义核心价值观融入人们的生产生活和精神世界，在城乡居民家庭开展家风（家规家训）征集展示，。同年，县委重点实施文明餐桌、文明交通、文明旅游、文明上网四项文明引导行动。制定奢侈浪费行为惩治条例，印发8万多张餐桌提示卡，在全县各类饭店餐馆广为张贴摆放。组织近500人次在县城区域岗点进行文明劝导。在旅游景区（点）通过各类载体刊播公益广告，倡导文明旅游。发展网络文明传播志愿者骨干和三级文明单位志愿者近1 000人。

2015年，大力开展“文明单位宣讲礼仪”活动，每月确定一个重点，开展一次“百名居民查文明”活动。开展“文明餐桌”行动，倡导文明就餐、理性消费、尊重劳动、珍惜资源的价值取向。通过各类媒体倡导讲文明树新风，每月发送3条手机短信；在和布克赛尔县政府网、赛尔党建网开辟专栏，每天滚动播出；在和布克赛尔县广播电视台图文频道每周播出；组织各文明单位，利用微信、微博、博客等新兴媒体传播。

## 第三节 志愿者服务活动

2006年，和布克赛尔县启动“大学生志愿服务西部计划”项目。后来，志愿者服务活动扩展到全县各部门、各单位以及社会各方面。

2010年，积极组织青年志愿者开展“雪莲花”应急救灾志愿专项行动，积极号召全县各族干部群众发挥“一方有难、八方支援”的精神，为受灾群众出一份力量，献一份爱心。开展“送温暖、献爱心”抗灾保畜工作，共派45个志愿服务队1 038名志愿者赴受灾乡镇场进行救灾。争取上级救灾专项资金2万元，自筹捐款9 507元。面对抗旱救灾异常严峻的形势，为支援灾区人民渡过难关，团县委根据自治区、地区团委的要求，迅速号召广大团员青年和少先队员发挥“一方有难、八方支援”的精神，积极向西南地区特大旱灾区捐款，共捐款13 499元。号召团员青年为玉树地震灾区捐款6 983元。团县委充分发挥各团组织和志愿者组织的桥梁、纽带作用，开展了关爱农民工子女、留守儿童志愿者服务活动，团员青年和志愿者与农民工子女、留守儿童结对子，进行爱心服务和捐助，有60余名团员青年和支援者为农民工子女和留守儿童进行服务100余次，赠送和捐助各类图书100余本、作业本200本、习题册50本、乒乓球5副、羽毛球6副及其他学日用品等物品，同时开展“心手相牵 快乐成长”关爱农民工子女捐助活动仪式，为30名农民工子女和留守儿童捐助6 000元爱心助学金，青年志愿者互赠爱心结对卡，让孩子们进一步增强学习信心，感受来自社会的关爱。

2013年，健全机制，促进志愿服务活动常态化。规范志愿者服务指导与管理，建立健全志愿者注册、招募、激励和保障制度，在实践活动中不断丰富、发展和完善志愿服务长效管理机制。县文明办牵头成立“和布克赛尔县和美家园”志愿者协会，组织全县90多支志愿者服务队开展志愿服务活动，为干部群众提供了暖心、温心、爱心、宽心服务，使他们真正体会到社会大家庭带来的温暖。各乡镇场、文明单位组织志愿者在城镇和农牧区开展了关爱空巢老人、关爱孤儿、扶危济困、整治环境等“学雷锋”志愿服务活动，推动学雷锋志愿活动常态化。

2015年，以制度化为目标，进一步推动志愿服务常态化发展。依托县和美家园志愿者协会，整合各类志愿服务资源，广泛开展以“三关爱”为主题的志愿服务活动。广泛宣传普及“学习雷锋、奉献他人、提升自己”的志愿服务理念。充分发挥各文明单位的志愿服务群体开展关爱空巢老人、留守儿童、残障人士等弱势群体志愿服务活动。组织开展以法律、文体、科技、医疗卫生“四进”为主要内容，以困难群众为主要对象的志愿服务活动，使志愿服务贴近社会需求。组织全县90多支志愿者服务队开展志愿服务活动631次。

# 第三十四编

# 人民生活

20世纪90年代,和布克赛尔县加速经济体制改革,进一步解放生产力,城乡经济发展较快,工农业三产和社会服务业提高了效益,城乡居民收入也随之提高。进入21世纪后,县委、县人民政府更加关注民生,广大各族群众在改革发展中得到更大更多实惠。2015年,全县城镇职工人均工资达到42 820.2元,比1993年增长10.65倍,年均增长11.81%;农牧民年人均纯收入达到12 250元,比1993年增长13.41倍,年均增长12.89%。人民生活基本摆脱贫困,迈向小康。

# 第一章　城镇人民生活

## 第一节　职工收入

1993—2000年,和布克赛尔县城镇各类从业人员年均总数随着经济发展的变化有升有降,但人均工资额除个别年份外,整体上是逐年增长的,全县城镇职工年人均工资由1993年的3 675元提高到4 975元,年均增长4.42%。在此期间,企业实行改革,现代企业制度尚未建立健全,企业的市场竞争力较弱,职工整体素质还不高,一些企业生产经营困难,致使城镇职工工资收入增长缓慢。

2001年起,私营个体经济从业人员快速增加,效益也有所增加。至2005年,全县城镇职工年人均工资由2001年的6 989元提高到11 383元,年均增长12.97%。

2006—2010年,全县城镇职工年人均工资由13 516元提高到23 205.7元,年均增长14.47%。这5年是全县城镇职工工资增长最快的时期。

2011—2015年,全县城镇职工人均工资由26 454.9元提高到42 820.2元,年均增长12.79%。2015年,全县城镇职工年人均工资比1993年增长10.65倍,年均增长11.81%。

**1993—2015年和布克赛尔县城镇职工及工资情况表**

表34－1

| 年份(年) | 职工总数(人) | 其中 | | | 工资总额(万元) | 其中 | | | 年人均工资(万元) |
|---|---|---|---|---|---|---|---|---|---|
| | | 国有单位(人) | 集体单位(人) | 其他单位(人) | | 国有单位工资(万元) | 集体单位工资(万元) | 其他单位工资(万元) | |
| 1993 | 11 952 | — | — | — | 4 392.4 | — | — | — | 3 675.0 |
| 1994 | 12 232 | 10 183 | 2 049 | — | 3 906.0 | — | — | — | 3 193.3 |
| 1995 | 12 944 | — | — | — | 5 030.5 | — | — | — | 3 886.4 |
| 1996 | 14 173 | 11 329 | 2 844 | — | 5 517.8 | — | — | — | 3 893.2 |
| 1997 | 13 145 | 11 380 | 1 765 | — | 5 808.4 | — | — | — | 4 418.7 |
| 1998 | 12 557 | 11 099 | 1 458 | — | 5 537.7 | — | — | — | 4 410.0 |
| 1999 | 13 182 | 11 976 | 1 206 | — | 6 208.4 | — | — | — | 4 709.8 |
| 2000 | 10 328 | 9 415 | 913 | — | 5 966.4 | — | — | — | 4 975.3 |

续表34-1

| 年份(年) | 职工总数(人) | 其中 | | | 工资总额(万元) | 其中 | | | 年人均工资(万元) |
|---|---|---|---|---|---|---|---|---|---|
| | | 国有单位(人) | 集体单位(人) | 其他单位(人) | | 国有单位工资(万元) | 集体单位工资(万元) | 其他单位工资(万元) | |
| 2001 | 11 651 | 8 512 | 523 | 2 616 | 8 142.9 | 6 701.2 | 297.7 | 1 144.0 | 6 989.0 |
| 2002 | 10 974 | 8 256 | 412 | 2 306 | 8 862.7 | 7 090.1 | 219.6 | 1 553.0 | 8 076.1 |
| 2003 | 11 254 | 8 074 | 57 | 3 123 | 10 979.2 | 7 185.0 | 81.3 | 3 712.9 | 9 748.0 |
| 2004 | 11 041 | 8 152 | 39 | 2 850 | 11 254.6 | 7 939.3 | 27.3 | 3 288.0 | 10 193.5 |
| 2005 | 11 911 | 8 537 | 347 | 3 027 | 13 558.8 | 10 199.8 | 381.6 | 2 977.4 | 11 383.4 |
| 2006 | 10 886 | 8 567 | 481 | 1 838 | 14 713.9 | 11 547.8 | 612.2 | 2 553.9 | 13 516.4 |
| 2007 | 11 464 | 8 620 | 499 | 2 345 | 17 465.0 | 12 961.0 | 993.4 | 3 510.6 | 15 234.6 |
| 2008 | 12 304 | 8 810 | 318 | 3 176 | 18 314.0 | 13 075.7 | 267.2 | 4 971.1 | 18 100.1 |
| 2009 | 11 916 | 8 787 | 209 | 2 920 | 23 317.3 | 17 711.2 | 431.2 | 5 174.9 | 19 568.1 |
| 2010 | 10 721 | 9 098 | 55 | 1 568 | 24 878.8 | 20 025.0 | 264.5 | 4 589.3 | 23 205.7 |
| 2011 | 10 864 | 9 250 | 55 | 1 559 | 28 740.7 | 22 615.0 | 307.6 | 5 818.1 | 26 454.0 |
| 2012 | 11 425 | 9 412 | 64 | 1 949 | 34 476.6 | 25 169.2 | 304.3 | 9 003.1 | 30 176.5 |
| 2013 | 12 427 | 10 200 | 65 | 2 162 | 45 182.3 | 30 629.8 | 452.3 | 14 100.2 | 36 358.2 |
| 2014 | 12 514 | 10 059 | 76 | 2 379 | 48 148.6 | 32 737.8 | 523.9 | 14 886.9 | 38 475.8 |
| 2015 | 12 445 | 10 211 | 72 | 2 162 | 53 289.7 | 36 918.8 | 624.3 | 15 746.6 | 42 820.2 |

## 第二节　城镇居民住房

20世纪90年代，和布克赛尔县开始住房制度改革，逐步实行住房分配货币化，陆续出售公有住房。城镇居民的居住条件得到明显改善，住楼房的居民逐年增多，住房较宽敞，多数住户有两室一厅，少数住户有三室一厅，室内有暖气、自来水、卫生间等配套设施，居民的家庭装饰日趋美化、实用。

进入20世纪后，和布克赛尔县城镇居民出现私人建房热。2003年，全县城镇私人建房投资达到540万元。2005—2010年，全县城镇居民私人建房累计投资3 156万元，年均投资631.2万元，在一定程度上改善了城镇居民居住条件。

2015年，和布克赛尔县加大保障性安居工程建设力度，新增投资6 177万元建设各类保障性住房480套。

## 第三节　城镇居民日常生活

1993年，和布克赛尔县实现城镇消费品零售3 892万元，占零售总额4 407万元的88.31%。整个20世纪90年代，随着人民生活的改善，服装款式日渐新颖，化纤面料增多。城镇居民中，中青年人穿款式新颖的毛料、化纤织物和西服、滑雪服、羊毛衫、夹克衫、牛仔裤、套装裙、旗袍裙等。鞋类式样繁多，男性多穿各式皮鞋、老板鞋、旅游鞋，女性普遍穿式样美观的各种高跟、中跟、酒杯跟皮鞋及长筒靴。家庭用具开始转向电器化，各类家用电器陆续进入普通居民家庭，一般职工家都有收录机、洗衣机、电视机、电冰箱、电饭锅、电磁炉等。

2000年以来，城镇各族居民生活显著改善，对各种蔬菜、蛋、禽、鱼、肉、油和其他副食品消费量逐年增加。随着居民收入的不断提高，居民的膳食结构也发生很大变化，大米、海鲜、各种蔬菜、水果、鸡、鸭、鱼、肉、禽、蛋和各种饮料消费量增大，职工的饮食从温饱型向营养型转化。开始使用网络，互联网成为城镇居民不可缺少的一部分，它可以让人们随时跟朋友互动，还可以实现资源共享，从而节省成本还提高了效率。互联网还是一个超越时空的穿梭器，它不受时间和空间的限制就可以实现聊天、购物、影视观赏、信息浏览、网络游戏、手机上网、看电影、看新闻等活动。县人民政府加大投入，铺装道路，建设高速公路，人们开始使用电动车、摩托车、小汽车等现代交通工具。

进入2010年以后，人们通常打扮得更加时尚潮流，女性佩戴各种金银首饰来装扮自己。消费水平提高，购买力大大上升，对商品的占有量、消费量、耐用消费品拥有量都有大幅度增长。家庭用具已由实用向现代、高档转化，开始添置高档家具，居民的家庭装饰日趋美化，大部分家庭拥有小汽车，城镇居民的生活得到改善和提高。

2015年，全县实现城镇消费品零售26 385万元，占零售总额33 960万元的77.69%。

# 第二章　农牧区人民生活

## 第一节　农牧民收入

1993—2000年，和布克赛尔县农牧民年人均纯收入由850.25元提高到1 759元，年均增长10.94%。

2001—2005年，和布克赛尔县农牧民年人均纯收入由2 036元提高到3 259元，年均增长12.48%。

2006—2010年，和布克赛尔县农牧民年人均纯收入由3 570元提高到5 857元，年均增长13.18%。

2011—2015年，和布克赛尔县农牧民年人均纯收入由7 058元提高到12 250元，年均增长14.78%。这5年是全县农牧民年人均纯收入增长最快的时期。

2015年，全县农牧民年人均纯收入比1993年增长13.41倍，年均增长12.89%。

**1993—2015年和布克赛尔县农牧民年人均收入情况表**

表34－2　　单位：元

| 年份（年） | 人均收入 | 年份（年） | 人均收入 | 年份（年） | 人均收入 | 年份（年） | 人均收入 |
|---|---|---|---|---|---|---|---|
| 1993 | 850.25 | 1999 | 1 570 | 2005 | 3 259 | 2011 | 7 058 |
| 1994 | 1 003.24 | 2000 | 1 759 | 2006 | 3 570 | 2012 | 8 648 |
| 1995 | 1 133.02 | 2001 | 2 036 | 2007 | 4 150 | 2013 | 10 039 |
| 1996 | 1 170.00 | 2002 | 2 395 | 2008 | 4 600 | 2014 | 11 240 |
| 1997 | 1 150.00 | 2003 | 2 927 | 2009 | 4 921 | 2015 | 12 250 |
| 1998 | 1 369.00 | 2004 | 3 027 | 2010 | 5 857 | | |

## 第二节　农牧区居民住房

20世纪90年代，和布克赛尔县农村居民住房开始改善，并出现新的特点，住宅以单户院落式为主，用卵石（或片石）泥浆砌基，且砖基砖檐，墙体用土坯（也有砖包皮），草泥屋顶，南墙留窗开扇，并安装玻璃。一般都有前院、后院，前院修盖厨房、库房、煤房，后院修棚圈、厕所，也有在前后院种菜的。院墙多用土打墙或土坯砌筑，院门为木框双扇木板门，可让人力车进出。随着农牧民收入不断增加，兴建了不少砖混结构的房子，一般均有客厅。毡包是牧民移动的家，每年5—10月，牧民将上百头（只）牲畜赶到夏牧场，支起帐篷，一家人便在毡包里一住就是5～6个月，举家一棚，太阳能灯、电视等电器齐全。

进入21世纪后，全县农村居民私人建房投资也大为增加，2003年达到605万元。2005—2010年，全县农村居民私人建房累计投资10 166万元，年均1 694.3万元。农村居民的住房条件达到历史最高水平。

2011—2015年，县人民政府在和布克赛尔镇及和什托洛盖镇集中建设农牧民安居富民楼4 890套，创建了一种新型牧民定居方式，从根本上实现农牧民向城镇市民和城镇从业者的跨越式转变。

## 第三节　农牧民日常生活

1993年，和布克赛尔县实现农村消费品零售共515万元，占全县社会消费品零售总额4 407万元的11.69%。整个20世纪90年代，牧民衣着开始趋向时尚，随着生活用品的日益丰富，牧民经济收入的不断增加，牧民的服饰从面料到款式都发生了质的变化。戴蛤蟆镜、穿喇叭裤成为青年牧民一种不可阻挡的时尚。牧民的传统饮食主要有面食、肉食、奶制品、奶茶、马奶酒，蔬菜、水果、蛋糕等。手抓肉是牧民们日常生活中的主要肉食。奶制品可谓多种多样，有黄油、奶皮子、奶酪、奶豆腐、奶油、酸奶、奶疙瘩、奶糕等。

进入21世纪后，随着时代的发展，全县牧民逐水草而居的游牧生产生活方式已向现代畜牧业转变。牧民定居后由于生产方式的变迁人们生活方式也出现相应的变化，一排排抗震民居房，院内满圈马、牛、羊。学校、卫生室、文化室的建立，解决了游牧民子女上学难、游牧群体就医难等问题，牧区老人、孩子不再常年长途跋涉，充分享受到医疗卫生、教育文化、广播电视等社会公共服务，牧民脸上笑容越来越多，幸福的日子越过越红火。现代化的交通、通信工具开始走进定居牧民家中，现代化的娱乐休闲方式也逐渐被广大牧民所接受。定居牧民的服饰选择、饮食结构、居住条件、交通状况与定居之前相比有了显著的变化。

农民的衣着也随着生活条件的提高而转变，一改过去的耐用、保暖意识，各色化纤、毛料服装，各式皮鞋成为农家的便装，青年农民西装革履，已趋向城里的着装。饮食方面也一改过去只求吃饱的饮食习惯，从追求数量的满足向追求营养方面转变，食用油、面（特一粉、特二粉）、大米（东北大米）、肉、禽、蛋的数量大幅度增加。美食产业化发展以及特色餐饮业的发展与旅游产业的紧密结合，产生各种美食品牌，自助火锅、大盘鱼、各类小炒、民族特色小吃等成为农村居民的家常便饭。他们与时俱进，跟随时尚步伐，购买力大为提升，消费水平显著提高。

2015年，全县实现农村消费品零售7 575万元，占零售总额33 960万元的22.31%。

## 2000年全县家庭户住房基本情况表

表34－3

| 地 区 | 家庭户户数（户） | 家庭户人数（人） | 平均每户住房间数（间/户） | 人均住房建筑面积（平方米/人） |
|---|---|---|---|---|
| 全 县 | 15 445 | 56 332 | 1.97 | 18.99 |
| 和布克赛尔镇 | 2 727 | 9 838 | 1.98 | 21.91 |
| 和什托洛盖镇 | 3 422 | 12 017 | 2.11 | 18.83 |
| 夏孜盖乡 | 732 | 2 507 | 2.51 | 25.63 |
| 铁布肯乌散乡 | 862 | 3 465 | 1.36 | 16.37 |
| 查干库勒乡 | 1 006 | 4 116 | 1.87 | 17.63 |
| 巴音傲瓦乡 | 487 | 2 251 | 1.76 | 17.77 |
| 莫特格乡 | 886 | 3 492 | 2.54 | 16.85 |
| 砂吉海煤矿 | 691 | 2 122 | 1.75 | 22.37 |
| 兵团第十师煤矿 | 1 238 | 3 423 | 1.66 | 22.51 |
| 伊克乌图布拉格牧场 | 782 | 3 304 | 1.66 | 14.14 |
| 那仁和布克牧场 | 610 | 2 525 | 2.07 | 15.58 |
| 巴嘎乌图布拉格牧场 | 254 | 1 125 | 2.35 | 13.99 |
| 布斯屯格牧场 | 561 | 2 336 | 1.85 | 14.62 |
| 兵团第一八四团 | 1 187 | 3 811 | 2.00 | 19.76 |

说明：摘自《塔城地区第五次全国人口普查资料》

## 2010年全县家庭户住房基本情况表

表34－4

| 地 区 | 家庭户户数（户） | 家庭户人数（人） | 平均每户住房间数（间/户） | 人均住房建筑面积（平方米/人） |
|---|---|---|---|---|
| 全 县 | 19 073 | 54 855 | 2.57 | 27.76 |
| 和布克赛尔镇 | 4 313 | 12 902 | 2.54 | 29.72 |
| 和什托洛盖镇 | 4 108 | 11 476 | 2.88 | 29.54 |
| 夏孜盖乡 | 874 | 2 482 | 4.23 | 36.84 |
| 铁布肯乌散乡 | 869 | 2 800 | 2.29 | 24.62 |
| 查干库勒乡 | 997 | 3 096 | 2.83 | 26.77 |
| 巴音傲瓦乡 | 470 | 1 627 | 2.26 | 22.56 |
| 莫特格乡 | 616 | 2 004 | 2.17 | 22.32 |
| 伊克乌图布拉格牧场 | 920 | 2 787 | 1.86 | 21.67 |
| 那仁和布克牧场 | 1 006 | 2 479 | 2.19 | 32.05 |
| 巴嘎乌图布拉格牧场 | 377 | 957 | 2.10 | 28.22 |
| 布斯屯格牧场 | 590 | 1 951 | 2.37 | 21.70 |
| 仓德格煤矿 | 184 | 385 | 2.23 | 18.78 |
| 察和特生态农业区 | 280 | 674 | 3.25 | 30.38 |
| 兵团第一八四团 | 1 951 | 5 750 | 2.27 | 23.56 |
| 兵团第十师屯南社区 | 1 518 | 3 485 | 2.22 | 29.65 |

说明：摘自《塔城地区第六次全国人口普查资料》

## 2015年全县居民主要家用电器、机械设备情况表

表34－5

| 乡镇场 | 总户数（户） | 总人口（人） | 电冰箱（个） | 洗衣机（台） | 彩电（台） | 座机（部） | 手机（个） | 电脑（部） | 互联网（户） | 摩托车（辆） | 小汽车（辆） |
|---|---|---|---|---|---|---|---|---|---|---|---|
| 和布克赛尔镇 | 4 484 | 12 546 | 4 036 | 3 901 | 4 170 | 1 703 | 9 506 | 2 062 | 2 511 | 1 031 | 986 |
| 和什托洛盖镇 | 4 719 | 12 301 | 4 000 | 4 312 | 4 419 | 4 101 | 10 301 | 1 729 | 2 596 | 3 715 | 3 559 |
| 夏孜盖乡 | 1 450 | 3 727 | 1 080 | 961 | 1 013 | 321 | 2 136 | 310 | 210 | 410 | 260 |
| 查干车勒乡 | 1 895 | 4 630 | 1 584 | 1 666 | 1 688 | 564 | 3 983 | 1 237 | 367 | 1 232 | 665 |
| 铁布肯乌散乡 | 1 391 | 3 563 | 841 | 452 | 956 | 22 | 1 837 | 80 | 158 | 617 | 65 |
| 莫特格乡 | 1 392 | 3 537 | 680 | 701 | 829 | 175 | 1 298 | 318 | 210 | 423 | 169 |
| 巴音傲瓦乡 | 1 016 | 2 784 | 525 | 363 | 932 | 278 | 1 713 | 183 | 183 | 1 016 | 68 |
| 查和特乡 | 205 | 943 | 177 | 173 | 177 | 0 | 315 | 19 | 42 | 153 | 69 |
| 伊克乌图布拉格牧场 | 1 390 | 3 828 | 1 390 | 1 390 | 1 390 | 1 300 | 3 828 | 1 290 | 1 300 | 1 200 | 228 |
| 那仁和布克牧场 | 1 244 | 3 362 | 680 | 210 | 235 | 0 | 756 | 108 | 10 | 812 | 80 |
| 巴嘎乌图布拉格牧场 | 545 | 1 335 | 80 | 125 | 1 051 | 120 | 1 051 | 15 | 0 | 410 | 126 |
| 布斯屯格牧场 | 862 | 2 490 | 565 | 480 | 480 | 15 | 980 | 60 | 60 | 180 | 94 |
| 合计 | 20 593 | 55 046 | 15 638 | 14 734 | 17 340 | 8 599 | 37 704 | 7 411 | 7 647 | 11 199 | 6 369 |

说明：全县电冰箱的千人拥有量为284.09个；洗衣机的千人拥有量为267.67台；彩电的千人拥有量为315.01台；座机的千人拥有量为156.21部；手机的千人拥有量为684.90个；电脑的千人拥有量为134.63部；互联网的千户拥有量为371.40户；摩托车的千人拥有量为203.45辆；小汽车的千人拥有量为115.70辆。

# 第三十五编

# 人　物

和布克赛尔县地灵人杰，人才辈出。1993—2015年，全县涌现出国家级先进模范集体5个，自治区级先进模范集体76个；国家部委级先进模范个人11人，自治区级先进模范个人115人；获正高级职称7人。他们之中，有为民族独立和人民解放而浴血奋战的革命战士，有为社会主义现代化建设而不懈奋斗的优秀共产党员和革命干部，有为改革开放、经济建设和社会发展做出重大贡献的各行各业杰出代表。他们的事迹虽有不同，但精神实质却一脉相承。他们坚定的理想信念，崇高的人生境界和浓烈的爱国主义情操，是全县各族人民的骄傲和学习的榜样。

# 第一章　人物传

（以出生年月先后为序）

## 皮尔来·冉皮勒

皮尔来·冉皮勒（1923—1994），男，蒙古族，和布克赛尔中旗大左苏木人。出生于一个三代“江格尔”齐世家，其父皮尔来、祖父阿木尔巴图、曾祖父道格欣希拉都是当时较有名气的江格尔齐。冉皮勒小时候当过寺庙的满吉（最底层喇嘛），以藏文学习背记佛经获得过格苏勒职称，但没能学到多少文字读写技术。

冉皮勒除在家里耳濡目染学习演唱《江格尔》外，还从和布克赛尔全14个苏木中享有盛名的著名江格尔齐西西那·布热勒的学生胡里巴尔巴依尔那里学习演唱《江格尔》。他也曾从较有名气的江格尔齐衣克尔·艾来和柯克·滚尊处学过演唱《江格尔》。冉皮勒不识字，他的《江格尔》说唱都是以背记的形式学到的。他从十几岁起背熟《江格尔》许多部，成年后能说唱《江格尔》多达24部。

冉皮勒用纯正的家乡蒙语说唱《江格尔》，朴实无华又细腻、准确地描述和形容《江格尔》中人物的形象、言行和事迹，开头和结尾均有与众不同的艺术特征。他所说唱的《江格尔》人物形象鲜明，言行各有个性，表达准确，演唱声音洪亮，唱词清楚，节奏分明，各部内容较完整，语言精练，优美动听。因为他是喇嘛出身，所以，他所演唱的《江格尔》夹杂一些宗教色彩。他以中等速度演唱，所用曲调中既有其师傅胡里巴尔巴依尔和柯克·滚尊及衣克尔·艾来的曲调，也有他自己创作的曲调。

冉皮勒还能说唱《格斯尔》中的许多章节以及许多民间故事、传说故事和祝词赞词，还能唱很多首长调歌，是一名多才多艺、具有《江格尔》演唱家和史诗家品格的著名蒙古族民间艺人。

1981年7月，冉皮勒参加新疆维吾尔自治区在和布克赛尔举办的阿勒泰、塔尔巴哈台两地区《江格尔》说唱大会。1982年8月，参加在乌鲁木齐举办的全国首届《江格尔》学术讨论会。1984年7月，参加在庆祝和布克赛尔县成立30周年之际举办的《江格尔》演唱大会。1988年8月，参加在新疆维吾尔自治区首府乌鲁木齐举办的中国《江格尔》史诗首届国际学术研讨会。1989年8月，参加新疆维吾尔自治区在北京举办的搜集、整理、出版《江格尔》成果展，并进行流利的《江格尔》演唱表演，获得文化部颁发的《江格尔》演唱一等奖。

1991年，中国《江格尔》研究协会在乌鲁木齐市成立，新疆维吾尔自治区宣传部、自治区《江格尔》领导小组、自治区文化厅、自治区文联举行表彰搜集、整理、出版《江格尔》先进集体和先进个人大会，会上冉皮勒被评选为先进个人受到表彰。同年及其后，他相继成为中国《江格尔》研究协会会员、中国民间文学研究协会会员、新疆民间文学研究协会会员、和布克赛尔县政协委员。

1994年5月20日，冉皮勒在和布克赛尔县城病逝，享年71岁。他的一生是精通史诗《江格尔》、对国家民族有功的一生，在世界史诗家行列中占有重要地位。

## 李冠英

李冠英（1923—2000），男，汉族，1923年4月9日出生，河南固始人。他父亲原是张学良的部属。“九一八”事变后，李冠英在北平（现北京）读书。“七七”事变后，跟随父亲走上抗日救亡之路。

1944年，李冠英赴英国皇家海军学校学习。结业后，参加接受英国皇家海军赠送给国民党军的“重庆”号巡洋舰，驾舰回国。

1949年2月25日，李冠英随“重庆”舰起义，投奔解放区，加入中国人民解放军海军；同年10月1日，在中华人民共和国开国大典阅兵式上，李冠英高擎八一军旗，紧随总指挥聂荣臻身后，是受阅部队的第一掌旗人。

1950年，李冠英参加第一海军学校筹建工作，后在该校任教员。1954年，大连海军学校调整编制，31岁的李冠英被安排就地转业到大连造船厂工作，后为照顾母亲申请调往甘肃兰州。“文化大革命”期间，李冠英被下放到新疆和布克赛尔县察干库勒乡（原红旗人民公社）劳动。

1987年6月，经中国人民解放军海军政治部发函介绍，李冠英被补选为第六届和布克赛尔县政协委员，并历任七届、八届、九届政协委员。

1999年5月，担任解放军电视宣传中心和中央电视台联合摄制大型纪录片《大阅兵》总编导的解放军电视宣传中心新闻部副主任褚嘉华，为拍摄大型纪录片《大阅兵》，到新疆和布克赛尔县查找到1949年在开国大典上的第一掌旗手李冠英，并对李冠英进行采访。采访中，李冠英对自己50年前选择参加“重庆”号起义，加入人民解放军义无反顾。他始终坚持自己的信念，在任何困难条件下都坚强地生活着，而且一直拒绝生活在台湾哥哥的邀请而无悔于自己的选择。他的精神和经历使《大阅兵》总编导褚嘉华深受感动。从此，李冠英那一段不为人知的经历被媒体传开。《船史研究》1999年第15期、《法制方萃》1999年10月4日第7版相继报道了李冠英的事迹。

1999年12月，李冠英因患有严重的慢性支气管炎、阻塞性肺气肿、肺源性心脏病、心功二级等多种疾病住进医院。2000年12月31日，李冠英因病医治无效，在和布克赛尔县人民医院逝世，享年78岁。李冠英的遗体被安葬在和布克赛尔县城旁的阿都热克山下。

2013年4月，和布克赛尔县将李冠英墓命名为县级“爱国主义教育基地”。

## 加·朱乃

加·朱乃（1926—2017），男，蒙古族，1926年8月10日出生于和布克赛尔中旗大左苏木加甫家。7岁入学。民国28年（1939），毕业于乌鲁木齐师范学校。后来当过旗、盟秘书。全国解放后在和布克赛尔第三区（现在的查干库勒乡）当过文教干事。1958—1960年，在和布克赛尔文化馆工作。1961—1962年，在自治区艺术学校学习。1962年后，一直工作生活在和布克赛尔那仁和布克牧场。朱乃是中国《江格尔》学会会员、中国民间文学研究协会会员、新疆民间文学研究协会会员。1986—2000年期间，还担任过和布克赛尔县政协委员。

朱乃从小读过许多蒙文经文、故事、史诗。自1956年10月开始，他抄录《江格尔》和其他许多民间文学作品订成厚厚的一个红皮本，定名为《重要资料》保存下来，为他以后成为著名江格尔齐打下基础。

朱乃能说唱20章以上《江格尔》，还能演唱许多章《格斯尔》《汗哈仍古》《斯尔吉宝格术尔嘎》等史诗、传记、民歌和祝词赞词。他演唱《江格尔》时自用马头琴或托布秀尔进行伴奏，并非完全死记硬背，既有传承也有自己的创新。他把《江格尔》以文字的形式记录下来并传给后人，比其他（口传）江格尔齐做出更多、更大的贡献。

朱乃于1981年7月参加新疆维吾尔自治区组织在和布克赛尔召开的阿勒泰、塔尔巴哈台两地区演唱《江格尔》表演大会。1982年8月，参加在乌鲁木齐召开的首届全国《江格尔》学术讨论会。1984年7月，参加为庆祝和布克赛尔县成立30周年举办的《江格尔》说唱表演会。1988年8月，参加在乌鲁木齐召开的中国《江格尔》国际学术研讨会。1989年8月，参加新疆维吾尔自治区在北京举办的《江格尔》搜集、整理、出版成果展。此外，他还被多次邀请参加在新疆境内各地举办的有关《江格尔》的大小学术会议。1998年8月，受国家民委和文化部邀请前往日本国进行《江格尔》演唱表演。

1986年5月，国家民委、国家社会科学院、文化部、国家民族研究会四部门对朱乃保护、传承《江格尔》所做的贡献予以表彰。1989年9月，文化部授予他《江格尔》演唱比赛一等奖。1991年1月，在新疆维吾尔自治区宣传部、自治区《江格尔》工作领导小组、自治区文化厅、自治区文联举办的表彰搜集、整理、出版《江格尔》先进集体和先进个人大会上，他被评为先进个人并受到奖励。1998年12月，他被中国《江格尔》学会授予《著名江格尔齐》荣誉称号。

加·朱乃于2017年4月21日病逝，享年91岁。

## 那木吉力·吾夏

那木吉力·吾夏（1941—2016），蒙古族，1941年11月出生，和布克赛尔县人。1967年8月参加工作，1973年12月加入中国共产党。

1967年9月至1972年5月，在福海县东风公社工作。1972年5月至1980年6月，任和克布赛尔县红旗公社党委秘书。

1980年7月至1981年6月，在和布克赛尔县委宣传部工作。1981年7月至1982年6月，任和布克赛尔县人大常委会秘书。1982年7月至1984年4月，在和布克赛尔县委组织部工作。1984年6月至1985年1月，任和布克赛尔县委常委、经济部部长。

1985年1月至1996年12月，任和布克赛尔县委副书记。1993年3月至1997年9月，任和布克赛尔县委副书记、县人民政府县长。

1997年11月至1999年2月，任塔城地区人大工委委员（正县级）。1999年1月至2002年4月，任和布克赛尔县政协党组书记、副主席。

那木吉力·吾夏参加工作后，长期担任领导职务，是党的好干部、好党员。他政治坚定，是非分明，坚持原则，衷心拥护和认真贯彻执行党的路线和方针、政策，为党和人民的事业奉献毕生的心血。他听党的话，服从安排，遵守纪律，不计较个人得失，始终把党和人民的利益放在第一位，兢兢业业为党、为人民勤奋工作。他工作认真负责，不畏艰难，不怕困难，充满热情，恪尽职守，始终以一个共产党员的标准严格要求自己。他长期在民族地区工作并担任领导职务，特别是在担任中共和布克赛尔县委副书记、县人民政府县长期间，始终坚持四项基本原则，坚持改革开放，思想解放，开拓进取，结合和布克赛尔县实际，创造性地执行党的路线和方针、政策，为和布克赛尔县的政治文明、物质文明和精神文明的协调发展，为和布克赛尔县的民族团结进步做出突出贡献。

他一生严于律己，宽以待人，清正廉洁，两袖清风，安贫若素，严教子女。他密切联系群众，经常深入基层，调查研究，关心群众疾苦，努力为群众办实事、办好事。他退出领导岗位后，仍心系党和人民的事业，关心和布克赛尔县的经济建设和社会事业发展，为县委、县人民政府献计献策，发挥着自己特有的作用。

那木吉力·吾夏于2001年10月退休。2016年8月5日病逝，享年75岁。

## 加克·巴图那森

加克·巴图那森（1943—2017），男，蒙古族，1943年7月15日出生于和布克赛尔县。1981年8月入党。1961年，以优异成绩毕业于和布克赛尔县第一中学，同年11月参加工作。1961年11月至1977年12月，在和布克赛尔县商业局、供销社、贸易公司工作。1977年12月至1984年6月，任县文工团团长。1984年6月至1998年3月，任和布克赛尔县计划委员会主任。其间，1984年3月至1986年2月，在内蒙古大学文学创作研究班进修。

1998年1月至2002年10月，任和布克赛尔县政协副主席、县委统战部部长。2003年退休。

加克·巴图那森先后担任过中国作家协会新疆分会会员、中国民间文艺家协会新疆分会理事、中国少数民族作家协会会员、中国少数民族文学学会理事、新疆《卫拉特研究》协会常务理事、中国蒙古族文学学会理事、中国《江格尔》研究学会理事等职务。

加克·巴图那森1977年被评为地区级优秀工作者、1982年获自治区文艺工作先进集体代表奖、1986年被伊犁哈萨克自治州评为四个现代化先进个人、1999年获自治区级抢救、整理、研究、保护史诗《江格尔》工作做出突出贡献奖。

加克·巴图那森文学创作成绩显著：诗歌《摔跤手赞》于1981年8月获新疆维吾尔自治区首届文学创作一等奖，并于同年12月获全国少数民族文学创作首届骏马奖；诗歌《骨肉之情》于1984年2月荣获新疆维吾尔自治区《启明星》杂志社文学创作二等奖；文学报道《宝木巴的故乡——和布克赛尔》于1991年获自治区建党70周年献礼征文优秀作品奖；散文诗《土尔扈特大迁徙——血战》于2005年获内蒙古《花的原野》杂志杯文艺奖，2006年获新疆蒙古文学金马蹬杯文学奖；散文诗《喜鹊》于2011年被新疆维吾尔自治区作家协会和《启明星》杂志授予创造一等奖，于2016年5月获《塔城文学》荣誉奖；研究论文《江格尔在和布克赛尔的流传情况调查》于1986年获新疆维吾尔自治区哲学、社会科学优秀作品二等奖，1990年获《全国少数民族文学研究成果最优秀论文》奖；诗歌集《天山颂》于1984年3月由新疆人民出版社出版；诗歌集《岁月碎片》于2011年

10月由内蒙古文化出版社出版;《和布克赛尔蒙古民间长调歌曲选》于1984年收集整理并由新疆人民出版社出版,同年与达·那木吉勒合著诗歌集《赛尔之歌》由新疆人民出版社出版。

加克·巴图那森获个人荣誉众多:2016年1月,被内蒙古《花的原野》杂志社授予"功勋作家"称号;2002年7月,加克·巴图那森诗歌作品研讨会在和布克赛尔县召开;2012年2月,其《拾萃岁月》诗歌集发行仪式与研讨会在和布克赛尔县召开;2013年2月,被和布克赛尔县人民政府授予和布克赛尔县文化精英特殊荣誉称号。

加克·巴图那森终生热爱党,热爱祖国,政治立场坚定,旗帜鲜明地反对民族分裂,维护祖国统一;坚持原则,衷心拥护和认真贯彻执行党的路线和方针政策,为党和人民的事业无私奉献;热爱家乡,克己奉公,廉洁职守,公道正派,将自己一生的心血都倾注在和布克赛尔县的经济、文艺事业发展上;听党话,服从组织安排,遵守纪律,不计较个人得失,始终把党和人民的利益放在首位,兢兢业业、奋斗不息,是一位好党员、好干部。

加克·巴图那森于2017年3月27日病逝,享年74岁。

# 第二章　人物简介

（以出生年月先后为序）

## 赛格孜拜·哈尔哈巴提

赛格孜拜·哈尔哈巴提,男,哈萨克族,新疆额敏县人,1948年12月出生。1971年5月加入中国共产党,1965年7月参加工作。

1965年7月,他从塔城地委党校知识青年班毕业(中专),并留校工作,随后参加了额敏县、塔城市社教运动,工作了两年后,也就是1967年3月来到和布克赛尔工作,刚满20岁的他被任命为县"三八"农场(现和布克赛尔镇)副场长,革委会副主任。1971年他被调任县东方红学校任教。1975年3月塔城地委同意批准建立和布克赛尔县师范学校,赛格孜拜·哈尔哈巴提同志参与建校工作。当年,组织任命为赛格孜拜·哈尔哈巴提县师范学校的第一任校长。1987年学校成立党支部,书记由赛格孜拜·哈尔哈巴提担任(期间1984至1985年考入了自治区教育学院语言系汉语专业,大专并担任学院党总支宣传委员,语言系党支部书记)。赛格孜拜·哈尔哈巴提在这个岗位上工作整整11年,培养了一大批师资力量,可以说对全县的教育事业做出了贡献。

1986年至1987年赛格孜拜·哈尔哈巴提任县委办公室副主任;1987年至1988年任县人大常委会副主任、党组成员、县委委员;1988年至1995年他又被上级任命为县人民政府副县长、政府党组成员、县委委员。期间于1992年至1993年在天津大学学习,并在天津市静海县挂职锻炼,任副县长;1995年至1997年任县委副书记、纪委书记、政法委书记;1997年至2001年任县委副书记、政法委书记;2001年至2003年县人大常委会党组书记、副主任、县委委员,2003年任县政协党组书记、主席、县委委员。

赛格孜拜·哈尔哈巴提经历多个工作岗位的锤炼,积累了丰富的工作经验,他在局级部门担任领导岗位17年、县级领导岗位担任21年。他始终忠实践行党全心全意为人民服务的根本宗旨,时时处处把群众的利益放在首位,朴实、务实、踏实,低调做人,高调做事,把党赋予的权力利用于人民,服务于人民。尤其是在担任县政协党组书记、政协主席期间，不断强化委员的理论学习和培训，制定完善县政协各项制度，以健全的制度建设加强各族委员的管理、促进县政协履行政治协商、民主监督，参政议政水平年年都上了新台阶。他还组织相关人员收集资料主持编写了《和布克赛尔政协五十年(1957—2007)》等政协文史资料书三本。

他在四十五年的工作历程中获得了自治区、地区、县级先进个人、优秀共产党员等称号、荣誉20余次，被塔城地区纪委、监察局评为《清正廉洁　艰苦奋斗》的先进个人。新疆人民出版社在庆祝建国60周年专辑《光辉的历程》书本上专门以《党的光辉照我心》为题材介绍了他的光荣事迹。他发挥共产党员先锋模范作用，退休不褪色，保持退而不休，与时俱进，关心党和国家的大事，他一如既往的服从组织的安排，退休后2008年开始，县委任命他为县关心下一代工作委员会主任职务。在赛格孜拜·哈尔哈巴提同志身上，民本是其思想基础，实干是其公仆情怀，创新是其不懈追求。他始终牢记自己是一名共产党员，在成绩面前，他没有骄傲自满，更没有止步不前。他把自己的青春年华都奉献给了党的事业，把自己的一腔热血都倾注在做一名优秀共产党员的事业上。

## 拉格瓦·艾米娜

拉格瓦·艾米娜，女，蒙古族。1950年4月15日出生于和布克赛尔县巴嘎乌图布拉格牧场，初中文化，中共党员。1966年参加工作。1980—1997年，任巴嘎乌图布拉格牧场巴嘎乌图布拉格村党支部书记工作。1980—2001年，从事计划生育工作。

拉格瓦·艾米娜任村支部书记期间，带领、组织村中群众干实事、谋发展，默默无闻地奉献，全心全意为巴嘎乌图布拉格牧场的父老乡亲们服务。

在计划生育工作岗位上，她十五年如一日，始终保持着“干一行，爱一行，专一行”的精神，不断加强学习，提高自己的政治理论水平和业务能力，努力运用新知识、新方法、新技能服务实践，认真把握计生政策，刻苦钻研优生、优育、新婚期、产期、育儿期妇女的生殖保健知识。她起早贪黑，走家入户，开展优质服务，满足服务对象的需求，增强服务意识。每年积极开展育龄妇女生殖健康检查，并采取多种形式发放避孕药品，以婚育新风进万家为主线，利用宣传板报、张贴标语等形式，为全村营造文明生育的良好氛围。她胸怀爱心，倾尽心力为人民服务的精神赢得广大基层干部群众的一致好评。

拉格瓦·艾米娜2001年9月退休。2005年，被国家人口和计划生育委员会评为“全国计划生育先进工作者”。

## 何玉珍

何玉珍，女，汉族，1959年3月出生，初中文化程度。1975年10月参加工作，在和布克赛尔县盐场(和布克赛尔县宏达盐业有限责任公司)从事采盐工作(特殊工种)，于2004年12月退休。

和布克赛尔县盐厂盐场的两个生产地点位于准噶尔盆地腹地的达巴松诺尔盐湖和玛纳斯盐湖。在20世纪80—90年代，原盐采捞完全靠传统型的密集劳动，生产区多年始终处于“水靠拉、电靠发、路靠压”的状态，夏季地表温度最高可达50℃，冬季气温最低可达-35℃，气候恶劣。采盐工人就是在这样艰苦的生产、生活环境中从事高强度的体力劳动。何玉珍作为一名普通工人，在平凡的采盐工岗位上辛勤工作近30年，与当时的老一辈盐业人一样，用几十年如一日的坚持，谱写着盐业人身上不平凡的“戈壁精神”。她始终做到忠于职守、甘于奉献，乐于助人、团结同事，多次被评为单位年度先进个人。

在生活中，何玉珍是一位好儿媳、好媳妇、好母亲。她结婚后就始终与婆婆居住在一起，30多年间从未有过吵架红脸。婆婆瘫痪在床的几年中，她理解和支持丈夫家兄弟姐妹的工作，毫无怨言细心照顾婆婆，每餐一口口给婆婆喂饭，每天不厌其烦地为婆婆擦身，在晴天准时准点开窗透气晒太阳，为婆婆缝制换洗尿布，几乎把所有的心思都放在照顾婆婆上，尽可能地为丈夫分担，为家人分担。她多年来的善良贤惠、孝亲敬老的事迹，成为左邻右舍间的一段佳话。何玉珍与大多数老一辈盐业人一样，肩负工作生活两副重担，虽然文化程度不高，但始终勤俭持家，严教子女，辛勤养育孩子们成长成才。

2010年，何玉珍被全国老龄办、民政部、教育部、国家广电总局、共青团中央、全国妇联和中国关心下一代工作委员会授予2010年度全国“孝亲敬老之星”荣誉称号。

## 祝金平

祝金平，男，汉族，中共党员，中专文化程度。1962年生于山东省单县农民家庭。1977年7月至1982年11月，在和布克赛尔县272煤矿工作。1982年12月至1992年2月，在和布克赛尔县委党校工作。1992年3月至2007年7月，在和布克赛尔县委组织部工作（其间，1995年3月，毕业于新疆农业广播电视学校经济管理专业）。1996年6月至2003年2月，任县委组织部党员电化教育办公室副主任。2003年3月至2007年7月，任县委组织部党员电化教育办公室主任并兼任和布克赛尔县农村党员干部现代远程教育管理中心常务副主任。2007年8月，调入县综治办任副主任（正科级）至今。

祝金平30多年如一日，默默奉献在自己热爱的工作岗位上，始终以一名共产党员的赤诚之心书写着质朴的为民情怀。他的足迹踏遍和布克赛尔县的山山水水，他的努力让党的声音传遍广大农牧区，他的辛勤使科学技术在农牧民中得以不断推广，由他首创的远程教育流动播放点成为全国的典型。在工作中，他免费为农牧民和基层站点维修各类电器，节省资金达20余万元；先后下牧区行程41万千米，为农牧民群众播放电影和电教片4.23万场次，建立党员电教站点235个，探索建立远程教育终端站点67个，流动毡房站点13个。培训农村党员干部群众25 425人次，使4万余名农牧民群众受益。

2008年，他制作的专题片《草原星梦》在全国第十届党员教育电视片观摩评比中被中央组织部授予一等奖，获自治区第二届教学课件观摩评比专题片类一等奖。

## 托里肯·胡玛别克

托里肯·胡玛别克，男，哈萨克族。1967年1月出生于和布克赛尔县。1990年6月参加工作。2001年12月入党，在职大学学历（2002年7月，伊犁哈萨克自治州党校函授学院经济管理专业），助理工程师职称。

托里肯·胡玛别克自担任县住房和城乡建设局党委书记以来十分重视学习，认真学习政治理论、学习中共十九大精神、习近平新时代社会主义思想等和上级党委政府的文件，保持了政治上的坚定性和工作方向的正确性；熟悉建设管理方面的法律法规和有关专业知识。

他认真落实岗位责任,有较强的组织领导能力,专业知识水平和崇高的品德修养和工作作风,从事党务政务工作时间较长,积累了较丰富的实际工作经验。有魄力,开拓创新意识较强,能够打开工作局面。曾经在住房和城乡建设局分管建管、房产、住房保障、质监、招投标、实验室、物业公司、综合治理等方面工作。注重民生优先,大力加强保障性住房建设。坚定落实政府住房保障工作各项部署和要求,大力解决城镇特困家庭的住房困难。在施工中,狠抓廉租房工程建设施工的质量监督管理,狠抓施工现场的安全生产管理,始终保持高质量、安全施工进度。进一步完善城镇住房保障政策体系,健全住房保障日常监管和专项检查制度,完善住房保障准入标准,建立部门联动、共同审核、共同公示的工作机制和依法退出机制。加强城镇保障性住房分配和入住后管理,坚持阳光操作,接受全方位监督,做到公平、公正、公开,和最困难人群优先保障,管好、用好保障性住房,形成良性运行机制。严格落实工程质量和安全生产领导责任制。作为分管质量安全工作责任人,他高度重视工程质量和安全生产工作,每年定期召开专题会议,带领质监、建管工作人员下基层、下工地,对施工现场安全质量进行日常监督检查和不定期巡查,并于每年5—10月每月开展行政执法综合大检查。全面加强施工现场安全质量管理,规范建设工程事前、事中监督和竣工验收制度,由于抓得较细,措施得力,有效杜绝了重特大安全责任事故发生,实现安全生产事故零发生。强化建筑业管理,确保建筑市场平稳健康发展。稳中求进、做大做强建筑业,加快结构调整,优化产业结构,强化建设工程招投标和工程交易管理,完善行业保障机制,严把施工许可审核,履行好招投标监督职责,确保和布克赛尔县所有建设工程招投标项目均在县监察局、工商局、纪检委、财政局的监督下按照法定程序公告招标并已备案登记,进场交易率达100%。

2009年3月,被评为2008年度自治县优秀共产党员;2010年3月,被评为2009年度优秀共产党员;2011年度,被评为自治区城乡重要建筑抗震防灾工程先进个人;2012年7月,被评为中共塔城地区带头创先争优争做人民满意公务员先进个人;2014年,被评为自治区住房保障工作先进个人;2015年,被评为自治区优秀共产党员。

## 乌兰巴叶尔

乌兰巴叶尔,女,蒙古族。1967年10月1日出生于和布克赛尔县查干库勒乡。1989年9月参加工作。2007年11月加入中国共产党,本科学历(1989年7月,毕业于西北民族学院蒙古族语言与文学专业)。1989年9月至今,在和布克赛尔县人口和计划生育委员会工作,任副主任科员。

乌兰巴叶尔是一名在党的教育培养下从牧区锤炼成长的蒙古族妇女干部。她崇尚“自尊”“自爱”“自强”“自立”精神,自参加工作起,一直默默耕耘在被称为“天下第一难的计划生育工作”岗位上。乌兰巴叶尔凭勤勤恳恳的工作态度、公正无私的办事原则和高尚的人格魄力,在各族群众中竖立起一个共产党员的良好形象。

她心系计生事业,面对难事挺身而出;面对谩骂,她笑脸相迎;面对威胁,她坦然处置;面对委屈,他默默地忍受。她不断钻研业务知识,给不同层次的干部群众讲课,做到认真备课。她充分发挥精通蒙、汉两种语言文字,熟悉蒙、汉、哈3种语言的优势,自编蒙、汉教材讲授现行政策及相关法律法规知识,把自己的知识和经验传授给基层计生干部和广大群众。她还利用业余时间先后为《中国医学杂集》《中国少数民族人口》《新疆日报》《博州日报》《新疆人口》《新疆人民广播电台》《塔城日报》及自治区人口信息、地区人口信息等报刊电台撰写计生新闻稿件和论文。还设计制作由她编写和翻译、可折叠宣传版面的一整套蒙、汉两种语言的宣传手册，发到广大群众手中，受到群众的好评。

乌兰巴叶尔2004年获国家人口和计划生育颁发的“从事计划生育15年”荣誉证书；2005年，被评为塔城地区计生系统政务信息先进工作者；2006年，被自治区宣传部、自治区文明办、自治区民宗委、自治区人口和计划生育委员会、自治区妇联等十三部委评为自治区婚育新风进万家活动先进个人；2011年，被评为塔城地区女职工建功立业标兵；2014年，被评为和布克赛尔县经济社会发展做出突出贡献的先进个人。

### 恰格德尔·革命古丽

恰格德尔·革命古丽，女，蒙古族。1967年12月21日出生于和布克赛尔县，大专文化，中共党员。1990年5月至2006年，任和布克赛尔镇巴音托洛盖社区计划生育专干。2006年6月，任巴音布拉克社区红白礼事、卫生老龄专干至今。

2003年9月25日，在纪念中共中央发表《关于控制我国人口增长问题致全体共产党员共青团员的公开信》23周年表彰大会上，恰格德尔·革命古丽获和布克赛尔县“计划生育模范家庭”称号。2005年2月，被评为地区人口和计划生育系统优秀工作者。多次被县镇两级评为“计划生育先进个人”“优秀计生专干”“计生协会先进个人”“优秀社区干部”。

20多年来，恰格德尔·革命古丽不图名、不图利，为计划生育工作尽职尽责。牢固树立全心全意为人民服务的思想，有爱岗敬业的工作责任心和高度的政治责任感，不怕苦、不怕累，不怕得罪人。她积极参加上级举办的人口与计生知识业务培训，并利用业余时间反复学习《人口与计划生育法》《计划生育技术服务与管理》《流动人口计划生育管理办法》等政策法规、避孕节育和生殖保健等知识，用党的理论、政策来充实自己，对业务知识烂熟于心。作为一名社区级计生专干，她深入了解本单位育龄群众的家庭情况，做到村情、户情一口清。

她认真抓好社区计划生育宣传教育工作。以婚育新风进万家活动为先导，利用发放宣传资料、宣传计划生育政策，用谈心、聊家常的形式对新婚对象、已婚育龄妇女开展生殖健康、科学生育教育。主动学习各种知识，增强宣传、服务技能，适应人口计生工作的新形势、新任务、新要求。在协会活动日、世界人口日、《公开信》发表纪念日等重大节日，采用多种方式向群众宣传计划生育条例、保健知识等，增强活动的吸引力和感染力。

她热心开展服务工作，对辖区育龄妇女情况做到了如指掌，帮助解决实际困难，将心比心，以心换心。她围绕群众生产、生活、生育开展全方位的服务，从育龄妇女结婚、怀孕、生育到更年期，处处为她们着想。真诚的服务换来群众的理解和支持，她成为群众的贴心人。

她以身作则，带头作用好。自担任计生专干以来，低调做人，高调做事，对计划生育工作敢抓敢管，对自己亲属和一般群众都一视同仁，一碗水端平。作为计生专干，她面对“难事”，迎难而上，尽心履职。在计生“钉子户”面前，她忍辱负重，不计较个人得失，不厌其烦地连续多次登门做耐心细致的思想工作，竭尽全力把工作搞好。

2005年，恰格德尔·革命古丽被国家人口和计划生育委员会授予“从事计划生育工作满15年荣誉证书”。

## 徐清华

徐清华，男，汉族。1971年5月出生于和布克赛尔县第一煤矿，本科学历，中共党员。1994年4月，参加工作。2002年，任和布克赛尔县安监局局长。

徐清华自担任县安监局局长以来，牢固树立以人为本、安全发展的理念，认真贯彻落实中共中央、国务院关于安全生产的一系列政策措施，扎扎实实开展各项安全生产监管工作，辖区内非煤矿山、危险化学品、烟花爆竹、消防火灾、农机安全和建筑施工等重点行业和领域连续多年未发生安全事故，为“构建和谐和布克赛尔”做出重要贡献。

他抓班子，带队伍，树立部门新形象。以他为首的党组一班人以身作则，充分发挥班子的整体合力，不断提高自己的修养和从政、执政水平，形成一个团结战斗的集体，多年被上级部门评为安监系统先进单位。

他认真履行岗位职责，充分发挥县安委会办公室、县安监局工作职能，着力构建“政府统一领导，部门依法监督，企业为主体，群众积极参与，社会广泛支持”的安全生产工作新格局。建立政府及各职能部门“一岗双责”制度、安委会成员单位联席会议制度，建立县安全生产监督检查长效机制，每年适时建议县人民政府召开全县安全生产工作联系会议和安委会全体成员列会，落实逐级负责的安全生产责任制度，责任制签订率达到100%。

他强化宣传教育，以“安全生产年”活动为抓手，加大安全生产宣传教育力度。他带领安监局机关干部职工深入到全县各类企业，按照“五进”（进农村、进社区、进企业、进学校、进家庭）要求，组织企业开展全员教育培训和法规咨询活动。辖区从业单位特种作业持证上岗率100%。

他加强执法监督检查，狠抓安全生产管理。每年组织开展5次以上全县综合安全生产大检查，同时根据季节特点，在全年组织开展不间断的执法安全大检查活动。他既是领导又是兵，每次开展安全检查中他都深入安全检查的第一线。他做事一丝不苟，凡事亲力亲为，哪里有险情，哪里就有他的身影；哪里隐患不除，就在哪里驻扎不撤。每年，他几乎一半的工作时间都用在跑现场、搞检查、抓督办上。在重大节日等特殊时期，他还要组织开展专项检查督查活动，针对检查中发现的隐患，及时督促有关部门落实整改，确保特殊时期的安全生产。

他坚持依法行政，秉公办事，身体力行，做规范执法的“文明人”和知耻明荣、廉洁自律的“形象人”。在监管领域的执法方面，没有办过一起适用法律法规不准确的事情，没有发生过一起不文明执法行为。他敢于碰硬，不搞“关系执法”“人情执法”“态度执法”，做到“有为有威”。

2012年，徐清华被国家安全生产监督管理局、国家煤矿安全监察局授予“安全生产监管监察先进个人”荣誉称号。

## 陈江川

陈江川，女，汉族。1975年，出生于新疆托里县一个工人家庭，中共党员，大学文化。1993年，考入新疆塔城地区技工学校。1995年毕业后，分至和布克赛尔县和什托洛盖镇人民政府工作。1995—2007年，任和什托洛盖镇佐斯腾社区主任、镇人民政府计生办主任等职。2007年，调入和布克赛尔县环保局担任环境监察大队队长至今。

陈江川工作能吃苦，肯钻研。在第一次全国污染源普查中，她担任污染源普查领导小组技术负责人、普查指导员。由于该次普查是第一次开展，没有现成的模式参考，加上县环保局刚成立不久，工作人员对企业的生产工艺、排污现状等情况不太熟悉。为了充分掌握企业生产及排污的第一手资料，准确上报普查数据，确保普查工作顺利进行，她积极组织，周密部署。在普查期间，她一直坚持在工作第一线，带领指导普查员开展工作。她深入普查单位，耐心细致地对排污单位相关人员宣传、讲解普查的意义和目的，使大家认识到普查的必要性和重要性。工作中遇到的各种困难，她都带领普查员一一解决。有的普查对象找不到人，她就和普查员一起上门，有的一户上门四五次之多，直到找到人为止，有时还与普查员一道，晚上加班到很晚。对前一阶段的工作，她认真总结，组织普查员之间进行互查，争取将错误消灭在基层。在互查工作中，她带头放弃节假日休息，全力投入到工作中去。她严谨的工作态度和优良的工作作风得到上级领导的表扬。

2010年，陈江川被国务院第一次污染源普查领导小组、环境保护部、国家统计局、农业部授予“全国污染源普查先进个人”。

## 冯德武

冯德武，男，汉族，高中文化。1978年3月出生于和布克赛尔县夏孜盖乡一个农民家庭。1998年高中毕业后至2000年，在乌鲁木齐市打工。2000—2001年，在山东蓝翔技校学习汽车修理。2002年至今，开办强劲润滑油经销部。2010—2015年，为和什托洛盖镇第八届人大代表。

冯德武在修理行业是一个带头致富人、一个明礼诚信家；在家他是一个好儿子、好老公、好父亲。在邻居的眼里，他平凡质朴、守法经营、孝敬父母。冯德武用他的微笑，让老人生活得开心；用他的关心，让家人生活得舒心；用自己的行动，让亲人生活得顺心。

冯德武和妻子毕建香于2004年8月结婚，自结婚至今，一直与父母同住一个院、同吃一锅饭。因父母年龄大，行动不方便，为了让老人过得开心，他每天回家第一件事就是面带微笑先向父母问好，然后与父母聊天，无论自己工作多忙，家中活多累，始终都是这样。他不但自己这样做，而且也要求妻子和孩子对老人要尊敬，说话时要面带微笑，让老人保持心情舒畅。自结婚起，他和妻子总是把孝顺父母当作头等大事，长年亲自为父母端茶送水，整个家庭和睦相处，让老人每天都乐呵呵的，生活得很开心。

冯德武以前从事个体工作，生意不太好，家中经济条件很差。但他从来没有因为经济条件差而让老人过得不舒心。冬天没钱买煤，冯德武就利用星期天和妻子带上孩子去捡野草，为老人把炉子烧热。晚上回家，总是先伸手摸一摸父母的炉子是否热。每当走进他父母的房间，都有一种舒适温暖的感觉。

冯德武的父母出生在旧社会，生活中难免带有一些封建家长习气，而且老人上了岁数，话多唠叨是经常的，每当这个时候，冯德武都对妻子、孩子说不要和老人计较小事，不要惹父母生气。父母身体多病，为了让父母安享晚年，冯德武与妻子省吃俭用，从不追究时尚，只要求把衣服洗得干净、穿着得体。他和妻子各人一件衣服要穿3年，孩子有时要买一件新衣服，就买件便宜的。

冯德武的身上没有华丽的彩绘，只有实实在在的白描；没有气壮山河的口号，只有忙忙碌碌的身影。正是有了像冯德武这样孝心敬老的普通人，以和风细雨的方式，把温暖送到父母的心坎上，让父母开心地度过晚年生活，感受到儿子的孝顺，社会才变得和谐、美满。

2008年，冯德武被民政部、全国老龄办、教育部、国家广电总局、团中央和全国妇联授予2008年度全国“孝亲敬老之星”荣誉称号。

# 第三章　人物表

## 第一节　获国家、自治区先进集体名表

### 一、1993—2015年和布克赛尔县获国家先进集体

**1993—2015年和布克赛尔县获国家先进集体一览表**

表35－1

| 单位名称 | 获得荣誉 | 授予机关 | 获奖年份(年) |
|---|---|---|---|
| 莫特格乡莫特格村 | 全国敬老模范村 | 全国老龄办 | 2006 |
| 县公安局城镇派出所 | 全国老年维权示范岗 | 全国老龄办、公安部、司法部 | 2006 |
| 县国土资源局 | 全国矿业权实地核查工作先进集体 | 国土资源部 | 2011 |
| 县地税局 | 全国巾帼文明岗 | 中华全国妇女联合会 | 2011 |
| 和布克赛尔县 | 全国计划生育优质服务先进单位 | 国家卫生计生委 | 2014—2016 |

### 二、1993—2015年和布克赛尔县获自治区先进集体

**1993—2015年和布克赛尔县获自治区先进集体一览表**

表35－2

| 单位名称 | 获得荣誉 | 授予机关 | 获奖年份(年) |
|---|---|---|---|
| 县第一中学 | 实验室工作先进学校 | 自治区教育厅 | 1993 |
| 县委机要局 | 自治区先进机要部门 | 自治区党委机要局 | 1993—2004 |
| 县人民医院 | 自治区文明单位 | 自治区文明办 | 1997 |
| 县公安局 | 自治区优秀公安局 | 自治区公安厅 | 1998 |
| 县气象局 | 自治区气象系统精神文明建设先进集体 | 自治区气象局 | 1998 |
| 县第一中学 | 第三届新疆各族青年团结进步先进集体 | 自治区教育厅 | 1999 |
| 那仁和布克牧场 | 自治区畜牧厅科技进步一等奖 | 自治区畜牧厅 | 2000 |
| 县检察院 | “五好”检察院 | 自治区检察院 | 2001 |
| 县检察院 | 自治区文明单位 | 自治区宣传部 | 2002 |
| 和布尔克赛尔县 | 民政工作先进县 | 自治区人民政府 | 2002 |

续表35－2

| 单位名称 | 获得荣誉 | 授予机关 | 获奖年份(年) |
|---|---|---|---|
| 和布克赛尔县政府办公室 | 《新疆政报》征订工作三等奖 | 自治区人民政府办公厅 | 2002 |
| 宏达盐业有限责任公司 | 质量检测先进集体 | 自治区湖矿盐质检站 | 2002 |
| 县城关小学 | 自治区级精神文明单位 | 自治区宣传部 | 2003 |
| 宏达盐业有限责任公司 | 先进集体 | 自治区盐务局 | 2003 |
| 铁布肯乌散乡党委 | 先进基层党组织 | 自治区党委 | 2005 |
| 县人口计生委 | 荣获自治区级卫生红旗单位等荣誉称号 | 自治区人民政府 | 2005 |
| 县老龄办 | 自治区老龄工作先进县 | 自治区老龄办 | 2005 |
| 和什托洛盖镇 | 自治区级文明单位 | 自治区文明办 | 2005 |
| 宏达盐业有限责任公司 | 先进集体 | 自治区盐务局 | 2005 |
| 和布尔克赛尔县 | 自治区抗震安居先进县 | 自治区人民政府 | 2006 |
| 县检察院 | 自治区级文明接待室 | 自治区检察院 | 2006 |
| 和什托洛盖镇 | 自治区示范重点小城镇 | 自治区建设厅 | 2006 |
| 那仁和布克牧场 | 自治区科委项目成果奖 | 自治区科委 | 2006 |
| 夏孜盖乡 | 2004—2005年度自治区科技进步先进乡（镇） | 自治区级科技兴新领导小组 | 2006 |
| 和布克赛尔镇巴音布拉格社区 | 自治区敬老模范社区 | 自治区老龄办 | 2006 |
| 宏达盐业有限责任公司 | 先进集体 | 自治区盐务局 | 2006 |
| 县人力资源和社会保障局 | 自治区农村青年转移就业优秀组织单位 | 自治区城乡就业协调领导小组办公室、区党委农村工作办公室、区扶贫开发领导小组办公室、区劳动和社会保障厅、区农业厅、团区委、兵团劳动和社会保障局 | 2006 |
| 县委机要局 | 自治区级先进机要部门 | 自治区党委机要局 | 2006—2010 |
| 和布尔克赛尔县 | 自治区双拥模范县 | 自治区党、自治区人民政府、新疆军区 | 2007、2011、2015 |
| 县人民法院 | 2006年度自治区政法队伍建设先进集体 | 自治区政法委 | 2007 |
| 和什托洛盖镇 | 自治区级文明单位 | 自治区精神文明指导委员会 | 2007 |
| 夏孜盖乡 | 新疆维吾尔自治区体育先进乡镇 | 自治区体育局、自治区农业厅 | 2007 |
| 和什托洛盖镇 | 自治区城市建设“天山杯”竞赛优秀小城镇 | 自治建设厅 | 2007 |
| 县人口计生委 | 荣获自治区计划生育药具工作先进集体 | 自治区人口计生委 | 2007 |
| 宏达盐业有限责任公司 | 先进集体 | 自治区盐务局 | 2007 |
| 夏孜盖乡 | 自治区档案系统先进集体 | 自治区人事厅、自治区档案局 | 2008 |
| 县人民法院 | 2007年度自治区政法系统队伍建设先进集体 | 自治区政法委 | 2008 |
| 县公安局交警大队 | 全区交通管理工作先进集体 | 自治区公安厅 | 2008 |

续表35－2

| 单位名称 | 获得荣誉 | 授予机关 | 获奖年份(年) |
|---|---|---|---|
| 县司法局 | 2008年获得规范化建设自治区级达标县市司法局 | 自治区司法厅 | 2008 |
| 县安全生产监督管理局 | 2008年自治区安全生产监管系统先进单位 | 自治区安全生产监督管理局 | 2008 |
| 和布克赛尔镇司法所 | 2008年荣获规范化建设自治区级达标单位 | 自治区司法厅 | 2008 |
| 和什托洛盖镇司法所 | 2008年荣获规范化建设自治区级达标单位 | 自治区司法厅 | 2008 |
| 那仁和布克牧场 | 自治区人民政府科技进步二等奖 | 自治区人民政府 | 2008 |
| 莫特格乡司法所 | 2008年荣获规范化建设自治区级达标单位 | 自治区司法厅 | 2008 |
| 县安全生产监督管理局 | 2009年自治区安全生产监管系统先进单位 | 自治区安全生产监督管理局 | 2009 |
| 和布尔克赛尔县 | 中央补助地方农村改厕项目工作先进县(市) | 自治区爱国卫生运动委员会 | 2009 |
| 宏达盐业有限责任公司 | 先进集体 | 自治区盐务局 | 2009 |
| 宏达盐业有限责任公司 | 新疆名牌产品生产企业 | 新疆名牌产品战略推进委员会 | 2009 |
| 和布克赛尔县侨联 | 海外联谊工作先进集体 | 自治区侨联 | 2009—2014 |
| 县看守所 | 集体三等功 | 自治区公安厅 | 2010 |
| 县司法局 | 2010年荣获司法行政系统先进集体 | 自治区司法厅 | 2010 |
| 宏达盐业有限责任公司 | 先进集体 | 自治区盐务局 | 2010 |
| 夏孜盖乡 | 2008—2009年度自治区科技进步先进乡(镇) | 自治区级科技兴新领导小组 | 2010 |
| 县妇幼保健院 | 自治区女职工建功立业标兵单位 | 自治区总工会 | 2010 |
| 和县政府办公室 | 爱国拥军模范单位 | 自治区党委、自治区人民政府、新疆军区 | 2011 |
| 县政府办公室 | 自治区计划生育优质服务先进单位 | 自治区人民政府 | 2011 |
| 县人民法院 | 2010年度“无执行积案先进法院” | 自治区高级人民法院 | 2011 |
| 县人民法院 | 2010年度“无执行积案先进法院” | 自治区高级人民法院 | 2011 |
| 县公安局交警大队 | 预防道路交通事故先进大队 | 自治区公安厅 | 2011 |
| 县妇幼保健院 | 自治区文明单位 | 自治区文明委 | 2011 |
| 县气象局 | 自治区“民族团结百站争优”活动民族团结进步先进集体一等奖 | 自治区气象局 | 2011、2013 |
| 县政府办公室 | 自治区就业先进工作单位 | 自治区党委办公厅、人民政府办公厅 | 2012 |
| 教学后勤管理中心 | 自治区级文明单位 | 自治区精神文明建设指导委员会 | 2012 |
| 县公安局东山派出所 | 自治区级执法示范单位、执法办案场所规范化改造先进集体 | 自治区公安厅 | 2012 |
| 县政府办公室 | 自治区市场运行监测工作先进单位 | 自治区商务厅 | 2012 |
| 县气象局 | 全疆气象科技服务先进局站 | 自治区气象局 | 2012 |

续表35－2

| 单位名称 | 获得荣誉 | 授予机关 | 获奖年份(年) |
|---|---|---|---|
| 和布克赛尔镇 | 全民健身活动先进单位 | 自治区体育局 | 2012 |
| 和布克赛尔镇 | 新疆维吾尔自治区首届农牧民篮球赛体育道德风尚奖 | 自治区体育局 | 2012 |
| 和布克赛尔县 | 新疆乡村旅游生态示范县 | 自治区旅游局 | 2013 |
| 查干库勒乡 | 新疆牧游生态示范区 | 自治区旅游局 | 2013 |
| 县人民医院 | 自治区医护技能大赛三等奖 | 自治区卫生厅 | 2013 |
| 和布克赛尔县 | 双拥模范县 | 自治区党委、自治区人民政府、新疆军区 | 2015 |
| 县民政局 | 自治区爱国拥军模范单位 | 自治区党委、自治区人民政府、新疆军区 | 2015 |
| 和布克赛尔县 | 自治区园林县城 | 自治区住房和城乡建设厅 | 2015 |
| 县司法局 | 自治区社区矫正工作先进集体、自治区规范化司法所 | 自治区司法厅 | 2015 |
| 县气象局 | 自治区人工影响天气工作先进单位 | 自治区气象局 | 2015 |
| 县老龄办 | 自治区老龄事业统计工作先进单位 | 自治区老龄办 | 2015 |

## 第二节　1993—2015年和布克赛尔县获自治区先进个人荣誉称号名表

（说明：获国家部委以上先进个人荣誉者已编入“人物简介”，该表不重复）

### 1993—2015年和布克赛尔县获自治区先进个人一览表

表35－3

| 姓名 | 性别 | 民族 | 工作单位 | 获得荣誉 | 授予机关 | 获奖年份(年) |
|---|---|---|---|---|---|---|
| 达瓦·那木吉力 | 男 | 蒙古 | 那仁和布克牧场卫生院 | 自治区民族团结模范个人 | 自治区党委 | 1993 |
| 卡库·别力克塔 | 男 | 蒙古 | 莫特格乡夏尔沟村 | 自治区优秀共产党员 | 自治区党委 | 1994 |
| 陈欣龙 | 男 | 汉 | 县政协 | 自治区促进大学生就业先进个人 | 自治区人民政府 | 1994 |
| 吾·布音彩次克 | 女 | 蒙古 | 县政协 | 自治区优秀办学先进个人 | 自治区人民政府 | 1994 |
| 乌米尔吾扎克 | 男 | 蒙古 | 查乡巴音查干村支部 | 自治区民族团结模范个人 | 自治区党委 | 1995 |
| 库买·夏亚合买提 | 男 | 哈萨克 | 伊克乌图布拉格牧场 | 自治区劳模 | 自治区人民政府 | 1995 |
| 曼　开 | 男 | 哈萨克 | 县政协 | 自治区综合治理先进个人 | 自治区人民政府 | 1995 |
| 祝金平 | 男 | 汉 | 县委远程办 | 自治区党员电教优秀工作者 | 自治区组织部 | 1995 |

续表 35 - 3

| 姓名 | 性别 | 民族 | 工作单位 | 获得荣誉 | 授予机关 | 获奖年份（年） |
|---|---|---|---|---|---|---|
| 韩德·格日勒 | 女 | 蒙古 | 县第一中学 | 自治区优秀教师 | 自治区教育厅、自治区人事厅 | 1995 |
| 巴敦加甫 | 男 | 蒙古 | 县第一中学 | 自治区优秀大、中专毕业生 | 自治区教育厅 | 1996 |
| 白小平 | 男 | 汉 | 县公安局 | 自治区优秀民警 | 自治区公安厅 | 1997 |
| 那德米德·阿拉新 | 男 | 蒙古 | 布斯屯格牧场卫生院 | 自治区民族团结模范个人 | 自治区党委 | 1998 |
| 李秀桂 | 女 | 汉 | 县城关小学 | 自治区级优秀教师 | 自治区教育厅、人事厅、教育工会 | 1998 |
| 葛梅·哈比夫 | 女 | 哈萨克 | 县政协 | 自治区优秀妇联干部 | 自治区妇联 | 1998 |
| 开克西 | 女 | 蒙古 | 布斯屯格牧场牧业二队牧民 | 自治区民族团结模范个人 | 自治区党委 | 2000 |
| 阿·叶娜西 | 女 | 蒙古 | 和什托洛盖镇查斯社区 | 自治区劳模 | 自治区人民政府 | 2000 |
| 朱春峰 | 男 | 汉 | 县人力资源和社会保障局 | 自治区廉洁从政、文明服务先进工作者 | 自治区人事部 | 2000 |
| 哈力木汗·白肯 | 男 | 哈萨克 | 县政协 | 建党80周年自治区优秀党员 | 自治区人民政府 | 2001 |
| 哈力木汗·白肯 | 男 | 哈萨克 | 县政协 | 自治区“四五”普法先进个人 | 自治区人民政府 | 2001 |
| 杨友春 | 女 | 汉 | 县政协 | 婚育新风进万家活动先进个人 | 自治区宣传部、自治区计划生育委员会 | 2001 |
| 朱秀华 | 女 | 汉 | 县公安局 | 自治区三八红旗手、自治区“十行百佳”妇女 | 自治区妇联、自治区公安厅 | 2001 |
| 哈力木汗·白肯 | 男 | 哈萨克 | 县政协 | 优秀共产党员 | 自治区党委 | 2002 |
| 别凯西·巴扎尔汗 | 男 | 哈萨克 | 县委 | 自治区优秀党员 | 自治区党委 | 2003 |
| 吾·布音彩次克 | 女 | 蒙古 | 县政协 | 自治区宣传思想工作先进个人 | 自治区人民政府 | 2003 |
| 肖　勇 | 男 | 汉 | 县公安局 | 二等功 | 自治区公安厅 | 2003 |
| 葛　辉 | 男 | 汉 | 宏达盐业有限责任公司 | 先进个人 | 自治区盐业务局 | 2003 |
| 其尼力甫·伊力提 | 男 | 蒙古 | 县人口计生委 | 自治区先进个人 | 自治区计生委 | 2004 |
| 许振甲 | 男 | 汉 | 县公安局 | 2000—2003年度综合治理先进个人 | 自治区公安厅 | 2004 |
| 那木加甫·巴图尔 | 男 | 蒙古 | 县文广局体委 | 第五次新疆体育场地普查先进个人 | 自治区体育局 | 2004 |
| 姚楚平 | 男 | 汉 | 县气象局 | 自治区人影先进个人 | 自治区气象局人影办 | 2004 |
| 陈爱荣 | 女 | 汉 | 县公安局 | 自治区优秀民警 | 自治区公安厅 | 2005 |
| 彭学敏 | 女 | 蒙古 | 县第一中学 | 自治区优秀学生干部 | 内蒙古自治区教育厅 | 2005 |

续表35－3

| 姓名 | 性别 | 民族 | 工作单位 | 获得荣誉 | 授予机关 | 获奖年份（年） |
|---|---|---|---|---|---|---|
| 曼　开 | 男 | 哈萨克 | 县政协 | 自治区科学技术推广先进个人 | 自治区人民政府 | 2005 |
| 巴图那生·托卡 | 女 | 蒙古 | 县检察院 | 自治区优秀女检察官 | 自治区检察院 | 2005 |
| 胡先锋 | 男 | 汉 | 县农经局 | 自治区优秀农经人员 | 自治区纠正行业不正之风办公室、自治区农经局 | 2006 |
| 那木吉力才仁 | 男 | 蒙古 | 县第一中学 | 自治区第四期中学德育骨干培训优秀信息员 | 自治区教育管理干部培训中心 | 2006 |
| 何天成 | 男 | 汉 | 宏达盐业有限责任公司 | 先进个人 | 自治区盐务局 | 2006 |
| 曹自坤 | 男 | 汉 | 县纪检委 | 党政密码工作个人三等功 | 自治区党委办公厅 | 2006 |
| 曼吉·乌兰巴依尔 | 女 | 蒙古 | 县人口计生委 | 自治区婚育新风进万家活动先进个人 | 自治区计生委 | 2006 |
| 吾·布音彩次克 | 女 | 蒙古 | 县政协 | 自治区民族团结模范个人 | 自治区人民政府 | 2007 |
| 何建江 | 男 | 汉 | 县水利局 | 自治区优秀党员 | 自治区党委 | 2007 |
| 戴宏燕 | 女 | 汉 | 县城关小学 | 自治区基础教育课程改革实验先进工作者 | 自治区教育厅基础教育处、自治区教学研究室 | 2007 |
| 刘　艳 | 女 | 汉 | 县城关小学 | 自治区基础教育课程改革实验先进工作者 | 自治区教育厅基础教育处、自治区教学研究室 | 2007 |
| 贺·袁炜 | 男 | 蒙古 | 县信访局 | 自治区抗震安居工程建设先进个人 | 自治区人民政府 | 2007 |
| 李斋清 | 男 | 汉 | 和什托洛盖城建所 | 优秀城镇建设助理员 | 自治区建设厅 | 2007 |
| 唐　江 | 男 | 汉 | 和什托洛盖镇 | 自治区城市建设“天山杯”竞赛优秀镇领导 | 自治区建设厅 | 2007 |
| 布音才次克 | 女 | 蒙古 | 县政协 | 自治区民族团结模范个人 | 自治区党委 | 2008 |
| 韩慧贤 | 女 | 回 | 县综治办 | 2004—2008年自治区综治先进工作者 | 自治区党委、人民政府 | 2008 |
| 崔维萍 | 女 | 汉 | 县人力资源和社会保障局 | 自治区计划生育先进工作者、爱心使者 | 自治区计生协会、自治区红十字会 | 2008 |
| 佐德甫·巴根那 | 男 | 蒙古 | 铁布肯乌散乡司法所 | 2008年司法行政系统个人三等功 | 自治区司法厅 | 2008 |
| 皮力吉·白力佳 | 女 | 蒙古 | 莫特格乡妇联 | 2008年自治区“三八”红旗手 | 自治区妇联 | 2008 |
| 杨友春 | 女 | 汉 | 县政协 | 在职研究生班经济学专业优秀学员 | 自治区党委党校 | 2008 |
| 达娃·尼曼加甫 | 男 | 蒙古 | 那仁和布克牧场 | 自治区劳模 | 自治区人民政府 | 2009 |
| 郭建新 | 男 | 汉 | 县公安局 | 公安道路交通管理先进个人 | 自治区公安厅 | 2009 |

续表35－3

| 姓名 | 性别 | 民族 | 工作单位 | 获得荣誉 | 授予机关 | 获奖年份（年） |
|---|---|---|---|---|---|---|
| 周卫红 | 女 | 汉 | 县人口计生委 | 自治区人口计生系统优秀工作者 | 自治区计生委 | 2009 |
| 葛春远 | 男 | 汉 | 夏孜盖乡农业技术推广站 | 自治区优秀科技特派员 | 自治区科技特派员工作领导小组 | 2009 |
| 林尚华 | 男 | 汉 | 县安监局 | 自治区安全生产先进个人 | 自治区安监局 | 2009 |
| 绕娅·沙哈生 | 女 | 哈萨克 | 县城关小学 | 自治区民族团结先进个人 | 自治区宣传部 | 2009 |
| 刘　艳 | 女 | 汉 | 县城关小学 | 自治区优秀教师 | 自治区教育厅、人事厅 | 2009 |
| 彭学敏 | 女 | 蒙古 | 县第一中学 | 少数民族学前及义务教育阶段双语教师技能大赛一等奖 | 自治区教育厅、教育工会 | 2009 |
| 青　春 | 男 | 蒙古 | 县第一中学 | 少数民族学前及义务教育阶段双语教师技能大赛二等奖 | 自治区教育厅、教育工会 | 2009 |
| 崔维萍 | 女 | 汉 | 县人力资源和社会保障局 | 自治区人口计生系统优秀工作者 | 自治区计生委 | 2009 |
| 哈里甫拉·朱玛尼 | 男 | 塔塔尔 | 铁布肯乌散乡铁布肯乌散村 | 自治区民族团结模范个人 | 自治区党委 | 2010 |
| 巴生·巴依依 | 男 | 蒙古 | 铁布肯乌散乡巴音温德尔村 | 自治区劳模 | 自治区人民政府 | 2010 |
| 恰格德尔·那木苏荣 | 男 | 蒙古 | 县供电公司 | 自治区劳模 | 自治区人民政府 | 2010 |
| 郭建新 | 男 | 汉 | 县公安局 | 优秀交通民警 | 自治区公安厅 | 2010 |
| 魏应周 | 男 | 汉 | 县公安局 | 全疆换发二代身份证先进个人 | 自治区公安厅 | 2010 |
| 杨桂花 | 女 | 汉 | 伊克乌图布拉格牧场 | 自治区优秀人民调解员 | 自治区司法厅 | 2010 |
| 才达·额尔齐木 | 男 | 蒙古 | 县文化馆 | 自治区非物质文化遗产普查先进个人 | 自治区文化厅 | 2010 |
| 葛梅·哈比夫 | 女 | 哈萨克 | 县政协 | 自治区党校批准为优秀党员 | 自治区党委 | 2010 |
| 孙秀花 | 女 | 汉 | 县人力资源和社会保障局 | “三支一扶”先进工作者 | 自治区“三支一扶”办公室 | 2010 |
| 于新英 | 女 | 汉 | 和布克赛尔镇党委 | 优秀党务工作者 | 自治区党委 | 2011 |
| 钟固·钟卫红 | 女 | 蒙古 | 县直属机关工委 | 优秀共产党员 | 自治区党委 | 2011 |

续表35－3

| 姓名 | 性别 | 民族 | 工作单位 | 获得荣誉 | 授予机关 | 获奖年份（年） |
|---|---|---|---|---|---|---|
| 郭建新 | 男 | 汉 | 县公安局 | 全疆优秀交通民警、交通管理工作先进个人 | 自治区公安厅 | 2011 |
| 叶尔开西 | 男 | 哈萨克 | 县公安局 | 全区优秀协勤 | 自治区公安厅 | 2011 |
| 阿曳肯·阿丁 | 男 | 哈 | 县公安局 | 个人三等功 | 自治区公安厅 | 2011 |
| 姚楚平 | 男 | 汉 | 县气象局 | 自治区人影先进个人 | 自治区气象局人影办 | 2011 |
| 刘勇军 | 男 | 汉 | 县公安局 | 全区网上追逃清网行动先进个人 | 自治区公安厅 | 2012 |
| 梁海军 | 男 | 汉 | 县公安局 | 全区网上追逃清网行动先进个人 | 自治区公安厅 | 2012 |
| 额日达 | 男 | 蒙古 | 县公安局 | 全区网上追逃清网行动先进个人 | 自治区公安厅 | 2012 |
| 张　刚 | 男 | 维吾尔 | 县公安局 | 首届中国—亚欧博览会安保先进个人 | 自治区公安厅 | 2012 |
| 卞学松 | 男 | 汉 | 县公安局 | 首届中国—亚欧博览会安保先进个人 | 自治区公安厅 | 2012 |
| 李裕军 | 男 | 汉 | 县公安局 | 首届中国—亚欧博览会安保先进个人 | 自治区公安厅 | 2012 |
| 郭建新 | 男 | 汉 | 县公安局 | 首届中国—亚欧博览会安保先进个人 | 自治区公安厅 | 2012 |
| 王　鑫 | 男 | 汉 | 县公安局 | 首届中国—亚欧博览会安保先进个人 | 自治区公安厅 | 2012 |
| 吾兰·吾拉兹别克 | 男 | 哈萨克 | 县公安局 | 首届中国—亚欧博览会安保先进个人 | 自治区公安厅 | 2012 |
| 才仁道尔吉 | 男 | 蒙古 | 县公安局 | 首届中国—亚欧博览会安保先进个人 | 自治区公安厅 | 2012 |
| 常洪江 | 男 | 汉 | 县公安局 | 首届中国—亚欧博览会安保先进个人 | 自治区公安厅 | 2012 |
| 铁木尔 | 男 | 维吾尔 | 县公安局 | 首届中国—亚欧博览会安保先进个人 | 自治区公安厅 | 2012 |
| 努尔古丽·吐斯坎 | 女 | 哈萨克 | 县公安局 | 首届中国—亚欧博览会安保先进个人 | 自治区公安厅 | 2012 |
| 陈爱荣 | 女 | 汉 | 县公安局 | 全疆重点信访案件专项治理先进个人 | 自治区公安厅 | 2012 |
| 查汗巴依尔 | 男 | 蒙古 | 县公安局 | 优秀交通协勤员 | 自治区公安厅 | 2012 |
| 阿依肯 | 男 | 哈萨克 | 县公安局 | 2·2专案个人三等功 | 自治区公安厅 | 2012 |
| 马俊林 | 男 | 回 | 县公安局 | 2·2专案个人三等功 | 自治区公安厅 | 2012 |
| 唐江 | 男 | 汉 | 和什托洛盖镇政府 | 自治区城市建设“天山杯”竞赛优秀乡镇领导 | 自治区建设厅 | 2012 |

续表35－3

| 姓名 | 性别 | 民族 | 工作单位 | 获得荣誉 | 授予机关 | 获奖年份（年） |
| --- | --- | --- | --- | --- | --- | --- |
| 刘月玲 | 女 | 汉 | 县气象局 | 自治区人影先进个人 | 自治区气象局人影办 | 2012 |
| 崔维萍 | 女 | 汉 | 县人力资源和社会保障局 | 三八红旗手 | 自治区妇联 | 2012 |
| 乌图那生·额尔岱 | 男 | 蒙古 | 县史志办 | 新疆维吾尔自治区底九届哲学社会科学奖 | 自治区人民政府 | 2012 |
| 乌图那生·额尔岱 | 男 | 蒙古 | 县史志办 | 自治区地方志工作先进工作者称号 | 新疆人力资源和社会保障厅、自治区地方志编纂委员会 | 2012、2014 |
| 任国军 | 男 | 汉 | 县公安局 | 全疆公安机关法制员业余技能竞赛团体二等奖 | 自治区公安厅 | 2013 |
| 祝金平 | 男 | 汉 | 县综治办 | 自治区铁路护路联防工作先进个人 | 自治区综治委 | 2013 |
| 刘月玲 | 女 | 汉 | 县气象局 | 自治区民族团结先进个人 | 自治区气象局 | 2013 |
| 葛春远 | 男 | 汉 | 夏孜盖乡农业技术推广站 | 自治区粮食生产突出贡献农业科技人员 | 自治区农业厅 | 2013 |
| 朱金龙 | 男 | 汉 | 县人民医院 | 自治区医护技能大赛腹腔镜项目三等奖 | 自治区卫生厅 | 2013 |
| 阿依本·赛格孜拜 | 男 | 哈萨克 | 县委政法委 | 自治区优秀“访惠聚”先进工作者 | 自治区党委 | 2014 |
| 周章惠 | 女 | 汉 | 县公安局 | 全区禁毒宣传工作先进个人 | 自治区公安厅 | 2014 |
| 吾玛尔江·赛力克 | 男 | 哈萨克 | 县公安局 | 全疆优秀警务室民警 | 自治区公安厅 | 2014 |
| 康建华 | 男 | 汉 | 和什托洛盖镇派出所 | 个人一等功 | 自治区公安厅 | 2014 |
| 阿依热·道尔基 | 男 | 哈萨克 |  | 优秀共产党员 | 自治区党委 | 2015 |
| 吕太明 | 男 | 汉 | 阿吾斯奇边防派出所 | 自治区拥政爱民模范 | 自治区党委、自治区人民政府、新疆军区 | 2015 |
| 胡玛尔汗·米德西 | 男 | 哈萨克 | 县人民医院 | 优秀共产党员 | 自治区党委 | 2015 |
| 庄冬梅 | 女 | 汉族 | 夏孜盖村 | 自治区“基层宣讲先进个人” | 自治区党委宣传部 | 2015 |
| 胡达剁尔根.巴依尔 | 女 | 蒙古 | 县人力资源和社会保障局 | “访民情 惠民生 聚民心”先进个人 | 自治区党委 | 2015 |
| 冉新丽 | 女 | 汉 | 和布克赛尔县老龄办 | 老龄事业统计工作先进个人 | 自治区老龄办 | 2015 |

## 第三节　1993—2015年和布克赛尔县获正高级专业技术职称人员名表

### 1993—2015年和布克赛尔县获正高级专业技术职称人员一览表

表35－4

| 姓名 | 性别 | 民族 | 职称 | 工作单位 | 获职称时间 |
|---|---|---|---|---|---|
| 孙　香 | 女 | 汉 | 主任医师 | 县计划生育宣传技术指导站 | 2006年11月 |
| 赵建新 | 男 | 汉 | 内科主任医师 | 县人民医院 | 2009年12月 |
| 甫尔瓦·乔龙巴特 | 男 | 蒙古 | 内科主任医师 | 县人民医院 | 2011年12月 |
| 王新忠 | 男 | 汉 | 正高 | 县城镇卫生院 | 2014年1月 |
| 张　杰 | 男 | 汉 | 外科主任医师 | 新疆和布克赛尔慈善医院 | 2014年1月 |
| 甫尔瓦·那木吉加甫 | 男 | 蒙古 | 正高 | 县蒙医医院 | 2014年12月 |
| 才·巴图吉尔格力 | 男 | 蒙古 | 正高 | 县蒙医医院 | 2014年12月 |

# 后　记

经过六年的孕育,《和布克赛尔蒙古自治县志(1993—2015)》(以下简称"《县志》"即将付梓印刷。全体编纂人员怀着喜悦又惶恐的心情,将此志奉献于世人。

《县志》编纂工作是按照自治区地方志编纂委员会工作部署和塔城地区史志办工作要求开展的,2016年5月和布克赛尔县启动《县志》编写工作,当年5月8日和布克赛尔县委、县政府作出决定,成立《县志》编纂委员会,确定委员会成员、主编及编辑人选,筹集启动经费,并召开编纂《县志》动员会,至此编修县志工作正式启动。

《县志》编纂工作动员会上,县委分管领导作了讲话,对和布克赛尔县第二轮县志编修工作提出了明确要求,在和布克赛尔县各乡镇场、各单位的积极配合支持下,持续收集、整理印证和布克赛尔县1993至2015年间发生的重大变化资料,以及面向社会全面征集《县志》文字材料、文献、图片、实物和有价值的口碑资料,为真实反映《县志》编修积累了第一手素材。

2017年8月,在和布克赛尔县社会各界鼎力支持下和编辑部的不懈努力下,编纂完成《县志》送审稿,并形成"送审稿"报自治区审查。2017年11月邀请自治区、塔城地区及各兄弟县市有关领导、专家、学者和各界代表参加,召开评审会,对《县志》样书进行评审,提出修改意见和建议。经过3年的反复修改完善,形成"定稿"样书,2020年10月交付方志出版社进行"三审三校"。于当年12月,申请和布克赛尔县委宣传部、塔城地委宣传部、新疆自治区宣传文化产品鉴定中心进行逐级审读,通过三级宣传部门的审读。

2022年3月,经和布克赛尔县委常委会议研究决定,由时任和布克赛尔县人大常委会党组书记丁光前同志近3个多月逐字逐句的仔细审阅,并于当年8月组织相关部门和乡镇场负责同志对修改意见进行一一反馈和完善,形成最终审核稿,《县志》进入出版阶段。

编辑部感到十分荣幸的是,各级领导高度重视,尤其是和布克赛尔县委书记毕升亲自过问修志工作,并协调解决编纂工作中遇到的困难。上级业务部门给予大力支持,特别是新疆维吾尔自治区地方志编纂委员会和塔城地委党史地方志编纂委员会的领导给予编辑部许多具体指导和帮助,使编辑部少走了不少弯路。

新志初成,其功应归于和布克赛尔县委、县政府的高度重视和正确领导,感谢和布克赛尔县各乡镇(场)、各部门的大力支持,和布克赛尔县各族人民的关心和参与,编纂人员的辛勤劳动,以及历届领导,力主其事。

修一部县志是一项浩繁的文化工程,虽"焚膏油以继晷,恒兀兀以穷年",仍不敢有怠。六年来,为志者常惴惴于资料之疏漏,文句之不工,选材之不精。唯以虚心求教方家之斧正,或待后学之纠补,以为幸甚。

编　者

2022年12月